21世纪法学系列教材

刑事法系列

刑法学

张小虎 著

图书在版编目(CIP)数据

刑法学/张小虎著. —北京：北京大学出版社,2015.5
(21世纪法学系列教材·刑事法系列)
ISBN 978-7-301-25454-7

Ⅰ.①刑…　Ⅱ.①张…　Ⅲ.①刑法—法的理论—中国—高等学校—教材　Ⅳ.①D924.01

中国版本图书馆 CIP 数据核字(2015)第 023348 号

书　　　名	刑法学
著作责任者	张小虎　著
责任编辑	冯益娜
标准书号	ISBN 978-7-301-25454-7
出版发行	北京大学出版社
地　　址	北京市海淀区成府路 205 号　100871
网　　址	http://www.pup.cn
电子信箱	law@pup.pku.edu.cn
新浪微博	@北京大学出版社　@北大出版社法律图书
电　　话	邮购部 62752015　发行部 62750672　编辑部 62752027
印刷者	北京大学印刷厂
经销者	新华书店
	965 毫米×1300 毫米　16 开本　43 印张　920 千字
	2015 年 5 月第 1 版　2015 年 5 月第 1 次印刷
定　　价	75.00 元

未经许可，不得以任何方式复制或抄袭本书之部分或全部内容。
版权所有，侵权必究
举报电话：010-62752024　电子信箱：fd@pup.pku.edu.cn
图书如有印装质量问题，请与出版部联系，电话：010-62756370

作者简介

张小虎,男,1962年生,江苏人。北京大学法学院法学博士,北京大学社会学系博士后。现为中国人民大学法学院暨刑事法律科学研究中心教授,博士研究生导师,中国犯罪学会副会长。曾从事司法实际工作9年。主要教学研究领域:刑法学、犯罪学。在《中国社会科学》、《法学研究》、《社会学研究》等国内外期刊上,独立发表法学学术论文100余篇;独立出版学术著作:《刑法学》、《刑法的基本观念》、《犯罪论的比较与建构》(第一版、第二版)、《刑罚论的比较与建构》(上卷、下卷)、《罪刑分析》(上册、下册)、《刑事法律关系的构造与价值》、《当代中国社会结构与犯罪》、《转型期中国社会犯罪原因探析》等;主编"十五"、"十一五"国家级规划教材《犯罪学》;主编或合作出版其他学术著作10余部。

前　　言

　　本书立于现实刑法的经验性素材,遵循刑法固有规律的思想理念,扎根本土民族文化与社会时代背景,仰重他国优秀立法经验与研究成果。坚持循道立论,依行建构,关切理论与实践的统一。在具体内容上,本书试以如下特点呈现:

　　价值理念:现代刑法仍处以行为刑法为主导的阶段,就我国法治建设的进程而论,我国现阶段的刑法更是如此。刑法是社会生活的写照。本书坚持如下基本思想:以客观主义为基底兼顾主观主义的犯罪观念,以报应主义为基底兼顾目的主义的刑罚观念。

　　理论建构:确立双层多阶犯罪构成理论体系,凸显犯罪构成中的肯定性评价与否定性评价;建构双轨的刑法处罚理论体系,即对于责任罪行适用刑罚,对于社会危险行为适用保安处分。注重技术平台与价值理念、法律形式与精神实质、实然规定与应然呈现等的比较分析。

　　知识要点:系统展开刑法学的知识网络,对于其中的知识要点予以重点分析。既可以看到刑法解释、罪刑法定原则、客观违法性、处罚条件、牵连犯、刑罚种类、行为犯与结果犯等,在本书知识体系土壤中的再生,也可以看到刑事法律关系、法制主义原则、基准实行行为、法益侵害属性、特定心态、规范竞合犯、处分措施、纯粹过失犯与非纯粹过失犯等,在本书知识体系平台上的亮相。

　　表述简明:力求以简洁、明了、清晰但又不失深入的表述形式,将体系完整、知识全面、概念准确的刑法学知识予以展示。对于各项知识要点,既有理论背景的交待,也有思想前沿的挖掘,更有核心内容的定位。专业术语与基本观点等均以黑体字标明。

张小虎　谨识
2015 年 2 月 5 日

目 录

第一编　刑法基础知识

第一章　刑法之基础概念 …………………………………………………（1）
第一节　刑法学概述 ………………………………………………（1）
第二节　刑法的概念 ………………………………………………（5）
第三节　刑法的性质 ………………………………………………（9）
第四节　刑法的机能 ………………………………………………（12）

第二章　刑法之基本观念 …………………………………………………（15）
第一节　刑法理论 …………………………………………………（15）
第二节　刑法学派思想 ……………………………………………（22）
第三节　刑法基本原则 ……………………………………………（27）
第四节　刑事法律关系 ……………………………………………（35）

第三章　刑法之基阶制度 …………………………………………………（40）
第一节　刑法体系 …………………………………………………（40）
第二节　刑法规范 …………………………………………………（42）
第三节　刑法解释 …………………………………………………（44）
第四节　刑法的任务 ………………………………………………（53）
第五节　刑法的效力范围 …………………………………………（54）

第二编　犯罪构成理论

第四章　犯罪概念与犯罪构成概述 ………………………………………（61）
第一节　犯罪概念 …………………………………………………（61）
第二节　犯罪构成理论体系 ………………………………………（64）
第三节　犯罪构成的理论分类 ……………………………………（77）

第五章　犯罪构成之积极阶层：犯罪的本体构成 ………………………（81）
第一节　客观要件之事实要素 ……………………………………（81）
第二节　客观要件之规范要素 ……………………………………（102）
第三节　主观要件之故意与过失的要素 …………………………（106）
第四节　主观要件之故意与过失的缺乏 …………………………（127）

第五节　主观要件之特定心态要素……………………………………（136）

第六章　犯罪构成之消极阶层：犯罪的严重危害阻却……………（141）
第一节　违法阻却事由……………………………………………（141）
第二节　责任阻却事由……………………………………………（173）
第三节　严重危害阻却事由………………………………………（197）

第三编　犯罪修正形态

第七章　犯罪修正之停止形态………………………………………（201）
第一节　犯罪停止形态概说………………………………………（201）
第二节　犯罪既遂形态……………………………………………（202）
第三节　犯罪预备形态……………………………………………（208）
第四节　犯罪未遂形态……………………………………………（212）
第五节　犯罪中止形态……………………………………………（219）

第八章　犯罪修正之共犯形态………………………………………（227）
第一节　正犯与共犯的基础理论…………………………………（227）
第二节　正犯与共犯的构造与处罚………………………………（232）
第三节　共犯与身份………………………………………………（247）
第四节　共犯与未遂………………………………………………（249）
第五节　我国刑法的共同犯罪……………………………………（252）

第九章　犯罪修正之罪数形态………………………………………（260）
第一节　罪数形态概述……………………………………………（260）
第二节　一行为法定一罪…………………………………………（265）
第三节　一行为处断一罪…………………………………………（272）
第四节　数行为法定一罪…………………………………………（279）
第五节　数行为处断一罪…………………………………………（285）

第四编　犯罪扩张形态

第十章　不纯正不作为犯……………………………………………（293）
第一节　不纯正不作为犯的概念…………………………………（293）
第二节　不纯正不作为犯的等价值性……………………………（294）
第三节　不纯正不作为犯的客观要件……………………………（297）
第四节　不纯正不作为犯的作为义务……………………………（298）
第五节　不纯正不作为犯的构成与定性…………………………（301）

第五编　犯罪刑事后果

第十一章　刑罚基础知识 (305)
 第一节　刑罚的概念与特征 (305)
 第二节　刑罚权 (306)
 第三节　刑罚本质 (307)
 第四节　刑罚目的 (308)
 第五节　刑罚机能 (308)

第十二章　刑罚种类 (310)
 第一节　刑罚体系 (310)
 第二节　主刑 (311)
 第三节　附加刑 (326)

第十三章　刑罚适用 (341)
 第一节　量刑基本原理 (341)
 第二节　量刑从严制度 (352)
 第三节　量刑从宽制度 (355)
 第四节　数罪并罚制度 (363)

第十四章　刑罚执行 (370)
 第一节　行刑基本原理 (370)
 第二节　缓刑制度 (372)
 第三节　减刑制度 (380)
 第四节　假释制度 (385)
 第五节　社区矫正 (392)

第十五章　刑罚消灭 (396)
 第一节　刑罚消灭概述 (396)
 第二节　时效制度 (399)
 第三节　赦免制度 (410)
 第四节　其他刑罚消灭制度 (413)

第十六章　保安处分制度 (417)
 第一节　保安处分制度概述 (417)
 第二节　我国保安处分制度的建构 (418)

第十七章　犯罪其他处置 (426)
 第一节　刑事特别处置 (426)

第二节　刑事特别司法……………………………………………（430）

第六编　各罪罪刑

第十八章　各罪基础知识……………………………………………（435）
　　第一节　总则与分则……………………………………………（435）
　　第二节　分则罪名的体系结构…………………………………（437）
　　第三节　分则条文的逻辑结构…………………………………（438）

第十九章　危害国家安全罪…………………………………………（454）
　　第一节　危害国家安全罪概述…………………………………（454）
　　第二节　本章具体犯罪重点分析………………………………（455）
　　第三节　本章具体犯罪扼要阐释………………………………（465）

第二十章　危害公共安全罪…………………………………………（467）
　　第一节　危害公共安全罪概述…………………………………（467）
　　第二节　本章具体犯罪重点分析………………………………（471）
　　第三节　本章具体犯罪扼要阐释………………………………（492）

第二十一章　破坏市场秩序罪………………………………………（501）
　　第一节　破坏市场秩序罪概述…………………………………（501）
　　第二节　本章具体犯罪重点分析………………………………（504）
　　第三节　本章具体犯罪扼要阐释………………………………（524）

第二十二章　侵犯公民人身罪………………………………………（533）
　　第一节　侵犯公民人身罪概述…………………………………（533）
　　第二节　本章具体犯罪重点分析………………………………（535）
　　第三节　本章具体犯罪扼要阐释………………………………（559）

第二十三章　侵犯财产秩序罪………………………………………（563）
　　第一节　侵犯财产秩序罪概述…………………………………（563）
　　第二节　本章具体犯罪重点分析………………………………（566）
　　第三节　本章具体犯罪扼要阐释………………………………（599）

第二十四章　妨害日常管理罪………………………………………（601）
　　第一节　妨害日常管理罪概述…………………………………（601）
　　第二节　本章具体犯罪重点分析………………………………（604）
　　第三节　本章具体犯罪扼要阐释………………………………（614）

第二十五章　危害国防利益罪 (623)
　　第一节　危害国防利益罪概述 (623)
　　第二节　本章具体犯罪重点分析 (624)
　　第三节　本章具体犯罪扼要阐释 (627)

第二十六章　危害廉政建设罪 (629)
　　第一节　危害廉政建设罪概述 (629)
　　第二节　本章具体犯罪重点分析 (630)
　　第三节　本章具体犯罪扼要阐释 (645)

第二十七章　背离公务职责罪 (646)
　　第一节　背离公务职责罪概述 (646)
　　第二节　本章具体犯罪重点分析 (647)
　　第三节　本章具体犯罪扼要阐释 (652)

第二十八章　背离军人职责罪 (656)
　　第一节　背离军人职责罪概述 (656)
　　第二节　本章具体犯罪重点分析 (657)
　　第三节　本章具体犯罪扼要阐释 (659)

术语索引 (663)

第一编 刑法基础知识

第一章 刑法之基础概念

第一节 刑法学概述

一、刑法学的诞生

人类有关犯罪与刑罚的思想、规范源远流长。"根据**中国**古籍记载和考古发掘的实物证明,在中国历史上,早在原始社会末期就有了'犯罪',同时也就产生了与'犯罪'作斗争的'刑罚'。"[①]《通鉴前编》称:"帝尧七十有六载,制五刑。"《祥刑典》称:"帝尧命舜居摄,制五刑及流宥鞭扑赎赦之法"[②]。夏朝确立了五刑:辟(死刑)、膑(砍脚)、宫(毁坏生殖器)、劓(割鼻)、墨(黥额)。**古希腊**是西方法理学和哲学思想的发源地,古希腊一些著名的思想家苏格拉底、柏拉图、亚里士多德等等,都对犯罪现象发表了一些至今引人关注的思想。柏拉图、亚里士多德曾经指出:"犯罪不外是一种疾病,故刑罚不应是对既往的,而应是对将来的。"从而与现代刑法的目的刑思想不谋而合。[③] **古罗马**为现代世界的法律制度构造了近于完美的框架。[④] 古罗马的许多思想家对犯罪与刑罚作了极为精辟的阐述。西塞罗指出:"对于违犯任何法律的惩罚应与犯法行为相符合。"[⑤]这构建了罪刑相适应的思想。古罗马法将违法行为分为"私犯"和犯罪两种。所谓犯罪,是指违反整个国家利益,或目的虽为侵犯个人利益但违反了统治阶级共同利益的行为。[⑥] 在一定程度上可以说,按照现代法律体系的划分,越是溯及远古,则刑法所占比重越大。"法典愈古老,它的刑事立法就愈详细、愈完备。"[⑦]

然而,这些有关罪与刑的学说、规范,就形式而论,尚未形成独立、系统的知识体系,从实质来看,缺乏现代意义上的民主政治思想根基。1764年7月16日,意大利学者、刑事古典学派的创始人贝卡利亚发表了《论犯罪与刑罚》一书,在人类历史上首次

---

① 周密著:《中国刑法史纲》,北京大学出版社1998年版,第4页。
② 转引自高绍先著:《中国刑法史精要》,法律出版社2001年版,第25页。
③ 张甘妹著:《刑事政策》,台湾三民书局1979年版,第15页。
④ 参见〔美〕约翰·麦·赞恩著:《法律的故事》,刘昕、胡凝译,江苏人民出版社1998年版,第142页。
⑤ 《法律篇》,转引自《西方法律思想史资料选编》,北京大学出版社1983年版,第83页。
⑥ 参见陈盛清主编:《外国法制史》,北京大学出版社1982年版,第66页。
⑦ 〔英〕梅因著:《古代法》,沈景一译,商务印书馆1959年版,第207页。

对犯罪与刑罚的一系列问题进行了深入系统的论述，确立了罪刑法定、罪刑均衡、刑罚人道等作为刑法学支柱的基本原则，奠定了刑法理论的根基，标志着现代意义上刑法学的形成。这部书先后被翻译成二十多种文字，成为流传极为广泛的西方经典名著。贝卡利亚被人们誉为"刑法学之父"。在这种思想与规则的强力推进下，刑法由个人意志转向公共意志、由不确定转向确定，刑罚由任意残酷转向谦抑人道，随之也逐步形成了体系性的科学知识。经由诸多刑法大师们前赴后继孜孜以求的不断努力，如今刑法学已成为一门拥有精湛、丰富理论的传统学科。

二、刑法学的概念

刑法学，是研究刑法及其所规定的犯罪、社会危险行为与刑罚、保安处分的科学，是法律规范学中一门重要的学科。从**内部构成**来看，刑法学包括注释刑法学、理论刑法学、哲学刑法学、中国刑法学、外国刑法学、比较刑法学、国际刑法学、沿革刑法学等。就**相邻学科**而论，犯罪学（包括犯罪社会学、犯罪心理学、犯罪生物学、犯罪被害人学等）、监狱学、刑事诉讼法学、刑事侦察学等，是刑法学的相关学科，它们共同构成刑事科学。需予特别说明的是，我国《刑法》并未设置**保安处分制度**，从这个意义上说，我国刑法学是研究刑法及其所规定的犯罪与刑罚的科学。不过，从刑法学发展的趋势来看，或者基于刑法理论的视角，除了犯罪与刑罚的知识线索之外，社会危险行为与保安处分制度也应成为刑法学知识内容的另一线索。

刑事科学，是有关研究犯罪及其处置的、集刑事实体与程序、事实与规范为一体的一系列学科群。刑事规范学与刑事事实学是刑事科学的两大主体成分。**刑事规范学**，以刑事法律规范为研究素材，侧重于思辨方法，考究法律文本、建构法律分析工具、揭示法律哲学思想，其构建的理论是规则的框架和应然的法则。刑法学与刑事诉讼法学等，是刑事规范学的重要组成部分。**刑事事实学**，以社会犯罪事实为研究素材，侧重于经验方法，观测犯罪现象、探索犯罪机制、寻求犯罪对策，其构建的理论并不强调应当如何，而是说明事实如何。犯罪学、刑事侦察学等，是刑事事实学的重要组成部分。

注释刑法学、理论刑法学、哲学刑法学，是从刑法学研究的理论深度对刑法学所作的划分。**注释刑法学**，是对刑法条文予以具体注解而构成的知识体系。注释刑法学直接承载于刑法条文，以刑法典的结构框架为体系结构；注解的对象是刑法条文，注解的结论为司法适用；而注解须用刑法理论，由注解也可能演绎与归纳出新的理论。由此，注释刑法学也可称为条文刑法学。**理论刑法学**，是基于对刑法条文的抽象分析与综合，把握刑法固有的规律，揭示出其概念、原理、原则的知识体系。理论刑法学超越于刑法条文，构建自身的展示学科规律的体系结构；知识内容既是刑法注释的学科基础，又是刑法立法的合理引导。由此，理论刑法学也可称为概念刑法学。**哲学刑法学**，是从刑法固有的规律中，揭示出刑法应有的思想、精神、灵魂的知识体系。哲学刑法学展示刑法概念与原理背后的价值理念，可谓理论刑法学脉络中的灵魂线索；这种价值灵魂指引着概念刑法学的建构，指导着立法的完善与司法的正当。由此，哲学刑法学也可称为理念刑法学。应当注意，**刑法注释与刑法解释**并不等同。刑法注释,直接依附于刑法条文,系属直接针对刑法条文的意义予以阐明。而刑法解释,可以是超越于刑法条文之上,对于解释刑法条文所需的刑法理论的知识根据与内容予以阐明。也不应将刑法解释等同于刑法解释论。同时,应当注意,刑法理论之于**刑法解释论与刑法立法论**的意义。在相对意义上,刑法解释论强调以实然的刑法规定为基原,对之予以形式与实质的意义的阐明,使之切合于社会现实的需要;而刑法立法论则强调以应然的刑法完善为基原,对之予以内容与形式的合理性建构,使之切合于社会现实的需要。两者均需运用刑法理论对刑法予以分析与综合。

刑法信条学可谓独特视角的刑法学。大陆法系刑法理论常论及**刑法信条学**或**刑法教义学**。"刑法信条学是研究刑法领域中各种法律规定和各种学术观点的解释、体系化和进一步发展的学科。"[①]这是对刑法信条学的基原与内容作了阐释,在此"刑法规定"与"刑法学术"均为刑法信条学的基原,而刑法信条学则是对这一基原的"解释"、"发展"与"体系化"的知识体系。从这个意义上说,刑法信条学囊括了规范刑法学的具体内容与理论层面。不过,立于"**信条**"的术语,刑法信条学应有其独特的视角。信条意旨信守的准则,最初被表述为希腊语中"正确的东西"。由此,刑法信条学是关于刑法的信守准则的知识体系。立于刑法规定的基原,刑法信条学须将现有的刑法规定作为信守准则确立刑法知识,这是存在论的问题;立于刑法学术的基原,刑法信条学须将科学的刑法规则作为信守准则确立刑法知识,这也关涉决定论的问题。而作为"**桥梁**"的刑法信条学[②],其为使刑法更为合理地适用于司法,基于刑法规定的抽象提升而构建刑法理论,又运用刑法理论予刑法规定以合理的解释,使刑法不断适合于现实的需要。由此,就主导指向而论,刑法信条学不失刑法适用论;就主导内容而论,刑法信条学依附理论刑法学;就主导模式而论,刑法信条学不失刑法解释论;就法文平台而论,刑法信条学可谓规范刑法学。

中国刑法学、外国刑法学、比较刑法学等,是从刑法学所研究刑法之国别的角度对刑法学所作的划分。**中国刑法学**,是以中国刑法为研究对象,对之进行注释,阐明其原理、原则,揭示其应有的价值目标的知识体系。**外国刑法学**,是以外国刑法为研究对象,尤其是探寻外国刑法的原理、原则,分析其所追寻的价值目标的知识体系。**比较刑法学**,是针对世界各国现行刑法的立法与司法、理论与观念等,进行全面、系统、深入的比较与分析,揭示其异同与优劣,进而为完善本国刑法及其理论提供依据的知识体系。**国际刑法学**,是以国际刑法为研究对象的科学。**国际刑法**是国际公约中旨在制裁国际犯罪、维护各国共同利益的各种刑事法规范的总称,包括制裁国际犯罪的实体法、程序法和执行法。国际刑法学既不同于外国刑法学,也不同于比较刑法学。**沿革刑法学**,是运用历史的方法,阐明世界各国古今刑法思想、制度发展的轨迹,揭示其嬗变规律的科学。

刑法领域存在全体刑法学的概念。德国刑法学家李斯特,将刑事政策、犯罪学、

---

① 〔德〕克劳斯·罗克辛著:《德国刑法学总论》,王世洲译,法律出版社2005年版,第117页。
② 〔德〕汉斯·海因里希·耶塞克、托马斯·魏根特著:《德国刑法教科书》,徐久生译,中国法制出版社2001年版,第53页。

刑罚学、行刑学等纳入全体刑法学的范畴。① 从科学研究来讲,应当开拓视野,注重刑事科学各学科间的交融,乃至合理运用社会学、统计学、心理学、经济学等知识;同时,刑法的实际运作,也不可避免地要与刑事诉讼、刑事侦察等协调、整合,需要犯罪学、刑事政策学等基本理念的具体指导。不过,就刑事科学领域内学科间的相对意义而言,这里的刑法学是狭义上的,刑法学不包括犯罪学、监狱学、刑事诉讼法学、刑事侦察学等,但是与这些学科之间密切相关,它们共同构成刑事科学。**犯罪学**,是融合各种有关学科的知识,阐释犯罪本质,表述犯罪现象,揭示犯罪原因,寻求犯罪对策的刑事科学。**刑事侦察学**,是运用刑案规律以及奠定于刑案规律之上的策略方法和技术手段,揭露、证实犯罪的刑事科学。

三、刑法学的体系

1810年《法国刑法典》开创了总则与分则的刑法体例。该刑法典一经颁行,即成为世界上大多数国家仿效的范本,遂使总则与分则的体例成为大陆法系国家刑法典结构的通例。法典是刑法理论的经验基础与承载平台,基于这一总则与分则的刑法体例,刑法理论也形成了总论与分论的体系结构。其中,总论包括刑法论、犯罪论、刑罚论,分论即罪刑各论。这种体系结构在中外诸多较为系统阐释刑法学知识的著作中有着典型的表现。② 具体而论,**刑法论**的内容包括:刑法学的概念、刑法的历史、刑法的概念、刑法的任务、刑法的基本原则、刑法的效力范围等,有的还将主观主义、客观主义、报应主义、目的主义、古典学派、实证学派等纳入刑法论。大陆法系国家**犯罪论体系**的主导模式为:行为·构成要件该当性③(主体、客体、行为、因果关系等),违法性(违法性、阻却违法事由等),有责性(责任能力、责任形式、期待可能性等),未遂犯(未遂犯与中止犯),共犯(正犯与共犯),罪数论(科刑的一罪与并合罪);英美法系国家犯罪论体系主要表现为:犯罪要件(犯罪行为、犯罪心态等),共同犯罪,未完成犯罪,辩护理由(责任能力、正当行为、其他可恕情由等);我国大陆犯罪论体系主要表现为:犯罪概念,犯罪构成(犯罪客体、犯罪客观方面、犯罪主体、犯罪主观方面),正当行为,犯罪形态(停止形态、共同犯罪、罪数形态)。**刑罚论**的体系结构为:刑罚的概念(刑罚意义、刑罚本质、刑罚权等),刑罚的种类(主刑、从刑等),刑罚的适用(法定刑、处断刑、宣告刑与执行刑、科刑的轻重与免除等),刑罚的执行(各类刑罚的执行、易刑处分、羁押折抵、缓刑、刑罚执行的减免、假释等),刑罚的消灭(时效、赦免、复权等),

---

① 参见〔波兰〕布鲁诺·霍尼斯特著:《比较犯罪学》,高明等译,辽宁人民出版社1989年版,第3—4页。
② 〔日〕野村稔著:《刑法总论》,全理其、何力译,法律出版社2001年版;〔意〕杜里奥·帕多瓦尼著:《意大利刑法学原理》,陈忠林译,法律出版社1998年版;〔德〕汉斯·海因里希·耶塞克、托马斯·魏根特著:《德国刑法教科书》,徐久生译,中国法制出版社2001年版;〔英〕J. C. 史密斯、B. 霍根著:《英国刑法》,马清升等译,法律出版社2000年版;高仰止著:《刑法总则之理论与实用》,台湾五南图书出版公司1981年版;韩忠谟著:《刑法原理》,中国政法大学出版社2002年版;高铭暄、马克昌主编:《刑法学》,北京大学出版社、高等教育出版社2007年版;马克昌主编:《犯罪通论》,武汉大学出版社1999年版;马克昌主编:《刑罚通论》,武汉大学出版社1999年版。
③ 将行为作为犯罪成立第一要件的犯罪论体系叫做**行为论**,将构成要件符合性作为犯罪成立第一要件的犯罪论体系叫做**构成要件论**。

保安处分(保安处分的种类、宣告、执行、消灭等)。

当代刑法学最为核心的知识内容系犯罪论,犯罪构成体系也是不同刑法学说的焦点与基奠议题,其在众多刑法学体系中也是最富特色的一块。本书建构双层多阶犯罪构成的理论体系,立于这一犯罪构成体系的知识展开,依托我国《刑法》的基本结构与具体规定,并且力求构建简洁明了、重点突出、扩展视野、体系完整的刑法学核心知识,从而确立本书如下刑法学的体系。刑法学总论分述为三个知识块:刑法基础知识(刑法论)、犯罪构成理论(犯罪论)、刑事处置理论(刑罚论);刑法学分论:各罪罪刑分析(罪刑各论),具体章目依循《刑法》分则结构。其中:**(1)刑法基础知识**,基本理论路径为刑法学的基本概念、基本观念、基本制度。具体内容包括:(基础概念)刑法学的概念、体系,刑法的概念、性质;(基本观念)刑法理论、学派思想、基本原则、法律关系;(基阶制度)刑法规范、刑法解释、刑法任务、效力范围。**(2)犯罪构成理论**,立于本体构成与严重危害阻却的犯罪构成体系,展开犯罪构成理论的知识要点。具体内容包括:(犯罪概念与犯罪构成)犯罪构成的理论模式、犯罪概念与犯罪构成的关系;(犯罪的本体构成)事实要素并规范要素的客观要件、故意与过失以及特定心态的主观要件;(犯罪的严重危害阻却)违法阻却事由、责任阻却事由、其他严重危害阻却事由;(犯罪的修正形态)故意犯罪停止形态、共同犯罪、罪数形态。**(3)刑事处置理论**:基于刑事处置之刑罚与保安处分的双轨,同时依循刑法之犯罪与刑罚的主线,展开刑事处置理论的知识要点。具体内容包括:(刑罚理论与制度)刑罚种类、刑罚适用、刑罚执行、刑罚消灭;(保安处分理论与制度)保安处分的内容、保安处分的运作。**(4)各罪罪刑分析**:依循我国《刑法》分则章目,对于各个具体犯罪全面予以界定,并且择取其中20个具体犯罪重点分析。犯罪的本体构成系属分则具体犯罪的轮廓,由此对于分则具体犯罪的展开遵循本体构成的理论框架,其后阐释《刑法》或司法解释特别规定的特定阻却事由。

第二节 刑法的概念

一、刑法的词源

中国古代以**法、刑、律**来表述关涉罪与刑的法律。例如,公元前11世纪西周初期制定的《九刑》、公元前407年战国时期魏文侯之相李悝"集诸国刑书之大成"编纂的《法经》、公元前206年—前194年汉高祖刘邦在位时制定颁布的《九章律》。[①] 不过,不论采用何种名称,中国古代的法、律、刑皆以刑法为主。

关于刑法法规的名称,现代各国不尽相同,英美法系国家大多注重犯罪行为一端而称之为"**犯罪法**"(criminal law;Kriminalrecht;droit criminal;diritto criminale);德国、法国、日本等大陆法系国家注重刑罚一端而称之为"**刑罚法**"(penal law; strafrecht;

---

① 参见孙明编著:《中国刑法之最》,中国人民公安大学出版社1994年版,第5、8、16页。

droit penal;diritto penale)或"**刑法**"。"实则,刑罚乃犯罪之法律效果,而犯罪即系科刑之前提,二者密切相依,任举一端,皆可概括全体,故用语唯殊,含义则一。"①我国通称为刑法。

二、刑法的界说

关于刑法的概念,刑法理论存在不同的界说。究其核心议题有二:(1)应否将社会危险行为与保安处分纳入刑法;(2)刑事责任与犯罪及刑罚之间的关系。对此,本书认为:(1)我国刑法并未设置**保安处分**制度,这是一种立法不足。刑法中是否存在保安处分制度,应以刑法所设刑事制裁类型是否具有保安处分措施为准,而不是在刑罚适用甚或犯罪规定中设置相应措施,严格来讲,没有前者(缺乏类型规定)而有后者(仅有适用规定)是有违罪刑法定原则的②。在相对罪刑法定原则的前提下,将社会危险行为与保安处分纳入刑法,是当今刑法发展的趋势,符合现代社会的要求。(2)**刑事责任**的典型意义在于其对犯罪成立条件之有责性的表述,作为犯罪后果的"刑事责任"虽为我国《刑法》大量表述,但其含义较为宽泛并非属于典型的而具有个性的概念。按照我国刑法的规定,作为犯罪后果的刑法责任承担计有三种形式:定罪处刑、定罪免刑但予非刑处分、仅予定罪。在此,刑事责任与犯罪及刑罚的关系并非呈现"犯罪—刑事责任—刑罚"的模式,而是"犯罪—刑事责任(刑罚)"的模式。有鉴于此,本书对刑法概念作如下界说:**刑法**是规定犯罪、社会危险行为与刑罚、保安处分的法律。

三、刑法的分类

刑法的分类,是从外延上对刑法作进一步的理解。对于刑法可以从不同的角度进行分类,阐述如下。

(一)广义刑法与狭义刑法

根据范围的不同,刑法分为广义刑法与狭义刑法。**广义刑法**,是指一切规定犯罪或社会危险行为与刑罚或保安处分的法律,包括刑法典、单行刑法、附属刑法。**狭义刑法**,是指集中而系统地规定犯罪社会危险行为与刑罚保安处分的法律,具体指刑法典。不应将广义刑法视同刑事法。**刑事法**,是关于刑事法律规范的总称,包括刑法(广义的刑法、狭义的刑法)、刑事诉讼法、行刑法(又称监狱法)等。研究刑事法的科学是**刑事法学**,又称刑事规范学,包括刑法学、刑事诉讼法学等。

(二)实质刑法与形式刑法

根据内容及表现形式的不同,刑法分为形式刑法与实质刑法。对于实质刑法与形式刑法的界定,说法不一。通常,**形式刑法**,是指具备刑法法典的形式或名称,其外形明确地显示出其为刑法的法律,包括刑法典、单行刑法。例如,《中华人民共和国刑

---

① 韩忠谟著:《刑法原理》,中国政法大学出版社2002年版,第3页。
② 由此,我国《刑法》第17条第4款后段、第18条第1款后段、第38条第2款、第72条第2款等的规定,缺乏刑事制裁种类的前提设定。

法》、《关于严惩组织、运送他人偷越国(边)境犯罪的补充规定》。**实质刑法**,是指不具刑法法典的形式或名称,而其内容却是规定犯罪、社会危险行为与刑罚、保安处分的法律,包括附属刑法。例如,《中华人民共和国著作权法》、《中华人民共和国商标法》等中有关犯罪与刑事责任的规定。无论是形式刑法还是实质刑法,均限于刑法的范畴,即不包括刑事程序法、行刑法等。

(三) 普通刑法与特别刑法

根据适用范围的不同,刑法分为普通刑法与特别刑法。**普通刑法**,是指具有普遍的适用性,针对一般事项、一般的人、一般时间、一般地域的刑法。刑法典即为普通刑法。**特别刑法**,是指适用的范围特殊,针对特殊事项、特定身份的人、特定时间、特定地域的刑法。单行刑法、附属刑法通常为特别刑法。

(四) 单一刑法与附属刑法

根据立法体例的不同,刑法分为单一刑法与附属刑法。**单一刑法**,是指单纯以规定刑事法律关系为主体而设置罪刑及其相关事项的法律,包括刑法典、单行刑法。**附属刑法**,是指在以规定行政、民事、经济或其他法律关系为主体的法律中,呈现罪状设置或罪刑注意规定①的有关罪刑规定。即附属于非刑法中的刑法规定。例如,(罪状设置)《中华人民共和国海关法》(1987年)第47条②,(注意规定)《中华人民共和国传染病防治法》(1989年)第38条。我国附属刑法通常仅涉罪状而援引刑法法定刑,但也有例外。例如,《中国人民解放军军官军衔条例》(1994年)第28条对"剥夺军衔"的规定。

(五) 行为刑法与行为人刑法

根据理论流派的不同,刑法分为行为刑法与行为人刑法。**行为刑法**,以意志自由论、行为中心论、道义责任论等为理论基础,强调犯罪构成要件的理论挖掘,刑事处置(刑事制裁)的基准在于现实所发生的犯罪行为及其结果,刑罚的轻重依据犯罪行为的客观事实而定,而与犯罪人的性格无关。**行为人刑法**,以行为决定论、行为人中心论、社会责任论等为理论基础,强调犯罪人危险性格类型的区分,刑事处置(罪犯处遇)的基准在于行为所表现出的行为人的人身危险性,处分的措施依据犯罪人不同的类型而定,针对不同的犯罪人采取剥夺犯罪能力、矫正改善等不同的措施。行为刑法与行为人刑法是两种刑法理论流派各自对刑法的期待。行为刑法为刑事古典学派所主张,行为人刑法为刑事近代学派所倡导。而各国现行刑法的实然,则体现为这两种理论的折衷,并且以行为刑法为基础,辅之以行为人刑法。

(六) 完备刑法与空白刑法

根据法条明确程度的不同,刑法分为完备刑法与空白刑法。**完备刑法**,又称叙述

---

① **注意规定**,是指刑法分则对本就属于本罪的有关情形(a),在本罪典型罪状(A)表述之外予以特别具体描述,并特别提示将这一情形(a)适用本罪(A)处理的一种立法模式。例如,我国《刑法》第163条第3款。与注意规定相对的概念是法律拟制。**法律拟制**,是指刑法分则对本不属于本罪的有关情形(B),在本罪典型罪状(A)表述之外予以特别具体描述,并明确规定也将这一情形(B)作为本罪(A)定罪处刑的一种立法模式。例如,我国《刑法》第267条第2款。

② 该条不仅首创走私罪的设置,而且创设了相应的法定刑,以及单位犯罪主体及其处罚的立法例。

刑法,是指法条本身对于犯罪构成要件与法定刑均有一定程度的具体规定的刑法,包括以叙明罪状和绝对确定的法定刑或相对确定的法定刑表述的刑法。例如,我国《刑法》[①]第 254 条的规定。**空白刑法**,又称白地刑法、援引刑法,是指法条本身对于犯罪构成要件的一部或全部未予明确表述,而是将之安排在同一法律的其他条款中或者其他法律法规中的刑法,包括以空白罪状、引证罪状或者绝对不确定的法定刑表述的刑法。例如,我国《刑法》第 285 条的规定。对于以引证罪状所表述的刑法是否属于空白刑法,刑法理论存在肯定论[②]与否定论[③]的不同见解。对于以空白罪状所表述的刑法是否符合罪刑法定原则,亦为刑法理论所关注。

(七) 行政刑法与刑事刑法

根据法条所规定的犯罪性质的不同,刑法分为行政刑法与刑事刑法。对于行政刑法的界说,刑法理论颇存争议。本书在刑法范畴内使用行政刑法的概念,并将之置于与刑事刑法相对的意义上予以理解。意大利著名犯罪学家加罗法洛基于犯罪原因的差异,首创自然犯与法定犯的界分,前者的犯罪性在于行为本身的罪恶,而后者的犯罪性在于行为对于法律的违反。[④] **行政刑法**,是指规定法定犯、行政犯及其刑事处置的刑法,或者说,行政刑法是规定严重违反行政法规从而构成犯罪并承担相应刑事后果的法律规范的总称。具体包括交通刑法、劳动刑法、经济刑法、租税刑法等。**刑事刑法**,是指规定自然犯、刑事犯及其刑事处置的刑法。就与行政刑法的相对意义而论,刑事刑法框架下的犯罪构成不以违反有关行政法规为要件,其违法性的特征倾重于对于社会伦理道德规范的违反。

(八) 国内刑法与国际刑法

根据立法者的不同,刑法分为国内刑法与国际刑法。**国内刑法**,是指由一国国家单方面所制定的,力求以该国所确立的刑事管辖权原则而适用的刑法。对于国际刑法的界说,刑法理论颇存争议,主要存在如下见解:国内刑法的空间效力规范;国际法的刑事法律规范;国际法中的刑法规范与国内法中的刑法空间效力规范。本书原则上将国际刑法与国内刑法作为具有相对意义的两个概念。**国际刑法**,是指国际社会大多数国家所共同制定的国际公约中,有关惩罚国际犯罪以维护国际社会共同利益的刑事法律规范,包括制裁国际犯罪的实体法、程序法和执行法。

(九) 结果刑法与意思刑法

根据罪刑之主观与客观倾重的不同,刑法分为结果刑法与意思刑法。**结果刑法**,是指犯罪构成及其相应的刑事后果倾重于行为的客观侵害结果的一种刑法模式。**意思刑法**,是指犯罪构成及其相应的刑事后果倾重于行为人的主观侵害意思的一种刑法模式。显然,结果刑法与意思刑法会导致罪刑评价的**差异**。例如,在未遂犯与不能犯的判断上,立于结果刑法的立场,除有犯意行为之外尚须具有犯意的客观外化危

[①] 如未特别指明,均指 1997 年颁布施行的《中华人民共和国刑法》。
[②] 〔日〕木村龟二主编:《刑法学词典》,顾肖荣等译校,上海翻译出版社 1991 年版,第 78 页。
[③] 高仰止著:《刑法总则之理论与实用》,台湾五南图书出版公司 1981 年版,第 14 页。
[④] 对此,详见本书对于自然犯与法定犯的界说。

险,方可成立未遂犯;而立于意思刑法的立场,只要存在犯意行为,即使未显客观外在危险,未遂犯也可成立。

第三节 刑法的性质

我国刑法理论通常将刑法的性质分为刑法的阶级性质和刑法的法律性质。性质是指一种事物区别于其他事物的根本属性。① **刑法的性质**主要是指刑法相对于其他法律的属性和特征。

一、刑法的专有性质

刑法的专有性质,是指相对于其他法律而论,刑法作为一种独特法律而表现出的一些基本的属性。包括刑法的广泛性、刑法的不完整性、刑法的严厉性、刑法的保障性、刑法的谦抑性。

(一)刑法的广泛性

刑法的广泛性,是指刑法所调整和保护的社会关系的范围较一般的法律更为广泛。民法所调整和保护的是平等主体之间的财产关系和人身关系;经济法所调整和保护的是国家经济运行过程中发生的特定的经济关系;婚姻法所调整和保护的是婚姻家庭关系。与此不同,**刑法**所调整和保护的社会关系涉及社会生活的各个领域,既包括财产关系、人身关系,也包括特定的经济关系和婚姻家庭关系,凡是涉及犯罪与刑事处置的社会关系,均被纳入刑法调整和保护的范畴。因此,刑法是以其对社会关系调整和保护的手段为特征的。

(二)刑法的不完整性

刑法的不完整性,是指刑法调整社会生活罪刑事项的范围以及刑法调整社会事项所现的功能不可能是全面无缺的。其中,**调整范围**的不完整性,意味着刑法不可能将社会现实生活中所有值得罪刑的事项均予纳入事先的立法规定。社会生活的现实多变而纷繁,犯罪现象的呈现亦变幻而复杂,而刑法立法不可避免地会出现滞后与疏漏。**调整功能**的不完整性,意味着仅凭刑法不可能完全实现对于罪行的制裁与对于罪犯的矫治,也不可能完全实现对于犯罪的控制与预防,刑法也不是实现社会控制的唯一手段。遏制犯罪与协调社会需要最好的社会政策。

(三)刑法的严厉性

刑法的严厉性,是指刑法的制裁方法比其他法律的更为严厉。法律制裁包括民事制裁、行政制裁、刑事制裁等,其中刑事制裁最为严厉。**民事制裁**的主要方式有排除妨碍、停止侵害、返还财产、恢复原状、赔偿损失等等;**行政制裁**的主要方式有行政处罚(包括没收、罚款、警告、拘留等)、行政处分(包括警告、记过、记大过、降级、撤职、开除等);而**刑事制裁**的最基本的方式是处以刑罚,刑罚既包括罚金、没收财产的财产刑,也包括管制、拘役、有期徒刑、无期徒刑的自由刑,还包括死刑的生命刑,显然

---

① 参见《现代汉语词典》(第5版),商务印书馆2005年版,第1528页。

处以刑罚是相当严厉的一种制裁方式。即使在免予刑事处分的情况下,甚至是只作有罪的宣告,由于"犯罪"这种严厉的否定性评价,也使其表现出相当的严厉性。

(四)刑法的保障性

刑法的保障性,是指刑法是其他法律的后盾,保证其他法律得以贯彻实施。从社会规范对社会生活调整的层面来看,首先是道德调整,道德的要求相对较高;其次是除刑法以外的法律的调整,法律是国家向公民所提出的最基本的行为准则要求;再次是**刑法**的调整,刑法是维护社会秩序的最后一道防线。因此,道德的最低限是法律,法律的最低限是刑法。严重违反道德的行为会触犯法律,严重违反法律的行为会触犯刑法。正是在这个意义上,法国著名启蒙思想家卢梭指出:"刑法在根本上与其说是一种特别的法律,还不如说是对其他一切法律的制裁。"①

(五)刑法的谦抑性

刑法的谦抑性,又称刑法的收缩性,是指应当尽量缩小刑法制裁的范围。刑法涉及对公民的生杀予夺,应当是对国家刑罚权的制约。德国著名刑法学家耶林指出:"刑罚如两刃之剑,用之不得其当,则国家与个人两受其害。"②日本刑法学家西原春夫也曾强调:"虽然刑法是为处罚人而设立的规范,但国家没有刑法而要科以刑罚照样可行。从这一点看,可以说刑法是无用的,是一种为不处罚人而设立的规范。人们之所以把刑法称为犯人的大宪章,其原因就在于此。"③**刑法**以罪刑法定原则为根基,罪刑法定原则是以否定式命题所表述的刑法思想精髓。没有罪刑法定原则就没有刑法。在刑法领域,刑法的浓缩机能、制约机能、刑法规范的明确性、确定性、刑法的严格解释等等,不啻予刑法以生命。

二、刑法的类型性质

刑法的类型性质,是指相对于其他法律而论刑法作为一种法律类型而表现出的一些基本的属性。包括刑法的公法性质、刑法的强行法性质、刑法的实体法性质、刑法的实证法性质、刑法的司法法性质。

(一)刑法的公法性质

公法与私法相对。古罗马著名法学家乌尔比安指出:"公法涉及罗马帝国的政体,私法涉及个人利益。"由此开创了公法与私法的划分。④ 这一划分对大陆法系的法律制度产生了深远的影响,而在英美法系中并没有形成罗马法上公法与私法的概念。不过,如今大陆法系国家对划分公法与私法的法律标准却存在着众多的争议。⑤总的来说,可以根据法律关系属性的不同来划分公法与私法。所谓**公法**是以国家或

---

① 〔法〕卢梭著:《社会契约论》,何兆武译,商务印书馆1982年版,第73页。
② 转引自林山田著:《刑罚学》,台湾商务印书馆1983年版,第127页。
③ 〔日〕西原春夫著:《刑法的根基与哲学》,顾肖荣译,上海三联书店1991年版,第33页。
④ 参见〔法〕莱昂·狄骥著:《宪法论》,钱克新译,商务印书馆1962年版,第484页;〔罗马〕查士丁尼著:《法学总论——法学阶梯》,张企泰译,商务印书馆1989年版,第5—6页。
⑤ 参见沈宗灵著:《比较法研究》,北京大学出版社1998年版,第124—126页;夏勇编:《公法》(第1卷),法律出版社1999年版,第392—394页。

者其他公共权力为法律关系主体的一方,法律关系双方之间是一种上下服从关系,尤其表现为权力与责任关系,其以调整公权为主;而**私法**则以平等的个人为法律关系主体的双方,法律关系主体双方之间是一种对等的关系,尤其表现为权利与义务关系,其以调整私权为主。刑法具有极为明显的公法性质。**刑法**是调整国家与犯罪人之间受制约的刑罚权与有限度的刑事责任关系的法律。在刑法调整所形成的法律关系中,法律关系主体的一方为国家,另一方为犯罪人,国家行使受制约的刑罚权,犯罪人承担有限度的刑事责任。

(二) 刑法的强行法性质

强行法与任意法相对。这是按照法律适用强弱程度的不同而对法律属性的区分。所谓**强行法**是指必须绝对适用,而不允许法律关系主体自由变更或选择遵守的法律;而**任意法**则是指在法律规定的范围内,允许法律关系主体自由变更权利与义务内容或自由选择遵守的法律。刑法属于强行法。**刑法**是规定犯罪与刑事后果的法律。除法律明文规定告诉才处理的犯罪案件,其刑法的适用取决于告诉人的告诉以外,通常只要有犯罪,就会有刑法的适用。

(三) 刑法的实体法性质

实体法与程序法相对。这是根据法律作用的不同而对法律属性的区分。实体法与程序法的划分肇始于18世纪英国著名法学家边沁。所谓**实体法**,又称主体法、主法,是指规定权利与义务(或权力与责任)实体内容的法律。**程序法**,又称审判法、助法,是指为了保证实体法所规定的权利与义务(或权力与责任)得以实现,而制定的诉讼程序的法律。刑法具有实体法的性质。**刑法**是规定犯罪与刑事后果的法律,以实体性犯罪的概念、构成要件、犯罪形态、刑罚的种类、适用原则、裁量、执行等为具体内容。

(四) 刑法的实证法性质

实证法与自然法相对。古希腊著名思想家苏格拉底首次将法律分为自然法与制定法。其中,自然法是神的立法,而制定法是市民行为的准则。① 当代法学家通常认为,**实证法**,又称制定法、实定法,是指基于国家立法的作用,根据文化传统、习惯等经验性事实而确定的法律。所谓**自然法**,是指居于实证法之上并指导实证法的普遍法则,不同历史阶段的法学家对自然法又有着不同的解释。② **刑法**与社会生活息息相关,由国家依据特定的社会生活背景和社会发展需要而制定,表现出明显的实证法性质。

(五) 刑法的司法法性质

司法法与立法法、行政法相对。这是根据法律所针对国家权力领域的不同而对法律属性所作的区分。**司法法**是指作为司法之准据的法律;**立法法**是指作为立法之

---

① 参见顾维熊著:《西方法学流派评析》,上海社会科学院出版社1992年版,第2页。
② 自然法是西方历史上最古老的法律思潮。自然法学说的发展,经历了不同的历史阶段。**古代自然法**是自然主义的自然法;**中世纪自然法**是绝对的神学主义的自然法;**近代自然法**又称古典自然法;**现代自然法**也叫复兴自然法。参见吕世伦主编:《西方法律思潮源流论》,中国人民大学出版社1993年版,第3—10页。

准据的法律;而**行政法**是指作为行政之准据的法律。例如,民法主要是司法上适用的法律,宪法主要是立法上依据的法律。**刑法**的核心内容是犯罪规格和处刑规则,是司法机关定罪量刑的唯一依据,具有司法法的性质。

第四节 刑法的机能

机能的本意是生物体各种器官所起的作用和活动能力,在通常意义上与功能相仿。[①] **刑法机能**,是指刑法在其结构与运作中所表现出的有利作用,包括规律机能、保障机能、保护机能。

一、规律机能

刑法的**规律机能**,又称刑法的规范机能,是指刑法规范本身在其结构与运作中所表现出的积极作用,包括犯罪评价机能、刑罚基准机能和行为引导机能。

犯罪评价机能:是指刑法所具有的评价判断行为是否构成犯罪及其社会意义的作用,具体包括两个方面:(1) 判断行为是否构成犯罪。刑法作为定罪的唯一准则,具有区分行为的罪与非罪、此罪与彼罪、重罪与轻罪的作用。刑法总则规定了犯罪的普通性原理原则,是犯罪判断的基本标准。刑法分则规定了具体犯罪的罪状构成,为判断具体犯罪提供了标准。(2) 评价行为的社会意义。刑法是法律的底线,法律是道德的底线。犯罪表明,行为不仅违背了道德的要求,而且突破了一般的法律的框架,是触犯刑法的严重危害社会的行为。犯罪是对行为所作的最严厉的否定性评价,其法律后果是受到严厉的刑事制裁。

刑罚基准机能:是指刑法具有规定了刑罚适用的基本原理原则,并且依据犯罪的事实、性质、情节和对于社会的危害程度设置了与具体犯罪相应的法定刑,以作为对具体犯罪裁量决定刑罚的标准的作用。刑法总则所规定的刑罚适用的普通性原理原则,是对具体犯罪裁量决定刑罚的基本准则。刑法分则所规定的与具体犯罪的罪状相应的刑罚种类与刑罚幅度,是对具体犯罪裁量决定刑罚的具体准则。

行为引导机能:是指刑法具有作用于公民的意志,促使公民实施合法行为,避免违法犯罪的意思决定的作用。刑法的这一机能,是刑法的犯罪评价机能与刑罚基准机能的自然引申,是刑法对社会生活的间接调整。刑法本身并未直接对公民的积极行为提出要求,而是通过否定应当受到否定的行为,来确立积极价值观。刑法的犯罪评价机能与刑罚基准机能,表明犯罪行为的否定意义以及由此所导致的严厉制裁后果。这是以极端的方式对社会所倡导的价值观的一种宣告,通过对严重的无价值行为的否定,来肯定价值行为的应然。刑法的确定性与明确性又使这种宣告得以最肯定、明晰的表述。对于守法公民来说,这是一种价值行为的指引。对于社会不稳定

[①] **功能**是指事物或方法所发挥的有利作用。机能、功能是客观存在的,其不受人的主观意愿的影响。在这一点上,其和任务有着区别。

分子来说,这是一种无价值行为的警示。

二、保障机能

刑法的**保障机能**,又称人权保障机能,是指刑法所具有的防止国家滥施刑罚权,以及维护公民自由权利不受剥夺的积极作用。刑法的这一机能奠基于以民主政治为核心的法治国的罪刑法定原则;其基本内容是,刑法禁止国家滥施刑罚权,禁止国家任意剥夺公民自由。

保障机能的根基:只有民主政治根基上的罪刑法定原则,才有刑法的保障机能。在中世纪及其以前,刑法依然存在,并且当时的一些思想家也提出了"与其杀不辜,宁失不经"、"万事皆归于一,百度皆准于法"等省刑慎罚、立法明威、事断于法的思想。然而,这种刑法内容公然不平等,刑罚苛酷严厉,刑法制定缺乏公共意志,事后法是一种合理存在。这里,不见民主政治的踪影,却见专制统治的利剑,刑法只是专政的工具,毫无民主武装的意义,罪刑法定原则更无从论及,这种刑法无所谓保障机能。只是历史步入了近代,在民主政治的背景下,罪刑法定原则将其根茎深深地盘结于刑法之中,并使其成为统辖刑法思想的一项铁则,刑法才拥有了限制国家的刑罚权、保障公民人权的保障机能。罪刑法定原则与法治紧密相连,法治营造了罪刑法定原则生存的生态环境。

对国家刑罚权的制约:从国家的角度,刑法的保障机能表现为对国家刑罚权的制约。刑法对国家刑罚权的制约,也可以称作刑法的收缩机能。刑法涉及对公民的生杀予夺,犯罪评价是对行为价值的彻底性否定。尤其是,刑事法律关系的主体是国家与犯罪人,国家行使刑罚权而犯罪人承担刑事责任。不受制约的权力将异化;刑罚权泛滥将危及无辜;不合理的刑事处置将吞没社会价值观导致社会振荡;以刑罚为主体的刑事制裁极其严厉。这些都决定了需要对刑罚权予以制约,在刑法无明文规定时,不得定罪处刑。由此,刑法具有限制性。

对公民自由的保障:从公民的角度,刑法的保障机能表现为对公民自由的保障。对公民自由的保障与对国家刑罚权的制约,是一个问题的两个侧面。公民自由的保障也就意味着国家不能任意处罚公民,刑罚权的发动应当有社会事实依据(立法上)和严格的刑法依据(司法上)。刑法对公民自由的保障,具体包括两个方面:**(1)保障犯罪公民受到合法追究**。犯罪人因其犯罪行为向国家承担刑事责任是有限度的。这种限度具体表现为:其一,在形式上,受刑法规定的制约。对刑法没有明文规定为犯罪的行为,不得定罪处刑,对刑法明文规定为犯罪的行为,只能严格依照刑法定罪处刑。刑法实际上是国家对罪之划定与刑之施加所设置的一种边界。边界之内是以犯罪为前提的犯罪人向国家承担与其罪行相适应的刑事责任,边界之外是一个公民应有的权利。其二,在实质上,受社会客观事实的制约。作为对犯罪人追究刑事责任依据的刑法,其所规定的刑事责任的范围与分量,是与该刑法的社会环境相适应的。不同时代、不同国度的社会,有着内容、特征各异的刑法。社会生产力发展的状况、经济制度、文化背景、历史传统等等因素,都对刑法有着重要的影响。**(2)保障善良公民**

不受非法追究。罪刑法定原则是现代刑法的根基与灵魂。对于国家权力而言,法无授权不可为;而对于公民权利来说,法无禁止即可为。国家没有事先以法律禁止的行为,均是公民可为的行为。事后法的追究,尽管其以法律的名义,但是也是一种不合理的国家行为。这种对承担刑事责任前提的严格法律限制,在很大程度上赋予合法公民以自由空间,激发了社会的活力,促进了社会的发展。"法律按其真正的含义而言与其说是限制还不如说指导一个自由而有智慧的人去追求他的正当利益……法律的目的不是废除或限制自由,而是保护和扩大自由。"①

三、保护机能

刑法的**保护机能**,又称法益保护机能,是指刑法所具有的惩罚犯罪,维护社会秩序,使各种有价值的利益得以体现的积极作用。刑法的这一机能奠基于刑法的工具属性,具体表现为:社会秩序的维护、各种法益的保护。

社会秩序的维护:社会秩序是人类社会存在和发展的基础,而伴随着利益之争,人类的社会秩序却不断地遭受着侵袭。社会总是在冲突与平衡中存在与发展。哪里有对社会秩序的破坏,那里就有对社会秩序的维护。人类尽其智慧与才能构建着自身有序的社会生活。有序的社会生活,离不开统一协调的行为准则以及对这种行为准则的保障机制。道德与法律,作为社会的行为规范,正充任着这一双重角色。它们既是社会行为的规范标准,又是行为规范的保障机制。"刑法在根本上与其说是一种特别的法律,还不如说是对其他一切法律的制裁。"②一方面,刑法以其对严重反秩序行为的刑事制裁,肯定着合法的行为模式,由此间接地作用着社会秩序;另一方面,刑法通过刑事制裁与罪犯处遇,使对社会秩序的严重破坏者受到惩罚与矫正,由此将严重反秩序的犯罪行为降低到最低限度,刑法直接地作用于社会秩序。

各种法益的保护:"法益就是受法律保护的利益和价值。"③从主体的角度,法益可以分为个人法益、国家法益、社会法益。个人法益是指由自然人所拥有的并由刑法加以保护的重要生活利益;国家法益是指以国家作为法律人格者所拥有的公法益;社会法益是指以社会整体作为法律人格者所拥有的社会共同生活之公共利益。④ 刑法对个人法益的保护,是指刑法惩罚侵害个人法益的犯罪行为,对遭受犯罪的侵害的被害人以及可能遭受犯罪侵害的一般个人进行保护。刑法对国家法益的保护,是指刑法惩罚侵害国家法益的犯罪行为,维护国家法益的完整。刑法对社会法益的保护,是指刑法惩罚侵害社会法益的犯罪行为,维护社会法益的完整。上述将刑法对法益的保护,分述为个人、国家、社会三个方面,仅是总体上的一种表述。事实上,个人法益、国家法益、社会法益三者是密切联系的,从这个意义上说,保护其中之一也意味着对其他的保护。对刑法保护法益所进行的划分,只是基于理论分析的需要与侧重。

---

① 〔英〕洛克著:《政府论》(下篇),叶启芳、瞿菊农译,商务印书馆1983年版,第127页。
② 〔法〕卢梭著:《社会契约论》,何兆武译,商务印书馆1982年版,第73页。
③ 甘雨沛、何鹏:《外国刑法学》,北京大学出版社1984年版,第280页。
④ 林山田著:《刑法特论》(上册),台湾三民书局1978年版,第8页。

第二章 刑法之基本观念

第一节 刑法理论

一、犯罪评价

犯罪究竟是以行为的客观事实为基准,还是以行为人的主观人格为尺度。对于这一问题的不同回答,形成了犯罪理论上客观主义与主观主义的基本分野。客观主义与主观主义也成为当代犯罪理论的两大基本元素。当代诸种折衷的犯罪理论,虽各有特色与风采多姿,却也只可谓是对这两大元素融合的创新。

(一)客观主义

客观主义从人的共同理性、人格同一性出发,以行为为中心,注重行为客观社会危害的犯罪评价。具体地说,其核心观念表现为意志自由论、行为中心论、道义责任论。

意志自由论·犯罪原因:客观主义认为,趋利避害是人类所共有的本性,人人均具有意志自由。意志自由,是指人可以从几个角度来审视事物,并对他即将做的事情作出有关利、害、好、坏的判断。能带来愉悦的事是好事,给人带来痛苦的则是坏事,人甚至可以把这种好或坏投影到未来,把现在令人满意的东西和将来的东西进行比较,由此随自己的意志决定去做或克制不去做的能力。[①] 犯罪是人在趋利避害本性的驱使下自由选择的结果。由此,犯罪原因不是问题,关键是合理的刑罚,从而这种主线的知识体系可谓犯罪的刑罚学。

行为中心论:犯罪人在本性上并没有区别,均有着共性的理性,所以能够评价犯罪的是行为人所引起的外部事实,即以现实所发生为犯罪之中心,犯罪行为及其结果皆应成为刑法价值判断之对象[②];刑罚的轻重应当根据犯罪事实而定,而与行为人的内部意思尤其是其人格无关。当然,行为中心论并非完全忽视行为人的主观因素,不过其所考虑的主观因素,仅仅限制在行为人行为时所表现的主观心理状态,即故意或过失,无犯意或无过失之行为,均非基于意志自由之行为,从而不能成立犯罪。[③] 在此,犯罪是以行为为主线与贯穿的一系列关键事实特征的组合,进而犯罪行为的类型成为犯罪类型的核心指标;依循这一逻辑路径,强调的是犯罪行为的规格,着力建构的是犯罪构成理论体系,并在违法性本质上倾重结果无价值。

---

① 〔英〕洛克著:《人类理解论》,关文运译,商务印书馆1981年版,第233—243页。转引自〔美〕里奇拉克著:《发现自由意志与个人责任》,许泽民等译,贵州人民出版社1994年版,第71页。
② 参见蔡墩铭著:《刑法总论》,台湾三民书局1995年版,第67页。
③ 参见高仰止著:《刑法总则之理论与实用》,台湾五南图书出版公司1986年版,第39页。

道义责任论：行为人具有是非辨别能力，从而对于法的道义性具有认识或认识的可能；同时，行为人具有意志自由能力，从而对于自己的合法行为具有选择与支配的可能；并且，行为人也具有主观决意能力，即具有责任能力的人对于违法行为的故意或过失。**由此**，行为人认识或可能认识行为的违法性，在能够选择合法行为的情况下，竟以自己的决意实施了犯罪行为，造成了一定的危害结果，则行为人应当受到道义上的谴责与非难。行为的可予非难是道义责任的归责核心。目前的规范责任论实则是以道义责任论为基本平台的一种责任本质理论，而道义责任论与规范责任论的核心区别在于，道义责任论并未注重期待可能性。

（二）主观主义

主观主义从人的超越理性、人格特殊性出发，以行为人为中心，强调行为人的人身危险性的犯罪评价。具体地说，其核心观念表现为行为决定论、行为人中心论、社会责任论。

行为决定论·犯罪原因：主观主义认为，人是个性的存在、自我的存在，没有意志自由，强调行为决定。当事件的进程可以向某一预先欲求的、选择的方向改变时，它就存在意志自由；而行为决定是指在一个情境中存在着各种限制因素，使得某种抉择成为不可能，或者必然导致某种后果，强调世界上的任何事物均受因果法则的支配[①]；先天的遗传基因或者后天的社会环境所造就的不良个性，决定了犯罪行为的必然性。由此，犯罪原因成为一个核心问题，关键是索求犯罪原因，从而这种主线的知识体系可谓刑罚的犯罪学。

行为人中心论：人的个性各不相同，不仅犯罪人与普通人不同，而且犯罪人与犯罪人之间也有着差异，犯罪是行为人的个性行为，所以犯罪不应求诸行为人之行为，而应求诸行为人之人格、人身危险性等主观因素，行为人之人格应成为刑法价值判断之对象[②]；刑罚的轻重应当根据行为人的人身危险性大小而定，而与行为实害之大小无关。当然，行为人中心论也不完全忽视行为的客观因素，不过认为行为并非是脱离行为人之抽象行为，而是行为者之行为[③]，行为是行为人人格的表现，是借以认识行为人人身危险性的媒介。[④] 在此，犯罪是以行为人为主线与贯穿的一系列关键事实特征的组合，进而犯罪人的类型成为犯罪类型的核心指标；依循这一逻辑路径，强调的是犯罪人的规格，着力建构的是犯罪人人身危险性的评价机制，而在违法性本质上倾重行为无价值。

社会责任论：人是个性的存在，人的行为是被生物遗传基因或社会环境决定的，具有社会危险性格的人的存在对社会就是一种威胁。就行为人而言，其应当对自己的社会危险性格负担责任，强调行为人因其社会危险性格而必须接受社会所采取的

---

① 参见〔美〕里奇拉克著：《发现自由意志与个人责任》，许泽民等译，贵州人民出版社1994年版，第28—29页。
② 参见蔡墩铭著：《刑法总论》，台湾三民书局1995年版，第67页。
③ 行为是为认识、表述行为人服务的。
④ 参见高仰止著：《刑法总则之理论与实用》，台湾五南图书出版公司1986年版，第40页。

防卫措施的地位;对于社会来说,社会有责任以相应的刑事政策或社会政策,改造教育犯罪人,履行对其实施拯救的责任,使之复归社会,或者排除其对社会的侵害。① 行为人的人身危险性是社会责任论的归责核心。目前的新社会防卫论不失以社会责任论为基本归宿的一种责任本质理论,而社会责任论与新社会防卫论的核心区别在于,后者立于意志自由,经由肯定犯罪人的社会责任感,而演绎出对之予以教育矫治的积极处遇。

（三）客观基底兼顾主观

当代刑法仍系以行为刑法为主导的法律制度与知识体系,尤其是犯罪构成理论,构成要件行为系贯穿全部要件与要素的主线,行为的事实特征既是核心框架也是行为与行为人的样态呈现。由此,客观主义构成犯罪理论的基底,主观主义借以行为事实特征的平台与面目得以栖息兼顾。

应当明确,客观主义不是客观归罪,主观主义也不是主观归罪,二者在定罪方面都坚持主客观相统一。当代刑法很少有单纯的主观归罪或客观归罪。所谓客观主义,是强调客观行为及其损害在定罪量刑中的意义,而主观主义是注重人身危险性在定罪量刑中的地位,但是两者均不排斥故意与过失等行为的主观心态也是犯罪成立的条件。在此,需要分析的是人身危险性在定罪量刑中的地位。**人身危险性**是指行为人将来实施犯罪行为的可能性,狭义的人身危险性仅指再犯可能性,广义的人身危险性还包括初犯可能性。在当代刑法中,显然人身危险性是影响量刑的一个重要因素。可以是从宽情节,也可以是从严情节。前者例如自首、立功,后者例如前科、累犯。这里,关键是人身危险性对定罪的影响。对此,应当说,人身危险性在犯罪构成中仍需通过行为的事实特征而呈现,人身危险性也并非犯罪构成的独立要件或要素;同时,犯罪构成要素并不着力与充分反映人身危险性,而人身危险性也不只是通过犯罪构成要素体现。人身危险性界入罪刑的意义应为:倘若行为具有一定的客观危害,并且行为人具有相当的人身危险性,对于这些人分别情况施以相应的保安处分;倘若行为人实施了符合犯罪本体构成的行为,但是其所具有的人身危险性显著轻微,可以对其依法予以非罪处理。

二、刑罚本质

刑罚究竟是为报应犯罪而施加,还是在于使犯罪人得以改善与矫正。对于这一问题的不同回答,形成了刑罚理论上报应主义与目的主义的基本分野。报应主义与目的主义也成为当代刑罚理论的两大基本元素。当代诸种折衷的刑罚理论,虽各有特色与风采多姿,却也只可谓是对这两大元素融合的创新。

（一）报应主义

报应主义,又称绝对理论,强调刑罚的施加在于报应。恶有恶报、善有善报是人理常情,犯罪是一种恶,对于犯罪之恶,应以刑罚应之。犯罪系属理性人的趋利避害,

---

① 参见甘雨沛、何鹏:《外国刑法学》(上册),北京大学出版社1984年版,第137页。

因而犯罪人的人格没有差异,由此刑罚对于犯罪的报应应以行为的客观事实为根据;着眼于已然之罪,犯罪事实不仅为刑罚之条件,而且为刑罚之唯一原因。刑罚本质的报应理念,经历了神意报应①、道德报应、法律报应三种理论形态,而作为现代科学刑罚理论的是道德报应与法律报应。

道德报应:道德报应以伦理道德来解释刑罚正当性,犯罪是行为人内心道德邪恶的表现,理应受到道义的责罚,国家根据道德观念,对犯罪人予以惩罚,以维护社会的正义。康德是道德报应主义的鼻祖,其报应主义思想呈现在三个方面:**(1) 报应属性**:康德指出:"法院的惩罚绝对不能仅仅作为促进另一种善的手段,不论是对犯罪者本人或者对公民社会。惩罚在任何情况下,必须只是由于一个人已经犯了一种罪行才加刑于他。因为一个人绝对不应该仅仅作为一种手段去达到他人的目的。"②**(2) 道德报应**:基于人性两重性与意志自由演绎出道德责难。人既具有原始向善的一面,同时又具有作恶倾向的可能。人的这种两重性,又具体表现在人作为感性动物与理性动物的特征上。作为感性动物,人生活于日常生活世界,服从自然法则,但是仍然具有作为本体的意志自由;作为理性动物,人生活于道德世界,服从理性法则,具有本体的意志自由。而在根本上,意志自由是将人看成是道德世界成员的产物。由此,人的意志,既受感性影响,又有理性自由。人到底如何行动,取决于自己的决定。作为一种有限的理性的存在者,人可能倾向于满足自己的感性欲望,在这一过程中往往违反了道德法则。然而,作为理性世界的成员,我们可以期待人按照理性的要求行动;道德法则是无条件的绝对命令,对于理性存在的人具有普遍的约束力。人基于自由意志,违反道德法则,人的这种行为在道德上应当受到非难和谴责。刑罚因违反道德并由此带来的诸多社会恶果而发动。③ **(3) 反坐报应**:在报应的标准上,康德主张等量报应,强调刑罚与犯罪之间形式上的对等。康德认为,惩罚方式与尺度,只能是平等的原则。"任何一个人对人民当中的某个个别人所作的恶行,可以看作是他对自己作恶。"这是一种"以牙还牙式"的报应。尽管他不强求犯罪与刑罚之间的绝对同态对应,但是他坚持犯罪与刑罚之间应当有一种直接的比例关系。例如,荣誉遭到攻击而受害的一方,可以使损害他的人的傲慢受到同等的痛苦,法庭判决损害者不但要当众撤回诽谤和向受害人道歉,而且还要受到某种很不舒服的折磨,例如,要他亲吻受害人的手等等。④

法律报应:法律报应以法律来解释刑罚正当性,犯罪是触犯法律的行为,理应受到法律的责罚,国家根据法律的规定,对犯罪人予以惩罚,以维护社会的正义。黑格尔是法律报应主义的重要代表。其报应主义思想呈现在两个方面:**(1) 法律报应**:黑格尔将犯罪视作不法,是对法的否定,而刑罚是对犯罪的否定,通过这种否定,法获得

---

① **神意报应**的思想盛行于古代及中世纪。神意报应以神意来解释刑罚正当性,犯罪是对神意的触犯,理应受到神的责罚,国家根据神的意志,对犯罪人予以惩罚,以维护社会的正义。
② 〔德〕康德著:《法的形而上学原理——权利的科学》,沈叔平译,商务印书馆1991年版,第164页。
③ 参见李梅著:《权利与正义:康德政治哲学研究》,社会科学文献出版社2000年版,第161—167页。
④ 参见〔德〕康德著:《法的形而上学原理——权利的科学》,沈叔平译,商务印书馆1991年版,第166页。

了自身的肯定,因此法是在匡正不法中获得存在的价值。这一路径也表现出刑法积极机能的张扬,在否定之否定中刑法的尊严得以树立,进而公众对于法律的信赖得以确立。黑格尔认为,不法的形式有三种:"它或者是自在的或直接的假象,即无犯意的或民事上的不法,或者被主体设定为假象,即诈欺,或者简直被主体化为乌有,即犯罪。"①所谓无犯意的或民事上的不法,是行为人误以为其不法行为为合法的一种不法;所谓诈欺,是行为人明知自己的行为是不法,却采用欺骗的办法使他人误认为此行为合法的一种不法;所谓犯罪,是行为人自己和他人都明知行为人的行为为不法的一种不法。黑格尔强调:"真正的不法是犯罪,在犯罪中不论是法本身或我所认为的法都没有被尊重,法的主观方面和客观方面都遭到了破坏。"②黑格尔指出,犯罪是虚无的,其虚无性在于作为法的法被扬弃了,但是作为绝对的东西的法是不可能被扬弃的。"犯罪行为不是最初的东西、肯定的东西,刑罚是作为否定加于它的,相反地,它是否定的东西,所以刑罚不过是否定的否定。现在现实的法就是对那种侵害的扬弃,正是通过这一扬弃,法显示出其有效性,并且证明了自己是一个必然的被中介的定在。"③**(2)等价报应**:黑格尔否定康德的反坐报应而主张**等价报应**,即追求犯罪与刑罚之间的一种价值上的等同。A.否定种的等同性:黑格尔指出:"如果我们仅忽略有限的本性,而且完全停留在抽象的种的等同性上,那么……很容易指出刑罚上同态报复的荒诞不经(例如以窃还窃,以盗还盗,以眼还眼,以牙还牙,同时我们还可以想到行为人是个独眼龙或者全口牙齿都已脱落等情况)。但是概念与这种荒诞不经根本无关,它应完全归咎于上述那种犯罪和刑罚之间种的等同性的主张。"B.肯定价值等同性:黑格尔指出:"犯罪的基本规定在于行为的无限性,所以单纯外在种的性状消失得更为明显,而等同性则依然是唯一的根本规则,以调整本质的东西,即罪犯应该受到什么刑罚,但并不规定这种科罚的外在的种的形态。单从这种外在的种的形态看来,一方面窃盗和强盗他方面罚金和徒刑等等之间存在着显著的不等同,可是从它们的价值即侵害这种它们普遍的性质看来,彼此之间是可以比较的。寻求刑罚和犯罪接近于这种价值上的等同,是属于理智范围内的事。"④

(二)目的主义

目的主义,又称相对理论,强调刑罚的施加在于目的。刑罚的目的并不在于对犯罪的报应,刑罚只是一种手段,通过这一手段以达到预防犯罪、保护社会目的。在此,刑罚针对未然之罪而发动,目的是刑罚施加的出发点与归宿。根据刑罚目的指向的不同,目的主义分为一般预防(初犯预防,一般人)与特殊预防(再犯预防,犯罪人)。

一般预防:一般预防以社会一般人为对象,犯罪系属理性人的趋利避害,由此刑罚的目的在于通过刑罚,威慑犯罪或者确证规范,预防社会一般人,使之不致犯罪。根据预防方式的不同,一般预防分为立法威吓主义、积极一般预防。**(1)立法威吓主**

---

① 〔德〕黑格尔著:《法哲学原理》,范扬、张企泰译,商务印书馆1961年版,第92页。
② 同上书,第95—96页。
③ 同上书,第100页。
④ 同上书,第105—106页。

义:立法威吓是通过法律明文规定刑罚的方式,来遏制社会一般人的犯罪欲望,从而收到预防犯罪的效果。与**执行威吓**[①]不同,立法威吓强调的不是刑罚执行的血腥场面,而是罪刑的**明确性和确定性**[②]。费尔巴哈[③]、贝卡利亚、边沁等是立法威吓主义的著名代表。**贝卡利亚**肯定一般预防的目的主义思想,指出:"预防犯罪比惩罚犯罪更高明,这乃是一切优秀立法的主要目的。""刑罚的强度和犯罪的下场应该更注重对他人的效用,而对于受刑人则尽可能不要那么严酷。"他尤其强调刑罚的必定性和及时性对于阻止犯罪的作用,认为"惩罚犯罪的刑罚越是迅速和及时,就越是公正和有益"[④]。**费尔巴哈**提出了"用法律进行威吓"的名言,并创立了心理强制学说来解释立法威吓。他认为,行为人之所以犯罪,就在于其追求在犯罪时获得快乐的感性冲动;为了防止犯罪,就必须抑制行为人犯罪快乐的感性冲动。具体地说,对于一定的犯罪,以刑法事先规定明确与肯定的刑罚,使人们预先知道因犯罪而受到刑罚的痛苦,大于因犯罪所能得到的快乐,由此,按趋利避害行事的人就会抑制犯罪的意念。

(2) 积极一般预防:执行威吓与立法威吓均以威吓为基底,此可谓消极一般预防。与此相反,超越于威慑意义来理解一般预防,是积极一般预防,其通过**刑法的评价机能和决定意思的机能**[⑤],基于刑罚否定本属否定的犯罪,进而确证刑法规范的标准与存在,使公民对刑法产生依赖与确信,由此达到预防犯罪的效果。德国学者雅科布斯(Gunther Jakobs)是积极一般预防的重要代表。**确证规范主义**认为,刑罚的核心目的在于通过对犯罪人施以再社会化与合规范人格化,达到"规范内化"的目标,以实现"法秩序防卫"。此外,刑罚尚有三个作用与目的:学习效应,即刑罚应具有社会教育性,借以习得对于法律的信赖;信任效应,借由刑罚的作用,使人民得以看见法律的贯彻实施;平复效应,借由对于法律破坏者的制裁,而使得一般社会大众因犯罪所生之不安的法意识得以平复,并同时将犯罪行为人内在的压力与外在的冲突,加以排解。

特殊预防:特殊预防以犯罪人为对象,犯罪系属经验人的必然行为,不仅普通人与犯罪人的人格特征不同,而且犯罪人与犯罪人之间也存在人格差异。由此,刑罚应以犯罪人之人格特征为据使之得以改善;刑罚的目的在于通过刑罚的剥夺与教育预防犯罪人再犯。根据预防方式的不同,特殊预防分为剥夺犯罪能力主义、矫正改善主义。**(1) 剥夺犯罪能力主义**:剥夺犯罪能力是以自由刑或者生命刑施加于犯罪人,使犯罪人与社会相隔离或消失于社会,从而排除其再犯的可能性。可见,剥夺犯罪能力

---

① **执行威吓**,通过在一般人面前公开执行残酷的刑罚,来防止一般人去犯罪,从而收到预防犯罪的效果。执行威吓盛行于古代与中世纪的专制社会,属于前科学时代的刑法观念。在此,罪行并不被看成是对社会的侵犯,而是行刑的威慑就足以防止的。严峻恐怖的死刑、肉刑被视作维护统治权威的法宝,使被征服者臣服的有力工具。

② **罪刑的明确性**,是指犯罪与刑罚的规定必须清晰明了,包括犯罪的明确性与刑罚的明确性。甚至,在刑罚上强调绝对确定的法定刑,禁止绝对不定期刑。**罪刑的确定性**,是指刑法的适用应当必然与确定,使刑罚成为犯罪的必然法律后果,而法无明文规定者不为罪不处罚。

③ 保罗·费尔巴哈,是德国著名古典哲学家路德维希·费尔巴哈的父亲。

④ 〔意〕贝卡利亚著:《论犯罪与刑罚》,黄风译,中国大百科全书出版社 1993 年版,第 104、56 页。

⑤ **刑法的评价机能**,是刑法把一定的行为当作犯罪并科以一定的刑罚,由此为一般人提供了一个行为价值的判断标准;**刑法的决定意思的机能**,是刑法指令一般人按照这种价值判断标准而作出意思决定。

是**消极的特殊预防**,又称排害主义。**龙勃罗梭**是剥夺犯罪能力的推崇者。他认为,无论从统计学的角度看,还是从人类学的角度看,犯罪都是一种自然现象、必然现象。对于那些已经成熟的犯罪,我们更应当注意加以预防,而不是医治。坏人是不可救药的,甚至他们所生的儿子也同样坏;法官杀掉罪犯,并且通过死刑防止犯罪的重新发生。① 刑罚应当根据犯罪人类型的不同而有所区别:对尚未犯罪但有犯罪倾向的人实行保安处分,即预先使之与社会相隔离;对于具有犯罪生理特征者予以生理矫治,即通过医疗措施如切除前额、剥夺生殖机能等来消除犯罪的动因;将危险性很大的人流放荒岛、终身监禁乃至处死。② **(2) 矫正改善主义**:矫正改善主义将刑罚用作矫治改善犯罪人的手段,通过刑罚对犯罪人予以教育改造,使其改恶从善,从而排除其再犯的可能性。因此,矫正改善主义是**积极的特殊预防**,又称教育刑主义。**李斯特**(Franz Liszt,1851—1919)大力倡导矫正改善主义。他认为,刑罚的目的在于改造和教育犯罪人,消除其危险性,使之重返一般市民生活之中。个别预防的重点不是预防不特定的可能犯罪的人(初犯预防),而是预防已受到处罚的人再次犯罪(再犯预防)。刑罚的分量应以为了消除犯罪人的再犯危险性,使之重返社会所需要的处理期间为标准,处罚的不是行为而是行为人。③ 日本刑法学家**木村龟二**也力主教育刑论,他认为:教育是刑罚的本质;教育刑的教育是以犯罪人为对象的特殊教育,是"再教育";科处刑罚不是因为行为人犯了罪,而是为了行为人不犯罪;刑罚要依据犯罪人的个性,采取相应的方法使之回归社会;教育刑的刑罚个别化 是对相同的犯罪人平等处理、对不同的犯罪人不同处理,因此教育刑包含了平均正义,并进一步体现了分配正义。④

(三)报应基底兼顾目的

报应是刑罚的基本特征,刑罚因为犯罪而发动,报应的因素是刑罚本身所蕴含的;另一方面,倘若刑罚仅仅是因报应而报应,那么其将成为形式的与僵硬的东西,而丧失应有的更深层面的社会价值,因此刑罚也应当为了预防的目的。

报应与预防是相互兼容统一的,但是这并不是说两者不分主次。没有犯罪就没有刑罚,没有法律就没有刑罚,没有法律规定的刑罚就没有犯罪,因此,在报应与预防中,刑罚首先着眼于已然之罪而发动,报应构成了刑罚的基底,而且这一报应必须限定在理性的法律界定之内。在此基础上刑罚适用,也应考虑其应有的确立社会一般人对法律的信奉,此为积极的一般预防。当然刑罚有其威慑的功效,但是这不应成为我们刻意的追求。以报应为基底的刑罚,也不否定刑罚适用应当兼顾犯罪人未来犯罪的可能性,此为特殊预防。不过这里的特殊预防应当是积极意义上的,即以教育改造罪犯为目的,而不应是消极的剥夺。以报应为基底兼顾预防,并不否认在刑事活动的不同阶段,报应与预防各有不同的侧重。在刑罚的立法阶段,以报应为基底适当注重一般预防;在刑罚的裁量阶段,兼顾报应与预防;在刑罚的执行阶段,基于报应的限

---

① 参见〔意〕龙勃罗梭著:《犯罪人论》,黄风译,中国法制出版社 2000 年版,第 319、327、323 页。
② 参见刘麒生:《郎伯罗梭氏犯罪学》,商务印书馆 1938 年版,第 363 页。
③ 参见马克昌主编:《近代西方刑法学说史略》,中国检察出版社 1996 年版,第 196—197 页。
④ 参见李海东主编:《日本刑事法学者》(上),中国法律出版社、日本成文堂 1995 年版,第 180 页。

度适当注重特殊预防。

第二节 刑法学派思想

一、刑法学派的形成

人类经历了古代、中世纪、近代、当代的历史跋涉,刑法思想也在这历史的潜行中衍生、发展,并汇集成滔滔奔腾的思想洪流。在古代、中世纪,关于刑法的思想,从根本上归结为神说。同时,这两个时期的刑法思想也比较零散,并未形成独立的、系统的理论体系。

文艺复兴是西方具有里程性的思想解放运动。文艺复兴时期所取得的一切科学成果,对于封建的神学观念都具有否定与破坏的作用。由此,新兴的资产阶级逐步萌芽与发展并取代封建贵族阶级,历史步入近代。与封建的"君权神授"相对立,新兴的资产阶级思想家提出了"天赋人权"的主张。由君权神授转向天赋人权,这是思想领域里的一场大变革。这时资产阶级处于上升时期,其主要任务是抨击封建专制的黑暗统治,揭示这种统治对于人类自然与理性的违反,强调资本主义意志形态与制度的合理性,张扬资本主义社会的理性王国。出于资产阶级发展和政治经济的需要,资产阶级思想家在吸取了历史上有关自然法思想的合理成分的基础上,系统地提出了资产阶级人权、法治、民主的理论,由此与封建的神学思想与罪刑擅断相抗衡,形成了古典自然法学派,进而衍生出刑事古典学派。

19世纪初,英法等国的资产阶级已经取得了统治地位,它们的任务已不再是摧毁封建专制,而是巩固、发展资产阶级统治。及至19世纪中后期,资本主义经济已发展到一定的规模,逐步形成垄断。这时,资本主义的大工业都市发达,人口涌入城市,并出现诸多社会问题,犯罪日益严重,累犯、惯犯、青少年犯罪、妇女犯罪突出,贫穷、失业、卖淫等普遍化,阶级斗争激化。对于这种新形势下的犯罪问题,刑事古典学派理论难以合理地作出解释与处理。同时,将自然科学的研究成果引入社会科学的研究领域,也成为18、19世纪欧洲学术界流行的一种风尚。孔德提出了"观察优于想象"的实证主义的著名命题,达尔文的进化论也对人类思想产生了重大影响。在这种文化氛围下,刑法学研究由注重采用演绎的方法,发展到强调综合运用人类学、生物学、社会学等的实证论。由此,以实证与操作为特征、以刑事政策为核心的刑事近代学派应运而生。

在刑事古典学派、刑事近代学派形成之后,西方刑法学家还提出了许多学说。例如,新犯罪生物学理论、犯罪心理学理论、现代犯罪社会学理论、新社会防卫论、新古典学派、新黑格尔主义法学派等等。尽管这些理论与学派在某些具体的观点上有一定的分歧,但是总的说来,他们或者与刑事古典学派有着不解之缘,或者仍未从根本上超越刑事近代学派的藩篱。因此,刑事古典学派、刑事近代学派是刑事法学流派的两个主流。

二、刑法学派的思想概要

刑事古典学派根源于理性哲学,崇尚个人主义观念①,提出了罪刑法定主义、罪刑均衡主义以及刑罚人道主义等主张,给1789年的法国《人权宣言》、1791年与1810年的《法国刑法典》以及其他早期资产阶级刑法典以很大影响,对于反对封建司法专横、建立现代法制起到了极为重要的促进作用。刑事古典学派肇始于意大利学者贝卡利亚,其他代表人物有德国的康德、黑格尔、费尔巴哈、英国的边沁等。在犯罪理论上,刑事古典学派持有基本**一致**的立场,认为:(理性人)犯罪是人的理性的产物,人均是明事理、懂道理、有着意志自由、知道趋利避害的抽象的"理性人";(客观危害)刑事制裁依凭表现于外部的犯罪人的行为,刑罚应以犯罪的客观危害为限度,犯罪与刑罚均衡;(道义责任)具有自由意志的人在能够选择不犯罪的情况下实施了犯罪,因而理应受到责难而承担道义责任;(人权保障)罪刑法定原则是现代刑法的根基,刑法是对国家刑罚权的节制,刑法应当注重人权保障机能等。基于刑罚观念的差异,刑事古典学派又可分为**两种情况**:以刑罚一般预防为定位的相对主义;以刑罚报应主义为定位的绝对主义。**(1)刑事古典学派相对主义**:又称规范功利主义,代表人为意大利学者贝卡利亚、德国的费尔巴哈、英国的边沁。这种理论以理性主义、自由主义为基础,在刑罚理论上,属于目的刑主义。贝卡利亚主张刑罚的目的是一般预防与特殊预防,费尔巴哈则认为刑罚的目的是一般预防。**(2)刑事古典学派绝对主义**:与相对主义相对,代表人物主要是德国的康德和黑格尔。这种理论以超个人的民族精神、国家主义②为基础,在刑罚理论上,主张报应刑主义,否定刑罚的目的。

刑事近代学派③根源于经验哲学,崇尚超个人主义国家观④,提出了揭示犯罪原因控制预防犯罪、刑罚替代措施替代刑罚、力挺罪犯处遇与刑事政策等主张,给现代刑事处置制度的改革奠定了坚实的理论基础,对于当代资本主义社会法治文化制度模式的建构起到了重要的推进作用。刑事近代学派肇始于意大利犯罪学家龙勃罗梭,其他代表人物有意大利的加罗法洛、菲利和德国的李斯特等。在犯罪理论上,刑

---

① 个人主义观念强调个人自由、人权、道义,法律与国家应为个人而存在。在国家的体制中,人性文化、科学、艺术和道德构成首要前提条件,由此法律也就有了道义上的尊严,法律仅仅推导出一种个人主义伦理价值,而非自身价值。参见〔德〕拉德布鲁赫著:《法学导论》,米健、朱林译,中国大百科全书出版社1997年版,第11页。在个人主义观念下,个人自由不受外来约束,个人利益得到空前张扬,社会整体价值受到轻视。

② 民族精神与国家主义并不否定个人自由与人权保障,只是将个人自由融入到民族精神中去,将个人自由置于国家主义的框架下来理解。为此,黑格尔否定威吓与矫正的刑罚目的,指出"威吓的前提是人不是自由的,因而要用祸害这种观念来强制人们。然而法和正义必须在自由和意志中,而不是在威吓所指向的不自由中去寻找它们的根据"。〔德〕黑格尔著:《法哲学原理》,范扬、张企泰译,商务印书馆1961年版,第103页。

③ 可将刑事近代学派的伦理观归于行为功利主义。

④ 超个人主义国家观强调国家自由、社会整体利益,个人服从于国家。法律和国家只是服务于个人终极目的之工具的工具,是最普遍之目的性的技术性处分,是必然的痛疾。而且,虽然个人主义也有其绝对激情,但这种激情却仅仅在于它不同于对法律与国家的那种激情,是或此或彼游离国家思想的激情:"国家终止之地,始有不是多余的人类"。参见〔德〕拉德布鲁赫著:《法学导论》,米健、朱林译,中国大百科全书出版社1997年版,第12页。

事近代学派持有基本一致的立场,认为:(经验人)犯罪是人的经验的产物,人是有着先验的社会生活或者先验的生物因素的"经验人",不仅犯罪人与普通人不同,而且犯罪人与犯罪人也不同;(人身危险)犯罪的本质在于行为人固有的或者必然的人格,刑事处遇依凭存在于行为人内在的、与行为人的肉体与灵魂为一体的行为人的人身危险性;(社会责任)具有社会危险性格的人的存在对社会就是一种威胁,因而应当承担以保护社会为目的的必要处分,实行刑罚个别化,刑罚的目的在于特殊预防与教育;(社会保护)保护法益是刑法的首要任务,刑法应当具有惩罚犯罪,维护社会秩序,使各种有价值的利益得以体现的积极作用,由此实现其社会保护机能。基于刑罚观念的差异,刑事近代学派又可分为**两种情况**:以剥夺犯罪能力为定位的人类学派;以矫治改善为定位的社会学派。**(1) 刑事人类学派**:以龙勃罗梭、加罗法洛为代表,这一学派提出了天生犯罪人论,认为有些人生下来就注定要成为罪犯,他们是危害社会的最主要部分,应该对他们采取保安处分、死刑、流放荒岛、消除生殖机能等剥夺措施以预防犯罪。**(2) 刑事社会学派**:以菲利、李斯特为代表,这一学派认为,刑事人类学只注重犯罪的生理、人类学等因素而忽视了整个社会对犯罪的重要影响,指出社会的弊端及其不良因素才是引起犯罪的真正原因,应当采取特殊的矫治与教育来改善犯罪人。

三、刑事古典学派的代表思想

贝卡利亚:于 1764 年在其名著《论犯罪与刑罚》中,对罪刑的法律应然作了独到的阐释,成为刑事古典学派的标志性思想,具体内容涉及如下命题:犯罪原因是特定环境下的个人选择;犯罪本质是对社会契约的违反;衡量犯罪的标尺是行为的客观社会危害;刑罚的必定性和及时性对于阻止犯罪极为重要;严酷的刑罚将会促成人们犯下更多罪行;滥施极刑从来没有使人改恶从善;刑罚应与犯罪相对称等等。兹择其**罪刑法定思想**作一介绍。就罪之确定而论,贝卡利亚提出了犯罪应有界限与无罪不罚的思想。为此,他创立了犯罪所侵法益的三类型的划分,并以此构建犯罪轻重的阶梯,强调犯罪界限应当清晰明确,而"每个公民都应当有权做一切不违背法律的事情,除了其行为本身可能造成的后果外,不用担心会遇到其他麻烦"[①]。从立法来说,贝卡利亚认为:"只有法律才能为犯罪规定刑罚。只有代表根据社会契约而联合起来的整个社会的立法者才拥有这一权威。"[②]从司法来说,贝卡利亚强调:"任何一个司法官员都不得以热忱或公共福利为借口,增加对犯罪公民的既定刑罚",司法官员的"判决是对具体事实作出单纯的肯定或者否定。"[③]从法律解释来说,贝卡利亚认为:"刑事法官根本没有解释刑事法律的权利","当一部法典业已厘定,就应逐字遵守,法官唯一的使命就是判定公民的行为是否符合成文法律。"[④]从法律明确来说,贝卡利亚对于法律的含混给予了猛烈的抨击,这种含混的法律"使人民处于对少数法律解释

[①] 〔意〕贝卡利亚著:《论犯罪与刑罚》,黄风译,中国大百科全书出版社 1993 年版,第 69 页。
[②] 同上书,第 11 页。
[③] 同上。
[④] 同上书,第 12—13 页。

者的依赖地位",并"把一部庄重的公共典籍简直变成了一本家用私书"。①

费尔巴哈:强调刑法的人权保障机能,为此在其1801年的刑法教科书中,用法谚的形式对罪刑法定原则作了极为严格的表述;进而,具体建构罪刑法定原则的操作技术,将"构成要件"(Tatbestand)由诉讼法意义上的概念变为实体法上的概念;立于客观主义与一般预防的立场,费尔巴哈以分则具体犯罪构成以及客观构成来构建违法行为的犯罪成立条件;费尔巴哈还启用了刑事政策的术语,强调刑事政策是基于心理强制学说的刑事立法政策,是国家据以与犯罪作斗争的惩罚措施的总和。兹择其心理强制学说作一介绍。费尔巴哈创立**心理强制学说**来解释立法威吓。其主要观点是:人的行为是不自由的,而是取决于感性的冲动;人都具有追求快乐而逃避痛苦的本能。因而,人在可能获得较大的快乐时,就断绝较小快乐的意念;而可能避免较大的痛苦时,就会忍耐较小的不快乐。行为人之所以犯罪,就在于其追求在犯罪时获得快乐的感性冲动;为了防止犯罪,就必须抑制行为人犯罪快乐的感性冲动。具体地说,对于一定的犯罪,以刑法事先规定明确、肯定的刑罚,使人们预先知道因犯罪而受到刑罚的痛苦,大于因犯罪所能得到的快乐,由此,按趋利避害行事的人,就会把抑制犯罪发生的小的不快和受到刑罚产生的大的不快比较,宁肯避开大的不快而选择小的不快,从而抑制心理上萌生犯罪的意念,以达到避免犯罪。②

边沁:以功利主义著称,在其名著《立法理论(刑法典原理)》③中,竭力构建古典学派刑法思想的功利公式,提出了犯罪与刑罚许多科学论断。诸如,避苦求乐统摄着人类的一切行为;欲望是导致犯罪的一个重要因素;犯罪离不开施恶能力;教育程度、道德、宗教等仁善文化与犯罪有着密切的联系;应对犯罪的措施包括预防方法、遏制方法、补偿方法、刑罚方法。兹择其**犯罪恶害思想**作一介绍。对此,边沁的基本命题是,犯罪自身的恶性和犯罪造成社会的惊恐决定着犯罪的恶害。具体而论,犯罪之恶分为两个层次:(1)犯罪的第一层次之恶是指犯罪自身的恶性大小,可根据下列原则估量:① 混合型犯罪,产生比单一犯罪更多的恶;② 半公罪和公罪之恶,在同样条件下比私罪之恶大;③ 可以进一步细分的半公罪和公罪之恶,比同种类的私罪要小;④ 犯罪的结果对被害人产生了另一种恶,则这种犯罪的恶就更大;⑤ 犯罪的结果衍生出一种对其他人的恶,则这种犯罪的恶就更大。除了这些原则以外,要估量第一层次之恶,还必须考虑以下使罪恶增加的情节:受害人肉体上痛苦的增加;恐怖的增加;耻辱的增加;无法弥补的损坏;伤害的加重。(2)犯罪的第二层次之恶是指犯罪造成社会和公众的惊恐,随下列情况而变化:① 犯罪目的。故意犯罪是产生罪恶的永久性原因。② 罪犯身份。通常情况下,罪犯的身份能够减少人们的惊恐。③ 动机。犯罪是出自特殊动机而这种动机又不常见的话,那么惊恐也就很有限。④ 预防犯罪的难易。容易预防以及受害人不同意就无法进行的犯罪,其引起的惊恐就小。⑤ 秘密

---

① 〔意〕贝卡利亚著:《论犯罪与刑罚》,黄风译,中国大百科全书出版社1993年版,第15页。
② 参见马克昌主编:《近代西方刑法学说史略》,中国检察出版社1996年版,第83页;〔日〕木村龟二主编:《刑法学词典》,顾肖荣等译校,上海翻译出版公司1991年版,第411页。
③ 边沁的《立法理论》分三卷,《刑法典原理》是三卷之一。

的技巧程度。犯罪的性质和情节导致很难发现犯罪与抓获罪犯时,惊恐程度就增大。
⑥ 罪犯性格。一个人的性格或多或少能显示出一定的危险性,性格能使惊恐增加或者减少。①

四、刑事近代学派的代表思想

龙勃罗梭:于 1878 年出版了《犯罪人论》第二版,将实证主义的方法引入刑法研究,并且使对刑法问题的探讨从行为中心转向行为人中心,成为现代犯罪学诞生的标志。龙勃罗梭强调实证学的研究方法,注重犯罪人的生物学特征;主张揭示犯罪原因并对于不同的犯罪人予以不同的处置;刑事处置不是报应犯罪,也不是一般预防,而是特殊预防等。兹择其**天生犯罪人论**作一介绍。对此,龙勃罗梭的基本命题是,犯罪主要是一种返祖遗传。这是其早期著述中的学术思想。作为一名监狱医生,他对几千名犯人作了人类学的调查,并进行了大量的尸体解剖。1870 年 12 月,在意大利帕维亚监狱,龙勃罗梭打开了全意大利著名的土匪头子维莱拉尸体的头颅,发现其头颅枕骨部位有一个明显的凹陷处,它的位置如同低等动物一样。这一发现触发了他的灵感,由此他认为,犯罪人与犯罪真相的神秘帷幕终于被揭开了,原因就在于原始人和低等动物的特征必然要在我们当代重新繁衍。龙勃罗梭的天生犯罪人理论,包括四个方面的主要内容:(1) 体格心理异常:犯罪人通过许多体格和心理的异常现象区别于非犯罪人。(2) 人种变种:犯罪人是人种的变种,属于一种人类学类型,是一种退化现象。(3) 返祖蜕变:犯罪人是一种返祖现象,是蜕变到低级的原始人类型,是现代社会的"野人"。(4) 犯罪遗传:犯罪行为具有遗传性;它从犯罪天赋中产生。② 天生犯罪人具有如下特征:(1) 生理特征:扁平的额头,头脑突出,眉骨隆起,眼窝深陷,巨大的颌骨,颊骨同耸;齿列不齐,非常大或非常小的耳朵,头骨及脸左右不均,斜眼,指头多畸形,体毛不足等。(2) 精神特征:痛觉缺失,视觉敏锐;性别特征不明显;极度懒惰,没有羞耻感和怜悯心,病态的虚荣心,易被激怒;迷信,喜欢文身,惯于用手势表达意思等。③

加罗法洛:于 1885 年出版了名著《犯罪学》,成为第一部以犯罪学命名的学术著作。在书中他开拓性地将犯罪区分为自然犯与法定犯,并且对自然犯罪人进行了深入的研究,提出了一系列的独到见解。诸如,衡量犯罪的标准是犯罪人的人身危险性,针对犯罪人的不同类型施以相应的刑事处置等。兹择其**自然犯与法定犯之界分**作一介绍。加罗法洛强调自然犯与法定犯是犯罪原因各不相同的两种情形,只有自然犯才是真正的犯罪,应当区分自然犯的不同类型分别采取不同的措施。(1) 自然犯,是指违背最为基本的作为人所应有的怜悯和正直等利他情感的犯罪。对道德的

---

① 参见〔英〕边沁著:《立法理论——刑法典原理》,沈叔平等译,中国人民公安大学出版社 1993 年版,第 6 页以下。
② 〔德〕汉斯·约阿希姆·施奈德著:《犯罪学》,吴鑫涛、马君玉译,中国人民公安大学出版社 1990 年版,第 114—115 页。
③ 转引自马克昌主编:《近代西方刑法学说史略》,中国检察出版社 1996 年版,第 151 页。

伤害是犯罪界定的必要前提,"这种伤害又绝对表现为对怜悯和正直这两种基本利他情感的伤害"。在人类存在这个非常广泛的领域中,怜悯和正直情感具有同一性,犯罪就在于其行为侵犯了这些同样的情感。(2)法定犯,是指基于法律的规定而使之成为犯罪的犯罪。由此,法定犯几乎可以适合于任何一个从不同角度都将被看作对社会有害的行为,进而使犯罪成为一个模糊的定义。法律学者"不把犯罪看作是一个心理异常的人",进而作为应对犯罪而适用的"不是经验证明能在总体上有效地减少犯罪的刑罚"①。在此,自然犯类型及其处置措施是关键,具体而论,自然犯类型包括谋杀犯、暴力犯、天生的和习惯性的罪犯、非习惯性的罪犯、色情罪犯等,分别不同情形对之适用的措施包括死刑、精神病院禁闭、流放荒地、海外惩戒营拘留、流放殖民地、强制补偿、改变个体环境等。②

菲利:于1881年出版了其代表作《刑法与刑事诉讼的新见解》,1884年第二版更名为《犯罪社会学》。他承认犯罪与遗传等先天因素有着密切的联系,十分注重犯罪的生理原因,但是菲利又不满足于犯罪人类学派的理论,更为关注犯罪的社会原因,提出了犯罪原因三元论、犯罪饱和论、社会责任论、刑罚替代措施等著名论断,从而开创了犯罪社会学派的先河。兹择其**刑罚替代措施思想**作一介绍。对此,菲利的基本命题是,犯罪的饱和法则决定了,刑罚尽管是永久的但却要成为次要手段,而刑罚的替代措施则应成为社会防卫机能的主要手段。具体地说:(1)犯罪饱和法则:每一个社会都有其应有的犯罪,这些犯罪的产生是由于自然及社会条件引起的,其质和量是与每一个社会集体的发展相适应的。"就像我们发现一定数量的水在一定的温度之下就溶解为一定数量的化学物质但并非原子的增减一样,在一定的自然和社会环境下,我们会发现一定数量的犯罪。"③(2)求助替代措施:由于经验使我们确信刑罚几乎完全失去了威慑作用,所以为了社会防卫的目的,我们必须求助于最有效的替代手段。"关于预防犯罪措施的改革哪怕只进步一点,也比出版一部完整的刑法典的效力要高一百倍。"④(3)替代措施观念:立法者,通过研究个人和集体行为的产生、条件和结果,逐渐认识人类的心理学和社会学规律,在各种立法、政治、经济、行政和刑罚手段中,从最大的机构到最小的单位,调整社会体制,由此控制许多导致犯罪产生的因素,尤其是社会因素,从而使人类行为被不知不觉地导向非犯罪的轨道上去。⑤

第三节 刑法基本原则

国外刑法理论通常不设刑法基本原则的范畴,而多是直接阐释罪刑法定原则等理论。与此不同,刑法基本原则是我国刑法理论中的重要概念。**刑法基本原则**,是指

---

① 〔意〕加罗法洛著:《犯罪学》,耿伟、王新译,中国大百科全书出版社1996年版,第44、29、62—63页。
② 同上书,第329—353页。
③ 〔意〕菲利著:《实证派犯罪学》,郭建安译,中国政法大学出版社1987年版,第56页。
④ 〔意〕恩里科·菲利著:《犯罪社会学》,郭建安译,中国人民公安大学出版社1990年版,第94页。
⑤ 同上书,第81页。

刑法部门所特有或者特别强调的,贯穿于刑法整体,对刑法立法与司法具有全面指导意义,作为刑法理论与实践的准则。基于《刑法》①的规定,我国刑法的基本原则包括罪刑法定原则、罪刑均衡原则、法制主义原则、适用刑法平等原则。

一、刑法特有原则

刑法特有原则,是指相对于其他法律而论,刑法作为一种独特法律而具有的一些基本原则。包括罪刑法定原则、罪刑均衡原则。

(一) 罪刑法定原则

罪刑法定原则,在实质上体现了刑法应有的限定国家刑罚权的价值取向,即基于民主政治与法治主义的国家制度,防止任何形式的罪刑擅断,限制国家刑罚权的扩张,保障公民的自由权利。在形式上强调刑法应有的实现刑罚权限定的制度规则,即以"法无明文规定不为罪、法无明文规定不处罚"为本源,以"排斥习惯法、禁止绝对不定期刑、禁止适用类推、禁止事后法"为派生(A),其后又派生出"不明确而无效(刑法明确性)、实体的正当程序(刑法正确性)"原则(B)。其中,A又被称为罪刑法定原则的形式侧面,B则被称为罪刑法定原则的实质侧面。

在罪刑法定原则的理解上**应当注意**:缺乏民主政治与法治主义的基底,而仅有所谓"事断于法",这不能称作罪刑法定原则,从而在中国古代法律制度中没有罪刑法定原则;罪刑法定原则的实质是对国家刑罚权的限定,对于私权利而言就是"法无禁止皆可为",而对于公权力来说则是"法无允许不可为";正是由于罪刑法定原则是对国家刑罚权的限定,从而其形式上表达式是排除式的陈述,我国《刑法》第3条前段不在罪刑法定原则的范畴;"法无明文规定不为罪、法无明文规定不处罚"是罪刑法定原则形式意义之根本,而"排斥习惯法"等作为其派生原则可在相对意义上存在;刑法的明确性与确定性是罪刑法定原则的核心内容,这是强调罪刑的规定必须清楚明了,罪刑的适用必须以刑法明文规定的罪刑为依据;刑法的正确性是罪刑法定原则的思想的实质遵循,其强调刑法立法本身应当是合宪的与正当的、罪刑的内容应当是必要的与妥当的②。广义而论,罪刑法定原则还应包括罪刑均衡与刑罚宽和的思想。轻者重而重者轻或者轻轻重重③,使罪刑丧失了应有的合理尺度,这在本质上系属罪刑擅断的呈现。

作为现代刑法价值支柱与铁则的罪刑法定原则是资产阶级启蒙思想及其制度的产物。法国卢梭、孟德斯鸠、英国洛克等系统提出的人民主权、法治主义、自由主义思想,构成了罪刑法定原则的思想基奠;1215年英王约翰签署的《大宪章》④的第39条,被认为是罪刑法定原则的最初法律渊源,其后又有"法律正当程序"概念确立;进而英

---

① 如未特别指示,本书所称《刑法》均指1997年《中华人民共和国刑法》。
② 这里的"必要"与"妥当",固然是以罪刑法定原则所应有的实质思想为标准的,这可谓是罪刑法定原则实质意义的更为直接与明确的形式表述。
③ "轻轻重重"走向重刑。详见张小虎:《宽严相济政策与轻轻重重政策的特征比较》,载《河南财经政法大学学报》2012年第1期。
④ 1215年,英王约翰在贵族、僧侣、平民等阶层所结成的大联盟的强烈要求下,签署了共49条的特许状,史称《大宪章》。

美法系国家在宪法性的法律中具体规定了罪刑法定,从而使英美法系国家在"遵循先例"规则的框架下践行着罪刑法定原则。就大陆法系国家而言,罪刑法定思想从学说到法律的转变,是在法国资产阶级革命胜利以后完成的。1789 年法国《人权宣言》第 5 条与第 8 条对罪刑法定作了规定,而 1810 年《法国刑法典》第 4 条则使罪刑法定原则在刑法中扎根。这一《法国刑法典》对大陆法系国家的刑法立法产生了极大的影响,继此罪刑法定原则成为大陆法系国家刑法中通行的规定。

新中国成立后的第一部刑法典 1979 年《刑法》并未规定罪刑法定原则,相反却以第 79 条规定了类推制度。尽管如此,刑法理论仍然认为这一《刑法》坚持了罪刑法定原则。这一理论的定位与张扬对于司法实际产生了重要的影响,从而使类推适用的范围与数量受到了很大的限制。如今,1997 年《刑法》第 3 条后段明确规定了罪刑法定原则,这一规定清晰地宣告了这部《刑法》立法坚持了罪刑法定原则的宗旨,并且强调刑法司法一应严格遵循罪刑法定原则而无任何例外。应当说,相对于 1979 年《刑法》而言,1997 年《刑法》的确在诸多方面体现了罪刑法定原则:条文数由原来的 192 条增加到 452 条,相应的罪名数也由原来的约 128 个增加到现在的 451 个[①],同时将 1979 年《刑法》中渎职罪、流氓罪、投机倒把罪的"口袋罪"予以分解,并且在许多具体犯罪的立法模式上采纳了叙明罪状的表述,较为明确地规定了刑罚的种类与制度,除少数极刑绝对确定外均采用相对确定法定刑,以《刑法》第 12 条继续明确坚持从旧兼从轻原则,等等,这些均使刑法的明确性与确定性有了较大程度的提高。

一国社会的政治、经济、文化、法治等状况,是罪刑法定原则生长的基本土壤。由此,罪刑法定原则的践行,也是随着社会的发展而不断逐步向前推进的一个过程。从这个意义上说,我国刑法立法与司法在罪刑法定原则的体现与遵循上,相对于社会与法治的进步程度较高的一些国家,仍现诸多不足:我国《刑法》在具体犯罪的罪状表述中,设置了大量的诸如"其他……"等兜底性的规定,罪状构成设置了大量的诸如"情节严重"等包容广泛的要素,这种立法模式模糊了刑法的明确性而使具体犯罪的出入与轻重有了很大伸缩的空间。在刑罚种类并未规定"禁止……从事特定活动,进入特定区域、场所,接触特定的人",或者缺乏类似的保安处分措施制度的情况下,却将这种"禁止"作为管制、缓刑等刑罚适用的内容,这是有违刑之法定的基本要求的。我国《刑法》中也有着诸如第 201 条第 4 款所现的,原本成立犯罪的行为仅因事后补救而不予入罪的不合理规定;司法实际中也有诸如将单位盗窃这一本不构成犯罪的情形,解释成"以盗窃罪追究直接责任人员的刑事责任"[②]的僭越《刑法》。其他诸如:缺乏标题明示式罪名的立法,某些具体罪名的类型过于简约[③],法定刑幅度过于宽泛,有期徒刑与无期徒刑的跳跃过大,等等。

总之,立于辩证分析的视角,罪刑法定原则的理想境界在于,立于一国所处社会

---

① 截至《中华人民共和国刑法修正案(八)》(2011 年)。
② 最高人民检察院《关于单位有关人员组织实施盗窃行为如何适用法律问题的批复》(2002 年)。
③ 诸如,针对故意杀人行为,许多国家的刑法典分别规定了谋杀罪、故意杀人罪、引诱帮助自杀罪、受嘱托杀人罪、杀婴罪等,而我国《刑法》仅设故意杀人罪。

发展阶段的现实背景,在刑法之明确与模糊、确定与开放、严谨与柔韧、人权保障与社会保护等等之间,寻求一个类似于钟摆平衡点的点位。过于明确与确定的罪刑设置,虽可谓极致人权保障,但其使刑法走向了僵硬而难以适应现实社会的需要,社会保护成为空谈;反之,过于模糊与开放的罪刑设置,虽可谓极致保护社会,但其使刑法走向了无形而难以实现刑法应有的使命,人权保障成为泡影。

(二) 罪刑均衡原则

古代基于自然平等观念与血缘宗族制度,血族复仇[①]、血亲复仇[②]、同态复仇[③]成为回击犯罪的基本方式。中世纪的社会生活领域笼罩着浓重的神学色彩,对于犯罪的惩罚被视为是对上帝震怒的平息、对来世幸福的寄托。近代意义上的罪刑均衡原则,同样是17、18世纪启蒙思想的产物。就理论思想内容而言,罪刑相适应原则经历了三种理论形态:(1) 刑事古典学派绝对主义所主张的罪刑报应对称论。这一对称论认为,刑罚是犯罪之报应,着眼于已然之罪,犯罪事实不仅为刑罚之条件,而且为刑罚之唯一原因。罪刑报应对称论包括罪刑反坐报应对称论与罪刑等价报应对称论。(2) 刑事古典学派相对主义所主张的罪刑法律预防对称论。这一对称论认为,刑罚的施加在于预防犯罪行为,为此刑法应当明确规定合理对称的罪刑阶梯,使人们对刑法畏而不敢以身试之,以实现最佳的犯罪预防效果。(3) 刑事近代学派所主张的罪刑特殊预防对称论。这一对称论认为,刑罚的施加在于预防犯罪人再犯,刑罚针对未然之罪而发动,剥夺或者教育是刑罚的基本手段,刑罚与犯罪人的人身危险性相适应。罪刑特殊预防对称论包括罪刑剥夺对称论与罪刑矫治对称论。

近代意义上的**罪刑均衡原则**,作为资产阶级启蒙思想与制度的产物,其精神实质依然是奠基民主政治与法治主义,强调国家刑罚权的限定,注重公民自由权利的保障,因而与罪刑法定原则同出一辙,并且作为罪刑法定框架下之罪刑均衡的独特阐释,也可谓依附于罪刑法定原则的一项刑法特有原则。罪与刑之间不能超越其应然的对称,否则所谓的罪刑法定只是一种专横的法定。具体而论,罪刑均衡原则形式内容的抽象框架是:反映一国特定社会历史发展阶段的,罪与刑的质的相称与量的相称的有机统一。在我国目前的社会背景下,应然之罪是指以已然之罪为主、未然之罪为辅的罪的统一体,包括犯罪与危险行为;应然之刑是指以报应之刑为基础、预防之刑为引申的刑的统一体,包括刑罚与保安处分。

犯罪与刑罚的内容随着时空的变迁而变化着[④],罪刑均衡的具体内容也有其时代的标准。对此,贝卡利亚认为:"刑罚的规模应该同本国的状况相适应。"[⑤]黑格尔也

---

① **血族复仇**是古代复仇的最初形态,表现为被害者氏族的全体成员,共同对侵害者所属的氏族成员实行复仇。这种复仇漫无限制,往往引起氏族间的不停征战,甚至导致氏族的毁灭。
② **血亲复仇**是继血族复仇之后的一种古代复仇形态,与血族复仇不同,血亲复仇不再是全氏族的事,而是被害者近亲的责任,复仇的对象也有特定的限制,近亲的范围及对象的范围根据习惯而定。
③ **同态复仇**又是继血亲复仇之后的一种古代复仇形态,其基本的规则是"以眼还眼,以牙还牙",侵害者应当受到与他所施加给受害者相同形态的惩罚。随着法律的产生,同态复仇的习俗被列入法律的规定。
④ 详见张小虎著:《转型期中国社会犯罪原因探析》,北京师范大学出版社2002年版,第37—45页。
⑤ 〔意〕贝卡利亚著:《论犯罪与刑罚》,黄风译,中国大百科全书出版社1993年版,第44页。

指出:犯罪的"质或严重性因市民社会情况不同有异"①。这意味着,在社会发展的不同阶段,罪与刑的相适应会有不同的表现;罪刑均衡之合理标准,应以相应社会的发展程度、文化状况等为背景。我国历史上的封建统治较为漫长,新中国成立后又历经了"文化大革命"的浩劫,目前正处在社会转型与现代化及法治国建设的进程中。由此,在刑法的价值取向上,原则上应当倾重人权保障的刑法机能;坚持犯罪理念的客观主义主导地位;刑罚报应之中兼顾特殊预防与积极一般预防。在规范设置上,罪状要素主要呈现行为的事实特征,量刑情节包括行为的事实面与行为人的危险人格面;构建罪状与法定刑的质与量的阶梯,不仅注重不同罪名之间法定刑的平衡,而且注重同一罪名框架下的罪状与法定刑的相称;量刑轻重的设置与犯罪的主观与客观危害相对称,同时将司法解释中的基准刑规定②纳入刑法并进一步推进量刑的客观操作。在罪刑结构上,建构刑罚对(VS.)犯罪与保安处分对(VS.)危险行为的罪刑双轨处置体系。刑罚发动的前提必须是行为人的行为构成犯罪;刑罚相称于以犯罪行为为基础的已然之罪③,以及以犯罪行为为前提而论及的未然之罪④。保安处分发动的前提,可以是行为构成犯罪,也可以是行为虽不构成犯罪但属于社会危险行为;保安处分相称于未然之罪⑤。

我国《刑法》第 5 条明确规定了罪刑均衡原则。鉴于我国刑法刑事处置的刑罚对(VS.)犯罪的单轨体系,该条"刑罚的轻重"是指我国《刑法》所设"刑罚"种类框架下的法定刑的轻重以及量刑的轻重;"所犯**罪行**"是指行为人所犯之罪的犯罪构成的一系列事实特征,也称定罪事实、定罪情节、罪状事实⑥;该条所称"刑事责任"是指行为人在犯罪中所表现出的决定处刑轻重的一系事实特征,也称量刑事实、量刑情节。行为人的人身危险性的事实主要归属于这里的作为表述"刑事责任"的事实,但是不排除刑法将某项说明人身危险性显著轻微的事实作为出罪的要素,在此场合这一人身危险性事实则为决定"罪行"的消极事实。

罪刑均衡原则在我国《刑法》中也有着诸多体现:就**犯罪**而论,根据犯罪所侵法益属性的不同,对犯罪作了类别的划分;类别下根据犯罪的不同具体构成,对犯罪又作了具体的划分;具体犯罪下根据具体犯罪的不同情况对具体犯罪还作不同罪状的划分;规定了许多量刑情节、量刑制度、执行制度,用作调整已然之罪与未然之罪的轻重。这种罪的具体分割,表述了罪的质量轻重的不同,以使针对不同的罪采用相应的刑成为现实可能。从**刑罚**来看,我国《刑法》设置了由"管制、拘役、有期徒刑、无期徒

---

① 〔德〕黑格尔著:《法哲学原理》,范扬、张企泰译,商务印书馆 1961 年版,第 228 页。
② 《人民法院量刑指导意见(试行)》(最高人民法院,2010 年 9 月)。
③ **已然之罪**是对行为人所实施的犯罪行为的社会危害的一系列事实特征的表述。犯罪行为的社会危害,包括行为的客观社会危害、主观责任、主观恶性。
④ 对于犯罪,刑罚是主要的,但是也可能出现无需刑罚而予保安处分,或者刑罚与保安处分并用的情形。对于犯罪可以发动刑罚或保安处分,但是,对于社会危险行为则不能发动刑罚,而只能予以保安处分。
⑤ **未然之罪**是对可能实施危害社会行为的行为人在自身生活背景、生理、人格等方面所表现出的社会危害的一系列事实特征的表述。行为人的自身社会危害主要表现为人身危险性。
⑥ 固然,定罪事实、定罪情节、罪状事实是不同的概念,三者界定的视角是不同的。

刑、死刑"与"剥夺政治权利、没收财产、罚金"的主附刑种构成的刑罚体系,这些刑罚方法轻重相互衔接,连续中又有着分明的层次、类型,构成了一定的刑罚阶梯,为针对轻重不同的具体犯罪采用相应的刑罚提供了基础。在同一具体犯罪下,根据罪状不同采用了轻重有序的法定刑,使每一罪状均有相应的法定刑;主要采用了相对确定的法定刑的立法模式,有利于根据犯罪的具体情况,选择相应的刑罚。从**罪刑**的对应来看,对于严重的犯罪所设之刑也相对较重,反之犯罪较轻则相应的刑罚也较轻。例如,"危害国家安全罪"属于严重的类罪,与此相应,在对该类犯罪的处刑上也较为严厉,诸如特殊累犯的设置、剥夺政治权利的附加、法定死刑规定的首位。具体犯罪的轻重程度不同,以及罪状的轻重程度不同,在处罚上也都有相应轻重的区别。在量刑情节、量刑制度、执行制度对罪刑的调整中,罪的大小与刑的轻重也都呈现相互对称的样态。总则有关刑罚实际执行底线的一些限制性规定,还反映出我国刑罚报应主导之中对预防的兼顾。

尽管如此,我国刑法立法与司法在罪刑均衡原则的体现与遵循上仍现诸多不足。例如:在罪刑结构上,刑罚对(VS.)犯罪的单轨体系限制了刑法效能的发挥,致使刑法对于实施严重危害行为且人身危险较大的常习犯、精神障碍患者、瘾癖人员、未成年人、流浪懒惰成习者、严重传染病患者等,难以有效与合理地应对。具有典型意义的资格刑的缺失,又在较大程度上减损了刑法对于有关具体犯罪的有效与合理的应对;而将本应作为犯罪后果的有关剥夺资格的处罚委于行政法规,则有违刑事法理,不利于刑法价值的体现与机能的发挥。将罚金刑作为附加刑,这一地位的退却致使其在立法上成为主刑的附加,加之作为主刑的没收财产又为"一般没收",进而使具有典型意义的财产刑在主刑中缺位,刑罚体系趋于重刑结构,在罚金与一般没收仅为从刑的制度下整体法定刑之重可想而知。作为刑罚主体的有期徒刑,对应于罪状的刑罚幅度过宽,也缺乏不同幅度单位之间的交叉衔接,并且有期徒刑与无期徒刑的跨度较大,这使得有期徒刑对于罪行轻重的处罚的对应度显得粗疏,且易出现刑罚难以应对犯罪阶梯的罪刑不一致现象。我国《刑法》对过失致人死亡罪(第 232 条)所设的普通法定刑是"3 年以上 7 年以下有期徒刑",而对有关特殊情形下的过失致人死亡所设的普通法定刑则比此要轻得多,诸如,交通肇事罪(第 133 条)、玩忽职守罪(第 397 条)等等,其普通法定刑一般均为"3 年以下有期徒刑或者拘役"。然而,难以找到后者之特殊情形的过失致人死亡普遍存在可恕的社会事实根据,其在抽象意义上的社会危害性并不小于普通的过失致人死亡。失火罪等(第 115 条第 2 款)与有关责任事故罪等(重大责任事故罪第 134 条第 1 款、危险物品肇事罪第 136 条、消防责任事故罪第 139 条、医疗事故罪第 335 条),其罪刑关系也呈上述之不合理的设置。

二、刑法强调原则

刑法强调原则,是指基于特定的社会背景,本属我国法律的基本原则,鉴于《刑法》的特别强调而为刑法的基本原则。包括法制主义原则、适用刑法平等原则。

(一)法制主义原则

我国 1966 年开始的"文化大革命",是政治、经济、文化领域的一场浩劫,更是对民主与法制的无情践踏。1978年拨乱反正再建社会主义民主与法制,成为党和国家的一项极为重要的核心工作。中国共产党第十一届三中全会确立了"有法可依,有法必依,执法必严,违法必究"的社会主义法制建设的基本方针。1982年《宪法》第5条第1款进一步强调:"国家维护社会主义法制的统一和尊严。"由此,"严格依法"既是党和国家的一项重要方略与制度建设,也是一项试由制度推进而使之成为全社会所拥有的法律文化的期待。

我国《刑法》第3条前段的表述"法律明文规定为犯罪行为的,依照法律定罪处刑",是刑法中法制主义原则的特别呈现与具体要求。不过,刑法理论对此则有如下不同见解:认为第3条前段的表述是多余的;不仅多余而且减损罪刑法定原则的实质;前段是罪刑法定原则的积极表述而后段是消极表述;强调即使是法定犯罪也不得随意定罪与法外制裁。① 在本书看来,上述见解值得推敲。第3条前段的表述,既非多余,也非罪刑法定原则的正面或反面意义,而"不得随意定罪与法外制裁"实则仍是立足罪刑限定的罪刑法定。应当说,第3条前段是对《刑法》贯彻与遵循法制主义原则的强调。其基本的要求就是,对于法定犯罪应当严格依法处置,既不能轻纵也不能苛厉,其核心是定罪处刑严格遵循刑法的规定。这一法制主义原则与罪刑法定原则的区别在于,前者彰显的是"罪内刑内,制度罪刑"从而奠基于法制主义,后者张扬的是"罪外刑外,无罪无刑"从而奠基于法治主义。

从我国目前刑事司法状况来看,在《刑法》中重申与坚持这一法制主义原则具有重要的现实意义。这就是避免"轻轻重重"的司法实际样态,而走向真正的**"宽严相济"政策**思想下的严格遵循制度。我国1979年《刑法》第1条明确指出刑法"依照惩办与宽大相结合的政策",1997年《刑法》虽未特别表述这部刑法典的刑事政策思想,但是宽严相济政策是我国一项基本的刑事政策,而宽严相济政策与惩办宽大相结合政策一脉相承,应当说现行《刑法》仍然或者应当遵循宽严相济的刑事政策。

我国司法实际尽管在价值取向上至为强调宽严相济政策,但是对于这一政策的理解以及实际遵循的效果却有一定的偏差:**(1) 政策理解**:宽严解释趋向两端。通常,理论与实际将宽严相济政策解释为:"实行区别对待,注重宽与严的有机统一,该严则严,当宽则宽,宽严互补,宽严有度,对严重犯罪依法从严打击,对轻微犯罪依法从宽处理"②;"实行区别对待,做到该宽则宽,当严则严,宽严相济,罚当其罪,打击和孤立极少数,教育、感化和挽救大多数"③。综合而论,就是强调"区别对待,该宽则宽,当严则严,宽严相济,宽严有度",而这其中并没有凸显宽严相济政策的核心思想,却留下了轻轻重重政策的阴影。具体地说,本来,宽严相济政策思想的核心应当是"宽严有别,区别对待;宽严融合,相得益彰;轻者不纵,重者有度"。就字面意义而论,上述司法解释确有对于"宽严相济,宽严有度"的关注,不过所谓"该宽则宽,当严则严"之说则较为抽象与趋于离散,且这也使对宽严相济政策的理解有所偏差。"该宽

---

① 参见张军、姜伟、郎胜、陈兴良:《刑法纵横谈》,法律出版社2003年版,第18—23页。
② 2006年最高人民检察院《关于在检察工作中贯彻宽严相济刑事司法政策的若干意见》。
③ 2010年最高人民法院《关于贯彻宽严相济刑事政策的若干意见》。

则宽,当严则严"就宽严的应有归宿而论,有其完全不可置疑的合理性,但这也是不言自明的罪刑处置规则。然而,值得注意的是:"该宽则宽,当严则严"不同于"区别对待",前者强调宽者宽而严者严,后者强调宽不同于严而宽严有别。"该宽则宽,当严则严"也不同于"宽严相济",后者强调"宽严并举,宽严救济",即刑事处置有严有宽、宽严并行呼应,宽中有严、严中有宽、以宽辅严、以严助宽、宽严辅助而行,在宽严相互配合中形成合理有益的效果。"该宽则宽,当严则严"虽未直言"宽者更宽,严者更严",但是在将"严打"注入宽严相济政策的内容,以及"从严打击"、"从宽处理"、"孤立少数"、"挽救多数"的语境下①,所谓"该宽"与"当严"难免形成宽者"从宽"而严者"从严"的"宽宽与严严"。然而,宽严相济政策与轻轻重重政策有着重要区别。②(2)**实际效果**:轻者纵而重者厉。A.轻者纵:呈现在司法实际中对于诸多本应入罪的轻罪行为,在并无法律根据的情况下予以出罪处理。这里的"并无法律根据"是指法律并未规定可予非罪处理,诸如,自诉案件并无撤回自诉,没有《刑事诉讼法》第277条规定的情形③等。《刑法》第13条但书之规定过于抽象,若无其他具体规定不能成为出罪的根据④。缺乏根据而予出罪的情形,诸如,对于《刑法》第270条侵占罪,即使有证据证明行为人非法占有他人保管物数额较大且拒不退还,但是只要在法院立案前行为人因惧怕刑事处理而表示可以考虑退还,即不作为犯罪处理,如此致使此罪基本成为虚设。而这其中表现的不是对财产保护的轻视,就是对秩序维护的疏漏。B.重者厉:由于我国《刑法》在罪状表述上设置了许多诸如"其他……"等模糊规定,尤其是对于基准罪状与加重罪状设置了大量"严重情节"等的入罪与加重要素,这不仅大大减损了立法的明确性从而有违罪刑法定原则的要求,而且为司法实际较大程度地扩张罪刑奠定了基本的制度平台。长期以来,我国刑事文化深受"乱世重典"、"以刑去刑"、"重刑报应"等思想的影响,而目前社会转型时期犯罪率阶位攀高治安状况恰呈严峻态势,于是"严打"与专项整治不仅成为官方应对犯罪的方略,而且也为普通社会民众所期待。而过于模糊与开放的罪刑设置恰为这种方略与期待提供了制度平台。在此背景下,虽言"宽严相济"而实则却是"轻轻重重"。

(二) 适用刑法平等原则

法律面前人人平等原则,是资产阶级在反对封建专制特权的斗争中,系统提出与确立的一项基本的法律思想与制度,也可谓是资产阶级的一项重要的法制原则与司法原则。1776年美国《独立宣言》、1789年法国《人权宣言》等宪法性文件均对此作了具体规定。在社会主义民主政治与法治主义的框架下,法律面前人人平等同样系属社会主义法制与司法的一项基本原则。新中国成立后的第一部宪法——1954年

---

① 2006年最高人民检察院《关于在检察工作中贯彻宽严相济刑事司法政策的若干意见》;2010年最高人民法院《关于贯彻宽严相济刑事政策的若干意见》。

② 详见张小虎:《宽严相济政策与轻轻重重政策的特征比较》,载《河南财经政法大学学报》2012年第1期。

③ 我国2012年修订的《刑事诉讼法》第277条是对可予刑事和解的公诉案件范围与和解条件的规定。

④ 详见本书第四章第二节中有关"危害阻却事实特征的承载"的相应阐释。

《宪法》第85条就明确规定了这一原则:"中华人民共和国公民在法律上一律平等。"现行《宪法》第33条第2款又重申与确认了这一原则。

我国《刑法》第4条对于法律面前人人平等这一法制一般原则作了特别规定,强调任何人犯罪一律平等适用法律,不允许存在任何越法特权。对此,可以概括为"适用刑法平等原则"。适用刑法平等原则的核心内容是,对于任何人犯罪均应平等地适用刑法予以罪刑处置,不允许任何人具有任何超越法律的特权;所谓平等适用刑法是指同样的情况同样对待而不同的情况不同对待,这里的同样情况与不同情况应当限定在犯罪情节的范畴内。由此,对于这一原则的理解应当注意:**(1)禁止罪刑特权**:对于任何人犯罪,在具体罪刑的处置上,只能依据事实与法律而平等地适用刑法,犯罪情节之外的犯罪人的家庭出身、社会地位等事实情况,不能构成罪刑处置出入或者轻重的根据。**(2)情节区别平等**:平等并非均等,这里的平等所体现的是分配的正义而不是平均的正义。在刑法适用上就是同样的犯罪情节应有同样的处置结果,不同的犯罪情节处置结果也有所差异。这种任何人犯罪适用刑法的平等,不仅应当呈现在同一地区内的犯罪人之间,而且也应呈现在不同地区间的犯罪人之间。不过,同样基于分配的正义,应当允许由于不同地区间经济文化等状况的差异而致司法解释在适用刑法上存在合理的区别。

在我国目前的社会背景下,《刑法》特别强调这一平等原则具有重要意义。我国有着较为漫长的封建专制历史,特权思想的影响较为严重,而治理腐败又是当前国家政权建设中的一项重大课题,现实中的确存在不少人无视国家法律而迷信个人权力、地位、金钱,试图以权代法、以权压法、以钱买法,妄图使个人凌驾于法律之上。刑法既是保障法,又以其严谨、严厉等而特别显著,在刑法中更应严格地坚持法律平等这一原则。

第四节 刑事法律关系

一、刑事法律关系的概念、特征

刑事法律关系,又称刑法关系,是由刑法规范调整的,因以犯罪为核心的法定事实为依据而产生、变更、消灭的,国家与犯罪人之间的受制约的刑罚权与有限度的刑事责任的关系。这一概念涉及刑法规范、刑罚权、刑事责任等关键术语。其中,刑法规范是规定犯罪及其刑事后果的法律规范,属于法律规范逻辑结构要素中的责任性规范之一,是刑事实体性规范。刑罚权是指国家主权中所呈现的,依法对于犯罪人施以刑事制裁与罪犯处遇的权力,这种权力使犯罪人处于一种承受刑事处置的服从地位。这里的刑事责任是指作为犯罪的法律后果的,犯罪人对于法定的刑事制裁或者罪犯处遇的承担,具有与国家行使刑罚权的相对意义。

刑事法律关系具有如下特征:**(1)主体特征**。刑事法律关系是国家与犯罪人之间的一种关系,主体双方地位的不平等性是其最主要的特征。民事、经济法律关系,主体之间地位是平等的。刑事诉讼法律关系是司法机关、犯罪嫌疑人、被告人、犯人等当事人以及其他诉讼参与人之间的关系。**(2) 内容特征**。国家拥有刑罚权,犯罪人向国家承担刑事责任。因此,刑罚权与刑事责任是贯穿于刑事法律关系的一根主线,是刑事法律关系的实质所在。其他法律关系多数表现为一种权利与义务关系,而不是刑罚权与刑事责任的关系。**(3) 规范特征**。刑事法律关系是刑法规范的具体实现,是由刑法规范调整的一种关系。其他法律关系分别由其他各种相应的法律规范调整。民事法律关系由民法规范调整,经济法律关系由经济法规范调整,刑事诉讼法律关系由刑事诉讼法规范调整。**(4) 形成特征**。刑事法律关系是一种具体的法律关系。刑法规范只是提供了刑事法律关系产生、变更、消灭的法律前提,刑事法律关系的产生、变更、消灭还必须具有以犯罪为核心的法定事实的存在。只有刑法规范与犯罪事实同时具备,才能形成刑事法律关系。

对于刑事法律关系概念与特征等内容的合理揭示,为刑法的价值取向在较为具体的知识层面,提供了相对基本而更赋直观的理论依据。诸如,正是由于刑事法律关系的主体是"国家与犯罪人",从而更应注重刑法的人权保障价值,罪刑法定原则也就成为不可撼动的刑法支柱;刑事法律关系内容的"受制约的刑罚权与有限度的刑事责任",决定了谦抑性是刑法重要而独特的性质,进而刑法规范应当明确与确定等;犯罪事实的客观存在是刑事法律关系产生的必要前提,这就意味着没有犯罪事实即使存在法律规定也不能论及罪刑,由此针对距离过宽的两相事实的法定事实推定应当受到限定。

二、刑事法律关系的主体、内容、客体

刑事法律关系主体的一方只是犯罪人,而另一方只是国家。**(1) 犯罪人**:"被告人"不是刑事法律关系的主体。"被告人"是刑事诉讼中对特定的参与者在程序上的称谓,表明其在程序上享有诸多权利并承担相应的义务,处于刑事诉讼法律关系的主体地位。"犯罪人"是从刑事实体的角度对实施犯罪之人和刑事责任承担者的称谓。在刑事实体中,犯罪人只承担刑事责任,也只有犯罪人才承担刑事责任。不同的称谓表明了不同的意义。事实上,"被告人"既可能是"犯罪人"也可能是"无罪之人"。**(2) 国家**:司法机关不是刑事法律关系的主体。刑事法律关系由刑法规范所调整,刑罚权的拥有者与刑事责任的承担者,是确定刑事法律关系主体的标准。犯罪人是刑事责任的唯一承担者,而国家是刑罚权的独有拥有者。就刑事法律关系之"关系"范畴而论,犯罪人既不向国家司法机关承担刑事责任,更不向国家司法机关的工作人员承担刑事责任,而是通过国家司法机关及其工作人员向国家承担刑事责任。

刑事法律关系的内容是,国家受制约地行使刑罚权与犯罪人有限度地承担刑事责任。刑事法律关系是由刑法规范所调整的、国家与犯罪人之间的一种关系。刑法规范设定犯罪及其刑事处置。因此,这种关系,从国家的角度来看,国家在一定范围内行使刑罚权,核心是定罪处刑;从犯罪人的角度来看,犯罪人在一定程度上承担刑事责任,核心是接受罪刑处置。**(1) 制约与限度**:国家行使刑罚权要受制约并不因有

限度的刑事责任而生；犯罪人承担刑事责任亦有限度也不因受制约的刑罚权而生。刑罚权与刑事责任形式上受刑法规定的制约，这是罪刑法定原则的基本要求；刑罚权与刑事责任实质上受客观规律的制约，这是刑法有其社会根基与时代特征的必然体现。**(2) 权力对责任**："受制约的刑罚权与有限度的刑事责任"，其核心仍是权力对责任。这里的"制约"与"限度"，各自是"受制约的刑罚权"与"有限度的刑事责任"中的有机成分，而不具有"权利"的意义。应当说犯罪人有其合法权利，然而其不是刑法规范所设定的，从而不是刑事法律关系的内容。

刑事法律关系的客体是国家刑罚权与犯罪人刑事责任所指向的对象，这个对象是犯罪人部分利益的载体。**(1) 利益载体**：刑事法律关系的客体是犯罪人利益的载体。犯罪人利益的载体与犯罪人的利益是两个不同的概念。犯罪人的利益分为三个部分：合法利益、非法利益、依照刑法导致丧失结果的利益。犯罪人利益的载体，是指犯罪人利益所附着的有形物或无形物，具体分为生命、自由、财产、资格四个类别。**(2) 利益**：犯罪人的利益不是刑事法律关系的客体。国家刑罚权与犯罪人刑事责任所针对的对象，是犯罪人利益的载体，而不是犯罪人的利益。在国家行使刑罚权与犯罪人承担刑事责任而致犯罪人某种利益丧失这一过程中，犯罪人利益的载体始终是一个中介，是行使刑罚权与承担刑事责任的对象。**(3) 部分利益**：刑事法律关系的客体只是犯罪人部分利益的载体。所谓"部分"，就是具体犯罪案件中，与犯罪人之犯罪的具体情形相适应的，由国家行使受制约的刑罚权使犯罪人承担有限度的刑事责任所针对的部分。刑法保护犯罪人的合法利益，而通过剥夺犯罪人利益的载体，使犯罪人的部分利益丧失。

三、刑事法律关系的产生、变更、消灭

刑事法律关系的产生，有其法律前提和事实前提；产生的刑事法律关系有其客观存在形态与主观认识形态。**(1) 法律前提**：刑法规范是刑事法律关系的产生的法律前提。刑法规范具有抽象与概括的性质，其并不针对具体的人和事，而是可以反复适用于具体社会现实。这意味着，刑法规范仅为刑事法律关系设定了一个一般的模式，只是一种宣告：倘若社会生活中出现了刑法规范规定情形时，就形成相应的刑事法律关系。**(2) 事实前提**："实施犯罪行为"是刑事法律关系产生的唯一的事实前提。只要行为人实施了犯罪行为，他就是犯罪人，在他和国家之间就会形成刑事法律关系；同时也只有行为人实施了犯罪行为，他才是犯罪人，在他和国家之间才会形成刑事法律关系。刑事法律关系是有其具体犯罪事实及其刑事处置内容的具体法律关系。**(3) 客观存在**：刑事法律关系的客观存在与主观认识，是刑事法律关系产生后的两种不同表现形态。刑事法律关系的客观存在，是指刑事法律关系产生后的一种自然状态。只要刑法规范规定了某一具体犯罪及其相应的刑事处置，只要行为人实施了该犯罪行为，那么具体的刑事法律关系就同时产生，刑事法律关系即处于一种客观存在状态。**(4) 主观认识**：国家通过司法机关，对客观存在的刑事法律关系进行具体的确定，即依照刑法的规定对行为人实施的行为进行性质、程度和相应刑事处罚的认定和

裁量,此属刑事法律关系的主观认识。刑事法律关系的主观认识使刑事法律关系最终得以实现,但其并不是刑事法律关系产生的必要条件。

刑事法律关系的变更是指刑事法律关系产生后所发生的变化与变动。具体而论应当注意:**(1)变更蕴含**:刑事法律关系变更的"参照点"应定位于实际上发生的第一个罪所产生的刑事法律关系。并且,刑事法律关系的变更,应以刑事法律关系的客观存在为标准,而不取决于刑事法律关系的主观认识。倘若变更以刑事法律关系的主观认识为标准,那么很有可能出现本来客观上存在的刑事法律关系,仅仅由于未被主观认识,而排除了其产生进而变更的可能性。由刑事法律关系转化为民事、行政等法律关系,不属于刑事法律关系变更的范畴。**(2)变更情形**:第一个罪所引起刑事法律关系是刑事法律关系的产生,其后若干犯罪所引起的刑事法律关系则为刑事法律关系的变更,由此数罪将会引起刑事法律关系的变更;减刑是刑罚执行过程中国家对犯罪人既定刑罚的减轻,假释是刑罚执行过程中国家附条件地提前释放犯罪人,由此减刑与假释也必然导致刑事法律关系的变更。新旧刑法更替并在罪刑规定上有所差异,则分别依照新旧刑法而形成的刑事法律关系之间,就存在具体程度的转变,此亦为刑事法律关系的变更。**(3)变更特点**:仅存在刑事法律关系内容与客体的变更,而不存在刑事法律关系主体的变更。因数罪、减刑、假释或者新旧刑法的更替,将导致刑事法律关系内容的变更,而刑事法律关系内容的变更又将影响到刑事法律关系的客体,进而导致刑事法律关系客体的变更。但是,基于刑法罪责自负原则的要求,行为人因实施犯罪行为而在其与国家之间所产生的刑事法律关系,只能存在于该行为人与国家之间,而不能转移给他人。这也是刑事法律关系变更与民事、经济法律关系变更的重要区别之一。**(4)事实前提**:刑事法律关系变更的事实前提,是现实生活中发生的依照刑法规定能够引起刑事责任变更的行为或一般事件,具体地有三个方面:行为人在犯一罪后又犯罪,行为人实施了符合法定的减刑或假释的条件的行为;犯罪行为适逢新旧刑法更替且在新旧刑法中的评价有所差异。刑事法律关系的产生的事实前提只能是实施犯罪行为,但刑事法律关系变更的事实前提既可以是实施犯罪行为,也可以是实施特定的非罪行为,还可以是发生特定的非罪事件。

刑事法律关系的消灭,是指既已存在的刑事法律关系,根据法律的规定因某种情形的存在而归于消失。具体而论应当注意:**(1)消灭情形**:导致既有刑事法律关系基本消灭的情形包括,犯罪已过追诉时效期限,刑罚已过行刑时效期限,犯罪人受到国家的特赦,犯罪人承担完毕罪行的刑事后果,缓刑考验期满且未发生应当撤销缓刑的事由,国家对被判处资格刑的犯罪人提前恢复其资格。导致既有刑事法律关系彻底消灭的情形包括,依照行为时法律构成犯罪而新刑法不认为是犯罪并有溯及力,犯罪人死亡,犯罪人受到国家的大赦,前科消灭,诉权消灭等。**(2)消灭特点**:在民事法律关系中,主体与客体的消灭并不必然地引起法律关系的消灭,民事法律关系的消灭一般是权利与义务的消灭。与此不同,刑事法律关系的消灭,既可以是刑事法律关系内容的消灭,诸如罪行刑事后果承担完毕、犯罪已过追诉时效或者犯罪被赦免等,也可以是犯罪人这个刑事法律关系主体的消灭,犯罪人死亡导致的只能是刑事法律关系的消灭。只有前罪消灭,前罪的刑事法律关系才能彻底地消灭。**(3)事实前提**:刑事法律关系的产生的事实前提只能是实施犯罪行为;刑事法律关系变更的事实前提既可以是实施犯罪行为,也可以是实施特定的非罪行为,还可以是发生特定的非罪事件。而刑事法律关系消灭的事实前提,则只能是特定的非罪行为或特定的非罪事件。例如,承担完毕罪行刑事后果的"行为",犯罪人死亡或犯罪已过追诉时效的"事件"。这些"行为"与"事件",发生于现实生活并依法能够引起罪刑消灭。

第三章　刑法之基阶制度

第一节　刑法体系

一、刑法体系概念

从刑法法源的整体来讲,刑法体系是指各种刑法渊源,诸如刑法典、单行刑法、附属刑法乃至具有法律效力的刑事判例等,按照一定的逻辑排列所组成的有机统一整体。就刑法典而言,**刑法体系**是指刑法条文在刑法典中的按照一定的逻辑排列所组成的有机统一整体,即刑法典的组成和结构。通常意义上,刑法体系是指刑法典的体系。

在总体上各国刑法典均以**总则与分则**的划分为基本的体例。这一体例肇始于1810年《法国刑法典》。该《刑法典》一经颁行,成为世界上大多数国家仿效的范本,总则与分则的体例也成为大陆法系国家刑法典结构的通例。然而,各国在法律文化、历史传统、政治经济状况等方面的不同,表现在刑法典的结构上不同的国家也有所差异。这种差异主要表现在,不同国家的刑法典在总则与分则的自身结构上各有一定的特点。

二、我国刑法体系

现行《中华人民共和国刑法》由总则、分则和附则三个部分组成。在逻辑条理上,按编、章、节、条、款、项的顺序排列。

编:总则为第一编;分则为第二编;附则虽未列编的标题,但属于与总则、分则并列的层次。**(1)** 总则分为五章,规定犯罪与刑事责任的普通性原理原则,通常适用于刑法分则、单行刑法、附属刑法等[①]。**(2)** 分则分为十章,主要按犯罪社会危害性的大小和所侵害的犯罪客体的种类排列,具体包括十大类犯罪,451个具体的罪名[②],规定了具体犯罪的罪状与法定刑。**(3)** 附则为第452条,规定刑法典施行的日期,并且通过列举附件一、附件二的形式,对1997年刑法典修订以前的单行刑法的效力进行说明。

章:章是编下的结构层次。第一编总则以下的章目与第二编分则以下的章目,各自独立排序,互不衔接。总则与分则各自自成体系。**总则共五章**:第一章,刑法的任务、基本原则和适用范围;第二章,犯罪;第三章,刑罚;第四章,刑罚的具体运用;第五

---

① 我国《刑法》第101条规定:"本法总则适用于其他有刑罚规定的法律,但是其他法律有特别规定的除外。"这里的"其他有刑罚规定的法律",主要是指单行刑法、附属刑法等。

② 截至《中华人民共和国刑法修正案(八)》(2011年)。

章,其他规定(主要是对刑法用语的立法解释)。**分则**共十章:第一章,危害国家安全罪;第二章,危害公共安全罪;第三章,破坏社会主义市场经济秩序罪;第四章,侵犯公民人身权利、民主权利罪;第五章,侵犯财产罪;第六章,妨害社会管理秩序罪;第七章,危害国防利益罪;第八章,贪污贿赂罪;第九章,渎职罪;第十章,军人违反职责罪。

节:节是章下的结构层次。我国《刑法》有的章下设节,有的章下不设节,根据具体情况而定。(1) 总则的第二、三、四章下各自设节。第二章,犯罪,下设四节:犯罪和刑事责任;犯罪的预备、未遂和中止;共同犯罪;单位犯罪。第三章,刑罚,下设八节:刑罚的种类;管制;拘役;有期徒刑、无期徒刑;死刑;罚金;剥夺政治权利;没收财产。第四章,刑罚的具体运用,下设八节:量刑;累犯;自首和立功;数罪并罚;缓刑;减刑;假释;时效。(2) 分则的第三、六章下各自设节。第三章,破坏社会主义市场经济秩序罪,下设八节。第六章,妨害社会管理秩序罪,下设九节。

条:条是刑法典的基本单位,属于章或节下的结构层次,但是刑法典的全部条文均统一编号,以达查阅、引用的一致。我国《刑法》共有 473 条①。其中,总则第 1 至 101 条,又增加第 17 条之一,计 102 条;分则第 102 至 451 条,又增加第 120 条之一、第 133 条之一等共 21 条,计 370 条;附则第 452 条。

款:款是条下的结构层次,具体表现为条文文字表述中的一个自然段落,每一个自然段落为一款。有的条文仅由一款构成,例如,《刑法》第 1 条、第 2 条等;有的条文由数款构成,例如,《刑法》第 6 条由 3 款构成,《刑法》第 17 条由 4 款构成。

段:段是款中的意思层次结构。在刑法条文的款中,有时一款包含着两个或者两个以上的意思,每一个意思就称为一段。(1) **称谓**:有的款中包含两个意思,可以将这两个意思的表述分别称为前段、后段。例如,《刑法》第 43 条第 2 款。有的款中包含三个意思,可以将这三个意思的表述分别称为前段、中段、后段。例如,《刑法》第 105 条第 1 款。有的款中包含三个以上的意思,可以将这三个以上意思的表述分别称为第 1 段、第 2 段、第 3 段、第 4 段等。例如,《刑法》第 140 条。(2) **符号**:款中不同意思的段与段之间,有的用分号隔开。例如,《刑法》第 24 条第 2 款包含两个意思,用分号隔开:"对于中止犯,没有造成损害的,应当免除处罚;造成损害的,应当减轻处罚。"有的用句号隔开。例如,《刑法》第 29 条第 1 款包含两个意思,用句号隔开:"教唆他人犯罪的,应当按照他在共同犯罪中所起的作用处罚。教唆不满 18 周岁的人犯罪的,应当从重处罚。"

但书:但书是条或款中的意思层次结构。在包含着多个意思的条或款中,有时不同的意思间用"但是"这个连词加以连接,那么"但是"后面的文字表述部分就称为但书。(1) **但书呈现**:通常,但书存在于同款之中。例如,《刑法》第 7 条第 1 款中的但书,就是针对该款的前段意思而言的。但书也可存在于款与款之间。例如,《刑法》第 63 条第 2 款的但书,就是针对该条第 1 款的意思而言的。(2) **但书情形**:大致存在三

---

① 我国《刑法》颁布时共 452 条,其后八个修正案增加了 22 条。

种:**A. 补充**:但书是前段意思的补充,即顺沿前段[①]的意思,并对之作进一步的补充。例如,《刑法》第 10 条的但书。**B. 限制**:但书是前段意思的限制,即顺延前段的意思,并对之作进一步的限制。例如,《刑法》第 69 条第 1 款的但书。**C. 例外**:但书是前段意思的例外[②],即反向于前段的意思,具体又包括两种:其一,纳入:将被前段意思排除在外的情形纳入。例如,《刑法》第 63 条第 2 款的但书,即将本不包含于前段意思中的"根据案件的特殊情况,经最高人民法院核准"纳入。其二,排除:将本来包含于前段意思中的情形排除。例如,《刑法》第 101 条的但书,即将"其他法律有特别规定的"从前段的意思中排除。

项:项是款下的结构层次,具体表现为列于款后,并以基数(一)、(二)、(三)等引导的文字,每一个基数所引导的一段文字为一项。例如,《刑法》第 78 条第 1 款后列有 6 项;《刑法》第 84 条仅由 1 款构成,其后列有 4 项。

第二节 刑法规范

一、刑法规范的概念

"刑法规范"作为一个置重于法律形式层面理论术语,主要揭示刑法之"规范"的法律逻辑地位、逻辑结构以及"刑法规范"本身的表现形态。刑法规范的本质、特征、运行、价值、作用等问题,可以归属于刑法的本质、特征、运行、价值、作用等相应的议题而具体展开。有鉴于此,**刑法规范**是规定犯罪及其刑事后果的法律规范,属于法律规范逻辑结构要素中的责任性规范之一,是刑事实体性规范;假定与处理是刑法规范内部逻辑结构中不可缺少的两个组成部分,假定是以罪行为核心的事实特征,处理是予以定罪处刑的具体规则。

普通规范与特别规范:根据适用范围的不同,刑法规范分为普通规范与特别规范。**普通规范**,是指具有普遍的适用性,针对一般事项、一般的人、一般对象、一般时间、一般地域的刑法规范。**特别规范**,是指适用的范围特殊,针对特殊事项、特定身份的人、特定对象、特定时间、特定地域的刑法规范。特别与普通是相对而言的,两者互为依存且平行并列。例如,过失致人死亡罪的规范(第 233 条)相对于交通肇事罪的规范(第 133 条),前者针对一般之日常社会生活而后者针对特殊之交通运输活动,从而前者系属普通规范。

简单规范与复杂规范:根据构成要素复杂程度的不同,刑法规范分为简单规范与复杂规范。**简单规范**,是指所规定的犯罪构成要件的要素或者内容相对单一的刑法规范。**复杂规范**,是指所规定的犯罪构成要件的要素或者内容相对丰富的刑法规范。

---

① 有时是前款,下同。
② 以句型"但是……除外"所表述的但书属于例外型的但书,不过并非所有例外型的但书均以该句型表述。

刑法规范所设置的犯罪构成要件所涵盖的纵向要素①与具体内容的丰富与否,是确定简单规范与复杂规范的重要依据。同样,简单规范与复杂规范也是相对存在的。例如,放火罪的规范(第 114 条)相对于故意杀人罪的规范(第 232 条),前者犯罪构成客观要件事实要素"放火+财物生命健康+危及公共安全"与规范要素"侵害公共安全",后者相应的事实要素"杀人+他人生命+造成他人死亡"与规范要素"侵害生命权利",两罪犯罪构成要素及其内容相比,前者更为丰富,从而放火罪的规范为复杂规范。

重法规范与轻法规范:根据处罚轻重程度的不同,刑法规范分为重法规范与轻法规范。**重法规范**,是指所规定的法定刑相对较重的刑法规范。**轻法规范**,是指所规定的法定刑相对较轻的刑法规范。重法规范与轻法规范同样是相对存在的。例如,失火罪的规范(第 115 条第 2 款)相对于重大责任事故罪的规范(第 134 条第 1 款),前者普通法定刑为"处 3 年以上 7 年以下有期徒刑",后者普通法定刑为"处 3 年以下有期徒刑或者拘役",由此失火罪系属重法规范。

普通规范与特别规范、复杂规范与简单规范、重法规范与轻法规范的划分,是在规范竞合的场合选择适用规范的基本前提。不过,应当注意,刑法规范可以区分为普通规范与特殊规范、复杂规范与简单规范、重法规范与轻法规范,但是普通规范与特别规范、复杂规范与简单规范、重法规范与轻法规范之间未必就存在规范竞合。

二、刑法规范的逻辑结构

法律规范的逻辑结构是个纵横交织的立体模式。在纵向上,法律规范的逻辑结构分为两个层次要素:第一层次要素是调整性规范;第二层次要素是保障性规范。在横向上,法律规范的逻辑结构分为两个要素:第一个要素是假定;第二个要素是处理。②就外部逻辑而论,刑法规范属于法律规范逻辑结构纵向要素中的第二层次要素的部分,即属于保障性规范中的自成体系的责任性规范。刑法规范是法律规范的保障力量,而且是最终的保障。从内部逻辑来看,刑法规范包括假定与处理两个要素。刑法规范的假定是犯罪构成及其所附的其他说明罪行轻重与行为人危险性的事实特征;刑法规范的处理是予以定罪处刑的具体框架与规则。

刑法规范直接呈现的是命令规范;刑法规范直接表述的是裁判规范;刑法规范间接蕴含的是行为规范。**(1)命令规范**:以调整方式为标准,法律规范分为授权规范、义务规范。**授权规范**是规定主体可以为一定行为或不为一定行为,或者要求他人为一定行为或不为一定行为的法律规范。**义务规范**是规定主体必须为一定行为或者不得为一定行为的法律规范,其又分为命令规范与禁止规范。**命令规范**是规定主体必须为一定行为的法律规范;**禁止规范**是规定主体不得为一定行为的法律规范。刑法规范是规定司法人员在罪行发生场合定罪处刑的命令。**(2)裁判规范**:是表述司法

---

① 排除选择性要素的多众评价。
② 详见张小虎著:《刑法的基本观念》,北京大学出版社 2004 年版,第 253 页。

人员在罪行发生的场合,对于犯罪人予以定罪处刑所应遵循的具体规则的法律规范。刑法规范直接的表层的意义在于,其既是为司法人员遇有犯罪行为应予罪刑处置而下达的命令,也是为司法人员对于犯罪行为的具体定罪处刑所提供的可予操作的规则。由此,刑法规范是国家要求司法人员对于犯罪人定罪处刑之裁判所应遵循的行为规范。**(3) 行为规范**:是表述主体在一定场合可以为一定行为或不为一定行为,或者必须为一定行为或不得为一定行为的法律规范。刑法规范间接蕴含的意义在于,其通过直接的罪行及其后果的宣示,为一般公民的应然行为提供了明确与确定的标准,指示引导公民履行一定作为义务以避免不作为犯,或者不为一定行为以避免作为犯。由此,刑法规范蕴含有国家对于一般公民通过罪刑的宣示要求其避免犯罪行为的意义。

第三节 刑法解释

一、刑法解释的概念

抽象法律的具体贯彻不可能没有解释的桥梁。刑法解释是刑法理论与实际的核心课题。刑法解释之本质的焦点在于对解释的主体、对象、方法等问题的定位,对此刑法理论颇存争议。本书立于刑法应有的基本理念以及法律解释之本义,对刑法解释作如下界说。**刑法解释**,是指解释者在刑法条文文句所能涵盖意义的限度内,阐明刑法条文的语言意义和内在真意。

刑法解释具有如下**特征:(1) 解释主体**:具有广泛性。"刑法解释"是一偏正短语,而"解释刑法"是一动宾短语。作为一种法律术语,当取前者。就内容而言,刑法解释在解释前冠以"刑法"二字,其意义在于强调对刑法的解释,对刑法可以是有权者的解释也可以是非有权者的解释。着眼于学科领域,刑法解释通常包括立法解释、司法解释和学理解释。尽管在解释的效力上,立法解释、司法解释和学理解释三者各有不同,但是三者均不失为一种刑法解释。**(2) 解释对象**:应为刑法条文。刑法规范并非解释的直接对象。法律规范是人们的行为准则,而法律条文是法律规范的文字表述。刑法解释所直接指向的是刑法的文字表述,通过解释阐明刑法文句所表达的刑法规范等内容。同时,刑法条文除表述罪刑规范之外,也有对规范之原则或用语的阐明,这些原则与用语亦为刑法的有机成分,由此刑法条文的表述较为全面地涵盖了刑法的内容。再者,也不宜将刑法解释的对象说成是"刑法规定"。由于"刑法规定"一词有时也用作表述刑法条文的内在蕴意,而这恰恰是刑法解释的结果。**(3) 解释方法**:刑法解释首先是对刑法条文文句意义的阐明,同时刑法解释也是对刑法条文内在真义的揭示。法律的精神是随着时代而流淌着的社会事实,以现实社会的文化为背景阐释刑法条文是必要的,否则刑法将过于僵硬而无法调节社会。但是,如果刑法条文文句不能涵盖所需赋予的现实社会意义时,条文真意的需要应当服从于条文的文句意义,否则刑法解释就变成了刑法立法。刑法条文的文句是刑法条文内在意义的载体,条文内在真义不能超越条文文句本身所能涵盖的意义。由此,"熨平皱折"①是刑法解释,但是"漏洞补充"②不是刑法解释。

二、刑法解释的分类

立法解释、司法解释、行政解释、学理解释:根据解释主体的不同,可以将刑法解释分为立法解释、司法解释、行政解释、学理解释。**(1)立法解释**,是指最高立法机关,在我国即为全国人大及其常委会,阐明刑法条文的语言意义和内在真意。例如,全国人大常委会《关于〈中华人民共和国刑法〉第九章渎职罪主体适用问题的解释》(2002年)、全国人大常委会《关于〈中华人民共和国刑法〉有关信用卡规定的解释》(2004年)等。**立法解释与刑法立法**,均由立法机关所作,均具法律效力,皆为有关刑法的规定。但是,作为"解释",立法解释不同于刑法立法:刑法立法是针对刑法条文整体的修正或者新增,修正与新增的条款属于刑法条文本体,通常采用"决定"或"修正案"的名称;而刑法解释是针对某个刑法条文中的具体用语,解释的具体内容并非法条本体而居法条之外,通常采用"解释"的名称。**(2)司法解释**,是指司法机关阐明刑法条文的语言意义和内在真意。根据解释主体的不同,司法解释又分为最高司法机关的司法解释与地方司法机关的司法解释。我国刑法理论所称的"司法解释"通常是指前者,即最高人民法院和最高人民检察院的司法解释。同时,按照我国法律的明文规定③,最高司法机关的司法解释具有法律效力,从而这一司法解释也属有权解释或称规范性司法解释。立法规定具有抽象、简洁与稳定等特性,而司法适用却有具体、复杂与应变等特性,两者之间的距离是不可避免的,缩小两者之间的距离大致存在三种模式:A.判例法的运用;B.立法趋详而司法有余;C.立法粗疏而司法解释。英美法系国家通常呈现A,德日等大陆法系国家取B,而我国大陆则表现为C。我国《刑法》表述相对粗疏,司法实际中的具体化主要通过司法解释予以解决,由此,针对《刑法》的具体运用,最高人民法院和最高人民检察院所颁布了大量的司法解释。**(3)行政解释**,是指行政机关阐明刑法条文的语言意义和内在真意。立于条文语境与解释效力,对于行政解释的理解涉及三种情形:A.单纯刑法条文:在刑法的执行过程中,对于纯粹刑法条文的含义,公安部或司法部等最高司法行政机关予以解释。由于缺乏法律效力的依据,这种行政解释通常不具普遍的法律效力。但是,事实上在司法行政机关系统内部,公安部、司法部的刑法解释对各自的下级部门都有约束力。B.附属刑法条款:行政机关对附属刑法条款的解释,由于附属刑法条款不失为刑法条款,因此这种解释属于刑法解释中的行政解释。如果这种解释符合一定的条件,例如系有权解释的机关按照法律程序作出,并且与法律不相抵触,那么这种解释具有法律效

---

① 熨平皱折,是指通过对法律语言意义的疏理,来弥补法律的缺陷。英国法官丹宁勋爵对熨平皱折的这一蕴含作了界定。〔英〕丹宁勋爵著:《法律的训诫》,杨百揆等译,法律出版社1999年版,第13页。
② 漏洞补充,是指超越于法律语言的涵盖,对法律的漏洞予以填补。我国台湾学者杨仁寿对漏洞补充的这一蕴含作了界定。杨仁寿著:《法学方法论》,中国政法大学出版社1999年版,第100、145页。
③ 全国人大常委会《关于加强法律解释工作的决议》(1981年)第2条。

力。C. 空白罪状法规条款:行政机关对空白罪状的行政法规条款的解释,由于空白罪状的行政法规条款与相应的空白罪状的刑法条款相结合,共同构成表述某一犯罪的完整条文,因此这种解释也属于刑法解释中的行政解释。同样,如果这种解释符合一定的条件,则其依然具有法律效力。**(4)学理解释**,是指国家宣传机构、社会组织、科研单位、教学部门、法律工作者等,阐明刑法条文的语言意义和内在真意。包括采用刑法教科书、学术专著、学术论文、案例分析等等形式所进行的刑法解释。学理解释不具法律效力,但是对于刑法立法以及具有法律效力的立法解释、司法解释、行政解释等,均具有推动作用。

文理解释与论理解释:根据解释纵深的不同,可以将刑法解释分为文理解释、论理解释。**(1)文理解释**,又称字面解释、语法解释,是指解释者阐明刑法条文的语言意义。包括对刑法条文的单词、术语、概念,进行字面意义、语法结构的阐明。例如,2010年最高人民法院《关于审理伪造货币等案件具体应用法律若干问题的解释(二)》第1条对我国《刑法》第170条的"伪造货币",作了字面意义的解释:"仿照真货币的图案、形状、色彩等特征非法制造假币,冒充真币的行为"。2001年最高人民法院、最高人民检察院《关于办理生产、销售伪劣商品刑事案件具体应用法律若干问题的解释》第1条第2款对我国《刑法》第140条"以假充真"所作的解释,亦可谓文理解释。**(2)论理解释**,是指解释者阐明刑法条文的内在真意。其特点在于:就刑法解释的内容而言,论理解释不局限于阐明刑法条文的语言意义,而是注重分析、揭示蕴含于刑法条文之中的立法真意和现实社会意义;从刑法解释的方法来说,论理解释不局限于语法结构、文字标点上的分析,而是注重逻辑演绎、人文社会科学知识的综合运用。例如,1998年最高人民法院《关于对怀孕妇女在羁押期间自然流产审判时是否可以适用死刑问题的批复》对我国《刑法》第49条之"审判的时候怀孕的妇女"所作的解释。论理解释通常包括:类推解释、扩张解释、限制解释、当然解释、反对解释、比较解释、系统解释、目的解释等等。

三、论理解释的展开

类推解释:(1)概念:类推解释,是指解释者对于刑法没有明文规定的事项,基于现实社会的需要,选择规定最相类似事项的刑法条文,对该刑法条文作超出文句本身所能表述的意义的解释,以使刑法没有明文规定的事项被纳入刑法规定的范畴。例如,基于我国《刑法》第30条的规定,在分则并未明确规定的场合单位不能构成盗窃罪,但是司法实践中单位实施盗窃行为的情况屡有发生,于是2000年最高人民检察院《关于单位有关人员组织实施盗窃行为如何适用法律问题的批复》选择《刑法》最相类似的盗窃罪条文,对此作了类推解释:单位有关人员组织实施盗窃行为,情节严重的,按《刑法》第264条规定以盗窃罪追究直接责任人员的刑事责任。**(2)类推解释与罪刑法定原则**:类推解释有违罪刑法定原则。罪刑法定原则的核心在于,强调"法无明文规定不为罪,法无明文规定不处罚"。因此,将原本不能入罪的事项,通过类推解释而予以定罪量刑,这与罪刑法定原则的要求明显不符。即使在"有利于被告人"的理论路径下,有利于被告人的类推解释也不应得到肯定。刑法解释并非立法,在刑法解释之实质解释的最大外径界域上,应当严格以刑法条文语言意义的射程为限,否则就不是一种合理解释。类推解释不是解释,而是造法。有利于被告的造法,基于刑法之人权保障的价值取向,可予肯定;但有利于被告的解释,则不符合基本法理。**(3) 刑法解释与有利于被告**:有利于被告作为一项原则,可适用于事实的认定。在并无确凿证据的场合,不能定案,只能作出有利于被告的事实结论。鉴于刑法之人权保障的价值本位,有利于被告也可为一种立法呈现,甚或立法取向。例如,作为相对罪刑法定原则精神体现的,经由立法所确认的有利于被告的事后法。但是,有利于被告不应作为一项解释原则。刑法解释应在条文文句语言意义的射程之内,射程之内之扩张解释,不论是否有利于被告,均符合刑法之应有的价值宗旨;反之,超越于法条文句语言射程的解释,即使是有利于被告的解释,这在法理上仍然是"造法",同样应为刑法解释所摒弃。**(4) 类推解释与类推适用**。类推解释不同于类推适用。**类推适用**,是指司法机关在适用刑法时,对于刑法没有明文规定的事项,援引其他最相类似事项的刑法规定对之作出处理。类推解释与类推适用的相同之处在于,两者均属于"法无明文规定也处理"的情形。我国台湾地区多数学者将类推适用与类推解释混为一谈,以为系属一事。① 但是,类推解释与类推适用存在重要区别。类推解释具有抽象的意义,即解释一经作出可以反复适用;而类推适用仅有具体的意义,即只是针对具体案件的处理。

扩张解释:是指解释者基于现实社会的需要,探寻刑法的内在真意,对于刑法条文作超出字面意义但并不突破条文文义范围的解释。扩张解释与类推解释有所不同。扩张解释虽伸拉文义范围,但仍在法条可能文义范围之内;而类推解释则系超出法条可能文义范围,从而走向了法无明文规定。例如,2002 年全国人大常委会《关于〈中华人民共和国刑法〉第 384 条第 1 款的解释》对我国《刑法》第 384 条的挪用公款"归个人使用",分别三项规定了三种情形。其中,(二)、(三)两项实为"个人将公款挪归单位使用"。将"个人挪款归单位用"解释为"归个人使用",这在字面上似已超出了"归个人使用"的意义,不过从"个人挪用"的角度观之,这种"个人挪归单位使用"仍可置于"归个人使用"的语意射程之内。

限制解释:又称缩小解释,与扩张解释相对,是指解释者基于现实社会的需要,探寻刑法的内在真意,对于刑法条文作狭于字面意义但并不湮灭条文文义底线的解释。例如,我国《刑法》第 263 条将"入户抢劫"作为抢劫罪的加重构成之一。2000 年最高人民法院《关于审理抢劫案件具体应用法律若干问题的解释》(2000 年)第 1 条、2005 年最高人民法院《关于审理抢劫、抢夺刑事案件适用法律若干问题的意见》第 1 条即对这里的"户"作了限制解释。具体地说,"户"应当具有"供他人家庭生活"和"与外界相对隔离"的特征,包括具有这两项特征的"封闭的院落、牧民的帐篷、渔民作为家庭生活场所的渔船、为生活租用的房屋等"。反之,"一般情况下,集体宿舍、旅店宾

---

① 转引自杨仁寿著:《法学方法论》,中国政法大学出版社 1999 年版,第 161 页。

馆、临时搭建工棚等不应认定为'户',但在特定情况下,如果确实具有上述两个特征的,也可以认定为'户'"。

当然解释:又称自然解释,是指解释者对于刑法条文未予明文规定的事项,依据逻辑演绎、事物属性的当然道理,对该刑法条文作超越条文表述的解释,以使这一刑法没有明文规定的事项被纳入刑法适用的范畴。基于针对不同事项之出入罪刑的视角,当然解释具体可以两个路径展开:(1)轻项法定**入罪**处刑而重项未予法定,则据轻项之法定而认为重项也当然应予入罪处刑,此谓**举轻以明重**。《唐律疏议》("名例律"总第50条)指出:"依贼盗律:'谋杀期亲尊长,皆斩'。无已杀、已伤之文,如有杀、伤,举始谋是轻,尚得死罪,未及谋而已伤是重,明以皆斩之坐。"反之,重项法定入罪处刑而轻项未予法定,重项入罪处刑而轻项未必就入罪处刑,从而这一场合无所谓举重明轻的当然。(2)重项法定出罪免刑而轻项未予法定,则据重项之法定而认为轻项也当然应予出罪免刑,此谓**举重以明轻**。《唐律疏议》("名例律"总第50条)指出:"依贼盗律:'夜无故入人家,主人登时杀者,勿论。'假有折伤,灼然不坐。又条:'盗缌麻以上财物,节级减凡盗之罪。'若犯诈欺及坐赃之类,在律虽无减文,盗罪尚得减科,余犯明从减法。"反之,轻项法定出罪免刑而重项未予法定,轻项出罪免刑而重项未必就出罪免刑,从而这一场合无所谓举轻明重的当然。无论是举轻以明重的入罪或处刑,还是举重以明轻的出罪或处刑,由于作为当然解释其系对法无明文规定事项的罪刑处置,有违罪刑法定原则,从而不应予以肯定。

反对解释:又称反面解释,是指解释者针对刑法条文的正面表述,运用逻辑演绎等方法,推导出其反面意义的表述,以作为对该刑法条文的解释。例如,我国《刑法》第48条第1款前段规定:"死刑只适用于罪行极其严重的犯罪分子。"其反对解释可以表述为:罪行不是极其严重的犯罪分子不适用死刑。合理的反对解释包括两种情形:**(1)穷尽全部情形的反面表述**:在刑法条文只是分别列举成立法律效果的所有各种情形的场合,合理的反对解释表现为经由否定全部情形而得出否定法律效果的结论。例如,我国《刑法》第26条第1款从正面具体列举了成立"主犯"的所有情形,包括"组织犯"与"主要作用犯",由此该款的反对解释可以表述为:既不是组织、领导犯罪集团进行犯罪活动的,又不是在共同犯罪中起主要作用的,不是主犯。**(2)指向必要条件的反面表述**:在刑法条文对于成立法律效果的必要条件予以明确规定的场合,合理的反对解释表现为经由否定必要条件而得出否定法律效果的结论。例如,我国《刑法》第23条第1款对于成立未遂犯的必要条件作了明确规定,"犯罪分子意志以外的原因"是其中的必要条件之一,由此该款的反对解释可以表述为:已经着手实行犯罪,但是并非出于犯罪分子意志以外的原因而未得逞的,不是犯罪未遂。

比较解释:是指解释者通过对比同一国度或者不同国度的相关刑法条文的方法,阐明刑法条文的内在真意。根据比较路径的不同,比较解释也分为两种情形:**(1)国内比较**:对比本国刑法的相关条文予以合理解释。例如,我国《刑法》第310条窝藏、包庇罪所规定"包庇",是否包括帮助毁灭、伪造证据的行为,刑法理论颇存争议。而我国《刑法》第294条第3款包庇、纵容黑社会性质组织罪也规定了"包庇",由此可以对比第 294 条第 3 款的规定,来具体分析第 310 条中的包庇含义。2000 年最高人民法院《关于审理黑社会性质组织犯罪的案件具体应用法律若干问题的解释》第 5 条将第 294 条第 3 款的"包庇"解释为:包庇,"是指国家机关工作人员为使黑社会性质组织及其成员逃避查禁,而通风报信、隐匿、毁灭、伪造证据,阻止他人作证、检举揭发,指使他人作伪证……等行为"。进而,可以将第 310 条的"包庇"解释为:为犯罪人作假证明,掩盖其罪行或去向,帮助犯罪人隐匿、毁灭、伪造证据等。**(2)国外比较**:对比外国刑法的相关条文予以合理解释。例如,我国《刑法》第 263 条将"胁迫"作为抢劫罪的行为要素之一。不同刑法条文针对不同具体犯罪构成所规定"胁迫",其具体含义也有所差异。由此,对于第 263 条之"胁迫"的具体含义需予进一步地揭示。纵观外国刑法对抢劫罪之"胁迫"的规定,可以看出抢劫罪之"胁迫"仅指针对身体侵害的暴力胁迫,这可谓多数国家立法的通例。例如,对于抢劫罪的胁迫,《德国刑法典》(1999 年)第 249 条将之限定为"危害身体或生命相胁迫";《意大利刑法典》(1931 年)第 628 条将之限定为"对人身的……威胁";《俄罗斯刑法典》(1996 年)第 162 条将之限定为"使用危及生命或健康的暴力……相威胁"。

系统解释:又称体系解释,是指解释者联系整个刑法体系的相关规定,阐明刑法条文的内在真意。例如,我国《刑法》第 192 条规定了集资诈骗罪,尽管刑法条文对该罪采取了叙明罪状的立法模式,不过何为集资诈骗罪仍需进一步明确。联系整个刑法体系的相关规定,集资诈骗罪是一种特殊的诈骗罪,其被置于分则第三章第五节的"金融诈骗罪"中,与该节中的贷款诈骗罪、票据诈骗罪等特殊的诈骗罪并列;另外,在分则第三章的第八节还规定了合同诈骗罪,在分则第五章的"侵犯财产罪"中规定了普通的诈骗罪。综合考虑这些有关诈骗犯罪的含义,可以将集资诈骗罪定义为:以非法占有为目的,使用非法集资的方法,进行诈骗活动[①],数额较大的行为。比较解释与系统解释的区别是,前者是通过对比相关的刑法条文,阐明刑法条文的内在真意;而后者是通过将被解释的刑法条文放置于整个刑法体系中,阐明刑法条文的内在真意。

目的解释:是指根据刑法的目的,阐明刑法条文的内在真意。例如,我国《刑法》第 116 条破坏交通工具罪规定在分则的"第二章危害公共安全罪"中。《刑法》设置这一罪名旨在通过惩罚破坏交通工具的犯罪来保护交通运输安全。[②] 这里的交通运输安全是公共安全的一种具体类型,具体是指以火车、汽车、电车、船只、航空器的存在和正常运行为基础的不特定人的生命、健康和财产安全。据此,可以将法条所述破坏交通工具罪的"破坏"解释为:是指损毁、拆卸保障交通工具安全运行的重要部件,由此将使交通运输安全受到现实的严重危险。如果行为人只是对交通工具的座椅、灯具、卫生设备等辅助设施进行破坏,不足以使交通工具发生倾覆或者毁坏危险的,

---

[①] 我国《刑法》第 192 条的表述是"使用诈骗方法非法集资"。这一表述,有其欠妥之处。集资诈骗行为的目标在于骗取集资款,诈骗行为是其本质特征,而非法集资只是诈骗行为的一种特定方法,即特定的诈骗方法。从这个意义上说,采用"使用非法集资的方法,进行诈骗活动"的表述更为合理。

[②] 根据我国《刑法》第 1 条的规定,我国刑法是通过惩罚犯罪以达到保护法益的目的。

则不构成这里的破坏。

四、刑法法条的解读

刑法解释的立场与方法是刑法解释的核心议题。刑法解释的特质就是秉持刑法应有基本理念,正确树立刑法解释应有的立场与方法。对于解释立场与方法,刑法理论存在形式解释与实质解释、严格解释与自由解释、主观解释与客观解释的争议。**(1) 形式解释与实质解释**:原本用于针对构成要件符合判断的理论分歧。形式解释强调基于刑法条文语言的表述来具体判断行为对构成要件的符合,基于构成要件系违法性的抽象、类型,通常符合构成要件也就具有实质侵害的属性,但是这并不是构成要件符合判断的内容,在此构成要件具有独立的地位与理论机能。实质解释主张基于行为可罚的必要性与合理性来论及其对构成要件的符合,也即对于构成要件的符合应当进行实质的判断,在此构成要件符合与违法性两者不可分割,构成要件被置于违法性之中并以"不法"概括,构成要件没有独立的地位与机能。在我国,形式解释与实质解释被引申至针对刑法条文的不同理解路径。形式解释强调以刑法文本的实然表述为基点,立于制定法本身规定的平台,注重从罪刑的形式结构(法律要件)上,阐明刑法条文的具体蕴义。由此,形式解释侧重人权保障价值,解释样态相对严格,文理解释居多。实质解释强调以支撑刑法之应然的社会价值为基点,立于自然法之精神的平台,注重从罪刑的实质蕴含(法益保护)上,揭示刑法条文的内在真义。由此,实质解释侧重社会保护价值,解释样态相对灵活,论理解释居多。**(2) 严格解释与自由解释**:严格解释强调应以法条字面意思为限,探究其中蕴含的立法者的思想,深入理解法条规定的真正意义而禁止类推解释。这是基于制定法规范的刑法解释,彰显的是刑法之人权保障机能。自由解释主张根据社会现实需要,探究法条之中所蕴含的法律真义,刑法解释不受解释方法之限制而承认解释的创造性。这是基于自然法精神的刑法解释,彰显的是刑法之社会保护机能。**(3) 主观解释与客观解释**:主观解释是指合理的刑法解释(刑法解释的目标)在于,揭示刑法条文所固有的立法原意,这一立法原意是立法者在制定刑法时赋之于刑法之中的。主观解释论仍将合理之刑法解释承载于制定法的规范,从而彰显了刑法的安全价值与保障机能。客观解释是指合理的刑法解释(刑法解释的目标)在于,揭示刑法条文之中所蕴含的客观真实意义,这一客观真意是刑法解释时顺应发展变化的社会现实而在刑法中的应有体现。客观解释论将合理之刑法解释承载于自然法的精神,从而彰显了刑法的社会公正价值与社会保护机能。

在思想路径与基本立场上,形式解释、严格解释、主观解释如出一辙,而实质解释、自由解释、客观解释则现相承之势;当然,形式解释、严格解释、主观解释以及实质解释、自由解释、客观解释,各自有其独特的视角与立足点,同一"流域"之中也有具体的差异。基于应然的期待,在建设法治国的背景下,遵循刑法的基本理念,刑法解释应当特别注重刑法的限制功能。刑法解释以形式解释为本位,在法条文句意义的射程之内,实质解释为刑法解释之必要。这意味着,无论是阐明刑法条文的立法真意,还是揭示刑法条文的现实社会意义,刑法解释均不能超越刑法条文文句所可能涵盖的意义。在这一前提下,刑法解释可以是对刑法条文作语言意义上的解释,也可以是对刑法条文作内在精神的揭示。其中,对刑法条文作内在精神的揭示,又有法条之国家立法原意与法条之社会现实应有蕴意的不同呈现,倘若国家立法原意(功利)与社会现实应有蕴意(公正)发生冲突,在法条语言意义的射程内应当坚持社会公正的内容取向。具体而论,刑法解释涉及内容广泛,兹以法条解读的视角,对之择例说明如下:

遵循罪刑法定:刑法解释应当严格遵循罪刑法定原则,法无明文规定不为罪不处罚。例如,我国《刑法》总则第30条对于单位犯罪作了明确限定,而分则第264条等并未设置单位盗窃,然而2002年最高人民检察院《关于单位有关人员组织实施盗窃行为如何适用法律问题的批复》、2013年最高人民法院、最高人民检察院《关于办理盗窃刑事案件适用法律若干问题的解释》第13条却将单位盗窃纳入犯罪。这是刑法解释上的法无明文规定比照最相类似条文的入罪处刑,显有类推解释之嫌。又如,我国《刑法》第17条第2款对相对责任年龄的表述是"……的人,犯……罪的……"而2002年全国人大常委会法制工作委员会《关于已满14周岁不满16周岁的人承担刑事责任范围问题的答复意见》将条文中的"犯故意杀人、故意伤害致人重伤或者死亡",解释为相应的"行为"并造成了相应的"后果"。应法看到,这一解释与法条文义并不相符。其实,没有这一解释,相对责任年龄的人实施绑架撕票,依照第17条第2款的规定照样应予处理。

摒弃漏洞补充:刑法不可避免地存在缺陷,对此在无法通过语言涵盖而弥补的场合,只能通过立法修正。例如,我国《刑法》第263条对加重抢劫的情形之一作了"冒充军警人员抢劫"(A)的表述,然而"真正的军警人员抢劫"(B)是否也属于这一情形?就条文文义的射程而言,A无法涵盖B。尽管B之危害重于A,但在此无法通过解释来弥补立法漏洞。另外,或许有些漏洞补充还与一国司法观念有关。例如,许多国家的刑法典专门设置了家庭盗窃的免刑或免罪,与此不同,我国《刑法》对于家庭盗窃未予特别规定,而2013年最高人民法院、最高人民检察院《关于办理盗窃刑事案件适用法律若干问题的解释》第8条却予家庭盗窃免罪与从宽。这实质上是司法对于立法的超越。或许有人会取《刑法》第13条但书来为之遮挡,但是倘若如此则可任取情形而谓之"显著"予以出罪。应当说,该但书的出罪只是立法精神的宣示而不具具体操作根据的属性,由此而及的具体操作根据应有针对具体情状的法条规定,这是法制主义原则与罪刑法定原则的共同要求。我国刑法法定粗疏而留待司法具体,进而为所谓灵活出入罪留下了余地,然而这是有违刑法原则的。

遵循罪刑均衡:作为基本原则,罪刑均衡原则也为立法所遵循,反之对于法条的理解也应以之为据。例如,我国《刑法》第238条第2款前段之"致人重伤……致人死亡"的主观心态,对此应当解释为间接故意。这是立于罪刑均衡原则,将这一罪状的相应法定刑设置与过失致人死亡罪、失火罪、暴力干涉婚姻自由致被害人死亡、虐待致被害人重伤死亡的法定刑,进行比较而得出的结论。另外,应当注意,故意致人重伤或者死亡是一个单纯的、以故意伤害为指向的犯罪,而非法拘禁致人重伤或者死亡是以非法拘禁为基础的犯罪,由此两者不具可比性。

允许入罪扩张:有利于被告的扩张解释,固然存在许可的理论根据。不过,也应注意到,不利于被告的扩张解释,只要在法条语义的射程之内,同样应当允许。其实,合理的扩张解释未必都是有利于被告的解释。例如,针对我国《刑法》第163条、第164条中的"其他单位",2008年最高人民法院、最高人民检察院《关于办理商业贿赂刑事案件适用法律若干问题的意见》第2条将之伸展至"为组织体育赛事、文艺演出或者其他正当活动而成立的……非常设性的组织"。又如,2007年最高人民法院、最高人民检察院《关于办理受贿刑事案件适用法律若干问题的意见》第8条第1款将收受"未变更权属登记"的房屋、汽车等物品,也归入《刑法》第385条受贿罪之"收受"的含义中。

谨慎事实推定:事实推定,是指根据事实A的存在,即认定事实B的存在。基于人类的认识规律,立法与刑法解释中的事实推定是不可避免的,尤其是在涉及行为人主观事实的判断上。例如,我国《刑法》第395条在对巨额财产来源不明罪的设置中,根据事实A"本人不能说明巨大差额的合法来源",认定事实B"差额部分即为非法所得"的存在。尽管这种事实推定不可避免,但是应当注意,A与B的两项事实之间应当显著地接近,并且在A与B之间存在合乎事理逻辑的一致性。当然,A也不是B的直接的事实特征,否则,就不是事实推定,而是**事实征表**本身了。

阐明条文内容:基于条文本身表述特点不同,对于条文内容的阐明包括:A.使模糊变清晰:条文呈现"数额较大"、"多次"等等模糊语言,而刑法解释则使之清晰。例如,2013年最高人民法院、最高人民检察院《关于办理盗窃刑事案件适用法律若干问题的解释》第1、2条称我国《刑法》第264条的"数额较大"是指"财物价值1000至3000元以上",或者具有八项特定情形之一并财物价值在500至1500元以上。B.使抽象变具体:条文呈现"情节严重"、"其他严重……行为"等等涵盖内容至为广泛的语言,而刑法解释则使之变得具体。例如,2000年最高人民法院《关于审理扰乱电信市场管理秩序案件具体应用法律若干问题的解释》第2条第1款对于非法经营电信业务,而构成我国《刑法》第225条非法经营罪之"情节严重"的情形,作了两项具体列举。C.使隐藏变显现:条文的一些表述虽似具体明确,但作为罪之要素仍有待凸显其特定意义,刑法解释则使这一特定意义得以呈现。例如,通常"枪"之概念似已明确,然而在我国《刑法》第263条将之作为加重构成一项要素的场合,这里的"枪"仍有其特定意义,为此2000年最高人民法院《关于审理抢劫案件具体应用法律若干问题的解释》第5条作了具体阐明。

立足法条表述:无论是法条之意义及精神等的阐明与揭示,还是法条之犯罪构成及其理论形态等的解读,均应以法条本身的表述为基本的立足点。刑法理论是对立法现实的指导与推进,而刑法理论也源自于现实立法的事实。由此,刑法条文是刑法学研究的最为重要而核心的经验性素材。例如,我国《刑法》第127条第1款对盗窃、抢夺枪支、弹药、爆炸物罪之罪状的表述(A),该条同款对盗窃、抢夺危险物质罪之罪状的表述(B),第115条第1款对放火罪之罪状的表述(C),第116条对破坏交通工具罪之罪状的表述(D),对比这些表述可以看出,B凸显出A,A之叙明中仅限行为与对象,B在行为与对象之外还有危险结果,对危险结果的要求C与B相似,而D则对危险结果的形态作了具体描述。由此,A之罪系行为犯,B与C之罪系危险犯且为抽象危险犯,D之罪系危险犯且为具体危险犯。

第四节 刑法的任务

一、刑法任务的概念

我国《刑法》明确规定了刑法的任务,从而刑法的任务成为注释刑法学的一个基本的内容。而国外的刑法典很少有明确规定刑法任务的立法例[1],因此国外刑法理论也少有将刑法任务作为专门而独特的理论范畴,不过也有将刑法任务表述为"保护社会"、"预防功能"、"保护法益"的阐释。[2] 刑法理论通常认为,保障人权与保护社会是**刑法的机能**;一般预防与特殊预防是**刑罚的目的**;通过惩罚犯罪以保护人民是**刑法的目的**[3]。

应当说,立于术语本义的差异,任务不同于功能、机能、目的。**功能**是指事物或方法所发挥的有利的作用;**机能**是指细胞组织或器官等的作用和活动能力,在通常意义上与功能相仿;**目的**是指想要达到的地点或境地,想要得到的结果。[4] 而**任务**是指所指定担任的工作,或者指定担负的责任。[5] **任务与目的**的区别在于,前者侧重于被动的承担,后者倾向于积极的努力,不过两者均与人的主观意愿相联系。而**功能与机能**则是客观存在的,其不受人的主观意愿的影响,从而与目的及任务的主观意愿性有着区别。

不过,立于"刑法"之任务、功能、机能、目的,则其不是抽象的空壳,而是有着具体内容承载的"任务"、"功能"、"机能"、"目的"。诸如,将"保护法益"作为刑法机能,但也不排除将之作为刑法任务,只是前者立于刑法本身应有的积极作用论及"保护法益",而后者立于立法者赋予刑法之责任论及"保护法益"。有鉴于此,基于"任务"之本义以及我国《刑法》之规定,本书认为,**刑法任务**是指立法者所赋予刑法的职能或者责任,具体而论就是保护各种法益。

---

[1] 除《俄罗斯刑法典》外,《意大利刑法典》、《德国刑法典》、《法国刑法典》、《日本刑法典》、《瑞士刑法典》、《韩国刑法典》等等,均未明确规定刑法的任务。

[2] 〔德〕汉斯·海因里希·耶塞克、托马斯·魏根特著:《德国刑法教科书》,徐久生译,中国法制出版社2001年版,第1—12页。

[3] 我国《刑法》第1条。

[4] 参见《现代汉语词典》(第5版),商务印书馆2005年版,第475、628、971页。

[5] 参见同上书,第1151页。

二、我国刑法的任务

《刑法》第2条对我国刑法任务作了明确表述。具体而论，刑法任务以保护法益为内容，分为四个方面：**(1) 保卫国家安全**：《刑法》总则对危害国家安全的犯罪，设置了较为严厉的一些处罚制度。例如，第56条规定"对于危害国家安全的犯罪分子应当附加剥夺政治权利"，第66条对于"危害国家安全犯罪"的累犯构成取消了前罪与后罪的时间限定。分则专章系统规定了危害国家安全的犯罪，并将之列为惩罚的首要对象，规定了较为严厉的刑罚。**(2) 保护财产秩序**：财产秩序，既包括他人财物的所有权，也包括各种形式的占有。《刑法》分则第五章系统规定了侵犯财产的犯罪，以保护财物管理秩序。分则第三章、第六章、第八章等类罪中也有许多具体的罪，包括集资诈骗罪、盗伐林木罪、贪污罪等，指向了对财物管理秩序的保护。**(3) 保护公民权利**。《刑法》分则第四章专章具体规定了侵犯公民人身权利、民主权利和其他权利的犯罪。分则第二章、第六章、第九章等类罪中也有许多具体的罪，包括放火罪、非法行医罪、徇私枉法罪等，指向了对公民人身权利与民主权利的保护。**(4) 维护社会秩序**。社会秩序的含义较为广泛，包括经济秩序、生产秩序、工作秩序、教学科研秩序、群众生活秩序等。可以说《刑法》分则所规定的一切具体犯罪，都是为了维护群众生活秩序、生产秩序、经济秩序、工作秩序等社会秩序。分则第六章还专章对妨害社会日常管理秩序的犯罪作了系统规定。上述四个方面的刑法任务，相辅相成形成一个有机的整体。

第五节 刑法的效力范围

刑法的效力范围，又称刑法的适用范围，是指刑法在空间与时间上的效力。我国《刑法》第6至12条对刑法的效力范围作了具体规定。

一、刑法的空间效力

刑法的空间效力，是指刑法对地域和对人的效力，其核心问题是刑事管辖权。**刑事管辖权**是国家基于主权，对犯罪进行定罪处刑的权力，其具有两个特征：**(1) 国家刑事权力**：刑事管辖权是一种国家刑事权力，其涉及国与国之间对犯罪进行处置的主权关系，这种关系的处理应当遵循国际法准则。也正因为此，许多学者将国内刑法的刑事管辖权规范（国内刑法的空间效力规范），界定为国际刑法。[①] 本书将**国际刑法**界定为，国际公约中有关惩罚国际犯罪[②]以维护国际社会共同利益的刑事法律规范。由此，国内法的刑事管辖权规范仅在普遍管辖上归于国际刑法。**(2) 刑法空间效力**：刑事管辖权意味着定罪处刑的权力在空间上所延伸的范围，这不同于刑事诉讼管辖。

[①] 英国学者边沁、德国学者耶塞克、魏根特，意大利学者帕多瓦尼等，主张这一界说。
[②] 应当注意，遵循国际法原则的刑法规定未必就是国际刑法，国际刑法以国际条约中惩治国际犯罪的刑事规范为标志。

刑事诉讼的管辖,是指一国国内侦查、控诉、审判三机关在刑事案件处理程序上的权力划分或者职责分工,包括立案管辖、审判管辖。立案管辖,主要解决侦查、控诉、审判机关在直接受理刑事案件上的分工;审判管辖,主要解决审判机关系统内部各级、各类审判机关之间在审判第一审刑事案件上的分工。

(一)刑事管辖原则的基本类型

刑事管辖原则是指国家在刑法中确立的延伸其刑事管辖权范围的基本准则。基于国家主权的原则,每个国家都在刑法中规定了相当的刑事管辖权。综观刑法理论与各国立法,刑事管辖原则存在如下具体类型:

属地原则:也称属地主义、领土原则,主张以地域为标准,凡是在本国领域内犯罪的,无论犯罪人是本国人还是外国人,均适用本国刑法;反之,在本国领域外犯罪,都不适用本国刑法。不过,有时会出现犯罪的实行行为与行为结果不在同一空间的所谓隔地犯,基于对这种隔地犯处理原则的差异,属地原则又可分为三种情况:(1)行为地原则,又称行为地主义、主观的领土原则,主张以行为发生地为犯罪地确定的标准,凡是在本国领域内发生的犯罪行为,无论犯罪结果在何处出现,均适用本国刑法。(2)结果地原则,又称结果地主义、客观的领土原则,主张以结果出现地为犯罪地确定的标准,凡是在本国领域内出现的犯罪结果,无论犯罪行为在何处发生,均适用本国刑法。(3)行为结果择一原则,主张以行为或者结果中的任意一项为犯罪地确定的标准,也就是说,只要犯罪行为或者犯罪结果有一项发生在本国领域内的,就认为是在本国领域内犯罪,适用本国刑法。属地原则注重维护国家领土主权,这是其优越之处。但是,假如本国人或者外国人在本国领域外实施危害本国国家或者公民利益的犯罪,则无法适用本国刑法,由此表现出这一原则的局限性。所以多数国家刑法并不单纯采用这一原则。

属人原则:也称属人主义、国籍原则,主张以行为人的国籍为标准,凡是本国人犯罪,无论犯罪人是在本国领域内还是在本国领域外,均适用本国刑法。在此,属人原则的核心指向是,基于犯罪人的国籍本位而将刑事管辖权向国外延伸,进而涉及本国人与外国人在国外犯罪的刑法适用问题。由此,就广义而论,属人原则又分为两种情形:(1)**积极的属人原则**,是指本国公民在国外犯一定之罪而适用本国刑法。(2)**消极的属人原则**,是指外国公民在国外对本国犯罪而适用本国刑法。通常,所谓属人原则指的是前者,而后者的消极属人原则则被归于保护原则。属人原则意味着,本国(A)人在国外(B)犯罪也适用本国(A)刑法,不过这显然触及了他国(B)的主权。然而,在对等规定的场合,外国(B)人在本国(A)犯罪则要适用他国(B)刑法,这也同样触及了本国(A)的主权。为此,须对属人原则予以适当限定并依循国际法相关准则。

保护原则:也称保护主义、安全原则,主张以保护本国利益为标准,凡是侵害本国国家或者公民利益的犯罪,无论犯罪人是本国人还是外国人,也不论犯罪发生在本国领域内还是在本国领域外,均适用本国刑法。根据保护原则所处置的犯罪的不同,保护原则分为保护国家原则和保护国民原则。保护原则较全面地保护了本国的利益。

但是,当犯罪发生在本国领域外的时候,采纳这一原则将涉及国与国之间的关系,因而要完全实现这一原则也比较困难。

普遍原则:也称世界主义,主张以保护国际社会的共同利益为标准,凡是发生危害国际社会共同利益的犯罪,无论犯罪人是本国人还是外国人,也不论犯罪发生在本国领域内还是发生在本国领域外,均适用本国刑法。由于各国政治、经济、文化的差异,不同国家对犯罪的界定各有不同,因而也难以在世界范围内完全实现这一原则。由此,普遍原则所呈现的,主要是对国际条约所规定的侵害国际社会共同利益的某些国际犯罪,诸如空中劫持、灭绝种族、侵害外交代表等等,由条约的签字国根据国际条约承担普遍刑事管辖权。

折衷原则:也称折衷主义、结合原则,主张以属地原则为基础,有限制地兼采属人原则、保护原则和普遍原则。具体地说,凡是在本国领域内犯罪的,无论犯罪人是本国人还是外国人,均适用本国刑法(属地原则);本国人或外国人在本国领域外犯罪的,在一定的条件下也适用本国刑法(兼采属人原则、保护原则、普遍原则)。折衷原则综合了属地原则、属人原则、保护原则、普遍原则的长处,将这些原则有机融合而相互弥补各自的不足。目前世界各国刑法大多采纳这一原则。

(二)我国刑法的刑事管辖原则

我国刑法在刑事管辖原则上采纳的是折衷原则。具体表现在:

以属地原则为基础:《刑法》第6条是我国刑法刑事管辖属地原则的具体表述。对此,具体解读如下:(1)**领域**:是指中华人民共和国国境以内的全部区域,包括我国的领陆、领水、领陆领水的底土及领空。领陆包括边界以内的陆地领土和岛屿;领水包括领海和内水;领空是领陆和领水的上空,只及空气空间,不包括外层空间。(2)**船舶或航空器**:作为属地管辖的拟制领土,这里的船舶或者航空器包括:处于航行过程中,或者停留在外国领域内;归属国有、集体、私有,或者归属军用、民用。(3)**驻外使馆**:1961年《维也纳外交关系公约》规定,各国驻外大使馆、领事馆及其外交人员,不受驻在国的司法管辖而受本国的司法管辖。我国承认这一公约。凡在中华人民共和国驻外大使馆、领事馆内犯罪的,适用我国刑法。(4)**行为地与结果地**:针对隔地犯,我国刑法在犯罪地确定的标准上,采纳的是行为与结果择一的原则,即犯罪的行为或者结果有一项发生在中华人民共和国领域内的,就认为是在中华人民共和国领域内犯罪。(5)**适用本法**:法条之"适用本法",是指适用中华人民共和国的刑法典、单行刑法、附属刑法等刑法规范。(6)**特别规定**:法条所述"除法律有特别规定的以外",其中的"特别规定"包括:A. 外交豁免特别规定:《刑法》第11条对于外交豁免问题作了规定,对此可从三个方面理解:其一,豁免人员:所谓"享有外交特权和豁免权的外国人",主要是指外交代表、使馆行政技术人员及其与他们共同生活的配偶、未成年子女;来访的外国国家元首、政府首脑、外交部长及其他同等身份的官员等。参加联合国及其专门机构召开的国际会议的外国代表,以及临时来我国的联合国及其专门机构的官员和专家等,按中国加入的有关国际公约和签订的有关协议,事实上也享有外交特权和豁免权。其二,豁免权限:与刑法适用有关的外交特权和豁免权的主要内容有:人身不受侵犯;寓所不受侵犯;财产不可侵犯;享有刑事管辖豁免;无向驻在国司法机关提供证据之义务,等等。其三,具体处置:享有外交特权与豁免权,并不意味着对这些权利享有者的犯罪可以不予处置,而是强调对于他们的犯罪处置,通过外交途径解决。通常的方法是:驻在国宣布其为"不受欢迎"的人,由派驻国予以惩办,向驻在国表示道歉或遗憾,或者支付损害赔偿等等。**B. 香港澳门特别规定**:根据《香港特别行政区基本法》第2条、《澳门特别行政区基本法》第2条的规定,全国人民代表大会授权该两特别行政区依法"实行高度自治,享有行政管理权、立法权、独立的司法权和终审权"。由此,该两特别行政区的罪刑问题分别适用香港刑法与澳门刑法。**C. 民族自治特别规定**:根据《刑法》第90条的规定,由于当地民族的政治、经济、文化的特点,在民族自治地方不能全部适用刑法典以及特别刑法与附属刑法的场合,可以由民族自治地方的自治区或省级人民代表大会,根据当地特点与刑法基本原则,针对不能适用普通刑法的那一部分,制定变通规定或者补充规定,在报请全国人民代表大会常务委员会批准后施行。

兼采属人原则:《刑法》第7条是我国刑法刑事管辖属人原则的具体表述,强调我国公民在我国领域外犯我国刑法规定之罪的,适用我国刑法。对此,又分为两种情形:**(1) 一般人员**:基于第7条第1款但书的规定,所犯之罪应当适用的法定刑幅度,按照我国刑法的规定,最高刑为3年以下有期徒刑的,可以不予追究。**(2) 特殊人员**:基于第7条第2款的规定,国家工作人员和军人,所犯之罪不论罪行轻重,一律按照我国刑法予以追究。从而体现了对此类人员从严的精神。

兼采保护原则:《刑法》第8条是我国刑法刑事管辖保护原则的具体表述,强调外国人在我国领域外对我国国家或者公民犯罪,可以适用我国刑法。在此,"可以"意味着保留管辖权与刑事追究的取向,不过鉴于"外国人"在"国外"针对我国的犯罪,这将更多涉及与他国罪刑设置及管辖的冲突。具体而论:**(1) 外国人**:这里的"外国人",是指一切不具有中国国籍的人,包括具有外国国籍或者无国籍的人。**(2) 适用要件**:犯罪侵害了我国国家或者公民的利益;按照我国刑法犯罪之法定最低刑为3年以上有期徒刑;所犯之罪按照犯罪地的法律规定也应受到处罚。

兼采普遍原则:《刑法》第9条是我国刑法刑事管辖普遍原则的具体表述,强调对于我国参加之国际条约所设罪行,我国同意承担条约义务而行使刑事管辖权的,适用我国刑法。具体而论:**(1) 罪行范围**:我国刑法行使普遍刑事管辖权所处置的犯罪,仅限我国缔结或者参加的国际条约所规定的、侵害国际社会共同利益的某些国际犯罪[①]。**(2) 义务范围**:我国刑法所行使的普遍刑事管辖权,仅限所缔结或者参加的国际条约中我国同意承担的一些义务。反之,假如我国对国际条约中的一些条款声明保留,则不承担相应的义务。**(3) 管辖方式**:依照我国缔结或参加的国际条约所规定

---

① **国际犯罪**,又称国际法上的犯罪,是指由国际法规范确定的、严重危害国际社会利益,而应当受到刑罚处罚的行为。

的一些管辖原则①,行使刑事管辖权,或者依我国刑法的规定予以惩处,或者引渡给有关国家。

禁止重复处罚原则:又称一事不再罚原则,是指对于同一犯罪不得重复处罚的刑法准则。双重管辖将导致双重处罚,而要避免这种双重管辖,关键问题是对外国的刑事判决是否予以承认。对此,《刑法》第 10 条作了具体规定,既坚持了禁止重复处罚的原则,又保留了体现国家主权的刑事管辖。具体而论:**(1) 保留刑事管辖**:《刑法》第 10 条规定:在国外犯罪,"依照本法应当负刑事责任的,虽然经过外国审判,仍然可以依照本法追究"。这意味着,国外判决并不当然有效,并且罪刑的标准仍在我国刑法规定。显然,这是对保留我国刑事管辖权与刑罚权的强调,这也表明在管辖冲突上我国对于国家主权的置重。**(2) 禁止重复处罚**:《刑法》第 10 条规定:"在外国已经受过刑罚处罚的,可以免除或者减轻处罚"。由此,我国刑法对于外国判决采纳的是消极承认②的模式。这意味着,在犯罪的法律后果上,以根据我国刑法所判定的应有承担为标准,对在外国既已承担的部分予以减除,尚有剩余的可以经由审理继续承担。

二、刑法的时间效力

刑法的时间效力,是指刑法的生效时间、失效时间以及刑法的溯及力。

(一) 刑法的生效时间

刑法的生效时间,是指刑法发生法律效力的时间。具体分为两种:**(1) 刑法公布之日生效**:刑法自公布之日起生效。单行刑法或者修正幅度不大的修正案,通常采取这一形式。例如,全国人大常委会《关于惩治骗购外汇、逃汇和非法买卖外汇犯罪的决定》(1998 年 12 月 29 日)第 9 条规定:"本决定自公布之日起施行。"又如,《中华人民共和国刑法修正案(三)》(2001 年 12 月 29 日)第 9 条规定:"本修正案自公布之日起施行。"**(2) 公布之后一段时间生效**:刑法公布之后经过一段时间而生效。刑法典或者修正幅度较大的修正案,通常采取这一形式。如此,主要是为了让司法部门、公民以及社会各界了解新法的内容,做好实施的充分准备。例如,1979 年《刑法》7 月 1 日通过、7 月 6 日公布,该《刑法》第 9 条规定:"本法自 1980 年 1 月 1 日起生效。"1997 年《刑法》3 月 14 日修订、同日公布,该《刑法》第 452 条规定:"本法自 1997 年 10 月 1 日起施行。"2011 年《中华人民共和国刑法修正案(八)》2 月 25 日通过、同日公布,该《修正案》第 50 条规定:"本修正案自 2011 年 5 月 1 日起施行。"

(二) 刑法的失效时间

刑法的失效时间,是指刑法失去法律效力的时间。具体分为两种:**(1) 明示废止**:由国家立法机关明确宣布某些法律效力终止。通常表现为,在新的法律公布的同

---

① 有关国际条约为了防止管辖漏洞,有效惩治国际犯罪,对一些国际犯罪规定了具体管辖原则。例如,对海盗罪和战争罪采取"普遍管辖原则";对劫持民用航空器罪、危害民用航空安全罪等犯罪采取"或引渡或起诉原则";对劫持民用航空器罪采取"航空器降落地国管辖原则"、"永久居所地或主要营业地管辖原则"等。

② **消极承认**,是指并不完全承认外国判决,对于同一行为仍可再行审判,但是对于已受处罚的事实予以承认。与此相反,**积极承认**,是指将外国判决视同本国判决,不仅在犯罪的认定上,而且在处刑与执行上予以承认。

时,该新法规定某项旧法效力终止。例如,1997年《刑法》第452条规定:"列于本法附件一的全国人民代表大会常务委员会制定的条例、补充规定和决定,已纳入本法或者已不适用,自本法施行之日起,予以废止。"**(2)** **默示终止**:尽管国家立法机关未予明示,但是某些法律效力实际上终止。包括两种情形:**A. 替代失效**,即新法代替了同类内容的旧法,从而使旧法失去了法律效力。例如,我国1997年《刑法》,代替了原来的1979年《刑法》。**B. 限时失效**,主要是限时法的失效。**限时法**,是指基于当时特殊的立法条件而制定的,限制在一定时间内有效的法律。限时法有效期届满,即使没有新法替代,其法律效力也同样终止。

(三)刑法的溯及力

刑法的溯及力,又称刑法溯及既往的效力,是指刑法生效以后,对其生效以前未经审判或者判决尚未确定的行为,是否具有追溯适用的效力,如果具有追溯适用的效力,就是有溯及力,否则就是没有溯及力。

刑法溯及力原则的类型:世界各国刑法对溯及力的规定,提出了不同的原则,可以概括为如下几项:**(1)** **从旧原则**,是指对于过去未经审判或者判决尚未确定的行为,一律按照行为时的旧法处理,新法没有溯及力。**(2)** **从新原则**,是指对于过去未经审判或者判决尚未确定的行为,一律按照行为后的新法处理,新法具有溯及力。**(3)** **从新兼从轻原则**,是指新法原则上具有溯及力,但是如果旧法不认为是犯罪或者处刑较轻的,则按照旧法处理。**(4)** **从旧兼从轻原则**,是指原则上按照旧法处理而新法没有溯及力,但是如果新法不认为是犯罪或者处刑较轻的,则按照新法处理。

从新兼从轻原则与从旧兼从轻原则:两者在"择取非罪取向"与"择取轻刑处罚"上虽无区别,但是如果择取轻刑处罚之"处刑较轻"的含义,只是指行为所犯之罪的相应法定刑相对较轻,则由此而及的旧法或者新法,由于其在罪刑制度上不可避免地会存在差异,从而依循旧法或者新法,最终所得的处刑结论也会有所不同。**(1)** **罪刑制度的差异**:影响最终处理结果的不仅是罪与非罪以及法定刑轻重的问题,而且涉及一系列的罪刑制度,包括不同犯罪情节区别对待的原则、量刑情节区别对待的原则、分则具体罪名的差异等等,而旧法与新法在这些罪刑制度上也会有所差异,因此尽管旧法、新法均认为行为成立犯罪并且适用旧法或新法的法定刑,但是从旧或者从新却意味着在最终处刑上所适用的一系罪刑制度并不相同,这固然会影响到最终的处理结果;同时,也不排除旧法与新法对于行为的罪名有差异,由此即使旧法与新法对于行为的处刑也一致,但是从旧与从新也会出现最终定性上的不同。**(2)** **从旧兼从轻的选择**:严格意义上的罪刑法定原则,要求禁止事后法,即刑法效力不溯及既往。不过,立于罪刑法定原则之保障人权的核心价值,在相对意义的罪刑法定原则的框架下,对于刑法溯及力问题,允许有利于被告的事后法,从而多数国家均采纳从旧兼从轻的原则。

我国刑法的溯及力原则:《刑法》第12条对于溯及力问题作了具体规定,这一规定表明我国刑法坚持了从旧兼从轻的原则。具体而论:**(1)** **犯罪从旧兼从轻**:行为时的旧法不认为是犯罪,无论新法是否认为是犯罪,一律适用行为时的旧法,即行为不构成犯罪；旧法认为是犯罪而新法不认为是犯罪的，适用新法，即行为不构成犯罪。**(2) 追诉从旧兼从轻**：旧法与新法均认为是犯罪，但已过旧法追诉时效期限的，适用旧法而不予追诉；旧法与新法均认为是犯罪，虽未过旧法追诉时效期限，但已过新法追诉时效期限的，适用新法而不予追诉。**(3) 处刑较轻的含义**：旧法与新法均认为是犯罪，并且按照新法的规定应当追诉的，就需要比较旧法与新法的处刑轻重。根据1998年最高人民法院《关于适用刑法第十二条几个问题的解释》第1条，法条之"处刑较轻"，是指刑法对于行为所构成的具体犯罪，所设置的法定刑相对较轻。应当注意的是，这里的处刑较轻是指行为所犯之罪的相应法定刑相对较轻，而不是指作为处刑的最终结果的宣告刑或者执行刑相对较轻。在只有一个法定刑幅度的场合，比较这一法定刑的轻重；在存在多个法定刑幅度的场合，确定行为所应适用的法定刑幅度，再比较这一法定刑幅度的轻重；法定刑轻重的择取以法定最高刑为准，最高刑一致的再取最低刑。**(4) 处刑从旧兼从轻**：旧法与新法均认为是犯罪，并且按照新法的规定应当追诉的，对比新旧两法对于行为所犯之罪所应当适用的法定刑规定，如果旧法较重而新法较轻的，适用新法之法定刑，但是仍按罪行或事实发生之时的刑法之罪刑制度定罪处刑；反之，如果法定刑新法较重而旧法较轻的，适用旧法之法定刑，同样按照罪行或事实发生之时的刑法之罪刑制度定罪处刑。**(5) 从旧从轻之适用**：在适用旧法或新法之较轻法定刑，而仍按罪行或事实发生之时的刑法之罪刑制度定罪处刑的场合，应当注意，作为适用某项罪刑制度之前提的罪行或者事实所发生的期间，如果罪行或者事实发生在旧法期间则适用旧法，如果罪行或事实发生在新法之后则适用新法。犯罪行为有连续或者继续状态的，以犯罪行为终了之日作为犯罪时间，由此决定新旧刑法的适用。1997年最高人民法院《关于适用刑法时间效力规定若干问题的解释》也表达了这一基本含义：发生于旧法期间的犯罪行为的时效延长问题，仍然依照旧法确定是否时效延长；发生于旧法期间的犯罪行为的酌定减轻量刑问题，适用旧法的酌定减轻量刑规定；对于累犯的成立，如果后罪发生在旧法期间，适用旧法，如果后罪发生在新法之后，适用新法；行为发生于旧法期间的累犯与暴力犯罪等特殊犯罪分子的假释，按照旧法确定是否假释；特别自首与立功、缓刑再犯或漏罪发现、特殊假释、假释再犯或漏罪发现等，如果这些事实发生在新法之后的，适用新法相应的刑罚制度；按照审判监督程序重新审判的案件，适用行为时的法律。**(6) 生效判决之肯定**：按照行为时的旧法已经作出的生效判决，继续有效。生效的刑事判决是一种国家意志的体现，有其严肃性，除非确有错误，不得更改。

第二编 犯罪构成理论

第四章 犯罪概念与犯罪构成概述

第一节 犯罪概念

一、犯罪概念的理论学说

犯罪概念是犯罪论的基石,其回答最抽象意义上犯罪的基本特征,即所有犯罪的共同的基本特征。中外刑法理论与刑法立法对于犯罪概念的表述各具特点,有的侧重于将犯罪的规范标准定位在法律形式的是什么,有的侧重于将犯罪的规范标准定位在法律实质的为什么,有的结合法律形式与法律实质两者确定犯罪的规范标准。

犯罪的形式概念,是指以犯罪的形式属性来定义犯罪,表现为将犯罪成立的规范标准定位于具体的、外在的、有形的、直观的、刚性的特征。对此,主要存在以下几种学说:(1)刑事违法说,认为犯罪是违反刑事法律的行为。(2)刑罚惩罚说,认为犯罪是具有刑罚惩罚特征的行为。(3)刑事违法与刑罚惩罚说,认为犯罪是违反刑事法律并且具有刑罚惩罚特征的行为。(4)刑事违法、刑罚惩罚与刑事起诉说,认为犯罪是具有违反刑事法律、受到刑罚惩罚以及受到刑事起诉的特征的行为。

犯罪的实质概念,是指以犯罪的实质属性来定义犯罪,表现为将犯罪成立的规范标准定位于抽象的、内在的、无形的、隐含的、柔性的特征。对此,也有以下几种主要学说:(1)权利侵害说,认为刑法之所以将某种行为规定为犯罪,就在于该行为侵害了权利。(2)法益侵害说,认为刑法之所以将某种行为规定为犯罪,就在于该行为侵害了法益。法益侵害说于19世纪初由德国学者毕尔鲍姆首倡,并得到宾丁等的支持,成为当今的通说。(3)义务违反说,认为刑法之所以将某种行为规定为犯罪,就在于该行为违反了义务。(4)法益侵害并义务违反说,认为法定犯罪实质,既具有侵害法益的性质也包括违反义务的特征。(5)规范违反说,认为法定犯罪实质,就在于行为违反了文化规范或社会伦理规范。(6)法益侵害并规范违反说,认为法定犯罪实质,就在于行为具有侵害法益与违反社会伦理规范的特征。(7)社会危害性说,认为法定犯罪实质,就在于行为具有严重的社会危害性。社会危害性说在我国刑法理论中居通说地位。①

犯罪的双重定义，是指以立体维度的视角剖析、揭示刑法所规定的犯罪的基本特征。刑事古典学派的著名代表边沁，立于不同视角对于犯罪的形式与实质意义作了阐释。② 按照边沁的观点，犯罪的形式概念基于实然法的意义，指导刑法司法；犯罪的实质概念基于应然法的意义，指导刑法立法。应当说，这一观点有其可取之处。其提出了应然与实然、立法与司法、实质与形式等相互交融的犯罪剖析视角。不过，仍然需要明确这些视角各自的确切蕴含。

刑法学上的犯罪概念，以揭示犯罪的规范形式为核心③，其针对犯罪概念的规范学表述，结合社会事实现象，展示刑法上犯罪的基本特征与成立条件，具体表述刑法规范所规定犯罪的形式构造与实质意义，注重刑法的人权保障与社会保护。在刑法规范的框架内，犯罪的形式概念与实质概念并不是冲突的，形式概念与实质概念不失有机统一整体。

二、我国刑法的犯罪概念

我国《刑法》第13条对犯罪概念作了明确的规定。对于我国刑法典犯罪概念规定所包含的特征，刑法理论存在着两特征说、三特征说、四特征说的不同见解：(1) 两特征说，主张犯罪具有两个基本特征：社会危害性与刑事违法性。(2) 三特征说，主张犯罪具有三个基本特征：社会危害性、刑事违法性与应受刑罚惩罚性。这是我国刑法理论的通说。(3) 四特征说，主张犯罪具有四个基本特征：社会危害性、刑事违法性、罪过性与应当承担刑事责任性。

基于我国《刑法》对于犯罪概念的规定，着眼于宏观的整体标志，侧重于彰显立法的思路，应当说，**犯罪**是指具有严重危害性与刑事违法性的行为。④ 犯罪概念的内容，包括严重危害性与刑事违法性两个基本特征，这两者互为表里、内外一体，说明犯罪成立的形式与本质。其中，严重危害性揭示行为成立犯罪的本质特征，而刑事违法性展示行为成立犯罪的形式特征。

(一) 犯罪的严重危害性

对于严重危害性的基本含义，刑法理论存在事实说、法益说、属性说、危害说的不同见解。本书坚持犯罪概念与犯罪成立条件之双位一体的犯罪论体系，严重危害性的理论地位表现为严重危害性系属犯罪概念之本质特征的表述，有鉴于此，**严重危害性**是指基于整体的价值评价的视角，刑事违法性的行为所应具有的，对于公民利益、社会秩序、国家安全等严重的实际损害或者现实威胁，从而作为犯罪所必需的内在标

---

① 当然，在这一问题上也存在着争论，参见夏勇：《犯罪本质特征新论》，载《法学研究》2001年第6期。
② 参见〔英〕吉米·边沁著：《立法理论》，李贵方等译，中国人民公安大学出版社2004年版，第286—287页。
③ 从这个意义上说，犯罪学研究犯罪的概念，揭示**事实上**的犯罪本质；刑法学研究犯罪的概念，确定**规范上**的犯罪标准。
④ 我国《刑法》第13条之"依照法律应当受刑罚处罚"的表述，一则强调行为成立犯罪应以法律规定为唯一根据，二则是对犯罪本质系属严重危害社会的具体阐明。

志。具体地说,严重危害性的这一表述,具有如下理论要点:严重危害性揭示犯罪的实质意义,挖掘法定犯罪的定罪根基,为法定犯罪的确立提供本质定量标志;严重危害性具体表现为行为对于公民利益、社会秩序、国家安全等所具有的严重的实际损害或者现实威胁;在犯罪成立的框架下,严重危害性揭示犯罪构成所需的本质标志,具体展示这一标志的是犯罪构成的要件与要素;严重危害性是主观危害与客观危害的综合评价,没有犯罪就没有刑事处置,严重危害性是刑事处置条件的实质性表述。

(二) 犯罪的刑事违法性

在犯罪概念的理论框架中,犯罪的刑事违法性与犯罪的严重危害性,具有相对的意义。具体地说,**刑事违法性**是指行为对于刑法规范所规定的具体犯罪构成的各项要件的符合从而具备应受刑事处置的前提,属于成立犯罪所必需的外在标志。刑事违法性的这一表述,具有如下理论要点:刑事违法性展现犯罪的刑法规格,在具体构成上描述法定犯罪的定罪形态,为犯罪的司法认定提供外在的形式标志;刑事违法性表述犯罪的违法定型,这种违法定型表现为行为对于刑法规范所规定的具体犯罪构成的各项要件的符合;在犯罪成立的框架下,刑事违法性描述犯罪构成所需的形式标志,具体展示这一标志的仍然是犯罪构成的要件与要素。

(三) 严重危害性与刑事违法性的统一

严重危害性的实质与刑事违法性的形式是犯罪的两个基本特征,其统一于犯罪概念。犯罪概念,是以整合的规范定型所构建的一种融形式与实质为一体的犯罪特征揭示。其中,刑事违法性,侧重于描述犯罪成立的横向规格标准,较具形式意义;严重危害性,侧重于阐明犯罪成立的纵向价值标准,较具实质意义。而严重危害性与刑事违法性在犯罪的评价中,又是相辅相成、互为贯通的。严重危害性的实质蕴含,由刑事违法性在形式上具体表述;而刑事违法性的形式,则意味着严重危害性的实质。严重危害性与刑事违法性共同整合而构成犯罪的实质与形式相统一的定义。形象地说,严重危害性与刑事违法性属于同一事物不同层次的立体叠置,而非平行并举的水平相加。

(四) 犯罪的刑事违法性与行为的刑事违法性

鉴于犯罪评价的这一路径,本书犯罪概念中的犯罪的刑事违法性与犯罪构成理论体系中的行为的刑事违法性有着不同的地位、意义。**(1) 要件要素地位**:犯罪概念中的刑事违法性,展示犯罪概念的形式特征,其与严重危害性,呈双层立体叠置的结构;在这一结构中,刑事违法性承担犯罪形式的基本评价,严重危害性是刑事违法性整体的实质蕴含。刑事违法性是严重危害性的呈现,严重危害性是刑事违法性的实质。犯罪构成中的刑事违法性,属于客观规范要素的违法性的一个侧面,即行为的形式违法性,其与行为的实质违法性一起构成行为的违法性评价,而行为的违法性又与行为的客观事实共同构成客观要件,客观要件与主观要件相对,两者共同构成犯罪本体构成的符合。而犯罪的成立,除了本体构成符合之外,还须阻却事由缺乏。**(2) 犯罪成立评价**:犯罪概念的刑事违法性,与犯罪概念的严重危害性相对,是对构成犯罪的一系列事实特征的整体性评价。在此,具有刑事违法性,也就具有严重危害性,这对于犯罪的成立来说,也就是符合犯罪构成或成立犯罪。犯罪构成的刑事违法性,系违法性的一个侧面,只是针对客观事实价值判断。在犯罪成立中,具有本体构成的行为事实要素,通常也就具有刑事违法性,但是不排除在特殊场合实质违法性被阻却,由此行为的违法性也被排除,行为不能成立犯罪。

综上,在本书**犯罪构成理论体系**中,犯罪成立条件、犯罪构成、犯罪基本特征、犯罪概念这四者,尽管理论侧重与研究视角有所不同,然而在终结结论上术语表述具有同等意义。行为符合犯罪构成,也即具备犯罪成立条件,符合犯罪基本特征与犯罪概念。

第二节 犯罪构成理论体系

一、犯罪构成理论体系考究

犯罪构成理论体系,是指犯罪成立诸要件及其具体内容的**系统化知识结构**,可以视作当代刑法学犯罪论的缩影。其中,犯罪成立诸要件的**排列顺序、组合模式、各别内容**具有典型的意义。

大陆法系犯罪构成理论体系学说林立,不过较为成熟的、具有标志性的体系当推构成要件符合性、违法性、有责性的三阶层犯罪构成理论体系。**(1) 构成要件要素**:包括行为、行为结果、因果关系、行为状况、行为主体、行为对象等客观构成要件要素,以及构成要件故意、构成要件过失、目的犯的目的、倾向犯的主观倾向、表现犯的心理状态等主观构成要件要素。**(2) 违法要素**:包括客观违法要素,构成要件要素原则上也是客观违法要素;主观违法要素,包括违法故意、违法过失、目的犯的目的、倾向犯的主观倾向、表现犯的心理状态等[①];消极违法要素,包括正当防卫、紧急避险等。**(3) 责任要素**:包括责任能力的归责前提或归责要素,责任故意、责任过失等主观责任要素,以及期待可能性等客观责任要素。

中国大陆法律原则上具有大陆法系的特征,不过在犯罪构成理论体系上却承袭了原苏联的模式,而与大陆法系犯罪论体系的主流互不相守,可谓平面四要件犯罪构成理论体系。**犯罪构成**包括犯罪客体、犯罪客观方面、犯罪主体、犯罪主观方面四项要件。**(1) 犯罪客体**,是指刑法所保护的,而为犯罪行为所侵害的社会关系。**(2) 犯罪客观方面**,是指犯罪活动的客观外在表现,包括危害行为、危害结果以及危害行为与危害结果之间的因果关系,有的犯罪还要求特定的时间、地点、方法。**(3) 犯罪主体**,是指达到法定刑事责任年龄、具有刑事责任能力、实施危害行为的自然人。有的犯罪还有特定身份,少数犯罪可为单位主体。**(4) 犯罪主观方面**,是指行为人有罪过

[①] "违法是客观的,责任是主观的"的口号表明,违法性与行为的外部的、物理的方面相关联,而责任是行为人内部的、心理的方面的问题。不过,20世纪初以来,这一观念受到挑战,尤其是麦兹格创立的主观构成要件要素理论认为,目的犯中的目的、倾向犯中行为人的主观倾向、表现犯中行为人的心理经过或者状态属于主观违法要素;进而第二次世界大战以后,学者们提出故意与过失也是主观的违法要素;另外,正当防卫中的防卫意思、紧急避险中的避险意思、自救行为中的自救意思等,则属于决定违法性有无的主观性要素。

(包括故意和过失),有的犯罪还要求特定的犯罪目的。

英美法系注重实务,相应地在犯罪构成理论体系上也以层层收缩的动态形式来界定犯罪。与大陆法系犯罪构成理论所不同的是,它们的犯罪成立要件是**双层模式**:犯罪本体要件和责任充足条件。(1)**犯罪本体要件**:是将刑法分则所规定的种种犯罪构成抽象为两个方面的内容——犯罪行为和犯罪心态。**犯罪行为**是指有意识的行为;**犯罪心态**是指行为人在实施危害社会行为时的应受社会谴责的心理状态,具体有蓄意、明知、轻率、疏忽。(2)**责任充足条件**:即缺乏合法辩护,反之,如果能够进行合法辩护则不具有责任充足条件,进而便可不负刑事责任。**合法辩护**,是指被告人能说明自己不具有责任能力,如未成年、精神病等,或者能够说明自己的行为正当合法,而不具有政策性危害,如正当防卫、紧急避险、执行职务、体育竞技等,或者能够说明具有其他可宽恕的情由,如认识错误、被胁迫、警察圈套,等等。

犯罪构成理论体系样态纷呈,然而各种见解交织的中心议题不外是犯罪构成的要件与要素、构成要件的描述与评价、犯罪构成的层次与平面。通过比较可以看到,各种理念模式的犯罪构成,其构成要件的基本要素的具体类型有着一定的共通表现,关键区别在于,这些具体要素在不同的犯罪构成理论中所处的结构位置及其理论意义的差异。(1)**三阶层犯罪论体系**:总体上,构成要件是具体犯罪类型的轮廓;违法性,是在一般法律秩序中对行为的规范性评价;责任,是对实施违法行为的人进行的、从道义上非难其所实施的行为的规范性判断。不过,构成要件要素分为记述的构成要件要素与规范的构成要件要素①;违法性内容存在形式违法性与实质违法性;责任判断包括作为判断标准的规范与成为判断对象的事实。(2)**平面四要件犯罪论体系**:犯罪构成要件是以整合的规范形式所构建的一种融形式与内容为一体的犯罪成立判断。其中,犯罪客体位于之首,侧重于行为成立犯罪的价值标准的判断;犯罪客观要件、犯罪主体、犯罪主观要件,侧重于行为成立犯罪的形式标准的判断。不过,即使在客观要件、主体、主观要件中,也分别存在着仅凭法官直接认识就能确定的记述要素与必须法官价值评价才能确定的规范要素。②

不论是大陆法系还是英美法系,其犯罪构成理论模式均表现为阶层性的犯罪评价过程,犯罪成立是在层层递进的基础上所得出的结论。其优点在于:(1)**表现出人类认识具体犯罪的思维规律**。人类对于具体犯罪的认识总是逐步深入、由抽象到具体。以迈耶构成要件符合性、违法性、责任的三阶层模式为例,构成要件是具体犯罪类型的轮廓,在得到构成要件符合性这种抽象判断之后进入违法性的评价,违法性的核心是就行为客观特征根据法的规范、文化规范的标准所作的抽象性判断,接下来是

---

① **记述的构成要件要素**,是指构成要件中,只需要法官凭借事实本身进行认识就可以认定其存在与否的要素。**规范的构成要件要素**,是指构成要件中,需要法官凭借法的或文化的规范进行评价才能认定其存在与否的要素。

② 例如,危害行为似乎更具形式意义,然而作为与不作为的界定本身就包含着"不应为而为"与"应为而不为"的价值评价;而犯罪故意与犯罪过失,虽也被视作形式要件,然此两项心态内容所指向的"行为的危害结果",则更具实质意义。

责任的评价,责任主要是针对行为人的心理事实根据法律规范所进行的可予非难的具体性判断。**(2)凸显出构成要件理论的限制功能**。犯罪成立的判断表现为逐层收缩的限定与制约。仍以迈耶的构成要件理论为例,行为符合构成要件只是犯罪成立的第一层判断,法律上的构成要件是违法性的认识根据,行为符合构成要件通常可以推定作为犯罪成立第二层判断的违法性存在,不过也会出现存在违法阻却的例外事态,在这种场合即使符合构成要件也不违法,从而表现出第二层判断对第一层判断的限制,而作为犯罪成立的第三层判断有责性,是指就符合构成要件且违法的行为可以对行为人进行非难评价的特征,这意味着尽管符合第一层、第二层的判断,但是缺乏第三层判断的肯定,依然不能成立犯罪。

中国大陆四要件犯罪构成理论模式表现为平面性的犯罪评价结论,犯罪成立是四个要件平行并举的判断整合。其**长处**主要是:(1)将犯罪成立的基本要素,按照实质、客观、主体、主观的侧重,予以相对集中的阐释,使得犯罪成立所必需的主观与客观的内容较为明晰;(2)四个要件的整合评价,更为贴近客观事实与认识事物的规律。客观犯罪本为统一的事实整体,理论分析重在基于不同侧面而对之予以分析考察。其**不足**表现为:四个要件的每个要件均强调是"犯罪"的一个方面,这是以既有犯罪事实为前提的一种再分析,而非对行为进入犯罪门槛的逐层递进的评价;从而,各个要件的先后顺序并不重要,并不存在"犯罪主体"、"犯罪客体"等谁先谁后的评价问题,重要的是四个"犯罪"方面的有机统一。由此,犯罪成立的评价路径,缺乏必要的层次,致使犯罪构成应有的限制机能有所削弱。同时,由于犯罪构成缺乏严重危害的限定要件,因此对于我国刑法严格限制犯罪范围的立法思路与实然规定体现不足。在此,应当**特别注意**,国外刑法犯罪轻重的范围虽甚为广泛,对于犯罪的认定也无法定的整体意义上的严重危害的特别强调,不过其在犯罪构成中仍有各个侧面的实质程度的限定,例如,可罚的违法性、可罚的责任等。而我国刑法的总体观念与立法实然则至为关切犯罪的严重危害性特征。因此,犯罪成立的层次判断与犯罪仅限严重危害的观念,应当成为我国犯罪构成理论的重要标志。

二、双层多阶犯罪构成理论体系建构

上述比较分析表明,构成要件的理论中心地位、犯罪成立条件的层次性、构成要件要素的主观与客观、描述与规范等,系属犯罪构成理论体系的必要规则;同时,犯罪构成体系作为一种犯罪评价理论,其也是对现实刑法规范的科学提升,刑法规范是刑法理论最基本的实证根据与事实平台。有鉴于此,应当建构适合我国《刑法》的双层多阶犯罪构成体系。

具体而论,犯罪构成,可以基于客观方面与主观方面、事实描述与规范评价、抽象类型与具体判断、积极构成与消极构成、平面整合与分层递进、要素枚举罗列与评价线索演绎等等的视角予以具体展开。这些具体展开也各有特色,已如上述。然而,犯罪构成理论体系的核心意义是对犯罪评价过程的客观展现,并且基于犯罪构成的犯罪判断系属罪刑法定原则精神的具体技术方案,从而犯罪构成理论体系也应当体现刑法所应有的谦抑精神,而不是简单的事实特征的归类或者罗列。由此,由抽象到具体、展示积极与消极、注重分层递进判断等,应当成为犯罪构成体系建构的关键性的理论路径。

本书提出双层多阶缩限评价的犯罪构成理论体系的主要思路与框架。犯罪成立必须具备本体构成符合与危害阻却缺乏这两个阶层要件。其中,本体构成符合为第一层次,系犯罪成立的积极评价,其又由两个阶层的要件递进评价构成,即客观要件与主观要件;危害阻却缺乏为第二层次,系犯罪成立的消极评价①,其又由三个阶层的要素递进评价构成,即违法阻却、责任阻却、其他严重危害阻却。通常,行为符合本体构成即可认为行为具备严重危害,继而犯罪成立,但是不排除在特殊场合如果存在有关严重危害的阻却事由,由此犯罪成立所需的严重危害被阻却,则犯罪不能成立。犯罪成立是本体构成符合与危害阻却缺乏两者缩限评价的结论。

(一)要件或要素的定位

构成要件与构成要素的具体定位,是犯罪构成理论体系的一个核心问题。双层多阶犯罪构成理论体系,对于犯罪构成的要件与要素基于如下线索与版块予以定位:客观要件与主观要件、事实要素与规范要素、积极要素与消极要素。

1. 客观要件

在客观方面区分事实与规范是中外犯罪构成理论的共有特点。当然,对此不同犯罪构成理论的具体展开是不同的。

客观事实要素:我国平面四要件犯罪论体系以犯罪客观方面统辖行为与结果等客观事实特征,而将行为主体抽出并与责任能力合并形成一个犯罪主体的独立要件;与此不同,大陆法系三阶层犯罪论体系将行为与结果等客观事实特征归于构成要件符合性,同时行为主体也纳入其中而将责任能力抽出归于有责性。另外,不可抗力、意外事件等客观事实,在我国平面四要件犯罪论体系中属于阻却罪过成立的事由,而在大陆法系三阶层犯罪论体系中可以成为致使故意与过失缺乏的事由②。本书建构双层多阶的犯罪构成理论体系,**考虑到**:基于理论的简洁、清晰、明快,而将有着相同内容与判断意义的要素统归一个部分;行为主体的自然人身份与单位构成等特征,既为行为的客观面也为典型的事实内容;基于凡人皆有责任能力的一般原则,责任能力的核心价值在于因缺乏能力而对责任的阻却③。**由此**,将行为主体、行为、结果、因果关系、行为状况、行为对象、行为时间、行为地点、定量事实等内容整合为客观事实要件;而将责任能力问题附随于责任能力缺乏,责任能力缺乏系属责任阻却的事由之一,而责任阻却则为严重危害阻却的要素之一。**至于**不可抗力与意外事件,严格而

---

① 犯罪构成的**消极要件**,系犯罪构成的否定要件。这些要件的核心意义在于,对原本存在的要件的阻却,也即通常不具要件阻却而成立犯罪,但现在存在要件阻却则犯罪不成立(承担机能);所谓消极意味着,在特殊场合当特定的事实特征具备时构成要件被阻却,而这一要件的肯定在入罪评价的进程中则是一种常态(内容指向)。

② 注意,在此,故意及过失的缺乏,与故意及过失的排除或阻却,具有不同的理论意义。详见本书有关责任阻却的阐释。

③ 关于责任能力的理论地位,详见本书有关责任阻却的阐释。

论,不可抗力由于行为缺乏意识与意志支配,从而不是刑法上的行为,从这个意义上说,其应属于行为问题,不过立于我国《刑法》第16条的规定,其亦为缺乏故意与过失的事由,而意外事件则缺乏认识能力与认识机会,也是法定的缺乏故意与过失的事由,从而将不可抗力与意外事件附随于故意与过失而置于主观要件。

客观规范要素:行为的实质性质评价在我国平面四要件犯罪论体系中托付于犯罪客体,而大陆法系三阶层犯罪论体系在构成要件符合性之后存在实质违法性的判断。相对而言,犯罪客体的术语不尽明确,而且易于与行为客体相混淆;而实质违法性虽能恰当体现犯罪评价之实质必要与缩限机能,但却对犯罪性质的标志不足。本书建构双层多阶犯罪构成理论体系,**考虑到**:犯罪构成体系应有行为实质性质的评价,这种行为的实质性质不仅基于其有无而决定是否成立犯罪,而且基于其实质性质的具体内容而为确定犯罪性质的重要标志,易言之,在不少场合这一实质性质的特质具有标志具体犯罪的此罪与彼罪的机能;同时,这一实质性质仅为行为侵害的一个事实侧面的类型性的价值评价,而非构成要件事实特征的整体性的综合性的严重危害判断,从而这种实质性质的评价也仅为犯罪构成的一个要素。基于立法的实然规定与理论的应然逻辑,行为实质性质的评价应当分为积极与消极的两项要素。其中:
(1) 积极要素为法益侵害属性,这一要素的存在决定着客观规范要素的具备,其具体表现,就侵害程度而论,包括行为对于法益的实际损害与现实威胁;从侵害特质来看,表现为侵害特定利益、权利、秩序、制度等。这一积极要素的肯定判断也是基于客观事实要素的具备,立于一般场合而得出的原则性的类型性的结论,从而将这一积极要素作为犯罪成立之本体构成层面的客观规范要素,与客观事实要素互为表里。
(2) 消极要素表现为法益侵害阻却,这一要素的存在决定着客观规范要素的阻却,而作为法益侵害阻却的事由,主要包括正当防卫、紧急避险;被害人承诺行为、执行命令行为、正当业务行为、自救行为。显然,这一消极要素的肯定判断则是独立于本体构成之客观事实的评价结论,作为其根据的是具体案件中由于存在特殊事态而有的法益侵害阻却事由。由此,这一消极要素的肯定并非分则具体犯罪的类型性的判断,不过其却系说明严重危害性阻却的一个侧面,从而将这一消极要素作为犯罪成立之严重危害层面的违法性阻却要素。

2. 主观要件

作为本体构成的主观要件,承载了犯罪成立所需的主观方面的基本内容,而在双层多阶犯罪构成体系中,主观要件又呈现积极要素与消极要素的判断过程的分野。

主观要件的基本要素:我国平面四要件犯罪论体系设置犯罪主观方面的要件,具体包括犯罪故意与犯罪过失以及犯罪目的等要素,而将责任能力抽出与主体身份等并列归于犯罪主体,不可抗力与意外事件等客观事实则为阻却犯罪故意与犯罪过失的事由。大陆法系三阶层犯罪论体系以有责性统辖责任能力、责任形式(故意责任与过失责任)与期待可能性,同时认为在构成要件符合性与违法性阶段也存在故意与过失以及目的等主观要素,只是其在不同层次阶段有着不同的内容指向与理论机能。本书建构双层多阶的犯罪构成理论体系,**考虑到**:犯罪评价的主观与客观不仅为各有区别的两个典型类型,而且依循认识规律呈现由客观到主观的递进,因而对于犯罪成立的分析路径,宜于采取主观要素与客观要素分类建构的模式;主观要素表述以主观为核心的成立犯罪所需的主观心理事实与规范评价的一系列事实特征,从而既有心理结构的表现又有规范评价的内容;基于以行为刑法为主导的价值理念,犯罪构成入罪评价的事实特征以行为时的一系列事实状况为限,由此主观要素也仅限行为时的主观事实。**由此**,将故意与过失以及其他有关心理特征置于主观要件之下而与客观要件并列。这里的其他心理特征,是指故意与过失以外的行为时其他的主观事实特征,包括特定目的、特定动机、特定明知、排除特定目的等要素。

积极要素与消极要素:与客观要件相似,主观要件的规范评价应当分为积极与消极的两项要素。其中:(1) **积极要素**为规范责难的可能性,这一要素的存在决定着主观规范要素的具备,其具体呈现,就故意而论,表现为对于行为违法性的知与欲;就认识内容而言,一般违法性认识与刑事违法性认识均可成为违法性认识的征表。就过失而论,表现为主观上违反注意义务的规范意思欠缺,包括违反认识危害结果的注意义务的疏忽大意与违反避免危害结果的注意义务的过于自信。这一积极要素的肯定判断也是基于以客观事实为内容的故意与过失的成立,立于一般场合而得出的原则性的类型性的结论,从而将这一积极要素作为犯罪成立之本体构成层面的主观规范要素,以及作为以客观事实为内容的故意与过失的规范映衬。(2) **消极要素**表现为规范谴责可能性的阻却,这一要素的存在决定着主观规范要素的阻却,而作为规范谴责可能性阻却的事由,主要包括责任能力缺乏、违法性认识可能性缺乏、注意义务缺乏、期待可能性缺乏。缺乏责任能力则不能形成故意与过失的规范意思活动的机会;缺乏违法性认识可能性同样不可能形成故意与过失的规范意思活动,而缺乏注意义务就不能予以过失的规范责难;期待可能性问题的核心意义在于,在通常场合肯定期待可能性,然而在特殊场合基于行为时的事实状况与外部异常情况,迫使行为人实施违反规范行为,由此期待可能性被阻却。显然,这一消极要素的肯定判断则是独立于本体构成之以客观事实为内容的故意与过失的评价结论,作为其根据的是具体案件中由于存在特殊事态而有的规范谴责可能性阻却事由。由此,这一消极要素的肯定亦非分则具体犯罪的类型性的判断,不过其却也系说明严重危害性缺乏的一个侧面,从而将这一消极要素作为犯罪成立之严重危害层面的责任阻却要素。

(二) **本体构成的结构**

本体构成符合是犯罪成立的第一要件。作为分则具体犯罪的类型性呈现,本体构成由客观要件(行为事实构成类型与行为违法性类型)与主观要件(行为人有责性类型)两个阶层构成,而客观要件与主观要件又各有事实要素与规范要素。本体构成是抽象的行为与行为人的入罪的肯定判断。

1. 内部结构

本体构成的建构:大陆法系三阶层犯罪构成理论体系,对于犯罪构成要件的划分大致表现为事实与价值、行为与行为人的纵向层次路径。构成要件侧重行为事实轮廓;违法性侧重行为价值属性;有责性侧重行为人主观责任。虽然这种犯罪构成理论体系在具体阐释中认为,各个要件均有事实与价值、描述与规范、客观与主观等内容,但是不可否认在这种理论体系中各个要件的内容仍有其相应的侧重。这种要件划分的优点确实反映出由形式至实质、由外在至内在的层次,便于在具体技术上体现刑法的谦抑精神,同时也较为恰当地表现了人类的认识规律。不过,在这一理论模式中,主观与客观的内容并不十分彰显,价值性质缺乏独立的正面的体现[①]。然而,主观与客观的清晰明了、价值性质的界分与明确,却是犯罪评价认定的重要环节。由此,本书双层多阶的犯罪构成理论体系在本体构成的结构上,以客观与主观、行为与行为人、事实与价值的路径为主线,将犯罪构成的基本要素界分为客观与主观两个部分,而各为相应的结构要件。

本体构成的构成:本体构成是指刑法规范所规定的,对于说明某一具体行为的严重危害性具有决定意义,而为该行为构成犯罪所必需的一切客观要件和主观要件的有序统一。本体构成是犯罪类型的轮廓,系分则具体犯罪的理论抽象,为犯罪认定设置最为基本规格;既包括客观要素也包括主观要素,既是对犯罪的描述也是对犯罪的评价。具体包括客观要件与主观要件两个阶层。其中,客观要件为第一阶层,其又由客观事实要素与客观规范要素构成;主观要件为第二阶层,包括以事实与规范为内容的故意与过失等要素。

本体构成的判断:本体构成是分则具体犯罪的轮廓,也是行为事实构成类型、行为违法性类型与行为人有责性类型。(1)本体构成之于危害阻却:基于司法定罪的路径与犯罪成立的框架,本体构成属于犯罪成立的首要的、实在的、基本的评价。本体构成是分则具体犯罪的轮廓,法定具体犯罪的设置皆以其具有严重危害为前提(抽象立法),从而在通常场合,行为符合本体构成即可推定这一行为也具有严重危害(具体认定),但是在该行为事实出现严重危害阻却事由的场合,行为的严重危害被阻却,从而行为不能成立犯罪。(2)本体构成内部的阶层:就本体构成的内部结构的判断而论,本体构成的符合,是客观要件与主观要件这两项要件逐层递进的肯定判断。客观要件与主观要件这两项要件均非犯罪前提之下的方面,而是作为犯罪成立的必要前提;进而,要件的前后顺序有其意义,表现了本体构成符合与否的评价的思维过程。客观要件系对犯罪成立必需的行为客观的事实特征的描述与客观的价值特征的揭示,位于第一阶位。主观要件系对犯罪成立必需的行为人主观的心理事实特征与规范评价特征的表述,位于第二阶位。(3)客观事实之于违法与责任:作为事实构成、违法性与有责性的类型,本体构成的要素之中既有事实描述性的要素也有规范评价性的要素,本体构成的符合既侧重于形式表征也揭示着实质内容,由此本体构成符合本身即具有事实构成、违法性与有责性的肯定意义。行为客观事实特征具有分则具体犯罪的标志性的类型性意义,而主观要件中的针对客观事实的主观心态亦为有责性判断的抽象类型。在本体构成的框架中,具备客观事实要素,一般而论也就具有违

---

① 在三阶层犯罪论体系中,实质违法性的重要机能在于缩限违法性的成立,表现为行为的违法阻却事由缺乏侵害法的秩序的宗旨,从而不具有违法性。而违法性的肯定一般也只是一种伴随的评价,行为该当构成要件通常即可推定行为也具有违法性。

法性,具备客观事实的主观心态,一般而论也就具有有责性。然而,这也只是一般场合的类型性的评价,不排除在具体案件中由于特殊的事态而生违法阻却事由、责任阻却事由,则类型性评价的违法性与有责性即被阻却。

2. 客观要件

客观事实要素:是指刑法所规定的、说明行为的严重危害性而为行为构成犯罪所必需的、作为犯罪活动客观外在表现的事实特征。客观事实要素展示了犯罪成立的以行为为核心的客观事实要素,包括行为主体,构成要件行为,特定构成结果(包括因果关系),行为对象、行为时间、行为地点、行为情境,定量事实等。其中,行为主体与构成要件行为是客观事实要素的必备要素(各种具体犯罪成立的要素);特定构成结果是客观事实要素的选择要素(结果犯等完成形态的要素);行为对象、行为时间、行为地点、行为情境等是客观事实要素的选择要素(某些具体犯罪成立的要素);定量事实是客观事实要素的选择要素(次数犯、数额犯、情节犯等的构成要素)。在行为对象、时间、地点、情境成为要素的场合,这些要素系构成要件行为的"附随情状",从而成为构成要件行为的组成部分。在作为犯罪行为类型的本体构成的框架中,客观事实要素是对行为事实构成类型的描述,而行为事实构成类型是本体构成之犯罪行为类型的基石性类型。

客观规范要素:是指刑法所规定的、说明行为的严重危害性而为行为构成犯罪所必需的、构成要件行为对于刑法保护的利益或价值所造成的实际损害或者现实威胁。客观规范要素以行为的价值评价为核心,唤起社会公众对于法律尊重与信奉,体现刑法的一般预防的机能。就性质而论,其表现为行为的违法性,包括形式违法性与实质违法性;就内容而论,其表现为法益侵害,而被侵法益呈现利益、权利、秩序、制度等等,以及个人法益、社会法益、国家法益,整体法益、类型法益、具体法益;就属性而论,其具体表述法益侵害属性,也即具体揭示行为违反国家法律规范、社会伦理价值等制度规范而侵害法益的具体特点与性质。从要素是否成立的判断来看,客观规范要素的肯定依附于客观事实要素的肯定,并且这种判断关联也依存于本体构成的框架。本体构成作为分则具体犯罪的类型,首当其冲的是其客观事实要素所具有的类型表征,由此,一般场合,行为符合客观事实要素,即可认为行为也具有违法性。客观规范要素的否定判断独立于本体构成,并且指向实质违法性的阻却,在此,行为的价值评价所展示的已非分则具体犯罪的类型,而是基于具体案件所现特殊事由而致实质违法性的阻却,是对犯罪成立的否定。

3. 主观要件

要件要素的展开:主观要件,是指刑法所规定的,成立犯罪所必需的,行为人实施构成要件行为时,对自己行为的危害结果所抱的心理态度以及其他说明行为危害性的有关心理状态。主观要件以对行为人主观心态的规范评价为核心,唤起行为人对于规范意识的觉醒,体现刑法的特殊预防的机能。就横向次级要素而论,其包括故意与过失的心理态度,以及特定目的、特定动机、特定明知、排除特定目的等心理状态。其中,故意与过失的心理态度是主观要件的必备要素(各种具体犯罪成立的要素);特定目的、特定动机等心理状态是主观要件的选择要素（目的犯等某些犯罪形态的要素）。就纵深理论层次而论，其既有事实描述也有规范评价。作为事实描述，主观心态的内容指向本体构成的客观事实要素，是针对这一客观事实的明知故犯或不意误犯；作为规范评价，主观心态的内容指向规范意识欠缺的意思活动，是针对这一意思活动应予的规范非难。其中，违法性知与欲的意思活动的否定构成故意规范评价的核心，违反注意义务的意思活动的否定构成过失规范评价的核心。

要素的判断与分野：从主观规范评价要素是否成立的判断来看，规范非难的肯定判断依附于针对本体构成客观事实的明知故犯或不意误犯的成立，并且这种判断关联也依存于本体构成的框架。本体构成作为分则具体犯罪的类型，首当其冲的是其客观事实要素所具有的类型表征，由此，一般场合，行为人对于本体构成的客观事实具有知明故犯的故意或者不意误犯的过失，也就可以认为行为人对于自己行为的违法性也具有明知故犯的故意，或者可以认为行为人存在违反注意义务的不意误犯的过失心态。不过，与此不同，规范非难的否定判断独立于本体构成，并且指向责任的阻却，包括缺乏责任能力、缺乏违法性认识可能性、缺乏注意义务、缺乏期待可能性，在此主观心态的价值评价所展示的已非分则具体犯罪的类型，而是基于具体案件所现特殊事由而致主观责任的阻却，是对犯罪成立的否定。

（三）危害阻却的结构

危害阻却缺乏是犯罪成立的第二要件。作为犯罪成立所须严重危害性的特别审查，危害阻却由违法阻却、责任阻却、其他严重危害阻却等阶层构成，而这些阻却又以不同侧面指向严重危害的排除。危害阻却是具体的行为与行为人的入罪的否定判断。

1. 危害阻却设置的价值

犯罪成立之危害阻却的设置，有其重要的理论意义与现实必要：**(1) 评价层次**：危害阻却层次的加入，构成了犯罪成立条件的双层次结构模式。第一层次为犯罪构成的本体构成符合，系由客观要件与主观要件这二阶要件构成的判断结论，本体构成亦为犯罪成立的积极要件；第二层次为犯罪构成的危害阻却缺乏，系由违法阻却缺乏、责任阻却缺乏与其他严重危害阻却缺乏等构成的判断结论，危害阻却则为犯罪成立的消极要件。由此，为犯罪构成理论的限制机能奠定了基础。**(2) 现实必要**：除了分则对于具体犯罪的设置存在定量因素之外，我国《刑法》总则对于所有具体犯罪存在普遍的严重危害的定量限定，此即为第13条的但书。在罪刑法定原则的框架下，将严重危害作为犯罪构成的消极要件，也是我国刑法定罪的总体观念与立法实然的反映。与此相应，大陆法系刑法立法对于犯罪概念少有表述，也鲜有对于犯罪予以综合定量限定的总则表述，不过其刑法理论也多侧面地以可罚底限的方式限定入罪。**(3) 应对实际**：可以更为灵活地应对现实案件处理的需要，使得对于符合本体构成的行为予以出罪，有了更为合理的解释路径。例如，敲诈勒索符合我国《刑法》第274条的规定，即符合该罪的本体构成，不过倘若具体案件存在"敲诈勒索近亲属的财物，获得谅解"，或者存在"被害人对敲诈勒索的发生存在过错"且"情节显著轻微危害不大"的特殊事实,则可"不认为是犯罪"①;奸淫幼女符合我国《刑法》第 236 条第 2 款的规定,即符合该罪的本体构成,不过倘若具体案件存在"已满 14 周岁不满 16 周岁的人偶尔与幼女发生性关系,情节轻微、未造成严重后果"的特殊事实,则"不认为是犯罪"②。

2. 危害阻却的构成与判断

危害阻却的基本构成:危害阻却,是指符合本体构成的行为,基于具体案件中特定场合的主观或者客观异常情况,而致原先基于一般场合本体构成符合而生的严重危害存在的判断被排除,进而犯罪的成立也被阻却。危害阻却是犯罪成立之类型性判断之后,基于具体案件中的特殊情状而对具体行为与行为人的、以严重危害是否存在为内容的判断。危害阻却具体表现为行为客观面的违法阻却、行为人主观面的责任阻却以及其他严重危害阻却。

危害阻却要素的判断:刑法规定的所有具体犯罪均是以存在严重危害为前提的,我国《刑法》第 13 条前段对此即有明确的表述,有鉴于此,在犯罪成立的框架下,严重危害具备的肯定评价,依附于本体构成符合的肯定评价。严重危害侧重于实质内容,具体则由本体构成予以形式展示。在犯罪成立的判断中,严重危害评价的独立意义在于,基于特定事由的存在而肯定严重危害阻却,此即为我国《刑法》第 13 条但书的明确规定。③ 这主要表现在,由于具体案件中出现的特殊异常情状,而致本体构成客观要件与主观要件的规范要素或者本体构成相关事实所现的严重危害的肯定判断被排除。具体而论:(1)作为类型性的判断,在本体构成中,行为符合客观事实要素,即可认为行为具有法益侵害要素,即具有违法性。然而,作为具体性的判断,由于具体案件存在违法阻却事由,诸如,正当防卫、紧急避险等,则实质违法性被排除,行为的客观危害被阻却。(2)作为类型性的判断,在本体构成中,具有针对客观事实的故意或过失的主观心态,即可认为存在以违法性的知与欲为内容的故意或存在缺乏注意义务意思活动的过失。然而,作为具体性的判断,由于具体案件存在责任阻却事由,诸如,责任能力缺乏、违法性认识可能性缺乏、注意义务缺乏、期待可能性缺乏等,则主观责任的规范非难被排除,行为人的主观危害被阻却。(3)除了可以归入上述违法阻却与责任阻却中而排除严重危害的一些特殊的异常情况之外,也可能出现其他一些不宜归入其中但具有排除严重危害价值的一些事由,这些事由可谓其他严重危害阻却事由。例如,具体案件事实表明行为人的人身危险性显著趋小,存在依法亦可不予入罪的事实情况。综上,危害阻却,是具体性的判断,是否定性的判断,是实质性的判断,是继本体构成之后对犯罪成立条件的进一步限定。

危害阻却的具体判断:在犯罪成立的判断中,要件或要素的缺乏与要件或要素的阻却是有区别的两个概念。**(1)要素缺乏**,意味着在抽象类型性的判断中,这一要素基于一般场合的原则性判断就未得到肯定;而作为这一缺乏判断根据的,就事实要素

---

① 最高人民法院、最高人民检察院《关于办理敲诈勒索刑事案件适用法律若干问题的解释》(2013 年)第 6 条。
② 最高人民法院《关于审理未成年人刑事案件具体应用法律若干问题的解释》(2006 年)第 6 条。
③ 基于当然解释,行为缺乏危害固然不是犯罪。

而言,表现为犯罪成立所需的相关事实特征的缺乏,就规范要素而言,可以表现为基于事实特征的缺乏而致相应的规范特征被否定。例如,缺乏构成要件行为,则客观事实要素缺乏,而客观事实要素缺乏,则无从论及行为违法性的客观规范要素。**(2)要素阻却**,意味着在抽象类型性的判断中,这一要素基于一般场合的原则性判断曾经获得肯定;但是,在犯罪成立的具体审查中,基于具体案件存在不同于一般场合的特殊的异常情况,从而原先曾被肯定的要素现被否定。在此,具体审查的内容针对严重危害的审查,作为判断的事实根据是超出本体构成的事实特征的特定事由。这里,要素阻却就是指危害阻却。例如,一般场合,符合本体构成客观事实要素的行为,即具有行为违法性的客观规范判断,但是由于存在正当防卫或紧急避险等特殊情况,则行为的实质违法性被阻却;一般场合,具有针对本体构成客观事实的故意,即可认为也具有针对行为违法性的故意,但是由于存在违法性认识缺乏或违法性认识错误的事由,则行为人的故意责任被阻却。

3. 危害阻却事实特征的承载

相对于本体构成的事实特征而言,危害阻却事由并非作为本体构成要素的事实特征;而就犯罪成立的事实特征而言,作为消极要件的危害阻却的事由可谓承载于定罪事实的范畴,依存于罪前或罪中的表现。

定罪事实:严重危害系由本体构成表征,从而严重危害阻却事由的范畴亦与定罪事实或定罪情节①密切相关。具体地说,严重危害阻却事由系属与入罪的本体构成的事实特征相对的,基于实行行为、行为结果、行为对象、行为主体、行为情境、主观心态等为核心的轻向事实特征,从而表现出的全案情节显著轻微危害不大。反之,有关本体构成以外的影响量刑的一些事实特征,有的虽有轻向意义②进而也可谓是对危害不大的说明,但其却不是对定罪危害的说明而只为罪外危害的展示,从而并不属于本处阻却定罪危害的事由。

罪前罪中:严重危害阻却事由承载说明出罪的机能,入罪事实严格限定于行为时,不过出罪事实则可延伸至行为前,无行为则无犯罪,但有行为也未必有罪。例如,虽有符合本体构成的行为,但是行为人的先前生活背景等事实表明其不具有人身危险性,这一说明不具有人身危险性的事实即为严重危害阻却的罪前事由之一。同时,这里出罪也是基于基准犯罪构成(基准犯)而具体展开,由此出罪事由原则上表现为罪前与罪中的一些轻向事实特征。反之,有关罪后的行为及其结果等事实特征,有的虽也具有说明危害轻向的意义,但是其却不应成为这里的出罪事由。当然,罪后的有关轻向事实特征可以成为量刑情节的一个方面;罪后的有关重向事实特征也可成为定罪情节③。

立法得失:基于上述"定罪事实"与"罪前罪中"的分析,将基准犯既遂后的有关

---

① 关于定罪事实与定罪情节的概念,详见张小虎著:《刑罚论的比较与建构》,群众出版社2010年版,第367、371页。
② 例如,积极退赔、罪后自首等。
③ 详见本题下文"特别说明"。

轻向事实作为量刑情节的立法值得肯定,反之将其作为出罪事由的立法则值得推敲。对此,我国《刑法》均有表现:(1)值得肯定:第276条之一(拒不支付劳动报酬罪)第3款"有前两款行为,尚未造成严重后果,在提起公诉前支付劳动者的劳动报酬,并依法承担相应赔偿责任的,可以减轻或者免除处罚"。本处的"有前两款行为,尚未造成严重后果"是指构成本罪的普通犯。(2)值得推敲:第201条(逃税罪)第4款前段"有第1款行为,经税务机关依法下达追缴通知后,补缴应纳税款,缴纳滞纳金,已受行政处罚的,不予追究刑事责任"。本处的第1款行为包括逃税罪的基准犯与加重犯。

特别说明:量刑事实固然可以是罪后事实,而定罪事实在基准犯的层面原则上呈现为罪中或罪前的事实。不过,定罪事实也可表现为有关罪后的事实,这主要存在于加重犯、包容犯、转化犯等的立法例中。例如:(1)加重犯:我国《刑法》第133条(交通肇事罪)中段、后段的交通肇事后"逃逸"、"因逃逸致人死亡",构成交通肇事罪的加重犯,处加重法定刑。(2)包容犯:我国《刑法》第171条(出售、购买、运输假币罪……)第3款的伪造货币并"出售或者运输伪造的货币",构成伪造货币罪从重处罚。(3)转化犯:我国《刑法》第241条(收买被拐卖的妇女、儿童罪)第2款的收买被拐卖的妇女"强行与其发生性关系",构成强奸罪。

事实根据规范定位:在我国目前法治进程阶段的社会背景下,基于我国《刑法》所体现的基本思想,就规范根据而言,阻却严重危害的事由应当以《刑法》的具体规定或合理的有权解释为限。**(1)法治阶段**:改革开放以来,法治主义思想得到了空前的张扬,逐渐成为全社会一项不容置疑的价值标准,党和政府的执政活动也越来越多地步入法治轨道,法治国家的建设进程正得以全面地向前推进。然而,也应看到,我国有着长期的封建专制传统;民众的知识素质与公共意识有待增强;政治体制改革相对滞后;腐败现象不仅案发的纵深日益严重,而且触及的广度渐趋宽泛,群体腐败、承续腐败等失范腐败的社会态势逐步蔓延;人们的意识观念走向完全开放的自我游离,物质利益欲望缺乏有效约束,个人主义意识蚕食集体力量,有效而体系性道德标准流失,信仰、信任、信心危机多有呈现。这些意味着法治文化并未浸透到社会的各个角落,更没有成为广泛社会活动的践行。由此,严格遵循制度与彰显形式制约就显得尤其必要,这也是法治国建设进程所应有的特质。**(2)刑法思想**:也是基于上述现实社会状况,我国《刑法》明确了四项原则:罪刑法定、罪刑均衡、平等原则、法制方针。罪刑法定与罪刑均衡侧重刑法人权保障价值,体现刑法应有的谦抑精神;平等原则与法制方针强调刑法面前人人平等与严格遵循刑法规定,兼有人权保障与社会保护的双重价值,既注重刑法的谦抑精神又彰显刑事法网的严密。关于罪刑法定原则、罪刑均衡原则、适用刑法平等原则的基本原则定位及其在《刑法》中的具体表述,这已为刑法理论所公认与明确。在此,本书所言我国《刑法》的法制主义原则,其法定根据在于第3条前段的表述:"法律明文规定为犯罪行为的,依照法律定罪处刑"。这一规定直接的核心的意义在于严格依法办案,而其基本前提必然是法律对于罪刑具有明确规定,这就是"有法可依,有法必依,执法必严,违法必究"的法制方针。

阻却的两种理论界分:同时也应注意,这种严重危害的阻却事由,其超越本体构成的要件或者要素的部分,与大陆法系刑法理论所称的"客观处罚条件和处罚阻却事由",也有着重要区别。虽然两者均可为超越本体构成要件或者要素的事实①,但是两者各自的理论地位与承担机能却不相同。在本书双层多阶犯罪构成理论体系的视野下,严重危害的阻却事由,置身犯罪成立之危害阻却缺乏的框架,承担违法阻却、责任阻却以及其他严重危害阻却的独立评价的出罪功能,即为犯罪成立的消极要件;而客观处罚条件和处罚阻却事由,系属构成要件、不法与责任之外的范畴,其将某些事实特征的客观存在作为可罚性的附加条件,从而排除对其故意或过失的要求。②

三、犯罪概念与犯罪构成的关系

本书将犯罪概念与犯罪构成分述为两个理论范畴,其实这是从两个不同的角度对于规范刑法学上的犯罪界说予以具体阐释。两者虽在理论价值与具体结构上存在一定差异,但是在实质内容上又是对应统一与相互协调的。

(一)犯罪概念与犯罪构成比较阐释

犯罪概念与犯罪构成属于一体两位的犯罪理论模式,两者基于不同的侧重对刑法上的犯罪进行理论探究。犯罪概念为行为成立犯罪提供宏观标准,犯罪构成则为行为成立犯罪划定微观结构;犯罪概念总括性地揭示犯罪特征,而犯罪构成则具体性地描述犯罪规格;犯罪概念是犯罪蕴含的基础,却又有待于犯罪构成的具体表述;犯罪概念展示立法观念指导司法运作,犯罪构成提供司法标准折射立法思想。不过,犯罪概念与犯罪构成均是对同一现实犯罪的形式与实质的理论抽象。

(二)犯罪概念的理论聚焦

犯罪概念强调,犯罪具有严重危害性与刑事违法性两个基本特征。这里,严重危害性对犯罪予以实质定位,刑事违法性为犯罪提供形式定位。犯罪概念着重展示**立法的思维路径**:严重危害性在前、刑事违法性在后,意味着只有具有严重危害性的行为才需要入罪,对于入罪的行为由刑法规范根据不同的抽象类型规定其具体的法律构成,从而严重危害性通过刑事违法性得以具体表征,在这里严重危害性侧重于肯定意义。犯罪概念兼顾**指导司法操作**:严重危害性与刑事违法性是犯罪的两个基本特征,对于犯罪的认定来说,两者缺一不可,倘若行为缺乏严重危害性则意味着行为危害不大而无须入罪,此时即便行为符合犯罪成立的以事实特征为内容的客观与主观的要素,或称符合刑事违法性的形式特征,然而却也不能成立犯罪,在这里严重危害性侧重于否定意义。

(三)犯罪构成的理论聚焦

犯罪构成强调,犯罪具有本体构成符合与危害阻却缺乏的双层要件。与犯罪概念相对应,本体构成属于犯罪类型的轮廓,严重危害侧重于犯罪的实质评价。犯罪构

---

① 关于客观处罚条件的理论地位,详见张小虎:《论处罚条件理论及其形态消释》,载《河南财经政法大学学报》2014年第2期。
② 关于可罚性条件与严重危害特征的理论机能比较,详见同上注。

成侧重提供**司法的思维路径**:本体构成在前、严重危害在后,意味着行为成立犯罪首先必须本体构成符合,包括客观要件与主观要件的逐阶递进的肯定评价;其次行为成立犯罪还须对符合本体构成的行为进行是否存在严重危害阻却的特别审查,在存在严重危害阻却事由的场合,行为不能成立犯罪。犯罪构成也**折射立法观念**:犯罪是符合本体构成并具备严重危害的行为,严重危害揭示犯罪成立所需的本质内容,可谓犯罪成立的本质要件;本体构成侧重展示犯罪成立所需的客观与主观的事实特征[①],可谓犯罪成立的形式要件,对于犯罪成立来说两者缺一不可。

第三节 犯罪构成的理论分类

犯罪构成是犯罪形态的法律描述。根据犯罪形态或法律描述的差异,可以对犯罪构成进行不同的分类。限于篇幅,在此仅予基本介绍。

一、基准犯罪构成与加重犯罪构成、减轻犯罪构成

按照刑法分则所规定的具体犯罪的社会危害程度的不同,犯罪构成分为基准犯罪构成与加重犯罪构成、减轻犯罪构成。

(一)基准犯罪构成

基准犯罪构成,是指刑法分则条文所规定的、作为本罪基准性社会危害的、具体犯罪的必要成立条件,其与基准法定刑相对应。例如,我国《刑法》第232条前段对于故意杀人罪的基准犯罪构成作了具体规定。本书所称的基准犯罪构成,通常也被称为**普通犯罪构成**,然而"普通"的称谓易于形成与"特殊"的称谓相对的意义,而本处是相对于"加重"与"减轻"而论的,从而本书在这一语境中采用"基准犯罪构成"的术语。

基准犯罪构成系属犯罪既遂形态的基本平台。行为犯(举动犯、过程犯)、结果犯、危险犯(具体危险犯、抽象危险犯)、实害犯、数额犯、次数犯、情节犯等,就是根据不同具体犯罪基准犯罪构成抽象模式的不同特征,而对犯罪既遂形态的具体类型所作的划分。

(二)减轻犯罪构成

减轻犯罪构成,是指刑法分则条文所规定的、作为本罪减轻社会危害的、具体犯罪的必要成立条件,其与减轻法定刑相对应。例如,我国《刑法》第232条后段对于故意杀人罪的减轻犯罪构成作了具体规定。

我国刑法分则有关减轻犯罪构成的立法模式主要有:**(1)情节减轻犯**,即以"情节较轻"作为减轻犯罪构成的减轻事由。这是我国《刑法》常见的减轻犯罪构成的犯罪形态。例如,第111条(为境外窃取、刺探、收买、非法提供国家秘密、情报罪)后段

[①] 根据这一事实特征的肯定判断,一般场合原则上也可以认为,与这一事实特征相应的规范特征也有存在。由此,这一事实特征的肯定判断,是本体构成符合的肯定判断的基本根据。

等。**(2)行为减轻犯**,即以相对基准犯罪构成的实行行为更轻的行为特征,作为减轻犯罪构成的减轻事由。例如,第120条(组织、领导、参加恐怖组织罪)中段与后段等。

减轻犯罪构成的减轻事由与出罪事由,两者事由的依存框架以及相应的处罚后果不同。减轻犯罪构成的减轻事由,依存于以行为构成犯罪为前提的减轻犯罪构成的框架,系属减轻犯罪构成的要素,而减轻犯罪构成是相对于基准犯罪构成的减轻,基于减轻事由而构成减轻犯适用减轻法定刑。与此不同,出罪事由依存于行为并不成立犯罪的框架,基于出罪事由的存在而使行为的犯罪被排除,行为不构成犯罪也就无所谓相应的法定刑。由此,基于某种事由而不按犯罪处理或者不追究刑事责任的,则这一事由应为出罪事由,而非减轻事由。当然,严格来讲,作为出罪事由的事实特征应当承载于实行行为,属于罪中的定罪情节。另外,也应注意,我国《刑法》并未明确不作犯罪处理或不追究刑事责任,而只是规定给予行政处分的,未必就是出罪的规定。

(三)加重犯罪构成

加重犯罪构成,是指刑法分则条文所规定的、作为本罪加重社会危害的、具体犯罪的必要成立条件,其与加重法定刑相对应。例如,我国《刑法》第305条后段对于伪证罪的加重犯罪构成作了具体规定。

我国刑法分则有关加重犯罪构成的立法模式主要有[①]:**(1)情节加重犯**,即以超出基准犯罪构成的更为严重的"情节",作为加重犯罪构成的加重事由。例如,第202条(抗税罪)后段"情节严重"。这是我国《刑法》较为常见的加重犯罪构成的犯罪形态。**(2)罪行加重犯**,即以超出基准犯罪构成的更为严重的"罪行",作为加重犯罪构成的加重事由。例如,第103条第2款(煽动分裂国家罪)后段"罪行重大"。与情节加重犯类似,罪行加重犯是一种开放性的加重构成模式,不过其在我国《刑法》中并不多见。**(3)行为加重犯**,即以相对基准犯罪构成的行为,具有更重的行为特征,作为加重犯罪构成的加重事由。例如,第263条(抢劫罪)第4、6、7项"多次抢劫"、"冒充军警人员抢劫"、"持枪抢劫"。**(4)对象加重犯**,即以相对基准犯罪构成的行为对象,具有更重危害的对象特征,作为加重犯罪构成的加重事由。例如,第328条第1款(盗掘古文化遗址、古墓葬罪)第1项"盗掘确定为全国重点文物保护单位和省级文物保护单位的古文化遗址、古墓葬"。**(5)结果加重犯**,即以超出基准犯罪构成的行为结果,作为加重犯罪构成的加重事由。例如,第238条(非法拘禁罪)第2款前段、中段"犯前款罪,致人重伤……致人死亡"。**(6)数额加重犯**,即以超出基准犯罪构成的犯罪数额,作为加重犯罪构成的加重事由。例如,第163条(非国家工作人员受贿罪)第1款后段"数额巨大"。**(7)犯罪加重犯**,即以超出基准犯罪构成的他罪行为,作为加重犯罪构成的加重事由。例如,第240条(拐卖妇女、儿童罪)第1款第3项"奸淫被拐卖的妇女"。犯罪加重犯,立于加重犯罪构成的视角,其因本罪中又有他罪而设置加重法定刑;基于犯罪之间的关系而言,其亦为本罪中又包容他罪从而可以视作加

[①] 本题的阐释,以加重罪状表述中符合完整加重构成的某一部分为单位,而不以加重罪状的整体为单位。

重构成层面的包容犯。① **(8) 主体加重犯**,即以相对基准犯罪构成的行为主体,具有更重危害的主体特征,作为加重犯罪构成的加重事由。例如,第 236 条(强奸罪)第 3 款第 4 项"二人以上轮奸"。**(9) 情境加重犯**,即以超出基准犯罪构成的特定情境,作为加重犯罪构成的加重事由。例如,第 236 条(强奸罪)第 3 款第 3 项"在公共场所当众强奸妇女"。**(10) 综合加重犯**,即以主体、对象、行为、结果等多项相对基准犯罪构成的相应要素,具有更大危害的事实特征,综合作为加重犯罪构成的加重事由。综合加重犯不同于情节加重犯,尽管情节加重犯的加重情节也可表现为多项加重要素的特征,但是**情节**是开放的(加重要素可在主客观的各个方面延伸)、模糊的(加重要素并不明确包容范围与内容广泛)、可变的(加重要素可随具体案件社会背景的不同而有所变化),而综合加重犯的加重要素是封闭的(并不存在加重要素的扩展)、明确的(法条叙明加重要素的范围)、不变的(基于同一性质犯罪加重事项并无变化)。例如,情境并结果的加重要素,第 292 条(聚众斗殴罪)第 3 项"在公共场所或者交通要道聚众斗殴,造成社会秩序严重混乱"。**(11) 行为并结果加重犯**,即以超出基准犯罪构成的行为与结果,作为加重犯罪构成的加重事由。这一加重犯实则是一种综合加重犯,因其较为典型从而在此单列。例如,第 234 条(故意伤害罪)第 2 款中段"以特别残忍手段致人重伤造成严重残疾"。

我国《刑法》规定了大量的情节加重犯。情节涉及犯罪构成事实特征的各个方面,包括行为手段、行为对象、行为后果、行为情况等等。基于情节内容的开放性特征,大量的情节加重犯为刑罚报应的重心提供了制度平台,同时也使刑法保护社会的理念得到了较大程度彰显。立法中情节犯、情节减轻犯、情节加重犯的大量使用,这一方面表现出立法粗疏的形式特征,同时也折射出立法价值理念的本质趋向。或许这种立法模式可谓使宽严相济有了制度空间,但是宽严相济政策的规范刑法学贯彻也有其价值理念的根基,亦即在宽严相济政策的具体展开中,应当恰当协调客观主义与主观主义、报应刑与目的刑、保障人权与保护社会等的关系。

加重犯罪构成的加重事由(A)与**从重处罚**的量刑情节(B)不同。A 者例如,我国《刑法》第 254 条(报复陷害罪)后段"情节严重的,处……";B 者例如,第 238 条(非法拘禁罪)第 1 款后段"具有殴打、侮辱情节的,从重处罚"。尽管 A、B 两者处罚的前提均系基于一定的具体事实特征,但是两者法律性质则**各不相同**。**(1) 事由依存框架**:加重事由是加重犯罪构成的要素,依存于犯罪构成事实的框架从而属于定罪事实,而量刑情节主要表现为犯罪构成事实以外的其他与犯罪密切相关的具体事实情况,属于量刑事实。② **(2) 相应处罚后果**:基于加重事由而成立加重构成,与加重构成相对的是加重法定刑的设置,亦即我国《刑法》针对加重构成专设相应的加重法定刑。与此不同,量刑情节是以具体法定刑的质的框架为中心,而调整刑罚轻重的重要依

---

① 当然,包容犯未必就因他罪而专设加重犯罪构成与加重法定刑,也有径行依照包容之罪的法定刑从重处罚的立法。例如,第 171 条第 3 款的规定。

② 关于犯罪事实、定罪事实与量刑事实、定罪情节与量刑情节的界定,详见张小虎著:《刑罚论的比较与建构》,群众出版社 2010 年版,第 367、371—372 页。

据,亦即我国《刑法》并不针对量刑情节专设法定刑,量刑情节只是既有法定刑框架下的调整法码。**(3) 特殊情形**:在一些场合,某一事实特征既为定罪要素,又系从重处罚根据。不过,就罪刑框架而言,分则的这一立法系将基于某一事实特征的相应法定刑置于既有的法定刑框架;而从量刑来看,其是强调基于这一事实特征在适用既有法定刑的前提下仍需量刑从重。由于这里并无加重法定刑的设置,从而这一事实特征并非加重构成要素,而其实则是一种从重处罚的根据。例如,第237条第3款(猥亵儿童罪)"猥亵儿童的,依照前两款的规定从重处罚"。这实则强调在猥亵对象是儿童的场合,应当从重处罚;当然,猥亵儿童不能称作猥亵妇女,从而猥亵儿童本身需谓予独立罪名。

二、基本犯罪构成与修正犯罪构成

按照刑法分则所规定的具体犯罪是否标准形态的不同,犯罪构成分为基本犯罪构成与修正犯罪构成。

(一) 基本犯罪构成

基本犯罪构成,是指刑法分则所规定的具体犯罪成立的全部要件,其具有既遂犯和单独犯的标准形态。就危害程度的纵深及其相应的构成形态而论,基本犯罪构成又分为基准犯罪构成、加重犯罪构成与减轻犯罪构成。例如,我国《刑法》第263条前段与后段分别对抢劫罪的基本的基准犯罪构成与加重犯罪构成作了具体规定。

(二) 修正犯罪构成

修正犯罪构成,是指刑法总则所规定的、对刑法分则所规定的具体犯罪进行某种变更的犯罪成立要件,其具有预备犯、未遂犯、中止犯、正犯(实行犯)、帮助犯、教唆犯等非标准形态。[①] 以故意伤害罪的未遂犯为例,我国《刑法》分则第234条规定了故意伤害罪的基本犯罪构成,总则第23条规定了犯罪未遂。综合这两条的规定,故意伤害罪之未遂犯罪构成的本体构成是:(1) 客观事实要素:表现为已经着手实行故意伤害罪的实行行为[②];实行行为尚未完成、或者尚未造成轻伤以上结果、或者客观侵害的并非人类身体;行为主体,一般主体。(2) 客观规范要素:侵害具体法益,即侵害他人健康权利;行为性质,非法。(3) 主观责任要素:故意,即针对造成他人伤害的结果,主观上持希望或者放任的态度;故意伤害罪停止于未完成犯罪,违背行为人的意志,是基于超主观意愿的因素所致。

[①] 在广义上,修正犯罪构成与典型犯罪构成相对,这里的典型犯罪构成是指分则所规定的具体犯罪的犯罪构成。

[②] 关于故意伤害罪的实行行为,详见张小虎著:《罪刑分析(上)》,北京大学出版社2002年版,第280页。

第五章　犯罪构成之积极阶层:犯罪的本体构成

第一节　客观要件之事实要素

一、构成要件行为

行为是犯罪构成的核心要素与其他要素所附。而在刑法不同的知识要点上,行为也呈现不同的范畴。例如,可以纳入刑法评价之对象的人的行止——无意识动作(非行为)与有意识动静(行为);作为罪数界分之重要标志的自然行为、事实行为、规范行为;作为整合判断结论的犯罪行为、非罪行为、危害行为。在刑法理论或者刑法条文中,不同语境下"行为"表述的含义会有所差异。

构成要件行为,系属犯罪成立所必须具备的行为要素,是指刑法所规定的、行为人意识与意志支配下的、危害社会的身体动与静。基于基本与修正之犯罪形态的不同,构成要件行为具体分为实行行为与非实行行为;基于实行行为方式的差异,构成要件行为具体包括作为与不作为。

(一)构成要件行为的构成要素

关于行为内部的构成要素问题,也是刑法上的行为理论争议的一个焦点,关键分歧在于,所致外界变化是否行为的构成要素。对此,应当说,刑法上的行为应有导致外界变化的意义,因而作为犯罪构成的事实要素的行为本身,包括心素、体素与效素。

心素,是指构成要件行为必须基于行为人的意思决定,是**意识与意志**因素的共同组合。具体地说,无意识也就谈不上意志支配,就不具备心素,例如,睡眠中的动作;有意识但不受意志支配,同样不具备心素,例如,受到完全外力强制的动作。

体素,是指构成要件行为包括身体的动与静,具体表现为作为与不作为。从存在论观之,称身体之运动为**作为**,称身体之静止为**不作为**。但从刑法的价值判断上看,不作为并非不为任何行为,并非是单纯之无,而是不为法律所要求之一定行为。① 我国刑法所规定的犯罪的构成要件行为,多数既可以由作为构成也可以由不作为构成,例如,杀人行为、放火行为②;有些只能由作为构成,例如,抢劫行为③;少数只能由不作为构成,例如,遗弃行为④。

效素,是指构成要件行为具有导致外界变化的意义,只有导致外界变化的行为才

---

① 参见陈朴生著:《刑法专题研究》,台湾政治大学法律学系1988年版,第90—91页。
② 在这种情况下,以不作为的方式实施该类犯罪,属不纯正的不作为犯。
③ 仅指构成要件行为的标准形态(单独犯罪)。
④ 即行为人负有法律上的扶养义务,并且能够履行这种义务,但是却消极地不履行扶养义务。实施这类行为属于纯正的不作为犯。

是构成要件行为。这里所指的外界变化,也即行为结果。应当说,引起外界变化的行为(构成要件行为)与外界变化本身(行为结果),并非一个概念。就行为结果而言,这里的结果包括有形结果与无形结果、实害结果与危险结果、直接结果与间接结果、特定构成结果与法益侵害结果。

行为心素、责任形式与责任能力均涉及意识与意志问题,但是意识与意志在这三者中的具体蕴含以及由此而在犯罪构成中的理论地位是不同的。作为**行为心素**的意识与意志,依存于实行行为构成要素的框架,而实行行为系属犯罪构成客观要件的要素,这里作为行为心素的意识与意志,考究的是意识与意志是否存在的问题(是否意识与意志支配下的行为)。因受"完全外力强制"而为之行为,系不可抗力行为,这并非是意识与意志支配下的行为,即排除了认识与意志支配的行为,从而不是刑法上的行为。作为**责任形式**的认识与意志,依存于主观要件之故意与过失的框架,具体表现为心理事实形式与规范评价内容的脉络,在此作为责任形式的认识与意志,考究的是认识与意志的表现形式与价值内容问题,具有对于规范的心态的意义。其是在具有责任能力的基础上,具体说明行为人对于规范意识的欠缺,从而应受责难。作为**责任能力**的认识与意志,依存于消极要件之责任阻却事由的框架,其具体考究的是,基于行为人的生理素质(年龄等)与病理素质(精神状况等)而致的,行为人认识能力与意志能力的有无与程度问题。责任能力之认识与意志,系构成要件行为之心素的前提与基础。同时,责任能力之认识与意志,也具有说明行为人之行为能力的意义。① 责任能力是有责的行为能力,而构成要件行为可谓有责任能力的行为。鉴于直观与简洁,对于构成要件行为心素之认识与意志、责任形式之认识与意志、责任能力之认识与意志,本书就这些认识与意志的不同内容指向及其不同理论地位,制图予以对应比较。详见图5-1。

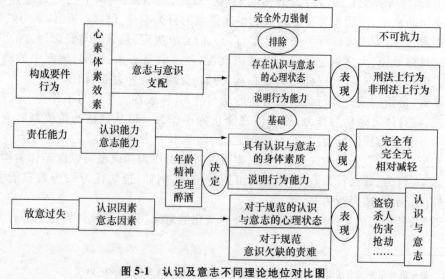

图5-1 认识及意志不同理论地位对比图

---

① 行为能力是针对刑法上行为而言的,刑法上的行为是一个特定的概念。**行为**,是自然人所固有的身体动静的一种属性,凡人皆可为行为;而**行为能力**,则是自然人基于意思支配而为身体动静的一种法定资格,行为能力并非人尽皆有。

（二）构成要件行为的基本形式之一：作为

围绕着刑法上行为概念的探索，大陆法系形成了因果行为论、目的行为论、社会行为论等行为理论，这些行为理论存在事实与价值的争议以及作为与不作为的包容。应当说，构成要件行为并不具有系统的价值判断的功能①，具体形式包括作为与不作为。

作为，是指行为人以身体的动作，实施刑法所禁止的行为，即不应为而为。作为具有两个**基本特征**：**（1）积极行为**：就形式而言，作为只能表现为积极行为（身体动作），消极行为（身体静止）不能构成作为。我国《刑法》中的绝大多数犯罪只能表现为作为的形式。例如，抢劫罪（第263条）、盗窃罪（第264条）、刑讯逼供罪（第247条）、诬告陷害罪（第243条）等等。**（2）禁止性规范的违反**：从实质来说，作为必须是实施刑法所禁止的行为，表现为对刑法规范所蕴含的禁止性规范的违反。所谓**禁止性规范**，是指规定规范主体不得为一定行为的法律规范。刑法规范在直接的规范意义上，是一种责任性规范，这里的"禁止"是指刑法规范所蕴含的不得为一定行为的规范意义。②

作为在客观上又存在着各种**表现形式**，主要有如下几种：仅仅依靠身体本身的动作所实施的作为；利用无责任能力的人或者无故意与过失的人所实施的作为；以自己的身体动作驾驭物质工具所实施的作为；利用水、火、电、病毒、细菌等自然力实施的作为；诱使动物实施的行为。

（三）构成要件行为的基本形式之二：不作为

不作为，是指行为人负有必须履行某种积极行为的特定法律义务，在能够履行的情况下而不履行的行为，即应为而不为。不作为具有两个**基本特征**。**（1）消极行为或消极并积极行为**：就形式而言，不作为主要表现为消极行为（身体静止）。但是，不作为并不必然地仅仅表现为消极行为。有些不作为包括了积极行为与消极行为两种行为方式。例如，抗税罪（第202条）的实行行为，表现为"暴力、威胁方法"的积极行为与"拒不缴纳税款"的消极行为。应当说，某一具体犯罪的行为方式，是指刑法分则对于该罪实行行为的行为方式的规范设置；就立法实际来看，我国《刑法》也有实行行为存在两种行为方式具体犯罪的立法例。例如，交通肇事罪的实行行为。**（2）违反命令性规范**：从实质来说，不作为必须是实施刑法要求为而不为的行为③，即在本质上表现为对刑法规范所蕴含的命令性规范的违反。所谓**命令性规范**，是指规定规范主体必须为一定行为的法律规范。④ 这里的"命令"是指刑法规范所蕴含的必须为一定行

---

① "不具系统的价值判断的功能"，意味着仅就构成要件行为局部并不具有肯定犯罪评价的终结意义，但是这并不否认构成要件行为本身的规范意义与评价。
② 详见张小虎著：《刑法的基本观念》，北京大学出版社2004年版，第264—271页。
③ 不作为的行为性，历来是刑法上行为理论的焦点问题之一。大陆法系的学者们，均从各自的角度试图证明不作为的行为性。当然，不作为的行为性应当是值得肯定的。
④ 命令性规范与禁止性规范具有相对的意义，两者统称义务性规范。与义务性规范相对的是授权性规范。

为的规范意义。行为方式的实质意义是区分作为与不作为的核心标志①,不作为与刑法规范所蕴含的命令性规范相伴随。

不作为的行为性是刑法有关行为问题争议的一个焦点。因果行为论、目的行为论、社会行为论,都试图构建一种能够同时包容作为、不作为的刑法上的行为概念,但是结果却均不尽如人意,不过社会行为论具有较大的适应性,成为当代行为论的通说。应当说,刑法上行为概念,最终取决于我们将行为放在犯罪论体系中的何种位置。本书之构成要件行为,系属犯罪构成客观要件的一项事实要素。就行为的自然意义而论,构成要件行为意味着引起特定的外界变化的、意识与意志支配下的身体动静,其自然结构要素包括心素、体素与效素。不过,忘却犯的行为是行为界定中心素与体素、效素同在原则的例外。

作为与不作为均为体素的表现,而包含于构成要件行为中,但其具体表现则有所不同。具体地说,刑法禁止有害的外界变化,而就行为之原因力而论,有害变化的形成可能来自两种行为方式:基于某种行为的促成作用(作为);缺乏某种行为的阻碍作用(不作为)。易言之,作为与不作为虽均系效素的原因力,而其理论上违反规范之属性以及结果原因之表象则有所不同。作为呈现不当为而为,这种违反禁止性规范的身体动作,造成了特定的外界变化;不作为呈现当为而不为,这种违反命令性规范的身体动静,未能阻止外界变化的进程。②

不作为主要表现为消极行为(身体静止),缺乏身体活动,由此,不作为对于外界变化的影响以及不作为的原因力问题,就成为刑法因果关系考究的热点话题,主要存在完全否定说、基本否定说、基本肯定说的不同见解。本书肯定不作为因果关系的存在,这一因果关系表现为,基于刑法的规定,行为人当为而不为,从而造成特定构成结果。③ 作为因果关系与不作为因果关系的区别主要在于,作为因果关系表现为,行为人基于意识与意志的支配(心素),实施刑法规范的不当为而为之的身体动作,促成了构成要件结果的发生;不作为因果关系表现为,行为人基于意识与意志的支配(心素),在存在作为义务的前提下以身体的静动不去履行本可履行的义务,由此因缺乏对构成要件结果发生的阻碍作用而致结果发生。

(四) 构成要件行为的典型形态:实行行为

中外学者基于不同的视角对实行行为作了界说,诸如,基本构成要件行为、分则构成要件行为、该当构成要件行为等。应当说,实行行为的界说是对实行行为本质特征的揭示,从而使之与其他行为形态相区别。由此,**实行行为**,是指刑法分则所规定基本犯罪构成之客观要件的行为要素,表述了具体犯罪的构成要件行为的基本特征。

---

① 对于作为与不作为区分的标准,刑法理论存在自然标准、价值标准与综合标准的不同见解。
② 以故意致死为例,行为人用刀砍杀被害人致死,这是违反禁止性规范,表象上被害人死于行为人积极刀杀的作为;在存在作为义务的前提下将病者隐弃致死,这是违反命令性规范,表象上被害人死于疾病,而在刑法意义上被害人死于行为人怠于救助的不作为。
③ 不应以作为因果关系的标准来判定不作为因果关系。应当肯定,作为与不作为是有差异的,也正因为此,刑法才以处罚作为为原则以处罚不作为为例外。

具体包括基准构成要件行为(基准实行行为)、行为加重的构成要件行为(加重实行行为)、行为减轻的构成要件行为(减轻实行行为)、准犯形态的构成要件行为(准型实行行为)。其中,**基准实行行为**,是指刑法分则所规定的标示某一具体犯罪构成要件行为的典型特征的实行行为。基准实行行为展现着具体犯罪的构成要件行为的标准形态,具有界分不同具体犯罪的重要标志的意义。对于基准实行行为的构成要素以及构成模式作一深入考究,有助于明析刑法分则有关各个具体犯罪构成要件行为的基本形态。

1. 基准实行行为的行为要素

就行为要素的种类而言,构成基准实行行为的行为要素主要有:方法行为、目的行为、本质行为、职务行为、违规行为等。**(1)方法行为**:表述具体犯罪基准实行行为在实施方法上的特定要求。① 例如,诈骗罪(第266条)的基准实行行为,要求行为具有特定的实施方法,即"虚构事实或者隐瞒真相"。"虚构事实或者隐瞒真相"的方法行为与"骗取他人财物"的目的行为,共同构成诈骗罪的实行行为。**(2)目的行为**:表述具体犯罪基准实行行为在实施取向上的特定要求。例如,报复陷害罪(第254条)的基准实行行为,要求行为具有特定的实施取向,即"报复陷害"。"报复陷害"的目的行为与"滥用职权、假公济私"的方法行为,共同构成报复陷害罪的实行行为。**(3)本质行为**:表述具体犯罪基准实行行为在本质特征上的特定要求。例如,强奸罪(第236条)的基准实行行为,要求行为具有特定的本质特征,即"违背妇女意志"。"违背妇女意志"的本质行为与"采用暴力、胁迫或者其他手段"的方法行为、"与妇女性交"的目的行为,共同构成强奸罪的实行行为。**(4)职务行为**:表述具体犯罪基准实行行为在职务特征上的特定要求。例如,职务侵占罪(第271条)的基准实行行为,要求行为具有特定的职务特征,即"利用职务上的便利"。"利用职务之便"的职务行为与"非法占为己有"的目的行为,共同构成职务侵占罪的实行行为。**(5)违规行为**:表述具体犯罪基准实行行为在违反国家行政法律、法规、规章制度上的特定要求。例如,交通肇事罪(第133条)的基准实行行为,要求行为具有特定的违规特征,即"违反交通运输管理法规"。"违反交通运输管理法规"的违规行为,构成交通肇事罪的实行行为。

就行为要素的形态而言,构成基准实行行为的行为要素有:单一性要素与选择性要素。**(1)单一性要素**:是指构成基准实行行为的行为要素,仅为单一的行为成分。例如,绑架罪(我国《刑法》第239条)的基准实行行为由方法行为(绑架)与目的行为(勒索钱财或者其他利益)两个要素构成,其中方法行为就是单一性要素,其仅指单一的绑架行为。**(2)选择性要素**:是指构成基准实行行为的行为要素,包含有两个或者两个以上的可供选择的行为成分。例如,洗钱罪(我国《刑法》第191条)的实行行为由法定的方法行为与目的行为两个要素构成,其中方法行为就是选择性要素,其包括

---

① 我国刑法理论通常将行为方法作为独立于危害行为(包括基准实行行为)的一个要素。其实,行为方法是基准实行行为的一个重要组成部分,甚至可以说,基准实行行为就是由行为方法或者由行为方法与行为的其他成分表述。

五个并列的可供选择的行为形式。

2. 基准实行行为的构成模式

方法行为、目的行为等基准实行行为的行为要素,其具体组合构成基准实行行为的整体。基准实行行为的构成模式,就是具体考究刑法分则所规定的基准实行行为的要素组合形式的特性。对此,其主要表现为单一型基准实行行为、复合型基准实行行为、往复型基准实行行为。

单一型基准实行行为,又称单元型基准实行行为,是指基准实行行为仅由单一的行为要素构成。例如,基准实行行为仅由单一要素的方法行为构成,或者仅由单一要素的目的行为构成,或者仅由单一要素的本质行为构成,等等。这种仅由单一要素构成的基准实行行为,就行为要素的种类而言,通常也表现为仅由同种行为要素构成。根据基准实行行为中行为要素的形态的不同,单一型基准实行行为又可以分为:**(1)单一性单一型基准实行行为**:是指由单一性要素所构成的、并且行为要素为同种并单一的基准实行行为。例如,暴力危及飞行安全罪(第123条)的基准实行行为,仅由方法行为要素"暴力"构成,在此不仅方法行为仅由单一要素构成,而且这一方法行为在要素形态上表现为单一性要素。**(2)选择性单一型基准实行行为**:是指由选择性要素所构成的、并且行为要素为同种并单一的基准实行行为。例如,故意毁坏财物罪(第275条)的基准实行行为,仅由目的行为要素"毁灭或者损坏"构成,在此"毁灭"或者"损坏"仅有其一即可成立该罪基准实行行为,从而该罪基准实行行为仅由单一要素构成而为单一型基准实行行为;并且,作为该罪基准实行行为的目的行为"毁灭或者损坏",在行为要素的形态上,表现为"毁灭"与"损坏"的可供选择的行为成分,从而系属选择性要素。

复合型基准实行行为,又称多元型基准实行行为,是指基准实行行为由两个或者两个以上的行为要素构成。例如,基准实行行为由单一要素的方法行为与单一要素的目的行为构成,或者由单一要素的方法行为、单一要素的目的行为与单一要素的本质行为构成,或者由两项要素组合的目的行为构成,等等。根据基准实行行为中行为要素表现形式的不同,复合型基准实行行为呈现不同类型:**(1)单一性复合型基准实行行为**:是指由两个或者两个以上的行为要素所构成的、并且行为要素在形态上均为单一性要素的基准实行行为。例如,敲诈勒索罪(第274条)的基准实行行为,由方法行为要素"威胁"与目的行为要素"强索他人财物",相互组合构成。**(2)选择性复合型基准实行行为**:是指由两个或者两个以上的行为要素所构成的、并且行为要素在形态上均为选择性要素的基准实行行为。例如,妨害作证罪(第307条第1款)的基准实行行为,由方法行为要素"暴力、威胁、贿买"与目的行为要素"阻止证人作证或者指使他人作伪证",相互组合构成。**(3)合并性复合型基准实行行为**:又称同种复合型基准实行行为,是指由两个或者两个以上的行为要素所构成的、并且这两个或其以上的行为要素系属同种行为要素框架下的合并形态的基准实行行为。例如,侵占罪(第270条)的基准实行行为,不仅存在"非法占为己有"与"拒不交还"这两个行为要素的组合,而且这两个行为要素均属目的行为,系属目的行为框架下的合并形态。

（4）**异种复合型基准实行行为**：是指由两个或者两个以上的行为要素所构成的、并且这两个或其以上的行为要素在种类上表现各异的基准实行行为。其中，方法行为与目的行为相互组合而构成复合型基准实行行为，是刑法分则所规定的最常见的具体犯罪基准实行行为的构造模式。例如，抢劫罪（第263条）的基准实行行为，由"暴力、胁迫或者其他方法"的方法行为要素与"获取他人财物"的目的行为要素，相互组合而构成。（5）**混合性复合型基准实行行为**：是指由两个或者两个以上的行为要素所构成的、并且这两个或其以上的行为要素在形态上表现各异的基准实行行为。这种混合性复合型基准实行行为在刑法分则所规定的基准实行行为中最为常见。例如，劫持航空器罪（第121条）的基准实行行为，由选择性行为要素的方法行为"暴力、胁迫或者其他方法"与单一性行为要素的目的行为"劫持"，相互组合而构成。

往复型基准实行行为：是指基准实行行为由持续进行或者重复表现的行为要素构成。例如，基准实行行为由多次行为构成，或者基准实行行为包含多次行为内容，或者基准实行行为具有持续特征。根据基准实行行为中行为要素表现形式的不同，往复型基准实行行为又可以分为：（1）**多次性往复基准实行行为**：属于**多次犯**基准实行行为的表现之一[①]，是指由重复进行的多次行为构成一个完整的基准实行行为，重复进行的每次行为均为这一基准实行行为的构成要素。例如，分解表述，聚众淫乱罪（第301条）的基准实行行为包括两个要素：聚众或者多次参加聚众；进行淫乱活动。整合表述，该罪的基准实行行为根据主体的不同，表现为两种情形：组织、策划、指挥聚众淫乱活动（针对首要分子）；多次参加聚众淫乱活动（针对参加者）。其中，"多次参加聚众淫乱活动"，即为多次性往复基准实行行为。（2）**持续性往复基准实行行为**：又称持续犯的基准实行行为，是指由持续进行的行为构成一个完整的基准实行行为，具体表现为基准实行行为结构要素齐备并且持续存在一定的时间，基准实行行为方属完成（方为实行终了）。例如，非法拘禁罪（第238条）的基准实行行为的构成要素包括"强制方法"与"非法剥夺他人人身自由"，不过尽管这两个要素齐备，但是这并不意味着该罪的基准实行行为实行终了；该罪基准实行行为的实行终了（基准实行行为的完整形态）必须是采用强制方法非法剥夺他人人身自由，持续一定的时间。（3）**职业性往复基准实行行为**：又称职业犯的基准实行行为，是指在基准实行行为结构要素齐备的基础上，多次重复这种行为也只构成一个完整的基准实行行为。易言之，基准实行行为包含两种情形：基准实行行为构成要素齐备一次，构成一个完整的

[①] **多次犯**，是指实行行为表现为多次行为的法定犯罪形态。基于多次犯的多次行为所处罪构成形态的不同，多次犯分为普通多次犯与加重多次犯。**普通多次犯**，又称次数犯，是指普通犯罪构成的定量标准，表现为实行行为重复实施达至一定数量或者实行行为的构成要素存在一定行为数量要求的犯罪。例如，我国《刑法》第264条所规定的由"多次盗窃"所构成的盗窃罪。**加重多次犯**，是指加重犯罪构成的定量标准，表现为多次实施本罪犯罪行为的犯罪，易言之，将本罪的多次犯罪行为作为其加重犯罪构成的法定犯罪形态。例如，我国《刑法》第263条所规定的由"多次抢劫"所构成的加重的抢劫罪。就**基准实行行为**的表现而论，多次犯的实行行为可能是：A.多次行为构成一个实行行为，例如，我国《刑法》第301条的"多次参加聚众淫乱活动"；B.多次行为本身即为一个实行行为，例如，我国《刑法》第264条的"多次盗窃"。本题所述的基准实行行为，属于多次犯实行行为的A种情形，即**多次犯的基准实行行为之一**。

基准实行行为①;基准实行行为构成要素齐备数次,也只构成一个完整的基准实行行为。例如,非法行医罪(第336条第1款)的基准实行行为表现为"非法行医",其特征是:一次非法行医,情节严重②,构成非法行医罪一罪;数次非法行医,情节严重,也只构成非法行医罪一罪。

3. 基准实行行为的主要类型

立于基准实行行为与非实行行为相比较的视角,根据基准实行行为本身属性的不同,基准实行行为可以分为:提升的基准实行行为、纯正的基准实行行为、扩展的基准实行行为。**(1) 提升的基准实行行为**:是指刑法分则将彼具体犯罪修正犯罪构成形态的行为,规定为此具体犯罪的基准实行行为,即将通常作为刑法总则的非实行行为,提升为基准实行行为或者基准实行行为的行为要素。主要包括两种情形:**A. 预备行为提升的基准实行行为**:是将故意犯罪过程中未完成形态的预备性行为提升为基准实行行为。例如,"组织、领导、积极参加"恐怖组织的行为,是实施恐怖活动的预备性行为,刑法分则将这一实施恐怖活动的预备性行为,设置为组织、领导、参加恐怖组织罪(第120条第1款)的基准实行行为。**B. 共犯行为提升的基准实行行为**:是将共同犯罪形态中的某些行为提升为基准实行行为。例如,"资助"特定危害国家安全犯罪的行为,是实施特定危害国家安全犯罪的帮助性行为③,刑法分则将这一实施特定危害国家安全犯罪的帮助性行为,设置为资助危害国家安全犯罪活动罪(第107条)的基准实行行为。**(2) 纯正的基准实行行为**,是指刑法分则所表述的某一具体犯罪的基准实行行为,并不属于他罪修正犯罪构成形态的行为。刑法分则所规定的基准实行行为,绝大多数均是这种类型。例如,集资诈骗罪(第192条)的基准实行行为,由"非法集资诈骗"的方法行为与"获取集资款"的目的行为,相互组合而构成。集资诈骗罪的这一基准实行行为,并非是其他犯罪修正犯罪构成形态的行为。**(3) 扩展的基准实行行为**:是指刑法分则所表述的某一具体犯罪的基准实行行为,既包含了该具体犯罪的纯正的基准实行行为形式,同时也包含了在通常意义上应当视作该具体犯罪的非实行行为形式。易言之,刑法分则在某一具体犯罪的基准实行行为的设置上,将基准实行行为的框架向非实行行为扩展。例如,分裂国家罪(第103条)的基准实行行为,由"组织、策划、实施"与"分裂国家、破坏国家统一"的两项行为要素组合构成。其中,"实施"行为可以视作纯正的基准实行行为形式,而"组织、策划"行为则是共同犯罪行为中的组织行为。

根据刑法分则所规定的基准实行行为所蕴含的主体人数多寡的不同,基准实行行为还可以分为:单人的基准实行行为、聚众的基准实行行为。**(1) 单人的基准实行行为**:又称单独的基准实行行为,是指刑法分则所规定的基准实行行为的标准形态,

---

① 行为人基于重复实施相同犯罪行为的意图而实施一次行为,可以成立职业犯。
② 情节严重,是非法行医罪的构成要件要素之一。**情节严重**,是指非法行医持续时间较长,或者非法行医造成恶劣影响,或者非法行医造成医疗事故,或者非法行医严重延误病情等。
③ 此处的资助行为与共同犯罪的帮助行为,在具体表现上有着一定程度的不同,不过总体上具有他罪帮助性的行为的表现。

表现为由一人单独实施的行为。这是刑法分则所规定的绝大多数具体犯罪基准实行行为的形态。例如,刑讯逼供罪(第 247 条)的基准实行行为,由"使用肉刑或者变相肉刑"的方法行为与"逼取口供"的目的行为,相互组合而构成。刑法所设置的刑讯逼供罪的这一基准实行行为,即表现为一人单独实施的行为。**(2)聚众的基准实行行为**:是指刑法分则所规定的基准实行行为的标准形态,表现为由多数人共同实施的行为。例如,聚众阻碍解救被收买的妇女、儿童罪(第 242 条第 2 款)的基准实行为,由"聚众"的方法行为与"阻碍解救被收买的妇女、儿童"的目的行为,相互组合而构成。聚众,是指纠集 3 人以上,相互勾结,实施犯罪。刑法所设置的聚众阻碍解救被收买的妇女、儿童罪的这一基准实行行为,即表现为由多数人共同实施的行为。

(五)实行行为的附随情状

实行行为的附随情状,是指与实行行为的定性密不可分的,作为某些具体犯罪构成之客观事实要素的,行为的特定的对象、时间、地点、情境等。这些要素既外在于实行行为,又与实行行为有机整合,是实行行为得以存在的必要时空条件。

1. 特定行为对象

特定行为对象,又称特定行为客体,是指刑法规定的、作为某一具体犯罪构成所必需的、直接承受实行行为作用的具体人、物或其他事情。特定行为对象具有承受客体、刑法规定、形态多样的特征。其中,在对形态多样的理解上应当注意,特定行为对象除人与物之外还有"其他事情";"人或者物"作为犯罪的特定行为对象,并不限于**合法性质**;"人或者物"作为犯罪的特定行为对象,也不限于有形的**物质形态**。

具体地说,我国刑法分则所规定的具体犯罪的特定行为对象呈现:**(1)特定行为对象之人**:是指作为某一具体犯罪构成所必需的特定行为对象要素,表现为自然人或者单位。其中,自然人作为特定行为对象,相对普遍。作为特定行为对象的人,有的存在特定身份或者特定的人的限定,有的则没有特别限定。**(2)特定行为对象之物**:是指作为某一具体犯罪构成所必需的特定行为对象要素,表现为物。包括限定物与非限定物、实物与实物凭证等。**(3)特定行为对象之其他事情**:是指作为某一具体犯罪构成所必需的特定行为对象要素,表现为人或物以外的其他各种形态。包括情节、判决裁定、情报、信息系统、自然环境、书号等等。

2. 特定行为时间

特定行为时间,是指刑法规定的、作为某一具体犯罪构成所必需的、实行行为实施的特别时间。例如,抢夺罪(《刑法》第 267 条)实行行为的时间是"当场"。所谓"当场",不仅指方法行为(利用他人不及反抗或不能反抗等乘人不备的公然非暴力)是当场实施的,而且指目的行为(获取他人财物)也是当场实施的。

3. 特定行为地点

特定行为地点,是指刑法规定的、作为某一具体犯罪构成所必需的、实行行为实施的特别地点。例如,暴力危及飞行安全罪(我国《刑法》第 123 条)实行行为(暴力)的地点是"飞行中的航空器"。

4. 特定行为情境

特定行为情境，是指刑法规定的、作为某一具体犯罪构成所必需的、实行行为所处的特别情状与境地。尽管其似乎也是以时空的要求而表现，但是作为这种时空限定的内容则是具体的生活、生产、工作等事件。例如，危险物品肇事罪（我国《刑法》第 136 条）实行行为（违反爆炸性、易燃性、放射性、毒害性、腐蚀性物品的管理规定）的情境是"在生产、储存、运输、使用中"。

二、特定构成结果及附论

特定构成结果由实行行为所致而又相对独立于实行行为，因果关系可谓特定构成结果应予论及的理论范畴。定量事实多为客观内容且在许多场合也以行为为先导，从而将之作为特定构成结果的附论。

（一）特定构成结果

对于犯罪构成中的结果，我国刑法理论通常谓以"危害结果"或"犯罪结果"，大陆法系刑法理论则常称为"行为结果"。而在结果的界说上，我国刑法理论存在"犯罪客体损害"与"物质形态损害"的不同见解，大陆法系刑法理论则存在"法益侵害及其危险"[①]与"行为对象所致影响"[②]的不同见解。本书在特定构成结果（形式）与法益侵害结果（实质）的相对意义上使用结果的概念。对于作为犯罪构成的事实要素的结果，本书谓以"特定构成结果"，并赋之相应的理论机能。具体地说，**特定构成结果**，是指刑法分则予以规定的、事实要素行为所引起的、作为具体犯罪本体构成之客观要件事实要素的外界变化。这种外界变化具体表现为特定损害的实际发生或者现实危险，包括有形的物质性的损害结果与无形的非物质性的损害结果。

1. 刑法结果的具体形态

刑法中的结果在刑法理论上表现为不同的类型，并且各有其特定的理论意义。（1）就行为与结果的关联而言：可以将结果表述为直接结果与间接结果。**直接结果**，是指由构成要件行为不经任何中介所引起的外界变化。**间接结果**，是指由构成要件行为所导致的因素再引起的外界变化。直接结果与间接结果的划分，有利于明确结果对定罪量刑的影响程度。（2）就刑法结果的形态而言：可以将结果表述为有形结果与无形结果。**有形结果**，是指构成要件行为所造成的作为构成要件要素的客观可见的物质性的损害。**无形结果**，是指构成要件行为所造成的作为构成要件要素的不具直接的外在物质形态的损害。有形结果与无形结果的划分，有利于明确行为犯与结果犯的区别。（3）就刑法结果的发生而言：可以将结果表述为实害结果与危险结果。**实害结果**，是指构成要件行为所引起的作为构成要件要素的法定损害，表现为特定损害的实际发生。**危险结果**，是指由构成要件行为所引起的作为构成要件要素的法定损害，表现为特定损害的现实危险。实害结果与危险结果的划分，有利于明确

[①] 〔日〕西田典之著：《日本刑法总论》，刘明祥、王昭武译，中国人民大学出版社 2007 年版，第 62 页。
[②] 〔德〕冈特·施特拉腾韦特、洛塔尔·库伦著：《刑法总论 I——犯罪论》，杨萌译，法律出版社 2006 年版，第 91—92 页。

危险犯与实害犯的区别。(4)就刑法结果的层次而言:可以将结果表述为特定构成结果与法益侵害结果。**特定构成结果**,是指由事实要素行为所引起的作为本体构成之客观事实要素的法定损害。**法益侵害结果**,是指由事实要素行为所引起的作为说明本体构成之客观规范要素(法益侵害)的具体损害。特定构成结果与法益侵害结果的划分,有助于明确结果的规格意义与价值内涵。(5)就结果所处构成地位而言:可以将结果表述为基准罪状结果与加重罪状结果。**基准罪状结果**,是指由事实要素行为所引起的作为基准犯罪构成之客观事实的结果要素的法定损害。**加重罪状结果**,是指事实要素行为所引起的作为加重犯罪构成之客观事实的结果要素的法定损害。基准罪状结果与加重罪状结果的划分,对于分析分则法定犯罪形态与结果加重犯具有重要意义。(6)就造成结果的心态而言:可以将结果表述为故意结果与过失结果。**故意结果**,是指事实要素行为造成了作为客观事实要素的结果的发生,行为人对于这一结果的发生持故意心态。**过失结果**,是指事实要素行为造成了作为客观事实要素的结果的发生,行为人对于这一结果的发生持过失心态。故意结果与过失结果的划分,对于区分过失犯与故意犯以及故意犯中的基准犯与加重犯具有重要意义。

　　刑法结果的理论类型在我国《刑法》上均有表现。我国《刑法》总则明确规定"(犯罪或者危害或者损害)结果"的条文,主要有第6、14、15、16、18、24条;《刑法》分则若干条文,直接描述了具体结果形态或者规定了"后果"等。从我国《刑法》的这些规定与描述中可以看出,不同法条中有关结果的表述,其所指的结果形态有所不同:有的指直接结果,有的包括间接结果;有的呈现有形结果,有的呈现无形结果;有的系实害结果,有的系危险结果;有的特指特定构成结果,有的包括法益侵害结果;有的系基准罪状结果,有的系加重罪状结果;有的为故意结果,有的为过失结果。

　　在刑法结果的法定表述中,**实害结果**是一种较为常见的形式,并且其所依存的犯罪形态也较为广泛。具体而言,我国《刑法》所规定的实害结果主要表现为:(1)行为犯的加重罪状结果:例如,第121条所规定的"致人重伤、死亡或者使航空器遭受严重破坏";(2)危险犯的加重罪状结果:例如,第115条第1款所规定的"致人重伤、死亡或者使公私财产遭受重大损失";(3)实害犯的基准罪状结果:例如,第147条所规定的"使生产遭受较大损失";(4)实害犯的加重罪状结果:例如,第234条第2款所规定的"致人重伤"、"致人死亡"、"致人重伤造成严重残疾";(5)过失犯的基准罪状结果:例如,第233条所规定的"致人死亡";(6)过失犯的加重罪状结果:例如,第136条第后段所规定的特别严重"后果";(7)故意犯的基准罪状结果:例如,第232条所含的"致人死亡";(8)故意犯的加重罪状结果:例如,第234条的"致人重伤";(9)其他某些法定结果:例如,第24条所规定的"结果"、"损害"。

　　2. 特定构成结果的特征

　　立于特定构成结果的基本蕴含、理论地位及其与法益侵害结果相对关系,特定构成结果具有如下特征:**(1)特定构成结果的法定性**:特定构成结果是刑法分则所规定的作为具体犯罪构成之客观要件的事实要素。就犯罪成立条件对结果的要求而言,刑法分则对于各个具体犯罪的设置有所不同。有的具体犯罪形态的构成存在特定构成结果要素,而有的具体犯罪形态的构成无须特定构成结果要素。**(2) 特定构成结果的因果性**:特定构成结果由构成要件行为所引起,基于构成要件行为的作用而形成,不是构成要件行为所导致的结果,就不是刑法上的结果。构成要件行为与特定构成结果之间存在着刑法上的因果关系。**(3) 特定构成结果的标志性**:特定构成结果具有区分行为犯与结果犯、实害犯与危险犯的机能。根据某一具体犯罪之普通的犯罪构成,是否以特定构成结果作为其客观事实要素的不同,可以将该具体犯罪归为行为犯或者结果犯;根据某一具体犯罪之普通的犯罪构成,作为其客观事实要素的特定构成结果,是实害结果还是危险结果的不同,可以将该具体犯罪归为实害犯或者危险犯。**(4) 特定构成结果的客观性**:特定构成结果是客观存在的事实。不仅实害结果系属客观事实,而且危险结果也是一种客观事实,是客观存在的现实危险的事实。与此不同的是,行为人实施构成要件的行为所希望达到的结果,是行为人观念上的追求,在一定条件下这只是一种行为的目标,而不是行为的结果。**(5) 特定构成结果的损害性**:特定构成结果是客观存在的损害事实。这种损害事实,表现为基于构成要件行为的作用而使外界事物发生损失、恶害的变化。不过应当注意,特定构成结果的损害性并不等同于社会危害性。社会危害性是犯罪的实质评价,属于本体构成的综合判断,而特定构成结果的损害性是特定损害事实的评价,属于客观事实要素的判断。**(6) 特定构成结果的多样性**:就理论形态而言,特定构成结果表现为各种类型,诸如:直接结果、间接结果、实害结果、危险结果、有形结果、无形结果等等;从立法设置来看,不同具体犯罪的特定构成结果也会有所差异;从现实表现来看,特定构成结果在具体案件中的表现更是复杂多样。

3. 特定构成结果与法益侵害结果及严重危害结果

在犯罪构成中,存在特定构成结果、法益侵害、严重危害的要素,而法益侵害结果与严重危害结果分别可以成为客观规范要素与严重危害具备的表现形态;并且,在刑法结果的理论类型中,特定构成结果与法益侵害结果相对,前者依存客观事实要素,后者展示客观规范要素。

特定构成结果与法益侵害结果具有一定的相似之处。两者均可表现为实害结果与危险结果。尤其是,两者均有一定的法定性。特定构成结果主要由刑法分则予以规定,包括由分则条文隐含表述或者由分则条文明确表述,不过总体而言刑法对于特定构成结果的表述相对明确而具体。法益侵害结果依附于法益侵害,说明法益侵害所达至的最终程度与状况,而具体犯罪的法益侵害亦由刑法予以规定,包括:在条文中直接明确表述;通过指出法益侵害的物质表现表述;通过指出被侵害的保护法益的主体表述;通过指出犯罪所违反的法律规范表述;通过指出具体构成要件行为表述,等等。而在法益侵害结果由刑法分则设定为具体犯罪的构成要素时,法益侵害结果即为特定构成结果。

不过,特定构成结果与法益侵害结果存在重要区别:**(1) 形式意义与价值意义**:特定构成结果属于犯罪之本体构成的客观事实要素,具体内容广泛多样,侧重形式意义的呈现。例如,故意杀人罪的特定构成结果"造成他人死亡"。不过,有时特定构成结果也表现出一定的价值意义。例如,签订、履行合同失职被骗罪的特定构成结果"致使国家利益遭受重大损失"。而法益侵害结果属于法益侵害的最终状态表现,依附于法益侵害,侧重价值内容的表现。例如,故意杀人罪的法益侵害结果"他人的生命权利遭到实际损害"。**(2)犯罪成立地位**:特定构成结果属于客观要件的一项事实要素。缺乏特定构成结果,根据具体情形的不同,可以是不构成犯罪,或者构成犯罪未遂,或者缺乏加重犯罪构成。特定构成结果具有区分危险犯与实害犯、行为犯与结果犯、基准犯与结果加重犯的理论机能。法益侵害结果依附于法益侵害,而法益侵害是犯罪之本体构成的一项要件。没有法益侵害就不构成犯罪,而法益侵害结果的情形不同,成立的犯罪形态也有既遂与未遂的差异。法益侵害结果的实际损害与现实危险,可以成为犯罪的完成形态与未完成形态的标志之一。**(3)犯罪形态差异**:特定构成结果只是结果犯与结果加重犯的构成要素,而法益侵害结果是任何犯罪成立的必然体现,同时两者在行为犯、结果犯、危险犯、实害犯的不同完成形态中,也有着不同表现:**A.行为犯**:行为犯的构成要件并无特定构成结果,但是行为犯的成立必有法益侵害结果;实行行为完成并且法定行为对象符合,成立行为犯的既遂,此时法益侵害实际发生;实行行为尚未完成,或者实行行为虽已完成但法定对象缺席,只能成立行为犯的未遂或中止,此时存在法益侵害的现实危险。**B.结果犯**:结果犯的构成要件存在特定构成结果,当然结果犯的成立也有法益侵害结果;实施构成要件行为并且发生法定损害结果(特定构成结果),成立结果犯的既遂,此时法益侵害实际发生;实施构成要件行为并且造成法定损害结果的现实危险,成立结果犯的未遂或中止,此时存在法益侵害的现实危险。**C.危险犯**:危险犯的构成要件存在构成要件危险结果,并且危险犯的成立也有法益侵害结果;实施构成要件行为并且造成法定的特定损害的现实危险(危险结果),成立危险犯的既遂,此时法益侵害实际发生;实施构成要件行为并且造成法定危险结果的现实危险,成立危险犯的未遂或中止,此时存在法益侵害的现实危险。**D.实害犯**:实害犯的构成要件存在构成要件实害结果,同时实害犯的成立也有法益侵害结果;实施构成要件行为并且造成法定的特定损害的实际发生(实害结果),成立实害犯的既遂,此时法益侵害实际发生;实施构成要件行为并且造成法定之实害结果的现实危险,成立实害犯的未遂或中止,此时存在法益侵害的现实危险。

在此应当注意,**法益侵害与法益侵害结果**的含义并不完全相同。法益侵害表明构成要件行为对于法益的侵袭与损害,侧重阐明这种侵害的存在以及遭受侵害法益的性质,而不强调对于法益侵害所达至的最终程度与状态;法益侵害结果强调构成要件行为侵害法益所达至的最终程度与状态,而不只是表明构成要件行为对于法益的侵害本身以及遭受侵害的法益。当然,法益侵害结果是法益侵害的一种重要征表。

严重危害与严重危害结果的含义也不完全相同。严重危害阻却缺乏,也即严重危害具备,属于犯罪成立的第二层次要件,具有犯罪本质评价的意义,由此决定着犯罪成立的评价。不论对于何种犯罪形态,严重危害(严重危害阻却缺乏)均为犯罪成立所必要。而严重危害结果具有进一步说明严重危害的意义,即严重危害的最终程度与状态,严重危害结果是严重危害的表征之一但不是全部;在刑法分则的具体犯罪对于严重危害结果的特定具体表现予以明确设定的场合,这种法定的严重危害结果即表现为特定构成结果。

(二)因果关系

当特定构成结果出现时,要使行为人对这一结果负责,必须说明行为人的行为与结果之间具有因果关系,因此因果关系是行为人承担行为之法律后果的重要客观基础。英美法系因果关系理论的通说认为,刑法上的因果关系应当分为事实上的因果关系与法律上的因果关系这两个层次。大陆法系较有影响的因果关系理论,有条件说、因果关系中断说、原因说、相当因果关系说、客观归责理论等学说。我国学者对刑法因果关系也提出了诸多见解。诸如,认为刑法因果关系是指危害行为与有形危害结果之间的客观联系。这些因果关系学说,各有一定的可取之处,实际上均系从不同的角度,对刑法上的因果关系进行一定的限定。

1. 刑法因果关系的概念与特征

刑法上的因果关系,是指刑法所规定的,对定罪或者量刑具有重要意义的,构成要件行为与特定构成结果之间的引起与被引起的关系。刑法因果关系具有如下特征。**(1)因果关系的法定性**:只有刑法所规定的作为承担刑事责任之客观基础的因果关系,才是刑法上的因果关系,包括行为的法定性、结果的法定性、行为与结果之间因果联系的法定性。**(2)因果关系的评价性**:刑法因果关系是行为人对自己所实施的行为及其行为结果承担刑事责任的客观基础。包括刑法因果关系决定着某一具体行为的犯罪性质,或者决定着该具体犯罪的处罚程度。**(3)因果关系的客观性**:刑法因果关系存在于行为人的意识之外,不依主观意识而转移。某些场合行为人对于因果关系过程的认识错误,并不影响行为与结果之间因果关系的客观性。**(4)因果关系的特定性**:刑法因果关系是构成要件行为与特定构成结果之间引起与被引起的关系。其中,构成要件行为包括实行行为与非实行行为,特定构成结果包括实害结果、危险结果、有形结果、无形结果。**(5)因果关系的序列性**:刑法因果关系,原因行为在先,行为结果在后,在时间顺序上,原因行为与行为结果不可能颠倒。由此,发生于特定构成结果之后的行为,不是该结果的原因行为。**(6)因果关系的条件性**:刑法因果关系呈现于一定的具体事实状态中,在这一具体事实中原因与条件紧密相连。在导致结果发生的诸多因素中,对结果的发生起决定作用的人之行为因素是原因,而对结果的发生起推进或延缓作用的因素是条件。人之行为与构成结果之刑法因果关系的具体判断,基于行为时的客观事实情况,遵循日常社会生活经验规律而确定。**(7)因果关系的复杂性**:刑法因果关系会表现为一因多果、多因一果或者多因多果的情况。一个原因行为导致了多个特定构成结果,系一因多果;多个原因行为导致了一个特定构成结果,系多因一果;多个原因行为导致了多个特定构成结果,系多因多果。

2. 刑法因果关系的必然性与偶然性

因果关系存在必然与偶然的两种形式,刑法上的因果关系是否也包括偶然因果关系,这也是刑法因果关系理论的争议问题。应当说,偶然因果关系在一定场合也有其刑法上的意义。

必然因果关系,是指构成要件行为与特定构成结果之间所存在的,具有内在的、必然的、合乎规律的引起与被引起的联系。必然因果关系,是刑法因果关系的最基本的、主要的形式,是行为人承担刑事责任的客观基础。**偶然因果关系**,是指在作为原因的构成要件行为实施与推进的发展过程中,由于介入了其他因素,基于这一介因素的作用而合乎规律地产生了特定构成结果,在此场合的先前的构成要件行为与最终特定构成结果之间的引起与被引起的关系。在偶然因果关系中,介入因素与特定构成结果之间,具有必然的引起与被引起的关系,而构成要件行为与特定构成结果之间,则呈现出偶然的引起与被引起的关系。偶然因果关系是两个必然因果关系巧遇和交叉作用的结果。不过,应当注意,偶然因果关系并不等同于间接因果关系。

鉴于偶然因果关系之构成要件行为与最终的特定构成结果之间,只是一种偶然联系,从而要将最终结果完全归咎于构成要件行为的作用,显有疑问。但是,构成要件行为与最终的特定构成结果均具有刑法意义,均为刑法评价的重要内容,并且,构成要件行为与最终结果之间也确有一定的联系,由此,如果法律或者依法作出的司法解释明确肯定这种偶然因果关系的刑法意义,则对于这种偶然因果关系也应予以承认。这也是刑法因果关系法定性的应有之义。

3. 刑法因果关系类型

上述必然因果关系、偶然因果关系、复杂因果关系等均可视为刑法因果关系的类型。此外,根据原因行为形式的不同,刑法因果关系可以分为:**(1) 不作为犯罪因果关系**,是指不作为行为与特定构成结果之间所存在的引起与被引起的联系。不作为因果关系表现为,基于刑法的规定,行为人当为而不为,由此引起特定构成结果的发生。**(2) 作为犯罪因果关系**,是指作为行为与特定构成结果之间所存在的引起与被引起的联系,这是刑法因果关系中常见的一种类型。**(3) 故意行为因果关系**,是指故意行为与特定构成结果之间所存在的引起与被引起的联系。**(4) 过失行为因果关系**,是指过失行为与特定构成结果之间所存在的引起与被引起的联系。

(三) 附论:特定行为情状(分则定量因素)

特定行为情状,是指刑法规定的、作为某一具体犯罪构成所必需的、实行行为实施的具体情况及其相关的事实状态,具体包括犯罪数额、行为次数、特定情节、其他情状等,它是犯罪定量要素的重要表现,系属数额犯、次数犯、情节犯的法定根据。由此,特定行为情状具有刑法分则规定、定量事实因素、情节客观要素的特征。具体呈现为犯罪数额、行为次数、特定情节以及其他情状。

1. 犯罪数额

刑法分则将特定的犯罪数额作为某一具体犯罪的构成要素,则这一犯罪数额即为这一具体犯罪的特定行为情状要素。以犯罪数额作为具体犯罪基准构成要素的,则这一具体犯罪的既遂形态也称作数额犯。数额犯在我国刑法分则的具体犯罪中较为普遍。

2. 行为次数

刑法分则将特定的行为次数作为某一具体犯罪的构成要素,则这一行为次数即为这一具体犯罪的特定行为情状要素。以行为次数作为具体犯罪基准构成要素的,则这一具体犯罪的既遂形态也称作次数犯。我国刑法分则也规定了一些次数犯。

3. 特定情节

刑法分则将有关的特定情节作为某一具体犯罪的构成要素,则这一特定情节即为这一具体犯罪的特定行为情状要素。以特定情节作为具体犯罪基准构成要素的,则这一具体犯罪的既遂形态也称作情节犯。情节犯在我国刑法分则的具体犯罪中也较为普遍。

4. 其他情状

除了犯罪数额、行为次数、特定情节以外,有时刑法分则还将其他有关行为情状作为某一具体犯罪的构成要素,则这一其他情状亦为这一具体犯罪的特定行为情状要素。例如,侮辱罪(第246条)的"公然"行为、虐待罪(第260条)的"经常"行为等。

三、行为主体

行为主体,是指刑法规定的、说明行为的严重危害性而为行为构成犯罪所必需的、实施构成要件行为的自然人或者单位。包括自然人主体、特定身份、单位主体等要素。

(一) 自然人主体身份

基于刑法对犯罪的自然人主体身份要求的不同,刑法理论通常将自然人主体分为一般主体与特殊主体,特殊主体又与身份犯密切相关。

1. 一般主体与特殊主体

一般主体与特殊主体主要是针对自然人主体的分类。**自然人主体**,是指刑法规定的,实施构成要件行为的自然人。

一般主体,是指刑法规定的,实施构成要件行为、具备刑事责任能力的自然人。一般主体具有主体资格的普遍特征:为刑法所规定;实施构成要件行为;具备刑事责任能力;呈现为自然人。自然人,是指有血肉组织有生命存在的独立的人类个体。自然人的生命始于出生,终于死亡。对于出生与死亡的标志,刑法理论上见解不一。出生的标志有阵痛说、全部露出说、一部分露出说、头部露出说、独立呼吸说等等;死亡的标志有呼吸终止说、脉搏终止说、脑死亡说等。① 我国刑法界通常认为,出生,即胎儿从母体分离出来能够独立进行呼吸;死亡,即心脏不可逆转地停止跳动。任何公民生命的价值在法律上都是平等的,生命的存在是自然人成立的重要条件之一。物品、动物、尸体等均不能成为行为主体。

特殊主体,是指实施构成要件行为、具备刑事责任能力,并具有刑法所规定的特定身份的自然人。特殊主体具有主体资格的普遍特征:为刑法所规定;实施构成要件

---

① 参见〔日〕木村龟二主编:《刑法学词典》,顾肖荣等译校,上海翻译出版公司1991年版,第621—622页。

行为;具备刑事责任能力;呈现为自然人。此外,特殊主体还具有自身独特的地位资格要素:特定身份。

2. 特殊主体之特定身份

身份,是指自身所处的地位。① 刑法意义上的**特定身份**,是指行为人实施犯罪行为时已具有的,刑法所规定的,对于定罪或者量刑有着决定意义的地位、资格。因此,特定身份包括定罪身份与量刑身份。**定罪身份**,是指行为人实施犯罪行为时已具有的,刑法所规定的,作为基准犯罪构成之行为主体的要素的身份。**量刑身份**,是指行为人实施犯罪行为时已具有的,刑法所规定的,作为决定刑罚轻重的要素的身份。

除了定罪身份与量刑身份的划分之外,特定身份还可以分为自然身份与法定身份。**自然身份**,是指由于自然事实而形成的,行为人实施犯罪行为时已具有的,刑法所规定对于定罪或者量刑有着决定意义的地位、资格。**法定身份**,是指由于广义法律之事实而形成的,行为人实施犯罪行为时已具有的,刑法所规定对于定罪或量刑有着决定意义的地位、资格。

根据身份对定罪与量刑的正反作用的不同,特定身份又可分为积极身份与消极身份。**积极身份**,是指刑法所规定的,行为人行为时已具有的某种特定的身份。这种特定身份使其行为构成犯罪或者决定了对其处罚的轻重,可谓特定身份的犯罪构成与刑罚处罚的积极要素。**消极身份**,是指刑法所规定的,行为人行为时已具有的某种特定的身份。这种特定身份阻却了其行为的犯罪构成或者阻却了对其的刑罚处罚,可谓特定身份的犯罪构成与刑罚处罚的消极要素。

刑法分则条文针对具体犯罪主体构成特定身份的具体规定,通常表现为归入描述的形式,即在本罪的罪状描述中正面规定某种特定身份系属本罪主体构成的要素。不过,有时在有关主体身份作为此罪与彼罪区分的一个重要标志等场合,刑法分则条文对于特定身份的具体表述,也可表现为排除描述的形式,即在本罪具体规定中特别阐明如果具备某种特定身份则按他罪定罪处刑。

特定身份,是行为人实施犯罪行为时已具有的,刑法所规定对于定罪或者量刑有着决定意义的地位、资格。实施犯罪行为后,或者因犯罪行为的实施而形成的对于定罪量刑有着决定意义的地位、资格,不属于特定身份。对此,在我国《刑法》中主要表现为,刑法总则规定的累犯、自首犯,刑法分则规定的首要分子、积极参加者,以及作为自然人犯罪的主管人员或直接责任人员等。

3. 特殊主体与身份犯

以特定身份论主体资格,拥有特定身份的行为人为特殊主体;倘若以特定身份论犯罪类型,则由特殊身份的行为主体所成立的犯罪为身份犯。**身份犯**,是指刑法所规定的,以行为人实施犯罪行为时已具有的特定身份,作为定罪(基准犯罪构成)或者处刑(刑罚轻重)的主体要素的犯罪。身份犯包括纯正身份犯与不纯正身份犯。

对于纯正身份犯与不纯正身份犯的界说,刑法理论存在不同的见解。**A 观点**认

---

① 参见《现代汉语词典》(第5版),商务印书馆2005年版,第1208页。

为,在身份既影响定罪又影响处刑的场合,这一身份所构成的具体犯罪为不纯正身份犯。只有在身份有无决定犯罪成立与否的场合,这一身份所构成的具体犯罪才是纯正身份犯。由此,基于刑法的规定,实施某种行为,有身份者与无身份者分别构成不同具体犯罪的,有身份者实施该行为所构成的犯罪为不纯正身份犯。**B 观点**认为,在身份既影响定罪又影响处刑的场合,这一身份所构成的具体犯罪为纯正身份犯,而在身份仅影响处刑的场合,这一身份所构成的具体犯罪为不纯正身份犯。定罪身份也会影响处刑,但是处刑身份并不影响定罪;某种身份是定罪身份,就不再是处刑身份;反之,某种身份是处刑身份,也就不可能是定罪身份。**由此**,按照上述 A 观点,无身份者就不能单独进行纯正身份犯的实行行为,反之某种行为无身份者也可单独实行,则在有身份者实行的场合构成不纯正身份犯;而按照上述 B 观点,无身份者也可以单独进行纯正身份犯的实行行为,决定是否纯正身份犯的关键在于,是否特定身份的有无决定了具体犯罪性质的差异。

对此,**本书**的立场是,以特定身份在犯罪构成中的地位为标准,具体界分纯正身份犯与不纯正身份犯。犯罪构成是具体犯罪的定型与轮廓,犯罪构成的各项要素是具体犯罪形态界分的标志。某一具体犯罪构成以特定身份为要素的,则这一具体犯罪就是纯正身份犯;某一具体犯罪构成不以特定身份为要素的,则这一具体犯罪就不是纯正身份犯;当某种特定身份成为法定处刑轻重的根据时,则这一具体犯罪就是不纯正身份犯;无论是定罪还是处刑,均不以特定身份作为法定情节的,则这一具体犯罪就不是身份犯。在某些场合,无身份者也可单独实行纯正身份犯的实行行为,只是由于缺乏特定身份的缘故对其不能按纯正身份犯之罪定性。

纯正身份犯,又称真正身份犯,是指刑法所规定的,以行为人实施犯罪行为时已具有的特定身份,作为定罪(基准犯罪构成)的主体要素的犯罪。纯正身份犯,有无特定身份决定了本罪的具体犯罪的定性。例如,我国《刑法》第 399 条第 3 款所规定的执行判决、裁定滥用职权罪,以"负有判决、裁定执行职责的司法工作人员"这一特定身份,作为该罪基准犯罪构成的主体要素;第 260 条所规定的虐待罪,尽管无特定身份者也可单独实行,但是由于该罪主体要素系"与被害人具有婚姻关系、血亲关系或者收养关系,并且在一个家庭内共同生活的成员",从而是纯正身份犯。

不纯正身份犯,又称不真正身份犯,是指刑法所规定的,以行为人实施犯罪行为时已具有的特定身份,作为量刑(刑罚轻重)的主体要素的犯罪。不纯正身份犯,有无特定身份仅仅决定了本罪处刑的轻重。例如,我国《刑法》第 349 条所规定的包庇毒品犯罪分子罪,作为该罪基准犯罪构成的主体要素的是一般主体而无须特定身份,但是具有"缉毒人员或者其他国家机关工作人员"特定身份的人犯该罪,则从重处罚。在某些刑法典中,区分普通杀人罪与杀直系血亲尊亲属罪[①],显然这两个罪的主体要素对特定身份的要求不同,同时其处刑也各不相同,然而杀直系血亲尊亲属罪的主体要素具有"被害人之直系血亲卑亲属"的特定身份,从而该罪系纯正身份犯。

---

① 例如,《中华民国刑法》(1935 年)第 271 条与第 272 条。

（二）单位主体犯罪

单位主体，是指刑法规定的，实施刑法分则明文规定可以由单位构成犯罪的构成要件行为的单位。单位能否成为犯罪主体，如果可以则如何对单位犯罪予以处罚，对此刑法理论存在较大争议，刑法立法也有不同表现。

1. 法人犯罪能力的理论争议

法人的犯罪能力，涉及有关法人本质的认识，对此国外刑法理论存在否定说、肯定说、拟制说、实体说的不同见解。我国刑法理论对法人犯罪能力也展开了热烈的讨论，主要存在否定论与肯定论的不同见解。

应当说，在结构属性上，法人与自然人确有区别，两者有着不同的意思表示和行为方式，从而也就影响到两种不同主体的刑法理论的架构，试图完全以传统的针对自然人犯罪的刑法理论来解读法人犯罪，难免不会遇到困难。但是，法人实施严重危害社会的行为是客观存在的事实，需要对之予以相应的刑事处置也是现实的必然。各国刑法也不泛惩罚法人犯罪的立法例，法人犯罪并非成立与否的问题，而是如何在立法与司法实际的基础上，构建合理的法人犯罪刑法理论，以进一步指导实际的问题。

2. 法人犯罪的立法概况

坚持古罗马法"社团不能犯罪"的原则，大陆法系国家长期以来一直不承认法人犯罪。1810年《法国刑法典》未规定法人犯罪。然而，现代越来越多的犯罪是由自然人以法人的名义实行的，而法人代表没有支付能力，有必要在追究其个人刑事责任之外，追究法人本身的刑事责任，由此法国现代刑法理论都赞同追究法人的刑事责任。[①] 1994年《法国刑法典》确立了法人犯罪的地位，成为大陆法系国家中第一部明确规定法人犯罪的刑法典。并且，《法国刑法典》所规定的可以由法人构成的犯罪，范围相当广泛。

在德国，19世纪的刑法理论也反对法人犯罪的成立。德国最早规定法人犯罪的是1919年颁布的帝国税法。但是，这一规定在实践中受到了德国帝国法院的抵制，以致最后使其完全失去了实际意义。第二次世界大战以后，德国刑法界对犯罪行为与违反秩序行为、犯罪罚与秩序罚的概念作了明确区分。因此，1968年修改的《违反秩序法》设置了在涉及法人的犯罪中，对法人处以罚款的规定，而在刑法典中对法人犯罪不予承认。现行《德国刑法典》（1999年）对法人犯罪同样持否定态度。

英美法系国家较早地在刑法实践中承认了法人犯罪。英国，1842年在伯明翰与格劳赛斯特铁路公司案中，法人由于未履行法定义务而被定罪。1889年《解释法》第2条规定："在本法生效前或生效后颁布的任何关于可诉罪或简易罪的法律中所讲的'人'，除非有相反的规定，均包括法人团体在内"。其后，1917年上诉法院对穆塞尔兄弟有限公司案的判决，确立了严格区分法人替代责任和法人自身责任的思想，为后来法院运用"法人代表的另一个我"的学说，追究法人自身的刑事责任奠定了基础。

---

① 参见〔法〕卡斯东·斯特法尼等著：《法国刑法总论精义》，罗结珍译，中国政法大学出版社1998年版，第287—289页。

1944年,肯特和萨塞斯承包商讼案、富克斯对 I.C.R.豪拉奇有限公司讼案等案件判决,更牢固地确立了法人犯罪的地位。

美国,在19世纪末20世纪初颁布了3个涉及惩治法人犯罪的重要联邦法律:《州际贸易法》(1887年);《谢尔曼反托拉斯法》(1890年);《洁净食品和药物法》(1906年),由此为广泛惩治法人犯罪开辟了道路。1909年,联邦最高法院在对纽约中心及赫德森河铁路公司诉美国讼案的判决中,不仅承认法人对那些要求明确的故意的犯罪负刑事责任的可能性,而且强调指出它的必要性。这一判例对美国司法实践中广泛追究法人的刑事责任产生了重要的影响。1962年,美国法学会在制定的《模范刑法典》中,以第二章第2.07条专门规定了"法人、非法人团体及其代表人的责任"。

过去,主流上我国的刑法理论与实际对法人犯罪持怀疑态度。新中国成立后的第一部《刑法》(1979年)未规定法人犯罪。改革开放以来,随着商品经济的发展,法人犯罪现象发生、发展并日益严重。1986年,《民法通则》第110条对法人犯罪及其处罚作了抽象原则规定。1987年,《海关法》第47条第4款首次对法人犯罪作了具体罪刑规定。其后,根据现实中法人犯罪的状况,单行刑法与附属刑法又分别规定了各种具体的法人犯罪。如今,我国1997年《刑法》对于单位犯罪的构成、范围、处罚原则等作了具体的规定,由此,单位犯罪在我国刑法典中得以确立。不过,《刑法》对于单位犯罪范围的具体设置却较为狭窄,分则规定可以由单位构成的具体犯罪共有145个①。然而,现实生活中由单位实施的危害程度超过自然人实施的应予归罪的行为,并不仅仅限于这一法定的单位犯罪的具体范围。应当扩大单位犯罪的范围,其立法思路应当是,除了某些特殊的情形之外,其余由自然人构成的犯罪均可设置相应的单位犯罪。

3. 我国单位犯罪的构成特征

我国刑法理论对于单位犯罪的界说众说纷纭,从而提出了单位犯罪的诸多构成特征。根据我国1997年《刑法》有关单位犯罪的具体规定,本书主张,所谓**单位犯罪**,是指公司、企业、事业单位、机关、团体等单位,根据单位整体意志,以单位名义而实施的具有刑事违法性与严重社会危害性的行为。

单位犯罪除了必须具备严重危害性与刑事违法性之外,还应当具备如下单位犯罪所特有的构成特征:(1) **单位整体主体**:强调单位主体以"单位"为具体表现,以"整体"为基本特征。根据我国《刑法》第30条的规定,这里的单位包括公司、企业、事业单位、机关、团体。不过,刑法理论对于《刑法》单位的界域仍有争议②。而总体上,司法解释强调单位的法人属性与合法组织属性,承认单位分支机构的主体地位。同时,尽管单位犯罪表现为由主管人员、直接责任人员或者其他有关人员具体实施,然而这

---

① 截至《中华人民共和国刑法修正案(八)》(2011年)。
② 诸如,自然人企业,尤其是合伙企业,或者一人公司,实施《刑法》分则所规定的可以由单位构成的犯罪,是按自然人犯罪主体处置,还是按单位犯罪主体处置? 自然人企业、合伙企业,或者一人公司,实施《刑法》分则未予明确规定可以由单位构成的犯罪,能否构成犯罪? 等等。

些人员在特定条件下的特定行为应是整体单位的行为。**(2) 单位整体意志**:强调单位犯罪取决于单位的组织意志。这种意志的具体形成,表现为遵循单位的规章制度,由单位决策机构作出决定或者由负责人员决定。也就是说,单位决策机构或者负责人员,根据单位的制度规定、依照一定的程序所表现的意志,即为单位意志,尽管有时这种意志似乎由个人意志所表现。所谓"负责人员",是指经授权代表单位的人员或者单位的主管人员。**(3) 单位整体行为**:强调单位犯罪系以单位的身份进行,属于单位行为。有的论著否认单位犯罪的这一特征,认为并非所有以单位名义实施的犯罪都是单位犯罪,也并非所有的单位犯罪都是以单位名义实施的。事实上,"单位犯罪以单位的名义实施",并不等于说"以单位名义实施的犯罪就是单位犯罪";另外,固然许多单位犯罪并不是明火执仗地打着单位的旗号,有的也的确没有必要声张单位的名义,但是这并不否认单位犯罪系以单位身份进行。

司法解释对于单位犯罪的界定通常强调两项特征,即利用单位名义,违法所得归属单位。① 对此,本书肯定利用单位名义的单位犯罪特征,至于违法所得归属单位的特征问题,本书肯定在具体单位犯罪存在获取经济利益要素的场合,违法所得归属单位应为单位犯罪成立之必要。

对于我国《刑法》单位犯罪的构成特征,也有论著强调"执行职务活动"、"谋取单位利益"的要素,对此本书持否定态度:**(1) 执行职务活动**:尽管在社会现实生活中,不乏许多单位犯罪确实是单位利用了其所具有职务之便,但是这并不是我国《刑法》所规定的构成单位犯罪所必须具备的一个特征。由此,假如单位实施与其职务活动无关的严重危害行为,并符合单位犯罪的其他特征,包括符合《刑法》分则的具体规定,在这种情况下,并不排除其可以成立单位犯罪。**(2) 谋取单位利益**:从我国《刑法》的规定来看,总则并未规定单位犯罪须为谋取单位利益,而分则所规定的许多具体单位犯罪也并非以谋取单位利益为构成要素。虽然事实上多数情况下单位犯罪是为了谋取单位的利益,但是这并不意味着所有的单位犯罪均具有这一特征。另一方面,应当肯定,在以获取经济利益作为具体犯罪特征的场合,谋取单位利益应当成为这类单位犯罪的特征。在获取经济利益的犯罪中,如果行为人利用单位名义与自己单位职务的便利,而为自己个人谋取私利所得利益也归个人所有,这在本质上无异于自然人的职务犯罪。

4. 我国单位犯罪的刑事处置

转嫁责任(单罚责任)与两罚责任(双罚责任)是处置法人犯罪的两种基本的理论见解,而我国《刑法》对单位犯罪采取的是以两罚责任为主、单罚单位责任人为辅的原则。

两罚责任为主,意味着,在《刑法》分则以及其他法律没有特别规定的情况下,对单位犯罪,既要对单位判处罚金,也要对单位直接负责的主管人员和其他直接责任人

---

① 例如,《全国法院审理金融犯罪案件工作座谈会纪要》(2001年)第二部分第1条、最高人民法院《关于审理单位犯罪案件具体应用法律有关问题的解释》(1999年)第3条等的规定。

员判处刑罚。所谓直接负责的主管人员,是指对单位犯罪负有直接责任的单位或部门的主要领导人,诸如厂长、经理、部门主任等等,主要表现为单位犯罪的决策者。其他直接责任人员,是指除直接负责的主管人员以外,其他对单位犯罪负有直接责任的人员,主要表现为单位犯罪的直接实施者。**有时**《刑法》将单位责任人表述为"直接责任人员",那么这里的"直接责任人员"应当包括"直接负责的主管人员"与"其他直接责任人员"。

单罚单位责任人为辅,意味着,在《刑法》分则以及其他法律有特别规定的情况下,根据规定,对单位犯罪,不处罚单位,而仅对直接责任人员、单位直接负责的主管人员和其他直接责任人员判处刑罚。

第二节 客观要件之规范要素

一、违法性的基本观念

从客观规范评价的角度来看,行为之所以入罪并受处罚,就是因为行为客观事实违反规范要求,理应承受由此带来的不利后果。这里,所谓的违反规范要求,在法的纽带上即表现为行为的违法性。

(一)违法性的概念

关于违法性①的蕴含,大陆法系刑法理论存在形式违法性与实质违法性等不同视角的展开。违法性兼有形式违法与实质违法的意义,是形式违法与实质违法的整合,而实质违法性是违法性的实体性判断,由此违法性的核心是违法阻却问题。

形式违法性,是指该当构成要件的行为在形式上违反了法律规范要求的性质。形式违法性又分为一般违法性与刑事违法性。**一般违法性**,是指刑法上的违法性包括了行为对于一般法的规范的违反的性质。**刑事违法性**,是指刑法上的违法性具有行为对于刑法规范的违反的性质。刑事违法性固然是刑法上的违法性的应有之义,至于违法性是否包括一般违法性,多数学者持肯定态度,不过这依然是一个争议问题。

实质违法性,是指该当构成要件的行为在实质上具有危害社会或背离社会伦理的性质。形式违法性只是表明该当构成要件行为在形式上对于法的规范的违反性质,但是这并不能在实质上阐明该行为为何要作为犯罪而承受相应的刑事后果,而后者正是需要通过实质违法性来解释的问题。由此,实质违法性也是立法者对行为予以入罪规定的一项衡量标准,进而这一实质违法性也揭示了违法阻却的理论根据。

---

① **违法性与不法**具有不同的意义,对此德国学者耶塞克作了简明的界分,指出:"违法性是行为与法规范的矛盾;不法是指被评价为违法的行为本身。"〔德〕汉斯·海因里希·耶塞克、托马斯·魏根特著:《德国刑法教科书》,徐久生译,中国法制出版社 2001 年版,第 287—288 页。与违法行为相对的是**合法行为**。另外,也有学者提出**放任行为**的概念,其含义是界于合法行为与违法行为之间,并非是法律评价对象的行为,例如,散步、睡觉等。

立于双层多阶的犯罪构成体系,由于本体构成作为分则具体犯罪行为的类型,涵括了行为事实构成类型、行为违法性类型与行为人有责性类型,从而违法性的肯定判断依附于本体构成客观事实符合的判断。而违法性在犯罪成立中的理论机能的核心,在于其作为犯罪成立消极要素的违法阻却。由此,实质违法性的考察是违法性判断的核心,也是具有独立意义的违法性判断的实体。其具体表现为,考究在具体案件中是否存在特定场合的违法阻却事由。

(二) 违法性的实质

大陆法系刑法理论对于违法性实质的内容,存在较大的争议,主要存在权利侵害说、法益侵害说、义务违反说、规范违反说、法益侵害并义务违反说、法益侵害并规范违反说等不同见解。其中,较具典型意义并成为理论交锋的是法益侵害说与规范违反说,而这两种学说又分别与结果无价值论及行为无价值论、客观违法性论及主观违法性论、规则功利主义的伦理观及行为功利主义的伦理观相关。目前,对于违法性实质的结果无价值与行为无价值的理论对立,许多德日学者融合行为无价值与结果无价值,从而形成违法二元论的立场。

本书原则上坚持结果无价值论的立场,主张违法性实质的法益侵害说与客观违法性论。违法性判断基于行为客观损害结果对于规范宗旨的冲突,而有责性判断基于行为人决意不法的规范意识欠缺,这两种判断应当予以区别,并且作为理论分析模式,犯罪成立的客观违法与主观责任也应有所界分。再者,规范违反说之文化规范或社会伦理规范,其认定标准相对较为抽象与模糊,而法益侵害说之法益的侵害或危险,其保护利益依存于法律的框架而较为具体与确定。总之,法益侵害说与客观违法性论更便于刑法谦抑精神的体现,也更利于罪刑法定原则的具体贯彻。

(三) 违法性的程度·可罚的违法性

可罚的违法性,是指行为的违法性只有达到须用刑罚予以应对的程度,这种违法性才是适合纳入刑法的违法性。可罚的违法性的宗旨是从实质评价上对于违法性的成立予以程度限定。就质而论,具有违法性则犯罪成立所需的行为的规范评价得以肯定,然而刑法具有谦抑性,由此,只有在违法性的程度达到须要施加刑罚时,才有必要予以刑法上的归罪。可罚的违法性,实际上是对有必要施以刑罚的违法性的标示与评判。

本书立于双层多阶犯罪构成体系,主张只有行为达到严重危害的程度才可予以入罪。行为的严重危害性是犯罪的本质特征,在形式上其呈现为行为的刑事违法性。由此,所谓达到须用刑罚的程度,在实质上表现为达至一定程度的严重危害,在形式上表现为符合刑法所规定的具体条件。而违法性既是严重危害性表现的一个通道,也是刑法规定的犯罪成立要素之一。由此,违法性具有标示犯罪的严重危害与法定条件的价值。

从**立法**的视角考究,可罚的违法性意味着刑法对于违法性的设置,应当结合犯罪成立所需的一系列事实特征,只有对那种显然严重的法益侵害的情形,才可成为刑法上的违法性而在刑法中予以规定。从**司法**的视角考究,所谓可罚的违法性,应当根据刑法的具体规定,对于法益侵害的肯定判断不能超出刑法规定字面所能涵盖的意义。

这实际上涉及刑法解释问题。本书坚持以形式解释为限的基本立场,实质解释不能超出刑法字面意义的射程。①

二、违法性的具体表现

客观行为事实的价值评价,立于犯罪成立的理论地位,是客观规范要素,立于违法性的实质内容是法益侵害。**法益**,是指法律所保护的利益或者价值。一种社会形态的法益,取决于并表述着该社会最基本的经济、政治、意识形态的内容,而犯罪是一种与现存的、占主导地位的、最基本的经济、政治、意识形态等相背离的极端行为,由此犯罪是针对法益的损害或者威胁。

(一) 被侵法益的法律类型

被侵法益作为犯罪成立的一项要素,其具体形态与内容仍由刑法予以规定。《刑法》分则对于具体犯罪的罪状设置,包含了该罪所应具备的法益侵害属性。基于我国《刑法》的具体规定,被侵法益具体表现为利益、权利、秩序、制度等等。《刑法》对于被侵害之法益规定的方式主要表现为以下几种:**(1) 法条直接表述**:在条文中直接明确表述犯罪的侵害法益。例如,我国《刑法》第 124 条(破坏广播电视视施、公用电信设施罪)的规定。**(2) 物质表现说明**:在条文中通过指出被侵害法益的物质表现,由此表述犯罪的侵害法益。例如,我国《刑法》第 121 条(劫持航空器罪)的规定。**(3) 被害主体说明**:在条文中通过指出被侵害的法益的主体,由此表述犯罪的侵害法益。例如,我国《刑法》第 261 条(遗弃罪)的规定。**(4) 违反法律说明**:在条文中指出犯罪所违反的法律规范,该法律规范所表现出利益或者价值的取向即为犯罪的侵害法益。例如,我国《刑法》第 126 条(违规制造、销售枪支罪)的规定。**(5) 实行行为说明**:在条文中通过指出具体犯罪的实行行为,由此表述犯罪的侵害法益。例如,我国《刑法》第 140 条(生产、销售伪劣产品罪)的规定。**(6) 综合事实说明**:应当注意,在不少的情况下,刑法条文通过多方位、多角度地描述被侵害法益的具体表现形态,包括被侵害法益的物质表现、被保护法益的主体、具体实行行为、主体要素等,来揭示犯罪的侵害法益。例如,我国《刑法》第 254 条(报复陷害罪)的规定。

(二) 被侵法益的理论型态

根据犯罪所侵害的保护法益的具体范围的不同,刑法理论可以将被犯罪所侵害的法益分为被侵整体法益、被侵类型法益、被侵具体法益。**(1) 被侵整体法益**,又称共同法益,是指为一切犯罪所共同侵害的而为刑法所保护的整体的法益,其标示着犯罪侵害的刑法保护法益的抽象性质。进而,被侵整体法益也揭示了一切犯罪共同的法律属性,是犯罪客观行为社会危害性的集中表现。我国《刑法》第 2 条基于刑法保护法益的角度表述了被侵整体法益的具体内容;第 13 条基于犯罪侵害法益的角度表述了被侵整体法益的具体内容。**(2) 被侵类型法益**,又称分类法益,是指为某一类犯罪所共同侵害的而为刑法所保护的某一部分或某一方面的法益,其标示着某类犯罪

---

① 详见张小虎:《对刑法解释的反思》,载《北京师范大学学报》2003 年第 3 期。

侵害的刑法保护法益的类型性质。进而,被侵类型法益也揭示了某类犯罪共同的法律属性,具有作为具体划分分则犯罪类型的标志的重要机能。我国《刑法》分则,根据犯罪所侵害的法益类型的不同,对于犯罪的类型予以划分,具体表现为章的设置,以及某些章下节的设置。**(3) 被侵具体法益**,又称具体法益,是指为某一具体犯罪所直接侵害的而为刑法所保护的某一具体的法益,其标示着具体犯罪侵害的刑法保护法益的具体性质。进而,被侵具体法益也揭示了某一具体犯罪的法律属性,具有确定具体犯罪性质以及区别此罪与彼罪的重要标志的意义。我国《刑法》对于具体犯罪的犯罪类型归属,主要根据被侵具体法益的类属。其中,在被侵具体法益属于复合法益的场合,应当按照复合法益中的主要法益将之归入相应的类罪。

被侵具体法益与被侵类型法益的关系可能表现为:**(1) 重合**:被侵具体法益与被侵类型法益重合,即犯罪侵害的具体法益与犯罪侵害的类型法益完全一致。**(2) 包容**:被侵具体法益为被侵类型法益所包容,即犯罪侵害的具体法益是犯罪侵害的类型法益的表现形式之一。**(3) 交叉**:被侵具体法益与被侵类型法益的构成要素交叉重合,即犯罪侵害的具体法益与犯罪侵害的类型法益在构成要素上部分一致,部分不相同。

作为区别此罪与彼罪的一个重要标志的被侵具体法益,是刑法理论法益侵害研究的重心。根据犯罪所侵害的具体保护法益的个数,将被侵具体法益分为单一法益与复合法益。**(1) 单一法益**,是指某一具体犯罪所侵害的具体法益中,只包含了一种具体的保护法益。例如,遗弃罪(我国《刑法》第261条)的被侵具体法益是"没有独立生活能力的家庭成员在家庭生活中受扶养的权利"。**(2) 复合法益**,是指某一具体犯罪所侵害的具体法益中,包含了两种以上的具体的保护法益。例如,非国家工作人员受贿罪(我国《刑法》第163条)的被侵具体法益包括了两种具体的保护法益,即"公司企业等单位的管理制度"和"公司企业等单位工作人员职务的廉洁性"。在复合法益中,存在着主要法益与次要法益等的区分。

根据犯罪行为所侵犯的具体法益在决定犯罪性质中的作用,将被侵具体法益分为主要法益、次要法益、随机法益。**(1) 主要法益**,是指在复合法益中,刑法所重点予以保护的而为某一具体犯罪较为严重地侵害的法益。主要法益是相对于次要法益而言的,揭示了某一具体犯罪所侵害的而为刑法所保护的诸多复合的法益中的主导方面,因而为主决定了该具体犯罪的性质,是刑法分则对该具体犯罪进行归类的重要依据。**(2) 次要法益**,是指在复合法益中,刑法非重点予以保护的而为某一具体犯罪较轻程度侵害的法益。次要法益揭示了某一具体犯罪所侵害的而为刑法所保护的诸多复合的法益中的次要方面,它虽然并不为主决定该具体犯罪的性质,也不是刑法分则对该具体犯罪进行归类的依据,但是却是该具体犯罪成立所必须具备的要素。**(3) 随机法益**,又称选择法益,是指在复合法益中,刑法所保护的而为某一具体犯罪可能侵害的法益。随机法益揭示的是某一具体犯罪在一定的情况下所可能侵害的而为刑法所保护的法益,它既不决定该具体犯罪的性质,也不是刑法分则对该具体犯罪进行归类的依据,不是该具体犯罪成立所必须具备的要素。通常随机法益是适用加重犯罪构成的法定刑的重要依据。

根据犯罪所侵害的保护法益的具体表现形式的不同,将被侵具体法益分为物质性被侵法益与非物质性被侵法益。**(1) 物质性被侵法益**,是指某一具体的犯罪所侵害的具体法益,具有物质性的表现形式。**(2) 非物质性被侵法益**,是指某一具体的犯罪所侵害的具体法益,不具有物质性的表现形式。

根据具体保护法益遭受犯罪所侵害的状况的不同,将被侵具体法益分为法益被侵实害和法益被侵危险[1]。**(1) 法益被侵实害**,是指具体法益遭受某一具体犯罪的侵害而呈现损害的实际发生的状态。通常包括实害犯的被侵具体法益、犯罪完成形态的被侵具体法益等。**(2) 法益被侵危险**,是指具体法益遭受某一具体犯罪的侵害而呈现损害的现实危险或者严重威胁的状态。通常包括危险犯的被侵具体法益、犯罪未完成形态的被侵具体法益等。

第三节 主观要件之故意与过失的要素

一、故意的事实与规范

现代刑法以处罚故意为原则,以处罚过失为例外。对此,各国刑法典以不同方式均有相应的明确规定。由此可见,在法定犯罪中,故意的类型既为主干或核心,也具典型或标志意义。

（一）故意的界说

对于故意在犯罪构成体系中的地位,刑法理论存在不同见解。在三级阶层犯罪构成理论体系的框架下,关于故意地位的主要分歧在于,故意究竟仅属责任,还是同时亦属构成要件该当与违法。对此,大致存在责任要素说、构成要件要素并违法要素说以及构成要件要素、违法要素、责任要素说的不同见解。本书基于双层多阶犯罪构成体系,主张故意系属本体构成的主观要素之一。

关于故意的认定标准,刑法理论存在认识说、希望说与容认说的不同见解。刑法立法也存在认识决定故意、希望决定故意、认识并意志决定故意这三种立法模式。相比较而言,认识说、希望说各执一端,分别表现出一定的片面性;而容认说,综合故意界定中的认识因素与意志因素,并且考虑意志因素的各种情况,可谓扬长避短。

我国《刑法》对于故意的界定,在形式的层面采纳了容认说,并且在实质的层面注入了价值评价的内容。据此,所谓**故意**,是指明知自己的行为可能或者必然发生危害

---

[1] 固然,犯罪客体与被侵法益的理论地位乃至具体内容均不相同。不过,"犯罪客体"是从本质对象的角度论及犯罪行为的客观价值属性,"被侵法益"是从本质内容的角度论及犯罪行为的客观价值属性,从这个意义上说,犯罪客体与被侵法益在某些方面具有一定的可比意义。由此,有的论著对于犯罪客体的分类值得推敲。例如,将犯罪客体分为现实客体与可能客体。参见马克昌主编:《犯罪通论》,武汉大学出版社1999年版,第121页。仔细考虑,"现实客体与可能客体"的提法不够严密。应当说,任何犯罪都使保护法益遭受侵害,在成立的犯罪中保护法益遭受侵害均是现实的,只是现实的表现不同而已。

社会的结果,并且希望或者放任这种结果发生的主观心理态度。包括直接故意与间接故意两种类型。对于故意的理解,就纵深而言,存在形式层面的心理事实(故意结构)与实质层面的规范评价(故意内容)。

故意存在明知故犯与愿即事生的心理事实,而这一心理事实有其具体承载的事实与价值内容,这一承载内容表现为行为人基于本体构成事实知与欲,从而存在违法性的知与欲,而立于评价的视角①,行为人的这种知恶害而故为的心态应受规范非难。故意系属这一心理事实与规范评价的整合。而作为理论分析基于清晰表述,需以一定线索与框架逐层逐条分别阐释。心理事实凸显故意的心理特征,认识程度与意志状况是其核心的分析轴;规范评价凸显故意的内容特征,心态所指的本体构成事实与意思活动的知恶害而故为是其核心的分析轴。

在本书双层多阶犯罪构成体系中,本体构成是具体犯罪的轮廓,作为本体构成的主观要件要素的故意,既有心理事实的特殊结构也有规范评价的特定内容。(1)故意的心理事实特征,呈现明知故犯与愿即事生,相对来说这较为明确与典型,从而故意心理事实展开的基本理论路径:认识特征——明知故犯,包括对于危害结果的可能认识与必然认识;意志特征——愿即事生,包括对于危害结果的希望态度与放任态度。(2)故意的规范评价内容,涉及构成事实的知欲(A)与违法性的知欲(B)。基于 A 系 B 的征表,即一般而论有 A 即有 B,又基于 B 终究是故意的责任要素,即 B 的核心问题在责任阻却中讨论,由此,在本体构成的主观要件中,"构成事实知欲"成为故意规范评价内容展开的核心。

(二)故意的认识与意志:心理事实特征

故意的心理事实特征,表现在认识程度与意志状况两个方面,其重在描述故意之认识与意志的形态标志。

1. 故意的认识特征

故意的认识特征,具体由说明认识之可能与必然的故意认识之确切程度,以及由说明认识之清晰与模糊的故意认识之具体程度表述。

故意认识的确切程度,是指故意成立所表现出的行为人对于自己行为的事实内容与规范意义的存在态势的明知或预见水准,包括必然性认识与或然性认识。(1)故意的必然性认识,是指行为人对自己行为的事实内容与规范意义的肯定性判断。(2)故意的或然性认识,是指行为人对自己行为的事实内容与规范意义的可能性判断。

故意认识的具体程度,是指故意成立所表现出的行为人对于自己行为的事实内

---

① 行为人在能够选择适法行为的场合,对于自己行为的危害结果具有可能或必然的明知,并且持有希望或者放任的态度,在此明显地表现出行为人知恶害而故为的主观心态,对于这种至为彰显的违反规范的意思活动,理应给予责难。因此,行为人知恶害而故为的意思活动,是故意的规范评价的内容所指。

容与规范意义的表现层面的明知或预见水准①,包括清晰认识与模糊认识。(1)故意的清晰认识,是指行为人对自己行为的事实特征与规范意义的清楚明晰的判断。(2)故意的模糊认识,是指行为人对自己行为的事实内容与规范意义的隐约含糊的判断。

不论是清晰认识还是模糊认识,均构成故意的认识。这意味着,就事实性认识而言,仅以行为人对于作为认识对象的本体构成主要客观事实具有大致的认识为限,由此可以成为在一般场合判断行为人存在违法性认识的根据。就规范性认识而言,亦以行为人对于认识事实中所蕴含的规范意义具有粗略的认识为限,由此可以成为判断行为人具有违法性认识的根据。

2. 故意的意志特征

故意的意志特征,是指故意成立所表现出的行为人对于自己的行为发生危害结果的心理取向标志,包括希望与放任两种形式。

希望,即希望危害社会结果的发生,具体是指行为人决定以危害结果为目标,并积极努力创造条件,追求危害结果这一目标的实现。希望的意志要素与危害目的的确立密切相关②,希望意味着行为人以危害结果为具体目的并为之而努力。因此,希望的故意具有危害目的的指向性(行为直接针对危害结果的发生)、侵害态度的坚决性(行为努力追求危害结果的发生)、侵害过程的稳定性(行为始终指向危害结果的发生)等特征。

放任,即放任危害社会结果的发生,具体是指行为人在追求某一目标的活动中,置行为导致危害结果的现实危险于不顾,执意实施该行为,认可行为所导致的危害结果的发生。放任的意志要素,表现为行为人明知或预见实现某一目标的行为将会导致危害结果,行为人虽不努力积极追求危害结果的发生,但却不采取任何措施避免危害结果,而实施追求既定目标的行为。放任的故意具有其他目的的指向性(行为发动针对另一目的)、侵害态度的间接性(为了另一目的不计危害后果)、侵害过程的伴随性(伴随追求另一目的的发生危害结果)等特征。

3. 故意的要素关系

认识因素是故意成立的基础和前提,没有认识因素就无所谓意志因素。行为人对行为的危害结果缺乏认识,也就谈不上针对行为的危害结果的希望与放任,进而不存在行为人的明知故犯的认识责任心态以及愿即事生的意志责任心态。

---

① 易言之,这是从认识内容的质与量上来论及认识程度。例如,只是认识到行为为法的秩序所不允许,至于是构成盗窃罪还是诈骗罪则不尽明确。又例如,只是认识到包中有钱物而予盗窃,至于到底有多少钱则不尽明确。这种针对事实内容与规范意义的模糊认识,与针对危害结果是否发生的具体认识,两者是不相同的。前者指向事实规范内容,后者指向事件发生概率。对于后者来说,故意虽也包括可能性认识,但是这种可能性相对是比较确定的,从而不同于过于自信过失的可能性认识。

② 希望要素与危害目的密切相关,并不意味着所有的直接故意犯罪(以希望为主观要件要素),其危害目的均由刑法明确规定(即直接故意犯罪的危害目的,并不一定在刑法条文上明确化、具体化);另外,这种密切相关,也并不意味着所有以特定目的(注意这里仅强调"特定目的")为法定犯罪构成要件要素的具体犯罪,均由直接故意构成。

意志因素是故意成立的关键和主导,只有认识因素而无意志因素依然不能成立故意。行为人虽然对行为的危害结果具有认识,但是既不希望也不放任这一危害结果的发生,而是反对(即希望避免)行为的危害结果,则行为人缺乏愿即事生的意志责任心态。

因此,具有认识因素不一定就有意志因素;有了意志因素通常也具备认识因素;意志因素是在认识因素基础上的发展。只有同时具有了认识因素与意志因素,才能成立故意。

(三) 故意的事实认识:规范评价实体

在故意的事实认识与违法性认识的关系上,本体构成之事实认识不失违法性认识的存在根据与判断根据。违法性认识的肯定判断依附于事实认识的肯定判断,而违法性认识否定判断独立地存在于责任阻却的理论框架。由此,在本体构成的故意中,立于肯定判断讨论违法性认识,其核心在于考究事实认识。

1. 作为故意认识的事实内容

故意认识所含事实内容,是指故意成立所需的行为人明知或者预见所指向的犯罪本体构成的客观要素的物质自然属性。对于故意认识事实内容,刑法理论大致认为只能以犯罪构成要件所规定的事实为限;分歧点在于,这一故意认识所含的事实内容是包括犯罪构成要件的全部事实还是部分事实?对此,我国四要件犯罪构成理论存在针对犯罪构成要件不同取舍的见解差异,而持大陆法系犯罪构成理论架构立场的学者则主要表现为客观事实要素说。立于本书双层多阶犯罪构成理论体系,故意认识所含的事实内容应含本体构成中的客观事实要素,具体包括构成要件行为,特定构成结果,因果关系,特定时间、地点、状况,行为对象,行为主体的特定身份,而主观要件中的责任能力要素在一定场合也应成为故意认识的事实内容。

构成要件行为的事实性认识,主要是指对于构成要件行为的外在表现形态特征的明知或意识。行为的形态特征着眼于一行为与他行为之间的异同,目的在于说明某一行为在形式上所具有的基本特性。行为的形态特征不同于行为的规范特征。行为的形态特征是对行为具体形式表现的描述;行为的规范特征是对行为社会法律性质的评价。当然,行为的形态特征与行为的规范特征也有着密切的联系。它们是同一行为的不同层面的表述。就故意的认识内容而言,行为形态特征的认识是一种较为直观表层的认识;行为规范特征的认识是在行为形态特征认识的基础上对这种行为的法律性质或价值实质的感悟。

特定构成结果的事实性认识,主要是指对于特定构成结果的外在表现形态特征的明知或者预见。例如,人员死亡、火车倾覆、飞机坠毁、名誉受损等等。刑法上因果关系的事实性认识,是指对于构成要件行为致使特定构成结果发生,或者特定构成结果由构成要件行为所引起的事态关联的预见或者明知。例如,行为人预见到举枪向他人要害部位射击会造成他人死亡的结果,或者明知他人的死亡是由自己向此人开枪射击所引起的。特定时间、地点、情境的**事实性认识**,是指对于作为构成要件要素的行为的时间、地点、情境之特别属性的明知或意识。特定行为对象的**事实性认识**,

主要是指对于作为构成要件要素的行为对象的外在特别属性的明知或意识。

对于故意认识的事实内容是否包括行为主体的特殊身份,刑法理论存在肯定论与否定论两种观点。本书主张,行为主体的特殊身份应当作为故意认识所要求的内容。事实上,在由特殊主体构成的犯罪中,往往特殊主体的特定身份是决定犯罪性质的重要标志。由特殊身份所构成的具体犯罪,行为人对自身特殊身份的认识是行为人明确自身适法行为的前提,从而影响到对于行为人规范意识的评价。行为人只有认识到自己的特殊身份,才能明确自己所承担的职责,进而才能认识到自己履行职责行为的必要性与违背职责行为的危害特征。当然,通常情况下,具有特殊身份的人对于自己的特殊身份是有所认识的。不过,事实上有所认识与法律上要求有所认识,还是不同的。从根本上说,在由特殊主体构成的具体犯罪中,是否要求行为人对自己特殊身份有所认识,反映了对不同刑法价值观的取舍。肯定者倾向于个人本位,而否定者则侧重于国家本位。一定程度上,刑法理论模式与刑法终极思想相应。

不受主观行为①影响的责任能力不是故意认识的内容。这主要是指决定责任能力的年龄因素。年龄是依附于行为人的自然时长,属于纯粹的客观事实,丝毫不受行为人主观行为所左右。只要存活一定的时长,就必然拥有一定的年龄。受主观行为影响的责任能力弱化的事实属于故意认识的内容。这主要是指决定责任能力的生理因素、精神因素(包括醉酒因素)。生理、精神状况均可因行为人的行为而发生改变,进而使自身的责任能力出现变化。假如行为人原先的责任能力没有缺陷,行为人通过主观行为改变自己的生理、精神状况,从而使自身的责任能力由完好状态陷入缺陷状态,并进而实施了危害行为。这实际上是原因自由行为问题。本书将原因自由行为分为故意原因自由行为与过失原因自由行为。故意原因自由行为的故意认识的事实内容,必须包括行人为对自身责任能力的认识。

2. 并非故意认识的事实内容

非并故意认识所含内容,是指基于牵涉罪刑的事项的特殊理论地位,故意的成立不以行为人对于这些事项的明知或者预见为必要,主要是指主观责任形式与客观定量事实。另外,大陆法系刑法理论存在作为主观认识内容之外的客观处罚条件和处罚阻却事由的理论范畴,本书并不赞成设置这一理论范畴,其具体内容或者归属犯罪构成的要素,或者归属从宽处罚的量刑情节。② 由此,有关可罚性条件的事实特征的认识与否问题,也就随之统一于对犯罪构成要素认识要求的范畴。

故意为主观责任形式之一,属于行为人所持认识与意志本身,无从论及要求行为人予以认识;同样,故意对同属于主观责任形式的过失,也不存在所谓认识问题。除故意与过失外,特定目的、特定动机、特定明知、排除特定目的等,也系主观责任之特定心态的构成成分,而无从成为故意认识的对象。

定量事实是本体构成的客观要件的选择要素,其对于某些具体犯罪的成立来说

---

① 这里的主观行为,是指在行为人的意识与意志支配下的导致行为人的责任能力发生变化的身体举动。
② 关于本书所主张的可罚性条件的归属,详见本书第四章第二节犯罪构成理论体系的相关阐释。

是必要的。例如，数额犯的数额较大，次数犯的多次行为，情节犯的情节严重等。作为客观要件要素，这些定量事实是对行为予以入罪的重要标志，具有说明行为危害之严重性的量的意义。然而，主观认识内容，就程度的具体要求而论，相对是较为粗犷的。故意认识内容所指客观事实，相对于具体的量而言，主要在于质的规定范畴。在故意事实认识内容上，一定要求行为人对于客观要件的定量事实也要有所认识，这不仅与事理逻辑不通，而且也不利于刑法的社会保护机能的体现。

3. 我国《刑法》规定的阐释

我国《刑法》第14、15条分别对于故意犯罪与过失犯罪作了明确规定，这也是基于故意犯罪与过失犯罪的类型的视角，分别对于故意与过失的含义所作的界说。该两个条文均将故意与过失的心理态度的内容指向"行为危害社会的结果"。

就主观心态的具体内容而言，行为的危害结果，是指作为故意或者过失的心态内容的本体构成的客观事实及其规范意义。具体地说，"行为的危害结果"，既包括了构成要件行为、特定构成结果、构成要件行为与特定构成结果之间的因果关系，也包含着特定行为对象，特定时间、地点、情状，行为主体的特定身份，行为主体的可变责任能力等。这些事实特征是征表"行为的危害结果"的必要条件，缺乏对于这些事实特征的责任心态，也就无从论及对于行为危害结果的责任心态。同时，行为的危害结果，这里的"危害"具有广义，包括本体构成客观要件所征表的对于物质形态、法律秩序等的各种损害。诸如，构成要件行为所征表的损害，特定构成结果所征表的损害，对于法益的侵害，一般违法性损害，刑事违法性损害。

刑法中的结果是刑法理论颇存争议的问题，至少存在以下称谓：危害结果、自然结果与法律结果、犯罪结果与行为结果、特定构成结果与法益侵害结果、有形结果与无形结果、广义结果与狭义结果、实害结果与危险结果、直接结果与间接结果。基于行为犯与结果犯的差异，根据犯罪构成理论以及责任条件理论，这里的危害结果应当是指广义的危害结果，既是事实的描述，也为规范的评价。具体而论，是指由"构成要件行为"或者"特定构成结果"作为核心征表的"法益侵害的实际损害或者现实危险"。倘若将这里的"危害结果"仅限于"特定构成结果"或者"有形的物质结果"，则不足以按照我国《刑法》的规定确切地解释行为犯的主观心态指向；倘若将这里的"危害结果"直述为"法益侵害结果"，则难以凸显客观事实要素对于法益侵害的征表意义，以及在本体构成类型性阶段判断主观心态的一般原则。

在行为犯、结果犯、实害犯、危险犯等犯罪形态中，作为主观心态所指的危害结果，各有其具体的蕴含。**(1) 行为犯**的基准犯罪构成并不存在特定构成结果的要素。作为行为犯故意心态所指向的危害结果，是指由"构成要件行为"作为核心征表的"法益侵害的实际损害或者现实危险（法益侵害结果）"。并且，行为犯没有过失犯。过失犯均为结果犯，行为犯并非结果犯。行为犯行为人对于行为及其属性持有故意，而此行为及其属性系法益侵害结果的表征。**(2) 结果犯**的基准犯罪构成存在特定构成结果的要素。作为结果犯故意心态所指向的危害结果，是指由"特定构成结果"作为核心征表的"法益侵害的实际损害或者现实危险（法益侵害结果）"。结果犯并非行为犯。不过,结果犯既可以是故意犯,也可以是过失犯。(**3**)**危险犯**的基准犯罪构成,以危险结果作为其特定构成结果。作为危险犯故意心态所指向的危害结果,是指由"危险结果"作为核心征表的"法益侵害的实际损害或者现实危险(法益侵害结果)"。危险犯不同于行为犯。(**4**)**实害犯**的基准犯罪构成,以实害结果作为其特定构成结果。作为实害犯故意心态所指向的危害结果,是指由"实害结果"作为核心征表的"法益侵害的实际损害或者现实危险(法益侵害结果)"。实害犯不等于结果犯。

上述危害结果在行为犯与结果犯等犯罪形态中的蕴含,只是强调我国《刑法》对于故意与过失成立所需的心态指向内容,其构成了这些不同犯罪形态中故意与过失成立主观心态内容的基准,不过如何判断在这些犯罪形态中,故意与过失的主观心态内容是否达到这一基准,则是又一相关的续题。由于客观事实特征是犯罪轮廓的最为基本的表征,从而其成为一般场合的客观规范要素的认识根据与存在根据;也正因为此,其又是主观规范要素的判断的基本根据。由此,就是否存在法益侵害结果认识的判断而论,在原则上违法性认识判断取决于事实认识判断,与此类似,对于法益侵害结果的知欲在原则上也取决于对于客观要件事实的知欲。易言之,规范非难的一般判断与肯定判断,依附于针对本体构成客观要件事实的明知故犯或不意误犯的成立,即一般场合具备客观事实的主观心态,也就具有可予规范责难的有责性(本体构成之类型性判断);但是不排除在具体案件中由于存在特殊事态而致规范责难的有责性被阻却,此时,规范非难的特别判断与否定判断独立于本体构成,作为责任阻却的事由可以是缺乏责任能力、缺乏违法性认识可能性、缺乏期待可能性(犯罪成立之具体性判断)。①

在**行为犯**的场合,故意心态所指的对法益侵害结果知欲的有无,根据行为人对于以构成要件行为为核心的客观事实要素的知欲的状况来判断。一般场合,行为人对于以构成要件行为为核心的客观要素的事实特征存在知欲,即可认为行为人对于相应法益侵害结果也存在知欲,除非基于具体案件所现特殊事由而致这种一般场合的肯定判断被具体否定。

在**结果犯**的场合,故意心态所指的对法益侵害结果知欲的有无,根据行为人对于以特定构成结果为核心的客观事实要素的知欲的状况来判断。一般场合,行为人对于以特定构成结果为核心的客观要素的事实特征存在知欲,即可认为行为人对于相应法益侵害结果也存在知欲,除非基于具体案件所现特殊事由而致这种一般场合的肯定判断被具体否定。

应当注意,在结果犯的过失犯中,主观心态的过失,最终取决于针对结果的心态;当然,对于结果的心态离不开对于行为以及其他事实要素的心态,不过结果心态对于该罪之过失具有决定意义。就对结果心态与对行为心态的对应关系来说,在结果犯的过失犯中,在对结果心态为过失的情形下,针对行为的心态可以是故意,也可以是过失与故意。

---

① 详见本书第四章第二节犯罪构成理论体系的有关阐释。

(四) 故意类型

故意的类型,是指从不同的角度或者采用不同的标准,对故意所进行的分解。

1. 直接故意与间接故意

直接故意与间接故意是刑法理论对于故意的较为典型的分类。**对于**直接故意与间接故意的分类标准刑法理论存在认识因素与意志因素组合说、实质的意志因素说、形式的意志因素说等不同见解,而争议的焦点问题是,间接故意是否存在明知危害结果发生的必然性并且放任这种结果发生的情形。本书主张,意志因素是直接故意与间接故意区别的标志,间接故意可以是认识到危害结果发生的必然性并且放任这种结果的发生。

对于直接故意界说,刑法理论有着较为一致的看法。**直接故意**,是指行为人认识到自己的行为导致危害结果发生的必然性或者可能性,并且希望这种结果发生的心理态度。直接故意由认识因素与意志因素两个要素构成。直接故意的认识因素包括,认识到自己行为导致危害结果发生的必然性与可能性;直接故意的意志因素仅指希望行为的危害结果的发生。

对于间接故意的界说,刑法理论存在着较大的争议。立法实际也表现出不同的具体类型,不过其差异总体上也与理论分歧相匹配。应当说,"认识到自己行为导致危害结果发生的必然性,并且放任这种结果发生"的情形是存在的;这一情形由于意志因素是放任,因而属于间接故意;这一情形也没有犯罪目的,进而不存在所谓的"没有犯罪目的的直接故意"的问题。由此,**间接故意**,是指行为人认识到自己的行为导致危害结果发生的必然性或者可能性,并且放任这种结果发生的心理态度。间接故意由认识因素与意志因素两个要素构成。间接故意的认识因素也包括,认识到自己行为导致危害结果发生的必然性与可能性;间接故意的意志因素仅指放任行为的危害结果的发生。

间接故意伴随于行为人对其他目的的追求,这种对其他目的的追求存在**三种情形**:(1) **正当目的**:行为人追求某一正当目的,放任了作为本罪要素的构成要件行为或者特定构成结果的发生。其中,行为的放任系行为犯间接故意心态的核心征表,从而成为判断行为人存在法益侵害间接故意心态的根据。(2) **危害目的**:行为人追求某一危害目的,放任了作为本罪要素的构成要件行为或特定构成结果的发生。具体情形包括:行为犯的间接故意;结果犯的间接故意;同罪中的间接故意;异罪中的间接故意。(3) **突发事件**:在突发事件中,行为人追求某一目的,放任了作为本罪要素的特定构成结果的发生。本题与上题"危害目的"的关键区别在于:A. 突发性与否:上题之"危害目的"的间接故意并不发生于突发性的场合。B. 明确性与否:突发事件的行为人通常受激情心态的支配,不计后果,对于侵害的内容与程度并无明确的主观定位。

直接故意与间接故意的区别,可以基于如下层面展开:(1) **意志因素的区别**:直接故意与间接故意区别的关键在于**意志因素**。直接故意希望行为危害结果的发生;间接故意放任行为危害结果的发生。所谓**希望**,是指行为人决定以危害结果为目标,并积极努力创造条件,追求危害结果这一目标的实现。由此,希望的故意具有危害目的的指向性、侵害态度的坚决性、侵害过程的稳定性等特征。所谓**放任**,是指行为人在追求某一目标的活动中,置行为导致危害结果的现实危险于不顾,执意实施该行为,认可行为所导致的危害结果的发生。由此,放任的故意具有其他目的的指向性、侵害态度的间接性、侵害过程的伴随性等特征。**(2) 危害程度的区别**:社会危害程度是主观危害程度与客观危害程度的有机统一。其中,对于主观危害程度具有决定意义的要素包括责任意思、主观恶性、人身危险性等;对于客观危害程度具有决定意义的要素则包括构成要件行为、特定构成结果、行为方式取舍、行为对象选择等。在认识因素以及客观表现同等的情况下,直接故意行为人希望危害结果的发生,表现出行为人较大的主观恶性,进而行为的危害程度较大。而间接故意行为人追求其他目的,放任危害结果的发生,相对而言,行为人的主观恶性不如直接故意的大,进而行为的危害程度也不及直接故意的大。**(3) 完成形态的区别**:在**结果犯**中,特定构成结果系属法益侵害结果的核心征表。特定构成结果的发生与否,在直接故意结果犯与间接故意结果犯的犯罪的成立或所成立形态中,有着不同的地位。就直接故意结果犯而言,行为人对特定构成结果的发生持希望的态度,作为基准犯罪构成要素的特定构成结果的发生与否,是直接故意结果犯之犯罪既遂与否的标志,而通常不影响其犯罪的成立。而在间接故意结果犯中,行为人对特定构成结果的发生持放任的态度,特定构成结果的发生或者不发生均为行为人所认可,因此,作为基准犯罪构成要素的特定构成结果的发生与否,是间接故意结果犯之犯罪成立与否的标志。在**行为犯**中,构成要件行为系属法益侵害结果的核心征表。同样,构成要件行为的实施与否,在直接故意行为犯与间接故意行为犯的犯罪的成立或所成立形态中,也有着不同的地位。由此,行为犯固然可以由直接故意构成,并且表现为预备犯、未遂犯、中止犯、既遂犯等犯罪形态;而行为犯也可以由间接故意构成,此时行为人对于构成要件行为,主观上持间接故意心态,客观上具体实施了这一行为。当然,行为犯的间接故意犯无所谓未完成的犯罪形态。

2. 确定故意与不确定故意

对于确定故意与不确定故意的界分,刑法理论存在认识与意志的确定程度、认识的确定程度等不同见解。本书根据故意意志因素的不同,将故意分为直接故意与间接故意;而根据故意认识因素(认识程度)的不同,将故意分为确定故意与不确定故意。**确定故意**,是指行为人对故意认识的事实内容有着具体明确的认识,而希望或者放任行为危害结果发生的心理态度。**不确定故意**,是指行为人对故意认识的事实内容具有一定的认识,但是认识不够具体明确,而希望或者放任行为危害结果发生的心理态度。

不确定故意,根据不确定认识事实内容的不同,又可以分为概括故意、择一故意、未必故意。**概括故意**,是指行为人认识到行为危害结果的发生,但是对危害结果的具体程度或者其所负载的具体对象与范围(行为对象)缺乏具体明确的认识。**择一故意**,是指行为人认识到行为危害结果的发生,并且明知数个行为对象中必有一个发生危害结果,但是到底是哪一个具体对象却不甚明确。**未必故意**,是指行为人认识到自己的行为可能发生危害结果,但是到底能否发生却不能肯定。能否将未必故意视作间接故意,是刑法理论的一个争议问题。本书在认识程度上对未必故意与间接故意予以界分。

3. 预谋故意与突发故意

根据故意形成后付诸实施时间的不同,可以将故意分为预谋故意与突发故意。**预谋故意**,是指行为人在故意形成之后,经过一段时间的思考、准备,而后着手实行犯罪的心理态度。预谋故意行为人有较为明确的犯罪目的、预谋阶段,基本都是直接故意。关于预谋故意的危害程度,刑法理论存在不同见解。事实上,通常预谋故意犯罪的危害较大,但也不尽然。**突发故意**,又称一时故意、临时故意、偶然故意、简单故意、顿起故意、单纯故意、激情故意、非预谋故意,是指行为人在故意形成之后,当场着手实行犯罪的心理态度。突发故意既可以表现为间接故意,也可以表现为直接故意。行为人在激情之下形成直接故意的并不少见。

4. 事前故意与事后故意

应否予以事前故意与事后故意的划分,对此刑法理论不乏否定见解。本书肯定事前故意与事后故意的界分,并将之界分的标志定位于故意形成与危害结果发生的时间关系的差异。**事前故意**,又称延续故意,是指行为人在实行犯罪行为之前已形成明确的故意,在这一故意的支配下实施一定的犯罪行为,导致一定的危害结果,行为人误认为已经完成特定的故意犯罪,又以其他目的实施他种行为,由此最初故意所指向的危害结果才得以发生的情形。**事后故意**,是指行为人在实施行为前并未形成故意,而是在实施足以发生一定危害结果的行为之后,才产生故意,利用行为已形成的侵害事实,任凭事态自然推移或者不防止危害结果发生的情形。

5. 实害故意与危险故意

根据故意所指向的危害结果类型的不同,故意分为实害故意与危险故意。**实害故意**,又称实害犯的故意,是指行为人明知自己的行为必然或可能导致特定损害的实际发生(实害结果),并且希望或者放任这种结果发生的心理状态。**危险故意**,是指行为人明知自己的行为必然或可能导致特定损害的现实危险(危险结果),并且希望或者放任这种结果发生的心理状态。

6. Weber 的故意

Weber 的故意,是指 Weber 在 19 世纪,对于杀人未遂与过失致人于死之间无法明确分辨其犯意时,倡导应以自初之"故意"概括认定之的意见。具体而论,是指行为人意图实施构成要件行为造成某种特定构成结果,实际上预想的特定构成结果尚未发生,行为人误认为该结果已经发生,又实施了其他行为,由此发生了行为人最初预想的特定构成结果,对于这一事件,将实现特定构成结果的全过程进行概括的把握,从而认定行为人对于最终实现的特定构成结果具有故意。Weber 的故意,实际上是对因果关系过程错误的问题,以概括故意的见解予以解决。

二、过失的事实与规范

过失犯罪的认识与意志的组合较为复杂,其理论与实际问题更为值得研究与探讨。并且,随着现代科技的日益发达,风险场景愈加增多,人们的注意责任也相应增强,过失犯罪越发引人瞩目并会愈加走向规范刑法的中心。

（一）过失的界说

与故意表现形式不同的过失的特征有待探究,责任的表现不如故意明显的过失的可罚性有待追问,过失在刑法理论中所处的地位有待考察。由此,过失的本质特征、过失的责任根据（过失的责任依据、过失的可罚根据）、过失的理论地位①,成为刑法理论对过失问题分析的焦点,并形成了有关过失理论的不同学说。对于过失在犯罪构成体系中的地位,刑法理论存在不同见解。在三级阶层犯罪构成理论体系的框架下,关于过失的地位,大致存在责任要素说以及构成要件要素、违法要素、责任要素说的理论分歧。本书基于双层多阶的犯罪构成体系,主张过失系属本体构成的主观要素之一。

关于过失的认定标准,刑法理论存在无认识说、不注意说与避免结果说的不同见解。对此,刑法立法也存在不同的立法模式,具体包括缺乏认识、违背注意义务、违背注意义务并反对态度或缺乏认识、违背避免义务并不希望态度、违背注意义务而缺乏认识或存在认识而违背避免义务、轻率与疏忽等。相比较而言,无认识说、不注意说,分别表现出一定的片面性;而**避免结果说**,综合过失界定中的认识因素与意志因素,并且强调过失的意志因素的本质特征,可谓扬长避短。

我国《刑法》对于过失的界定,在形式的层面采纳了避免结果说,并且在实质的层面注入了价值评价的内容。据此,所谓**过失**,是指对于自己的行为可能发生危害社会的结果,应当预见却因为疏忽大意而没有预见,或者已经预见而轻信能够避免的主观心理态度。包括疏忽大意过失与过于自信过失两种类型。对于过失的理解,就纵深而言,存在形式层面的心理事实（过失结构）与实质层面的规范评价（过失内容）。

过失存在不意误犯和事与愿违的心理事实,而这一心理事实有其具体承载的事实与价值内容,这一承载内容表现为行为人基于本体构成事实认识可能性,从而存在违法性认识可能性,而立于评价的视角②,行为人的这种违反注意义务的心态应受规范非难。过失系属这一心理事实与规范评价的整合。而作为理论分析基于清晰表述,需以一定线索与框架逐层逐条分别阐释。心理事实凸显过失的心理特征,认识程度与意志状况是其核心的分析轴;规范评价凸显过失的内容特征,心态的本体构成事实与意思活动的违反注意义务是其核心的分析轴。

---

① 过失的本质特征、过失的责任根据、过失的理论地位、过失的理论学说,在一定程度上具有同等的理论意义。一种学说其学术思想的覆盖是全方位的。

② 行为人在能够选择适法行为的场合,对于自己行为的危害结果具有认识可能性,然而行为人却疏于注意或者疏于避免,从而违反了认识结果或者避免结果的注意义务规范要求,对于这种违反规范的意思活动应予责难。因此,行为人违反注意义务的意思活动,是过失的规范评价的内容所指。

在本书双层多阶犯罪构成体系中,本体构成是具体犯罪的轮廓,作为本体构成的主观要件要素的过失,既有心理事实的特殊结构也有规范评价的特定内容。(1) 过失的心理事实特征,呈现不意误犯与事与愿违,由此,过失心理事实展开的基本理论路径:认识特征—不意误犯—基于疏忽大意而对于危害结果的缺乏认识,或者对于危害结果的认识不足;意志特征—事与愿违—过于自信避免结果且危害结果的发生有违主观意愿,或者对于危害结果的发生缺乏意志。(2) 过失的规范评价内容,涉及构成事实的心态(A)与违反注意义务的心态(B)。与故意不同,过失主观责任的表露不够明显,从而需要充分揭示其心理内容的本质。由此,心态的违反注意义务—疏于认识与疏于避免—违反认识危害结果的注意义务与违反避免危害结果的注意义务,成为过失规范评价内容展开的核心。

(二) 过失的认识与意志:心理事实特征

过失的心理事实特征表现在认识程度与意志状况两个方面,重在描述过失的主观形态标志。

1. 过失的认识特征

过失的认识特征,具体包括两种情况:对于危害结果的不意误犯之疏忽大意而缺乏认识;或者对于危害结果的认识不足。

疏忽大意而缺乏认识·疏忽大意过失:疏忽大意而缺乏认识是疏忽大意过失认识事实的一个重要特征。**(1) 缺乏认识**:是指行为人对于危害结果的发生并无预见,具体表现为两种情形:A. 行为人对于自己行动的内容较为模糊,从而对于危害结果发生与否没有考虑。这里,行为人处于**潜意识**①状态,是一种"忘却",对于自己在做什么不甚明确。B. 行为人对于自己行动的内容较为清楚,但是对于危害结果的发生却没有考虑。这里,行为人对于自己在做什么较为明确,但是并没有想到行为会发生危害结果。**(2) 疏忽大意**:本来,按照社会秩序、法律规范的要求,行为人对于工作、生活中的重大事件理应予以充分、必要的注意从而认识到危害结果的发生,然而行为人对于危害结果的发生却疏忽大意而没有认识,这种疏忽大意没有认识的心理事实正是疏忽大意过失在认识因素上的又一重要特征。**(3) 疏忽大意并非意志因素**:有的论著将应当预见之"应当"视作一种意志努力。本书认为,不应将疏于认识视作意志因素。疏忽大意没有认识的心理事实,是对疏忽大意过失认识因素的说明,属于这一过失的认识特征。疏忽指向认识而非意志。尤其是,过失的意志是指对于危害结果发生的态度,意志指向的是"危害结果的发生",而不是"危害结果发生的认识"。"对于危害结果发生的意志"不同于"对于危害结果发生的认识的意志"。

认识不足·过于自信过失:存在认识但认识不足是过于自信过失认识事实的一个重要特征。**(1) 过于自信过失的模糊认识(过失与故意的差异)**:认识不足的特征以模糊认识为标志,模糊认识意味着可能性认识与不清晰认识。A. 仅限可能性认

---

① 潜意识,又称下意识,是指处于注意边缘的信息或刺激状态,仅能模糊觉知到的那些事件。在任何情况下,它都不能当作无意识。参见〔美〕阿瑟·S.雷伯著:《心理学词典》,李伯黍等译,上海译文出版社1996年版,第840页。

识:模糊认识仅限可能性认识,而不能是必然性认识。所谓可能性认识,是指行为人对于是否发生社会结果的判断,基于认识当时的主观因素与客观因素,在肯定与否定之间徘徊。也就是说,行为人既认识到危害结果可能发生,也认识到危害结果可能不发生。B. 不够清晰的可能性认识。故意的可能性认识与过失的可能性认识,存在重要区别。在故意的可能性认识中,作为否定危害结果发生的一系列外部条件,在行为人的心理上并没有占据充分的地位;这种可能性认识,对于事态发展趋势的预见是相对清晰的,对于危害结果发生可能性的预见是较为明确的。而在过失的可能性认识中,作为否定危害结果发生的一系列外部条件,在行为人的心理上占据着较为充分的地位;这种可能性认识,对于事态发展趋势的预见是相对模糊的,对于危害结果发生可能性的预见是不够明确的。(2)**过失之可能性认识与具备认识**:关于过失的可能性认识是否属于具备认识,刑法理论存在肯定说与否定说不同观点。应当说,在可能性认识中,存在着对于结果发生的肯定与否定的预见,而过于自信过失的可能性认识其否定预见更占主导地位,但是这并不否定这种肯定与否定交织的预见仍是一种可能性认识,而可能性认识不失为具备认识的一种形态。具体地说,更大程度地预见到危害结果发生的否定性可能,不能取代这种可能性认识成分中的肯定性可能的一面。正是这种否定性可能与肯定性可能的整合才构成了可能性认识。倘若完全取消肯定性可能的一面,则这种认识将成为认为危害结果肯定不会发生的认识,这就不是可能性认识问题了。

2. 过失的意志特征

过失的意志特征,具体包括两种情况:对于危害结果的发生缺乏意志;或者过于自信避免结果且危害结果的发生有违主观意愿。

缺乏意志·疏忽大意过失:疏忽大意过失的认识特征是缺乏认识,与此相对应,这一过失的意志特征是缺乏意志。所谓**缺乏意志**,是指对于危害结果的发生既不存在希望的态度也不存在放任的态度。为了说明疏忽大意过失这一无认识过失的意志因素,有的论著指出,过于自信过失的不希望意志是通过避免危害结果发生的积极行动表现的,而疏忽大意过失的不希望意志则是通过意志对危害社会结果的失控的消极形式表现的,二者在实质意义上都是不希望危害结果发生,只是表现形式有异。①然而,"失控的消极形式"意味着无法控制事态的发展,而只有在对事态发展有一定认识的前提下,才可论及控制事态发展。另外,作为责任的意志态度是指危害结果发生之前的行为时对于危害结果发生的意志态度,而不是危害结果发生以后对于危害结果发生的意志态度。事后的态度不是主观责任的心态。

过于自信且事与愿违·过于自信过失:对于危害结果发生的过于自信避免且事与愿违态度,是过于自信过失在意志事实上的两个特征。(1)**事与愿违及反对态度**:是指对于危害结果的发生既不希望也不放任而是彻底否定的态度。应当注意,反对态度与不希望态度不能等同。不希望意味着不追求,所谓不追求,既可以是反对,也

---

① 参见姜伟著:《犯罪故意与犯罪过失》,群众出版社 1992 年版,第 282 页。

可以是认可,即容认但不反对,而认可恰恰是间接故意的意志态度。与此不同,反对结果的发生,不可能存在放任结果发生的情形。**(2) 过于自信避免意志**:是指行为人对于危害结果的发生持轻信能够避免的态度。在过于自信过失中,行为人对于危害结果的发生有所认识,在具备认识的前提下行为人反对危害结果的发生,理应是积极采取措施避免危害结果的发生,然而行为人对于危害结果的发生却轻信能够避免,从而表现出过于自信过失的又一意志态度。

(三) 过失的注意义务:规范评价核心

过失主观责任的表露不够明显,因此需要充分揭示其心理内容的本质,这就凸显了过失中规范因素的地位。过失规范因素的核心是**注意义务**,过失的本质在于违反注意义务。

1. 注意义务的基本内容

注意义务,是指过失成立所必需的,法律规范或者社会规范所要求的,行为人在危险行为中,对于行为的危害结果应当预见或者应当避免的责任。注意义务具有如下特征:为过失成立所必需;为法律规范或者社会规范所要求;依存于危险行为;包括认识结果义务与避免结果义务。其中,过失成立必需的特征,揭示注意义务之阐释过失本质的地位,对此上文已述;规范要求的特征,实属注意义务的来源问题,对此下文专题详述。在此,主要讨论上述注意义务特征的后两项。

注意义务依存于危险行为:**危险行为**,是指假如行为人不予充分慎重与紧张则可能给法益造成某种侵害的有关活动。某些活动本身对于社会的生产、生活等来说是必要的或者是可以接受的,但是这些活动会置法益于危险状态,具有一定的社会危险性,行为人稍有不慎就会导致危害社会的结果。由此,在规范上设置必要的注意义务,要求行为人在这些活动中对于危害结果予以充分的关注,以避免危害结果的发生,就成为合理的选择。文明与发达的社会,对于社会危险性活动,无须消极地禁止,而应当积极地控制。这种控制的具体方式就是通过规范的设置,引领行为人关注危险活动的事态发展,增强责任意识,进而促成全社会关爱他人、关爱社会的良好风尚的形成。这也是现代社会应有的基本特征。

注意义务的认识结果义务:故意认识之事实内容的指向以行为的危害结果为核心,其中包括对于行为的心态。与此不同,过失的注意义务指向危害结果的知与欲,这可谓注意义务的事实内容问题。而就注意义务的内容构成而言,注意义务包括认识结果义务与避免结果义务。认识结果义务强调的是对于危害结果的预见责任,这就涉及认识危害结果的具体所指。对此,刑法理论存在认识具体结果说与认识抽象结果说的两种观点。应当说,认识具体结果说较为合理。过失犯罪以危害结果的发生为要件,与此相应,作为过失犯罪成立**主观基础**的应当是行为人对于构成要件危害结果实际发生的过失心态。同时,过失也系行为人对于危害结果因缺乏注意而没有认识。这里,注意义务规范所设置的认识要求,**针对**的是构成要件的危害结果。反之,假如认识结果的注意义务只是要求行为人感触到行为的抽象危险性,由于危险行为的抽象危险性是较为彰显的,在一定程度上行为人对此均有所感悟,这就会扩大过失成立的范围。

注意义务的避免结果义务:在行为人对于危害结果有所认识的情况下,需要进一步探讨的是,行为人避免危害结果发生的责任问题,这又涉及这种避免危害结果的具体所指。对此,刑法理论存在主观态度说、客观行为说、主观态度并客观行为说的三种观点。本书主张,避免结果义务,是对于行为人在危险状态下保持谨慎、紧张,以形成回避、防止危害结果发生的动意的要求。避免结果义务系属注意义务的一个重要侧面,而注意义务又为过失成立之规范评价的核心要素,规范评价位居过失之实质构成要素的理论地位。避免结果义务依存于过失这一主观要件的理论框架,其所承载的是某种主观心理态度是否具有规范上的可予责难。**另外**,应当注意的是,违反避免结果义务并非不作为。作为或不作为违反的规范要求指向避免结果发生所需的行为,而疏于避免心态违反的注意义务指向避免结果发生所需的动意。行为人基于避免结果的主观动意而实施的相关行为,是特定心态支配之下的客观外在活动,属于客观事实特征的范畴;而疏于避免心态的违反避免结果义务,展现的是缺乏规范要求所需的动意,从而属于一种特定的主观心态活动。

认识结果义务与避免结果义务的关系:在注意义务的内容上,尽管认识结果并避免结果义务说居于现代刑法理论的通说地位,但是具体到认识结果义务与避免结果义务的关系,却存在着不同的主张。归纳起来,存在认识结果义务本位说与避免结果义务本位说的理论分歧。应当说,就注意义务的内容结构而论,认识结果义务是基础而避免结果义务是关键。实际上,认识结果义务与避免结果义务,是注意义务分别在认识方面与意志方面的规范要求。认识结果义务表述成立过失在认识方面的规范要求;避免结果义务表述成立过失在意志方面的规范要求。对于这两者要求之间关系的分析,不能脱离认识与意志的客观关系。没有认识结果义务也就无所谓避免结果义务;而认识结果义务又必须提升到避免结果义务。认识结果义务与避免结果义务,对于注意义务来说,两者不可偏废。而就不同的过失类型来讲,认识结果义务侧重为疏忽大意过失的成立提供规范标准;避免结果义务主要为过于自信过失的成立提供规范标准。

2. 注意义务的规范标准

注意义务的规范标准,又称**注意义务的主要渊源**,是指注意义务的规范表现形式,也就是确定行为人应当注意与不应当注意的规范依据。对此,刑法理论存在不同的观点。根据注意义务适用对象的不同,将注意义务分为普通注意义务与特殊注意义务;根据注意义务形成基础的不同,将注意义务的规范来源作二分法、三分法、四分法等的划分。应当说,注意义务的渊源,主要是就注意义务的表现形式而言的,需要从规范来源上揭示注意义务的构成,而普通注意义务与特殊注意义务的划分则并不指向这一意义。相对来说,二分法、三分法、四分法对于注意义务表现形式的阐述,尽管在分类形式上有所不同,但在实质内容上基本一致,即将注意义务的主要渊源分为三项。由此,三分法还是较为恰当的。

注意义务的规范来源具体包括:**(1) 法律规定的注意义务**:是指国家机关按照一

定的程序制定和公布的,具有明确的表现形式和普遍的适用性的注意义务规范,包括法律、行政法规、部门规章、地方性法规等形式中有关注意义务的明确规定。**(2) 习惯要求的注意义务**:是指虽然不具有明确的法定形式,但是人们在长期的社会实践中形成的共同生活准则所要求的注意义务,包括常理、伦理、道德等所要求的注意义务。**(3) 先行行为产生的注意义务**:是指行为人由于自己的行为使法益处于危险状况,由此而产生的对于危害结果所具有的认识义务与避免义务。

3. 注意义务的履行能力

注意义务的履行能力,又称注意能力、注意可能性,主要探究注意义务履行能力的判断标准,也就是确定行为人能够注意与不能够注意的判断标准。对于注意能力的理解,刑法理论存在认识能力说、认识能力与避免能力说、个体能力说的不同见解。其中,认识能力说以及认识能力与避免能力说,是从注意义务内容的角度对注意义务履行能力的注解,而个体能力说则是从注意义务主体的角度对注意义务履行能力的说明。固然,注意能力的界说应当包括注意能力的内容结构与注意能力的主体标准。其中,注意能力的内容结构与注意义务的内容结构密切相关,而注意义务的内容结构包括对于危害结果的认识义务与避免义务,对此上文已述。不过,注意能力所要研究的核心问题,是确定个体注意能力的判断标准,即注意能力的主体标准。

关于注意能力的主体标准,刑法理论有客观说、主观说、折衷说的不同见解。本书主张,在判断行为人注意能力的标准上,理应采纳**主观说**。行为人的注意能力是行为人承担过失责任的前提,在一定的条件下行为人应当注意(存在义务设置的客观要求)并且能够注意(存在履行义务的主观能力),然而行为人却没有注意以致造成了危害结果,行为人应当承担过失责任。这里,"能够注意"显然应当是针对行为人的,其判断也应当以行为人注意能力的实际情况为标准,只有这样才能将没有注意的过失责任归结于他。主观说正是以行为人的实际注意能力为依据,由此确定行为人的过失责任,从而表现出其是一种相对较为合理的标准。至于在依主观说具体判断行为人的注意能力时,应当综合考虑当时的客观实际情况,这是不言自明的。

4. 注意义务的规范标准与注意义务的履行能力

注意义务的规范标准,是指注意义务的规范表现形式,回答的是行为人需要履行怎样的注意义务;注意义务的履行能力,是指注意义务的履行可能性,回答的是行为人能否履行规范要求的注意义务。假如从应当注意与不应当注意的角度来说,注意义务的规范标准是确定行为人应当注意与不应当注意的社会规范依据,而注意义务的履行能力是确定行为人应当注意与不应当注意的个体能力依据。注意义务的规范标准与履行能力有机结合,构成了应当注意与不应当注意的具体判断,两者不可偏废。我国《刑法》第15条明确规定了"应当预见",而该条的"轻信能够避免"则隐含着"应当避免"的意义。这里的"应当",就是指既具有履行注意义务的规范要求,也具有履行注意义务的个体能力。同时,也应注意,在司法实际中,规范标准与履行能力,这两者是同时并行的判断。

(四) 过失的类型

过失的类型,是指从不同的角度或者采用不同的标准,对故意所进行的分解。

1. 疏忽大意过失与过于自信过失

按照行为人对于危害结果的发生是否预见为标准,可以将过失分为疏忽大意过失与过于自信过失。疏忽大意过失与过于自信过失是刑法理论对于过失的较为典型的分类。

疏忽大意过失,又称无认识过失、疏忽过失、懈怠过失,是指行为人对于自己的行为可能发生危害结果,应当预见,但是由于疏忽大意而没有预见,从而违反注意义务导致危害结果发生的主观心理态度。我国《刑法》第15条对过失犯罪作了具体规定,根据这一规定,我国《刑法》上的疏忽大意过失,是指行为人应当预见自己的行为可能发生危害社会的结果,因为疏忽大意而没有预见,以致发生这种结果的主观心理态度。

在疏忽大意过失中,认识因素与意志因素的**特征**表现为:**(1) 认识因素**:包括事实认识特征与规范认识特征。其中,事实认识特征,表现为对于行为的危害结果缺乏认识与疏于认识。对于缺乏认识的具体情形,刑法理论分别"行为"、"行为结果"、"行为危害结果"的预见,而有不同见解。对此,依循事实逻辑,通常没有认识行为内容也就难以预见行为结果,然而虽有行为内容认识未必就有行为结果预见。进而,本书将缺乏认识的具体表现列为两种情形:行为人对于自己行动的内容较为模糊,从而对于危害结果发生与否没有考虑;行为人对于自己行动的内容较为清楚,但是对于危害结果的发生却没有考虑。与事实认识特征相对,疏忽大意过失的规范认识特征,表现为对于行为的危害结果应当预见。所谓应当预见,是指行为人不仅有认识义务(具有认识义务的规范要求),而且也能够认识(具有认识义务的履行能力)。**(2) 意志因素**:疏忽大意过失的意志事实,表现为对于行为的危害结果缺乏意志。过失的心理态度针对的是行为的危害结果。按照心理学的规律,行为人对于行为的危害结果缺乏认识,也就无从论及对于这一危害结果的意志态度。

过于自信过失,又称有认识过失、轻率过失、疏虞过失,是指行为人对于自己的行为可能发生危害结果,已经预见,但是由于过于自信而轻信能够避免,从而违反注意义务导致危害结果发生的主观心理态度。我国《刑法》第15条对过失犯罪作了具体规定,根据这一规定,我国《刑法》上的过于自信过失,是指行为人已经预见自己的行为可能发生危害社会的结果,但是轻信能够避免,以致发生这种结果的主观心理态度。

在过于自信过失中,认识因素与意志因素的**特征**表现为:**(1) 认识因素**:过于自信过失的事实认识特征,表现为对于行为的危害结果具备可能性认识。所谓具备可能性认识,是指行为人预见到自己的行为可能发生危害社会的结果。具体包括两层含义:从认识与否来说,是具备认识,即对行为的危害结果有所认识;就认识程度而言,是可能性认识,即认识到危害结果发生的可能性。**(2) 意志因素**:包括事实意志特征与规范意志特征。其中,事实意志特征,表现为对于行为的危害结果持反对态度并疏于避免。反对态度,是指行为人对于危害结果的发生既不希望也不放任而是彻底否定。疏于避免,是指行为人对于危害结果的发生持轻信能够避免的态度。与事实意志特征相对,过于自信过失的规范意志特征,表现为对于行为的危害结果应当避免。所谓应当避免,是指行为人不仅有避免义务(具有避免义务的规范要求),而且也能够避免(具有避免义务的履行能力)。这里的避免义务,是对于行为人在危险状态下保持谨慎、紧张,以形成回避、防止危害结果发生动意的要求。

疏忽大意过失与过于自信过失的**区别**,可以基于如下层面展开:(**1**) **认识因素**:疏忽大意过失强调的是,对于行为的危害结果应当认识(规范认识特征),但缺乏认识、疏于认识(事实认识特征);而过于自信过失强调的是,对于行为的危害结果具备认识并且是具备可能性认识(事实认识特征)。由此,疏忽大意过失,行为人并没有履行注意义务中的认识义务。(**2**) **意志因素**:疏忽大意过失强调的是,对于行为的危害结果缺乏意志;而过于自信过失强调的是,尽管对于行为的危害结果持反对态度(事实意志特征),但应当避免(规范意志特征)却疏于避免(事实意志特征)。由此,过于自信过失,行为人并没有履行注意义务中的避免义务。

间接故意与过于自信过失,对于行为的危害结果的发生均有所预见,并且持不希望态度,两者容易混淆,故意成立的希望说即将间接故意归入过失。不过,间接故意与过于自信过失之间存在着一定的区别:(**1**) **认识因素**:间接故意的认识因素包括两种情况,即对于行为导致危害结果发生的必然性认识或者可能性认识。而过于自信过失的认识事实,仅指对于行为导致危害结果发生的可能性认识。即使在同是可能性认识的情况下,间接故意与过于自信过失所指认识可能性的**认识程度**也有所不同。间接故意强调行为人"明知"自己的行为可能导致危害结果的发生,在此,行为人对于行为导致危害结果的发生具有较为清楚的、现实的认识。过于自信过失行为人尽管预见到行为导致危害结果发生的可能性,但是这种预见是较为模糊的、不现实的认识。(**2**) **意志因素**:间接故意的意志因素,强调对于行为危害结果的发生持**放任态度**,易言之,行为人为了追求其他目的而实施行为,认可行为的危害结果的发生。在这种情况下,行为人对于可能防止危害结果发生的事实和条件不予关注,危害结果的发生是行为人预料中的事。而过于自信过失的意志因素强调,尽管对于行为的危害结果持**反对态度**(事实意志特征),但是应当避免(规范意志特征)却疏于避免(事实意志特征)。在这种情况下,行为人对于可能防止危害结果发生的事实和条件,诸如拥有熟练的技术、丰富的经验、良好的环境、精良的仪器等等,予以充分的关注,从而过于轻率、自信地认为危害结果不会发生。由此,危害结果的发生出乎行为人的意料之外。

2. 普通过失与业务过失

按照行为人违反注意义务规范标准的不同类型,可以将过失分为普通过失与业务过失。**普通过失**,又称一般过失,是指行为人以一般身份,在日常社会生活中违反一般社会公众的注意义务,导致危害结果发生的过失。普通过失有四个特征:行为人基于一般身份;发生在日常社会生活中;注意义务针对一般社会公众;导致危害结果的发生。**业务过失**,又称加重过失①,是指行为人以特殊身份,在业务活动过程中违反特定行业人员的注意义务,导致危害结果发生的过失。业务过失也有四个特征:行为人基于特殊身份;发生在业务活动过程中;注意义务针对特定行业人员;导致危害结果的发生。

3. 积极过失与消极过失

按照行为人过失行为方式的不同,可以将过失分为积极过失与消极过失。这一划分的依据不是过失的具体心态,而是过失的行为方式。然而,其不失为从客观行为的角度对过失的一种分析。**积极过失**,是指行为人以积极行为(身体动作)在过失心态的支配下,导致危害结果的发生。**消极过失**,是指行为人以消极行为(身体静止)在过失心态的支配下,导致危害结果的发生。

4. 事实过失与法律过失

按照过失心态所针对内容的不同,可以将过失分为法律过失与事实过失。这一划分的前提,是犯罪故意的认识内容是否包括违法性认识。假如认为犯罪故意的成立必须有违法性认识,则没有违法性认识就不能成立故意,从而存在一个法律过失问题。**事实过失**,又称构成要件过失,是指行为人对于行为可能符合构成要件事实,应当预见由于疏忽大意而没有预见,或者已经预见但轻信能够避免,以致发生危害结果的心理态度。**法律过失**,又称违法性过失,是指行为人对于行为可能具有违法性,应当预见由于疏忽大意而没有预见,以致发生危害结果的心理态度。

三、故意犯与过失犯的结构形态

行为与结果是犯罪构成之客观事实的核心要素,系具体犯罪之属性的典型征表,从而也是主观心态内容的主导指向。在故意犯与过失犯中,行为与结果及其主观心态的构成形态不同,相应法定刑的轻重也有所不同。

(一) 行为与结果的心态与法定刑

着眼于罪状与法定刑的对应关系,行为与结果及其相应心态的不同结构形态,表述了罪状的轻重,其与法定刑轻重呈现一定的对应关系。具体地说:故意行为,法定刑一级;过失行为+过失结果,法定刑二级;故意行为+过失结果,法定刑三级;故意行为+故意结果,法定刑四级。

这里的法定刑级数仅是应然的分析,并以同一性质的行为为前提。上述四个方面的列举,也可成为具体犯罪的结构形态分析的基本元素。就刑法分则的犯罪形态而言,这些元素既可以呈现在基准犯罪构成的结构中,也可以出现在加重犯罪构成的结构中;由于基准犯罪构成是某一具体犯罪的基本的、标志性的、典型的、基准性的样态,从而所谓的行为犯与结果犯、故意犯与过失犯等,均是以基准犯罪构成为基本平台所予以界说;进而,需要考究的是,这些元素在行为犯、结果犯、故意犯、过失犯等(A)中的具体呈现,以及这些元素在 A 之加重犯中的具体呈现及其对相应的法定刑

---

① 通常业务过失重于普通过失。

变化的影响。

(二) 故意犯之行为与结果的形态

故意犯,是指刑法分则法定具体犯罪之基准犯罪构成的主观责任形式是故意的犯罪形态。故意犯可以表现为行为犯与结果犯、基准犯与加重犯。这些犯罪形态之行为与结果的构成元素呈现如下情形:

行为犯:行为犯又可表现为基准犯与加重犯,鉴于行为犯与故意犯的基准犯平台,行为犯均为故意犯。**(1) 行为犯之基准犯**:并无特定构成结果的要素,对于实行行为的心态为故意,其构成元素[1]呈现"故意行为"。例如,我国《刑法》第 238 条(非法拘禁罪)第 1 款的规定。**(2) 行为犯之加重犯**:存在加重罪状结果的要素,而对于这一加重罪状结果的心态可为故意或过失,对于实行行为的心态为故意,从而其构成元素呈现:"故意行为 + 故意结果";"故意行为 + 过失结果"。前者例如,我国《刑法》第 121 条(劫持航空器罪)后段的"致人重伤、死亡"可为故意。后者例如,我国《刑法》第 257 条第 2 款(暴力干涉婚姻自由罪)的"致被害人死亡"仅系过失。

结果犯:结果犯也可表现为基准犯与加重犯,结果犯可为故意犯与过失犯,本题仅述故意结果犯,过失结果犯述以下文。**(1) 故意结果犯·基准犯**:存在特定构成结果的要素,对于结果的心态仅限故意,对于实行行为的心态为故意,其构成元素呈现:"故意行为 + 故意结果"。例如,我国《刑法》第 232 条前段(故意杀人罪)的"故意杀人"之造成他人死亡仅限故意。**(2) 故意结果犯·加重犯**:存在加重罪状结果的要素,对于这一加重罪状结果的心态可为故意或过失,对于实行行为的心态为故意,从而其构成元素呈现:"故意行为 + 故意加重结果";"故意行为 + 过失加重结果"[2]。前者例如,我国《刑法》第 115 条(放火罪[3])的"致人重伤、死亡"应为故意。后者例如,我国《刑法》第 234 条第 2 款(故意伤害罪)的"致人重伤"与"致人死亡"可为过失。

(三) 过失犯之行为与结果的形态

过失犯,是指刑法分则法定具体犯罪之基准犯罪构成的主观责任形式是过失的犯罪形态。过失犯仅限结果犯,而存在基准犯与加重犯。这些犯罪形态之行为与结果的构成元素呈现如下情形:

过失结果犯·基准犯:存在特定构成结果的要素,对于结果的心态仅限过失,而对于实行行为的心态[4]可为故意或过失,由此其构成元素呈现:(1)"过失行为 + 过失结果"。鉴于行为与结果的双重过失,对于这一过失犯本书谓为**纯粹过失犯**。纯粹过失犯实行行为的外在样态通常是中性行为,实行行为的属性与实害结果的发生直接贯通。例如,我国《刑法》第 115 条第 2 款(失火罪)的"致人重伤……"为过失,而

---

[1] 如无特别说明,本题"构成元素"是指某一具体犯罪的行为与结果及其主观心态的构成元素。
[2] 这看似不可理解,但不排除在结果性质质变的场合可以存在。
[3] 放火罪系危险犯,危险犯可谓结果犯之一。
[4] 应当注意,对于实行行为的心态与对于作为实行行为表象行为的心态,这两者是不同的。前者指向实行行为的属性,后者指向属性行为的外在表象。例如,在火灾危险场所"点火吸烟的行为"与这一行为系"引起火灾的行为",前者是后者的表象,后者则为内在属性,刑法评价的是后者的实行行为。详见本书第二十章的相应阐释。

"引起燃烧行为"也为过失。(2)"故意行为+过失结果"。鉴于只是结果的过失而行为的故意,对于这一过失犯本书谓以非纯粹过失犯。非纯粹过失犯实行行为的外在样态通常是违法行为,实行行为的属性相对独立于实害结果的发生。例如,我国《刑法》第133条前段(交通肇事罪)的"致人重伤……"为过失,而"交通违法行为"则为故意。

过失结果犯·加重犯通例:存在加重罪状结果的要素,对于这一加重罪状结果的心态通常仅限过失,对于实行行为的心态为过失或故意,从而其构成元素呈现:(1)"过失行为+过失加重结果"。这也可谓是纯粹过失犯之加重犯。例如,我国《刑法》第123条后段(暴力危及飞行安全罪①)的"造成严重后果"为过失,而"危及飞行安全行为"②也为过失。(2)"故意行为+过失加重结果"。这也可谓是非纯粹过失犯之加重犯。例如,我国《刑法》第138条后段(教育设施重大安全事故罪)的"致人重伤……"为过失,而"不予措施消除或者不及时报告危险的行为"则为故意。这两种设置系属通例。

过失结果犯·加重犯特例:对于加重罪状结果的心态能否故意,值得推敲。"过失行为+故意加重结果",鉴于过失犯的理论逻辑而难以成立;而"故意行为+故意加重结果"的设置,虽有疑问却有个别存在。通常,"故意行为+故意加重结果"应当置于故意犯中,易言之,若加重结果系单纯由基准犯的故意行为所引起的话,这应是一个故意加重犯的范畴而非过失加重犯所能包容。但是,我国《刑法》个别条文却将一个"相关他在故意行为+故意加重结果"的罪状,纳入一个相关的过失犯中,并为此设置了特别的法定刑。例如,第133条后段(交通肇事罪)的"致人死亡"可为间接故意③。严格来讲,"致人死亡"的结果由先前的肇事行为与其后的逃逸行为共同造成,从而第133条后段系行为(逃逸行为)并结果(致人死亡)加重犯。而《刑法》将这一"故意逃逸行为+间接故意致死"置于交通肇事罪这一过失犯的框架中,而成为这一过失犯的加重犯,交通肇事罪的"交通违法行为"则为故意。当然,这种立法是否合理,理论上仍值进一步探讨。

(四)犯罪形态构成元素的罪刑比较

基于行为与结果不同心态的结构及其所表述的罪状轻重差异,可以辨析出刑法立法中不同犯罪形态间的差异与关联,进而考究我国《刑法》中一些立法例的合理与不足。

纯粹过失犯与非纯粹过失犯:仅是在基准犯的平台上展开的,前者的结构模式是"过失行为+过失结果",后者的结构模式是"故意行为+过失结果"。作为过失犯结果心态固然是过失,而实行行为的心态则有过失与故意之分,严格来讲故意行为的法定刑应当相对更重。在这一点上,我国《刑法》的一些规定存在进一步完善的余地。例如,失火罪、过失决水罪、过失爆炸罪、过失损坏交通工具罪、过失损坏交通设施罪、过失致人死亡罪等系纯粹过失犯,其相应的法定刑均为"3年以上7年以下有期徒刑";而重大飞行事故罪、交通肇事罪、重大责任事故罪、重大劳动安全事故罪、危险品

---

① 暴力危及飞行安全罪系过失危险犯。
② 虽然对于暴力行为的实施是故意的,但对于"危及飞行安全行为"的实施则为过失。
③ 该条款"致人死亡"的主观心态应为过失或间接故意。详见本书第二十章的相应阐释。

肇事罪等系非纯粹过失犯,其相应的法定刑却为"3年以下有期徒刑或拘役"。在此,罪刑缺乏合理与协调。

非纯粹过失犯加重犯与故意犯结果加重犯:非纯粹过失犯加重犯的结构模式呈现"故意行为+过失加重结果"(A);而故意犯结果加重犯的结构模式包括"故意行为+故意加重结果"(B)与"故意行为+过失加重结果"(C)。其中,A与C似乎是一致的,其实不然。易言之,C之故意犯中的存在与A之过失犯中的存在,两者各有不同意义与存在必要。以我国《刑法》第131条后段(重大飞行事故罪)的"造成……死亡"与第234条第2款(故意伤害罪)的"致人死亡"为例:"造成……死亡"的过失加重结果,在过失犯的框架下,属于其基准犯之"过失结果"的加重结果;而"致人死亡"的过失加重结果①,在故意犯的框架下,属于其基准犯之"故意结果"的加重结果;在这个意义上,作为基准犯之加重犯的一个层次,显然两者各有必要;而就法定刑轻重而论,前者系经由"过失结果"的"过失结果加重",从而加重法定刑仍以过失犯为基准;而后者系经由"故意结果"的"过失结果加重",从而加重法定刑则以故意犯为基准。

行为犯与非纯粹过失犯及故意犯加重犯:行为犯均为故意犯而以"故意行为"为构成要素(A),而非纯粹过失犯的结构模式为"故意行为+过失结果"(B),故意犯的过失结果加重犯的结构模式也为"故意行为+过失加重结果"。可见,这三者均有"故意行为",尤其是行为犯与非纯粹过失犯也可能在"故意行为"上呈现一定的重合,但是应当注意,这三者仍各有不同意义与存在必要。(1)就A与B而论,各有存在价值。例如,我国《刑法》第133条之一(危险驾驶罪)的"醉酒驾驶"的故意行为,第133条(交通肇事罪)的"交通违法"的故意行为,前者不失后者的一个部分,但是这并不否定前者的结构模式"故意行为"系行为犯,而后者的结构模式"故意行为+过失结果"为过失犯。(2)就B与C而论,各有独特意义。例如,我国《刑法》第133条前段(交通肇事罪)的"交通违法行为"与"致人重伤……",这里的"致人重伤……"依存于过失犯基准犯的框架;而第234条第2款(故意伤害罪)的"伤害行为"与"致人死亡",这里的"致人死亡"依存于故意犯结果加重犯的框架。

第四节 主观要件之故意与过失的缺乏

要素缺乏与要素阻却不同。故意与过失的缺乏,是指基于一定事由的存在,在作为一般场合的原则性判断的本体构成阶段,行为人的主观故意与过失就不能成立的情形。具体而论,行为人的主观错误将会影响故意与过失的成立,事实错误导致缺乏故意。另外,不可抗力与意外事件,也会导致行为人缺乏故意与过失。

一、事实错误:缺乏故意

事实错误的核心议题是事实错误的判断标准,而这一议题又涉及事实错误的基

---

① 该条款"致人死亡"的主观心态包括过失与故意。详见本书第二十二章的相应阐释。

本界说与刑法立法。

(一)刑法上错误与事实错误

在普通意义上,错误是指行为人对于客观事物的主观反映与客观实际不相符合。而**刑法上的错误**,是指行为人对于自己行为的刑法性质、处置或者有关事实情况的主观反映与客观实际不相符合,具体包括事实错误(事实上的错误)与法律错误(违法性的错误)。不过,事实错误与法律错误在犯罪构成体系中则各有独特的理论意义。事实错误属于本体构成主观故意的消极要素,事实错误致使故意成立所需的事实认识缺乏,故意自始不能成立;法律错误属于犯罪成立阻却事由的责任阻却要素,法律错误致使故意成立所需的违法性认识被排除,故意的成立被阻却。

刑法上错误具有如下特征:**(1)主观错误**:错误属于主观错误。需要特别说明的是,打击错误的归属。对此,大陆法系刑法理论通常将打击错误归入事实错误,而我国刑法理论有的主张将打击错误归入事实错误,有的则否认打击错误的认识错误归属。事实上,打击错误在归属于认识错误上的确存疑,但是打击错误行为的客观实际与行为人的主观意志相违,从这个意义上说其不失为一种错误。**(2)行为人错误**:错误关注行为人错误。错误是行为人对自己行为的有关内容的不正确理解,它既不是司法人员的认识错误,也不是被害人的认识错误。错误认识的主体在于行为人本身,正是这种行为人本身对自己行为有关内容的误解,才在一定程度上影响行为人的主观责任。**(3)事实与规范**:错误包括事实错误与规范错误。对于刑法具有意义的错误,核心在于就有关犯罪成立条件的事实的不正确理解。因此,错误可以表现为对于自己行为有关犯罪成立的形式构成事实情况的不正确理解,也可以表现为对于自己行为有关刑法性质、处置或者实质危害的错误观念。

对于错误,刑法理论总体上均以事实错误与法律错误的基本线索展开,这是一种较为古老的分类。基于"不知法律不免责"的格言,引申出"不知法律有害,但不知事实无害"的思想。由此,法律错误与事实错误成为刑法理论的重要视角。**法律错误**,又称违法性错误、禁止错误,是指行为人对于自己的行为在法律上的具体评价存在不正确的理解。通常认为法律错误以并非事实错误为前提,这意味着行为人虽然对于客观要件的事实认识无误,但是对于行为的具体法律评价却存在误解;错误论是故意论的反面,法律错误属于缺乏违法性故意的问题。**事实错误**,又称构成要件性错误、构成要件客观要素错误,是指基于客观要件事实的范畴,行为人在行为时所主观预见的事实与客观实际发生的事实之间不相符合的情况。事实错误属于缺乏客观事实故意的问题;如果行为人对于客观要件的事实存在错误,他也就没有机会考虑行为的法律评价问题,从而也就不能说行为人具有违法意思。

(二)事实错误的基本界说

1. 事实错误的概念与特征

事实错误,是指对于客观要件事实的不正确认识。不过,在事实错误的具体范围上,不同刑法理论的界说则有所差异。大陆法系刑法理论基于错误的存在方式,将事实错误分为方法错误、客体错误、因果关系错误;基于错误与构成要件的关系,将事实错误分为具体事实错误与抽象事实错误;基于错误对故意成立的影响,将事实错误分为影响故意成立的构成事实错误与不影响故意成立的构成事实错误。我国刑法理论通常将事实错误分为五种情况,即客体错误、对象错误、行为性质错误、工具错误、因果关系错误。

应当说,刑法研究错误,正是基于这一错误与犯罪成立与否以及所成立犯罪形态密切相关。本书立于双层多阶的犯罪构成体系,对于事实错误予以如下界说。**事实错误**,又称事实上的错误、客观要件事实的错误,是指行为人对于犯罪成立条件中的形式内容(客观要件的事实情况)有着不正确的理解,即主观反映与客观实际不相符合。具体包括对象错误、手段错误、打击错误、因果关系错误。

事实错误具有如下**特征**:**(1)仅限本体构成事实**:对于事实错误的范围,刑法理论有构成要件事实说与构成要件及其以外事实说的不同观点。本书主张将事实错误限制在客观要件事实错误的范围内,否则事实错误的牵涉面就过于宽泛,而且也失去了对其进行探讨的意义。**(2)影响责任乃至定性**:"行为危害社会的结果"是故意认识内容的核心表述。当错误并不否定对于行为危害社会结果的认识时,可以考虑故意或过失的成立;当错误导致对于行为危害社会结果缺乏认识时,可以考虑过失的成立;当错误导致对于行为危害社会结果具体内容缺乏正确认识时,可能影响犯罪的既遂、未遂或者具体性质。**(3)指向客观事实要素**:事实错误的具体内容,也即具体类型,包括对象错误、手段错误、因果关系错误。另外,打击错误不失为一种错误,并且其不同于手段错误。对于事实错误的具体内容,大陆法系刑法理论与我国刑法理论各有不同的具体展开。应当说,我国刑法理论事实错误中的客体错误与行为性质错误,具有规范错误的意义。

2. 事实错误的种类

对象错误:**(1)概念与特征**:**对象错误**,也即大陆法系刑法理论所称的客体错误、目的错误,是指行为人对于自己行为对象的事实情况有着不正确的理解。对象错误具有如下**特征**:**A. 目标偏差**:行为人意图针对的对象与行为实际涉及的对象不相一致。**B. 方法无误**:行为的实际方法、效果与行为人的主观意愿一致。**C. 认识有误**:行为人对于行为对象的主观认识与客观实际不相符合。**D. 意志相违**:另一对象实际承受行为的事实,有违行为人的主观意愿。**(2)错误范围**:我国刑法理论基于对象错误与犯罪客体①之间的关系,对于对象错误的范围存在相同客体说与包括不同客体说的不同限定。应当说,对象错误的着眼点在于对行为对象的不正确认识,只要是行为对象,都可能存在被错误认识的情况。另一方面,行为对象是犯罪客体的形式载体,行为对象的错误自然会影响到犯罪客体的性质。因此,对象错误可以发生在同一犯罪客体内,也可以存在于不同犯罪客体间。

手段错误:**(1)概念与特征**:**手段错误**,又称工具错误、方法错误,是指行为人对于自己行为所使用工具的实际效能的事实情况有着不正确的理解。手段错误具有如

---

① 这里的犯罪客体是指我国刑法理论中具有实质意义的"犯罪客体"。

下特征:**A. 目标无误**:行为人意图针对的对象与行为实际涉及的对象并未发生偏离。**B. 工具错误**:行为人实际上所采取的手段或者工具,不能实现行为人的主观意图。**C. 认识有误**:行为人对于工具的性能或者手段的效能存在错误认识。**D. 意志相违**:行为所产生的客观事实,与行为人的主观希望不相符合。(2)错误类型:手段错误包括三种情形:**A. 迷信犯**:行为人误以为采用某种方法能够造成所希望的危害结果,而实际上由于所采用方法的极端迷信,在任何条件下均不可能造成危害。对此,由于手段本身缺乏危害社会的可能性,因而不构成犯罪。**B. 手段不能犯未遂**:行为人误以为采用某种方法能够造成所希望的危害结果,而实际上由于所采用方法的错误,未能达到预想的危害结果。对此,手段本身具有社会危害性,只是由于行为人意志以外的原因而没有得逞,因而构成未遂。**C. 手段错误的过失或意外**:行为人误以为采用某种方法不会造成危害结果,而实际上由于所采用方法的错误,引起了预想之外的危害结果。对此,如果行为人对于危害结果的发生应当预见而没有预见,承担过失责任;如果没有预见也不应当预见则构成意外。

因果关系错误:(1)概念:因果关系错误,是指行为人对于自己构成要件行为与特定构成结果之间因果关系的事实情况有着不正确的理解。(2)错误类型:因果关系错误包括三种情况:**A. 因果关系有无的错误**:具体又分为两种情形。其一,**误有为无**,是指行为人实施构成要件行为并造成了特定构成结果,而行为人却误认为该特定构成结果不是自己的构成要件行为所引起的。对此,根据具体情况的不同,可以构成故意、过失或者意外。其二,**误无为有**,是指行为人实施构成要件行为并没有造成特定构成结果,而行为人却误认为某种特定构成结果是由于自己的构成要件行为所引起的。对此,根据具体情况有不同,可以构成犯罪未遂或者对结果不负责任。**B. 因果关系过程的错误**:具体又分为三种情形:其一,行为人意图实施构成要件行为造成某种特定构成结果,实际上预想的特定构成结果亦已发生,不过因果关系的发展过程与行为人的主观意想并非一致。对此,行为人承担故意犯罪既遂的刑事责任。其二,行为人意图实施构成要件行为造成某种特定构成结果,实际上预想的特定构成结果尚未发生,行为人误认为该结果已经发生,又实施了其他行为,由此发生了行为人最初预想的特定构成结果。对此,可以将行为人的行为作为一个整体看待,构成故意犯罪既遂。① 其三,行为人意图实施构成要件行为造成某种特定构成结果,实际上预想的特定构成结果已经发生,行为人误认为该结果尚未发生,又继续实施追求最初预想特定构成结果的行为。对此,行为人构成故意犯罪既遂。**C. 因果关系指向错误**:具体又分为两种情形:其一,行为人意图实施构成要件行为造成某种特定构成结果,实际上发生了超出预想特定构成结果以外的特定构成结果。对此,视具体情况,可以构成结果加重犯。其二,行为人意图实施构成要件行为造成某种特定构成结果,实际上预想的特定构成结果尚未发生。对此,视具体情况,可以构成犯罪未遂。

---

① 对此,也有的观点认为,这一过程中存在着两个行为,前一行为是犯罪未遂,后一行为可以构成过失犯罪。

3. 打击错误的特征及其相关界分

概念与特征:**打击错误**,又称行为偏差,是指行为人在针对某一目标实施侵害时,由于行为本身出现了偏差,致使行为的结果发生在行为人意图针对目标之外的对象上。打击错误具有如下**特征**:(1)**目标偏差**:行为人意图击打的目标为甲,但是实际上遭到击打的却是乙,由此行为人的主观目标与行为的实际目标发生偏差。(2)**行为偏差**:行为偏差是打击错误的典型标志。行为虽然针对某一既定对象,但是事实上行为却发生了偏离差误。(3)**认识无误**:行为人对于行为所针对目标的内容与性质,以及实际遭受击打目标的内容与性质,均有符合客观的认识。(4)**意志相违**:行为人意图击打的目标是甲而不是乙,乙的被击打不在行为人的意志之中,与行为人的主观意愿相违。

打击错误与手段错误:大陆法系刑法理论通常将打击错误等同于方法错误、手段错误。应当说打击错误与手段错误或者方法错误,尽管具有一定的相同之处,但是两者存在区别而不可等同。两者**相同之处**:均有意志相违的情况。手段错误表现为,基于行为人的行为所产生的客观事实,与行为人的主观希望不相符合;打击错误表现为,另一对象实际遭受击打的事实,与行为人的主观意愿相违。两者**主要区别**:(1)**行为目标**:手段错误,行为人意图针对的对象与行为实际涉及的对象并未发生偏离;而打击错误,行为人意图击打的目标与实际上遭到击打的目标发生偏差。(2)**工具与行为**:这是两者的本质差异。手段错误强调的是对于行为工具实际效能的错误;而打击错误,注重的是打击行为本身的偏差。(3)**认识内容**:手段错误,行为人对于工具的性能或者手段的效能存在错误认识,发生了主观设想与客观实际的差误;而打击错误,行为人对于行为所针对目标的内容与性质,以及实际遭受击打目标的内容与性质,均有符合客观的认识。

打击错误与对象错误:打击错误与对象错误也不能等同。两者的**相同之处**:(1)**目标偏差**:对象错误,行为人意图针对的对象与行为实际涉及的对象不相一致,存在目标偏差;而打击错误,行为人意图击打的目标为甲,但是实际上遭到击打的却是乙,由此行为人的主观目标与行为的实际目标发生偏差。(2)**意志相违**:对象错误,行为人意图的行为对象是甲而不是乙,另一对象实际承受行为的事实,与行为人的主观意愿相违;打击错误,行为人意图击打的目标是甲而不是乙,乙的被击打不在行为人的意志之中,另一对象实际遭受击打的事实,与行为人的主观意愿相违。两者的**主要区别**:(1)**方法与行为**:对象错误,行为进行的实际情况符合行为人的主观意图,行为并不存在偏差;而打击错误,行为人的行为虽然针对某一既定对象,但是事实上行为却发生了偏离差误。(2)**认识内容**:对象错误,行为人对于行为对象的主观认识与客观实际不相符合,误将甲认作乙而实施了具体行为,存在行为对象的认识错误;而打击错误,行为人对于行为所针对目标的内容与性质,以及实际遭受击打目标的内容与性质,均有符合客观的认识。

(三)事实错误的立法规定

针对事实错误是否排除故意的成立,各国刑法主要存在如下立法模式:事实错误缺乏故意但可成立过失;事实错误有利于被告但可成立过失;事实错误排除重罪故意;不可能的犯罪不受刑罚处罚。

在这些立法例中,相对而言,"事实错误排除故意但可成立过失"的模式较为可取。如果可以肯定事实错误的存在,则说明行为人对于客观要件事实没有正确的心理反映,也即主观认识与客观实际不相符合,进而也必将影响到行为人对于自己行为在法律上应受何种评价的判断,由此也就不能肯定行为人具有明知故犯或愿即事生的规范意识的欠缺,从而理应排除故意的成立。不过,在这一场合,不排除行为人具有认识客观要件事实的注意义务,易言之,如果行为人高度警惕履行规范所要求的认识事实的注意义务,则行为人应当能够认识客观要件的事实,然而行为人却由于自身的疏忽而致其对客观要件事实没有认识,这也表明行为人违反了认识事实的注意义务规范要求,对于这种违反规范的意思活动应予责难,因此行为人虽不承担故意责任,但不能排除过失责任。

而"事实错误有利于被告但可成立过失"模式的所谓"有利于被告的判决",以及"事实错误排除重罪故意"模式的所谓"不得以重罪处断",均具有一定程度的立法含糊。至于"不可能的犯罪不受刑罚处罚"的规定,其合理性则应根据具体情况而论。对于迷信犯其可以适用,而对于因手段或者对象错误而致的不能犯,不排除其行为依然存在侵害危险,若此所谓"不受刑罚处罚"就值得推敲了。

(四)事实错误的判断标准

事实错误的判断标准,即事实错误的成立条件,或称影响故意成立的事实错误程度,属于大陆法系刑法理论有关错误论的重要学说。对此,具体又存在两条理论线索:**(1) 具体事实错误判断标准**:着眼于影响故意成立的具体事实错误的判断标准,刑法理论存在具体符合说与法定符合说的两种不同见解。**具体符合说**,主张故意的成立,必须是行为人主观预见的事实与客观实际发生的事实完全具体地一致。如果行为人主观预见的事实与客观实际发生的事实并不一致,则属于事实错误,对发生的结果排除故意的成立。这一学说仅限于解决打击错误的情形,而不适用于客体错误与因果关系错误。按照具体符合说,打击错误构成预想结果的未遂与实际结果的过失,按照想像竞合犯的处断原则处理。**法定符合说**,主张故意的成立,只需是行为人主观预见的事实与客观实际发生的事实法定性质一致即可,即在构成要件范围内相符合。尽管行为人主观预见的事实与客观实际发生的事实并不一致,但是只要发生在相同质的构成要件(同一性质的法益)之内,就不属于事实错误,对发生的结果并不排除故意的成立。按照法定符合说,打击错误、客体错误、因果关系错误,均构成所实施行为的既遂。在法定符合说的框架内,对于法定符合的含义也有着数故意犯说与一故意犯说的不同见解。**(2) 抽象事实错误判断标准**:着眼于影响故意成立的抽象事实错误的判断标准,刑法理论存在法定符合说与抽象符合说的不同见解。**法定符合说**,主张故意的成立,必须是行为人主观预见的事实与客观实际发生的事实法定性质一致,即在构成要件范围内相符合。基于法定符合说的这一总体思想,在错误横跨于不同构成要件的场合,原则上按照想像竞合犯的处断原则处理,但是作为例外,存在构成要件符合说与法益符合说。**抽象符合说**,主张故意的成立,无须是行为人主观预见的事实与客观实际发生的事实完全具体地一致,而只要是抽象地相符合即可。如果行为人主观预见的事实与客观实际发生的事实并不一致,即使是发生在不同质的构成要件之间,也不属于事实错误,对发生的结果不一定排除故意的成立。

关于事实错误判断标准的各种学说,均受到一定的理论质疑。相对而论,法定符合说较为符合现代刑法的基本思想。具体而论,**具体符合说**为刑事古典学派所主张,该说过于僵硬,单纯强调行为人主观预见的事实与客观实际发生的事实的具体一致性,对于行为人主观认识的要求过于苛刻,不恰当地扩大了事实错误的范围,使故意的成立过于严格,从而有缩小行为人刑事责任的倾向。而**抽象符合说**为刑事近代学派所主张,该说则过于柔韧,片面注重行为人主观预见的事实与客观实际发生的事实的抽象符合性,对于行为人主观认识的要求过于松弛,不恰当地缩小了事实错误的范围,使故意的成立甚为灵活,从而有扩大行为人刑事责任的倾向。而**法定符合说**将行为人主观预见的事实与客观实际发生的事实的符合性,限定在相同性质的构成要件[①]之内,较为合理地确定了事实错误的范围,使故意的成立灵活中有原则、抽象中有具体,相对来说较为可取。基于法定符合说的立场,本书坚持**一故意犯说**,即基于一个故意只能构成单数的故意犯。数故意犯说过于脱离行为人的主观事实基础,不恰当地扩大了行为人的故意责任范围。由此,分别对象错误与打击错误,针对案件不同情况,形成如下处理结果。

对象错误:行为人意图侵害甲,**误将乙认作甲**而实施了行为,根据具体情况的不同:(1)**具体事实错误**(想像竞合):"所知"对象(甲)与"所犯"对象(乙),在行为人意图犯罪的本体构成上属于**同质内容**。例如,故意杀人罪中均为"人"。对于这一情形,鉴于"误将乙认作甲"的错误在本体构成范围内法定性质一致,错误不排除"所知"犯罪的故意成立,并且也不排除"所知"犯罪的既遂,即行为人成立意图犯罪的既遂。(2)**抽象事实错误**(想像竞合):"所知"对象(甲)与"所犯"对象(乙),在行为人意图犯罪的本体构成上属于**异质内容**。例如,盗窃中的"一般财物"与"枪支";故意杀人中的"人"与"野兽"。这一情形又分为两种:**其一**,异质分离:不仅甲、乙在本体构成整体意义上异质,而且两者在本身的法律概念上也不存在重合。对此,"所知"构成行为人意图犯罪的故意犯未遂,"所犯"按照情况的不同可以是过失、间接故意或者意外,在"所知"与"所犯"均构成犯罪的场合,按照处理想像竞合犯的原则,从一重罪处断。**其二**,异质竞合:在具体犯罪的属性上,甲、乙虽属异质,但是甲乙所在具体犯罪的规范设置存在规范竞合关系。对此,"所知"与"所犯"在规范根据上虽属规范竞合,且"所知"与"所犯"也依存于同一案件事实,但"所知"之故意内容与"所犯"之主观心态呈现分离,由此分别"所知"与"所犯"的具体案件事实,"所知"构成与其故意内容相应的故意犯未遂,"所犯"构成与其主观心态相应的行为形态,按照处理想像竞合犯的原则,从一重罪处断。

[①] 立于本书所持双层多阶犯罪构成理论体系,这里的构成要件近似本体构成。

打击错误:我国刑法理论对于打击错误的处置存在两种见解:其一,视打击错误为想像竞合犯的情形;其二,分别预想结果与实际结果之性质是否相同,而肯定预想故意成立或视作想像竞合犯。本书基于法定符合说与一故意犯说的立场,主张打击错误分别不同情况,或者构成"所犯"故意犯既遂,或者按照想像竞合犯处断原则处理,具体分述如下:**(1) 法益相同**:行为人意图击打甲而实施了打击,实际上却击中了乙,甲、乙所表现的法益性质相同,"所知"与"所犯"属于同一罪质,鉴于"欲击甲却偏于乙"的错误在本体构成范围内法定性质一致,错误不排除"所知"犯罪的故意成立,并且也不排除"所知"犯罪的既遂,即行为人成立意图犯罪的既遂。**(2) 法益不同**:行为人意图击打甲而实施了打击,实际上却击中了乙,甲、乙所表现的法益性质不同,"所知"与"所犯"属于不同罪质,对此又分为两种情况:其一,异质分离:"所知"与"所犯"并不存在规范竞合,鉴于"所知"与"所犯"在本体构成上法定性质不一,对于甲构成"所知"的故意犯未遂,对于乙分别不同情况构成"所犯"的过失、间接故意或者意外,在"所知"与"所犯"均构成犯罪的场合,按照想像竞合犯的原则处理。其二,异质竞合:规定"所知"与"所犯"之罪的刑法规范存在规范竞合,由于存在错误,对于"所知"与"所犯"所现的具体案件事实的定性,关键的在于如何解决对于"所知"与"所犯"的各自行为的故意心态问题。对此,分别"所知"与"所犯"的具体案件事实,"所知"构成与其故意内容相应的故意犯未遂,"所犯"构成与其主观心态相应的行为形态,按照处理想像竞合犯的原则,从一重罪处断。**(3) 案例阐释**:行为人意图杀害甲而向甲开枪,而实际上却出现了偏差,根据具体情况的不同:A. 未击中甲,却打死了乙:基于"所知"与"所犯"属于本体构成的同一性质,构成故意杀人罪既遂。B. 击中甲致甲负伤,同时也打死了乙:基于"所知"与"所犯"属于本体构成的同一性质,构成故意杀人罪既遂,余下的甲负伤的结果构成过失伤害,按照想像竞合犯的原则处理。C. 击中甲致甲死亡,同时也打死了乙:对于甲构成"所知"故意杀人罪既遂,对于乙构成"所犯"过失致人死亡①,按照想像竞合犯的原则处理。D. 击中甲致甲死亡,同时也打伤了乙:对于甲构成"所知"故意杀人罪既遂,对于乙构成"所犯"过失致人重伤,按照想像竞合犯的原则处理。E. 击中甲致甲负伤,同时也打伤了乙:对于甲构成"所知"故意杀人罪未遂,对于乙"所犯"过失致人重伤,按照想像竞合犯的原则处理。F. 未击中甲,却打伤了乙:对于甲构成"所知"故意杀人未遂,对于乙构成"所犯"过失致人重伤,按照想像竞合犯的原则处理。

二、不可抗力及意外事件:缺乏责任

不可抗力缺乏构成要件行为的心素,而我国《刑法》将之作为一种无罪过事件,将意外事件置于一种无罪过事件的地位,从而不可抗力与意外事件均无责任意思,系属缺乏责任的事由。

---

① 为阐述明了、方便,这里不考虑行为人对乙的死亡持间接故意心态或者意外。下同。

(一) 不可抗力事件

不可抗力事件,是指行为人的行为受到完全强制而丧失意志自由,主观上缺乏故意或者过失,而客观上却造成了损害结果的情形。我国《刑法》第16条规定:"行为在客观上虽然造成了损害结果,但是不是出于故意或者过失,而是由于不能抗拒……的原因所引起的,不是犯罪。"不可抗力事件的**特征**,核心表现在"不可抗力",具体包括:**(1) 受到完全强制**:不可抗力意味着行为人的行为受到来自自然或人为的完全强制,由此行为人丧失了意志自由。**(2) 丧失行为能力**:受到完全强制与丧失意志自由,意味着行为既不能"自由发动",也不受自我"意思支配",行为人丧失行为能力。就构成要件行为而论,其行为并非是意识与意志支配下的行为,从而不是刑法上的行为。**(3) 缺乏主观责任**:不可抗力强调"不能抗拒"。行为人存有"抗拒"之意,即对行为的损害结果持反对态度;行为人"不能"实现抗拒,意指对于行为的损害结果无法避免。在此"反对态度"排除故意,"无法避免"排除过失。**(4) 造成客观损害**:行为在客观上造成了损害结果的发生,行为与损害结果之间存在因果关系。

不可抗力事件与过于自信过失,主观上对于行为危害结果的发生均有所认识并均持反对态度,客观上行为均导致了危害结果的发生,因而两者较为相似,但是两者有着重大区别。**(1) 认识因素**:就认识程度而言,不可抗力事件包括认识到危害结果发生的可能性与必然性,并且常常是必然性认识,而过于自信过失只是认识到危害结果发生的可能性;从认识时间来看,不可抗力事件对于危害结果发生的认识主要是在行为的过程中,而过于自信过失的认识可以并且常常启始于行为之前。**(2) 意志因素**:不可抗力事件对于危害结果的发生不应当避免,行为人既不具有避免义务也不具有避免能力,而过于自信过失对于危害结果的发生应当避免却没有避免。

(二) 意外事件

意外事件,是指行为人遭遇严重反常的情境而致其丧失认识能力,主观上缺乏故意或者过失,而客观上却造成了损害结果的情形。我国《刑法》第16条规定:"行为在客观上虽然造成了损害结果,但是不是出于故意或者过失,而是由于……不能预见的原因所引起的,不是犯罪。"意外事件的**特征**,核心表现在"不能预见",具体包括:**(1) 遭遇反常情境**:行为人行为时遭遇严重的反常情境,由此行为人丧失了预见行为损害的可能。这种严重反常境情境,既可是突如其来的,也可是非突然性的,但是不论怎样,这种情境所现事态是严重违背常理、常规与常态的。**(2) 丧失认识能力**:反常情境致使行为人对于行为的性质与后果丧失了认识能力,也即在当时的场合,行为人对于行为的损害既不存在认识的可能性,也不具有认识的现实性。**(3) 缺乏主观责任**:意外意味着,行为人没有预见行为的损害结果,从而排除了故意的成立;同时,行为人也缺乏预见行为损害结果的责任,由此排除了过失的成立。**(4) 造成客观损害**:行为在客观上造成了损害结果的发生,行为与损害结果之间存在因果关系。

意外事件与疏忽大意过失,主观上对于行为危害结果的发生均没有认识并且均缺乏意志因素,客观上行为均导致了危害结果的发生,因而两者较为相似。但是,两者有着重大区别,主要表现在**认识因素**上:对于危害结果的发生,意外事件强调没有认识也不应当认识(缺乏认识能力与认识义务),而疏忽大意过失强调没有认识但是应当认识(具有认识能力与认识义务);对于行为的损害结果没有认识,意外事件是因为客观上遭遇严重的反常情境所致,而疏忽大意过失是因为主观上疏忽大意所致。

第五节 主观要件之特定心态要素

特定心态,即特定动机、特定目的、特定明知等。这些特定心态是与故意并列的主观要件要素。特定动机与特定目的并不等同于犯罪动机与犯罪目的,分析特定动机与特定目的具有重要意义。

一、犯罪动机与犯罪目的界说

动机与目的各有其特定含义,刑法理论也具体界分犯罪目的与犯罪动机。不过,我国刑法理论对于犯罪目的的界说仍值推敲。

(一) 动机与目的的普通意义

动机是指引起行为人去行动或者抑制这个行动的一种内在原因,是直接推动的力量。任何意志行动总是由一定的动机所引起的。① **目的**是指行为人试图通过一定行动所达至的某种目标、境地或结果,是主观追求的方向。任何意志行动也总有其一定的目的指向。行为离不开动机与目的,动机是行为的起点,目的是行为的归宿。

(二) 犯罪动机与犯罪目的的界说考究

基于以"犯罪"为先行限定的基本思路,在对犯罪构成中的动机与目的的称谓上,我国四要件犯罪构成理论也谓之以犯罪动机与犯罪目的。犯罪动机,是指刺激犯罪人实施犯罪行为以达到犯罪目的的内心冲动或者内心起因。犯罪目的,是指犯罪人希望通过实施犯罪行为达到某种危害社会结果的主观心理态度。犯罪动机与犯罪目的之间既有联系又有区别。(1) 联系表现在:两者都反映行为人的主观恶性程度和行为的社会危害程度;犯罪动机是犯罪目的的前提并促使犯罪目的的形成;有时两者所反映的需要具有一致性。(2) 区别表现在:犯罪动机是犯罪的内心起因,比较抽象,而犯罪目的指向外在的犯罪对象和客体,比较具体;通常一罪只能有一个犯罪目的,而犯罪动机却因人、因具体情况而异;一种犯罪动机可以导致不同的犯罪目的,而一种犯罪目的也可以由多种犯罪动机所推动;有时两者所反映的需要不一致;犯罪目的的重于影响定罪,而犯罪动机重于影响量刑。②

在犯罪目的的界说上,我国刑法理论的有关阐释呈现出一定的含糊,一方面强调犯罪目的的指向包括危害结果与法定目的(A),另一方面又强调间接故意缺乏犯罪目的(B)。(1) 在 A 的意义上,该理论指出:"犯罪目的,是指……某种危害社会结果的心理态度","在法律标明犯罪目的的犯罪中,特定的犯罪目的是犯罪构成的必备要

---

① 参见叶奕乾、祝蓓里主编:《心理学》,华东师范大学出版社 1988 年版,第 237 页。
② 参见高铭暄、马克昌主编:《刑法学》,北京大学出版社、高等教育出版社 2007 年版,第 131—132 页。

件"。(2)在 B 的意义上,该理论又指出:"间接故意……是对危害结果可能发生的放任心理……根本不可能存在以希望、追求一定的危害结果发生为特征的犯罪目的。"①(3) A 与 B 之说所致的疑问:考究上述 A 与 B 的阐释,存在如下问题:有些法律标明目的的犯罪,这一目的本身未必具有犯罪否定评价;法律标明的目的本身未必就有"危害指向"的特征,由此犯罪目的究竟何指;如果一定要将法律标明的目的本身解释为具有"危害指向"的特征,则某些间接故意犯罪的主观要件也不失这种法律标明的目的的要素,如此又如何解释间接故意缺乏犯罪目的。

(三)犯罪动机与犯罪目的的界说定位

在本书看来,犯罪动机与犯罪目的,从价值意义上来讲,具有犯罪的指向性。在普通心理学意义上,动机是促使行为人实施行为的内心冲动,目的是行为人实施行为所希望达到的结果。而犯罪动机,这种"内心冲动"是行为人实施犯罪行为的心理驱使;犯罪目的,这种"希望结果"是行为人实施犯罪行为的追求目标。因此,**犯罪动机**是犯罪行为的内在心理起因,而**犯罪目的**则是犯罪行为的主观心理意图。

至于在实际发生的具体犯罪中,犯罪动机与犯罪目的的对应关系,可以呈现三种情况:(1)一种犯罪动机推动多种犯罪目的。例如,行为人受报复动机的驱使,而犯罪目的可能指向故意伤害、故意杀人或者故意毁坏财物等。(2)一种犯罪目的由多种犯罪动机推动。例如,行为人故意杀人的目的,可能受报复、图财、奸情等多种动机的驱使。(3)犯罪动机与犯罪目的具有一致性。例如,行为人谋求财物实施抢劫,这里"谋求财物"既是动机又是目的。

二、特定目的及动机与犯罪目的及动机

作为犯罪构成的要素,采用犯罪动机与犯罪目的的称谓不尽确切,犯罪动机及犯罪目的与特定动机及特定目的的理论地位与具体含义有所差异。作为犯罪构成的要素,宜于采用特定动机与特定目的的称谓。

(一)犯罪动机与目的的局限

犯罪目的与犯罪动机,强调目的与动机的犯罪评价。而犯罪评价,是多元要件的组合;就总体而言,犯罪评价有形式层面与实质层面、主观要素与客观要素、记述要素与规范要素等。作为构成要件要素的动机与目的,属于犯罪的本体构成之要素的组成部分,就行为构成犯罪的判断而论,行为只有首先符合本体构成,才有可能进而具备严重危害阻却缺乏,并最终成立犯罪。然而,如果以犯罪动机与犯罪目的作为构成要件要素,则在作为多元要件(要素)组合评价结论的犯罪判断之前,已有动机与目的的犯罪评价,这难免有重复评价之嫌。由此,犯罪动机与犯罪目的不能尽述动机与目的作为构成要件之要素的地位与意义。

(二)特定动机与目的的意义

在犯罪构成要素的意义上,作为行为成立犯罪的特别要求的行为的内在心理起

---

① 参见高铭暄、马克昌主编:《刑法学》,北京大学出版社、高等教育出版社2007年版,第131、133页。

因或者主观心理意图,并非就是"犯罪动机"或者"犯罪目的",而可谓是一种"特定动机",或者目的犯的"特定目的",或者直接故意犯的"危害目的"。**特定动机**,是指由我国《刑法》分则直接或者间接予以规定的、作为某一具体犯罪的主观要件要素的、促使行为人实施构成要件行为的内在心理起因。**特定目的**,是指由我国《刑法》分则直接或者间接予以规定的、作为某一具体犯罪故意要素之外的主观要素的、行为人实施构成要件行为所希望达到的某种结果的主观心理意图。**危害目的**,是指由我国《刑法》分则直接或者间接予以规定的、作为某一直接故意犯罪之直接故意的意志要素的、行为人实施构成要件行为所希望达到的某种结果的主观心理意图。

本书对动机与目的的研究,主要是分析作为主观要件之要素的动机与目的,尤其是"特定动机"与"特定目的"。特定动机与特定目的,与本体构成的其他要件与要素一起,共同说明成立犯罪的行为的危害特征。

(三) 特定动机与目的的表述

我国《刑法》分则对于具体犯罪的特定动机与特定目的的规定,以特定目的的规定为例,存在如下情形:**(1) 规定方式**:包括直接规定与间接规定。A. 直接规定:刑法条文直接明确强调"以……为目的"、"意图……"、"为谋取……",作为具体犯罪本体构成的主观要件要素。例如,《刑法》第326条所规定的倒卖文物罪,在条文的具体表述中,直接述以"以牟利为目的",由此明确地表述了该罪在犯罪构成上的特定目的要素。我国《刑法》有二十多个条文①直接明确规定了构成要件的目的要素。B. 间接规定:刑法条文虽未直接明确强调"以……为目的"、"意图……"或"为谋取……",但是刑法条文的其他用语仍相对明确地表明了这种目的要素。例如,《刑法》第194条所规定的票据诈骗罪,并未直接采用"以非法占有为目的"的表述,而是通过"诈骗"这个用语,表明该罪在本体构成的主观要件上,具有"以非法占有为目的"的要素。**(2) 规定内容**:包括负价目的与中性目的。A. 负价目的:刑法所规定的特定目的的内容本身,具有较为明显的否定性评价的特征。例如,《刑法》第192条(集资诈骗罪)所规定的"以非法占有为目的"。这里"非法占有"即具有否定的价值意义。B. 中性目的:刑法所规定的特定目的的内容本身,并不具有较为明显的否定性评价的特征。例如,《刑法》第217条(侵犯著作权罪)所规定的"以营利为目的"。这里"营利"本身仅具中性的价值意义。

三、特定动机、特定目的与故意、过失

特定目的、特定动机是与故意、过失相并列的主观要件的要素,它们之间有着重要的区别。

(一) 特定动机与故意和过失

故意,是指明知自己的行为可能或者必然发生危害社会的结果,并且希望或者放任这种结果发生的主观心理态度。故意包括直接故意与间接故意。**直接故意**,是指

---

① 截至《中华人民共和国刑法修正案(八)》(2011年)。

行为人认识到自己的行为导致危害结果发生的必然性或者可能性,并且希望这种结果发生的心理态度。**间接故意**,是指行为人认识到自己的行为导致危害结果发生的必然性或者可能性,并且放任这种结果发生的心理态度。**过失**,是指对于自己的行为可能发生危害社会的结果,应当预见却因为疏忽大意而没有预见,或者已经预见而轻信能够避免的主观心理态度。可见,故意与过失之心态内容的指向,以行为的危害结果为重心,总体上是对行为造成危害结果发生的心理态度。这里的"危害结果",作为相对核心而终极的意义,表现为由"构成要件行为"或者"特定构成结果"及其相关的构成要素事实特征所征表的"法益侵害的实际损害或者现实危险"。相对而言,**特定动机**属于实施构成要件行为的内心起因,而故意或过失强调针对行为的危害结果的心理态度,由此,特定动机与故意、过失有着较为显著的区别。问题是,特定目的也强调对于行为的某种结果的意图,这与故意,尤其是直接故意,追求行为的危害结果,在心理特征上存在一定的相似,对此需要予以分析阐明。

(二)特定目的与直接故意的危害目的

尽管直接故意与特定目的,两者均存在着一定的目的,但是两者的理论地位与具体内容不尽相同。就理论地位而言,作为直接故意的目的表述直接故意意志因素的指向,从而是直接故意的构成要素之一;而特定目的则是分则对于目的犯的构成特别要求的,作为故意要素之外的主观目的要素。从具体内容来看,作为直接故意的意志内容,指向由"构成要件行为"或者"特定构成结果"及其相关的构成要素事实特征所征表的,"法益侵害的实际损害或者现实危险"[1];而特定目的的目的内容,指向故意之外的、分则对于目的犯在主观目的要素上的特别要求。

作为特定目的的"主观心理意图"(A)不同于直接故意的意志指向(B),这种区别可能表现为两种情形:(1)A完全超脱于B:A与B的内容指向完全不同。例如,侵犯著作权罪(我国《刑法》第217条)之主观构成须有"以营利为目的"的特定目的要素,在此特定目的的内容是"追求获取营利";而在该罪之责任形式为直接故意时,其直接故意的意志内容是"对于他人享有著作权的作品实施法定侵害行为(造成他人著作权遭受损害的结果)持希望态度"。(2)A更为特定于B:A与B虽有一定关联,但A仍有其特定的内容指向。例如,盗窃罪(我国《刑法》第264条)之主观构成须有"非法占有目的"的特定目的要素,而"非法占有目的"的成立则应同时具备如下要素:行为人意图排斥他人进而取得财物本体;行为人意图排斥他人进而取得财物经济价值;行为人为了取得他人财物的本体与经济价值,意图排斥权利人或持有人对其财物的控制支配力;行为人为了取得他人财物的本体与经济价值,意图取得对于他人财物的类似所有人的控制支配力。而作为盗窃罪之责任形式的直接故意的意志内容,只是"对秘密取得他人财物行为(造成财物管理秩序遭受破坏的结果)"持希望态度。

---

[1] 基于我国《刑法》第14、15条的规定,以及由此而展开的理论分析,故意的知与欲的内容存在事实与规范两个方面,这里的事实与规范的内容主要是指本体构成中作为主观要件之外的事实要素与规范要素。而在双层多阶犯罪构成体系中,刑事违法与社会危害亦为规范内容,不过规范的知与欲的内容以侵害法益为主导,而以刑事违法与社会危害为补充。

（三）特定目的和危害目的的具体呈现

基于上述特定目的的独特意义,在特定目的、危害目的与故意、过失的组合上,呈现出如下的情形:**(1) 直接故意均有危害目的**:直接故意意味着主观上具有直接追求危害结果发生的心理状态,而这种直接追求危害结果发生的主观心理意图就是危害目的。**(2) 间接故意与过失没有危害目的**:只有直接故意才有危害目的,间接故意放任危害结果的发生,过失反对危害结果的发生,因此在间接故意与过失本身的心理状态中,就间接故意或者过失之评价内容而论,并不存在对于危害结果的追求,也即并不存在针对间接故意或者过失内容指向的目的。**(3) 直接故意犯罪可以存在特定目的**:直接故意犯的危害目的与目的犯的特定目的,两者并非同一。前者的内容指向由"构成要件行为"或者"特定构成结果"作为核心征表的"法益侵害的实际损害或者现实危险";而后者的内容指向则完全超脱于或更为特定于直接故意所指向的"危害结果"的、而为法定的具体的"某种结果"。因此,在直接故意犯罪中,特定目的可以独立于直接故意而存在。**(4) 直接故意犯罪可以没有特定目的**:同样,基于直接故意犯的危害目的与目的犯的特定目的并非同一,因此在直接故意犯罪中,也可以存在如下情形:具有直接故意的目的要素但是并没有特定目的的要素。此时,该直接故意犯为非目的犯。**(5) 间接故意犯罪可以存在特定目的**:间接故意放任危害结果的发生,这意味着在间接故意本身的心理状态中,作为间接故意评价的内容指向,并不存在对于危害结果的追求,也即并不存在危害目的。然而,基于特定目的不同于危害目的,从而并不排除刑法将某种特定目的,作为间接故意犯罪的主观要件要素之一。**(6) 间接故意犯罪可以没有特定目的**:间接故意的心理状态,表现为对于"危害结果"的明知与放任,从而不存在针对"危害结果"的追求;同时,这里的"危害结果",也不同于作为特定目的指向的"某种结果"。因此,间接故意犯罪的心态要素不仅没有危害目的,而且可以没有特定目的。

因此,特定目的与特定动机是否作为具体犯罪本体构成主观要件的要素,形式上取决于刑法分则的规定,而这一规定又基于这种目的与动机在本体构成之要件要素中的应有地位与意义:就具体犯罪的法定构成而论,当某种目的与动机对于说明行为的社会危害性具有决定意义时,这种目的与动机即被《刑法》规定为该具体犯罪构成的特定目的与特定动机要素,从而这一目的与动机就成为该具体犯罪本体构成之诸多要素的组成部分。

第六章 犯罪构成之消极阶层：犯罪的严重危害阻却

第一节 违法阻却事由

一、违法阻却事由概述

违法阻却，是指在具体案件中由于存在特殊事态而致行为的法益侵害特征被阻却。这些特殊事态即为**违法阻却事由**，又称正当化事由。一般而论，违法阻却事由系属阻却犯罪成立的消极要素。然而，不同犯罪构成理论体系，对于正当化事由的理论地位也有不同的定位。**大陆法系**刑法理论通说，称正当防卫、紧急避险等为"阻却违法事由"、"排除违法事由"、"正当化事由"或者"消极的犯罪构成要件"，意指行为符合构成要件，但不具有违法性（即阻却违法性），进而也不成立犯罪。与此不同，**我国犯罪构成理论**强调"犯罪概念是犯罪构成的基础，犯罪构成是犯罪概念的具体化"[①]。因此，行为不具有犯罪概念的社会危害性，行为也就不符合犯罪构成，而正当防卫等正是此等缺乏危害性的行为。**本书**提出双层多阶犯罪构成理论体系，由此在理论地位上，正当防卫、紧急避险等特定事由，系属法律规定的或者认可的对于合法权益予以保护的行为，或者对于特定场合有关利益的允许侵犯，由此其阻却了侵害法益（实质违法性）的成立，从而阻却了本体构成的符合，进而成为不能成立犯罪的根据。

对于违法阻却事由的本质，或称某项事由得以阻却违法性的根据，大陆法系刑法理论存在目的说、法益衡量说、社会相当说的见解。在本书所确立的双层多阶犯罪构成体系中，正当化事由系属犯罪成立消极要件之违法阻却事由。违法性的实质系法益侵害，违法性阻却也即法益侵害阻却，其是立于法益之价值实质层面对于违法性的判断。法益为法律所保护的利益与价值，而这种利益与价值之所以为法律所保护，就宏观意义而论，在于其符合社会伦理价值与社会秩序要求。易言之，法益保护体现了社会伦理价值与社会秩序要求的实质根据。正当化事由在实质上符合社会伦理价值与社会秩序要求，从而并不具有法益侵害的本质属性，进而在本质上并不具有违法性。

作为违法阻却事由的正当化事由属于犯罪成立的消极要素，立于犯罪成立判断中的要素缺乏与要素阻却的差异，这一消极要素的判断在犯罪成立的评价中具有特定的思维路径。具体地说，正当行为在形式上符合客观事实要素，进而基于一般场合的抽象类型性的原则性判断，一般也可认为符合客观事实要素的行为具有法益侵害

[①] 高铭暄、马克昌主编：《刑法学》，北京大学出版社、高等教育出版社2007年版，第56页。

的属性。然而，正当行为是一种特殊的不同于一般不法行为的事实，这种差异是表现于具体案件中的正当行为在本质上对于社会伦理价值与社会秩序要求的符合，由此，在犯罪成立的具体审查中，基于具体案件所存在这种不同于一般场合的特殊的异常情况，原先基于客观事实要素符合而得出的法益侵害判断，现因正当行为而在本质上没有违法性而被否定，也即法益侵害被阻却。

正当化事由，根据有无刑法明确规定的不同，可以分为法定的正当化事由与超法规的正当化事由。立于我国刑法的规定，法定的正当化事由是指我国《刑法》所规定的正当防卫（第20条）、紧急避险（第21条）。超法规的正当化事由，是指刑法理论与司法实践认可的被害人承诺的行为、执行命令的行为、正当业务的行为、自救行为等。

二、正当防卫

（一）正当防卫的概念

刑法典正当防卫的规定，是刑法理论正当防卫概念的基础与本源。各国刑法典对正当防卫的规定不一，表现出在正当防卫制度上的差异。我国《刑法》第20条第1、2款从防卫意图、防卫保护利益的范围、防卫所需的不法侵害及其紧急状况、防卫的具体对象、防卫行为及其损害后果的限度等，对于正当防卫作了限定。该条第3款还针对特定的暴力侵害行为，规定了特殊的防卫限度。

刑法理论对正当防卫的界说，实际上是正当防卫成立条件的浓缩。基于我国《刑法》的规定，我国刑法理论对于正当防卫的成立条件，主要存在五要件说与三要件说等不同见解。不过，究其实质内容来看，均主张正当防卫成立条件，应当具备起因、时间、目的、对象、限度这五项要件。基于我国《刑法》的规定，结合理论分析，本书对正当防卫作如下界说：**正当防卫**，是指为了使国家、公共利益、本人或者他人的人身、财产和其他权利免受正在进行的不法侵害，而对实施不法侵害的人采取制止不法侵害，尚未明显超过必要限度造成重大损害的行为。

（二）正当防卫的成立条件

正当防卫的成立，应当同时具有"不法侵害现实存在、不法侵害正在进行、出于防卫意思、针对不法侵害者本人、尚未明显超过必要限度造成重大损害"这五项条件。

1. 起因条件：不法侵害现实存在

正当防卫起因条件，即不法侵害现实存在，其强调正当防卫必须在不法侵害现实存在的情况下实施。

防卫起因之侵害的不法性：只有在遭受不法侵害，才可进行正当防卫。**不法侵害**，是指违背法律的侵袭损害。合法行为、合法侵害并非不法侵害，因而不能针对合法行为、合法侵害进行所谓的防卫反击。对于正当防卫、紧急避险、意外事件也不得实施防卫。不法侵害固然包括犯罪行为，然而不法侵害是否必须是犯罪行为，还是包括犯罪行为与违法行为，刑法理论存在肯定与否定的对立。本书主张，不法侵害可以是**违法行为**。理由如下：我国《刑法》第20条明确表述，正当防卫是"制止不法侵害的行为"，针对的是"不法侵害人"，旨在使合法利益免受正在进行的"不法侵害"；违法行为与犯罪行为的区别是颇具技术性的问题,防卫人难以判断侵害行为到底是犯罪行为还是违法行为;违法行为与犯罪行为的属性,在不法侵害之初依据行为着手时的客观表现也难以判断。有鉴于此,如果将不法侵害局限于犯罪行为,既有违于法条的表述,也不合乎情理。

不法侵害判断的主观或客观标准:在国外刑法理论中,对于不法侵害的成立问题,存在主观违法性说与客观违法性说的诠释。在我国刑法理论中,相关的议题被直接表述为对于无责任能力人的防卫问题,对此存在附条件肯定说、肯定说与否定说的不同见解。本书原则上倾向客观违法性的标准,具体到无责任能力人的侵害行为,主张无责任能力人的行为能够成立不法侵害,对于无责任能力人的侵害行为可以实施防卫。**无责任能力人**的侵害行为,按照大陆法系客观违法性说可以构成违法,而基于主观违法性说则不能成立违法,依据我国主客观统一的犯罪构成理论也不能成立犯罪。然而,作为正当防卫前提的不法侵害应当与正当防卫的特征密切相关。无责任能力人的侵害不失为人的危害社会的行为,从排除人的危害社会行为的角度,对之予以适度的防卫反击,可以为正当防卫的本质意义所囊括。具有法益侵害紧迫性的无责任能力人的侵害,固然形成法益保护的迫切性,倘若放弃对之适度的防卫反击,必然造成无可挽回的损失。

防卫起因之不法侵害具有现实威胁:作为正当防卫前提的不法侵害,具有法益侵害之现实威胁的特征。具体表现在:(**1**)**不法侵害的客观真实性**:立于客观评价的基点,不法侵害实际存在,而非防卫人的主观臆测或者误解。假想防卫不是正当防卫。(**2**)**不法侵害的性质威胁性**:不法侵害的性质相当严重,表现出较大的暴力性、破坏性,对于危害结果的发生构成直接威胁,从而形成防卫的紧迫感。(**3**)**不法侵害的强度威胁性**:不法侵害的强度相当猛烈,表现出较大程度的损害与危险,从而形成防卫的紧迫感。对于轻微且态势并不严重的侵害,不宜防卫反击。

针对有关特殊侵害行为的防卫反击:(**1**)**针对过失行为的防卫反击**。对于过失行为能否予以防卫反击,刑法理论存在肯定说、附条件肯定说与否定说的不同见解。对此,本书原则上持肯定说的立场。过失行为不失为不法侵害,在过失行为具有法益侵害现实紧迫性的场合,对之实施防卫反击,符合正当防卫的本质意义,可以使法益得到有效的保护。(**2**)**针对不作为侵害的防卫反击**。对于不作为侵害能否防卫反击,刑法理论也存在肯定与否定的对立。对此,本书主张,对于某些不作为侵害可予防卫反击。不作为侵害对于危害结果的发生具有原因力的作用,不作为侵害也可以形成法益侵害的现实紧迫性,当然不作为侵害也不失为不法侵害。对于这样的不作为侵害予以防卫反击制止,可以有效地保护法益免遭侵害。(**3**)**针对防卫过当的防卫反击**。对于防卫过当能否予以防卫反击(又称反防卫、逆防卫),刑法理论同样有肯定说与否定说的争议。对此,本书主张,通常不宜承认对于防卫过当的防卫反击。防卫过当属于不法侵害,不法侵害人[①]亦有其合法权益,就此意义而论,似乎对于防卫过

---

① 这里的不法侵害人,是指作为防卫过当的相对方的不法侵害人,即作为正当防卫起因的不法侵害人。

当也可予以防卫反击。然而,应当看到,防卫过当一般是需要经过复杂的司法过程与冷静的理性思辨予以认定的法律事实;尤其我国现行《刑法》第 20 条第 2 款放宽了防卫限度,第 20 条第 3 款还设置了特殊防卫规定,从而使防卫过当的情形进一步缩减,而防卫过当是所谓反防卫的前提;同时承认反防卫,不仅将给防卫人的正当防卫造成心理压抑,而且同样会威胁防卫人的合法权益;承认反防卫,也予司法认定以过高的期待,司法人员需要在所谓反防卫既已覆盖先前的事实,从而正与反粘合成一体的现象中,在充斥着作为起因的不法侵害人(反防卫人)对自身行为的竭力辩解中,明确防卫过当的时点、表现等。由此,完全肯定反防卫颇值考究。当然,倘若不法侵害人(甲)相对缓和的不法侵害却遭至对方(乙)极其强烈的暴力反击行为,此时甲应当尽量予以回避,确实回避不及的,为了防卫自身合法权益可以予以适当的制止反击。

假想防卫并非正当防卫:**假想防卫**,是指行为人主观认识上发生了错误,基于防卫意图,对于事实上并非是不法侵害的行为,实施了所谓的防卫反击。假想防卫给被害人造成损害的,按照事实认识错误处理。行为人对于事实情况的错误认识存在过失的,即对于不法侵害并不存在的事实,应当预见而没有预见的,承担过失犯罪的刑事责任;行为人对于事实情况的错误认识没有过失的,即对于不法侵害并不存在的事实,没有预见也不应当预见的,属于意外事件,不承担刑事责任。

2. 时间条件:不法侵害正在进行

正当防卫时间条件,即不法侵害正在进行,其强调必须不法侵害正在进行才可实施正当防卫。

正在进行的蕴含:**正在进行**,是指不法侵害已经开始并尚未结束,其在本质上意味着法益侵害情况紧急且当时可以避免或者挽回损失。由此,以下情形可谓正在进行:对于法益构成严重现实威胁的,可以视作不法侵害已经开始;法益正处于实际遭受侵害的状态,或者法益遭受侵害的广度深度仍在延续;对于当时仍有挽回侵害法益余地的情形,也应视作不法侵害尚未结束。在此,理解正在进行的关键是不法侵害的已经开始与尚未结束。

已经开始的含义:对于不法侵害开始的时间,刑法理论存在进入现场说、着手说、面临危险说、合并说等不同的见解。对此,本书主张以着手作为不法侵害已经开始的标志,而**着手**存在形式与实质的内容。A. 在**形式上**,着手意味着行为人开始实施刑法分则所规定的具体犯罪普通构成的实行行为。刑法分则所规定的具体犯罪普通构成的实行行为,即基准实行行为,其是具体犯罪构成要件行为的标志。基准实行行为的启始就是着手[①]。B. 在**实质上**,着手意味着对刑法保护的具体法益,开始造成损害或者处于造成损害的直接威胁,在发生法定损害结果(特定构成结果)的场合,损害结果开始形成或者形成在即。刑法保护的具体法益面临严重、现实与紧迫的威胁即可

[①] 行为附随情状的存在决定着实行行为的属性,从而与该实行行为的着手的认定密切相关。例如,就危险驾驶罪(我国《刑法》第 133 条之一)之"在道路上醉酒驾驶机动车"的实行行为而论,"在道路上"与"醉态下"的特定行为情境系该实行行为的两项附随情状,对于这一实行行为之着手的认定,不能仅看"驾驶机动车"的行为,而要结合上述两项附随情状整合判断。

视为着手。**相对来说**,着手的实质意义较为抽象,而形式意义较为具体。因而在实际中对于着手的判断,可以形式意义为主,实质意义为辅。

尚未结束的含义:对于不法侵害结束的时间,刑法理论存在离开现场说、行为完毕说、排除危险说、事实继续说、结果形成说、权利回复说、合并说等不同的见解。对此,本书主张以法益侵害发展或法益回复可能作为不法侵害尚未结束的标志。基于正当防卫的本质意义,立足不法侵害考察,法益侵害仍然处于基于行为作用的发展之中,具有防卫的可能;着眼防卫反击分析,当场自力可以致使遭受侵害法益得以回复,具有防卫的必要。所谓**法益侵害发展**,是指基于行为人的侵害行为,法益侵害的广度或深度尚在延续之中,或者法益面临着遭受进一步侵害的严重现实威胁。所谓**法益回复可能**,是指针对不法侵害,实施当场的防卫反击仍有挽回既已遭受侵害的法益损失的余地,致使法益侵害减小到最低限度。仍需说明的是,法益侵害发展与法益回复可能,对于正当防卫的时间条件来说,是"**或者**"的关系。

防卫不适时的特征与属性:对于防卫不适时的理解,刑法理论存在故意犯罪说、过失犯罪或意外事件说、故意犯罪或假想防卫说等的争议。这里关键是对防卫不适时的界说。就术语的本意而言,防卫不适时意味着"防卫"的不适时,依然具有防卫的倾向,只是时间不恰当。词应达意。由此,**防卫不适时**,是指行为人基于防卫的意图,在不法侵害尚未开始或者已经结束的时候,对他人实施了自认为是防卫的损害行为。防卫不适时具有如下**特征**:(1)主观上,行为人基于防卫的意图而行为,并误认自己实施的是防卫行为;(2)客观上,行为人对他人实施了自认为是防卫的损害行为;(3)时间上,行为人的行为实施于不法侵害尚未开始或者已经结束。防卫不适时**包括**事先防卫与事后防卫两种情况。(1)事先防卫,是指在不法侵害尚未开始的时候进行所谓的防卫反击。(2)事后防卫,是指在不法侵害已经结束的时候进行所谓的防卫反击。

防卫不适时与相关情形的区别:(1)**防卫不适时不同于假想防卫**。A. 相似之处:主观上,均出于防卫意图并错误地认为自己的行为是防卫行为;客观上,均对他人实施了自认为是防卫的损害行为。B. 区别要点:主观上,防卫不适时行为人错误认识的内容是不法侵害的起止;而假想防卫行为人错误认识的内容是不法侵害的存否。客观上,防卫不适时不法侵害可能将来发生也可能已经过去;而假想防卫不法侵害自始至终都不存在。(2)**防卫不适时不能是直接故意犯罪**。A. 相似之处:主观上,两者针对造成他人损害的结果均持希望态度。客观上,防卫不适时与直接故意犯罪均实施了造成他人损害的行为。B. 主要区别:防卫不适时出于防卫的意图,而直接故意犯罪存在对于社会的危害目的。(3)**防卫不适时可能是过失犯罪**:过失犯罪,主观上存在过失,客观上造成危害结果。当防卫不适时符合这些主客观特征时,即可成立过失犯罪。防卫不适时,在行为人对于不法侵害起止的错误认识存在过失的场合,行为人对于自己行为的危害社会结果具有过失的心态特征。防卫不适时的行为人,也很可能对他人造成"有形的物质性的损害结果的实际发生"这一过失犯罪成立所需的危害结果要素。(4)**防卫不适时可能是间接故意犯罪**:间接故意犯罪,主观上存在间接故意,客观上造成危害结果。防卫不适时的主客观特征与此相吻合时,即可构成间接故意犯罪。防卫不适时的行为人,很可能造成他人有形的物质性的损害结果的实际发生,对此已如上述。防卫不适时,行为人尽管出于防卫的意图,但是不排除防卫心切而置已经认识到的不适时防卫及其造成危害社会结果于不顾,放任这种危害结果的发生。**(5)防卫不适时可能是意外事件**:防卫不适时既可能是过失犯罪或者间接故意犯罪,也可能是意外事件。防卫不适时,在行为人对于不法侵害起止的错误认识缺乏过失的场合,行为人对于自己行为的危害社会结果,既没有认识也不应当认识,即使客观上发生了危害社会的结果,然而行为人主观上并无罪责。**(6)防卫不适时不包括事先侵害与事后侵害**。事先侵害,是指行为人出于侵害的意图,在不法侵害到来之前对他人实施侵害行为,是一种先行下手行为。事后侵害,是指行为人以侵害的意图,在不法侵害既已过去对他人实施侵害行为,是一种报复行为。事先侵害与事后侵害,构成犯罪的均为故意犯罪,它们与防卫不适时的关键区别在于,事先侵害与事后侵害行为人出于加害的意图,而防卫不适时行为人出于防卫的意图。

预设防范装置的具体性质:预设防范装置,是指行为人基于防范不法侵害的意图,预先设置具有人身财产等损害功能的装置,以便在特定的场合自动发生效果。预设防范装置是否属于正当防卫,刑法理论存在正当防卫说、分别情况存在正当防卫说、分别情况并非正当防卫说的不同见解。本书主张,预设防范装置根据不同情况,可能是:**(1)合法行为**:预设防范装置并不危及公共安全,包括并未使用法律禁用的器械等,则不为法律所禁止。**(2)不法行为**:预设防范装置只要危及公共安全的,就可视作不法行为。包括预防装置伤及无辜以及伤及不法侵害人。**(3)视作正当防卫**:在预设防范装置并不危及公共安全因而合法的场合,装置在遭遇不法侵害时起到了制止不法侵害的效用,并且并未超过必要限度造成重大损害,对此可以视作正当防卫。严格来讲,这一情形与正当防卫存在着区别:正当防卫针对特定的不法侵害人,而预设防范装置针对不特定的不法侵害人;正当防卫防卫反击行为紧随不法侵害行为之后,而预设防范装置的行为发生于不法侵害行为之前。不过,合法的预设防范装置与正当防卫在本质上相近,从而可以视作正当防卫。

3. 主观条件:出于防卫意思

正当防卫主观条件,即出于防卫意思,其强调正当防卫的反击行为必须出于防卫的意图。

防卫意思的蕴含:对于防卫意思的含义,日本学者存在防卫认识说、防卫认识并积极防卫目的说、防卫认识并消极防卫目的说的不同见解。应当说,防卫意思的成立,防卫认识属于必要的基础与前提,没有防卫认识不可能形成防卫的意思;同时,防卫意志亦为必要,行为人借反击之机恶意攻击对方,这不能说是防卫意思。当然,基于防卫反击的紧迫急切场合,这种防卫意志并不一定限于积极,即可以表现为消极防卫意志。由此,**防卫意思**,是指行为人的防卫反击,基于对不法侵害现实存在与正在进行、合理防卫限度等的认识,并且出于保护国家、公共、本人或者他人的法益免受不法侵害的意志,包括防卫认识与防卫意志。防卫认识,是指行为人对于不法侵害现实存在与正在进行、对于防卫的合理方式及其合理损害等情况的预见或者明知。防卫意志,是指行为人基于通过反击(损害)不法侵害人,从而保护国家、公共、本人或者他人的法益免遭损害的取向态度。

防卫意思之成立条件的去留:这在日本刑法理论存在否定说与肯定说的对立。本书肯定防卫意思对于正当防卫成立的必要,并且也肯定正当防卫的违法阻却事由地位。具体而论:**(1)正当防卫的理论地位**:本书将正当防卫置于严重危害阻却之侵害法益阻却的理论地位。具体案件所现的正当防卫与紧急避险等这些特殊的异常事由,致使在客观规范要素的判断上,原先基于抽象的类型性的肯定评价,现在具体地被否定。**(2)防卫意思的理论地位**:正当防卫这一事实作为违法性阻却的事由,并不否认正当防卫事实本身的构成由客观与主观的要素构成。而这一主观要素即为防卫意图的具备,包括合理防卫的认识与保全法益的意志。**(3)保全法益意志与责任**:保全法益意志,从否定行为人所具有的责任形式来说,其确也具有排除行为人主观上的规范意识欠缺的成分。但是,就防卫意图在犯罪论体系中的地位而论,其首先是决定正当防卫成立的要素。**(4)刑法立法的规范要求**:从刑法立法来看,我国《刑法》第20条第1款的规定表明,正当防卫的成立以防卫意思为必要。除了少数国家,世界各国多数国家的刑法典在对正当防卫的规定中,也都明确了防卫意思的要求。

偶然防卫的定性:偶然防卫,是指行为人主观上基于不法侵害的意思,而客观上偶然地产生了针对不法侵害而保护法益的效果的情形。偶然防卫的关键是防卫意思不具备,由此影响到对其的定性,对此刑法理论存在必要说的犯罪性质、不要说的正当防卫、不要说的未遂犯等不同见解。**本书**主张,偶然防卫并非正当防卫,并且视具体情况的不同,可以构成既遂犯,也可以构成未遂犯。**(1)并非正当防卫**:基于本书的双层多阶犯罪构成理论,正当防卫是侵害法益阻却(违法性阻却)的事由。而正当防卫的构成又须客观上具有必要的防卫行为、特定的防卫对象、合理的防卫结果等要素,以及主观上具有合理防卫的认识与保全法益的意志的要素。偶然防卫缺乏防卫意思,而不具备正当防卫成立所必需的主观要素,从而并非正当防卫。**(2)构成未遂或者既遂**:尽管偶然防卫在客观上偶然地产生了针对不法侵害而看似保护法益的效果,但是偶然防卫属于不法侵害,其对不法侵害人利益的损害仍应受到否定评价,并且这种评价的程度仍应结合行为的主观心态与客观损害的具体情况而论。倘若主观意图实施某一具体犯罪,并且案件的主客观事实呈既遂形态,则构成既遂;反之,符合未遂形态的,则构成未遂。

挑拨防卫的定性:大陆法系刑法理论对于挑拨防卫的性质,存在权限滥用说、原因违法行为说、全体违法说、防卫意思否定说、社会相当性说的不同见解。我国刑法理论通常将挑拨防卫理解为故意挑拨防卫,主张对其应以故意犯罪论处。**本书**立于正当防卫的构成标准,对于挑拨防卫作如下界说,并强调故意挑拨防卫与过失挑拨防卫的区别。**挑拨防卫**,是指行为人故意或过失地招致对方对自己的侵害,进而由此反击该侵害的行为。包括故意挑拨防卫与过失挑拨防卫。**故意挑拨防卫**,是指行为人基于攻击侵害对方的意图,挑衅对方侵害自己,再借口正当防卫以侵害对方的行为。

故意防卫挑拨通常不属于正当防卫,构成犯罪的应以故意犯罪论处。当然,也不排除在某些场合,被挑拨人以极其激烈的行为回击相对缓和的挑拨,挑拨人回避不及,而予以适当反击,可以考虑成立正当防卫。**过失挑拨防卫**,是指行为人对于自己的行为会招致对方的侵害,应当预见而没有预见或已经预见但轻信能够避免,从而招致对方的侵害而自己防卫反击的行为。在过失招致对方侵害的场合,挑拨人应尽量予以回避,确实回避不及的,为了防卫自身合法权益可予适当反击,这一反击可以成立正当防卫。

互相斗殴的定性:互相斗殴,是指双方各自基于侵害对方的意图,实施一连串互为侵害的行为。其特点表现在:主观上,斗殴人持积极侵害压制对方的斗殴意思;客观上,斗殴人实施主动侵害对方的斗殴行为。对于互相斗殴,应当区别互相斗殴与其后的转化情形。纯粹的互相斗殴,双方均为不法侵害,因缺乏正当防卫的主观条件与客观条件,都无从成立正当防卫,构成犯罪的,分别承担相应的刑事法律后果。不过,在互相斗殴情形中断的场合,应当存在正当防卫的余地。具体表现在:一方停止斗殴,而对方继续实施不法侵害,则停止斗殴方可予适当防卫反击;一方侵害明显增强,而另一方确实回避不及的,可予适当防卫反击。

保全法益的对象范围:对于正当防卫所能保全法益的对象范围,各国刑法存在仅限防卫个人与防卫个人国家社会的不同立法。对此,刑法理论,对于**防卫个人**通常持肯定态度,而对于能否**防卫国家**则存在肯定说、否定说与原则否定说的不同见解。对于防卫国家利益,**本书持肯定说的立场**。这涉及价值根基思考中的个体与整体的关系。个体与整体是相辅相成的。刑法以保障人权为主导兼顾保护社会,但是这并不意味着对国家法益、社会法益的否定。同时,与赋予公民防卫个人权利一样,认可公民防卫国家、防卫社会并不意味着公民拥有国家权力。正当防卫可以出于保全"他人法益",理应也能出于保全"国家法益"。公民防卫国家、防卫社会,包括防卫个人,也只是一种积极责任。我国《刑法》对于防卫国家与防卫社会明确予以了肯定。

保全法益的内容范围:(1) **总体阐释**:对于正当防卫所能保全法益的内容范围,各国刑法立法或者述以"权利"、"利益"的抽象概括,或者述以"生命、健康、自由或财产"的具体描述。对此,刑法理论则存在人身权利说与多种权利说的不同见解。本书认为,不应将保全法益内容限于人身权利。正当防卫的意义在于,权益遭受侵害的情况紧急,为了避免时过境迁而造成无可挽回的损失,从而赋予保护权益的防卫权利。由此,在财产等权益遭受正在进行的、现实存在的不法侵害的场合,也应可以采取一定的防卫行动。固然不能仅为了保全财产权益而损害不法侵害者的生命,不过这是防卫限度的问题,而不是防卫内容的覆盖范围。(2) **非法利益的防卫**:对于非法利益能否予以防卫,刑法理论也存在肯定说与否定说的不同见解。本书认为,对于非法利益的防卫问题,应当分别两种情形具体分析判断。A. 单纯防卫非法利益并非正当防卫,正当防卫所保全的内容应当是合法利益。防卫非法利益的行为,既非本质上的保护法益也无主观上的防卫意图,固然不能谓为正当防卫。固然,即便是非法利益也不容任意侵害,任意侵害非法利益的行为属于不法侵害。但是,并不因为反击不法侵害就是正当防卫。**B.** 有时情况较为复杂,防卫非法利益与防卫合法利益同时并存。以甲抢劫乙的盗窃赃物为例,乙防卫赃物属于防卫非法利益,而防卫自己的人身则属于防卫合法利益。在这种场合,对于防卫行为的定性颇值进一步考究。因为在这其中,反击不法侵害的行为包含了防卫合法利益的成分,也就有了主观上存在防卫意图与本质上具有保护法益的余地。

4. 对象条件:针对不法侵害者本人

正当防卫对象条件,即针对不法侵害者本人,其强调正当防卫的反击行为必须针对不法侵害者本人。

不法侵害者本人的蕴含:不法侵害者本人,是指正在实行违背法律的侵袭损害行为的自然人。分而述之,这意味着防卫对象应当是:(1)自然人。基于单位的侵害通常不具紧迫性,尤其是单位主体的表现以"整体"为基本特征,难以形成具体明确的防卫对象,因此单位一般不构成防卫对象。(2)实行者本人。强调正当防卫所损害的利益,只能针对实行不法侵害行为的本人,而不能及于第三者。利益的内容可以是多样的,但是只能及于不法侵害者本人。(3)正在实行者。正当防卫只能针对正在实行不法侵害行为的人实施。尚未开始实行不法侵害的人,或者已经将不法侵害行为实行完毕的人,均不能成为正当防卫的对象。

对于无责任能力人的防卫:能否对无责任能力人实行正当防卫,刑法理论存在可以正当防卫、有限正当防卫、不能正当防卫、构成假想防卫的不同见解。对此,本书认为,立于客观应然的角度,无责任能力人的侵害行为,按照大陆法系客观违法性说可以构成违法,而基于主观违法性说则不能成立违法,依据我国主客观统一的犯罪构成理论也不能成立犯罪。然而,作为正当防卫前提的不法侵害应当与正当防卫的特征密切相关。无责任能力人的侵害不失为人的危害社会的行为,从排除人的危害社会行为的角度,对之予以适度的防卫反击,可以为正当防卫的本质意义所囊括。立于主观应然的角度,由于防卫对象责任能力的客观事实不影响防卫人正当防卫的成立,而正当防卫构成的相关主观要素是要求认识不法侵害,因此无论防卫人对于防卫对象的责任能力是否存在正确认识,均不影响其正当防卫的成立。

对于物之侵害的防卫:对于物的防卫,是指基于防卫意思,对于由人饲养或者管理的动物,或者其他物品的侵害所进行的反击。对于野兽等无主物侵害的反击,通常不发生法律问题;而当遭遇禁猎动物侵害予以反击,可以考虑按紧急避险处理。在此,需要探讨的对于物的防卫存在两种情形:(1)自然引发物的侵害,即物的自然侵害,对此刑法理论存在肯定说、否定说、准肯定说的不同见解。(2)人为引发物的侵害,即物的人为侵害,对此刑法理论通常认为,这种侵害形为物的侵害而实为人的侵害。区分上述两种情形,本书认为,正当防卫对象限于实行不法侵害行为的自然人。在物的自然侵害中,不存在实行不法侵害的自然人。当然,物的侵害形成法益侵害的状态,为了避免时以境迁造成无可挽回的损失,法律应当允许公民其时反击物的侵害以保护法益,但是将这种防卫反击解释为紧急避险更为恰当。与此不同,物的人为侵害属于人的行为,物只是一种特殊的侵害工具,对之实施防卫反击,实质是对人的不法侵害的制止,可以解释为正当防卫。

对于共同犯罪的防卫:在不法侵害为共同犯罪的场合,倘若各个共同犯罪人均为正犯,那么每个共同犯罪人都可以成为正当防卫的对象。问题是,在存在分工的场合,各个共犯能否成为防卫对象,对此存在肯定说、否定说、区别说的不同见解。本书主张,对于共同犯罪的防卫应当考虑到,共同犯罪行为所具有的整体性以及正当防卫必须面临侵害紧迫性这两个方面,从而对处于实行现场的共犯(教唆犯、帮助犯)可以正当防卫。应当注意,这里的实行现场并不等同于犯罪现场。犯罪现场意义广泛,而实行现场是指犯罪人实施实行行为的场所。共同正犯中的每个犯罪人均可以作为正当防卫对象;而对于共犯来说,根据共犯所处场合的不同,防卫对象也有所差异。当教唆犯、帮助犯在实行现场教唆、帮助,则其可以成为防卫对象;反之,当共犯不在实行现场教唆、帮助时,则其不能成为防卫对象。

对于间接正犯的防卫:对于间接正犯的防卫也应分别不同情况区别对待。被利用者直接实行侵害,而间接正犯也处于实行现场时,被利用者与间接正犯均可成为防卫对象。不过,当间接正犯并不处于实行现场时,被利用者可以成为防卫对象,而间接正犯则无从成为防卫对象。被利用者实行侵害前,间接正犯的唆使、利用等行为因尚未形成侵害的紧迫性,此时的间接正犯也不能成为防卫对象。关于防卫间接正犯的另一问题是,在被利用者并不构成犯罪的场合,似乎被利用者行为的不法侵害性质尚有疑问,进而影响到被利用者防卫对象的地位。然而,这种将被利用者侵害行为单纯割裂的观察不足为据,事实上,在间接正犯的场合,被利用者的侵害行为是间接正犯行为的具体表现。被利用者可以视作由间接正犯所遥控的特殊侵害工具,对之实施防卫反击实质是对间接正犯不法侵害的制止,可以解释为正当防卫。

5. **限度条件:尚未明显超过必要限度造成重大损害**

正当防卫限度条件,即尚未明显超过必要限度造成重大损害,其强调正当防卫的反击行为及其效果必须具有一定幅度的限制。

防卫限度的立法状况与理论见解:对于防卫限度,各国刑法典均有规定,不过立法模式则样态纷呈。有的对于人身侵害不作防卫限度要求,而对于人身以外侵害强调防卫限度;有的综合考虑不法侵害性质与不法侵害人,来具体确定防卫限度;有的则根据防卫行为的必要性,来具体确定防卫限度;等等。而刑法理论主要聚焦于必要性、相当性、被迫性、不得已等要素,来阐释防卫限度应然标志的具体意义。德国学者强调防卫限度的必要性及其理论蕴含;法国学者强调防卫限度的必要性与相当性,并对其理论蕴含作了揭示;意大利学者强调防卫限度的被迫性、必要性、相当性,并对其理论蕴含作了揭示。我国学者对于防卫限度存在相当说、必要说与折衷说的不同见解。

必要性与相当性的标准定位:中外刑法理论对于正当防卫限度,总的原则是,既要有利于紧急情况下对法益的及时保护,又要有所节制以保障侵害人应有的利益。具体地,主要以必要性并相当性为标准。**(1)必要性**强调防卫行为为制止不法侵害所必要,即有效抗制,不可缺少;属于防卫限度的基础要求,以行为评价为核心。这种必要性判断,需要考虑防卫行为与侵害行为的强度、方法,防卫法益与侵害法益的性质,防卫所面临的危险性(侵害所构成的危险性),侵害人与防卫人的个人情况,侵害与防卫的时间、地点、环境等因素。**(2) 相当性**强调防卫行为所造成的利益损害与侵害行为所可能的利益损害相当,即两相权衡,对比适度;属于防卫限度的终端要求,以结果评价为核心。这种相当性的判断,需要考虑侵害程度[①]、法益面临的威胁、防卫法益与侵害法益的性质等因素。为了防卫性自由,可以造成人身伤亡损害,而单纯地为了防卫财产利益,则不能承认生命损害。**(3) 我国《刑法》的规定**:刑法理论防卫限度的必要性、相当性这一思路,也为我国刑法立法所确认。1979 年《刑法》第 17 条第 2 款规定:正当防卫不能"超过必要限度造成不应有的危害";1997 年《刑法》第 20 条第 2 款规定:正当防卫"不能明显超过必要限度造成重大损害"。显然,不论是 1979 年《刑法》还是 1997 年《刑法》,均强调防卫行为的必要限度与防卫结果的损害限度。

必要性与相当性的客观关系:对于必要性与相当性的关系,我国刑法理论的见解不尽一致。(1) 结果定论:认为,存在防卫行为明显超过必要限度(必要性缺乏),但防卫结果并未造成重大损害(相当性具备)的情形,在此场合防卫过当的最终定论须要相当性也缺乏。(2) 行为定论:认为,存在必要性缺乏则相当性也必然缺乏,但是相当性缺乏却未必必要性也缺乏,在此场合须要追问必要性是否也缺乏,从而防卫过当的最终定论在于必要性缺乏。(3) 统一关系:认为,不具备必要性(防卫行为明显超过必要限度)就没有相当性(防卫结果必然造成重大损害);没有相当性也就缺乏必要性;而具备必要性就肯定有相当性。**应当说**,必要性与相当性是防卫限度的两个相因相成的要素。理论上,防卫过当意味着防卫行为与防卫结果超过防卫限度,而立法上,防卫过当是指防卫明显超过必要限度造成重大损害。这意味着:对于防卫过当的成立来说,"明显超过必要限度"与"造成重大损害"两者缺一不可,从而共同成为防卫过当的要素;相对而言,"明显超过必要限度"作为过当的基础意义,具有"因"的地位,而"造成重大损害"作为过当的终端表现,具有"果"的地位;就现实表现来看,没有"明显超过必要限度",通常不会有"造成重大损害";而具备"明显超过必要限度",未必必然"造成重大损害";但是,"造成重大损害",通常也必然是"明显超过必要限度"。

我国《刑法》之"明显"与"重大"的应有之义:相对于 1979 年《刑法》,1997 年《刑法》放宽了防卫限度,强调只有在突破必要性"明显"、超越相当性"重大"的情况下,才存在防卫限度缺失。在此,**明显超过必要限度**,意味着防卫行为清楚显露地超越不法侵害,防卫损害法益与防卫保全法益两相权衡显失比重;**造成重大损害**,意味着防卫行为所造成的利益损害,在性质或程度上大幅度地超越不法侵害所可能造成的利益损害。"明显"与"重大"的判断需要基于具体情形分析,例如:(1) 人身伤亡结果:通常只有造成不法侵害人重伤或者死亡,方可称作"明显"、"重大";当然防卫中造成

[①] 例如,法国学者的见解。详见上文。

不法侵害人重伤或者死亡的,不一定就是"明显"、"重大"。① (2) 财产利益与生命利益:不能为了防卫财产利益而损害生命利益。对于单纯盗窃行为的防卫不能造成不法侵害人死亡。(3) 强奸犯罪与生命健康:对于具有现实紧迫性的强奸犯罪侵害,为了保全合法利益,可以损害不法侵害人的生命健康。(4) 行为的危险程度:为了有效制止不法侵害,防卫行为的危险程度可以适当大于不法侵害行为的危险程度,但是两者不能相差太大。(5) 行为人的侵害能力:侵害能力、侵害手段、环境条件等,对于最终的效果具有互补性。为了实现一定的防卫效果,能力强悍者只需采取轻缓的手段,而能力赢弱者则须选择激烈的手段。

特殊防卫的立法比较:许多国家的刑法典,针对特别场合的防卫限度放宽,进行了具体规定。其立法模式主要有:(1) 特别情境:基于特定时间、特定状况、特定心境等条件下的防卫,法定防卫限度放宽。(2) 特别行为:基于特殊性质或者特殊危险的侵害行为而实施的防卫,法定防卫限度放宽。(3) 缺乏期待:基于防卫行为所采取的方式、强度等具有唯一性而别无其他选择,法定防卫限度放宽。

特殊防卫的我国规定:针对特别场合的防卫限度放宽,我国《刑法》第20条第3款的规定,大致采纳了"特别行为"的立法模式。对于我国《刑法》的这一规定,刑法理论存在不同的称谓,由此也表现出对其理解上的差异。有的主张称之"无限防卫",有的主张谓以"特殊防卫",有的主张称作"无过当防卫"。本书采纳"**特殊防卫**"的称谓。其恰当地表述了《刑法》第20条第3款的具体内容。(1) 特殊意义:该条款强调对于特殊的不法侵害,防卫限度具有特殊性。具体地说就是,对于"严重危及人身安全的暴力犯罪",防卫限度可以达至极点"造成不法侵害人伤亡"。(2) 相当意义:该条款所强调的特殊意义是双轨的,表现为"造成人身伤亡"不为过当的防卫限度特殊,与"严重危及人身安全的暴力犯罪"的不法侵害特殊,相互对应。这与该条第2款防卫限度的精神一脉相承。(3) 无过当防卫:该条款规定的是一种特殊类型的无过当防卫,即这一无过当防卫还有其特殊的不法侵害类型的前提。只有对于"严重危及人身安全的暴力犯罪",在防卫限度上才不存在过当的情形,属于防卫限度的无过当。

特殊防卫的构成条件:我国《刑法》所规定的特殊防卫有其特定的构成条件,具体包括:(1) 前提条件:严重危及人身安全的暴力犯罪现实存在;(2) 时间条件:严重危及人身安全的暴力犯罪正在进行;(3) 主观条件:造成不法侵害人伤亡须出于防卫意思;(4) 对象条件:防卫行为须针对不法侵害者本人。在此,**严重危及人身安全的暴力犯罪**,在这一特殊防卫的构成中具有核心要素的意义。这一要素的成立应当同时具有如下意义:(1) 人身安全:作为特殊防卫前提的不法侵害,以针对"人身安全"的法益侵害为必要。包括仅针对人身安全的法益侵害,或者既针对人身安全同时也针对其他安全的法益侵害。(2) 暴力犯罪:特殊防卫以"暴力犯罪"为前提。暴力犯罪

---

① "造成重大损害"必然"明显超过必要限度",但是"明显超过必要限度"不一定"造成重大损害"。因此,没有造成重大损害,不用考虑是否明显超过必要限度;存在造成重大损害,尚需确定是否明显超过必要限度。

更以暴力手段为典型特征。这种暴力尤其强调强烈肉体击打、威胁或者特定场景使人强烈精神震撼。(3)具体类型:《刑法》列举了"行凶、杀人、抢劫、强奸、绑架"等暴力犯罪的一些类型。其中,"行凶"的表述不尽合理,而"杀人、抢劫、强奸、绑架"等可以表现为暴力犯罪,但是也不尽然。(4)严重特征:只有针对"严重"危及人身安全的暴力犯罪,才存在特殊防卫问题。如同对于"明显"、"重大"的判断一样,对于"严重"也可以综合侵害能力、侵害手段、环境条件、可能损害等多方面的因素综合判断。

(三)防卫过当

1. 防卫过当的概念与特征

防卫过当不同于正当防卫而具有不法侵害的性质,这可谓防卫过当的实质意义;同时,防卫过当也典型地呈现为防卫反击超越了防卫限度,这可谓防卫过当的形式特征。而防卫过当的形式特征更具标志价值。由此,侧重形式特征,兹对防卫过当作如下界说。**防卫过当**,是指为了使国家、公共利益、本人或者他人的人身、财产和其他权利免受正在进行的不法侵害,而对实施不法侵害的人采取制止不法侵害的反击行为,却明显超过了必要限度造成了重大损害。

防卫过当具有如下**特征:(1)防卫前提**:防卫过当具备正当防卫的四个条件,即起因条件、时间条件、主观条件、对象条件。尽管如此,但是基于防卫限度过当,其并不构成正当防卫,而是与正当防卫有着本质区别。防卫过当也不宜理解为,行为先构成正当防卫,而后转化为防卫过当[①]。防卫过当的成立条件是上述正当防卫的四个条件与防卫限度过当的整合。**(2)过当结果**:防卫过当缺乏正当防卫的防卫限度条件(必要性与相当性)。基于我国《刑法》第20条第2款的规定,防卫过当必须防卫明显超过必要限度造成重大损害。这里,明显超过必要限度与造成重大损害,是相因相成、整体归一的表述。进而,防卫过当构成犯罪的,属于结果犯,通常表现为致人重伤或者死亡。另外,事后防卫也不同于防卫过当。

2. 防卫过当的责任形式

对于防卫过当的主观责任形式,我国刑法理论存在"过失与间接故意"、"过失与故意"、"过失"、"间接故意"等不同见解;日本刑法理论根据防卫人"对成为过当基础的事实"有无认识的不同,将防卫过当分为"故意防卫过当"与"过失防卫过当"。本书认为,防卫过当的主观责任心态应为过失与间接故意。

防卫结果心态与过当结果心态:防卫结果心态不同于过当结果心态。**(1)防卫结果心态**,是指防卫人对不法侵害人所造成的防卫限度以内损害结果的心理态度。防卫结果心态包容于防卫意思。易言之,防卫意思包含有防卫行为造成不法侵害人合理损害的心态。合理损害,是指防卫行为给不法侵害人所造成的防卫限度之内的损害。防卫人反击的攻击因素不影响防卫意志的成立,且通常防卫蕴含有对不法侵害者的侵害攻击之意;反击的情感因素也不影响防卫意志的成立,这些情感因素可以表现为愤怒、憎恶等;但是,防卫人借反击之机恶意攻击对方,这不能说是防卫意思。

[①] 从这个意义上说,所谓防卫过当"系由正当合法转化为过当非法"的说法是不确切的。

(2) 过当结果心态,是指防卫人对不法侵害人所造成的超过防卫限度的损害结果的心理态度。过当结果心态超越于防卫意思。过当结果心态虽以存在防卫意思为前提,没有防卫意思,就没有防卫过当,也就无所谓防卫过当结果心态,然而,与防卫意思中的防卫结果心态不同,过当结果心态须针对重大损害。正当防卫就是通过给不法侵害人损害的方式来保护法益,因此合理的损害心态不是过当结果心态,而"重大"损害的心态才是过当结果心态。这种重大损害有害于社会,对于这种重大损害的心态,可以构成故意或者过失。综上,就损害结果的心态而言,基于防卫意思对于合理损害结果的心态,包容于防卫意思;而基于防卫意思对于重大损害结果的心态,则属于过当结果心态。就损害意图而言,为保护法益而反击对方可谓是防卫意思;反之,借反击之机恶意攻击对方,不论损害结果如何,均不能说是防卫意思。

防卫意思与过当结果心态:过当结果心态(重大损害心态)可能表现为以下情形,进而表现出其与防卫意思的组合状态:**(1) 缺乏认识**:行为人对于重大损害结果没有认识。在这一场合,行为人可能持有防卫意思。具体表现为,行为人仅认识到防卫行为的合理损害结果,而对于防卫行为可能造成重大损害结果却没有认识,基于防卫意思,实施了该防卫行为,造成了重大损害结果。**(2) 认识并避免**:行为人对于重大损害结果有所认识,并且对于这一结果持有否定与轻信能够避免的意志。在这一场合,行为人可能具有防卫意思。具体表现为,行为人既认识到防卫行为的合理损害结果,同时也意识到防卫行为可能造成重大损害结果,但是却轻信这种重大损害结果能够避免,而坚持防卫行为只会造成合理损害的心态,基于防卫意思,仍然实施了该防卫行为。**(3) 认识并放任**:行为人对于重大损害结果有所认识,并且对于这一结果持有放任意志。在这一场合,行为人也可能具有防卫意思。具体表现为,行为人既认识到防卫行为的合理损害结果,同时也意识到防卫行为可能造成重大损害结果,但是并不希望这种重大损害结果的发生,而是任凭其发生或不发生,并且倾向防卫行为也可能只造成合理损害的心态,基于防卫意思,实施了该防卫行为。**(4) 认识并希望**:行为人对于重大损害结果有所认识,并且对于这一结果持有希望意志。在这一场合,行为人不可能具有防卫意思。尽管在正当防卫中,希望合理损害结果发生是防卫意思的应有之意,但是希望重大损害结果发生,不能不说这是一种恶意攻击的心态,这种心态与防卫意思是不相容的。有鉴于此,认识并希望重大损害的心态,由于其不可能存在防卫意思,因而也就不能成为防卫过当的心态。

防卫过当心态与故意或过失:针对防卫所致重大损害结果,防卫过当可以表现为对此缺乏认识或者具有认识,其所表现的故意或过失如下:**(1) 无认识防卫过当**:行为人对于行为的重大损害结果没有认识,这种无认识过失又可分为如下几种情形:A. 意外因素的防卫过当:行为人基于防卫意思,实施防卫行为,造成了重大损害结果,对于这一重大损害结果没有认识也不应当认识。对此,应按意外事件处理。B. 疏忽大意的防卫过当:行为人基于防卫意思,实施防卫行为,造成了重大损害结果,对于这一重大损害结果,虽然没有认识但是应当认识。对此,行为人承担疏忽大意过失的主观责任。**(2) 有认识防卫过当**:行为人对于行为的重大损害结果具有认识,这种有认识过当又可以分为如下几种情形:A. 过于自信的防卫过当:行为人基于防卫意思,实施防卫行为,造成了重大损害结果,对于这一重大损害结果,行为人尽管有所认识但是却轻信能够避免。对此,行为人承担过于自信过失的主观责任。B. 间接故意的防卫过当:行为人基于防卫意思,实施防卫行为,造成了重大损害结果,对于这一重大损害结果,行为人有所认识并且放任其发生。对此,行为人承担间接故意的主观责任。综上,防卫过当可以是缺乏主观责任的意外,也可以是表现为过失或间接故意主观责任的犯罪。**(3) 直接故意犯罪**:行为人对于造成重大损害持有希望的态度,此时不可能具有防卫意思,基于这一心态实施的所谓反击行为,原本就是直接故意犯罪,无所谓防卫过当的犯罪形态。易之言,尽管这一情形似乎也表现为针对不法侵害的反击,但是基于行为人对于造成重大损害的直接故意,缺乏防卫意思,其并不属于防卫过当的框架。

假想防卫过当:假想防卫过当,假想防卫并防卫过当,是指行为人主观认识上发生了错误,基于防卫意图,对于事实上并非是不法侵害的行为,实施了所谓的防卫反击,却明显超过了必要限度造成了重大损害。假想防卫过当分为:**(1) 假想过失防卫过当**,是指行为人假想防卫,发生了过当结果,并且对于过当结果持有过失心态。对此,如果假想防卫属于过失,则过失假想防卫并过失防卫过当,近似想像竞合犯(从一重处断),行为人对于过当结果承担过失罪责;如果假想防卫属于意外,则意外假想防卫并过失防卫过当,行为人仍须对于过当结果承担过失罪责。**(2) 假想间接故意防卫过当**,是指行为人假想防卫,发生了过当结果,并且对于过当结果持有间接故意心态。对此,如果假想防卫属于过失,则过失假想防卫并间接故意防卫过当,近似想像竞合犯(从一重处断),行为人对于过当结果承担间接故意责任;如果假想防卫属于意外,则意外假想防卫并间接故意过当,行为人仍须对于过当结果承担间接故意责任。

3. 防卫过当的刑事后果

防卫过当的定罪:防卫过当本身不是罪名,防卫过当构成犯罪的,应当按照所成立的具体犯罪定罪。根据我国《刑法》第 20 条第 2 款的规定,防卫过当属于结果犯,并且所造成的结果通常表现为致人重伤或者死亡。防卫造成他人轻伤或者财产损害的结果,不宜认定为防卫过当。有鉴于此,防卫过当的罪名通常是:**(1)(间接)故意伤害罪**:《刑法》第 20 条第 2 款、第 234 条第 2 款,行为人基于防卫意思,实施防卫行为,造成了他人重伤结果,对于这一重伤结果,行为人有所认识并且放任其发生。**(2)(间接)故意杀人罪**:《刑法》第 20 条第 2 款、第 232 条,行为人基于防卫意思,实施防卫行为,造成了他人死亡结果,对于这一死亡结果,行为人有所认识并且放任其发生。**(3) 过失致人重伤罪**:《刑法》第 20 条第 2 款、第 235 条,行为人基于防卫意思,实施防卫行为,造成了他人重伤结果,对于这一重伤结果,虽然没有认识但是应当认识(疏忽大意过失),或者尽管有所认识但是却轻信能够避免(过于自信过失)。**(4) 过失致人死亡罪**:《刑法》第 20 条第 2 款、第 233 条,行为人基于防卫意思,实施防卫行为,造成了他人死亡结果,对于这一死亡结果,虽然没有认识但是应当认识(疏忽大意过失),或者尽管有所认识但是却轻信能够避免(过于自信过失)。

防卫过当的量刑:防卫过当通常被作为量刑的从宽情节,不过在从宽的程度与具体内容上,各国刑法的规定仍有差异,主要存在"必减原则"、"得减原则"、"限于减轻"、"直至免除"等情形。我国《刑法》第 20 条第 2 款,采纳的是"必减原则"并"直至免除"的立法模式;同时该条款也首先明确防卫过当"应当负刑事责任"。这是考虑到防卫过当既具有防卫意思与针对不法侵害等前提,又具有一定的社会危害。具体如何根据《刑法》的规定从宽处罚,这里依然存在着司法裁量的问题。可以考虑以下几个方面:**(1) 过当程度**:防卫过当的损害结果与合理限度之间的差距大小。包括行为手段、行为结果等因素。**(2) 防卫法益**:防卫法益与造成过当所侵害法益之间在质与量上的对比关系,各自的重大程度。**(3) 过当心态**:过当心态包括疏忽大意过失、过于自信过失、间接故意,不同心态其主观危害有所差异。**(4) 防卫场合**:处于孤立无援、弱势体能等而实施防卫造成重大伤亡的,倘若构成过当则更应从宽。总之,防卫过当如何从宽的裁量,是个较为复杂的具体问题,应当根据案件具体情况分析,区别对待。

三、紧急避险

(一) 紧急避险的概念

刑法典紧急避险的规定,是刑法理论紧急避险概念的基础与本源。**各国刑法典**对紧急避险的规定有所不同,表现出在紧急避险制度上的差异。多数国家刑法典在紧急避险的条文中,对避险目的、避险起因、避险限制、避险限度等作了规定。**我国《刑法》**第 21 条分别 3 款,从避险意图、避险保护利益的范围、避险所需的危险状态及其现实紧迫状况、避险的迫不得已特征、避险行为及其损害后果的限度、避免本人危险的职务与业务限度等,对于紧急避险作了限定。

刑法理论对紧急避险的界说,实际上是紧急避险成立条件的浓缩。基于我国《刑法》的规定,我国刑法理论对于紧急避险的成立条件存在不同见解。本书基于我国《刑法》的规定,结合刑法理论的分析,同时出于与正当防卫条件形成相应的对比关系,对紧急避险作如下界定:**紧急避险**,是指为了使国家、公共利益、本人或者他人的人身、财产和其他权利免受正在发生的危险,不得已而采取的损害另一较小的法益以保全面临危险的较大法益的行为。

(二) 紧急避险的成立条件

紧急避险的成立,应当同时具有"危险现实存在、危险正在发生、出于避险意思、针对第三者法益、合理的法益权衡效果、避险出于不得已、排除特定人员之自我避险"这七项条件。

1. 起因条件:危险现实存在

紧急避险起因条件,即危险现实存在,其强调紧急避险必须在危险现实存在的情况下实施。

避险起因之现实危险:**现实危险**,是指法益遭受具体损害,处于客观实际状态或者严重威胁状态,强调法益遭受损害的现实紧迫。具体表现在:**(1) 现实性**,法益遭受损害的实际状态或者威胁状态客观实际存在,而非避险人的主观臆测。假想避险不是紧急避险。**(2) 迫切性**,危险对于损害结果的发生构成严重威胁,或者危险正在发生,从而决定了避险的必要性,否则损失将无法挽回。**(3) 强度性**,危险具有一定的严重程度,并趋于或形成较大破坏性。对于轻微且态势并不严重的危险不宜避险。

避险起因之危险来源:(1) 自然灾害危险:雷电、洪水、地震、山崩、海啸、飓风、暴雪、冰雹、干旱等等,所构成的实际损害或者严重威胁。**(2) 动物侵袭危险**:猛兽追噬、狂犬扑咬、毒蛇袭击等。在此,侵袭的动物并非不法侵害的工具。**(3) 不法侵害危险**:有责任能力人或无责任能力人违背法律的侵袭,所构成的实际损害或者严重威胁。**(4) 生理病理危险**:生理需要或者疾病发展对于人的生命健康,构成的实际损害或者严重威胁。

假想避险的具体定性:假想避险,是指行为人主观认识上发生了错误,基于避险意图,对于事实上并不存在的危险,实施了所谓的避险。假想避险,由于缺乏作为避险起因的"危险现实存在",从而不是紧急避险。假想避险给被害人造成损害的,按照事实认识错误处理。行为人对于事实情况的错误认识存在过失的,即对于危险并不存在的事实,应当预见而没有预见的,承担过失犯罪的刑事责任;行为人对于事实情况的错误认识没有过失的,即对于危险并不存在的事实,没有预见也不应当预见的,属于意外事件不承担刑事责任。

自招危险的具体定性:自招危险,又称**避险挑拨**,是指行为人基于自身的行为引起了针对本人的法益侵害危险。对于自招危险能否实施紧急避险,刑法理论存在肯定说、否定说、相当说的不同见解。而一些国家的刑法典对于自招危险的紧急避险作了限制,我国《刑法》并未明确限制自招危险的紧急避险,这给理论分析留下了较大的空间。**本书仍以处理挑拨防卫的原则对待自招危险**。具体地说,行为人故意自招危险,同时具有利用该危险造成他人法益损害的目的,由于缺乏避险意思,从而否定这一场合的紧急避险;行为人面临自己故意或者过失的自招危险,在避险损害法益明显超过危险可能损害法益(避险保护法益)的场合,由于缺乏避险限度条件,从而否定这一场合的紧急避险;行为人面临自己故意或者过失的自招危险,应当尽量化解危险并防止第三法益损害,确实化解不及或无法化解,如果具备紧急避险的其他条件,可以考虑紧急避险的成立。

2. 时间条件:危险正在发生

紧急避险时间条件,即危险正在发生,其强调必须危险正在进行才可实施紧急避险。

正在发生的蕴含:正在发生,是指危险迫在眉睫或者已经发生,尚未消除。其在本质上意味着法益遭受损害的情况紧急且当时可以挽回损失。具体表现在:法益虽未遭受实际损害,但面临严重现实威胁;法益正在遭受实际损害;法益虽已遭受一定损害,但损害仍在继续扩大。法益遭受损害尚未形成直接、现实、必然、紧迫的状态,或者法益损害结果已经形成并不再继续发展,是危险尚未发生或者已经消除。对于危险尚未发生或者已经消除,实施所谓避险,称为避险不适时。

避险不适时的特征与定性：避险不适时，是指行为人基于避险意思，在危险尚未发生或者已经消除的时候，对他人实施了自认为是避险的损害行为。避险不适时具有如下特征：(1) 主观上，行为人基于避险意思而行为，并对自己行为的性质发生错误认识；(2) 客观上，行为人对他人实施了自认为是避险的法益损害行为；(3) 时间上，行为人的行为实施于危险尚未发生或者已经消除。避险不适时包括事先避险与事后避险两种情况：(1) 事先避险，是指在危险尚未发生的时候进行所谓的紧急避险。(2) 事后避险，是指在危险已经消除的时候进行所谓的紧急避险。

避险不适时与有关情形的区别：(1) **避险不适时不同于假想避险**：主观上，避险不适时行为人错误认识的内容是危险的起止，在危险尚未发生或者已经消除的时候，误认为危险正在进行；而假想避险行为人错误认识的内容是危险的存否，对于并不存在的危险，误认为现实存在。客观上，避险不适时危险可能将来发生也可能已经过去；而假想避险危险自始至终都不存在。(2) **避险不适时不能是直接故意犯罪**。A. 相似之处：主观上，针对造成他人法益损害的结果均持故意态度；客观上，均实施了侵害他人法益的行为。B. 主要区别：避险不适时出于避险意思，这意味着行为人虽然对于造成他人法益损害持希望态度，但是却认为这种损害为避险所必要、为法律所允许、对社会于有益，因而不具有对于社会的危害目的；而直接故意犯罪存在对于社会的危害目的，表现为行为人明知自己的行为会发生危害社会的结果，并且希望这种结果发生，也即具有造成"法益侵害的实际损害或者现实危险"的主观意图。(3) **避险不适时可能是过失犯罪**：过失犯罪，主观上存在过失，客观上造成危害结果。避险不适时，在行为人对于危险起止的错误认识存在过失的场合，行为人对于自己行为的危害社会结果，本应认识却没有认识，或者已经认识但轻信能够避免，因而具有过失犯罪的主观特征；避险不适时的行为人，也很可能对他人造成过失犯罪所要求的有形的物质性的损害结果，从而具备过失犯罪成立所需的客观特征。(4) **避险不适时可能是间接故意犯罪**：间接故意犯罪，主观上存在间接故意，客观上造成危害结果。避险不适时，行为人尽管出于避险意思，但是不排除避险心切而置已经认识到的不适时避险及其造成危害社会结果于不顾，放任这种危害结果的发生；避险不适时的行为人，也很可能对他人造成间接故意犯罪所要求的有形的物质性的损害结果的实际发生。(5) **避险不适时可能是意外事件**：意外事件，客观上发生了危害社会的结果，而主观上缺乏犯罪的故意或过失。避险不适时，在行为人对于危险起止的错误认识缺乏过失的场合，行为人对于自己行为的危害社会结果，既没有认识也不应当认识，即使客观上发生了危害社会的结果，然而行为人主观上并无罪责。

3. 主观条件：出于避险意思

紧急避险主观条件，即出于避险意思，其强调紧急避险的避险行为必须出于避险意思。

避险意思的理论蕴含：避险意思，是指行为人的避险行为，基于对危险现实存在与正在发生、损害法益与保全法益对比合理、避险行为迫不得已等的认识，并且出于保护国家、公共、本人或者他人的法益免遭损害的意志。避险意思包括避险认识与避险意志。避险认识属于必要的基础与前提,没有避险认识不可能形成避险意思;同时,避险意志亦为必要,行为人借避险之机恶意损害他人法益,这不能说是避险意思。**避险认识**,是指行为人对于危险现实存在正在进行、对于避险方式以及损害他人法益以保全更大法益的合理避险、对于避险行为的迫不得已等情况的预见或者明知。**避险意志**,是指行为人基于通过损害第三者法益从而保护国家、公共、本人或者他人的更大法益免遭损害而实施避险的取向态度。

避险意思之成立条件的去留:与正当防卫一样,对于紧急避险的成立是否以避险意思为必要,刑法理论存在肯定说与否定说的对立。本书肯定避险意思对于紧急避险成立的必要,并且也肯定紧急避险的违法阻却事由地位。具体而论:(1)大陆法系刑法理论,通常将紧急避险作为违法性阻却事由。本书将紧急避险置于严重危害阻却之侵害法益阻却(违法性阻却)的理论地位。而紧急避险的这一理论地位,并不否认紧急避险事实本身的构成包括客观要素与主观要素。(2)紧急避险的客观要素表现为必要的避险行为、第三者避险对象、合理的避险结果等,而紧急避险的主观要素则表现为避险意图的具备,包括合理避险的认识与保全法益的意志。从而,缺乏避险意思就不能成立紧急避险。(3)从刑法立法来看,我国《刑法》第21条第1款也将紧急避险的主观心态限定为"为了国家、公共利益、本人或者他人的人身、财产和其他权利免受正在进行的不法侵害"。这意味着紧急避险的成立以避险意思为必要。

偶然避险的具体性质:**偶然避险**,是指行为人主观上出于不法侵害第三者法益的意思,而客观上偶然地产生了针对危险而保护法益的效果的情形。偶然避险的定性也颇存争议,与偶然防卫一样存在必要说的犯罪(包括既遂犯、未遂犯、准未遂犯)、不要说的紧急避险等见解。**本书**主张,偶然避险并非紧急避险,并且视具体情况的不同,可以构成既遂犯,也可以构成未遂犯。

避险之保全法益的范围:避险之保全法益的范围,有的论著又称为"危险对象",对此,各国刑法的规定主要存在三种模式,即限于人身权益、可以任何法益、立法具体列举。我国《刑法》第21条第1款规定:"为了使国家、公共利益、本人或者他人的人身、财产和其他权利免受正在发生的危险……"。这一规定表明,紧急避险,从保全法益的主体来看,既可以保全个人法益,也可以保全国家法益、社会法益;从保全法益的内容来看,原则上可以涉及任何法益,包括人身权利、财产权利、其他权利等。当然,在紧急避险保全法益时需要考虑保全法益与损害法益之间的权衡,不过这是紧急避险的限度条件问题。

4. 对象条件:针对第三者法益

紧急避险对象条件,即针对第三者法益,其强调紧急避险为了保全法益而损害的法益必须是第三者的法益。

紧急避险所损害法益是否仅限于第三者法益,对此,刑法理论存在"限于第三者法益说"与"可以危险源法益说"的不同见解。在相关的议题上,德国、日本刑法理论将紧急避险分为防御性紧急避险与攻击性紧急避险。**本书**主张,紧急避险所损害法益仅指第三者法益:(1)物的自然侵害:物的自然侵害,应当视作一种自然的动物侵袭。物的自然侵害构成法益侵害危险状态,为了保全遭受危险的法益,而适度损害侵害物,可以视作紧急避险。被损害的物通常系属第三者的法益,包括国家、公共或者他人的法益。(2)物的人为侵害:物的人为侵害,属于人的行为,物只是一种特殊的侵害工具。物的人为侵害构成法益侵害危险状态,为了保全遭受危险的法益,而适度损害侵害物,实质是对人的不法侵害的制止,应当解释为正当防卫。(3)无责任能力人的侵害:无责任能力人的行为能否成立不法侵害,进而可否对之实施防卫,刑法理论见解不一。依据我国主客观统一的犯罪构成理论,无责任能力人的行为不能成立犯罪。然而,作为正当防卫前提的不法侵害应当与正当防卫的特征密切相关。无责任能力人的侵害不失为人的危害社会的行为,从排除人的危害社会行为的角度,对之予以适度的防卫反击,可以为正当防卫的本质意义所囊括。① 综上,所谓的防御性避险,或者属于正当防卫,或者本来就是指向第三者法益的紧急避险。

5. 限度条件:合理的法益权衡效果

紧急避险限度条件,即法益价值权衡,其强调避险所保全的法益与避险所损害的法益之间,存在合理的法益权衡效果。

避险限度之法益权衡比重:紧急避险,在利益效果上,表现为通过损害与牺牲第三者法益(简称损害法益),从而保全遭受危险法益(简称保全法益)。对于紧急避险之损害法益与保全法益之间的合理比重,刑法理论存在"只能小于说"、"可以同等说"与"可以大于说"的不同见解。对此,本书坚持,合理的避险限度应当是避险所损害法益小于避险所保全法益。具体地说:**(1)保全较大法益**:紧急避险的限度与紧急避险的本质密切相关。紧急避险作为正当行为之一,其本质,大陆法系刑法理论存在目的说、法益衡量说、社会相当性说的见解。本书立于双层多阶犯罪构成理论体系,主张正当防卫、紧急避险等情形之所以被排除了犯罪性,是因为此等情形系属侵害法益阻却,进而犯罪应有的严重危害阻却。正当防卫基于(反击不法侵害人)制止不法侵害从而保全法益,是不正(不法侵害)对正(保全法益)的关系,因此只要制止不法侵害所必需,即使反击不法侵害人所造成的损害大于保全法益,也表现为对于不法侵害之危害的排除,具有保全法益或曰侵害法益阻却的价值意义。与此不同,紧急避险基于损害第三者法益从而保全另一法益,是正(第三者法益)对正(保全法益)的关系,因此法益得失的避险效果对于侵害法益阻却的总体评价极为重要。避险所损害法益大于避险所保全法益,使法益遭受了损失,这就不能说是侵害法益阻却;而避险所损害法益小于避险所保全法益,减少了法益的损失,应当具有总体上保全法益的意义。**(2)否定等价避险**:在损害法益与保全法益等价的场合,即等价避险,如何评价其正当与否。仅就客观价值而论,似乎这种"等价"并不构成法益损失,从而无从论及其客观危害。不过,这种损害法益与保全法益的等价,也不足以表明总体上的保全法益,从而也难以得出侵害法益阻却的结论。尤其是,避险是否阻却危害的评价,不应仅仅论及客观价值,也应考虑主观观念,乃至紧急避险的各项条件。正如德国刑法学

---

① 详见上文正当防卫的相应阐述。

家李斯特所指出的:"以较少的代价维护较高价值的法益,要比以毁损同等价值或更高价值来挽救一法益,更能够被判断为合法。但是,单纯以法益价值关系来决定是不正确的。"①在紧急避险的"限度条件"中,与"客观价值"相应,着眼于"主观观念",假如肯定等价的避险,势必允许避险人牺牲他人的法益而保全自己的等价法益,这与我国社会背景下的主流道德规范不相合,从而我国居主导地位的刑法理论否定等价避险有其社会价值观念的基础,应予支持。

避险限度之法益权衡评价:两相法益权衡,熟优熟低,颇为复杂。通常应当关注的方面有:(1) **客观标准**:对于双方法益进行衡量,不能根据行为人的主观价值观念及其主观评价结果而论,而应当按照社会共同价值观念,立于一般人的立场,基于法益的客观现实情况予以评价。(2) **法定刑轻重**:犯罪所侵害的法益不同,犯罪的轻重也会有所差异,进而也决定了法定刑的轻重。由此,法定刑轻重可以成为法益优低的一个重要表现因素。然而,法益特性并非是决定犯罪轻重的唯一因素,法定刑轻重也只是指标之一。(3) **一般规则**:通常的规则是,生命权益优先于健康权益,健康权益优先于自由权益,人身权益优先于财产权益,财产权益以价值大小而论,国家权益、公共权益优先于个人权益。当然,这也不是绝对的。(4) **综合评价**:紧急避险双方法益的衡量,依存于特定的具体情形,因此除了价值衡量之外,"被保护法益所受到危险的迫切程度以及危险的大小、相关法益的功能意义、避免危险的紧急避险行为的适当性程度、将会发生的损害的不可替代性、行为人对被害人是否具有保证人义务,最后,还有紧急避险人所追求的最终目的,等等,均应进行综合的衡量。"②

法益权衡评价的具体问题:对于避险中法益的衡量,还存在一些具体问题:(1) **多寡生命之间**:能否牺牲一个人或少数人的生命以保全多数人的生命。通常认为,生命是生存的基础,是所有利益的源泉,无以价值计量。不能以牺牲一个人的生命来保全另一个人的生命③。也有的学者认为,人的生命在法律上被看成相同价值,由此牺牲他人生命以救助自己生命也可以承认是紧急避险④,有的认为这虽然并不阻却违法但却可能阻却责任⑤。还有的学者认为,在特殊情况下,当牺牲一人可以防止数人死亡时,剥夺一个人的生命可以成立紧急避险⑥,或者排除犯罪成立⑦。本书认为,理论上,生命价值无以计量,以生命换取生命不可理喻。然而,现实世界极其复杂,在某些特殊情况下,不得已为了保全绝大多数人的生命而牺牲某一个人的生命,

---

① 〔德〕李斯特著:《德国刑法教科书》,徐久生译,法律出版社2000年版,第237页。
② 〔德〕汉斯·海因里希·耶塞克、托马斯·魏根特著:《德国刑法教科书》,徐久生译,中国法制出版社2001年版,第437页。
③ 马克昌主编:《犯罪通论》,武汉大学出版社1999年版,第208页;〔俄〕库兹涅佐娃、佳日科娃主编:《俄罗斯刑法教程》(总论)上卷,黄道秀译,中国法制出版社2002年版,第467—468页。
④ 参见〔日〕大塚仁著:《刑法概说(总论)》,冯军译,中国人民大学出版社2003年版,第345页。
⑤ 参见马克昌著:《比较刑法原理》,武汉大学出版社2002年版,第389页。
⑥ 参见〔俄〕库兹涅佐娃、佳日科娃主编:《俄罗斯刑法教程》(总论)上卷,黄道秀译,中国法制出版社2002年版,第468页。
⑦ 参见张明楷著:《刑法学》,法律出版社2003年版,第274页。

存在一定的社会意义,不过是否可以考虑具有阻却危害的终极价值,仍值探讨。但是,不论怎样,立于抽象规则的设置,牺牲一个人的生命以保全另一个人的生命,是不可取的。**(2)生命财产之间**:应否牺牲个人生命以保全重大国家、公共财产利益。一种见解认为,"为保护个人生命损害数以亿计的国家和人民的财产,或者使数以百计的人身受重伤,便很难认为还在避险的必要限度之内"①。也有见解认为,"为了保护某项财产而杀死某人,不能用紧急避险来为此种杀人行为辩护,因为在此情况下,社会的利益已经受到损害"②。应当说,通常,人身权益优先于财产权益,生命价值无以计量,以生命换取财产,即便是重大财产,其合理性也值得推敲。随着社会进步,人的生命价值日益凸显,生命与财产之间的衡量、道德与法律之间的经纬,更需持重于以人为本的人性道德体系关怀。

紧急避险的理论地位:基于正当防卫表现为不正对正的关系,因而大陆法系刑法理论通常将之解释为违法阻却事由。与此不同,紧急避险表现为正对正的关系,损害彼法益以保全此法益,其合理性的依据何在,不无考究。考虑到避险效果的差异,对于紧急避险的理论地位,大陆法系刑法理论存在"违法阻却事由说"、"责任阻却事由说"、"违法阻却事由与责任阻却事由说"的不同见解。对此,立足于大陆法系三层次犯罪构成理论,依据优越利益原则,保全更大法益的紧急避险可以解释为违法阻却事由,然而在等价法益避险的场合,优越利益原则缺乏解释力,不宜将等价避险视作阻却违法,对于等价避险法律不应予以肯定。本书将紧急避险作为违法阻却的事由,并且否定对等法益避险的紧急避险性质。紧急避险之损害法益小于保全法益,从而具有总体上保全法益的意义。

6. 选择唯一:避险出于不得已

紧急避险选择唯一,即避险之不得已,其强调避险必须是在别无选择从而不得已的情况下实施。

避险之不得已的理论蕴含:不得已强调紧急避险成立还必须避险行为是唯一的选择,也称补充原则③。对此,许多国家刑法立法均有所体现。例如,《德国刑法典》(1999年)第34条、《意大利刑法典》(1931年)第54条、《日本刑法典》(1908年)第37条等。我国《刑法》第21条第1款规定:为了避免"正在发生的危险,不得已采取的紧急避险行为,造成损害的,不负刑事责任"。所谓**不得已**,是指在法益面临现实存在、正在发生的危险的场合,只有损害另一较小的第三者法益,才能保全较大的面临危险的法益,这种危险损害的转嫁仅是保全法益的唯一途径。在紧急避险中,损害法

---

① 高铭暄、马克昌主编:《刑法学》,北京大学出版社、高等教育出版社2000年版,第141页。
② 〔法〕卡斯东·斯特法尼等著:《法国刑法总论精义》,罗结珍译,中国政法大学出版社1998年版,第369页。
③ **补充原则**,意味着相互对立的财产利益必须以牺牲他方的利益才能挽救。为了挽救该法益而可能干涉不同的法益的,紧急避险行为人必须从各种可能的方法中,选择对他人的侵害相对较小的方式。若被牺牲的法益和被救助的法益之间存在着特殊的冲突关系,也就不存在此等选择。〔德〕汉斯·海因里希·耶塞克·托马斯·魏根特著:《德国刑法教科书》,徐久生译,中国法制出版社2001年版,第436页;〔日〕大塚仁著:《刑法概说(总论)》,冯军译,中国人民大学出版社2003年版,第344页。

益与保全法益均受法律保护,损害法益(第三者法益)是无辜的,牺牲无辜法益以保全另一法益,必须不得已而为之。如果能够通过逃跑躲避、对抗危险等方法保全法益,就不能采取转嫁损害的方法保全法益;如果采取转嫁损害的方法并不能够保全法益,则转嫁损害本身就具有危害意义;如果能够以尽可能小的转嫁损害以保全法益,就不能造成相对较大的转嫁损害。

避险之不得已的认定因素:不得已的认定较为复杂,需要综合各种具体情况分析判断,尤其需要关注以下几个方面:**(1) 客观判断**:不得已作为一种客观事实状态,并不取决于行为人的主观价值观念及其主观评价结果,而是应当按照社会共同价值观念,立于一般人的立场,基于避险场合的各种具体客观现实情况予以综合判断。**(2) 危险情形**:危险的来源、缓急、强度、持续等具体状况,是影响不得已成立的重要因素。来源可控越弱、来势越是凶猛、强度越盛、持续时间越长,说明给行为人留有选择的余地越少,则被迫避险的可能性越大。**(3) 主体能力**:避险人自身对抗危险的身心能力,也是影响不得已与否的重要因素。危险威胁与排除危险的对抗双方的力量对比,在一定程度上决定着避险的选择。排除危险能力的较大弱势,很可能迫使行为人既无以直接抗击危险,也难循躲避,而只得谋求转嫁。**(4) 客观条件**:危险发生时的客观条件,决定着排除危险的可选途径。如果客观条件表明存在直接抗击危险、逃避危险或者循求其他救助等的可行途径,那么使第三者法益遭受损害的转嫁方式就不是唯一可行的迫不得已。

缺乏不得已之避险的处置:行为人在本可以通过其他途径保全法益的情况之下,却损害了第三者法益,对此可能呈现如下处置结果:**(1) 故意犯罪**:客观上存在危险,行为人也认识到保全危险法益的其他可行途径,然而虽然也是出于保全危险法益的意图,却漠视第三者法益或者也想借机损害第三者法益,实施了所谓的避险行为,造成了法益损害。这一情形,行为人客观上对于第三者法益的损害并非出自不得已的所迫(本有其他可行途径但未予实施),主观上认识到转嫁危险并非唯一方法从而也缺乏避险意思[①]。而行为人对于第三者法益损害具有希望或放任的心态,并实施了损害法益的行为,由此成立故意犯罪。**(2) 过失犯罪**:客观上存在危险,行为人对于保全危险法益的其他途径,本应认识却没有认识,或者虽有一定的感悟但尚不能确认[②],从而为了保全危险法益而将危险转嫁于第三者法益,造成了法益损害。这一情形,行为人客观上危险转嫁并非不得已从而存在危害,主观上对于不得已缺乏的事实存在错误认识(误有为无)。基于这一主观错误行为人存在过失责任,同时客观上又造成了法益损害结果,因而可以成立过失犯罪。**(3) 意外事件**:客观上存在危险,行为人对于保全危险法益的其他途径,不仅没有认识,而且根据当时的主客观条件也不应当认识,由此行为人为了保全危险法益而损害了第三者法益,造成了法益损害。这一情形,虽然客观上并不存在不得已的情况,从而造成了法益损害的结果,但是对于这一

---

① 避险意思包括避险认识与避险意志。其中,避险认识要求行为人"对于避险行为迫不得已"的预见与明知。

② 即鉴于一些主客观事实,而对于避险的其他途径的可行性最终予以否定。

损害结果,行为人主观上缺乏罪责,可以按意外事件处理。

7. 主体禁止:排除特定人员之自我避险

紧急避险主体禁止,即排除特定人员之自我避险,其强调避险本人的危险不适用于职务上与业务上负有特定责任的人。

避险之主体限制条件:紧急避险的主体限制条件,依然为许多国家的刑法立法所关注。例如,《日本刑法典》(1908年)第37条第2款、《意大利刑法典》(1931年)第54条第2款、《韩国刑法典》(1953年)第22条第2款等的规定。我国《刑法》第21条第3款也规定:"第1款中关于避免本人危险的规定,不适用于职务上、业务上负有特定责任的人。"《刑法》的这一规定表明,职务上、业务上负有特定责任的人,在面临危险时,应置自身法益于度外,保全国家、公共、他人法益。对于紧急避险的主体限制,应当同时具有两项要素:(1) **避免本人危险**:是指面临现实存在、正在发生的危险,行为人转嫁危险损害第三者法益,为的是保全自身的法益。避免本人危险,不适用于职务上、业务上负有特定责任的人。(2) **负有特定责任**:是指行为人由于担任一定的职务或者从事一定的业务而依照法律的规定必须承担的一定义务。职务上、业务上负有特定责任的人,不能为了自身的法益而放弃职责的履行。

避险之主体限制意义:刑法禁止特殊主体避险,一定程度上表明了对于处理紧急避险与履行职责关系的实质态度。(1) **职责宗旨**:许多职务、业务的设置本身,就是以抗击危险为宗旨的。例如,为了抗击火险始有消防队员、为了制止违法犯罪始有治安巡警。如果这些特殊主体在遇有与其职责相关的危险时,可以借口紧急避险而放弃义务的履行,那么特定的职务或者业务也就失去了其存在的意义。(2) **职责义务**:每个行业有其基本规则,这既是行业道德的要求也为法律所认可,归根到底这是整个社会有序运行的必要。一些特殊风险职业,肩负着社会需要的特殊义务,职务、业务的身份要求职业者在面临危险发生时,宁可牺牲自身法益也不能放弃职责的履行,否则社会就是不完整的。因此,特殊职业者在面临与职业相关的危险时,不能为了自身法益而放弃职责的履行。

(三) 避险过当

1. 避险过当的概念与特征

避险过当的概念:并非出于不得已的避险,未必就是避险过当。与防卫过当关键在于对防卫限度的超越类似,避险过当的典型意义是避险行为超越了避险限度。因此,**避险过当**,是指为了使国家、公共利益、本人或者他人的人身、财产和其他权利免受正在发生的危险,不得已而采取的损害第三者法益以保全遭受危险法益的避险行为,却超过了必要限度造成了不应有损害。

避险过当的特征:(1) **避险前提**:避险过当具备紧急避险的六个条件。A. 起因条件:避险过当必须基于危险现实存在;B. 时间条件:避险过当必须基于危险正在发生;C. 主观条件:避险过当必须出于避险意思;D. 对象条件:避险过当必须针对第三者法益;E. 选择唯一:避险过当的避险行为必须出于不得已而实施;F. 主体禁止:避险过当必须不是特殊主体对本人危险的避险。避险过当的成立条件是上述紧急避险的六个条件与避险限度过当的整合。避险过当的避险前提,并不意味着避险过当属于紧急避险的一种特殊情况。避险过当尽管具备紧急避险的六个条件,但是基于避险限度过当,其并不构成紧急避险。避险过当也不宜理解为,行为先构成紧急避险,而后转化为避险过当。**(2)过当结果**:避险过当必须缺乏紧急避险的限度条件。根据我国《刑法》第21条第2款的规定,避险过当在避险限度上表现为,超过必要限度造成不应有的损害。这意味着,本质上避险过当使法益遭受了不应有的损失,具有危害特征;形式上避险所损害法益大于或等于避险所保全法益,两相法益失衡。避险损害法益大于或等于避险保全法益,固然是避险过当的表现,不过即使在避险损害法益小于避险保全法益的限度内,本来能够用尽可能小的转嫁损害以保全法益的,却造成了相对较大的转嫁损害,这依然是避险过当的表现。避险过当构成犯罪的,一般也属于结果犯,通常表现为致人重伤或者死亡,或者致使他人财物遭受重大损失。另外,避险过当也不同于直接故意犯罪。

避险之不得已的理论地位:在避险过当的界说上,中外刑法理论略有差异,主要表现在对于缺乏"选择唯一(不得已)"条件避险的归属上。国外有的刑法理论主张,缺乏避险限度或者不得已条件,均可成立避险过当;而我国刑法理论则将避险过当限于避险超过必要限度,否定缺乏不得已避险的避险过当地位。**应当说**,"避险过当"仅限于指称超过必要限度的避险,这更为贴切。"过当"、"过剩",是指超过适当的数量或者限度,或者数量远远超过限度,剩余过多①,其核心意义是对于限度的超越。避险过当,意味着避险超过了必要的限度造成了不应有的损害,这与我国《刑法》第21条第2款的规定正相吻合,表明了缺乏避险限度的一种避险情形。而缺乏"不得已"的避险,意味着本可以通过不转嫁损害的方式来保全面临危险的法益,却使用了转嫁损害的方式,其更为核心地表现为避险的随意、不当,因而本书且称之为"随意避险"或"不当避险"。当然,不论是随意避险还是避险过当,均会造成不应有的损害。其实,不仅是随意避险、避险过当,从某种意义上说,所有不符紧急避险条件的避险,诸如假想避险、避险不适时、偶然避险等,均会造成不应有的损害,因而关键是在何种情况下造成不应有的损害。

2. 避险过当的责任形式

避险过当的主观责任心态通常是疏忽大意过失,某些场合也可以是过于自信过失,少数情况表现为间接故意,但不可能是直接故意。

避险结果心态与过当结果心态:避险结果心态不同于过当结果心态。**(1)避险结果心态**,是指避险人对于第三者法益所造成的避险限度以内损害结果的心理态度。**避险结果心态**包容于避险意思,或者说避险意思包含有避险行为造成第三者法益合理(避险限度以内)损害的心态。不过,行为人借避险之机恶意侵害第三者法益,这不能说是避险意思。**(2)过当结果心态**,是指避险人对于第三者法益所造成的超过避险限度的损害结果的心理态度。**过当结果心态**超越于防卫意思,表现为避险人对于

---

① 参见《现代汉语词典》(第5版),商务印书馆2005年版,第525、527页。

避险行为造成第三者法益超过避险限度损害的认识与意志。这里,过当结果心态所指向的是"超过避险限度的损害",这种损害有害于社会,对于这种损害的心态,可以构成主观责任。

避险意思与过当结果心态:基于过当结果心态依存于避险过当,进而与避险意思密切相关。避险过当损害结果心态与避险意思的组合情况如下:**(1) 缺乏过当认识而持避险意思**:行为人仅认识到避险行为的合理损害结果,而对于避险行为可能造成过当损害结果却没有认识,基于避险意思,实施了该避险行为,造成了过当损害结果。**(2) 认识并避免过当而持避险意思**:行为人既认识到避险行为的合理损害结果,同时也意识到避险行为可能造成过当损害结果,但是却轻信这种过当损害结果能够避免,而坚持避险行为只会造成合理损害的心态,基于避险意思,仍然实施了该避险行为。**(3) 认识并放任过当而持避险意思**:行为人既认识到避险行为的合理损害结果,同时也意识到避险行为可能造成过当损害结果,但是并不希望这种过当损害结果的发生,而是任凭其发生或不发生,并且倾向避险行为也可能只造成合理损害的心态,基于避险意思,实施了该避险行为。**(4) 认识并希望过当而无避险意思**:行为人对于过当损害结果有所认识,并且对于这一结果持有希望意志。在这一场合,行为人不可能具有避险意思。尽管在紧急避险中,希望合理损害结果发生是避险意思的应有之意,但是希望过当损害结果发生,不能不说这是一种恶意攻击的心态,这种心态与避险意思是不相容的。

避险过当与故意或过失:避险过当,就对于过当损害结果的心态而言,分为缺乏认识的避险过当与具有认识的避险过当,其所表现的故意或过失如下:**(1) 无认识避险过当**:行为人基于避险意思,实施避险行为,造成了过当损害结果,对于这一过当损害结果没有认识。这一场合又分为两种情形;A. 意外因素的避险过当:行为人对于这一过当损害结果没有认识也不应当认识。对此,应按意外事件处理。B. 疏忽大意的避险过当:行为人对于这一过当损害结果虽没有认识但应当认识。对此,行为人承担疏忽大意过失的主观责任。**(2) 有认识避险过当**:行为人基于避险意思,实施避险行为,造成了过当损害结果,对于这一过当损害结果有所认识。这一场合也分为两种情形;A. 过于自信的避险过当:行为人对于这一过当损害结果尽管有所认识但是却轻信能够避免。对此,行为人承担过于自信过失的主观责任。B. 间接故意的避险过当:行为人对于这一过当损害结果有所认识并且放任其发生。对此,行为人承担间接故意的主观责任。**(3) 直接故意犯罪**:行为人对于造成过当损害持有希望的态度,此时不可能具有避险意思,基于这一心态实施的所谓避险行为,这原本就是直接故意犯罪,无所谓避险过当的犯罪形态。

假想避险过当:即假想避险并避险过当,是指行为人主观认识上发生了错误,基于避险意图,对于事实上并不存在的危险,实施了所谓的避险行为,却超过了必要限度造成了不应有的损害。鉴于假想避险过当是假想避险并避险过当,本书主张假想避险过当存在两种情况:**(1) 假想过失避险过当**:是指行为人对于危险事实的认识错误存在过失或者属于意外,假想避险,发生了过当结果,并且对于过当结果持有过失心态,则过失(或意外)假想避险并过失避险过当,近似想像竞合犯(从一重处断),行为人对于过当结果承担过失责任。**(2)假想间接故意避险过当**:是指行为人对于危险事实的认识错误存在过失或者属于意外,假想避险,发生了过当结果,并且对于过当结果持有间接故意心态,则过失(或意外)假想避险并间接故意避险过当,近似想像竞合犯(从一重处断),行为人对于过当结果承担间接故意责任。

3. 避险过当的刑事后果

避险过当的定罪:避险过当本身不是罪名,避险过当构成犯罪的,应当按照所成立的具体犯罪定罪。根据我国《刑法》第21条第2款的规定,避险过当属于结果犯,并且所"造成不应有损害"通常表现为致人重伤或者死亡,或者致使他人财物遭受重大损失。有鉴于此,避险过当的罪名通常是:**(1)(间接)故意伤害罪**:《刑法》第21条第2款、第234条第2款;**(2)(间接)故意杀人罪**:《刑法》第21条第2款、第232条;**(3)过失致人重伤罪**:《刑法》第21条第2款、第235条;**(4)过失致人死亡罪**:《刑法》第21条第2款、第233条;**(5)故意毁坏财物罪**:《刑法》第21条第2款、第275条。

避险过当的量刑:避险过当通常被作为量刑的从宽情节,不过在从宽的程度与具体内容上,各国刑法的规定仍有所差异,主要存在"必减原则"、"得减原则"、"限于减轻"、"直至免除"等情形。我国《刑法》第21条第2款,采纳的是"必减原则"并"直至免除"的立法模式;同时该条款也首先明确避险过当"应当负刑事责任"。这是考虑到避险过当既具有避险意思与针对现实危险等前提,又具有一定的社会危害。具体如何根据《刑法》的规定从宽处罚,可以着重考虑以下几个方面:**(1)过当程度**:避险过当的损害结果与合理限度之间的差距大小,包括避险方法、行为结果等因素。**(2)保全法益**:避险所保全法益与避险所侵害法益之间在质与量上的对比关系,各自的重大程度。**(3)过当心态**:过当心态包括疏忽大意过失、过于自信过失、间接故意,不同心态其主观危害有所差异。**(4)危险状况**:危险发生极其突然、来势格外凶猛、行为人势孤力单、缺乏经验等,由此而避险过当的更应考虑从宽。

(四)紧急避险与正当防卫

紧急避险与正当防卫均为阻却危害的行为,两者存在一定的相似之处,但也有着明显的区别,这些主要表现在两者构成条件的对比上。

1. 相似之处

理论地位相似:大陆法系立足于三层次犯罪构成理论,通常认为,正当防卫表现为不正对正的关系,属于违法阻却事由。而紧急避险表现为正对正的关系,其在犯罪构成中的理论地位则存在较大争议,不过将紧急避险作为违法阻却事由的说法仍居主导地位。本书立足于双层多阶犯罪构成理论体系,主张行为成立犯罪必须具备本体构成符合与严重危害阻却缺乏这两个阶层要件,而正当防卫与紧急避险系属违法阻却事由,阻却了行为的法益侵害特征,从而犯罪成立所需的严重危害也被阻却。

起因客观特征相近:正当防卫与紧急避险之起因条件的事实内容各不相同,但是两者在事实内容的客观特征上却相近,均强调特定事实的现实存在。正当防卫必须不法侵害现实存在,紧急避险必须危险现实存在。所谓现实存在,是指法益遭受损害的现实紧迫。具体表现在:现实性,即法益遭受侵害的状态客观实际存在,而非主观臆测;迫切性,即正在造成损害结果,或者构成这一结果发生的严重威胁;强度性,即特定事实具有一定的严重程度,并趋于或形成较大破坏性。

起因时间特征相近:同样,正当防卫与紧急避险之时间条件的事实内容也不相同,但是两者在事实内容的时间特征上却相近,均强调特定事实的正在进行、正在发生。正当防卫必须不法侵害正在进行,紧急避险必须危险正在发生。所谓正在进行、正在发生,是指法益侵害迫在眉睫或者已经开始,尚未结束。具体表现在:法益虽未遭受实际损害,但面临严重现实威胁;法益正在遭受实际损害;法益虽已遭受一定损害,但损害仍在继续扩大。

主观意思相近:正当防卫与紧急避险均具有保护法益的善意。保护法益的善意,是指行为人的行为,基于对特定事实现实存在与正在发生、自己行为具有合理限度等的认识,并且出于保护国家、公共、本人或者他人的法益免遭损害的意志。

限度条件必要:正当防卫与紧急避险均以一定的限度条件为必要。两者在限度的界定上,均强调相因相成、整体归一要素整合。"超过限度"是限度条件基础意义的揭示;"造成损害"是限度条件终端表现的阐明。超过限度造成损害,达到法定程度,即为防卫过当或避险过当。我国《刑法》对于防卫过当与避险过当,均规定应当负刑事责任,但是应当减轻或者免除处罚。

2. 主要区别

作为前提的事实内容:包括起因条件的事实内容与时间条件的事实内容。作为正当防卫之起因条件与时间条件的事实,是现实存在、正在进行的"不法侵害";而作为紧急避险之起因条件与时间条件的事实,是现实存在、正在发生的"危险"。"不法侵害"不同于"危险"。不法侵害,是指人的违背法律的侵袭损害,表现为违法行为或犯罪行为。危险,是指法益遭受损害的客观实际状态或者严重威胁状态。具体包括自然灾害危险、动物侵袭危险、不法侵害危险、生理病理危险等。

行为之法益损害对象:正当防卫针对不法侵害者本人而实施,所损害利益是不法侵害人的利益,而不能及于第三者。而紧急避险针对第三者法益而实施,所损害的是第三者的法益,否则就不是紧急避险。由此,正当防卫基于(反击不法侵害人)制止不法侵害从而保全法益,表现为不正(不法侵害)对正(保全法益)的关系。与此不同,紧急避险基于损害第三者法益从而保全另一法益,表现为正(第三者法益)对正(保全法益)的关系。

限度条件的具体要求:正当防卫本质上是"不正对正"的关系,因此只要是制止不法侵害所必需,即使反击不法侵害人所造成的损害大于保全法益,也表现为对于不法侵害之危害的排除,具有保全法益而阻却侵害法益的意义。与此不同,紧急避险本质上是"正对正"的关系,因此法益得失的避险效果对于阻却侵害法益的评价极为重要。避险所损害法益大于乃至等于避险所保全法益,使法益遭受了损失,这就不能说是侵害法益阻却;只有避险所损害法益小于避险所保全法益,减少了法益的损失,才具有总体上保全法益的意义。由此,我国《刑法》规定,防卫过当表现为防卫"明显"超过必要限度造成"重大"损害;而避险过当则表现为避险超过必要限度造成不应有的损害。

行为选择的允许空间:在紧急避险中,损害法益与保全法益均受法律保护,损害法益(第三者法益)是无辜的,牺牲无辜法益以保全另一法益,必须不得已而为之。紧急避险的成立,必须是危险损害的转嫁仅是保全面临危险法益的唯一途径。这也称作紧急避险的补充原则,许多国家的刑法典,包括我国《刑法》,对此均有规定。相对而言,正当防卫的成立条件却没有这一限制。在不法侵害现实存在、正在进行的场合,行为人基于防卫意思,即使存在其他防止法益遭受侵害的方法,也可以实施防卫反击。

特殊人员的行为限制:紧急避险强调,避险本人的危险不适用于职务上、业务上负有特定责任的人。负有特定责任,是指行为人由于担任一定的职务或者从事一定的业务而依照法律的规定必须承担的一定义务。特殊职业者、业务者在面临与职业相关的危险时,不能为了自身法益而放弃职责的履行。这是紧急避险所特有的主体限制条件。正当防卫不存在这一限制,防卫人的具体身份及其所保全法益的本人归属,并非正当防卫成立的条件。

过当行为的民事责任:正当防卫属于"不正对正"的防卫反击,因此防卫人对于防卫所造成的损害,不承担民事责任;紧急避险属于"正对正"的危险损害转嫁,对于避险所造成的损害,视具体情况承担民事责任。例如,我国《民法通则》第128条与第129条的不同规定。

四、其他正当化事由

对于阻却违法的其他正当化事由,各国刑法的立法情形不一,刑法理论对于这些情形的归纳也有所差异。不过总体上其他正当化事由涉及:经被害人同意(权利人承诺)行为、执行命令行为、正当业务行为、自救行为、依照法律的行为、政府机构许可、行使国家强制、职务规定、法令行为、军事命令、惩戒权、治疗行为、代替公共机关所为的行为、合法使用武器、劳动争议行为、自损行为、安乐死、允许危险、义务冲突。本书鉴于我国刑法理论与司法实际的基本状况,仅择具有本体构成阻却意义的其他一些典型事由,予以扼要阐述。这些事由包括:经被害人承诺行为、执行命令行为、正当业务行为、自救行为等。

(一)经被害人承诺行为

经被害人承诺行为的可能情形:罗马法中有"不可能对承诺者实施不法"的法律谚语。不过,经被害人承诺行为成为正当化事由,尚需一定条件。通常,经被害人承诺的侵害行为可能存在三种情形:**(1)法律后果依旧**:经被害人承诺的法益侵害行为,对于刑事后果不发生任何影响。例如,奸淫幼女的强奸罪(我国《刑法》第236条第2款)、聚众淫乱罪(我国《刑法》第301条第1款)。**(2)刑事处罚从宽**:经被害人承诺的法益侵害行为,虽不阻却行为的犯罪性但可作为从宽处罚的情节。例如,故意杀人罪(我国《刑法》第 232 条)、故意伤害罪(我国《刑法》第 234 条)。**(3) 违法行为阻却**:经被害人承诺的法益侵害行为,阻却行为违法性,进而排除行为的犯罪成立。例如,经所有人承诺的财物占有无所谓盗窃,经成年妇女同意的性行为无所谓强奸。

阻却违法之经被害人承诺行为:刑法理论一般所谓之"经被害人承诺行为",特指作为正当化事由的经被害人承诺行为,又称经被害人同意行为、经权利人承诺行为、经权利人同意行为,是指行为人的行为看似侵害了被害人的法益,但是基于被害人对于侵害法益拥有承诺权,并事先或事中同意行为人的法益侵害行为,从而阻却了行为人行为的法益侵害的属性。

经被害人承诺行为的特征:阻却违法之经被害人承诺的行为具有如下主要特征:**(1) 行为人具有侵害被害人法益的行为**:行为人实施侵害被害人法益的行为,是讨论经被害人承诺行为的前提。行为人的行为并未造成被害人法益的损害,而是与被害人无关或者对被害人有益,也就无从论及被害人同意不同意,进而则无所谓被害人承诺行为。**(2) 被害人对于被侵害法益拥有承诺权**:这种承诺权的成立又有如下要素。**A. 法益主体**:被害人只能对属于自身的法益进行承诺,对于国家、公共或者他人法益,被害人无权承诺;**B. 承诺内容**:承诺的内容为共同社会生活秩序、国家法律所认可。例如,对于生命的承诺不予认可,除了某些特殊场合,对于健康也无承诺权。**C. 承诺目的**:承诺的目的应当不为法律所禁止。基于违法意图而实施的承诺,是为自己的违法行为创造条件。这种承诺本身不应得以认可,至于这种承诺能否排除行为人行为的犯罪构成则需具体分析。① **(3) 被害人承诺同意行为人的法益侵害**:这是被害人承诺行为成立的核心要件,具体又有如下要素。**A. 意思能力**:被害人对于自己承诺行为的性质、内容、后果等具有辨认和控制能力。无责任能力人无从论及承诺。**B. 真实意思**:承诺须出自被害人的真实意思。基于威胁、欺骗、强制、戏言等所表示的法益处分,并非承诺。② **C. 承诺行为**:承诺是基于意思能力与真实意思的一种行为,表现为客观外在活动,可以是明示的或暗示的。③ **D. 承诺时间**:被害人承诺必须在法益损害结果发生之前,包括法益损害行为前(事前)、法益损害实施中(事中),但不能在事后。**E. 达至认识**:被害人的承诺必须为行为人所认识,行为人基于对被害人承诺的认识而实施了被害人承诺的法益侵害。④

(二) 执行命令行为

执行命令行为的概念:在大陆法系刑法理论中,执行命令行为一般被作为阻却违法性的事由,而下级执行上级违法命令的行为,通常被认为可以阻却责任(缺乏适法行为的期待可能性),但不阻却违法性。本书将执行命令行为作为阻却违法性的事

---

① 行为人行为的性质,大致可能存在如下情形:(1) 意外事件:行为人对于承诺的违法意图没有认识,也不可能认识,可以作为意外事件;(2) 共同行为:行为人对于承诺的违法意图具有共同明知,则行为人与承诺人在整个违法行为中属于共同行为;(3) 可能过失:行为人对于承诺的违法意图应当认识但没有认识,可以排除故意乃至有认识过失,但是并不排除无认识过失。

② 基于行为人的欺骗,导致被害人承诺,在刑法理论上存在"事实欺骗"与"动机欺骗"的区别。

③ 对于承诺是否必须表现于外部行为,存在意思方向说与意思表示说。

④ 对此,刑法理论存在认识必要说与认识不要说的争议。

由,而下级执行上级显然违法的命令,并不成立执行命令行为。作为阻却违法性的"执行命令行为",是指国家工作人员的行为看似侵害了法益,但是基于行为因由上级国家工作人员下达命令而实施,从而阻却了执行命令者行为的法益侵害的属性。

执行命令行为的特征:(1) 国家工作人员实施了侵害法益的行为:国家工作人员(执行命令者)的执行命令行为造成了法益损害。这是讨论执行命令行为的前提。执行命令者的执行命令行为可能存在两种情形:并不具有法益侵害的表现;基于错误命令造成了法益损害。对于前者固然不存在入罪的问题,而正是因为后者行为造成了法益损害结果,需要考虑该行为的犯罪与否。**(2) 法益侵害行为基于执行命令而实施**:这是执行命令行为成立的核心要件。国家工作人员的法益侵害行为,属于执行命令的行为。能够阻却行为违法性的执行命令,必须具备一定条件:**A. 命令主体**:所执行的命令,由与执行者处于同一部门或系统,并存在着上下级关系的上级国家工作人员所下达。没有上下级关系,或者虽有更高级别但并非同一工作系统,无所谓下达命令。**B. 命令权限**:命令属于上下级工作关系的职权范围之内。上级明显超越职权范围的指示,并不成立这里所说的命令。执行这种指示而造成损害的,不能阻却执行者行为的侵害法益性质。**C. 命令发布**:命令必须由上级国家工作人员按照法律规定的程序、形式签署下达。缺乏法定程序、形式的上级指示,不能成立命令。执行这种指示而造成损害的,同样不能排除执行者行为的法益侵害性质。**D. 命令内容**:命令必须不具有明显的违法犯罪内容。执行者对于命令内容进行形式与实质审查①,对于明显违法者不应执行。执行具有明显违法犯罪内容的上级指示,在一定场合可以考虑执行者的责任阻却②。**E. 命令执行**:执行者必须遵照命令所规定的事项、内容、程序等,依法执行。超越命令范围或者执行过程中的违法行为,不属于执行命令的行为,造成损害的,行为人对此承担责任。

(三) 正当业务行为

正当业务行为的概念:正当业务行为,是指业务工作者的行为看似侵害了法益,尽管没有直接明确的法律或命令规定,但是基于社会共同生活所需要的地位,该行为为社会共同观念所认可,依据正当业务规则而实施,由此阻却了业务行为的法益侵害的属性。所谓**业务**,是指基于社会共同生活所需要的类型地位,依据特定的规则所从事的反复性、连续性、稳定性的活动。例如,教师的教学业务、大夫的医疗业务、运动员的竞技业务等等。正当业务行为虽然造成了一定损害,但是这一行为或者保全了更大法益,或者为社会发展、社会公共福祉所必要,从而总体上并不具有法益侵害的性质。

正当业务行为的特征:(1) 业务工作者实施了侵害法益的行为:业务工作者的业

---

① 执行者对于命令合法性的审查权限,刑法理论存在绝对服从说、实质审查说、形式审查说的对立。

② 利用组织结构的权力行为系间接正犯的一种,具体是指利用者基于其所拥有的组织权力,对于该组织中的任一可以替换的人员,下达实施某种具有犯罪性的行为的指令,由此该人员成为被利用者而将该行为付诸实施的情形。对此,被利用人是否一概具有责任仍是一个值得考究的问题。如果被利用人执行的是国家机构的领导者所下达的命令,就应当考虑被利用人的责任阻却事项。

务行为造成了法益损害。这是讨论正当业务行为的前提。通常,正当业务行为不存在法益损害的情况。对于这些不存在法益损害的正当业务行为,固然无从论及行为的犯罪与否。但是,某些正当业务行为,尤其是一些风险行业的正当业务行为,造成了法益损害。正是因为这些正当业务行为造成了一定的法益损害结果,需要考虑这些行为的罪与非罪问题。治疗行为、体育竞技行为等,是几种典型的正当业务行为。**(2) 正当业务行为没有直接明确的法律或命令根据**:这是正当业务行为与依照法律行为或者执行命令行为的重要区别。正当业务行为并不违背法律规定,但是法律或者命令并非是正当业务行为的直接根据。正当业务行为基于社会共同生活所需要的类型地位而实施,其合法性为社会共同观念所认可。正当业务行为,是社会公认的必要的、合法的行为。**(3) 正当业务行为依照正当业务规则而实施**:这是正当业务行为成立的核心要件,具体包括四项内容:**A. 业务正当**:强调正当业务行为,其业务事项本身应当具有正当性、合法性,业务事项为社会认可、法律允许①。从事法律禁止的所谓业务,如利用巫术治病,则不能成立正当业务行为。**B. 业务规范**:正当业务行为,在具体业务运作过程中,应当符合行业操作规程和规章。这些规程和规章,表现为法律法规、技术规则乃至行业习惯。违反业务规范的所谓业务活动,也不成立正当业务行为。**C. 业务范围**:正当业务行为,仅限于所从事业务活动界限以内的事项,而不得超过该界限。超越业务范围的行为,不属于正当业务行为,而是与其业务身份无关的一般行为。**D. 业务心态**:正当业务行为,必须基于正当的业务心态,表现为行为人认识到自己行为属于业务范围、符合业务规范,并且希望通过业务行为达到为社会共同观念所认可或为国家法律所允许的结果。行为人明知违反行业操作规程而实施的所谓业务活动、行为人虽循业务规程但将业务活动用作违法犯罪目的,均不构成正当业务行为。

(四) 自救行为

自救行为的概念:**自救行为**,又称自助行为、自力救济,是指权利人的合法权益受到不法侵害以后,在法益侵害状态存续期间,基于情况紧急无法求助公力并且在当时场合自力可以避免损失无可挽回,从而依靠自己的力量采取必要限度的方法,由此使自己遭受侵害的合法权益得到保全或者恢复原状的行为。自救行为与正当防卫,均是基于紧急情况,法律赋予公民保全法益的适法行为。当然,两者在具体特征上有所区别。

自救行为的特征:**(1) 不法侵害前提**:自救行为,权利人的合法权益处于他人控制状态,是因为曾经遭受不法侵害的缘故。权利人只能对自己遭受不法侵害的法益实施自救行为。对于他人通过合法方式所获得的法益,原先的权利人不得实行自救行为。**(2) 侵害已经过去**:这是自救行为与正当防卫的典型区别。正当防卫的实施以不法侵害正在进行为时间条件。所谓"正在进行",意味着"法益侵害发展或法益回复可能",强调法益侵害正在发展并防卫反击当场进行。而自救行为的实施以不法

---

① 对于业务事项合法性的判断标准,刑法理论存在事实业务说与许可业务说的不同见解。

侵害已经过去为时间条件。所谓"已经过去",意味着"法益侵害已经停止但侵害状态依然存在",强调法益侵害不再发展且自救行为并非当场进行。**(3) 保全法益紧急**:自救行为,必须具有实施场合的必要性,意味着保全法益情况紧急且当时可以挽回损失。具体表现在,基于保全已被侵害法益或者使已被侵害法益恢复原状的情况紧急,无法求助公力救济,并且在当时的场合可以挽回损失,为了避免时过境迁而造成无可挽回的损失,从而赋予保护法益的自救行为。**(4) 保全自己法益**:自救行为,必须是权利人为保全自己的法益而实施。他人法益并非自己法益,保全他人法益的行为不属于自救行为,而是他救行为[①]。自己法益主要是指财产权益,至于是否存在针对人身权益的自救行为[②],本书原则上持否定态度。人身权益遭受侵害,在事后通常只是损害赔偿问题,对此应当通过公力救济解决。**(5) 行为应有限度**:自救行为,必须具有方法措施的必要性与相当性。必要性强调自救行为为保全法益(恢复法益)所必要,属于行为限度的前提基础要求;相当性强调自救行为仅以保全(恢复)属于自己的法益为限,在遭受反抗的情况下反击的损害程度应当与反抗的损害程度相当,属于行为限度的终端表现要求。必要性与相当性的判断,应当根据实施自救行为场合的一系列情况,包括权利人与侵害者的个人情况、行为的时间地点环境、侵害者的反应等等,基于社会共同生活秩序、伦理道德乃至法律要求,予以分析。

第二节 责任阻却事由

一、责任的概说

就责任要件而论,作为责任主义命题的"没有责任就没有刑罚"是近代刑法的一个基本理念。这意味着行为人个人的主观责任既是犯罪成立的必要条件,也是刑罚裁量的基准;个人主观责任作为犯罪成立要件,阐明了刑罚发动的根据;个人主观责任作为刑罚裁量基准,阐明了刑罚适用的根据。个人主观责任这一责任主义的核心概念,也是对古代盛行的结果责任与团体责任的否定,其也为现代责任根据的深入考究铺设了理论平台。刑罚以行为人具有责任为前提,与此相对,保安处分以行为人具有社会危险性为前提。**答责原则**立于行为人责任承担的基础,考究对行为人提起责任的基本根据。意志自由论与行为决定论分别走向了两极,由此只有在持有一定伦理道德观念的行为人具有自由决定适法与不法行为的能力时,方可要求行为人承担责任。

具体而论,在责任根据的基本理念上,道义责任论与社会责任论极致发挥并互为对峙,由此其也成为当代折衷责任论的两大基本元素。当代诸种折衷责任论,虽各有特色与风采多姿,却也只可谓是对这两大元素融合的创新。规范责任论实则是以道义责任论为基本平台,同时又渗入期待可能性理论的责任本质学说;新社会防卫论虽然置重行为人的社会责任,不过其却容留了道义责任论的意志自由与罪因思想;人格

---

① 对此,刑法理论存在仅限自己法益与可以他人法益的不同见解。
② 对此,刑法理论存在仅限财产权益说与可以人身权益说的见解。

责任论强调责任既是对选择实施行为的责难，又是对行为背后人格态度的非难，既否定单纯的意志选择又否定素质或环境的必然决定，不失道义责任论与社会责任论的融合。本书总体立于规范责任论的基本立场，具体确立犯罪构成中的责任构造，并对责任的归责路径与判断路径予以双层多阶犯罪构成体系的展开。

责任理论的定位：本书坚持规范责任论的基本立场。如上文所述，道义责任论与社会责任论虽系现代责任论的基本元素，但其却走向了责任理论的两个极端，难免片面；新社会防卫论虽关注具体人格与人权保障，但其理论逻辑仍有不少尚待推敲之处，且也有移向社会责任一端的倾向；人格责任论虽注重行为人的人格特征，但人格及人格形成及其与责任的关系等问题，仍需在理论与操作上进一步厘清。① 相对而言，规范责任论的理论路径较为清晰，责任思想之于法律技术的转化也显得精当，而行为人主观责任之中的规范评价的凸显，更为切合行为人的责任在刑法中所应有的聚焦，尤其是，主观心态与客观事态的双重视角的价值评价，使得刑法上对于行为人主观责任的审查与确定至为客观并合乎情理。

责任的归责路径：适法行为的期待可能性是规范责任论的核心要素。具体而论，立于规范责任论，责任的成立表现为三项要素的逐层递进的肯定：责任能力、心理事实、规范评价。其中，规范评价首先表现为违法行为的违反义务性；规范评价也更为注重违法行为的期待可能性；而责任能力则是责任形式与期待可能性存在的基础。在本书双层多阶犯罪构成体系中，本体构成符合是对行为之于犯罪构成类型性特征判断，其中包括主观成分的责任形式，并且作为犯罪成立的积极要件，其是以责任能力与期待可能性的肯定判断为一般原则的；而犯罪成立阻却是对行为或行为人具体的法益侵害或主观责任等的判断，并且作为犯罪成立的消极要件，就责任阻却而论，其是在先前基于一般原则肯定责任能力、推论违法性认识与期待可能性的基础上，基于特定事由而对具体行为人的责任能力、违法性认识可能性与期待可能性的否定。

责任的判断路径：对于行为人主观责任的具体判断路径如下：（1）责任本质：责任是就不法行为对行为人予以规范的非难，也即对产生不法行为决意的行为人规范意识欠缺予以非难。行为人对于自己行为的不法具有意识或者存在认识可能，并且基于当时客观情况具有适法行为的期待可能性，然其仍为不法（故意）或不予注意认识与避免这种不法（过失），行为人主观上这种规范意识的欠缺应当受到强烈的谴责。（2）责任要素：责任形式、特定心态、缺乏责任能力、缺乏期待可能性是责任构成的基本要素，其中，责任形式与特定心态为积极要素，缺乏责任能力、缺乏期待可能性是消极要素。（3）责任能力：在本体构成要件的框架下，责任能力的存在是一般原则，此时实质判断的是责任形式的存在与否，缺乏责任形式则本体构成不能成立，也就无须再论及责任阻却问题。（4）责任成立：存在责任形式，基于一般场合认为责任能力的有，又在一般场合也可以认为行为人具有选择适法行为的期待可能性，从而通常可以形成针对这一责任形式的规范评价。（5）责任阻却：虽有责任形式，但是基于特定因素而致行为人责任能力被阻却，或者在存在客观异常情况的场合适法行为的期待可

---

① 详见张小虎：《当代刑事责任论的基本元素及其整合形态分析》，载《国家检察官学院学报》2013年第1期。

能性被阻却,也就不能对行为人予以规范上的责难。(6)责任形式:责任形式的成立首先须有客观事实要素的知欲(心理事实),由此通常可以认为行为系受违反规范意识的支配(违法意识),基于此,进而可对行为人违反规范决意予以责难(规范评价)。(7)责任阻却:违法意识只是根据心理事实而得的一般性推论,不排除虽有对客观事实要素的知欲,但是却基于客观异常情况而致违法性认识的可能性被阻却,则责任形式也被阻却。

可罚的责任:(1)概念:可罚的责任,是指对于行为人的责难只有达到须用刑罚予以应对的程度,这种责任才是适合纳入刑法的责任。可罚的责任的宗旨是从实质评价上对于责任的成立予以程度限定。在具有非难可能性的场合,就可以对行为人施加责任,然而刑法具有谦抑性,由此,只有在非难程度达到须要施加刑罚时,才有必要予以刑法上的归责。可罚的责任,实际上是对有必要施以刑罚的责任的标示与评判。(2)应然:本书立于双层多阶犯罪构成体系,主张只有行为达到严重危害的程度才可予以入罪。行为的严重危害性是犯罪的本质特征,在形式上其呈现为行为的刑事违法性。由此,所谓达到须用刑罚的程度,在实质上表现为达至一定程度的严重危害,在形式上表现为符合刑法所规定的具体条件。而责任既是严重危害性表现的一个通道,也是刑法规定的犯罪成立要素之一。由此,责任具有标示犯罪的严重危害与法定条件的价值。(3)展开:从立法的视角考究,可罚的责任意味着刑法对于责任的设置,应当结合犯罪成立所需的一系列事实特征,只有对那种显然严重的规范意识欠缺的情形,才可予以刑法上的责难而在刑法中予以规定。从司法的视角考究,所谓可罚的责任,应当根据刑法的具体规定,对于行为人责任的施加不能超出刑法规定字面所能涵盖的意义。这实际上涉及刑法解释问题。本书坚持以形式解释为限的基本立场,实质解释不能超出刑法字面意义的射程。①

二、缺乏责任能力

(一)责任能力的理论地位

责任能力理论地位的设置与犯罪构成理论体系的基本立场密切相关。**大陆法系**虽以三层次犯罪构成体系为主导,但在涉及责任能力具体地位的问题上又有差异,具体存在归责前提与归责要素的不同见解,而在责任要素中又有积极要素与消极要素的不同定位。在**英美法系**的犯罪构成体系中,责任能力由"合法辩护"的一些理由(未成年、精神病、醉酒等)来表现②。其虽无系统的归责前提的说法,不过对于责任能力的这种处理却表现出归责前提的一些特征。在**我国**四要件犯罪构成体系中,责任能力的地位也有归责前提的某些特征。不过,在四要件平行并举入罪判断的总体框架下,责任能力在犯罪主体中是以积极要件呈现的,并且我国《刑法》责任能力的规定也以正面肯定为特征。我国四要件犯罪构成理论与原苏联刑法理论有着较大渊源。在**苏联**刑法理论中,"责任能力是犯罪主体的一个必要条件","苏维埃刑法认

---

① 详见张小虎:《对刑法解释的反思》,载《北京师范大学学报》2003年第3期。
② 参见〔英〕J.C.史密斯、B.霍根著:《英国刑法》,马清升等译,法律出版社2000年版,第217页。

为,只有对有责任能力者才能够追究刑事责任和适用刑罚。有责任能力是罪过和责任的先决条件。"[①]本书立于双层多阶犯罪构成理论体系,主张责任能力的缺乏系属归责的消极要素,责任能力的具备是抽象的主体的一般性基础,从而责任能力问题的实质性判断在于责任阻却。

责任能力之主体一般基础地位:犯罪成立要件是以行为为基本线索而贯穿起来的一系列事实特征的有机整合,其中本体构成是行为类型性的描述与评价,犯罪阻却是具体行为与行为人的判断。在本体构成中,作为客观要件的主体只是说明行为类型性的一个事实,正是基于此时置身"行为类型性"框架,所以这里的主体是以责任能力的具备为基础的,也即原则上可以认为普通人均有责任能力。也正因为此,在本体构成的主体中,对于责任能力不作实质性的判断。

责任能力之归责消极要素地位:然而,具体到各个案件当中,不同的行为人其责任能力的程度的确是有差异的,存在责任能力的有与无,或者在一定场合有责任能力而在其他场合则无责任能力(限定责任能力),或者其于一定的因素而使其责任能力有所减弱(减轻责任能力),对于诸如此类的情况不能不予考虑。由此,在类型性原则肯定主体的责任能力之后,对于具体案件中行为人的责任能力状况应予具体客观的判断。由于类型性既已原则上肯定责任能力的存在,从而此时主要考虑行为人是否存在缺乏责任能力、限定责任能力、减轻责任能力等情况。

责任能力地位与故意及过失地位:将责任能力缺乏等情形作为责任阻却的事由,这就使得责任能力问题的判断置于故意与过失之后的位置,而这一后置的责任能力问题判断又似乎存在理论逻辑问题,即存在故意或过失即意味着有责任能力,而无责任能力又怎会有故意与过失?对此应当注意到,先前的责任能力的存在只是类型性的意义上的存在,其尚未指向具体的行为人;其含义是指某一行为成立犯罪,须有责任能力并有符合分则对此犯罪所设置的故意或过失。显然,具体案件中的行为人对于这一类型性的责任能力问题则不尽一致,从而在作了行为类型性的判断之后,尚须针对具体行为人的责任能力的具体状况予以判断。

责任能力地位与责任能力状况:将缺乏责任能力作为责任阻却的事由,这并不否定限定责任能力、减轻责任能力等在责任能力判断中的地位。固然,责任能力阻却,就"阻却"的意义而言,其核心意义是责任能力的缺乏,但是,限定责任能力实际上也有责任能力的有与无的问题,其是一定范围内的责任能力的有与无。而减轻责任能力虽是以责任能力的存在为前提的,不过其却是责任能力的不完整状况,据此将之附于责任能力阻却予以阐释并非不可。

(二)责任能力的概念

关于责任能力的本质,中外刑法理论存在行为能力、犯罪能力、刑罚能力、价值判断能力、社会行为能力、法律能力等不同的见解。行为能力系法律设定的参与某种法律关系的资格;犯罪能力系自由意志支配下的行为能力;刑罚能力系由危险性格所决

[①] 〔苏联〕H.A.别利亚耶夫、M.N.科瓦廖夫主编:《苏维埃刑法总论》,马改秀、张广贤译,群众出版社1987年版,第110页。

定的刑罚适应性;法律能力系作为制裁条件的行为人实施不法行为的法律资格。这些不同见解,是从不同角度对责任能力的界说。本书立于双层多阶犯罪构成体系,主张责任能力是抽象行为主体的一般性基础,是行为能力、犯罪能力、法律资格。

1. 责任能力之行为能力

关于责任能力是否行为能力的不同见解,是着眼于责任能力与行为能力的关系来分析责任能力的内涵。立于这一视角的考究,**应当说**,在刑法领域,责任能力是有责的行为能力。其实,刑法与民法对责任能力与行为能力的理解本身并无原则区别①,两者涉及这一问题的核心差异在于责任的承担能否替代,在刑法上坚持罪责自负的原则只能由行为人就其行为承担责任,而在民法上无民事行为能力人或限制民事行为能力人的责任可以由其监护人承担。**由此**,行为能力是一种基于意思能力的行为资格,根据行为人的年龄与精神状况等的差异,法律上存在完全、限制、没有等行为能力的不同状况;而责任能力是和其意思能力相适应的对于自己行为承担责任的资格,同样基于行为人的年龄与精神状况等的不同,法律上区分为完全、限制、没有等责任能力的不同状况。刑法上的行为,是意识与意志支配下的行为,缺乏意识与意志支配的行为不是刑法上的行为,固然也就没有所谓的承担责任可言。限制行为能力者在一定范围内具有意识与意志支配资格,则其在此范围内对于自己意思支配的行为承担责任。不过,将责任能力视作行为能力并未完全解决责任能力在犯罪构成中的本质价值,尚须考究的是,责任能力、行为能力之于犯罪能力的意义。

2. 责任能力之犯罪能力

关于责任能力是犯罪能力还是刑罚能力的问题,是从责任能力基础的角度来揭示责任能力的内涵。其中,"犯罪能力说"将犯罪能力视作责任能力的基础(犯罪能力说明了责任能力),而责任能力又为犯罪成立所不可或缺(责任能力是犯罪成立的要素之一),只有成立犯罪才可论及刑罚处罚。从而构建了"犯罪成立(责任能力—犯罪能力)—刑罚处罚"的逻辑关系。"刑罚能力说"将刑罚能力视作责任能力的基础(刑罚能力说明了责任能力),而责任能力又为刑罚适应所不可或缺(责任能力是刑罚适应性的要素之一),只有适应刑罚才可论及刑罚处罚。从而构建了"刑罚适应(责任能力—刑罚能力)—刑罚处罚"的逻辑关系。"犯罪能力并刑罚能力说"将犯罪能力并刑罚能力视作责任能力的基础(犯罪能力并刑罚能力说明了责任能力),而责任能力又为犯罪成立并刑罚适应所不可或缺(责任能力是犯罪成立并刑罚适应性的要素之一),只有成立犯罪并适应刑罚才可论及刑罚处罚。从而构建了"犯罪成立并刑罚适应(责任能力—犯罪能力并刑罚能力)—刑罚处罚"的逻辑关系。

对此,**本书**的立场是,责任能力是对意识与意志支配下的行为独立承担责任的资格,由此将犯罪能力视作责任能力的基础较为合理。犯罪能力说明了责任能力,而责任能力属于犯罪成立的要素;作为犯罪成立要素的责任能力,是指行为人实施犯罪行

---

① 在此,应当注意,在民法上不能将权利能力与行为能力混同;同样,在刑法上也不能将行为与行为能力混同。**行为**,是自然人所固有的身体动静的一种属性,凡人皆可为行为。**行为能力**,则是自然人基于意思支配而为身体动静的一种法定资格,行为能力并非人尽皆有。

为时的能力;刑罚能力决定刑罚适应,构成刑罚适用的前提。没有犯罪能力,就没有责任能力,行为无从成立犯罪;具有犯罪能力,就存在责任能力,行为可以成立犯罪,但是在刑罚能力成为问题时,行为构成社会危险行为[①];对于犯罪适用刑罚,对于社会危险行为适用保安处分。这种逻辑关系表现为:犯罪成立(责任能力—犯罪能力)—刑罚处罚(刑罚能力·刑罚适应);社会危险行为(存在犯罪能力而缺乏刑罚能力;缺乏犯罪能力并缺乏责任能力)—保安处分(缺乏刑罚能力·缺乏刑罚适应)。

3. 责任能力之辨认与控制能力

将责任能力作价值判断能力并社会行为能力的界说,是就责任能力的内容来阐明责任能力的内涵,其强调责任能力是两种能力的组合:辨认行为社会价值能力;控制价值行为实施能力。**本书**认为,这是可取的。责任能力包含了辨认能力与控制能力这两种能力,两者缺一不可。行为人缺乏辨认能力,也就没有控制能力,进而无所谓责任;行为人具有辨认能力,但是缺乏控制能力,则不具有可归责性;只有在行为人同时具备了辨认能力与控制能力的情况下,归责才是合理的。

4. 责任能力之法律资格

责任能力的法律资格说,是将法律能力(资格)作为责任能力的中心词。就责任能力界说的中心词而论,责任能力的法律资格说具有一定的合理性。责任能力是行为人实施法律规范所设置的需要承担相应责任的行为的能力或资格。这里一方面强调责任能力基于法律规范的设置,另一方面将责任能力视作一种资格。资格是指从事某种活动所应具备的条件、身份等[②]。责任能力的确是刑法规定的一种特殊资格。

5. 责任能力的合理界说

责任能力,是刑法所规定的,构成犯罪所必需的,行为人具有辨认行为社会价值与控制价值行为实施的资格。责任能力具有如下特征:(1)责任能力具有法定性,责任能力的内容、程度、影响因素等均由刑法规定;(2)责任能力是意思支配下的行为能力(犯罪能力),是行为成立犯罪的要素;(3)责任能力是行为人对于自己行为事实与性质的辨认能力与控制能力的有机统一;(4)责任能力是行为人所具有的对于自己的行为与后果独立承担责任的一种特殊资格。

(三)责任能力的内容

责任能力的内容,是指行为人对自己行为所具有的价值判断能力(即辨认能力)与社会行为能力(即控制能力)。

1. 辨认能力

辨认能力,是指行为人对自己行为的性质、后果所具有的价值分辨、判断的能力。辨认能力是一种**意识力**,即认识能力,其表明行为人对自己行为的是非善恶所具有的辨别能力。例如,有无识别杀人、盗窃、抢劫等行为的能力。不过,应当注意的是,这里的辨认能力强调的只是一种认识能力本身,而不是认识的具体价值内容。行为人

---

① 没有犯罪能力,就没有责任能力,行为无从成立犯罪;具有犯罪能力,就存在责任能力,行为虽可成立犯罪,但是也会同时构成社会危险行为。

② 参见《现代汉语词典》(第5版),商务印书馆2005年版,第1801页。

本身所具有的认识能力,是责任能力的内容[生理素质],而行为人以自身的认识能力,对自己行为的价值认识所持的心理态度,则为主观责任的内容[社会意义]。

2. 控制能力

控制能力,是指行为人所具有的支配自己实施与不实施价值行为的能力。控制能力是一种意志力,即意志能力,其表明行为人对自己的具有社会意义的价值行为所具有的支配能力。例如,有无支配自己是否实施杀人、盗窃、抢劫等行为的能力。同样,应当指出,这里的支配能力强调的只是意志能力本身,而不是意志所指向的具体价值内容。行为人本身所具有的意志支配能力,是责任能力的内容[生理素质],而行为人以自身的意志能力,对自己行为的价值取向所持的心理态度,则为主观责任的内容[社会意义]。

3. 辨认能力与控制能力

辨认能力与控制能力有机关联。**(1) 缺乏辨认能力就不具有控制能力**:行为人对自己行为的性质、后果、社会意义缺乏价值分辨、判断的能力,也就无从论及行为人对自己具有社会意义的价值行为的支配能力。例如,对自己的行为缺乏辨识力的精神病人,也就不具备支配自己行为的能力。**(2) 具有辨认能力不一定就具有控制能力**:有时行为人对自己行为的性质、后果、社会意义具有价值分辨、判断能力,但是却缺乏对自己具有社会意义价值行为的支配能力。例如,"法律性精神错乱",患此病的人对自己的病态观念、意向、行为存在辨认力、自知力及批判力,但对自己的思维力、情感、行为却无法控制与摆脱。**(3) 具有控制能力也就拥有辨认能力**:行为人对自己具有社会意义的价值行为具有支配能力,其也就拥有对自己行为性质、后果、社会意义的价值分辨、判断能力。例如,行为人具有能够支配自己实施还是不实施盗窃行为的能力,这一能力以其对自己行为是否盗窃的认识能力为前提。**因此**,辨认能力是责任能力的基础,而控制能力又是责任能力的关键,辨认能力与控制能力相辅相成,共同构成责任能力的要素,对于责任能力来说,两者缺一不可。

(四) 责任能力的程度

责任能力的程度,是指刑法所抽象出的,行为人对自己行为的辨认能力与控制能力的强弱水平。刑法理论、刑法立法对责任能力程度的划分,有两分法、三分法、四分法,具体涉及无责任能力、有责任能力、限定责任能力(减轻责任能力)、部分责任能力(相对责任能力)、完全责任能力。**应当说**,责任能力的有无与责任能力的轻重[1]属于责任能力程度的两个不同的视角,基于前者划分出无责任能力、有责任能力、部分责任能力,基于后者划分出减轻责任能力。鉴于这种不同的视角,所谓"完全责任能力"的说法显得不够明确,也易于与"有责任能力"的表述混淆。由此,鉴于表述责任能力程度的有关概念的界分的明晰,同时根据我国《刑法》有关责任能力的规定,本书将责任能力程度列为四种,即有责任能力、无责任能力、相对责任能力、减轻责任能力。

---

[1] 严格来讲,应当简略表述为基于责任的轻重。

1. 有责任能力

有责任能力,是指刑法一般以间接方式规定的,行为人对所有犯罪行为均具有辨认能力与控制能力的情况。对于有责任能力的情况,各国刑法通常不作明确的规定,而是间接隐含在规定无责任能力、相对责任能力条文的表述中。也就是说,"凡人皆有责任能力,系属原则"[①];不是无责任能力、相对责任能力,即为有责任能力。而我国《刑法》第17条第1款对于有责任能力的年龄作了明确的规定。根据我国《刑法》的规定,有责任能力的人是指已满16周岁并且大脑功能正常的人[②];已满16周岁而具有生理缺陷的人,依然属于有责任能力人,同时也是减轻责任能力者[③]。

2. 无责任能力

无责任能力,是指刑法所规定的,行为人对所有犯罪行为均缺乏辨认能力或控制能力的情况。各国刑法对无责任能力的规定,通常以年龄、精神状况为内容,在具体标准上略有不同。例如,《加拿大刑事法典》(1985年)第13条、第16条第1款,将12岁以下的儿童、正患精神病从而缺乏认识能力的人,规定为无责任能力者;《意大利刑法典》(1931年)第88条、第95条、第96条第1款、第97条,将完全心智丧失、不满14岁的未成年人,规定为无责任能力者。我国《刑法》未明确规定无责任能力的年龄,不过依据《刑法》第17条第2款对相对刑事责任年龄的规定,可以当然解释不满14周岁的儿童为无责任能力者;另外,《刑法》第18条第1款的规定,不能辨认或者不能控制自己行为的精神病人,为无责任能力者。

3. 相对责任能力

相对责任能力,是指刑法所规定的,行为人对部分犯罪行为具有辨认能力和控制能力,而对其他犯罪行为则缺乏辨认能力或控制能力的情况。刑法设置相对责任能力,主要是考虑到达到一定年龄段的人,虽非对所有犯罪行为具有责任能力,但对某些严重犯罪行为却有辨认能力与控制能力。从立法实际来看,仅少数国家在刑法中设置了相对责任能力。例如,《俄罗斯刑法典》(1996年)第20条第2款,将已满14岁不满16岁的人犯杀人罪、故意严重损害他人健康罪、绑架罪、强奸罪等19种具体的罪规定为相对责任能力。我国《刑法》第17条第2款对相对责任能力作了具体的规定,即已满14周岁不满16周岁的人,犯故意杀人、故意伤害致人重伤或者死亡、强奸、抢劫、贩卖毒品、放火、爆炸、投毒罪的,应当负刑事责任。

4. 减轻责任能力

减轻责任能力,是指刑法所规定的,行为人虽然具有责任能力,但是由于年龄、精神状况、生理功能等因素,其辨认能力或控制能力有所减弱的情况。减轻责任能力是在有责任能力或者相对责任能力前提下的责任能力减弱的情况;作为减轻责任能力的法定事由主要是年龄(未成年)、精神状况(心神耗弱)、生理功能(生理缺陷)。多数国家的刑法都对减轻责任能力作了规定。例如,《日本刑法典》(1908年)第39条

---

① 翁国梁著:《中国刑法总论》,台湾正中书局1970年版,第89页。
② 结合我国《刑法》第17条第1款与第18条的规定。
③ 结合我国《刑法》第17条第1款与第19条的规定。

第 2 款针对心神耗弱人、《法国刑法典》(1994 年) 第 122-1 条第 2 款针对精神紊乱人、《韩国刑法典》(1953 年) 第 10 条第 2 款与第 11 条针对精神障碍人与聋哑人等的规定。**我国《刑法》**也对减轻责任能力作了规定，具体分为四种情况：(1) 未成年：已满 14 周岁未满 18 周岁的未成年人①。这其中又分为两种情况：已满 14 周岁不满 16 周岁相对责任能力未成年人；已满 16 周岁不满 18 周岁有责任能力未成年人。(2) 老年：已满 75 周岁的人。② (3) 生理缺陷：又聋又哑的人或者盲人③。(4) 心神耗弱：尚未完全丧失辨认能力或者控制能力的精神病人④。

（五）影响责任能力的因素

责任能力的内容，是辨认能力与控制能力的有机统一。而人的辨认能力与控制能力，随着年龄的增长、心智的健全、生理功能的完善等而逐步增强。

1. 影响责任能力的年龄因素

刑事责任年龄的阶段划分：**刑事责任年龄**，是指刑法规定的，由于年龄因素的影响，行为人对自己的行为具有某种程度的辨认能力与控制能力的情况。各国刑法理论与立法实际对责任年龄阶段的划分，大致有二分法、三分法、四分法。**我国《刑法》**第 17 条与第 17 条之一，将刑事责任年龄划分为四个阶段：(1) 有责任年龄阶段：已满 16 周岁的人，对所有犯罪行为均具有辨认能力与控制能力；(2) 无责任年龄阶段：不满 14 周岁的人，对所有犯罪行为均缺乏辨认能力或控制能力；(3) 相对责任年龄阶段：已满 14 周岁不满 16 周岁的人，对故意杀人、故意伤害致人重伤或者死亡、强奸、抢劫、贩卖毒品、放火、爆炸、投毒罪具有辨认能力和控制能力，而对其他犯罪行为则缺乏辨认能力或控制能力；(4) 减轻责任年龄阶段：包括两种情形：A. 未成年人，包括已满 16 周岁不满 18 周岁的有责任能力者与已满 14 周岁不满 16 周岁的相对责任能力者，由于未成年因素，其辨认能力或控制能力有所减弱；B. 老年人，已满 75 周岁的人，虽有责任能力，但基于老年因素而从刑事政策与特殊预防等角度考虑，区别故意犯罪与过失犯罪，对其予以得宽与必宽的处理。

刑事责任年龄的计算：**(1) 公历与周岁制**：我国民众计算年龄，有阴历（农历）、阳历（公历）、虚岁、周岁之分。1997 年《刑法》对刑事责任的年龄明确为周岁。由此，刑事责任年龄以周岁计算；周岁一律按照公历的年、月、日计算；1 周岁计 12 个月；周岁生日第 2 天起确定为满周岁，生日当天视同未满该生日的周岁。同时，应当注意，对于刑事责任年龄的法定界限，不能突破。**(2) 严格各个年龄阶段的罪刑限制**：行为人在无责任年龄阶段实施过严重危害行为，其后行为人在相对责任年龄阶段又有应予入罪的行为，或者在有责任年龄阶段有应予入罪的行为，应当注意，不能把无刑事责任年龄阶段时的危害行为也一并予以追究。另外，行为人不满 18 周岁时犯有极其严重的罪行，在已满 18 周岁后实施了不该判处死刑的犯罪，也应注意，不能将前罪后罪

---

① 我国《刑法》第 17 条第 3 款的规定。
② 我国《刑法》第 17 条之一的规定。
③ 我国《刑法》第 19 条的规定。
④ 我国《刑法》第 18 条第 3 款的规定。

合并判处死刑。

对未成年人犯罪的处置：(1) 国外做法：多数国家刑法对未成年人犯罪的处置均有**从宽**的规定。具体表现在：(减轻处置) 相对于成年人犯同样的罪行，对未成年人刑罚处罚的幅度减轻；(非刑处置) 相对于成年人犯同样的罪行，对未成年人采用非刑处置；(非刑处置或者刑事处置) 相对于成年人犯同样的罪行，对未成年人或者采用非刑处罚，或者处以刑罚处置。**(2) 我国规定**：我国《刑法》对未成年人犯罪也设置了若干从宽处罚的规定。具体表现在：(从宽处罚) 第17条第3款规定，已满14周岁不满18周岁的人犯罪，应当从轻或者减轻处罚；(必宽处罚) 相对于成年人犯同样的罪行，对未成年人刑罚处罚的结果必须体现从轻或者减轻；(排除死刑) 基于第49条规定，对于不满18周岁人犯罪，一律不得适用死刑，包括不得适用死缓；(予以监管) 第17条第4款规定，因不满16周岁而不予刑事处罚的，责令其家长与监护人管教，必要时也可由政府收容教养；(累犯缓刑) 第65条第1款强调，前罪时不满18周岁的排除一般累犯的成立；第72条第1款规定，对不满18周岁的人在符合其他条件的场合应当宣告缓刑。

对老年人犯罪的处置：基于刑罚的人道以及老年人社会危险性的减弱，许多国家刑法对老年人犯罪的处置也有**从宽**的规定。经由《刑法修正案（八）》，我国《刑法》对老年人犯罪也设置了若干从宽处罚的规定。具体表现在：(从宽处罚) 第17条之一规定，已满75周岁的人故意犯罪的，可以从轻或者减轻处罚；过失犯罪的，应当从轻或者减轻处罚；(排除死刑) 第49条第2款规定，审判的时候已满75周岁的人，不适用死刑，但以特别残忍手段致人死亡的除外；(适用缓刑) 第72条第1款规定，已满75周岁的人，在符合适用缓刑的其他条件的场合，应当宣告缓刑。

2. 影响责任能力的精神因素

刑事责任精神阶段的划分：刑事责任精神阶段，是指刑法规定的，由于精神因素的影响，行为人对自己的行为的辨认能力与控制能力处于不同程度（心神正常、心神丧失或心神耗弱）的情况。各国刑法理论与立法实际对刑事责任精神阶段的划分，大致有二分法、三分法。我国《刑法》第18条，将刑事责任精神阶段划分为三个层次：(1) 有责任能力：具有辨认能力与控制能力的精神正常的人；或者处于具有辨认能力与控制能力之精神正常期的间歇性的精神病人；或者其他具有辨认能力与控制能力的精神障碍人[①]。(2) 无责任能力：不能辨认或者不能控制自己行为的精神病人；(3) 减轻责任能力：尚未完全丧失辨认或者控制自己行为能力的精神病人或精神障碍人。

刑事责任精神阶段判断标准：刑事责任精神阶段判断标准，是指刑法所规定的，据以确定精神障碍与否从而影响行为人刑事责任能力的事实根据。就立法模式而言，各国对刑事责任精神阶段所设置的判断标准大致有生理标准、心理标准、混合标

---

① 例如，某些具有辨认能力与控制能力的**人格障碍人**：纵火癖、偷窃癖等；某些具有辨认能力与控制能力的**性心理障碍人**：同性恋、恋物癖、恋童癖、露阴癖、窥淫癖、施虐狂、受虐狂等。

准三种。我国《刑法》第18条,将刑事责任精神阶段的判断标准确定为混合标准:
(1)生理标准:判断刑事责任精神阶段,必须确定行为人是否精神病人。精神病人是精神因素影响刑事责任能力的形式前提。这里关键是精神病的界说。对此,我国刑法理论存在不同见解。本书对这里的"精神病"立于"精神障碍"的理解。精神障碍,是指由于先天或者后天、机体内或者机体外等各种因素而导致的,大脑神经功能发生紊乱的精神疾病或者精神异常现象,包括精神病、非精神病性精神障碍、精神发育迟缓①等。**(2)心理标准**:判断刑事责任精神阶段,还必须确定行为人是否由于精神障碍,致使其辨认能力或者控制能力减弱或者丧失。因精神障碍致辨认能力、控制能力减弱或丧失,是精神因素影响刑事责任能力的内在本质,其最终决定了精神因素对刑事责任能力影响的程度。例如,间歇性的精神病人,尽管属于精神障碍人的范畴,但是其在精神正常的时候,也就是在具有辨认能力与控制能力的时候犯罪,仍然具有刑事责任能力。

3. 影响责任能力的生理因素

刑事责任生理阶段的影响因素:刑事责任生理阶段,是指刑法规定的,由于生理缺陷因素的影响,行为人对自己的行为具有某种程度的辨认能力与控制能力的情况。各国刑法对影响刑事责任能力的生理缺陷因素的立法,表现为不予规定、规定聋哑人、规定聋哑人与盲人三种情况。**我国《刑法》第19条将"又聋又哑的人"、"盲人"**,并列规定为在生理缺陷因素方面影响刑事责任能力的情形。其中,**又聋又哑的人**,是指由于先天的或者后天的疾病、外伤所致,既丧失听能又丧失语能的人;**盲人**,是指由于先天或者后天的原因而双目失明的人。

刑事责任生理阶段的划分:基于生理缺陷因素对刑事责任能力的影响,有关国家的刑法典通常将刑事责任生理阶段划分为有责任能力、减轻责任能力两种情况。**我国《刑法》第19条对刑事责任生理阶段也采用二分法**:(1)有责任能力:没有生理缺陷的人,对所有犯罪行为均具有辨认能力与控制能力,并相应承担完全的刑事法律后果②;(2)**责任能力从宽**:又聋又哑的人或者盲人,虽然对所有犯罪具有责任能力,但是由于生理缺陷而可能致辨认能力或控制能力有所减弱,从而可以从轻、减轻或者免除处罚。

4. 影响责任能力的醉酒因素

醉酒对刑事责任能力的影响,本系"精神因素影响刑事责任能力"的一个专题。由于醉酒在精神因素中较为突出,对责任能力影响也较为独特,因而设专题讨论。醉酒分为慢性醉酒与急性醉酒。

慢性醉酒之责任能力:慢性醉酒,是指长期饮酒而逐渐形成的伴随着机体系统、器官严重损害的酒精中毒症状。司法精神病学通常将慢性醉酒者的责任能力划分为完全责任能力、减轻责任能力、无责任能力三种情况。刑法学对慢性醉酒是否影响责

---

① 专业精神疾病分类将精神障碍分为10种类型。本书基于扼要以及对于精神病的凸显,将之表述为三。
② 这里的"完全"是相对于下面的"减轻"而言的。

任能力,存在不予承认与可予承认的两种态度。在我国司法实践中,对慢性醉酒的刑事责任能力问题,通常采取区别对待的方式。

急性醉酒之责任能力:急性醉酒,是指一次饮酒后急剧发生的醉酒,包括生理性醉酒、病理性醉酒与复杂性醉酒。(1) **生理性醉酒**,又称单纯性醉酒,是指由于一次性饮酒过量,超过了行为人正常的酒精耐受力,引起急性生理反应的中毒症状。生理性醉酒表现出一个短暂而渐进的发展过程,通常分为兴奋状态、迷糊状态、昏睡状态这三个阶段。尽管生理性醉酒伴随有一定的精神异常,但是症状持续较短暂且常常自然消失,因此并不将其视同精神病。(2) **病理性醉酒**,又称精神病性醉酒,是指由于缺乏酒精耐受力的特殊体质,少量饮酒后身体发生急性异常反应的酒精中毒症状。病理性醉酒表现出发作的突然性、行为的攻击性、记忆的丧失性、行为缺乏动机性、缺乏酒精耐受性等特征。病理性醉酒属于精神病,醉酒时具有明显的意识障碍。各国刑法理论与实践通常将病理性醉酒认定为无责任能力。利用病理性醉酒犯罪,则另当别论。(3) **复杂性醉酒**,是指在脑器质性损害或严重脑功能障碍或影响酒精代谢的躯体疾病的基础上,由于对酒精的耐受性下降而出现的急性酒精中毒反应。[①] 复杂性醉酒是介于生理性醉酒与病理性醉酒的中间状态,醉酒时辨认能力与控制能力有所减弱,但并不完全丧失。对于复杂性醉酒,刑法理论存在减轻责任能力与区别对待的不同见解。应当说,复杂性醉酒情况各异,将其责任能力分别认定为无责任能力与减轻责任能力具有一定的合理性。

生理性醉酒的责任能力:关于生理性醉酒对刑事责任的影响,各国刑法存在明确肯定责任与明确区别对待的不同立法。对此,我国《刑法》第18条第4款采纳了"明确肯定责任"的立法模式,彰显了针对醉酒犯罪一般预防的目的。而对于该条款中的"应当负刑事责任"的蕴意,刑法理论则存在全负责任与依情负责的不同见解。本书认为,对于"应当负刑事责任"的理解,应当坚持刑法的价值精神并遵循刑法的形式限定。具体地说,对于醉酒犯罪可以结合导致醉酒的事实与醉酒所致的状态,分别不同情况而区别对待:确系意外或者不可抗力醉酒,并致丧失辨认或者控制能力,排除责任;意外或者不可抗力醉酒,致使辨认或者控制能力有所减弱,可以从轻或者减轻处罚;并非意外或者不可抗力醉酒,不予从宽处理;故意醉酒实施犯罪,可以作为酌定从重处罚情节。

生理性醉酒的责任根据:对于过错醉酒犯罪负刑事责任的根据,刑法理论立于不同视角给予了展开。有"原因自由行为"的解释,也有"社会利益原则"的解释。应当说,过错醉酒犯罪负刑事责任,就传统刑法理论体系而言,确属行为与责任同时存在的归责原则的例外,而仅将之根据置于社会利益优先与政事政策需要的实质层面,则放弃了在这一问题上所应有的形式理论的建构。本书坚持刑法理论一般之中有例外的立场,原因自由行为理论可以成为行为与责任同在之归责一般原则的特殊理论。

[①] 参见刘白驹著:《精神障碍与犯罪》(上),社会科学文献出版社2000年版,第192页。

（六）原因自由行为

原因自由行为的概念：许多学者从不同的角度对原因自由行为的概念作了阐述。**应当说**，原因自由行为的基本点在于：原因行为与结果行为的两个行为阶段；原因行为对结果行为的犯罪行为内容与责任能力状态的可归责性。有鉴于此，**原因自由行为**，是指行为人在有责任能力的情况下，对自己陷入无责任能力或减轻责任能力状态后所可能导致的犯罪行为持故意或过失的心态，从而故意或者过失使自己陷入无责任能力或减轻责任能力的状态，结果实施了犯罪行为。原因自由行为具有如下**特征**：原因行为（又称原因设定行为）时认识能力、控制能力（责任能力）的具备状态；结果行为（又称结果实现行为）时认识能力、控制能力（责任能力）的减弱、丧失状态；原因行为时行为人针对结果行为（犯罪行为）持故意或过失的心态；结果行为时责任能力的减弱、丧失状态缘于原因行为时行为人的故意或过失。

原因自由行为的故意与过失：原因自由行为就行为心态的不同而言，分为故意原因自由行为与过失原因自由行为。而在原因自由行为之故意与过失的具体划分标准上，又有不同的理论见解。其实，在原因自由行为中有三种心态值得重视：原因行为时针对结果行为的心态；原因行为时针对招致无责任能力或限制责任能力状态的心态；结果行为时针对行为危害结果的心态。其中，原因行为时针对结果行为的责任心态至为重要，否则无需构建原因自由行为理论，而径行按结果行为处置即可。从这个意义上，本书主张对故意原因自由行为与过失原因自由行为作如下界定：**（1）故意原因自由行为**，是指行为人在有责任能力的情况下，为了实施犯罪（对于原因行为后的实施犯罪的结果行为持故意心态），故意使自己陷入无责任能力或减轻责任能力的状态，而实施犯罪行为。故意应当指向原因行为后的实施犯罪的结果行为，同时也指向导致陷入丧失或减弱责任能力状态。**（2）过失原因自由行为**，是指行为人在有责任能力的情况下，虽然并不具有实施犯罪的故意，但是应当预见到或已经预见到自己在处于无责任能力或减轻责任能力状态时将实施犯罪行为（对于原因行为后的实施犯罪的结果行为持过失心态），而故意或过失使自己陷入无责任能力状态，实施犯罪行为。过失主要指向原因行为后的实施犯罪的结果行为，对于导致陷入丧失或减弱责任能力状态包括故意与过失。

原因自由行为的可归责性：原因自由行为的可归责性，就社会利益或刑事政策而言，应当肯定，但是在刑法理论的层面如何对之作合理的解释①，则存在肯定说与否定说的对立。不可否认，自陷责任能力缺乏而犯罪的归责问题，在遵循刑法一般理论原则的框架下，如果单纯地从责任能力与实行行为的关系来论证，难免会左右为难。不过，这种左右为难，是以行为与责任同时存在的归责原则的一般理论为基准的。如果允许有例外的话，则原因自由行为就可成为行为与责任同在的归责一般原则的特殊理论解释。易言之，行为与责任同在系归责的一般原则，但是原因自由行为可以成为

---

① 政策根据虽可肯定，但需形式理论体现。运用"社会利益原则"，从社会政策的角度，以一般刑法原则服从根本社会利益为理由，解释自陷责任能力缺乏而犯罪的归责问题，这种解题路径超越了刑法形式理论的应有体现，并不足取。

这一一般原则的例外。现实中,自陷责任能力丧失或减弱继而在此状态下实行犯罪的情形的确存在,而就法的价值与事理逻辑而论对此情形不能放弃责任的施加,然而归责的一般原则无法使对这一情形的归责获得合理解释,原因自由行为则是基于对一般原则的变通而对这一情形归责的理论。现实具体情形的存在以及对此情形归责解释的必要,也就为原因自由行为存在的理论价值留下了一定空间。而实际上,许多国家的实然立法,也都较为明确地体现了在行为时责任与归责问题上的原则与例外的立法模式。

三、缺乏违法性认识可能性

（一）违法性认识与认识可能的理论地位

违法性认识的理论地位：违法性认识,是指行为人对于自己行为违反法律规范的知晓与意识。只有在行为人意识到自己行为违法的场合,才能对行为人予以归责;而违法性认识,又以存在这种认识的可能性为前提。故意的成立是否必须具有违法性认识,这一问题本身就存在争议,不过应当肯定,违法性认识是故意成立的规范评价标志,循此需要考究的是,违法性认识在故意中的地位,对此则有在构成要件故意中存在与在责任故意中存在的不同见解。(1) 故意理论(故意要素),强调构成要件故意须有违法性认识,"除构成要件的故意和愿望外,不法意识恰恰还表明了故意的核心内容"。(2) 责任理论(责任要素),强调违法性认识是责任故意的核心内容,"是独立的责任要素",从而"尽管缺乏不法认识还可出现故意刑罚的合法化"。① 其中,责任要素位居主导地位。② **本书**立于双层多阶犯罪构成体系认为,本体构成是具体犯罪的轮廓,而故意中既有事实也有规范,从而本体构成故意存在违法性认识;不过,违法性认识问题终究是个责任问题,由此违法性认识是故意的责任要素;但是,责任主要表现为若干阻却要素,而违法性认识的肯定则为责任的积极判断,从而违法性认识只是故意责任的映衬要素;本体构成又是责任的类型,从而原则上只要存在本体构成事实的认识也就存在违法性的认识,由此违法性认识的肯定判断也就并非是实体的判断,据此违法性认识可谓故意责任的空虚要素;基于责任主要表现为若干阻却要素,违法性认识问题的实体判断存在于责任阶段并针对缺乏违法性认识或认识可能性,这一消极意义的缺乏违法性认识或认识可能性,才是故意与过失的责任的核心要素。

违法性认识可能性的理论地位：违法性认识可能性是故意与过失归责的共同基础。责任是对产生不法行为决意的行为人规范意识欠缺予以非难,而要对行为人予

---

① 〔德〕汉斯·海因里希·耶塞克、托马斯·魏根特著:《德国刑法教科书》,徐久生译,中国法制出版社2001年版,第539页;〔德〕约翰内斯·韦塞尔斯著:《德国刑法总论》,李昌珂译,法律出版社2008年版,第231页。

② 日本学者大谷实、野村稔、福田等均持这一见解。参见〔日〕大谷实著:《刑法总论》,黎宏译,法律出版社2003年版,第258页;〔日〕野村稔:《刑法总论》,全理其、何力译,法律出版社2001年版,第311页;〔日〕木村龟二主编:《刑法学词典》,顾肖荣等译校,上海翻译出版公司1991年版,第256页。

以这种非难,非难可能性是其基本的前提,这种非难可能性表现在:行为人对于自己行为的不法具有意识或者存在认识可能;基于当时的客观情况存在适法行为的期待可能性。由此,前者是违法性认识问题,后者是期待可能性问题。本题主要讨论前者。对此可以说,如果行为人缺乏违法性认识可能性,就会排除就不法行为而对行为人的非难。从而,违法性认识可能性是归责的基础。行为人虽有不法行为的故意,或者虽有不法行为的过失,但是这种故意与过失缺乏违法性认识的可能性,由此就阻却了故意与过失的具体成立。①

缺乏违法性认识可能性的理论地位:违法性认识可能性是就不法行为而对行为人予以归责的基础,而在责任阶段缺乏违法性认识可能性构成实体的判断从而系归责的消极要素。立于本书双层多阶犯罪构成体系,由于本体构成是违法性与责任的类型,从而存在本体构成事实的认识可能性,原则上也就可以认为存在违法性认识可能性,由此,违法性认识可能性的肯定判断是在本体构成阶段所获的一般性结论。然而,基于案件事实中的特殊的具体的情形,有时虽有本体构成事实的认识可能性,但却缺乏违法性的认识可能性,在此场合先前肯定的违法性认识的可能性即被排除,而这是继本体构成肯定判断之后在责任阶段的否定判断,缺乏违法性认识可能性也就成为阻却的责任事由。

(二) 违法性认识可能性与归责

故意责任与违法性认识可能性:故意的主观恶性本质在于,行为人对于行为危害结果的明知故犯或者愿即事生(知恶害而故为)。由此,故意责任表现为,行为人对于自己行为的不法具有意识,并且基于当时客观情况具有适法行为的期待可能性,然而其明知故犯或者愿即事生而仍为不法,由此其违反规范的意思活动至为彰显,理应受到责难。在**故意责任**中,违法性认识是其归责的基础,不过这只是基于对本体构成事实认识而获的原则性肯定判断。存在违法性认识必须具有违法性认识可能性,在责任阶段具体并特殊到行为人,如果缺乏违法性认识可能性,则故意中原先所谓违法性认识的肯定判断将被排除,故意也就被阻却。

过失责任与违法性认识可能性:过失的主观恶性本质在于,行为人对于行为危害结果的疏于认识或者疏于避免(违反注意义务)。由此,过失责任表现为:(1) 无认识过失:行为人没有意识到违法性,但是存在认识可能性,行为人却疏于注意,从而违反了认识结果的注意义务规范要求,对于这种违反规范的意思活动应予责难。(2) 有认识过失:行为人意识到违法性,本应高度警惕而予防止,但是行为人却疏于避免,从而违反了避免结果的注意义务规范要求,对于这种违反规范的意思活动应予责难。在**过失责任**中,无认识过失虽无违法性认识,但却强调应当具有认识,而这只是基于对本体构成事实应当认识而获的原则性肯定判断②,在责任阶段具体并特殊到行为人,如果缺乏违法性认识可能性,则原先所谓违法性的应当认识而没有认识的判断将

---

① 在此场合,故意与有认识过失中的违法性认识,是基于行为人对于本体构成事实的认识所作的原则肯定,而其在责任阶段的特殊与具体判断中基于缺乏可能性而被排除。

② 这一判断是基于对行为危害结果的应当认识而没有认识而获的原则性肯定判断。

被排除,过失也就被阻却;有认识过失具有违法性认识,而这只是基于对本体构成事实认识而获的原则性肯定判断①,在责任阶段具体并特殊到行为人,如果缺乏违法性认识可能性,则原先所谓违法性认识的肯定判断将被排除,过失也就被阻却。

（三）违法性认识必要性与故意

对于故意的成立来说,违法性认识是否必要,大陆法系刑法理论见解不一。意大利刑法理论就存在必要说、不要说、有条件必要说的不同见解。我国台湾地区多数学者,强调了违法性认识对于故意成立的必要。而日本刑法理论,则存在完全不要说、自然犯与法定犯区别说、必要说、认识可能性必要说、责任说等不同见解。对于犯罪故意成立②的规范要素,**我国刑法理论的主要争议在于**,犯罪客体、社会危害性、违法性等认识是否必要。其中,对于犯罪客体认识,存在肯定说、否定说、表现事实说的争议;对于危害性认识,也存在肯定说、否定说的分歧;对于违法性认识,同样有着否定说、肯定说与折衷说的不同见解。立于双层多阶犯罪构成理论体系,**本书**坚持故意成立应有违法性认识的立场,不过在本体构成阶段其仅系原则性肯定,违法性认识最终是个责任问题,其积极的肯定判断可谓责任的空虚要素,其实体判断表现为缺乏违法性认识,属于责任阻却的消极要素。

违法性认识不同于认识可能：违法性认识与违法性认识可能性,两者的含义显然有所差异。问题是这种差异是否影响故意的成立。对此,本书认为答案是肯定的。立于规范责任论,责任的核心在于规范视角的可予责难,而要非难行为人法律意识的欠缺,行为人具有违法性认识可能性是前提,反之,如果连违法性认识可能性都没有,也就无所谓行为人的法律意识欠缺。不过,这只是从责任的根据上论及违法性认识问题,而具体到责任的类型则存在故意与过失的差异。故意的特征是明知故犯与愿即事生,而过失的特征是疏于认识与疏于避免。由此,就违法性认识或认识可能性而论,缺乏违法性认识也就无所谓明知故犯或愿即事生,这只是阻却了故意的责任,然而此时未必缺乏违法性认识可能性,从而不排除过失责任的可能;而缺乏违法性认识可能性也就无所谓疏于认识以及疏于避免、明知故犯等,这就不仅阻却了过失而且阻却了故意,也即过失与故意的责任均被阻却。

故意的违法性认识必要性：故意成立应有违法性认识,这既是基于责任的非难根据,也是基于故意与过失的差异。**(1) 非难根据**：只有行为人具有有责性才可对其符合本体构成的不法行为予以归罪,而这里的有责性的本质就是对于行为人的规范意识的欠缺可以施加非难,而行为人的规范意识的欠缺与否必须涉及违法性认识问题。如前文所述③,如果连违法性认识的可能性都不存在,行为人对于自己的不法行为也就没有形成反对动机的机会,在此场合固然不能对行为人予以非难。不过,倘若非难的根据存在,但是在非难程度上故意与过失是不同的,这也涉及违法性认识的问题。**(2) 故意与过失**：存在违法性认识未必就成立故意,但是没有违法性认识则不能成立

---

① 这一判断是基于对行为危害结果的认识而获的原则性肯定判断。
② 对于犯罪成立的故意心态,我国刑法理论通称犯罪故意。
③ 详见本章第二节中违法性认识可能性与归责的相关阐释。

故意,违法性认识是使行为人承担故意责任的基础。行为人对于自己的行为具有违法性认识,其本应形成反对动机而不为不法行为,然而其却明知故犯愿即事生而故意实施不法,这其中彰显出行为人故意性质的规范意识欠缺的特征,对于行为人这种规范意识的欠缺应予更为严厉的非难。这也表现出刑法以处罚故意为原则以处罚过失为例外的意义。与故意的责任不同,在无认识过失场合,只需存在违法性认识可能性,非难指向行为人违反认识结果的注意义务规范要求这一规范意识欠缺;在有认识过失场合,虽须存在违法性认识,但是非难指向行为人违反了避免结果的注意义务规范要求这一规范意识欠缺。

违法性认识问题的责任要素:对于故意成立来说,违法性认识是必要的,不过仍需考究的是,违法性认识究竟是故意要素还是责任要素,此即为故意成立中的违法性认识地位问题。对此,日本刑法理论多数学者持严格责任的立场。本书立于双层多阶犯罪构成体系认为,故意中既有事实也有规范,本体构成故意存在违法性认识;不过,违法性认识终究是责任问题,属于责任要素;但是,基于责任主要系若干阻却要素,从而违法性认识只是责任的映衬要素;在判断上,只要存在本体构成事实的认识也就存在违法性的认识,由此违法性认识可谓责任的空虚要素;作为责任阻却事由的缺乏违法性认识,才是故意的责任的核心要素。

（四）违法性认识的具体内容

关于故意认识所含规范内容,通常**我国**刑法理论是在与"危害性"相对的意义上来理解"违法性"的,在这一语境中,危害性是社会危害性,违法性是刑事违法性。由此,所谓"违法性认识"是指"行为人明知行为及结果的刑事违法性"[①]。**大陆法系犯罪构成理论**,通常将违法性认识作为故意责任成立的必要,不过基于形式违法性与实质违法性的相对意义,对于违法性认识的具体内容,也存在着实质违法认识说、形式违法认识说、刑法违法认识说、实质违法认识并形式违法认识说的不同见解。**本书认为**,故意是本体构成的主观要件,本体构成是分则具体犯罪的定型或抽象,从而故意的认识内容包括事实与规范。其中,故意认识的规范内容指向违法性,具体包括如下征表:侵害法益、危害社会、一般违法与刑事违法。

侵害法益认识与危害性认识:侵害法益认识与危害性认识均可成为违法性认识的征表。**(1)基本含义**:作为故意认识内容的危害性[②],是指行为对于公民利益、社会秩序、国家安全等严重的实际损害或者现实威胁;这里的侵害法益,是指行为对于法律所保护的利益或者价值的侵犯与损害,这其中包括"法律"形式与"利益"实质。由此,故意认识的危害性指向实质内容"公民利益、社会秩序、国家安全"等,而故意认识的法益侵害是"法律形式"包裹下的利益等"实质内容"。就实质而言,危害性侧重纵向的行为危害程度;侵害法益侧重横向的行为性质类型。**(2)两种认识:A.危害性**

---

① 高铭暄、马克昌主编:《刑法学》,北京大学出版社、高等教育出版社 2007 年版,第 118 页。
② 严格来讲,作为犯罪概念本质特征的危害性与作为故意认识内容的危害性,在内容明确的具体程度上仍是有所差异的。后者作为行为人基于行为时主客观条件的主观认识对象,只是指一般人所能感悟到的行为的破坏与损害的属性。

认识:更为强调行为人对于自己行为违反社会伦理价值与国家法律规范,进而所具有的侵害的属性的明知或预见;危害性认识的内容,指向具体犯罪行为所具有的损害他人、社会或国家的特质或性状及其程度,相对概括与抽象。**B. 侵害法益认识**:更为强调行为人对于自己行为违反国家法律规范而侵害保护法益,进而所具有的侵害的属性的明知或预见;侵害法益认识的内容,指向构成要件行为有违国家法律而具有的、侵害法律所保护的某项权益的危害属性,相对详尽与具体。**(3) 认识标示**:**A. 侵害法益认识**:法益系"法律"所保护的利益或价值,侵害法益的对象正是这种法益,由此,对于侵害法益有所认识即具有违法性认识自不待言。**B. 危害性认识**:对于具体犯罪的本体构成来说,侵害法益的内容具体并有着一定的行为定性的技术机能,然而故意认识对于本体构成的规范内容的具体性不应过于苛求,否则许多具体犯罪的故意将会因此而被阻却;同时,故意认识的违法性并不排斥可以针对实质违法性,由此同样可以说明行为人规范意识的欠缺,以为责任非难提供根据,危害性认识固然不失这一实质违法性认识的表现。因此危害性认识也可成为违法性认识的征表。

一般违法性认识与刑事违法性认识:一般违法性认识与刑事违法性认识均可成为违法性认识的征表。**(1) 违法性**:这里的**违法性**,是指行为违反国家法律规范,进而表现出给公民利益、社会秩序、国家安全等造成了实际损害或者现实威胁。就违法的具体内容而言,违法性也可以分为一般的违法与特别的违法。**一般的违法性**,是指行为对于普通法律规范的违反;**特别的违法性**,即刑事违法性,是指行为对于刑法规范的违反。**(2) 违法性认识**:违法性认识,是指行为人对于自己行为违反法律上的禁止、命令的明知或预见。基于违法性区分为一般违法性与特别违法性,违法性认识也存在一般违法性认识与特别违法性认识。**一般违法性认识**,是指行为人对于自己行为违反普通法律规范的明知或预见。**特殊违法性认识**,是指行为人对于自己行为违反刑法规范的明知或预见。**(3) 认识内容**:相对于大陆法系刑法理论违法性认识的具体内容,一般违法性认识近似于形式违法认识说,特殊违法性认识近似于刑法违法认识说。然而,不论是一般违法还是特殊违法,两者均系违法自不待言,行为人认识到这种违法仍为不法行为,其规范意识欠缺也就至为昭彰。由此,一般违法性认识与特殊违法性认识,均系故意的违法性认识。**(4) 认识程度**:仍需注意的是,无论是一般违法性认识还是刑事违法性认识,作为故意的违法性认识内容,在认识程度上,只需认识到行为为一般法律或刑事法律所不允许,至于行为在法律或刑法上的具体属性的定位,则不是认识内容的要求。

(五) 违法性认识错误与故意

在本体构成阶段,存在构成要件事实认识原则上也就存在违法性认识。而在责任阻却阶段针对具体行为人的审查中,如果出现违法性认识错误,则故意成立所需的违法性认识被排除,故意的成立也被阻却。

在**大陆法系**刑法理论中,法律错误与事实错误相对,违法性错误与构成要件错误相对。而法律错误与违法性错误、事实错误与构成要件错误有着基本一致的意义。不过,对于违法性错误的具体内容,则立于不同的视角作了具体的展开。基于错误程度,法律错误分为不知法的错误与误解法的错误。基于错误对象,法律错误分为刑罚法规错误、违法阻却事由错误、规范构成要素错误、法律概念错误。

我国刑法理论对于法律错误的理解较为宽泛,具体是指行为人对自己的行为在法律上是否构成犯罪、构成何种犯罪或者应当受到什么样的刑事处罚的不正确的理解,不仅包括误合法为违法的假想犯罪以及误违法为合法的假想不犯罪,而且也包括罪名的错误以及处罚轻重的错误等。我国刑法理论通常将犯罪客体错误与行为性质错误,作为事实认识错误的表现情形。实际上,如果立于我国四要件犯罪构成体系,其所称犯罪客体错误在一定程度上可谓法律错误的组成部分;而所谓行为性质错误是一包摄内容较为广泛的概念,其中的行为事实性质错误属于事实错误,而行为法律性质错误则为法律错误。

研究法律错误主要解决故意责任阻却问题,并且鉴于**本书**双层多阶的犯罪构成体系,从而本书法律错误的故意责任阻却仅限违法性错误。**违法性错误**,是指行为人对于自己行为的事实情况认识无误,但是由于对于法律的无知或者误解,从而对于自己行为的违法性质产生了不正确的理解。违法性错误具有如下**特征**:违法性错误包括一般违法性认识错误与刑事违法性认识错误;违法性错误阻却故意责任;违法性错误基于事实无误而有别于事实错误;违法性错误包括误合法为违法的积极错误与误违法为合法的消极错误;罪名错误与刑罚处罚错误可谓法律错误而非阻却故意责任的违法性错误。

不少国家与地区的刑法典对于违法性错误给予了明确规定,具体又有不同的立法模式,包括违法性错误区别对待、违法性错误从宽处罚、假想犯罪不受处罚、违法性错误必致事实错误阻却故意等。其中,"违法性错误区别对待",强调违法性错误对于责任的影响,应当区别情况不同对待。在符合一定条件时不予处罚,而对于行为人本身有责任的,则从宽处罚。相对而言,这一立法例较为合理。"违法性错误从宽处罚"忽略了引起错误之情形与责任的差异;而"假想犯罪不受处罚"与"违法性错误必致事实错误阻却故意",似无特别规定的必要。

四、缺乏注意义务

(一)信赖原则与允许危险原则的基本概念

阻却行为人的部分注意义务、分担与减轻行为人的注意义务、使行为人未履行某些注意义务合法化等表述具有一致的意义。**注意义务的阻却事由**,是指通过分担或者减轻行为人的注意义务,而使行为人的某些注意义务免除的法定规则,具体包括信赖原则与允许危险原则。**(1)信赖原则**,是指在涉及多数人的事件中,行为人在实行某种行为时,只要不存在特殊情况的场合,基于人们的相互信任心、共同责任心以及社会连带感,可以信赖他人,他人也可以信赖行为人,将遵守共同规则采取适当的行动以避免危害结果的发生。如果他人无视共同规则而采取了不适当的行动,由此与行为人的行为相结合从而导致了构成要件的危害结果的发生,那么可以根据这种信赖排除遵守共同规则的行为人的过失责任。**(2)允许危险原则**,是指某种行为虽然具有侵害法益的危险,但是为了社会文明与科技进步乃至社会运行的必要,只要这种危险行为保持在适度的范围内,实施行为所获取的社会价值超过危险行为的风险,即使导致危害结果的发生,也不存在过失责任。危险行为的适度取决于:危险行为的正当目的;危险行为侵害的法益较小;危险行为产生的社会效益较大;危险行为的风险相对不大。

在信赖原则基本蕴意中,对于信赖原则与注意义务之间关系的理解也颇值思考。有的论著试图将违反注意义务与违反信赖原则作同一性的解释。应当说,信赖原则与注意义务,无论在概念蕴含上还是在理论意义上均有区别。信赖原则指向的是行为人过失责任的无,是一种过失责任的阻却;与此不同,注意义务指向的是行为人过失责任的有,是一种过失责任的赋予。信赖原则是行为人要求(或信赖)他人履行注意义务,违反信赖主要在于他人没有给予信赖;而注意义务是他人要求(或需要)行为人履行注意义务,违反义务主要在于行为人没有履行义务。因此,在赋予过失责任的意义上,不存在行为人违反信赖原则,而是行为人违反注意义务。至于他人违反信赖,则可以成为阻却行为人过失责任的根据。同样,允许危险原则与注意义务在概念蕴含及理论意义上也有区别。允许危险原则指向行为人过失责任的无,是一种过失责任的阻却;而注意义务则指向行为人过失责任的有,是一种过失责任的赋予。

信赖原则与允许危险原则是随着现代交通与科技的日益发达,为了适应社会发展而对危险行为一定程度放宽的需要,在司法实际中逐步得到认可并总结上升为一般的刑法原则。具体表现为在德国经由判例,逐步占据稳固地位,后又传入日本,在适用对象上,最先是针对交通肇事的处理,后来扩大到医疗事故的判决乃至社会生活的广泛领域。在我国刑法实际中,信赖原则与允许危险原则的地位未得到形式上的肯定,理论上对于是否采纳此原则存在着不同的观点。本书主张,无论是就刑法理论而言,还是从社会现实与司法实际来说,信赖原则与允许危险原则在我国刑法理论与实践中应当有所体现。

(二)信赖原则与允许危险原则的应有地位

信赖原则、允许危险原则源于大陆法系的刑法理论,具有阻却过失责任的意义,然而这种阻却是作为有责性的阻却(不具期待可能性),抑或是违法性的阻却、构成要件的阻却,学者们观点不一。应当说,信赖原则与允许危险原则是围绕着注意义务而展开的理论,具体可以理解为经由对于注意义务的分配,而最终阻却行为人的注意义务责任。信赖原则是解决行为人与他人基于应有的信赖,各自应有多少注意义务;允许危险原则是解决基于可以允许的危险,行为人还有多少注意义务。因此,信赖原则与允许危险原则的理论地位,可以伴随于注意义务,而注意义务又是过失的本质问题,从而信赖原则与允许危险原则的理论地位最终与过失的理论地位相吻合。对于过失的理论地位,大陆法系刑法理论观点各异,不过通说是将其作为责任要素处理的。本书肯定信赖原则与允许危险原则系注意义务的阻却事由。

(三)信赖原则与允许危险原则的应有观念

可以信赖与允许危险之本质趋同:对于信赖原则与允许危险原则的关系,众说纷纭。不可否认,信赖原则与允许危险原则,前者强调相互可以信赖,后者注重社会允许危险,两者具体视角的不同从而有着一定的区别。不过,两者又同出一撤,在本质上趋于一致。信赖原则重在表述在适当的场合,行为人与他人之间相互存在着可以寄托于对方对于履行必要的注意义务的信赖,过失责任在于未履行信赖所要求的注意义务的一方;允许危险原则重在表述在适当的场合,允许行为人实施一定限度以内的危险行为,对此行为人无过失责任。同时,信赖原则与允许危险原则在评价的结果上,也具有较大的趋同。在可以信赖的场合,也具备允许危险的限度。

可以信赖与允许危险之阻却过失:信赖原则与允许危险原则通过对于行为人注意义务的否定,进而否定(阻却)行为人的过失责任。根据信赖原则,因为他人本应是可以信赖的,事实上的不可信赖不能归咎于行为人;根据允许危险原则,本来行为人的危险行为是可以允许的,事实上的危险应验也不能归咎于行为人。假如注意义务的肯定称作过失构成的积极要素,那么这种对注意义务的否定就是过失构成的消极要素。从价值理念来说,则是刑法的收缩(谦抑)。

可以信赖与允许危险之行为无价:以因果行为论为理论根据的旧过失论,注重结果无价值;以目的行为论为理论根据的新过失论,强调行为无价值。信赖原则与允许危险原则的提出,则使行为无价值的观念更为具体化。根据信赖原则,行为人在可以信赖的场合,只要自己履行了应尽的注意义务,即使造成危害结果也不承担过失责任;根据允许危险原则,行为人在允许危险的场合,只要自己履行了应尽的注意义务,即使造成危害结果也不承担过失责任。这里危害结果的发生并不具有最终的决定意义,关键是行为价值的有无,可以信赖的行为、允许的危险行为,不是无价值的,不承担责任。

刑法理论与司法实践之可资借鉴:信赖原则与允许危险原则,作为对注意义务的合理分配,不仅使僵硬的注意义务趋于柔化,而且也使特定情境下的注意义务有了更为具体的标准。在我国科技发展的今天,理论上系统地构建信赖原则、允许危险原则的基本观念,实际中有意识地注重信赖原则、允许危险原则的具体运用,符合刑法的时代要求。

五、缺乏期待可能性

(一) 期待可能性的基本概念

期待可能性,是指基于行为时的具体情况,能够期待行为人避免实施违法行为而实施适法行为。基于"法律不强人所难"的法理,**期待可能性理论**表明,倘若在行为时的具体情况下,行为人由于不得已[①]而实施了不法行为,即使行为人具有构成要件事实与违法性的意识,也不能让其承担责任;反之,只有行为时的具体情况表明,能够期待行为人避免实施不法行为,才可对其进行责任非难。期待可能性理论源于德国"劣马绕缰案"判例,德国学者迈耶、弗兰克、格尔德斯密特等的理论阐述,使之得以确立

---

① 根据行为时的具体情况,无论什么人均会采取同样的行动。

与发展。期待可能性理论,由李斯特的学生德国学者施密特最终完成。此后,期待可能性理论经学者们的进一步研讨完善,至20世纪20年代在德国成为通说,并为司法实践所接受、立法所采纳。然而,时至今日,期待可能性理论在其故乡德国"已经变得无足轻重了"[1]。不过,期待可能性理论在日本以及我国台湾地区等刑法理论与实践中,仍占据着一定的地位。

（二）期待可能性的理论地位

对于期待可能性在犯罪构成体系中的地位,刑法理论存在第三责任要素说、故意过失要素说、例外责任要素说三种较为典型学说。其中,"例外责任要素说"相对合理。

基于**本书**的犯罪构成体系,犯罪成立必须具备本体构成符合与阻却要素缺乏的两个阶层要件。其中,本体构成包括客观要件与主观要件;阻却要素包括违法阻却、**责任阻却**与危害阻却。而**责任阻却**,又由缺乏责任能力、缺乏违法性认识可能性、缺乏期待可能性等消极要素构成。缺乏责任能力与缺乏违法性认识可能性系属主观责任阻却,缺乏期待可能性则为客观责任阻却。而就责任阻却的**内部逻辑**而论,故意与过失均系包括事实内容与规范评价的心理状态,不过其一般性实体性判断承载于本体构成阶段,违法性认识及其可能是责任的空虚要素,缺乏违法性认识可能性是具体性实体性责任要素。存在故意或过失原则上也就存在**期待可能性**,但是在出现客观异常情况的场合,客观责任阻却事由致使期待可能性缺乏,继而责任被阻却,由此缺乏期待可能性是从客观的角度,具体性实体性判断行为人的责任,系责任消极要素。

（三）期待可能性的判断标准

对于期待可能性的判断标准,刑法理论存在行为人标准说、平均人标准说、国家标准说与折衷标准说的不同见解。本书认为,在判断期待可能性有无的标准上,理应**采纳行为人标准说**。

行为人的期待可能性是行为人承担责任的规范评价要素,在行为时的具体情况下,基于行为人的自身能力,可以期待其避免实施违法行为而选择其他适法行为,然而行为人却背离这种期待,由此可以对其施加责难。这里,"可以期待"显然是针对行为人的,其判断也应当以行为人的实际情况为标准,只有这样才能将背离期待的责任归结于他。平均人标准说以平均人的一般能力为标准,强调按照平均人处于行为时具体情形的期待可能性,作为行为人期待可能性的判断。这实际上偏离了客观,行为人的自身能力可能高于、也可能低于平均人的一般能力,无论是高于还是低于,一律以平均人的一般能力为标准,这不尽合理。国家标准说将期待可能性的标准定位于国家或者法律的秩序要求,强调不以被期待者的具体能力,而以期待者的规范要求,来确定行为人的期待可能性。这的确有违于期待可能性理论的本意。期待可能性判断要解决的毕竟是行为人期待可能性的有无问题。折衷标准说主张结合行为人标准

---

[1] 〔德〕汉斯·海因里希·耶塞克、托马斯·魏根特著:《德国刑法教科书》,徐久生译,中国法制出版社2001年版,第603页。

与平均人标准综合判断行为人期待可能性的有无,尽管似乎是两种标准有所兼顾,然而,作为对于同一问题的判断,其终将无法采纳两种标准,倘若最终落实于行为人标准,则实质上与行为人标准说无异,倘若最终归结于平均人标准,则同样存在着主观判断与客观实际不吻合的问题。相对来说,行为人标准说以行为人的自身能力为标准,强调分别行为人及其行为的具体情形,对于期待可能性作个别的决定。这既切合期待可能性所要解决的个人责任的问题,也使判断与行为人期待可能性的客观实际相符。

(四) 期待可能性的阻却事由

国外刑法理论区分主观责任阻却与客观责任阻却。其中,主观责任阻却事由德国刑法理论称之为责任排除事由,具体包括无责任能力与不可避免的禁止错误[①]。而客观责任阻却事由即为期待可能性阻却事由,对此德国刑法理论称免责事由,日本刑法理论谓为责任阻却事由(缺乏期待可能性的责任阻却事由),意大利刑法理论称为可原谅理由。而其具体表现,各国刑法规定及其理论解释又有所差异,学者们的观点也不尽一致。免责的紧急避险、避险过当与防卫过当、执行无约束力的命令、不能解决的义务冲突、基于拯救目的决定的行为、被强制行为或受胁迫行为、不可抗拒的暴力等,是得到一定支持的期待可能性阻却事由的类型。

有的论著主张,我国《刑法》第16条所规定的不可抗力与意外事件,属于缺乏期待可能性的责任阻却事由。本书认为,不可抗力缺乏行为心素,意外事件缺乏认识能力,且两者均无故意与过失,系属缺乏本体构成之客观要素或主观要素的事由。另外,国外刑法理论有将防卫过当与避险过当列为阻却责任事由的说法。本书认为,某种情形是否责任阻却事由,应当结合理论应然与立法实然综合分析。我国《刑法》中的正当防卫与紧急避险系属阻却犯罪成立本体构成之客观规范要素的事由。我国《刑法》并未规定防卫过当与避险过当免责,而是明确规定了正当防卫与紧急避险不负刑事责任,由此只是正当防卫与紧急避险充分显示出其在犯罪构成中的消极要素意义,而防卫过当与避险过当则具有法益侵害程度与主观责任程度双重减弱的意义,进而可将之随正当防卫与紧急避险一并归入阻却客观规范要素中予以讨论。国外刑法理论与实际虽然承认超法规的期待可能性阻却事由,但就我国社会现实与法治状况等而论,应当将期待可能性的阻却事由限定在法定或有权解释的范围内。具体地说,这种阻却事由在我国《刑法》与司法解释中均有体现。**(1)《刑法》规定**:某些条文对于符合某一具体犯罪主观与客观积极要素的行为,规定在特定的场合不追究刑事责任。例如,《刑法》第241条第6款针对收买被拐卖的妇女、儿童罪规定,"收买被拐卖的妇女、儿童"在一定条件下"可以不追究刑事责任"。对此可以理解为,行为人收买被拐卖的妇女、儿童,虽然符合该罪成立的积极要素,但是适法行为的期待可能性显著降低,加之行为人又没有其他趋于入罪的事实,从而立法者对之予以特别宽恕而予其免责,进而犯罪成立也被阻却。**另外**,我国《刑法》看似不尽合理的某些规定,

---

① 这里的不可避免的禁止错误也即本书前文所称缺乏违法性认识可能性。

也可通过期待可能性阻却得到较好的解释。例如,《刑法》第 307 条第 2 款针对情节严重的"帮助当事人毁灭、伪造证据"行为,规定了帮助毁灭、伪造证据罪,而对于当事人自己毁灭、伪造证据的行为并未作犯罪的设置,对此刑法理论提出了诸多质疑。其实,应当注意到,当事人自己毁灭、伪造证据虽不可排除其法益侵害的属性,但是其适法行为的期待可能性显著降低,由此立法者对之予以特别宽恕而免其责任,进而不予入罪。**(2)司法解释**:对于符合某一具体犯罪构成积极要素的行为,基于被胁迫而明确规定不作为犯罪处理。例如,2000 年最高人民法院《关于审理黑社会性质组织犯罪的案件具体应用法律若干问题的解释》第 3 条第 2 款规定:"对于……受蒙蔽、胁迫参加黑社会性质的组织,情节轻微的,可以不作为犯罪处理。"对此可以理解为,行为人参加黑社会性质组织,符合参加黑社会性质组织罪的积极构成要素,但是在受蒙蔽、胁迫而参加的场合,其适法行为的期待可能性显著降低,由此立法者对之予以特别宽恕而免其责任,进而不予入罪。① **此外**,某些司法解释对于符合犯罪构成积极要素的行为,也有在虽非人为所迫的特定场合不予犯罪处理的规定,这种特定场合也可理解为适法行为期待可能性的被排除。例如,1999 年最高人民法院《全国法院维护农村稳定刑事审判工作座谈会纪要》第二部分之"(六)"规定:"对那些迫于生活困难、受重男轻女思想影响而出卖亲生子女或收养子女的,可不作为犯罪处理"。2013 年最高人民法院、最高人民检察院《关于办理盗窃刑事案件适用法律若干问题的解释》第 8 条前段规定:"偷拿家庭成员或者近亲属的财物,获得谅解的,一般可不认为是犯罪"。

(五)期待可能性的错误

期待可能性错误,是指对于是否存在导致排除或减轻对行为人责任非难的外部异常情况,即对于是否存在阻却期待可能性的事由,行为人的主观认识与客观实际不相符合的情形。其具有如下**特征**:(1)错误指向:决定期待可能性的基础事实是说明能否对行为人的不法选择予以责难的客观事实情况,期待可能性错误的内容正是指向这一事实,这与作为刑法上错误(阻却故意)的内容是不同的。(2)错误表现:错误意指行为人的主观认识与客观实际不相符合,或者说,对于某种客观实际情况,行为人在主观认识上出现了偏差,误无为有或者误有为无。(3)影响责任:当某种事实情况成为阻却期待可能性的事由时,对于这种事实情况的错误就会影响到对行为人的客观责任评价。基于期待可能性与责任形式在责任构成中的并列地位,期待可能性错误并不影响责任故意的成立。

根据错误取向的不同,期待可能性错误存在积极错误与消极错误两种**类型**。期待可能性错误会影响责任的成立,或者影响责任程度而使刑罚从宽,而积极错误与消极错误的法律后果又各有不同。(1)期待可能性积极错误·误无为有:是指客观上

---

① 应当注意,根据我国《刑法》总则第 28 条的规定,"被胁迫参加犯罪的"通常并不除罪而只是刑罚从宽,固然这一刑罚从宽也是考虑到被胁迫场合的期待可能性显著降低,从而责任程度显著减弱,不过在立法上其并非是主观责任阻却事由,而是刑罚从宽的事由。与此不同,本题所及司法解释将被胁迫作为出罪的事由,由此可谓主观责任被阻却,继而犯罪成立被排除。

并不存在阻却期待可能性的事由,行为人主观上却误认为其存在的情形。在积极错误的场合,错误能否避免是构成影响程度的重要前提。如果行为人的主观错误是无法避免的,这意味着行为人对自己错误的产生也无过错,对此对于行为人来说可以视同阻却期待可能性的事由客观存在,行为人的责任被排除。如果行为人的主观错误原本是可以避免的,即行为人对自己的积极错误主观上存在过失,而基于积极错误所进入的是不法行为,行为人对于这种不法行为应当承担过失责任。(2)期待可能性消极错误·误有为无:是指客观上存在阻却期待可能性的事由,行为人却并未意识到其存在的情形。也有将期待可能性错误限于积极错误的界说,主张消极错误不值得特别考虑。其实,期待可能性消极错误也存在错误是否影响对行为人的处罚的问题。在消极错误的场合,也会存在两种情形。其一,行为人实施了适法行为,固然谈不上主观责任问题。其二,行为人实施了不法行为,如果行为人对于客观存在的异常情境并无意识,则其不法选择恰恰反映了其规范意识的不正常,进而行为人不法选择的主观上的不法动机也就没有受到减损,对于行为人的责难也就不能排除或者减轻。

第三节 严重危害阻却事由

一、严重危害阻却事由概说

严重危害阻却的一个典型根据,即说明危害显著轻微的有关事由的存在。就总体理论脉络与合理价值来看,危害显著轻微依存于犯罪构成的框架,属于犯罪构成的消极要件,并且系属对于严重危害的直接否定。从这个意义上说,危害显著轻微是在本体构成符合的场合,基于案件的整体事实中有关说明危害轻向事由的存在,而最终否定行为整体的严重危害特征。这既彰显了刑法应有的谦抑精神,也体现了刑法制度严谨之中的合理柔韧,更为有利于应对形态纷繁的现实案件的处理。

危害显著轻微,主要表现为对于说明符合本体构成的行为的危害,并未达到必须予以定罪的严重程度具有决定意义的,某些事实特征的存在。具体地说,危害显著轻微针对更为广泛的具体事实因素展开分析,这些具有刑法上重要意义的具体因素,其存在与否、程度大小决定了行为的社会危害程度。总体上,行为的社会危害程度是由具有刑法意义的有关因素共同作用的结果。由此,危害显著轻微意味着有关因素共同作用,使得行为的社会危害程度显著轻微。不过,整体也是由部分构成的,从这个意义上说,某些因素的特别作用也会影响乃至决定整个行为的社会危害程度。从而,危害显著轻微也可以表现为有关因素的排除危害特征,显示出整体行为社会危害的显著轻微。从主观客观的视角来看,社会危害是包括主观危害与客观危害的综合评价。其中,客观危害的表现因素,包括行为的客观危害结果等;主观危害的表现因素,包括行为人的主观恶性、人身危险性等。

二、危害显著轻微的类型

客观危害显著轻微:客观危害,又称社会危害的客观侧面,由诸多客观外在事实直接表现。其中,危害结果对于客观危害的表现最为突出。对于刑法中的结果,中外刑法理论所采纳的术语不一,意义侧重也有所差异,主要有特定构成结果与法益侵害结果、危害结果、自然结果与法律结果、犯罪结果与行为结果、直接结果与间接结果、有形结果与无形结果、实害结果与危险结果等。就犯罪成立而言,本书采纳"特定构成结果"的术语,并将之与"法益侵害结果"相映衬。不过,本处是从客观危害显著轻微的角度来论及结果,由此这里的**危害结果**具有广义,是指由行为人的构成要件行为所引起的一切具有社会损害特征的外界变化。这种外界变化可以表现为损害的实际发生或者现实危险,包括有形的物质性的损害结果与无形的非物质性损害结果。行为的客观危害结果及至客观危害显著轻微,可以考虑不予定罪处刑。

主观恶性显著轻微:**主观恶性**,是指基于行为人实施危害行为前中后所表现出的一系列事实特征,以行为人主观邪恶及其程度的评价为内容的,行为人在主观上所具有的社会危害的属性。主观恶性具有较为广泛的意义,人身危险性的基础事实固然可以成为其评价的重要内容,此外行为时的应受谴责的心理状态以及其他有关主观危害事实等,也属主观恶性的评价范畴。由此,应当区分主观恶性与人身危险性以及主观恶性与主观责任。主观恶性存在如下**特征**:(1)邪恶性:核心内容指向行为人主观邪恶及其程度,具体表述行为人的主观社会危害的性质特征。(2)广泛性:据以评价的基础事实所系跨度较大,包括危害行为前中后说明主观危害的相关事实。(3)具体性:以具体行为人的主观危害的评价为内容,由此为具体行为人的罪刑处置提供主观根据。(4)动态性:系属行为人在受到罪刑处置时其主观危害的状况,其中的某些成分也会随着矫治等进程而发生变化。

三、人身危险性显著轻微的规范价值

在**客观主义**的理论框架中,人身危险性没有存在的余地,在**主观主义**的理论框架中,抽象的必然的人身危险性概念受到肯定与彰显,而在**折衷主义**的理论框架中,期待可能性、具体人格形成、具体人格特征等受到重视,**应当说**,主观主义抽象的必然的人身危险性概念①确实存疑,立于回顾本位的具体人格形成责任也存有推敲的余地,而即使强调具体人格特征也应关注其中的危险性。因此,当代意义上的人身危险性承载于具体的行为人并且处于动态变化之中,同时其也是基于生理病理素质或者基于社会化个性等特征而指向未然之罪的可能性。从这个意义上说,基于行为人的具体的、动态的、人身性的事实特征,以未来再次实施危害行为的可能性为终极评价的社会危险性,系属罪刑处置中应当考究的重要因素。

人身危险性,是指基于行为人的具体的、动态的、人身性的事实特征,以未来实施危害行为的可能性为终极评价的,行为人对于现存社会秩序所构成威胁及其程度的属性。据此,其具有如下**特征**:(1)危险性:核心内容在于具体评价行为人将来实施

---

① 较为典型意义的主观主义所称人身危险性,系指作为经验人的犯罪人基于其生物遗传或者社会环境而形成的犯罪必然性;由此,这一人身危险存在如下特征,即行为受到遗传或环境决定,行为人实施犯罪具有必然性,这种人身危险呈现出类型性。

危害行为的可能性,行为人对于社会的威胁及其程度;(2) 人身性:危险性的评价基于行为人的素质、生活背景与个性等特征,诸如精神障碍、吸毒瘾癖、惯犯等;(3) 动态性:危险性的形成受控诸多主观与客观因素,并且随着治疗改善与再社会化等进程而处于变化之中;(4) 具体性:系属针对具体行为人的特定内容的评价,这一评价旨在为行为人的罪刑处置提供主观危害的根据。

立于行为人危险性是否曾有明显而集中的现实化,人身危险性有**广义与狭义**之分。狭义的人身危险性是指曾经实施过严重危害行为受过刑事处罚的人,再次实施严重危害行为的可能性。广义的人身危险性包括曾经实施危害行为与受过刑事处罚的人的再犯可能性,以及初次实施危害行为的可能性。人身危险性作为**一种否定评价**,在刑法规范的层面将随之以相应的矫治措施,而在现代意义的刑法框架下,危害行为的发生是刑事处置的首要前提。因而,一般而论人身危险性仅指狭义上的人身危险性,行为人已有危害社会行为的实施系属人身危险性的现实化,而人身危险性更为关注的是其再犯可能性。人身危害性与主观恶性及犯罪人格,均系对行为人主观危害的表述,然而它们的具体内容,进而在规范刑法学中的理论地位则有所不同。

客观主义主导与主观主义兼顾,这是在我国社会发展现阶段应当坚持的犯罪理念。其中客观主义强调基于行为的危害事实特征(行为的类型性)予以相应的刑罚处罚,主观主义注重基于行为人的人身危险性(行为人的类型性)予以相应的保安处分。由此,刑事处置制度总体立于双轨模式而展开。具体地说:对于犯罪行为处以刑罚,并且这也构成刑事处置的主线;相对于以行为为中心的事实特征而言,如果行为人的人身危险性占据主导地位,无论其行为是否构成犯罪,对于行为人应当适用保安处分;在犯罪构成的事实特征中,并不排除说明人身危险性显著轻微的事实的存在,这一说明人身危险性显著轻微的事实可以成为出罪的根据。(1) 犯罪与刑罚:对于犯罪行为的刑罚处罚,严格以行为构成犯罪为充分必要条件,而行为的犯罪构成评价坚持"本体构成要件符合与严重危害阻却缺乏"的双层多阶犯罪构成标准。这是以行为的危害事实特征(犯罪构成或行为类型性)为核心而展开的罪刑处置。就质的规定性而言,刑罚发动固然应以行为构成犯罪为前提;而就量的规定性来看,行为事实特征的危害程度是决定刑罚轻重的主要根据,人身危险性对于量刑与行刑的调整应受基本行为危害程度的限定。(2) 人身危险与保安处分:对于人身危险性的保安处分,也系针对社会危险行为,而社会危险行为是指行为人所实施的危害社会行为与行为人内在的社会危险性的组合。这是以行为人的人身危险性(行为人的类型性)为核心而展开的刑事处置。就质的规定性而言,保安处分发动固然应以行为人人身危险性重大为前提;而就量的规定性来看,行为人具体人身危险性大小是决定保安处分措施的主要根据,并且处分措施的裁量确定与执行调整均受人身危险性大小的决定。

在犯罪与刑罚为主线的刑事处置框架下,成立犯罪以及罪行轻重均以行为的危害事实及其程度为主导,总体上刑罚的发动及其轻重与犯罪的成立及其轻重相适应。在这一框架下,行为人的人身危险性并非重大,不过人身危险性对于定罪量刑仍有重要意义。(1) 人身危险性之量刑情节:人身危险性是影响量刑的一个重要因素。

A. 情节表现:可以是酌定情节,也可以是法定情节,前者例如前科,后者例如立功。可以是可以情节,也可以是应当情节,前者例如累犯,后者例如自首。B. 量的范畴:应当注意,在以人身危险性作为从严情节的场合,立于罪刑框架作为量刑情节的人身危险性,是以人身危险性并非重大且不具质的决定程度为前提的。否则应当考虑将基于人身危险性重大的处置纳入社会危险行为与保安处分的框架。(2) 人身危险性之出罪情节:在特定场合,人身危险性显著轻微应当可以成为出罪的事由。就刑法理论的一般观念而言,行为必须首先符合犯罪构成才可入罪受罚,同时,人身危险性并非犯罪构成的独立要件,更非犯罪构成叙述的核心内容,犯罪构成系以行为为中心要件体系展开;犯罪构成的因素不能充分反映人身危险性,而人身危险性也不只通过犯罪构成的因素体现。由此,人身危险性对定罪以及某些特殊情况下刑事处置的影响,主要在于回答两个方面的问题:(A) 行为具有一定的客观危害,但并未完全符合犯罪构成的形式标准,却人身危险性重大,对此如何处置?(B) 行为符合犯罪构成的形式标准,但是行为的客观危害并不显著,尤其是行为人的人身危险性轻微,对此如何处置? 其中,问题 A 的答案是,对于社会危险行为予以保安处分。对此,已在上文阐释。这里主要讨论问题 B,其答案应当是,根据我国《刑法》第 13 条的但书,而予出罪处理。《刑法》第 13 条之规定的出罪功能(限制功能)与罪刑法定原则并不矛盾。[①]

刑事处置本应以刑罚抗制犯罪以及保安处分抗制危险行为的双轨展开,然而,我国刑事处置的制度却存在结构性的缺乏,目前仍持单一的"犯罪与刑罚"的立场。也正因为我国《刑法》社会危险行为与保安处分的缺席,从而致使某些基于人身危险性重大主导因素而有质的差异处置的情形,被置于基准犯罪构成或者加重犯罪构成及其相应法定刑的框架中。这种设置显然模糊了"行为之罪行性"与"行为人之危险性"的差异,从而缺乏理论根据。这种相对单一、僵硬的刑罚体系,也使得司法实际中在对人身危险性者的处置上,既有失人权保障(以行政处置取代司法处置,不足以保障人权),又不利社会保护(缺乏明确统一的司法依据,导致实际处置难以恰如其分)。因此,应当将保安处分统一规范至《刑法》中,形成刑罚与保安处分的刑事处置二元结构。

[①] 详见张小虎:《人身危险性与客观社会危害显著轻微的非罪思辨——我国〈刑法〉第 13 条之出罪功能》,载《中外法学》2000 年第 4 期。

第三编 犯罪修正形态

第七章 犯罪修正之停止形态

第一节 犯罪停止形态概说

一、故意犯罪阶段、过程、形态

直接故意犯罪,以侵害法益为目标,存在着起意、预备、实行、完成或者未完成等各种复杂情况。故意犯罪停止形态,立于故意犯罪纵深发展过程中的可能停止状态,探讨相应的犯罪构成的具体形态及其法律后果。

针对故意犯罪中的有关情况,**英美法系**存在两种观点,分别使用不完整罪与预备罪的术语作为未遂等情况的界说。其中,不完整罪包括未遂、教唆、共谋三种情况;预备罪包括未遂、煽动、共谋三种犯罪。对于相应的问题,**大陆法系**主要用未遂犯的术语来概括未遂与中止,用预备犯的术语来概括预备,用阴谋犯的术语来概括阴谋。其中,未遂犯包括中止未遂与障碍未遂;而对预备与阴谋的关系又有不同观点。**我国刑法理论**对于故意犯罪中的预备、未遂、中止、既遂等有关情况,主要存在故意犯罪阶段与故意犯罪形态的两种术语的不同概括。前者关注犯罪过程中的停顿阶段,后者区分犯罪过程、阶段、形态。

应当说,**不完整罪**是与完整罪相对的概念。以既遂犯为完整罪,则预备犯、未遂犯、中止犯就是不完整罪。而故意犯罪的**过程**、**阶段**、**形态**,也系不同的概念。过程是经过的一系列程序,阶段是划分的一些段落,形态是停止的一些状态。对此,本书列表7-1予以直观说明。**形态与行为**也有着区别。预备犯、未遂犯、中止犯、既遂犯属于犯罪形态,意味着行为符合犯罪构成;预备行为、未遂行为、中止行为、既遂行为属于构成要件行为,只是犯罪构成的客观行为要素。

表 7-1　故意犯罪过程、阶段、形态对比表

犯罪形态	故意犯罪过程			
	预备阶段	实行阶段		结果发生阶段
	预备行为	着手	实行完成	结果发生
预备犯	……(停顿点)			
未遂犯		……(停顿点)		……(停顿点)
中止犯	……(停顿点)	……(停顿点)		……(停顿点)
既遂犯			●行为犯	●结果犯

二、故意犯罪停止形态存在范围

过失犯罪在危害结果发生之前不存在停顿问题。从客观上看,过失犯罪以实害结果为要素,结果没有发生不构成犯罪,而结果发生犯罪则告成立;从主观上看,过失犯罪反对危害结果的发生,也就不存在为了犯罪而制造条件的预备,以及因为意志以外原因而未得逞的未遂、基于回心转意而自动放弃犯罪的中止。

对于**间接故意犯罪**是否存在未完成形态的问题,刑法理论存在否定论与肯定论的不同见解。本书否定间接故意犯罪的未完成形态。间接故意犯罪具有伴随性,行为人不具有危害目的,对于危害结果的发生持放任的态度。由此,当危害结果发生时,行为人认可这一危害结果的发生,行为符合具体犯罪构成的完成形态,无所谓犯罪的预备、未遂、中止;而危害结果没有发生,这也不违背行为人的意志,也就无所谓未得逞的未遂与放弃犯罪的中止;没有危害目的同样不存在为了犯罪而制造条件的预备。

并非所有的**直接故意犯罪**在任何**阶段**均存在预备犯、未遂犯、中止犯等犯罪形态。**行为犯**,没有特定构成结果的要素,其既遂形态的标志是实行行为完成。因此,行为犯存在预备阶段的预备犯、中止犯,也存在实行阶段的中止犯、未遂犯;行为犯在法定对象缺乏的场合,还可存在实行终了[①]的未遂犯。但是,行为犯不存在结果发生阶段的未遂犯与中止犯。**结果犯**,存在特定构成结果的要素,其既遂形态的标志是特定构成结果的发生。因此,实行行为、特定构成结果均将影响结果犯的完成与否,在特定构成结果发生之前均可出现犯罪未完成形态。具体地说,结果犯存在预备阶段的预备犯、中止犯,也存在实行阶段、结果发生阶段的中止犯、未遂犯。

第二节　犯罪既遂形态

一、既遂的衡量标准

犯罪既遂形态,又称既遂犯,是指直接故意犯罪过程中犯罪发展至最终结局的停

---

① 通常行为实行终了,行为也告完成。但是有时行为终了却法定对象缺席,在此场合尚难谓之行为完成。广义而论,行为附随情状也系实行行为的组成部分,从而实行终了未必就是实行完成。

止形态。在此,"犯罪发展的最终结局"的界说也即既遂犯的衡量标准。对此,刑法理论颇有争议,存在犯罪目的达到说、危害结果发生说、法定结果发生说、犯罪目的并物质结果说、构成要件齐备说、犯罪要件齐备说等不同见解。**本书强调完成形态与未完成形态的相对意义**[①],并且综合考虑行为犯与结果犯的既遂特征,提出"重要客观事实要素符合"的既遂标准——行为完成且结果发生。具体地说,犯罪既遂的标准[②]在于,在行为符合犯罪构成其他要件的前提下,对于行为犯来说实行行为完成,对于结果犯来说特定构成结果发生。

行为犯:实行行为完成。**(1) 实行行为之外**:行为系属犯罪构成的核心要素,行为进程在根本上决定着犯罪的纵深发展,而行为犯不以特定构成结果为要素,其余要件或要素又为犯罪成立或者本罪成立的前提,从而行为进程成为犯罪完成与否的重要标志。具体地说,行为主体并无纵深发展的进程,而只有是否存在以及主体类型的差异,有则可予入罪,无则排除本罪;法益侵害虽有程度差异,但作为规范要素其具体由事实要素征表,在行为犯中行为系其核心征表;主观责任同样仅为责任类型以及责任有无的差异,从而其所涉的只是故意犯与过失犯以及罪与非罪。实行行为完成,意味着实行行为及其附随情状的法定要素完全齐备,也可谓行为实行终了并附随情状符合。**(2) 实行行为之内**:行为附随情状系实行行为的承载,决定实行行为的定性,可为实行行为的组成部分。由此,虽然行为实行终了,但若行为附随情状缺损,则实行行为仍未完成甚至不能成立。[③] A. 在法定行为对象缺乏的场合,行为可以成立但系缺损形态。例如,对窝藏罪(我国《刑法》第 310 条),虽将窝藏实行终了但对象并非"犯罪的人"。B. 在法定行为时间与地点缺乏的场合,行为因缺乏依附而不能成立。例如,对非法捕捞水产品罪(我国《刑法》第 340 条),虽将捕捞水产品行为实行终了但所处时空并非"禁渔区、禁渔期"。C. 在法定行为情境缺乏的场合,行为因缺乏依附也不能成立。例如,对危险驾驶罪(我国《刑法》第 133 条之一),虽驾车追逐竞驶或醉酒驾车但并非发生"在道路上"。

结果犯:特定构成结果发生。在犯罪的本体构成的有关要素上,行为主体、法益侵害、主观责任对于犯罪成立以及犯罪形态之界分的意义,在行为犯与结果犯上有着相似性。由此,这里需要着重讨论的是实行行为完成与特定构成结果发生的关系。将特定构成结果发生作为结果犯既遂的标志,意味着特定构成结果发生对于实行行为完成也有征表的意义。刑法上的因果关系表明,只有是实行行为造成的特定构成结果,才有对这一结果的法律后果承担,从而存在特定构成结果也就有实行行为。一般场合,特定构成结果的发生须有实行行为的完成,而实行行为完成也意味着行为附

---

① 从这个意义上说,"齐备说"只是大致阐明了既遂的标志,而未明确其与**未遂**的界分。缺乏某些要件虽不为既遂,但未必就是未遂,也可能不为犯罪。齐备分则具体犯罪全部构成要件,鉴于其犯罪构成形态指向不明,也可能只是具备**加重**构成要件而缺乏某些基准构成要件,这就是加重犯是否存在未遂的问题。
② 或称相对于**缺损犯罪**的**完整犯罪**标准。
③ 就行为是否完成而论,这对行为犯、结果犯、情节犯等是一样的。

随情状的符合,在此场合行为成立既遂犯;通常,没有实行行为的完成也就没有特定构成结果的发生,在这种场合就犯罪停止形态而论,分别不同情形可能成立预备犯、中止犯或者未遂犯。但是,有实行行为的完成未必就有特定构成结果的发生,在这种场合分别不同情形可以成立未遂犯或中止犯。

分则所设**基准犯罪构成**是具体犯罪之典型与核心的标准形态,从而基准犯罪构成亦为犯罪既遂的典型与核心的表现。由此,行为符合基准犯罪构成的各项要素,固然成立既遂犯。需要考究的是分则所设加重犯罪构成与减轻犯罪构成,在行为符合法定加重要素或者减轻要素的场合,是否也就当然地构成既遂犯。对此不能一概而论。尽管加重或者减轻的要素表明,在基准构成要素基础上出现这些要素时应予加重与减轻的法定刑,但是这只是一种法定设置,易言之,其并不意味着现实中加重或者减轻要素的符合与普通要素符合之间的分离,在此场合犯罪形态固然是缺损的,因而存在成立未遂犯等的余地。例如,抢劫罪(我国《刑法》第 263 条)的加重犯罪构成,除结果加重犯外其余加重犯均可呈现未遂形态[①];绑架罪(我国《刑法》第 239 条),暴力掳离被害人 A,未及向被害人 B 索财即致 A 死亡,同时案发。

二、既遂犯的基本特征

既遂犯,是指在直接故意犯罪发展过程中,在行为符合犯罪构成其他要件的前提下,行为犯之实行行为完成或者结果犯之特定构成结果发生的犯罪停止形态。既遂犯具有如下基本特征:

属于具体犯罪的完成形态:在直接故意犯罪发展过程中存在着各种犯罪停止形态,完整犯罪(既遂犯)与缺损犯罪(未完成犯)相对,它表明在行为符合某一具体犯罪构成的框架下,对于行为犯来说实行行为完成,对于结果犯来说特定构成结果发生。这意味着,犯罪已经达至完成,属于终局停止形态,这固然是在"着手"之后,也无所谓"未得逞"。

具体犯罪的各种既遂形态:既遂犯是客观案件事实对于分则预先设置的具体犯罪完整形态的符合。分则所设犯罪形态包括基准犯、加重犯、减轻犯、行为犯、结果犯、危险犯、实害犯等,从而也就存在这些犯罪形态的既遂犯。分则犯罪也有故意犯与过失犯的对应形态,犯罪停止形态存在于直接故意犯罪中是相对于缺损犯罪而言的,过失犯成立即为完整。

规定于刑法分则基准罪状:就具体犯罪框架下的既遂犯的法定标准而论,我国《刑法》总则设置了预备犯、未遂犯、中止犯等缺损犯罪的法定构成要素,而《刑法》分则具体规定了既遂犯(完整犯罪)的法定构成要素,并且这一具体犯罪的既遂犯标准集中地呈现于分则基准罪状中。易言之,分则的基准犯罪构成是具体犯罪之既遂犯的典型与核心的标准。

---

① 详见最高人民法院《关于审理抢劫、抢夺刑事案件适用法律若干问题的意见》(2005 年)第 10 条。

三、分则既遂犯的对比形态

分则犯罪形态，就罪状轻重而论，存在基准犯、加重犯、减轻犯的区别；而就完成形态所须要素而论，存在行为犯、结果犯、危险犯、实害犯、数额犯、次数犯、情节犯等的差异。后者即为分则既遂犯的对比形态。基准犯罪构成（基准罪状、基准犯）是具体犯罪的标志性描述，也是既遂犯的典型性标准，从而上述既遂犯的对比形态是以基准犯为平台展开的。

（一）行为犯与结果犯

对于行为犯与结果犯的界分，刑法理论颇有争议。**否定论**者强调任何犯罪均有法益侵害结果的前提，进而：**（1）否定行为犯**的存在——"任何一种犯罪均以某种结果为前提。在刑事不法中区分结果犯和纯粹的不以结果为前提的行为犯是不正确的。"①**（2）肯定行为犯**的存在——行为终了与结果发生没有剥离从而因果关系明确的是行为犯，行为终了与结果发生存在剥离从而需循因果关系的是结果犯。②**但是**，即使是大陆法系刑法理论，结果未必就是指法益侵害结果，也有"构成要件结果"③将结果视作法益侵害结果势必否定行为犯的概念，而这一结果界说下的对行为犯概念的肯定显得牵强④。**应当说**，刑法文本是理论刑法学的基原，刑法理论不能脱离刑法表述的差异。其实，法条中的这种表述差异是明显的与普遍的。例如，我国《刑法》第122条前段的表述、第123条前段的表述、第129条的表述。**本书**立于刑法规范对于具体犯罪的基准犯罪构成的设置，确定不同具体犯罪的既遂形态在重要客观事实要素上的不同，从而建构结果犯与行为犯、危险犯与实害犯、数额犯与情节犯等的界分。其中，根据基准犯罪构成是否存在特定构成结果要素的不同，可以将具体犯罪分为行为犯、结果犯。

行为犯：是指在行为符合犯罪构成其他要件与要素的前提下，只需完成实行行为，即可符合基准犯罪构成的犯罪形态。行为犯的基准犯罪构成并不存在特定构成结果的要素。行为犯没有过失犯。对于行为犯的**类型**，我国刑法理论存在如下见解："举止犯与过程犯"、"举动犯、程度犯与危险犯"、"预谋犯、举动犯、过程犯与持有犯"、"行为犯与举动犯"、"行为犯"⑤。大陆法系刑法理论并不区分行为犯与举动犯，而是将行为犯与举动犯等同。基于基准实行行为构成模式及其完成形态的差异，本书肯定在行为犯中存在举动犯与过程犯的差异。**（1）举动犯**，是指在行为犯中，实行

---

① 〔德〕李斯特著：《德国刑法教科书》，徐久生译，法律出版社2000年版，第180页。
② 参见〔德〕约翰内斯·韦塞尔斯著：《德国刑法总论》，李昌珂译，法律出版社2008年版，第12页。
③ "将发生一定结果作为构成要件要素加以规定的，这种构成要件要素就是构成要件结果"。〔日〕大谷实著：《刑法总论》，黎宏译，法律出版社2003年版，第94页。不能"只将对受保护的法益造成的损害当做'结果'"，构成要件结果是指"对行为对象产生的任何影响"，这里的行为对象必须与法益严格区分开来。〔德〕冈特·施特拉腾韦特、洛塔尔·库伦著：《刑法总论 I——犯罪论》，杨萌译，法律出版社2006年版，第91—92页。
④ 故意杀人罪可以呈现造成即时死亡的枪杀与造成间隔死亡的毒杀，对此是否要说前者是行为犯而后者是结果犯呢？
⑤ 即否定**举动犯**的存在。

行为具有启动可能的其他犯罪的特征,从而其构成表现为单一要素①并且并无行为实行程度要求的犯罪形态。举动犯近似企行犯②,但并非即成犯③。举动犯存在预备犯与中止犯,在特殊场合也存在未遂犯。**(2)过程犯**,是指在行为犯中,实行行为具有进程深度的特征,从而其构成表现为多元要素④或者存在行为实行特定程度要求的犯罪形态。过程犯既存在预备犯与中止犯,也存在未遂犯。

结果犯:是指在行为符合犯罪构成其他要件与要素的前提下,不仅必须完成实行行为,而且必须发生特定构成结果,才能符合基准犯罪构成的犯罪形态。结果犯的基准犯罪构成存在特定构成结果的要素。对于**结果**的界说,我国刑法理论存在"犯罪客体损害结果"与"物质损害结果"等不同见解,大陆法系刑法理论则存在"法益侵害及其危险"与"构成要件要素结果"的不同见解。本书强调,作为结果犯之典型要素的结果,仅指特定构成结果。这一特定构成结果由分则条文在具体犯罪的基准罪状中表述,包括危险结果与实害结果的不同形态。以危险结果作为基准犯特定构成结果的系**危险犯**,以实害结果作为基准犯特定构成结果的系**实害犯**。结果犯包括危险犯与实害犯。结果犯既存在预备犯与中止犯,也存在未遂犯。

(二)数额犯、次数犯、情节犯

根据基准犯罪构成对于法定损害定量要求的不同,可以将具体犯罪分为数额犯、次数犯、情节犯。

数额犯:是指基准犯罪构成的定量标准,表现为实行行为所涉金额达至一定数量的犯罪形态。例如,我国《刑法》第 140 条所规定的生产、销售伪劣产品罪,其基准犯罪构成必须具备"销售金额 5 万元以上"的要素。

次数犯:是指基准犯罪构成的定量标准,表现为实行行为重复实施达至一定数量或者实行行为的构成要素存在一定行为数量要求的犯罪形态。例如,我国《刑法》第 264 条所规定的盗窃罪,其基准犯罪构成包括"多次盗窃"的行为要素。

情节犯:是指基准犯罪构成的定量标准,表现为情节达至分则所规定的一定严重程度的犯罪形态。例如,我国《刑法》第 213 条所规定的假冒注册商标罪,其基准犯罪构成必须具备"情节严重"的要素。

(三)危险犯与实害犯

对于危险犯与实害犯的界分,不同刑法理论**见解各异**。我国刑法理论通常将危险犯独立于结果犯,有的将之包容于行为犯,并且通常将危险犯的结果界定为法定某

---

① 即为单一型基准实行行为。

② **企行犯**,是指"在个别刑法规定中,只要企图实施某一行为即可科处刑罚"的犯罪形态。对于企行犯而言,犯罪的既遂与未遂"在刑法规定中是被同等对待的"。企行犯的设置将完全的可罚性前置至未遂,从而不存在从轻处罚的未遂犯可能。〔德〕汉斯·海因里希·耶塞克、托马斯·魏根特著:《德国刑法教科书》,徐久生译,中国法制出版社 2001 年版,第 326 页。这意味着"实施行为"系标准的实行行为而为既遂,而"企图实施行为"亦被提升为实行行为而为既遂。

③ **即成犯**,是一与继续犯相对的概念,是指行为结构要素齐备或者犯罪结果发生,犯罪即告完成,不存在实行行为持续的犯罪形态。

④ 即为复合型基准实行行为。

种危害结果的危险状态。① 大陆法系刑法理论通常将危险犯归属于实质犯②,使之与实害犯相对,并且通常以法益实际损害与法益损害危险的不同来界分危险犯与实害犯。③ **本书**在区别特定构成结果与法益侵害结果的意义上界分危险犯与实害犯。任何犯罪都是对保护法益的侵害,从而存在法益侵害结果,但是并非所有犯罪的基准构成均有特定构成结果的要素,而结果犯的标志特征正是其具有这一特定构成结果的要素。同时,在结果犯中,特定构成结果的形态又有所差异,区分为危险结果与实害结果,进而区分为危险犯与实害犯。

危险犯:是指刑法分则某一具体犯罪的基准犯罪构成,其特定构成结果要素表现为行为人实施构成要件行为只需造成特定损害的现实危险(危险结果)的犯罪形态。例如,我国《刑法》第114条所规定的放火罪。危险犯具有如下**特征**:(1)基于本书对危险犯的界说,危险犯完成于危险结果的发生。由实行行为造成了特定损害的现实危险,犯罪才告完成。(2)危险犯完成于危险结果的发生,从而存在未遂犯。危险犯也存在预备犯与中止犯。对于危险犯的未遂问题颇存争议。(3)危险犯之特定损害的现实危险,可谓"实害"之"危险"。在此"现实危险"系无形损害结果,而"特定损害"为有形损害结果。危险犯分为**抽象危险犯与具体危险犯**。刑法理论对于抽象危险犯与具体危险犯的界分存在较大的争议,尤其是我国刑法理论与大陆法系刑法理论在这一问题上的定位有所不同。在本书看来,术语的界说应当具有肯定与明确的标志,无论是抽象危险犯还是具体危险犯,均是刑法所规定的具体犯罪的既遂形态的一种类型,在此关键是分则基准犯对于这两种危险犯所设置的构成特征有所差异。有鉴于此,本书对于抽象危险犯与具体危险犯作如下界说:**抽象危险犯**,是指具体犯罪的基准犯罪构成以危险结果为要素,刑法分则对于这一危险结果仅予抽象概括表述,危险结果存在与否的判断,由实行行为完成与否予以表征的犯罪形态。**具体危险犯**,是指具体犯罪的基准犯罪构成以危险结果为要素,刑法分则对于这一危险结果予以具体明确表述,危险结果存在与否的判断,不只由实行行为完成与否予以表征,还须有其他具体事实存在方可确定的犯罪形态。危险犯不同于行为犯,也不宜类同于结果犯。

实害犯:是指刑法分则某一具体犯罪的基准犯罪构成,其特定构成结果要素表现为行为人实施构成要件行为必须造成特定损害的实际发生(实害结果)的犯罪形态。例如,我国《刑法》第119条第2款所规定的过失损坏交通工具罪。实害犯具有如下**特征**:(1)基于本书对实害犯的界说,实害犯完成于实害结果的发生。由实行行为造成了特定损害的实际发生,犯罪才告完成。(2)实害犯既存在预备阶段的预备犯与

---

① 参见高铭暄、马克昌主编:《刑法学》,北京大学出版社、高等教育出版社2007年版,第162页;马克昌主编:《犯罪通论》,武汉大学出版社1999年版,第500页。

② **实质犯**,是指以发生特定形式的损害结果,作为犯罪构成的客观要件事实要素的犯罪。实质犯包括危险犯与实害犯。与实质犯相对的是**形式犯**,是指以实施构成要件行为,而不以发生特定形式的损害结果作为犯罪构成的客观要件之事实要素的犯罪。

③ 参见〔日〕木村龟二主编:《刑法学词典》,顾肖荣等译校,上海翻译出版公司1991年版,第158页;〔日〕大谷实著:《刑法总论》,黎宏译,法律出版社2003年版,第94—95页;〔日〕野村稔著:《刑法总论》,全理其、何力译,法律出版社2001年版,第114页。

中止犯,也存在实行阶段的未遂犯与中止犯,还存在结果发生阶段的未遂犯与中止犯。(3)实害犯之特定损害的实际发生,可谓"实害"之"实在"。在此"特定损害"为有形损害结果,而"实际发生"系这一结果的现实存在。危险结果也是一种结果,由此危险犯也是一种结果犯;不过危险犯与结果犯的划分视角不同,从而不能将其简单等同。

四、既遂犯的处罚

径行适用分则法定刑:刑法分则所规定的具体犯罪构成及其相应的法定刑,为该具体犯罪的既遂犯所设置,从而对于既遂犯直接按照刑法分则所规定的相应的法定刑处罚,而不再因既遂犯而有适用刑罚上的从宽或从严的考虑。

适用相应形态法定刑:刑法分则所设具体犯罪的形态,存在基准犯、加重犯与减轻犯的差异,并有相应不同的法定刑设置。由此,对于既遂犯根据基准既遂犯、加重既遂犯或减轻既遂犯的不同情况,分别按照刑法分则所规定的相应的基准、加重或减轻犯罪构成的法定刑处罚。

第三节 犯罪预备形态

一、预备犯的基本特征

预备行为是为了犯罪而制造条件的活动。对于预备行为是否作为犯罪处理,刑法理论存在积极说、消极说与折衷说的不同见解。相应地,刑法立法也存在一律入罪、不予入罪、分则限定的不同模式。对此,我国《刑法》采用一律入罪的立法模式。应当说,这一立法模式既不现实也不合理,对于分则所有具体犯罪的预备行为没有必要也不可能一律予以定罪处刑。在这一问题上,分则限定的立法模式较为可取。

我国《刑法》第22条第1款对分则所有犯罪之预备犯的构成作了规定。据此,**预备犯**,是指行为人为了犯罪而实施创造条件的行为,由于意志以外的因素,在着手实行犯罪前而停顿下来的犯罪停止形态。预备犯具有犯罪目的、预备行为、预备形态、违背意志四项特征。

具有犯罪目的:是指行为人从事某些活动是为了实施犯罪的实行行为或者为了追求犯罪结果的发生。预备犯之犯罪目的的特征,表明了预备犯的主观责任形式,也使犯罪的预备行为与其他非罪行为相区别。这里关键是对法条之"为了犯罪"的理解。对此,刑法理论存在实行犯罪说、实行犯罪并完成犯罪说、全面波及犯罪说的不同见解。应当说,"为了犯罪"是指旨在实施实行行为与造成结果发生的意图。

实施预备行为:是指实施创造犯罪条件的一些具体活动。预备犯之预备行为的特征,限定了预备犯的客观行为内容,也使犯罪的预备行为与犯意表示相区别。这里关键是对"预备行为"的揭示。对此,法条表述为"准备工具、制造条件"。其中,**准备工具**是最为典型的预备行为,是指预先安排、筹划便于犯罪实行与完成的一切物品,包括各种各样的物品与合法非法的手段等;**制造条件**是指除了准备工具以外,其他制造犯罪条件的行为,包括掌握犯罪技能、打探犯罪环境、清除犯罪障碍、进行犯罪合谋、拟定犯罪方案等。

预备阶段的形态:是指行为停顿终止于预备阶段,构成预备阶段的一种停止形态。预备犯之预备阶段形态的特征,表明了预备犯的独特停止阶段,也成为预备犯与未遂犯区别的一个重要标志。同时,这一特征也显示出预备犯的犯罪形态意义。预备犯是犯罪预备阶段中停顿下来的一个点,其不同于特定的预备阶段,也不同于特定的预备行为。

违背意志而停止:是指行为之所以停顿于预备阶段,是由于行为人意志以外的原因所致,犯罪停止违背行为人的意志。预备犯之违背意志而停止的特征,表明了预备犯行为停顿的主观特征,从而使预备犯与中止犯相区别。这里关键是对行为人"意志以外原因"的理解。**意志以外原因**,强调行为的停顿并非出自于行为人的主观意愿,而是基于超主观意愿的因素所致。超主观意愿因素,包括主观认识因素与各种客观因素。其中,认识因素,即行为人对于客观事实认识错误而使行为被迫停顿于着手之前;客观因素,即由于客观因素而使行为被迫停顿于着手之前,包括现场环境的突变、侵害对象的销匿或防范、他人的劝导等。

二、犯罪预备与相关行为

(一) 犯罪预备与犯意表示

犯意表示:是指行为人通过口头或书面等方式,单纯地将自己内心的犯罪意图表露于外部的活动。犯意表示具有如下特征:主观上具有犯罪的意图;客观上实施表露犯意的行为;危害上对于保护法益尚未构成直接威胁。

犯罪预备与犯意表示:两者具有一定的相似之处:均有犯罪的意图;实施关涉犯罪的行为;行为均在犯罪实行之前。不过,犯罪预备与犯意表示也有着严格的区别:犯罪预备表现为实施创造犯罪条件的一些具体活动,属于修正犯罪构成客观要件的行为,具有形式上的犯罪性;而犯意表示表现为单纯的犯罪意图流露,并非属于构成要件的行为,不具有形式上的犯罪性。犯罪预备对刑法的保护法益构成了一定的直接威胁,实质上具有较大程度的危害性;而犯意表示对刑法的保护法益尚未构成直接威胁,实质上不具有严重的危害性。

犯罪言论行为与犯意表示:主观上均有犯罪的意向,客观上均可为言论的行为方式,对于两者的关系也应予以关注。犯罪言论行为,是指以犯罪为内容的言辞、思想的表述活动。对于犯罪言论行为的性质不宜一概而论,其可以存在如下几种情况:非罪行为,即犯罪言论行为仅仅是犯罪意图的流露,并未对刑法的保护法益造成直接威胁;犯罪预备行为,即犯罪言论行为不仅是犯罪意图的流露,而且作为进一步实行、完成犯罪的合谋准备;犯罪教唆行为,即犯罪言论行为表现为以言论的方式促使他人产生、增强或者巩固犯罪意图;犯罪实行行为,即某些犯罪言论行为由刑法分则规定为具体犯罪构成客观要件的实行行为。

(二) 犯罪预备与犯罪阴谋

犯罪阴谋,即刑法理论所称的阴谋,是指两个以上的行为人为了犯罪而进行谋议并形成合意的活动。阴谋具有如下特征:二人以上主体;出于犯罪意图;实施谋议行为;达成合意。

犯罪预备与阴谋:对于犯罪预备与阴谋之间的关系,刑法理论有着不同的看法。应当说,犯罪预备与阴谋具有相似之处:两者均有犯罪意图;实施关涉犯罪的行为;行为均有存于预备阶段的余地。但是,两者存在重大区别,阴谋可为共同预备行为或者实行行为。(1)共同预备行为:刑法总则规定处罚预备犯,并且分则并未将阴谋提升为实行行为,在这一场合,阴谋属于共同预备行为。阴谋是行为人为了犯罪而与他人进行谋议并形成合意,这可以看作是为了犯罪而实施创造条件的行为,从而阴谋不失为一种预备行为;另一方面,阴谋又表现为二人以上的犯罪合谋并形成合议的行为,由此阴谋是一种共同的预备行为。(2)实行行为:刑法总则规定处罚预备犯,但是刑法分则已将特定的阴谋行为提升为实行行为,或者,刑法总则并未规定处罚预备犯,而刑法分则却将特定的阴谋行为提升为实行行为,在这两种场合,阴谋属于实行行为。

阴谋与阴谋犯、预备犯:阴谋并不等于阴谋犯。**阴谋犯**,是指基于刑法的规定,由阴谋行为所构成的犯罪形态。阴谋犯具有如下特征:二人以上主体;基于法律规定的不同,阴谋行为表现为共同预备行为或者实行行为;由刑法总则规定,或者由分则明确规定;属于犯罪预备形态,或者属于犯罪既遂形态。对比阴谋与阴谋犯的概念和特征,可以看出:阴谋只是一种行为,既可以表现为预备行为也可以表现为实行行为;而阴谋犯是一种犯罪形态,表现为共同犯罪的预备形态或者犯罪的完成形态。**阴谋犯与预备犯**也有区别:阴谋犯必须由二人以上构成,而预备犯既可以是单独犯罪也可以是二人以上构成;阴谋犯的构成要件行为,表现为共同预备行为或者实行行为,而预备犯的构成要件行为,表现为预备行为或者实行行为①。

阴谋犯的立法模式:各国刑法对于阴谋犯的规定亦有区别。我国《刑法》总则采纳处罚预备犯的积极说的立法模式,由此通常预备行为与阴谋行为系修正构成要件行为;也有少数预备行为与阴谋行为被提升为实行行为或实行行为要素,从而使之具有了实行行为的意义。有些国家刑法总则并未规定处罚所有预备犯,在这种情况下,如果刑法分则对某些特定的预备行为或阴谋行为作了具体规定,固然按照刑法分则的规定处罚;而在分则对预备行为或阴谋行为未予犯罪规定的场合,该预备行为与阴谋行为的单独形态就不应受到处罚。

(三)犯罪预备与实行行为的竞合

有时此罪的预备行为构成彼罪的实行行为。例如,行为人为了诈骗而伪造国家机关公文、证件、印章,然而在伪造后被及时发现,而未能实行诈骗。这里,伪造国家机关公文、证件、印章的行为是诈骗罪的预备行为,同时又是伪造国家机关公文、证件、印章罪的实行行为。对此定性,刑法理论存在数罪、牵连犯、想像竞合犯等不同见解。应当说,在理论上这是一行为同时触犯两罪名,属于想像竞合犯,应当按照处罚

---

① 有些国家的刑法分则针对特定的预备行为明确规定了预备罪,在这种场合,预备行为就属于实行行为。

想像竞合犯的原则,从一重罪处断。既然是一行为就不可能构成数罪,也不存在牵连问题。按照想像竞合犯从一重罪处断也不会轻纵犯罪。因为如果属于重罪的预备犯,其参照的法定刑也较重,至于预备犯本身的从宽情节,其只是可以情节,对判决结果仅产生或然影响。

三、预备犯的类型

国外刑法理论通常将预备犯(罪)分为自己预备罪与他人预备罪、从属预备罪与独立预备罪、有形预备罪与无形预备罪。我国刑法理论对于预备犯也存在准备工具的预备与制造条件的预备等不同的划分。基于预备犯的特征,本书着重介绍有形预备犯与无形预备犯、形式预备犯与实质预备犯、从属预备犯与独立预备犯、自己预备犯与他人预备犯的分类。

有形预备犯与无形预备犯:划分标准系预备行为的外在表现形式。**有形预备犯**,是指具有具体的物质表现形式的预备行为所构成的预备犯。**无形预备犯**,是指并不具有具体的物质表现形式而是以抽象形态的预备行为所构成的预备犯。

形式预备犯与实质预备犯:划分标准系刑法对预备行为宽窄的具体规定。**形式预备犯**,是指某一具体犯罪的预备行为具有较大的危险性,而由刑法规定对于该具体犯罪的全部预备行为均予定罪处刑的预备犯。**实质预备犯**,是指某一具体犯罪的预备行为并非一律具有较大的危险性,而由刑法规定对于该具体犯罪的特定的预备行为予以定罪处刑的预备犯。

从属预备犯与独立预备犯:划分标准系刑法对预备行为构罪形态的具体规定。**从属预备犯**,是指刑法将某种预备性的行为从属于相应的实行行为,而规定这一预备行为构成犯罪的预备犯。**独立预备犯**,是指刑法将某种预备性的行为独立作为实行行为,而规定这一行为构成犯罪的预备犯。

自己预备犯与他人预备犯:划分标准系预备行为所服务的主体。**自己预备犯**,是指行为人为了自己或者为了自己与他人共同实施犯罪,而进行犯罪预备所构成的预备犯。**他人预备犯**,是指行为人为了他人实施犯罪,而进行犯罪预备所构成的预备犯。

四、预备犯的处罚

(一) 国外刑法处罚预备犯的原则

国外刑法处罚预备犯的原则表现为三种情况:(1)必减原则。指对于预备犯应当(必须)比照相同性质具体犯罪的既遂犯,从轻、减轻或者免除处罚。这一原则的理论根据在于刑事古典学派的客观主义。(2)同等原则。指对于预备犯与既遂犯同等对待,予以相同的处罚。这一原则的理论根据在于刑事近代学派的主观主义。(3)得减原则。指对于预备犯可以(得)比照相同性质具体犯罪的既遂犯,从轻、减轻或者免除处罚。这一原则的理论根据在于当代刑法理论的折衷主义。

相对来说,必减原则注意到预备犯与既遂犯在客观危害上的差异,这是较为可取的,但是其强调预备犯的处罚应当一律宽于既遂犯的处罚,则未免有些极端。同等原则仅根据主观危险,对预备犯与既遂犯不作区分,较大程度地忽视了两者在行为程度、客观危害等方面的差异,不尽合理。得减原则既考虑到两者主观上的相似,又注意到它们客观上的不同,因而对于预备犯采取视具体情况而予从宽的处罚原则,有着一定的合理性。

(二)我国刑法处罚预备犯的原则

我国刑法对预备犯的处罚采取的是得减原则。对此,《刑法》第22条第2款作了具体规定。由此,对于预备犯的处罚应当注意:**(1) 比照既遂**:在我国《刑法》上,预备犯规定于总则而不具有独立的法定刑,具体犯罪构成及其法定刑由《刑法》分则规定,而《刑法》分则的这些规定是以既遂犯为标志的。《刑法》规定对于预备犯比照既遂处罚,意味着预备犯处罚所适用的法定刑是其相应既遂犯的法定刑,对于预备犯比照《刑法》分则所规定的相应既遂犯予以适当处罚。**(2) 从宽处罚**:相对于既遂犯来说,预备犯只是存在于预备阶段,尚未着手实行犯罪,并且没有造成法定损害的实际发生,从而行为的社会危害程度较小,从罪刑相适应的角度观察,对于预备犯的处罚也适宜宽于既遂犯的处罚。所谓从宽,既可以是从轻,也可以是减轻,还可以是免除,视具体情况而定。**(3) 可以原则**:通常预备犯的社会危害程度要小于既遂犯,因此对于预备犯的处罚《刑法》倾向从宽的态度。不过,"可以"不同于"应当"。也就是说,尽管"可以"是一种倾向性的态度,但是"可以"不是必须,而只是许可。《刑法》作这一规定,主要是考虑到不排除在极少数的情况下,某些预备犯表现出与既遂犯相似的社会危害程度。

第四节 犯罪未遂形态

一、未遂犯的基本特征

刑法理论与刑法立法对于未遂犯,存在狭义说与广义说的不同界说。其中,狭义说对于未遂犯之未完成犯罪的原因予以限定,而广义说则对此未予限定。相对来说,狭义说注意到着手实行犯罪以后未完成犯罪的主观危害特征的不同,并且将中止犯作为一种独立的犯罪形态与未遂犯并列,展现出对犯罪评价的主观与客观的双轨融合,具有较大的合理性。

我国《刑法》对于未遂犯采取了狭义说的界说,第23条第1款对于未遂犯的构成作了具体规定。由此,**未遂犯**,是指行为人已经着手实行犯罪的实行行为,由于意志以外的因素,而未完成犯罪的犯罪停止形态。未遂犯具有如下特征:

着手实行犯罪实行行为:是指行为人已经开始实施刑法分则所规定的具体犯罪基准构成客观要件的行为。未遂犯着手实行犯罪实行行为的特征,限定了未遂犯之未遂行为的内容特点与具体表现,即既已着手实行;显示出未遂行为与预备行为之间在行为进展上的关键区别,前者进入实行行为的着手,后者停止于着手之前。具体而论,未遂犯的这一特征,关键又由三个要素构成:**(1) 着手**:就其最基本的意义是指开始做某事。而刑法意义上的着手有其特定的内容,是指行为人已经开始实施刑法分则所规定的具体犯罪的实行行为。关于着手的认定是一个较为复杂的理论与实践问题,本书下文将专题予以阐述。**(2) 实行行为**:是指刑法分则所规定基本犯罪构成客观要件的行为,包括基准实行行为、加重实行行为、减轻实行行为、准型实行行为等。其中,基准实行行为展现着具体犯罪的构成要件行为的标准形态,具有界分不同具体犯罪的重要标志的意义。这里的实行行为,主要是指基准实行行为。**(3) 行为程度**:强调未遂犯的未遂行为可以停止在实行行为的着手之后至实施完毕之前的任何一个点位上[①]。这就是说,未遂行为的实行可能表现出深浅不一,不过总是存在于实行行为的着手与实施完毕之间。

犯罪停止于未完成犯罪:是指着手实行犯罪实行行为并未使犯罪发展到完成的程度,相反犯罪停止于实行阶段或者结果发生阶段,从而构成超过预备阶段的未完成犯罪的一种停止形态。未遂犯犯罪停止于未完成犯罪的特征,表明了未遂犯之犯罪发展进程的特征,即犯罪停止于实行阶段或者结果发生阶段;这一特征也是未遂犯与既遂犯区别的一个重要标志,既遂犯实行行为实施完毕并且特定构成结果发生;同时,未遂犯的这一特征也显示出未遂犯的犯罪形态意义,即属于未完成犯罪的一种停止形态,而非未遂行为。具体而言,对于未遂犯的这一特征,需要关注三个问题:**(1) 未得逞的刑法表述**:各国刑法对于未遂的表述,主要有"未遂"、"未完成犯罪"、"未发生结果"、"未得逞"等。应当说,"未完成犯罪"的说法较为准确。"未遂"的表述系术语本身的重复,从而立法不够明确;"未发生犯罪结果"、"未得逞"的表述则分别以结果达到、目的实现作为既遂成立的要素,而这一既遂标准欠妥。我国《刑法》第23条第1款将未遂表述为"未得逞",而未得逞的本意系没有实现或达到某种目的,由此这一立法表述的确欠妥。这里的"未得逞"应当理解为未完成犯罪。**(2) 未完成的判断标准**:所谓未完成犯罪,也即犯罪未达至既遂,从而归于既遂犯的标准。对于既遂犯的认定标准,刑法理论存在犯罪目的达到说、危害结果发生说、犯罪要件齐备说等不同见解。本书提出"重要客观事实要素符合"的既遂标准,即以实行行为完成且特定构成结果发生,作为犯罪既遂形态的认定标准。由此,将未完成犯罪的判断标准设置为:实行行为尚未完成,或者特定构成结果尚未发生。**(3) 未遂犯的具体情形**:不同构成要素的既遂犯,其相应未遂犯的表现形式也各有差异。过程犯的未遂表现为,着手实行之后并未将实行行为实施完毕;结果犯的未遂表现为,着手实行之后并未将实行行为实施完毕,或者虽实行完毕但特定构成结果尚未发生;危险犯的未遂表现为,着手实行之后尚未发生特定损害的现实危险(危险结果);实害犯的未遂表现为,着手实行之后尚未造成特定损害的实际发生(实害结果)。另外,未遂犯也可以表现为,实行行为针对的法定对象并不存在,或者实行行为存在方法错误,并由此造成法益侵害现实危险。

[①] 这里仅指未遂行为的停顿点,而不是指未遂犯的停顿点。

犯罪停止违背行为人意志：是指着手实行犯罪实行行为之后之所以未能完成犯罪，是由于行为人意志以外的原因。未遂犯犯罪停止违背行为人意志的特征，表明了未遂犯之犯罪停止的主观特征，即出于行为人意志以外的原因；这一特征也使未遂犯与中止犯相区别，中止犯之犯罪停止系出于行为人主观自动意志。这里，关键是对行为人"意志以外原因"的理解。"意志以外原因"是指犯罪的未完成，并非出自于行为人的主观意愿，而是基于超主观意愿的因素所致。超主观意愿因素包括：**(1) 主观认识因素**，主要指行为人对于客观事实认识错误，而使犯罪被迫停顿于完成之前。这里的认识错误包括犯罪对象错误、犯罪工具错误、因果关系错误、环境事实错误等。**(2) 主体客观因素**，主要指行为人基于自身的智能、体力、经验、技术等客观因素，而使犯罪被迫停顿于完成之前。**(3) 非主体客观因素**，主要指由于行为人自身以外的其他客观因素，而使犯罪被迫停顿于完成之前。这种客观因素可以是人工环境的防范、自然环境的阻碍、侵害对象的反抗、他人的劝导制止等。

二、着手界说

刑事古典学派的创始人贝卡利亚，首次在学理上使用"着手"的术语，并将之与未遂密切相连；《法国刑法典》(1810年)第2条，率先在立法上以"着手"表述未遂犯，并受到德国、日本、巴西等诸多国家刑法立法的响应。对于着手的界说，国外刑法理论存在客观说、主观说与折衷说的不同见解。我国刑法理论强调以主客观相统一的原则确定着手，具体又有着手的三特征说与二特征说。

对于着手的界说，应当关注，着手是作为实行行为启始的标志，系预备行为与实行行为的分界线，从而在行为特征上将未遂犯与预备犯相区别。从这个意义上说，对于着手的确定主要是表述其行为的具体特征。① 而行为的特征有其形式的描述与实质的评价，循此，应当从形式与实质上来确定着手的含义。在**形式上**，着手意味着行为人开始实施刑法分则所规定的具体犯罪基准构成的行为要素。刑法分则所规定的具体犯罪基准构成的行为要素即为基准实行行为，其是具体犯罪构成要件行为的标志。基准实行行为的启始就是着手。在**实质上**，着手意味着对刑法保护的具体法益，开始造成损害或者处于造成损害的直接威胁，在发生法定损害结果（特定构成结果）的场合，损害结果开始形成或者形成在即。刑法保护的具体法益面临严重、现实与紧迫的威胁即可视为着手。**相对来说**，着手的实质意义较为抽象，而形式意义较为具体。因而在实际中对于着手的认定，应以着手的形式意义为主而以着手的实质意义为辅。

着手的理论界说较为抽象而司法认定则至为复杂，由此在着手的认定中应当**特别注意：(1) 实行行为的附随情状**：行为附随情状既相对外在于实行行为，又与实行行为有机整合。其是具体行为方式与内容的承载，系行为得以存在的必要时空条件；其存在决定着实行行为的属性，是实行行为定性的组成部分。由此，行为附随情状与该实行行为的着手的认定密切相关。例如，就危险驾驶罪（我国《刑法》第133条之

---

① 当然，这不是否认着手是在犯罪意图支配下的一种特定的行为表现。

一)之"在道路上醉酒驾驶机动车"的实行行为而论,"在道路上"与"醉态下"的特定行为情境系该实行行为的两项附随情状,对于这一实行行为之着手的认定,不能仅看"驾驶机动车"的行为,而要结合上述两项附随情状整合判断。**(2)不同犯罪实行行为的差异**:具体犯罪不同,实行行为也就有所差异,其着手的表现也各具特色。例如,抢劫罪(我国《刑法》第263条)的实行行为是方法行为(暴力、胁迫或者其他方法)与目的行为(获取他人财物)的有机组合。行为人开始实施获取财物的方法行为,诸如持刀威逼被害人、击打被害人的身体等,即构成抢劫行为的着手。盗窃罪(我国《刑法》第264条)的实行行为是方法行为(秘密)与目的行为(获取他人财物)的有机组合。行为人开始实施秘密取财行为,诸如为扒窃而将手伸入被害人的口袋、为入室盗窃而撬门破锁等,即构成盗窃行为的着手。**(3)实行行为的不同类型**:基于行为要素的组合,实行行为分为单一型实行行为、复合型实行行为、往复型实行行为等。不同类型的实行行为,其着手的表现形式也有所差异。例如,单一性单一型实行行为,行为人开始实施作为实行行为构成的单一行为要素即为着手;以暴力危及飞行安全罪(我国《刑法》第123条)为例,该罪的实行行为仅由方法行为要素"暴力"构成,行为人开始实施"暴力"行为即为该罪的着手。在合并性复合型实行行为的场合,行为人开始实施合并行为中的任一行为要素即可视作着手;以侵占罪(我国《刑法》第270条)为例,该罪的实行行为由"非法占为己有"与"拒不交还"两个行为要素组合而成,行为人开始实施"非法占为己有"行为或者"拒不交还"行为,均可构成该罪的着手。①
(4)行为危害特征的差异:同样一种法定抽象的实行行为,采用不同的具体方法去实施,其表现出的危险性也有所差异,在着手的认定上也应有所区别。例如,故意杀人罪(我国《刑法》第232条)的实行行为"非法剥夺他人生命",可以采用刀砍、拳击、扼杀、枪杀等具体方法。假如行为人以刀砍杀被害人,则行为人举刀砍向被害人可以视作杀人的着手;假如行为人以枪射杀被害人,由于枪的性能与杀伤力,通常其对被害人生命的威胁比刀要大得多,因此不必等到行为人举枪对准被害人扣动扳机时才视为着手,而在行为人为杀人而取枪时即可视为着手。

三、未遂犯的类型

我国刑法理论通常将未遂分为实行终了未遂与未实行终了未遂、能犯未遂与不能犯未遂。而国外刑法理论除了以上分类外,还将未遂分为障碍未遂与中止未遂等。

实行终了未遂与未实行终了未遂:这是以实行行为是否实行终了为标准,对未遂犯所作的划分。而对于何谓"实行终了",刑法理论存在主观说与客观说的不同见解。相对而言,客观说较为合理,但是不宜仅据"法定结果未发生"认定犯罪未遂。本书对于该两种未遂作如下界说。**实行终了未遂**,是指行为人已经着手实行犯罪的实行行为,并且已将实行行为实施完毕,由于意志以外的因素,而未完成犯罪的犯罪停止形

---

① 现实中,非法占为己有与拒不交还的具体表现,虽常常互为呼应构成,但却未必就是一致。另外,一概将拒不交还作为本罪定罪的必要,也颇值推敲。

态。实行终了未遂通常表现于结果犯中,即行为实行终了而特定构成结果尚未发生;实行终了未遂也可表现于行为犯中,即行为实行终了而法定行为对象却不存在。**未实行终了未遂**,是指行为人已经着手实行犯罪的实行行为,但是尚未将实行行为实施完毕,并且由于意志以外的因素,而未完成犯罪的犯罪停止形态。未实行终了未遂既可以表现于结果犯中,即行为未实行终了特定构成结果也没有发生;也可以表现于行为犯中,即行为未实行终了。就罪行轻重而言,实行终了未遂的危害性要大于未实行终了未遂的危害性。

能犯未遂与不能犯未遂:对于不能犯与未遂犯的关系,国外刑法理论存在不同的主张。有的认为不能犯属于未遂犯,也有的认为不能犯并非未遂犯。其中,若将不能犯独立于未遂犯,则存在两者区别的标准,对此国外刑法理论存在纯客观说、事实不能与法律不能说、客观危险说、纯粹主观说、主观危险说的不同见解。我国刑法理论将不能犯作为与能犯相对的未遂犯的一种类型,并且以行为在客观上能否达到既遂形态作为划分能犯与不能犯的标准。(1)基本界说:**能犯未遂**,是指行为人已经着手实行犯罪的实行行为,并且在客观上能够达到既遂形态,但是由于意志以外的因素,而未完成犯罪的犯罪停止形态。**不能犯未遂**,是指行为人已经着手实行犯罪的实行行为,但是由于事实认识错误,在客观上不可能达到既遂形态,而未完成犯罪的犯罪停止形态。相比较而言,能犯未遂是客观上本可达到既遂,但因行为人意志以外的因素而未能完成犯罪。不能犯未遂是由于行为人的事实认识错误,从而造成行为在客观上不可能完成犯罪。(2)**不能犯未遂分类**:基于不能犯未遂中事实认识错误的不同,不能犯未遂分为:A.工具不能犯未遂:是指行为人对作案工具的客观性能或事实情况①产生了错误认识,从而使用了在客观上不可能达到既遂的作案工具,致使犯罪未完成的不能犯未遂。B.对象不能犯未遂:是指行为人对行为对象的客观性能或具体存在产生了错误认识,以致使犯罪不能完成的不能犯未遂。就罪行轻重而言,尽管能犯未遂与不能犯未遂客观上均未完成,但是能犯未遂对法益构成了更为直接的威胁,其危险性相对于不能犯未遂的危险性要大。(3)**迷信犯并非未遂犯**:在将未遂犯划分为能犯未遂与不能犯未遂的前提下,我国刑法理论也将迷信犯独立于未遂犯之外,而不作为犯罪处理。**迷信犯**,是指行为人出于极度虚幻的观念,采取在任何情况下都不可能造成实际损害的方法,企图实现自己犯罪意图的行为。**迷信犯与工具不能犯**在形态上有类似之处:两者均具有犯罪意图,并实施了一定的行为,由于采取了客观上不可能完成犯罪的方法,而未得逞。但是,迷信犯与工具不能犯有着严格的区别:迷信犯基于极度虚幻的观念,采用客观上不可能造成实际损害的方法,缘于观念上的愚昧无知;而工具不能犯并非行为人观念上的无知,采用客观上不可能造成实际损害的方法,缘于现实中记忆错误、心情焦急等因素。迷信犯行为人对行为方法的事实情况不存在认识错误;而工具不能犯行为人对方法的真实情况产生了误解。迷信犯所采用的方法在客观上不可能造成实际损害是绝对的,因而对刑法所保护的法益

---

① 严格来讲,对工具性能的认识错误与对工具事实情况的认识错误是不同的。

并不构成直接的威胁;而工具不能犯所采用的方法在客观上没有造成实际损害是相对的,因而对刑法所保护的法益具有相当的威胁,假如行为人没有发生错误,危害结果就会现实地发生。

障碍未遂与中止未遂:我国刑法理论通常将中止犯独立于未遂犯,并与之并列而为犯罪的未完成形态。与此不同,国外刑法理论根据未遂原因的差异,而将未遂犯分为障碍未遂与中止未遂。(1)**障碍未遂**:是指已经着手实行犯罪的实行行为,由于行为人意志以外的障碍因素,而未完成犯罪的犯罪停止形态。以行为实行程度的不同为标准,障碍未遂可以分为:**A. 未了未遂**,又称中绝未遂,是指已经着手实行犯罪的实行行为,由于行为人意志以外的障碍因素,尚未实行完毕,而未完成犯罪的犯罪停止形态。**B. 终了未遂**,又称缺效未遂,是指已经着手实行犯罪的实行行为,并且已经实行完毕,由于行为人意志以外的障碍因素,而未完成犯罪的犯罪停止形态。(2)**中止未遂**:是指已经着手实行犯罪的实行行为,或者行为实行完毕,由于行为人自己意志的因素,而中止实行行为或者阻止危害结果的发生,从而未完成犯罪的犯罪停止形态。以行为实行程度的不同为标准,中止未遂可以分为:**A. 未了中止**,又称消极中止,是指已经着手实行犯罪的实行行为,并且行为尚未实行完毕,由于行为人自己意志的因素,而中止实行行为,从而未完成犯罪的犯罪停止形态。**B. 终了中止**,又称积极中止,是指已经着手实行犯罪的实行行为,并且行为已经实行完毕,由于行为人自己意志的因素,而阻止危害结果的发生,从而未完成犯罪的犯罪停止形态。

四、未遂犯的处罚

(一)国外刑法处罚未遂犯的原则

世界各国刑法对于未遂犯的处罚表现为三种情况:(1)必减原则:是指对于未遂犯应当(必须)比照相同性质具体犯罪的既遂犯,从轻、减轻或者免除处罚。这一原则的理论根据在于刑事古典学派的客观主义。(2)同等原则:是指对于未遂犯与既遂犯同等对待,予以相同的处罚。这一原则的理论根据在于刑事近代学派的主观主义。(3)得减原则:是指对于未遂犯可以(得)比照相同性质具体犯罪的既遂犯,从轻、减轻或者免除处罚。这一原则的理论根据在于当代刑法理论的折衷主义。

相对来说,必减原则注意到未遂犯与既遂犯在客观危害上的差异,这是较为可取的,但是其强调未遂犯的处罚应当一律宽于既遂犯的处罚,则未免有些极端。同等原则仅根据主观危险,对未遂犯与既遂犯不作区分,较大程度地忽视了两者在行为程度、客观危害等方面的差异,不尽合理。得减原则既考虑到两者主观上的相似,又注意到它们客观上的不同,因而对于未遂犯采取视具体情况而予从宽的处罚原则,有着较大的合理性。

(二)我国刑法处罚未遂犯的原则

我国刑法对未遂犯的处罚采取的是得减原则。《刑法》第23条第2款作了具体规定。由此,对于未遂犯的处罚应当注意:(1)**比照既遂**:在我国《刑法》上,未遂犯规定于总则而不具有独立的法定刑,具体犯罪构成及其法定刑由《刑法》分则规定,而

《刑法》分则的这些规定是以既遂犯为标志的。《刑法》规定对于未遂犯比照既遂处罚,意味着未遂犯处罚所适用的法定刑是其相应既遂犯的法定刑,对于未遂犯比照《刑法》分则所规定的相应既遂犯予以适当处罚。**(2) 从宽处罚**:相对于既遂犯来说,未遂犯的行为尚未实行完毕,或者虽然行为已经实行完毕但是法定损害结果尚未发生,从而行为的社会危害程度较小,从罪刑相适应的角度观察,对于未遂犯的处罚也适宜宽于对既遂犯的处罚。所谓从宽,可以是从轻或者减轻,但是不能宽至免除,因为未遂犯毕竟已经着手实行,构成了侵害法益的直接威胁。**(3) 可以原则**:通常未遂犯的社会危害程度要小于既遂犯,因此对于未遂犯的处罚《刑法》倾向从宽的态度。不过,"可以"不同于"应当"。也就是说,尽管"可以"是一种倾向性的态度,但是"可以"不是必须,而只是许可。《刑法》作这一规定,主要是考虑到不排除在极少数的情况下,某些未遂犯表现出与既遂犯相似的社会危害程度。

五、未遂犯与其他犯罪形态

未遂犯与过失犯:过失犯并无未遂犯。基于过失犯的构成特征,若行为没有达至过失犯的既遂标准则不能成立犯罪。具体地说:犯罪停止形态是以直接故意为前提探讨的,过失犯作为过失的主观心态,无所谓既遂与未遂。不过,这里探讨过失犯有无未遂问题,是基于既遂与未遂之客观构成对比的视角,考究过失犯有无符合未遂犯的机会。由此,过失犯系结果犯,以特定构成结果为客观事实要素,进而过失犯之犯罪完成的标志是特定构成结果的发生。不过,与故意犯不同,对于过失犯来说,特定构成结果不仅是犯罪构成的一个要素,而且为犯罪成立所必要。这就是说,故意犯在缺乏特定构成结果的场合,可以成立未遂犯,而过失犯缺乏特定构成结果,则不构成犯罪。

不作为犯与未遂犯:刑法理论通常认为,不纯正不作为犯存在未遂犯,而纯正不作为犯是否存在未遂犯则有所争议。消极说认为,在违反作为义务的同时也就达到了不作为犯的既遂,因而没有未遂成立的余地;积极说认为,履行义务有着必要的时间,从而在着手与既遂之间仍有实行行为的继续,其间仍有未遂的可能。[①] 我国台湾学者多持消极说。对此,我国大陆学者虽也否定纯正不作为犯的未遂,但理由有所不同。认为,仅以实行行为而不以物质性结果为构成要素的犯罪,特定不作为行为的着手即可视为完成,从而仅有罪与非罪而无既遂与未遂的区别;构成要素除了实行行为而且要求情节严重或造成危害的犯罪,这里的情节严重与造成危害仅有区别罪与非罪的意义,从而也无犯罪既遂与未遂之分。应当说,纯正不作为犯存在行为犯与结果犯,具有未遂犯成立的余地;不纯正不作为犯的成立,以"造成法定损害结果发生的现实危险"为构成要素之一,从而也存在未遂犯。[②]

结果加重犯与未遂犯:结果加重犯是否存在未遂犯,也是备受刑法理论关注的课

---

① 参见〔日〕木村龟二主编:《刑法学词典》,顾肖荣等译校,上海翻译出版公司1991年版,第300页。
② 详见本书第十章不纯正不作为犯的相关阐释。

题。对此,本书肯定一般场合结果加重犯并无未遂犯,但是也不排除特别场合的例外。(1)并无未遂犯:结果加重犯并无未遂犯,理由不在于加重结果的心态或者加重犯罪构成的完成与否,而是基于结果加重犯的加重构成与基准构成的关系。未遂犯是在基准犯罪构成的平台上相对于既遂犯而言的。在通常情况下,结果加重犯的加重犯罪构成的要素是超基准犯罪构成的要素,因而符合加重犯罪构成要素(结果加重犯),也就符合基准犯罪构成要素(既遂犯)。(2)未遂犯例外:在基准犯罪构成的结果要素与加重犯罪构成的结果要素并非同一类型的场合,可能出现实行行为虽已造成加重结果但却未造成基准结果的情形。另外,在实际中也可能出现行为造成加重结果,但是行为并未达至基准犯罪构成的法定程度或者实行行为并未完成。例如,以勒索财物为目的绑架他人,尚未实施勒索钱财的行为但是杀害人质[①];强奸并未得逞但是已致被害人重伤、死亡。

未遂犯与危险犯:不能将未遂犯的法益侵害危险与危险犯的特定损害危险相混淆,进而使未遂犯与危险犯相混淆。(1)就犯罪形态而论:未遂犯是与既遂犯相对的一种犯罪形态,易言之,未遂犯并非既遂犯,前者是犯罪的不完整形态,而后者是犯罪的完整形态。然而,危险犯则系既遂犯的一种情形,易言之,既遂犯的对比形态包括危险犯与实害犯、行为犯与结果犯等等。(2)就侵害危险而论:虽然未遂犯与危险犯均系造成损害的现实危险,然而这种损害危险的具体蕴含与理论地位在两者的犯罪构成中是不同的。未遂犯的损害危险是指法益侵害的现实危险,而危险犯的损害危险是指法定特定损害的现实危险;就本书所构双层多阶犯罪构成体系而论,法益侵害(A)系属犯罪本体构成客观要件之规范要素,而特定损害结果(B)系属犯罪本体构成客观要件之事实要素。由此,行为犯与结果犯均有 A 之要素,而只有结果犯才有 B 之要素,其中以 B 之实害结果为要素的为实害犯,以 B 之危险结果为要素的系危险犯。进而,缺乏 A 的不能成立犯罪,造成 A 之现实危险的可以构成未遂,行为犯与结果犯(包括危险犯与实害犯)均有未遂犯,但是行为犯并非危险犯与实害犯。

第五节 犯罪中止形态

一、中止犯的构成特征

在国外刑法理论中,中止犯通常称作中止未遂,与障碍未遂相对,系属犯罪未遂的两种形式之一。这是与其将中止犯从属于未遂犯的立法相适应的。许多国家的刑法典将中止犯的成立条件规定为,在已经着手实行犯罪之后,行为人出于自己意志的因素放弃犯罪实行或者避免结果发生,从而未完成犯罪的情形。而在我国刑法理论中,中止犯是与未遂犯并列的概念。这也是与我国《刑法》将中止犯独立于未遂犯的立法相适应的。我国《刑法》第 24 条第 1 款对中止犯的构成作了具体规定,中止犯并

[①] 本书认为,绑架罪的实行行为包括两个要素:方法行为,绑架;目的行为,勒索钱财或者其他利益。

不限于着手实行之后,而是可以存在于整个犯罪过程中。根据我国《刑法》的这一规定,**中止犯**,是指行为人在犯罪过程中,自动放弃犯罪或者自动有效地防止犯罪结果发生,而未完成犯罪的犯罪停止形态。中止犯具有如下特征:

(一)犯罪停止于犯罪过程中

这是中止犯的时间性特征,其表明了中止犯可以停止于故意犯罪发展的各个阶段,展示了中止犯与预备犯、未遂犯在所依存的犯罪阶段上的差异特质。这里关键是对"犯罪过程"的理解,对于中止犯应当注意:**(1)三个停止点缺席**:犯罪过程中的三个停止点不能成立中止犯。预备行为的起始点、行为犯行为的完成点、结果犯特定构成结果的发生点均不能构成中止。预备行为的起始点是构成要件行为的启动,无所谓中止;行为犯行为的完成点与结果犯特定构成结果的发生点表明犯罪已告完成,无所谓未完成。**(2)不同停止点分离**:成立中止犯也就不可能再成立预备犯、未遂犯或既遂犯,反之亦然。犯罪的未完成形态是犯罪过程中因主客观原因而停止下来的一种犯罪状态,中止犯同样是一种犯罪停止形态,在同一个犯罪过程中,只要行为停止下来构成一种犯罪形态,也就不能再前行或后移构成其他犯罪形态。**(3)存在于三个阶段**:中止犯可以存在于犯罪过程的三个阶段。在实施预备行为之后着手犯罪实行行为之前,行为人自动放弃犯罪,可以构成预备阶段的中止犯;自着手犯罪实行行为至实行行为完成之前,行为人自动放弃犯罪,可以构成实行阶段的中止犯;对于结果犯来说,自实行行为完成至特定构成结果发生之前,行为人自动有效地防止犯罪结果发生,可以构成结果发生阶段的中止犯。

(二)犯罪停止基于行为人意志

这是中止犯的自动性特征,其表明了中止犯之行为的停顿,在主观上系出于行为人自己意志的原因;也是中止犯与预备犯、未遂犯相区别的重要标志,预备犯、未遂犯的犯罪未完成违背行为人的意志。这里关键是对"自动性"的判断,即如何理解"基于行为人自己的意志"。国外刑法理论将中止犯的这一特征称为中止的任意性,而在对其的具体判断上则存在主观说、限定主观说、客观说、折衷说等不同见解。我国刑法理论通常认为,自动性是指行为人出于自己的意志而放弃了自认为当时本可继续实施和完成的犯罪。这类似于国外刑法理论的主观说。本书对"基于行为人的意志"作如下界说:是指在犯罪过程中之所以未能完成犯罪,并非基于超主观意愿的因素所致,而是出自于行为人的主观意愿。对此,兹予分述如下:

1. 自动性认定的核心要素

认识因素:行为人认识到犯罪能够继续进行或完成。具体含义:**(1)判断根据在于主观标准**:是指自动性认识因素符合与否的认定,应以行为人自己的主观认识结果为根据,而不以客观实际事实为标准。如果行为人产生认识错误,则以行为人的认识结果为根据来确定自动性认识因素的成立与否。行为人认为犯罪能够继续进行或完成而使犯罪停止,即使实际上犯罪不可能继续进行或完成,仍然符合自动性的认识因素;反之,则不能符合自动性的认识因素。**(2)认识程度包括或然与必然**:自动性认识因素的成立,既可以表现为行为人认识到犯罪继续进行或完成的可能性,也可以表现为行为人认识到犯罪继续进行或完成的必然性。行为人认识到犯罪可能够继续进行下去或完成而使犯罪停止的,符合自动性的认识因素;行为人认识到犯罪必然能够继续进行下去或完成而使犯罪停止的,也符合自动性的认识因素。**(3)认识内容指向犯罪发展**:自动性的认识因素,强调行为人的认识针对的是犯罪能否继续进行或完成。对于行为犯来说,认识指向行为能否继续进行直至完成;对于结果犯来说,认识指向行为能否继续进行直至完成以及特定构成结果能否发生。只有在行为人认识到犯罪能够继续进行或者完成而使犯罪停止的,才能成立中止。

意志因素:行为人希望放弃犯罪的实施、希望危害结果不发生。具体含义:**(1)积极追求的希望态度**:自动性意志因素的成立,必须是行为人决定以停止犯罪为目标,并积极努力创造条件,追求这一目标的实现。这种希望的态度具有目的的指向性(致使犯罪停止)、态度的坚决性(直接追求犯罪停止)、过程的稳定性(行为始终指向犯罪停止)。尤其需要注意的是,这种过程的稳定性,排除了**犯罪中断**现象之希望态度的意义。所谓犯罪中断,是指行为人在同一个具体犯罪中,暂时放弃犯罪意图,待来日条件成熟时再继续完成这一犯罪。犯罪中断不具有停止犯罪的希望态度,不构成中止。希望态度也不同于**放任态度**。所谓放任态度,是指行为人在直接故意犯罪活动中,置行为导致犯罪完成的现实危险于不顾,执意实施该行为,只是当客观情况导致犯罪停止时,对此持认可的态度。**(2)意志内容指向完成前的犯罪停止**:自动性意志因素的成立,必须是行为人所积极追求的目标,指向犯罪的未完成形态。对于行为犯来说,意志指向放弃行为的继续实施,从而致使犯罪未完成;对于结果犯来说,意志指向放弃行为的继续实施或者以积极的行为防止特定构成结果的发生,从而致使犯罪未完成。只有在行为人的意志指向完成前的犯罪停止的,才能成立中止。

2. 自动性认定的基础观念

据以判断行为人认识状况的标准:究竟是根据社会一般人的认识能力来认定行为人对客观事物①的预见,还是以行为人自身的实际认识能力来认定行为人对客观事物的预见。对此,本书取主观性标准说,即以行为人自己对客观事实感悟的实际状况为标准,判断行为人的认识状况。一般人预见到犯罪不能继续进行下去而行为人却预见到犯罪能够继续进行下去,从而停止犯罪的,成立自动性;反之,一般人预见到犯罪能够继续进行下去而行为人却预见到犯罪不能继续进行下去,从而停止犯罪的,不能成立自动性。

动机对于自动性成立的影响:促使行为人自动停止犯罪的内心起因能否决定自动性的成立。对此,本书取否定说,即促使行为人自动停止犯罪的内心起因并不影响自动性的成立。促使行为人停止犯罪的内心起因可能是多方面的,包括:真诚的悔悟;惧怕法律的制裁;避免日后的道德谴责;对于被害人的怜悯同情;等等。只要不是由于客观阻碍迫使行为人停止犯罪,而是行为人自认为犯罪能够继续进行下去却没有进行下去的,均可成立自动性。

---

① 在此,这一客观事物即为"犯罪能否继续进行下去"。

（三）自动行为致使犯罪未能完成

这是中止犯的有效性特征，其具有三个方面的意义：(1)凸显出中止犯与既遂犯的区别：中止犯之行为尚未符合刑法分则所规定的具体犯罪的基准犯罪构成的全部要件，而既遂犯之行为符合刑法分则所规定的具体犯罪的基准犯罪构成的全部要件。(2)展示出中止犯之中止行为的特征：在实行行为实行终了之前，行为人自动放弃行为的实施；在实行行为实行终了之后，特定构成结果发生之前，行为人采取积极行动有效地防止特定构成结果的发生。(3)表述了中止犯的犯罪状态特征：中止犯是一种犯罪结局停止于未完成犯罪的犯罪形态，由此中止犯不同于中止行为。通常将"中止行为"界定为放弃实行（不作为中止）或采取措施防止结果（作为中止）[①]。

中止犯之有效性的特征，关键是揭示"中止行为"的具体表现。在犯罪过程的不同阶段，有效性的成立对于导致犯罪未完成的中止行为有着不同的要求。**(1)自动放弃犯罪**：在实行行为实行终了之前，中止犯的成立在客观上应当是行为人自动放弃行为的实施。根据犯罪阶段的不同，自动放弃犯罪又分为两种情况：A.犯罪预备阶段的自动放弃犯罪，表现为行为人自动放弃犯罪预备行为的继续实施或犯罪实行行为的着手；B.犯罪实行阶段的自动放弃犯罪，表现为行为人自动放弃犯罪的实行行为的继续实施，而使实行行为没有实施终了。自动放弃犯罪，是预备阶段与实行阶段成立中止犯的行为要求。在这两个阶段，行为人放弃了行为的实施，犯罪进程就会停止而不能达到完成。从而，这两个阶段成立中止犯的行为，也表现为放弃继续侵害的消极行为。**(2)有效防止结果**：在实行行为实行终了之后，特定构成结果发生之前，中止犯的成立在客观上应当是行为人有效地防止特定构成结果的发生。具体包括两种情况：A.实行行为实行终了，尚未导致特定构成结果的发生，并且只要行为人不再继续实施侵害，特定构成结果通常不会发生。在这种情况下，只要行为人放弃继续侵害，就可以有效地防止特定构成结果的发生。B.实行行为实行终了，虽然尚未导致特定构成结果的发生，但是造成了特定构成结果发生的现实危险。在这种情况下，行为人不仅应当停止继续侵害行为，而且还必须采取积极的行动，挽回实行行为所形成的造成特定构成结果发生的现实危险状态，才能有效地阻止特定构成结果的发生。自动有效防止结果发生，是针对结果犯在实行后的结果发生阶段，成立中止犯的行为与行为结果的要求。在这一阶段，成立中止犯的行为，表现为放弃继续侵害的消极行为与实施阻止特定构成结果发生的积极行为；成立中止犯的行为结果，表现为有效地阻止了特定构成结果的发生。

二、自动放弃可能重复侵害行为

自动放弃可能重复侵害行为是否成立中止犯，对此国外刑法理论存在主观说、客观说与折衷说的不同见解，而我国刑法理论也存在中止说、未遂说与折衷说的争议。本书认为，自动放弃可能重复侵害行为，在不同的场合会有中止犯、既遂犯、未遂犯等

[①] 〔日〕大谷实著：《刑法总论》，黎宏译，法律出版社2003年版，第292页。

不同表现。

自动放弃可能重复侵害行为，是指行为人实施一定的侵害行为之后，出于自己的主观意愿，放弃自认为没有进行到底的并且可以继续进行下去的类似的侵害行为。这一行为具有如下构成要素：**(1) 意志因素**（希望态度）：停止侵害行为是行为人的希望。放弃侵害行为出于行为人自己的主观意愿，而非基于客观障碍的被迫。**(2) 认识因素**（可能认识）：行为人认识到犯罪尚未完成且侵害行为依然可以继续实施，在这种认识状态下行为人决定放弃侵害行为。**(3) 客观因素**（重复侵害行为的自然属性）：这里的"侵害行为"是指行为人具体实施的"**自然行为**"，而不是法定抽象的"实行行为"。重复的自然行为与实行行为的事实关系，呈现两种情形：每个重复的自然行为均可充足实行行为；重复的自然行为与其他非重复的自然行为共同充足实行行为。此外，在"侵害行为"的理解上，还应注意"侵害行为"的"**重复**"特征。也就是说，所放弃的侵害行为与先前实施的侵害行为之间在自然形态上具有相似性，否则就无所谓"重复"。而这种"重复"侵害行为的表现形式也是多种多样的。开枪杀人的第一枪射击与第二枪射击之间，举刀杀人的第一刀砍杀与第二刀砍杀之间，均属于重复侵害行为。**(4) 客观因素**（重复侵害行为的未完成）：放弃侵害行为之前所实施的行为尚未充足刑法分则所规定的具体犯罪的全部构成要件。这里包含着放弃重复侵害行为之中止或未遂区分的两个客观前提：就行为犯而言，重复侵害行为具有尚未充足实行行为的可能性；从结果犯来看，重复侵害行为尚未造成特定构成结果的发生。举动犯，行为人实施一定的侵害行为未必就是实行行为的完成，从而存在停止重复侵害行为的未完成犯问题；过程犯，行为人放弃可以重复的侵害行为不利于实行行为的完成，存在需对这种情形确定其中止与未遂的问题；结果犯，行为人完全可以放弃侵害行为的重复实施，防止特定构成结果的发生，从而存在犯罪的未完成问题。

事实上，自动放弃可能重复侵害行为在犯罪停止形态上，可能表现为以下几种情况：(1) 多数情况成立**中止犯**：行为人实施了一定的侵害行为，客观上实行行为尚未实行终了，或者虽已实行终了但法定损害结果尚未发生，并且只要行为人停止继续侵害法定损害结果就不会发生。在这种情况下，行为人自认为某一侵害行为可以继续重复实施，然而出于自己意志的原因而放弃了继续侵害。(2) 少数情况成立**既遂犯**：行为人实施了一定的侵害行为，客观上行为虽已实行终了而法定损害结果尚未发生，但是却造成了法定损害结果发生的现实危险。在这种情况下，行为人自认为侵害行为可以继续重复实施，然而出于自己意志的原因而放弃了继续侵害，但是这种放弃并未能够有效地防止法定损害结果的发生，而是最终发生了法定损害结果。(3) 少数情况成立**未遂犯**：行为人实施了一定的侵害行为，客观上行为实行终了而法定损害结果尚未发生，但是却造成了法定损害结果发生的现实危险。在这种情况下，行为人自认为侵害行为可以继续重复实施，然而出于自己的意志的原因而放弃了继续侵害，但是这种放弃并不足以有效地防止法定损害结果的发生，而是其后基于其他外力的作用致使法定损害结果没有发生。

三、中止犯的类型

预备中止、未实行终了中止、实行终了中止：这是根据中止犯成立时所处犯罪阶段的不同,对中止犯所作的划分。(1) **预备中止**：是指行为人在犯罪预备阶段,自动放弃犯罪预备行为或者自动放弃犯罪着手,从而未完成犯罪的犯罪停止形态。预备中止分为两种：放弃预备行为的中止,是指行为人在犯罪预备阶段自动放弃犯罪预备行为从而未完成犯罪的犯罪停止形态；放弃着手行为的中止,是指行为人在犯罪预备阶段自动放弃犯罪实行的着手从而未完成犯罪的犯罪停止形态。预备中止犯的特征是：时间性——犯罪停止于预备阶段,即起点于预备行为的实施,终结于实行行为的着手之前；自动性——在自认为能够继续预备行为或着手实行的情况下,基于自己的意志放弃了行为的继续；有效性——行为人自动放弃预备行为的继续实施或实行行为的着手,致使预备行为没有完成。(2) **未实行终了中止**：是指行为人在犯罪实行阶段,自动放弃犯罪实行行为,从而未完成犯罪的犯罪停止形态。其特征是：时间性——犯罪停止于实行阶段,即起点于实行行为的着手,终结于实行行为的终了之前；自动性——在自认为能够继续实行行为的情况下,基于自己的意志放弃了行为的继续实施；有效性——行为人自动放弃实行行为的继续实施,致使实行行为没有完成与特定构成结果没有发生。我国有的学者将未实行终了中止称为实行中止,而一些日本学者则将之称为着手中止。(3) **实行终了中止**：是指行为人在犯罪实行后续阶段,自动有效地防止特定构成结果的发生,从而未完成犯罪的犯罪停止形态。其特征是：时间性——犯罪停止于实行后的结果发生阶段,即起点于实行行为终了之后,终结于特定构成结果发生之前；自动性——在自认为特定构成结果将会发生的情况下,基于自己希望这一结果不发生而采取相应的行动；有效性——行为人不再继续实施侵害而致特定构成结果尚未发生,或者行为人采取积极的行动而致结果没有发生。

消极中止与积极中止：这是根据中止行为的不同形式,对中止犯所作的划分。(1) **消极中止**：是指行为人在犯罪过程中,自动以消极的行为方式停止犯罪行为的实施,从而未完成犯罪的犯罪停止形态。其特征是：时间性——犯罪停止于犯罪过程中,包括预备阶段、实行阶段；自动性——在自认为能够继续实施行为的情况下,基于自己的意志放弃了行为的继续；有效性——行为人只要以消极行为放弃行为的实施,犯罪即可停止于未完成形态。(2) **积极中止**：是指行为人在犯罪实行后的结果发生阶段,自动以积极的行为方式有效地防止特定构成结果的发生,从而未完成犯罪的犯罪停止形态。其特征是：时间性——犯罪停止于实行后的结果发生阶段；自动性——在自认为特定构成结果将会产生的情况下,基于自己希望这一结果不发生而采取相应的行动；有效性——行为人须要采取积极行动,才能有效阻止特定构成结果的发生,从而使犯罪停止于未完成形态。

四、中止犯的处罚

对于中止犯通常予以减免处罚,不过其理论依据则存在刑事政策说与法律说的对立以及合并说的折衷。其中,刑事政策说又分为一般预防政策说[①]与特别预防政策说;法律说则分为违法性减少消灭说与责任减少消灭说。对此,本书认为,中止犯减免处罚的理论依据在于,中止犯主观危害与客观危害的减少与消灭,以及预防犯罪的刑罚目的的引导。

(一)国外刑法处罚中止犯的原则

世界各国刑法对于中止犯的处罚表现为如下情况:**(1)必减必免原则**:是指刑法规定对于中止犯应当(必须)减轻或者免除处罚。多数国家采取这一原则。**(2)得减得免原则**:是指刑法规定对于中止犯可以(得)减轻或者免除处罚。**(3)必免原则**:是指刑法规定对于中止犯应当(必须)免除处罚。**(4)必免或他罪处置原则**:是指刑法规定对于中止犯应当(必须)免除处罚,但是倘若已实施的行为构成其他犯罪时,则应当依所构成的犯罪处罚。**(5)有针对性减免原则**:是指刑法区别自动停止犯罪行为与自动阻止危害结果发生的不同情况,有针对性地规定中止犯减轻处罚或者免除处罚。

(二)我国刑法处罚中止犯的原则

我国《刑法》对中止犯的处罚采取的是有针对性必减必免原则。《刑法》第 24 条第 2 款对此作了具体规定。对于中止犯予以减轻或者免除处罚有其合理性,而在此基础上进一步区别不同情况采取有针对性的减免原则,则更有其可取之处。至于中止犯已实施的行为构成其他犯罪时,应当依所构成的犯罪处罚。这一问题可以通过想像竞合犯的理论加以解决,立法上不作规定亦可。

根据我国《刑法》第 24 条第 2 款的规定,对于中止犯的处罚应当注意:**(1)比照既遂**:在我国《刑法》上,中止犯规定于总则而不具有独立的法定刑,具体犯罪构成及其法定刑由《刑法》分则规定,而《刑法》分则的这些规定是以既遂犯为标志的。《刑法》对于中止犯减免处罚所比照的标准未予明确规定,不过就比照标准本身应有的确定性特征而言,《刑法》分则的法定刑提供了处罚具体犯罪的确定性标准,因此对于中止犯处罚的最终参照标准也在于《刑法》分则所规定的相应既遂犯。**(2)更宽原则**:相对于既遂犯来说,未遂犯的行为尚未实行完毕,或者虽已实行完毕但法定结果尚未发生,从而客观之罪较小;而中止犯不仅行为尚未实行完毕或者法定结果尚未发生,而且犯罪尚未完成是出于行为人自己的主观意愿,从而主观之罪也较小;加之,基于引领一般人自动放弃犯罪或有效防止犯罪结果发生,从而实现刑罚一般预防目的的刑事政策需要,进而减少未然之罪。因而对于中止犯的从宽幅度应当比未遂犯的从宽幅度更大。即比照既遂犯,分别不同情况,处以比未遂之"从轻与减轻"处罚更轻的"减轻与免除"处罚。**(3)应当原则**:对于中止犯的处罚,我国《刑法》规定了必减必

[①] 一般预防政策说,又称**金桥理论**,由德国著名刑法学家李斯特所创立。

免原则,即应当减免原则。所谓应当,不仅意味着一种倾向性的态度,要求在量刑时必须予以考虑,而且强调在最终的量刑结果上必须予以体现。**(4)区别原则**:我国《刑法》将中止犯区分为"没有造成损害"与"造成损害"两种情况,分别予以不同的处罚。对于没有造成损害的中止犯,予以"免除"处罚;对于造成损害的中止犯,予以"减轻"处罚。

第八章　犯罪修正之共犯形态

第一节　正犯与共犯的基础理论

一、正犯理论

（一）正犯概念

基于行为特征的不同,存在正犯与共犯的界分。然而,刑法理论对于正犯与共犯的确切界说颇有争议,其中对于**正犯**存在"扩张正犯论"与"限制正犯论"的对立。

限制正犯论,又称限制正犯概念,由德国学者迈耶等所主张,持客观主义刑法理论的立场。该论主张,只有亲自、直接实现分则构成要件的才是正犯。由此,正犯仅以亲自实施实行行为为限,教唆犯与帮助犯的行为并非实行行为,也就不能归属于正犯。限制正犯论也称为**刑罚扩张事由**。既然教唆犯与帮助犯不属于正犯,因此如果刑法上没有特别的规定,教唆犯与帮助犯就不应受到处罚,从而刑法总则对于教唆犯与帮助犯的规定实际上是对本不应当予以处罚情形的扩张,是共犯处罚范围的例外,属于刑罚扩张的原因。限制正犯论也持**共犯从属性论**的立场。共犯不同于正犯,只有正犯的存在及可罚才有共犯的成立与处罚,因而共犯从属于正犯。限制正犯论也是以因果关系原因说为基础的**客观主义共犯论**。只有正犯对于构成要件的实现具有意义(才是原因),而共犯的行为并非构成要件的实行行为(仅为条件),因而从客观的因果关系上完全可以将正犯与共犯区别,对于正犯与共犯的区别不能依据行为人的主观心态。

扩张正犯论,又称扩张正犯概念,由德国学者麦兹格等所主张,持主观主义刑法理论的立场。该论主张,凡是对于分则构成要件的实现予以原因力的,不论是亲自的还是非亲自的、直接的或者间接的、积极的或者消极的,均为正犯。由此,正犯不以亲自实施实行行为为限,教唆犯与帮助犯均为正犯。扩张正犯论也称为**刑罚限制事由**。既然教唆犯与帮助犯也为正犯,应当依照正犯予以处罚,因此刑法总则对于教唆犯与帮助犯的规定实际上是对本应当依照正犯予以处罚情形的限制,是正犯处罚范围的例外,属于刑罚缩限的原因。扩张正犯论也持**共犯独立性论**的立场。共犯亦为正犯,共犯的成立与处罚无须依附于正犯,因而具有独立性。扩张正犯论也是以因果关系条件说为基础的**主观主义共犯论**。正犯与共犯对于构成要件的实现具有等价的意义(原因也为条件),因而从客观的因果关系上无法区别正犯与共犯,对于正犯与共犯的区别只能就行为人的主观心态观察。

在我国,扩张正犯论常被冠以"一元参与体系"或"单一正犯体系",不过"统一正犯概念已为德国通说所拒绝"①。对于统一正犯概念,本书不予采纳。理由是:(1)就定性而论,统一正犯概念一定程度上取消了具体犯罪实行行为的标志意义,也使具体定性中各个共同犯罪人在犯罪中的以行为特征为标志的角色地位变得模糊。缺乏了行为特征的标志,所谓各个犯罪参与人的作用大小的区分又以何为据,这种依据又如何与整个犯罪论原理吻合。(2)从概念逻辑来看,所谓"统一正犯"实际上是取消了"正犯"的概念。当教唆与帮助等行为均可谓为正犯的时候,正犯的独特意义也就不存在了,进而遑论"正犯"。所谓"统一正犯"实为"共同犯罪行为"。概念是相对存在的,没有教唆犯、帮助犯之共犯,又何谈实行犯之正犯。(3)以理论全局观察,统一正犯概念虽为在共同犯罪中张扬行为人的人身危险性留下了空间,但人身危险性的犯罪构成地位与技术呈现,在犯罪论的知识体系中并未占据主导地位。况且共同犯罪只是一种特殊的犯罪形态,无需为循"统一正犯"这一局部新标而影响整个犯罪论知识逻辑的优雅。(4)就处罚而言,统一正犯概念混乱了行为典型差异与处罚轻重不同的应有对应关系,模糊了不同行为对于结果之原因力的区别及其对于处罚轻重差异的意义。一定的法定刑有其相应的罪状根据,量刑轻重取决于相应的量刑情节,而无论是分则的罪状,还是刑法的量刑情节,行为的事实特征或具体表现是其一项核心内容。(5)从立法实际来看,我国《刑法》虽至为强调分别主从的不同作用予以不同的处罚,但在主从的界分上也特别关注行为的差异,而有组织犯(第 26 条部分)、教唆犯(第 29 条)与帮助犯(第 27 条部分)的明确界分。《奥地利刑法典》(1975 年)虽言"行为之参与人皆为正犯"(第 12 条),但该法典在未遂与中止的处置中仍区分了"唆使"、"直接着手"、"实行行为"、"加功"等行为特征(第 15、16 条)。

总之,扩张正犯论以主观主义刑法理论为基础,不分实现构成要件的原因与条件,取消了正犯与共犯的区别,忽视了构成要件的类型意义,扩大了对于共犯的刑罚处罚,并不可取;限制正犯论站在客观主义刑法理论的立场上,区分实现构成要件的原因与条件,明确了正犯与共犯的界限,坚持了构成要件的类型意义,具有较大的合理性。当然,间接正犯的正犯性质仍需解决。由此,本书主张,**正犯**是指行为人自己亲自或者利用他人的行为,实施刑法分则规定的具体犯罪实行行为的犯罪人。对于共同犯罪中行为人的不同地位角色及其相应的罪刑处置,应以正犯与共犯之行为互为界分的知识体系展开。

(二)正犯类型

按照实施实行行为人员多寡为标准,可以将正犯分为单独正犯与共同正犯。**单独正犯**,是指行为人单独一人实施刑法分则规定的具体犯罪实行行为的犯罪人。**共同正犯**,是指两个以上的行为人,基于犯罪意思的联络,共同实施刑法分则规定的具体犯罪实行行为的犯罪人。

按照行为人是否亲自实施实行行为为标准,可以将正犯分为直接正犯与间接正

---

① "**统一正犯概念**,将所有对构成要件的实现起到原因作用的共犯均视为正犯,而不考虑其共同影响的意义如何。"〔德〕汉斯·海因里希·耶塞克、托马斯·魏根特著:《德国刑法教科书》,徐久生译,中国法制出版社 2001 年版,第 777—778 页。

犯。**直接正犯**，是指行为人自己亲自实施刑法分则规定的具体犯罪实行行为的犯罪人。这里的"亲自实施"，包括行为人利用非人类生命的物质工具或自然力等。**间接正犯**，是指行为人利用他人的行为实施刑法分则规定的具体犯罪实行行为的犯罪人。间接正犯的行为人与被利用者之间缺乏意思联络，由此间接正犯属于单独正犯。

自手犯是与直接正犯密切相关的一个概念。刑法理论通常认为，自手犯是指根据刑法分则的规定，犯罪实行行为只能由行为人自己亲自实施而不能利用他人行为完成的具体犯罪，自手犯包括身份犯、目的犯、纯正不作为犯、举动犯、形式犯等。对于是否存在自手犯的概念，刑法理论有否定说与肯定说的不同见解。本书原则上并不承认自手犯的概念，刑法上的确存在只能由特定身份的人等亲自实行的一些具体犯罪，但是这并不意味着他人就不能利用这些特定身份实行此类具体犯罪。

二、共犯理论

（一）共犯概念

对于共犯的界说，刑法理论存在"犯罪共同说"与"行为共同说"的对立以及"共同意思主体说"的折衷。

犯罪共同说，又称犯意共同说，由德国学者毕克迈耶、日本学者小野清一郎、大塚仁等所主张，持客观主义刑法理论的立场。此说主张，犯罪本质是侵害法益，而共犯是两个以上的行为人共同对同一法益的侵害，由此共犯的成立应当是两个以上的行为人，基于共同的犯罪意思联络，实施共同的犯罪行为，实现同一个具体的构成要件事实。共同过失行为、故意与过失行为、缺乏意思沟通的单方面协力行为等均不能成立共犯。犯罪共同说是以因果关系原因说为基础的**客观主义共犯论**。共犯行为对于构成要件事实的作用有所不同：有的具有直接重要的作用，可以独立完成犯罪，是犯罪结果发生的原因，属于正犯；有的共犯行为仅有间接轻微的作用，只能附属正犯成立犯罪，属于教唆犯或帮助犯。犯罪共同说也持**共犯从属性**的立场，教唆犯或帮助犯附属于正犯成立犯罪，正犯不成立犯罪，则教唆犯或帮助犯也不成立犯罪。犯罪共同说又**分为**完全犯罪共同说与部分犯罪共同说。完全犯罪共同说强调，共犯仅仅就同一具体犯罪类型而存在，不同的具体犯罪之间无从成立共犯；部分犯罪共同说主张，在构成要件重合的限度内，不同的具体犯罪之间可以成立共犯。

行为共同说，又称事实共同说，由德国学者布黎、日本学者牧野英一、木村龟二、宫本英脩等所主张，持主观主义刑法理论的立场。此说主张，犯罪是行为人主观恶性的表现，而共犯是两个以上的行为人共同恶性的表现，由此共犯的成立应当是两个以上的行为人，基于共同的犯罪行为，实现自己的犯意。行为共同说强调，共犯的共同事实不同于法律上的构成要件，共犯关系并不仅仅限于一个犯罪事实，共犯的成立也不必要求数个行为人具有同一个犯意，共犯成立的关键是共同行为。共同过失行为、故意与过失行为、单方面的协力行为、有责任能力人与无责任能力人的共同行为等均可以成立共犯。行为共同说是以因果关系条件说为基础的**主观主义共犯论**。正犯与共犯的行为对于一定犯罪事实的实现具有等价的意义,因而对于共犯与正犯的区分无法以客观因果关系为标准,而只能从行为人的主观心态考察。行为共同说持共犯独立性的立场,既然犯罪是行为人主观恶性的表现,因而两个以上的行为人共同参与犯罪,其犯罪的成立与可罚性不存在从属于他人犯罪的情况,教唆犯、帮助犯具有独立性。

共同意思主体说,由日本学者草野豹一郎、植松正等所主张,属于折衷主义的刑法理论。此说主张,应当从行为人的社会心理状态确定共犯,两个以上的人共同犯罪,必然首先存在为实现一定犯罪的共同目的,在这一目的之下,两个以上的人则变为同心一体,成立共同意思主体,只要其中一人着手实行犯罪,则均成立共犯。共同意思主体说尤为强调共同犯意,所谓共同是指两个以上具有责任能力的人意思联络而成一体,凡是共同意思主体(参与共谋者)均应当作为共同正犯。同时,共犯的成立也必须有人实行犯罪,不过只要共同意思主体中有一人实施犯罪实行行为,其他人即使并未参与行为的实施,也应当共同承担正犯责任。共同意思主体说隐含有因果关系条件说与原因说、共犯独立性与从属性的复合观念。

犯罪共同说限制了共犯的成立,有利于刑法的人权保障机能,不过其难以解释片面共犯等问题。行为共同说扩张了共犯成立的范围,有利于刑法的社会保护机能,然而其忽视了构成要件的类型意义,也片面注重行为人的主观恶性。共同意思主体说注重共犯成立中的共同犯意,存在一定的合理性,然而其却忽视了共同的犯罪行为。**本书**原则上坚持完全犯罪共同说的基本立场,而对具体问题则予不同的解释。相对于单独犯罪,共同犯罪具有更大的主观危害与客观危害,而共同犯罪的具体构成应当呈现这种更大的危害。由此,**成立共同犯罪**应当是两个以上具有刑事责任能力的人,基于共同的犯罪故意,实施共同的犯罪行为,实现同一个具体的构成要件事实。共同过失行为、故意与过失行为、缺乏共同故意的同时行为、不同性质的数个行为等均不能成立共同犯罪。**片面共犯**是共同犯罪中的特殊情况。每个共同犯罪人的共同故意行为与共同犯罪结果之间均有着因果关系。**共同犯罪人**分为正犯与共犯。**共犯**是指行为人自己的行为并不符合具体犯罪实行行为,而是与他人的行为共同符合具体犯罪构成的犯罪人。**狭义的共犯**仅指教唆犯与帮助犯,**广义的共犯**还包括共同正犯。

(二)共犯与正犯

就共犯与正犯区别的角度考察,共犯理论存在"共犯独立性说"与"共犯从属性说"的对立。

共犯从属性说限制了共犯成立的范围,有利于刑法的人权保障机能,然而由于共犯从属性说仅以行为的分工区分共犯与正犯,从而使教唆犯也具有了从属性,由此淡化了教唆犯作为犯罪发起者的相对独立意义。在共犯从属性的四种形式中,限制性从属形式为多数学者所采纳,从而凸显出教唆犯的相对独立地位,但仍难以从根本上解决问题。共犯独立性说扩大了共犯成立的范围,对教唆犯的相对独立意义予以关注,有利于刑法的社会保护机能,然而共犯独立性说却忽视了教唆行为与帮助行为的从属特征以及构成要件的类型意义,不适当地取消了间接正犯的概念或限制了身份共犯的成立,从而难以为多数学者所认同。**本书**主张,共犯从属性的主导地位值得肯定,同时也应当承认一定场合的共犯独立性。即:共犯从属性为原则,共犯独立性为例外;帮助犯绝对从属于正犯,教唆犯相对从属于正犯;实行从属以正犯着手实行为底限,要素从属以正犯或共犯符合构成要件为底限,共犯的违法性与有责性应当单独判断。

(三) 共犯类型

按照共犯成立范围的大小不同为标准,可以将共犯分为广义共犯与狭义共犯。**广义共犯**,是指共犯的概念包括共同正犯、教唆犯、帮助犯。**狭义共犯**,是指共犯的概念仅包括教唆犯、帮助犯,而不包括共同正犯。我国刑法理论与立法采纳广义共犯的共犯概念。

按照刑法总则与分则对共犯成立要件的不同规定为标准,共犯分为任意共犯与必要共犯。**任意共犯**,是指根据刑法分则的规定,可以由一人单独实施而构成的犯罪,在由两个以上的行为人基于意思联络而共同实施时所形成的,由刑法总则所规定的共犯。包括教唆犯与帮助犯,广义上还包括共同正犯。**必要共犯**,是指根据刑法分则的规定,必须由两人以上基于意思联络而共同实施所构成的共犯。基于刑法分则的规定,根据具体构成形式的不同,必要共犯又可分为相对共犯与聚众性共犯、集团性共犯、共行性共犯。必要共犯实为分则具体犯罪的一种特殊情形。

对于**必要共犯与任意共犯**,值得考究的是,分则必要共犯能否再行构成总则任意共犯? 未能构成必要共犯的相关人员能否构成总则共犯? 本书认为,合理地解决这些问题,应当坚持同时具备以下两项条件的标准:符合总则共犯的成立条件;避免必要共犯的已有评价。由此,在某些场合对于必要共犯应在分则法定刑的基础上再行适用总则共犯的规定,而在其他场合对于必要共犯则不应再按总则共犯处罚。①

按照参与到犯罪中的时间的不同为标准,可以将共犯分为事前共犯与事中共犯。**事前共犯**,是指共同犯罪人的共同犯罪故意形成于实行行为着手之前,即在实行行为着手之前参与到犯罪中的共犯。**事中共犯**,是指共同犯罪人的共同犯罪故意形成于实行行为着手之时或者实行犯罪过程中,即在着手之时或者实行犯罪过程中参与到犯罪中的共犯。**事后共犯**,与事前共犯相对,是指在他人所实施犯罪行为结束之后,参与到犯罪中的情形。英美法曾有事后帮助犯的规定,大陆法系国家也曾有事后帮助行为以共犯论处的规定,然而这些规定均被废止或替代,现对有关事后帮助行为则作为单独犯罪处罚。我国《刑法》也不承认事后共犯,而对于某些特定的事后行为,刑法分则设置了具体的罪与刑。

这些事后帮助行为所构成的独立的具体犯罪,在特定条件下,刑法理论谓之连累犯。所谓**连累犯**,是指在事先并无通谋的情况下,行为人明知他人既已实施犯罪,而

---

① 详见张小虎:《论必要共犯适用总则共犯处罚原则的规则》,载《当代法学》2012 年第 5 期。

在事后给予隐藏毁灭罪证、包庇窝藏等帮助,从而实施与他人之犯罪密切相关的事后行为,刑法分则对此予以独立的罪刑设置的具体犯罪。"连累"意味着"事后罪"由"先前罪"连累而生。窝藏、包庇罪(第310条)、包庇、纵容黑社会性质组织罪(第294条第3款)、拒绝提供间谍犯罪证据罪(第311条)、掩饰、隐瞒犯罪所得及收益罪(第312条)、洗钱罪(第191条)等等,均为我国《刑法》中较为典型的连累犯。

此外,按照共同犯罪人的行为能否独立成立犯罪为标准,可以将共犯分为独立共犯与从属共犯;按照各共同犯罪人参与共同犯罪时间的不同为标准,可以将共犯分为先行共犯与承继共犯;按照共同犯罪人参与共犯方式的不同为标准,可以将共犯分为直接共犯与间接共犯;按照共同犯罪人作用于因果关系效果的不同为标准,可以将共犯分为纵的共犯与横的共犯;按照共同犯罪人实施共犯行为的不同为标准,可以将共犯分为共谋共犯与实施共犯;按照共同犯罪人加功于共同犯罪的形态不同为标准,可以将共犯分为有形共犯与无形共犯;按照共同犯罪人之间意思联络程度的不同为标准,可以将共犯分为普通共犯与片面共犯;按照共同犯罪人之间有无分工的不同为标准,可以将共犯分为简单共犯与复杂共犯;按照共同犯罪人行为分工的不同为标准,可以将共犯分为正犯与加担犯;按照刑法总则对共同犯罪人组合形式规定的不同为标准,可以将共犯分为一般共犯与特殊共犯。

第二节 正犯与共犯的构造与处罚

一、组织犯

(一)组织犯的概念

组织犯,是指组织、策划、指挥犯罪集团进行具体犯罪活动的共同犯罪人。组织犯的共犯类型由原苏联学者所创立,大陆法系刑法理论通常不作组织犯的划分。我国《刑法》总则第26条将组织犯置于主犯中。有时《刑法》分则已将组织行为提升为实行行为,在此场合犯罪集团的组织者通常不再成立组织犯,不过在组织者为多人或组织者与其他参加者共用同一法定刑的场合,仍有基于总则区分主从处罚的余地,但应当注意避免重复评价。

(二)组织犯的成立要件

组织犯具有如下**特别要件:(1)组织行为**:只有实施组织行为的,才是组织犯;组织犯,既可以直接参与具体犯罪的实施,也可以仅仅实施组织行为。根据我国《刑法》第26条第1、3款、第97条的规定,**组织行为**,是指组织、策划、指挥犯罪集团进行具体犯罪活动。组织行为包括组织、策划、指挥,组织行为针对犯罪集团实施,组织行为指向具体犯罪活动。**(2)直接故意**:组织犯的直接故意,是指行为人明知自己的组织行为会发生犯罪集团成立以及具体犯罪实施的危害结果,并且希望这种结果发生的主观心理态度。组织犯与犯罪集团密切相连,而犯罪集团就是以多次实施一种或者数种具体犯罪为目的的一种犯罪组织。因而,组织犯的组织行为具有危害目的的指向性、侵害态度的坚决性、侵害过程的稳定性等特征。

（三）组织犯的处罚

《俄罗斯刑法典》第35条对组织犯作了明确的界定，并且指出组织犯对犯罪组织的成立与领导行为负责，对犯罪组织的罪行负责，从重处罚。我国《刑法》第26条将组织犯作为主犯的一种类型，并且规定对于组织犯"按照集团所犯的全部罪行处罚"。这种立法存在一定的不足。不过，在解释论上，可以将对组织犯的处罚原则表述为：(1) 定罪：对于组织犯，应当按照犯罪集团计划或者所犯的具体犯罪定罪；(2) 处罚：对于组织犯，应当适用犯罪集团计划或者所犯具体犯罪的法定刑；同时，对组织犯的处罚，不仅应当重于单独犯罪，而且也应重于犯罪集团的其他成员。

二、正犯

（一）正犯与共同正犯的概念

正犯，是指在共同犯罪中行为人自己亲自，或者利用他人的行为，实施刑法分则规定的具体犯罪实行行为的犯罪人。在共同犯罪中，正犯表明行为人承担实施实行行为的分工，与组织犯、帮助犯、教唆犯的共犯分工并列相对。我国刑法理论通常称为实行犯。按照正犯人数多少的不同，可以将正犯分为单独正犯与共同正犯。**单独正犯**，是指行为人单独一人实施刑法分则规定的具体犯罪实行行为的犯罪人。在单独正犯的情况下，倘若成立共同犯罪，主要表现为正犯与组织犯、帮助犯或教唆犯等共犯共同进行某一具体犯罪。**共同正犯**，是指两个以上的行为人，基于犯罪意思的联络，共同实施刑法分则规定的具体犯罪实行行为的犯罪人。在共同正犯的情况下，倘若成立共同犯罪，既可以表现为数个正犯与其他共犯共同进行某一具体犯罪，也可以表现为数个正犯共同实行某一具体犯罪。这里，我们主要讨论共同正犯。

（二）共同正犯的成立要件

共同正犯具有如下**特别要件**：**(1) 二人以上**：共同正犯的组成人员，必须是两个以上具有责任能力的人。一个具有责任能力的人与无责任能力的人共同实行犯罪，不能成立共同正犯。**(2) 实行行为**：共同正犯的各共同犯罪人，都分担了具体犯罪的实行行为。分担形式包括：完成实行行为的全部要素；实施实行行为的部分要素；同时完成实行行为的要素；先后完成实行行为的要素；均以作为方式或不作为方式完成实行行为；分别以作为与不作为方式完成实行行为。有时可呈现仅以在场消极行为的方式参与实行。**(3) 意思联络**：共同正犯的各共同犯罪人，对于共同行为以及犯罪完成具有合意。包括：**A. 认识合意**：对自身实行具体犯罪的认识；对协同实行具体犯罪的认识；对行为及其导致结果的认识。**B. 意志合意**：对于行为的危害结果持希望或者放任的态度，包括均持希望或者均持放任，或者有的希望有的放任。对于合意的理解还应**注意**：**A. 同一性质犯罪**：合意范围应当是同一性质的犯罪。对于共犯的界说，本书持完全犯罪共同说的立场。**B. 共同实行行为**：合意内容应当指向共同实行行为。各共同犯罪人具有互相配合分担实行行为的意思。**C. 限于故意**：合意形式限于故意。对此，刑法理论虽有不同见解，但基于犯罪共同说，共同正犯合意只能是故意。**D. 直接与间接**：合意方式包括直接与间接。共犯之间进行面对面的意思联络是直接合意；共犯之间进行一种传递（串联）式的意思联络是间接合意。**E. 明示与暗示**：合意方式包括明示与暗示。共犯之间进行明确表示的意思联络是明示合意；共犯之间进行心领神会的意思联络是暗示合意。**F. 事前与事中**：合意时间包括事前与事中。共犯之间的意思联络发生在共同实行之前，是事前合意；发生在共同实行之际或之中的，是事中合意。①

（三）共谋共同正犯考究

共谋共同正犯，是指两个以上具有责任能力的人共同策划犯罪实行，尽管只有其中的部分共谋者直接分担了实行行为，但是没有直接分担实行行为的共谋者也被视同共同正犯，承担共同正犯的法律后果。由于共谋共同正犯缺乏共同的实行行为，因此对于共谋共同正犯是否成立共同正犯，存在肯定论与否定论的不同见解。**本书**坚持共同正犯应有实行行为分担的原则立场，从而否定共谋共同正犯的说法。片面强调事前共同犯罪目的的共谋，以共谋者一人的实行行为取代其他共谋者的非实行行为，这无疑消解了共同正犯的行为特征。同时，对于没有实施实行行为的一般共谋者视同共同实行者追究责任，有违于共同处罚中的区别对待。

基于共谋共同正犯的概念，对于**望风**之类的行为是否属于共同正犯，也存在肯定论与否定论的不同见解。**本书**依然坚持共同正犯各共同犯罪人分担实行行为的特征，从而即便共谋之后实施望风行为的也无从成立共同正犯。共同正犯的行为特征表现为各共同犯罪人均须分担实行行为，由此共谋共同正犯的观念并不可取。望风之类的行为因缺乏实行行为，即使存在共谋，也无从成立共同正犯。另一方面，从行为的特征看，望风等行为属于为犯罪实行提供便利条件，使犯罪更易完成，从而可以视作帮助行为。当然，这并不排除可以将此帮助行为与先前的共谋行为之行为属性予以综合评价，确定行为人在共同犯罪中的具体角色。

（四）共同正犯的处罚

共同正犯的处罚，涉及共同正犯的定罪、法定刑与量刑。**（1）定罪**：各共同正犯之间的主观责任与客观行为具有整合性，对于共同正犯，应当按照实行行为所构成的具体犯罪定罪。**（2）法定刑**：对于共同正犯的各共同犯罪人，不论其所分担的实行行为如何，均应适用与共同正犯的罪行相应的法定刑。**（3）量刑**：共同正犯各共同犯罪人虽然均为实行犯，但是实行情节也会存在主从之分从而影响量刑。此外，也会存在基于行为人个人特征等的一些量刑情节。

三、间接正犯

间接正犯与直接正犯是一组相对概念。严格来讲，无论是间接正犯还是直接正犯，在单独正犯的场合其并不涉及共同犯罪。由此，有的论著将间接正犯置于构成要件之行为的理论框架中。不过，间接正犯之利用他人犯罪，涉及犯罪的数人参与，从

---

① 事中的共同正犯，也称偶然的共同正犯。

而具有从共同犯罪视角考究的成分,并且,倘若在与共犯相对的意义上来考究正犯,则间接正犯与直接正犯也可置于共同犯罪的理论框架中来讨论。

(一)间接正犯的概念

刑法理论对于间接正犯的界说众说纷纭,概括起来主要有以下几个方面:强调间接正犯具有将他人当作工具以实现自己的犯罪的特质;强调间接正犯利用人的中介实行以及并不构成共犯关系的特征;对于间接正犯的各种表现形式在间接正犯的界说中予以阐明。

间接正犯的概念关键的是应当阐明其不同于直接正犯与共同犯罪的特征。同时,通常间接正犯成立于被利用人不构成犯罪的场合,但是并不排除利用人利用被利用人之符合犯罪构成的行为实施犯罪。由此,本书对间接正犯的概念表述如下:**间接正犯**,是指利用人利用他人作为工具实施自己的犯罪,发起犯罪并操纵与支配着整个犯罪的进程,被利用人虽具体实行但并不构成犯罪或不与利用人构成共同犯罪,由此被利用人的实行行为嫁接于利用人的行为而成为利用人的间接实行,对利用人以单独正犯论处的犯罪形态。

(二)间接正犯的成立要件

1. 间接正犯的关系链

间接正犯存在利用者、中介行为、被利用者的三节锁链。**利用者**为犯罪行为的发起者与幕后操纵者、犯罪过程的支配者、犯罪后果的承担者、犯罪行为的间接实行者,因而也是犯罪行为的实质承载者。**中介行为**系实行行为的形式表现,其由被利用者实施,是造成犯罪结果的直接原因,而被利用者的实施又由其于利用者的行为,从而中介行为也可谓是沟通利用行为与最终犯罪结果的纽带与桥梁。**被利用者**为犯罪行为的行为媒介、利用者的犯罪工具、被操纵者与被支配者、犯罪行为的直接实行者、实行的形式表现者、幕前之人,其不因行为与结果而入罪。

2. 间接正犯的行为

利用者的利用行为并非共犯行为,而是正犯行为的组成部分①,是造成犯罪结果的原因行为;被利用者的行为视为利用者的间接行为,这一行为虽由被利用者实施却承载于利用者而为利用者之实行;被利用者的行为仅限自然人之行为,并且这一行为可以缺乏心素,但在体素与效素上应当符合分则具体犯罪的实行行为的特征。本书原则上并不承认自手犯的概念,在某些特定的场合,无身份者可以利用有身份者实行原本只能由特定身份的人实行的具体犯罪。

3. 间接正犯的心态

利用者须基于犯罪的故意而利用他人实施犯罪,过失利用他人造成危害结果的,不能成立间接正犯,因为在过失的心态下无所谓支配、操纵与利用他人实施犯罪。利用者的主观责任统辖着整个犯罪的主观面,这不仅表现在利用者本身具有责任能力、故意、期待可能性等责任要素,而且被利用者即使在缺乏责任能力或者故意与过失的

---

① 究竟系正犯的何种行为,仍需进一步深入考究。

场合,其所表现的实行行为仍可与利用者的责任整合而符合犯罪构成;尤其是被利用者缺乏心素的行为,仍可基于利用者的主观责任而视为实行行为的符合①,成为利用者的间接实行。

(三) 间接正犯的情形

被利用者因缺乏行为心素、违法性、有责性而不构成犯罪的情形,或者被利用者虽构成犯罪但不与利用者构成共同犯罪的情形。具体包括:(1) 实行行为缺乏心素:利用他人缺乏意识与意志支配的行为实行犯罪。(2) 实行行为缺乏违法:利用他人缺乏违法性的行为实行犯罪。(3) 被利用者缺乏责任能力:利用缺乏责任能力的他人实行犯罪。(4) 被利用者缺乏责任形式:利用他人由于事实错误或不可避免的禁止错误等而缺乏故意与过失的行为实行犯罪。(5) 被利用者缺乏期待可能性:利用他人缺乏期待可能性的行为实行犯罪。(6) 利用他人过失行为:利用他人缺乏注意的不法行为实行犯罪。(7) 利用他人可以避免禁止错误的行为:利用他人存在禁止错误的行为而实行犯罪。(8) 利用他人缺乏目的的故意行为:利用他人缺乏特定目的的故意行为实行犯罪。(9) 利用组织结构的权力行为:利用者基于其所拥有的组织权力对被利用者下达具有犯罪的指令,被利用者将该指令付诸实施的情形。(10) 被利用人缺乏身份的行为:有身份者利用缺乏特定身份而有故意的他人,实施纯正身份犯。(11) 利用人缺乏身份的行为:没有身份的人利用有身份的人,在一定条件下实施纯正身份犯。

(四) 间接正犯的本质

对于间接正犯的本质,刑法理论存在工具论、因果关系论、构成要件论、行为支配论等不同见解。间接正犯从其危害性的价值立场来看应予处罚,而如何予以处罚则与其在犯罪构成上的理论地位密切相关,由此间接正犯本质的关键是要合理阐明间接正犯的正犯特质。对此,本书认为,间接正犯并不具有正犯的典型形态,不过其可谓是一种准型正犯,这就是,基于一定条件的前提,间接正犯嫁接着他人的实行行为。兹予分述如下:

1. 处罚间接正犯的实质根据

这主要是从实质危害的角度,侧重于阐明立法上对间接正犯处罚的必要性。对此可谓,间接正犯出于实施某种具体犯罪的意图,有意识地利用他人实行该具体犯罪,造成了具体法益侵害的实际损害或现实危险,由此其不仅具有可予刑法评价的行为特征,而且不失行为的违法性与有责性,进而具有应予否定价值评价的危害性。再从危害程度来看,虽然这种利用他人为自己实行犯罪与自己亲自实行在形式表现上有所不同,但是从实质的层面来看,这种意图犯罪与有意利用的主观心态的危害,并不显著轻于亲自实行犯罪之主观危害;操纵、支配与利用他人实行的行为所包摄的客观危害也不显著亚于亲自实行犯罪之客观危害。这就如同教唆犯的危害未必就小于

---

① 对此,刑法理论存在较大争议。本书持肯定态度,具体理由下文详述。

实行犯的危害一样①。也正因为此,无论是限制正犯论还是扩张正犯论,均不否认对于间接正犯所现情形的处罚,只是前者予其为间接正犯,而后者则将之视作直接正犯。问题是,对于这种虽然操纵与支配他人实行具体犯罪的情形,在他人并不构成犯罪或者无法构成共犯的场合,如何在犯罪构成的理论框架下予其以犯罪形态的定位,从而合理地解释其所应受处罚的刑法技术根据。

2. 间接正犯的准型正犯特质

应当说,间接正犯既非典型正犯从而有别于直接正犯,也非共犯从而不能归属于教唆犯,从而间接正犯是一种介于共犯与正犯之间而倾重于正犯的准型正犯。

间接正犯不同于直接正犯:在间接正犯的场合,利用者的确没有实施实行行为,因此从犯罪构成之实行行为的基准上来看,其不同于典型意义上的正犯。值得考究的是,工具说以利用物质或动物工具犯罪来类比间接正犯的利用他人犯罪。固然,利用物质或动物工具与利用他人是不同的。但是,在利用动物工具的场合②,可以将被利用动物的举动视作利用者行为的延伸。由于动物并非刑法之行为主体的评价对象,从而动物举动若由行为人操纵则应完全归于行为人。与此不同,刑法在行为主体方面是针对人的评价,从而利用者在利用他人为自己实施犯罪的场合,的确存在被利用者在犯罪评价中的地位问题。

间接正犯不能归于教唆犯:间接正犯与教唆犯均系操纵、支配与利用他人去实施犯罪,然而间接正犯有别于教唆犯。对此,有的学者从规范障碍的角度予以阐释。所谓**规范障碍**,是指行为人在行为时对于构成事实与违法性存在认识,从而也就能够形成不法行为的反对动机的可能性。如果被利用人缺乏规范障碍,则利用者对于他人的利用是间接正犯;如果被利用人具有规范障碍,则利用者对于他人的利用是教唆犯。规范障碍在一定程度上可以说明教唆犯与间接正犯的差异,不过在利用有故意的犯罪工具的场合,被利用者并不缺乏规范障碍,然而这种利用的情形也常被归于间接正犯。在正犯与共犯的理论上,本书立于限制正犯论与完全犯罪共同说的立场,由此共犯有别于正犯,共同犯罪仅在同一具体犯罪的框架内成立。间接正犯之所以不能成为教唆犯,关键在于利用者与被利用者在主观上不能形成实施同一具体犯罪的合意。

间接正犯之不典型正犯特质:间接正犯不同于直接正犯与教唆犯,但是可以将间接正犯解释为准型正犯。具体而论,基于实行行为定格的视角,间接正犯具有如下特质:**其一,嫁接实行行为的客观面**:被利用者虽然具体实施了实行行为的客观面,但是由于整个犯罪启动与进程均受利用者的操纵与支配,而利用者实施了为了自己的犯罪而操纵与支配他人实行的行为,由此可以将被利用者之实行行为看作是嫁接于利用者之利用行为之上成分,由此被利用者之实行与利用者之行为构成一个整体,而前者是后者的一部分。与此不同,动物举动与人的行为有着原则区别,从而不能将动物

---

① 当然,在犯罪构成的技术层面,间接正犯不同于教唆犯,也正是由于不能将间接正犯的情形归于教唆犯,才有了间接正犯的本质的理论问题。

② 例如,行为人训练猴子钻窗入室行窃。

举动嫁接于人的行为。对于动物的利用类似于对物质工具的利用。**其二,承载实行行为的主观面**:这里的主观面包括实行行为的心素及其责任形式。立于心素的视角,在被利用人完全无知或被强制而缺乏意识与意志支配的场合,其实行行为虽缺乏心素,但基于被利用人的行为嫁接于利用人的行为,从而其行为的心素也承载于利用人。立于责任形式的视角,被利用人可能具有他罪(A)的过失或故意,却无利用者所实施之罪(B)的责任形式,间接正犯所评价的正是 B 罪的实行行为与责任,而 B 罪的责任也仅存于利用人。**其三,实行行为客观须有呈现**:间接正犯作为正犯的准型形态,应有正犯的本质特征,而实施实行行为者谓之正犯,当然直接实施者谓为直接正犯,而操纵他人实行者则谓为间接正犯。这意味着,就间接正犯而论,被利用者须有实行行为,如果被利用者仅实施了针对实行行为的辅助性的加功行为,则利用者不能谓为间接正犯。不过,被利用者的实行行为仅须有体素与效素的呈现,也就是说,被利用者的实行行为至少应有其客观要素的符合。**其四,实行行为心素可以脱离**:被利用人因缺乏违法性或有责性而不能入罪,但是这并不排除此时其实施了实行行为。问题是,在被利用人完全无知或被强制而缺乏意识与意志支配的场合,其虽有实行为的客观要素,但由于缺乏实行行为的心素,其行为能否成立实行行为则成为问题。对此,刑法理论存在肯定论与否定论的不同见解。本书认为,在此场合如果将利用人归为直接正犯,则不仅使直接正犯的本义出现了偏差,而且也模糊了直接正犯与间接正犯的界分。将被利用人缺乏心素的实行归于利用人间接正犯之行为,其合理性在于:肯定了利用人并未实施实行行为的实际从而不能成为直接正犯;肯定了利用自然人之实行与利用动物之举动的差异;坚持了被利用人之实行嫁接于利用者之利用行为的间接正犯之实行性的解释;间接正犯的实行系属准型性的实行,而被利用人实行行为心素缺乏也可谓这一实行之准型的一个侧面。

(五)间接正犯的处罚

不少国家的刑法典对间接正犯的处罚作了明确规定。具体包括,依照教唆犯或者帮助犯处罚,或者依照正犯处罚,或者加重处罚等。我国《刑法》对于间接正犯未予明确规定。间接正犯系一种准型正犯,对于间接正犯依照正犯处罚。

四、教唆犯

(一)教唆犯的概念

关于教唆犯的界说,存在两种情形:**决意说**,立于行为共同说的立场,主张共犯独立性,强调教唆犯仅仅在于使他人产生犯罪决意;**实行说**:立于犯罪共同说的立场,主张共犯从属性,强调教唆犯不仅在于使他人产生犯罪决意,而且在于使他人至于犯罪实行。

本书坚持犯罪共同说与共犯从属性为主导的理论立场,同时基于教唆犯在我国立法中的实际状况,在教唆犯的界说上注重如下观念:教唆犯系共同犯罪中的共犯之一;教唆犯是他人犯罪决意的产生者。由此,**教唆犯**,又称造意犯,是指在共同犯罪中故意引起具有责任能力的特定他人,产生具体犯罪决意或者产生具体犯罪决意并达至具体犯罪实行的共同犯罪人。

（二）教唆犯的成立要件

1. 教唆犯的教唆对象

被教唆人的具体范围：教唆应当是针对特定的人教唆犯特定的罪。不是特定的人，则无法确定共同犯罪人的主体范围；不是特定的罪，则无从确定共同犯罪的犯罪性质。特定的人，意味着教唆针对相对确定范围内的相对确定的人而进行。由此，教唆不同于煽动。特定的罪，意味着教唆指向实施刑法分则所规定的某一具体的犯罪。缺乏具体犯罪指向的鼓动或怂恿，并非教唆。

被教唆人的责任能力：教唆应当针对具有责任能力的人。教唆不具有责任能力的人实施具体犯罪，实为利用缺乏责任能力的他人实行犯罪，属于间接正犯的一种情形。间接正犯利用者与被利用者之间不构成共同犯罪，间接正犯属于单独正犯。

被教唆人的意志自由：教唆应当针对具有意志自由的人。教唆者采用暴力、欺骗或者其他方法，致使他人受到完全的强制而丧失了意志自由与行动自由，从而实施犯罪的，实为利用他人缺乏意识与意志支配的行为实行犯罪，也系间接正犯的一种情形。

2. 教唆犯的教唆故意

教唆故意，是指教唆者对于教唆行为引起被教唆人产生犯罪决意，具有必然或可能认识并持有希望或放任的态度。

教唆故意形式：教唆故意形式通常为直接故意但也可是间接故意。对于教唆故意能否是间接故意，刑法理论存在肯定论与否定论的不同见解。我国学者通常将教唆犯分为共犯教唆犯与独立教唆犯两种情形①，其中共犯教唆犯可以是间接故意，而独立教唆犯只能是直接故意。本书肯定间接故意的教唆犯。教唆犯依存于共同犯罪，教唆犯的成立至少要达至被教唆人形成具体犯罪决意。在间接故意教唆的场合，教唆者放任被教唆人产生犯罪决意，结果被教唆人产生犯罪决意。

教唆故意内容：教唆故意的内容指向产生被教唆者的犯罪决意。对于教唆故意的内容所指，刑法理论存在"产生犯罪决意说"与"产生犯罪决意并正犯行为危害结果说"等不同见解。本书肯定，只要对于产生被教唆人犯罪决意存在知与欲，即可成立教唆故意。教唆犯具有较大的主观恶性与客观危险，行为人对于产生他人犯罪决意存在知与欲，则充分表现出其教唆行为的主观恶性与客观危险；就犯罪构成而论，教唆犯系修正的犯罪构成，其犯罪构成的事实特征并不如同分则具体犯罪的事实特征，从而在教唆故意内容上无须强调对正犯行为结果的知与欲。**引起他人产生犯罪决意**，应当理解为教唆者认识到他人尚无犯罪故意，从而引起他人产生犯罪决意。这是促使他人犯罪决意的从无到有。倘若明知他人犯罪决意尚存动摇，而坚定与强化其犯罪意志，应当视作教唆犯；倘若明知他人已有犯罪决意，而坚定与强化其犯罪意志，则应当视作帮助犯；倘若并不知道他人已有犯罪决意，从而进行教唆的，仍可构成教唆犯。

---

① 称我国《刑法》第 29 条第 1 款的教唆犯为共犯教唆犯，该条第 2 款的教唆犯为独立教唆犯。

3. 教唆犯的教唆行为

教唆行为形式:教唆行为形式表现为采取各种方法与作为方式触及被教唆人。(1)方法多样:包括言词教唆与动作教唆,明示教唆与暗示教唆,命令、威胁[①]、利诱、激将、哀求教唆等等。采取完全外力强制的方式迫使他人决意犯罪的,系间接正犯。(2)只能作为:教唆行为只能是作为。教唆的实质并不是没有履行特定的法律义务,而是实施了刑法所禁止的行为;并且,教唆也只能以积极的行为实施,消极行为无从教唆。(3)触及被教唆人:教唆行为应当触及被教唆人。教唆是教唆者与被教唆人之间的一种互动,只有教唆行为到达被教唆人才能对被教唆人产生影响,否则无从成立教唆犯。

教唆行为内容:教唆行为内容表现为实施促使他人产生犯意的一系列活动。教唆行为不同于实行行为。实行行为,是指刑法分则所规定基本犯罪构成之客观要件的行为要素,表述了具体犯罪的构成要件行为的基本特征。与此不同,教唆行为属于修正犯罪构成的行为要素,由刑法总则规定,表现为促使他人产生具体犯意的一系列活动。教唆者教唆后又参与了实行行为,则按照吸收原则,成立共同正犯。同时,教唆行为的造意特征,也使其有别于帮助行为。

4. 教唆犯的教唆效果

教唆效果程度:教唆效果程度应为教唆致使他人产生犯罪决意。对于教唆效果,刑法理论存在决意说与实行说的不同见解。本书立于决意说的立场。只要教唆者引起被教唆人产生犯罪决意,而被教唆人的犯罪决意是由教唆者的教唆行为所产生的,即可成立教唆犯。反之,教唆者实施了教唆行为,但是并没有促使被教唆人产生犯罪决意,不成立教唆犯;被教唆人产生了犯罪决意,但是并不是教唆者教唆行为的作用使然,也不成立教唆犯。

教唆效果表现:教唆效果表现可谓他人产生教唆内容的决意以及其后可能的各种付诸实施。具体地说,着眼于"产生犯罪决意"或者"达至犯罪实行",教唆可能导致被教唆人出现如下情形:A. 拒绝接受教唆,犯罪决意尚未形成;B. 接受教唆并产生犯罪决意,但未达至任何进一步的行为;C. 产生犯罪决意,并且进行犯罪预备而未达至犯罪着手;D. 产生犯罪决意,并且着手实行犯罪而未达至犯罪完成;E. 产生犯罪决意,并且实行犯罪达至犯罪完成;F. 产生犯罪决意,并且达至犯罪完成,又超出教唆范围实施了他罪;G. 意图领会错误,产生非教唆的犯罪决意。对于上述七种情形,就**教唆犯成立**而言,B、C、D、E、F 均成立教唆犯,A、G 不构成共同犯罪、教唆者不成立教唆犯;从**承担后果**来看,A、G 教唆者承担单独犯罪预备的法律后果,G 被教唆人对自己所实施的犯罪承担单独犯罪的法律后果,F 被教唆人对**实行过限**[②]的犯罪承担单独犯罪的法律后果,B、C、D、E、F 教唆者对自己教唆的犯罪承担教唆犯的法律后果。

---

① 并非完全的外力强制。
② **实行过限**,是指被教唆人不仅实施了被教唆的罪,而且超出这一范围实施了其他犯罪。

（三）教唆犯成立要件所涉特别情形

1. 教唆故意所涉特别情形

未遂教唆：又称对未遂犯的教唆，是指教唆者在明确被教唆人的实行行为只能以未遂告终的情况下，而进行的教唆。未遂教唆的形态之一是陷害教唆。**陷害教唆**，又称陷阱教唆，是指出于使他人作为犯人受到刑罚处罚的意图，教唆他人实施只能以未遂告终的犯罪的教唆。未遂教唆不同于教唆未遂。**教唆未遂**，是指教唆者教唆他人犯罪，而被教唆人着手实行后由于意志以外的原因未能完成犯罪。对于未遂的教唆**是否成立教唆犯**，刑法理论存在肯定论与否定论的不同见解。本书肯定未遂教唆的教唆犯成立。立于"产生犯罪决意说"之教唆故意内容的界说，未遂教唆的教唆者仍有产生他人犯罪意图的教唆故意，其产生他人犯罪意图的行为仍不失为教唆；而未遂教唆产生了他人的犯罪意图，促使他人去实施了犯罪，尽管教唆者明知正犯只能以未遂而告终，但这并不否认正犯行为仍有法益侵害的现实危险；尤其是，未遂教唆这种引起他人产生犯罪意图的主观意图与客观行为本身，就具有现实的法益侵害的特质。在未遂教唆的场合，明知正犯只能以未遂告终而予教唆，可谓是对未遂犯的教唆。

共同教唆：是指两个以上的行为人，基于教唆的意思联络，共同引起他人产生具体犯罪决意或者达至具体犯罪实行的情况。共同教唆与各自单独教唆不同。**各自单独教唆**，是指两个以上的行为人，在缺乏意思联络的情况下，各自对被教唆人进行教唆。各自单独教唆的各教唆者，应当分别就其本身的行为承担法律后果。共同教唆可以表现为两种情形：共同实行教唆，即各教唆者均分担了教唆行为；共谋共同教唆，即两个以上的行为人共同策划教唆，但是只有其中部分共谋者直接分担了教唆行为。在**共同实行教唆**的场合，各教唆者成立共同教唆犯。具体地说，**共同教唆犯**，是指两个以上的行为人，基于教唆的意思联络，共同引起他人产生具体犯罪决意或者达至具体犯罪实行，并且各教唆者均分担了教唆行为，各教唆者均为教唆犯，承担教唆犯的法律后果。共同教唆犯包括相继教唆犯的情形。所谓**相继教唆犯**，是指两个以上的行为人，基于教唆的意思联络，先后各别对被教唆人进行数次教唆。不过，在**共谋共同教唆**的场合，是否存在共谋共同教唆犯则不无疑问。所谓**共谋共同教唆犯**，是指两人以上共同策划教唆，尽管只有其中部分共谋者直接分担了教唆行为，但是没有直接分担教唆行为的共谋者也被视为教唆犯，承担教唆犯的法律后果。对于共谋共同教唆犯，刑法理论存在肯定论与否定论的不同见解。本书认为，教唆犯的构成属性与正犯的构成属性存在区别。共谋行为并非正犯行为，从而共谋共同正犯的概念不应得以肯定；然而共谋行为是否也可表现为一种教唆行为，则值得进一步推敲。

另外，还有**过失教唆**、**教唆过失犯**、**片面教唆犯**、**间接教唆**等议题。对此，本书主张，否定过失教唆、教唆过失犯的教唆犯成立，否定片面教唆犯的存在，间接教唆具有可罚性，而再间接教唆以及连锁性教唆的可罚性应予斟酌。

2. 教唆行为所涉特别情形

教唆预备罪与阴谋罪：是指引起他人产生犯罪决意实施预备犯罪或阴谋犯罪的情况。对于教唆预备罪与阴谋罪是否成立教唆犯，也存在着肯定说与否定说的对立见解。本书肯定教唆预备罪与阴谋罪之教唆犯的成立。基于各国刑法立法模式的差异,对于预备行为与阴谋行为的法律规定有所不同。我国《刑法》采纳处罚预备犯的积极说的立法模式,由此预备行为与阴谋行为按照总则的规定可以构成预备犯。此外,《刑法》分则还将一些预备行为与阴谋行为提升为相应具体犯罪的实行行为予以规定。而采纳处罚预备犯消极说之立法模式的一些国家,刑法总则对于预备犯不予全面设置,而在分则中针对某些特定的预备行为与阴谋行为设置了预备罪与阴谋罪。然而,不论怎样,教唆以引起他人产生犯罪决意为底线,预备罪与阴谋罪不失为犯罪。教唆他人犯预备罪与阴谋罪引起他人产生犯罪决意的,成立教唆犯。

教唆与传授犯罪方法:教唆行为不同于传授犯罪方法。教唆只是引起他人产生犯罪决意或者引起他人产生犯罪决意并达至犯罪实行,而不包括传授犯罪方法,如果行为人既教唆,又传授犯罪方法,由于我国《刑法》规定了传授犯罪方法罪,则可能出现以下情形:(1)牵连犯:教唆他人犯甲罪,并且又传授其犯甲罪的犯罪方法,属于牵连犯,按照处理牵连犯的原则,从一重罪从重处罚。(2)数罪并罚:教唆他人犯甲罪,并且又传授其犯乙罪的犯罪方法,构成数罪,按照所教唆的罪与传授犯罪方法罪,实行数罪并罚。(3)数罪并罚:对不同的对象,分别实施了教唆行为与传授犯罪方法行为,无论教唆犯罪的内容与传授犯罪方法的内容是否属于同一犯罪性质,均构成数罪,实行数罪并罚。(4)数罪并罚:传授他人犯甲罪的犯罪方法,又与此人共同实施甲罪,构成数罪,按照传授犯罪方法罪与所实施的甲罪,实行数罪并罚。

另外,还有**教唆不作为犯**等议题。对此,本书主张,教唆不作为犯依然可以成立教唆犯。

3. 教唆效果所涉特别情形

独立教唆犯:一般而论,是指独立于正犯的教唆犯,也即在正犯实行缺席的场合,教唆犯依然成立。基于我国《刑法》的规定,我国学者称第29条第1款之教唆犯为共犯教唆犯,称该条第2款之教唆犯为独立教唆犯。我国台湾学者则主张,对于被教唆者未因教唆而产生决意,或者虽已一度决意而又断念于犯罪的,教唆者均应成立教唆未遂犯。① 国外刑法理论,对于独立教唆犯存在教唆行为说与犯罪决意说的不同见解。教唆行为说认为,独立教唆犯是指只要实施了教唆行为,不论被教唆人是否产生决意与实行,即可成立教唆犯的教唆犯;犯罪决意说认为,独立教唆犯是指教唆行为致使被教唆者产生了犯罪决意,而无须进而作出实行即可成立教唆犯的教唆犯。**本书**立于共犯从属性为原则共犯独立性为例外的立场,主张对于独立教唆犯,仅在他人接受教唆的程度上予以承认。具体地说,"共犯独立性的例外"主要针对教唆犯的独立成立与教唆行为的独立成罪。被教唆人虽接受教唆但尚未着手实行,此时虽然正犯缺席,但是教唆行为已经引起了被教唆人的犯罪意图,从教唆犯引起他人产生具体犯罪决意这一特征来看,教唆犯依然可以成立,从而适用教唆犯的处罚原则;被教唆人拒绝接受教唆,共同犯罪并不成立,在这一场合,教唆行为可以视作单方的犯罪要

---

① 韩忠谟著:《刑法原理》,中国政法大学出版社2002年版,第205页。

约,教唆犯不能成立,但教唆行为可以独立构成单独犯罪的预备形态,并且按照其所教唆的具体犯罪的法定刑处罚。因此,独立教唆犯的成立,以被教唆人接受教唆产生犯罪决意为底线。教唆犯是狭义共犯之一,没有共同犯罪无所谓教唆犯。教唆者实施教唆,由此被教唆人接受教唆,表明教唆者与被教唆人达成犯罪的合意,从而构成共同犯罪。

教唆未遂:教唆未遂,分别共犯从属性与共犯独立性的立场,而有不同的含义。立于共犯从属性,教唆未遂是指教唆者实施了教唆行为,引起被教唆人产生犯罪决意并实行,但是被教唆人的实行却以未遂告终的情形;立于共犯独立性,教唆未遂是指教唆者实施了教唆行为,但是并未引起被教唆人产生犯罪决意、达至犯罪实行或者完成犯罪的情形。对此,本书的立场是,共犯从属性系原则,共犯独立性为例外;帮助犯绝对从属于正犯,教唆犯相对从属于正犯。由此,教唆未遂仅指下列情形(3):(1)否定教唆犯成立:被教唆人拒绝接受教唆(A);被教唆人错误领会意图,实施其他犯罪(G)。(2)教唆犯·预备犯:教唆产生犯罪决意,但被教唆人并无预备或着手(B);教唆产生犯罪决意,但被教唆人仅有预备而无着手(C)。(3)教唆犯·未遂犯:教唆产生犯罪决意,正犯着手实行但未能完成犯罪(D)。(4)教唆犯·既遂犯:教唆产生犯罪决意,正犯完成犯罪(E);教唆产生犯罪决意,正犯完成犯罪又实施其他犯罪(F)[①]。

(四)教唆犯的处罚

教唆犯从属于正犯,应当按照正犯所实施的具体犯罪定罪,即按照所教唆的具体犯罪定罪。没有引起被教唆人犯罪决意的教唆者,不构成教唆犯,对于教唆者按照所教唆的具体犯罪的单独犯罪的预备犯处理。

对于教唆犯应当适用与正犯罪行相应的法定刑;在教唆者单独成立犯罪的场合,对于教唆者在其所教唆的具体犯罪的法定刑框架内,适用预备犯的处罚原则。

对于教唆犯的处罚原则,各国刑法的规定不尽相同。包括:对于教唆犯处以正犯同样的刑罚、分别不同的教唆效果而处罚有所差异、对于教唆未遂按照未遂犯处罚、教唆未成年等特殊对象的从重处罚、教唆帮助犯按照帮助犯处罚、教唆轻罪的不予处罚。

五、帮助犯

(一)帮助犯的概念与成立要件

帮助犯,又称从犯,属于狭义共犯的一种,是指在共同犯罪中为他人实行犯罪创造条件,使犯罪更易完成的共同犯罪人。帮助犯的成立应具有帮助犯的帮助故意、帮助犯的帮助行为和帮助犯的帮助对象三个要件。

1. 帮助犯的帮助故意

刑法理论通常认为,帮助故意的形式,既可以是直接故意,也可是间接故意。在帮助故意问题上,存在较大争议的是帮助故意的内容指向,对此存在"正犯行为与帮助行为说"与"行为并正犯结果说"的不同见解。本书立于犯罪共同说与共犯从属性

---

① 教唆者对其他犯罪不负责任。本题括号内之"A"、"B"等,系对照上文"教唆犯的教唆效果"所列情形。

的立场,主张帮助故意的成立仅须帮助者对正犯实行行为与自己帮助行为具有知与欲即可。**帮助故意**,是指帮助者对于自己为正犯犯罪实行创造条件以使犯罪更易完成的帮助行为,以及正犯的构成要件行为,具有必然或可能认识以及希望或放任意志的心理态度。与教唆犯一样,帮助犯也系共犯的一种类型。帮助犯系修正的犯罪构成,其构成要件行为是帮助行为,而帮助是对正犯实行的帮助,由此帮助犯的犯罪构成的事实特征并不如同分则具体犯罪的事实特征,从而在帮助故意内容上无须强调对正犯行为结果的知与欲。

2. 帮助犯的帮助行为

表现为采取各种方法并包括作为与不作为方式。**(1) 方法多样**:包括言词与动作,公开与暗中,精神(心理、无形)与物质(物理、有形),等等。**精神帮助不同于教唆**。教唆是引起他人产生犯罪决意,即促使他人的犯罪决意从无到有;帮助是以被帮助人已有犯罪决意为前提的,由此精神帮助可以表现为坚定与强化他人已有的犯罪决意,但不能是引起他人的犯罪决意。**(2) 可以不作为**:帮助行为可以表现为不作为。所谓**不作为帮助**,是指对于他人的犯罪行为,帮助人负有必须履行某种积极行为的特定法律义务,在能够履行的情况下而不履行,从而为他人实行犯罪创造条件使犯罪更易完成的情况。例如,银行保安(A)与抢劫实行犯(B)达成合意,在B作案时A离开现场。

帮助行为的内容,表现为实施促使犯罪更易完成的各种创造条件的活动。**帮助行为不同于实行行为**。实行行为,是指刑法分则所规定基本犯罪构成之客观要件的行为要素,表述了具体犯罪的构成要件行为的基本特征;与此不同,帮助行为,是指为他人实行犯罪创造条件使犯罪更易完成的活动,其并不是正犯的实行行为所不可缺少的行为。换句话说,帮助行为是实行行为以外的、修正犯罪构成的一种使他人犯罪更易完成的行为,由刑法总则规定。同时,帮助行为的为他人犯罪更易完成而创造条件的特征,也使其有别于引起他人产生具体犯意的教唆行为。

3. 帮助犯的帮助对象

刑法理论对于被帮助人行为特征的表述不一。犯罪实行说强调,帮助犯的成立以被帮助人着手实行为条件,包括正犯既遂与正犯未遂;犯罪实施说强调,帮助犯的成立以被帮助人实施犯罪为条件,包括被帮助人预备、实行或完成犯罪。在此,犯罪实行说坚持了共犯从属性的立场,只有正犯的存在及可罚才有共犯的成立与处罚,而犯罪实施说则坚持了共犯独立性的立场,共犯的成立与处罚无须依附于正犯。

本书主张,共犯从属性为原则,共犯独立性为例外;帮助犯绝对从属于正犯,教唆犯相对从属于正犯。因此,帮助犯的帮助对象应当属于正犯,否则无从成立帮助犯;帮助犯的成立,必须被帮助人至少着手实行行为。倘若被帮助人的构成要件行为停顿于预备阶段,则帮助人与被帮助人可以构成共同犯罪的预备犯,但此时无所谓帮助犯。当然,对于刑法分则所规定的预备罪的帮助,或者对于分则提升实行行为之罪的帮助①,鉴于分则预备罪与提升实行行为之罪的正犯成立,帮助犯也成立。

(二) 帮助犯成立要件所涉特别情形

1. 帮助故意所涉特别情形

片面帮助犯:是指在被帮助人没有意识到自己被帮助的场合,帮助者故意为被帮助人的犯罪实行创造条件使犯罪更易完成的情况。对于片面帮助犯的概念是否应予承认,刑法理论存在肯定说与否定说的不同见解。本书的立场是,对于片面帮助犯可以考虑予以承认。应当说,总体上共犯的成立必须各共同犯罪人之间具有意思联络,对于片面教唆犯不予承认。然而,帮助犯确有其一定的特殊性。事实上,帮助者暗中帮助他人犯罪,而被帮助人对此却没有意识到的情况是存在的。在这一情形下,帮助者的行为理论上具有从属性,现实上也缺乏独立性,对于帮助者按帮助犯处置有其合理性,从而帮助犯的成立,意思联络并非必要。

共同帮助:是指两个以上的行为人,基于帮助的意思联络,共同为他人实行犯罪创造条件使犯罪更易完成的情况。共同帮助与各自单独帮助不同。**各自单独帮助**,是指两个以上的行为人,在缺乏意思联络的情况下,各自对他人的犯罪实行进行帮助。各自单独帮助的各帮助者,应当分别就其本身的行为承担法律后果。共同帮助表现为两种情形:共同实行帮助,即各帮助者均分担了帮助行为;共谋共同帮助,即两个以上的行为人共同策划帮助他人实行犯罪,但是只有其中部分共谋者直接分担了帮助行为。在**共同实行帮助**的场合,各帮助者成立共同帮助犯。具体地说,**共同帮助犯**,是指两个以上的行为人,基于帮助的意思联络,共同为他人实行犯罪创造条件使犯罪更易完成,并且各帮助者均分担了帮助行为,各帮助者均为帮助犯,承担帮助犯的法律后果。不过,在**共谋共同帮助**的场合,是否存在共谋共同帮助犯则不无疑问。所谓**共谋共同帮助犯**,是指两个以上的行为人共同策划帮助他人实行犯罪,但是只有其中部分共谋者直接分担了帮助行为,那么没有直接分担帮助行为的共谋者也被视作帮助犯,承担帮助犯的法律后果。对于共谋共同帮助犯,刑法理论存在肯定论与否定论的不同见解。**本书认为**,共谋者(A 与 B 等)共谋帮助被帮助人(C)实行犯罪,而只是 B 直接分担了帮助行为,在此情形中,A 对于 C 固然并无直接的帮助行为,但不排除 A 对 B 存在共谋而为帮助行为的余地②。问题是,A 对 B 的帮助与 B 对 C 的帮助,这两者能否成立共同帮助。应当说,在同一共同犯罪的框架下,这两者可以成立共同帮助犯,当然这是以 C 的实行为前提的。

另外,还有**未遂帮助**、**过失帮助**、**帮助过失犯**等议题。对此,本书主张,未遂的帮助可以成立帮助犯,过失的帮助不能成立帮助犯,对于帮助过失犯也不应予以承认。

2. 帮助行为所涉特别情形

教唆犯的帮助:又称帮助了教唆犯(B)的人(A),是指帮助者(A)帮助被帮助人(B),被帮助人(B)又教唆他人(C)犯罪的情形。同样,对于教唆犯的帮助犯是否成

---

① 例如,我国《刑法》第 103 条第 2 款所规定的煽动分裂国家罪。

② A 的共谋行为本身具有对 B 的帮助属性,这只是共谋行为可能呈现的一种情形,这与 A 帮助 B 再由 B 帮助 C 的间接帮助并不完全相同。

立,也存在着肯定说与否定说的对立。对此,本书认为,帮助教唆犯可谓一种教唆行为。相对于正犯C而言,B为教唆犯,而A是对B这一教唆犯的帮助,这与帮助犯系对正犯的帮助的本义不尽一致;A对教唆犯B的帮助,相对于正犯C而言,A与B的行为的联系更为密切,从而A的行为也可以视作一种从属性的教唆行为。

帮助阶段:基于帮助行为所处犯罪阶段的不同,理论上将帮助分为事前帮助、事中帮助、事后帮助。**事前帮助**,又称事前的从犯、预备的从犯,是指在正犯实行行为着手之前的预备过程中予以帮助的情况。**事中帮助**,又称时宜的从犯、伴随的从犯,是指在正犯实行行为着手之时或者实行至犯罪结局过程中予以帮助的情况。**事后帮助**,是指在正犯所实施犯罪完成或停止之后予以帮助的情况。① 本书主张,帮助犯之帮助主要是指事中的帮助。立于帮助犯从属于正犯的基本观念,帮助是为正犯实施犯罪创造条件使犯罪更易完成,只有在正犯存在并且犯罪完成或停止之前,加功于正犯的,方可谓帮助。

帮助的因果关系:是指帮助行为应当使正犯的犯罪变得更易完成,也即帮助行为与正犯更易完成犯罪之间的因果关系。帮助的因果关系,也是决定帮助犯是否成立的一个重要因素。对于帮助的因果关系的具体内容,刑法理论存在着不同的观点,包括直接影响说、有关地位说、物理或心理影响说、决定实行说等。对此,**本书认为**,帮助行为是针对正犯犯罪更易完成而言的,且帮助行为并不是正犯的实行行为所不可缺少的行为,由此帮助的因果关系应有其自身的内容:**(1)帮助行为致使更易完成**:帮助的因果关系是帮助行为与正犯更易完成犯罪之间的因果关系。正犯更易完成犯罪,包括正犯更易着手实行犯罪、正犯更易完成实行行为、正犯更易促成特定构成结果发生。**(2)包括物理心理促进作用**:帮助的因果关系是物理的或心理的因果关系。帮助行为并不一定是正犯实行行为的决定性因素。帮助行为对于正犯更易完成犯罪,既可以起物理上的促进作用,也可以起心理上的促进作用。行为人为正犯提供杀人的枪支,尽管正犯并未使用,但是能够给正犯带来心理支持的,也成立帮助。

另外,还有**帮助不作为犯、帮助预备罪与阴谋罪、承继的帮助犯、间接帮助、中立行为的帮助**②等议题。对此,本书主张,帮助不作为犯依然可以成立帮助犯;在预备罪与阴谋罪属于分则规定的具体犯罪的场合,帮助预备罪与阴谋罪与通常意义上的帮助犯无甚区别;而在预备罪与阴谋罪属于刑法总则规定的场合,对于帮助预备罪与阴谋罪应当视作共同预备犯;对于承继的帮助犯应当予以肯定;对于间接帮助可以帮助犯予以处罚,而对再间接帮助及其以上的连锁帮助,就不宜将之纳入帮助犯予以处理;中立行为的帮助,在存在违法阻却或责任阻却的场合不构成帮助犯,反之则可以

---

① 对于事后帮助的确切含义,刑法理论观点不一,争论的焦点在于,行为实行终了之后结果发生之前所进行的帮助是否属于事后帮助。应当说,对"犯罪中"存在广义与狭义的理解,将行为实行终了之后结果发生之前所进行的帮助包容于事中帮助,有其合理性。

② 意指日常生活行为、正常业务交易行为等"外部的中立行为",此等行为主体明知行为系他人犯罪的便利条件,客观上此等行为也成为他人实施犯罪的便利条件。

成立帮助犯。

（三）帮助犯的处罚

从**定罪**来看，帮助犯从属于正犯，应当按照正犯所实施的具体犯罪定罪。就**法定刑**而言，对于帮助犯应当适用相应罪行的正犯的法定刑。

对于帮助犯的**处罚原则**，各国刑法的规定不尽相同。例如，在对帮助犯从宽处罚上，有的国家刑法采用得科原则，有的国家刑法则采用必科原则；也有的国家刑法规定，对于帮助犯与正犯同等对待，予以相同的处罚；有的国家刑法强调，对于帮助轻罪的，不予处罚；也有的国家刑法规定，帮助正犯实行犯罪，又因帮助者而使正犯犯罪没有完成或者没有发生结果的，对于帮助犯不予处罚。

第三节 共犯与身份

一、身份犯与共犯的定罪

身份犯的基本分类是纯正身份犯与不纯正身份犯。本书以犯罪构成之特定身份要素的不同为标准，对于这两种身份犯予以界分。由此，无身份者可以单独进行纯正身份犯的实行行为。对于不纯正身份犯，身份的不同不涉及行为的定性，从而身份犯与共犯的定罪，关键问题是，在有身份者与无身份者共同犯纯正身份犯的场合，身份者与无身份者各应如何定性。

（一）无身份者加功于有身份者实施纯正身份犯的定罪

无身份者与有身份者共同实施犯罪，应当如何确定该共同犯罪的性质，这是身份犯与共犯定罪要解决的核心问题。对此，**共犯独立性**主张身份的个别作用，共犯依自己的身份个别地决定其行为的犯罪性与可罚性。没有身份的人不能成立身份犯，因此无身份者无从成为有身份者的共犯。与此相对，**共犯从属性**主张身份的连带作用，共犯可以依正犯的身份共同地决定其行为的犯罪性与可罚性。没有身份的人单独不能成立身份犯，但是无身份者加功于有身份者可以成为身份犯的共犯。

本书主张，共犯从属性系原则而共犯独立性为例外。由此，肯定身份的连带作用，无身份者加功于有身份者实施纯正身份犯，无身份者从属于有身份者而成立纯正身份犯的共犯。具体地说：无身份者教唆、帮助有身份者实施纯正身份犯，有身份者成立纯正身份犯的正犯，无身份者也成立纯正身份犯的教唆犯或帮助犯；无身份者与有身份者共同实行纯正身份犯，无身份者成立有身份者的共同正犯。有身份者A，教唆或帮助有身份者B，实行B身份之纯正身份犯，按照实行B之纯正身份犯定性，A成立B之纯正身份犯的教唆犯或帮助犯；有身份者A与有身份者B，共同实行纯正身份犯，按照想像竞合犯的处断原则，成立较重之罪的纯正身份犯。

共犯从属性及其身份连带作用的理论学说，也为许多国家刑法立法所采纳。例如，《韩国刑法典》第33条、《奥地利刑法典》第14条等。

（二）有身份者加功于无身份者实施纯正身份犯的定罪

在有身份者加功于无身份者实施纯正身份犯的场合，这一情形将无身份者置于纯正身份犯的正犯地位,对此应当如何处理,刑法理论颇有争议,存在间接正犯说、共同正犯说、教唆犯说的不同见解。其中,间接正犯说为通说。

在这一问题上,本书依然坚持身份连带作用的立场。具体地说,分别两种情形而有两种处理:**(1) 分担实行行为**:有身份者的加功行为,表现为与无身份者共同分担纯正身份犯的实行行为。既然有身份者与无身份者共同分担实行行为,则有身份者与无身份者构成纯正身份犯的共同正犯。**(2) 单纯教唆或帮助**:有身份者的加功行为,表现为单纯的教唆或者帮助无身份者实施纯正的身份犯。对此:A. 在无身份者因无身份而无法实行的场合,正犯缺席。基于教唆犯有限的独立性,在引起无身份者产生纯正身份犯的决意的情况下,有身份者的教唆行为可以成立纯正身份犯的教唆犯,又由身份连带作用,无身份者与有身份者成立纯正身份犯的预备犯;基于帮助犯绝对从属于正犯,由于无身份者无法进行实行行为,从而也就无所谓有身份者的帮助,有身份者与无身份者的行为性质不在纯正身份犯上,如果无身份者的行为构成其他犯罪,则有身份者可以成为该罪的帮助犯。B. 在无身份者虽无身份也可实行的场合,无身份者实施了实行行为,但是仅就无身份者本身而言,其无从单独构成纯正身份犯的正犯。如果有身份者实施教唆行为,基于教唆犯有限的独立性,有身份者可以成立纯正身份犯的教唆犯,又由身份连带作用,无身份者成立纯正身份犯的正犯;如果有身份者实施帮助行为,基于帮助犯的绝对从属性,有身份者不能成立纯正身份犯的帮助犯,无身份者成立普通犯罪的正犯,有身份者成立普通犯罪的帮助犯。

二、身份犯与共犯的处刑

处刑的基本前提是定罪,表现为确定具体法定刑的适用,身份犯与共犯的定罪则提供了具体的法定刑;处刑也涉及法定刑框架内刑罚轻重的选择,表现为具体情节的影响,身份就是重要的具体情节之一。对于前者,上文已有阐释,这里主要考究后者的量刑问题。

对于不纯正身份犯,刑法已针对特定身份具体规定了量刑轻重的处罚原则,需要考究的是,无身份者构成纯正身份犯与有身份者构成普通犯罪时,在具体量刑时应当适用的处罚原则。(1) 在由身份连带作用而致无身份者成立重于普通犯罪的纯正身份犯时,在特殊身份影响量刑的意义上,对于无身份者可以考虑从轻或者减轻处罚。这一情形具体包括:无身份者与有身份者共同实行纯正身份犯的实行行为,无身份者与有身份者构成纯正身份犯的共同正犯;基于有身份者的教唆行为,有身份者成立纯正身份犯的教唆犯,无身份者与有身份者成立纯正身份犯的预备犯;基于有身份者的教唆行为,有身份者成立纯正身份犯的教唆犯,无身份者成立纯正身份犯的正犯。(2) 在由无身份者为正犯而致有身份者成立轻于纯正身份犯的普通犯罪时,在特殊身份影响量刑的意义上,对于有身份者可以考虑从重处罚。具体情形是指,无身份者成立普通犯罪的正犯,有身份者基于帮助行为,而成立普通犯罪的帮助犯。

三、我国《刑法》的共犯与身份

我国《刑法》总则对于共犯与身份的问题,并未作普通性的规定,不过从分则的有关规定以及司法解释来看：在定罪问题上，经历了"强调主犯的犯罪性质"到"强调身份的连带作用"的过程；在量刑问题上，主要表现为"适用相同刑罚或身份者从重"。

1985年最高人民法院、最高人民检察院《关于当前办理经济犯罪案件中具体应用法律的若干问题的解答（试行）》，在对贪污罪与盗窃罪的共犯与身份问题上，采纳了"主犯犯罪性质"的立场。然而，多重主犯的情形、处刑与定罪倒置、其他犯罪人的忽视等，成为刑法理论对这一立场的质疑。于是，其后的《刑法》规定与司法解释，基本以"身份连带作用"予以取代。

许多国家的刑法典，例如《日本刑法典》、《德国刑法典》、《奥地利刑法典》等，均在总则中对共犯与身份问题作了具体规定，而我国《刑法》则未采纳这一立法模式。我国《刑法》分则第382条第3款，针对贪污罪的共犯与身份问题的规定，遵循了身份连带作用的规则。2000年最高人民法院《关于审理贪污、职务侵占案件如何认定共同犯罪几个问题的解释》第1条与第2条，在类似相关问题上的规定，也遵循了身份连带作用的规则。不过，该《解释》第3条对不同有身份者构成不同纯正身份犯这一情形的共同犯罪定罪问题，采纳了主犯犯罪性质的标准。显然，该《解释》第3条的规定，仍然存在上文所述的"主犯犯罪性质"的诸多问题。本书主张，在不同身份者共同实行的场合，正犯具有双重性，按正犯犯罪性质同时成立不同的纯正身份犯，对此可以按照想像竞合犯从一重罪处断。

第四节 共犯与未遂

一、共犯与未遂（障碍未遂）

共同正犯未遂：是指实行行为的共同分担者已经着手犯罪的实行行为，由于意志以外的因素，而未完成犯罪的共同犯罪的停止形态。共同正犯未遂具有如下**特征**：**(1) 共同着手实行行为**：是指实行行为的共同分担者已经开始实施自己所分担的实行行为。对于共同着手实行的界说，刑法理论存在"总的解决并支配行为"的通说。本书基于否定共谋共同正犯的立场，主张以"总体着手与共同实行"为标准确定共同着手实行。这意味着，共同着手实行，是指共同正犯之一开始实施自己所分担的实行行为，由此标志共同正犯实行的启动，而后仅如约实行自己所分担实行行为的人成立正犯，并且可对之分担的实行的着手溯及至上述共同实行的启动。**(2) 共同正犯未能完成犯罪**：是指共同正犯未使犯罪发展到完成的程度，而是犯罪停顿于实行阶段或者实行后续阶段。由于共同犯罪具有整体性，因此共同正犯中只要有一人将所共同实施的具体犯罪的构成要件完成，即可构成整个共同犯罪的完成，其他共同正犯即使只分担了部分实行行为，也对既遂承担法律后果。有的论著提出，在自手犯的场合，共同正犯的既遂应有个别的意义。然而，自手犯的概念本身就颇值推敲。对于行为犯共同正犯的既遂，刑法理论也存在"既遂的整体性"与"既遂的个别性"的不同见解。但是，只要共同正犯的行为并未实质转变犯罪结局，对其处置就不应有个别性。

反之,如果特定构成结果没有发生或者并无共同正犯完成实行行为,则不排除其中的一些正犯可能成立中止犯。**(3)未能完成犯罪违背意志**:是指共同正犯着手实行之后之所以未完成犯罪,是由于共同正犯意志以外的原因。这里的"共同正犯意志",是指所有均以完成犯罪为指向的共同正犯者意志,或者是指除回心转意正犯者之外的、坚持完成犯罪的正犯者的意志。这里的"意志以外原因",除了在单独犯罪场合未遂犯成立所现的"主观认识因素、主体客观因素、非主体客观因素"之外,回心转意正犯制止犯罪的因素,相对于坚持完成犯罪的正犯来说,也属于意志以外原因。

教唆犯未遂:基于共犯从属性与共犯独立性的不同立场,对于教唆犯未遂有着不同的界说。本书原则上坚持共犯从属性的立场。**教唆犯未遂**,又称教唆未遂、教唆犯未遂犯,是指教唆者故意引起被教唆人产生具体犯罪决意并着手具体犯罪的实行行为,由于被教唆人意志以外的因素而未完成犯罪的共同犯罪停止形态。教唆未遂是在考究被唆人行为形态的基础上对教唆者行为形态的认定。正犯未遂则教唆犯从属于正犯也成立未遂。

帮助犯未遂:基于共犯从属性与共犯独立性的不同立场,对于帮助犯未遂也有着不同的界说。本书基于共犯从属性的原则立场。**帮助犯未遂**,又称帮助未遂、帮助犯未遂犯,是指帮助者为被帮助人实施犯罪创造条件以使犯罪更易完成,被帮助人着手具体犯罪的实行,由于意志以外的因素而未完成犯罪的共同犯罪停止形态。帮助未遂也是在考究被帮助人行为形态的基础上对帮助者行为形态的认定。正犯未遂则帮助犯从属于正犯也成立未遂。

二、共犯与中止(中止未遂)

共同正犯中止:又称共同正犯中止犯,是指实行行为的共同分担者已经着手实行犯罪的实行行为,基于自己意志的因素,阻止其他共同正犯的犯罪实行或者避免危害结果的发生,从而未完成犯罪的共同犯罪的停止形态。这是根据我国《刑法》对中止犯的规定,结合共同犯罪的基本特征,对共同正犯中止所作的界说。共同正犯中止具有如下**特征**:**(1)共同着手犯罪实行行为**:这里的"共同着手",是指行为人已经着手自己所分担的实行行为。行为人承诺分担实行行为,但是并未及于实行,不构成正犯,也无所谓共同正犯中止。**(2)共同正犯未能完成犯罪**:共同正犯未能完成犯罪,依然强调中止的客观有效性。不过,在共同正犯的场合,中止的有效性不仅表现为行为人自动放弃犯罪,而且无论是未实行终了还是已实行终了,行为人均须采取积极的行动,阻止犯罪的实行(未实行终了的中止)或者避免犯罪结果的发生(实行终了的中止)。**(3)未能完成犯罪基于正犯意志**:是指共同正犯之所以未能完成犯罪,是由于共同正犯自己意志的原因。这里的"共同正犯意志",是指所有均以阻止与避免犯罪完成为指向的共同正犯者意志,或者是指除坚持完成犯罪正犯者之外的、以阻止与避免犯罪完成为指向的部分正犯者的意志。这里的"自己意志原因",是指并非超主观意愿的因素,而是共同正犯的主观意愿的因素。共同正犯的主观意愿包括认识与意志两个要素。

教唆犯中止:又称教唆中止、教唆犯中止犯,是指教唆者故意引起被教唆人产生具体犯罪决意或者产生具体犯罪决意并达至具体犯罪实行,在被教唆人犯罪过程中,教唆者基于自己意志的因素,阻止被教唆人的犯罪实施或者避免危害结果的发生,从而使共同犯罪未完成的犯罪停止形态。教唆犯中止是在考究正犯行为形态的基础上对教唆犯教唆行为的犯罪停止形态的认定。因此,教唆犯中止只能存在于正犯未完成犯罪的场合。但是,与教唆未遂取决于正犯未遂不同,教唆中止须有教唆者的中止行为与中止意图,由此正犯中止未必教唆犯中止,而教唆中止也未必正犯中止。分别不同情况,教唆者可以成立预备阶段中止、实行阶段中止、实行后续阶段中止。

帮助犯中止:又称帮助中止、帮助犯中止犯,是指帮助者为被帮助人实施犯罪创造条件以使犯罪更易完成,在被帮助人犯罪过程中,帮助者基于自己意志的因素,阻止被帮助人的犯罪实施或者避免危害结果的发生,从而使共同犯罪未完成的犯罪停止形态。帮助犯中止也是在考究被帮助人行为形态的基础上对帮助犯帮助行为的犯罪停止形态的认定。不过,由于帮助中止须有中止行为与中止意图,从而帮助者与被帮助者未必呈现同一停止形态。具体而论,被帮助人未遂,帮助者可能未遂或中止;被帮助人中止,帮助者可能未遂或中止;被帮助人既遂,帮助者既遂。

三、脱离共犯关系

脱离共犯关系,又称共犯关系脱离,是指共同犯罪人中的一部分,基于自己的意志,断绝与共同犯罪的关系,而共同犯罪的其他人继续将共同犯罪完成的情形。脱离共犯关系具有如下**特征**:(1)脱离主体:共同犯罪人中的一部分共同犯罪人。(2)脱离心态:基于脱离者自己的意志。(3)脱离时间:可以是在共同犯罪各个阶段的脱离。(4)脱离本质:脱离者向其他共同犯罪人表明自己的脱离态度,并进一步采取行动消除此前自己对共同犯罪的影响。(5)犯罪结局:脱离者脱离后其他共同犯罪人继续将共同犯罪完成。(6)脱离处罚:脱离者仅对脱离前的行为承担责任,对于脱离后其他共同犯罪人的行为与结果不承担责任。

脱离共同正犯关系:是指共同犯罪中的一部分实行者,基于自己的意志,断绝与共同犯罪的实行关系,而共同犯罪的其他人继续将共同犯罪完成的情形。脱离共同正犯关系是否包括**着手前的脱离**,对此刑法理论存在否定论与肯定论的不同见解。严格来讲,脱离共同正犯关系,前提是脱离者本身属于正犯的一员,而谓之正犯必有实行行为,从这个意义上说,脱离共同正犯关系,是指着手后的脱离。"脱离"不同于"解消"。共同正犯关系解消,是指由于某些共同正犯不再参与共同犯罪,致使共同正犯关系本身解体。着手后脱离具体包括,着手实行后实行终了前的脱离,实行终了后犯罪结果发生前的脱离。对于着手后脱离的**处罚**,刑法理论存在障碍未遂与中止未遂的不同见解。事实上,脱离者尽管作了努力,但是只是自己从共同犯罪中抽身出来,并未有效地制止犯罪完成,成立中止不妥;另一方面,也不能无视脱离者基于自己意志对制止犯罪完成而作的努力。对于着手后的脱离,可以将之作为一个独立的从宽处罚的情节。

脱离教唆犯关系：是指共同犯罪中的教唆者，基于自己的意志，断绝与共同犯罪的教唆关系，而共同犯罪的被教唆人继续将共同犯罪完成的情形。对于脱离教唆犯关系，可以将教唆者的脱离作为独立的从宽情节。脱离教唆犯关系包括，被教唆人着手前的脱离与被教唆人着手后的脱离。**被教唆人着手前的脱离**，是指教唆者教唆他人犯罪并使他人产生犯罪决意，在被教唆人着手实行以前，教唆者出于自己的意志，向被教唆人表明自己脱离的态度，消除被教唆人的犯罪决意，其后被教唆人又产生犯罪决意并完成犯罪。**被教唆人着手后的脱离**，是指教唆者教唆他人犯罪并使他人产生犯罪决意，被教唆人着手以后完成犯罪以前，教唆者出于自己的意志，向被教唆人表明自己脱离的态度，并且采取行动阻止被教唆人的实行，或者在被教唆人实行终了后避免犯罪结果发生，其后被教唆人完成犯罪。

　　脱离帮助犯关系：是指共同犯罪中的帮助者，基于自己的意志，断绝与共同犯罪的帮助关系，而共同犯罪的被帮助人继续将共同犯罪完成的情形。脱离帮助犯关系，主要是指**被帮助人着手后的脱离**，即帮助者为他人实行犯罪创造条件使犯罪更易完成，在被帮助人着手实行以后完成犯罪以前，帮助者出于自己的意志，向被帮助人表明自己脱离的态度，并且采取行动阻止被帮助人的实行，或者在被帮助人实行终了后避免犯罪结果发生，其后被帮助人完成犯罪。对于脱离帮助犯关系的处罚，依然存在着障碍未遂与中止未遂的不同见解。对此本书的立场是，可以将帮助者的脱离作为独立的从宽情节。

　　单纯共谋者的脱离：是指共谋者承诺承担实行行为，或者承诺为他人的实行提供帮助，其后在正犯着手实行之前，宣称退出共同犯罪，并消除自己对推进共同犯罪的影响。包括承诺实行的脱离与承诺帮助的脱离。**承诺实行的脱离**，是指行为人承诺分担实行行为，其后在其他共同犯罪人着手实行之前，出于自己的意志，向其他共同犯罪人表明自己脱离的态度，其他共同犯罪人继续将犯罪完成。**承诺帮助的脱离**，是指行为人承诺为他人实行犯罪创造条件使犯罪更易完成，其后在其他共同犯罪人着手实行以前，出于自己的意志，向其他共同犯罪人表明自己脱离的态度，其他共同犯罪人继续将犯罪完成。对于共谋者脱离的**处罚**，有的学者主张将之视作预备中止。然而，单纯共谋者的脱离，情况较为复杂，共谋者人数的多寡、脱离者在共谋中的地位等，都将影响脱离对于共同犯罪的作用。虽然共谋者在着手前脱离，但是先前共同犯罪依然延续并完成。由此，仍将单纯共谋者的脱离作为独立的从宽情节为宜。

第五节　我国刑法的共同犯罪

一、共同犯罪的概念与成立要件

（一）共同犯罪的概念

　　我国《刑法》第25条对共同犯罪的概念作了明确规定，这一规定表明，我国《刑法》在共同犯罪的界说上坚持的是犯罪共同说的理论立场。由此，结合共同犯罪应有的主体、行为等特征,兹对我国共同犯罪作如下界说:**共同犯罪**,是指两个以上的行为主体,基于共同的故意,实施共同的构成要件行为,实现同一具体犯罪构成的犯罪形态。

(二) 共同犯罪的成立要件

构成共同犯罪必须同时具备以下三项要件:共同犯罪的主体要件;共同犯罪的主观要件;共同犯罪的客观要件。

1. 共同犯罪的主体要件

共同犯罪的主体要件,强调共同犯罪须由两个以上符合犯罪构成的主体资格的行为主体构成。这一行为主体包括具有主体资格的自然人与单位。两个以上的行为主体构成共同犯罪的,大致存在以下三种情形:两个以上的自然人主体构成共同犯罪;两个以上的单位主体构成共同犯罪;自然人主体与单位主体构成共同犯罪。

2. 共同犯罪的主观要件

共同犯罪的主观要件,强调共同犯罪的成立必须是共同犯罪的行为主体具有共同的故意。**共同故意**,是指各共同犯罪人对于其共同行为的危害结果,具有必然性或可能性的认识并持希望或放任的态度。故意知与欲所指内容系"行为的危害结果",对此本书在故意主观心态内容中已有阐释。相对于单独故意而言,共同故意的典型特征在于故意的"共同性"。这种共同性,是指各个共同犯罪人的故意,在一定形式的关联下,大致构成一个整体,呈整合状态。共同故意包括共同认识与共同意志的要素。

共同认识:(1) 主体多人:共同犯罪人认识到不是自己一人在单独实施犯罪,而是与他人一起在实施同一的犯罪。从而,同时犯不是共同犯罪。**(2) 犯罪同一**:共同犯罪人认识到自己与其他人所实施的行为,属于同一性质的犯罪。在共犯界说上,本书坚持完全犯罪共同说的基本立场。由此,甲以杀人的故意、乙以伤害的故意,同时对丙实施侵害,不能成立共同故意。**(3) 程度包容**:共同犯罪人对于危害结果发生的认识程度,既可以是可能性认识,也可以是必然性认识,还可以是部分共同犯罪人持可能性认识,部分共同犯罪人持必然性认识。例如,甲与乙共同对丙实施杀害行为,对于丙的死亡结果,甲持可能性认识,乙持必然性认识,甲、乙可以构成共同故意。

共同意志:(1) 主体多人:共同犯罪人意图的不是自己一人单独实施犯罪,而是希望或者放任自己与他人一起实施同一犯罪。**(2) 犯罪同一**:共同犯罪人希望或者放任自己与他人所实施的行为,属于同一性质的犯罪。**(3) 程度包容**:共同犯罪人对于危害结果发生的取向,既可以是均持希望态度,也可以是均持放任态度,还可以是部分共同犯罪人持希望态度,部分共同犯罪人持放任态度。例如,甲与乙共同对丙实施杀害行为,对于丙的死亡结果,甲持希望态度,乙持放任态度,甲、乙可以构成共同故意。

共同故意具有共同犯罪人之间的**意思联络**的意义。这种意思联络包括共同犯罪人之间就同一犯罪故意的串联。例如,甲与乙进行犯罪故意的沟通,乙又与丙进行同一犯罪故意的沟通,甲、乙、丙构成共同故意。

3. 共同犯罪的客观要件

共同犯罪的客观要件,强调共同犯罪的成立必须是共同犯罪的行为主体具有共同的构成要件行为。**共同的构成要件行为**,是指刑法所规定的,各共同犯罪人在意识与意志支配下的,危害社会的身体动与静的活动整体。同样,相对于单独构成要件行为而言,共同构成要件行为的典型特征在于构成要件行为的"**共同性**"。这种共同性,是指各个共同犯罪人的构成要件行为,在一定形式的关联下,大致构成一个整体,呈整合状态。共同行为包括构成要件行为的共同性与特定构成结果的共同性的要素。

构成要件行为的共同性:(1) **行为整合**:各个共同犯罪人的行为相互联系、彼此配合,形成一个统一的犯罪活动整体。单独犯罪,构成要件行为由一人单独完成,而共同犯罪,构成要件行为由各个共同犯罪人协同完成。各个共同犯罪人的行为均是共同构成要件行为的组成部分,共同构成要件行为由各个共同犯罪人的行为贯通融合而成。(2) **性质一致**:各个共同犯罪人的行为均属同一具体犯罪的构成要件行为。这也是基于完全犯罪共同说的基本立场。因此,甲的杀人行为与乙的伤害行为,尽管同时针对丙而实施,但是不能成立共同构成要件行为。(3) **行为形式**:各个共同犯罪人的行为形式,既可以是均为作为,也可以是均为不作为,还可以是部分作为部分不作为。(4) **行为阶段**:各个共同犯罪人所实施的行为在犯罪阶段上的表现,既可以是均为预备行为,也可以是均为实行行为,还可以是部分共同犯罪人实施预备行为,部分共同犯罪人实施实行行为。(5) **行为分工**:各个共同犯罪人的行为,可以存在一定的分工,也可以并无分工而共同实行。在存在分工的情况下,共同犯罪人的行为可能各自表现为组织行为、教唆行为、帮助行为、实行行为。

特定构成结果的共同性:在发生特定构成结果的场合,需要考究共同犯罪的特定构成结果的产生。(1) **结果产生**:共同犯罪的特定构成结果,是指由共同构成要件行为所造成的,刑法分则予以规定的作为犯罪本体构成之事实要素的损害结果。其由各个共同犯罪人的行为协力配合所形成。(2) **因果关系**:每个共同犯罪人的构成要件行为与共同犯罪的特定构成结果之间均有着因果关系。对于共同犯罪特定构成结果的产生,每个共同犯罪人的行为均是必要的、不可缺少的。

(三) 共同犯罪的具体认定

基于共同犯罪理论的知识平台,根据我国《刑法》的具体规定,构成我国刑法共同犯罪应当同时具备三项要件,缺少其中的一项要件即不能成立共同犯罪。由此,下列情形不属于共同犯罪。

共同过失行为:是指二人以上基于意思联络,在过失心态的支配下共同造成了危害结果的发生。共同过失行为具有如下特征:二人以上的行为主体;具有意思联络的共同过失心态;对于危害结果的共同过失行为。其中,共同过失的**意思联络**,是指各行为人不仅认识到或者应当认识到自己的行为可能导致危害结果的发生,而且认识到或者应当认识到他人的行为对于危害结果的发生具有共同的指向[①],其中认识到危

[①] 即认识到或应当认识到他人行为与自己行为相互协同而增加危害结果发生的可能性。

害结果发生可能性的行为人,对于危害结果的发生不仅自己疏于避免,而且对于他人的疏于避免也不予注意。就各国的**立法状况**而言,有的国家刑法典明确强调共同犯罪只能由共同故意构成;有的国家刑法典强调教唆犯与帮助犯的共同故意构成;有的国家刑法典虽未明确共同犯罪构成的共同故意,但是共同故意而为共同犯罪却是刑法理论的主流见解。当然,也有某些国家或地区的刑法典肯定过失的共同正犯。我国《刑法》第25条明确否定了共同过失的共同犯罪。

故意行为与无罪过行为:一方故意犯罪,他方与故意犯罪者存在着协同的行为,但是主观上既无故意也无过失,尽管这种协同行为具有行为的共同性,但是由于主观上缺乏意思联络,因而不构成共同犯罪。

故意行为与过失行为:一方故意犯罪,他方过失犯罪,由于两者缺乏共同的犯罪故意,因而不构成共同犯罪。

超出共同故意的犯罪:共同犯罪人中,部分共同犯罪人超出共同犯罪故意之外又实施了其他犯罪行为,则超出共同犯罪故意之外的犯罪不属于原先的共同犯罪。

同时实施故意内容不同的行为:各个共同犯罪人均以故意心态实施着协同的侵害行为,但是这种故意心态的性质内容并不一致而缺乏主观上的意思联络,因而不构成共同犯罪。

缺乏意思联络的相同故意行为:可谓同时犯,是指二人以上以同一犯罪故意同时在同一场所实施同一性质的行为,但是相互之间既没有主观的意思联络,也缺乏行为的贯通整合,从而不构成共同犯罪。

事先无通谋的窝藏、包庇行为:是指在他人实施犯罪行为之前并不存在共同谋议,而是在他人实施犯罪行为之后给予窝藏、包庇,由于缺乏共同的犯罪故意,这种事后的窝藏、包庇行为与他人的犯罪行为不构成共同犯罪,可以单独构成我国《刑法》第310条规定的窝藏、包庇罪。

二、共同犯罪人的分类

刑法理论对于我国《刑法》共同犯罪人的分类模式,存在"作用分类说"、"以作用为主兼顾分工分类说"、"以分工为基本以作用为特殊分类说"的不同见解。本书认为,对于我国《刑法》共同犯罪人分类的认识,应当以刑法条文的明确表述为实证依据。我国刑法条文,对主犯、从犯、胁迫犯[①]、教唆犯的具体概念与处罚原则作了明确的规定。立法上指明主犯、从犯、胁迫犯、教唆犯的共同犯罪人的种类,并不意味着这四种类别就处于同一个逻辑标准之下。事实上,我国《刑法》采用多元的分类要素,而后以不同要素分层组合的形式,对各类共同犯罪人的具体概念作了界分;我国《刑法》基于罪数、罪量、犯罪情节的不同视角,分别对有关共犯的处罚原则作了规定。

(一) 分工、作用、动因的多元分类要素

我国《刑法》分别采用分工、作用、动因的多元分类要素,对共同犯罪人的具体概

[①] 胁迫犯,是指刑法所规定的被胁迫参加犯罪的共同犯罪人(我国《刑法》第28条)。严格来讲,胁迫犯与胁从犯不是一个概念。

念作了界分。

分工视角：基于这一视角,刑法立法将共同犯罪人分为组织犯、实行犯、教唆犯、帮助犯。这种分类虽然不是直接明了的,但是在我国刑法法条的表述中依然有所体现。《刑法》第 26 条第 1 款的规定"组织、领导犯罪集团进行犯罪活动",这指明了**组织犯**的意义;《刑法》第 27 条第 1 款所谓的"辅助",可以视作"**帮助**"的代称;《刑法》第 29 条第 1 款更是明确地将**教唆犯**界定为"教唆他人犯罪的"。

作用视角：基于这一视角,我国刑法立法将共同犯罪人分为主犯、从犯。**主犯**,是指组织、领导犯罪集团进行犯罪活动的或者在共同犯罪中起主要作用的共同犯罪人(《刑法》第 26 条第 1 款);**从犯**,是指在共同犯罪中起次要或者辅助作用的共同犯罪人(《刑法》第 27 条第 1 款)。

动因视角：基于参与共同犯罪动因的视角,刑法立法规定了胁迫犯。所谓**胁迫犯**,是指因为被胁迫①而参加犯罪的共同犯罪人(我国《刑法》第 28 条)。我国刑法理论通常将胁迫犯称作胁从犯②,并且认为胁从犯是对共犯的作用分类之一。严格来讲,**胁迫犯与胁从犯**不是一个概念。胁从犯具有动因上的"胁迫"与作用上的"次要"双重含义。胁迫犯不一定是从犯,被胁迫参加犯罪的,也可能在犯罪中起主要作用,从而成为主犯。**不过**,我国《刑法》将"被胁迫参加犯罪"规定在前条的"从犯"与后条的"教唆犯"之间,并且规定了比前条"从犯"的处罚原则更宽的处罚原则,由此观之,这里的"被胁迫"可谓是从犯的被胁迫,即胁从犯。**然而**,严格来讲,共同犯罪人的分类是以共同犯罪人共同犯罪行为本身的特征为基础的,而所谓"被胁迫参加犯罪"只是对参与共同犯罪动因的描述,因此从立法论的意义上来说,与其将"胁迫"作为共同犯罪人之类型的因素,不如将其作为对共同犯罪行为的主观危害程度进行说明的犯罪情节。如此,则应当将"被胁迫参加犯罪"的情形置于教唆犯的条文之后,并且对其处罚原则作相应的调整。

(二) 不同要素分层组合的形式

我国《刑法》在共同犯罪人的分类上普遍存在着复层分类的情况:先作用后分工、先分工后作用、先动因后作用或分工。

先作用后分工：首先以作用为标准③,将共同犯罪人分为主犯、从犯,然后又以分工为标准,分别对主犯、从犯进行次层次的分类。**(1) 主犯**:包括组织犯、主要实行犯、主要教唆犯。**A. 组织犯**:又称犯罪集团的首要分子,是指组织、策划、指挥犯罪集团进行具体犯罪活动的共同犯罪人。《刑法》第 26 条第 1 款、第 3 款和第 97 条对此作了规定。**B. 主要实行犯**:是指在共同犯罪中起主要作用的,并且实施刑法分则所规定的具体犯罪实行行为的共同犯罪人。主要实行犯包括聚众犯罪的首要分子以及其他主要实行犯。**聚众犯罪的首要分子**,是指组织、策划、指挥聚众分子进行聚众犯

---

① 所谓胁迫,是指受到一定的精神或物质力量的强制,在一定的意志自由与行动自由下,而被迫参与共同犯罪。行为人完全受到外力的强制而丧失了意志自由与行动自由,从而实施某种行为,不属于这里所指的胁迫。
② 胁从犯的界说,在很大程度上受我国惩办与宽大相结合的刑事政策表述的影响。
③ 具体地说,是指按照各共同犯罪人在共同犯罪中所起的作用的不同为标准。

罪活动的犯罪人。应当注意,聚众的首要分子行为以及聚众行为,均为聚众犯罪实行行为的构成要素,从而聚众首要分子系实行犯。聚众首要分子通常系主犯,这似得多数学者认同,不过也有学者认为,在仅限处罚聚众首要分子的场合,其不成立共同犯罪的主犯。对此,本书认为,在仅限处罚聚众首要分子的场合,不排除首要分子多人而构成共同犯罪,在此场合仍有区分主从的余地。由此,严格而论,只能说聚众首要分子通常系主犯。**C. 主要教唆犯**:是指在共同犯罪中起主要作用的,并且促使他人产生具体犯罪意图的共同犯罪人。**(2) 从犯**:包括帮助犯、次要实行犯、次要教唆犯。**A. 帮助犯**:是指在共同犯罪中为他人实行犯罪创造条件,使犯罪更易完成的共同犯罪人。我国《刑法》第 27 条将"辅助"与"次要"并列为从犯,并适用相同的从宽处罚原则,由此在立法原意上,这里的帮助犯仅为从犯。不过,帮助行为不同于实行行为,也非教唆行为与组织行为,现实中的帮助行为能否在共同犯罪中起主要作用,确是值得推敲的。**B. 次要实行犯**:是指在共同犯罪中起次要作用的,并且实施刑法分则所规定的具体犯罪实行行为的共同犯罪人。**C. 次要教唆犯**,是指在共同犯罪中起次要作用的,并且引起他人产生具体犯罪意图的共同犯罪人。

先分工后作用:这主要表现为我国《刑法》第 29 条对教唆犯的规定。首先以分工为标准,在共同犯罪人中列出**教唆犯**,然后又以作用为标准对教唆犯进行分类,将教唆犯分为主要教唆犯、次要教唆犯。**教唆犯**,是指在共同犯罪中促使他人产生犯罪意图的共同犯罪人。

先动因后作用或分工:这主要表现为我国《刑法》第 28 条对胁迫犯的规定。从立法论来讲,"被胁迫参加犯罪"不宜作胁迫犯的规定,而应设置为犯罪情节的处罚因素,对此已如上文所述。不过,就解释论而言,鉴于我国《刑法》对胁迫犯规定的特点,也可予其合理解释以作权宜。具体地说,对于教唆犯,《刑法》明确指出"按照他在共同犯罪中所起的作用处罚";对于胁迫犯,《刑法》的表述是"按照他的犯罪情节……处罚"。而按照犯罪情节的不同,胁迫犯可以表现为主犯、从犯,也可以表现为组织犯、实行犯、帮助犯、教唆犯。对于胁迫犯的从宽处罚,是指相对于未被胁迫的相应角色的共同犯罪人所应受到的处罚,被胁迫者从宽处罚。**(1) 胁迫主犯、胁从犯**。主犯与从犯均可因被胁迫而参加犯罪。胁迫主犯,是指被胁迫参加犯,并且在共同犯罪中起主要作用的共同犯罪人。胁从犯,是指被胁迫参加犯罪,并且在共同犯罪中起次要作用的共同犯罪人。**(2) 胁迫实行犯、胁迫帮助犯、胁迫教唆犯**。实行犯、帮助犯、教唆犯也均可因被胁迫而参加犯。**胁迫实行犯**,是指被胁迫参加犯罪,并且实施刑法分则所规定的具体犯罪实行行为的共同犯罪人。**胁迫帮助犯**,是指被胁迫参加犯罪,并且在共同犯罪中为他人实行犯罪创造条件,使犯罪更易完成的共同犯罪人。**胁迫教唆犯**,是指实施引起他人产生具体犯罪意图的行为,而这一行为的实施又是被他人胁迫的共同犯罪人。

三、共同犯罪人的处罚

(一) 罪数视角的主犯处罚原则

所谓**罪数视角**,是指刑法基于共同犯罪人在共同犯罪中所涉罪行的范围,对共同犯罪人的处罚原则作出规定。我国《刑法》基于罪数视角,分别两种主犯规定了不同的处罚原则,其主旨是阐明组织犯对犯罪集团所涉全部罪行负责。

组织犯主犯:对于组织犯,我国《刑法》第26条第3款规定,"按照集团所犯的全部罪行处罚"。这就是说,只要是犯罪集团所进行的犯罪,组织犯均对之承担法律后果。反之,犯罪集团的其他成员背着组织犯,单独或者共同实施超出犯罪集团所预定的具体犯罪,不属于犯罪集团的罪行,也不应当由组织犯承担法律后果。

其他主犯:其他主犯表现为主要实行犯、主要教唆犯。对于其他主犯,我国《刑法》第26条第4款规定,"按照其所参与的或者组织、指挥的全部犯罪处罚"。由此,聚众犯罪的首要分子,对其组织、指挥的犯罪负责;其他主要实行犯,对其参与的犯罪负责;主要教唆犯,对其所教唆的犯罪负责。犯罪集团中的主要实行犯,仅对其参与的犯罪负责,而不是对犯罪集团进行的所有犯罪负责。

(二) 罪量视角的从犯处罚原则

所谓**罪量视角**,是指刑法基于共同犯罪人在共同犯罪中所犯罪行的轻重,对共同犯罪人的处罚原则作出规定。我国《刑法》基于罪量视角,规定了从犯从宽的处罚原则。其主旨是阐明对主犯从重处罚而对从犯从宽处罚。

从犯从宽:我国《刑法》第27条第2款规定,对于从犯"应当从轻、减轻处罚或者免除处罚"。这是比照主犯罪行的轻重而从宽。

(三) 情节视角的胁迫犯处罚原则

所谓**情节视角**,是指刑法基于共同犯罪人在共同犯罪中所现犯罪情节的不同,对共同犯罪人的处罚原则作出规定。我国《刑法》基于情节视角,规定了胁迫犯从宽的处罚原则。其主旨实际上是阐明,对于共同犯罪中的被胁迫者应当从宽处罚,而从宽的程度又应以其在共同犯罪中的情节论定。

胁迫犯:我国《刑法》第28条规定,对于被胁迫者"应当按照他的犯罪情节减轻处罚或者免除处罚"。**犯罪情节**,是指案件中客观存在的,说明犯罪行为的社会危害程度与行为人人身危险性大小的各种具体事实情况。着眼于共同犯罪人的情状,犯罪情节还应当包括主犯情节、从犯情节、组织犯情节、实行犯情节、帮助犯情节、教唆犯情节。

(四) 多视角的教唆犯的处罚原则

我国《刑法》分别以教唆犯在共同犯罪中所起作用、教唆对象、教唆效果这三种情形的不同,对于**教唆犯**的处罚原则作了规定。其主旨实际上是阐明,教唆犯未必就是主犯,教唆未成年人的从重,教唆未达客观效果者从宽。

所谓教唆未达客观效果,即我国《刑法》第29条第2款所规定的"没有犯被教唆的罪",这是指教唆者的教唆引起了被教唆人的犯罪意图,但被教唆人没有实施被教唆的罪,包括没有犯罪的实行或者完成。这是共同犯罪框架下的缺乏正犯的独立教唆犯。

四、共同犯罪的立法考究

我国《刑法》有关共同犯罪的立法,"直译"了惩办与宽大相结合刑事政策的思想,试图从共同犯罪人的表现形态上直接区分共同犯罪中的主犯与从犯,从而作出宽严有别的处罚;同时,专门列出教唆犯,以便对这种较为常见并危害较大的共同犯罪人的处罚,进一步具体化、明确化;专门列出胁迫犯,以便体现对于各共同犯罪人的区别对待,从而分化、瓦解各共同犯罪人。然而,鉴于刑法表现形态与立法技术本身所应有的一些规律与规则所限,我国《刑法》立法的这些初衷并没有能够得到很好的体现。

我国《刑法》对于共同犯罪的立法不足具体表现在:(1) 共同犯罪人分类标准的不统一:从我国《刑法》对共同犯罪有关具体表述来看,已如上文所述,我国《刑法》对共同犯罪人虽有"复层分类"的呈现,但是在第一层面的横向关联上却呈"多元分类"的标准。具体地说,我国《刑法》明确将共同犯罪人分为主犯、从犯、胁迫犯、教唆犯。这是在同一层面上基于多元分类要素的一种划分。主犯、从犯是作用标准的分类,胁迫犯是动因标准的分类,教唆犯是分工标准的分类。在同一层面上将共犯分为主犯、从犯、胁迫犯、教唆犯,不能不说这种分类缺乏应有的统一的逻辑标准。(2) 共同犯罪人分类结果的不明确:我国《刑法》在次层次分类上,将主犯分为组织犯、其他主犯,将从犯分为帮助犯、其他从犯。这里,其他主犯、其他从犯的确切所指,立法上未予明确,基于主犯中组织犯的列举、从犯中帮助犯的列举,推测其他主犯包括主要实行犯、主要教唆犯,其他从犯包括次要实行犯、次要教唆犯。这种留待推测的立法模式无助于刑法的明确性,对于聚众犯罪首要分子归属的理论争议就是一个例子。(3) 共同犯罪人处罚缺乏必要的定罪前提:我国《刑法》基于罪数、罪量、犯罪情节的不同视角,分别对有关共同犯罪人的处罚原则作了规定。罪数、罪量、犯罪情节所表述的分别是罪行的范围、罪行的轻重、罪行的具体事实情况。然而,罪行定性的依据究竟为何,却不甚明确,而定性是适用具体法定刑的前提,确定了具体适用的法定刑,才有基于具体法定刑的从严或从宽的处罚。(4) 共同犯罪人处罚没有体现应有的量刑结论:我国《刑法》规定,组织犯按照集团所犯的全部罪行处罚,其他主犯按照其所参与的或者组织、指挥的全部犯罪处罚,从犯比照主犯从宽处罚,胁迫犯、教唆犯按照犯罪情节处罚。这里,未见共同犯罪处罚严于单独犯罪处罚的精神;同时,对于从犯、胁迫犯的从宽处罚也缺乏明确的参照标准。

对于共同犯罪人的分类,分工的标准有利于定罪,作用的标准有利于处罚。于是先分工后作用的分类受到重视,然而这其中依然存在着一定的跳跃。分工分类的结果是组织犯、实行犯、帮助犯、教唆犯,作用分类的结果是主犯、从犯,主犯、从犯的处罚原则是针对具体罪刑而适用的,也就是说,需要构建主犯、从犯与组织犯、实行犯、帮助犯、教唆犯之间的关系。实行犯、教唆犯、帮助犯在何种情况下为主犯或从犯,依然有待明确。由此,**分工分类**标准不失为相对合理的一种立法方案。事实上,基于分工,可以确定各种共同犯罪人的罪刑适用;而这种分工分类也在一定程度上揭示了各种共同犯罪人在共同犯罪中的地位,由此为确立各种共同犯罪人的处罚原则提供了基础;同时,这种分工分类也不妨碍在对共犯的处罚上体现从严的精神。这也从一个侧面说明了世界上多数国家,在共同犯罪立法上采纳分工分类视角的缘由。

第九章 犯罪修正之罪数形态

第一节 罪数形态概述

一、罪数形态概念

罪数，又称一罪与数罪，是指犯罪的个数。**罪数形态**，是指犯罪个数的外部形状与内部构造的类型化表现。对于罪数问题的理论地位，存在"犯罪形态论"与"刑罚量定论"的不同主张。本书主张，罪数理论在本质上属于**犯罪论**的课题，是犯罪论体系中的非标准犯罪形态理论之一。罪数理论关键是解决非标准形态的一罪问题。某些界于典型的一罪与数罪之间的行为形态，基于理论规则或立法规定而作为一罪处断。**罪数理论**的核心就是探究不典型一罪的类型化的外部形状与内部构造。罪数理论就是有关罪数的理论规则或立法模型的知识体系。

竞合论是与**罪数论**密切相关的一个概念。关于竞合论本身就存在着诸多界说，而对于竞合论在刑法理论中的地位，又有犯罪行为论、法律效果论、刑罚裁量论等不同的见解。[①] 应当说，就所研讨的基本问题而言，竞合论与罪数论具有一定的联系，两者均以犯罪事实对于刑法规范的符合关系以及刑法规范之间的竞合关系的探讨，具体展开理论内容。由此，犯罪竞合与罪数评价不失两者研究中均有所涉的问题。当然，就理论重心与焦点而论，两者是有区别的。竞合论关注的是罪与罪之间的评价过程，考究事实与规范以及规范与规范之间相争与重合的具体表现，进而构建一种理论规则作为认定竞合犯的标准；而罪数论关注的是罪与罪之间的评价结论，考究存在竞合关系的情形终究是一罪还是数罪，揭示各种不典型一罪的构成特征与处罚原则。至于，罪数论中的数行为而为一罪的一些犯罪形态，诸如，牵连犯、吸收犯、连续犯等，能否纳入竞合论的范畴而作为竞合犯的类型，这固然涉及对竞合犯界说的本身。

不可否认，相对于罪数论而言，竞合论有其独特的理论视角与焦点内容。不过，在犯罪论中犯罪形态的意义上，本书更主张以罪数论来统辖诸多不典型一罪的规范与事实问题。罪数论以一罪与数罪问题为理论聚焦，而一罪与数罪的界分不可避免地要以犯罪构成理论为核心而展开。一行为触犯数罪名的想像竞合犯或者基于刑法设置而在规范构成上存在一定重合的规范竞合犯，固然涉及一罪与数罪的问题，而且数行为由于特定的整合关系等而为一罪的情形，诸如，牵连犯、连续犯、吸收犯、集合犯等，也为一罪与数罪的问题，由此，罪数论可以更为合理地将不典型一罪的诸多情形纳入其理论范畴。尤其是，在犯罪构成理论中，继犯罪构成基本理论阐释之后，在

[①] 参见柯耀程著：《刑法竞合论》，中国人民大学出版社2008年版，第16—26页。

对修正犯罪构成理论的讨论中,罪数形态更具有与故意犯罪停止形态、共同犯罪形态等在逻辑关系上所呈现的相对的意义。

二、决定罪数的标准

对于决定罪数的标准,刑法理论存在如下不同见解:**(1) 行为标准说**:主张犯罪必须出于行为,因而应当根据犯罪行为的个数来确定罪数。至于行为的含义,又有自然行为说与法律行为说。**(2) 犯意标准说**:主张犯罪是行为人意思的表现,因而应当根据行为人的犯意的个数来确定罪数。这里,犯意并不仅仅限于故意,而是包括过失。**(3) 法益标准说**:主张犯罪本质是对法益的侵害,因而应当根据行为人侵害法益的个数来确定罪数。法益个数也可以表述为结果个数。**(4) 构成要件标准说**:主张犯罪基于构成要件实现而成立,因而应当根据构成要件实现的次数来确定罪数。这是国外刑法理论的通说。**(5) 个别化标准说**:主张构成要件标准说不具有统一的适用性,罪数的确定应当以构成要件标准为主,同时辅以行为标准与结果标准。**(6) 犯罪构成要件标准说**:主张行为符合犯罪构成则犯罪成立,因而应当根据犯罪构成要件符合的次数来确定罪数。这是我国刑法理论的通说。

相对而言,构成要件是犯罪成立的规格,具有类型化的意义,同时正如日本学者野村稔所指出的,构成要件也包含着行为、犯意以及结果要素,因而构成要件标准不失为较为合理的选择。行为标准说、犯意标准说、法益标准说,均只是从构成要件的一个侧面评价罪数,难免片面;个别化标准说分别不同的罪采用不同的标准,不仅有失标准的统一,而且有一罪类型与罪数标准倒置之嫌,也不可取。犯罪构成标准基于我国平面四要件犯罪构成理论与国外三阶层犯罪构成理论的差异而提出,类似于构成要件标准说,强调以犯罪成立诸要件的综合判断来认定罪数,有其合理性。**本书立于双层多阶犯罪构成理论体系的建构,坚持以犯罪的本体构成作为决定罪数的标准。**在犯罪构成的双层多阶模式中,犯罪的本体构成是犯罪类型的轮廓,为犯罪认定设置基本规格。由此,行为符合一个本体构成的只能成立一罪;行为符合数个本体构成的,可能成立数罪,也可能基于牵连、吸收、连续等关系而作一罪处理。而在罪数的具体判断中,作为核心标志的是行为的个数。

三、一行为与数行为

行为是刑法学犯罪理论的核心线索。对于一罪与数罪的区分来说,行为的个数虽然不是唯一的标准,不过不可否认行为个数是首当其冲应予考究的基本的重要的标志。刑法上的数行为虽可能为一罪,但刑法上的一行为只能为一罪。在以罪数形态为视角的不典型一罪中,相对而言,一行为的犯罪形态与数行为的犯罪形态呈现较为明显的差异。想像竞合犯、规范竞合犯、继续犯、结果加重犯等均系一行为,而集合犯、结合犯、吸收犯、牵连犯、连续犯等则为数行为。①

刑法上的行为存在众多类型,诸如,危害行为、犯罪行为、构成要件行为、实行行为、非实行行为、预备行为、未遂行为、中止行为、教唆行为、帮助行为等等,对于这些行为已分别在本体构成之客观事实要素、故意犯罪停止形态、共同犯罪形态的理论框架中讨论。在罪数形态理论中针对一行为与数行为的界分,至少应当厘清如下三个问题:明确自然行为、规范行为、事实行为的不同意义;一行为与数行为界分的核心标志;一行为与数行为界分的影响因素。

自然行为,表现为行为人实施具体犯罪的自然举动;**规范行为**,是刑法规范对于具体犯罪中的行为的规范设置;**事实行为**,是指由若干自然行为整合而成的符合规范行为的行为整合体。由此,一个自然行为表现为具体犯罪中的一个身体的动作或者静止。一个规范行为的标志在于刑法规范对于具体犯罪的行为的具体设置。一个事实行为有时呈现为一个自然行为,有时也会呈现为多个自然行为。**然而**,一个自然行为对于具体犯罪来说究竟有何表现?一个规范行为在刑法规范上究竟有何构造?一个事实行为以自然行为对于规范行为的符合状态来认定,但这却是一个更为复杂的问题,因为这其中涉及自然行为的主观心态、行为对象、时空框架的更替等因素。由此,需要厘清一行为与数行为界分的核心标志。

刑法规范对于具体犯罪中的行为的规范设置是**核心标志**;行为的个数是由行为的主观特征与客观特征综合决定的。具体地说:(1) **刑法上行为**:罪数理论中的一行为与数行为,是刑法上的行为。而刑法上的行为,是意识与意志支配下的自然人的举动。由此,缺乏意识与意志支配的行为以及动物等非自然人的举动,均非这里所言的行为。(2) **规范的基准**:一罪与数罪界分的核心标志,是刑法规范对于具体犯罪的相关规定。由此,在刑法上的行为中,刑法规范对于行为的具体规定,也就成为罪数视角下的一行为与数行为界分的最为关键的根据。(3) **主观并客观**:界分一行为与数行为,首要的是界分行为的属性。同一性质的行为可能为数行为,但不同性质的行为必为数行为。而行为性质的界分必由行为的主观面与客观面共同完成。② 这里的主观面是指针对事实之故意与过失的主观心态;这里的客观面是指实行行为所标志的事实特征。(4) **并非犯罪行为**:罪数视角下的一行为,虽有主观面与客观面,但这并不意味着其就是犯罪行为。因为行为只是犯罪构成的诸要素之一,犯罪行为系成立犯罪之行为,而行为成立犯罪还有行为主体、法益侵害、特定构成结果等其他要素。(5) **并非构成要件行为**:罪数视角下的一行为,也非单纯的构成要件行为。行为心素存于构成要件行为的构造,其内容指向行为人应有的基本心理素质;而罪数视角下一行为的主观面则存于构成要件行为之外,其内容指向事实之故意与过失的主观心态。

---

① 当然,严格而论,规范竞合犯、继续犯、结果加重犯、集合犯、结合犯等均为刑法分则的具体犯罪形态,从这个意义上说,其为典型一罪。它们的独特性在于,其本体构成具有一定的独特性。

② 本处行为的主观面,并非单纯的刑法上的行为的心素,而是作为具体犯罪的主观要素的行为心态。行为属性的界分有其主观的构成要素。例如,以取财意图而实施暴力,可谓抢劫罪的方法行为,而以杀人意图实施暴力,则为杀人罪的实行行为。

有鉴于此,**一个自然行为**以具体故意或过失心态支配下的一个自然举动为典型标志,具体故意或过失心态支配下的一个身体的自然动作或者静止为一个自然行为;**一个规范行为**以具体犯罪的规范设置为典型标志,一个具体犯罪的主观心态与行为构造两者整合构成一个规范行为。一个事实行为以自然行为对于规范行为的符合状况为标志。所谓**一个事实行为**,是指由一个具体犯罪的主观心态与行为构造所构成的一个规范行为所具体统辖的若干自然行为的整合体。**例如**,在故意伤害心态的支配下,对被害人数次举刀侵害。这数个举刀侵害的数个自然行为(A),受故意伤害的一个主观心态的支配,由一个伤害的规范行为所统辖,从而系属一个事实行为。

行为的**主观心态与客观特征**是行为属性的核心标志,由此,主观心态与客观特征的任一变更,均会影响一行为与数行为的成立。(1)主观心态:上例,在故意伤害过程中,行为人的心态发生变化,由故意伤害转为故意杀害。虽然从外在现象上看,心态转变后的数个自然行为仍为数次举刀侵害(B);且B行为仍发生在与先前伤害行为A的同一时空中,针对的也是同一行为对象,但此时B行为并非是对伤害规范行为符合问题,而是对杀人规范行为的符合问题,也即转而由杀人的规范行为所统辖。由此,A行为与B行为为两个事实行为。本题情形可以考虑为吸收犯。(2)客观特征:不同具体犯罪的行为属性不同,其客观特征的构成要素及其具体表现也有所不同;反之,行为的不同客观特征及其具体表现,也是不同属性行为的重要征表。例如,行为人出于取财的意图,于某晚在某商场采用秘密方法获得他人财物(A),其后又行至某路口采用暴力方法取得他人财物(B)。本案中,A行为具有盗窃罪实行行为的事实特征;B行为具有抢劫罪实行行为的事实特征。A与B为两个事实行为。本题情形为数罪。

具体案件中的**时空框架与对象状况**的变更,也是影响行为个数的重要因素。不过这种影响下的行为个数的最终定位基准,仍在刑法规范有关行为属性的主观面与客观面的标志。(1)时空变更:同一概括时空中的行为一般为一个事实行为,但是也未必就是一个事实行为。例如,上文所举伤害案中,行为人由先前的伤害故意转为杀人故意,而在同一时间与地点对同一被害人实施侵害,则为两个事实行为。不同时空中的行为通常为数个事实行为,但是也未必就是数个事实行为。例如,在徐行犯的场合,行为人出于杀人的故意,在不同的时空中分10次下毒逐渐将被害人毒死。本案行为人虽在不同的时空中实施了数个下毒行为,但这数个下毒行为仅为一个故意杀人罪的事实行为。(2)对象变更:在不同时空中针对不同对象的行为,通常为数个行为。不过,有时基于实行行为本身的构成特征,针对不同时空不同对象的行为也可能整合而为一个事实行为。例如,绑架案中的针对人质被害A的绑架行为与针对取财被害B的索财行为,这两个行为虽为针对两个对象,但统辖于绑架罪的实行行为中而为一个事实行为。另外,在同一场合针对不同对象的行为也可为一个事实行为。例如,对同一场合的多人实施抢劫。当然,在同一场合针对不同对象的行为也可为数个事实行为。例如,在同一场合中对A实施抢劫而对B实施强奸。还有,在同一场合针对同一对象的行为也可为数个事实行为。例如,抢劫后出于灭口的目的而故意杀害被害人。

四、罪数形态的类型

罪数形态类型主要是就不典型一罪而进行的种类划分。对此,刑法理论见解不一。(1)基于构成要件与科处刑罚视角的分类:包括二分法与三分法。其中,**二分法**将不典型一罪分为本来一罪与科刑一罪。本来一罪是指犯罪成立上的一罪,例如单纯一罪、包括一罪、法条竞合;科刑一罪是指实质上数罪成立而科刑上一罪处理,例如观念竞合、牵连犯。**三分法**将不典型一罪分为单纯一罪、科刑一罪、包括一罪。单纯一罪是指行为仅实现一个构成要件的犯罪,例如接续犯、常习犯与吸收犯。科刑一罪是指本可独立构成数罪而刑法规定为单纯一罪的情形,例如想像竞合犯、牵连犯与连续犯。包括一罪是指一个构成要件包括多数不同性质结果的情形,例如结合犯、收集犯、常业犯。(2)基于事实构成、法律规定、科处刑罚视角的分类:包括二分法、三分法。其中,**二分法**将不典型一罪分为法律规定和处理认定的两类。法律规定的不典型一罪有惯犯、转化犯;处理认定的不典型一罪有想像竞合犯、连续犯、吸收犯。**三分法**将不典型一罪分为实质一罪、法定一罪、处断一罪。实质一罪包括继续犯、想像竞合犯、结果加重犯;法定一罪包括结合犯、集合犯、转化犯;处断一罪包括连续犯、牵连犯、吸收犯。

罪数形态呈现典型形态与模糊形态的不同情形,罪数类型的划分主要是就罪数模糊形态[①]的具体构成而展开。行为是犯罪构成要件的核心要素,对实行行为个数充足的不标准将会牵涉罪数问题,同时实行行为标准本身又受法律设置的影响以及事实上处理的调整。有鉴于此,**本书**以"行为的单数与复数、依据的理论与法律"为标准,对罪数模糊形态进行分类。具体地说:(1)**行为分类**:着眼于行为,罪数模糊形态表现为:一行为似乎成立数罪,但作为一罪处断,包括继续犯、结果加重犯、规范竞合犯、想像竞合犯;数行为似乎成立数罪,但作为一罪处断,包括集合犯、结合犯、转化犯、连续犯、吸收犯、牵连犯。(2)**依据分类**:着眼于依据,罪数模糊形态表现为:行为似乎成立数罪,但是基于某种理论上的规则,作为一罪处断,包括想像竞合犯、连续犯、吸收犯、牵连犯;行为似乎成立数罪,但是基于法律的规定,仅仅成立一罪,包括继续犯、结果加重犯、规范竞合犯、集合犯、结合犯、包容犯、转化犯。(3)**两相组合**:鉴于上述行为与依据的视角,予其分类结果以适当组合,罪数模糊形态可以分为四类:一行为法律上规定为一罪,包括继续犯、结果加重犯;一行为理论上认定为一罪,包括想像竞合犯、规范竞合犯;数行为法律上规定为一罪,包括集合犯、结合犯、包容犯、转化犯;数行为理论上认定为一罪,包括连续犯、吸收犯、牵连犯。

[①] 罪数模糊形态,是指属于典型一罪形态与典型数罪形态的中间表现形态的情形,其在一罪与数罪的归属上具有或者似有一定的模糊性。

第二节 一行为法定一罪

一、继续犯

（一）继续犯的构成特征

继续犯，又称持续犯，是指针对同一行为对象，实施一个实行行为，实行行为与不法状态同时继续，实行行为具有持续性的犯罪形态。例如，我国《刑法》规定的非法拘禁罪（第238条），非法持有、私藏枪支、弹药罪（第128条第1款），虐待罪（第260条）等。继续犯是刑法分则规定的一种具体犯罪类型，只是由于其实行行为呈持续样态，从而与数罪的界线似有模糊。继续犯的构成特征如下。

1. 一个基本责任心态与实行行为

一个基本责任心态：继续犯的基准构成表现为单一的责任心态。当然，也不排除继续犯存在加重构成，在此场合责任心态可能表现为复合责任形式。继续犯基准构成的责任心态主要表现为故意。易言之，在持续的犯罪时间内，行为人始终只有一个故意。是否存在基准构成的责任心态为过失的继续犯，尚无典型立法例，而此种情形在理论上是否具有存在的合理性，可予进一步探讨。

一个实行行为：继续犯的标志性特征是实行行为的持续状态。而继续犯的一个实行行为，可以由多个自然行为的组合来表现。另外，"一个实行行为"并不意味着"一个犯罪行为"。"犯罪行为"的含义不甚明确，其可以用来表述犯罪侵害的自然行为，也可以用来表述符合犯罪构成因而成立犯罪的行为。同时，继续犯的一个实行行为，也不同于犯罪的预备行为、未遂行为等。

2. 针对同一行为对象

继续犯的一个行为，始终侵害着一个概括的行为对象。这里的"始终"强调的是在犯罪持续的时间内，行为对象并未发生变化，否则就不是继续犯。"一个概括的行为对象"表明行为对象在整体上、性质上的同一。例如，行为人可以同时非法拘禁两个人，然而在非法拘禁中，这两个人在整体上、性质上均是同一的人身自由权利的表现，因而仍然是同一行为对象。由此，一个概括的行为对象也可以表述为"一个概括的法益"。一个概括的法益表明行为所侵害的法益具有整体上的同一性。

3. 实行行为与不法状态同时继续

实行行为与不法状态的并存：实行行为是指特定结构要素齐备的行为样态，不法状态是指法益被侵害的状况形态。实行行为与不法状态同时继续，是指实行行为结构要素齐备之后实行行为处于持续状态，并且不法状态也处于持续状态，实行行为与不法状态同时延续一段时间。实行行为持续则不法状态也会延续；而不法状态延续则未必实行行为也持续。有时实行行为停止但不法状态延续，这是状态犯而不是继续犯。例如，盗窃罪中盗窃行为停止但财产法益遭受侵害的状态依然延续。

行为与状态并存的地位：有的论著认为继续犯的本质是犯罪行为的继续，而非犯罪既遂的继续;也有的论著认为继续犯是犯罪既遂状态的继续,未遂犯不存在继续犯。对此,本书的立场是,继续犯可以存在未遂,也不排除既遂的继续。理由如下:行为结构要素齐备至犯罪完成存在一段时间延续,其间实行行为与不法状态始终同时并存,这是继续犯的典型特征。这意味着继续犯行为结构要素齐备与犯罪完成并不在一个时间点上。既然如此,理论上就有可能存在实行行为结构要素齐备,虽有实行行为与不法状态的同时延续,却未达于犯罪完成的犯罪停顿,包括未遂与中止。另一方面,理论上也不排除在实行行为与不法状态延续一段时间而达至犯罪完成之后,实行行为与不法状态继续同时延续,此时即表现为继续犯既遂之后的实行行为与不法状态同时继续。

4. 实行行为持续一定时间

行为结构要素齐备与实行行为实行终了:实行行为持续,是指从行为结构要素齐备到犯罪完成,实行行为持续存在一段时间。在此,"行为结构要素齐备"与"实行行为实行终了"并非一个概念。行为结构要素齐备,意味着行为符合实行行为的结构要素;而实行行为实行终了,意味着行为符合实行行为的基准形态。通常这两者是重合的,但是在继续犯的场合,有前者不一定有后者。易言之,继续犯实行行为的基准形态,表现为行为持续地、反复地对实行行为结构要素的符合。当然,基于其不间断的持续性、单一的法定性,这种反复的符合也不成立数行为。

行为结构要素齐备的时间过程与实行行为的持续:行为结构要素齐备的时间过程,也不同于实行行为的持续。事实上,除了举动犯,过程犯、结果犯的实行行为,自着手至结构要素齐备通常表现为一定的时间段落,但是一旦行为结构要素齐备则法定实行行为即告完成,其法定构成并不强调实行行为继续。而继续犯实行行为的特征恰恰就表现在,自行为结构要素齐备至犯罪完成,实行行为不间断地持续一段时间。另外,实行行为的持续通常由系列性的自然行为完成。① 由此可见,过程犯与继续犯也存在一定的区别。继续犯可以是过程犯,但是过程犯未必就是继续犯。

继续时间的起始:关于继续时间的起始,刑法理论存在既遂后说、实行后说等不同见解。事实上,继续犯的独特性表现在,行为结构要素齐备之后至犯罪完成这段时间实行行为处于持续状态,因而确切的表述应当是"自行为结构要素齐备至犯罪完成,实行行为持续存在"。行为着手实行后持续一定的时间,这并非继续犯独有征象;继续犯可以是犯罪既遂后行为持续,但是犯罪既遂时行为停止仍不失为继续犯。因此,实行后说与既遂后说均不能恰当地表述继续犯的特征。

(二) 继续犯的处罚原则

继续犯本系刑法分则所设的典型一罪。继续犯的构成要件与法定刑由刑法分则具体规定,对于继续犯依照刑法分则的规定处罚。实行行为持续一定的时间,是继续犯构成的核心特征。行为持续时间的长短,首先是定罪情节,其次也是量刑情节,但要避免重复评价。

---

① 例如,虐待行为、拘禁行为等。

（三）继续犯与相关形态

1. 继续犯与即成犯

即成犯，又称即时犯，是指行为结构要素齐备或者特定构成结果发生犯罪即告完成，不存在实行行为持续的犯罪形态。例如，故意杀人罪、盗窃罪等。即成犯与继续犯相对。对于即成犯的理解应当注意：(**1**) **即成犯的完成形态**：既可以表现为行为实行终了（行为犯），也可以表现为构成结果发生（结果犯）。在即成犯为结果犯的场合，可能行为终了与结果发生同时发生从而犯罪完成；但是，不排除行为终了之后经过一段时间结果发生，从而行为终了犯罪未必完成。因此，对于即成犯的界说，不能仅仅强调"行为实行终了犯罪即告完成"。(**2**) **即成犯的不法状态**：不法状态的延续并非即成犯的特征，但是不排除即成犯存在不法状态延续的情况。即成犯强调的是实行行为不具持续状态，至于不法状态，即成犯既可以表现为不存在不法状态的延续，也可以表现为存在不法状态的延续（状态犯）。由此，不能将不法状态是否持续作为继续犯与即成犯区分的标志。(**3**) **即成犯的实行行为**：即成犯行为结构要素齐备之后不存在实行行为的持续状态，这是即成犯的典型特征。不存在实行行为的持续状态，也就不可能存在实行行为与不法状态同时继续的情况。由此，行为犯的即成犯，强调的是行为结构要素齐备犯罪即告完成；而行为犯的继续犯，行为结构要素齐备犯罪尚未完成，必须行为持续至行为实行终了，犯罪才告完成。

即成犯是继续犯的对称，两者基本上是正与反的关系。成立继续犯就不是即成犯，而成立即成犯也就不是继续犯。继续犯与即成犯的主要区别：(**1**) **实行行为的持续**：继续犯行为结构要素齐备至实行行为完成，实行行为处于持续状态；而即成犯行为结构要素齐备实行行为也就完成，不存在实行行为的持续状态。(**2**) **不法状态的表现**：继续犯基于实行行为的持续，不法状态也与实行行为同时继续；而即成犯对不法状态是否持续没有特别要求，可以表现为不法状态的持续与不持续。(**3**) **犯罪完成的时间**：继续犯基于实行行为的持续，从而无论是其行为犯还是其结果犯，自行为结构要素齐备至犯罪完成也必然存在一定时间段落；即成犯的行为犯系行为结构要素齐备犯罪即告完成，即成犯的结果犯则可为行为结构要素齐备，而结果发生却在一段时间之后，由此犯罪才告完成。

继续犯、即成犯与行为犯、结果犯。行为犯与结果犯，是根据构成要件对特定损害结果要求的不同，对具体犯罪的分类；继续犯与即成犯，是根据构成要件对实行行为持续性要求的不同，对具体犯罪的分类。两者分类的标准不一，在逻辑上存在**交叉**：(1) 行为犯法定的犯罪行为包括，实行行为具有持续性或实行行为没有持续性，因而行为犯可以表现为继续犯，例如非法拘禁罪，或者表现为即成犯，例如脱逃罪。(2) 结果犯以特定损害结果为要素，但并不排除实行行为的持续性或者非持续性，因而结果犯也可以表现为继续犯，例如持有假币罪，或者表现为即成犯，例如故意杀人罪。

2. 继续犯与接续犯

接续犯，是指针对同一行为对象，以连接承续的数个自然行为，实施一个实行行为,而实行行为不具有持续性的犯罪形态。例如,甲基于杀害乙的故意,在某一作案现场,先后以10刀将乙刺死,甲的行为即构成接续犯。接续犯具有如下特征:**(1) 数个自然行为**:行为人以数个自然行为共同完成一个实行行为。由此:数个自然行为联成一体整合成符合一个实行行为的一个事实行为;数个自然行为的实施具有连接性与承续性,各个行为之间形成了不可分割的关系;数个自然行为均属于同一性质的行为,行为的具体犯罪指向一致。**(2) 一个故意行为**:数个自然行为系属受一个故意支配的行为。易言之,行为人的数个自然行为均在一个犯罪故意的支配下实施;出于同一故意的数个自然行为形成一个整体而构成一个事实行为。**(3) 实行行为即成**:行为结构要素齐备则实行行为即告完成。接续犯所谓的接续,是指行为结构要素的齐备,是分别由数个连接、承续的自然行为完成的。而行为构成要素一旦齐备,则行为即告实行终了,而不存在实行行为的持续状态。**(4) 同一行为对象**:一个行为始终侵害着一个概括的行为对象。整个犯罪过程,行为对象并未发生变化,行为对象在整体上、性质上同一。当行为对象所表述的法益为专属法益时,行为对象的同一表现为法益所有者个数前后同一;当行为对象所表述的法益为非专属法益时,行为对象的同一表现为法益承载者种类的前后同一。

在对接继犯的理解上还应当注意,接续犯不同于徐行犯。**徐行犯**,是指行为人采用较长的时间分次完成本来只需以较短的时间一次完成的犯罪形态。例如,行为人投毒杀人,分10次下毒逐渐将被害人毒死。接续犯包括徐行犯,但是接续犯不全是徐行犯。

继续犯与接续犯,两者均为一个故意与实行行为,均针对同一行为对象。两者的主要区别:**(1) 现实表现与构成要件**:接续犯是根据犯罪的现实表现特征对犯罪的分类,所谓接续不具有构成要件要求的意义;而继续犯是基于犯罪构成要件的特征对犯罪的分类,所谓继续具有构成要件要求的意义。**(2) 自然行为与实行行为**:接续犯在表现形式上,强调数个自然行为完成一个实行行为;而继续犯并未要求一个实行行为必须由数个自然行为完成,尽管其实行行为也常由一系列的自然行为完成。**(3) 即成性与持续性**:接续犯实行行为不具有持续性,而相反具有即成性;继续犯实行行为具有持续性,强调实行行为与不法状态的同时继续。

3. 继续犯与状态犯

状态犯,是指行为实行终了则实行行为停止且犯罪完成,但是实行行为所造成的法益被侵害的状态仍然继续存在的犯罪形态。例如,故意伤害罪。继续犯与状态犯,两者均存在不法状态的继续。两者的**主要区别**:(1) 持续要素不同:继续犯是不法状态与实行行为同时持续;而状态犯只是不法状态的持续,并无实行行为的持续。(2) 不法状态持续的起始不同:继续犯行为结构要素齐备不法状态形成并开始延续,但此时犯罪尚未完成;而状态犯不法状态自行为实行终了并犯罪完成时起形成并延续。

二、结果加重犯

(一)结果加重犯的构成特征

结果加重犯,是指犯罪构成中的一个基准实行行为,造成了基准犯罪构成以外的加重结果,刑法对其规定了加重法定刑的犯罪形态。例如,我国《刑法》第234条第2款所规定的故意伤害"致人死亡"的情形。结果加重犯是刑法分则规定的具体犯罪的一种加重犯类型,只是由于其在基准犯罪构成之外又有加重结果的发生,从而与数罪的界线似有模糊。结果加重犯的构成特征如下。

1. 犯罪构成中的一个基准实行行为

结果加重犯行为所涉特征:(1)基准实行行为:实行行为包括基准实行行为、加重实行行为、减轻实行行为、准型实行行为,结果加重犯的一个行为是指一个基准实行行为。(2)结果加重形态:加重犯包括行为加重犯、对象加重犯、情节加重犯、犯罪加重犯等,其分别基于超出基准犯罪构成的加重行为、加重对象、加重情节、加重犯罪等而构成。结果加重犯是一种基于超出基准犯罪构成的加重结果而构成的加重犯。(3)法律上一行为:结果加重犯的基准实行行为是法律上的一行为。所谓法律上的一行为,既强调行为具有构成要件的意义,由此与自然行为相对,也强调基准实行行为的单一性,从而与数个实行行为相对。

基准犯罪构成的责任形式:对于结果加重犯基准犯罪构成的责任形式,刑法理论存在着故意说与故意或过失说的争议。这实际上是,过失犯是否有结果加重犯的问题。对此本书持肯定态度。理论上,加重结果作为加重犯的构成要素具有相对的独立性,责任形式为过失的基准犯罪构成,完全可以是在其加重犯罪构成中,加重结果的心态也为过失。立法上,我国《刑法》也不乏过失犯的结果加重犯的规定。例如,《刑法》第131条后段规定的重大飞行事故罪的结果加重犯。

基准犯罪构成的既遂形态:对于结果加重犯的基准犯罪构成是否必须是结果犯,刑法理论也有着肯定论与否定论不同见解。对此,本书持否定论的立场。结果加重犯的基准犯罪构成,既可以是行为犯,也可以是结果犯,还可以是危险犯或实害犯。结果加重犯的构成模式是"基准犯罪构成+加重结果"。由此,结果加重犯之"加重结果",应当理解为"基准犯罪构成之外的加重结果",而不是"单纯的结果之外的结果"。这也意味着,结果加重犯对于基准犯罪构成形态并无特别限定,无论是结果犯与实害犯还是行为犯与危险犯,均可成为结果加重犯的基准犯罪构成形态。我国《刑法》中也不乏行为犯与危险犯的结果加重犯的立法例。

2. 造成了基准构成以外的加重结果

加重结果,是指行为人实施一个基准实行行为,基于一定的主观责任发生了普通犯罪构成之外的犯罪结果。这一加重结果有其自身的主观心态与客观表现。

加重结果的主观心态:对于加重结果的主观心态,刑法理论也存在过失说与过失或故意说的不同见解。基于理论分析与立法实然,加重结果的主观心态包括故意与过失。加重结果的主观心态,是指行为人在实施基准实行行为时,对于超出基准犯罪构成的加重结果的责任心态。由此,这里的加重结果是一个有着一定的独立性的实体,行为人对于这一结果的心态,或者持过失或者持故意,均是有可能的。而我国《刑法》所规定的结果加重犯之加重结果的心态包括:故意或过失,例如,第263条抢劫"致人重伤、死亡";只能过失,例如,第260条虐待"致被害人重伤、死亡";只能间接故意,例如,第238条非法拘禁"致人重伤"与"致人死亡"。①

基准犯责任形式与加重结果主观心态:对于结果加重犯的基准犯罪构成责任形式与加重结果主观心态的可能组合情形,刑法理论存在如下见解:仅限"故意+过失";"故意+过失"或者"故意+故意";包括"故意+过失","故意+故意","过失+过失";包括"故意+故意","故意+过失","过失+故意","过失+过失"。对此,就我国《刑法》的实然规定来看,结果加重犯的责任形式组合存在四种情形:(1)故意+过失:例如,第260条第2款,犯虐待罪致使被害人重伤、死亡的。(2)故意+故意:例如,第238条第2款前段,犯非法拘禁罪致人重伤的,致人死亡的。(3)过失+过失:例如,第131条后段,犯重大飞行事故罪造成飞机坠毁或者人员死亡的。(4)过失+故意:例如,第133条后段,犯交通肇事罪因逃逸致人死亡的②。

加重结果的客观表现:**(1)独立性**:相对于基准犯罪构成的要素而言,加重结果有其自身独特的表现与存在,属于加重犯罪构成的要素。然而,加重结果与普通结果是否必须异质,对此刑法理论存在狭义说与广义说的对立。本书持广义说的立场,结果加重犯的加重结果与普通结果未必为异质。结果加重犯系属基于加重结果而成立的一种加重犯形态。加重结果作为加重犯罪构成的结果要素,突出地表现为对于基准犯罪构成的超越。只要是超越性的结果并作为加重犯罪构成的结果要素,则不论是异质性的还是同质性的均是加重结果。**(2)结果性**:加重结果,具体是指有形的**物质性**的损害结果,具有直观具体的表现形态。由此,加重结果不同于后果、情节。我国《刑法》许多条文对于**加重后果**规定了加重法定刑。但是,后果属于综合性的要素,有时指有形的物质性损害结果,而有时则不仅仅是指有形的物质性的损害结果。我国《刑法》许多条文也对**加重情节**规定了加重法定刑。然而,情节是较为典型的综合性要素,通常包括主观因素与客观因素,既可能表现为主观恶性程度,也可能表现为行为对象与行为结果等的损害程度,显然其也不只是指有形的物质性的损害结果。**(3)关联性**:加重结果以基准犯罪构成为基础,依附于基准犯罪构成;加重结果由基准实行行为而引起,与基准实行行为之间具有因果关系。结果加重犯为一个基准实行行为,一个基准实行行为符合基准犯罪构成的行为要素,同时这一个实行行为又造成了基准犯罪构成之外的加重结果。基准实行行为与加重结果之间的因果关系,也同样具有刑法因果关系的一系列特征。

结果加重犯是否存在未遂犯:对此,刑法理论存在肯定说与否定说的对立。基于理论逻辑与我国《刑法》的实然规定,本书肯定结果加重犯的未遂犯。具体分为两种情形:(1)虽有加重结果的发生,但是基准犯罪构成的行为尚未完成。例如,《刑法》

---

① 非法拘禁致伤与致死的心态应当是间接故意。详见本书第二十二章的相应阐释。
② 逃逸的致人死亡的主观心态应为过失或间接故意,即包含了间接故意。就立法形态而论,该后段系行为(逃逸)并结果(致死)加重犯。不过结合相应的司法解释,这一立法形态包括两种情形:A. 逃逸基准构成+致人死亡;B. 基准构成+逃逸+致人死亡。其中,A种情形不失为结果加重犯。而在B情形中,如逃逸系消极逃逸,也可将之释以结果加重犯。详见本书第二十章的相应阐释。

第 239 条第 2 款规定的绑架"致使被绑架人死亡"。绑架的方法行为已致人质被害死亡,然而索财的目的行为未及实行。① 强奸罪中也会出现类似的情形。(2)虽有基准犯罪构成的行为的完成,但是直接故意的加重结果没有发生。例如,《刑法》第 263 条规定的"抢劫致人……死亡"。出于取财意图而直接故意杀害被害人,又从被害人身上取得财物,然而并未造成被害人的死亡。②

加重结果的性质:对于加重结果的性质,刑法理论存在加重处罚条件说与构成要件要素说的对立。加重处罚条件说主张,加重结果是加重处罚的充分且必要的客观条件,在犯罪成立及其具体形态上结果加重犯完全取决于基准犯罪构成。构成要件要素说主张,结果加重犯有别于基准犯罪构成,而是有其自身的加重构成,加重结果是结果加重犯的客观要素,此外结果加重犯还有其主观要素。对此,本书摒弃加重处罚条件说。加重处罚条件说蕴含着结果责任的理念,从而忽略了意思责任,具有较大的片面性,难以成立。

3. 基于加重结果刑法规定了加重法定刑

在结果加重犯的罪名框架下,存在着基准犯罪构成与以加重结果为要素的加重犯罪构成。针对这两种不同的犯罪构成,刑法分别规定了轻重不同的法定刑。由此,结果加重犯有自身独立的加重法定刑。

(二)结果加重犯的处罚原则

结果加重犯的构成要件与法定刑由刑法分则具体规定,对于结果加重犯依照刑法分则的具体规定处罚。

(三)结果加重犯与情节加重犯

情节加重犯,是指行为人实施一个基准实行行为,同时又具备了基准犯罪构成以外的加重情节,刑法对其规定了加重法定刑的犯罪形态。

相同之处:(1)基础相同:两者均以基准犯罪构成为基础,其基本结构分别表现为"普通犯罪构成+加重结果","普通犯罪构成+加重情节"。(2)法定刑设置相同:两者均针对加重犯,结果加重犯或情节加重犯专门设置了独立的加重法定刑。(3)情节包容结果:情节属于综合性要素,而结果属于单纯性要素,然而正因为此,有时情节中包含着结果。

主要区别:(1)结果与情节不同:加重结果,是指有形的物质性的损害结果,属于单纯的客观要素;而加重情节,既可以表现为主观危害事实,也可以表现为客观危害事实。(2)法定程度不同:尽管加重结果与加重情节均由法律明确规定,但是法律对于加重结果的表述较为具体,而对于加重情节的表述则相对抽象。

---

① 关于绑架罪的实行行为,详见本书第二十二章的相应阐释。
② 应当特别注意,这种场合的结果加重犯未遂犯,对于加重结果的直接故意行为,应当是出于基准实行行为,否则就不是结果加重犯。从而,这种结果加重犯未遂犯的实例并不多见。

第三节 一行为处断一罪

一、想像竞合犯

(一) 想像竞合犯的构成特征

想像竞合犯,又称想像数罪、观念竞合犯,是指行为人实施一个事实行为,而同时触犯两个以上罪名的犯罪形态。例如,行为人实施一个开枪杀人的行为,这一枪既打死了被害人,又损毁了国家保护的珍贵文物。现象上同时触犯两个以上罪名,使得想像竞合犯与数罪的界线似有模糊,然而基于禁止重复评价的原则,其在理论实质上属于一罪。想像竞合犯的构成特征如下。

1. 事实关系形态

想像竞合犯的本质:对此,刑法理论存在"想像的犯罪竞合说"与"实质的数罪竞合说"的不同见解。然而,想像竞合犯系一个事实行为,从而属于想像的犯罪竞合,实质的与裁判的一罪。**(1) 想像竞合**:想像竞合犯属于想像竞合而非实质竞合。想像竞合犯,属于一个事实行为在观念上符合数罪,然而正是由于只有一个事实行为,因此基于禁止重复评价的原则,在客观上不能成立实质数罪。**(2) 犯罪竞合**:想像竞合犯属于犯罪竞合而非法律竞合。想像竞合犯,是由于一个事实行为而引起了数个具体犯罪的竞合,竞合的数个具体犯罪之间原本没有犯罪构成之间的竞合关系。**(3) 实质一罪**:想像竞合犯属于实质一罪而非实质数罪。想像竞合犯,表现为一个事实行为,虽然形式上符合数个犯罪构成,然而实质上只能进行一次犯罪评价,从而构成实质上的一罪。**(4) 裁判一罪**:想像竞合犯属于裁判一罪。想像竞合犯,尽管行为触犯数个罪名,但是最终只能归结为事实上的一罪评价,因而在处断上从一重罪论处。这是司法裁判对于实质一罪的一罪处断。

2. 一个事实行为

一个事实行为,是指行为人基于一个主导犯罪意图的支配,实施若干自然行为而整合成的单一的事实整体,基于重复评价而同时符合数个不同具体犯罪的构成要件行为。

一个主导犯罪意图:是指行为人实施数个自然行为,出于一个相同的目标取向,这一目标取向贯穿并统治着整个犯罪的进程,从而使行为人所实施的数个自然行为连成一体。严格而论,一个事实行为是指与一个构成要件行为相应的行为事实整体。由此,一个事实行为依存于一个具体犯罪的主观心态。这是规范行为视角对一个事实行为的考究。不过,立于想像竞合犯的视角,并不排除某种意图统辖着另一心态而支配同一事实行为。例如,"出于妨害公务的意图"又"对执行公务者重伤持过失心态",而这意图与心态均承载于对执行公务者暴力侵害的行为。由此,一个事实行为并不排除这一事实行为同时符合不同具体犯罪的构成要件行为。而能够成立这种符合,须有承载于同一事实行为的行为之主观心态,可以兼容在行为人所犯同一个犯罪的事实进程中,这就是受一个主导犯罪意图的支配。总之,一个事实行为必有一个主导犯罪意图的支配,而一个主导犯罪意图支配的未必就是一个事实行为。① 但是,一个主导犯罪意图并不否定复合责任心态。

同一事实整体:是指行为人实施数个自然行为,均可归为分则某一具体犯罪的构成要件行为的现实表现,从而构成符合该具体犯罪的行为事实特征的一个整体,而这一事实整体在重复评价的场合,可以符合另一具体犯罪的构成要件行为(A),或者可以符合另一具体犯罪构成要件行为(A+B)的要素(A)。对此,**应当注意**:作为想像竞合犯的成立的基础行为,是以行为的事实表现为特征的,其所指的是行为的事实存在。由此,想像竞合犯不同于规范竞合犯。并且,想像竞合犯之事实行为特征呈现为:事实行为以整体形态接受构成要件评价;事实行为在构成要件评价上具有重复性;事实行为可以被评价为构成要件行为的诸种类型。数个自然行为可以成为同一事实整体,而一个自然行为固然可为同一事实整体。**准整体重复**可谓一个事实行为:行为人实施某一事实行为(A)符合此罪(Y)构成要件行为,同时又利用该事实行为(A)与所实施的其他行为要素(B)组合符合彼罪(Z)构成要件行为。在这一情形中,A行为是作为Y罪构成要件行为的整体表现而出现的,并且这一行为整体在Z罪的评价中被整体重复。在此,A属于一个事实行为。反之,**非整体重复**并非一个事实行为:行为人重复利用某一事实行为(A)作为复合行为(A+……)中的一部分,从而形成不同的复合行为(A+B)、(A+C),实施不同的具体犯罪Y、Z。在此,A不是一个事实行为。

3. 同时触犯数个罪名

同时触犯数个罪名,是指以一个事实行为为核心的主观与客观的事实,同时符合数个不同罪名的具体犯罪。

同时符合数罪:行为人实施一个事实行为并附随着一系列的主观与客观的事实,在这一整个的事实中,一个事实行为与某些主客观事实组合符合此罪的构成要件,同时该一个事实行为与另一些主客观事实组合又符合彼罪的构成要件。

数个罪名不同:想像竞合犯一个事实行为所触犯的数罪是否必须属于不同罪名,对此刑法理论存在肯定说与否定说的对立。肯定说是我国刑法理论的通说,否定说在国外刑法理论中居主导地位。本书持肯定说的立场。想像竞合犯一个事实行为所触犯的数罪应当属于不同罪名:**(1) 理论宗旨**:想像竞合犯所要解决的根本问题,是在一个事实行为同时触犯数罪的场合,须对其定罪与处刑予以合理确定。倘若数罪为同一罪名,则竞合之罪的罪质相同,从而定罪取向的意义就不太明显,想像竞合犯的基本价值也有所减损。**(2) 牵涉数罪**:刑法理论在数罪标准上存在符合次数说的

---

① 牵连犯与吸收犯的行为也受一个主导犯罪意图的支配,但是其却为数个行为。行为个数不仅受主观心态所限,而且还由客观特征决定。

见解。① 对此,应当区分三种情形:数个行为分别数次符合同一罪名②(A);一个行为分别符合不同罪名(B);一个行为数次符合同一罪名(C)。显然,A 与 B 存在罪数问题,而 C 是否存在罪数问题值得推敲,而想像竞合犯属于罪数理论。**(3)处罚需要**:想像竞合犯的处罚原则系从一重处断。在一个事实行为触犯不同罪名的场合,从一重处断相对明确;而在一个事实行为触犯相同罪名的场合,所谓从一重处断则不无疑问。

4. 单一或者复合责任心态

单一或者复合责任心态,是指行为人实施一个事实行为所触犯的不同罪名之罪的主观责任心态,可以是单一的,也可以是复合的。对于想像竞合犯的一个事实行为在符合不同具体犯罪时,其责任心态类型,刑法理论存在"仅为单一责作心态"与"可以复合责任心态"的对立。事实上,行为人在复合责任心态的支配下,实施一个事实行为而触犯数罪名的情形,客观存在,想像竞合犯的理论与实践不宜将这一情形排斥于外。**(1)单一的故意**,例如,行为人以虚假广告的方式,损害他人商业信誉。这一情形,行为人实施一个事实行为,同时触犯虚假广告罪与损害商业信誉罪,并且行为人对于行为结果的主观心态均为故意。**(2)单一的过失**,例如,在生产作业过程中,违反有关安全管理规定,排放放射性废物,造成环境严重污染。这一情形,行为人实施一个事实行为,同时触犯污染环境罪与重大责任事故罪,并且行为人对于行为结果的主观心态均为过失。**(3)复合责任心态**:例如,刑讯逼供过失致使被害人死亡。这一情形,行为人实施一个肉刑逼供的事实行为,故意肉刑逼供触犯刑讯逼供罪,而肉刑过失致死被害人构成过失致人死亡罪。

(二)想像竞合犯的处罚原则

关于想像竞合犯的处罚原则,刑法理论存在"从一重处断"与"从一重重处"的不同见解。前者在竞合之重罪法定刑内处罚,后者突破该重罪法定刑加重处罚。对此,本书持从一重处断的立场。具体包括:**(1)重罪定罪**:按照所触犯的数罪中最重的一罪定罪。**(2)重罪法定刑**:在所定重罪所应当适用的法定刑幅度内量刑。**(3)从重量刑**:并不排斥在重罪所应当适用的法定刑幅度内从重。

(三)想像竞合犯与结果加重犯

相同之处:两者均与一个行为相关;均可呈现复合责任心态;均为一罪的终局。

主要区别:**(1)事实行为与实行行为**:想像竞合犯所谓的一个行为,表现为一个事实行为。而结果加重犯所谓的一个行为,是指一个实行行为。**(2)横向交互与纵向覆盖**:想像竞合犯一个行为所触犯的数个具体犯罪之间,在构成要件上呈横向交互关系。结果加重犯一个行为所符合的同一犯罪不同构成形态之间,在构成要件上呈纵向加重关系。**(3)罪名多元与罪名单一**:想像竞合犯一个事实行为同时触犯数个不同的罪名,为避免重复评价而为实质一罪。结果加重犯属于同一罪名框架内的普

---

① 〔日〕大谷实著:《刑法总论》,黎宏译,法律出版社 2003 年版,第 364 页。
② 这种场合的大致情形是:(1)典型同种数罪。(2)漏罪与新罪之并罚数罪。(3)法定多次行为的情形。(4)本书所称行为吸收犯。(5)连续犯。

通犯罪构成向加重结果的递进,属于法定一罪。**(4) 重罪法定刑与独立法定刑**:想像竞合犯从一重处断,而结果加重犯直接适用加重法定刑。

二、规范竞合犯·规范竞合

(一) 规范竞合的构成特征

规范竞合,又称法条竞合、法律竞合、法规竞合,是指规定不同罪名的刑法规范之间,在犯罪构成的关系上,实行行为整体结构与内容具有一定重合,主观责任心态类型重合相容,其他构成要件与要素相容的规范关系形态。这种竞合的规范之间存在着规范上的同一犯罪行为,需要规范竞合理论解决其规范的适用问题。**规范竞合犯**,是指与竞合规范相应的案件事实,适用规范而构成的一种具体犯罪形态;或从犯罪构成的角度称,是一种兼有竞合规范的犯罪构成的要素的一种具体犯罪形态。即所谓竞合规范中的同一犯罪行为。可见,规范竞合犯与规范竞合,系同一主题下的不同提法。规范竞合实际上是刑法分则罪刑规范之间的一种关系形态,只是由于这种规范关系涉及数罪的确定问题。规范竞合的构成特征如下。

1. 规范关系的形态

规范竞合系分则不同罪名的规范之间,存在相互容合与错综关系,在出现同一犯罪行为的案件事实时,仅择一个规范适用,由此确认事实行为的一罪。具体地说:(1) **刑法规范的竞合**:规范竞合是"刑法规范"的竞合。在规范竞合的场合,不论事实行为是否存在,犯罪构成的重合总是存在。(2) **不同罪名的竞合**:规范竞合是规定不同罪名刑法规范之间的竞合。同一罪名框架下的预备犯、未遂犯、中止犯与既遂犯,以及基准犯与结果加重犯、情节加重犯等,均非规范竞合。(3) **分则规范的竞合**:不同罪名规范之间的竞合,依存于分则规范的框架,主要表现为 A 罪基准罪状规范与 B 罪基准罪状规范之间的竞合,也包括 A 罪加重罪状规范与 B 罪基准罪状规范之间的竞合。前者的规范竞合系常态,但后者的规范竞合也有存在。(4) **一罪形态的归宿**:规范竞合系择一规范适用,因而具备竞合规范重合部分的同一行为事实,仅仅符合竞合中的某一规范,进而只成立实质的一罪。对此,可以用公式表述为:A 规范 ∩ B 规范 = C 构成 = A 罪(B 罪)。

2. 实行行为的整体重合

规范竞合的核心竞合,表现为竞合的各个规范所规定的实行行为之间具有一定的重合,并且这种实行行为之间的一定重合是一种整体结构与内容的关系。至于竞合的犯罪构成中的行为的结果、对象、情境等之间,是否具有重合关系,则并非规范竞合的必要要求,但其应当具有相容性,而无分离。

实行行为构成要素的重合:是指不同规范的实行行为的构成要素,在整体结构与内容上存在重合部分。这种整体结构与内容的重合,也可表述为实行行为的构成要素一一对应重合。由此,以下情形并非实行行为的整体与内容的重合:(1) 实行行为部分构成要素之间的重合:两罪实行行为的构成要素对应缺损者,并非整体重合。例如,故意伤害罪实行行为与抢劫罪实行行为的方法行为,具有一定的重合;但是抢劫罪实行行为的目的行为,则是故意伤害罪实行行为所不具备的。(2)实行行为构成要素所呈的异态关系:两罪实行行为的构成要素属于不同类型者,并非整体重合。例如,暴力危及飞行安全罪实行行为由"暴力"的方法行为构成,而故意伤害罪实行行为由"引起他人身体健康损害"的目的行为构成。(3)实行行为构成要素所含内容的不同:两罪实行行为的构成要素属于不同内容者,并非内容重合。例如,放火罪与故意杀人罪的实行行为虽均由目的行为构成,但放火罪行为的内容是"引起燃烧",而故意杀人罪行为的内容是"引起他人死亡"。

实行行为整体重合的表现:重合意味着竞合两罪的实行行为之间,在构成要素的整体结构与内容上存在相同的部分;但并不意味着两罪的实行行为,在逻辑关系的几何图形上是一同心圆。具体而论,竞合两罪的实行行为之间的重合样态可以是:(1)实行行为周延重合。例如,故意毁坏财物罪的"毁灭或者损坏"行为,与破坏交通工具罪的"破坏"行为。(2)实行行为包容重合。例如,诈骗罪的"虚构事实或者隐瞒真相骗取"行为,包容招摇撞骗罪的"冒充国家机关工作人员骗取"行为。(3)实行行为交叉重合。例如,妨害作证罪的"以暴力、威胁、贿买等方法阻止证人作证或者指使他人作伪证"行为,与辩护人、诉讼代理人妨害作证罪的"以威胁、引诱的方法使证人违背事实改变证言或者作伪证"行为。

实行行为的同层重合:在 A 罪的基准罪状规范与 B 罪的基准罪状规范存在规范竞合的场合,实行行为的重合即表现为同层重合。同层重合的分析框架是同层犯罪构成与同层规范。**同层犯罪构成**,是指 A 罪与 B 罪的犯罪构成处于基准或者加重的同一层面。相应,规定同层犯罪构成的 A 规范与 B 规范,也就是**同层规范**。进而,基于这种同层实行行为的重合所形成的规范竞合,称为**同层规范竞合**。犯罪构成基准实行行为的重合,是我国《刑法》规范竞合的实行行为重合的主流表现。

实行行为的复层重合:在 A 罪的加重罪状规范与 B 罪的基准罪状规范存在规范竞合的场合,实行行为的重合即表现为复层重合。复层重合的分析框架是复层犯罪构成与复层规范。**复层犯罪构成**,是指 A 罪与 B 罪的犯罪构成处于加重或者基准的不同层面。相应,规定复层犯罪构成的 A 之加重罪状规范与 B 之基准罪状规范,也就是**复层规范**。进而,基于 A 罪的加重实行行为与 B 罪的基准实行行为的重合,所形成的规范竞合,称为**复层规范竞合**。复层规范竞合的情形,在我国《刑法》规范竞合中并非主流。

3. 犯罪构成的竞合

规范竞合是犯罪构成的竞合,其中实行行为与主观责任同时具有一定的重合,犯罪构成的其他要件必须相容,而构成要件存在分离则排除了竞合。

犯罪构成竞合:规范竞合的理论路径为:规范竞合,意味着不同刑法规范(A 与 B)之间存在着竞合关系;这种竞合关系的核心是,不同刑法规范(A 与 B)所规定不同犯罪构成之间存在着犯罪构成的重合形态(C);由于出现了这种犯罪构成的重合形态(C),因而需要确定与 C 相应的案件事实所应适用的具体规范(A 或 B);而与 C 相应的案件事实所应适用的具体规范的确定,实际上也就是该案件事实所应适用的罪名、罪状与法定刑的确定。在此,核心是关涉竞合之犯罪构成的罪数问题的解决。

实行行为与责任类型同时重合:规范竞合的本义也意味着,竞合规范中的犯罪构成在区别中具有相当程度的容合。因为只有在规范间的容合到一定程度的时候,才需要规范竞合理论对这种容合规范所现的同一犯罪行为的案件事实,确定其规范的适用。而实行行为与主观责任是犯罪构成轮廓的支柱要素。倘若两个犯罪构成中的实行行为与主观责任同时具有一定的重合,那么这两个犯罪构成之间就具有了较大程度的相似性。因此,犯罪构成的竞合,至少是实行行为与主观责任心态同时具有一定的重合。这里,主观责任具有一定的重合,强调的是责任心态类型的重合或者相容。这就排除了实行行为重合而主观责任分离的规范之间的竞合。由此,本书并不认为故意杀人罪与过失致人死亡罪、放火罪与失火罪等之间存在规范竞合。

其他构成要件与要素相容:是指在不同刑法规范(A 与 B)竞合的场合,A 规范之 a 罪与 B 规范之 b 罪构成了犯罪构成的重合形态(C),在 C 中不仅 a 罪与 b 罪之实行行为与主观责任具有重合,而且 a 罪与 b 罪的其他构成要件与要素,或者也具有一定的重合(X),或者虽不重合但可以同时共存(Y)。其中,情形 X 称为重合相容,情形 Y 称为共存相容。(1)重合相容:例如,故意泄露国家秘密罪的行为主体"一般主体"与故意泄露军事秘密罪的行为主体"军职人员",前者包容后者。(2)共存相容:例如,盗窃罪的侵害法益"财物管理秩序"与盗窃枪支罪的侵害法益"公共安全和枪支管理制度",两者并无重合但可共存。

构成要件与要素并无分离:沿袭上文所述的语境,所谓分离,是指 a 罪的构成要件与 b 罪的构成要件,相互矛盾与对立而不能同时共存以致共处于 C 中。a 与 b 两罪构成要件之间的关系,可为重合、共存与分离。其中,重合与共存可以形成 C 而为规范竞合,而分离则不能形成 C,也不存在规范竞合关系。例如,挪用资金罪的行为主体是"公司、企业或者其他单位的非国家工作人员",而挪用公款罪的行为主体是"国家工作人员",两者之间的关系恰恰是是与非的逻辑关系,即分离。由此,本书并不认为职务侵占罪与贪污罪等之间存在规范竞合。

重合于犯罪构成重合形态:沿袭上文所述的语境,具有规范竞合关系的 a 罪与 b 罪构成了犯罪构成的重合形态(C)。具体地说,C 是一种兼有 a 罪与 b 罪的包容性的犯罪构成形态,在这一犯罪构成形态中包含着 a 罪与 b 罪的犯罪构成要素。根据规范竞合理论,对于 C 只能适用竞合的 A 规范与 B 规范中的某一规范。而 C 作为一种犯罪形态,可谓是竞合规范中的同一犯罪行为,这一同一犯罪行为也有其相应的具体案件事实,这一具体案件事实即为规范竞合犯。

(二)规范竞合的类型

对于规范竞合的类型,刑法理论存在如下见解:独立竞合,包容竞合,偏一竞合,交叉竞合;特别关系,补充关系,吸收关系;全包含关系,交叉重叠关系;仅为包容竞合。对此,应当注意,规范竞合类型不同于规范充足类型。作为竞合规范之间关系形态的种类,规范竞合类型有包容关系和交叉关系两种。

规范竞合类型,意味着针对竞合的规范之间的关系,分别这种关系所表现出的不同具体特征,对竞合规范之间的关系形态进行种类的划分。而**规范充足类型**,意味着针对犯罪构成重合形态与某一规范的关系,分别这种关系所表现出的不同具体特征,对犯罪构成重合形态充足某一规范的关系形态进行种类的划分。**由此**,规范竞合的类型,主要描述竞合的规范之间的关系形态。

在规范竞合的视野下,竞合之犯罪构成的要素之间的关系,是竞合规范之间关系的实质内容。竞合规范的犯罪构成要素之间的关系,可能存在三种情况:包容重合、交叉重合、共存相容。根据这三者组合形态的不同,可以将规范竞合的类型分为两种。**(1) 包容关系**:是指竞合的规范所规定的犯罪构成的要素之间,仅存在单向包容重合,包括单向包容重合、重合、共存相容关系共存,而不存在交叉重合或双向包容重合的情形。所谓**单向包容重合**,是指在两个犯罪构成的要素之间的关系上,只存在一个犯罪构成的要素包容另一个犯罪构成的要素,而不存在相反的情况。**(2) 交叉关系**:是指竞合的规范所规定的犯罪构成的要素之间,或者存在着交叉重合,包括交叉重合、包容重合、共存相容关系共存的情形;或者存在着双向包容重合,包括双向包容重合、共存相容关系共存的情形。所谓**双向包容重合**,是指在两个犯罪构成的要素之间的关系上,一个犯罪构成的某个要素包容另一个犯罪构成的相应要素,而后一个犯罪构成的某一其他要素又包容前一个犯罪构成的相应要素。

(三) 规范竞合的适用原则

基于遵循罪刑法定原则与规范竞合适用原则,在规范竞合的适用规范上应当做到:**(1) 依照刑法规定**:在《刑法》对于规范竞合适用原则作了明确规定的场合,依照《刑法》规定。我国《刑法》针对某些场合的规范竞合,对其规范适用原则作了明确规定,包括:特别规范优于普通规范,例如,第233条、第234条第2款等;普通规范优于特别规范,例如,第438条第2款;重法规范优于轻法规范,例如,第133条之一第2款等。**(2) 遵循一般原则**:在《刑法》未对规范竞合适用原则予以明确规定的场合,遵循适用规范的一般原则。《刑法》只是对部分场合的规范竞合明确规定了其适用原则,而规范竞合的现象较为普遍,对于《刑法》没有明确规定其适用原则的一些规范竞合,总体上应当按照特别规范优于普通规范、复杂规范优于简单规范的原则,选择适用规范。**(3) 特别场合例外**:特别规范与普通规范、复杂规范与简单规范的法定刑设置,明显有违罪刑均衡原则;并且《刑法》也没有明确规定竞合规范的适用规范。在此场合,适用重法规范优于轻法规范的原则。因为,罪刑均衡原则也是立法与司法的准则,在不违背罪刑法定原则的前提下这一原则理应得到切实贯彻。在刑法中,一般原则之外有例外,这既是一种常见现象也不失为一种规则。

特别规范优于普通规范、复杂规范优于简单规范、重法规范优于轻法规范是规范竞合的适用原则。除此之外,刑法理论还提出了其他一些规范竞合的适用原则。不过,这些原则并不可取。诸如,基本法优于补充法的适用原则,由于缺乏基本法与补充法可以成立规范竞合的前提,因而不予肯定;吸收法优于被吸收法的适用原则,由于复杂规范优于简单规范的适用原则已有相当的代表性,从而无须再予单列;择一关系的规范适用原则,相对于特别规范优于普通规范等规范竞合的适用原则,不具典型意义。

（四）规范竞合犯与想像竞合犯

相同之处：两者均属一个行为；均牵涉数个罪名；均为实质一罪。

主要区别：**(1) 事实竞合与规范竞合**：想像竞合犯，系由事实行为的累及而生 A 罪与 B 罪之竞合，A 罪与 B 罪在规范设置上并无竞合关系；而规范竞合犯，系由实行行为重合等而生 A 罪与 B 罪之竞合，A 罪与 B 罪在规范设置上就有竞合关系。**(2) 事实行为与规范行为**：想像竞合犯的聚焦在于，在不同具体犯罪中被重复评价的一个事实行为；而规范竞合犯的聚集在于，在不同具体犯罪构成中所现的实行行为整体结构与内容的重合。**(3) 责任心态多元与责任类型重合**：想像竞合犯一个事实行为所触犯的数罪，其主观责任形式可为故意与过失的多元并存；而规范竞合犯竞合的不同犯罪构成之间，其主观责任形式的具体类型应为重合或者相容。**(4) 各种形态竞合与基本构成竞合**：想像竞合犯，竞合的不同犯罪之间并无特别形态的限定，既可以表现为 A 罪修正犯罪形态与 B 罪基本犯罪形态的竞合，也可以表现为 A 罪基准犯罪形态与 B 罪加重犯罪形态的竞合。规范竞合犯，强调竞合的不同罪名规范依存于分则规范的框架，主要表现为 A 罪基准罪状规范与 B 罪基准罪状规范之间的竞合，也包括 A 罪基准罪状规范与 B 罪加重罪状规范之间的竞合。**(5) 罪刑定位与规范适用**：想像竞合犯要解决的核心问题是罪刑的定位，即在一个事实行为触犯数个不同罪名的场合，如何定罪处刑。而规范竞合犯要解决的核心问题是规范的适用，即当刑法规范的设置出现了交叉或者重合的关系时，对于犯罪构成上的同一犯罪行为如何选择适用规范。**(6) 处断一罪与单纯一罪**：想像竞合犯的一个事实行为，对于数个罪名均有符合，最终从一重罪处断，因而想像竞合犯属于处断一罪；而规范竞合犯的同一犯罪行为的具体案件事实，仅择竞合中的某一规范适用，而不适用其他规范，从而规范竞合犯属于单纯一罪。

第四节 数行为法定一罪

一、集合犯

（一）集合犯的构成特征

集合犯，是指行为人基于同一犯罪意图，反复实施同种性质的犯罪行为，刑法规范将其包括在同一犯罪构成中的犯罪形态。例如，我国《刑法》第 303 条规定的赌博罪、第 336 条规定的非法行医罪等。集合犯是刑法分则规定的一种具体犯罪类型，只是由于其犯罪构成的行为可现重复或次数不定，从而与数罪的界线似有模糊。集合犯的构成特征如下：

1. 同一犯罪意图

同一犯罪意图，是指行为人具有反复实施某一相同性质的具体犯罪的意思图谋，并且在行为时持有该具体犯罪的故意心态。**(1) 反复的意图**：行为人在实施具体犯罪时,并非以完成一次犯罪行为为目的,而是预计多次重复相同的犯罪行为,即具有反复实施相同犯罪行为的意图。**(2) 同一的意图**:行为人每次重复实施犯罪行为时,均持有相同具体犯罪的故意,即具有前后一致的具体犯罪的意图。

2. 同一性质犯罪行为

同一性质犯罪行为,是指构成要件预设了可以轮番同种反复的实行行为,由此表现为行为人反复实施性质相同的犯罪行为。**(1) 规范意义**:构成要件预设了可以轮番重复的实行行为形态。设实行行为的要素整合为 A,则单数 A 为实行行为,而复数 A(A+A+A……)亦为实行行为。**(2) 事实意义**:与实行行为相应,自然行为作为实行行为的表现也包括轮番重复的情形。充足 A 的自然行为整合,属于实行行为事实表现的一个单位,设为 a。则行为人实施一个 a,一次符合实行行为,行为人实施数个 a,同样只是作为一个整体符合实行行为,仅能成立一罪。

3. 预设于同一犯罪构成

预设于同一犯罪构成,是指可以轮番重复的实行行为形态,或者反复实施性质相同自然行为,只是作为一个整体一次符合实行行为,这一构成要件的符合性由刑法规范预先规定。从这个意义上说,集合犯是对于**数个**同质(种)行为的法定一罪。数个同一行为的法定一罪,是集合犯所要强调的,但是在集合犯的构成要件意义中也包括,行为人基于反复实施相同犯罪的意图而**一次**实施可以重复的同一行为,这依然成立法定的具体集合犯。

(二) 集合犯的类型

对于集合犯的类型,刑法理论存在不同见解。根据我国刑法立法的实际以及集合犯的理论特征,本书将集合犯分为常习犯、职业犯、常业犯。

常习犯:又称习惯犯、惯习犯,是指行为人逐步养成某种犯罪的习惯,在较长时间内反复多次实施该种具体犯罪,以犯罪所得作为主要生活来源的犯罪形态。我国1979 年《刑法》第 152 条曾有惯窃、惯骗的常习犯规定,《德国刑法典》第 243 条第 1款也有"职业盗窃"的常习犯规定。我国现行《刑法》并未明确设置常习犯。现实中常习犯的情形大量存在,常习犯的罪刑应由刑法科学而明确地规定。常习犯具有如下**特征**:(1) 犯罪的习惯性:行为人逐渐形成了实施某种具体犯罪的较为稳定的心理结构与行为模式,养成了犯罪的习性与惯性,犯罪技术日臻完善。(2) 犯罪的长期性:行为人在相当长的时期内不断地实施犯罪。这种长期的犯罪经历,少则一两年,多则伴随行为人的一生,形成了犯罪的职业生涯。(3) 犯罪的重复性:行为人基于同一犯罪意图,不断地、经常地、反复地实施同种性质的犯罪行为。(4) 犯罪的依赖性:行为人缺乏正当的职业,依靠犯罪所得作为自己生活或挥霍的主要来源。

职业犯:是指行为人违法实施某种职业性的活动,刑法规范将其包括在同一犯罪构成中的犯罪形态。例如,我国《刑法》第 336 条第 1 款规定的非法行医罪。职业犯是较具规范的法定一罪,对于职业犯依照刑法分则的具体规定处罚。职业犯具有如下**特征**:(1) 行为的违法性:职业犯的行为内容多数存在合法的途径,然而行为人却以违法的手段实现自己的职业需求。(2) 犯罪的职业性:职业犯的行为内容具有职业属性,倘若行为人遵守从业规则,则行为可以成为恰当的职业活动。(3)性质的同一性:行为人基于重复实施相同犯罪行为的意图,实施一次行为与实施数次行为,均可成立职业犯。(4)构成的法定性:职业犯的罪刑由刑法规范预先设置。尤其是对于职业犯的违法性特征,刑法条文一般都予叙明。

常业犯:是指行为人实施某种非法经营性的活动,刑法规范将其包括在同一犯罪构成中的犯罪形态。例如,我国《刑法》第303条规定的"以赌博为业"的赌博罪。常业犯也是法定一罪,对于常业犯依照刑法分则的具体规定处罚。常业犯通常以营利为目的,但是"以营为目的"并非所有常业犯的法定构成要素。常业犯具有如下**特征**:(1)行为的经营性:常业犯行为的内容具有经营性的特征,表现出经济上的投入、活动上的管理等成分。(2)经营的非法性:常业犯行为人所从事的营业内容与性质,具有较为明显的非法性和反社会特征。(3)性质的同一性:在行为人的行为表现为轮番重复的场合,数次行为的性质前后始终保持一致。(4)构成的法定性:常业犯的罪刑由刑法规范预先设置。经营性特征在刑法条文中既可叙明也可隐含。

常习犯与职业犯:均可表现为行为人将某种犯罪作为自身的一种职业活动。然而,两者存在重要**区别**。(1)主观恶性:常习犯行为人的犯罪已成习惯,具有较为稳定的犯罪定势,人身危险性较大。职业犯意图违法从事某种职业活动,主观恶性侧重于行为时犯罪故意的表现。(2)重复行为:尽管两者均可呈现,在数个自然行为反复符合实行行为的场合,仅成立一罪,但是在只实施一次行为的场合,如果行为人出于重复实施相同犯罪行为的意图,可以成立职业犯,而一次行为不足以反映犯罪的习惯性,从而不能由此认定常习犯。(3)职业特征:尽管两者均可表现为将某种犯罪作为一种职业活动,但是常习犯是行为人将某种具体犯罪作为自己的职业,而不是职业活动违法,职业犯则表现为行为人实施职业的手段违法或者其他有关职业的内容违法。

常业犯与职业犯:均伴随着行为人的从业特征,并且在性质的同一性、构成的法定性等方面也基本一致。然而,两者在从业性质上则有着重要**区别**。常业犯行为的内容具有经营性的特征,尤其是行为人所从事的营业内容与性质,具有较为明显的非法性和反社会特征。易言之,常业犯以经营非法行业为显著。职业犯的行为内容具有职业性的特征,行为的犯罪性主要表现为行为人以违法的手段实施自己的职业活动。易言之,职业犯以非法经营行业为标志。

(三)集合犯的处罚原则

集合犯属于数个同质行为的法定一罪,集合犯的构成要件与法定刑由刑法分则具体规定,对于集合犯依照刑法分则的具体规定处罚。

二、转化犯

(一)转化犯的构成特征

转化犯,是我国刑法理论根据立法实际而启用的术语,在一定程度上相当于"追并犯"①。尽管这一术语已获得广泛的承认,但是学者们对其具体界说颇有争议。基于我国《刑法》的实然规定与理论逻辑,确切地说,**转化犯**,是指行为在成立基础犯罪之后又具备了另一密切相关的更为严重的犯罪构成或者其他事实特征,刑法明文规定按后一较重的犯罪论处的犯罪形态。转化犯是刑法分则规定的具体犯罪的一种类型,由于在其构成中存在 A 罪向 B 罪的转化,从而与数罪的界线似有模糊。转化犯的基本模式是"A(基础犯罪)+B(转化犯罪或者其他事实特征)=B(转化犯罪或者准转化犯罪)",转化犯的构成特征也由此路径展开。

1. 转化犯的基础形态特征

基础形态应为犯罪行为:转化犯的基础形态,是指转化犯在转化前的行为及其伴随的诸事实所构成的、作为转化犯之转化基础的一种行为形态。转化犯的基础形态是否必须是犯罪行为,对此刑法理论存在肯定说与否定说的不同见解。本书肯定转化犯的基础形态是犯罪行为。"转化"是转化犯的核心意义之一,意味着由 A 罪转化为 B 罪。而由"违法行为"到"犯罪行为",并非犯罪的转化,而是行为成立犯罪的问题。由此,我国《刑法》第 289 条前段的规定不是转化犯。

基础犯罪呈现故意犯罪:基础犯罪是否必须是故意犯罪,对此刑法理论也有肯定说与否定说的不同见解。事实上,转化犯是法定的一罪。而从我国《刑法》的规定来看,目前尚无由过失犯罪向故意犯罪转化的转化犯立法例。不过,理论研究并不只是实然的展示,从这个意义上说,在刑法立法中设置由过失犯罪向故意犯罪转化的转化犯,也未尝不可。

基础犯罪呈现各种停止形态:预备犯、未遂犯能否成为转化犯的基础犯罪,对此刑法理论也有着较大的争议。对此,本书的立场是,既遂犯、未遂犯、预备犯均可成为转化犯的基础犯罪。无论是既遂犯还是预备犯、未遂犯,均属于犯罪的范畴,将它们视作转化犯的基础犯罪并无不妥。从现实上看,也确实存在预备犯、未遂犯发展成转化犯的情形。

基础犯罪停止形态与转化犯罪停止形态:有的学者以基础犯罪的停止形态来确定转化犯罪的停止形态。本书并不同意这一见解,而是认为,转化犯罪的停止形态,应当以行为充足转化犯罪构成的情况为准。基础犯罪与转化犯罪,是有着法定的转化关系的两罪,但是这并不否定该两罪各自有着一定的独立性。现实中,行为人的行为充足基础犯罪以及转化条件的程度均会有所不同。

2. 转化犯的构成要件特征

基础犯罪与转化犯罪之间的性质转化:犯罪的性质与名称不发生转化,则无所谓"转化犯"。因此,基础犯罪与转化犯罪是两种不同性质的犯罪,转化犯罪的罪名不同于基础犯罪的罪名。另外,从基础犯罪到转化犯罪的转化,是由轻罪向重罪的转化。由轻罪向重罪的转化,既是现实中犯罪行为发生转化的写照,也是刑法上设置转化犯

---

① **追并犯**,乃原罪依法律之特别规定,因与犯罪后之行为合并,变成他罪。参见陈朴生编著:《刑法总论》,台湾正中书局 1969 年版,第 168 页。

的价值所在。

基础犯罪向转化犯罪转化的时间特征：对于决定转化的事实所发生的时间，刑法理论存在"基础犯罪同时"与"基础犯罪之前"的不同见解。应当说，决定转化的事实紧随基础犯罪之后或发生于基础犯罪持续期间。发生于基础犯罪行为之前的事实，对于基础犯罪来说，不是罪与罪之间的转化问题，而是具体犯罪构成的问题。由此，我国《刑法》第267条第2款的规定不是转化犯。

基础犯罪与转化犯罪之间的故意内容：基于我国立法的实然，不少论者均将转化犯界定为故意犯之间的转化。然而，对于故意内容是否转化，则有着肯定与否定的争议。应当说，故意犯之间的转化犯，故意内容的转化是必需的。转化犯是此罪向彼罪的转化，不同的具体故意犯罪，其故意的内容也有所区别。转化条件在于超过基础犯罪的要素，这些要素既包括客观要素，也包括主观要素。

基础犯罪与转化犯罪之间的构成要件行为：转化犯罪的构成要件行为（转化行为）与基础犯罪的构成要件行为（基础行为）之间，在构成要素上有何关系，对此刑法理论存在各种说法，而争议的焦点在于，转化行为的构成中是否包括基础行为。本书认为，转化犯是从A罪向B罪的转化，其中基础行为与转化行为既有关系，又互为相对独立，转化行为有其自身的构成。基础行为与转化行为可以呈包容关系或分离关系。包容关系，例如，我国《刑法》第269条规定的转化犯；分离关系，例如，我国《刑法》第253条第2款规定的转化犯。

转化条件与转化犯罪之间的构成要件：转化条件即决定转化的诸事实特征，具体是指基础犯罪成立要件以外的决定转化犯罪成立的主观与客观的事实特征。对于转化条件与转化犯罪在构成要件上的关系，刑法理论存在不同观点。事实上，就这一问题而论，我国《刑法》所设置的转化犯存在三种：(1) 转化条件独立符合转化犯罪的构成要件。例如，《刑法》第247条规定的转化犯。(2) 基础犯罪并转化条件符合转化犯罪的构成要件。例如，《刑法》第393条规定的转化犯。(3) 基础犯罪并转化条件大致符合转化犯罪的构成要件。例如，《刑法》第269条规定的转化犯。

两个行为或准一行为而为法定一罪：许多学者认为，转化犯是实质的一罪；也有学者认为转化犯是实质上数罪，非处断的一罪。这些论断尚有可商榷之处。本书认为，转化犯为法定一罪，而在其法定一罪中包含了"一个犯罪行为并其他事实"或者"两个犯罪行为"。转化犯以刑法规定为限，从而就法定形式而论，其系属针对A罪之后又有较重B罪事实特征的情形，刑法规定按照较重B罪论处的法定犯罪形态。

（二）转化犯的类型

可以从不同的角度对转化犯进行分类。其中较具价值的是，按照转化犯之转化犯罪的特征，将转化犯分为典型转化犯、准型转化犯。(1) **典型转化犯**：是指刑法所规定的决定转化犯罪成立的诸事实特征，完全符合转化犯罪的标准构成形态。例如，我国《刑法》第253条第2款所规定的转化犯。(2) **准型转化犯**：是指刑法所规定的决定转化犯罪成立的诸事实特征，并不完全符合转化犯罪的标准构成形态，但是刑法规定依照该转化犯罪论处。例如，我国《刑法》第269条所规定的转化犯。

转化犯是由基础犯罪向转化犯罪的转化。作为转化结果的转化犯罪,可能是标准的形态,也可能是非标准的形态。本书称前者为典型转化犯,称后者为准型转化犯。另一方面,**准犯**又可以分为普通型准犯与转化型准犯。**普通型准犯**,是指所成立的犯罪不存在由彼罪向本罪转化的准犯。例如,我国《刑法》第267条第2款规定的准抢劫罪。**转化型准犯**,是指所成立的犯罪是由彼罪向本罪转化的准犯。例如,我国《刑法》第269条规定的准抢劫罪。

(三)转化犯的处罚原则

转化犯虽为法定一罪,但基于转化犯系由基础犯罪向转化犯罪之转化的形态,分则对于转化犯并不特别设置新的法定刑。因此,对于转化犯依照分则对于转化犯的处罚规定以及所转化犯罪的法定刑,具体处罚。

(四)转化犯与其他法定一罪

1. 转化犯与包容犯

包容犯,是指行为人实施本罪犯罪行为,又出现了另一相关的他罪事实特征,刑法明文规定按本罪从重或者加重处罚的法定犯罪形态。包容犯的基本模式是"A(犯罪) + B(犯罪) = A(犯罪)";意味着 A 罪或其加重犯罪构成,包含容纳了 B 罪或其某些罪状的法定犯罪形态。例如,我国《刑法》第171条第3款的规定、第240条第1款第3项的规定、第328条第1款第4项的规定。包容犯不同于结果加重犯与结合犯。

转化犯与包容犯,均为关涉两罪而为法定一罪,并且最终均将一罪置于他罪中论处。但是,两者存在重要区别:(1)包容与转化:包容犯是 A 罪包容 B 罪,而转化犯是 A 罪转化成 B 罪。(2)AB 独立与 AB 整合:在包容犯中 B 罪独立成立,从而包容犯是针对 AB 行为与 AB 罪的包容立法,而转化犯在 B 为其他事实特征的场合①,B 不能独立构成转化犯罪,须由 AB 整合构成转化犯罪或准转化犯罪。

2. 转化犯与结果加重犯

结果加重犯的基本模式是"A(基准犯罪) + B(加重结果) = A(结果加重犯)"。转化犯与结果加重犯,均涉及复合责任心态而为法定一罪。但是,两者存在重要区别:(1)纵深加重与横向转化:在结果加重犯中,基准犯罪与结果加重犯依存于同一具体犯罪(A)的框架,B 仅是 A 罪中的加重结果;而在转化犯中,基础犯罪(A)与转化犯罪(B)分属于不同的具体犯罪(A 与 B),转化犯是由 A 罪向 B 罪的转化。(2)加重结果与他罪事实:结果加重犯的 B,只是 A 罪之加重犯罪构成的结果加重要素;而转化犯的 B,既可以是转化犯罪也可以是其他事实特征,但其均非 A 罪的构成要素。

3. 转化犯与结合犯

结合犯,又称复杂罪,是指数个罪名不同、各自独立的法定犯罪,由刑法规定将之整合成另一新的罪名犯罪的犯罪形态。结合犯的基本模式是"A 罪 + B 罪 = AB 罪(C 罪)"。例如,《日本刑法典》第241条所规定的强盗强奸罪。

---

① 转化犯的基本模式是"A(基础犯罪) + B(转化犯罪或者其他事实特征) = B(转化犯罪或者准转化犯罪)"。

转化犯与结合犯,均为法定一罪,均涉及罪名的变化,均存在涉及两罪的不同责任心态。但是,两者存在着重在区别:(1)罪名特征:结合犯存在着新的罪名的产生,而转化犯并不存在新的罪名的产生。(2)前提特征:结合犯的前提是法定"A罪+B罪",而转化犯的前提包括"A罪+B罪"与"A罪+其他事实特征"。(3)法定刑:结合犯有不同于A罪与B罪的独立法定刑,而以B罪论处的转化犯并无自身独立的法定刑。

（五）转化犯的立法事宜

转化犯有其立法价值。诸如,利于立法的明确性,增加司法的可操作性等。不过,转化犯的设置应以必要为限,如果是能够较为明确地通过罪数理论予以解决的情形,则可不必动用立法,以节省立法资源、精简法条。尤其是,不宜将本应数罪并罚的情形设置为转化犯,否则难以做到罪刑相适应,并且也会冲击数罪并罚制度。

第五节 数行为处断一罪

一、吸收犯

（一）吸收犯的构成特征

吸收犯,是指行为人在针对同一行为对象的同一犯罪过程中,基于一个主导或单一的犯罪意图的支配,实施分别符合数个构成要件行为的数个事实行为,按照社会经验或者法律性质判断,这些行为之间存在着当然联系,从而其中的一个行为将其他行为吸收,被吸收的行为失去独立存在的意义,而按吸收行为论罪的犯罪形态。例如,行为人盗窃枪支而后予以持有。吸收犯是数个事实行为触犯一个罪名或数个罪名的犯罪形态,只是由于这数个行为之间存在当然联系从而作为一罪处断。吸收犯的构成特征如下。

1. 主观特征:一个主导或单一犯罪意图

一个主导或单一犯罪意图,是指行为人所实施的具有吸收关系的数个事实行为,受一个核心的或者同一的主观心态支配。(1)一个主导犯罪意图,是指行为人实施数个性质不同的事实行为,相应存在数个性质不同的主观心态,其中有一个居于支配地位,统治着整个犯罪的进程。(2)一个单一犯罪意图,是指行为人实施数个性质相同的事实行为,从而存在一个性质单一的主观心态,这个主观心态统治着整个犯罪的进程。例如,实行吸收预备中的单一犯意。

2. 行为特征:数个事实行为

数个事实行为,是指行为人在一个犯罪过程中所实施的,作为具体案件事实的若干自然行为,在不存在重复评价的情况下,分别符合不同的构成要件行为。这里,数个事实行为可以是同一性质的(属于同一罪名),也可以是不同性质的(属于不同罪名)。对此,刑法理论有同一性质说、不同性质说、同异性质兼容说的对立。本书认为,数个事实行为同异性质兼容,符合吸收犯的理论与实际。同一性质说与不同性质说均不恰当地缩小了吸收犯的范围,不利于某些犯罪形态的司法实际解决。

3. 行为特征:数个行为存在吸收关系

数个行为存在吸收关系,是指数个事实行为分别符合的数个构成要件行为之间或者数个具体犯罪行为之间,按照社会经验或者法律性质判断,存在着合乎情理的当然联系。这里,"当然联系"的评价是关键,对此刑法理论存在双向标准说、主观标准说、法定标准说的不同见解。本书认为,这里的"当然联系",既是社会经验的判断,也是法律性质的展现。(1)社会经验评价:在犯罪吸收犯的场合,将数个事实行为分别符合的数个具体犯罪行为前后之间,具有现实生活的规律性发展关系,视作当然联系的存在。(2)法律性质评价:在行为吸收犯的场合,将数个构成要件行为之间,具有法律规定的主导与从属意义,视作当然联系的存在。

4. 对象特征:同一犯罪过程中的同一行为对象

同一犯罪过程,是指行为人在一个主导或单一犯罪意图的支配下,实施数个事实行为的法定性质具有当然联系①,并且行为对象具有同一指向,从而在事实上形成一个犯罪整体。在此,"行为对象同一指向",亦即同一行为对象,是指吸收犯的数个事实行为所针对的行为对象,具有相对集中、一致的指向性。反之,数个事实行为所指向的行为对象各别不同,则不能认作吸收犯。作为吸收犯成立标志的同一行为对象,也可以表现为对象形式上似有差异而实质上具有同一,这一情形也可以称为吸收犯行为对象的间接同一。例如,存折本身(A)与其所承载钱款(B)。

5. 罪名特征:符合数个犯罪构成

符合数个犯罪构成,是指具有吸收关系的数个事实行为,在各自独立评价的场合,分别符合数个不同的犯罪构成②。具体地说:(1)犯罪构成的性质:具有吸收关系的数个事实行为,在各自独立评价的场合,所符合的数个不同的犯罪构成,既可以表现为修正犯罪构成与基本犯罪构成的不同,从而在同一罪名框架下,也可以表现为不同罪名之间的犯罪构成的不同。(2)犯罪构成的数个:具有吸收关系的数个行为,应当是分别符合数个犯罪构成的行为。在某些场合,虽然表现为数个行为,甚至也符合吸收犯的其他特征,但是如果数个行为并非分别符合数个犯罪构成,则不能认定为吸收犯。例如,先前的犯罪行为与无涉定罪的事后行为。③

---

① 数个事实行为的法定性质具有当然联系,是指数个事实行为分别符合的数个构成要件行为前后之间,或者数个事实行为分别符合的数个具体犯罪行为前后之间,具有当然联系。

② 这里的"分别符合数个犯罪构成",是以"如果"对于数个事实行为予以"各自独立评价"为前提的。

③ 对此,**适例**可为:行为人盗窃他人笔记本电脑(A)而后自己销售赃物(B)。在本案中,A 行为构成盗窃罪,但 B 行为并不构成掩饰、隐瞒犯罪所得罪,从而 A 与 B 之间并非吸收犯。在此,尽管 A 与 B 的行为受一个主导意图支配,两行为也都针对同一行为对象,同时也可将 B 行为视作 A 行为的当然结果,但是 B 行为并不相对独立成罪,也就无所谓罪数的问题。对于这种无涉定罪的事后行为,可以视作量刑情节予以考虑。**反之**,行为人盗窃他人笔记本电脑(A)而后故意将之毁坏(B)的案件,A 行为构成盗窃罪,B 行为构成故意毁坏财物罪,在 A 与 B 之间符合吸收犯其他构成特征的场合,可以将之认定为吸收犯。不过,如果盗窃后为了掩盖罪行或者报复等其他目的,故意毁坏他人财物构成犯罪的,应以盗窃罪和故意毁坏财物罪数罪并罚。对于后一种情形的吸收犯,国外刑法理论以不可罚的事后行为解释之。**不可罚的事后行为**,是指在状态犯的场合,本来分割考察事后行为也可以独立成罪,然而基于事后行为利用了前者实行行为的结果状态,由此事后行为作为前者实行行为的结果行为被评价在前行为的犯罪中,前行为与后行为总和起来受到处罚从而使对后行为的单独处罚没有必要。

（二）吸收犯的吸收关系

吸收关系形态表述：对于吸收关系形态，刑法理论存在单一吸收关系说、三重吸收关系说、总体吸收关系说的对立。事实上，吸收关系形态呈现多元并进的逻辑线索，对其表述也宜按照这种多元线索而展开。具体地说，吸收犯的吸收关系形态表现为，共同犯罪形态行为的吸收关系、故意犯罪过程行为的吸收关系、不同具体犯罪行为的吸收关系。

犯罪行为吸收与构成要件行为吸收：刑法理论通常将吸收犯限定为数个犯罪行为之间的吸收。其实，这一说法并不完全确切。犯罪行为之间的吸收的表述，可以包容不同罪名的构成要件行为之间的吸收的情形，但是却不能尽述相同罪名的构成要件行为之间的吸收的情形。因此，根据吸收犯之吸收的不同情形，应当将吸收犯之吸收分别称为：（1）具体犯罪行为之间的吸收，这一吸收依存于同一罪名的框架；（2）构成要件行为之间的吸收，这一吸收依存于不同罪名的框架。

吸收关系具体类型：基于构成要件行为之间的吸收以及犯罪行为之间的吸收，吸收关系的具体类型表现为：（1）共同犯罪形态行为的吸收关系，这一吸收关系可能存在：正犯行为吸收共犯行为、教唆行为吸收帮助行为。（2）故意犯罪过程行为的吸收关系，这一吸收关系可能存在：终了实行行为吸收未了实行行为、中止行为吸收预备行为与未了实行行为、终了实行行为。①（3）不同具体犯罪行为的吸收关系，这一吸收关系表现为：重罪行为吸收轻罪行为。

吸收犯类型：吸收关系较为直观地表述了吸收犯的核心意义，根据吸收关系的不同，吸收犯分为两种：**（1）行为吸收犯**：又称同质吸收犯，是指基于构成要件行为之间的吸收与被吸收而构成的吸收犯。在行为吸收犯中，具有吸收关系的数个事实行为依存于同一具体罪名的框架。行为吸收犯包括：共同犯罪形态行为的吸收关系、故意犯罪过程行为的吸收关系。**（2）犯罪吸收犯**：又称异质吸收犯，是指基于具体犯罪行为之间的吸收与被吸收而构成的吸收犯。在犯罪吸收犯中，具有吸收关系的数个事实行为依存于不同具体罪名的框架。从而，犯罪吸收犯主要表现为不同犯罪行为的吸收关系。

（三）吸收犯的处罚原则

对于吸收犯的处罚，刑法理论通常只是强调依照吸收行为所构成的犯罪处罚。应当说，吸收犯存在不同的类型，对于不同吸收关系的吸收犯，在处罚原则上有所不同。具体地说：**（1）停止形态吸收·一罪处断**：在故意犯罪过程行为吸收关系的场合，基于预备行为、实行行为、中止行为等，而有预备犯、未遂犯、中止犯与既遂犯，然而其依存于同一罪名框架，且这些犯罪的停顿点不可兼有，从而对这一类型的吸收犯以"一罪处断"为宜。**（2）共同形态吸收·一罪重处**：在共同犯罪形态行为吸收关系的场合，如果从数个事实行为的个别特征来看，数个事实行为分别符合同一罪名的不

---

① **终了实行行为**，是指行为人已经着手实行犯罪的实行行为，并且已将实行行为实施完毕；**未了实行行为**，是指行为人已经着手实行犯罪的实行行为，但是尚未将实行行为实施完毕；**中止行为**，是指行为人在犯罪过程中，自动放弃犯罪或者自动有效地防止犯罪结果发生致使犯罪未能完成的行为。

同犯罪形态,且行为人可有教唆犯、实行犯、帮助犯的多重角色,从而对这一类型的吸收犯以"一罪重处"为宜。**(3) 不同罪名吸收·重罪重处**:在犯罪吸收犯的场合,如果从数个事实行为的个别特征来看,数个事实行为分别符合不同性质的犯罪构成,原本可以成立数罪,只是基于数罪之间存在吸收关系,从而作为一罪处断,对于这一类型的吸收犯以"从一重罪重处"为宜。

"从一重罪重处"包括如下意义:(1) 重罪定罪:按照所触犯的数罪中最重的一罪定罪。(2) 重罪法定刑:在所定重罪的法定刑幅度内量刑。(3) 从重量刑:在重罪所应当适用的法定刑幅度内适当从重。

(四) 犯罪吸收犯与想像竞合犯

犯罪吸收犯与想像竞合犯均有事实行为触犯数个罪名的问题,行为吸收犯与想像竞合犯均存在实质一罪的情形。但是,吸收犯与想像竞合犯有着重要区别:(1) 数行为与一行为:吸收犯表现为数个事实行为,不同构成要件行为的符合不存在对事实行为的重复评价;而想像竞合犯表现为一个事实行为,不同构成要件行为的符合是基于对事实行为的重复评价。(2) 单一意图与责任复合:犯罪吸收犯的数行为受一个主导犯罪意图支配,行为吸收犯的数行为受性质单一的主观心态支配;而想像竞合犯的一行为承载着故意复合、过失复合或者故意与过失复合的责任心态。(3) 罪名复杂与数个罪名:犯罪吸收犯数行为触犯不同罪名,行为吸收犯数行为触犯同一罪名;而想像竞合犯一行为触犯数个罪名。(4) 当然联系与偶然关系:吸收犯数行为的不同性质之间,按照社会经验或者法律性质判断,存在着合乎情理的关系;而想像竞合犯一行为所触犯的数个罪名之间,只是基于一个事实行为而形成的偶然关系。(5) 罪数复杂与实质一罪:吸收犯包含着实质一罪与实质数罪的情况;而想像竞合犯只是实质的一罪。(6) 处罚多样与重罪重处:对行为吸收犯,根据不同情形可为"一罪处断"或"从一重罪重处",对犯罪吸收犯"从一重罪重处";而想像竞合犯的处罚原则则为"从一重罪重处"。

二、牵连犯

(一) 牵连犯的构成特征

牵连犯,是指行为人基于一个主导犯罪意图的支配,实施作为主旨支配的本罪行为触犯本罪罪名,而其方法准备行为或者后续结果行为又成立他罪行为触犯他罪罪名的犯罪形态。例如,行为人意图杀害甲,于是盗窃枪支将甲击毙。值得注意的是,刑法理论存在取消牵连犯而将之归入包括一罪或并合罪的见解。对此,应当看到,牵连犯既不同于单纯一罪或典型数罪,也不宜被简单归入包括一罪,牵连犯有其独特的个性。一些国家的刑法总则规定了牵连犯。例如,《日本刑法典》第45条后段、《西班牙刑法典》第77条第1款后段。我国《刑法》总则对于牵连犯虽无明确立法,但是《刑法》分则却有诸多将具有牵连关系的数行为作为一罪处罚的规定,司法实践对于具有牵连关系的数罪一般也以一罪处断为主导。显然,牵连犯理论为这些立法与司法提供解释与根据。牵连犯是数个事实行为触犯数个罪名的犯罪形态,只是由于这数个行为之间存在牵连关系从而作为一罪处断。牵连犯的构成特征如下。

1. 主观特征：一个主导犯罪意图支配

对于牵连犯的主观特征，刑法理论存在"一个犯罪目的说"与"舍弃主观特征说"的不同见解。本书认为，对于牵连犯的主观特征不宜置疑，且应予述为"一个主导犯罪意图"。"一个犯罪目的"的表述，易与"一个犯罪心态"混淆。**一个主导犯罪意图**，是指行为人实施数个性质不同的犯罪行为，相应存在数个性质不同的主观心态，其中有一个居于支配地位，贯穿并统治着整个犯罪的进程。一个主导犯罪意图包括具有牵连意图与可以不同故意的意义。（1）具有牵连意图：行为人在实施犯罪中有意识地将他罪行为作为本罪行为的方法准备或者后续结果，从而使相关的数个犯罪在事实上形成一个犯罪整体。（2）可以不同故意：牵连犯的数个行为，每个行为均存在自身的犯罪心态。易言之，方法准备行为、主旨支配行为或者后续结果行为，各有相应的主观心态。

2. 行为特征：数个异质事实行为

数个异质事实行为，是指行为人在一个总体犯罪过程中所实施的若干自然行为，分别符合数个不同性质具体犯罪的构成要件行为。（1）数个事实行为：在一个犯罪整体中，犯罪事实的不同部分在没有重复评价的情况下，分别符合不同具体犯罪的构成要件行为。具体地说，事实行为 A（主旨支配行为），符合作为本罪的主旨支配之罪的构成要件行为；事实行为 B（方法准备行为），符合作为他罪的方法准备之罪的构成要件行为；事实行为 C（后续结果行为），符合作为他罪的后续结果之罪的构成要件行为。（2）行为性质各异：作为牵连行为的方法准备行为、主旨支配行为、后续结果行为之间，应当具有横向关系的性质。在此，横向关系是指数个事实行为分别符合不同性质的具体犯罪的构成要件行为。与横向关系相对的是纵向关系。具有吸收关系的数个事实行为之间可以表现为纵向关联。在此，纵向关系是指数个事实行为分别符合同一性质的具体犯罪的不同构成要件行为。

3. 整合特征：数个罪行存在牵连关系

数个罪行存在牵连关系，是指数个事实行为分别符合的数个具体犯罪行为之间，存在着方法准备、主旨支配、后续结果的相关关系，从而使整个犯罪过程连成一体。（1）牵连行为的称谓：通常，将具有牵连关系的行为称为"方法行为与目的行为"或者"原因行为与结果行为"。然而这一称谓易于造成术语理解上的差误。具体地说：其一，在实行行为的构造要素中，也有"方法行为与目的行为"的称谓，然而其属于某一犯罪的构成要件行为；而在牵连犯中，"方法行为与目的行为"分属不同罪名的犯罪构成，系不同具体犯罪的构成要件行为。其二，在原因自由行为的阐释中，也有"原因行为与结果行为"的称谓，然而其旨在表述该两项行为之责任能力状态的差异，以合理解决犯罪成立的责任能力问题。而在牵连犯中，"原因行为与结果行为"旨在表述牵连犯之两罪行为之间的牵连关系，由此阐释对其按照一罪处断的理论根据。因此，为了避免上述可以出现的混淆，本书将牵连关系的表现称为方法准备、主旨支配、后续结果，将牵连行为的表现称为方法准备行为、主旨支配行为、后续结果行为。（2）牵连关系的本义:事实上,确切地说,牵连行为之间的具体关系表现为方法准备、主旨支配、后续结果的同一犯罪进程。其中,主旨支配属于本罪,其引导推进着整个犯罪,这一本罪的行为可以称为主旨支配行为;方法准备属于他罪,其是为了顺利完成本罪而实施,这一他罪的行为可以称为方法准备行为;后续结果也属于他罪,其是为了巩固本罪成果而实施,这一他罪的行为可以称为后续结果行为。

4. 对象特征:行为对象相异

行为对象相异,是指牵连犯虽然也是依存于同一犯罪过程中,但是数个事实行为所针对的行为对象彼此分离,并不具有同一指向。具体地说,在牵连犯中,方法准备行为针对行为对象 A,主旨支配行为针对行为对象 B,后续结果行为针对行为对象 C,A、B、C 三者并不完全一致。

5. 罪名特征:触犯数个罪名

触犯数个罪名,是指具有牵连关系的数个事实行为,在各自独立评价的场合,分别符合的数个不同罪名的犯罪构成。具体表现为:在方法准备行为与主旨支配行为牵连的场合,方法准备行为充足 A 罪,主旨支配行为符合 B 罪;在主旨支配行为与后续结果行为牵连的场合,主旨支配行为充足 B 罪,后续结果行为充足 C 罪;在方法准备、主旨支配、后续结果复杂牵连的场合,方法准备行为充足 A 罪,主旨支配行为充足 B 罪,后续结果行为充足 C 罪。

(二) 牵连关系的评价与类型

牵连关系评价标准,可谓认定牵连关系的依据,对此刑法理论存在主观说、客观说、折衷说的不同见解。本书认为,牵连关系的认定应当结合主观与客观,主观系各罪行为受一个主导犯罪意图支配,客观系各罪行为之间存在特定的当然联系:**(1) 主客观结合判断**:牵连关系是数个罪行整合的核心要素,主观面与客观面为罪之评价的不可或缺的两项,牵连关系应由主观意思与客观必要关系共同决定,而主观说与客观说均失之片面。**(2) 客观之当然联系**:牵连关系是主观之一个主导意图与客观之当然联系的整合。关于"一个主导意图"本书已在主观特征中予以阐明,这里主要揭示"当然联系"。**当然联系**,是指行为人所实施数个犯罪行为之间,按照一般社会经验,存在着合呼情理的方法准备行为、主旨支配行为、后续结果行为的关系。**社会经验评价**,是将方法准备行为、主旨支配行为、后续结果行为之间具有现实生活的规律性(因果)发展关系,视作当然联系的存在。

牵连关系主要存在如下**类型**:**(1) 方法准备行为与主旨支配行为的牵连**:是指行为人先后实施数个性质不同的犯罪行为而形成一个犯罪整体,其中前行为为实现主导意图服务属于他罪行为,是作为这一犯罪整体的方法准备行为而存在,后行为是主导意图的具体实现属于本罪行为,是作为这一犯罪整体的主旨支配行为而存在,前行为与后行为之间具有方法准备行为与主旨支配行为的当然(因果)联系。**(2) 主旨支配行为与后续结果行为的牵连**:是指行为人先后实施数个性质不同的犯罪行为而形成一个犯罪整体,其中前行为是主导意图的具体实现属于本罪行为,是作为这一犯罪整体的主旨支配行为而存在,后行为为进一步巩固既已实现的主导意图服务属于他罪行为,是作为这一犯罪整体的后续结果行为而存在,前行为与后行为之间具有主旨支配行为与后续结果行为的当然(因果)联系。**(3)方法准备、主旨支配、后续结果的复杂牵连**:是指行为人先后实施数个性质不同的犯罪行为而形成一个犯罪整体,其中既存在着方法准备行为与主旨支配行为的牵连,也存在着主旨支配行为与后续结果行为的牵连。易言之,以主旨支配行为(本罪行为)为核心,其前行为属于该主旨支配行为的方法准备行为,它们之间存在当然的因果联系;其后行为属于该主旨支配行为的后续结果行为,它们之间也存在当然的因果联系。

(三)牵连犯的处罚原则

某些国家的刑法总则对牵连犯作了明确规定,相应地在牵连犯的处罚上包括"从一重处断"或者"重罪重处与分别处罚"。我国《刑法》总则对于牵连犯的构成与处罚未予规定,而《刑法》分则对一些本属牵连犯的情形的处罚作了规定,具体包括:数罪并罚,例如,《刑法》第198条第2款;从一重罪从重处罚,例如,《刑法》第253条第2款;设置独立法定刑,例如,《刑法》第121条后段。其中,"从一重罪从重处罚"居于主导地位。

刑法理论对于牵连犯的处罚原则,也存在着"数罪并罚说"与"从一重从重处罚说"的不同见解。其中,"从一重从重处罚说"为通说。事实上,牵连犯既不同于典型数罪,又不同于单纯一罪,因此对其从一重从重处罚较为合理,本书也称为"从一重罪重处"。

从一重罪重处包括如下意义:(1)重罪定罪:按照所触犯的数罪中最重的一罪定罪。(2)重罪法定刑:在未考虑其他牵连行为触犯其他罪名影响的情况下,确定所定重罪所应当适用的法定刑幅度。(3)从重量刑:其他牵连行为触犯其他罪名的事实应当作为重要的量刑情节,因此在重罪所应当适用的法定刑幅度内,适当从重量刑。

(四)牵连犯与吸收犯

相似之处:主观上均可为受一个主导犯罪意图的支配;客观上均含数个事实行为;数个行为之间均存在当然联系;均存在牵涉数个罪名的情形;均可为实质数罪处断一罪;均可适用从一重罪重处的原则。

主要区别:主要表现为行为对象的同一与各异的差异,以及牵连犯与行为吸收犯的区别。(1)同一对象与不同对象:牵连犯数个事实行为所针对的行为对象彼此分离,并不具有同一指向。而吸收犯不论是行为吸收犯还是犯罪吸收犯,其数个事实行为具有同一指向。(2)行为性质相异与行为性质可同:牵连犯的数个事实行为,犯罪性质相异。行为吸收犯数个事实行为犯罪性质相同,而犯罪吸收犯数个事实行为犯罪性质相异。(3)牵连关系与吸收关系:牵连犯数个犯罪行为之间,按照一般社会经验,存在着合乎情理的方法准备行为、主旨支配行为、后续结果行为的关系。吸收犯数个犯罪行为或者构成要件行为之间,按照社会经验或者法律性质判断,存在着合乎情理的犯罪吸收或行为吸收关系。(4)主导意图与两种情形:牵连犯的整个犯罪受一个主导犯罪意图的支配,数个行为各有数个性质不同的主观心态,但其中有一居于支配地位,其中也包含着牵连意图。行为吸收犯的整个犯罪受一个单一犯罪意图的支配,数个行为统辖于性质单一的主观心态;犯罪吸收犯的整个犯罪受一个主导犯罪意图的支配。(5)数个罪名与两种情形:牵连犯的数个事实行为,在各自独立评价的场合,分别符合的数个不同的犯罪构成,依存于不同罪名的框架。行为吸收犯的数个事实行为,在各自独立评价的场合,分别符合同一罪名框架下的修正犯罪构成与基本犯罪构成;只是犯罪吸收犯的数个事实行为分别触犯数个罪名。(6)实质数罪与两种情形:牵连犯的数个事实行为,原本可以成立数罪,只是基于相互之间存在牵连关系,从而以一罪处断。行为吸收犯的数个事实行为,依存于同一罪名的框架内,本系实质一罪也以一罪处断。犯罪吸收犯的数个事实行为,原本可以成立数罪,只是基于相互之间存在吸收关系,从而以一罪处断。(7)重罪重处与两种情形:对于牵连犯的处罚原则是从一重罪重处。对于行为吸收犯的处罚原则是一罪断处或重处;对于犯罪吸收犯处罚原则是从一重罪重处。

三、连续犯

连续犯一词最早见于1813年德国刑法学家费尔巴哈起草的德国《拜伦邦刑法》,其含义经历了由宽泛至严格的过程。

连续犯,是指行为人基于同一总体犯罪意图,先后连续实施数个性质相同的独立行为,触犯同一罪名的犯罪形态。例如,行为人基于概括的盗窃故意,一夜连续撬窃了5家。连续犯基于总体犯罪意图的同一与犯罪行为的连续性而在作为一罪处断,而其又是数个事实行为连续触犯数个相对独立而性质相同的犯罪的形态,从而与数罪的界线似有模糊。

我国刑法理论对连续犯的处罚,通常主张"分别从重处罚或者加重处罚"。应当说,总体上连续犯并非由法律明确规定,而是刑法理论根据其特征以一罪处断。基于连续犯的特征,基准犯罪构成与减轻犯罪构成通常不能涵盖连续犯的情形,因此根据刑法规定的不同,对于连续犯的处罚分为"从重处罚"与"适用相应法定刑"两种情形。

第四编　犯罪扩张形态

第十章　不纯正不作为犯

就《刑法》规定的基本规则来看，刑法以处罚故意为原则，以处罚过失为例外。"过失犯罪，法律有规定的才负刑事责任。"行为主体一般成分系自然人，单位主体须有法律特别规定。"法律规定为单位犯罪的，应当负刑事责任。"实行行为法定行为方式的常态是作为，除非法律明确规定为不作为犯，具体犯罪法定实行行为的"住所标签"系作为。由此，作为犯以及纯正不作为犯均与法定犯罪构成直接吻合，系法定的犯罪；而不纯正不作为犯的法定构成要件行为立于作为的平台设置，不纯正不作为犯基于与相应作为犯的等价值性而成立，从而可谓非法定的犯罪。从这个意义上说，不纯正不作为犯系犯罪扩张形态，由此备受刑法理论与实际的关注。

第一节　不纯正不作为犯的概念

一、学说要览

基于行为方式的不同，犯罪分为作为犯与不作为犯。**作为犯**，是指由作为的行为方式而构成的犯罪形态；**不作为犯**，是指由不作为的行为方式所构成的犯罪形态。问题是，被纳入不作为犯，有的法定的行为方式是不作为，而有的法定的行为方式是作为，由此对于不作为犯形成了纯正与不纯正的界分。

我国刑法理论通常基于事实行为方式的差异，将犯罪分为三类：只能由作为构成的犯罪；只能由不作为构成的犯罪，又称纯正不作为犯；既可以由作为构成也可以由不作为构成的犯罪，又称不纯正不作为犯。[1] 国外刑法理论在相关问题上的见解包括：(1) 以法定行为方式的差异为标志：纯正不作为犯，其法定构成要件行为系不作为；不纯正不作为犯，其法定构成要件行为系作为而由不作为方式实施。日本学者多持这一见解。[2] (2) 以行为犯与结果犯的差异为标志：纯正不作为犯是指以不作为方式实施的纯粹的行为犯；不纯正不作为犯是指由不作为方式构成的结果犯。德国和

---

[1] 参见王作富著：《中国刑法研究》，中国人民大学出版社1988年版，第113—114页。
[2] 〔日〕木村龟二主编：《刑法学词典》，顾肖荣等译校，上海翻译出版公司1991年版，第139页。

意大利的一些学者持这一见解。① （3）以刑法典明文规定的差异为标志,在确认作为犯与不作为犯的基础上,仅将不作为犯限定为纯正的不作为犯,而不承认不纯正的不作为犯。法国学者基于罪刑法定原则多持这一见解。② （4）以行为的自然形态的差异为标志,将不作为犯分为两类:以消极行为所构成的不作为犯;以积极行为所构成的不作为犯。③ （5）以刑法规定的差异为标志,将不作为犯分为两类:纯正不作为犯,即刑法规定只能以不作为构成的犯罪;不纯正不作为犯,即以不作为形式而犯通常以作为形式实施的犯罪。④

二、界说定位

刑法的规定是最为确定的与基本的根据。作为与不作为以及不作为之犯罪形态上的差异,关键是其法定行为方式的不同。由此,本书将不作为犯分为**两种类型**:**(1)纯正不作为犯**,又称真正不作为犯,是指按照我国刑法的规定,其法定构成要件行为的方式是不作为,而在现实中也只能由不作为完成的犯罪。例如,遗弃罪(《刑法》第261条)、拒不执行判决、裁定罪(《刑法》第313条)等。**(2)不纯正不作为犯**,又称不真正不作为犯,是指按照我国刑法的规定,其法定构成要件行为的基本方式是作为,而在现实中由不作为完成的犯罪。或者说,不纯正不作为犯,是以不作为的方式实现作为犯的法定犯罪构成。例如,母亲意图杀害婴儿而不予哺乳,致使婴儿饿死。这就是以不作为方式而实施的故意杀人罪(《刑法》第232条)。

第二节 不纯正不作为犯的等价值性

不纯正不作为犯和法定作为犯之间存在着结构上的空隙。由此产生的问题是,不纯正不作为犯据何得以与法定作为犯相同的罪刑处置,进而不纯正不作为犯与法定作为犯的等置问题,也就成为不纯正不作为犯理论的重要议题。

一、等价值性的理论形成

作为义务是不作为犯成立的基本前提与核心要素,从而作为义务备受不作为犯理论的关注,对于等置的探讨也以此为中心而展开。最初等置被置于**作为义务**的框架内来考虑,并且着力构建不纯正不作为犯的事实意义对于法定作为犯的等置,对此国外刑法理论提出了因果关系说、违法性说、构成要件符合性说等学说。作为构成要件符合性说的代表,德国学者那格拉提出了**保证人说**。保证人说的实质是以保证义

---

① 〔德〕汉斯·海因里希·耶塞克、托马斯·魏根特著:《德国刑法教科书》,徐久生译,中国法制出版社2001年版,第727页;〔意〕杜里奥·帕多瓦尼著:《意大利刑法学原理》,陈忠林译,法律出版社1998年版,第114页。

② 参见〔法〕卡斯东·斯特法尼等著:《法国刑法总论精义》,罗结珍译,中国政法大学出版社1998年版,第215—218页。

③ 参见马克昌主编:《犯罪通论》,武汉大学出版社1999年版,第179页。

④ 参见陈兴良著:《陈兴良刑法学教科书》,中国政法大学出版社2003年版,第68页。

务为媒介,论证不纯正不作为犯与作为犯在同一构成要件下的等置。后来等置被作为独立于作为义务的要件来评价,并且强调不纯正不作为犯的价值意义对于法定作为犯的等置。此即为狭义等价值性的肇始,由德国学者考夫曼、威尔哲尔等在其新保证人说中所提出。**新保证人说**提出保证人地位与保证人义务分离,强调等价值性的独立要件,着眼于客观方面,定位于法规并未类型化的不作为犯,论证了不作为实现的构成要件与作为实现的构成要件在当罚性上的等价值性。那格拉的保证人说以及考夫曼的新保证人说受到了德国学者赫尔穆特·迈耶的批评。由此,赫尔穆特·迈耶提出了**敌视法的意志说**,认为保证人说与罪刑法定原则相矛盾,并且以"敌视法的意志"取代"保证义务"而成为等价值性的媒介,着眼于主观方面解决不纯正不作为犯的等价值性。

总体上等置问题属于不纯正不作为犯等价值性的存在空间,而狭义上的等价值性所凸显的是等置的实质价值意义与等置的独立要件地位。等价值性理论的核心,就是立于构成要件理论试图以等价值性为媒介,填补不纯正不作犯与法定作为犯结构上的空隙,以使不纯正不作为犯受到相应法定作为犯的罪刑处置,在理论上有一个圆满的阐释。保证人说、新保证人说与敌视法的意志说,对于不纯正不作为犯与法定作为犯的等置的阐述各有特点。保证人说强调以保证义务为媒介,在构成要件的客观要素的层面解决等价值性;新保证人说提出了等价值性在不纯正不作为犯成立中的独立要件地位,并强调违法性价值的等置;敌视法的意志说则摆脱保证义务的束缚,提出了以主观意志要素解决等价值性的见解。这些学说使等价值性理论的一些主要议题日益明晰:基于填补媒介位置的差异,存在作为义务内等价与作为义务外等价;基于填补媒介内容的差异,存在主观要素等价与客观要素等价。由此,等价值性理论的核心问题,在于等价值性的理论地位与等价值性的评价标准。所谓**等价值性**,是指以不作为方式实现法定作为构成要件,与以作为方式实现法定作为构成要件,两者在刑法上具有一致的意义,可予同样的否定评价。

二、等价值性的理论地位

等价值性是否独立要件:关于等价值性是否不纯正不作为犯成立的独立要件,刑法理论存在肯定说与否定说的不同见解。立于三阶层犯罪构成理论体系分析,等价值性的明确提出,肇始于新保证人说将作为义务(保证义务)与保证人地位分离,并且置等价值性为违法性评价的独立要件。这意味着不纯正不作为犯与法定作为犯,在构成要件符合性上存在着结构上的空隙,尽管如此,但是两者在违法性上具有同样的负价值,从而可予相同处置。1962年《联邦德国刑法修订草案》第13条以及1975年《联邦德国刑法典》第13条,也明确规定了不纯正不作为犯的等价值性。然而,从广义上来讲,等价值性是试图解决不纯正不作为犯与法定作为犯的等置问题,违法性的价值评价固然是解决问题的重要路径,然而形式结构上的空隙依然需要填补[1],因而等价值性应是不纯正不作为犯与法定作为犯等置的结论性评价。**本书**坚持双层多阶犯罪构成理论体系,主张犯罪成立具有本体构成符合与危害阻却缺乏的双层要件;本体构成属于犯罪类型的轮廓,严重危害侧重于犯罪的实质评价;犯罪构成是对同一现实犯罪的形式与实质的理论抽象。由此所谓等价值性既是实质的,也是形式的。不纯正不作为犯的成立具有诸多要件,这些要件的有序统一使不纯正不作为犯与法定作为犯,在形式与实质上均呈等置。形式上的空隙得以填补,实质上的否定价值同等。这样,等价值性并非单一的构成要件,而是综合的评价结论。

等价值性与作为义务关系:关于等价值性与作为义务的逻辑关系,刑法理论存在作为义务内等价与作为义务外等价的不同见解。对此,本书的立场是,如上文所述,等价值性应是不纯正不作为犯与法定作为犯等置的结论性评价,是针对犯罪成立条件的综合性评价。在不纯正不作为犯的成立中,作为义务是一至关重要的要素,但是应当说其并不意味着不纯正不作为犯成立要件的全部,作为综合性、结论性评价的等价值性,除了至为关注作为义务之外,还须综合考虑其他要素。并且,在等价值性的评价中,作为义务也是处于说明等价值性的地位。

三、等价值性的评价标准

等价值性的评价标准,探讨等价值性评价应当置于犯罪构成理论体系的何种层面、何种阶段。对此,刑法理论存在行为等价值说、构成要件等价值说、违法性等价值说、主观要素等价值说、犯罪构成整体等价值说等见解。就理论背景而言,行为等价值说、构成要件等价值说、违法性等价值说、主观要素等价值说与犯罪构成整体等价值说,分别奠基于大陆法系与中国大陆不同的犯罪构成理论。这种背景的差异主要表现在思维路径的区别,大陆法系犯罪构成理论表现出层次性,从而也就出现了等价值性评价在何种层次、何种阶段进行的问题,而中国大陆犯罪构成理论缺乏层次性,因此不存在等价值性的层次上的地位问题。而就等价值性评价的关键要素而言,均存在行为等价、客观要素等价、主观要素等价等的取向问题。如上文所述,等价值性属于综合性、结论性的评价,因此根据决定等价值性的关键要素,自构成要件阶段直至违法性阶段评价等价值性,具有较大的合理性。

本书坚持本体构成符合与危害阻却缺乏的双层多阶犯罪构成体系,由此,等价值性在形式上属于本体构成的评价,在实质上属于严重危害的评价,不过这两者始终是统一的,并且本体构成的等价值性属于积极评价,通常本体构成等价即可推定严重危害等价。当然,等价值性还存在一个具体标准问题。等价值性是为了解决以不作为方式实现法定作为构成要件而形成的结构上的空隙,由此,等价值性的评价标准关键是要表述这一空隙的填补;而一旦这一空隙得以填补,则不纯正不作为犯就能得以与

---

[1] 也正是在这个意义上,新保证人说也面临着与罪刑法定原则冲突的困境,而有类推适用之嫌,从而遭到批评。

相应的法定作为犯等置,易言之,不纯正不作为犯得以成立,从这个意义上说,等价值性的评价标准也表述着不纯正不作为犯的成立要件。

第三节 不纯正不作为犯的客观要件

基于不作为与不作为犯之间的区别,不作为成立的客观要件与不作为犯成立的客观要件具有不同的意义,而我国刑法理论却有将两者混淆之嫌。

一、不作为成立客观要件

成立不作为,在客观上应当同时具备以下**三个条件**:**(1) 必须履行特定义务**:行为人负有必须履行某种积极行为的特定法律义务。具体含义包括:履行积极行为,即行为人依照特定法律义务,必须履行某种积极行为;特定法律义务,即行为人必须履行积极行为的依据是特定的法律义务,而不包括道德义务或者其他一般社会义务。不过,特定法律义务并不仅限于法律明文规定的义务。**(2) 能够履行特定义务**:行为人能够履行所必须履行的特定法律义务。法律不应强求不能履行义务的人去履行义务,社会不能期待行为人履行不可能履行的义务。行为人没有履行义务的能力而没有履行义务,不构成不作为。至于行为人履行义务能力的判断,存在客观说(平均人标准说)、主观说(行为者标准说)、折衷说(折衷标准说)。本书持主观说的立场,即应当根据必须履行义务情境时行为人的主客观条件予以评价。**(3) 不予履行特定义务**:行为人不履行所必须履行的特定法律义务。这是强调行为人不履行其应当履行的行为,而不是说行为人没有实施任何行为。行为人不履行其应当履行的行为,在形式上既可以表现为消极行为,也可以表现为消极行为并积极行为。因此,不作为的关键是行为人不履行其应当履行的特定法律义务。

二、行为结果的地位

不作为行为与结果:刑法理论有将"产生了危害结果",作为不作为成立的一项要素。对此,本书持否定态度。这一问题也涉及对于行为的自然结构要素之一的效素的理解。效素是指构成要件行为具有导致外界变化的意义。不过,在此应当注意,在对行为效素的理解上,引起外界变化的行为(行为的效素)与外界变化本身(行为的结果),并非一个概念。不作为属于构成要件行为的方式之一,而结果则是相对独立于行为的犯罪成立的一个要件或要素。由此,如果"结果"是为了说明行为的效素特征,如同无须重申行为的心素与体素一样,不作为的成立条件也没有必要再次特别强调行为的效素;如果"结果"是指行为所造成事实状态,则结果并不依存于构成要件行为的框架,是犯罪成立的要件或要素,进而应当考究的是其是否不作为犯成立的要件或要素。

纯正不作为犯与结果:纯正不作为犯的构成要件,由刑法明确予以规定,对于纯正不作为犯的成立是否以结果为客观事实要素的问题,应当根据具体犯罪的法定犯罪形态予以确定。由此,基于我国《刑法》的规定,纯正不作为犯与结果呈现:(1) 纯正不作为犯系行为犯,在此场合特定构成结果不是纯正不作为犯的法定要素。例如,《刑法》第 395 条第 1 款的巨额财产来源不明罪。(2) 纯正不作为犯系结果犯,在此场合特定构成结果是纯正不作为犯的法定要素。例如,《刑法》第 129 条所规定的丢失枪支不报罪。(3) 纯正不作为犯系情节犯,在此场合特定情节是纯正不作为犯的法定要素。例如,《刑法》第 376 条第 1 款的战时拒绝、逃避征召、军事训练罪。

不纯正不作为犯与结果:不纯正不作为犯的法定犯罪构成是作为而案件事实中却以不作为呈现,从而需要考究,在将这一情形作为犯罪处理时,在成立要件上是否应当附加结果的要素。对此:(1) **立法状况**:存在两种情况:其一,刑法典对于不纯正不作为犯的情形不予明确规定。例如,我国《刑法》、《俄罗斯刑法典》等。其二,刑法明确将不纯正不作为犯设置为结果犯。例如,《德国刑法典》第 13 条对不作为犯的规定。(2) **理论见解**:国外刑法理论通常将不纯正不作为犯视作结果犯,不过在具体见解上也存在"实害结果说"与"危险结果说"的差异。(3) **本书立场**:不纯正不作为犯有其特殊性,倘若立法对之已有明确规定,固然其犯罪的成立条件就应以法律为据。然而,倘若立法对之未予明确,那么要使不纯正不作为犯具有司法意义,等价值性理论及评价就成为其核心根据。基于注重法益的实质保护,在不作为及其事实特征与法定作为及其事实特征存在等置的场合,可以承认不纯正不作为犯的成立。

第四节　不纯正不作为犯的作为义务

一、作为义务的理论地位

对于不纯正不作为犯的作为义务在犯罪论体系中的地位,国外刑法理论存在三种见解:因果关系说,主张不纯正不作为犯的作为义务属于因果关系的判断内容,作为义务是不作为因果关系的核心议题;违法性说,主张不纯正不作为犯的作为义务属于违法性的要件,强调以作为义务为标准决定不作为的违法性;构成要件符合性说,主张不纯正不作为犯的作为义务属于构成要件要素,其核心问题是如何认定不作为为实行行为。立于大陆法系三阶层犯罪构成理论,构成要件符合性说较为可取。本书主张双层多阶的犯罪构成理论,作为义务是实行行为的评价要素,而实行行为依存于本体构成之客观事实要素的框架。

二、作为义务的规范特征

对于不纯正不作为犯的作为义务与刑法规范的关系,刑法理论存在三种见解:禁止规范违反,主张作为义务由禁止不作为的之禁止规范而生,不纯正不作为犯系以作为义务为媒介违反禁止规范;命令规范违反,主张作为义务由命令规范而生,不纯正不作为犯系违反命令规范的犯罪;禁止规范与命令规范违反,主张作为义务虽由命令规范而生,但违反作为义务也实现了禁止规范的构成要件,因而也侵犯了禁止规范。

对此,本书的立场是,作为义务本身系由命令规范而生,而不作为所实现的是对禁止规范的违反。具体地说,刑法规范直接表述的是裁判规范;刑法规范间接蕴含的是行为规范。在此,作为义务的规范特征,是立于刑法规范之行为规范的意义上讲的。而这一刑法规范之行为规范,包括了禁止规范(行为的禁止)或者命令规范(行为的命令)。其中,禁止规范设定了作为犯的禁止作为义务;命令规范设定了不作为犯的履行作为义务。这是法定犯罪构成的作为义务的规范属性,也即作为犯违反了禁止规范,纯正不作为犯违反了命令规范。不纯正不作为犯系寄居于作为犯住所的犯罪形态,其在本质上、基准上是对作为犯之犯罪构成的符合,从这个意义上说,其违反了禁止规范(A);而不纯正不作为犯对禁止规范的违反又是通过不作为方式实现的,在这种不作为方式中有着对于命令规范的违反(B),由此不纯正不作为犯是经由B之中介,而最终实现了A。在此,A系刑法规范之行为规范的属性;B系作为义务来源之行为规范的属性。

三、作为义务的具体来源

(一)作为义务具体来源的范围

作为义务的具体来源即作为义务的规范根据,其具体回答行为人在特定的场合必须履行某种积极行为的根据何在。对此,刑法理论存在三来源说、四来源说、五来源说等不同见解。具体内容包括:法律明文规定的义务、法律行为引起的义务、习惯条理承认的义务、职务业务要求的义务、先行行为引起的义务等。本书主张,不纯正不作为犯的作为义务属于法律义务,并且是刑法认可的法律义务。在此,法律义务之"法律"是指广义上的法律,包括宪法、狭义的法律、行政法规、法令、条例、规章等。法律义务是指基于法律而产生的义务,包括直接依照法律规定而产生的义务,例如法律明文规定的义务;以及依照法律规定通过一定中介而产生的义务,例如法律行为引起的义务、先行行为引起的义务。同时应当注意,这里的法律义务应当得到刑法的认可。一定的行为规范是刑法规范的前提,其蕴含于刑法规范对于相应犯罪的规定之中。作为犯与纯正不作为犯的规范根据直接归于刑法的规定之中,而不纯正不作为犯系经由对法律义务的违反而触犯刑法。

具体地说,基于法律而产生的作为义务的主要来源,可以分为三种:**(1)法律明文规定的义务**,即直接依照法律规定而产生的作为义务。具体包括:一般作为义务,即社会一般公民或者非职业身份者的作为义务;职业作为义务,即职务身份者或者业务身份者的作为义务。**(2)法律行为引起的义务**。法律行为,是指能够产生法律上一定权利与义务的行为。行为人实施某种法律行为,可能产生其必须履行某种积极行为的特定义务。法律行为引起的义务具体包括:合同行为引起的作为义务;无因管理引起的作为义务。**(3)先行行为引起的义务**,即由于行为人先前的某种行为致使刑法所保护的法益处于危险状态时,行为人依法负有必须采取某种积极行为以排除危险或者避免结果发生的特定义务。对此刑法理论仍有争议,但却不乏此类作为义务的立法例。①

(二) 作为义务来源与道德义务

对于道德义务能否作为不纯正不作为犯作为义务的来源,刑法理论存在肯定说与否定说的不同见解。对此,刑法立法也有不同的规定。应当说,基于我国《刑法》的规定,否定说相对合理。刑法理论既是实然刑法规范的知识性阐明,也是刑法立法与司法的合理性前瞻。就刑法理论的后者意义而论,刑法理论基于其应有的价值理念与思想,引导立法与司法遵循社会规律的轨道,构建至为理想的法治现实。由此,道德义务之作为义务根据的探讨,值得进一步深入地推进。在特定场合与明确限度的条件下,承认道德义务之作为义务的根据应予肯定。诸如,在他人生命的重大法益非因行为人原因而遭受现实危险的场合,在行为人能够予以救助并于自己无任何危险的条件下,肯定行为人的救助义务值得肯定。但是,刑法的谦抑精神是刑事法治的价值根基,刑法理论应当严守罪刑法定原则的框架。由此,在我国《刑法》对道德义务的作为义务根据未予规定或认可的情况下,这种理论构想仍无适用于实际的依据。

(三) 作为义务来源与先行行为

先行行为能否成为作为义务的来源,对此刑法理论也存在肯定说、否定说与限定说的不同见解。对此,本书的立场是,对由先行行为引起危险从而依法产生作为义务的命题,总体上应予肯定。具体地说,产生作为义务的先行行为致使刑法所保护的重大法益处于遭受现实危险的危险状态(**创设危险**),由此这种先行行为已在实质意义(而非形式意义)上触及(而非触犯)了刑法。当然,这种先行行为只是其后的不作为接受刑法形式评价的前提,先行行为本身还不是刑法具体犯罪构成的评价对象(**不受评价**)。由于先行行为造成了刑法所保护的法益处于遭受现实危险的危险状态,刑法为了肯定自身固然应当要求排除法益侵害的现实危险与避免结果的实际发生,从而基于这种造成法益侵害的危险状态的先行行为而履行必要的作为就属于刑法要求的应有之义(**作为义务**);如果行为人不履行这种作为义务,致使法益侵害现实危险发生乃至法益侵害结果实际发生(**实现危险**),那么这种不作为当然是刑法应当予以否定评价的,基于犯罪构成的等价值性的空隙填补,其也具有了犯罪构成符合的形式意义,成立不纯正的不作为犯(**犯罪评价**)。

在肯定先行行为属于作为义务来源的前提下,对于先行行为是否仅限于违法行为,抑或包括合法行为乃至犯罪行为,刑法理论也存在较大的争议。对此,本书认为,先行行为不仅包括合法行为、违法行为,而且可以是犯罪行为。具体地说:(1) 不作为定位:在以先行行为为作为义务来源的不纯正不作为犯的成立中,存在如下几个关键性的环节:创设危险的原因力;刑法认可的作为义务;实现危险的不作为;不作为符合犯罪构成的等价值性。其中,等价值性是评价结论;不作为是等价值性评价的核心对象;作为义务是不作为成立的客观要素之一;原因力是作为义务成立的事实基础;这里的原因力即指创设危险之先行行为。由此,在不纯正不作为犯的成立中,不作为

---

① 例如,《韩国刑法典》第18条。

是其犯罪构成的要素,属于犯罪成立的评价对象;而先行行为既非犯罪构成要素,更非犯罪成立评价对象,只是作为产生作为义务的事实基础而存在。(2)立法与司法:犯罪行为可为产生作为义务的先行行为,也得到立法与司法及理论的认可。奥地利《刑法典》第94条所规定的"遗弃被害人"的不作为犯罪,就是以其第83条"伤害身体"所生之作为义务为前提的;我国台湾地区也有基于先行过失伤害罪所生之作为义务,行为人不履行救助伤者的作为义务而有不作为的普通杀人罪成立的判例。① 刑法理论对于保证人义务成立的重要标准,也有先行行为"制造了危险"或者"客观上实施了相应的作为犯罪的行为"等观点。② (3)不作为处置:在行为人并未阻止(X)构成要件结果(A)产生的场合,如果肯定非罪的先行行为(b)可以产生这一阻止义务,这样就使得对(X 怠于阻止致 A 结果产生)可以以不作为犯罪(C)论处;同理,虽有先行行为构成犯罪(B),但因行为人的消极行为 X 而致 A 之结果产生,在 B 罪缺乏囊括 X 并 A 的加重犯的法定构成的场合,也应肯定 B 之犯罪行为能够产生作为义务,从而使得对(X 怠于阻止致 A 结果产生)的处置(C)可以合理地解决。至于 B 与 C 的关系,可以通过罪数理论解决。③

先行行为的性质还涉及先行行为的作为与不作为、故意与过失、有责与无责等问题。对此,本书的立场是:先行行为既可以表现为作为,也可以表现为不作为;既可以是有责行为,也可以是无责行为;既可以是故意行为,也可以是过失行为。

第五节 不纯正不作为犯的构成与定性

一、不纯正不作为犯的成立要件

对于不纯正不作为犯的成立要件,刑法理论存在两要件说、三要件说与四要件说等不同见解,而其具体内容包括防止法益侵害结果的义务、不作为与作为的等价值性、具有法律上的作为义务、对于结果的发生具有认识等。对此,本书认为,不纯正不作为犯的成立要件,应当表述不纯正不作为犯得以与法定作为犯等置的一些核心的必要的条件。由此,不纯正不作为犯的成立要件为:**(1)不作为的行为**:不纯正不作为犯的实行行为系不作为,其是以不作为的行为方式实现法定的作为犯罪。而不作为的成立,在客观上应当具备三个要素:作为义务前提;能够履行这一义务;不履行这一义务。**(2)特定构成结果**:不纯正不作为犯的成立的事实特征与其相应的作为犯的法定构成,应当具有等价值性。在结果犯的场合,成立不纯正不作为犯,以造成特定损害结果发生的现实危险为底限。**(3)因果关系**:不作为的因果关系表现为,基于刑法的规定,行为人当为而不为,由此引起特定构成结果的发生。具体地说,不作为

---

① 参见黄仲夫编著:《刑法精义》,台湾五南图书出版有限公司2001年版,第62页。
② 〔德〕冈特·施特拉腾韦特·洛塔尔·库伦著:《刑法总论Ⅰ——犯罪论》,杨萌译,法律出版社2006年版,第368—369页。
③ 当然,在一定条件下也存在将 C 作为 B 之犯罪情节评价的余地。详见本章第五节的相应阐释。

因果关系存在如下特征:刑法意义、物理意义、规范意义。**(4)故意或过失**:行为人具有与不纯正不作为犯相应的法定作为犯的责任形式,即故意或过失。在此,故意与过失的内容指向由"不作为造成特定构成结果"为核心征表的"具体法益被侵状态"。**(5)保证人地位**:行为人具有必须履行特定法律义务的积极行为,以防止特定构成结果发生的法律地位。保证人就是负有避免特定构成结果发生的作为义务的人,从犯罪评价对象的角度讲,就是实施不作为的行为人。

二、不纯正不作为犯的具体定性

罪名的确定:如何具体确定不纯正不作为犯的犯罪性质,这是不纯正不作为犯得以成立的核心问题之一。由于刑法分则对于不纯正不作为犯未予具体规定,这就使得不纯正不作为犯在犯罪性质的具体归位上成为问题。对此,考虑到不纯正不作为犯与相应作为犯的构成要件等价值性,进而在犯罪构成的形式与实质上也具有较大的一致性。具体地说,不纯正的不作为犯与相应的作为犯,除了不作为与作为的行为方式不同之外,在其他构成要件以及违法与责任的特征上吻合。从而,在此不作为行为的具体属性成为问题的关键,而这一不作为行为属性又与其作为义务属性融为一体。易言之,不作为的作为义务属性成为不纯正不作为犯具体犯罪定性的重要标志。例如,行为人负有救助他人生命的义务,如果行为人不作为造成他人死亡而构成犯罪的话,其犯罪性质分别主观心态的不同为故意杀人或过失致人死亡。不过,不纯正不作为犯还涉及造成结果的多元行为[①]、相关纯正不作为犯的规定[②]、先行行为犯罪的相关评价[③]、作为义务指向的属性差异[④]等问题,从而不纯正不作为犯的具体定性至为复杂。

先行行为犯罪:在先行行为(A)犯罪所生作为义务的前提下,实施利用先行行为所生之危险的行为(B),间断性地造成法定结果[⑤],在此场合,对于B存在予以不作为考究的余地,但是对于B未就此以独立的不作为评价,也不排除将B作为先行行为犯罪中的定罪情节。具体而论,在先行行为构成犯罪的场合,对于不作为犯应以如下规则定性。(1)先行行为犯罪的罪与刑或其加重犯的罪与刑,难以包容对不作为犯的罪与刑的处置的,则对不作为犯罪独立定性,而后与先行行为犯罪按罪数理论处置或数罪并罚。例如,行为人荒郊过失致人重伤,明知不及时送治会致被害人死亡,却离场而去,结果致使被害人因得不到及时救助而死。此案,先行行为构成过失致人重伤罪(A),其后的不作为故意致死的罪与刑无法置于过失致人重伤的罪与刑中评价,从而构成故意杀人罪(B)。A与B系吸收犯。(2)先行行为犯罪的罪与刑或其加重犯[⑥]的罪与刑,可以包容对不作为犯的罪与刑的处置的,则将不作为犯罪作为先行行为

---

① 例如,盗窃犯盗窃仓库,守护仓库者明知而不予制止致使财物被窃。
② 例如,巡警遇有暴力抢劫不予处置的玩忽职守,负有义务的行为人遗弃家庭成员致其死亡的遗弃。
③ 例如,交通肇事构成犯罪,又有逃逸致被害人死亡的不作为犯。
④ 例如,阻止他人放火的作为义务,与扑灭火灾的作为义务。
⑤ 如果先行行为犯罪之后,实施某种即时造成法定结果的行为,则该行为通常为作为。
⑥ 这里的加重犯包括情节加重犯、行为并结果加重犯,以及可以包容某些消极不作为的结果加重犯。具体举例,详见本书第二十章与第二十二章有关放火罪、交通肇事罪、故意伤害罪的相应阐释。

犯罪或其加重犯的相应情节处置。例如,行为人城市主路醉驾致人重伤,明知不及时送治可能致被害人死亡,却置其生死于不顾而任其自生自灭,为了自己逃避追究而逃离现场,结果致使被害人因得不到及时救助而死亡①。此案,先行行为构成交通肇事罪,其后的不作为故意致死可以作为交通肇事罪加重构成"因逃逸致人死亡"的罪行。

相关不作为犯:有时对于某种事实行为,尽管刑法分则已有纯正不作为犯(A)的具体规定,但是该事实行为同时也构成更为严重的不纯正不作为犯(B),则按照想像竞合犯的处断原则,应以较重的不纯正不作为犯(B)定性并可从重量刑。例如,负有扶养义务的行为人将婴儿弃至荒郊,致使婴儿冻饿致死。此案,行为人将婴儿弃至荒郊的不作为,既符合我国《刑法》第261条的遗弃罪,也符合不纯正的不作为故意杀人罪,系属一个事实行为同时触犯两项罪名,从而按照想像竞合犯的处断原则,构成故意杀人罪。

作为义务属性:在对不作为造成结果的考究中,有时阻止实行行为发生的作为义务与阻止结果发生的作为义务,两者所具有的属性并不一致,由此对于不作为犯罪的定性也就应当有所差异。例如,由于他人放火而造成人员伤亡与财物损失的严重后果。(1)消防警察明知他人放火而不予阻止,这是违反了制止放火的作为义务,他人放火系属放火的实行行为,不作为直接指向实行行为,在此消防警察应按放火罪定性②;(2)消防警察接警后拒绝出警救火,这是违反了扑灭火灾的作为义务,不作为直接指向严重后果,不予灭火并非放火而是不予阻止火灾后果,在此消防警察应按玩忽职守罪定性。

原因行为多元:有时危害结果的造成是由多项原因行为造成的,行为人的不作为虽也是其中的原因行为之一,但却不为主导因素,由此对不作为犯的定性除了应当注意作为义务的具体指向属性,还应注意对于危害结果发生的地位。例如,金库保安人员发现他人正在盗窃金库,却假装不知而不予制止,致使金库财物被窃。此案金库保安人员并未履行制止他人盗窃实行的作为义务,从而其不作为具有盗窃的性质。固然这一不作为也是造成财物被窃的原因之一,不过财物被窃的实行行为是他人的盗窃,保安人员的不作为只是助长了他人的实行,使他人的盗窃实行易于完成,又由于保安人员与盗窃实行者之间并无意思联络,从而保安人员成立盗窃罪的片面共犯。上例消防警察不予阻止他人放火的案例,对于消防警察不作为的定性也与此相似。

三、不纯正不作为犯与罪刑法定

不纯正不作为犯以不作为方式实现法定作为犯的构成要件,因此不纯正不作为犯与法定作为犯存在结构上的空隙。由此,有的学者认为,不纯正不作为犯对于法定构成要件的符合,属于类推解释的结果;也有学者认为,不纯正不作为犯系由法官对构成要件的补充,从而违反了罪刑法定原则。对此质疑,有的学者提出了构成要件等

---

① 在此,"逃逸"行为在形式上可谓是实施了法律禁止行为的作为,而作为"致死"的原因力在实质意义上系"不及时救助被害人"的不作为。
② 构成放火罪的片面帮助犯,下文详述。

价值性的理论予以反驳,也有学者基于开放构成要件的基本观念对之予以说明。相对而言,**构成要件等价值性**的解释较为合理。这是立足于不纯正不作为犯与相应作为犯两者之间的构成要件的关系,力求在构成要件等置的平台上构建两者之间的相符,由此,既抓住了构成要件作为"具体犯罪类型轮廓的全部要素"的理论意义,也确认了在同一逻辑前提下解决不纯正不作为犯构成要件符合性的问题。**开放构成要件**的解释,依然抓住构成要件来解决问题,不过其也存在诸多疑问。其一,将所有的不纯正不作为犯一律解释为开放构成要件,而不纯正不作为犯的法定基准是作为犯,显然并非所有这些作为犯的构成要件均是开放构成要件。可见这种理论解释难免给人以削足适履之感。其二,开放构成要件的解释,也未能很好地解决违法性评价的理论思路。基于同一具体法定构成要件,为什么在作为犯的场合,行为符合构成要件,即可推定行为也具有违法性,从而违法性评价主要是消极判断;而在不纯正不作为犯的场合,行为相当构成要件,却不能推定行为也具有违法性,违法性评价尚需法官予以积极判断。其三,即使在承认开放构成要件的场合,有待法官充实的法定构成要件的模糊与概括,在何种程度上,或者说基于何种标准,可以依存于罪刑法定原则的框架,这依然是颇值探究的课题。在这一问题上,**本书**立于双层多阶犯罪构成理论体系,主张是不纯正不作为犯与其相应法定作为犯的等置,而其核心是两者在本体构成符合上的等价值性。不纯正不作为犯的成立具有诸多要件,这些要件的有序统一使不纯正不作为犯与法定作为犯,在形式与实质上均呈等置。

世界各国对不纯正不作为犯的刑法立法,主要存在如下情况:(1)刑法典对于不纯正不作为犯不予明确规定,但是刑法理论与司法实践却予以承认。(2)刑法典对于不纯正不作为犯不予明确规定,同时刑法理论与司法实践也不予承认。(3)刑法总则明确规定行为包括作为与不作为,由此使刑法分则具体犯罪的实行行为均有双重行为方式的意义。(4)针对刑法分则对于作为构成要件的设置,刑法总则规定一定条件下的不作为可以等置于分则的作为构成要件。应当说,不纯正不作为犯是刑法理论与司法实践中重要的犯罪形态之一,刑法立法予以明确规定具有重要意义。在各国有关立法模式中,上述(3)的模式,缺乏必要的针对性与明确性,不仅不够妥帖而且立法价值也不大。相对而言,上述(4)的模式较为可取。我国《刑法》总则应当增设相应的条文,基于本书上文对于"不纯正不作为犯的成立要件"的阐述,具体表述可以是:"负有阻止特定构成结果发生的法定作为义务,能够阻止而不予阻止,造成或者足以造成结果发生的,则该不作为对于犯罪构成的实现与作为的相当,依本法相应规定处罚。"

第五编　犯罪刑事后果

第十一章　刑罚基础知识

现代刑事法治的基本理念是,没有犯罪就没有刑罚,然而有犯罪未必就一定有刑罚。刑法的谦抑性,既体现在犯罪的收缩,也表现于刑罚的节俭。由此及至刑法立法,不仅犯罪情节轻微者可以免除处罚①,而且某些犯罪行为的可罚性尚需一定的处罚条件②、某些犯罪行为也因存在处罚阻却事由③而免予处罚。④ 因而,刑罚并非消极地被动于犯罪,而是有其相对积极的意义。

第一节　刑罚的概念与特征

一、刑罚的概念

刑罚,是指基于报应与预防犯罪的宗旨,由国家权力机关制定刑法予以规定,国家审判机关依法对犯罪人具体适用,以剥夺犯罪人利益为内容的强制性、严厉性、痛苦性措施。

二、刑罚的特征

刑罚基本目的:刑罚目的以报应为基底兼顾预防。具体地说,刑罚报应必须限定在理性的法律界定之内;刑罚应当考虑其积极的一般预防目的;刑罚的威慑功效不应成为刻意的追求;刑罚的适用应当兼顾其特殊预防的目的;刑罚的特殊预防应当是积极意义上的;在刑罚的立法阶段,以报应为基底适当注重一般预防;在刑罚的裁量阶

---

① 例如,我国《刑法》第 37 条所规定的"对于犯罪情节轻微不需要判处刑罚的,可以免予刑事处罚"。不过,第 37 条的"犯罪情节"强调案件事实的整体情况,可谓"综合情节",这与普通所称"情节"仍有差异。普通所称情节,作为具体事实情况,关注事实特征的一个独特侧面,系属罪刑轻重的调整砝码。详见本书第十五章有关情节的相应阐释。

② **处罚条件**,是指一定事实并非行为本身的要素但却是行为可罚的条件,或者说,立法者出于不同的原因,将与符合构成要件行为本身无关的外在情况,作为行为的可罚性的条件。

③ **处罚阻却事由**,是指一定事由,通常是行为人的身份,并非犯罪构成要素,但是其存在却能够妨碍对于构成犯罪的行为人刑罚的适用。

④ 本书基于双层多阶犯罪构成体系,虽不主张建构可罚性条件的理论范畴,不过可罚性条件却是大陆法系刑法的理论形态与实践做法。

段,兼顾报应与预防;在刑罚的执行阶段,基于报应的限度适当注重特殊预防。

刑罚法律根据:刑法是刑罚的唯一法律依据。"没有法律就没有刑罚",这是作为刑法价值根基的罪刑法定原则的重要精神。基于我国刑法立法的现状,刑罚的种类、适用、法定刑等,通常规定于刑法典,一般场合附属刑法仅规定援引刑法典的法定刑。刑法典,只能由国家最高权力机关依照法定程序制定。

刑罚适用主体:刑罚只能由审判机关裁量、执行机关执行。适用刑罚,是国家行使刑罚权的重要表现。刑罚权只能由国家拥有,而刑罚权要得以公正行使,必须遵循民主、正义的司法程序,严格、明确地划分各司法机关的地位、权力、职责。由此,在国家刑罚权的运作中,不同的机关担任着各自独特的角色。

刑罚适用对象:刑罚只能适用于犯罪人。犯罪人,是指实施了符合犯罪构成的行为的人,包括自然人和单位。行为人的行为并不符合犯罪构成,则不能被适用刑罚;行为人的行为虽具有客观危害,但是行为人缺乏主观责任,也不能被适用刑罚;甚至行为人的行为符合犯罪构成,但是情节轻微,也不应被适用刑罚。

刑罚基本内容:刑罚以剥夺犯罪人利益为内容。报应构成刑罚的基底,犯罪本质侵害法益,刑罚剥夺犯罪人利益;同时,预防成为刑罚的兼顾,剥夺犯罪人利益也为预防提供条件。犯罪人的利益分为:A. 合法利益;B. 非法利益;C. 依照刑法导致丧失结果的利益。而作为刑罚内容的是其中的 C。

刑罚强制属性:刑罚以对犯罪人强制适用为特征。所谓强制是指以特定力量拘束强迫。刑罚强制表现在:A. 国家司法力量:刑罚以国家特定的力量为后盾;B. 刑罚适用必然:刑罚对于应当受到刑罚处罚的犯罪具有适用的必然;C. 刑罚拘束强迫:犯罪人必须接受特定利益被剥夺的状态。

刑罚严厉属性:刑罚以最严厉的法律制裁为特征。法律制裁包括民事制裁、行政制裁、刑事制裁等,其中刑事制裁最为严厉。**刑事制裁**的最基本的方式是处以刑罚,刑罚既包括罚金、没收财产的财产刑,也包括管制、拘役、有期徒刑、无期徒刑的自由刑,还包括死刑的生命刑。

刑罚痛苦属性:刑罚具有给犯罪人带来痛苦的特征。这是刑罚的报应基底、利益剥夺、强制属性、严厉属性等的应有结果。所谓刑罚痛苦,是指刑罚的方式与内容,使犯罪人感受到精神生活、物质生活的难受,是建立在道义和罪刑均衡的基础之上的刑事惩罚。刑罚痛苦,应当禁止对犯罪人精神或肉体的虐待、人格的污辱,摒弃执行威吓等所有残暴的刑罚。

第二节 刑 罚 权

一、刑罚权的概念

刑罚权,是指国家基于维护社会共同秩序的必要,对于犯罪人所动用的刑事惩罚权力,其核心是使用实行刑罚的权力,包括抽象刑罚权(制刑权)与具体刑罚权(量刑权、行刑权)。

刑罚权具有如下**特征**:**(1) 权力特征**:刑罚权属于刑事惩罚权力。权力不同于权利,通常权利可以放弃或让渡,而权力意味着力量与服从。**(2) 国家特征**:刑罚权属于国家拥有,立法机关代行制刑权、审判机关代行量刑权、执行机关代行行刑权。**(3) 犯罪前提**:刑罚权针对犯罪而发动,仅适用于犯罪人。只有犯罪事实的存在,才有刑罚权的发动。**(4) 社会必要**:刑罚权基于维护社会共同秩序的必要而发动。这意味着刑罚权具有:社会性,由国家直接发动但最终反映社会利益;必要性,国家必须出于不得已而发动刑罚权;正当性,国家刑罚权应当建立在道义的基础之上。**(5) 多样形式**:刑罚权属于一个实体,这一实体的具体表现存在多样形式:制刑权、量刑权、行刑权;抽象刑罚权、具体刑罚权[①];刑罚立法权、刑罚司法权;客观的刑罚权、实现的刑罚权。

二、刑罚权的根据

对于刑罚权的根据,理论上存在诸多说法。诸如,神权说、社会契约说、自由意志说、社会防卫说、社会秩序说、生存条件说、国家统治权说等。本书立于刑罚权的多样表现形态,对刑罚权的根据予以多层面、多视角的考察。在实质上,国家的刑罚权为社会共同秩序所必要,在形式上,国家的刑罚权严格以刑法规定为根据;在抽象意义上,刑罚权直接基于国家利益、间接基于社会利益、最终受控于客观规律而发动,表现于刑罚规范;在具体意义上,刑罚权基于具体犯罪行为的实施而可能发动,并且仅在刑法规定的限度以内。

第三节 刑 罚 本 质

一、刑罚本质的概念

刑罚本质是指刑罚本身所固有的根本属性。刑罚的本质是刑罚理论的重大课题,18 世纪中叶以来,学者们对之进行了深入的研究,形成了报应主义与目的主义的理论对峙,20 世纪两者又逐步趋于调和走向折衷主义。

二、刑罚本质的展开

报应是刑罚本身的固有的属性;同时,刑罚也应有其预防的目的。报应与预防两者相互兼容统一。当然,在特定的社会与历史背景下,两者也应有其地位上的差异。刑罚首先着眼于已然之罪而发动,报应构成了刑罚的基底;刑罚也着眼于未然之罪而施加,预防不失为刑罚的兼顾。

[①] **抽象刑罚权**,即针对一般情况的制刑权;**具体刑罚权**,即处理具体案件的量刑权与行刑权。刑罚权是刑事法律关系的重要内容之一。

第四节 刑罚目的

一、刑罚目的的概念

刑罚目的,是指国家运用刑罚应对犯罪所希望达到的结果,其贯穿于刑罚立法与刑罚司法的统一整体中。刑罚目的,作为国家运用刑罚的期望与指引,其固然以刑罚本质为基础,但是刑罚目的也主观能动地影响着刑罚的结构(刑罚的制定)、刑罚的运作、刑罚的机能。

二、刑罚目的的展开

对于刑罚目的,刑法理论存在三分说与二分说的不同见解。本书主张,刑罚应当兼有报应与预防的目的。

刑罚属性与刑罚目的密切相关。刑罚属性是刑罚的固有特质,为刑罚存在所不可或缺,刑罚属性缺失将无所谓刑罚;刑罚目的系刑罚的应有追求,亦属刑罚存在所不可或缺,刑罚目的不明或不当终将丧失刑罚的意义;刑罚属性为刑罚目的奠定基础,刑罚目的应当符合刑罚属性,背离刑罚属性的刑罚目的将难以实现。通常认为,报应是刑罚的固有属性,然而应当说,报应也必然成为刑罚的应有目的;一般也认为,预防是刑罚的应有目的,不过同样应当看到,预防也不失为刑罚的固有属性。报应以刑罚的固有属性展示其作为刑罚目的的必然(属性中的目的);预防以刑罚的目的意义凸显其作为刑罚属性的特质(目的中的属性)。

犯罪现实似乎表明,精确、合理、相称的罪刑惩罚并未遏制住日益增长的犯罪,于是呼应对犯罪关键的不是罪行的报应,而是探寻犯罪原因,消除促成犯罪的宏观与微观的不良因素,最大限度地控制犯罪,刑罚也应当以预防犯罪为唯一目的。然而,同样作为事实的是,犯罪大量地存在着,并且会继续存在着,惩罚倘若失去了精确、合理、相称,不仅消灭了罪行的惩罚本身,而且会造成罪行的弥漫。刑罚不为报应,等于没有药物与手术刀的"治疗",这无疑是疗养,而不是治病。当然,这里的报应是基于现代刑法的基本理念的报应。

第五节 刑罚机能

一、刑罚机能的概念

刑罚机能,是指刑罚在其结构与运作中所表现出的有利作用。刑罚机能是刑罚作用的客观表现,它以刑罚属性为基底,受刑罚结构、刑罚具体运作乃至刑罚目的等的影响。刑罚机能是刑罚论中的一个重大课题,中外学者对之进行了广泛而深入的探讨,提出了二项功能说、三项功能说、四项机能说、八项功能说等见解。

二、刑罚机能的展开

刑罚针对的对象不同,其所发挥的积极作用也有所差异。由此,本书以如下三个路径展开刑罚机能。

针对犯罪人的机能:具体包括三项:(1)隔除再犯条件机能:是指刑罚适用于具体的犯罪人,限制、剥夺其犯罪活动所赖以存在的基础,从而使之丧失再次犯罪的基本条件。包括制约机能、隔离机能、消除机能。(2)个别威慑机能:是指刑罚的痛苦、剥夺、惩罚等特性,对于具体犯罪人所形成的心理上的威吓、行为上的慑服作用。包括立法威慑与司法威慑,以司法威慑为主。(3)矫正机能:是指刑罚适用于具体的犯罪人,通过教育、感化、劳动、狱内治疗等手段,致使具体犯罪人的价值观念与行为规范有所改善,从而适应正常社会生活。

针对社会的机能:具体包括:(1)一般威慑机能:是指刑罚的痛苦、剥夺、惩罚等特性,对于社会上不特定的潜在犯罪人所形成的心理上的威吓、行为上的慑服作用。包括立法威慑与司法威慑,两者并重。(2)规范机能:是指基于刑罚立法与刑罚司法,而对社会全体公民所产生的行为评价、行为引导、增强法律观念、形成法律信奉的作用。(3)鼓励机能:是指基于刑罚立法与刑罚司法,而对社会守法公民所产生的严厉否定犯罪行为,从而增强与犯罪斗争的信心与勇气的作用。

针对被害人的机能:主要表现为安抚机能。所谓**安抚机能**,又称安抚功能、报复感情平息功能、报复感情绥靖机能,是指基于刑罚适用,具体犯罪人受到应有的惩罚,由此被害人及其家属的精神痛苦得以慰藉、报复情感得以绥靖。

第十二章 刑罚种类

第一节 刑罚体系

一、刑罚体系的概念

刑罚体系,是指基于刑罚本质,为了实现刑罚目的与发挥刑罚功能,刑法明文规定一定的刑种及其适用,并且依照刑罚轻重与适用特点等标准,进行排列而形成的刑罚序列。刑罚体系具有如下**特征**:(1)指导原则:刑罚体系基于刑罚本质、刑罚目的与刑罚效果而设置。(2)刑法规定:刑罚体系的框架与具体内容,应由刑法典明文规定。(3)构成要素:刑罚的种类、内容、序列,构成刑罚体系的基本要素。(4)排列标准:刑种是刑罚体系的基本成分,其按主附与重轻而排列。(5)整体序列:刑罚体系系刑罚的有机整体序列,内部结构协调而周密。

二、刑罚体系的立法

基于不同的社会背景与刑罚理念,各国刑法典所规定的刑罚体系有所差异,存在如下主要模式:(1)刑罚适用特性排列模式:首先根据刑罚适用的不同特性,将刑罚分为主刑、附加刑两大类,其下再按一定标准、次序列举若干具体刑种。例如,《意大利刑法典》总则第二章刑罚。(2)刑罚适用对象排列模式:首先根据刑罚适用对象的不同对刑罚进行分类排列,其下再按一定标准、次序列举若干具体刑种。例如,《法国刑法典》总则第三编刑罚。(3)刑罚内容特性排列模式:直接根据刑罚内容的不同特性,对刑罚进行总体分类排列,而后再进一步进行次种类的划分。例如,《德国刑法典》(1998年)总则第三章犯罪的法律后果第一节刑罚。

总之,刑罚体系与犯罪体系密切相关,在将犯罪区分为重罪、轻罪、违警罪的场合,作为犯罪法律后果的刑罚,进行对应性的分类排列,有其现实依据。然而,不论怎样,立法上,"主刑与附加刑"、"自由刑、财产刑、资格刑等"的分类模式,是构成刑罚体系的主流思路。

三、我国的刑罚体系

我国《刑法》总则"第三章刑罚"之"第一节刑罚的种类",具体明确规定了我国的**刑罚体系**。其中,第32条,明确规定刑罚分为主刑和附加刑;第33条,明确规定了主刑的种类;第34条,明确了规定附加刑的种类;第35条,规定了具有附加刑性质的、适用于犯罪的外国人的驱逐出境。**另外**,第36条,规定了与刑事处罚并科的"赔偿经济损失";第37条,规定了独立适用的非刑罚处理方法。严格而论,我国《刑法》第36

条与第37条所规定的非刑罚处理方法,系"刑事特别处置",其既非刑罚也非保安处分,应当将其从现行《刑法》所规定的"刑罚的种类"一节中单列出来,独立作为一章。

我国的刑罚体系具有如下特征:**(1)体系层次清晰**:刑法明确规定了刑罚体系的逻辑结构层次;第一层面,刑罚总体上分为主刑与附加刑,展示出较为明显的双轨延伸;第二层面,主刑与附加刑又分别各有其分类,并呈现由轻到重的递进。**(2)整体结构严谨**:不仅总体上主刑与附加刑相互呼应,而且主刑、附加刑本身,各种刑罚衔接协调、层层递进。主刑,纵向整合,由最轻的管制到最重的死刑;附加刑,平面整合,各种刑罚特性有别而又彼此关照。**(3)刑罚轻重有序**:主刑,呈现由限制自由到剥夺自由直至剥夺生命的提升。附加刑,罚金的适用以贪财图利或财产犯罪为主导,剥夺政治权利既可适用于严重犯罪也可适用于较轻犯,而没收财产相对严厉主要适用于重罪。**(4)刑种基本合理**:刑罚种类,以自由刑为主体,自由刑中既有限制自由的管制,也有剥夺自由的徒刑,既有有期徒刑,也有无期徒刑,作为财产刑的罚金刑有广泛适用的趋势,保留死刑但强调适用的限制。**(5)价值理念适宜**:我国的刑罚体系,总体而言体现了宽严相济、给出路、惩罚与教育相结合等刑事政策思想,反映了报应与预防相结合、刑罚人道、刑罚谦抑等刑罚价值观念。当然,具体而论,我国刑罚体系也存有诸多有待完善的方面。

第二节 主 刑

一、主刑概述

(一)主刑的概念

主刑,是指除特别规定的以外,只能独立适用而不能附加适用的主要刑罚方法,包括财产刑、自由刑、生命刑。

(二)我国主刑的特征

我国《刑法》将主刑种类规定为:管制、拘役、有期徒刑、无期徒刑、死刑。由轻到重排列。我国《刑法》主刑并未规定财产刑。然而,当代世界各国刑法,大多均将罚金列为主刑,或赋予其主刑地位。主刑意味着其在刑罚体系中居于主导地位,这一立法特征表明财产刑在各种刑罚中具有重要的意义、占有较大的比重,反映了刑罚主流由自由刑向财产刑进化的发展趋势,也在一定程度上展示了现代刑罚的价值观念。我国《刑法》将罚金列为附加刑,而附加刑"也可以独立适用",这似增强了罚金的适用机会。然而,主刑是主要的刑罚方法,应对犯罪首当其冲的是主刑,附加刑作为调整、校准、加重主刑对于犯罪的应对而适用。主刑中财产刑的缺席,使得刑罚对于犯罪的应对能力有所减弱,主刑体系不够完善,也低估了财产刑的时代意义。

我国《刑法》主刑的典型特征是:**(1)只能独立适用**:主刑不能相互并科,不能附加适用。具体表现在:一罪一个主刑,即对于一个犯罪行为只能裁量一个主刑;一人一个主刑,即数罪并罚最终决定执行的主刑只能是一个;从刑可予附加,即不排除主刑可以与附加刑并科适用。**(2) 主要刑罚方法**：在应对犯罪中,主刑居于主导地位。具体表现在：处罚重心,即主刑是刑罚应对犯罪的主要砝码与主体砝码,附加刑仅起调节主刑适用的作用；覆盖全面,即主刑是处罚犯罪的系统方法,其轻重、类型等级有序、系统全面,覆盖面较大；整体表现,即主刑的主导地位一以贯之,立法上主刑种类齐全覆盖全面,裁量上附加刑只是附加于主刑,执行上首先执行主刑或其效力扩展。

（三）主刑的主导形态·自由刑

自由刑是当今世界各国主刑的主导形态。**自由刑**,是指将犯罪人关押拘束于一定场所,剥夺或限制其人身自由,予以适当矫治的刑罚方法。自由刑具有如下**特点**：人身自由,即自由刑是对犯罪人人身自由的剥夺或者限制；关押拘束,即自由刑对犯罪人实施看管、监视、束缚与强制；特定场所,即自由刑依附于监狱、特定区域等特定的物理空间；矫治罪犯,即自由刑对犯罪人施以观念、行为、社会适应的改善；轻重相宜,即自由刑根据剥夺自由程度与期限长短的不同而轻重有序。

剥夺自由刑与限制自由刑是自由刑的基本**类型**。**剥夺自由刑**,是指将犯罪人关押于监狱等特定场所,剥夺其人身自由的刑罚方法。**限制自由刑**：是指将犯罪人拘束于一定的区域而不予关押或者周期性地关押,限制其人身自由的刑罚方法。限制自由刑又可分为两类。**不间断的限制自由**,表现为受刑人的自由程度在刑罚期限内持续而没有明显反差。例如,我国《刑法》的管制。**间断的限制自由**,表现为受刑人的自由程度在刑罚期限内周期性地显著重复更替。例如,美国刑法的间歇监禁刑。**此外**,基于不同视角,自由刑还可表现为：短期自由刑、有期自由刑、无期自由刑,单纯监禁的自由刑与附带劳役的自由刑。

短期自由刑,是指在较短的时期内剥夺犯罪人人身自由的刑罚方法。短期自由刑备受刑法理论关注,所涉议题包括："短期刑"究竟是指法定刑、宣告刑,还是指执行刑？"短期"的期限究竟是多少时间？短期自由刑究竟是利大于弊,还是弊大于利？等等。对此,本书的立场是：将"短期刑"定位于宣告刑相对合理；可以考虑将1年以下作为自由刑的"短期",在我国1年以下自由刑几乎表现为拘役；短期自由刑利弊客观存在,关键是针对短期自由刑短期的特点,在不改变其剥夺自由的前提下,针对行刑环境与施教方法设法改善,以使之利大于弊。

不定期刑,是指审判机关在裁量刑罚时,对于犯罪人罪行的刑期不予具体确定,而只是判决宣告处以自由刑,其执行的具体刑期,有待犯罪人矫正的具体情况而定的刑罚制度。不定期刑包括绝对不定期刑与相对不定期刑。**绝对不定期刑**,是指审判机关所判决宣告的自由刑刑期,既无上限也无下限而是完全不确定。**相对不定期刑**,是指审判机关所判决宣告的自由刑刑期,存在上限、下限或上限与下限的限定。不定期自由刑,是自由刑理论与实践的又一焦点问题,其核心是不定期自由刑在现代刑法理念中的价值地位与利弊存废。本书主张,在我国目前政治、经济、文化发展的时代背景下,基于"以报应为基底兼顾预防"的刑罚理念,不定期刑制度在我国刑法中没有植根的土壤。

自由刑单一化,是指取消基于执行场所、有无劳役等不同执行内容而设立不同种类自由刑的立法,将现有诸种自由刑归入一个统一含有劳役、监禁等内容的自由刑种,刑罚轻重仅依刑期的长短为计量的自由刑改革趋向。自由刑单一化是当今自由刑改革的重要内容之一①,其目标是实现单一自由刑。不过尽管如此,自由刑单一化依然有待理论与实践的进一步研究。刑法理论也对自由刑单一化问题展开了深入而广泛的探讨,其核心是自由刑多刑种的存在意义与存在必要的问题。本书并不完全赞成自由刑单一化,也反对自由刑种类的繁杂,而是主张自由刑简约而不单调原则。

二、限制自由刑:管制

(一) 管制的概念

管制是伴随着建立新中国的长期革命斗争,为了适应各时期惩治犯罪的需要而逐步形成的。从这个意义上说,管制是我国的独创。不过,作为一种限制自由刑,在国外刑法中也有类似的刑种。诸如,苏俄刑法中的限制自由刑,法国刑法中的限制自由刑,英美等国的社区服务令。

我国《刑法》的**管制**,是指对于犯罪人不予监禁关押,而是限制其人身自由以及其他有关自由,劳动中同工同酬,由社区矫正机构负责执行的刑罚方法。

(二) 管制的特征

制度系统简洁:根据我国《刑法》第33条的规定,管制列于主刑之首,属于最轻的主刑,具有独立性。并且,《刑法》以第三章第二节设专节对管制作了具体规定,内容囊括了管制制度的各个主要方面。我国《刑法》对管制制度的规定也仅用4个条文,相关内容尽量归并,文字形式结构紧凑,条文简洁。

适用对象广泛:对于管制的适用对象,我国《刑法》总则未予明确,分则条文适用率约24%,罪名适用率约26%。管制主要适用于妨害社会管理秩序罪、危害国家安全罪、部分侵犯财产罪;管制也适用于危害公共安全罪、破坏市场经济秩序罪、侵犯公民权利罪、危害国防利益罪。管制适用于罪行较轻的罪状。

限制自由:(1) 限制自由:被判处管制的犯罪人,不被监禁拘押,并不脱离家庭生活、工作单位、社区生活等,但是其行动自由以及部分政治活动与社会交往自由,受到一定的限制。对此,我国《刑法》第39条第1款作了明确规定,其中包含了限制居住的内容。(2) 可予禁止令:判处管制的同时,可予犯罪人以禁止令。禁止令的内容可为禁止特定活动、禁止进入特定场所、禁止接触特定人员。对此,我国《刑法》第38条第2款作了明确规定。不过,这种立法模式仍值推敲,对此下文专题讨论。(3) 同工同酬:犯罪人在劳动中应当同工同酬,这有别于拘役的"可以酌量发给报酬"与徒刑的强制无偿劳动②。对此,我国《刑法》第39条第2款作了明确规定。

刑期不长解除明确:(1) 刑期:根据我国《刑法》第38条与第69条的规定,管制

---

① 当今自由刑改革的焦点问题涉及,自由刑刑种单一化、短期自由刑存废、不定期刑存废、自由刑执行社会化等。另外与自由刑改革密切相关的,还有**非刑罚化**问题。

② 通常认为徒刑劳动系属无偿,不过我国《监狱法》第72条规定,监狱对参加劳动的罪犯,应当按照有关规定给予报酬。

一般刑期为 3 个月以上 2 年以下；数罪并罚时最高不能超过 3 年。由此，相对于拘役与有期徒刑，管制的刑期不算太长，但也可谓不短①。（2）解除：管制属于限制自由，受刑人并不脱离大众社会，因而在行刑形式上不像监禁拘押，"监"与"放"存在明显反差。为了避免无限管制的现象，我国《刑法》第 40 条对于管制期满的解除作了明确规定。

社区矫正执行：根据我国《刑法》第 38 条第 3 款、《刑事诉讼法》第 285 条的规定，管制由社区矫正机构负责执行。《社区矫正办法》②对于社区矫正工作的开展作了具体规定。被判处管制的犯罪人，有违反《刑法》第 39 条第 1 款管制普通内容的，由县级司法行政机关给予警告；被判处管制同时又被宣告禁止令的犯罪人，有违反《刑法》第 38 条第 2 款禁止令内容的，由县级公安机关依照《治安管理处罚法》的规定处罚。③

羁押折抵刑期：根据我国《刑法》第 41 条的规定，管制的刑期从判决执行之日起计算；判决执行以前先行羁押的，羁押 1 日折抵刑期 2 日。④ 此外，有关司法解释对于管制与行政处罚、诉讼强制措施的折抵作了规定。通常是，剥夺自由的 1 日折抵管制 2 日，限制自由的 1 日折抵管制 1 日。诸如，劳动教养 1 日折抵管制 2 日⑤；指定居所的监视居住 1 日折抵管制 1 日⑥。

任何事物总是在世界的审视中存在。长期以来，管制的优点与不足也一直为刑法理论所关注，这种关注突出地表现为管制的存废之争。管制有其长短利弊，然而就其最基本的特性来看，管制并不剥夺自由而是限制自由，不仅适应刑罚发展趋势，而且体现刑罚应有层次。价值是根本，管制的价值意义之利，决定了应当保留管制；而管制的技术环节之弊，决定了应予较大程度地完善管制。不可否认，现行管制立法的总体水平较为粗浅。

（三）禁止令的特征

根据我国《刑法》第 38 条第 2 款的规定，**禁止令**是指审判机关对于被判处管制和适用缓刑的犯罪人，根据其犯罪的客观事实、主观恶性以及罪行与所需禁止内容的关联，在判决宣告的同时，宣告犯罪人在管制执行与缓刑考验的一定期限，禁止从事特定活动、进入特定区域场所、接触特定人员，由社区矫正机构负责执行的一项法定的特别监管内容。禁止令具有如下**特征**。

法律属性：就其处罚性质而言，实质上禁止令是隶属于管制与缓刑的法定特别监

---

① 管制作为限制自由的轻刑，可以考虑进一步缩短刑期。下文详述。
② 本书《社区矫正办法》如未特别说明，系指最高人民法院、最高人民检察院、公安部、司法部《社区矫正实施办法》（2012 年）。
③ 《社区矫正办法》第 23 条与第 24 条。
④ 关于刑期的折抵，鉴于折抵的两者在内容与目的等方面并不一致，从而刑法理论上对这种折抵存在较大争议。但是，可予折抵是相对合理的。
⑤ 最高人民法院《关于劳动教养日期可否折抵刑期问题的批复》（1984 年）。
⑥ 我国《刑事诉讼法》第 74 条。

管内容。① 管制与缓刑的普通内容,分别由《刑法》第 39 条第 1 款与第 75 条规定,而相对于此,禁止令属于针对管制与缓刑之监管内容的特别规定。禁止令不是独立的刑种与保安处分措施,而是由特别法条规定的法定监管内容。

适用主体:《适用禁止令的规定》②对禁止令适用的有关问题作了具体规定。禁止令只能由人民法院在刑事审判中,依据《刑法》与《刑事诉讼法》的规定适用。在判处管制与宣告缓刑中,禁止令作为一项单独的内容予以宣告。③

适用对象:禁止令只能适用于被判处管制与宣告缓刑的犯罪人④,其中被宣告缓刑的犯罪人可能被判处拘役或 3 年以下有期徒刑。由此,禁止令适用于罪行较轻受刑罚处罚而被限制自由的犯罪人。

事实依据:宣告禁止令应当根据"犯罪情况"。这里的犯罪情况包括犯罪原因之罪前事实,悔罪表现之罪后事实,犯罪性质与手段之犯罪中的客观事实,个人一贯表现之犯罪人的主观事实,以及禁止令的内容与罪行的关联程度。⑤

具体内容:禁止令的内容具有限制自由与剥夺资格的特点,具体包括三项:(1)禁止从事特定活动,诸如,禁止设立公司、企业、事业单位,禁止从事高消费活动等;(2)禁止进入特定区域与场所,诸如,禁止进入夜总会等娱乐场所,禁止进入中小学校等;(3)禁止接触特定的人员,诸如,禁止接触被害人及其法定代理人,禁止接触同案犯等。⑥

期限:禁止令的期限及其计算,存在如下情形:(1)同于管制执行及缓刑考验的期限;(2)短于管制执行及缓刑考验的期限;(3)最短期限,依附于管制的不得少于 3 个月,依附于缓刑的不得少于 2 个月;(4)执行期限,从管制与缓刑执行之日起计算。⑦

执行机构:禁止令由社区矫正机构负责执行。社会工作者、志愿者、村民委员会、工作单位、学校、家庭等协助执行。人民法院宣告禁止令,人民检察院监督执行,公安机关处罚违反禁止令。⑧

违反禁止令后果:违反禁止令尚不属情节严重的,由公安机关依照我国《治安处罚法》第 60 条的规定处罚。被宣告缓刑的犯罪人违反禁止令情节严重的,应当撤销缓刑,执行原判刑罚。⑨

(四) 禁止令的考究

禁止令是我国《刑法修正案(八)》新增设的规定。在此,本书以其具体内容及其

---

① 对于禁止令的立法与属性,下文专题阐释。
② 最高人民法院、最高人民检察院、公安部、司法部《关于对判处管制、宣告缓刑的犯罪分子适用禁止令有关问题的规定(试行)》(2011 年),以下简称《适用禁止令的规定》。
③ 《适用禁止令的规定》第 1 条、第 7 条、第 8 条。
④ 我国《刑法》第 38 条第 2 款与第 72 条第 2 款,《适用禁止令的规定》第 1 条。
⑤ 我国《刑法》第 38 条第 2 款与第 72 条第 2 款,《适用禁止令的规定》第 2 条。
⑥ 我国《刑法》第 38 条第 2 款与第 72 条第 2 款,《适用禁止令的规定》第 3 条至第 5 条。
⑦ 《适用禁止令的规定》第 6 条。
⑧ 《适用禁止令的规定》第 9 条、第 1 条、第 10 条、第 11 条。
⑨ 《适用禁止令的规定》第 11 条与第 12 条。

在法条体系中的位置,对其法律属性作一考究,可得如下结论:禁止令可谓是立法意图增设处罚形式,司法解释称之"执行监管措施",立法事实呈现特别监管内容,刑法理论存在误读,禁止令的立法模式存疑。具体分述如下。

国外相关设置:我国禁止令的相关内容,在国外刑法典中呈现如下立法模式:A. 作为刑罚方法:例如,《瑞士刑法典》第56条将"禁止进入酒店"作为附加刑之一。B. 作为处分措施:多数国家将禁止出入特定场所作为保安处分措施。诸如,《意大利刑法典》第234条。C. 独立或隶属:有的将禁止出入特定场所、禁止执业处分等单列为保安处分措施,有的将之作为"保护观察处分"的内容。D. 缓刑与假释:在缓刑与假释中明确规定,可以将保护观察作为对于缓刑犯与假释犯的附加措施,从而保护观察又成为缓刑与假释考察的基本内容。①

形式与实质的冲突:随着社会情况的变化,需要对被管制者"进行必要的行为管束"②,从而禁止令步入了我国《刑法》,这反映了立法者对新形势下处罚方式需要的认同。而在法律形式上,却仍强调禁止令只是"对管制的执行方式适时调整"③,或称"属于管制、缓刑的执行监管措施"④。当然,这种说法有其"道理",因为如果说禁止令是处罚方法,则需要触动刑罚体系与刑罚种类,进而《刑法》就要大改。然而,事实上禁止令是对管制与缓刑内容的新增,从无到有这固然是"新增",而没有"内容新增"何来"执行方式"。由此,禁止令实际上是在管制与缓刑之普通内容基础上的特别内容,进而,应当将禁止令设置为我国《刑法》第39条第2款与第75条第2款,作为规定管制内容与缓刑内容的特别法条。这也可谓是在维持目前我国刑罚体系与种类前提下的权宜办法。

禁止令属性的误读:禁止令在我国《刑法》中的呈现,实际上是增设了新的处罚方法,加之禁止令的相关内容在他国刑法中一般均为保安处分措施,于是难怪一些学者称禁止令为保安处分措施。但是,应当明确,我国《刑法》中并无保安处分制度,禁止令也不能称为保安处分措施。保安处分制度是犯罪法律后果的体系性建构,不仅有一系列的处分措施,而且包括处分原则、条件、裁量、执行及其与刑罚的关系等一系列问题的规定,并且这些规定是在相互关联与映衬基础上的整合,其具体规定也是作为总则刑事处罚的普通规范呈现的。而禁止令只是依附于管制与缓刑,固然不是刑罚体系中的独立的一员;禁止令在实质上也呈现为管制内容与缓刑内容的特别规定,这也有别于作为保安处分措施所应有的普通意义。基于近似的理由,也不能将我国《刑

---

① 关于保护观察处分的立法及其与缓刑、假释、社区矫正的关系,详见张小虎著:《刑罚论的比较与建构》(下卷),群众出版社2010年版,第1001页。
② 《关于〈中华人民共和国刑法修正案(八)(草案)〉的说明》第3条。
③ 同上。
④ 《正确适用禁止令相关规定,确保非监禁刑执行效果——最高人民法院、最高人民检察院、公安部、司法部有关负责人就〈关于对判处管制、宣告缓刑的犯罪分子适用禁止令有关问题的规定(试行)〉答记者问》(2011年)。

法》第17条第4款的"收容教养",第18条第1款的"强制医疗"等,称为保安处分措施。①

三、剥夺自由刑:拘役

(一) 拘役的概念

拘役,是指短期剥夺犯罪分子的人身自由,实行强制劳动改造,劳动中酌量发给报酬,由公安机关就近执行的刑罚方法。

(二) 拘役的特征

制度结构简洁:根据我国《刑法》第33条的规定,拘役属于主刑,重于管制轻于徒刑,具有独立性。我国《刑法》以第三章第三节设专节对拘役作了具体规定,囊括了拘役制度的基本内容。在条文的表述上,我国《刑法》有关拘役制度的规定仅用3个条文,相关内容较为简洁。

适用对象广泛:拘役主要适用于罪行轻微,但仍需关押的犯罪分子。拘役的分则条文适用率约77%,罪名适用率约83%;除《刑法》第十章以外,其余各章可适用拘役的具体罪名数均占该章罪名总数的过半,可适用有期徒刑的罪名也大都规定了拘役的适用。

剥夺自由与法定待遇:(1) 剥夺自由:被判处拘役的犯罪分子,应受拘押监禁,并且凡有劳动能力的, 律被强制劳动改造;(2) 回家探亲:被判处拘役的犯罪人,每月可以回家1至2天。这是拘役与有期徒刑在自由待遇上的法定区别。(3) 酌量报酬:被判处拘役的犯罪分子,参加劳动的,可以酌量发给报酬。这是拘役与管制、徒刑在劳动报酬上的区别。

期限较短:拘役属于短期自由刑。根据我国《刑法》第42条与第69条的规定,拘役一般刑期为1个月以上6个月以下;数罪并罚时最高不能超过1年。

公安机关就近执行:(1) 公安机关执行:拘役由公安机关执行,这不同于管制与徒刑的执行。管制由社区矫正机构负责执行,徒刑通常由隶属司法行政机关的狱政部门执行。(2) 就近执行:原先各地原则上设置了拘役所执行拘役。然而,2005年为了全面规范对被判处拘役罪犯的刑罚执行工作,公安部决定,撤销拘役所,对于被判处拘役的罪犯,由看守所执行。② "由看守所执行"同样坚持了就近执行的原则。

羁押折抵刑期:我国《刑法》第44条规定:"拘役的刑期,从判决执行之日起计算;判决执行以前先行羁押的,羁押1日折抵刑期1日。"非羁押的监视居住与取保候审期间,不予折抵刑期。

(三) 拘役的界分与完善

拘役与刑事拘留、行政拘留、民事拘留,尽管均表现为短期剥夺人身自由,但是它们之间在法律性质、适用对象、适用机关、法律依据、适用期限、执行场所等方面,存在明显区别。拘役与有期徒刑,尽管均表现为剥夺人身自由的刑罚方法,但是它们之间

---

① 关于我国的处罚措施与保安处分的关系,详见张小虎著:《刑罚论的比较与建构》(下卷),群众出版社2010年版,第1039页。
② 详见公安部《关于做好撤销拘役所有关工作的通知》(2005年)的相应规定。

在刑期长短、适用对象、执行场所、执行待遇、累犯构成等方面,也存在较大区别。

拘役属于短期自由刑,拘役的利弊客观存在。在坚持拘役基本特征的前提下,可对我国现行拘役进行如下完善:总则明确拘役的适用对象,并增设拘役易科管制与罚金的规定;凡分则规定可适用管制与罚金①的犯罪,均将拘役列为或选的刑种;规定将拘役置于就近的监狱或者其他执行场所执行;吸取某些国家的立法经验,将拘役的劳动改为无偿;取消拘役执行中,犯罪人可以每月回家1至2天的规定;增设有针对性地分类、集中教育训导、矫正思想观念、实行半工半读的规定。

四、剥夺自由刑:有期徒刑

(一)有期徒刑的概念

有期徒刑,是指剥夺犯罪分子一定期限的人身自由,实行强制劳动改造,在监狱或者其他执行场所执行的刑罚方法。

(二)有期徒刑的特征

制度结构简洁:我国《刑法》将有期徒刑与无期徒刑并列,由第三章第四节统辖;该节的规定囊括了有期徒刑制度的基本内容。在刑罚体系上,有期徒刑属于主刑之一,只能独立适用;列于拘役之后无期徒刑之前,表明轻于拘役重于无期徒刑。在条文表述上,我国《刑法》有关有期徒刑制度的规定仅用3个条文,相关内容简洁明了。

适用对象覆盖全面:有期徒刑的刑罚跨度较大、法定刑幅度种类多样,因此可以适应于由轻至重各种梯度等级的具体犯罪,是我国刑罚体系中唯一的,除第133条之危险驾驶罪之外,其余所有罪名均有适用的刑种。有期徒刑的分则条文适用率约89%。

剥夺自由与劳动改造:(1)**剥夺自由**:被判处有期徒刑的犯罪分子,依法受到相对严格的拘押监禁,被剥夺人身自由。(2)**劳动改造**:被判处有期徒刑的犯罪分子,凡有劳动能力的,都应当参加劳动,接受教育和改造。②(3)**报酬待遇**:我国《刑法》对于有期徒刑的劳动报酬未予明确。不过,我国《监狱法》第72条规定,"监狱对参加劳动的罪犯,应当按照有关规定给予报酬"。

刑期幅度大变化多:(1)**幅度大**:一般情况,6个月以上15年以下;数罪并罚,最高不超过20年或25年;死缓减为有期徒刑,为25年。(2)**变化多**:法定刑幅度类型较多,计有15种幅度、7个幅度界点。A. **幅度种类**:1年以下,2年以下,3年以下,5年以下;1年以上7年以下,2年以上5年以下,2年以上7年以下,3年以上7年以下,3年以上10年以下,5年以上10年以下,7年以上10年以下;5年以上,7年以上,10年以上,15年。B. **幅度界点**:1年、2年、3年、5年、7年、10年、15年。

分押监禁执行:有期徒刑在监狱或者其他执行场所执行。(1)**监狱执行**:现行监禁场所一律称为监狱③。除缓刑、假释、监外执行等特殊情况外,有期徒刑均应收监执行。(2)**分押监管**:对于收监执行的犯罪分子应当分别男犯与女犯、重罪与轻罪、犯

---

① 本书主张,罚金应当作为主刑。
② 我国《刑法》第46条。
③ 我国《监狱法》第2、39条。

罪类型、宽严程度等分押分管。**(3) 监外执行**:对于被判处有期徒刑的罪犯,符合法定条件的,可以监外执行。① **(4) 假释执行**:判处有期徒刑被假释的犯罪分子,在假释考验期内依法实行社区矫正。**(5) 短期余刑执行**:交付执行前剩余刑期为 3 个月以下的,由看守所代为执行。② **(6) 未成年犯执行**:对未成年犯应当在未成年犯管教所执行。

羁押折抵刑期:我国《刑法》第 47 条规定:"有期徒刑的刑期,从判决执行之日起计算;判决执行以前先行羁押的,羁押 1 日折抵刑期 1 日。"非羁押的监视居住与取保候审期间,不予折抵刑期。

(三) 有期徒刑的完善

有期徒刑是刑罚体系的核心刑种,几乎成为刑罚的象征,自然无从论及有期徒刑的废除。然而,有期徒刑的不足使得对其的完善成为一项焦点议题。本书针对有期徒刑较为突出的不足,对我国现行有期徒刑的完善提出如下建议(详见表 12-1)。

表 12-1　有期徒刑等级界点、幅度规则、法定刑幅度对应表

等级界点	幅度规则	法定刑幅度
1;2;3	2	1—;2—;1—3
	3	3—
3;4;5	3	1—4;2—5
5;6;7;8;9;10;12;14	5	5—;1—6;2—7;5—8;4—9;5—10;7—12;9—14
14;16;18;20;22;25	7	7—14;9—16;11—18;13—20;15—22;18 +

说明:(1) 数字单位为年;(2) "—"表示以下," + "表示以上。(3) "1—3"表示 1 年以上 3 年以下。

扩大有期徒刑刑期区间:将我国有期徒刑的最高刑期增至 25 年,数罪并罚时不超过 30 年。许多国家有期自由刑的刑期,在非特殊情况下,均超过了 15 年。

建立法定刑幅度序列化:可以考虑 3 年有期徒刑作为重罪与轻罪法定刑的标志;参照法国重罪徒刑的等级界点,以 5 年作为一个幅度。由此,形成有期徒刑应对犯罪重轻的一些界点;基于这些界点确定法定刑幅度规则。

调整有期徒刑刑期等级:5 年以下刑期的等级差距一般设为 1 年;5 年以上刑期的等级差距一般设为 2 年。由此,《刑法》总则明确规定有期徒刑法定刑的 15 个等级界点;据此,分则将有期徒刑的法定刑具体设置为 20 种类型。

注意法定刑设置的交叉:所谓 A、B 交叉,表现为 A 与 B 部分重合并且部分分离。例如,"1—3"与"2—5"即为交叉。就《刑法》分则规定具体犯罪的罪与刑而言,对应于不同罪状的不同法定刑幅度之间,应当存在一定的交叉。

注重人身危险性而分押:在刑罚执行上,设置不同性质的改造场所,赋以宽严管

---

① **监外执行**,是指对于本应在监狱内执行的罪犯,由于存在某种法定的特殊情形而不宜收监,因此暂时将其放在监外,由其居住地公安机关负责执行原判刑罚的一种变通执行制度。可予监外执行的情形有:有严重疾病需要保外就医的;怀孕或者正在哺乳自己婴儿的妇女;对于生活不能自理,适用暂予监外执行不致危害社会的罪犯。

② 我国《刑事诉讼法》第 253 条。

押不同、改造侧重有别的行刑内容;同时,基于人身危险性的评价,结合罪犯其他特征、罪行轻重等的差异,对罪犯进行分类;将不同类别的罪犯置于不同性质的改造场所,实施相应的矫治,执行中基于一定的条件可予适当调整。

构建刑罚执行消灭制度:有期徒刑的"交叉感染"、"社会适应"、"标签阴影"等弊端,根深蒂固,但却可最大程度地予以削减。包括:完善刑罚执行中的分管分押等措施,完善缓刑、减刑、假释等制度,应当建立我国的刑罚消灭制度,建立和完善罪犯回归社会后的生活保障与继续矫正制度。

五、剥夺自由刑:无期徒刑

(一)无期徒刑的概念

无期徒刑,是指剥夺犯罪分子终身人身自由,实行强制劳动改造,在监狱或者其他执行场所执行的刑罚方法。

(二)无期徒刑的特征

制度结构简洁:我国《刑法》将无期徒刑与有期徒刑并列,由第三章第四节统辖;基于无期徒刑与有期徒刑在执行场所与执行内容方面的共同特征,仅以第46条对此作了规定。在刑罚体系上,无期徒刑属于主刑,只能独立适用;列于有期徒刑之后死刑之前,表明轻于死刑重于有期徒刑。

相关制度涉及广泛:除与有期徒刑并列的专节规定之外,我国《刑法》总则其他刑罚制度也及于无期徒刑:**(1)死缓制度**:判处死刑缓期执行的,在死刑缓期执行期间,如果没有故意犯罪,2年期满以后,减为无期徒刑(第50条)。**(2)剥夺政治权利制度**:判处无期徒刑,应当剥夺政治权利终身;无期徒刑减为有期徒刑,应当把附加剥夺政治权利的期限改为3年以上10年以下(第57条)。**(3)数罪并罚制度**:对数罪中有一罪被判处无期徒刑的,其他罪无论被判处什么主刑,都只执行无期徒刑(第69条)。**(4)减刑制度**:无期徒刑执行期间,符合条件的可以减刑或者应当减刑;减刑以后实际执行的刑期,不能少于13年或25年;减刑后的刑期,从裁定减刑之日起计算(第78、80条)。**(5)假释制度**:无期徒刑实际执行13年以上,符合条件的可以假释;对累犯以及因杀人等暴力性犯罪被判处无期徒刑的,不得假释;无期徒刑的假释考验期限为10年(第81、83条)。**(6)时效制度**:法定最高刑为无期徒刑的犯罪,经过20年不再追诉;如果20年以后认为必须追诉的,须报请最高人民检察院核准(第87条)。

适用对象罪行严重:无期徒刑是仅次于死刑的主刑,不具有可分割性,适用于罪行严重,但又不必判死刑,而需要与社会永久隔离的犯罪分子。在适用范围上,除第九章渎职罪之外,我国《刑法》分则其余各章均有无期徒刑的规定;其条文适用率约21%,罪名适用率约23%。在法定刑设置上,无期徒刑通常与死刑或者10年以上有期徒刑并列①,并且一般作为加重犯罪构成的法定刑。"对已满14周岁不满16周岁

---

① 我国《刑法》在设置包含无期徒刑的法定刑上,主要表现为八种情况。

的人犯罪一般不判处无期徒刑。"①

分则法定刑幅度较大：我国《刑法》分则法定刑设置，**包含无期徒刑**的情形主要有八种："无期徒刑"；"无期徒刑或者10年以上有期徒刑"；"10年以上有期徒刑或者无期徒刑"（A）；"15年有期徒刑或者无期徒刑"；"15年有期徒刑、无期徒刑或者死刑"；"无期徒刑或者死刑"；"10年以上有期徒刑、无期徒刑或者死刑"（B）；"死刑、无期徒刑或者10年以上有期徒刑"。其中，A与B的情形居于主导。

剥夺自由与政治权利：（1）**剥夺自由**：被判处无期徒刑的犯罪分子，依法受到严格的拘押监禁，被剥夺人身自由。（2）**剥夺政治权利**：被判处无期徒刑的犯罪分子，应当被附加剥夺政治权利终身②。（3）**劳动改造**：被判处无期徒刑的犯罪分子，凡有劳动能力的，都应当参加劳动，接受教育和改造。（4）**报酬待遇**：我国《刑法》对于无期徒刑的劳动报酬未予明确。不过，我国《监狱法》第72条规定，"监狱对参加劳动的罪犯，应当按照有关规定给予报酬"。

终身剥夺与法定例外：无期徒刑的刑期与罪犯的生命终期相同。但是，在刑罚执行中，如果出现法定情形，则可以避免无期徒刑的最终执行：（1）**减刑**：在执行期间，确有悔改与立功表现的，可以减刑；有法定重大立功表现的，应当减刑。无期徒刑减为有期徒刑的，先前羁押的期间不予折抵刑期。③（2）**假释**：实际执行13年以上，确有悔改表现，没有再犯危险的，可以假释。无期徒刑的假释考验期为10年。④（3）**特赦**：在刑罚执行期间遇有国家特赦，也可以获释。我国《宪法》规定了特赦。

分押监禁执行：无期徒刑在监狱或者其他执行场所执行。⑤（1）**监狱执行**：除假释、监外执行等特殊情况外，有期徒刑均应收监执行。（2）**分押监管**：对于收监执行的犯罪分子应当分别男犯与女犯、犯罪类型等分押分管。（3）**监外执行**：对于被判处无期徒刑的罪犯，符合法定条件的，可以监外执行。（4）**假释执行**：被判处无期徒刑的犯罪分子，实际执行13年以上符合法定条件的，可以假释。

（三）无期徒刑的完善

无期徒刑存在不足，也有其优点，而无期徒刑的优点具有决定意义。作为仅次于死刑的刑种，无期徒刑的作用与地位是其他刑种所无法替代的。对于现行无期徒刑的完善，总的**原则**应当是，真正体现无期徒刑仅次于死刑的严厉特征，并且尽量构建无期徒刑的不同等级，从刑种制度以及行刑配套制度等多方予以考虑。**具体**地说：

构建独立无期徒刑制度：我国《刑法》总则第三章第四节将有期徒刑与无期徒刑合并规定。这有混淆两者之嫌，也淡化了作为核心刑种的有期徒刑。应当在我国《刑法》中增列"第五节无期徒刑"，对无期徒刑的适用对象、内容、执行等予以专门规定。

建立无期徒刑缓刑制度：对此可作如下设计：缓刑考验期为2年；2年后法定减

---

① 最高人民法院《关于审理未成年人刑事案件具体应用法律若干问题的解释》（2006年）第13条。
② 我国《刑法》第57条。
③ 我国《刑法》第78条与第80条。
④ 我国《刑法》第81条与第83条。
⑤ 我国《刑法》第46条。

刑的充分必要条件是没有故意犯罪;2年以后减为刑期"25年以上30年以下"。无期徒刑缓刑与一般无期徒刑在无期徒刑的范畴内显有**等级之差**,从而使刑罚阶梯更为平缓。

完善无期徒刑减刑制度:一般无期徒刑应当重于无期徒刑缓刑,两者实际刑期的**差距**至少应当有3年①。由此,应当限制一般无期徒刑的减刑:无期徒刑实际执行5年以上方可减刑;明确规定无期徒刑减刑的实质条件;限定减为"25年以上30年以下"有期徒刑。

完善无期徒刑假释限制:无期徒刑假释与一般无期徒刑在轻重程度上应当基本一致。为此:无期徒刑实际执行15年以上方可假释;明确规定无期徒刑假释的实质条件;无期徒刑的假释考验期限仍然规定为10年;保留因累犯或者严重暴力性犯罪被判处无期徒刑的犯罪分子不得假释的规定;取消如果有特殊情况,经最高人民法院核准,假释可以不受13年执行刑期限制的规定。

明确无期徒刑适用对象:对于无期徒刑等一些较为特殊的刑种,其基本适用对象应在总则中予以明确,以便阐明立法意图、指导司法运作。由此,相对于死刑适用于"罪恶极其严重的犯罪分子",我国《刑法》总则规定,无期徒刑适用于"罪恶非常严重的犯罪分子"。

无期徒刑监押执行特定:除依法保外就医、假释等特殊情况以外,一律在无期徒刑监狱服刑;先后分别在"从严管理"、"普通管理"的条件下至少服刑5年,才能转到"从宽管理"的条件下服刑;凡有劳动能力的都应当参加劳动,接受教育改造;基于男犯、女犯、未成年犯、累犯、惯犯、犯罪类型、改造表现、管理等级等不同情况,分类监押管理。

作为死刑主旨条文可选:对于分则法定刑的设置,在尽量减少死刑适用的同时,对于确实需要规定死刑的条款,将无期徒刑与死刑并列供选,从而使司法中根据具体案情合理处置留有余地。

修正无期徒刑供选设置:我国现行《刑法》在设置包含无期徒刑供选的法定刑上,主要表现为八种情况。针对这一立法现状,《刑法》应作如下修正:取消有期徒刑、无期徒刑、死刑并列;在以无期徒刑为主旨的条文中,将20年以上有期徒刑与无期徒刑并列;采用叙明罪状描述适用无期徒刑的具体事实特征。

六、生命刑:死刑

(一)死刑的概念

死刑,又称生命刑、极刑,是指剥夺犯罪分子生命的刑罚方法,包括死刑立即执行与死刑缓期2年执行。

(二)死刑的特征

制度结构简洁:根据我国《刑法》第33条的规定,死刑属于最为严厉的主刑,具有

---

① 以可能的最高刑期为准。3年相对适宜,也不宜相差过大。

独立性。我国《刑法》以第三章第五节设专节对死刑作了具体规定,囊括了死刑制度的基本内容。在条文的表述上,我国《刑法》有关死刑制度的规定仅用4个条文,相关内容较为简洁。

适用对象限制又伸展:(1) 严重犯罪:我国《刑法》总则第48条正面限定了死刑对象,即"死刑只适用于罪行极其严重的犯罪分子"。这里的"罪行极其严重",应当理解为犯罪人的主观危害以及犯罪行为的客观危害均极其严重。**(2) 硬性限制**:我国《刑法》总则第49条还反面限定死刑对象,即犯罪时未成年人与审判时怀孕妇女,即使罪大恶极,也不适用死刑;审判时已满75周岁的人,除以特别残忍手段致人死亡外,也不适用死刑。**(3) 较为伸展**:死刑适用的范围最终落实在具体条文与罪名上,因此死刑适用的条文数与罪名数对于死刑适用范围的考究具有标志意义。我国《刑法》分则死刑条文适用率约14%,死刑罪名适用率约13%。德国、意大利、法国等已在刑法典中废除了死刑,而在保留死刑的国家中,死刑罪名的设置也受到严格限制。例如,日本刑法共有17种犯罪规定有死刑①。

适用程序严格:(1) 管辖限制:根据我国《刑事诉讼法》第20条的规定,死刑案件只能由中级以上人民法院审理判决。**(2) 核准限制**:根据我国《刑法》第48条第2款与《刑事诉讼法》第235的规定,死刑都应当报请最高人民法院核准。**(3) 执行限制**:根据我国《刑事诉讼法》第252条第2款的规定,死刑采用枪决或者注射方法执行。死刑执行中如果发现可能有错误或者具有法定情形的,应当暂停执行,报请最高人民法院裁定。

分则法定刑包容:在我国,除极少数条文以外,均将死刑与无期徒刑等刑种并列供选,从而给死刑的选择适用留下空间,便于死刑的限制适用。《刑法》分则含有死刑的法定刑设置模式包括:"可以判处死刑";"处死刑";"死刑、无期徒刑或者10年以上有期徒刑";"无期徒刑或者死刑"(B);"15年有期徒刑、无期徒刑或者死刑";"10年以上有期徒刑、无期徒刑或者死刑"(A)。其中,A与B的情形居于主导。

创立死缓制度:(1) 适用条件:根据我国《刑法》第48条第1款后段的规定,死缓是死刑的执行方法,而不是独立刑种。宣告死缓应当同时具备以下两个条件:应当判处死刑;无须立即执行②。**(2) 法律后果**:根据我国《刑法》第50条的规定:**A. 无期徒刑**:死缓期间,如果没有故意犯罪,2年期满以后减为无期徒刑;**B. 有期徒刑**:死缓期间,如果确有重大立功表现,2年期满以后减为25年有期徒刑;**C. 执行死刑**:死缓期间,如果故意犯罪,查证属实的,由最高人民法院核准,执行死刑③;**D. 限制减刑**:对累

---

① 〔日〕大谷实著:《刑法总论》,黎宏译,法律出版社2003年版,第376页。

② 根据审判经验,具体情形包括:犯罪后自首、立功或者有其他法定从轻情节的;在共同犯罪中罪行不是最严重的,或者其他在同一或同类犯罪中罪行不是最严重的;由于被害人的过错导致犯罪分子激愤犯罪的;犯罪分子存在令人怜悯情形的;具有其他应当留有余地情况的;等等。

③ 值得考究的是:死缓期间如果既有重大立功又有故意犯罪,则应作如何处置? 故意犯罪执行死刑,当在犯罪后的即时,还是死缓2年期满之后? 对此,本书主张,如有故意犯罪,应当及时查证,罪行属实的,则依法执行死刑。相对于我国《刑法》第48条第1款后段之"可以判处死刑同时宣告缓期2年执行"的规定,《刑法》第50条第1款后段之"如果故意犯罪……执行死刑"的规定系特别规定。

犯以及故意杀人等暴力性犯罪的死缓犯,人民法院可以同时决定对其限制减刑。①
(3) 刑期计算:根据我国《刑法》第51条的规定:**A. 死缓考验期间计算**:死刑缓期执行期间,从判决确定之日起计算。这里的"确定之日",是指判决或者裁定核准死刑缓期2年执行的法律文书宣告或送达之日。② 被判死缓的犯罪分子先前被羁押的,羁押日期不能折抵死缓考验期。**B. 死缓减为有期徒刑**:死刑缓期执行减为有期徒刑的,其有期徒刑的刑期从死刑缓期执行期满之日起计算。被判死缓的犯罪分子先前被羁押的,羁押日期同样不能折抵死缓考验期。

保留死刑但严格死刑:"保留死刑,严格控制死刑"是我国的基本死刑政策。③ 坚持少杀,是我国一贯坚持的死刑政策。我国《刑法》贯彻了这一死刑政策,具体表现在:**(1) 总则限制**:包括适用对象的限制;适用程序的限制;死刑执行的限制;死缓制度的限制。**(2) 分则限制**:对于死刑罪状的规定,更为具体明确,由此严格死刑的适用。规定有死刑的条文,除极少数以外,均将死刑与无期徒刑等刑种并列供选。

（三）死刑的存废

18世纪后期,资产阶级启蒙思想家基于天赋人权的理论,系统地提出了废除死刑的主张,掀起了世界范围内的死刑存废大论战。死刑存废的观念与刑罚价值的理念一脉相承。基于刑罚的一般预防,刑事古典学派相对主义力主否定死刑;立于刑罚的报应主义,刑事古典学派绝对主义强调死刑报应;出于刑罚的剥夺犯罪能力主义,刑事近代学派人类学派张扬死刑意义;鉴于刑罚的矫正改善主义,刑事近代学派社会学派倾向废除死刑。

长期以来,死刑存废问题,一直是刑罚理论的聚焦,中外许多学者提出了一系列的真知灼见。仰重死刑存废研究的优秀成果,立于当代中国的社会现实,应当说,在理论预期上,死刑应当废除,而在目前现实中,死刑必然保留。理想是对未来社会完美境界的描述,也是对人类社会客观真实的超前性展示;现实是对当今社会实际状况的反映,是对特定时期社会真实的阶段性复写。理想确立应然价值目标,引导现实改革;现实提供实然生存环境,表现理想基础。在社会发展的历程中,不可避免地存在着现实与理想的距离④。学术的重要使命之一,就是揭示理想,正视现实,寻求方案,推进社会发展,最终实现理想。死刑存废,也存在着理想标准与现实评价。人类价值根基,决定人类应当废除死刑;社会现实背景,决定我国当今社会必然保留死刑。

（四）死刑的完善

针对我国现行死刑制度的不足,完善死刑应当着重考虑如下方面。

---

① 这里的"限制减刑"是指依据第78条的减刑,并且与第78条第2款第3项的规定呼应。"限制减刑"就其所针对的死缓对象而论,其不同于第78条的规定的一般减刑,而属于死缓制度的一项内容,因此由第50条第2款规定;同时,"限制减刑"所限制的是死缓法定减刑之后的减刑,这意味着其内容指向又涉第78条的一般减刑,从而第78条的规定又有呼应。

② 参见最高人民法院《关于死刑缓期执行的期间如何确定问题的批复》(2002年)。

③ 最高人民法院、最高人民检察院、公安部、司法部《关于进一步严格依法办案确保办理死刑案件质量的意见》(2007年)第2条。

④ 当然,各民族接近理想的步伐是不一样的,同时,理想与现实的统一也并非一个点而是一个区间,可以充分发挥先进现实迎头触及最近理想。

基本原则：由现在"保留死刑但严格死刑"的总体思路，转化为"总体原则废除死刑，故意命案保留死刑"的基本思想，彰显刑法优先保护个人法益与侧重保障人权并重，而个体生命为价值之魁。死刑违背人类伦理与国家理性，从而原则上应当废除死刑；而基于我国目前的社会现实，在特定条件下必然保留死刑。具体地说，适用死刑应当同时具备下列条件：(1) 故意命案犯罪：只有故意杀人的犯罪或者实施其他犯罪中伴有故意致人死亡的犯罪，可以适用死刑；(2) 罪恶极其严重：死刑只适用于罪行极其严重并且主观恶性极深、人身危险性极大的犯罪分子；(3) 排除特殊情况：对于犯罪时不满18周岁的未成年人、审判时怀孕的妇女以及已满65周岁的老年人，不适用死刑。

特别刑种：一些国家在刑法典中明确将死刑列为一种特殊的刑种，即死刑既非主刑，也非从刑，而是一种特殊的刑罚方法，仅适用于刑法有特别规定的个别情况，作为废除以前的过渡。这一立法例可资借鉴。具体做法是：(1) 剥离主刑：将死刑从主刑中剥离出来，主刑与附加刑均不设死刑，以示死刑既非主要也非次要的刑罚方法，而是具有独特地位的时宜方法。(2) 独特意义：设专条明确死刑的特殊意义："死刑是一种非常的刑罚方法。应当遵照本法明确、特别的规定，严格死刑的适用。"

适用对象：基于死刑的基本原则，我国《刑法》对于死刑适用对象应作如下具体规定。总则明确规定："只有具体犯罪中存在故意杀人或者故意致人死亡情节的犯罪，可以适用死刑。""死刑只适用于罪恶极其严重的犯罪分子。""犯罪的时候不满18周岁的人、审判的时候怀孕的妇女以及已满65周岁的人，不适用死刑。"分则将死刑罪名仅限定为"故意杀人罪"。行为人实施现行《刑法》所规定的其他死罪，伴有故意杀人或者故意致人死亡情节而有必要适用死刑的，可以通过适用刑法总则的规定，根据罪数形态理论按故意杀人罪或者根据数罪并罚而判处死刑。

故意杀人：我国《刑法》分则死罪法定刑的设置应当与总则的精神相吻合，为此与死刑相应的罪状应有具体限定；死刑的适用应当相对确定，从而在死罪法定刑设置上应当采用"可以"术语；即使是故意杀人罪的死罪，也应表现出死刑仅在极为特殊的情况下适用。有鉴于此，可以将我国《刑法》第232条故意杀人罪，抽象出故意杀人的不同情况，予以罪状与法定刑的具体分解，其中包括："故意谋杀罪恶极其严重的，处无期徒刑或者可以处死刑。"

判决执行：明确规定死刑的执行场所与死刑犯的羁押场所，死刑的判决与执行方法也应在《刑法》中有所规定。为此，我国《刑法》总则应增加规定："死刑在专门的刑场或者监狱内采用注射或者枪决的方法不公开执行。""被判处死刑的犯罪分子，在执行注射或枪决前，应当关押在监狱内。""死刑应当由中级以上人民法院判决。"另外，保留现行《刑法》限制死刑核准权的规定。

死缓制度：死缓制度不失为逐步废除死刑有效途径，应予保留。具体地说，保留我国现行《刑法》有关死缓适用条件与刑期计算的规定；修改有关死缓法律后果的规定。将《刑法》第50条修改为："判处死刑缓期执行的，在死刑缓期执行期间，如果没有故意犯罪，2年期满以后，减为无期徒刑；如果确有重大立功表现，2年期满以后，减为 25 年以上 30 年以下有期徒刑;如果故意犯罪,查证属实的,由最高人民法院核准,执行死刑。"

第三节 附 加 刑

一、附加刑概述

（一）附加刑的概念

附加刑基于各国刑法典的不同规定,含义各异:可以独立适用也可以附加适用;不能独立适用而只能附加适用;某些有罪判决的法定后果。

根据我国《刑法》的规定,**附加刑**又称从刑,是指既可以独立适用也可以附加主刑适用,具有主刑补充意义的刑罚方法,包括罚金、剥夺政治权利和没收财产。另外,仅对外国人适用的驱逐出境具有附加刑性质。

（二）我国附加刑的特征

可以独立适用:通常,附加刑附随于主刑适用,但是附加刑也可以独立适用。

可以附加适用:一般情况下,附加刑附随于主刑适用。

调节主刑适用:主刑是犯罪处罚首当其冲的方法,而附加刑仅起调节主刑适用的作用,以使主刑对于具体犯罪报应与预防的应对更为贴切、吻合。

依附主刑:立法上,主刑种类齐全系统、轻重幅度广阔、阶位等级有序、覆盖罪行全面;裁量上,附加刑附加于主刑而选用,具有补充意义;执行上,或者先执行主刑再执行附加刑,或者主刑扩展至附加刑效力①。

基本类型简单:当代世界各国刑法典刑罚体系的附加刑,主要内容属于资格刑。相对而言,我国《刑法》的附加刑,财产刑居于主导而资格刑呈现单一,从而表现出我国《刑法》刑罚体系安排的不足与刑罚的趋重。

（三）财产刑

财产刑,是指对犯罪人的财产法益予以剥夺的刑罚方法,包括罚金型财产刑与没收型财产刑。现代刑罚体系,通常将财产刑,尤其是罚金型财产刑,作为主刑。财产刑是地位仅次于自由刑的刑罚。当今社会的刑罚体系以自由刑为主流,随着刑罚日益宽和的发展趋势,未来社会的刑罚体系必定以财产刑为主导。

（四）资格刑

资格刑,是指对犯罪人的资格予以剥夺的刑罚方法。资格刑是现代刑罚体系附加刑的核心刑种,而在我国主要表现为剥夺政治权利、驱逐出境、剥夺军衔。

---

① 例如,判处附加剥夺政治权利的,剥夺政治权利的效力当然施用于主刑执行期间(我国《刑法》第 58 条第 1 款)。

二、罚金

（一）罚金的概念

罚金，是指剥夺犯罪人一定数额的金钱，限期一次或分期缴纳，遭遇特殊情况可以减免的刑罚方法。

（二）罚金的特征

首要附加刑地位：根据我国《刑法》第34条的规定，罚金属于首要的附加刑。罚金既可以独立于主刑适用，也可以附加于主刑适用，具体根据分则法定刑的规定。

制度结构简洁：我国《刑法》以第三章第六节，对罚金的主要内容作了规定，形成了专一的罚金制度。在条文表述上，第六节的规定仅用2个条文，相关内容较为简洁。

根据犯罪情节判决：我国《刑法》第52条规定，判处罚金，应当根据犯罪情节决定罚金数额。另外，有关司法解释也规定，判处罚金，也要"综合考虑犯罪分子缴纳罚金的能力"[①]。再者，罚金的判决应当以分则的具体规定为依据。

缴纳方式多样：根据我国《刑法》第53条的规定，基于情况有不同，罚金的缴纳包括：应当根据判决指定的期限[②]，按照自己的支付能力，一次或者分期缴纳；期限届满后仍不缴纳的，采取查封、扣留、拍卖财产等方式强制缴纳；不能缴纳的，在任何时候发现被执行人有可以执行的财产，应当随时追缴。罚金由人民法院执行。

遭遇灾祸减免：我国《刑法》第53条规定："……如果由于遭遇不能抗拒的灾祸缴纳确实有困难的，可以酌情减少或者免除。"这里的缴纳确有困难，主要是指因遭受火灾与水灾等灾祸，罪犯因重病与伤残而丧失劳动能力，或者需罪犯抚养的近亲属患有重病而需支付巨额医药费等，致使没有可供执行的财产。[③]

适用范围较大：相对于1979年《刑法》，1997年《刑法》对于罚金的适用又有所扩大。分则罚金的条文适用率约为42%，罚金的罪名适用率约为45%。在适用的具体罪名方面，绝大多数为贪利侵财性质的犯罪。

分则法定刑单科与并科：我国《刑法》分则法定刑设置，包含罚金的情形主要有六种：（1）单科适用：罚金只是法定刑适用的唯一刑种。例如，"对单位判处罚金"。这一情形只是针对犯罪的单位。（2）选科适用：罚金与主刑并列，判决时只能择一适用，而不能同时适用。例如，"处……拘役或者罚金"[④]。（3）单科或并科：既可只选择适用罚金，也可将罚金附加于主刑适用。例如，"处……拘役，并处或者单处罚金"。（4）并科且选科：除适用主刑外，还应当附加罚金或者没收财产。例如，"处……无期徒刑，并处罚金或者没收财产"。（5）得科且并科：罚金可以附加于主刑，判决时除适

---

① 最高人民法院《关于适用财产刑若干问题的规定》（2000年）第2条第1款前段。
② 通常情况，罚金缴纳的期限不超过3个月。详见最高人民法院《关于适用财产刑若干问题的规定》（2000年）第5条。
③ 最高人民法院《关于适用财产刑若干问题的规定》（2000年）第6条。
④ 最高人民法院《关于适用财产刑若干问题的规定》（2000年）第4条，对于选科场合的单科罚金的具体适用，作了规定。

用主刑,也可以附加罚金。例如,"处……拘役,可以并处罚金"。(6)必科且并科:罚金附加于主刑,判决时除适用主刑,也应当附加罚金。例如,"处……有期徒刑,并处罚金"。

罚金数额限额与无限额:我国《刑法》分则法定刑设置,对于罚金数额的立法模式包括三种:(1)无限额罚金:对于罚金的具体数额不予规定,判决时由法院自由裁量。例如,"处罚金"。这一模式有利于随具体犯罪情节的不同以及社会经济状况的变化调整罚金数额,但过于灵活。(2)限额罚金:分则以绝对数值的方式,规定罚金数额上限与下限区间。例如,"处2万元以上20万元以下罚金"。这一模式使罚金的数额相对确定,增强了刑法的明确性,但不利于应对社会经济状况的变化。(3)倍比罚金:分则以违法数额为基准,规定一定的倍数作为罚金数额。例如,"处违法所得1倍以上5倍以下罚金"。这一模式将犯罪所得与罚金数额直接关联,但成倍增长也可能使罚金过高。

(三)罚金与行政罚款

罚金与行政罚款,尽管均为剥夺行为人一定数额金钱的制裁措施,但是它们之间存在明显区别:(1)**法律性质**:罚金具有刑法性质,属于以犯罪为前提的刑罚方法,旨在报应犯罪、预防犯罪;行政罚款具有行政法规性质,属于以行政违法为前提的行政处罚,旨在教育制裁行政违法行为。(2)**适用对象**:罚金只能适用于触犯《刑法》的犯罪人,包括犯罪的自然人和犯罪的单位;行政罚款适用于违反治安管理法规、有关经济法规、其他行政法规的一般违法者,包括个人与单位。(3)**机关依据**:罚金只能由人民法院依据《刑法》,按照《刑事诉讼法》的程序适用;行政罚款则由公安、海关、税务、工商等行政机关,依照《行政处罚法》以及其他有关行政法规适用。(4)**法律后果**:罚金只能适用于犯罪人,被判处罚金的人,属于有前科记录的人。前科是从重量刑的酌定情节。行政罚款适用于一般违法者,被处以行政罚款的人不存在前科记录问题。(5)**术语称谓**:通常"罚金"专指《刑法》所规定的刑罚方法,而作为行政制裁措施的处罚方法称"罚款"。当然,不排除"罚款"在一些法规中曾经被称作"罚金"或者"罚锾"。

(四)罚金与赔偿损失

相似之处:两者均以经济支付为内容;均由行为人承担;均适用于犯罪人。

主要区别:(1)法律性质:罚金属于刑罚方法,具有刑罚处罚的性质;赔偿损失属于刑事处置中的经济赔偿,可谓刑事特别处置。(2)交付对象:罚金表现为犯罪人向国家缴纳一定数额的金钱;而赔偿损失则是犯罪人向被害人支付一定经济赔偿。

(五)罚金的完善

基于罚金应有的基本理念以及各国罚金制度的成功范例,针对我国《刑法》有关罚金制度的不足,完善罚金应当着重考虑如下方面。

刑种性质:应当将罚金列为主刑,将第一节刑罚的种类修改为:"第××条,刑罚分为主刑和附加刑(第1款)。主刑只能独立适用,本法有特别规定的除外;附加刑主要附加适用,也可以独立适用(第2款)。""第××条,主刑的种类如下:(一)罚金;

(二)管制;(三)拘役;(四)有期徒刑;(五)无期徒刑;(六)死刑。"

适用方式:分则法定刑设置,根据具体罪状的不同,尤其对于贪利性犯罪,可以将罚金与自由刑合并使用。另外,根据具体犯罪性质的不同,罚金的法定刑适用方式可以是:(1)轻微犯罪基本并未列入《刑法》,由此我国《刑法》不宜设置单科罚金。[①] 确实需要单处罚金的,也可通过选科罚金的立法方式解决。(2)对于部分轻罪、过失犯罪,可以增设选科罚金。选科罚金通常与3年以下有期徒刑、拘役、管制并列选用,也可与5年以下有期徒刑并列选用。(3)对于所有贪利犯罪,增设并科罚金,其中,对于罪行较重并已有盈利的,可以增设必科并科罚金;对于罪行较轻或者尚未盈利的,可以增设得科并科罚金。对于部分重罪,增设并科罚金。并科罚金可以与轻重各种自由刑并用。(4)复合罚金[②],包括单科与并科复合或者选科与并科复合。其中,单科与并科复合[③],基于上文关于"我国《刑法》不宜设置单科罚金"的阐述,也不宜采纳;而选科与并科复合[④],鉴于上文所述选科罚金所针对犯罪以及自由刑刑期的限制,适宜运用于部分轻罪、过失犯罪,尤其是贪利性轻罪,同时并列供选的自由刑也宜控制在5年以下。

附科罚金:我国《刑法》总则应当增设附科罚金的规定。罚金作为主刑,并不排除罚金可以与其他刑种并科。具体地说,于第×节罚金第52条中增加一款作为第2款,规定:"对于因营利目的而实施的严重犯罪,如果法律只规定处以有期徒刑,法院可以增处1万以上25万元以下的罚金。"附科罚金[⑤],通过总则的相对原则性的规定,由此采用更为柔韧的方式,灵活应对贪利图财性质的犯罪,以罚金的处置剥夺犯罪所得利益,从而最大限度地避免这些犯罪的实际获利可能。附科罚金不同于并科罚金。

易科罚金:我国《刑法》总则应当增设易科罚金的规定,在适用条件的设置上采纳"适用短期自由刑必要性缺乏为主,兼顾执行可行性不足"的原则。具体地说,于第×节罚金第52条之后增加一条为第52条之二,规定:"对于当处拘役、管制的犯罪,根据犯罪分子的罪行与人格情况,认为判处罚金不致危害社会并更有利于刑罚目的的实现,或者基于犯罪分子身体、教育、职业或家庭之关系等特殊情况,执行拘役显有困难的,人民法院可以易科日额罚金。1单位日额罚金相当于1日拘役,半日管制。"易科罚金[⑥]有利于限制短期自由刑的适用,克服其诸多弊端;同时,易科罚金也可以增强刑罚运用的多样性、灵活性,更为合理地应对具体犯罪。

---

① 单位犯罪例外。
② **复合罚金**,是指在刑法分则条文中,相应于某一罪状的法定刑设置,罚金与自由刑或其他刑种的适用关系,同时存在单科、选科、并科的适用情形。
③ 例如,"处……拘役,并处或者单处罚金"。
④ 例如,"处……罚金,或处6年以下的剥夺自由,并处或不并处数额为……的罚金"。
⑤ **附科罚金**,是指刑法总则明文规定,对于分则并未设置罚金的犯罪,在符合贪利犯罪等法定条件的场合,除了适用自由刑或其他刑种外,可以同时并用罚金的制度。
⑥ **易科罚金**,是指刑法总则明文规定,对于分则所设置的自由刑,犯罪人应受短期自由刑(或刑期较短的自由刑)处置,在符合法定条件的场合,可以依法变更科处罚金从而替代短期自由刑(或刑期较短的自由刑)的易刑制度。

数额根据：应当将我国《刑法》第52条修改为："判处罚金，应当根据犯罪情节，同时考虑到犯罪分子的财产状况、经济收入、家庭负担以及支付能力等情况，决定罚金数额"。对于判处罚金时，决定罚金数额的主要依据，世界各国刑法典的规定主要存在如下四种模式：不予明确规定、犯罪情节、经济状况、综合确定。其中，综合确定的立法模式较为普遍。对于我国《刑法》第52条的规定，尽管实质解释采取的是"综合确定"的内容，但其立法形式已不能准确地表述与涵盖其应有的实质意义。

协调适用：注意同一总体类型内部的各个具体犯罪之间罚金法定刑设置的协调，改变犯罪性质、严重程度相近的具体犯罪在罚金法定刑设置上的不一现象。例如，我国《刑法》对诈骗罪（第266条）设置了罚金，而对相近的招摇撞骗罪（第279条）、冒充军人招摇撞骗罪（第372条）等则未规定罚金。类似的情形还有盗窃罪（第264条）与贪污罪（第383条）、挪用公款罪（第384条）等，工程重大安全事故罪（第137条）与教育设施重大安全事故罪（第138条）、重大劳动安全事故罪（第135条）等等。

规范适用：进一步扩大罚金适用范围，并构建罚金适用与犯罪类型的总体对应关系。具体包括：扩大罚金对于报复陷害罪、破坏选举罪等轻罪，破坏交通工具罪、破坏交通设施罪等故意重罪，交通肇事罪、医疗事故罪等过失犯罪，资敌罪、资助危害国家安全犯罪活动罪等危害国家安全罪等等具体犯罪的适用；单科罚金适用于轻微犯罪、过失犯罪，选科罚金适用于轻罪、过失犯罪，并科罚金适用于贪利犯罪、重罪，复合罚金适用于轻罪、过失犯罪以及贪利犯罪。

数额模式：（1）增加总则数额规定：罚金限额由总则与分则共同予以规定。在第×节罚金第52条之后增加一条作为第52条之三，规定："罚金是向国家缴纳一笔款额，罚金数额一般为1万元以上50万元以下，法律有特别规定的除外（第1款）。日额罚金为1单位日额罚金以上360单位日额罚金以下；每一单位日额罚金的数额，为犯罪分子平均月收入的1/70以上1/50以下（第2款）。"（2）原则取消倍比罚金：取消针对自然人的倍比罚金的立法模式，对于部分犯罪严重的单位可以设置犯罪数额1倍至2倍的罚金。倍比罚金有利于应对市场价格变化，并且罚金数额与犯罪数额直接相关，然而，个人经济实力毕竟有限，在我国《刑法》第64条既已没收违法所得、返还被害人财产、没收犯罪物品的场合，再以犯罪数额倍比罚金，既显得苛重，也有失可行。（3）细化限额罚金规定：在总则规定的基础上，分则按下列原则进一步规范罚金数额：其一，对于3年以下自由刑（包括有期徒刑、拘役、管制）、部分5年以下自由刑的轻罪、过失犯罪，可以采纳选科罚金的立法模式。罚金的具体数额可以是：3年以下自由刑应对15万元以下罚金或者日额罚金；5年以下自由刑应对25万元以下罚金。其二，对于轻重不等的各种具体犯罪，可以采纳并科罚金的立法模式，罚金的具体数额，根据犯罪轻重等具体情况的不同，可以在总则所规定的数额范围内具体设置。对于犯罪单位，可以结合采纳相对确定的定额罚金、倍比罚金。其三，对于5年以下自由刑的轻罪、过失犯罪、贪利犯罪，可以采纳复合罚金的立法模式，罚金的具体数额，根据犯罪轻重等具体情况的不同，可以在1万元以上25万元以下；对于3年以下自由刑的犯罪，罚金的具体数额还可以设置为日额罚金。

缴纳模式：应当构建我国的日额罚金①制度。日额罚金主要适用于不予关押的受刑人,具体包括易科罚金或者选科罚金时单处罚金。其中,易科罚金,由《刑法》总则规定,已如上述第52条之二以及第52条之三第2款;作为法定刑设置,依存于选科罚金、复合罚金中的选科,由《刑法》分则具体规定。另外,将《刑法》第53条修正为"罚金在判决指定的期限内一次或者分期缴纳,或者依法按照日额罚金的方式缴纳(第1款)。……"日额罚金不仅是易科罚金适用的需要,而且具有更为准确地应对犯罪行为与行为人以及报应提示的作用。

执行方式：应当增设我国《刑法》的罚金易科②、延期缴纳与暂缓缴纳的制度。具体地说:将第53条修正为:"……期满不缴纳罚金的,强制缴纳。对于不能全部缴纳罚金的,人民法院在行刑时效期限内发现被执行人有可以执行的财产,应当随时追缴(第2款)。被判处罚金的犯罪分子恶意逃避缴纳罚金的,人民法院可以在本法分则相应条款规定的制裁限度内改判拘役或者管制③(第3款)。犯罪分子由于自己的经济状况确实无力缴纳罚金的,人民法院可以将罚金的缴纳期限延长6个月;由于严重疾病而不能缴纳罚金的,可以暂停罚金缴纳期限的计算,待身体康复后继续计算;由于遭遇不能抗拒的灾祸缴纳确实有困难的,可以酌情减少或者免除(第4款)。"

三、没收财产

(一) 没收财产的概念

没收财产,是指剥夺犯罪人所有的,与犯罪行为直接相关的犯罪物品、犯罪所得等,或者并非与犯罪行为直接相关的犯罪人资产的一部或全部,将之无偿收归国有的财产性质的刑事处罚方法。

没收财产,基于没收所针对财产范围的特定与否,分为特别没收与一般没收。**特别没收**,是指刑法针对与犯罪行为直接相关的犯罪物品、犯罪所得以及诱发犯罪物品等其他物品,规定在一定条件下予以没收的刑事处罚方法。所谓"特别",意味着刑法对于所没收的财产的属性,予以相对的明确与限定。**一般没收**,是指刑法针对并非与犯罪行为直接相关的犯罪人所拥有的资产的一部或全部,规定在一定条件下予以没收的刑事处罚方法。所谓"一般",意味着刑法对于所没收的财产的属性,未予相对的明确与限定。

通常,一般没收位居刑罚方法的地位,而特别没收基于各国立法模式的不同,有的作为刑罚方法,有的作为保安处分。对于作为保安处分的特别没收,本书将之置于第十六章保安处分内容中予以阐述,这里主要讨论一般没收与作为刑罚方法的特别

---

① **日额罚金**,又称**日付罚金**,是指刑法总则以日为时间单位,规定每日应缴纳的罚金数额;刑法分则基于具体罪状,规定罚金的法定刑;判决时首先确定罚金日数,其次确定每日罚金数额,罚金日数与每日罚金数额的乘积即为宣告的罚金总额。

② **罚金易科**,是指为了避免未完纳罚金者不受惩罚,基于法定条件将罚金变更科处短期自由刑或刑期较短的自由刑。

③ 本书在拘役与管制的完善中已提出,在分则法定刑的设置上,一般将拘役、管制、罚金并列选科。

没收。

(二) 我国《刑法》的没收

根据我国《刑法》第34、59、60条的规定,一般没收属于附加刑。一般没收的立法,在国外虽然也有所表现,但是我国刑法典的规定则相对典型。另外,我国《刑法》第64条也规定了针对犯罪物品、犯罪所得等的没收,对此以下简称"其他没收"。我国《刑法》的其他没收,既非刑罚也非保安处分,刑法理论通常将之归属为民事恢复原状、行政强制措施、诉讼取证措施。

1. 我国《刑法》的一般没收

我国《刑法》的一般没收,通称**没收财产**,是指将犯罪分子所有财产的一部或者全部强制无偿收归国有的刑罚方法。没收财产具有如下**特征**:

附加刑地位:我国《刑法》的刑事处置体系总体上采纳的是刑罚单轨的立法模式。没收财产属于附加刑。

制度结构简洁:我国《刑法》以第三章第八节,对没收财产的主要内容作了规定,形成了专一的没收财产制度。在条文表述上,第八节的规定仅用2个条文,相关内容较为简洁。

没收范围较为明确:根据我国《刑法》第59条的规定:没收财产,是没收犯罪分子个人所有的财产,不得没收属于犯罪分子家属所有或者应有的财产;没收财产,既可以没收犯罪分子个人财产的一部,也可以没收其全部;没收全部财产的,应当对犯罪分子个人及其扶养的家属保留必需的生活费用。没收财产,是没收犯罪分子现有的财产,包括动产与不动产,但是不得没收犯罪分子将来可能的财产。

民事赔偿优先:根据我国《刑法》第60条的规定:对于犯罪分子所负正当债务,在一定条件下"应当"偿还。由此,充分体现了民事赔偿优先的原则。偿还债务所需的一定条件包括:必须是犯罪分子在财产被没收以前所负债务;必须是犯罪分子所负的正当债务;必须是需要以没收的财产予以偿还;必须经债权人提出请求。

适用于严重的犯罪:(1) 罪量·罪行严重:没收财产通常适用于本罪最为严重的罪状,与之匹配的法定刑主刑通常也是本罪的最高刑。(2) 罪质·总体三类:没收财产主要适用于危害国家安全罪、财产经济犯罪、其他性质严重的犯罪。我国《刑法》分则各章,没收财产的罪名适用率,由高到低分别是:危害国家安全罪100%,侵犯财产罪42%,破坏社会主义市场经济秩序罪37%,贪污贿赂罪31%,妨害社会管理秩序罪8%,侵犯公民人身权利民主权利罪5%,危害公共安全罪2%。

分则法定刑附加适用:虽然根据我国《刑法》总则第34条第2款的规定,附加刑既可以独立于主刑适用,也可以附加于主刑适用,然而根据分则法定刑的具体规定,没收财产这一附加刑均为附加于主刑或者其他附加刑适用。具体包括:(1) 得科且并科于主刑:没收财产可以附加于主刑。例如,"处……有期徒刑,可以并处没收财产"。(2) 得科且并科于主刑或附加刑:没收财产可以附加于主刑或者其他附加刑。这主要表现在危害国家安全罪之具体犯罪的法定刑设置。对此,《刑法》第113条第2款作了规定。(3) 必科且并科于主刑:没收财产附加于主刑。例如,"处无期徒刑或者死刑,并处没收财产"。(4)选科且并科于主刑:除适用主刑外,还应当附加罚金或者没收财产。例如,"处……有期徒刑,并处罚金或者没收财产"。

人民法院执行:根据我国《刑事诉讼法》第261条的规定,没收财产由人民法院执行,必要的时候可以会同公安机关执行。

不同于罚金:没收财产与罚金固然是两种不同种类的附加刑,而两者在立法的主导宗旨与具体制度的设置上也呈现诸多区别。诸如,适用的主导对象、指向的内容、执行的方式等均有所不同。

2. 我国《刑法》的其他没收

我国刑法的**其他没收**,是指将犯罪分子的违法所得、被害人的合法财产、违禁品和犯罪物品,予以追缴、返还或者没收的处置方法。其他没收具有如下**特征**:

处置方法性质:对于其他没收,我国《刑法》并未将之列入刑罚方法,而是规定于"第四章刑罚的具体运用第一节量刑"中的第64条,显然,其与作为附加刑的没收财产有着本质区别。从实然的刑法规定上来看,这种其他没收居于非刑处分的地位,即基于民事、行政等的法律规定,对于特定财物,或者返还原主、或者收归国有、或者销毁。而究其应然的实质意义,其既有消除犯罪危险的性质,也不失报应犯罪的惩罚意义。基于上述实然与应然的两个方面,我国《刑法》目前对之的立法设置不尽合理。即便作为非刑处分,也最好将之作为第38条,列于第37条之后;而作为根本解决的方法,应当在我国的刑事处置体系中增加保安处分,进而将这种其他没收作为保安处分措施。

没收财物范围:其他没收与没收财产也有着重大区别。我国的没收财产,类似于一般没收,其范围针对并非与犯罪行为直接相关的,犯罪人所拥有的资产的一部或全部;我国的其他没收,类似于特别没收,其范围针对与犯罪行为直接相关的,犯罪物品、犯罪所得以及诱发犯罪物品等其他物品。

没收财物去向:其他没收与没收财产也有着明显区别。没收财产,作为一种刑罚方法,所没收的财物"一律上缴国库,不得挪用和自行处理"①。而其他没收,所没收的财物去向一般存在三种情形:(1)返还:属于被害人的合法财产,应当及时返还或者退赔给被害人。(2)上缴:违法所得中难以确认物主的财物,或者有关供犯罪所用的财物,没收上缴国库。(3)销毁:对于有关违禁品,诸如收缴的毒品、淫秽物品等,予以销毁。

(三)我国没收制度与国外没收制度

我国一般没收与罚金:我国的没收财产与罚金均为财产刑,但是两者有着明显的**区别**:(1)**处置轻重**:没收财产是一种处置较为严重的附加刑,适用于性质与罪行较为严重的犯罪;并且实际上,基于刑法分则的规定,没收财产只能附加于主刑适用。相对而言,罚金是一种处置并不十分严厉的附加刑,适用于罪行轻重的各种情况,侧重于贪利性质的犯罪;并且基于刑法总则与分则的规定,既可以独立适用,也可以附

---

① 我国《刑法》第64条后段。

加适用。**(2) 适用对象**:两者适用对象的侧重不同,适用的范围也有所不同。没收财产主要适用于危害国家安全罪、财产经济犯罪、其他性质严重的犯罪;分则法定刑设置,没收财产的罪名适用率约为 16%。相对而言,罚金主要适用于财产经济犯罪、社会秩序犯罪、贪污贿赂犯罪等类型犯罪中的贪利性质的犯罪;分则法定刑设置,罚金的罪名适用率约为 45%。**(3) 具体内容**:没收财产是剥夺犯罪人现有的动产或不动产的一部或者全部,从而强调财产的"现有"、"动产或不动产"、"一部或全部"。而罚金是剥夺犯罪人一定数额的金钱,从而并不限于"现有"的金钱,而是包括"未来"所有的金钱,同时仅限于"金钱",而不包括其他动产或不动产。**(4) 减少免除**:没收财产仅为一次性没收,而不存在分期缴纳与减少或免除的问题。而罚金是在判决指定的期限内一次或者分期缴纳。如果由于遭遇不能抗拒的灾祸缴纳确实有困难的,可以酌情减少或者免除。**(5) 民事赔偿**:没收财产涉及犯罪人合法债务的偿还,为此《刑法》肯定了民事赔偿优先的原则。而罚金是对犯罪人所有尤其是未来所有金钱的剥夺,从而不存在民事赔偿问题。

我国一般没收与国外一般没收:两者均与主刑并科,均包括得科或必科,均针对犯罪人现有财产的一部或者全部。然而,两者也存在一定的**区别:(1) 适用对象**:国外一般没收的适用对象,主要针对有组织犯罪、反人类罪、毒品走私罪等,并且对应于具体犯罪的各种罪状[①];也有的国家适用对象的类型相对广泛,并且对应于具体犯罪的较重罪状[②]。而我国一般没收的适用对象,主要针对危害国家安全罪、财产经济犯罪、其他性质严重的犯罪,适用于具体犯罪最为严重的罪状,与之匹配的法定刑主刑通常也是具体犯罪的最高刑。**(2) 替代制度**:有的国家刑法典规定,如果犯罪人不能缴纳所判决的没收财产,可以用一定期限的自由刑来替代[③]。而我国的一般没收并不存在相应的替刑制度。

我国其他没收与国外特别没收:没收对象,均针对犯罪所得、犯罪物品、违禁品等其他物品;没收范围,均为犯罪人所有物品或者一定场合下第三人所有物品;对于无法没收的财物,国外刑法设有追征制度,我国也规定应责令犯罪人退赔[④]。然而,两者也存在一定**区别**,主要表现为处置性质的差异:我国刑法的其他没收,既非刑罚方法,也非保安处分措施,而是被规定于刑罚具体运用的量刑,在实然上居于非刑处分的地位。与此不同,国外的特别没收,通常被作为保安处分措施[⑤],有的国家虽为刑罚方法,但刑法理论上却认为其实质具有保安处分性质[⑥]。

---

① 例如,《德国刑法典》(1998 年)、《法国刑法典》(1994 年)。
② 例如,《罗马尼亚刑法典》(1968 年)。
③ 例如,《德国刑法典》(1998 年)。
④ 最高人民法院《关于被告人亲属主动为被告人退缴赃款应如何处理的批复》(1987 年)。
⑤ 例如,意大利、罗马尼亚、瑞士。
⑥ 〔日〕野村稔著:《刑法总论》,全理其、何力译,法律出版社 2001 年版,第 477 页;〔韩〕李在祥著:《韩国刑法总论》,韩相敦译,中国人民大学出版社 2005 年版,第 504—505 页。

追征与特别没收：追征①与特别没收如出一辙，均针对剥夺违法所得、犯罪物品等，具有司法处分的性质，并且通常追征被视作特别没收的换刑处分。不过，两者之间也有明显的**区别**：(1) 具体指向：追征指向应当没收但由于有关事由而无法没收的财物，是对原物折价的价款的没收。而特别没收指向应当没收并可以没收的财物，是对原物本身的没收。(2) 存在场合：追征发生于应当没收的财物无法没收的场合，主要是基于犯罪人的消费、买卖交换、毁失等，使得应没收之物部分或者全部无法没收。而特别没收不以这种场合为条件。(3) 减免规定：考虑到对于犯罪人正常社会生活与回归社会的影响，有的国家的刑法典规定了追征的减少与免除。而对于特别没收，除肯定被害人的财产与补偿第三人损失外，不存在针对犯罪人的减少与免除。

（四）我国一般没收的废除

特别没收更具特别预防、保护社会的效果，从而通常作为保安处分的一项措施而在刑法典中得以确认。对于一般没收，多数资本主义国家的刑法典未予规定。目前在我国，主张保留没收财产的见解占有一定的比例。客观地说，一般没收具有一定的价值，但是其缺陷却是致命的，因此从总体上说对于一般没收应予废除。就财产刑的设置而论，将罚金作为主刑；将特别没收置于保安处分的措施中。② 取消一般没收后，对于有关需要在经济上予以制裁的犯罪，可以通过合理地设置罚金来加以解决。特别需要说明的是，对于危害国家安全罪、有组织犯罪等，如果犯罪人或者犯罪组织借助其所拥有的财产作为犯罪的经济后盾，则这一财产属于犯罪物品，应予特别没收。

四、资格刑

（一）资格刑的概念与特征

资格刑，是指剥夺犯罪人从事某种活动所应具备的条件或身份的刑罚方法。资格刑，在刑法理论上，又常被称为能力刑、权利刑、名誉刑等。资格刑是现代刑罚体系附加刑的核心刑种，而在我国主要表现为剥夺政治权利、驱逐出境、剥夺军衔。

资格刑具有如下**特征**：(1) 剥夺资格内容：资格刑以剥夺资格为内容。资格，是指从事某种活动所应具备的条件、身份等。③ 具体而言，作为资格刑的内容通常包括：剥夺某种权利、禁止从事一定职业、不得生活在一定地域、限制出入某种场所、剥夺荣誉称号等等。(2) 过去·未来·全面：剥夺资格既可以针对未来应有的资格，也可以针对既往已获的资格。这种剥夺资格的回顾与前瞻，使剥夺资格的刑罚方法具有了更大的适应性、灵活性、彻底性。可以超脱犯罪人的生命与自由而予其更为全面的否定。(3) 经济节俭·复权有效：剥夺资格的执行，相对简便易行，尤其是禁止从事一定职业、剥夺荣誉称号等，所花司法资源不多而报应与预防的效果却适得其所。另

---

① **追征**，是指在犯罪所得全部或者部分无法没收的场合，命令犯罪人以一定金额作为替代，而向国家缴纳的刑事处分。

② 从我国刑法体系的完善来说，应当将保安处分正式纳入刑法典，采纳刑罚与保安处分二元制的立法模式。详见本书第十六章保安处分制度的相应阐释。

③ 《现代汉语词典》（第5版），商务印书馆2005年版，第1801页。

外,资格虽然与人身不可分离,但是其在物质形态上却具有相对独立的意义,从而资格既可以被适量剥夺,也可以在必要的时候予以重新获得。

(二)我国的资格刑

我国《刑法》规定了"驱逐出境"、"剥夺政治权利",其他有关法律法规还规定了具有资格刑性质的"剥夺军衔"、"剥夺职业资格"等。

1. 剥夺政治权利

剥夺政治权利是我国资格刑的主要形式。**剥夺政治权利**,是指剥夺犯罪分子参加管理国家和社会政治生活的权利的刑罚方法。其表现出如下**特点**:

附加刑地位:根据我国《刑法》第 34 条的规定,剥夺政治权利属于附加刑,列于"罚金"之后,"没收财产"之前。

总则·严重犯罪·附加适用:剥夺政治权利附加适用于严重的犯罪,由《刑法》总则第 56 条与第 57 条规定:(1)危害国家安全·必科:对于危害国家安全的犯罪分子,应当附加剥夺政治权利;(2)严重破坏社会秩序·得科:对于故意杀人、强奸、放火、爆炸、投毒、抢劫等严重破坏社会秩序的犯罪分子,可以附加剥夺政治权利[①];(3)死刑无期徒刑·必科:对于被判处死刑、无期徒刑的犯罪分子,应当剥夺政治权利终身。

分则·较轻犯罪·独立适用:剥夺政治权利的独立适用,由《刑法》分则各罪相应的法定刑规定。具体特点:(1)罪名:适用剥夺政治权利的具体罪名,依存于分则下列各章:危害国家安全罪、危害公共安全罪、侵犯公民权利罪、妨害社会管理秩序罪、危害国防利益罪。剥夺政治权利的罪名适用率为 8%。(2)罪状:剥夺政治权利的独立适用,通常对应于本罪最轻的罪状,与之匹配的法定刑主刑通常也是本罪的较轻的法定刑幅度。例如,"处 3 年以下有期徒刑、拘役、管制或者剥夺政治权利"。(3)选科:分则剥夺政治权利的法定刑设置,表现为与较轻主刑的选科。其中,较轻的主刑表现为"3 年以下有期徒刑"、"5 年以下有期徒刑"、"拘役"、"管制"。在这种场合,适用剥夺政治权利,就不得再适用其他主刑。

剥夺内容侧重政治资格:我国《刑法》第 54 条与第 58 条第 2 款,对于剥夺政治权利的内容作了具体规定。剥夺政治权利的这一内容,与管制的内容存在部分重合:管制的第 2 项内容同样限制"言论、出版、集会、结社、游行、示威自由权利";管制通常也剥夺了犯罪分子担任"国营或集体、企事业单位的领导职务"的权利[②];管制的第 1 项也强调"遵守法律、行政法规,服从监督"。但是,剥夺选举权与被选举权,是剥夺政治权利所特有;报告活动、限制会客、限制迁居,则为管制所特有。

剥夺期限对象各异:根据我国《刑法》第 55 条与第 57 条的规定,剥夺政治权利的期限分别对象的不同,存在四种情形:(1)1—5 年:独立适用或者判处有期徒刑、拘役

[①] 对于故意伤害、盗窃等其他严重破坏社会秩序的犯罪分子,也可以附加剥夺政治权利。详见最高人民法院《关于对故意伤害、盗窃等严重破坏社会秩序的犯罪分子能否附加剥夺政治权利问题的批复》(1997 年)。

[②] 最高人民法院、最高人民检察院、公安部、劳动人事部《关于被判处管制、剥夺政治权利和宣告缓刑、假释的犯罪公子能否外出经商等问题的通知》(1986 年)。

附加剥夺政治权利的,剥夺政治权利的期限为1年以上5年以下。(2)与管制同:判处管制附加剥夺政治权利的,剥夺政治权利的期限与管制的期限相等,同时执行。(3)终身:对于被判处死刑、无期徒刑的犯罪分子,应当剥夺政治权利终身。(4)3—10年:在死刑缓期执行减为有期徒刑或者无期徒刑减为有期徒刑的时候,应当把附加剥夺政治权利的期限改为3年以上10年以下。

期限计算对象各异:根据我国《刑法》第55条第2款与第58条的规定,剥夺政治权利的期限计算分别对象的不同,也存在六种情形:(1)判决执行之日:独立适用剥夺政治权利的,剥夺政治权利的期限,从判决执行之日起计算。(2)主刑执行完毕:判处有期徒刑、拘役附加剥夺政治权利的,剥夺政治权利的期限,从徒刑、拘役执行完毕之日或者假释之日起计算;剥夺政治权利的效力及于主刑执行期间。(3)主刑执行之日:判处死刑与无期徒刑附加剥夺政治权利终身的,剥夺政治权利的效力始于主刑的执行之日。(4)缓刑确定之日:判处拘役与有期徒刑而宣告缓刑同时附加剥夺政治权利的,剥夺政治权利的期限从缓刑判决确定之日起计算。① (5)与管制同:判处管制附加剥夺政治权利的,剥夺政治权利的期限与管制的期限相等,同时执行。(6)徒刑执行完毕:因死刑缓期执行减为有期徒刑或者无期徒刑减为有期徒刑,而把附加剥夺政治权利的期限改为3年以上10年以下的,剥夺政治权利的期限,从减刑后的有期徒刑执行完毕之日或者假释之日起计算;剥夺政治权利的效力及于该有期徒刑的执行期间。

公安机关执行:根据我国《刑事诉讼法》第259条的规定,剥夺政治权利"由公安机关执行",执行期满应当以法定方式及时解除。这与管制、缓刑、假释、监外执行实行社区矫正不同。然而,根据我国《刑法》第55条第2款的规定,管制附加剥夺政治权利的,两者"期限相等"且"同时执行"。

2. 驱逐出境

驱逐出境,是指剥夺犯罪的外国人在我国境内居留权利的刑罚方法。驱逐出境由我国《刑法》第35条规定。应当注意,我国《刑法》所规定的驱逐出境与我国《外国人入境出境管理法》第30条规定的驱逐出境,存在本质区别。

驱逐出境具有如下**特点**:(1)附加刑性质:驱逐出境既可以独立适用也可以附加适用,这与我国《刑法》附加刑的适用原则一致,从而驱逐出境虽未明确列为附加刑,但具有附加刑的性质。(2)适用对象特定:驱逐出境只能针对犯罪的外国人适用,包括在中国境内犯罪的外国人,或者在中国境外对中国国家或公民犯罪而受中国司法审判的外国人。(3)独立或附加得科:可以"独立"适用,或者"附加"适用;并且是"可以"适用,而不是"应当"适用。(4)强制离境:驱逐出境是剥夺犯罪的外国人在我国境内继续居留的权利,强制其离开中国国(边)境。(5)不定期剥夺:对此我国《刑法》未予明确,原则上可以理解为不定期剥夺。(6)执行时间各异:驱逐出境独立

---

① 不排除危害国家安全犯罪被适用缓刑而附加剥夺政治权利。在这一场合如何计算剥夺政治权利的刑期成为问题,对此我国《刑法》未予明确规定。详见本书第十四章有关缓刑的相应阐释。

适用的,其执行期限为判决发生法律效力之日;附加适用的,其执行期限为主刑执行完毕之日。

3. 剥夺军衔

剥夺军衔,是指剥夺犯罪的军人既已获得的作为其军官等级与身份的标志和荣誉。我国《刑法》对于剥夺军衔未予规定,现行的剥夺军衔刑罚由1994年的《中国人民解放军军官军衔条例》(以下简称《条例》)规定,这也可视作我国附属刑法设置刑罚的特例[①]。

剥夺军衔表现出如下**特点**:(1)适用对象:根据《条例》第28条第1、2款的规定,剥夺军衔适用于被依法判处剥夺政治权利或者3年以上有期徒刑的犯罪军官、退役军官。(2)适用主体:根据《条例》第28条第1款的规定,剥夺军衔的适用主体为人民法院,"由法院判决剥夺其军衔"。(3)适用方式:根据《条例》第28条第1款的规定,剥夺军衔并科于剥夺政治权利,或者附加于3年以上有期徒刑适用。(4)剥夺内容:根据《条例》第3条的规定,剥夺军衔是对军官等级与身份的称号与标志以及国家给予军官的荣誉的剥夺。(5)剥夺期限:根据《条例》第28条第3款的规定,剥夺军衔具有不可逆复性质,除非依法重新获得,一旦被剥夺后不可再行恢复。(6)复得军衔:根据《条例》第28条第3款与第16条的规定,被剥夺军衔的犯罪军官,在服刑期满后,需要在军队中服役并授予军官军衔的,可以依法重新获得军衔。

4. 剥夺职业资格

剥夺职业资格,是指剥夺犯罪人从事法官、检察官、警察、律师、教师等职业的资格。对于这种剥夺职业资格是否属于一种刑罚,刑法理论存在不同见解。本书认为,这一处置措施并非刑法规定,而是附属于其他法律法规;并且其也不由法院具体予以个案审判宣告(具体剥夺),而是基于法定事实抽象予以剥夺(抽象剥夺)。由此,可以说这种剥夺职业资格并非典型的刑罚方法。不过,其以犯罪为前提、属于犯罪的法定后果,是基于法院对犯罪的认定而对犯罪人原有资格的剥夺,从这个意义上说,将之视作广义上的不典型的资格刑也未尝不可,简称**非典型性资格刑**。

这种剥夺职业资格具有如下**特征**:(1)法律依据:剥夺职业资格规定于非刑事性质的其他法律。具体地说,在我国,剥夺法官资格、检察官资格、警察资格、律师资格、教师资格等,分别规定于《法官法》、《检察官法》、《人民警察法》、《律师法》、《教师法》。(2)犯罪前提:剥夺职业资格施加于犯罪人,以行为构成犯罪受过刑事处罚为前提。具体情况包括:曾因犯罪受过刑事处罚的,不得担任法官、检察官、人民警察;除过失犯罪以外受过刑事处罚的,不予颁发律师执业证书;受到剥夺政治权利或者故意犯罪受到有期徒刑以上刑事处罚的,不能取得或保留教师资格。(3)施加方式:表现为抽象施加,即这种剥夺无须法院再作特别宣告,而是直接基于法律规定生成。具体地说,就是根据《法官法》、《检察官法》等法律规定,在"因犯罪受刑事处罚"等法定条件具备时,作为当然的法定后果,剥夺犯罪人的法官、检察官等资格。(4)剥夺内

[①] 通常,我国的附属刑法只设罪不设刑,采用"比照刑法××条的规定处罚"的立法模式。

容：剥夺的内容分别为，担任法官资格、担任检察官资格、担任各种警察资格、担任律师资格、担任教师资格。(5) 剥夺期限：表现为终身剥夺，除非作为剥夺前提的法定条件被推翻，行为人不再拥有相关资格。我国《法官法》《检察官法》等有关法律，并未规定剥夺法官、检察官等资格的具体期限，而是强调在法定条件具备时不得担任法官、检察官、警察等。

(三) 我国资格刑的完善

资格刑利弊客观存在，不过就总体而言，其利大于弊，保留资格刑并予合理地设置，应当成为当代刑事处置的选择。具体而言，我国资格刑的完善存在如下要点。

处罚体系：本书主张建构双轨制的刑事处罚体系。这一"双轨"呈现，针对犯罪的刑罚与针对社会危险行为的保安处分。刑罚分为主刑与附加刑。其中，主刑为财产刑、自由刑、生命刑，包括罚金、管制、拘役、有期徒刑、无期徒刑、死刑；附加刑为资格刑，包括剥夺公权、限制居住、禁止进入特定场所、剥夺军衔、剥夺荣誉、驱逐出境、剥夺驾驶许可、禁止执业。保安处分，包括人身保安处分与财产保安处分。

资格刑归属：将剥夺资格的刑事处罚统一归入附加刑。尽管剥夺资格的刑事处罚在一定程度上的确具有预防犯罪与保护社会的意义，由此将之作为保安处分未尝不可，不过基于刑法的谦抑与人权保障价值，对于保安处分的适用不宜过于扩张，从而将这些处罚纳入刑罚中的附加刑应当更为合理。从世界各国的立法状况来看，褫夺公权与剥夺监护权，通常被作为附加刑予以规定；而限制居住、驱逐出境、禁止进入特定场所、剥夺驾驶许可、禁止执业等的法律地位，则有所不一。

内容体系：资格刑的多样与分割，有利于避免刑罚过剩；不过也应当保持资格刑的有序与整合，为此可以通过适当立法技术避免刑罚适用过剩。有鉴于此，在资格刑的体系设置上可以按以下思路展开。(1) 剥夺公权，是指针对公民的有关基本权利的剥夺；(2) 特定剥夺，是指针对有关特定事项的剥夺资格，包括禁止执业、限制居住、禁止进入特定场所、剥夺驾驶许可；(3) 特殊剥夺，是指适用于特殊主体的剥夺资格，包括驱逐出境与剥夺军衔。

适用方式·适用对象：分设附加适用与独立适用、概括适用与选择适用、法定剥夺与裁量剥夺等立法模式，分别应对不同情形。**(1) 剥夺公权**：对于被判处死刑、无期徒刑的犯罪分子，应当附加剥夺公权；对于危害国家安全的犯罪分子，应当附加或者独立剥夺公权的一部或者全部；对于因故意犯罪被判处3年以上有期徒刑的犯罪分子，在必要的时候，可以附加剥夺公权的一部或全部；对于犯贪污贿赂罪、渎职罪以及其他有关职务犯罪的，应当附加或者独立剥夺"担任国家工作人员的权利"；对于故意犯罪的犯罪分子，应当附加或者独立剥夺担任国家司法工作人员与人民警察的权利。**(2) 特定剥夺**：对于利用职业活动实施犯罪的犯罪分子，可以附加或者独立适用禁止执业；对于故意犯罪的犯罪分子，应当附加或者独立适用剥夺担任律师与教师的权利；对于犯交通肇事罪或者利用机动车辆实施犯罪的犯罪分子，可以附加或者独立适用剥夺驾驶许可；对于所犯罪行与某一特定地区的社会条件密切相关，或者犯罪活动呈现地区特征的犯罪分子，可以附加或者独立适用限制在一个或数个省、市居留；

对于所犯罪行与酒店、舞厅、专业市场等特定场所密切相关的犯罪分子,可以附加或者独立适用禁止进入特定场所。**(3) 特殊剥夺**:对于犯罪的外国人,可以附加或者独立适用驱逐出境;对于犯罪的军官,可以附加或者独立适用剥夺军衔。

法定期限·变更减免:分别不同情况,法定期限可以是终身、1年以上5年以下、3年以上10年以下;变更减免是指资格刑的减刑以及主刑缓刑、假释时资格刑的减免。(1) 终身:被判处死刑、无期徒刑附加剥夺公权的,法定期限是终身;剥夺军衔、剥夺荣誉称号的法定期限亦为终身,但可通过重新授予再行获得。(2) 1—5年:因危害国家安全或者因故意犯罪,而被剥夺公权、禁止执业、限制居住、禁止进入特定场所、剥夺驾驶许可等的法定期限,为1年以上5年以下。(3) 3—10年:在死刑无期徒刑减为有期徒刑的时候,剥夺公权终身减为3年以上10年以下;剥夺担任国家工作人员权利、担任国家司法工作人员与人民警察的权利、驱逐出境的法定期限,为3年以上10年以下。(4) 刑期计算:资格刑附加主刑适用的,剥夺资格的效力及于主刑执行期间,除主刑缓刑与假释外,其期限从主刑执行完毕之日起计算;资格刑独立适用的,剥夺资格的期限从判决确定之日起计算。(5) 减刑:资格刑附加适用的,在主刑减刑时,资格刑也可以减刑;资格刑独立适用的,在执行期间确有悔改表现或者立功表现,可以减刑,有重大立功表现,应当减刑。资格刑减刑以后实际执行的刑期,不能少于原判刑期的二分之一。(6) 缓刑假释:主刑缓刑或者假释的,资格刑的刑期从缓刑、假释确定之日起计算;被缓刑、假释的犯罪分子,在缓刑、假释考验期限内未发生应当撤销缓刑、假释的情形的,剩余的资格刑不再执行。剥夺军衔、剥夺荣誉称号、驱逐出境的除外。

第十三章 刑罚适用

第一节 量刑基本原理

一、量刑的基础概念

(一) 量刑的概念

刑罚适用,是特定的司法机关依法将**刑罚**应用于具体的刑事案件。广义的刑罚适用包括刑罚裁量与刑罚实现,狭义的刑罚适用仅指刑罚裁量。对于刑罚适用,我国刑法理论通常谓以**刑罚裁量**。刑罚裁量是现代刑罚适用的必要环节与核心工作。

刑罚裁量,又称**量刑**,是指人民法院在认定犯罪事实与犯罪性质的基础上,以相应法定刑为基本平台、以量刑情节为调整砝码,对于犯罪分子依法决定是否判处刑罚,具体判处何种刑种与刑量,以及是否立即执行所处刑罚的一种审判活动。

(二) 量刑的特征

量刑主体:人民法院是量刑的唯一主体。量刑属于刑罚权的实体内容,在程序上表现为人民法院的权力活动。刑罚权包括制刑权与司刑权。在我国,由全国人大及其常委会行使制刑权,由司法机关以及其他国家授权机关行使司刑权。刑罚权也由实体与程序呈现。就实体而言,刑罚权以犯罪与刑罚为核心内容;从程序来看,刑罚权经由国家司法活动实现。这种司法活动包括刑事追诉、刑事审判、刑事执行。基于司法公正,国家将这三种活动,委任于三种不同的机关,这些机关各自相对独立。其中,刑事审判专属于人民法院,而人民法院刑事审判的核心就是定罪量刑。

量刑前提·量刑对象:认定犯罪事实和犯罪性质是量刑的基础。所谓认定犯罪事实和犯罪性质,就是对行为人的行为予以定性,也就是定罪。定罪和量刑,是人民法院刑事审判活动的两个基本环节。定罪是判明行为人的行为是否构成犯罪、构成什么具体犯罪、属于轻重何种具体罪状,这是量刑活动的基础和前提;量刑是在定罪的基础上,确定相应的法定刑幅度,由此基于量刑情节进一步决定对犯罪分子是否判处刑罚、判处何种刑罚,这是定罪的必然司法后果。没有定罪的环节,也就无所谓量刑的活动。这也说明,量刑只能针对犯罪分子进行。

量刑内容:量刑涉及刑罚适用的一系列问题,具体包括:**(1) 是否判处刑罚**:行为构成犯罪,并不必然随之以刑罚。认定犯罪并处以刑罚、认定犯罪而免予刑罚、认定犯罪而予刑事特别处置等,均是犯罪前提下的刑事处置方式。由此,量刑首当其冲的是要决定,对于犯罪分子是否判处刑罚。**(2) 具体判处何种刑种与刑量**:在决定判处刑罚的场合,还需要进一步确定判处何种刑种与刑量。这主要表现在,首先确定与行为人的罪行相适应的法定刑幅度,然后基于量刑情节以确定的法定刑为中心选择刑种,最后依据量刑情节确定所选刑种的具体刑量。**(3) 是否立即执行所处刑罚**:即使具体刑量既已确定,但是在判处死刑或者3年以下有期徒刑、拘役的场合,还存在着对于所处刑罚是否立即付诸实施的问题。我国刑法存在死缓制度与缓刑制度,这两者也是在量刑时予以确定的。

刑罚裁量:量刑是以法定刑为平台、以量刑情节为砝码,由起点刑经基准刑达至宣告刑。**(1) 法定刑幅度·起点刑**:某一具体案件事实,表现在抽象的法律上,必然符合于一定的罪状,诸如基准罪状、加重罪状、减轻罪状。而与这一具体罪状相吻合,存在一个相应的法定刑幅度。这一法定刑幅度就是对这一具体案件的犯罪予以量刑的最基本的起点。**(2) 犯罪事实·基准刑**:某一具体案件事实在对应于某一罪状上,也必然存在量的程度问题,诸如,具体犯罪数额、犯罪次数、犯罪后果等,以这些犯罪事实为根据,在该案既已确定适用的法定刑幅度内,增减刑罚的量而确定该案所应适用刑罚点位,即基准刑。**(3) 量刑情节·宣告刑**:某一具体案件事实,也必然存在诸多量刑情节,包括法定情节与酌定情节,可以情节、应当情节,从重、从轻、减轻、免除等情节。这些情节是在该案所应适用的法定刑幅度平台上,对基准刑予以调整的重要砝码,由此最终形成宣告刑。**(4) 法定刑至宣告刑**:除了少数针对极其严重的犯罪设置确定法定刑外,绝大多数法定刑表现为相对确定,而宣告刑应当确定。由此,量刑是人民法院基于相对确定的法定刑,进而形成针对具体案件的基准刑,最终再予斟酌遴选达至具体确定的宣告刑的活动。

量刑属性:量刑是一种刑事审判活动。所谓刑事审判活动,就是人民法院查明具体案件的犯罪事实,认定犯罪性质,对于犯罪分子依法适用刑罚的一系列司法工作。这一刑事审判活动构建了整个量刑的平台,量刑主体、量刑内容等均负载于其上。同时,着眼于刑事审判活动的意义,量刑既是定罪、刑量、缓刑等的结论体现,又是确定这些结论的实体性的司法过程。

(三)基准刑与处刑刑及其相关概念

法定刑是刑罚适用的基本单位与制约框架;宣告刑与执行刑是刑罚适用的结果项;基准刑与处刑刑则是法定刑至结果项的过渡项。其中,我国量刑的路径系法定刑之起点刑,经基准刑,至宣告刑与执行刑;国外一些国家量刑的路径系法定刑之起点,经处刑刑,至宣告刑。关于法定刑、宣告刑与执行刑的概念,本书在第六编各罪罪刑首章"各罪基础知识"中予以阐释,这里主要阐释基准刑与处刑刑的概念以及中外两种量刑路径。

1. 基准刑与处刑刑的概念

在我国,根据2010年最高人民法院《人民法院量刑指导意见(试行)》,宣告刑是由起点刑,经由基准刑,再经量刑情节调整而最终得以确定的。**起点刑**,是指审判机关,根据所审判的具体犯罪案件的基本犯罪构成事实,确定这一事实所符合的相应罪状及其法定刑,这一法定刑的起点刑罚。**基准刑**,是指审判机关,在基于具体犯罪案件基本构成事实所确定的罪状与法定刑的基础上,根据该具体犯罪案件中作为说明这一罪状框架内罪行轻重的犯罪数额、犯罪次数、犯罪后果等定罪情节,在与这一罪状相应的法定刑幅度内所确定的一个点位的作为基准的刑罚。

国外一些国家的刑法典对于刑罚"加重"与"减轻"的方法作了具体规定,则基于这种加重或减轻的适用而生作为法定刑修正的处刑刑。具体地说,**处刑刑**,又称处断刑,是指以一定的法定刑为基础,根据具体案件的量刑情节,对于这一法定刑予以加重或者减轻的调整,从而形成的具体化的刑罚。例如,《日本刑法典》第 199 条所规定的杀人罪的法定刑是"处死刑、无期或者 3 年以上惩役"。如果行为人具有应当减轻处罚的情节,则根据该刑法典第 68 条的规定,对于这一行为人的处刑刑是"处无期惩役、无期监禁或者 10 年以上惩役或监禁,或者 7 年以上有期惩役,或者 1 年半以上惩役"。

2. 中外量刑路径差异

国外以处刑刑为过渡的量刑思路,与我国以基准刑为过渡的量刑思路有所不同。前者在由法定刑基于量刑轻重事由到处刑刑,再到宣告刑的路径中,展示了由粗疏到具体的量刑模式;而后者在由法定刑到基准刑,再基于量刑轻重事由到宣告刑的路径中,展示了由具体到具体的量刑模式。具体地说:

处刑刑过渡的路径,基于具体案件的罪行确定适用的法定刑幅度,再根据案件中刑罚加重与减轻的事由而确定处刑刑,这里的处刑刑除死刑或无期之外,通常表现为一个处刑的幅度,宣告刑是在处刑刑的幅度内由法官裁量。这其中,一方面对于犯罪人适用的刑罚在最终确定之前基本呈现为一个区间幅度,直到宣告刑最终确定才表现为一个具体的刑罚点位;另一方面这种由处刑刑的幅度到宣告刑的点位之中,也给法官的自由裁量留下了较大的空间,体现出刑罚适用相对柔韧的基本思想。进而,就整个刑法理念而论,其与详尽周密的犯罪构成理论相结合,凸显出定罪力求严谨而处刑注重目的的特点。

基准刑过渡的路径,基于具体案件的罪行确定适用的法定刑幅度,并且根据定罪情节确定基准刑,这里的基准刑作为一个适于具体案件的处刑标准,具体表现为一个处刑的点位,宣告刑是在基准刑的基础上,再根据刑罚从重、从轻、减轻的量刑情节,对基准刑予以规范性的调整而最终得以确定。这其中,一方面对于犯罪人适用的刑罚在最终确定之前就呈现为作为基准刑的一个点位,并且其后基于量刑情节的规范调整结果,及至最终的宣告刑均为一个具体的刑罚点位;另一方面这种由基准刑的点位,经由量刑情节规范调整,再到宣告刑的点位之中,法官的自由裁量受到一定程度的限制,体现出刑罚适用相对严谨的基本思想。就整个刑法理念而论,其是我国粗犷的刑法立法与刑法理论,以及以司法解释为主线的自上而下权限具体限制的司法运作为特征的体现之一。

二、量刑的基本原则

量刑原则,在国外刑法理论中又称为**量刑基准**,是指在量刑时,什么样的事项应作为考虑的对象,应根据何种原则来进行刑罚的量定。①

(一) 国外量刑基准的要揽

量刑基准,是指合理的量刑所应遵循的根本价值准则及其所应考虑的具体规范特征。量刑基准的价值准则奠基于刑法理论的基本观念,而其规范特征则表现为在这种价值准则指导下,刑法典有关量刑的抽象事实依据一些具体规定。

1. 刑罚根据理念

在刑法领域,存在古典学派、近代学派与折衷主义的不同观念。目前,居于主导地位的是折衷主义,即强调刑罚的基础是行为的客观危害与行为人的人身危险性两个方面,具体到量刑基准,在理论上可以归纳为量刑的责任主义与预防主义。在责任与预防的关系上,又存在两种见解:(1) 积极的责任主义:主张有责任必科以与此相应的刑罚,预防目的的认可应以此作为限度;(2) 消极的责任主义:主张责任具有的仅仅是画出刑罚上限的功能,从预防的角度来看,也可以科以在责任程度之下的刑罚。

2. 点刑罚理论·幅刑罚理论

刑罚的量与责任(包括预防)的量,存在何种的具体对应,对此德日刑法理论存在两种不同的见解:**(1) 点刑罚理论**:是指刑罚的量与责任的量,两者应当在一个点上重合。在点刑罚理论的支配下,出于预防的需要,可以适当偏离刑罚与责任相对应的这个点,但是可以在何种程度上偏离,仍然成为问题。**(2) 幅刑罚理论**:又称活动空间理论,是指与责任的量相适应的刑罚的量,存在一个并不超越报应要求的相对区间。在幅刑罚理论的支配下,出于预防的需要,可以在罪责的上限和下限之间确定刑罚。

3. 刑法立法状况

对于量刑的根据问题,德意日等国家或地区的刑法典作了规定,表现出如下**特征**。**(1) 量刑根据的总体原则**。存在如下情形:其一,将责任与特殊预防作为量刑的根据。例如,《德国刑法典》第 46 条第 1 款的规定。其二,将遵循刑法规定与秉持公正作为量刑的根据。例如,《蒙古国刑法典》第 54 条第 1 款的规定。其三,将广义的责任作为量刑的根据。例如,《芬兰刑法典》第 6 章第 4 条的规定。**(2) 量刑根据的具体因素**。存在如下情形:其一,将量刑根据的因素限制在犯罪构成事实以外,具体包括行为时的主客观事实、犯罪人的生活背景、犯罪后的具体表现。例如,《德国刑法典》第 46 条第 2、3 款的规定。其二,将量刑根据的因素归结为,以行为时的主客观事实为核心的犯罪严重程度和以行为前后的犯罪人个性特征为核心的犯罪人犯罪能力。例如,《意大利刑法典》第 133 条的规定。其三,将量刑根据的因素归结为犯罪的社会危害状况、犯罪人的身份、各种量刑情节、犯罪人改造的效果、犯罪人家庭的影响。例如,《俄罗斯刑法典》第 60 条第 3 款的规定。其四,将量刑根据的因素归结为

---

① 参见苏惠渔、西原春夫等著:《中日刑事法若干问题——中日刑事法学术讨论会论文集》,上海人民出版社 1992 年版,第 50 页。

动机、手段、结果等有关犯罪行为的事实特征,以及品行、环境、罪后表现等犯罪人的背景表现。例如,《韩国刑法典》第51条的规定。

(二)我国量刑原则的揭示

量刑原则,是指人民法院在裁量决定刑罚时所应遵循的,指导整个量刑活动并体现量刑活动的特有本质的根本准则。我国《刑法》第61条只是笼统阐明了量刑根据的具体因素,而对于量刑根据的总体原则未予明确。

1. 量刑总体原则

刑法理论对于我国刑法的量刑原则提出了诸多见解。基于刑法理论,考究我国《刑法》第61条的应有精神,本书将我国量刑原则表述为:以行为事实特征为基底,兼顾刑事政策具体需要,依照刑法的具体规定。

以行为事实特征为基底:这意味着量刑的核心根据在于行为的事实特征,基于预防的调整,不能过度地超越基于行为的事实特征所应适用的具体刑罚。具体地说,就量刑根据的**事实基础**而言,量刑应当以具体案件的行为事实特征为基础,确定一个相对核心的作为本位的具体刑罚。这里,行为事实特征包括基本犯罪构成事实(表现轻重具体罪状的事实),以及与行为的主客观危害密切相关的非基本构成事实(描述已然之罪的有关量刑情节的事实)。就量刑根据的**价值目标**而言,量刑应当着重考虑体现刑罚的报应属性,由此量刑的重心是裁量决定与行为人的已然之罪相适应的具体刑罚①。

兼顾刑事政策具体需要:这意味着量刑的波动根据在于决定预防目标的有关事实特征,可以在有限限度内基于预防价值,对于行为的事实特征所确定的具体刑罚予以适当调整。具体地说,就量刑根据的**事实基础**而言,量刑应当以具体案件的行为人人身危险性以及其他影响预防目标的非构成要件事实特征为补充,并且在这种补充调整具体刑罚的事实根据中,行为人人身危害性的事实特征是更为主要的、核心的方面。就量刑根据的**价值目标**而言,量刑应当兼顾考虑体现刑罚的预防目的,而在预防的特殊预防与一般预防之中,特殊预防居于更为基本的、首要的地位。

依照刑法的具体规定:这意味着量刑的规范框架在于刑法的具体规定,无论是基于报应还是基于预防,对刑罚的裁量均不能超越刑法所规定的框架。具体地说:(1)依照总则的量刑制度:刑法总则规定了犯罪成立及其处罚轻重的各种制度原则、刑罚种类及其具体制度的适用原则等,量刑时必须严格遵守。(2)依照分则的罪状法定刑:刑法分则规定了各种具体犯罪的罪状与法定刑,在量刑的时候,必须根据案件的具体事实,对照相应的分则条文,确定应当适用的刑种与刑度。(3)依照总则分则的量刑情节:刑法还具体规定了有关从重、从轻、减轻、免除处罚的各种情节,对此必须根据案件的具体事实,严格遵循执行,决定具体刑罚的轻重或者免除。

2. 量刑的总体原则与具体因素

我国《刑法》第61条的规定较为粗疏,对于作为量刑根据的价值原则与事实因素

---

① 这里的具体刑罚,是指具体的刑事处罚,包括是否适用刑罚、适用何种刑种与刑度、是否立即执行。

未予分别阐述,并且条文中的"犯罪的事实"与"犯罪的性质"等术语指向不明。本书对此作一具体阐释。

犯罪事实·基本含义:犯罪事实存在广义与狭义的解释。**广义**的犯罪事实,又称案件事实,是指案件中客观存在的,对于定罪与量刑具有决定意义的一切主客观事实特征。包括罪中事实、罪前事实、罪后事实,犯罪构成事实与非犯罪构成事实,行为特征事实与行为人特征事实,定罪事实与量刑事实。**狭义**的犯罪事实,又称案件基本事实,是指案件中客观存在的,说明行为的基本犯罪构成的一系列主客观真实情况。这是犯罪事实的核心部分,主要表现为基本犯罪构成事实、定罪事实。例如,说明基准罪状的事实、说明加重罪状或者减轻罪状的事实。我国《刑法》第61条所谓的"**犯罪的事实**"是指狭义的犯罪事实,这一犯罪事实所指,与其后的犯罪性质、犯罪情节所指,并列对应。犯罪的事实,是确定犯罪性质的重要前提,而犯罪性质的定位又是量刑的必要基础。

犯罪事实·相关概念:犯罪事实,涉及基本犯罪构成事实的概念以及相关概念的引申。**基本犯罪构成事实**,也称定罪事实,是指案件中客观存在的,说明行为构成分则具体犯罪的一系列主客观真实情况。就罪刑的**规范设置**而言,基本犯罪构成与法定刑相对应。基准犯罪构成对应于基准法定刑,加重犯罪构成对应于加重法定刑,减轻犯罪构成对应于减轻法定刑。而作为量刑根据的事实特征,与从重、从轻、减轻或者免除的处刑相对应。因此,基本犯罪构成事实不同于量刑事实。就**事实与情节**的视角而言,基本犯罪构成事实,具体表现为定罪情节;而量刑事实,具体表现为量刑情节。就事实的**时间与性质**而言,基本犯罪构成事实主要表现为罪中事实、行为特征事实,不过也涉及行为前后的事实以及说明行为人人身危险性大小的事实[①];量刑事实包括罪中事实、行为特征事实,也涉及行为前后的事实以及说明行为人人身危险性大小的事实。

犯罪性质:是指由案件的基本事实特征所决定的犯罪的具体罪名,这一基本事实特征包括具体罪名框架内的轻重不同的具体罪状。犯罪性质,是确定具体法定刑的重要依据。(**1**)**具体罪名**:犯罪性质首先是指案件的基本事实特征所决定的犯罪的具体罪名,即案件事实所符合的犯罪基本构成的本质特征的高度概括。(**2**)**具体罪状**:犯罪性质框架内的基本事实特征包括相应罪名下的轻重罪状,即相应罪名下的基准犯罪构成、加重犯罪构成或者减轻犯罪构成的事实特征。(**3**)**罪质与罪量**:犯罪性质表述犯罪的质的规定性,与此相应的是犯罪的量的规定性。罪量,意味着质的范围内的一定梯度的量,具体表现为在具体罪状的范围内,基于案件事实的不同而表现出的犯罪的轻重不同程度。

犯罪情节:是指案件中客观存在的,说明犯罪行为的社会危害程度与行为人人身危险性大小的各种具体事实情况。犯罪情节分为定罪情节与量刑情节。其中,**定罪情节**,主要表现为基本犯罪构成事实的详情细节,其对应于具体法定刑。**量刑情节**,

---

① 详见张小虎著:《犯罪论的比较与建构》(第二版),北京大学出版社2014年版,第85页。

主要表现为基本犯罪构成事实以外的其他与犯罪密切相关的具体事实情况,其对应于具体处刑程度[①]。鉴于上文所述犯罪事实的狭义与犯罪性质的含义,我国《刑法》第61条所谓的"**情节**"是指量刑情节。量刑情节,是以具体法定刑的质的框架为中心,调整刑罚轻重的重要依据[②]。量刑情节,也基于具体案件事实,为正确量刑提供了具体细化了的事实依据。

社会危害程度:是指犯罪行为对于社会造成或者可能造成损害的大小。决定社会危害程度的,是具体案件的一系列主客观事实特征,包括犯罪构成的事实与非犯罪构成事实、行为特征事实与行为人特征事实等等。行为在客观上所造成的损害结果、行为的方式方法与实行、行为人在主观上的故意或过失、行为的动机与目的、行为人的个人情况、一贯表现和犯罪后的态度等等,均是说明社会危害程度的因素。由此,社会危害程度是在"犯罪事实(狭义)"、"犯罪性质"、"犯罪情节(量刑情节)"的基础上,全面分析这三者以及相关的案件事实情况而予以的综合评价,其决定了量刑的最终结果,即罪与非罪、此罪与彼罪、罪重与罪轻、是否判处刑罚、判处何种刑罚与刑度、是否立即执行所判刑罚等。

(三)我国量刑原则的完善

我国《刑法》第61条对于量刑原则的规定相对抽象概括。就总体原则而言,并未凸显客观主义为主导兼顾主观主义的思想;就具体因素而言,并未具体阐明总体原则指导下的核心事实特征构成;就表述形式而言,无论是总体原则还是具体因素,表述相对笼统。所谓量刑"应当根据犯罪的事实、犯罪的性质、情节和对于社会的危害程度,依照本法的有关规定",其中,"犯罪的事实"、"犯罪的性质"、"情节"、"社会的危害程度"等,所包含的内容相当广泛,其在量刑根据的意义上究竟何指,不无疑问。

对于我国《刑法》量刑原则的完善,可以遵循以下思路:**(1)明确表述总体原则**:将总体原则,定位于以客观主义为主导兼顾主观主义,这一价值观念在量刑问题上可以具体表述为"以行为事实特征为基底,兼顾行为人人身危险性"。**(2)明确表述事实因素**:基于总体原则的指导,作为"行为事实特征基底"的核心部分即为定罪事实,其已在确定法定刑的框架上得以体现,因此这里所要表述的是事实基底的非基本犯罪构成部分,以及行为人的人身危险性事实。具体包括:基本犯罪构成以外的行为危害程度的主客观事实;犯罪人的生活背景、人格特征、改造效果等人身危险性程度的事实。**(3)增强条文形式合理**:采纳有关国家的立法例,例如《德国刑法典》第46条、《奥地利刑法典》第32条、《瑞士刑法典》第63条、《俄罗斯刑法典》第60条等,对于总体原则与事实因素分款予以规定,以使条文更为简洁明确;同时强调作为量刑事实因素,具有独立于定罪事实因素的意义,但是法律有特别规定的除外[③]。

---

① 即从重、从轻、减轻或者免除处罚。
② 即作为从重、从轻、减轻或者免除处罚的重要根据。
③ 通常,当某一事实既已作为犯罪构成事实时,就不再将其作为量刑情节。但是并不排除刑法分则有时将某种事实特征同时规定为定罪情节与量刑情节。例如,我国《刑法》第237条第3款规定的"猥亵儿童"。

三、量刑情节

（一）量刑情节的概念

1. 量刑情节与犯罪情节

情节，是指在犯罪事实中客观存在的各种具体事实情况。对于情节与犯罪事实的关系，日本学者曾作一贴切比喻。犯罪事实好比一座大厦，而情节则是建造这座大厦的砖瓦。情节在刑法上表现为犯罪情节。犯罪情节分为定罪情节与量刑情节。

定罪情节，是指案件中客观存在的，作为决定是否构成犯罪或者构成何种具体犯罪以及所属具体罪状的各种具体事实情况。主要表现为基本犯罪构成事实的详情细节，具体侧重于行为时的情节以及有关说明行为社会危害程度的情节，也涉及行为前中后的情节以及说明行为人人身危险性大小的情节。分则**情节犯与情节加重犯之情节**，属于定罪情节，并且具有具体犯罪之主观或者客观的事实特征的意义，其决定某一具体犯罪之犯罪构成的符合，包括作为基准罪状的情节，与作为加重罪状的情节。前者，例如我国《刑法》第 246 条第 1 款所规定"情节严重"；后者，例如我国《刑法》第 310 条第 1 款后段所规定的"情节严重"。

量刑情节，是指案件中客观存在的，作为决定处刑轻重或者免除处罚的各种具体事实情况。主要表现为基本犯罪构成事实以外的其他与犯罪密切相关的具体事实情况，包括有关行为时的情节以及行为前中后的情节、有关说明行为社会危害程度的情节以及说明行为人人身危险性大小的情节等。在国外刑法理论中，量刑情节也称为**刑罚的加重与减轻**，是指以某一法定刑为中心，在由此决定宣告刑时，根据有关事实特征，具体调整宣告刑的轻重。在此，刑罚的加重与减轻，强调的是据以决定宣告刑轻重的有关事实特征。

2. 情节与情节综合

我国《刑法》第 13 条但书与第 37 条中，有"情节"与"犯罪情节"的表述。对此应当注意，虽然该两个法条采用了"情节"的术语，其所称"情节"与通常所指情节仍有重要区别。具体地说：

情节综合与情节单位：此两法条所称情节具有全案具体事实的意义，亦可谓之"情节综合"，即某一案件的诸多情节的集合或总和；而通常所称情节，强调案件事实特征的各个具体侧面，系属事实特征的构成单位，即某一案件的诸多情节的分别表现。

整体评价与轻重砝码：此两法条所称情节是对案件事实的全面与终结评价，并且是作为出罪的事实特征（显著轻微）或者免刑的事实特征而体现（轻微）；而通常所称情节，只是针对某个侧面的事实特征对于罪刑轻重的影响所作的描述，其法定格式表现为"具体事实情况"并"轻重功能砝码"。

犯罪情节与罪刑情节：我国《刑法》第 13 条所称情节以犯罪构成的事实特征为主导，是对行为是否构成犯罪的综合描述，并且基于其"危害不大"的具体语境而更为侧重行为的实质评价。第 37 条所称犯罪情节包括定罪事实与量刑事实，作为定罪事实首先肯定行为构成犯罪,作为量刑事实其后强调行为无需适用刑罚,也即综合全案事实,行为构成犯罪但是犯罪轻微,"不需要判处刑罚的"。而通常所称情节,立于轻重功能砝码的视角,主要表现为决定处刑轻重或者免除处罚的各种事实特征(量刑情节);不过情节以事实的详情细节为特征,由此情节也表现为决定是否构成犯罪或者构成何种具体犯罪以及所属具体罪状的各种事实特征(定罪情节)。

(二)量刑情节的特征

客观存在:量刑情节是案件中客观存在的具体事实情况。这里的客观存在强调的是,量刑情节是独立于办案人员的主观意志之外的,有待于办案人员认识把握的客观实在。而就量刑情节本身的具体内容而言,量刑情节既包括行为人主观方面的具体事实,例如犯罪动机;也包括行为客观方面的具体事实,例如犯罪手段;既可以是有形的,例如肢体伤害的程度;也可以是无形的,例如行为的具体目的。

详情细节:量刑情节与案件事实的区别之一在于,量刑情节是有关案件事实的具体情状和细节特征,具体可以从两个视角表现:(1)轻重调整砝码:基于轻重调整功能的视角,量刑情节是在刑罚裁量中有关调整刑罚轻重的各类功能砝码的具体展开。(2)事实调整砝码:基于轻重调整事实的视角,量刑情节是在刑罚裁量中有关调整刑罚轻重的各类事实砝码的具体展开。

调整法定刑:量刑情节与法定刑的关系在于,虽然两者都在一定程度上标志着刑罚的轻重,但是法定刑是从更大的框架上确定具体的刑种与刑度,其与具体罪状相对应,而量刑情节则是基于法定刑的从重、从轻、减轻或者免除,其所对应的是案件事实的详情细节。由此,也可以说,量刑情节是以某一法定刑为中心[①],在一定刑度区间内决定宣告刑所据以的具体砝码,而这种砝码对于宣告刑的决定又表现为两种情形:从重、从轻的量刑情节,是在法定刑内发挥其决定宣告刑的作用;减轻或者免除的量刑情节,则是突破法定刑框架发挥其决定的作用。

基本犯罪构成以外:量刑情节与定罪情节存在原则区别,量刑情节主要表现为基本犯罪构成以外的其他与犯罪密切相关的具体事实情况,是**罪量**的决定因素,这里的罪量主要是指以具体罪状为核心框架的危害程度大小波动,从刑的角度来说,就是调整刑罚轻重的从重、从轻等砝码。而定罪情节主要表现为基本犯罪构成事实的详情细节,是**罪质**的决定因素,这里的罪质既包括以某一具体犯罪的罪名为标志的罪质,也包括具体犯罪的各种罪状所表现的罪质,从刑的角度来说,与定罪情节相对应的是法定刑。

行为前中后:从量刑情节所依存的时间平台来看,量刑情节既可以是表现为行为前的具体事实情况,例如,累犯的情节;也可以是表现为行为中的具体事实情况,例如,犯罪中止的情节;还可以是表现为行为后的具体事实情况,例如,自首的情节。与此相应,定罪情节主要是表现为行为中的具体事实情况。

行为危害·行为人危险:从量刑情节所依存的事实平台来看,量刑情节包括表现行为危害特征与行为人危险特征的具体事实情况。(1)行为危害:量刑情节表述以

---

① 法定刑是量刑情节体现自身功能所依附的核心。

行为的社会危害程度为内容的具体事实。例如,教唆犯、防卫过当、犯罪未遂等情节。(2) 行为人危险:量刑情节也表述以行为人的人身危险性为内容的具体事实。例如,立功、自首、累犯、中止犯等情节。相对而言,定罪情节主要表述行为危害特征的具体事实情况。

（三）量刑情节的分类

1. 法定情节与酌定情节

法定情节,是指刑法对于调整刑罚的轻重功能砝码与具体事实情况明文予以规定,审判机关在量刑时必须予以考虑的情节。(1) 法定情节的**格式**表现为"具体事实情况"并"轻重功能砝码"。例如,我国《刑法》第 65 条第 1 款规定,对于累犯,应当从重处罚。其中,"累犯"为具体事实情况,"应当从重处罚"为轻重功能砝码。而对于"轻重功能砝码",具体地又可以分为两部分:功能性质与加减方法。所谓功能性质,是指某一法定情节调整刑罚的轻重特征,包括从重、加重、从轻、减轻、免除等性质;所谓加减方法,是指某一法定情节调整刑罚的具体加减幅度。例如,《德国刑法典》第 49 条对于法定减轻处罚具体方法作了规定。(2) 对于法定情节又可作多种**分类**:基于轻重功能砝码,法定情节分为从严情节与从宽情节;基于总则与分则的设置,法定情节分为总则性情节与分则性情节;基于影响量刑结果的程度,法定情节分为可以情节与应当情节。

与国外刑法典的规定相比,我国《刑法》并未将犯罪动机、行为道德理由、行为受第三者影响、被害人过错等列为法定的减轻处罚的事由,也未将人数、时空、前科状况等所描述的严重危害列为法定的从重处罚的事由,从而总体上也表现出一定的**粗疏**。对于法定情节的事实因素,未设专条予以普通概括列举,而是依存于诸多相关条文的具体事实特征;对于法定情节的功能砝码,只是较为原则地规定了在法定刑以内或以下处刑,而对于具体增减刑罚的方法未予明确,从而显得较为**笼统**。我国《刑法》在情节上所表现出的笼统与粗疏则折射着一种因事制宜的柔韧观念。应当增强我国《刑法》法定情节的具体、肯定、明确,尤其是在我国目前应当力主张扬法治建设的社会背景下,更应如此。

酌定情节,又称审定情节,是指刑法对于调整刑罚的轻重功能砝码或者具体事实情况未予明确详细规定,而是由刑法理论与司法实践总结出来的,审判机关在量刑时通常予以考虑、酌情掌握的情节。对于酌定情节,同样存在着主观情节与客观情节、罪中情节与罪前或罪后情节、行为危害特征的情节与行为人危险性的情节等不同视角下的分类。酌定情节随案件的具体情况而有所不同,具体究竟存在哪些酌定情节的事实因素,难以一概而论。在我国刑法理论与实践中,常见的酌定情节的事实因素主要表现为:犯罪动机、犯罪手段、犯罪对象、犯罪结果、犯罪时空、罪后态度、个人情况、一贯表现等。这些事实因素,在国外刑法中大多作为法定情节处理。

形势需要与民愤要求,能否作为量刑的酌定情节,这在我国刑法理论上有着较大的争议。应当说,形势需要、民愤要求与行为危害性、行为人危险性之间,如果存在合理转换或者折合的过渡,那么形势需要、民愤要求影响量刑就有了形式基础。否则,也就只能在实质意义上探求形势需要、民愤要求影响量刑的根据了。

酌定情节是法定情节的**必要补充**。酌定情节运用灵活、内容更为具体丰富、与具体案件直接相关。当具体案件情况并无法定情节时,酌定情节的空间就给择取该案件中的重要事实以调整刑罚留下了余地;而在具体案件情况存在法定情节的场合,同样不排除将法定情节之外的重要事实予以酌定情节的考虑;即使在运用法定情节时,也存在着将法定情节具体化的问题,这同样需要酌定情节的厘定。

2. 从严的法定情节与从宽的法定情节

从严情节,是指表述行为危害程度较大或者行为人人身危险性程度较大的具体事实情况,从而决定刑罚的从重、加重的情节。从重情节与加重情节,就情节的调整功能而言,意味着从重处罚与加重处罚。(1)从重处罚与加重处罚:**从重处罚**,是指在法定刑的幅度以内,对于具有从重情节的犯罪分子,比对于没有这种情节的犯罪分子,适用较重的刑种或者较长的刑期,但是不得在法定最高刑以上判处刑罚。**加重处罚**,是指在法定最高刑以上,对于具有加重情节的犯罪分子,比对于没有这种情节的犯罪分子,适用更高一个层次的法定刑幅度,但是一般不得再予超越,而是罪加一等判处刑罚。(2)我国的从严情节:我国《刑法》仅规定了从重情节。对于加重情节,现行《刑法》颁行前的特别刑法曾有规定。我国法定从重处罚的事实因素包括总则与分则的一系列规定。诸如:教唆不满18周岁的人犯罪(第29条第1款);累犯(第65条第1款);武装掩护走私(第157条第1款);国家机关工作人员犯诬告陷害罪(第243条第2款)等等。

从宽情节,是指表述行为危害程度较小或者行为人人身危险性程度较小的具体事实情况,从而决定刑罚的从轻、减轻、免除的情节。从轻情节、减轻情节与免除情节,就情节的调整功能而言,意味着从轻处罚、减轻处罚与免除处罚。(1)从轻处罚、减轻处罚与免除处罚:**从轻处罚**,是指在法定刑的幅度以内,对于具有从轻情节的犯罪分子,比对于没有这种情节的犯罪分子,适用较轻的刑种或者较短的刑期,但是不得在法定最低刑以下判处刑罚。**减轻处罚**,是指在法定最低刑以下,对于具有减轻情节的犯罪分子,比对于没有这种情节的犯罪分子,适用与减等罪状相应的法定刑幅度的刑种或者刑期,并且原则上一个减轻情节只是罪减一等处罚。减轻处罚存在如下议题:减量单位,即基于何种等级刻度予以减轻;可减程度,即能否刑种减轻、减至从刑或免除;基本类型,即法定减轻与酌定减轻等。对此,合理解释应当是:减轻系在"下一个量刑幅度内处判"①,我国《刑法》第63条第1款所称"以下"不应包括本数;在刑减一等的降幅范畴内,减轻处罚包括刑种的减轻以及由主刑减至从刑,但减轻不应包括免除;刑法理论称我国《刑法》第63条第1款所规定的减轻处罚,为法定减轻或者一般减轻,称该条第2款所规定减轻处罚,为酌定减轻或者特殊减轻。**免除处罚**:又称免予刑事处罚,是指对于行为构成犯罪的犯罪分子,由于具有免除处罚的情节,从而仅作有罪的宣告而免除其刑罚处罚。(2)我国的从宽情节:就情节的功能特

---

① 我国《刑法》第63条第1款。

征而言,我国《刑法》规定了从轻处罚、减轻处罚、免除处罚的情节;就情节的事实特征而言,与这些从宽情节相对应的事实因素规定于总则或分则的不同条文中。具体模式表现为:基于某一事实因素,从轻、减轻、免除兼备;或者从轻与减轻兼备;或者减轻与免除兼备;或者仅有减轻;或者仅有免除。

3. 应当情节与可以情节

应当情节,又称命令性情节,是指审判机关在量刑时必须予以考虑的,并且在量刑结果中必然有所体现的法定情节。其关键的特点在于,这种法定情节对于量刑的结果产生必然影响。**可以情节**,又称授权性情节,是指审判机关在量刑时必须予以考虑的,不过在量刑结果中可能有所体现的法定情节。其关键的特点在于,这种法定情节对于量刑的结果产生或然影响。

第二节 量刑从严制度

量刑制度,是指刑法对于影响量刑轻重的有关事由予以集中系统的规定而形成的一般规则。在各国刑法典中,累犯是较为典型的调整法定刑的法定量刑情节,累犯的构成与处罚等一系列规定构成了刑法上的累犯制度。

一、累犯的概念

广义累犯,又称实质累犯,是指行为人在犯罪既已判决(前罪)之后又实施犯罪(后罪),这种前罪与后罪之间的关系。广义累犯,强调前罪与后罪之间的累次关系,近似我国刑法理论常说的再犯。在我国刑法理论中,**再犯**属于初犯的对称,包括广义与狭义:**广义再犯**,是指曾经受犯罪判决之人再次实施犯罪;**狭义再犯**,是曾经受犯罪与刑罚判决之人再次实施犯罪。再犯以前罪既已判决为条件,虽有前罪与后罪,但是前罪尚未判决或者判决尚未确定,并非再犯。

狭义累犯,又称形式累犯,是指在广义累犯的基础上,需要具备一定的法定条件方可成立,并产生加重处罚结果的情形。**刑法上的累犯**通常是指狭义累犯,即强调一定的法定成立条件,并作为加重处罚的事由。日本有的学者,虽也区分累犯与再犯,但是其含义却与我国刑法理论的阐释截然不同。其累犯类似我国的再犯,而其再犯则恰如我国的累犯。

在**刑法累犯**中,又存在着一般累犯与特别累犯的区别。**特别累犯**,是指在累犯的成立条件上,将前罪与后罪的犯罪性质限定在一定类型的犯罪之内。例如,我国《刑法》第66条的规定。**一般累犯**,是指在累犯的成立条件上,对前罪与后罪的犯罪性质的类型关系不予特别限定。例如,我国《刑法》第65条的规定。

日本学者有将累犯分为普通累犯与常习累犯。**常习累犯**,又称惯犯,是指累犯人对于其所犯之罪具有惯犯性的场合。[①] 另外,传统意义上的累犯是针对自然人而言

---

① 参见〔日〕大谷实著:《刑法总论》,黎宏译,法律出版社2003年版,第384页。

的,由此法人犯罪能否构成累犯成为问题,而在这一问题上《法国刑法典》明确规定了**法人累犯**,颇具特色;再者,累犯的危险程度也有所差异,对此《俄罗斯刑法典》在累犯的规定上,明确区分了累犯、**危险累犯**、**特别危险累犯**。

二、累犯从严的责任依据

累犯加重处罚的根据究竟何在,这是刑法理论长期以来颇有争议的问题,对此存在责任主义、性格主义、折衷主义等不同见解。应当说,累犯对于先前判决警告的违反,由此增强了其受谴责的程度,同时在一定场合,累犯也表现出行为人具有较大的人身危险性。具体地说:**(1) 区别情况**:累犯的情形有所不一。就人身危险性特征而言,有的累犯这一特征较为明显,而有的累犯这一特征则相对较弱。因此,可以将累犯予以区别。诸如,《意大利刑法典》分别设置了累犯、惯犯、职业犯。在这种场合,普通累犯的加重依据,侧重责任非难;常习累犯的加重依据,侧重性格危险。**(2) 总体情况**:就总体而言,累犯不失为人身危险性较大,尤其是前罪刑罚既已执行并且前罪与后罪均为故意犯罪的累犯。不过,累犯确实也存在着前罪判决之警告,行为人却不从中吸取教训,从而应受加重非难与谴责。由此说来,累犯加重处罚的依据,兼有责任非难与性格危险。而基于性格危险,对于累犯本应适用保安处分,然而在刑罚与保安处分的关系上,保安处分应居补充地位。由此,将累犯加重处罚置于刑罚框架内是恰当的;况且刑罚目的的"以报应为基底兼顾预防",意味着刑罚也可实现对于累犯的特殊预防。

三、我国的累犯制度

(一) 我国累犯的总体模式

根据我国《刑法》的规定,**累犯**是指因犯罪受过一定刑罚处罚,在该刑罚执行完毕或者赦免以后,在法定期限内又犯一定之罪的犯罪人。包括一般累犯与特别累犯。

我国《刑法》对于有关累犯的立法,具有如下特征:(1) 总则规定为主与分则规定为辅:在总则第四章中专设第二节确立了累犯制度。另外,在分则第356条针对有关毒品犯罪,规定了再犯从重处罚。(2) 一般累犯·特殊累犯·法定再犯:总则第65条与第66条分别规定一般累犯与特殊累犯,分则第356条规定法定再犯;三者均为从重处罚的情节。(3) 行为中心论的累犯与再犯:对于累犯与再犯的界说,仅仅描述累犯行为与再犯行为的事实特征,行为人的危险特征,并非构成要素。(4) 单位累犯与再犯不明:对于单位能否构成累犯或法定再犯,未予明确。

(二) 我国《刑法》的一般累犯

1. 一般累犯的概念与构成条件

根据我国《刑法》的规定,**一般累犯**,又称普通累犯,是指18周岁以上因故意犯罪被判处有期徒刑以上刑罚,在刑罚执行完毕或者赦免以后,在5年以内再犯应当判处有期徒刑以上刑罚之罪的犯罪人。一般累犯不同于惯犯。关于惯犯的概念,本书在罪数形态中已作阐释。一般累犯也不同于再犯。关于再犯的概念,本节上文已述。

一般累犯的**构成条件**如下:(1) **前罪后罪形态**:前罪与后罪都必须是故意犯罪。如果在前罪与后罪中,有一个是过失犯罪或者两罪均为过失犯罪,均不构成累犯。(2) **行为人的年龄**:行为人的年龄应在18周岁以上。如果前罪实施时不满18周岁,即使后罪实施时系18周岁以上,也不能构成累犯。(3) **前罪后罪刑罚**:前罪被判处的刑罚和后罪应当被判处的刑罚,均是有期徒刑以上。如果在前罪与后罪中,有一个犯罪的宣告刑不是有期徒刑以上,则不构成累犯。(4) **前罪后罪间隔**:后罪发生的时间,必须在前罪刑罚执行完毕或者赦免以后的5年以内。由此,如果后罪发生的时间距离前罪已满5年,或者后罪发生在前罪判决之前与前罪刑罚执行期间,均不构成累犯。前罪刑罚执行完毕,是指主刑执行完毕,而不要求附加刑也执行完毕。

2. 一般累犯的认定

关于累犯的构成,刑法理论存在若干争议问题:缓刑再犯与累犯成立,假释再犯与累犯成立,单位再犯与累犯成立,国外处罚与累犯成立,连续犯和继续犯与累犯成立等。对此,本书认为:犯罪人在缓刑考验期限内或者缓刑考验期满后再犯的,均不能构成累犯;犯罪人在假释考验期满后再犯的,可以构成累犯;而在假释考验期限内再犯的,不能构成累犯;严格说来,我国《刑法》关于累犯的规定,主要是针对自然人犯罪而言的;在国外受到有期徒刑以上刑罚,经由实质审查而承认国外刑事处罚的,方有成立累犯的可能;在连续犯与继续犯的场合,应以启始行为作为评价是否构成累犯的基准。

对于我国《刑法》第356条的规定,刑法理论有的将之归于特殊累犯,也有将之认作法定再犯。事实上,在我国刑法中,特殊累犯与法定再犯仍有一定区别。特殊累犯强调前罪刑罚执行完毕或者赦免以后再犯新罪,而法定再犯即使在狭义上也仅强调前罪刑罚既已判决以后再犯新罪。由此,《刑法》第356条的规定系法定再犯。

(三) 我国《刑法》的特殊累犯

1. 特殊累犯的概念与构成条件

根据我国《刑法》第66条的规定,**特殊累犯**是指因危害国家安全犯罪、恐怖活动犯罪、黑社会性质的组织犯罪而被判处刑罚,在刑罚执行完毕或者赦免以后,在任何时候再犯上述任一类罪的犯罪人。

特殊累犯的**构成条件**如下:(1) **前罪后罪形态**:前罪与后罪均属三种类罪中的具体犯罪之一。其中,危害国家安全犯罪(A),是指我国《刑法》分则第一章所规定具体犯罪。而恐怖活动犯罪(B)与黑社会性质的组织犯罪(C),则指向不明。原则上可以理解为,B系《刑法》第120条与第120之一所设之罪,以及其他以恐怖主义组织为载的各种具体犯罪[1];C系《刑法》第294条所设之罪,以及其他以黑社会性质组织为载的各种具体犯罪。同时,前罪与后罪之间,在这三种类罪的对应关系上,未必具有一致性。例如,前罪犯分裂国家罪,后罪犯恐怖主义的爆炸罪,仍可构成特殊累犯。(2) **前罪后罪刑罚**:前罪被判处的刑罚和后罪是否应当被判处刑罚,均不受限制。前

---

[1] 应当注意如下概念的关系:恐怖主义犯罪、个人恐怖活动犯罪、个人极端暴力犯罪。

罪被判管制、拘役或者单科附加刑,均不影响特殊累犯的成立;后罪是否被处刑罚,并非特殊累犯成立的要素。**(3)前罪后罪间隔**:后罪发生的时间,应当在前罪刑罚执行完毕或者赦免以后的任何时候。前罪与后罪的时间间隔,不论是在5年以内还是在5年以外,均可构成特殊累犯;但是,后罪必须是在前罪的刑罚执行完毕或者赦免以后发生,否则不能构成特殊累犯。

2. 特殊累犯的认定

值得考究的是,一般累犯构成中不满18周岁人的例外规定,是否适用特殊累犯的构成?例如,不满18周岁的行为人犯黑社会性质组织的故意杀人罪,在刑罚执行完毕之后,又犯黑社会性质组织的故意伤害罪,该行为人能否构成特殊累犯?对此,该行为人也不能构成特殊累犯。相对于一般累犯的规定,特殊累犯的规定系特别规范;特别规范优于普通规范,是指特别规范对于某些事项等特别规定的优先适用;但是,在特别规范对于某些事项等未予特别规定的场合,则相关事项等的规定仍应适用普通规范。由此,特殊累犯的法条对于不满18周岁人的累犯构成未予特别规定,则此类人员的累犯构成问题仍应适用一般累犯的普通规定。

(四)我国《刑法》累犯的处罚

根据《刑法》第65条的规定,对于累犯"应当从重处罚"。这一规定不仅适用于一般累犯,而且适用于特殊累犯。此外,我国《刑法》第74条与第81条第2款还分别规定,对于累犯"不适用缓刑"与"不得假释";第50条第2款规定,对被判死缓的累犯可以"限制减刑"。

我国《刑法》的累犯处罚,仅规定了总体性的处罚原则,而对于具体方法未予特别明确。应当说,累犯是一种较为常见的量刑制度,各国刑法对于累犯处罚通常予以特别明确的加重方法,从而增强了累犯处罚的司法操作特征。

第三节 量刑从宽制度

一、自首制度

各国刑法典对于自首的规定各有特色。我国《刑法》在总则第四章中专设第三节确立了自首、坦白和立功制度,同时在分则第164条第3款、第390条、第392条中对有关具体犯罪的自首及其处罚作了特别规定。

(一)我国《刑法》的一般自首

1. 一般自首的概念

我国《刑法》第67条第1款所规定的自首,刑法理论通常称为"一般自首"。**一般自首**,是指犯罪人犯罪以后自动投案,如实供述自己的罪行的行为。

2. 一般自首的成立条件

自动投案:是指犯罪人在犯罪以后归案以前,基于自己的意志主动向司法机关申告罪行,并且到案接受审查裁判的行为。自动投案的构成,具有如下要素:**(1)投案

时间:是指归案以前。具体而论,"发现犯罪事实"、"发现犯罪人"、"犯罪人到案"这三者缺一均可构成"归案以前"。由此,归案以前投案包括投案、归案与自告三种情形:**投案**,是指在犯罪事实或犯罪嫌疑人未被发觉以前,犯罪人自动申告罪行并主动归案。**归案**,是指犯罪事实或犯罪嫌疑人虽被发觉,但是犯罪人在被动到案之前主动到案。**自告**,是指犯罪人虽被控制,但被控制案由不实或者因非罪行为被控制,犯罪人主动申告未觉罪行。对此,1998年最高人民法院《关于处理自首和立功具体应用法律若干问题的解释》第1条,分别"自动投案"与"视为自动投案",列举具体情形,作了相应规定。另外,2010年最高人民法院《关于处理自首和立功若干具体问题的意见》第1条,将"因特定违法行为被采取……强制措施期间"主动交代未觉罪行的,认定为自动投案。这可谓上述本书所称的"自告"。但是,2009年最高人民法院、最高人民检察院《关于办理职务犯罪案件认定自首、立功等量刑情节若干问题的意见》第1条,将办案机关所认"犯罪事实不成立",而犯罪人交代其他未觉"同种罪行的",称为"没有自动投案",则有违司法解释的一贯与《刑法》的精神。(2)**投案对象**:指向司法机关。不过,在一定场合,也允许投案方式的一定变通:犯罪嫌疑人向其所在单位、城乡基层组织或者其他有关负责人员投案,也应视为自动投案。① 犯罪人向被害人投案,倘若构成自首,仍须具备通过被害人,投案最终落实至司法机关。自首不同于首服。**首服**,又称自服,是指在自诉案件中,犯罪人自动向有告诉权的人陈述自己的犯罪事实,接受刑事处置的行为。我国《刑法》并未规定首服,不过立于自首的精神实质,在一定条件下可将首服纳入我国的自首。(3)**投案意志**:强调自动投案。自动投案,意味着投案是犯罪人的意识和意志行为。这种意识意志行为,并不要求犯罪人投案必须发自内心的真诚悔悟和善意,而是强调投案是受犯罪人意志支配。犯罪人投案动机并非自动投案的要素。犯罪人作案时被现行抓获的,不能视作自首。(4)**投案方式**:强调亲自投案。亲自投案,意味着犯罪人本人直接向公安司法机关投案。同样,在一定场合,犯罪人的亲自投案也可允许变通表现,从而陪首、送首、代首等也可视作亲自投案。② 但是,拒绝归案并非自首。**拒绝归案**,表现为犯罪人以电话等方式,向公安司法机关报案,但是并未载明自己的姓名与住所,或者虽已明确自己的身份,但是拒绝到案接受司法机关控制等情形。(5)**投案状态**:强调置身司法控制与处置。这意味着犯罪人在归案以后,应当自觉置于公安司法机关的控制之下,等候进一步的司法处理。"犯罪嫌疑人自动投案后又逃跑的,不能认定为自首。"③犯罪人虽不逃跑,但拒绝接受司法控制与审查的,也不能认定为自首。

如实供述自己罪行:是指犯罪人在自动投案以后,如实交代自己的主要犯罪事

---

① 参见最高人民法院《关于处理自首和立功具体应用法律若干问题的解释》(1998年)第1条。
② 参见最高人民法院《关于处理自首和立功具体应用法律若干问题的解释》(1998年)第1条。**陪首**,即并非出于犯罪嫌疑人主动,而是经亲友规劝、陪同投案的;**送首**,即公安机关通知犯罪嫌疑人的亲友,或者亲友主动报案后,将犯罪嫌疑人送去投案的;**代首**,即犯罪嫌疑人因病、伤或者为了减轻犯罪后果,委托他人先代为投案,或者先以信电投案的。
③ 最高人民法院《关于处理自首和立功具体应用法律若干问题的解释》(1998年)第1条。

实。自行合理辩解并不影响如实供述的成立,而推翻如实供述则不能构成如实供述①。如实供述自己罪行的构成,具有如下要素。**(1) 如实供述**:强调犯罪人所供述的内容,应当基本客观真实,不应扩大与缩小。但是,基于记忆误差或者认识错误等因素,而导致的陈述内容与客观实际的出入,不能视作没有如实供述。反之,下列情形不应视为如实供述:犯罪人为了推卸罪责,故意避重就轻,隐瞒犯罪事实关键环节,致使犯罪性质、罪行程度等无法得以正确认定的;犯罪人为了包揽罪行,故意作虚假陈述,隐瞒犯罪行为与犯罪人的基本事实,致使全案在犯罪人等问题的认定上难以得出正确结论的;犯罪人出于增强从宽处理力度等动机,肆意夸大犯罪事实甚至无中生有,同样致使犯罪行为的认定走向歧途的。**(2) 犯罪事实**:强调犯罪人所供述的,应当是触犯刑律的行为,而不是违反道德的行为或者一般违法行为。行为人供述自己的道德违规行为或者一般违法行为,谈不上自首问题。如果犯罪人自动投案以后,回避自己的犯罪事实,而有意用违法事实来搪塞自己的罪行,则不能视作如实供述自己罪行。**(3) 主要事实**:强调犯罪人所供述的,应当是犯罪事实的基本与核心部分,包括犯罪人是谁,犯罪实施状况如何等。在同种罪行的场合,主要事实,是指全部犯罪事实的主要部分或者轻重程度所占比重较大部分。② 主要事实,也只是要求犯罪人所供述的犯罪事实,对于犯罪性质、罪行轻重的认定,大致无误。**(4) 自己罪行**:强调犯罪人所供述的,应当是自己的犯罪事实,属于自己承担刑事责任的罪行。如果犯罪人所供述的是他人的罪行,则属于检举揭发,经查证属实的构成立功,而不是自首。在**共同犯罪**案件中,犯罪人除了如实供述自己的罪行以外,还应当供述所知的同案犯;主犯则应当供述所知其他同案的共同犯罪事实。③

一般自首的成立条件,阐明了一般自首的基本特征。在一般自首的认定中,还存在诸多具体的理论与实际问题:单位自首;数罪供述;罪数供述;过失犯罪自首;一般自首与投案、告发、告诉、坦白等。

(二) 我国《刑法》的余罪自首

1. 余罪自首的概念

我国《刑法》第 67 条第 2 款所规定的自首,刑法理论通常称为"余罪自首"、"特别自首"、"准自首"。**余罪自首**,是指被采取强制措施的犯罪嫌疑人、被告人和正在服刑的罪犯,如实供述司法机关还未掌握的本人其他罪行的行为。

2. 余罪自首的成立条件

特定主体:余罪自首属于归案状态下的自首,自首主体仅为被采取强制措施的犯罪嫌疑人、被告人和正在服刑的罪犯。所谓**归案**,是指犯罪人已经处于司法机关的直接控制之下,而受到一定的司法处置。**强制措施**,是指司法机关为了防止犯罪嫌疑人、被告人逃避侦查和审判,依照法定程序对其人身自由加以一定限制或者剥夺的强

---

① 但是,在一审判决前又能如实供述的,应当认定为自首。参见最高人民法院《关于处理自首和立功具体应用法律若干问题的解释》(1998 年)第 1 条。
② 参见最高人民法院《关于处理自首和立功具体问题的意见》(2010 年)第 2 条。
③ 参见最高人民法院《关于处理自首和立功具体应用法律若干问题的解释》(1998 年)第 1 条。

制方法。包括：拘传、取保候审、监视居住、拘留和逮捕。**犯罪嫌疑人**，是指在立案侦查与审查起诉阶段，因涉嫌犯罪而被依法追究刑事责任的当事人。**被告人**，是指在起诉与审判阶段，被指控犯有某种罪行的当事人。**罪犯**，是指被生效判决确定犯有某种罪行，从而受到相应刑罚处罚，正在被执行刑罚的犯罪人。

如实供述：必须如实供述自己的罪行。这与一般自首的要求相似，具有如下要素：（1）**如实供述**：强调所供述的内容，应当基本客观真实。故意隐瞒，并非如实供述；而记忆误差、合理辩解，不能视作没有如实供述；推翻供述，除非一审前又能如实供述，不能认定为自首。（2）**犯罪事实**。强调所供述的，应当是触犯刑律的行为。（3）**主要事实**。强调所供述的，应当是犯罪事实的基本与核心部分。（4）**自己罪行**。强调所供述的，应当是自己承担后果的犯罪事实。在共同犯罪案件中，犯罪人除了如实供述自己的罪行以外，还应当供述所知的同案犯及其罪行。

未觉余罪：如实供述的必须是司法机关尚未掌握的本人的其他罪行。本书称之为"未觉余罪"，而与此相对的是"已觉本罪"①。对于余罪的含义，刑法理论存在"仅限异种罪行"、"可以同种罪行"、"同种余罪须占主导"、"罪名相同或不同"等不同见解。对此，有关司法解释的态度是：供述异种余罪的以自首论；供述同种余罪的可以从轻；供述较重与大部同种余罪的应当从轻②；供述的余罪与本罪系选择性罪名或者在法律与事实上有密切关联的罪名的，是供述同种罪行③。这里，问题的关键是，在同种数罪的场合，有关余罪自首的认定与处罚。对此，基于我国《刑法》与有关司法解释的实质精神，本书认为可以遵循如下规则处理：原则上自首罪行，以犯罪人所供之未觉余罪部分为成立范围，但是具体又存在需予数罪并罚与不予数罪并罚之不同情形的差异；刑罚执行中犯罪人如实供述未觉漏罪与新罪的，无论漏罪与新罪在全部犯罪事实中所占比重大小，所供罪行均成立余罪自首；判决宣告前犯罪人如实供述未觉余罪的，如系不应并罚的同种数罪，并且所供余罪部分在全部犯罪事实中所占比重较大，成立全案自首；但是，如果如实供述的余罪部分占整个罪行的比重较小，则不应认定全案自首，但可酌情对全案从轻处罚；判决宣告前或者刑罚执行完毕后，犯罪人如实供述未觉余罪的，如系需按数罪并罚予以处理的数罪，则所供罪行成立余罪自首；犯罪人所供述的余罪与本罪虽系在法律与事实上有密切关联，但系他种罪名的，如实供述的余罪部分也应成立余罪自首。所谓"未觉"，应以司法机关客观上是否掌握犯罪人的罪行为标准确定，而不能根据犯罪人的主观认识。

余罪自首的成立条件，实际上也阐明了余罪自首的基本特征。在余罪自首的认定中，还存在诸多具体的理论与实际问题：犯罪人在受到行政拘留、劳动教养或者司法拘留的场合，如实供述司法机关尚未掌握的本人其他罪行的，能否构成余罪自首；基于强制措施与刑罚剥夺自由程度的不同，以及缓刑、假释、监外执行等牵涉刑罚执

---

① 即犯罪人已经被采取强制措施或者被适用刑罚的事由。
② 参见最高人民法院《关于处理自首和立功具体应用法律若干问题的解释》（1998年）第2、4条；最高人民法院、最高人民检察院《关于办理职务犯罪案件认定自首、立功等量刑情节若干问题的意见》（2009年）第3条。
③ 参见最高人民法院《关于处理自首和立功若干具体问题的意见》（2010年）第3条。

行的差异,对于不同场合的余罪供述是否一律认定余刑自首;等等。

(三)一般自首与余罪自首

1. 自动投案要素的存否

余罪自首是否也存在自动投案的要件。对此,刑法理论存在肯定说与否定说的不同见解。本书认为,余罪自首无须如同一般自首的"自动投案"。余罪自首是在"本罪"既已"归案"状态下,对于"未觉余罪"的"自告"。由此,本罪归案是其前提,未觉余罪自告是其核心。在此,鉴于归案之"本罪"与自告之"余罪"的不同,从而"未觉余罪自告"并非一般自首之自动投案的意义。由此,在基于犯罪行为而被控制的状态下,自告未觉余罪的,仅成立余罪自首;在并非基于犯罪行为而被控制或者作为控制的案由不实的场合,自告未觉犯罪的,则成立一般自首。

2. 一般自首与余罪自首的关系

两者均可呈现自告自己的未觉罪行,置身于司法机关的控制与处置,均属从宽处罚的法定情节。但是,两者也有着明显的**区别**:**(1)自首主体**:一般自首的主体只要是犯罪人均可;而余罪自首的主体进一步限定为被采取强制措施的犯罪嫌疑人、被告人和正在服刑的罪犯。**(2)投案样态**:一般自首既可以表现为已觉罪行状态下的"归案",也可以表现为未觉罪行状态下的"投案",还可表现为行政控制或不实控制状态下的"自告"①;而余罪自首仅指"本罪"既已归案状态下的针对"未觉余罪"的自告。**(3)自由状态**:一般自首通常呈现为"归案"与"投案",此时犯罪人拥有完全的人身自由;而余罪自首则系犯罪人的人身自由受到限制与剥夺状态下的自告。

(四)我国《刑法》自首的处罚

对于一般自首与余罪自首的处罚,我国《刑法》第67条作了规定。据此,通常对于自首犯,可以从轻或者减轻;对于犯罪较轻的自首犯,可以免除处罚。

我国《刑法》对自首处罚,仅规定了总体性的处罚原则,而对于具体方法未予明确。这也是我国《刑法》较为粗疏的表现之一。

二、坦白制度

(一)坦白的概念

坦白包括广义与狭义的理解。**广义坦白**,是指犯罪人如实供述自己的罪行的行为,包括一般自首、余罪自首、被动坦白。**狭义坦白**,仅指被动坦白,而不包括一般自首与余罪自首。所谓"坦白从宽,抗拒从严"的刑事政策,其中的"坦白"是指广义的坦白;而通常相对于自首所称的坦白,是指狭义坦白。

我国《刑法》第67条第3款是对狭义坦白及其处罚的规定。狭义坦白,刑法理论通常称为**坦白**,是指犯罪人被动归案后,如实供述自己的已被司法机关掌握的罪行的行为。

---

① 详见本书上文一般自首中的相关阐释。

（二）坦白的成立条件

罪行已觉被动归案：是指犯罪事实与犯罪人均已被发现，并且由此犯罪人既已被司法机关捕获或者被群众扭送或者被有关部门依法审查处置。对此，具有如下要素：(1) 犯罪事实与犯罪人均已被发现；(2) 基于已觉罪行而犯罪人既已被动归案。这里关键是"被动归案"，这一要素又含如下要素：其一，归案的事由是既已被发现的罪行；其二，归案的方式是基于他在行为的外在强制。这一要素的具体表现：其一，被司法机关捕获；其二，被群众及时扭送①；其三，被有关部门控制审查②。反之，犯罪人作案后于现场等候司法处置，则应视为主动归案。③

主动供述已觉罪行：是指犯罪人基于自己的意志客观真实地供述自己已被司法机关或者有关部门掌握的主要罪行。"主动供述"不同于"被迫招供"。坦白的"如实供述"与一般自首的"如实供述"，两者要求相似。而坦白的"已觉罪行"，具有独特意义，其又含如下要素：其一，已觉罪行至少是作为被动归案事由的罪行。此外又交代了其他已被掌握的罪行的，仍系坦白的如实供述已觉罪行；但此外又交代了其他未觉余罪的，则系余罪自首的如实供述未觉余罪。其二，已觉罪行是指已经被司法机关或者有关部门掌握的主要罪行。如果交代的是未被掌握的罪行，则：A. 若作为被动归案事由的罪行不成立，可以成立一般自首的自动投案；B. 若作为被动归案事由的罪行也成立，不排除可以成立余罪自首的供述余罪④。

（三）坦白与自首

坦白与自首均有如实供述自己罪行的情形，均有自觉接受刑事处置的态度，且均为法定从宽处罚的情节。但是两者仍有重要区别。其中，坦白与一般自首的关键区别在于，坦白系被动归案，而一般自首系自动投案；坦白与余罪自首的关键区别在于，坦白系交代已觉罪行，而余罪自首系交代未觉余罪。由此，坦白系"被动归案+供述已觉罪行"；一般自首系"自动投案+供述罪行"；余罪自首系"被动归案+供述未觉余罪"。

一般自首与坦白区别：(1) **自动投案・被动归案**：一般自首，在犯罪事实已觉的场合系犯罪人自动归案，在归案事由不实或基于行政违法被控的场合系犯罪人自告罪行；而坦白均系犯罪人被动归案，即被群众扭送、被司法机关捕获、被有关部门查控。(2) **供述罪行・已觉罪行**：一般自首，犯罪人所供述的既可以是已知罪行也可以是未知罪行；而坦白，犯罪人所供述的则是司法机关已经掌握的罪行。

余罪自首与坦白区别：(1) **未觉余罪・已觉罪行**：余罪自首，犯罪人所供述的只能是被指控的罪行以外的、司法机关尚未掌握的本人罪行；而坦白，犯罪人所供述的

---

① 参见我国《刑事诉讼法》第82条。
② 例如，被纪检与监察部门讯问。最高人民法院、最高人民检察院《关于办理职务犯罪案件认定自首、立功等量刑情节若干问题的意见》(2009年) 第1条，将"办案机关调查谈话……期间……交代办案机关掌握的线索所针对的事实"，归于"没有自动投案"。
③ 参见最高人民法院《关于处理自首和立功若干具体问题的意见》(2010年) 第1条。
④ 考究所供未觉犯罪与本罪，是否同种罪行，同种罪行中是否居于主导等。详见本节有关余罪自首的相应阐释。

只能是被指控的罪行,并且这一罪行是司法机关已经掌握的本人罪行。**(2) 主导部分·权重较小**:在供述同种罪行且无须数罪并罚的场合,所供罪行未被司法机关掌握的所占权重较大的,可作全案自首,而所供罪行未被司法机关掌握的所占权重较小甚或与已觉罪行均等,则为坦白。

(四) 坦白的处罚

我国《刑法》第 67 条对坦白的处罚作了规定。据此,通常对于坦白犯,可以从轻处罚;对于因坦白而避免特别严重后果发生的,可以减轻处罚。总体上,坦白处罚的从宽程度不及自首。

三、立功制度

(一) 立功的概念

我国《刑法》第 68 条对于量刑中的立功制度作了规定。据此,**立功**,是指犯罪人终审以前,揭发他人罪行,查证属实,或者提供重要线索,从而得以侦破其他案件,或者对国家和社会具有其他突出贡献的行为。

(二) 立功的成立条件

犯罪分子:立功是我国《刑法》为犯罪分子所设置的从宽量刑的情节。并且,作为量刑情节,《刑法》第 68 条所规定的立功,是针对未决犯而言的,这与《刑法》第 78 条所规定的立功,又有所不同。第 78 条所规定的立功是针对已决犯的减刑而言的。

终审以前:作为量刑情节的立功,应当发生在终审判决前的各个阶段。这又涉及归案前是否存在立功的问题。对此,本书予以否定。我国《刑法》上的立功是对犯罪人戴罪立功的宽宥,且这与对适用刑法平等原则的遵循是一致的。1998 年最高人民法院《关于处理自首和立功具体应用法律若干问题的解释》第 5 条将立功限定为"犯罪分子到案后"的表现,系对我国《刑法》所称"犯罪分子有……等立功表现"的立法原意的揭示。

揭发罪行或提供线索或其他贡献:立功行为具体表现为三种情形之一。揭发他人罪行查证属实;提供重要线索致使侦破其他案件;其他有利于国家和社会的突出贡献。其中,前两项为我国《刑法》明确规定,第三项系上述司法解释的进一步明确。

(三) 立功类型

1. 一般立功与重大立功

一般立功,是指犯罪人终审以前,立功行为所针对的案件与罪行等,属于一般案件、一般犯罪、一般犯罪嫌疑人的情形。**重大立功**,是指犯罪人终审以前,立功行为所针对的案件与罪行等,属于重大案件、重大犯罪、重大犯罪嫌疑人的情形。

所谓"重大"是指所揭发的罪行等,可能被判无期徒刑以上刑罚或者案件在省级或者全国范围有较大影响。[①] 而"可能被判无期徒刑以上刑罚",包括基于罪行应判无期徒刑以上刑罚但因有法定从宽情节而被判有期徒刑的情形。[②]

---

① 最高人民法院《关于处理自首和立功具体应用法律若干问题的解释》(1998 年)第 7 条。
② 参见最高人民法院、最高人民检察院《关于办理职务犯罪案件认定自首、立功等量刑情节若干问题的意见》(2009 年)第 2 条第 5 款。

2. 揭发罪行、提供线索、其他立功

揭发他人罪行查证属实：检举揭发他人罪行并经查证属实。对此，应当关注如下要素：**(1) 揭发**：意味着将隐藏的事实予以暴露，就是向司法机关提供其尚未掌握的犯罪事实。这里的揭发是指犯罪分子的行为，"犯罪分子的亲友直接向有关机关揭发他人犯罪行为……不应认定为犯罪分子的立功表现。"[①] **(2) 他人罪行**：是指犯罪人自身以外的其他人所犯罪行。犯罪人揭发同案犯的罪行，如犯罪人系该罪行的共犯，则分别不同情况而为自首或坦白[②]，如该罪行属于共同犯罪以外的其他犯罪，则可以构成立功[③]。同时，这里的"他人罪行"，应有具体犯罪事实的明确所指[④]。**(3) 查证属实**：强调犯罪人所揭发的他人的罪行，应当经由司法机关调查证明得出客观真实的结论。具体应当审查"办案机关的说明材料……有关事实和证据以及与案件定性处罚相关的法律文书"[⑤]。

提供线索破获其他案件：提供重要线索从而得以侦破其他案件。对此，应当关注如下要素：**(1) 提供重要线索**：是指犯罪人向司法机关申告司法机关尚未掌握的、对其他案件侦破至为关键的犯罪信息。由此：线索须向司法机关提供；线索须为司法机关尚未掌握；线索须指向其他案件侦破；线索须为案件侦破的关键信息。这里"线索来源"是一重要的理论与实践问题。对此，我国《刑法》未予明确，而有关司法解释对之作了限制性的规定，排除了若干情形的立功成立。[⑥] **(2) 致使侦破其他案件**：是指由于犯罪人向司法机关所提供的重要线索，司法机关得以侦破本案以外的其他犯罪案件。由此：必须产生侦破案件的结果；线索提供与案件侦破之间有着因果关系；得以侦破的是其他案件；其他案件必须是犯罪案件。虽有线索提供，但是并未产生侦破其他案件的实效，或者致使侦破的并非犯罪案件，均不能成立立功。

其他突出贡献：我国《刑法》第 68 条规定立功，在"揭发……提供……"之后，以"等"字表示列举未尽。对此，有关司法解释予以了进一步开放式的阐释。[⑦] 具体包括：阻止他人犯罪活动；协助司法机关抓捕其他犯罪嫌疑人（包括同案犯）；具有其他有利于国家和社会的突出表现。司法实践中，也包括在诉讼羁押中，成功阻止犯罪活动；抗御自然灾害，表现突出成效显著。其中，对于"协助"抓捕同案犯，有关司法解释作了限制性的规定。抓捕其他犯罪人可以是提供其藏匿地址，而抓捕同案犯则不仅

[①] 最高人民法院、最高人民检察院《关于办理职务犯罪案件认定自首、立功等量刑情节若干问题的意见》(2009 年)第 2 条第 1 款。

[②] 参见最高人民法院《关于处理自首和立功具体应用法律若干问题的解释》(1998 年)第 1 条。

[③] 参见最高人民法院《关于处理自首和立功具体应用法律若干问题的解释》(1998 年)第 5 条与第 6 条。

[④] 参见最高人民法院、最高人民检察院《关于办理职务犯罪案件认定自首、立功等量刑情节若干问题的意见》(2009 年)第 2 条第 2 款。

[⑤] 最高人民法院、最高人民检察院《关于办理职务犯罪案件认定自首、立功等量刑情节若干问题的意见》(2008 年)第 2 条第 3 款。

[⑥] 参见最高人民法院、最高人民检察院《关于办理职务犯罪案件认定自首、立功等量刑情节若干问题的意见》(2008 年)第 2 条第 4 款；最高人民法院《关于处理自首和立功若干具体问题的意见》(2010 年)第 4 条。

[⑦] 参见最高人民法院《关于处理自首和立功具体应用法律若干问题的解释》(1998 年)第 5 条。

限于提供其藏匿地址。①

（四）立功的处罚

我国《刑法》第 68 条对立功的处罚作了规定。据此,对于一般立功,可以从轻或者减轻处罚；对于重大立功,可以减轻或者免除处罚。总体上,立功处罚的从宽程度比自首的更甚。

第四节 数罪并罚制度

一、数罪并罚的概念与特征

各国刑法典对于数罪并罚的规定有所不同。根据我国《刑法》的规定,**数罪并罚**,是指人民法院对于同一犯罪分子在法定期限内所犯数罪分别定罪量刑,然后根据法律规定的并罚原则与方法予以合并决定应当执行的刑罚的量刑制度。

数罪并罚具有如下**特征**:**(1) 一人数罪**:数罪并罚的基本前提,是一人犯有数罪。这里关键是数罪的认定。有的国家刑法典,对于应予并罚的数罪与不予并罚的犯罪,作了明确的规定。我国《刑法》对此未予明确。在我国产生较大争议的问题是,对于判决宣告以前的同种数罪是否应予并罚②。**(2) 数罪阶段**:应予并罚的数罪必须发生或发现在特定的阶段。具体包括:判决宣告以前业已发现的数罪；判决宣告以后刑罚执行完毕以前,发现的漏罪与再犯的新罪；在缓刑考验期或者假释考验期,发现的漏罪与再犯的新罪。**(3) 并罚原则**:对于数罪应处数项刑罚予以合成的总体规则。对此,针对并罚刑罚的具体种类的不同,采取不同的并罚原则:对于死刑、无期徒刑采取吸收原则；对于有期自由刑采取限制加重原则；对于附加刑采取并科原则。**(4) 并罚方法**:对于不同阶段数罪予以并罚的具体方法。对此,针对并罚数罪发现与发生的不同阶段,采取不同的并罚方法:对于判决宣告以前的数罪,采取基本合并的方法；对于漏罪的并罚,采取先并后减的方法；对于新罪的并罚,采取先减后并的方法。

二、数罪并罚的基本原则

（一）数罪并罚基本原则的概念

数罪并罚的基本原则,是指对于一人所犯数罪予以合并处罚,所应依据的基本准则。从广义上来讲,数罪并罚包括数罪刑罚的量刑合成与数个判决的执行合成,刑法理论所阐释的数罪并罚原则,主要针对量刑合成的基本准则；数罪并罚原则也是对数罪并罚方法的抽象规制,而数罪并罚方法也表现为"基础并罚"与"具体处理",刑法理论所阐释的数罪并罚原则,主要针对"基础并罚"的基本准则。

---

① 参见最高人民法院《关于处理自首和立功若干具体问题的意见》(2010 年)第 5 条。
② 对此,本书认为,在我国现行《刑法》规定的框架下,应当分别罪刑设置的不同情况而作不同处理。在存在情节加重犯的场合,不予并罚；在多次罪行无法包容于具体罪状的场合,应予并罚。

（二）各国刑法数罪并罚的原则

1. 并科原则

并科原则：又称累加原则，是指对数罪分别宣告刑罚，然后对各罪的刑罚相加，以该相加之和作为数罪的最终处罚或者应当执行的刑罚。其**特点**是将数罪的刑罚绝对相加，作为数罪处罚的基础。这一原则强调刑罚的报应功能与威慑功能，基于一罪一罚、数罪数罚、每罪必罚的数罪并罚思想。

并科原则的不足：(1)**无法普遍适用**：死刑与死刑、死刑与无期徒刑、无期徒刑与无期徒刑等，均难以并科处理。(2)**缺乏并科必要**：例如，数罪被分别判处死刑与有期徒刑，虽可先执行有期徒刑再执行死刑，但却有违刑罚目的与刑罚经济。(3)**违背生命常理**：对于数个有期徒刑的绝对并科，可能导致超过人的生命极限的刑期，这不仅不合实际，而且也无法真正实现。(4)**趋于刑罚苛严**：一罪一罚、数罪数罚、每罪必罚，看似公允，然而实难实现公正，而且难免走向刑罚苛严。

并科原则的现状：正是由于并科原则存在上述不足，从而各国刑法完全采用并科原则的几乎没有。但是，一些国家刑法针对有关类型的并罚，在一定程度上采取了并科原则。

2. 吸收原则

吸收原则：是指对于数罪分别宣告刑罚，然后选择其中最重的宣告刑，作为数罪的最终处罚或者应当执行的刑罚，其余较轻的宣告刑被最重的宣告刑所吸收，而不予执行。其**特点**是对于数罪的刑罚采取重刑吸收轻刑，作为数罪的处罚。这一原则强调刑罚的合理与刑罚的人道。

吸收原则的不足：(1)**有失公允**：吸收原则实际上是对于一人所犯数罪，仅按其中最重的一罪处罚，这就造成了数罪中的其他犯罪不受处罚的现象。这显然有违罪刑相适应原则。(2)**鼓励数罪**：吸收原则，无异于鼓励犯罪人在犯某一较重犯罪之后，再犯其他同等轻重的犯罪或者较轻犯罪。因为在这种场合，一罪与数罪的处罚无异。

吸收原则的现状：正是由于吸收原则存在上述不足，从而各国刑法完全采用吸收原则也甚为罕见。但是，一些国家刑法针对死刑、无期徒刑的并罚，在一定程度上采取了吸收原则。

3. 限制加重原则

限制加重原则：又称限制并科主义，是指对于数罪分别宣告刑罚，然后以其中最重的宣告刑为基础，再予一定限度的加重，由此构成数罪的最终处罚或者应当执行的刑罚。其特点是对于数罪的刑罚采取最重以上一定限度以下，作为数罪的处罚。这一原则既强调每罪必罚，又予其以一定的限制。

限制加重原则的不足：在某些刑种合成的场合，无法实现限制加重。例如，在数罪处罚中，存在死刑或无期徒刑的场合，就无法予以限制加重；对于一些不同性质的刑种，诸如自由刑与财产刑，通常也无法予以限制加重。

限制加重原则的现状：由于限制加重原则的适用范围的客观局限，从而各国刑法完全采用限制加重原则也不多见。但是,限制加重原则却是各国所普遍采用的数罪并罚原则之一,其主要适用于有限的同种刑罚的合并,不过也有例外。

4. 折衷原则

折衷原则:又称混合原则,是指对于一人所犯数罪的合并处罚,根据数罪分别应当适用的刑罚种类与特点的不同,综合采用并科原则、吸收原则或者限制加重原则,作为确定数罪的合并量刑或者执行刑罚的基本准则。其**特点**是对于数罪的刑罚,并不单纯采取一种原则,而是针对应予并合刑罚的特点,分别采取相应的原则,从而整个数罪并罚制度包括了多项原则。

折衷原则的可取:(1) **相对合理**:针对并罚的不同情况,分别采取不同的并罚原则,从而使数罪的处罚总体上重于一罪的处罚,同时在一些特殊场合又不至于走向极端。(2) **便于操作**:由于并罚情况的复杂,完全采取某种单一的原则,难免无法一以贯之。而综合各项原则,分别情况予以采用,也避免了操作上的困境。

折衷原则的现状:正是折衷原则相对合理与客观,从而各国刑法对于数罪并罚大多采取折衷原则。当然,在折衷原则的具体内容上,各国的具体表现也有所差异。

(三) 我国刑法数罪并罚的原则

根据我国《刑法》**第 69 条**的规定,我国《刑法》对于数罪并罚采用了"以限制加重原则为主、以吸收原则并科原则为辅"的折衷原则。

1. 限制加重原则·同种有期自由刑

对于数项同种有期自由刑的并罚,采取限制加重的原则。数罪中各罪的宣告刑为有期徒刑、拘役、管制的,应当在一个最低与最高的刑期区间,酌情决定并罚以后的执行刑。这一限制加重的并罚涉及如下议题。

"拘役"、"管制"与"有期徒刑"的折合:在数罪的宣告刑分别为拘役、管制、有期徒刑的场合,应当如何并罚?对此,1958 年最高人民法院《关于管制期间可否折抵徒刑刑期问题的复函》与 1986 年最高人民法院研究室《关于管制刑期能否折抵有期徒刑刑期问题的电话答复》,曾有"不予折抵"、"分别执行"的规定,而刑法理论则存在较大争议,各国刑法典对此的规定也有所不同。本书认为,采取折抵与限制加重的原则较为合理。即以其中较重刑种的刑罚为基础,将其他刑种的刑罚按照一定的折算方式折合成较重刑种的刑罚;再以对同种自由刑限制加重的方法予以合并。

"限制"与"加重"的含义:(1) 加重,表现在两个方面:数个宣告刑的最终合并执行刑,应当在数个宣告刑中的最高刑期以上;数个宣告刑的最终合并执行刑,可以超过所处刑种的法定最高刑期的限度[①]。(2) 限制,也有两个方面的表现:数个宣告刑的最终合并执行刑,不能超过数个宣告刑的总和刑期;数个宣告刑的最终合并执行刑,不能超过数罪并罚最高刑期的限制[②]。

"以上"与"以下"的含义:我国《刑法》第 69 条所述之"以上"与"以下"是否包括

---

① 即管制可以超过 2 年,拘役可以超过 6 个月,有期徒刑可以超过 15 年。
② 即管制最高不能超过 3 年,拘役最高不能超过 1 年,有期徒刑总和刑期不满 35 年的最高不能超过 20 年,总和刑期在 35 年以上的最高不能超过 25 年。

本数？对此，刑法理论存在不同见解。本书认为，相对于吸收原则与并科原则，限制加重原则有其独特意义，对该条"以上"与"以下"的理解，应当符合数罪并罚原则的本意。这也意味着，在"以上"与"以下"是否包括本数的问题上，我国《刑法》第99条的规定系普通规范，而第69条的规定系特别规范。由此，第69条前两项之"以下"与"以上"①不包括本数；而该条最后所称"以上"②，由于此前已有"不满35年"的表述，从而应当包括本数。

决定执行刑的"酌情"：我国《刑法》第69条针对决定执行刑所规定的"酌情"，究竟何意？对此，刑法理论也有不同见解。本书认为，作为决定执行刑的"酌情"，不应包含在各罪宣告刑中既已考虑的情节。这里的"酌情"，应当是指各个宣告刑的具体情形以及数罪宣告刑的总体状况、数罪之间的关系及其所表现出的犯罪人个性特征等，包括宣告刑的数量、每个宣告刑的刑期、数刑中的最高宣告刑、数刑的总和刑期，数罪之间的性质关系、发案时间关系、犯罪手段关系、犯罪倾向表现等等。决定执行刑，应当通盘考虑上述情况。具体方法，可以数刑总和刑期的2/3作为决定执行刑的参照点，经由一定调整来具体决定执行刑。

2. 吸收原则·死刑与无期徒刑

吸收原则主要针对死刑、无期徒刑与其他主刑的合成。对此，我国《刑法》第69条虽未予以明确表述，不过从该条对限制加重原则适用情形的排除中，可得此当然结论。吸收原则的适用涉及如下议题。

吸收原则的适用情形：（1）死刑·主刑：数个宣告刑均为死刑；数个宣告刑有一为死刑，或者若干为死刑，其余为无期徒刑或者有期自由刑。（2）无期徒刑·主刑：数个宣告刑有一为无期徒刑，其余为有期自由刑；数个宣告刑均为无期徒刑，或者若干为无期徒刑，其余为有期自由刑。

数个无期徒刑的处理：对于两个或者两个以上无期徒刑的并罚，能否升格适用死刑？对此，刑法理论存在否定与肯定等不同见解。应当说，数个无期徒刑的并罚不能升格为死刑，这不仅是我国数罪并罚制度的要求，而且更是限制死刑适用的必然。在数项宣告刑只是无期徒刑的场合，执行刑也只能落于无期徒刑的框架。死刑的适用应有法律的明确规定。

3. 并科原则·附加刑与主刑

并科原则主要针对附加刑与主刑的合成。各罪的宣告刑中既有主刑又有附加刑的，除执行主刑外，附加刑也应全部执行。对此，我国《刑法》第69条第2款作了规定。

对于附加刑与附加刑的并罚，我国《刑法》缺乏明确规定，刑法理论对此颇有争议。本书对于这一问题，提出如下解决方案：**（1）没收财产与罚金并罚**：对此，我国司法实践的一般做法是：在没收部分财产与罚金并罚的场合，采取并科原则；在没收全部财产与罚金并罚的场合，采取吸收原则。③ 本书认为，没收财产与罚金，虽非同种刑

---

① 即该条所述"应当在总和刑期以下、数刑中最高刑期以上"中的"以下"与"以上"。
② 即该条所述"总和刑期在35年以上"中的"以上"。
③ 参见最高人民法院《关于适用财产刑若干问题的规定》（2000年）。

种但具同一性质,对于同一性质刑罚的并罚完全采取并科原则或者完全采取吸收原则,同样凸显了这两项原则在一般场合适用的弊端。根据我国《刑法》数罪并罚原则的总体指导思想,对于没收财产与罚金的并罚,可以采取限制加重原则。具体地说,首先对于没收财产与罚金分别按各自比例酌减刑量,然后将既已酌减的没收财产与既已酌减的罚金予以合并,作为数罪应当执行的刑罚。**(2)同种附加刑并罚**:具体表现为数个剥夺政治权利之间、数个没收财产之间、数个罚金之间的并罚。对此,司法实践的通常做法是:数个罚金之间的并罚,采取并科原则①;剥夺政治权利终身吸收其他有期剥夺政治权利,数个有期剥夺政治权利采用限制加重原则②。本书认为,对于同种附加刑的并罚,除了特殊情形以外,宜于采取限制加重原则。具体做法是:剥夺政治权利终身或者没收全部财产,吸收其他有期剥夺政治权种或者没收部分财产;对于数个有期剥夺政治权利、没收部分财产或者罚金的并罚,应当适用限制加重原则。

三、数罪并罚的一般方法

(一)数罪俱发或执行前的数罪·基本合并

数罪并罚的基本合并方法及其适用情形,由我国《刑法》第69条予以明确规定,这一合并方法具有如下特征:

数罪俱发·执行前的数罪:基本合并方法适用于两种情形:(1)适用于数罪俱发的并罚,即"判决宣告以前一人犯有数罪",并且各罪在此前均被发现而被一同追诉③。这里的"判决宣告",应当理解为判决确定。此为我国《刑法》第69条的规定。(2)适用于执行前的数罪的并罚,即刑罚执行以前一人犯有数罪的并罚,或称犯罪人在缓刑考验期限内被发现漏罪或者再犯新罪的并罚,根据我国《刑法》第77条第1款的特别规定,也适用第69条的并罚方法。

分别量刑:基本合并方法的第一步,是对于各罪分别定罪量刑以确定各罪宣告刑。具体地说,将数罪中的每一个罪,逐一地、分别地予以个别地看待,在不考虑其他犯罪的情况下,对其进行定罪量刑,由此确定每一个罪各自的宣告刑。此时所考虑的量刑情节,是数罪中各罪所具有的量刑情节。确定各罪的宣告刑,是下一步予以并罚的基础。

合并量刑:基本合并的第二步,是对于各罪的宣告刑按照法定原则予以合并量刑以确定数罪执行刑。具体地说,根据各罪宣告刑的不同情况,分别采取并科原则、吸收原则、限制加重原则,对于各罪的各个宣告刑予以合并,酌情确定数罪最终的一个执行刑。数罪数个宣告刑,而最终整合为一个执行刑。并且"酌情"的含义已如上述。

(二)漏罪并罚·先并后减

数罪并罚的先并后减方法及其适用情形,由我国《刑法》第70条予以明确规定,这一合并方法具有如下特征:

---

① 参见最高人民法院《关于适用财产刑若干问题的规定》(2000年)。
② 参见最高人民法院研究室《关于数罪中有判处两个以上剥夺政治权利附加刑的应如何并罚问题的电话答复》(1986年)。
③ 包括在一审上诉期间或者在二审期间所发现的漏罪或者再犯的新罪的并罚。

发现余罪：适用于发现余罪的并罚情形，即"判决宣告以后，刑罚执行完毕以前，发现……还有其他罪没有判决的"。这里的"判决宣告"，同样应当理解为判决确定。"发现余罪"实为"前罪+漏罪"。前罪是指既已受到确定判决之罪，漏罪是指前罪之外的刑罚执行期间所现的被漏判之罪。由此，先并后减方法适用于两种情形：在前罪所判刑罚执行中发现漏罪的并罚，此为《刑法》第70条的规定；在前罪所判刑罚的假释考验期限内发现漏罪的并罚，此为《刑法》第86条第2款的规定。

先并：先并后减之"先并"，意味着对于新发现的漏罪单独予以定罪量刑以确定漏罪的宣告刑，而后将前罪既已判决的刑罚（前罪宣告刑）与漏罪宣告刑，按照《刑法》第69条规定的并罚原则，予以合并酌情决定数罪（前罪与漏罪）的执行刑。先并可以简要表述为：（前罪宣告刑+漏罪宣告刑）·并罚系数=数罪执行刑。

后减：先并后减之"后减"，意味着对于前罪判决既已执行的刑期，应当于执行刑确定之后在执行刑中予以扣除，由此得出的刑期才是前罪与漏罪尚需执行的刑期，即在前罪既已执行的刑期之后，应予执行的刑期（数罪剩余刑期）。后减可以简要表述为：数罪执行刑－前罪既已执行刑期=尚需执行刑期。

（三）新罪并罚·先减后并

数罪并罚的先减后并方法及其适用情形，由我国《刑法》第71条予以明确规定，这一合并方法具有如下特征：

再犯新罪：适用于再犯新罪的并罚情形，即"判决宣告以后，刑罚执行完毕以前，被判刑的犯罪分子又犯罪的"。这里的"判决宣告"，仍然应当理解为判决确定。"再犯新罪"实为"前罪+新罪"。前罪是指既已受到确定判决之罪，新罪是指前罪之外的刑罚执行期间所现的犯罪人再犯之罪。由此，先减后并方法适用于两种情形：在前罪所判刑罚执行中[1]再犯新罪的并罚，此为《刑法》第71条的规定；在前罪所判刑罚的假释考验期限内犯罪人再犯新罪的并罚，此为《刑法》第86条第1款的规定。

先减：先减后并之"先减"，意味着在前罪既已判决的刑期（前罪宣告刑）中先行扣除前罪判决既已执行的刑期[2]，由此得出前罪的剩余刑期。这一前罪剩余刑期与新罪宣告刑构成并罚的基础。先减可以简要表述为：前罪宣告刑－前罪既已执行刑期=前罪剩余刑期。

后并：先并后减之"后并"，意味着对于再犯的新罪单独予以定罪量刑以确定新罪的宣告刑，而后将前罪剩余刑期与新罪宣告刑，按照《刑法》第69条规定的并罚原则，予以合并酌情决定数罪尚需执行刑期。后并可以简要表述为：（前罪剩余刑期+新罪宣告刑）·并罚系数=数罪尚需执行刑期。

（四）先减后并与先并后减·先减后并方法的功能

先减后并方法比先并后减方法，并罚的结果更重。具体表现在：**（1）实际可能执

---

[1] 前罪刑罚执行，包括附加刑的执行。

[2] "前罪判决既已执行的刑期"，应当是指截至新罪发生时前罪判决既已执行的刑期。因为刑罚执行期间犯罪人再犯新罪，可能被及时发现而被处罚，也可能经过一段时间被发现而被处罚。在后者情况下，倘若并罚时将前罪既已执行的刑期算至并罚时既已执行的刑期，就有可能加重犯罪人的刑罚。

行的最低刑期限度更高：实际可能执行的最低刑期，采用先减后并的方法，可能为：A."前罪剩余刑期以上+前罪既已执行刑期"①或者 B."新罪宣告刑以上+前罪既已执行刑期"②；采用先并后减的方法，可能为：C."前罪宣告刑以上-前罪既已执行刑期"③或者 D."新罪宣告刑以上-前罪既已执行刑期"④。上述 A 与 C、B 与 D 对应比较，显然前者大于后者；而且前罪既已执行刑期越长，这种差距越大。**（2）实际可能执行的最高刑期限度，可能超过数罪并罚法定最高期限**：实际可能执行的最高刑期，采用先减后并的方法为："（前罪剩余刑期+新罪宣告刑）·并罚系数+前罪既已执行刑期"，而其中的"（前罪剩余刑期+新罪宣告刑）·并罚系数"不得超过20年或者25年，所以先减后并方法的最高极限为：A."（20年或25年）+前罪既已执行刑期"；采用先并后减的方法为："（前罪宣告刑+新罪宣告刑）·并罚系数-前罪既已执行刑期"，其中的"（前罪宣告刑+新罪宣告刑）·并罚系数"不得超过20年或者25年，所以先并后减方法的最高极限为：B."（20年或25年）-前罪既已执行刑期"。显然，上述 A 将超过20年或者25年，而 B 不会超过20年或者25年。

我国《刑法》对于漏罪的先并后减的并罚结果，重于对于新罪的先减后并的并罚结果。这是因为犯罪人在前罪刑罚执行期间再犯新罪，在一定程度上表明犯罪人人身危险性仍然较大；犯罪人在此期间犯罪，也应受到更为严厉的谴责，从而承担更重的责任非难。

四、数罪并罚的特殊情形

鉴于漏罪发现与新罪再犯及其发现的不同阶段，数罪并罚的情形较为复杂。由此，如下情形的处理值得关注：数项前罪既已并罚，在刑罚执行过程中又发现漏判之罪；数项前罪既已并罚，在刑罚执行过程中犯罪人再犯新罪；在刑罚执行过程中又发现数项漏判之罪；在刑罚执行过程中犯罪人再犯数项新罪；在刑罚执行过程中发现犯罪人尚有漏罪，同时犯罪人再犯新罪；在缓刑考验期满以后发现漏罪；在缓刑考验期间所犯新罪，在缓刑考验期满以后才被发现；假释考验期满以后发现漏罪；在假释考验期间所犯新罪，在假释考验期满以后才被发现；减刑之后的刑罚执行期间发现漏罪；减刑之后的刑罚执行期间再犯新罪；减刑之后发现减刑之前存在刑罚执行期间的新罪；减刑之罪的刑罚执行完毕发现减刑之前存在刑罚执行期间的新罪；减刑之罪的刑罚执行完毕发现在前罪判决宣告之前的漏罪；刑罚执行期间数项前罪中的部分或者全部被再审改判，对于该数项前罪的并罚；刑罚执行期间再犯新罪被数罪并罚，其后前罪又被再审改判；刑满释放以后再次犯罪，同时又发现在刑满释放以前（包括刑罚执行过程中）的漏罪。

---

① 在"前罪剩余刑期"大于"新罪宣告刑"的场合。
② 在"新罪宣告刑"大于"前罪剩余刑期"的场合。
③ 在"前罪宣告刑"大于"新罪宣告刑"的场合。
④ 在"前罪宣告刑"大于"前罪宣告刑"的场合。

第十四章 刑罚执行

第一节 行刑基本原理

一、行刑的基础概念

（一）行刑的概念

行刑，又称刑罚执行，是指国家授权的专门机关，将人民法院生效刑事裁判所确定的刑罚，付诸实施的刑事司法活动。广义的行刑，是指各种刑罚的执行；狭义的行刑，仅指自由刑的执行。

（二）行刑的特征

专门机关·行刑主体：行刑主体只能由国家授权的专门机关担任，此外任何组织或者个人均不能充任行刑主体。在我国，根据刑罚种类的不同，行刑主体分别表现为：监狱负责死刑缓期2年执行、无期徒刑、有期徒刑的执行；人民法院负责死刑立即执行、罚金、没收财产的执行；公安机关负责剥夺政治权利、拘役、余刑1年以下的有期徒刑的执行；社区矫正机构负责管制、缓刑、假释与监外执行的执行。① 行刑是国家实现刑罚权的重要组成部分，行刑主体通常只能由能够代表国家的国家司法机关充任。不过，国外有关的私营监狱的出现，对于这一理念提出了挑战，也引起了广泛的理论争议。

生效裁判·行刑依据：行刑依据只能是人民法院的生效刑事裁判。根据我国《刑事诉讼法》第248条第2款、第219、233条等规定，人民法院生效的刑事裁判包括：（1）已过法定期限没有上诉、抗诉的判决和裁定。不服判决的上诉和抗诉的期限为10日，不服裁定的上诉和抗诉的期限为5日。（2）终审的判决和裁定。第二审的判决、裁定和最高人民法院的判决、裁定，都是终审的判决、裁定。（3）最高人民法院核准的死刑的判决和高级人民法院核准的死刑缓期2年执行的判决。

刑罚实现·行刑内容：行刑内容是将人民法院裁判所确定的刑罚付诸实现。由此，虽为人民法院生效裁判，如果裁判内容并不涉及刑罚处罚的，一般也就无所谓这里的行刑。具体包括如下内容的裁判：无罪判决；仅作有罪判决；有罪判决并予刑事特别处置等。这里的行刑主要是指对于受到刑罚处罚的罪犯的行刑，包括主刑与附加刑的行刑。基于刑种的不同，行刑的基本方式、具体内容、行刑主体等均有所差异。

司法活动·行刑属性：行刑属于国家授权的专门机关的特定刑事司法活动。基于司法公正，国家将实现刑罚权的司法活动，分为刑事追诉、刑事审判、刑事执行等三

---

① 参见我国《刑事诉讼法》第258条。

个有机组成部分,分别委任于各种不同的国家机关,这些机关各自相对独立。这也意味着刑事执行活动属于实现刑罚权的刑事司法活动之一;是继人民检察院刑事追诉、人民法院刑事审判之后的,以刑罚的付诸实施为内容的司法活动。

(三)行刑的意义

审判必然延伸:要使追诉与审判的结果得以落实,必须有刑罚执行。刑罚执行是将人民法院所确定的刑罚,予以实现的一项专门工作。没有刑罚执行,刑事审判就变得没有意义,刑罚价值无从实现。

实现刑罚价值:刑罚以报应为基底兼顾预防[①],而行刑是刑罚的报应与预防得以实现的最终体现。正确的行刑,可以使犯罪分子得到应有的惩罚,促使犯罪分子改善其不良的个性特征,警诫社会上的不稳定分子,促使社会公众形成法律的信赖与崇敬。

具有独特意义:相对于刑事诉讼与监狱的执行,刑法视角的行刑有其独特意义。刑事诉讼的执行,强调行刑的程序、不同司法机关在行刑中的职责等内容;监狱的执行,仅限监禁刑的行刑,而且注重监狱管理、罪犯教育改造等内容;刑法的执行,包括各种刑种的行刑,至为关注刑罚的实质内容及其具体展开,基于刑罚的实体价值而将刑罚内容予以细化,设置行刑调整的基本模式与实质条件。

二、行刑的基本原则

(一)行刑原则的概念

行刑原则,是指基于行刑价值目标的实现,行刑活动所特有的,贯穿于行刑过程始终,作为行刑活动应当遵循的法则与标准。

(二)行刑原则的特征

行刑原则具有如下特征:(1)实现行刑目标:整个行刑活动,就是要通过刑罚的外在形态,实现矫正的内在目标。(2)行刑活动特有:行刑原则应当是行刑活动所特有的基本准则。(3)贯穿行刑始终:行刑原则贯穿行刑活动始终并指导整个行刑活动。(4)法则与标准:行刑原则是行刑活动应当遵循的法则与标准。

(三)行刑原则的内容

以裁判刑罚为本位兼顾动态调整的原则:是指行刑活动应当在人民法院裁判所确定的刑罚的框架内进行,除了法律规定在一定条件下可予适当调整的以外,不得任意变更既定的行刑的方式、刑期等内容。这意味着,行刑活动不仅受法律制约而且受裁判制约,这是行刑活动的基本形式框架;同时,在具体行刑活动中,基于罪犯人身危险性的减弱,通过减刑、假释也可对有关行刑内容予以一定调整;裁判刑罚的本位地位,在形式上确定了行刑活动的惩罚属性,强调基于犯罪人罪行的刑罚应当得到切实的实行;动态调整的兼顾,则在形式上展示了行刑活动的教育宗旨,在行刑活动中基于罪犯接受教育的表现可予减刑或者假释。

---

① 详见本书第十一章刑罚基础知识的相应阐释。

惩罚与教育相结合的原则：是指行刑活动既要注意使罪犯受到应有的惩罚，又要注重对于罪犯的教育与矫正，惩罚是基本前提而教育是最终目的，通过惩罚实现教育。刑罚具有报应的属性，表现为剥夺犯罪人利益、强制罪犯必须接受、制裁方式严厉、给犯罪人带来痛苦等特征，这些在行刑中必然有所体现。然而，教育更是行刑的重要内容，行刑就是要通过各种再社会化的方法，使罪犯的个性得到根本改变，适应大众社会生活。惩罚与教育两者密切相关。惩罚是必要的强制与约束，没有惩罚就难以实现对罪犯的特殊教育；而教育又融合于惩罚之中，没有教育的惩罚则刑罚的目的无法实现。在既定的刑罚框架内，教育具有核心意义。

行刑个别化原则：行刑个别化是刑罚个别化的重要表现。刑罚个别化，是指刑罚的制定与适用应当考虑犯罪人的个体情况，以使刑罚轻重与犯罪人人身危险性大小相适应。刑罚个别化思想肇始于刑事近代学派鼻祖龙勃罗梭，为菲利、李斯特等刑事近代学派的学者所提倡。刑罚个别化具体表现为规范个别化、量刑个别化、行刑个别化。**规范个别化**，是指刑法所规定的刑罚裁量与刑罚执行，应当包含有针对犯罪人人身危险性的不同而有所差异的内容，从而为量刑个别化、行刑个别化留有法律依据。**量刑个别化**，是指裁量刑罚时必须考虑犯罪人的个体情况，以使刑罚轻重与犯罪人人身危险性大小相适应。**行刑个别化**，是指执行刑罚时必须考虑犯罪人的具体情况有针对性地予以管理教育，根据犯罪人在刑罚执行中人身危险性的变化，给予相应的处遇。基于阶段区分的折衷主义刑罚理论①，在行刑活动中，刑罚个别化更具典型意义。

行刑社会化原则：是指行刑活动应当注意采用与社会密切相关的模式，使罪犯的再社会化更多地融入社会的促进力量，从而更加顺利地实现罪犯重返社会。行刑社会化原则，同样属于刑事近代学派的重要思想。其核心意义包括：行刑模式的社会开放与拓展；行刑活动的社会力量参与与依靠；罪犯重返社会的渠道疏通。行刑社会化原则的具体贯彻，经由有关开放式半开放式处遇或者社会内处遇的刑种以及开放式半开放式处遇或者社会内处遇的行刑方式体现。前者例如，我国的管制、拘役，英美等国的社区服务令，俄罗斯的强制性社会公益劳动、劳动改造、限制自由等；后者例如，缓刑、假释，社区矫正，监内探视制度、离监外出制度等。

第二节 缓刑制度

严格来讲，缓刑意味着并未实际执行刑罚，从而无所谓行刑。但是，缓刑依然存在缓刑考验的执行，缓刑考验与有关行刑缓和处遇也有着诸多的形态上的相似，由此将缓刑置于行刑制度中予以阐述也未尝不可。

---

① **阶段区分的折衷主义**，将刑罚的适用区分为立法、裁量、执行三个不同的阶段，在这三个不同的阶段，刑罚的目的各有侧重。而从刑罚适用的整体来看，其将报应与目的兼容并蓄。

一、缓刑的概念与特征

(一) 缓刑的基本含义

缓刑,是指对于符合一定条件的犯罪人,规定一定的考验期限与考验内容,如果犯罪人在此期限遵守规定,则不予罪刑判决或者刑罚执行的刑罚制度。缓刑包括起诉犹豫、宣告犹豫、行刑犹豫。其中,**起诉犹豫**,是指起诉机关对于被认为有罪的被告人,在其符合一定条件的情况下,对其予以一定期间的考察,如果被告人在这一期间能够遵守有关规定,则在考验期间届满可以免予起诉,否则予以起诉的诉讼制度。**刑罚宣告犹豫**,是指对于符合一定条件的犯罪人,在一定期限内不予刑罚宣告,而是观察这一期间其具体表现,如果在这一期间未出现应当撤销缓刑的法定事由,则在缓刑期间届满,对于犯罪人不作刑罚判决,否则宣告刑罚并予执行的刑罚制度。**刑罚执行犹豫**,是指对于符合一定条件的犯罪人,虽予刑罚宣告,但是在一定期限内不予执行,而是观察这一期间其具体表现,如果在这一期间未出现应当撤销缓刑的法定事由,则在缓刑期间届满,对于犯罪人所宣告的刑罚不予执行,否则将宣告刑付诸执行的刑罚制度。

我国《刑事诉讼法》第271条至第273条规定了针对未成年犯罪嫌疑人的**附条件不起诉**,即起诉犹豫,这是指人民检察院对于涉嫌《刑法》分则第四章、第五章、第六章规定的犯罪,符合起诉条件并可能判处1年有期徒刑以下刑罚的未成年犯罪嫌疑人,鉴于其有悔罪表现,可以作出附条件不起诉的决定,并且规定一定的考验期与考验内容,被附条件不起诉的未成年犯罪嫌疑人,在考验期内没有出现应当撤销附条件不起诉决定的法定事由,则考验期满人民检察院应当作出不起诉决定的诉讼制度。根据我国《刑事诉讼法》的规定,附条件不起诉的法定考验期限为6个月以上1年以下。被附条件不起诉未成年犯罪嫌疑人应当:遵守法律法规,服从监督;按照规定报告自己的活动情况;离开居住区域,应当报经批准;按照要求接受矫治和教育。撤销附条件不起诉决定的法定事由包括:在考验期内再犯新罪或者发现漏罪;严重违反治安管理规定或者监督管理规定。

(二) 我国缓刑的概念与特征

基于各国刑法对于缓刑规定的不同,缓刑的具体界定也有所差异。由于我国《刑法》仅规定了刑罚执行犹豫的缓刑,所以我国刑法理论通称的缓刑仅指这一意义。具体地说,根据《刑法》对缓刑规定的不同,我国缓刑又分为一般缓刑与战时缓刑。《刑法》总则第72—77条规定的缓刑系一般缓刑,分则第449条所规定的缓刑系战时缓刑。由于战时缓刑又具特殊意义,从而我国刑法理论所称缓刑通常是指一般缓刑,本书在未特别指明的场合,缓刑亦指一般缓刑。

根据我国《刑法》的规定,**缓刑**,是指人民法院对于被判处拘役、3年以下有期徒刑的犯罪分子,同时符合犯罪情节较轻、有悔罪表现、没有再犯危险、对于居住社区没有重大不良影响的,可以规定一定的考验期,暂缓所判刑罚执行,如果犯罪分子在考验期内没有发生法定应当撤销缓刑的事由,所判刑罚就不再执行的刑罚制度。

我国缓刑具有如下特征:(**1**)**适用前提**:缓刑适用的肯定条件:被判处拘役、3 年以下有期徒刑的犯罪分子;犯罪情节较轻、有悔罪表现、没有再犯危险、置于社区而没有重大不良影响。缓刑适用的否定条件:累犯和犯罪集团的首要分子。(**2**)**主刑缓刑**:缓刑仅指特定种类的主刑的缓刑。根据《刑法》第 72 条第 3 款的规定,"被宣告缓刑的犯罪分子,如果被判处附加刑,附加刑仍须执行。"主刑缓刑同时附加剥夺政治权利的,剥夺政治权利的期限从缓刑判决确定之日起计算。① (**3**)**考验期限**:缓刑的适用,必须规定一定考验期限。拘役的缓刑考验期限为原判刑期以上 1 年以下,但是不能少于 2 个月;有期徒刑的缓刑考验期限为原判刑期以上 5 年以下,但是不能少于 1 年。(**4**)**行为考察与特别禁止**:缓刑的适用,均有一定行为考察。据此,被宣告缓刑的犯罪分子必须遵守缓刑监督管理规定,不能再犯新罪或者出现漏罪。同时,宣告缓刑,还可以根据犯罪情况同时宣告禁止令。据此,被宣告缓刑的犯罪分子还必须遵守禁止令的有关规定。(**5**)**缓刑效果**:我国缓刑属于附条件免除执行。被宣告缓刑的犯罪分子,在缓刑考验期限内,没有出现应当撤销缓刑的情形,则原判刑罚就不再执行。反之,被宣告缓刑的犯罪分子在考验期限内再犯新罪或者出现漏罪,则应撤销缓刑而数罪并罚;或者严重违反有关缓刑监督管理规定,严重违反被同时宣告的禁止令的,则应撤销缓刑而执行原判刑罚。(**6**)**刑罚制度**:缓刑兼有量刑制度与行刑制度的特征。就量刑制度而言,缓刑是基于适用缓刑的法定条件,在刑罚裁量时由人民法院裁量予以确定;就行刑制度而言,缓刑属于附条件的暂缓执行,虽非实际执行但仍属牵涉刑罚执行的课题②。

根据我国《刑法》第 449 条的规定,**战时缓刑**,是指在战时,对于被判处 3 年以下有期徒刑并且没有现实危险的犯罪军人,暂缓所判刑罚执行,允许其戴罪立功,如果确有立功表现,可以撤销原判刑罚,并且不以犯罪论处的刑法制度。战时缓刑具有如下特征:(**1**)**适用时间·战时**:战时缓刑只能适用于战时,非战时不能适用。具体包括,在战时犯罪,战时适用战时缓刑;或者在非战时犯罪而被宣告缓刑,在战时可以按照战时缓刑处理。(**2**)**形式条件·3 年以下**:战时缓刑只能适用于被判处 3 年以下有期徒刑的犯罪军人。战时缓刑可以适用于分则各章的具体犯罪。同时,被判处拘役的犯罪,也可以适用战时缓刑。(**3**)**实质条件·没有危险**:适用战时缓刑必须犯罪人没有现实危险。这是战时缓刑适用的实质条件。对于累犯与犯罪集团首要分子,不适用缓刑的规定,同样适用于战时缓刑。(**4**)**法律效果·罪刑消灭**:战时缓刑在出现法定事由时罪刑消灭。战时确有立功表现,是罪刑消灭的法定事由;在出现该法定事由时,不仅可以撤销原判刑罚,而且不以犯罪论处。(**5**)**其他效果**:如果战时并无立功表现,也没有再犯新罪与发现漏罪的,则原判刑罚不再执行,但是前科记录依然存在;如果再犯新罪或者发现漏罪的,应当撤销缓刑,实行数罪并罚。(**6**)**考验期限**·

---

① 对此,我国《刑法》未予明确规定。如此处理的根据在于:缓刑是附条件"不执行"主刑,而附加刑仍须执行;如果缓刑被撤销而执行主刑,剥夺政治权利既已执行的刑期应当计算在内,余刑待主刑执行完毕后继续执行,剥夺政治权利的效力及于主刑执行期间。

② 我国《刑事诉讼法》第 258 条也将缓刑归于执行。

考验内容:战时缓刑也拥有考验期限与考验内容。考验期限可以参照一般缓刑考验期限的确定方法予以确定;考验内容包括战时的遵纪守法等一般表现,以及确有立功的特殊表现。

战时缓刑与一般缓刑的**相似之处**:(1)形式要件:均为被处3年以下有期徒刑的犯罪分子,包括被处拘役;(2)实质要件:"不致再危害社会"与"没有现实危险",其核心意义一致;(3)否定要件:累犯与犯罪集团首要分子不适用缓刑的规定,同样适用于战时缓刑;(4)考验期限:战时缓刑也应有其考验期限,具体期限可以参照一般缓刑确定。战时缓刑与一般缓刑的**不同之处**:(1)适用时间:战时缓刑仅限战时适用,而一般缓刑适用的时期没有限制。(2)适用对象:战时缓刑只能适用于犯罪军人,而一般缓刑适用对象的身份没有限制。(3)考察内容:一般缓刑考察的核心内容系《刑法》第75条的规定以及同时宣告的禁止令,而战时缓刑考察的核心内容系是否存在立功表现。(4)缓刑效果:一般缓刑,如果没有出现应当撤销缓刑的法定事由,则缓刑考验期满原判刑罚不再执行;而战时缓刑,如果确有立功表现,不仅可以撤销原判刑罚,而且不以犯罪论处。

(三)缓刑与其他措施

缓刑与死缓:两者都属于附条件不执行原判刑罚;均非刑种而系刑罚适用的具体制度。但是,两者有着重大区别:(1)**适用对象**:缓刑适用于被判处拘役、3年以下有期徒刑的犯罪分子,强调不予监禁不致再危害社会;死缓适用于被判处死刑的犯罪分子,强调罪行极其严重但是无须立即执行。(2)**执行方式**:缓刑采取非监禁的方式在大众社会中予以考察监督;死缓采取监禁的方式在重刑监狱中实行强制劳动予以教育改造。(3)**考验期限**:缓刑的考验期限,拘役的为原判刑期以上、1年以下、不少于2个月,有期徒刑的为原判刑期以上、5年以下、不能少于1年;死缓的考验期限为2年。(4)**法律后果**:缓刑考验结果分别不同情况可能是,原判刑罚不再执行、撤销缓刑执行原判刑罚、撤销缓刑数罪并罚;死缓考验结果分别不同情况可能是,减为无期徒刑、减为有期徒刑、执行死刑。(5)**依附平台**:缓刑针对拘役、3年以下有期徒刑,属于附条件不执行自由刑的裁量制度或行刑制度;死缓针对死刑,属于死刑的执行制度。

缓刑与监外执行:两者均属对罪犯不予监禁的一种行刑制度。但是,两者存在重大区别:(1)**适用对象**:缓刑适用于被判处拘役、3年以下有期徒刑的犯罪分子。监外执行适用于被判处无期徒刑、有期徒刑或者拘役,并且有严重疾病需要保外就医、怀孕或者正在哺乳自己婴儿的妇女、生活不能自理的犯罪分子。(2)**实质条件**:适用缓刑的实质条件在于,适用缓刑确实不致再危害社会。适用监外执行的实质条件在于,有严重疾病、怀孕与哺乳妇女,适用监外执行没有社会危险性;生活不能自理,适用暂予监外执行不致危害社会。(3)**确定与期限**:缓刑于判决宣告时由人民法院予以确定,并有明确的考验期限。监外执行,在交付执行前由人民法院决定,在交付执行后由省级监狱管理机关批准;监外执行并无固定期限,以监外执行原因消失为限。(4)**执行特征**:缓刑属于附条件不执行原判刑罚。监外执行属于原判刑罚的一种特殊执行方式。**(5) 法律后果**：缓刑考验期满，尚未出现应当撤销缓刑的法定事由，原判刑罚不再执行。监外执行的情形消失以后，原判刑期尚未执行完毕的，仍须送交监狱收监执行。

缓刑与管制：两者均表现为对于罪犯不予监禁；均由人民法院在量刑时予以确定宣告；均具有明确的期限；均由社区矫正机构负责考察监督；均须遵守有关监督管理规定；均可同时特别附加宣告禁止令。但是，两者存在重大**区别**：**(1) 刑种与行刑**：缓刑属于一种行刑制度或者量刑制度，而非刑种；管制属于主刑之一，是一种刑种。**(2) 适用对象**：缓刑根据刑罚种类规定适用的形式对象，由总则规定，即被判处拘役、3 年以下有期徒刑的犯罪分子；管制根据犯罪性质规定适用的形式对象，由分则具体规定，包括妨害社会管理秩序罪、危害国家安全罪等类罪下的具体犯罪。**(3) 遵守规定**：被宣告缓刑的犯罪分子应当遵守我国《刑法》第 75 条的规定；被判处管制的犯罪分子应当遵守我国《刑法》第 39 条的规定。**(4) 考察性质**：对于被判处管制的犯罪分子限制自由予以监管，属于刑罚的执行；对于被宣告缓刑的犯罪分子限制自由予以监督考察，属于缓刑考验而非刑罚执行。**(5) 刑期折抵**：缓刑考验不存在刑期折抵问题，先行羁押的日期不能折抵缓刑考验期；管制判决执行以前先行羁押的，羁押 1 日折抵刑期 2 日。

二、缓刑的适用条件

缓刑的适用条件，是指对于犯罪分子裁量宣告缓刑所必须具体的基本条件。根据我国《刑法》第 72、74 条的规定，缓刑的适用条件包括形式要件、实质要件与否定要件。对于同时符合这三项要件的犯罪分子，可以宣告缓刑；对于同时符合这三项要件，并且系不满 18 周岁、怀孕妇女和已满 75 周岁的犯罪分子，应当宣告缓刑。

形式要件·宣告刑轻重：被判处拘役、3 年以下有期徒刑的犯罪分子。对此，应当注意：**(1) 宣告刑**：这里的被判处的刑罚，是指对犯罪分子应当适用的宣告刑，而非其所犯具体犯罪的法定刑。**(2) 刑种**：犯罪分子应受的宣告刑，仅限拘役或者 3 年以下有期徒刑。其他刑种或者刑期不得适用缓刑。**(3) 附加刑**：缓刑的效力仅及于主刑，附加刑仍须执行；并且在主刑适用缓刑的场合，仍可判处附加刑。① **(4) 轻罪**：宣告刑系拘役或者 3 年以下有期徒刑，也意味着缓刑仅限适用于犯有轻罪的犯罪分子。

实质要件·不致危害社会：适用缓刑确实不致再危害社会。具体须要**同时符合**：犯罪情节较轻；有悔罪表现；没有再犯危险；对于居住社区没有重大不良影响。其核心是对犯罪人人身危险性的评价与论断。**其中**，"没有再犯危险"是人身危险性的典型表述，"犯罪情节较轻"与"有悔罪表现"是以行为特征为主导的人身危险性评价要素，而"社区影响"是以犯罪人生活背景特征为主导的人身危险性评价要素。**由此**，上述形式要件决定了适用缓刑的犯罪系轻罪，而这里的实质要件又进一步将缓刑的适

---

① 题中所述系我国《刑法》的明确规定，不过附加刑的缓刑问题，仍是刑法理论的重要议题。诸如，对于剥夺政治权利与罚金的能否适用缓刑？是否有必要专门针对附加刑予以缓刑立法？

用限定为轻罪中的过失犯罪、非暴力性犯罪、初犯等。反之,不如实供述罪行、不予退赃、共同犯罪中的主犯等①,不宜适用缓刑。此外,有关司法解释也原则上否定了罪数并罚的缓刑适用②。

否定要件·并非累犯与首要分子:对于累犯和犯罪集团的首要分子,不适用缓刑。累犯的构成要件表明,一般来说累犯的人身危险性较大,对于累犯适用缓刑有违缓刑适用的实质要件。各国刑法也均将累犯作为从严处罚的情节。犯罪集团的首要分子,即组织策划指挥犯罪集团进行犯罪活动的犯罪分子,这一形式特征也在一定程度上表明,犯罪集团首要分子的人身危险性较大,对其适用缓刑同样有违缓刑适用的实质要件。

三、缓刑的考验期限

缓刑的考验期限,是指对于适用缓刑的犯罪分子,予以监督考察的一定时间段落。

考验期限的确定模式:我国《刑法》第73条的规定,对缓刑考验期限的确定采纳了如下模式:**(1) 法定浮动确定**:犯罪人应处刑罚的刑期,是缓刑考验期限具体确定的基准。无论应处刑罚是拘役还是有期徒刑,缓刑考验期限的具体确定,均须以犯罪人应处刑罚的刑期为基础,并随此不同而相应地有所波动。**(2) 限定上限下限**:法定的上限与下限,是缓刑考验期限具体确定的两极。我国《刑法》对缓刑考验的具体期限,作了上限与下限的限定;缓刑考验期限的具体确定,虽须随犯罪人应处刑期波动,但却不能超越这一法定限制。

考验期限的具体年限:我国《刑法》第73条,针对拘役与有期徒刑的不同,对于缓刑考验期限的具体年限,分别作了具体规定。其中,拘役的缓刑考验期限为原判刑期以上1年以下,但是不能少于2个月;有期徒刑的缓刑考验期限为原判刑期以上5年以下,但是不能少于1年。

考验期限的执行调整:在缓刑考验的过程中,对于考验期限予以适当调整,国外刑法存在期限延长与缩短的制度。对此,我国《刑法》均未直接明确予以规定。问题是,我国《刑法》所规定的减刑制度,是否包括对于缓刑考验期限的缩短。对此,1997年最高人民法院《关于办理减刑、假释案件具体应用法律若干问题的规定》第5条采取了区别对待的态度,即一般情况不适用减刑,重大立功可予减刑。不过,就我国《刑法》的相关规定而论,这一司法解释存在推敲的余地。我国《刑法》第78条减刑所针对的刑种包括拘役与有期徒刑,当然这也应当包括缓刑之被判的拘役与有期徒刑。但是,第78条同时强调减刑适用于刑罚"执行期间",而缓刑是附条件不执行原判刑罚,缓刑考验至多是考验的执行而非原判刑罚的执行,既然没有原判刑罚的执行,也就无所谓执行期间的减刑。

---

① 参见最高人民法院、最高人民检察院《关于办理职务犯罪案件严格适用缓刑、免予刑事处罚若干问题的意见》(2012年)第2条。
② 参见最高人民法院《关于进一步加强危害生产安全刑事案件审判工作的意见》(2011年)第18条。

考验期限的刑期计算：缓刑考验期限，从判决确定之日起计算；先前羁押的日期不能折抵。（1）**判决确定之日**：是指法院判决发生法律效力的具体日期。缓刑考验期限，"从判决确定之日起计算"，这一规定有一定道理。缓刑是附条件不执行原判刑罚，从而并不存在"刑期"的"判决执行"。不过，缓刑依然存在缓刑考验的执行，同时也不排除缓刑判决确定之后缓刑考验却未执行的情况，此时倘若缓刑考验期限从判决确定之日起计算，就值得推敲了。（2）**羁押不予折抵**：是指缓刑判决确定以前先行羁押的日期不能折抵缓刑考验期间。缓刑考验不同于刑罚执行，缓刑考验期间也不同于刑期。先行羁押的日期可以折抵刑期，但不能折抵缓刑考验期限。另外，一审判决缓刑以后，在二审期间，对于被羁押的被告人应当变更强制措施，改为取保候审或者监视居住，二审判决宣告后再交付执行。

缓刑期满的法律后果：是指被宣告缓刑的犯罪人，在缓刑考验期限内并未发生撤销缓刑的法定事由，经过缓刑考验期限，由此原判罪刑宣告的最终效果。基于缓刑制度设置的不同，各国刑法对于缓刑期满法律后果的规定也有所差异，主要表现为：免除执行、免除罪刑。我国《刑法》一般缓刑采纳的是"免除执行"，而战时缓刑采纳的是"免除罪刑"。

四、缓刑考验的执行

缓刑考验执行，是指将人民法院生效的缓刑判决所确定的缓刑考验付诸实施，由缓刑监督考察单位对于被缓刑的犯罪分子予以监督考察所进行的活动。

考察机关：根据我国《刑法》第76条以及《刑事诉讼法》第258条的规定，缓刑考验由社区矫正机构负责执行。具体地说，"司法行政机关负责指导管理、组织实施社区矫正工作"；县级司法行政机关社区矫正机构对缓刑犯进行监督与帮助；"司法所承担社区矫正的日常工作"；"社会工作者和志愿者在社区矫正机构的组织指导下参与社区矫正工作"；有关部门以及基层群众组织、犯罪人的所在单位、家庭成员等协助社区矫正机构工作。[①]

考察内容：所有缓刑犯均应遵守我国《刑法》第75条的规定，该条所规定的具体内容也就成为对缓刑犯予以考察的核心根据。再者，被同时宣告禁止令的缓刑犯，还应遵守禁止令中所宣告的内容。禁止令属于针对缓刑之监管内容的特别规定。[②] 社区矫正是对缓刑犯予以考察的具体形式，由此《社区矫正实施办法》从"社区矫正人员"的行为规则，以及"司法行政机关"与"司法所"的工作职责这两个方面，对考察工作的具体事项作了规定。[③]

[①] 参见最高人民法院、最高人民检察院、公安部、司法部《社区矫正实施办法》(2010年)第2条与第3条。
[②] 关于我国《刑法》禁止令的法律属性，详见本书第十二章中管制部分的相应阐释。
[③] 参见最高人民法院、最高人民检察院、公安部、司法部《社区矫正实施办法》(2012年)第11—16条以及第17—22条。

五、缓刑的撤销

缓刑的撤销,是指被宣告缓刑的犯罪人,在缓刑考验期限内发生了法定事由,人民法院依法将其原判宣告的缓刑予以撤销,根据不同情况,执行原判刑罚或者对犯罪人应受刑罚重新作出判决并予执行的刑事司法活动。

(一) 撤销缓刑的法定事由

根据我国《刑法》第77条的规定,撤销缓刑的法定事由为,缓刑犯在缓刑考验期限内,有下列四种情形之一:再犯新罪,发现漏罪,严重违反监督管理规定,严重违反禁止令。

再犯新罪与发现漏罪:(1)这里的新罪及漏罪,与原判适用缓刑之罪,既可以是同种性质,也可以是不同性质;新罪及漏罪,既可以是故意犯罪,也可以是过失犯罪。(2)缓刑考验期间再犯新罪说明缓刑适用实质条件的缺乏,从而撤销缓刑后的数罪并罚处罚,也不能再予适用缓刑。不过对于漏罪与前罪的并罚结果,能否再予适用缓刑,对此曾有不同处理[①]。本书认为,在缓刑考验期限内发现漏罪与在此期限内再犯新罪不同,犯有数罪并不必然缺乏缓刑适用的实质要件。由此,在发现漏罪的场合,如果仍然符合缓刑适用条件的,可以考虑再予缓刑宣告。(3)倘若在缓刑考验期满之后,发现缓刑犯在缓刑考验期限内再犯新罪,也应将原判缓刑撤销,对于新罪与前罪按照法定数罪并罚的原则处理,执行实刑。但是,倘若在缓刑考验期满之后,发现缓刑犯在缓刑确定之前尚有漏罪没有被处理的,对于前罪既已执行完毕的缓刑则不宜再予撤销,而是直接对新发现的漏罪作出处理。

严重违反监督管理规定与禁止令:缓刑犯在缓刑考验期限内,违反法律法规或者缓刑监督管理规定,情节严重的;或者被同时宣告禁止令的缓刑犯,违反判决中的禁止令,情节严重的,应当撤销缓刑。这里"情节严重"的掌握是关键。对此,有关司法解释[②]作了具体规定。

(二) 出现法定事由的法律后果

根据我国《刑法》第77条的规定:(1)缓刑犯在考验期限内再犯新罪或者发现漏罪,应当撤销缓刑,将新罪或漏罪,与宣告缓刑之罪,依照《刑法》第69条的并罚方法,予以数罪并罚,决定执行的刑罚。缓刑是有条件的不执行原判刑罚,缓刑考验期满"原判的刑罚就不再执行",由此在缓刑考验期限内,无论是再犯新罪还是发现漏罪,其与缓刑之罪,均可谓刑罚执行以前的数罪,由此《刑法》将这一新罪和漏罪与缓刑之罪的并罚归于第69条。(2)缓刑犯在考验期限内违反监督管理规定,或者违反判决

[①] 肯定者,最高人民法院《关于人民法院审判严重刑事犯罪案件中具体应用法律的若干问题的答复(三)》(1985年)第35条;否定者,最高人民法院《关于进一步加强危害生产安全刑事案件审判工作的意见》(2011年)第18条。

[②] 参见中央社会治安综合治理办公室、最高人民法院、最高人民检察院、公安部、司法部《关于加强和规范监外执行工作的意见》(2009年)第15条;最高人民法院、最高人民检察院、公安部、司法部《关于对判处管制、宣告缓刑的犯罪分子适用禁止令有关问题的规定(试行)》(2011年)第12条;最高人民法院、最高人民检察院、公安部、司法部《社区矫正实施办法》(2012年)第25条。

书中的禁止令,情节严重的,应当撤销缓刑,执行原判刑罚。原判宣告以前先行羁押的,羁押的日期应当折抵刑期。

第三节 减刑制度

一、减刑的概念与特征

（一）减刑的概念

我国的减刑制度强调的是在刑罚执行过程中对于原判刑罚的减轻,对此《刑法》设专节作了较为系统的规定,也形成了较为丰富而系统的减刑理论。而在国外刑法中,类似于我国减刑的刑法规定并不是很多,刑法理论也未形成较为系统的减刑理论。

根据我国《刑法》第78条的规定,**减刑**,是指对于被判处管制、拘役、有期徒刑、无期徒刑的犯罪分子,在刑罚执行期间,如果认真遵守监规,接受教育改造,确有悔改表现的,或者有立功表现的,适当减轻其原判刑罚的刑罚制度。

（二）减刑的特征

减刑具有如下特征:(**1**)**适用对象**:被判处管制、拘役、有期徒刑、无期徒刑的犯罪分子。(**2**)**适用阶段**:在刑罚执行过程中,由人民法院裁定将原判刑罚予以适当减轻。(**3**)**实质条件**:确有悔改表现与立功表现。这是行刑而致犯罪人人身危险性减小的评价标志。(**4**)**具体类型**:确有悔改表现或者立功表现的,可以减刑;具有重大立功表现的,应当减刑。(**5**)**行刑制度**:减刑是在刑罚执行过程中对于原判刑罚的轻向调整,从而属于刑罚执行制度。

（三）减刑与其他措施

减刑与改判:改判,是指人民法院、人民检察院对于已经发生法律效力的判决和裁定,在其认定事实或适用法律上确有错误时,依照审判监督程序予以提出,再审人民法院对案件进行重新审判,对于原判决与裁定认定事实有错误或证据不足,而经过再审查清事实的,或者对于原判决与裁定认定事实没有错误,但适用法律有错误或者量刑不当的,根据查清的事实或者根据法律,撤销原判决,重新予以判决。减刑与改判存在一定**相似之处**:两者均发生在原审判决生效之后;均可表现为对原审判决所确定刑罚的更改。但是,两者有着重大**区别**:(1)前提:改判的前提,是原审判决与裁定认定事实或者适用法律确有错误;而减刑的前提,是犯罪人在刑罚执行中确有悔改表现或者有立功表现。(2)程序:改判的启动按照审判监督程序进行,改判的审理也表现为一审程序或者二审程序;而减刑的进行,是由执行机关向中级以上人民法院提出减刑建议书,由人民法院组成合议庭进行审理。(3)本质:改判的本质在于纠错,在实体上表现为对于错误的定罪量刑的改正,在程序上依存于审判监督程序的框架;而减刑的本质在于行刑调整,其价值理念是基于行刑过程中犯罪人人身危险性的减小而有利于实现刑罚目的,从而属于行刑框架的内容。

减刑与死缓减刑:死缓减刑,是指对于被判处死刑缓期两年执行的犯罪分子,在死刑缓期执行期间,如果没有故意犯罪或者确有重大立功表现,两年期满以后分别减为无期徒刑或者25年有期徒刑。减刑与死缓减刑存在一定**相似之处**:两者均属于对原判刑罚的减轻;均发生于行刑阶段,属于行刑中的刑罚调整。但是,两者有着重大**区别**:(1)制度:死缓减刑属于死刑制度的组成部分,是死刑的特殊执行方法的基本内容之一;而减刑纯属行刑制度的内容之一。(2)对象:死缓减刑仅仅针对死缓而适用;而减刑的对象是指被判处管制、拘役、有期徒刑、无期徒刑的犯罪分子。(3)确定:死缓减刑表现为死缓制度的法定减刑;而减刑表现为行刑制度的裁量减刑(可以减刑)或者法定减刑(应当减刑)。(4)期间:死缓减刑发生在缓期执行的两年期满以后的时点,这一时间较为特定;而减刑发生在行刑的过程中,除了减刑的启始与间隔之外,并无特别限定。(5)前提:死缓减刑的基本前提是犯罪人没有故意犯罪;而减刑的基本前提是犯罪人不仅没有故意犯罪而且必须确有悔改表现或者立功表现。

减刑与附加剥夺政治权利法定减刑:附加剥夺政治权利法定减刑,是指我国《刑法》第57条所规定的,在死刑缓期执行减为有期徒刑或者无期徒刑减为有期徒刑的时候,应当把附加剥夺政治权利的期限改为3年以上10年以下。减刑与附加剥夺政治权利减刑,**均是**有关刑罚的减轻处理。但是,两者有着重大**区别**:(1)对象:附加剥夺政治权利法定减刑属于一种特殊的减刑制度,依存于剥夺政治权利的框架,仅仅针对死刑缓期执行或者无期徒刑而被附加剥夺政治权利终身的犯罪分子适用;而减刑属于一种普通的减刑制度,依存于行刑制度的框架,可以适用于被判处管制、拘役、有期徒刑、无期徒刑的任何犯罪分子。(2)确定:附加剥夺政治权利法定减刑表现为特定场合的法定减刑,即在死刑缓期执行减为有期徒刑或者无期徒刑减为有期徒刑的时候,对于附加剥夺政治权利的法定减刑;而减刑表现为行刑制度的裁量减刑(可以减刑)或者法定减刑(应当减刑)。(3)前提:附加剥夺政治权利法定减刑属于附属于主刑减刑的附加刑减轻,只要死刑缓期执行减为有期徒刑或者无期徒刑减为有期徒刑,附加剥夺政治权利就必然按照法定的幅度减轻;而减刑的基本前提是犯罪人在刑罚执行过程中确有悔改表现或者立功表现。

减刑与罚金酌减:罚金酌减,是指我国《刑法》第53条所规定的,对于被判处罚金的犯罪分子,如果由于遭遇不能抗拒的灾祸缴纳确实有困难的,可以酌情减少或者免除。减刑与罚金酌减,**均是**有关刑罚的减轻处理。但是,两者有着重大**区别**:(1)对象:罚金酌减属于罚金执行制度的特殊情况,依存于罚金的框架,仅仅针对被判处罚金的犯罪分子适用;而减刑属于一种普通的减刑制度,依存于行刑制度的框架,适用于被判处管制、拘役、有期徒刑、无期徒刑的犯罪分子。(2)前提:罚金酌减,是由于罚金判决确定之后犯罪分子遭遇不能抗拒的灾祸缴纳确有困难,包括减少或者免除;而减刑的基本前提,是犯罪人在刑罚执行过程中确有悔改表现或者立功表现,并且只是减少刑期而非免刑释放。

减刑与减轻处罚:减轻处罚,是指人民法院裁量决定刑罚的时候,对于具有减轻情节的犯罪分子,比对于没有这种情节的犯罪分子,适用更低一个层次的法定刑幅度,但是一般不得再予降等,而是罪减一等判处刑罚。减刑与减轻处罚,**均是**有关刑罚的减轻处理。但是,两者有着重大**区别**:(1)制度:减轻处罚属于量刑情节的重要内容,是在刑罚裁量过程中,对于未决犯在量刑上的减轻;而减刑属于行刑制度的重要内容,是在刑罚执行过程中,对于已决犯的原判刑罚予以减轻。(2)前提:减轻处罚的前提是与之对应的有关事实因素,诸如,造成损害的中止犯、预备犯等等,这些事实因素在具体案件中存在于量刑之前;而减刑的前提是刑罚执行期间确有悔改表现或者立功表现。

二、减刑的适用条件

减刑的适用条件,是指在刑罚执行期间犯罪分子得以减刑所必须具备的法定的基本标准。根据我国《刑法》第78条的规定,减刑的适用条件包括形式条件、实质条件、限度条件。

(一) 形式条件

1. 形式条件的基本要求

减刑适用于被判处管制、拘役、有期徒刑、无期徒刑的犯罪分子。对此,应当注意:(1) **执行刑**:这里的被判处的刑罚,是指基于犯罪分子的具体罪行所受确定判决的刑罚,而非其所犯具体犯罪的法定刑。(2) **刑种**:减刑所针对的执行刑,仅为管制、拘役、有期徒刑、无期徒刑。另外,对于附加于管制与有期徒刑的剥夺政治权利,在主刑减刑时也酌减。(3) **罪行**:减刑所针对的罪行不限。无论是故意犯罪还是过失犯罪、重罪还是轻罪、暴力性犯罪还是非暴力性犯罪,也无论罪犯是累犯还是初犯、成年人还是未成年人、共同犯罪还是单独犯罪等等,均可适用减刑。

2. 形式条件的重要议题

剥夺政治权利的减刑、没收财产的减刑、缓刑的减刑等问题,是我国刑法理论与实践中重要议题。(1) **剥夺政治权利减刑**:A. 附加适用:剥夺政治权利附加于主刑适用,主刑减刑,对于剥夺政治权利也可酌减,具体包括死缓刑减刑的必减[①]与有期徒刑减刑的得减[②]以及管制减刑的同减[③]。B. 独立适用:在剥夺政治权利独立适用的场合,对其能否减刑?对此,我国《刑法》与有关司法解释均未明确;就理论而言,应予肯定。当然,这有待《刑法》明确规定。C. 立法完善:应当对我国刑罚体系予以调整,增设资格刑的具体种类,并将资格刑作为附加刑。在一般减刑制度上,应当包括资格刑的独立减刑。(2) **没收财产减刑**:我国《刑法》的没收财产属于一般没收。这一没收财产在行刑上表现为判决确定后一次性立即执行,而不存在持续的执行刑期,从而也就无所谓行刑中的减刑。(3) **缓刑减刑**:对于缓刑减刑,我国《刑法》未予规定,而司

[①] 我国《刑法》第57条第2款的规定。
[②] 最高人民法院《关于办理减刑、假释案件具体应用法律若干问题的规定》(2012年)第6条的规定。
[③] 我国《刑法》第55条第2款的规定。

法解释则采取了区别对待的态度①。严格来讲,无论是对于缓刑的应处刑罚还是对于缓刑的考验期限,均不能适用《刑法》第78条的减刑。② 不过,缓刑考验期间,如果犯罪分子确有悔改表现、立功表现甚至重大立功表现,基于刑罚目的等价值理念,对于缓刑犯的应处刑期以及缓刑期限应当予以减轻。然而,这一减刑应由《刑法》在缓刑制度中予以特别规定。

(二) 实质条件

1. 可以减刑的实质条件

"确有悔改表现"或者"确有立功表现"的,可以减刑。其中:**(1) 确有悔改表现**,是指同时具备以下四个方面情形:认罪悔罪;认真遵守监规,接受教育改造;积极参加教育;积极参加劳动。同时,对罪犯在行刑期间提出申诉的,要依法保护其申诉权利。罪犯积极执行财产刑和履行民事赔偿的,可视为认罪悔罪表现。**(2) 确有立功表现**,是指具有下列情形之一:阻止他人实施犯罪活动的;揭发犯罪活动或提供破案线索,经查证属实的;协助司法机关抓捕其他犯罪嫌疑人与同案犯的;在生产与科研中成绩突出的;在抢险救灾中表现突出的;对国家和社会有其他贡献的。③

2. 应当减刑的实质条件

具有法定"重大立功表现之一"的,应当减刑。而法定**重大立功表现**,是指下列六种情形之一:阻止他人重大犯罪活动的;检举监狱内外重大犯罪活动,经查证属实的;协助司法机关抓捕其他重大犯罪嫌疑人与同案犯的;有发明创造或者重大技术革新的;在日常生产、生活中舍己救人的;在抗御自然灾害或者排除重大事故中,有特别突出表现的;对国家和社会有其他重大贡献的。④

(三) 限度条件

1. 减刑启始的限制

确定启始减刑的行刑期限,在指导思想上,应当遵循减刑的价值理念;在具体操作上,既不能脱离原判刑种与刑期(减刑形式条件),也应考虑罪犯行刑表现(减刑实质条件);在一般场合,侧重减刑形式条件,在特殊场合,侧重减刑实质条件。由此,结合《司法解释》⑤的规定,对于减刑启始行刑期限,可作如下处理:**(1) 无期徒刑**:对于被判处无期徒刑的罪犯,一般应在执行2年以上,方可予以减刑。⑥ **(2) 有期徒刑**:对于被判处5年以上有期徒刑的罪犯,一般在执行1年半以上,方可予以减刑⑦;对于被

---

① 具体地说:一般情况不适用减刑;重大立功可予减刑;包括应处刑罚与缓刑期限的减轻。参见最高人民法院《关于办理减刑、假释案件具体应用法律若干问题的规定》(2012年)第13条。
② 我国《刑法》所规定的减刑,是针对行刑过程中的特定刑种的减轻。然而,缓刑的应处刑罚并未实际执行;缓刑的考验期限也非特定刑种的刑期。
③ 参见最高人民法院《关于办理减刑、假释案件具体应用法律若干问题的规定》(2012年)第2条与第3条。
④ 参见最高人民法院《关于办理减刑、假释案件具体应用法律若干问题的规定》(2012年)第4条。
⑤ 本题《司法解释》均指最高人民法院《关于办理减刑、假释案件具体应用法律若干问题的规定》(2012年)。
⑥ 《司法解释》第7条。
⑦ 《司法解释》第6条。

判处不满 5 年有期徒刑的罪犯,可以考虑在执行原判刑期的 1/4 以上,方可予以减刑。**(3) 管制**:对于被判处管制的罪犯,也可以考虑在执行原判刑期的 1/4 以上,方可予以减刑。**(4) 新罪限制**:被判处 10 年以上有期徒刑、无期徒刑的罪犯,在行刑期间又犯新罪,被判处有期徒刑以下刑罚的,自新罪判决确定之日起 2 年内不予减刑;新罪被判无期徒刑的,自新罪判决确定之日起 3 年内不予减刑。**(5) 重大立功**:在罪犯确有重大立功表现的场合,启始减刑的行刑期限,可以不受上述具体执行刑期的限制。①

2. 减刑的总体幅度

减刑可以反复进行,而经过一次或者多次减刑,犯罪人所受原判刑罚实际执行的刑期不能低于一定限度。根据我国《刑法》与《司法解释》的规定,减刑以后实际执行的刑期,基于所判刑种的不同,存在如下情形:(1) 判处管制、拘役、有期徒刑的,不能少于原判刑期的 1/2。(2) 判处无期徒刑的,不能少于 13 年。(3) 判处死缓的,不能少于 15 年,死缓执行期间不包括在内。(4) 判处死缓同时被限制减刑的,其中,缓期执行期满后减为无期徒刑的,不能少于 25 年,缓期执行期满后减为 25 年有期徒刑的,不能少于 20 年。

减刑属于对于原判刑罚的行刑调整。这种行刑调整依然应当体现刑罚"以报应为基底兼顾预防"的理念,由此总体而言,这种行刑调整刑期的最高限度应以原判刑期的 1/2 为一般基准。另外,不同类型的罪犯基于其罪行的客观危害与主观危险的不同,在减刑制度上也应有所区别。由此,本书主张,经过一次或者数次减刑以后,被判处管制、拘役、有期徒刑的,对于一般犯罪与罪犯,至少执行原判刑期 1/2 以上;对于累犯以及因暴力犯罪被处 10 年以上有期徒刑的罪犯,至少执行原判刑期的 2/3 以上;对于犯罪的时候不满 18 周岁的罪犯,或者年满 60 周岁非暴力犯罪与非累犯的罪犯,至少执行原判刑期 1/3 以上。被判处无期徒刑的,对于一般犯罪与罪犯,至少执行 15 年;对于累犯以及暴力犯罪,至少执行 20 年;对于犯罪的时候不满 18 周岁的罪犯,或者年满 60 周岁非暴力犯罪与非累犯的罪犯,至少执行 10 年;被判死缓的非暴力犯罪与非累犯的罪犯,至少执行 18 年,不包括死缓考验的 2 年期限。

此外,每次减刑的幅度以及每次减刑的间隔,均应受到一定限制。对此,我国《刑法》未予明确,《司法解释》作了一定阐释。

三、减刑的程序

减刑是对原判刑罚的变更,应当严格依照法定程序由人民法院予以裁定。我国《刑法》第 79 条,《刑事诉讼法》第 262 条第 2 款、第 263 条,《监狱法》第 30 条,以及有关司法解释,对于减刑的程序作了具体规定。

裁定主体:减刑裁定主体是中级以上人民法院,人民法院应当组成合议庭审理。具体地说:对于被判处无期徒刑的罪犯的减刑,由罪犯服刑地的高级人民法院裁定②;

---

① 《司法解释》第 6 条。
② 对于被判处死刑缓期两年执行的罪犯的特别减刑,亦同。

对于被判处有期徒刑以及被减为有期徒刑的罪犯的减刑,由罪犯服刑地的中级人民法院裁定;对于被判处拘役与管制的罪犯的减刑,由罪犯服刑地的中级人民法院裁定。①

提请主体:减刑提请主体,是与裁定减刑的人民法院同级的刑罚执行机关。具体地说:对于被判处无期徒刑的罪犯的减刑,由执行机关提出并经与高级人民法院同级的监狱管理机关审核同意;对于被判处有期徒刑和被减为有期徒刑的罪犯,以及被判处管制与拘役的罪犯的减刑,由与中级人民法院同级的执行机关提出。

审理期限:减刑应当在法定期限内审结。减刑建议由监狱等执行机关向人民法院提出,对于被判处无期徒刑、有期徒刑和被减为有期徒刑罪犯的减刑,人民法院应当自收到减刑建议书之日起1个月内裁定;案情复杂或者情况特殊的,可以延长1个月。对于被判处管制与拘役的减刑,人民法院应当自收到减刑建议书之日起1个月内裁定。

监督机关:减刑的监督机关,是与裁定减刑的人民法院同级的人民检察院。减刑裁定的副本应当在7日内送达同级人民检察院。"人民检察院认为人民法院减刑裁定不当,应当在收到裁定书副本后20日以内,向人民法院提出书面纠正意见。人民法院应当在收到纠正意见后1个月以内重新组成合议庭进行审理,作出最终裁定。"②

四、减刑后刑期计算

管制、拘役、有期徒刑减刑:减刑后的刑期从原判刑罚执行之日起计算。原判刑罚已经执行的刑期,应当计算在减刑后的刑期之内。

无期徒刑减刑:减刑后的有期徒刑刑期从裁定减刑之日起计算。原判无期徒刑已经执行的刑期以及原判宣告以前先行羁押的日期,不应计入减刑后的刑期之内。

无期徒刑减刑并再次减刑:对于无期徒刑减为有期徒刑以后再次减刑的,再次减刑后的刑期计算,按照有期徒刑减刑后刑期计算的方法计算刑期。

减刑以后改判:减刑以后,又对原判决予以再审,如果再审维持原判的,则原减刑裁定效力不变;如果再审改变原判的,则原减刑应按法定程序重新予以裁定。③

第四节 假释制度

一、假释的概念与特征

(一)假释的概念

我国《刑法》在刑罚的具体运用一章中,专设第七节假释,确立了假释制度。根据《刑法》的规定,**假释**,是指对于被判处有期徒刑、无期徒刑的犯罪分子,既已执行一定

---

① 参见最高人民法院《关于适用〈中华人民共和国刑事诉讼法〉的解释》(2012年)第449条。
② 我国《刑事诉讼法》第263条。
③ 参见最高人民法院《关于办理减刑、假释案件具体应用法律若干问题的规定》(2012年)第23条。

刑期,其间认真遵守监规,接受教育改造,确有悔改表现,没有再犯危险的,由此附条件地予以提前释放,并且规定一定的考验期限与考验内容,如果犯罪分子在考验期限内没有发生法定应当撤销假释的事由,剩余刑罚就视为已经执行完毕的刑罚制度。

(二)假释的特征

假释具有如下特征:**(1) 适用前提**:有期徒刑执行原判刑期1/2以上,无期徒刑实际执行13年以上;行刑期间确有悔改表现,没有再犯危险;不是累犯以及暴力犯罪被判处10年以上有期徒刑、无期徒刑的犯罪分子;适用假释对于居住社区没有不良影响。**(2) 考验期限**:有期徒刑的假释考验期限为没有执行完毕的刑期;无期徒刑的假释考验期限为10年。**(3) 行为监督**:被宣告假释的犯罪分子必须遵守假释监督管理规定,不能再犯新罪或者出现漏罪,否则将被撤销假释,执行尚未执行完毕的刑罚。**(4) 假释效果**:被宣告假释的犯罪分子,在假释考验期限内,没有出现法定的应当撤销假释的情形,则认为原判刑罚已经执行完毕。**(5) 刑罚制度**:假释是在刑罚执行过程中,对于原判剩余刑期的执行方式的轻向调整,从而属于刑罚执行制度。

(三)假释与其他措施

假释与缓刑:存在相似之处:假释属于一种刑罚执行制度,而缓刑兼有量刑制度与行刑制度的特征;两者均有一定的考验期限并受行为的监督考察,呈现限制自由的特征;在考验期限内均实行社区矫正;撤销条件均含违反监督管理规定、再犯新罪或者发现漏罪;两者均有免除监禁刑执行的成分;价值理念一致,均是刑事近代学派的刑罚思想的制度体现。但是,假释与缓刑有着重大**区别**:(1) 适用对象:假释的对象是被判处有期徒刑或者无期徒刑的犯罪分子;而缓刑的对象是被判处拘役、3年以下有期徒刑的犯罪分子。(2) 实质条件:假释适用的实质根据,是犯罪人在行刑中接受教育改造、确有悔改表现、没有再犯危险;而缓刑适用的实质根据,是犯罪人在判决确定前的犯罪情节、悔罪表现和再犯危险状况。(3) 其他前提:假释的适用必须是犯罪人既已服完一定的刑期,属于附条件不执行原判刑罚的余刑,从而表现为在行刑中予以宣告;而缓刑是附条件不执行原判全部刑罚,从而表现为在量刑时予以宣告。(4) 禁止令:裁定假释的同时不能宣告禁止令;而宣告缓刑的同时可以宣告禁止令。(5) 考验期限:假释考验期限,有期徒刑的为没有执行完毕的刑期,无期徒刑的为10年;而缓刑考验期限,拘役的为原判刑期以上1年以下,但是不能少于2个月,有期徒刑的为原判刑期以上5年以下,但是不能少于1年。(6) 法律效果:假释考验期满,犯罪人没有出现撤销假释的事由,认为原判刑罚已经执行完毕;而缓刑考验期满,犯罪人没有出现撤销缓刑的事由,原判刑罚就不再执行。由此,影响到累犯的成立。

假释与刑满释放:刑满释放,是指犯罪人已经服完原判全部刑罚,无条件地回归大众社会。假释与刑满释放均由监禁形态到非监禁形态。但是,两者存在重大区别:(1) 附条件与否:假释属于附条件提前释放,被假释的犯罪人在假释考验期限内仍须遵守特别规定;而刑满释放,被释放者完全恢复自由,无须遵守专门为其设定的特别的行为规则。(2) 恢复执行与否:假释属于附条件提前释放,这也意味着在一定期限内仍然保留执行原判刑罚余刑的可能性;而刑满释放属于无条件释放,这意味着原判刑罚已经执行完毕,不存在恢复执行问题。

假释与监外执行:两者均属于对于罪犯不予监禁的一种行刑制度。但是,两者存在重大区别:(1) 适用对象:假释适用于被判处有期徒刑、无期徒刑并且既已执行一定刑期的犯罪分子;监外执行适用于被判处无期徒刑、有期徒刑或者拘役的犯罪分子。(2) 实质条件:适用假释的实质条件在于,犯罪分子在行刑中确有悔改表现、假释后没有再犯危险;适用监外执行的实质条件在于,有严重疾病、怀孕与哺乳妇女,适用监外执行没有社会危险性;生活不能自理,适用暂予监外执行不致危害社会。(3) 确定与期限:假释于行刑过程中由人民法院予以裁定,并有明确的考验期限;监外执行,在交付执行前由人民法院决定,在交付执行后由省级监狱管理机关批准;监外执行并无固定期限,以监外执行原因消失为限。(4) 执行特征:假释属于附条件不执行原判刑罚的余刑;监外执行属于原判刑罚的一种特殊执行方式。(5) 法律后果:假释考验期满,尚未出现应当撤销假释的法定事由,原判刑罚视为已经执行完毕;监外执行的情形消失以后,原判刑期尚未执行完毕的罪犯,由公安机关送交监狱收监执行。

假释与减刑:存在**相似之处**:两者依存于宽严相济政策与实现刑罚目的等共同的价值理念;均属一种刑罚执行制度;均根据行刑期间犯罪人的表现而适用;在适用条件与最低执行刑期等方面有着一定的呼应关系。但是,两者有着重大**区别**:(1) 适用对象:假释的对象是被判处有期徒刑或者无期徒刑的犯罪分子;而减刑的对象是被判管制、拘役、有期徒刑、无期徒刑的犯罪分子。(2) 特殊对象:死缓只有经法定减刑后才能适用假释,并且被限制减刑的死缓犯,即使经过法定减刑后也不能适用假释;而被限制减刑的死缓犯仍可适用减刑。另外,假释尚有累犯与某些暴力犯罪罪犯的限制,而减刑则没有这些限制。(3) 首次适用:假释必须完成相应的最低执行刑期的执行,方可一次适用;而减刑虽也有其最低执行刑期的限制,但是减刑的启始刑期固然不受这一最低执行刑期的限制。(4) 实质条件:假释适用的实质根据,是犯罪人在行刑中确有悔改表现、假释后没有再犯危险;而减刑适用的实质根据,是犯罪人在行刑中确有悔改表现或者确有立功表现。(5) 宣告次数:假释在整个行刑中只能宣告一次,即一次性不执行原判刑罚的余刑;而减刑在整个行刑中可以宣告多次,即控制每次减刑幅度并可多次予以减刑。(6) 考验期限:假释附有考验期限,有期徒刑的为没有执行完毕的刑期,无期徒刑的为10年;而减刑是对原判刑期的减刑,所减刑期依随于各次减刑裁定而确定。(7) 行为监督:假释附有行为监督,被假释的犯罪人在假释考验期限内必须遵守假释监督管理规定;而减刑随减刑裁定的确定而确定,没有附随的监督考验。(8) 法律效果:假释之后违反假释监督管理规定,将被撤销假释执行余刑;而减刑之后违反监规,既有的减刑裁定不会被撤销。(9) 回归社会:假释具有一次性,假释之后犯罪人在一定程度上恢复自由、回归大众社会;而减刑可以多次进行,减刑之后犯罪人仍在监狱服刑。

二、假释的适用条件

假释适用条件,是指对于犯罪分子裁定宣告假释所必须具备的基本前提。根据我国《刑法》第 81 条的规定,假释的适用条件包括形式要件、实质要件与否定要件。

(一) 形式要件·刑种与执行刑

刑种:假释只适用于被判处有期徒刑或无期徒刑的犯罪分子。反之,对于管制、拘役、死刑以及附加刑不得适用假释。不过,死缓在经过法定减刑,被减为无期徒刑或者有期徒刑时,仍可适用假释[1]。

执行刑期年限:有期徒刑执行原判刑期 1/2 以上,无期徒刑实际执行 13 年以上。死缓经法定减刑后又被假释的,实际执行的刑期应当不能少于 15 年,死刑缓期执行期间不包括在内。[2] 另外,如果有特殊情况,经最高人民法院核准,可以不受上述执行刑期的限制。[3]

执行刑期理解:**(1) 先行羁押与执行原判**:"有期徒刑执行原判刑期",应当包括先行羁押的日期与判决确定后实际执行的日期;"无期徒刑实际执行的日期",仅指判决确定后罪犯在监狱所服刑的日期。**(2) 减刑刑期与执行原判**:减刑以后可以假释[4],不过应当注意,作为假释条件的既已执行刑期的最低限度,仍以原判刑种及其既已执行的刑期为准,而不以减刑以后的刑种与刑期计算。**(3) 减刑与假释间隔**:罪犯减刑后又假释的间隔时间,一般为 1 年;对一次减去 2 年有期徒刑后,决定假释的,间隔时间不能少于 2 年。[5]

(二) 实质要件·不致危害社会

不致危害社会:不致危害社会,是假释适用的实质要件。具体须要同时符合:确有悔罪表现;没有再犯危险;对于居住社区没有不良影响。其核心是对犯罪人人身危险性的评价与论断。其中,"没有再犯危险"是人身危险性的典型表述,"有悔罪表现"是以行为特征为主导的人身危险性评价要素,而"社区影响"是以犯罪人生活背景特征为主导的人身危险性评价要素。另外,法定的"认真遵守监规"与"接受教育改造"应是"确有悔改表现"的具体征表。

特殊罪犯:**(1) 未成年罪犯**:对未成年罪犯的假释,可以比照成年罪犯依法适当从宽。未成年罪犯能认罪悔罪,遵守法律法规定与监规,积极参加学习与劳动的,应视为确有悔改表现,符合我国《刑法》第 81 条第 1 款规定的,可以假释。**(2) 老残病犯**:对老年、残疾和严重疾病的罪犯的假释,主要注重悔罪的实际表现。对基本丧失劳动能力、生活难以自理,认真遵守监规与接受教育改造,假释后生活确有着落的,除法定不得假释的情形之外,可以依法假释。

---

[1] 参见最高人民法院《关于办理减刑、假释案件具体应用法律若干问题的规定》(2012 年)第 21 条。

[2] 参见最高人民法院《关于办理减刑、假释案件具体应用法律若干问题的规定》(2012 年)第 9 条第 2 款,虽然该条款是针对减刑的最低执行刑期规定的,但是鉴于减刑与假释的关联,其也应当适用于假释相应问题。

[3] 我国《刑法》第 81 条第 1 款。"特殊情况",是指与国家、社会利益有重要关系的情况。参见最高人民法院《关于办理减刑、假释案件具体应用法律若干问题的规定》(2012 年)第 17 条。

[4] 假释以后能否减刑,对此曾有司法解释予以否定。值得考究的是:减刑是对刑罚"执行期间"的罪犯适用,而假释是有条件的不执行原判余刑,从而假释后不予减刑似有根据;但是,"假释考验期满,就认为原判刑罚已经执行完毕",那么能否认为假释考验期间也是一种特殊的执行呢?

[5] 参见最高人民法院《关于办理减刑、假释案件具体应用法律若干问题的规定》(2012 年)第 22 条。

(三) 否定要件·并非累犯与暴力犯罪

对象限定:对于累犯以及某些暴力犯罪的罪犯不得假释。(1) 累犯:是指所有累犯,包括一般累犯与特别累犯,不论处刑轻重、具体犯罪性质、犯罪人的其他特征、乃至服刑期限等如何,均不适用假释。(2) 某些暴力犯罪:是指暴力犯罪被判处10年以上有期徒刑或者无期徒刑的,不得假释。暴力犯罪是犯罪学通用的术语①,这里的暴力犯罪,具体是指故意杀人、强奸、抢劫、绑架、放火、爆炸、投放危险物质以及有组织的暴力性犯罪。被判10年以上有期徒刑或者无期徒刑,既包括上述暴力犯罪被判死缓,也包括在数罪并罚的场合,有一罪系上述暴力犯罪且宣告刑为10年以上有期徒刑或无期徒刑。

三、假释的适用

假释的适用主体,是指有权决定给予犯罪人假释的机关或人员。各国刑法所规定的假释适用主体,存在法院、执行法官或司法部长、行刑主管机关、专门委员会等情形。我国《刑法》第82条、《刑事诉讼法》第262条、《监狱法》第32条以及有关司法解释等,对于假释的适用主体与程序等作了具体规定。

我国假释的适用主体等,具有如下**特征**:(1) **提请主体**:被判处无期徒刑的罪犯的假释由执行机关提出并经与高级人民法院同级的监狱管理机关审核同意;被判处有期徒刑和被减为有期徒刑的罪犯的假释,由与中级人民法院同级的执行机关提出。(2) **审理主体**:对于被判处无期徒刑的罪犯的假释,由罪犯服刑地的高级人民法院裁定;对于被判处有期徒刑和被减为有期徒刑的罪犯的假释,由罪犯服刑地的中级人民法院裁定。② (3) **提请程序**:提请假释,应当由分监区的全体警察集体评议,提出假释建议;经报送监狱狱政管理部门审查后,提请监狱减刑假释评审委员会评审;再报请监狱长办公会审议决定,由监狱长签署意见后提请人民法院裁定。③ (4) **审理期间**:高级人民法院或中级人民法院,应当自收到假释建议书之日起1月内作出裁定;案情复杂或者情况特殊的,可以延长1个月。(5) **审理组织**:人民法院审理假释案件,应当依法组成合议庭。(6) **假释监督**:假释裁定的副本应当7日内送达人民检察院;人民检察院认为人民法院假释裁定不当,应当在收到裁定书副本后20日内向人民法院提出书面纠正意见。人民法院应当在收到纠正意见后重新组成合议庭审理,1个月以内作出最终裁定。④

四、假释的考验期限

假释的考验期限,是指对于适用假释的犯罪分子,予以监督考察的一定时间段

---

① **暴力犯罪**是以暴力为内容或者与暴力内容密切相关的犯罪,具体地说,是指实施身体的动作,给人以强烈刺激,使他人的人身、财产遭受侵害,严重危害社会的行为。通常表现为以暴力的方式实施的杀人、伤害、爆炸、抢劫、强奸等犯罪。详见张小虎著:《当代中国社会结构与犯罪》,群众出版社2009年版,第222页。
② 参见最高人民法院《关于适用〈中华人民共和国刑事诉讼法〉的解释》(2012年) 第449条。
③ 参见司法部《监狱提请减刑假释工作程序规定》(2003年) 第7、9、12、13条。
④ 参见最高人民法院《关于适用〈中华人民共和国刑事诉讼法〉的解释》(2012年) 第454条。

落。对于假释考验期限及其计算,我国《刑法》第83条作了规定;对于假释考验期满法律效果,我国《刑法》第85条作了规定。

考验期限的具体年限:(1)有期徒刑假释:考验期限为没有执行完毕的刑期。由于涉及执行期间减刑后的假释,从而这里的"没有执行完毕的刑期"究竟何指,成为问题。对此,本书认为,其应当是指假释之时罪犯所服刑期的余刑。(2)无期徒刑假释:考验期限为10年。这应当是指由无期徒刑直接假释时的假释考验期限。无期徒刑减刑后假释的,按有期徒刑确定假释考验期。问题是,由无期徒刑直接假释,是否具有实际可能,这种立法是否还有必要。尽管存在这样的疑问,不过在特殊场合似有其存在的价值。

考验期限的刑期计算:"假释考验期限,从假释之日起计算。"这里的"假释之日",是指法院假释裁定发生法律效力的具体日期。具体表现为:(1)首次裁定:假释裁定作出以后,自裁定书副本送达人民检察院,经过20日,未有人民检察院的假释纠正意见。(2)最终裁定:在基于人民检察院的纠正意见而重新审理后,所作出的假释裁定是最终裁定。

考验期满的法律效果:(1)原判余刑执行完毕:被假释的犯罪分子,在假释考验期限内,如果没有发生法定撤销假释的情形,"假释考验期满,就认为原判刑罚已经执行完毕,并公开予以宣告"。由此,假释期满剩余刑期虽未实际执行,但却视为既已执行完毕。进而,其也就符合我国《刑法》第65条与第66条累犯成立之"刑罚执行完毕"的条件。(2)附加刑仍须执行:主刑假释期满而附加刑仍须执行。鉴于罚金的行刑在判决宣告时予以确定,没收财产只是一次性没收,从而需要注意的是附加剥夺政治权利行刑与假释考验期满的关系。对此,根据我国《刑法》第58条的规定,附加剥夺政治权利的刑期,从假释之日起计算,剥夺政治权利的效力当然施用于主刑执行期间。

五、假释考验的执行

假释考验的执行,是指将人民法院生效的假释裁定所确定的缓刑考验付诸实施,由假释监督考察单位对于被假释的犯罪分子予以监督考察所进行的活动。

考察机关:根据我国《刑法》第85条以及《刑事诉讼法》第258条的规定,假释考验由社区矫正机构负责执行。具体地说,"司法行政机关负责指导管理、组织实施社区矫正工作",县级司法行政机关社区矫正机构对假释犯进行监督与帮助;"司法所承担社区矫正的日常工作";"社会工作者和志愿者在社区矫正机构的组织指导下参与社区矫正工作";有关部门以及基层群众组织、犯罪人的所在单位、家庭成员等协助社区矫正机构工作。①

考察内容:假释犯应当遵守我国《刑法》第84条的规定,具体内容包括:遵守法律法规,服从监督;按照规定报告活动情况;遵守监督机关的会客规定;离开居住市县或迁居应当报经批准。这一具体内容是对假释犯予以考察的核心根据。同时,社区矫

---

① 参见最高人民法院、最高人民检察院、公安部、司法部《社区矫正实施办法》(2012年)第2条与第3条。

正是对缓刑犯予以考察的具体形式,由此《社区矫正实施办法》从"社区矫正人员"的行为规则,以及"司法行政机关"与"司法所"的工作职责这两个方面,对考察工作的具体事项作了规定。①

六、假释的撤销

假释的撤销,是指被宣告假释的犯罪人,在假释考验期限内发生了法定事由,司法机关依法将其假释予以撤销,根据不同情况,执行原判尚未执行完毕的刑罚或者对犯罪人应受刑罚重新作出判决并予执行的刑事司法活动。

(一)撤销假释的主体

对于撤销假释的主体,我国《刑法》未予明确。不过,《社区矫正实施办法》第25条对此作了明确规定:缓刑犯与假释犯如有应当撤销缓刑与假释的情形,"由居住地同级司法行政机关向原裁判人民法院提出撤销缓刑、假释建议书并附相关证明材料,人民法院应当自收到之日起1个月内依法作出裁定"。

(二)撤销假释的法定事由

根据我国《刑法》第86条的规定,撤销假释的法定事由为,假释犯在假释考验期限内,有下列三种情形之一:再犯新罪,发现漏罪,违反监督管理规定。

再犯新罪与发现漏罪:(1)这里的新罪及漏罪,与适用假释之前罪,既可以是同种性质,也可以是不同性质;新罪及漏罪,既可以是故意犯罪,也可以是过失犯罪。(2)假释考验期间再犯新罪说明假释适用实质条件的缺乏,从而撤销假释后的数罪并罚处罚,也不能再予适用假释。另外,对于漏罪与前罪的并罚结果,能否再予适用假释?对此,鉴于假释须执行一定刑期,从而在并罚结果宣告的同时不应适用假释,不过在并罚结果执行一定刑期之后,如果符合假释条件的,可以适用假释。(3)倘若在假释考验期满之后,发现假释犯在假释考验期限内再犯新罪,也应将前罪之假释撤销,对于新罪与前罪按照法定数罪并罚的原则处理,执行实刑。但是,倘若在考验期满之后,发现假释犯在前罪判决确定之前尚有漏罪没有被处理的,对于前罪既已执行完毕的假释则不宜再予撤销,而是直接对新发现的漏罪作出处理。

违反监督管理规定:假释犯在假释考验期限内违反法律法规或者假释监督管理规定,应当撤销假释。《社区矫正实施办法》第25条对于应当撤销假释的违规行为作了具体规定:未按规定时间报到或者脱离监管超过1个月的;违反监督管理规定受到治安管理处罚仍不改正的;受到司法行政机关三次警告仍不改正的;其他情节严重的违反法律法规和监督管理规定的。

(三)出现法定事由的法律后果

根据我国《刑法》第86条的规定,再犯新罪与发现漏罪的,分别不同的方法实行数罪并罚;违反监督管理规定的,收监执行未执行完毕的刑罚。

再犯新罪:假释犯在考验期限内再犯新罪的,应当撤销假释,将新罪与假释之前

---

① 参见最高人民法院、最高人民检察院、公安部、司法部《社区矫正实施办法》(2012年)第11、13—22条。

罪,依照我国《刑法》第71条的先减后并的方法,予以数罪并罚,决定执行的刑罚。假释虽系原判剩余刑期的附条件不执行,但是假释考验期满则"认为原判刑罚已经执行完毕",从而假释考验与原判剩余刑罚的执行密切关联,在假释考验期间再犯新罪更为贴近执行期间的再犯,从而也更为凸显出假释犯的人身危险性,由此对于新罪以更重的并罚方法予以并罚。

发现漏罪:假释犯在考验期限内被发现尚有漏罪的,应当撤销假释,将漏罪与假释之前罪,依照我国《刑法》第70条的先并后减的方法,予以数罪并罚,决定执行的刑罚。在假释考验期间发现漏罪不同于在假释考验期间再犯新罪,发现的漏罪并非假释犯在行刑中的行为所致,又鉴于假释考验与原判剩余刑罚执行的密切关联,由此我国《刑法》将假释考验期间发现漏罪的并罚,统归于第70条对于漏罪的较为缓和的并罚方法予以并罚。

违反规定:假释犯在考验期限内违反法律法规或者假释监督管理规定,尚未构成新的犯罪的,应当撤销假释,收监执行未执行完毕的刑罚。假释考验期限不得计入刑期。

第五节 社 区 矫 正

社区矫正是西方国家行刑社会化改革的重要举措。就性质而言,社区矫正属于一种行刑制度;从内容来看,社区矫正表现为对于受刑人不予拘押,并赋予一定的矫治措施,以使受刑人更好地回归社会。社区矫正为西方许多国家所热衷,我国刑法理论对此也予以了较大的关注,近年这一制度在我国《刑法》、《刑事诉讼法》等规定中得以确认,已成为我国司法实践的重要举措。

一、社区矫正的概念与特征

（一）社区矫正的概念

社区矫正的概念并不统一,这与各国社区矫正制度的差异、刑法理论对于社区矫正分析视角的不同等有关。基于我国法律法规的规定,本书对社区矫正作如下界说。**社区矫正**,又称社区处遇,是与监禁矫正、机构处遇相对的行刑方式,是指将被判处管制、宣告缓刑、假释或者暂予监外执行的罪犯置于社区内,由专门的国家机关依靠有关社会团体和基层群众组织以及社会志愿者的帮助,矫正其犯罪心理和行为恶习,促使其个性得以改善并适应大众社会的非监禁刑罚的行刑制度。

（二）社区矫正的特征

主体·专门国家机关:社区矫正工作由司法行政机关负责指导管理与组织实施。县级司法行政机关社区矫正机构对社区矫正人员进行监督管理和教育帮助;对于违反监督管理规定的社区矫正人员,县级司法行政机关给予其警告,并出具书面决定。司法所承担社区矫正日常工作;为社区矫正人员确定专门的矫正小组;制定矫正方案;及时掌握社区矫正人员的思想动态、现实表现和活动情况;根据对社区矫正人员的考核结果实施分类管理。人民法院对符合适用条件的人员予以判决裁定与决定；人民检察院对各执法环节实行法律监督；公安机关对违反治安规定和重新犯罪人员及时处理。①

空间·社区资源：社区矫正依托社区平台利用社区资源。**社区**，是指一个人们能常常互动并能活动的地方，具有五种重要功能。② 社区矫正意味着罪犯仍然回到其所生活的社区，并不脱离家庭生活，保持情感和社会纽带的联系，感受社区的文化、接受社区的控制，进而更为有效地再社会化。同时，社区矫正也意味着充分利用社区资源，这除了充分发挥社区的社会控制、文化熏陶、行为引导、生活帮助、团结纽带等机能外，尤其是广泛吸收社会力量投入社区矫正工作。社会工作者和志愿者、基层群众组织、社区矫正人员所在单位、就读学校、家庭成员等协助社区矫正机构进行社区矫正。

对象·社会内处遇：社区矫正适用于符合**社会内处遇**③的罪犯。根据我国《刑事诉讼法》第258条的规定，我国社区矫正的对象包括四种类型："被判处管制、宣告缓刑、假释或者暂予监外执行的罪犯"。被处剥夺政治权利在社会上服刑的罪犯，并非法定的社区矫正的对象。剥夺政治权利由公安机关负责执行，"司法行政机关配合公安机关"进行监督并及时掌握有关信息。被剥夺政治权利的罪犯可以自愿参加司法行政机关组织的有关活动。④ 社区矫正适用于限制自由的罪犯，而各个国家对于社区矫正的对象又有一定的差异。例如，美国的社区矫正种类包括：缓刑；假释；轻缓惩罚，包括严格监督缓刑、家庭软禁、矫正营⑤。

性质·行刑制度：社区矫正属于一种行刑制度。对于社区矫正予以不同视角的阐释，会形成社区矫正的不同性质归属。社区矫正不失为一种犯罪控制和犯罪预防的重要举措。不过，如果将社区矫正的对象予以限制，仅指被处刑罚的罪犯，包括服管制、社区服务令等非监禁刑的罪犯，以及被处监禁刑而予缓刑或者假释等的罪犯；由此，社区矫正就属于一种社会内的行刑措施或者行刑制度。严格来讲，通常刑法理论与刑事立法，均将社区矫正作为一种行刑制度或者行刑措施。而行刑制度，又是着眼于社区矫正的规范体系设置的意义；行刑措施，则是着眼于社区矫正的具体方法的意义。

二、社区矫正的价值理念

社区矫正与缓刑、假释等制度如出一辙。缓刑、假释等属于社区矫正的基本内容与主要方式，而社区矫正作为一个独立的范畴，则表现为缓刑、假释等的一种融合。

---

① 参见最高人民法院、最高人民检察院、公安部、司法部《社区矫正实施办法》(2012年)第2—4条、第9条、第17—23条。
② 参见蔡文辉著：《社会学》，台湾三民书局1997年版，第539、541页。
③ **社会内处遇**，与设施内处遇相对，是指避免将犯罪人收容于监狱等设施之内，而是将其置于大众社会并不脱离一般生活，同时接受专门机构与人员的矫正、改善与援助，促使其改过自新的一种刑事处置方式。行刑社会化原则是社会内处遇的一个重要思想基础。社会内处遇的典型形态是社区矫正。
④ 参见最高人民法院、最高人民检察院、公安部、司法部《社区矫正实施办法》(2012年)第32条。
⑤ Joel Samaha, *Criminal Justice*, Second Edition, New York: West Publishing Company, 1991, p.532.

由此,在价值理念上,社区矫正与缓刑假释等根基一致,同样体现着贯彻宽严相济刑事政策、推进刑罚积极机能、实现刑罚个别化、行刑社会化、罪刑均衡、刑罚目的等重要价值。另外,社区矫正这一相对独立范畴的提出与张扬,也使上述有关价值内容得以进一步彰显。具体表现在:

系统体现新派思想[①]:社区矫正将符合社会内处遇的刑种、量刑、行刑有机融合,构建了相对独立而系统的社会化的行刑制度。这种制度模式,更为集中地体现了刑事近代学派的目的刑论与教育刑论的刑罚思想理念,强调对于犯罪人的合理矫治。如果说基于刑事近代学派刑罚思想的制度建设,缓刑、假释等还只是各别的、侧面的,则社区矫正制度建设是全面的、系统的。

刑罚制度阶段标志:社区矫正得以西方国家广泛推行,也预示着未来刑罚制度的重心。观念启蒙制度,制度推进观念,观念与制度相辅相成。1764年刑事古典学诞生,构建了现代刑法学的一脉深刻理念,基于此也逐步形成了现代刑法的犯罪行为中心的基本制度平台;1876年刑事近代学派肇始,创立了现代刑法学的又一脉深刻思想,由此现代刑法制度逐渐融入了以犯罪人为中心的制度因素。[②] 在经历了这一百多年的今天,现代刑法典表现着以刑事古典学派思想及其相应制度为平台、以刑事近代学派思想及其相应制度为补充的总体制度架构。而再过一百年,这种"平台"与"补充"的具体内容或许会倒置,未来刑法典自然地、必然地表现为以刑事近代学派思想及其相应制度为平台、以刑事古典学派思想及其相应制度为补充的基本制度架构。而目前的社区矫正,作为更为系统全面体现近代思想的行刑制度,较为深刻地展示着这种刑法制度的发展历程。[③]

三、我国社区矫正的完善

（一）推进现代刑罚观念

刑事古典学派与刑事近代学派的基本思想,为现代犯罪与刑罚的折衷理念构建了深刻而坚实基础,而现代折衷的刑法制度也奠基于其上。社区矫正彰显着刑事近代学派的刑罚理论,在这一制度中,刑罚个别化、行刑社会化、教育刑论、刑罚特殊预防、保护社会、刑法柔韧等思想观念,得到了较为充分的张扬。现阶段仍是刑事古典学派理念及其相应刑法制度占主导地位的年代,不过随着时代的发展,刑事近代学派的思想及其相应制度在刑法中所占比重日益增强。在客观条件具备的情况下,发挥

---

① 刑事近代学派又称新罪,与此相应,刑事古典学派又称旧派。
② 从犯罪的刑罚学到刑罚的犯罪学。详见张小虎著:《转型期中国社会犯罪原因探析》,北京师范大学出版社2002年版,第1页。
③ 关于犯罪或危险行为的**制度历程**:由犯罪界定的不明确与不确定,到犯罪构成的严格精确限定,再到当代以犯罪构成为平台、以社会危害行为为补充的双轨,进而未来以社会危害行为为平台、以犯罪构成为补充的双轨,最终实现社会危害行为的全面统治。关于刑罚或保安处分的**制度历程**:由生命刑、肉刑等酷刑的刑罚,到以自由刑为中心的生命刑、自由刑、财产刑、资格刑的现代刑罚,再到以现代刑罚为平台、以保安处分、社区矫正等为补充的刑事处置双轨,进而未来以保安处分、社区矫正等为平台、以刑罚为补充的双轨,最终实现保安处分、社区矫正的全面统治。

主观能动作用,积极推进刑法思想更新、观念转变,这是进一步建构合理制度的重要前提;在我国报应思想、重刑思想具有一定的渊源以及在目前仍有一定市场的场合,这种现代刑罚观念的推进就显得尤为重要。

(二) 建构犯罪人评价技术

人身危险性是刑事近代学派的基石概念,其核心是对于犯罪人未然之罪的可能性的评价。社区矫正的一个重要根据就是,犯罪人的人身危险性表明,适用社区矫正不致再危害社会,从而适宜在社区对其予以再社会化。由此,这里的关键是如何准确肯定地测量犯罪人的人身危险性。刑事近代学派的鼻祖龙勃罗梭试图通过解剖刀,直观地确证与刻画不同类型犯罪人,然而其结论令人难以置信,但是这一研究充分展示了犯罪人测量理念与实证研究方法的重要意义。试想如果人身危险性的定量测量技术能够得到根本解决,则现代刑法制度将不可避免地发生根本性的转变。现实需要我们像致力于建构精确的犯罪构成理论一样,去挖掘定量确定的人身危险性的测量技术。

(三) 完善与充实法律制度

我国现行《刑法》以及《刑事诉讼法》,仅对社区矫正的适用对象作了原则规定,而社区矫正的执行机关、具体内容与做法等,则留待《社区矫正实施办法》具体规定。《社区矫正实施办法》仅具司法解释的性质。其实,这也是我国"法律规定相对粗疏而留待司法解释因势具体"的总体立法模式,这意味着立法给司法留下了颇大的自由空间。这实际上也折射出一种运用法律的价值理念。然而,显而易见的道理是,刑法应当尽量肯定、具体、明确。社区矫正是一项重要的刑事执行制度,而其与监狱矫正又有着重大区别,并且与《刑法》的实体内容、《刑事诉讼法》的程序内容不同。为此,可以考虑由立法机关,在《刑法》、《刑事诉讼法》、《监狱法》等的基础上,针对社区矫正的宗旨、执行机关、适用类型、执行内容、执行变更等等,予以具体的规定。

第十五章 刑罚消灭

第一节 刑罚消灭概述

一、刑罚消灭的概念与特征

（一）刑罚消灭的概念

刑罚消灭，是指由于法定或者事实的原因，致使基于犯罪事实而产生的刑罚司法权归于消灭。

（二）刑罚消灭的特征

法定或事实事由：一定事由的发生是刑罚消灭的原因。这一事由包括：（1）法定事由：由于法律的规定司法机关不能行使刑罚权。例如，已过追诉时效，特赦免除刑罚等。（2）事实事由：基于某种事实的发生从而导致刑罚的消灭。例如，犯罪人死亡等。

犯罪事实前提：犯罪事实的存在是刑罚消灭的基本前提。只有行为构成犯罪，才有刑罚的消灭。而以行为构成犯罪为前提的刑罚消灭，可以发生在案件查获前、起诉审理期间、行刑过程中、刑罚执行完毕以后的各个阶段。

应处或可处刑罚：应处或者可处刑罚是刑罚消灭的又一前提。行为虽构成犯罪但不应受到刑罚处罚，同样无所谓刑罚的消灭。犯罪与刑罚的关系呈现：（1）存在犯罪但不应适用刑罚；（2）存在犯罪而可以适用刑罚；（3）存在犯罪并应当适用刑罚。其中，情形（1）无所谓刑罚的消灭；刑罚消灭存在于情形（2）与（3）。

刑罚司法权消灭：刑罚司法权的消灭是刑罚消灭的本质。刑罚权包括刑罚立法权（抽象刑罚权）、刑罚司法权（具体刑罚权）。刑罚立法权不可能消灭，刑罚消灭仅指刑罚司法权的消灭。而立于犯罪人的视角，刑罚消灭意味着在具体案件的范畴内，不能再对具体的犯罪人施加刑罚。由此，刑罚消灭是针对具体犯罪人的。

刑罚责任消灭：刑罚责任的消灭是刑罚消灭的具体表现。这是基于刑事责任视角对刑罚消灭的阐释。**刑事责任**，是基于行为成立犯罪或者构成社会危险行为，而由国家依法适用、犯罪人或者危险者依法承担的，以法定的刑事谴责与惩罚为内容的法律责任。刑事责任消灭包括刑罚的消灭，但是刑罚消灭未必刑事责任消灭。

二、刑罚消灭与其他措施

刑罚消灭与免除处罚：免除处罚具有三个特点：构成犯罪前提；免除情节依据；免予刑罚结果。刑罚消灭与免除处罚有着**相似之处**：两者均以行为成立犯罪为前提；均呈现为对犯罪人不适用刑罚的结果。但是，两者有着重要**区别**：（**1**）**基本意义**：刑罚消灭是指原本符合刑罚适用的条件,由于特定的事由发生,致使不能再对犯罪人适用或者实现刑罚,其实质是司法刑罚权的丧失。免除处罚是指对于行为构成犯罪的人,由于存在特定的情节,致使作出免予刑罚处罚的处理,其实质是具体刑罚的免除。**(2)前提情形**:刑罚消灭以应当适用或者至少可以适用刑罚为前提;反之,不应适用刑罚,则不存在所谓刑罚消灭问题。而免除处罚,既可以表现为可以免除处罚,也可以表现为应当免除处罚;前者不予适用刑罚具有或然性,后者不予适用刑罚具有必然性。**(3)事由根据**:免除处罚的处理结果,主要基于诸多量刑情节,而量刑情节是指案件中客观存在的,说明行为危害性从而决定刑罚裁量的具体事实情况。刑罚消灭的具体存在,主要基于特定的事由,而这种特定事由,有时并不一定存在于具体案件中,也并不一定说明行为危害性。

犯罪消灭与刑罚消灭:**(1)消灭关联**:没有犯罪就没有刑罚,从而犯罪消灭必然引起刑罚消灭;由此,犯罪消灭可以作为刑罚消灭的一项事由。但是,存在犯罪未必就有刑罚,从而刑罚消灭并不一定犯罪就消灭。反之,存在刑罚就肯定有犯罪,从而刑罚没有消灭犯罪也就不可能消灭。**(2)犯罪消灭与不构成犯罪**:这两者并不相同。犯罪消灭是指原本犯罪存在而基于特定事由的发生,既已存在的犯罪丧失,即由"犯罪"到"犯罪丧失";不构成犯罪是指行为的事实特征依法不能成立犯罪或者不认为是犯罪,即由"非罪"到"非罪"。**(3)刑罚消灭视角**:基于犯罪消灭与不构成犯罪的差异,刑罚消灭以犯罪成立为前提;行为不成立犯罪从而没有刑罚,这并非是刑罚消灭。另外,犯罪消灭从而导致刑罚消灭,这是将犯罪消灭作为刑罚消灭的一项事由。**(4)事由视角**:基于犯罪消灭与不构成犯罪的差异,不能将犯罪消灭的事由与不构成犯罪的事实依据混同。导致犯罪消灭的事由,必然造成犯罪消灭的结局,而犯罪消灭又必然造成刑罚消灭,由此构成了犯罪消灭与刑罚消灭的关联。

三、刑罚消灭的事由

刑罚消灭的事由,是指在符合刑罚适用以及刑罚实现的场合,所发生的致使国家司法刑罚权丧失的一定事实情况。

(一)刑罚消灭事由的理论形态

事由表现形式:基于事由表现形式的不同,刑罚消灭事由分为:(1)刑罚消灭法定事由:是指客观上虽可施加刑罚,但是由于法律的明文规定,致使国家司法刑罚权丧失的一定事实情况。例如,超过追诉时效、经特赦免除刑罚。(2)刑罚消灭事实事由:是指无论是否存在法律的明文规定,客观上均无法施加刑罚,从而致使国家司法刑罚权丧失的一定事实情况。例如,犯罪人死亡。

刑罚消灭形式:基于刑罚消灭形式的不同,刑罚消灭事由分为:(1)致使追诉权消灭的事由:是指致使起诉机关或者自诉人不能请求法院对于犯罪人适用刑罚进而刑罚就此告终的事实情况。例如,超过追诉时效。(2)致使裁判权消灭的事由:是指致使审判机关不能对犯罪人适用刑罚进而刑罚就此告终的事实情况。例如,告诉才处理的案件,自诉人撤回告诉、前科消灭。(3)致使行刑权消灭的事由:是指致使行刑机关不能对犯罪人执行刑罚进而刑罚就此告终的事实情况。例如,超过行刑时效。

刑罚存在前提:基于刑罚存在前提的不同,刑罚消灭事由分为:(1) 经由犯罪消灭的事由:是指行为成立犯罪,而后发生的致使犯罪消灭,进而刑罚也随之消灭的事实情况。例如,行为成立犯罪而未经判决,其后法律变更,对于该行为新法不认为是犯罪。(2) 直接刑罚消灭的事由:是指原本符合刑罚适用条件,而后发生的致使不能对犯罪人适用或继续执行刑罚、进而刑罚就此告终的事由情况。例如,超过行刑时效。

刑罚存在形式:基于刑罚存在形式的不同,刑罚消灭事由分为未然刑罚消灭事由与已然刑罚消灭事由。**(1) 未然刑罚消灭事由**:又称观念的刑罚权消灭事由,是指虽然事实上犯罪人符合适用刑罚的条件,但是刑罚尚未经由法院判决确定,此时所发生的致使国家司法刑罚权丧失的一定事实情况。例如,告诉才处理的犯罪,自诉人撤回告诉。**(2) 已然刑罚消灭事由**:又称现实的刑罚权消灭事由,是指刑罚已经法院判决确定,此时所发生的致使国家司法刑罚权丧失的一定事实情况。例如,经特赦免除刑罚。

刑罚可能程度:基于刑罚可能程度的不同,刑罚消灭事由分为:**(1) 法定确定刑罚的刑罚消灭事由**,是指根据犯罪事实与法律规定,原本适用刑罚具有必然性,其后所发生的致使国家司法刑罚权丧失的一定事实情况。例如,行为人实施严重的故意杀人罪,而后畏罪自杀。在这种场合,并不存在基于犯罪事实而可予刑罚免除的可能,从而也就不会出现不应有的混同,即将刑罚免除的根据视作刑罚消灭的事由。**(2) 司法裁定刑罚的刑罚消灭事由**,是指犯罪事由与法律规定,原本适用刑罚具有或然性,其后所发生的致使国家司法刑罚权丧失的一定事实情况。例如,行为构成犯罪,但是基于情节轻微而免予刑罚,由此法院作出免予刑罚的判决。在这种场合,刑罚适用具有或然性,也就是说存在有关可以免除刑罚的法定情节,由此应当注意,不能将刑罚免除的根据与刑罚消灭的事由混同。

（二）刑罚消灭事由的法律规定

各国刑罚消灭事由的内容各有一定的特点。我国《宪法》、《刑法》、《刑事诉讼法》对刑罚消灭事由作了规定。

超过追诉时效:我国《刑事诉讼法》第 15 条第 2 项规定,犯罪已过追诉时效期限的,不追究刑事责任,撤销案件,不起诉,终止审理,宣告无罪。我国《刑法》第 87—89 条,对于追诉时效的具体期限、追诉时效的中断、追诉时效的计算以及延长等,作了具体规定。

特赦免除刑罚:我国《宪法》第 67 条第 17 项规定,全国人大常委会行使决定特赦的职权;第 80 条规定,国家主席根据全国人大常委会的决定,发布特赦令。我国《刑事诉讼法》第 15 条第 3 项规定,经特赦令免除刑罚的,不追究刑事责任直至宣告无罪。

告诉才处理的犯罪撤回告诉:我国《刑事诉讼法》第 15 条第 4 项规定,依照刑法告诉才处理的犯罪,没有告诉或者撤回告诉的,不追究刑事责任直至宣告无罪。没有告诉,是指在诉讼时效进行期间,自诉人没有向司法机关起诉;撤回告诉,是指自诉人向司法机关起诉之后又撤回告诉的。

不起诉决定的处理终局：人民检察院作出不起诉的决定，并且这一决定已经成为案件处理终局的，则这一处理终局导致刑罚的消灭。根据我国《刑事诉讼法》第173条第1款与第2款、第171条第4款的规定，不起诉包括：法定不起诉；酌定不起诉；证据不足不起诉。

犯罪人死亡：我国《刑事诉讼法》第15条第5项规定，犯罪嫌疑人、被告人死亡的，不追究刑事责任直至宣告无罪。犯罪人犯罪后死亡，意味着原先的犯罪主体灭失，没有犯罪主体也就没有犯罪成立，进而刑罚消灭。

刑罚执行完毕：刑罚执行完毕，意味着犯罪人已经承担其罪行的刑法后果。根据一事不得两罚的原则，原先犯罪所产生的刑罚后果消灭。当然，基于累犯制度，前罪对后罪的处理有所累及，由此刑罚执行完毕的刑罚消灭可谓只是基本消灭。

缓刑考验期满：我国《刑法》第76条规定，"缓刑考验期满，原判的刑罚就不再执行"。这里，原判刑罚不再执行，也即意味着这一刑罚的行刑权归于消灭，从而刑罚消灭。

假释考验期满：我国《刑法》第85条规定，"假释考验期满，就认为原判刑罚已经执行完毕"。原判刑罚已经执行完毕，即犯罪人既已承担其罪行的刑法后果，进而刑罚消灭。

刑罚被免除：行为人基于免除刑罚的情节或者事由，而被作出免除刑罚的处理。犯罪人的刑罚被免除，则基于原先犯罪的刑罚后果消灭。

我国《刑法》等法律，并未设置行刑时效、大赦、前科消灭、复权等制度。应当说，这些制度的构建，对于完善我国刑法刑罚消灭的规定，具有重要意义。

第二节 时效制度

一、时效的概念与特征

（一）时效的概念

时效，是指刑事法律所规定的，如果在法定期间犯罪未经追诉、或者判决确定的刑罚未予执行，则法定期间经过就丧失了对于犯罪的追诉权、或者丧失了对于刑罚的行刑权的法律事实。时效包括追诉时效与行刑时效。广义的时效，包括得权时效与免责时效。刑法上的时效，仅指免责时效即消灭时效。

（二）时效的特点

法律规定：时效属于刑罚消灭的法定事由。具体立法模式，各国有所不同。有的国家采纳实体主义，有的国家采纳程序主义，有的国家兼采实体与程序主义。

法定期间：时效以法定期间为构成要素之一。在法律规定的期限内没有实施追诉犯罪或者执行刑罚的司法活动，其后国家即丧失了实施这种司法活动的权力。

状态继续：时效以特定事实状态持续为又一构成要素。这里的特定事实状态持续，是指国家对于犯罪没有追诉或者对于判决确定刑罚没有执行的情形延续不断地进行。

法律效果：时效最终产生一定的法律效果。具体表现为，时效期间经过，则国家丧失了对于犯罪的追诉权,或者丧失了对于判决确定刑罚的行刑权。

法律事实:时效也表现为一种法律事实。时效的发生将导致国家与犯罪人之间的司法刑罚权与刑事责任的刑事法律关系消灭。

二、时效的理论根据

时效制度受到诸多理论质疑。贝卡利亚认为,时效制度只能有条件地确立;加罗法洛也主张,时效制度虽应保留但只应局限于某些犯罪;龙勃罗梭则否定时效制度,认为时间的流逝并不能消除或减轻罪过的邪恶性质。当代理论也有主张,时效的意义只在纯司法的视角。

尽管时效受到诸多理论质疑,但是时效制度却为现代世界各国所普遍推行,不可否认时效制度也有其一定的合理成分。国外刑法理论对于时效的根据,从不同视角给予较为充分的阐释。具体见解包括,怠于行使说、改善推测说、证据湮灭说、刑罚同一说、规范感情缓和说、事实状态尊重说等。

我国刑法理论对于时效根据的阐释,基本上综合了国外刑法理论的改善推测说、证据湮灭说、刑罚同一说、规范感情缓和说、事实状态尊重说等内容。同时,我国也有学者对于时效根据,给予了核心因素的阐释。主张社会秩序的维护或称法的目的,是时效制度的根据,时效根据是建立在刑罚的有效性命题之上的。

本书视国家功利与事实推测为时效制度的核心根据。时效是致使司法刑罚权消灭的法定事由,时效制度的确立说明在这种场合国家不应或者无需再对犯罪人行使司法刑罚权。这其中既有国家功利的考虑,也有客观事实的推测。(1)**国家功利·平衡**:国家担负着维护社会稳定与安全的重要职责,追诉犯罪、量刑与行刑既是国家的一项权力也是国家的重要责任。然而,刑事司法需要资源,这就必然涉及效益。不予考虑时效而全面行使司法刑罚权,虽然可能使某些虽过时效期限但仍有危险性的犯罪人受到矫正,并且彻底体现刑罚的报应,但是由于时过境迁,这其中将肯定付出较大的司法资源。权衡这种"可能"与"肯定",只要时效期限恰当,国家就没有必要针对这种已过时效的犯罪去行使司法刑罚权。另外,国家对于犯罪追究与制裁不可避免地要受到客观需要的制约。这里的需要更为侧重于维护社会整体秩序与稳定的意义。有时出于对这种整体秩序与稳定的维护,有条件地放弃对于一些犯罪的司法处置,这在一定程度上不失为一种理性的选择。时效制度正是这种理性选择之一;超过一定期限的追诉与行刑反会打破既有的安定与平衡。(2)**事实推测·条件**:行为人犯罪以后经过一定期间没有再犯,在一定程度上说明了犯罪人的人身危险性不大,从而刑罚目的得以实现;行为人犯罪以后经过一定期间,虽无国家司法刑罚权的实施,而犯罪人在这期间也承受着司法阴影的笼罩,从而刑罚报应仍有体现;随着时间的流逝,犯罪否定法律从而在人们心中所造成的对于法律信奉的疑虑,也逐渐消释,从而刑罚积极一般预防也有一定体现;犯罪经过一定期间,犯罪人没有再犯,原先被扰乱与破坏的社会秩序也得以一定恢复。上述基于时效而出现的刑罚目的、报应与积极预防等的效果,虽然不是绝对的,但是只要时效期限恰当,仍不失为具有较高概率的事实。这是时效制度存在的基本根据。

三、追诉时效

（一）追诉时效的概念与特征

追诉时效，是指刑事法律所规定的，如果在法定期间犯罪未经追诉，则法定期间经过就丧失了对于犯罪的追诉权的法律事实。追诉时效**分为**自诉时效与公诉时效。自诉时效，是指自诉人[①]以公民个人名义请求法院追究被告人刑事责任的有效期限；公诉时效，是指检察机关代表国家请求法院追究被告人刑事责任的有效期限。

追诉时效存在如下**特征**：**(1) 法律规定**：追诉时效属于刑罚消灭的法定事由。具体立法模式，各国有所不同，分别呈现实体主义或程序主义。**(2) 法定期间**：追诉时效以法定期间为构成要素之一。在法律规定的期限内没有追诉犯罪，其后即丧失了对于犯罪的追诉权。**(3) 状态继续**：追诉时效以特定事实状态持续为又一构成要素。这里的特定事实状态持续，是指对于犯罪没有追诉的情形延续不断地进行。**(4) 法律效果**：追诉时效最终产生一定的法律效果。具体表现为，时效期间经过，即丧失了对于犯罪的追诉权。**(5) 法律事实**：追诉时效也表现为一种法律事实。追诉时效的发生将导致追诉权丧失，进而也就无所谓量刑与行刑。**(6) 实体性质**：追诉时效的重心仍在实体。追诉时效并非通常的追诉问题，而是否定追诉权的一项法定事由，而这种追诉权的否定直接指向定罪处刑问题。

（二）追诉时效的期限

追诉时效期限，是指法律所规定的，在一定条件下丧失对犯罪追诉权所必须经过的期间限度。追诉时效制度的合理与否，在很大程度上取决于恰当的追诉时效期限，而追诉时效期限的确定不能脱离罪行的轻重与刑法的理念。由此，各国的追诉时效期限，总体上均按年限的不同而采取等级制，不过具体表现则有所不同。有的国家根据犯罪轻重的不同划分年限等级；有的国家根据刑罚轻重的不同划分年限等级；在具体等级划分上，也存在二分、三分、五分等等不同的等级划分；有的国家还规定了时效期限的例外。我国《刑法》第 87 条对于追诉时效期限作了具体规定，这一规定表明我国的追诉时效期限具有如下特征：

确定时效期限的根据：根据犯罪行为应处法定最高刑轻重的不同[②]，划分时效期限等级。在此，确定法定最高刑应当注意：**(1) 法定刑幅度**：根据犯罪情节确定行为的具体犯罪性质（罪名）；有时某一罪名下仅有一个法定刑幅度，则这一法定刑幅度的最高刑期即为该罪的诉讼时效期限；如果某一罪名下存在多个不同的法定刑幅度，则基于定罪情节与量刑情节确定该罪所应当适用的法定刑幅度，这一法定刑幅度的最高刑期即为该罪的诉讼时效期限。**(2) 犯罪情节**：作为确定法定最高刑的犯罪情节，包括定罪情节与量刑情节。总体而言，定罪情节决定了具体行为所对应的犯罪性质

---

① **自诉人**，是公民以个人名义直接向法院提起诉讼，请求追究被告人刑事责任的当事人。自诉人通常是被害人本人；在被害人受强制威吓而无法控告的场合，也可以由被害人的近亲属提出控告。

② 我国《刑法》第 87 条所称"法定最高刑"是指具体案件中，犯罪行为所应适用的法定刑幅度的最高刑。

以及具体罪状,由此也就确定了相应的法定刑幅度;量刑情节决定了在具体行为所对应的法定刑幅度的其内或者其外①,由此最终确定所应适用的刑罚点位。由此,虽然基于定罪情节确定了一定的法定刑幅度,但是如果存在影响至幅度外的量刑情节,则由此犯罪最终应当适用的法定刑幅度就会有所调整。

时效期限的具体年限:(1)**四分等级**:分别应处法定最高刑的不同,将时效期限划分为四个等级。A. 5年:适用于法定最高刑为不满5年有期徒刑的犯罪。当然,这里的"不满5年有期徒刑"也应包括法定刑为拘役或者管制的犯罪,或者可以单处附加刑的犯罪。B. 10年:适用于法定最高刑为5年以上不满10年有期徒刑的犯罪。C. 15年:适用于法定最高刑为10年以上有期徒刑的犯罪。这里的"10年以上"是指10年以上15年以下,因为时效期限以单个犯罪为单位,而在此场合有期徒刑的最高期限为15年;根据我国《刑法》第89条第2款的规定,后罪将使前罪的追诉时效中断。D. 20年:适用于法定最高刑为无期徒刑、死刑的犯罪。不过,这一追诉时效期限,存在着例外情况。(2)**最高刑期**:追诉时效期限是具体犯罪所应适用的法定刑幅度的最高刑。这意味着在追诉时效期限的确定上,首先是确定具体犯罪所应适用的法定刑幅度,而不是该犯罪所应处的具体刑罚;然后再根据所确定的应当适用的法定刑幅度,以该法定刑幅度的最高刑作为该犯罪的追诉时效期限。

时效期限的特殊例外:对于法定最高刑为无期徒刑、死刑的犯罪,虽然经过20年,但是如果认为必须追诉的,报请最高人民检察院核准仍可追诉。由此,这一特殊例外存在如下要件:(1)**死刑、无期徒刑**:针对应处法定最高刑为死刑或者无期徒刑的犯罪。(2)**经过20年**:从犯罪之日起,犯罪经过20年。(3)**必须追诉**:这一犯罪,虽然经过20年,但是仍然必须追诉。这里,确定"必须追诉"的实质标准在于:犯罪的主客观危害依然严重,尤其是行为人依然具有较大的人身危险性;犯罪虽然时过20年,但是只有对之追诉才能确立社会公众对于法律的信奉、恢复应有的社会秩序。(4)**报请核准**:必须报请最高人民检察院核准。以上四项条件必须同时具备,才可排除时效期限的限制。我国时效期限的特殊例外,虽然规定于《刑法》,但却有将之视作程序事项的倾向,时效期限排除的核准部门是"最高人民检察院",而国外刑法通常将时效期限排除的权限归属于法院。

(三)追诉时效期限的计算

1. 追诉时效期限计算的概念

广义上的追诉时效期限计算,是指追诉时效进行的开始与终止的,以及在追诉时效进行期间由于特定事由的发生而使时效进行出现暂停、中断、延长的,时效期限经过日期的具体定位。由此,追诉时效期限计算包括:追诉时效开始与终止、追诉时效暂停、追诉时效中断与追诉时效延长。而**狭义**上的追诉时效期限计算,仅指追诉时效正常进行的开始与终止的具体日期的定位。追诉时效暂停、追诉时效中断与追诉时

---

① 就我国《刑法》规定而言,影响于幅度内的量刑情节主要表现为从轻、从重的情节,影响至幅度外的量刑情节主要表现为减轻、免除的情节。

效延长,从时效期限经过日期的具体定位来看(在时间轴上)属于时效期限的计算,而从造成时效期限暂停、中断或延长的有关特定事由来看(在事由轴上)属于时效进行的特殊现象。为此,可以针对造成追诉时效暂停、追诉时效中断与追诉时效延长的特定事由,具体构建其知识体系,而在追诉时效期限计算的框架下,主要阐释追诉时效正常进行的时效期限计算。从这个意义上说,追诉时效期限计算主要是狭义上的,本书也主要在这个意义上展开对于追诉时效期限计算的阐释。

2. 追诉时效期限的起算

关于追诉时效期限的计算,关键是追诉时效期限的起算时间,对此各国立法大多确立某一基本的时效起算标准,同时针对犯罪类型的多样,再对某些犯罪类型的时效起算予以专门规定。其中,"时效起算的基本标准"包括:犯罪终了、实施犯罪、犯罪既遂、犯罪、构成犯罪、行为终了、犯罪被发现;"专门规定的犯罪类型"包括:行为犯与结果犯、连续犯与继续犯、共同犯罪、亲告罪、基于未成年被害人的犯罪类型、基于在船舶上犯罪的犯罪类型。我国《刑法》第89条第1款对于追诉时效期限的起算作了具体规定,这一规定也以"时效起算的基本标准"与"时效起算的专门规定"的路径展开。

时效起算的基本标准:我国《刑法》规定:"追诉期限从犯罪之日起计算"。这里关键是对于"犯罪之日"的理解。对此,存在"犯罪成立之日"、"犯罪发生之日"、"犯罪停止之日"、"犯罪完成之日"、"犯罪实施之日"等不同见解。本书认为,我国《刑法》所称"犯罪之日"是指"犯罪终了之日"。**(1) 时效期限起算的基准**:首先,在**实质**上,追诉时效的起算应当较为合理地体现追诉时效的前提与价值。就前提而言,追诉时效指向司法刑罚权的行使,而这一权力行使的前提是犯罪的存在,从而"起算"至少应有"犯罪成立";就价值而言,追诉时效的起算应当能够尽述法定时效期限的跨度,这意味着起算的时点应当是在犯罪进行的终点上而不能覆盖犯罪的过程。其次,在**形式**上,所采纳的术语表述应当较为确切地涵盖所需包含的意义。这意味着:词能达意,即形式术语能够尽述其所欲表述的实质内容,同时也应注意术语的简洁与明确;解释全面,即作为一般性的规定术语应当能够总体包容各种犯罪形态,包括行为犯、结果犯、危险犯、预备犯、未遂犯、中止犯、结果加重犯、共同犯罪等等。**(2) 时效期限起算的展开**:"犯罪终了之日",这里的"犯罪终了"未必就是"犯罪既遂"。"犯罪终了",意味着行为人的犯罪活动及其造成的具有刑法意义的结果发展至最终状态,这是一种事实状态,在实际中这种事实状态可能成立行为犯、结果犯、结果加重犯、预备犯、未遂犯、中止犯、共同犯罪等等犯罪形态;反而言之,与"犯罪终了"相应的这些犯罪形态有其相应的刑法理论构成,时效起算也可表述为这些不同犯罪形态的理论构成符合之时。例如,甲以杀人的直接故意,致乙重伤,1月后乙因伤势过重而亡。这一案件的"犯罪终了"是乙被害而亡的最终状态,时效起算为乙身亡之日。如果该案,1月后乙脱离危险而逐步好转,则这一案件的"犯罪终了"是乙被害重伤的最终状态,时效起算为乙重伤之日。

时效起算的专门规定:我国《刑法》针对连续犯与继续犯,将时效起算专门规定为

"犯罪行为终了之日"。**(1) 连续犯·时效起算**：由于连续犯的数个独立犯罪之间存在连续关系，所以连续犯数罪的各个犯罪之间存在时效中断，进而连续犯追诉时效起算的"犯罪行为终了之日"，是指在具有连续关系的数罪中，最后一个犯罪行为的犯罪终了之日。尚需注意的是，即使连续犯的数罪的最后一个犯罪属于未完成形态，而其前罪均为完成形态，该连续犯的追诉时效起算，仍然为该最后一个犯罪的终了之日。**(2) 继续犯·时效起算**：继续犯存在犯罪持续的时间，这一持续时间不应计算在时效期限内，从而继续犯追诉时效起算的"犯罪行为终了之日"，是指作为继续犯的犯罪终了之日。而继续犯的犯罪终了，是指"实行行为与不法状态同时持续"所构成的具有刑法意义的一种最终事实状态。在具体案件中，其既可以表现为实行行为与不法状态的停止，也可以表现为具有刑法意义的某种结果的发生。

3. 追诉时效期限的终点

追诉时效期限的计算，除了时效期限的起算外，还存在时效期限的终点。这里，所谓**时效期限终点**，是指追诉时效期限在何种时间点上算作完成。需要明确的是，这个"终点"究竟是指立案侦查、案件起诉，还是指案件审判？对此，我国《刑法》没有明确规定，刑法理论存在侦查之日、审判之日、判决生效之日等不同见解。本书主张，就目前我国《刑法》的实然规定而言，时效终点的刑法意义应当定位于"立案侦查"或者"受理案件"。在自然时间上，"审判之日"应在"立案侦查"与"受理案件"的一定时间之后；其间既可能出现正常的侦查期间、起诉期间、审查期间，也可能出现因案犯逃避而使审判不能进行期间。尽管我国《刑法》第88条规定了"立案侦查"与"受理案件"的时效延长，从而如果在时效期间司法机关"立案侦查"或者"受理案件"，其后"逃避侦查或者审判的，不受追诉期限的限制"。但是，如果将时效终点定位于"审判之日"，就会使立案侦查之日或受理案件之日至审判之日的司法过程，计算在时效期限以内，形成对时效期限的覆盖，从而不恰当地缩短了时效期限。

（四）追诉时效进行的停止制度

1. 追诉时效期限暂停

追诉时效期限暂停，简称时效暂停，是指在时效期限进行过程中，由于发生了法律规定的事由，致使时效期限不能进行，在法律规定的事由终了之后，追诉时效期限继续进行的时效制度。时效暂停强调将法定事由进行期间从时效期限的进行中排除，其典型特征是：法定事由期间，时效进行停止；法定事由结束，时效继续进行。

就广义而言，追诉时效期限暂停也可以包括时效迟延起算。所谓**时效迟延起算**，是指法律规定基于一定事由，时效期限不能进行，在法律规定的事由终了之后，追诉时效期限得以进行的时效制度。时效迟延起算，其时效进行的暂停发生于时效尚未开始，由此可以视作时效起算的迟延；而从时效不能进行，其后待法定事由终了之后时效进行的角度看，也可谓时效期限的暂停。不过，其更典型的意义属于先期排除时效期限进行。这里的追诉时效期限暂停，仅指时效开始后进行过程中的时效期限暂停。

各国立法所规定的导致追诉时效期限暂停的法定事由，主要包括如下情形：提起诉讼、无法追诉、逃匿追诉、特定任职、履行义务、司法停止、诉讼时间、程序等待、境外服刑、身处境外等；同时，有的国家或地区的立法针对追诉时效期限的暂停设置了绝对时效制度。我国《刑法》并未规定追诉时效期限的暂停。

2. 追诉时效期限中断

追诉时效期限中断，简称时效中断，是指在时效期限进行过程中，由于发生了法律规定的事由，致使既已进行的时效期限归于无效，在法律规定的事由终了之后，追诉时效期限重新开始进行的时效制度。时效中断强调自法定事由发生时点起前期既已进行的时效期限消除，其典型特征是：法定事由发生，时效进行停止；法定事由结束，时效重新进行。

各国立法所规定的导致追诉时效期限中断的法定事由，主要包括如下情形：预审或追诉、提起诉讼、调查、强制措施、审判、逃避审判或精神失常、再次被指控、再犯新罪等；同时，有的国家立法针对追诉时效期限的中断设置了绝对时效制度。

我国《刑法》仅第89条第2款设置了基于再犯新罪的时效中断。我国时效期限中断，表现出如下特征：**（1）再犯新罪**：犯罪人在实施前罪之后又实施了另一犯罪的，前罪时效中断。这里的前罪与后罪可以表现为各种犯罪形态。既可以是故意犯罪也可以是过失犯罪，既可以性质相同也可以性质不同，既可以是完成形态也可以是未完成形态。**（2）追诉期限以内**：在前罪的追诉时效期限以内再犯新罪，方可致使前罪时效中断。在新罪属于间隔犯的场合，新罪实施的时点必须在追诉期限以内，而不是指新罪的最终结果的时点必须在追诉期限以内。**（3）时效中断**：在追诉期限以内再犯新罪的，前罪时效中断。新罪进行期间，前罪时效进行停止；新罪终了之时，前罪时效重新起算。在新罪属于间隔犯的场合，前罪时效重新起算的时点是在新罪的最终结果发生之时。**（4）分别各罪时效**：在前罪追诉时效期限以内再犯新罪，仅仅导致前罪的时效期限自后罪终了时重新起算，至于前罪的时效期限与后罪的时效期限仍然不变，并且各自分别计算。

3. 追诉时效期限延长

追诉时效期限延长，是指在时效期限进行过程中，由于发生了法律规定的事由，致使追诉时效期限在原有的基础上延续增长的时效制度。时效延长强调法定事由对于时效进行的扩展。就广义而言，追诉时效期限延长包括时效期限无限延长与时效期限有限延长。基于我国《刑法》对于时效期限延长的规定，我国刑法理论通常只是在"无限延长"的意义上阐释追诉时效期限延长，而本书将之区分阐释。

追诉时效期限有限延长，是指在时效期限进行过程中，由于发生了法律规定的事由，致使追诉时效期限在原有的基础上延续增长至某一有限终点的时效制度。时效有限延长强调法定事由对于时效期限的延伸与其后终止，其典型特征是：法定事由发生，时效期限延长；最终时效期限，基于法定事由确定；存在时效期限的终止。追诉时效期限有限延长的立法并不普遍。在有关立法中，导致追诉时效期限有限延长的法定事由，主要表现为再犯新罪，即再犯新罪致使时效期限延长至新罪时效期限终止之日。

追诉时效期限无限延长,是指在时效期限进行过程中,由于发生了法律规定的事由,致使不再计算时效期限,追诉时效期限无限延续的时效制度。时效无限延长强调法定事由对于时效进行的终止与其后排除,其典型特征是:法定事由发生,时效期限不再计算;并不存在时效期限的终止。就时效进行的停止而言,时效期限无限延长意味着停止之后时效期限不再计算;就时效进行的延长而言,时效期限无限延长意味着时效进行一直延续而无终点。各国立法所规定的导致追诉时效期限延长的法定事由,主要包括如下情形:开始审理、立案之后逃避追诉、司法否定追诉不当等。

　　我国《刑法》以第 88 条规定了追诉时效期限无限延长。我国时效期限延长,表现出如下特征:**(1) 立案侦查与受理案件·逃避侦查审判**:人民检察院、公安机关、国家安全机关"立案侦查"或者人民法院"受理案件"之后,犯罪人"逃避侦查或者审判"的,犯罪"不受追诉期限"的限制。对此,存在如下要点:**A. 立案侦查**:对于"立案侦查"的理解,存在"立案说"与"立案并侦查说"的分歧。本书认为,"立案侦查"是指立案并侦查。尽管立案与侦查密切相连,然而严格而论,立案不同于侦查①。其实,"立案说"侧重实质解释,"立案并侦查说"注重形式解释。刑法解释应当遵循其应有的规则②,显然将立案侦查解释为立案,既突破了《刑法》条文的文句表述,也不利于彰显刑法的人权保障价值。**B. 受理案件**:是指人民法院对于自诉人的自诉或者检察院的公诉经审查而予以接受的诉讼活动。其特征是:受理案件的主体是人民法院;受理案件的对象包括自诉案件与公诉案件;受理案件经由人民法院依法初步审查;受理案件属于开启刑事审判的诉讼活动。其中自诉案件的受理即自诉案件的立案。**C. 逃避侦查审判**:是指犯罪人故意实施彻底摆脱侦查审判的行为,致使侦查或者审判因缺乏犯罪人而无法进行。其特征是:主观上犯罪人具有逃避侦查审判的故意;客观上犯罪人实施彻底摆脱侦查审判的行为,主要表现为逃跑或者藏匿等;实质上基于犯罪人的故意行为致使侦查审判因失去了犯罪人而无法进行。其中,致使侦查审判无法进行,是逃避侦查审判的根本要素。**D. 时效无限延长**:是指时效期限不再计算,即不再存在时效期限的终止。这是基于符合"立案侦查"或"受理案件"之后"逃避侦查审判"的前提条件而产生的法律后果。具体地说,就是在上述要件同时具备时,不再计算时效期限,追诉时效期限无限延续。**(2) 追诉期限内控告·司法机关否定立案不当**:被害人"在追诉期限内提出控告",人民法院、人民检察院、公安机关"应当立案而不予立案"的,犯罪"不受追诉期限"的限制。对此,存在如下要点:**A. 追诉期限内控告**:是指刑事案件的被害人在法定的追诉时效期限以内,向人民法院、人民检察院、公安机关告发某人或者某些人对于被害人实施了犯罪行为,并要求司法机关依法追究犯罪人的刑事责任。其特征是:告发的主体是刑事案件的被害人;告发向人民法院、人民检察院、公安机关提出;告发在法定追诉时效期限以内进行;告发的内容是他人

---

　　① **立案**,是指司法机关对于报案、控告、举报和发现的材料进行审查,判明有无犯罪事实和应否刑事处罚,从而决定是否作为刑事案件进行侦查或审理的诉讼活动。**侦查**,是指公安机关、人民检察院在办理案件过程中,依照法律进行的专门调查工作和有关的强制性措施。

　　② 详见本书第三章刑法解释的相应阐释。

对被害人实施了犯罪行为,要求司法机关依法追究。**B. 司法机关否定立案不当**:是指被害人所控告的事实已经构成犯罪并且应当受到刑事追究,对此人民法院、人民检察院、公安机关应当立案而不予立案。其特征是:依据事实与法律而予客观评价,被害人所控告的事实已经构成犯罪并且应予刑事追究;客观上司法机关对于被害人所控告的事实应当予以立案,管辖的分歧并不影响应予立案的成立;司法机关对于客观上应当予以立案的控告事实而不予立案。**C. 时效无限延长**:是指追诉时效期限无限延续。这是基于符合上述要件而产生的法律后果。

4. 追诉时效停止制度的立法完善

我国《刑法》将在追诉时效期限内再犯新罪作为时效中断的法定事由,这具有一定的合理性,不过总体而论我国刑法对于追诉时效进行停止制度的设置,仍需作较大的调整。

取消时效延长的规定:应当取消我国《刑法》的时效无限延长制度,其功能可以由时效中断或者时效暂停来替代。时效无限延长实际上是否定某些场合的时效期限的存在,如此制度相对苛厉。其并未充分考虑时效制度对于维护社会稳定与提高司法效益等的意义。从各国立法情况来看,时效延长制度并不普遍。至于逃避追诉的时日理应从时效期限中排除的问题,完全可以通过时效暂停来解决。

增设时效暂停的规定:我国《刑法》并未设置时效暂停制度,而在国外时效暂停制度较为普遍。时效暂停制度的核心内容是致使时效暂停的法定事由,对此各国存在提起诉讼、逃匿追诉、特定任职、无法追诉等。应当吸取国外立法的合理成分,建立我国的时效暂停制度,基于我国刑罚体系的背景,可以考虑以无法追诉、否定追诉不当、司法停止作为致使时效暂停的法定事由,同时设置相应的绝对时效制度①。

完善时效中断的规定:我国《刑法》时效中断的法定事由较为单一,而对于时效中断的绝对时效未予规定。国外时效中断的法定事由较为多样,通常包括预审或追诉、提起诉讼、调查、强制措施、审判、逃避审判、再犯新罪等。完善我国时效中断制度,除了保留原有的相应规定外,将立案、侦查、起诉、审判等有关诉讼行为增设为致使时效中断的法定事由,同时设置针对时效中断的绝对时效制度。

增设时效停止效力的规定:对于某些特殊犯罪形态的时效停止制度的适用,予以特别规定,这也是各国刑法立法的普遍做法。我国《刑法》则缺乏这一方面的规定。应当说,通常所规定时效中断与时效暂停,主要是针对单独与典型的犯罪形态而言的。由此,可以针对共同犯罪、单位犯罪、连续犯与牵连犯,增设我国《刑法》的时效停止制度适用的特别规定。

---

① **绝对时效制度**,是对于时效暂停期间的时间长度予以一定程度的限制,以使时效开始至时效结束的整个时间长度不至过长。绝对时效更有利于体现追诉时效的价值意义,避免犯罪人处于可能被追诉状态的时间阶段过长。

四、行刑时效

(一) 行刑时效的概念与特征

行刑时效,是指刑事法律所规定的,如果在法定期间所判刑罚未予执行,则法定期间经过就丧失了对于所判刑罚的执行权的法律事实。

行刑时效具有如下**特点**:(1) 法律规定:行刑时效属于刑罚消灭的法定事由。行刑时效期间、进行、效果等内容,由刑法予以具体规定,而具体立法模式各国有所不同。行刑时效属于刑事实体问题。(2) 法定期间:行刑时效存在一定的法定期间。在法定期限内没有执行已判刑罚,其后即丧失了执行权。这一法定时效期限,也涉及多刑种并处场合的行刑时效期限的确定。(3) 未予执行:行刑时效以既判刑罚未予执行为前提。在此,未予执行的是"已判刑罚";未予执行的"已判刑罚"包括全部或者余刑;"未予执行"是指执行行为的持续缺席。(4) 法律效果:行刑时效的直接效果是行刑权的丧失,行刑时效的最终效果是刑罚的消灭。时效期间经过刑罚未予执行的,即丧失了对已判刑罚的行刑权,进而最终导致刑罚消灭。(5) 法律事实:行刑时效也表现为一种法律事实。就规则而言,行刑时效可谓一种刑罚制度;就效果而言,行刑时效可谓一种法律事实,是致使国家行刑权丧失的一项原因。

(二) 行刑时效期限

行刑时效期限,是指法律所规定的,在一定条件下丧失对已判刑罚执行权所必须经过的期间限度。行刑时效制度的合理与否,在很大程度上取决于恰当的行刑时效期限。就理论标准而言,行刑时效期限的确定不能脱离刑罚的轻重与刑法的理念,并且行刑时效应适当高于追诉时效期限。从立法状况来看,总体上各国均按年限的不同而采取等级制来规定行刑时效期限,而在具体等级划分、划分根据等问题上则有所不同。

我国《刑法》对于行刑时效未予规定。一般说来,任何事物总是利弊相伴。但是,应当说行刑时效利大于弊。与追诉时效一样,行刑时效也是各国普遍采纳的一项时效制度。行刑时效的缺席,不能不说是我国《刑法》制度建设上的一种缺憾。本书兹对我国行刑时效期限的设置提出如下设想:(1) 以判处刑罚轻重为根据,确定行刑时效的具体期限。① 死刑的行刑时效期限为35年,无期徒刑为30年;有期徒刑、拘役、管制的时效期限为判决刑期的1倍半,但是最高不得超过30年,最低不得少于2年;有期资格刑的时效期限也为判决刑期的1倍半,但是最高不得超过10年,最低不得少于2年;罚金可以根据具体罚金数额区间设置相应的相对确定的时效期限;剥夺公权终身的时效期限,根据相应主刑确定;剥夺勋章、奖章与荣誉称号终身、剥夺军衔终身的时效期限为10年。(2) 对某些特殊类型的罪刑,设置相应的时效期限的特殊限制。当某种罪刑的严重程度所表现出的价值意义,已经达到可以与时效制度的价值根据相抗衡的程度,则应当考虑对于这种罪刑设置时效制度的例外。具体地说,可以

---

① 以下设计系基于我国应然刑罚体系所作的考虑。

考虑对于死刑、终身自由刑的被处刑罚,以及对于危害人类安全与和平的犯罪、种族灭绝罪等犯罪,设置行刑时效排除的例外;而在具体排除模式上,可以考虑采纳司法确定的立法方式,即针对排除时效期限的对象,规定在法定最高时效期限经过以后是否追诉由法院具体决定。

（三）行刑时效期限的计算

行刑时效期限计算,是指法律所规定的,关于行刑时效期限的开始与终止的日期的具体定位。各国对于行刑时效期限起算的规定各有特点,何种设置更为合理,这首先涉及理论应然。行刑时效意味着,在法定期间所判刑罚未予执行,则法定期间经过就丧失了对于所判刑罚的执行权。可见,所判刑罚未予执行是行刑时效期限经过的核心指向,反之所判刑罚正在执行或者已予执行,也就无所谓行刑时效期限经过;而执行所判刑罚其基本的前提是,所判刑罚法律上应当执行、客观上可以执行。由此,对行刑时效期限计算的立法可作如下考虑:(1)对于时效期限起算的表述:以"判决确定之日"表述行刑时效的起算,较为可取。在我国刑法理论与实际中,"判决确定"通常被理解为终审的判决裁定。当然,这里的"判决确定之日",是对"应当执行刑罚"的表述,即其是以"刑罚判决确定"并且"应当立即执行"为前提的,没有刑罚执行内容的判决,固然无所谓行刑时效问题。(2)对于迟延起算事由的遴选:作为迟延时效起算的事由,至少应当具备两项条件:这一事由应是相对客观的阻碍时效期限进行的情形;这一事由也应发生在判决确定之后时效进行之前。在我国刑法制度的总体背景下,这些事由可以表现为犯罪人丧失刑罚能力、犯罪人逃避服刑、或者因为意外而无法行刑等。(3)特殊场合行刑时效的起算:在缓刑撤销、假释撤销、减刑、再审改判、刑罚并科、数罪并罚等情况下,行刑时效的期限与计算有其特殊表现,对此《刑法》应予特别规定。例如,缓刑的时效期限自撤销缓刑之日起算。在假释或者假释撤销的场合,仍应适用原判刑罚的时效期限,时效起算仍为原判确定之日,假释考验期间时效进行暂停。

（四）行刑时效进行的停止制度

行刑时效期限暂停,是指在时效期限进行过程中,由于发生了法律规定的事由,致使时效期限不能进行,在法律规定的事由终了之后,行刑时效期限继续进行的时效制度。时效暂停强调将法定事由进行期间从时效期限的进行中排除,其典型特征是:法定事由期间,时效进行停止;法定事由结束,时效继续进行。

在国外立法中时效暂停制度较为普遍。时效暂停制度的核心内容是致使时效暂停的法定事由,对此各国存在缓刑期间、假释期间、行刑期间、依法停止执行、客观无法执行、不可抗力、其他监禁服刑等规定。本书认为,建立我国的时效暂停制度,在具体制度建构上,可以考虑以缓刑期间、假释期间、行刑期间、无法缉拿期间、无法执行期间等作为致使时效暂停的法定事由,同时设置相应的绝对时效制度。

行刑时效期限中断,是指在时效期限进行过程中,由于发生了法律规定的事由,致使既已进行的时效期限归于无效,在法律规定的事由终了之后,行刑时效期限重新开始进行的时效制度。时效中断强调自法定事由发生时点起前期既已进行的时效期限消除,其典型特征是:法定事由发生,时效进行停止;法定事由结束,时效重新进行。

在国外立法中时效中断制度也较为普遍。时效中断制度的核心内容仍是致使时效中断的法定事由,对此各国存在执行刑罚、自首、被抓获、逃至无法缉拿之地、再犯新罪等规定。本书认为,建立我国的时效中断制度,可以考虑以再犯新罪之日、逃避服刑之日等作为致使时效中断的法定事由,同时设置相应的绝对时效制度。

行刑时效期限延长,是指在时效期限进行过程中,由于发生了法律规定的事由,致使行刑时效期限在原有的基础上延续增长一定幅度的期限的时效制度。时效延长强调法定事由对于时效期限的延伸与其后终止,其典型特征是:法定事由发生,时效期限延长;延长之后的时效期限,超出原先时效期限的一定幅度。

从各国立法情况来看,时效延长制度并不普遍,少数国家基于逃至无法缉拿之地、再受刑罚宣告的事由,设置了时效延长制度。不过,对比各项时效停止制度的功能特征,对于上述相关事由对于时效进行的影响,可以置于时效暂停或者时效中断中予以规定,而无须设置时效延长制度。

第三节 赦 免 制 度

一、赦免的概念与特征

赦免,是指国家立法机关或者国家元首根据法定特权,非经司法程序而以法案或者政令的方式,直接针对犯罪人宣告免除其罪与刑,或者宣告免除、减轻其刑的法律制度。赦免通常包括大赦、特赦、减刑、复权。

现代赦免存在如下**特点**:(1)立法机关与元首:属于最高立法机关或者国家元首的一项特权。根据各国法律规定的不同,赦免由最高立法机关或者国家元首决定,或者由最高权力机关决定、国家元首发布。(2)非经司法程序:赦免对于既定罪刑的处理,并不通过司法程序,而是由国家立法机关通过法案的方式,或者由国家元首通过政令的方式,直接针对特定或者不特定的犯罪人而适用。(3)法律表现:从各国立法状况来看,赦免通常规定在宪法中,不过许多国家的刑法对此也有体现。例如,《法国宪法》确立了总统的赦免权,并且《法国刑法典》第133-7条至第133-11条具体规定了赦免制度。(4)内容类型:赦免既可以表现为免除罪与刑,也可以是仅仅免除或者减轻刑罚;赦免既可以针对某种犯罪类型,也可以仅仅针对特定犯罪人。由此,赦免区分为大赦与特赦。有的国家还设置了赦免性减刑与赦免性复权。(5)法律性质:赦免具有双重属性。赦免以法案或者政令的方式颁布实施,体现了立法或行政的性质;赦免针对某类犯罪或特定犯罪人而免除其罪刑,从而展示了刑法的性质。赦免不失以罪刑为内容的法案或政令处理。

二、赦免的理论根据

赦免旨在体现最高的、实质的正义。具体地说:(1)刑事政策的要求:赦免不失刑事政策思想的一种规范制度表现。具体地说,赦免作为一种法律制度,是以国家最高权力机关、国家元首直接切入罪刑处置的制度化为形式,展示与贯彻具体的刑事政策思想。就内容而言,刑事政策思想在不同层面、针对不同对象、在不同场合有着不同的体现,而赦免在一定程度上反映了区别对待、宽和适宜等思想。**(2)应对社会的现实**:赦免有其社会现实需要的基础。法律虽有稳定性的一面,但是法律又不能过于僵硬。随着社会的发展、犯罪人自身的变化,原先的罪行在新的时代背景与新的历史阶段,会有新的危害程度评价;同时,这种新的社会情况也会产生某种需要,通过一种特殊的罪刑处理方式,维护政治稳定、保持社会繁荣、展示时代风貌。**(3)政治统治的处理**:赦免也是最高统治基于宏观政治而直接处置罪刑的需要。通常罪刑应当通过严格的司法程序并由司法官员进行,然而相对于最高立法机关、国家元首,司法官员处理罪行的视域限于微观法律,而赦免可以使得最高立法机关、国家元首立于宏观政治,着眼社会发展的历史现状未来,出于国家社会整体利益,对于罪刑予以宽和的合理处置。**(4)纠正严厉与失当**:赦免也可以基于更高的视野与时代情况的全局把握,对于具体罪行既有处置的过于严厉与失当予以纠正。刑事司法难以避免时代背景的影响,既有的判决基于当时的情况可能合乎情理,然而立于现时回顾或许显得过于严厉与失当,而作为这种评价的基础又是对于全局社会状况的把握,从而赦免的方式也就有了存在必要。

三、赦免的种类

(一)大赦

大赦,是指由立法机关决定,对于某种类型的不特定的犯罪人,免予追诉或者免除犯罪宣告与刑罚执行的法律制度。

大赦存在如下**特征**:(1)**大赦主体**:大赦通常由最高立法机关通过法案的方式予以决定,具体地基于各国立法的差异,又有不同的表现。例如,俄罗斯的大赦属于俄罗斯联邦会议国家杜马的特权。[①](2)**大赦对象**:大赦通常针对某种类型犯罪的不特定的犯罪人。例如,俄罗斯的大赦针对非个别确定的范围的犯罪人宣布[②];日本大赦也无特定对象,而是由政令确定赦免对象的种类[③]。(3)**大赦效力**:大赦通常致使被赦免的犯罪人的罪与刑均予消灭。此后,倘若犯罪人再犯,不构成前科。例如,俄罗斯的大赦可以免除刑罚,对于刑满人员可以撤销其前科。[④]

(二)特赦

特赦,是指由立法机关决定,对于特定的犯罪人,免除犯罪宣告或者刑罚执行的法律制度。

大赦存在如下**特征**:(1)**特赦主体**:特赦通常由最高立法机关或者国家元首以命

---

① 参见《俄罗斯宪法》第103条第6项,《俄罗斯刑法典》第84条第1款。
② 例如,对实施某种犯罪(过失犯罪、经济犯罪)的妇女、未成年人宣布。参见《俄罗斯刑法典》第84条第1款。
③ 参见《日本恩赦法》第2条。
④ 参见《俄罗斯刑法典》第84条第2款。

令的方式予以实施。而在具体表现上,各国立法又有所差异。例如,俄罗斯的特赦由俄罗斯总统命令实施①;法国的特赦也由总统签署特赦令②。(2) 特赦对象:特赦通常针对特定的犯罪人。例如,俄罗斯的特赦针对个别特定的个人实行③;法国的特赦,或者表现为个人特赦,针对特定的个别犯罪人;或者表现为集体特赦、新的特赦,针对某些特定的犯罪人④。(3) 特赦效力:特赦通常只是赦免的犯罪人刑罚执行,而并不赦免犯罪的宣告。此后,倘若犯罪人再犯,可以构成前科。

大赦与特赦:大赦与特赦虽同属赦免,但两者之间存在**区别**⑤:(1) 主体与程序:大赦通常由最高立法机关,通过法案的方式予以实行;而特赦通常由国家元首,通过政令的方式予以实行。(2) 对象:大赦通常针对某种类型犯罪的不特定的犯罪人,并不声明被赦免者的名单;而特赦通常针对特定的犯罪人,声明被赦免者的名单。(3) 效力:大赦通常致使被赦免的犯罪人罪与刑均予消灭;而特赦通常只是赦免对犯罪人的刑罚执行而并不赦免犯罪的宣告。

(三) 减刑

减刑,是指国家立法机关或者国家元首根据法定特权,以法案或者政令的方式,对于受罪刑宣告的人免除其刑罚的一部或者全部的执行的法律制度。

减刑存在如下**特征**:(1) 主体与程序:这里的减刑,属于赦免的范畴,是赦免的表现形式之一,从而其是由最高立法机关或者国家元首,通过法案或者政令的方式予以实行;而非赦免的减刑,通常由司法机关根据司法程序予以实行,并以刑法执行中的悔改表现为重要条件,减刑也不能超过一定限度。(2) 分类:赦免减刑分为一般减刑与特别减刑,而不同的立法又有所差异。我国台湾,一般减刑程序如同大赦,须经立法院通过后由总统命令实行,针对一般人的一般犯罪或者一般人而受某种刑罚科处;特别减刑程序如同特赦,针对受刑罚科处的特定的犯罪人,从而在减刑命令中须声明被减刑人的个别姓名。⑥

(四) 复权

复权,是指国家立法机关或者国家元首根据法定特权,以法案或者政令的方式,对于受到剥夺资格宣告的人恢复其所被剥夺资格的法律制度。

复权存在如下**特征**:(1) 主体与程序:这里的复权,依然属于赦免的范畴,是赦免的表现形式之一⑦,从而其是由最高立法机关或者国家元首,通过法案或者政令的方

---

① 参见《俄罗斯刑法典》第 85 条第 1 款。
② 参见〔法〕卡斯东·斯特法尼等著:《法国刑法总论精义》,罗结珍译,中国政法大学出版社 1998 年版,第 659 页。
③ 参见《俄罗斯刑法典》第 85 条第 1 款。
④ 参见〔法〕卡斯东·斯特法尼等著:《法国刑法总论精义》,罗结珍译,中国政法大学出版社 1998 年版,第 659—660 页。
⑤ 这种区别仅就一般意义而言,由于各国立法的差异,并不排除在某些国家,大赦与特赦的某些方面并无区别。例如,在俄罗斯,大赦与特赦的效力就没有区别。
⑥ 参见蔡墩铭著:《刑法总论》,台湾三民书局 1995 年版,第 347—348 页;高仰止著:《刑法总则之理论与实用》,台湾五南图书出版公司 1986 年版,第 585 页。
⑦ 国外刑法理论,通常将复权分为三种形式:法律上复权、裁判上复权、赦免复权。

式予以实行。(2)资格恢复:复权主要表现为资格的恢复,并且这种资格的恢复通常只是面对未来,而不溯及过去。这意味着复权后不再受资格上的限制,而过去受到处分的事实并不消灭,犯罪人曾被剥夺的官职也不能恢复。(3)分类:复权也分为一般复权与特别复权。例如,日本的恩赦复权有两种。一般复权,对于由于受有罪宣告而根据法令被丧失或者停止资格者用政令确定要件后实施;特别复权,对于特定人施行。①

四、我国的赦免

我国 1954 年《宪法》对于大赦与特赦均予以了规定。此后以及现行《宪法》只规定了特赦,这一特赦由全国人大常委会决定,特赦令由国家主席发布;由此,现行《刑法》第 65、66 条在累犯制度中所用的术语"赦免",仅指特赦。新中国成立后,我国先后实行过七次特赦。

我国特赦是指由全国人大常委会决定、国家主席发布,对于某类犯罪或者被处某种刑罚的犯罪人中的一部分,免除剩余刑罚执行或者减轻原判刑罚的法律制度。

我国的特赦具有如下**特征**:(1)主体与程序:通过法令的方式进行,具有法律的性质。具体地说,由中共中央或者国务院提出建议,全国人大常委会审议决定,国家主席颁布特赦令,最高人民法院和高级人民法院负责执行。(2)特赦对象:主要针对战争罪犯,而对于普通刑事犯通常经由司法程序采取减刑、假释等方法予以刑罚的从宽调整;针对某种犯罪类型或者被处某种刑罚的犯罪人中的一部分;只是针对被判处刑罚且执行一定刑期,并且既已改恶从善的犯罪人。(3)特赦效力:只是对于既判刑罚的宽免,而不使犯罪的宣告消灭。特赦后犯罪人再犯新罪则构成前科;同时,对于既判刑罚的宽免也只限部分,或者表现为免除剩余刑期的执行,或者表现为减轻原判的刑罚。

第四节 其他刑罚消灭制度

一、前科消灭制度

(一)前科的概念与后果

广义前科,是指刑法所规定的曾经受到有罪判决的犯罪人此后一定期间所处的一种不利的法律地位,或者犯罪人被判处刑罚其刑事处置的不利地位在缓刑考验期满、刑罚执行完毕或者赦免之后的具体状况。**狭义前科**,是指刑法所规定的曾经受到定罪处刑的犯罪人,在缓刑考验期满、刑罚执行完毕或者赦免之后的一定期间,所处的一种不利的法律地位。

前科具有如下**特征**:(1)罪刑判决:至少行为构成犯罪曾受有罪判决,或者至少

---

① 参见〔日〕野村稔著:《刑法总论》,全理其、何力译,法律出版社 2001 年版,第 500 页;〔日〕木村龟二主编:《刑法学词典》,顾肖荣等译校,上海翻译出版公司 1991 年版,第 462 页。

曾被定罪处刑,当然也包括曾被定罪处刑并且刑罚执行;(2) **不利地位**:前科是基于前罪而使犯罪人所处的一种不利地位,这种不利地位既可以针对民事或行政事项,也可以针对刑事处置;(3) **刑事地位**:在犯罪人被处刑罚的场合,其刑事处置的不利地位发生于缓刑考验期满、刑罚执行完毕或者赦免之后;(4) **一定期间**:前科作为一种前罪累及的法律制度,其存在应当以一定的期间为限,易言之,前科应有其消灭制度;(5) **法律制度**:在发生后罪的场合,前科属于从严处置的根据,依循罪刑法定的基本精神,其构成条件与法律后果应当由刑法明确予以规定。

前科后果,是指法律所规定的基于前科而产生的在刑事、民事、行政等事项的处理方面不利于前科者的结局。前科后果在各国法律中有着不同表现,综合而论存在如下类型:(1) **影响定罪的因素**:将前科作为定罪的因素之一,这在司法实践中存在一定的表现。例如,2013年最高人民法院、最高人民检察院《关于办理盗窃刑事案件适用法律若干问题的解释》第2条将"曾因盗窃受过刑事处罚的"作为入罪的一项补充条件。不过,本书原则上否定将前科作为入罪的因素,当然前科可以成为加重刑量的因素。(2) **影响量刑的因素**:有条件地将前科作为从严量刑的因素之一,这在各国立法与司法实际中较为普遍。例如,《奥地利刑法典》第33条,将"曾经因实施具有相同危害倾向的行为被判过刑的"情形,作为"特别从重处罚的事由"之一。(3) **影响资格的因素**:将前科作为否定有关资格的充分条件。例如,我国有关法律、法规规定,曾因犯罪受过刑事处罚的人,不得担任法官、检察官、人民警察、人民陪审员,不得录用为公务员,不予颁发新闻记者证等等。(4) **罪刑申告的标签**:将前科报告作为在特定场合的一种要求。例如,我国《刑法》第100条的规定。尽管我国《刑法》并未设置不予报告的法律后果,但是这一规定本身意味着应当履行申报义务,而这一义务的履行事实上会给当事人带来不利的影响。

(二) 前科消灭的概念与根据

前科消灭,是指根据法律的规定,取消前科存在的法律事实从而消除基于前科而产生的不利地位,由此恢复前科人正常法律地位的法律制度,包括法定消灭、裁定消灭、赦免消灭。**法定消灭**,是指根据法律规定,前科者在一定期限内符合法定条件,则其前科当然地被视为消灭。**裁定消灭**,是指根据法律规定,前科者在一定条件下前科的消灭,由法院予以具体裁判确定。

前科消灭具有如下**特征**:(1) **法律规定**:前科消灭的根据以及相应事项由法律明文予以规定。前科的法定消灭、裁定消灭、赦免消灭,均有其法律规定的根据;前科消灭的条件与程序,分别不同情况也均有相对明确的法律规定。(2) **消除前科**:前科的消灭就是取消前科存在的法律事实,或者说在行刑完毕或赦免等之后原判罪刑的法律效果丧失,从而消除基于前科而产生的不利法律地位,此后前科人的法律地位不再受到前科的不利累及。(3) **多种表现**:基于各国立法模式的差异,前科消灭的方式包括法定消灭、裁定消灭、赦免消灭。其中,赦免消灭主要表现为大赦赦免犯罪人的罪与刑,从而前科消灭;而通常所讲的前科消灭主要是指法定消灭与裁定消灭。

前科属于基于前罪行为而使前科人所处的一种不利法律地位。这种不利的法律地位,不仅在实质上致使前科人的某些资格丧失、存在刑事处置的从严累及,而且在形式上也是前科人有别于一般人的明显标志。这会给既已重新回归到社会中的前科人形成一定的社会谋生不便与心理暗示。就社会谋生不便而言,前科的存在固然会给前科人的某些资格造成法定剥夺的后果,同时前科的存在也会给前科人的求学、就业等造成一定的社会歧视,前者是确定的不利,后者是或然的不利;就心理暗示而言,前科的标签也会使前科者继发更为严重的越轨行为,因为如果一个人认为自己是越轨者,那么他对他人的否定性评价就不会感到威胁,由此他修正了自我角色与形象,完全接受了越轨的身份,毫无保留地从事越轨活动。有鉴于此,前科的长期存在(缺乏前科消灭制度),既不利于特殊预防,也无助于社会稳定。

二、复权制度

(一)复权的概念与特征

复权,是指法律规定的,对于被判处资格刑的犯罪人,在资格刑期限届满之前因其具备一定条件,审判机关提前恢复其被剥夺或者限制的资格的法律制度。

复权具有如下**特征**:(1)**复权主体**:复权由审判机关依法适用,属于裁定恢复被剥夺或者限制的资格;基于各国立法模式的不同,有的由犯罪人提出复权的申请,有的由检察机关提出申请。(2)**复权对象**:复权针对被判处资格刑的犯罪人。只有在行为人的行为构成犯罪并受到资格刑处罚的场合,才存在复权问题;没有资格刑的判处,无所谓复权。(3)**期限届满之前**:复权表现为在资格刑期限届满之前恢复犯罪人的资格。由此,被处无期资格刑固然存在复权,而被处有期资格刑则在刑期届满之前存在复权;资格刑刑期届满无所谓复权。(4)**复权条件**:复权应当符合若干法定条件。基于各国法律规定,这些法定条件通常包括资格刑既已执行一定刑期,犯罪人具有良好表现,经由一定程序申请等。(5)**资格恢复**:复权只是提前恢复犯罪人的被剥夺或者限制的资格,并不意味着原判犯罪与资格刑的法律效果丧失,从而复权也非前科消灭。

(二)复权与相关概念

复权与减刑:复权主要是为了避免刑罚过剩(实现罪刑均衡)、更为有利于犯罪人回归社会、基于行刑过程中犯罪人的表现(实现刑罚目的),对于资格刑的刑期予以一次性的调整。如果减刑制度也包括针对资格刑的独立减刑的话,复权与减刑存在一定**相似之处**:两者均属行刑过程中的刑期调整;均以执行一定的刑期为前提;均注重犯罪人行刑中的良好表现。但是,复权与减刑也存在重要**区别**:复权属于对于剥夺资格的一次性恢复,而减刑对于刑期的缩减并不以一次为限;同时,如果法律设置复权这一制度的话,则其在具体的主体、程序、条件、对象等方面也会体现出与减刑相应内容的差异。

复权与前科消灭:两者存在一定**相似之处**:均以受到刑事处分的犯罪人为对象;均会导致犯罪人因受到刑事处分而丧失的资格得以恢复的法律效果。但是,两者也存在重要区别:(1)本体意义不同。复权是对原判资格刑的调整,表现为资格刑尚未执行完毕之前提前恢复所剥夺的资格;而前科消灭并未改变原判刑罚,只是在原判刑罚执行后取消原判刑罚的法律效果,从而使基于原判法律效果而丧失的资格得以恢复。(2)适用对象不同。复权仅仅适用于被判处资格刑的犯罪人,针对资格刑所剥夺的资格予以恢复;而前科消灭可以适用于所有受到罪刑判决的犯罪人,旨在恢复犯罪人正常的法律地位,涉及的资格范围较广。(3)法律后果不同。复权只是提前恢复犯罪人因受资格刑而被剥夺的资格,但是并未取消原判犯罪与资格刑的法律效果,即前科依然存在;而前科消灭则是取消犯罪人原判犯罪与刑罚的法律效果。(4)着眼点不同。复权将原判资格刑中被剥夺的资格予以恢复,属于回溯过去的一种处置;而前科消灭取消罪刑判决的法律效果,致使前科者的以后生活不受影响,属于面向将来的一种处置。

第十六章 保安处分制度

第一节 保安处分制度概述

一、保安处分的概念

1893年《司托斯草案》首次在刑法典中将保安处分确立为一种正式的、独立的、系统的处置方法,并与刑罚的处置方法并驾齐驱,标志着保安处分刑法立法的开端,此后直至当今,许多国家或地区的刑事立法,均确立了相对具体而完备的保安处分制度。

保安处分,是指由法院按照司法程序依据刑法,对于实施了危害行为的具有社会危险性的特殊对象,旨在预防犯罪与保护社会而采取的,与被适用者的社会危险性相适应的,不定期的矫治改善或者监禁隔离的安全措施。

二、保安处分的特征

保安处分具有如下基本**特征**:(1) **目的特征**:保安处分着眼于未然之罪,适用的目的直接指向预防犯罪、保护社会。预防犯罪,包括对于特定的犯罪人的再犯预防与对于有犯罪之虞的人的初犯预防;保护社会,意味着保安处分不以道义责任论而以社会责任论为基底。不少国家的刑法立法,对于保安处分的这一宗旨明确予以规定。① (2) **前提特征**:保安处分的适用,不以犯罪而以社会危险行为为前提,这意味着总体而言,适用保安处分必须且只需:A. 行为人实施了危害社会的行为;并且 B. 行为人基于其人格素质或生活环境,而充分表明其具有实施违法犯罪行为的可能性,从而构成了对社会安全的现实的重大威胁。(3) **量定特征**:保安处分的具体量定,并不注重行为的具体客观危害,而是根据行为人的社会危险性,并且广泛采用不定期处分。行为人社会危险性的量定内容、社会危险行为与保安处分措施的具体对应、保安处分措施的某些期限范围,通常由刑法予以规定,法官据此予以裁量。② (4) **性质特征**:保安处分属于刑事司法处分,由刑法予以规定,适用刑事诉讼法程序,由法院予以裁量宣告。A. 刑法规定:包括将保安处分与刑罚并列统一于刑法典中,或者采用单行刑法的模式规定保安处分;B. 刑事诉讼程序:不仅措施的裁量宣告必须经过严格的程序,而且可以通过上诉和抗诉获得司法救济;C. 法院裁量宣告:保安处分只能由法院予以裁量宣告,其他任何个人和组织均不得以任何理由适用保安处分。(5) **关系特征**:就

---

① 例如,《瑞士刑法典》(1937年)第43条第1款、《泰国刑法典》(1956年)第40条、《罗马尼亚刑法典》(1996年)第128条。

② 可见,保安处分应当坚持处分法定、处分必要、处分相当、处分不定期的原则。

保安处分与刑罚的关系而言,存在一元论与二元论的不同见解。不过,自1931年《意大利刑法典》以来,以折衷主义思想为背景的保安处分二元论的立法模式,在世界各国的刑法制度中日益占据了统治地位。对于责任罪行适用刑罚,对于社会危险行为适用保安处分。在责任罪行与社会危险行为并存,并且有必要适用保安处分的场合,保安处分或者代替刑罚适用,或者补充刑罚适用。

三、保安处分的内容

保安处分内容涉及保安处分的基本原则、适用条件、适用对象以及具体措施等,确立保安处分国家的刑法,在这些方面均有较为具体明确的规定。关于保安处分的基本原则、适用条件,前文"保安处分的特征"中有所涉及,限于篇幅此处从略。兹扼要介绍适用对象及具体措施。**(1) 适用对象**:包括承受处分措施的人与承受处分措施的物。其中,承受处分措施的人,是指保安处分措施所直接针对的、符合保安处分适用要件的具体人,包括精神障碍患者、瘾癖人员、未成年人、特殊危险人员、其他危险人员等。承受处分措施的物,是指保安处分措施所直接针对的、具有消除行为人社会危险性意义的具体的物,包括犯罪物品、犯罪所得、善行保证金等,多数国家或者地区在刑法上承认财产保安处分。**(2) 处分措施**:包括剥夺自由的保安处分、限制自由的保安处分、财产保安处分。其中,剥夺自由的保安处分复分为治疗监护处分、强制禁戒处分、强制治疗处分、强制工作处分、保安监禁处分、感化教育处分;限制自由的保安处分复分为保护观察处分、更生保护处分、限制居住处分、驱逐出境处分、禁止出入特定场所、剥夺驾驶许可处分、禁止执业处分;财产保安处分复分为善行保证处分、没收处分。

第二节 我国保安处分制度的建构

一、建构我国保安处分制度的必要性

我国现行法律体系中没有保安处分之名,《刑法》上更无保安处分之说,但是我国《刑法》和行政法上业已存在一定的具有保安处分部分功能的各种处罚措施[①]。这些处罚措施,虽然类似保安处分,但是却与保安处分有着重大区别。保安处分坚持处分法定等原则,并在目的、前提、量定、性质、关系、内容等方面有其独特表现。相比较而言,处罚措施与保安处分,在以下两个方面存在一定的类似:侧重预防犯罪与保护社会的目的;具有矫治改善与监禁隔离的功效。然而,两者的区别则是相对明显的:**(1) 社会危险与客观危害**:保安处分基于社会危险行为而适用,尤其是对于行为人的社会危险性的评价,是法院适用保安处分的重要环节。而处罚措施仍然较为关注行为的客观社会危害,并无法定的对于行为人的社会危险性予以评价的环节。**(2)** 不

---

① 以下简称处罚措施。

定期与定期：保安处分的期限，宣告时通常不尽确定，执行中也存在延长与免除等情况，由此其不定期的特征较为明显。而处罚措施的期限，在涉及治疗的场合，虽然有的也不尽确定①，但是作为一种处罚，总体上期限是相对确定的。**（3）法院适用与行政决定**：保安处分在刑法中与刑罚体系并列，并且具有明确的、相对独立的体系性结构；适用刑事诉讼法程序，由法院予以裁量宣告，属于刑事司法处分。而处罚措施多数隶属于行政法。即使部分措施在《刑法》中有所规定，但是其并不具有与刑罚并列的体系性的处罚地位。例如，禁止令仅为管制内容与缓刑内容的特别规定；收容教养与强制医疗②也系《刑法》中"犯罪和刑事责任"部分的特别规定③。**（4）关联刑罚与独立措施**：保安处分具有代替刑罚与补充刑罚的特征，剥夺自由的保安处分可以与自由刑并科，视不同情况予以执行、互补。④ 而处罚措施并不构成与刑罚的直接关联，处罚措施不能替代刑罚，有关处罚措施也只在危害行为不够刑罚处罚的场合适用，剥夺自由的处罚措施也不能与自由刑并科。

　　我国《刑法》缺乏明确的、体系性的保安处分制度，这不能不说是一种观念的迟滞与制度的缺憾。在相对罪刑法定原则的前提下，将社会危险行为与保安处分纳入刑法，是当今刑法发展的趋势，符合现代社会的要求。具体地说：**（1）保安处分应对特定对象**：精神障碍患者、瘾癖人员、未成年人、特殊危险人员、其他危险人员等，实施了危害社会的行为并且具有较大的社会危险性，由于这些人员的刑罚能力成为问题，有的人员犯罪能力也有问题⑤，从而无从合理地适用刑罚，或者通常的刑罚方法难以实现改造罪犯、预防犯罪、保护社会的目的，由此需要具体分别不同情形，采取各种相应措施，施以更为有效的矫治、改善、监禁、隔离。保安处分正是应对这种需要的合理的刑事处置。例如，心神丧失人、精神耗弱人等，实施了危害社会行为并具有社会危险性，但是由于其缺乏责任能力或者责任能力明显减弱，从而无从适用刑罚或者缺乏刑罚适应性，由此以矫治改善为核心内容的治疗监护处分就成为一种有力的方法。吸毒成瘾者、酒精瘾癖人员等，基于瘾癖实施了危害社会的行为，而瘾癖有其生物性依赖，从而这些人员具有较大的社会危险性，一般的徒刑执行场所无从实现矫治效果，由此置于具有治疗与禁绝机能的特殊治疗机构的强制禁戒处分，成为当然的选择。常习犯（习惯犯）等，既已养成某种犯罪的恶习，从而具有较大的社会危险性，通常基于罪行主导的刑期以及行刑场所，无法实现对于这些人员的特殊预防的目的，因此有必要适当采取保安监禁处分，对其施以特别的矫正改善与监禁隔离，以便使其重返正

---

① 与此相对，保安处分在一些治疗场合，其期限有的是绝对不确定的。
② 我国《刑法》第17条第4款的"收容教养"，第18条第1款的"强制医疗"。
③ 我国《刑事诉讼法》虽以专章对强制医疗的对象、程序、审理、审理期限、解除、法律监督等作了规定，但是我国《刑法》中的强制医疗，不仅只是在精神病人这一特定行为主体"责任能力"框架下的特别规定，而且在其适用情形、法定期限、适用宗旨、执行机构等实体内容上均无规定。我国《刑法》第17条中的收容教养的规定，也是如此。
④ 先执行保安处分而另一刑罚可不予执行，或者先执行刑罚，刑罚执行完毕后视情况再执行保安处分。
⑤ 关于犯罪能力、责任能力、刑罚能力，详见张小虎著：《犯罪论的比较与建构》，北京大学出版社2006年版，第214—216页。

常社会。**(2) 保安处分增强刑法机能**:基于社会理论的分析,一个社会系统在某种结构下具有一定水平的满足功能性必要条件的能力。如果环境所要求的功能性必要条件靠该系统的能力能够得到满足,结构就可以在现行状态下泰然处之;如果环境所要求的功能性必要条件超出了该系统的能力,结构就难以安处,必然要发生提高系统能力的结构变动。[①] 而刑法的犯罪与刑罚的结构类型不能适应于其所处的现代社会条件所要求的功能性需要。因为,角色分化理论告诉我们,满足功能性必要条件的能力较低是与角色分化程度较低的结构相对应的。[②] 刑法的犯罪与刑罚的结构正是一种分化程度较低的结构。就犯罪来讲,其是一种以犯罪行为为经纬的同质结构,犯罪人淹没于行为之中;就刑罚而言,其是一种奠基于犯罪行为的客观危害、以惩罚为重心的同质结构,针对犯罪人的救治措施被排斥于外。由犯罪与刑罚所构成的低分化结构的刑法,其满足社会整体的功能性必要条件能力也低。然而,现代社会角色分化程度较高,意识、职业群体、社会阶层等等日益多元化,社会的异质性明显增强。高度分化的社会形成了较高的功能性必要条件的环境,而将社会危险行为与保安处分分别同犯罪与刑罚相并列纳入刑法,构成犯罪、社会危险行为与刑罚、保安处分的刑法结构,必然提高刑法的分化程度,使其满足功能性必要条件的能力得以增强。

二、我国保安处分一般制度的建构

建构我国保安处分,就总体而言,应当坚持保安处分的基本原则并凸显保安处分的基本特征,确立合理的立法技术与制度模式、处分措施的体系框架以及保安处分的运作制度等。

立法技术与制度模式:注重立法的明确严谨,处分统一纳入刑法典,采纳处分与刑罚的双轨模式:**(1) 明确严谨**:柔韧确为保安处分本身所固有的特性,然而罪刑法定原则的刑法支柱地位不容动摇。这意味着,总体上刑法以犯罪与刑罚为主导、以社会危险行为与保安处分为补充;就保安处分而言,人权保障仍然是社会保护不可逾越的樊篱。这一基本理念表现在形式上,应当坚持处分制度的明确与严谨。对于保安处分制度的相关内容,应当尽量由立法采用叙明的方式予以明确规定;对于保安处分的具体适用,更应强调法定程序、法院宣告、内容明晰、期限有度等等。例如,社会危险性是适用保安处分的核心要件,不仅立法对其基本意义应予明确,而且对其具体评定应有严格程序与标准。**(2) 刑法典设置**:保安处分的刑法立法归属,存在"纳入普通刑法"与"单设特别刑法"的模式。基于原则上保安处分属于刑法总论与刑法总则内容,尤其是我国1997年《刑法》修订的宗旨之一是"要制定一部统一的、比较完备的刑法典"[③]。因此,采用刑法修正案,在刑法典中统一规定保安处分制度,应当更为合理。具体而言,可以在刑法典中于"第四章刑罚的具体运用"之后,将保安处分单独

---

① 参见[日]富永健一著:《社会学原理》,严立贤等译,社会科学文献出版社1992年版,第167、174页。
② 参见同上书,第169页。
③ 王汉斌1997年3月6日在第八届全国人民代表大会第五次会议上所作的《关于〈中华人民共和国刑法〉(修订草案)的说明》。

设为一章"第五章保安处分",其章下设两节:"第一节一般规定",表述保安处分的基本原则、适用条件、社会危险性的评定、保安处分的宣告、执行、变更、消灭、时效等;"第二节具体规定",又分为人的保安处分与物的保安处分,表述保安处分的各项具体措施及其相应的内容、适用情形等。**(3)双轨模式**:关于刑罚与保安处分的关系,存在一元论与二元论的不同见解与做法。相对而言,在现阶段,刑罚与保安处分二元论的双轨模式较为可取。而在刑罚与保安处分的具体适用上,存在并科主义、代替主义、择一主义等不同的理论见解与立法实际。相对而言,代替主义与择一主义具有更大的灵活性,也避免了侵害人权之嫌。由此,具体设置相关规范应当坚持:在需要刑罚与保安处分并科的场合,对于精神障碍患者、瘾癖人员、未成年人等急需特别治疗的对象,保安处分为主适用、刑罚仅为补充,在保安处分执行完毕后,有条件地适用刑罚,两者刑期应予折抵;对于累犯、常习犯(习惯犯)、常业犯等社会危险性较大的对象,同样采用保安处分为主刑为辅、保安处分先行执行的方法;对于已然罪行居于主导同时又具有一定社会危险性的对象,可以在刑罚执行完毕以后有条件地适用保安观察处分等。

处分措施的体系框架:对物处分纳入处分体系,剥夺资格归入刑罚体系,建构合理的处分体系框架:**(1)对人处分并对物处分**:就保安处分对象所涉范围而言,保安处分存在对人的保安处分与对物的保安处分。对此,刑法理论与立法实践存在广义保安处分与狭义保安处分的不同见解与做法。应当说,某些基于社会危险而采取的、旨在预防犯罪保护社会的没收与保证措施,不失保安处分的特征;同时,这些措施虽然最终也在一定程度上涉及行为人,但是其直接针对的是物,从属于物的处分。将物的处分纳入保安处分的体系,可以更好地增强保安处分的机能。**(2)剥夺资格性质的处置**:剥夺资格性质的处置,其主要种类有:褫夺公权、剥夺监护权、剥夺军衔与荣誉、限制居住、驱逐出境、禁止进入特定场所、剥夺驾驶许可、禁止执业。其中,对于褫夺公权与剥夺监护权,通常各国将之作为刑罚(附加刑)予以规定;而对于上述其他处置的法律地位,各国刑法的规定不一。应当说,这些处置在一定程度上的确具有预防犯罪保护社会的意义,由此将之作为保安处分未尝不可。不过,基于刑法的谦抑精神与人权保障价值,对于保安处分的适用不宜过于扩张,从而将这些处置纳入刑罚中的附加刑应当更为合理。**(3)刑罚体系与处分体系**:确立处分体系,调整刑罚体系。具体地说,刑罚分为主刑与附加刑。其中,主刑包括罚金、管制、拘役、有期徒刑、无期徒刑、死刑;附加刑包括褫夺公权、剥夺监护权、剥夺军衔与荣誉、驱逐出境、剥夺驾驶许可、禁止执业[①]。保安处分包括人身保安处分与财产保安处分。其中,人身保安处分又分为监禁性保安处分与非监禁性保安处分;财产保安处分包括保安没收、善行保证。主刑以及监禁性保安处分,各自相对于自身而言,除罚金以外,均只能独立适用,当然主刑与监禁性保安处分在"代替主义与择一主义"的前提下,可以并科;附加刑、

[①] 由此,对于我国现行《刑法》的刑罚体系作如下修正:适当调整"管制"的具体内容;将"罚金"作为主刑予以规定;取消"没收财产"的刑罚。应当注意,保安处分中的"没收"与所取消的"没收财产"具有不同的内容。

非监禁性保安处分与财产保安处分,既可以独立适用,也可以附加适用。

保安处分的运作制度:确立处分的执行审查、免除与延长,处分的缓刑与假释,保安处分的消灭等制度:**(1)执行审查、免除与延长**:处分不定期是保安处分的基本原则与重要特征,然而绝对的不定期显有侵犯人权之嫌,同时受处分者社会危险性无疑也是处在变化之中,因此在处分的执行中对于受处分者的社会危险性应当予以定期的审查、评定,并且据此及时调整保安处分的期限,以使保安处分与受处分者的社会危险性相适应。综合国内外保安处分的立法经验,同时结合我国刑事司法实际,审查的期限限定为2年较为合适。对于处分的免除,考虑到矫正改善的规律,从而不能突破保安处分的法定最低期限。对于处分的延长,为了避免出现无限延长的情况,也应作出相应的限定,规定延长的期限不得超过3年。**(2)处分缓刑与假释的适用**:缓刑的适用主要表现为,受处分者的社会危险行为,依法应当适用监禁性保安处分。然而,基于受处分者的行为表现、生活背景、社会危险性等因素,经法院审查认为,通过一定期限的限制自由的监督,而暂缓所判监禁处分的执行,同样可以达到监禁处分的目的,由此附条件地不执行原判处分。假释的适用主要表现为,受处分者已被执行法定最低期限,基于其行为表现、生活背景、社会危险性等因素,经法院审查认为,受处分者的社会危险性已显著降低,但是仍未彻底消除,于是附条件地予以释放,并且规定一定的考验期,通过限制自由的监督,实现继续执行监禁处分的目的。**(3)处分缓刑与假释的撤销**:缓刑与假释撤销的条件包括再犯新罪、发现漏罪、违反规定。不过,应当考虑到,再犯新罪以及违反规定与发现漏罪,两者所表现出的受处分者的社会危险性是有差异的,对此立法上应予体现;同时,保安处分以不定期为特征,原判决通常为一定期限的区间,并无准确定位,而在假释场合,更是原判法定最低期限既已执行届满。由此,在撤销缓刑与假释的场合,对于缓刑,基于原判处分是有条件地不执行,从而肯定原判处分的期限;对于假释,基于原判法定最低期限既已执行,结合执行中审查期限的限定,从而视作原判处分应再执行2年。在肯定上述期间确定标准的基础上,分别不同的撤销情形予以差别规定。**(4)保安处分的消灭**:保安处分的消灭,关键是对于引起处分消灭的特定事由的界定。这些事由涉及处分执行完毕、缓刑期满、法院取消执行、诉讼时效、执行时效、赦免、犯罪消灭、被处分者死亡等。其中,诉讼时效,应当根据应处保安处分轻重的不同而有所区别,因为保安处分轻重在一定程度上有赖于行为人的社会危险性大小,而不同程度社会危险性的销蚀所需的时间也有所差异;执行时效,可以定为5年,同时规定非经法院重新宣告,已过时效的原判处分不得执行。这里法院重新宣告,意味着法院对时效经过以后受处分者的社会危险性程度重新予以评价,由此决定是否执行处分或者在多大程度上执行处分。

三、我国保安处分具体措施的建构

建构我国保安处分,就具体而言,对于各项保安处分措施,也应本着坚持处分的基本原则与应有特征,结合我国的社会实际,依循处分的总体框架,予以严谨清晰的规定。

监禁性保安处分:**(1)治疗监护处分**:对于实施了《刑法》所规定的犯罪行为,但因缺乏责任能力而不可归罪,也不具有刑罚适应能力的精神障碍患者,应当适用治疗监护处分。其期限,基于有关国家的立法经验,例如《意大利刑法典》(1931年)第222条的规定,可以随行为人所实施行为应处的刑罚期限而有所不同。对于限制责任能力的精神障碍患者,可以适用治疗监护处分。由于对于此类人员也可适用相应的刑罚处罚,从而治疗监护处分的期限定为2年以上5年以下;治疗的期限不够,可以延长,并且折抵刑罚的刑期。**(2)强制禁戒处分**:以酒精瘾癖人员或者毒品瘾癖人员为适用对象。作为刑事处置,适用这一处分,必须是行为人在昏醉状态下实施了犯罪行为,或者基于瘾癖作用而实施了犯罪行为,并且具有继续实施此类犯罪行为的社会危险性。按照我国《刑法》的规定,瘾癖人员实施犯罪行为,应当承担刑事责任,因此对于瘾癖人员也可以适用刑罚。基于"代替主义与择一主义",可以将强制禁戒处分的期限定为2年以上5年以下,治疗的期限不够,可以延长,并且折抵刑罚的刑期。
(3)强制治疗处分:严重的性病具有强烈的传染性,存在引起性病在社会上传播的严重危险。我国《刑法》第360条第1款规定了传播性病罪。对于患有严重性病并且实施了传播性病罪的行为人,基于其所具有的社会危险性,应当予以强制治疗处分。由于性病流行传染的危险特征,同时一般情况可以治愈,因此强制治疗处分的期限可以定为至治愈时为止。即使如此,基于保护观察处分可以与各种监禁性处分选科,因而也不排除在较为特殊的情况下处以保护观察。**(4)强制工作处分**:适用于某些具有流浪或懒惰习性并有社会危险性的人员。当然,如果这些人员仅仅实施了违法行为,对其不能予以作为刑事处置之一的保安处分;然而,如果这些人员实施了犯罪行为,基于其特殊的习性,应以强制工作处分更能取得实效。强制工作处分的执行机构应当是特殊的劳动场所,以实现对流浪或懒惰成习人员的有针对性的矫正改善。强制工作处分的期限定为2年以上5年以下;同时根据保安处分一般规定,可以延长,并且折抵刑罚的刑期。**(5)保安监禁处分**:针对具有犯罪习性的一些犯罪人员,各国刑法所采取的处分措施相对严厉。根据我国立法与司法的实际,可以将保安监禁处分的对象划定为一般累犯、常习犯、常业犯,并且在《刑法》中适当增设盗窃、诈骗等常习犯的规定。保安监禁处分的适用,以行为人实施犯罪行为为基本前提;其期限定为3年以上5年以下。根据保安观察处分的规定,对于罪行的确轻微的累犯、常习犯、常业犯,也可以只适用保护观察处分;对于罪行严重、社会危险性大的行为人,可以通过延长处分以及与刑罚互补,来解决所需较长期限问题。**(6)感化教育处分**:适用感化教育处分的未成年人,必须实施了本应成立犯罪仅因缺乏责任能力而不予归罪的行为;鉴于刑法的谦抑精神,对于违法未成年人等不应适用感化教育处分。感化教育处分的期限,定为2年以上5年以下。对于执行中已满18周岁而尚未达到处分目的的,可以延长2年以下;此后应当解除感化教育处分或者更换为保护观察处分。对于限制责任能力的未成年人犯罪,并且具有继续实施此类犯罪行为的社会危险的,可以适用感化教育处分;在这种场合,也可以对之处以刑罚。

非监禁性保安处分:**(1)保护观察处分**:保护观察处分属于限制自由的处分措施,既是对行为人的开放性的继续矫正改善,也是对其已有善行的稳定性的考察,受处分者的社会危险性应当不是很大或已得到较大消除。由此,这一处分的对象可以是缓刑、假释人员,被判无期徒刑、死缓经由减刑并执行后面临释放的人员,保安监禁处分、强制禁戒处分执行后面临释放的人员。另外,基于保护观察处分的相对灵活以及刑罚的节俭等因素,可以将之作为拘役或者1年以下有期徒刑的替代;由于可予适用监禁性处分的情形的复杂性,对于其中社会危险性并非很大、罪行也较轻的可以直接适用保护观察处分。为了增强保护观察处分的适应性,其期限定为1年以上5年以下。缓刑或者假释适用保护观察处分的,期限与缓刑或者假释考验期相同。对于保护观察的监督内容,应予适当明确,具体包括限制居住、禁止出入特定场所、限制特定人员交往、定期报告活动情况、接受特别治疗等,此外法院也可特别指示。保护观察处分,由公安机关执行,当然也应依靠社会力量。保护观察处分也应有其保障措施,受处分者严重违反保护观察监督规定的,可以附加善行保证处分,或者将保护观察处分变更为2年以下的相关监禁性处分。**(2) 更生保护处分**:更生保护处分名为"处分",实为帮助。被处监禁性刑罚与保安处分的人员,尤其是在释放后不能得到亲戚朋友等帮助的人员,不可避免地会出现重返正常社会的适应断层,对此如果不予适当处理,极易导致这些人员的再犯,而将对于这些人员的特别帮助纳入刑法,更有利于实现预防再犯与保护社会的目的。由此,更生保护处分有着重大的价值。作为一种刑事司法性质的帮助,更生保护以自愿为原则,法院审查宣告。各地成立受法院指导的、专门的事业机构具体执行更生保护。更生保护的方法,包括提供住宿与生活必需品、职业训练与介绍、帮助贷款、改善生活环境等,同时作为一种保安处分措施,也应当附加善行指导。

财产保安处分:**(1) 保安没收处分**:我国《刑法》所规定的没收有两种:附加刑没收(第59、60条),其他没收(第64条)。其中,"附加刑没收"固然属于刑罚方法,而"其他没收"则既非刑罚也非保安处分。对于我国《刑法》的没收,本书认为:**A. 附加刑没收**:应予取消,其机能在很大程度上可以由罚金替代;除极少数国家以外,世界各国这种没收的立法例也不多见。**B. 其他没收**:我国《刑法》将之置于"量刑",而其却并非量刑问题;进而,其法律性质、属性地位等不无疑问。从内容上来看,这种"其他没收"主要是对于违法所得、犯罪物品、违禁品、诱发犯罪物品等的没收。其中,对于犯罪物品、违禁品、诱发犯罪物品的没收,更具特殊预防与保护社会的意义;而对于违法所得的没收,则不失报应主义与一般预防的成分。相对而言,将对于违禁品、犯罪物品、诱发犯罪物品的没收作为刑罚方法,则不易体现其特殊预防与保护社会的侧重;而没收违法所得,虽然倾向于刑罚的意义,但是作为保安处分方法也未尝不可。由此,在刑法典规定保安处分的场合,可以将对于违法所得、犯罪物品等的没收统归为保安处分措施。同时,既要关注不能让犯罪人因犯罪而有所得利,从而对于属于没收对象但又无法没收的财物,可以规定追征制度;也要关注犯罪人的实际状况,如果追征确实会影响犯罪人的正常社会生活与回归社会的,可以适当减少或者免除。另外,对于被害人的财产利益以及其他第三人的合法权益,也应予以肯定和保护。**(2) 善行保证处分**:善行保证处分是一种较具典型意义的财产保安处分,有利于平缓保安处分的轻重梯度,增强其应对社会危险行为的能力。由此,善行保证处分主要适用于具有一定的社会危险性从而需要给予特殊预防,但是又无需予以监禁矫治或者特别观察的犯罪人。为了增强针对不同适用对象的应对,善行保证的方式包括定额现金保证或者财产抵押保证。作为一种轻缓的处分措施,善行保证的期限不应过长,可以定为 1 年以上 3 年以下;善行保证金规定在 5000 元以上 10 万元以下为宜。行为人拒绝提供善行保证的,法院可以将善行保证处分更换为保护观察处分。鉴于"保证"的意义,如果受处分者践行了善行,则退还保证金或者撤销抵押;反之,没收保证金或者抵押物。

第十七章 犯罪其他处置

第一节 刑事特别处置

一、刑事特别处置的概念与特征

国家行使刑罚权与犯罪人承担刑事责任的情形包括：认定犯罪并处以刑罚、认定犯罪而免予刑罚、认定犯罪而予刑事特别处置、认定社会危险行为并处以保安处分。对于刑事特别处置，我国《刑法》第36、37条予以了明确规定。据此，**刑事特别处置**，即我国刑法理论通称的非刑罚处理方法，是指基于行为人的犯罪行为，由人民法院直接适用或者间接适用的，刑罚[①]以外的法定处理方法。包括：判处赔偿经济损失、训诫、责令具结悔过、责令赔礼道歉、责令赔偿损失、司法建议行政制裁。

刑事特别处置具有如下**特征**：（1）**犯罪前提**：刑事特别处置的适用，以行为人的行为构成犯罪为前提。我国《刑法》第36条将赔偿经济损失的前提规定为："由于犯罪行为而使被害人遭受经济损失的"；第37条将训诫、责令具结悔过等的前提规定为："对于犯罪情节轻微不需要判处刑罚的"。（2）**人民法院适用**：刑事特别处置由人民法院依法判决宣告，包括直接适用与间接适用。A. 直接适用：主要表现为判处赔偿经济损失、责令赔偿损失、训诫、责令具结悔过、责令赔礼道歉。B. 间接适用：主要表现为由人民法院向有关主管部门提出行政制裁的司法建议。（3）**刑事特别处置**：刑事特别处置并非刑罚处罚，仅是一种刑事司法处置的特别方法。其并非刑罚方法，不具有刑罚处罚的性质；也非保安处分措施，不具有保安处分的性质。刑事特别处置以犯罪为前提，由人民法院适用，从而不失为犯罪的一种法律后果。（4）**刑事法定方法**：刑事特别处置属于法定的刑事特别方法，具体表现在：A. 居于刑法：刑事特别处置由《刑法》予以设置，其设置犯罪后果所现的规范的归属，属于刑法的范畴。B. 内容法定：刑事特别处置的适用条件、适用对象、适用主体、具体类型等，均由《刑法》予以规定。

二、刑事特别处置的法律性质

对于刑事特别处置的法律性质，我国刑法理论存在一定的争议，主要见解包括"刑事责任方式"、"刑罚替代措施"、"行政制裁措施"。应当明确，这里所讲的"刑事特别处置"，是指我国《刑法》第36、37条所规定的、针对犯罪的、由人民法院适用的处置方法。由此，其既非刑罚，也非单纯的行政制裁或者民事赔偿，也不属于保安处分，

[①] 我国《刑法》并未规定保安处分，如有保安处分，刑事特别处置也应排除保安处分，属于刑罚与保安处分之外的其他刑事处置。关于刑事处置的外延，详见本节下文"刑事特别处置的法律性质"。

而是一种特别的刑事处置方法。

并非保安处分:总体上,我国《刑法》并无严格意义上的保安处分。我国《刑法》第36、37条所规定的刑事特别处置与保安处分,至少存在如下差异:**(1) 适用对象**:刑事特别处置针对犯罪适用,保安处分针对社会危险行为适用;**(2) 适用目的**:刑事特别处置的适用以报应为基底兼顾预防,保安处分目的直接指向预防犯罪、保护社会。**(3) 措施内容**:刑事特别处置是指附带民事赔偿、附带行政制裁以及训诫、责令具结悔过等,保安处分措施包括矫治改善性质的措施与监禁隔离性质的措施。

并非单纯的行政制裁与民事赔偿:刑事特别处置与单纯的行政制裁与民事赔偿存在如下区别:**(1) 适用对象**:刑事特别处置适用于犯罪分子,行政制裁、民事赔偿适用行政违法人员或民事侵权人员;**(2) 法律依据**:刑事特别处置的法律依据在于刑法,行政制裁与民事赔偿的法律依据分别在于行政法律与民事法律等。**(3) 法律性质**:刑事特别处置属于广义的刑事处置框架,是应对犯罪的一种特别方法,行政制裁与民事赔偿分别属于行政处置与民事处置的框架。

刑事处置内涵与外延:**刑事处置**,是指由人民法院按照刑事司法程序依据刑法,对于犯罪分子或者社会危险行为者所适用的,剥夺或者限制其生命、自由、财产、资格等权益的法定处理方法。**狭义的刑事处置**,主要指刑罚与保安处分;**广义的刑事处置**,除了刑罚与保安处分以外,还包括基于行为人的犯罪行为、由人民法院直接适用或者间接适用的、其他法定处理方法,即附带民事赔偿、附带行政制裁、特别教育谴责。其中,**附带民事赔偿**,是指判处赔偿经济损失与责令赔偿损失;**附带行政制裁**,是指司法建议由主管部门予以行政处罚或者行政处分;**特别教育谴责**,是指予以训诫、责令具结悔过、责令赔礼道歉。就广义的刑事处置而言,附带民事赔偿、司法行政制裁,虽然形式上具有民事赔偿、行政制裁的内容,但是其由刑法规定,经由司法程序,由人民法院适用,以犯罪为前提,从而实质上具有刑事处置的性质,系属犯罪的法律后果之一。

刑事处置与刑事制裁:刑事处置强调的是处罚犯罪的法定处理方法,具体以刑种为主要特征,包括刑罚、保安处分、刑事特别处置。而刑事制裁是一个更为广泛的概念,可以表现为刑事处置种类与刑事执行措施,包括刑事惩罚的整个过程的体现。例如,《南斯拉夫刑法典》所规定的刑事制裁包括:刑罚、缓刑与司法警告、保安措施、教育措施。《瑞典刑法典》第3条将对犯罪的制裁界定为"包括罚金和监禁之刑罚以及附条件之刑、缓刑和交付特别照管"。

三、刑事特别处置的具体类型

(一)判处赔偿经济损失与责令赔偿损失

判处赔偿经济损失,是指人民法院在判处犯罪分子刑罚的同时,基于犯罪行为对被害人所造成的经济损失,判处犯罪分子给予被害人相应的经济赔偿。**责令赔偿损失**,是指人民法院对于犯罪情节轻微的犯罪分子免予刑罚,同时基于犯罪行为对被害人所造成的损失,责令犯罪分子给予被害人相应的赔偿。判处赔偿经济损失由《刑法》第36条规定、责令赔偿损失由《刑法》第37条规定。

判处赔偿经济损失与责令赔偿损失具有如下**特点**：(1)适用主体：由人民法院适用；(2)适用对象：适用于犯罪分子；(3)适用前提：犯罪行为致使被害人遭受经济损失；(4)法律依据：《刑法》规定，当然在具体赔偿问题上，需要遵循相关的民事法律；(5)赔偿去向：经济赔偿归属被害人所有。两者的主要**区别**在于，判处赔偿经济损失对于犯罪分子既适用刑罚，也判处经济赔偿；而责令赔偿损失，基于犯罪情节轻微而不需要判处刑罚，但是判处犯罪分子经济赔偿。

（二）司法建议行政制裁

司法建议行政制裁，是指人民法院对于犯罪情节轻微的犯罪分子免予刑罚，同时基于犯罪行为认为有必要给予行政制裁的，向有关主管部门提出司法建议，由主管部门给予犯罪分子行政处罚或者行政处分。行政处罚与行政处分并不排斥，针对同一行为可以同时适用行政处罚与行政处分，人民法院也可以针对同一行为同时提出行政处罚与行政处分的司法建议。

行政处罚，是指特定行政机关在其职能管理中，依据人民法院司法建议与行政法律法规，对于犯罪行为轻微而免予刑罚的犯罪分子，所给予的限制或剥夺其自由、财产、名誉等权益的行政制裁。**行政处分**，是指国家机关、企事业单位、社会团体等在内部管理中，依据人民法院司法建议与行政部门规章纪律，对于犯罪行为轻微而免予刑罚的犯罪分子，所给予的剥夺其资格等权益的行政制裁。

（三）训诫·责令具结悔过·责令赔礼道歉

训诫，是指人民法院对于犯罪情节轻微的犯罪分子免予刑罚，同时基于犯罪行为认为有必要给予教育惩戒的，当庭对犯罪分子予以批评与谴责，责令其改正不得再犯。**责令具结悔过**，是指人民法院对于犯罪情节轻微的犯罪分子免予刑罚，同时基于犯罪行为认为有必要给予教育惩戒的，责令犯罪分子写出保证书，检讨其犯罪原因，认识犯罪行为的社会危害性，决心悔改不再犯罪。**责令赔礼道歉**，是指人民法院对于犯罪情节轻微的犯罪分子免予刑罚，同时基于犯罪行为认为有必要给予教育惩戒的，责令犯罪分子公开向被害人当面承认错误，表示歉意。

四、刑事特别处置的适用条件

（一）我国《刑法》第36条适用条件

根据我国《刑法》第36条第1款的规定，判处赔偿经济损失应当同时具备两项条件：**(1)给予刑罚处罚**：行为人的行为构成犯罪，并且受到刑罚处罚。**(2)犯罪行为造成经济损失**：行为人的犯罪行为致使被害人遭受经济损失。

民事赔偿优先：根据我国《刑法》第36条第2款的规定：(1)罚金与民事赔偿：犯罪分子同时被判处罚金与民事赔偿，在其财产不足以全部支付的时候，应当先承担民事赔偿责任；(2)没收财产与民事赔偿：犯罪分子同时被判处没收财产与民事赔偿，应当先承担民事赔偿责任。

（二）我国《刑法》第37条适用条件

根据我国《刑法》第37条的规定，适用训诫、责令具结悔过、赔礼道歉、赔偿损失，由主管部门予以行政处罚或者行政处分,应当同时具备两项条件:(1) **免予刑罚处罚**:行为人的行为构成犯罪,但因犯罪情节轻微而未被处以刑罚。(2) **需要给予刑事特别处置**:根据犯罪情节,仅予单纯的犯罪宣告并不足以实现惩戒与教育,需要对行为人予以适当形式的处理。

五、刑事特别处置的完善

类似我国《刑法》的刑事特别处置,在国外刑法典中也有一定的表现。总体上,多数国家将赔偿损失作为量刑的重要情节,某些国家将谴责作为刑种予以规定。我国刑法理论对于《刑法》刑事特别处置的规定,褒贬不一。反思我国《刑法》第36、37条所规定的非刑罚处理方法,本书基于如下六个方面,具体展开我国刑事特别处置应有的基本观念与总体设想:

基本含义:本书所称的刑事特别处置,即我国刑法理论通称的非刑罚处理方法,仅指刑罚与保安处分之外的、具有刑事处置或者刑事附带处置意义的犯罪法律后果,从这个意义上说,这里的刑事特别处置并不包括保安处分。从形式意义上来讲,保安处分的确也是一种非刑罚处理方法,但是作为应对社会危险行为的保安处分,在刑事处置中有其独特的意义,而刑事特别处置或者旨在应对轻微犯罪,或者责令犯罪分子民事赔偿,是作为刑事处置的枝节性手段。相对而言,刑罚与保安处分是刑事处置的主干性手段。①

具体类型:基于上题的"基本含义",由此应当将刑事特别处置从我国现行《刑法》所规定的"刑罚的种类"一节中单列出来,独立作为一章,与刑罚和保安处分并列。刑事特别处置包括三项内容:刑事附带民事赔偿、刑事附带行政处罚、刑事特别教育谴责。其中,刑事附带民事赔偿,适用于轻重各种犯罪,以犯罪造成被害人经济损失为基本前提;刑事附带行政制裁与刑事特别教育谴责,适用于无须处以刑罚和保安处分的轻微犯罪;刑事附带行政制裁的种类包括司法建议行政处罚与司法建议行政处分;刑事特别教育谴责的种类仍然保留训诫、责令具结悔过、责令赔礼道歉。

罪行前提:刑事特别处置的立法与适用,以必要为原则。具体地说,刑事附带民事赔偿,虽然也不失为对犯罪分子的教育与惩罚,但是在实质内容上其核心是作为责令犯罪分子赔偿被害人经济损失的一种手段,由此不论对行为人是否适用刑罚与保安处分,均可给予刑事附带民事赔偿。刑事特别教育谴责,基于犯罪分子所犯罪行的具体情况,以对其施加特别的教育与惩罚为核心,这与刑罚和保安处分的实质意义直接对合,可以说它们是同一实质之上的不同形式表现,由此对行为人既已适用刑罚与保安处分,通常就无须再予刑事特别教育谴责。

附带行政·性质:刑事附带行政制裁,最终落实在行政制裁上,也具有行政制裁的内容。不过,其主流仍然是一种刑事处置。刑事附带行政制裁的适用,以判决行为人构成犯罪为前提,行为人不构成犯罪也就无须司法建议行政制裁,而是直接由行政

---

① 至少在现代社会的背景下是如此。

机关或主管单位决定是否行政制裁即可。判决行为人构成犯罪就是一种刑事处置，其后的司法建议行政制裁是依附于这一刑事处置的处理方法，其缘由在于，行为人虽然构成犯罪，但是就其罪行而言，倘若给予刑罚或保安处分则显有重责，而不予其他处置又有失轻纵，由此司法建议行政制裁，以使确定性的行政制裁成为宣告犯罪处置的一种补充。

附带行政·适用：如上所述，司法建议行政制裁属于刑事处置所附带的行政制裁，依存于刑事处置的框架，具有补充刑事处置的意义。**由此**，这种刑事附带行政制裁，仅以轻微犯罪而无须处以刑罚或保安处分为前提，否则就可以直接适用刑罚或保安处分；**另外**，如果既已适用刑罚或保安处分，则无须再予刑事附带行政制裁，因为这种附带制裁的目的与适量完全可以通过刑罚或保安处分实现。**还应注意**，人民法院对于行政制裁的施加只是刑事司法建议，而不宜直接判决行政制裁。行政处分以单位内部管理为必要，不应由人民法院直接施加；而行政处罚的一些措施如果由人民法院基于犯罪而直接决定，这就不是行政处罚了，而是刑罚或保安处分。

内容调整：理顺相关的内容，注意立法效果的严肃性、可操作性、适当灵活性。具体表现在：**(1) 规定违法责任**：刑事附带民事赔偿、责令具结悔过、责令赔礼道歉等的执行，在很大程度上需要犯罪分子的配合，对于积极或者消极抵制相应处置的犯罪分子，应有替刑或者其他制裁措施。**(2) 不同处置衔接**：规定替刑措施，也体现出刑事特别处置与刑罚和保安处分的衔接，此外也可在法定适用条件上，既明确不同刑事处置之间的层次差异，又表现不同刑事处置之间的相互衔接。**(3) 立法相对明确**：对于刑事特别处置的适用主体、适用对象、适用条件、具体内容等可予相对明确。对于同一种类的内容，可予合并规定。

第二节　刑事特别司法

刑事特别司法，与传统刑事司法相对，基于变通的刑事程序，最大限度地实现刑事处置对于犯罪人、被害人以及社会稳定关系等的修复价值。由此，刑事特别司法具体表现为变通的刑事程序的形态，更具刑事程序的知识建构与比较的意义。不过，这种刑事特别司法的形式，奠基于修复性的刑事处置的价值理念，也会形成对于犯罪人刑罚减免与执行方式转换的实体效应。从这个意义上说，其也不失为刑罚替代措施的具体表现。刑事特别司法的典型适例可谓刑事和解。

一、刑事和解的概念与特征

刑法理论对于刑事和解概念有着不同视角的界说。刑事和解并非只是采取和解的方式解决刑事案件，而是拥有特定的价值理念与形式要件的刑事处置类型之一。

有鉴于此,**刑事和解**,又称被害人与加害人和解,是指基于**修复性司法**①的基本理念,对于符合法定条件的犯罪采取变通的刑事司法程序,促成犯罪人、被害人以及社会关系得以最大限度的修复,并且由此减免犯罪人刑罚的一种有别于传统的刑事处置方式。

刑事和解具有如下**特征**:**(1) 修复理念**:刑事和解以修复理念为这一制度的价值基础。报应或者预防是统辖传统刑罚价值的两大重要思想线索,与此不同,修复理念固然不以报应本位,同时也不看重预防,甚至不以矫正为核心,而是强调补偿、复归与重塑。具体地说:**加害人**(犯罪人)反省自己罪行,主动承担应有的民事与刑事责任,基于恰当处置方式平稳回归社会;**被害人**在犯罪人直接的责任承担中,得到物质补偿与精神抚慰,恢复相互之间的正常关系;**社会秩序与社会关系**在犯罪的处置与谴责中重新获得确认,合理的行为准则再次得到肯定。**(2) 特别司法**:刑事和解以变通的刑事程序为这一制度的表现形式。具体表现为由警察、检察官、法官、社区自愿者、宗教人士居中主持,加害人与被害人直接面对面地进行商谈,就加害人的损害、被害人的补偿、社区关系的恢复等事项充分沟通达成一致意见,这一过程并不纳入正规的诉讼程序,但是作为其结果的和解协议将由司法机关认可并影响案件的处理。刑事和解的方式、范围、效果等仍有其法律规定的依据,而非犯罪案件的私了;刑事和解一定程度淡化了刑事法律关系的国家角色,充分彰显了被害人的重要地位,强化了社区的角色,也予犯罪人一定的主动。**(3) 刑罚减免**:刑事和解以减免犯罪人的刑罚为这一制度的刑事实体效果。刑事和解在形式意义上更为凸显的是其独特的犯罪案件的处理方式,而就实体的视角来看,刑事和解也会影响刑罚适用的结果。修复的理念促使对于犯罪人的处置尽可能采取与社区紧密联系的方式,从而社区服务的处置与社区矫正的执行得到推崇;在刑事和解中犯罪人所表现出的悔罪态度与致力于对被害人的赔偿,属于法定的对犯罪人予以从宽处罚的重要依据;同样,基于刑事和解而对犯罪人处罚的减轻与免除,实质上奠基于犯罪的客观危害与主观危害的缩小,形式上遵循于法律的具体规定。

二、刑事和解与相关概念

刑事和解与免除处罚:免除处罚,是指对于行为构成犯罪的犯罪分子,由于具有免除处罚的情节,从而仅作有罪的宣告而免除其刑罚处罚。刑事和解的最终结果也有可能出现免除刑罚的情形。不过,刑事和解是基于修复理念的一种特别司法方式,由此彰显的是其修复的思想与互动的处理方式,而免除处罚的前提在于相应的犯罪情节;就处罚结果而言,在刑事和解的场合免除处罚只是基于成功的刑事和解而可能出现的一种情形,有时虽有刑事和解的存在但未必就是免除处罚。

刑事和解与量刑情节:量刑情节,是指案件中客观存在的,作为决定处刑轻重或

---

① 刑事和解与修复性司法(restorative justice)并无本质区别,两者属于同一议题的不同视角与侧重的表述。

者免除处罚的各种具体事实情况,包括法定情节、酌定情节、客观情节、主观情节、可以情节、应当情节等等。刑事和解中犯罪人的悔罪态度与赔偿表现,也可视作一种对犯罪人予以从宽处罚的量刑情节。不过,同样刑事和解以其修复理念与特别司法见长,和解中的犯罪人的态度与表现及其对于量刑的意义,只是刑事和解中的事实表现及其法律价值之一,而且对于量刑的最终效果仍然依赖具体和解的事实表现。

刑事和解与修复性司法:修复性司法,是指基于促成犯罪人、被害人以及社会关系得以最大限度修复的宗旨,对于符合法定条件的犯罪采取变通的、互动开放的程序的处理方式。刑事和解与修复性司法如出一辙,只是两者在表述上各有不同的侧重。刑事和解展示处理的形式表现,加害人与被害人在调停人主持下的互动与对刑事纠纷的直接商恰、和解协议的形成;修复性司法彰显处理的价值宗旨,加害人在反省罪行承担责任基础上的回归社会,被害人得到应有的物质补偿与精神抚慰,社会关系重新获得确认与肯定。

三、国外有关刑事和解的立法

20 世纪 60、70 年代,基于对刑事处置报应性司法的反思以及对恢复性司法的期待,美国、加拿大的刑事司法实践出现了较为典型的做法,即由教会组织、缓刑部门等主持,促成加害人与被害人直面沟通而形成和解计划,此和解计划亦获得司法机关认可并且对于犯罪人的实体处置产生影响。这是现代意义上的刑事和解较早的表现形态。其后,这种刑事司法模式由北美到欧洲不断扩展,甚至"目前在欧洲比在北美发展更快"①。如今,刑事和解在一些国家的刑事法律上有所规定,总体上其属于刑事诉讼之外的非讼活动,而其处理结果却成为刑事程序的启动、案件审理的刑罚裁量或者刑罚执行的方式的法定事项,就**刑事实体**的视角而言,刑事和解将会影响到对犯罪人的量刑轻重与行刑方式。

具体地说,各国对刑事和解的场合、效果、内容等的规定,又各有不同的**侧重与特点**:(1)**轻重各种犯罪·减轻刑罚或者免除刑罚**:针对刑法所规定的轻重各种犯罪,将犯罪人在刑事和解中的良好表现,作为减轻刑罚或者免除刑罚的量刑情节。例如,《德国刑法典》第 46a 条规定,在犯罪人努力与被害人达成和解,或者被害人的补偿要求大部得到实现时,对于本可判处终身自由刑②或者 1 年以上有期自由刑的,可以减轻其刑罚;对于本可判处不超过 1 年自由刑或者 360 单位日额金之附加刑的,免除其刑罚。(2)**初犯轻罪中等严重犯罪·免除刑事责任**:针对初犯所实施的轻罪和中等严重犯罪,将犯罪人与被害人和解并且补偿被害人损害,作为免除刑事责任的法定事由。例如,《俄罗斯刑法典》第 76 条规定:"初次实施轻罪和中等严重犯罪的人,如果他与被害人和解并弥补给被害人造成的损害,则可以被免除刑事责任。"(3)**各种犯罪·不予立案免除刑罚推迟刑罚宣告**:针对各种犯罪,将犯罪人与被害人和解并且补

---

① 〔美〕博西格诺等著:《法律之门》,邓子滨译,华夏出版社 2002 年版,第 659 页。
② 《德国刑法典》已废除了死刑。

偿被害人损害,作为检察机关不予立案、法院免除刑罚或者推迟刑罚宣告的法定事由。例如,《法国刑事诉讼法典》第41条第8款规定:"共和国检察官在决定提起公诉前,可征得当事人同意进行调解。"调解成功,检察机关便可作出不予立案决定,但并不因此引起公诉消灭。① **(4)各种犯罪·减轻处罚**:针对各种犯罪,将犯罪人与被害人和解并且消除犯罪结果的努力,作为在量刑中减轻处罚的法定事由。例如,《芬兰刑法典》第6章第6条规定:犯罪人与被害人之间的和解、犯罪人试图阻止或消除犯罪危害结果,或者试图促成该结果的消除,是减轻处罚的事由。

我国《刑事诉讼法》设专章,以特别程序对"当事人和解的公诉案件程序"作了具体规定,内容包括:适用范围主要是法定类型的轻罪或过失犯且非5年内故意再犯;由司法机关对和解的自愿性与合法性审查并主持制作协议书;达成和解可以从宽处理,其中犯罪情节轻微的可以不起诉。由此可见,我国的刑事和解是在一定范围与程度上展开的。至于我国目前应否全面建立与推行刑事和解制度,这涉及我国目前所处的社会发展阶段,包括现实的法治理念水准、执法状况、社区建设、刑事法律制度体系等等因素的影响与制约。不过,刑事和解的确反映了相对柔和的价值理念与较为灵活的制度措施,在一定场合有利于社会稳定与提高刑事司法效益,从而可以在较为明确的制度框架下、限于一定的条件与范围而展开。

---

① 参见〔法〕卡斯东·斯特法尼等著:《法国刑法总论精义》,罗结珍译,中国政法大学出版社1998年版,第505页。

第六编 各罪罪刑

第十八章 各罪基础知识

第一节 总则与分则

一、总则与分则的主导内容

具体罪刑驻扎于分则框架而又依存于总则规范,由此具体罪刑首先涉及总则与分则的内容特征。(1)**总则**:是对涉及罪刑全局问题或者具体罪刑共性问题的规定,从而可谓罪刑的普通规范,具体包括:罪刑通则,诸如刑法基本原则、适用范围、刑法用语、刑法任务、制定根据等;犯罪通则,诸如责任能力、责任形式、行为结果、违法阻却等犯罪构成一般要素,未遂中止、共同犯罪、一罪数罪等特殊犯罪形态;处刑通则,诸如刑罚体系与具体方法、量刑原则与具体制度、刑罚执行与消灭制度等。(2)**分则**:是对具体犯罪及其相应处刑的规定,其反映罪刑的触角点位与具体个性。作为触角点位,具体罪刑的设置划定了刑法典的罪刑范围与程度,也即刑法典共有多少罪名以及各个罪名具体构成与相应处罚;作为具体个性,具体罪刑所规定的只是各个具体犯罪与相应处罚的独特方面,而其共性问题则由总则统一予以概括规定。从这个意义上说,分则是罪刑的住所与具体表现。

二、总则与分则的关系

总则指导分则:总则与分则各有侧重,而两者又贯穿统一,呈现一般与特殊、抽象与具体的关系。具体而言:(1)**观念**:刑法典有其思想灵魂,其由整个刑法规范体系予以体现。相对而言,**总则通过罪刑通则的规定直接展示刑法典的思想灵魂**。诸如,刑法基本原则等条文直接呈现刑法典的谦抑精神与人权保障价值,量刑原则与制度的一般规定具体展示刑法典在客观主义与主观主义上的取舍或倾向。**分则通过具体罪刑的设置具体反映刑法典的思想灵魂**。例如,罪名范围的严密与粗疏、罪状表述的明确与否、法定刑幅度的大小及其轻重等等,也均是刑法典的客观主义与主观主义以及报应刑主义与目的刑主义的体现。(2)**制度**:总则分则均是有关罪刑实体的价值理念与制度形态的规定。就制度形态而言,**总则规定的内容以涉及罪刑全局与共性**

内容为特征,并且有关罪刑的一些基本制度也均由总则规定。涉及全局内容,诸如刑法基本原则、适用范围等;涉及共性内容,诸如犯罪构成的一般要件要素,特殊犯罪形态等;罪刑基本制度,诸如量刑制度、刑罚执行制度等。**分则**规定的内容既非针对罪刑全局,也非涉及罪刑共性与基本制度,而是各个具体犯罪的特殊构成与相应处罚。由此,分则内容宏观涉及刑法典所有具体犯罪及其相应法定刑的覆盖,微观针对每一具体犯罪的轻重不同层次罪状形态及其相应的法定刑幅度。(3) **统一**:一部刑法典总则与分则,无论是价值精神与制度形态,这两个方面均是统一贯穿的。**不过**,基于总则与分则在内容侧重上的差异,从而总则具有全面统辖的意义,而分则具有具体体现的特征,总则规范系属普通规范而分则规范则为特别规范,由此可以说,在对某一事项分则并无特别规定的场合,总则的规定对于分则的罪刑均应适用①。**然而**,从罪刑的完整表述来看,总则与分则缺一不可。也即某一具体犯罪的构成与处置,既要适用总则规范也要适用分则规范。由此,分则成为具体罪刑的住所,而总则则由本属具体罪刑的有关内容抽象构成,进而分则的具体罪刑也为总则内容奠定着基础。

各自内部的普通与特殊:总则的普通规范与分则的特别规范,是在总则与分则的相对意义上说的,但是这并不排除在总则规范中,基于某种一般与特殊的相对意义,仍可存有普通规范与特别规范之别。例如,我国《刑法》第99条与第69条均为总则条文,其中第99条是有关"以上"、"以下"、"以内"具体含义的规定,第69条第1款是数罪并罚限制加重的规定。就"以上"与"以下"的含义而言,第99条的规定系属针对刑法一般场合的普通规范,而第69条的规定则是针对数罪并罚限制加重的特别规范。**同样**,在分则规范中,基于一般与特殊的相对意义,同样存在普通规范与特别规范之别。例如,我国《刑法》第140条与第141条均为分则条文。相对而言,第140条针对生产销售伪劣产品的一般情形,从而其规定系属普通规范,而第141条针对生产销售假药的特定情形,从而其规定可谓特别规范。

分则特别优于总则普通:总则是分则的指导,总则条文对于分则条文具有普遍适用的意义。但是,分则条文又有特别规定的意义,从而在总则条文与分则条文的规定出现竞合的场合,分则条文优先适用。例如,根据我国《刑法》总则第67条第1款的规定,"自首"一般只是"从轻或者减轻处罚",只有"犯罪较轻的"方可"免除处罚";而分则第390条第2款规定,行贿人只要具有自首性质的行为,一般即可"减轻处罚或者免除处罚"。在此,分则条文与总则条文并不冲突,并优先适用。

分则制度补充总则制度:有关罪刑的基本制度主要存在于总则,而具体罪刑的特殊内容主要依存于分则,这也是基于总体情形而言的,并不排除在某些场合,分则条文中也有属于罪刑制度的内容。例如,我国《刑法》分则第449条有关战时缓刑的规定,尽管系属特别缓刑,却不失为缓刑制度的一个侧面。

---

① 我国《刑法》第101条的规定,表述了此意。

第二节 分则罪名的体系结构

分则有其自身的逻辑结构。这种逻辑结构，在宏观层面上，表现为分则罪名的体系结构，即类罪的划分及具体犯罪的归类、类罪及具体犯罪的排列；在微观层面上，表现为分则条文的逻辑结构，即各个具体犯罪的罪名、罪状、法定刑。

各国刑法典在具体犯罪的分类与排列上，通常根据犯罪侵害法益类型的不同而具体展开，诸如侵害国家法益的犯罪、侵害个人法益的犯罪、侵害公共法益的犯罪。然而，各国的法律文化、历史传统、政治经济状况等有所不同，折射到分则罪名的体系结构上，不同国家的类罪划分与排列模式也有所差异。我国《刑法》分则根据犯罪侵害法益类型的不同，将犯罪分为 10 类，每类一章分设 10 章，第三章与第六章的章下设节，每个章节包括若干具体犯罪，共计 451 个具体罪名[1]。犯罪的排列，主要根据犯罪的社会危害程度的不同，由重到轻；同时，辅以立法技术，或者兼顾犯罪之间的内在联系。

一、类罪划分及具体犯罪归类

章与节的设置：我国《刑法》章的设置界分系犯罪所侵类型法益，所设十章的类型法益依次是：国家安全、公共安全、经济秩序、公民权利、财产秩序、日常管理秩序、国防利益、廉政建设制度、公务职责制度、军人职责制度。而第三章与第六章之节的设置界分，仍然是犯罪所侵类型法益。其中，第三章之八节的类型法益依次是：商品质量监管制度、对外贸易管制、公司企业管理制度、金融管理制度、金融制度及其相关产权、税收征管制度、知识产权管理制度、其他市场管理秩序；第六章之九节的类型法益依次是：公共管理秩序、司法管理秩序、国边境管理秩序、文物管理制度、卫生管理制度、环境资源管理秩序、毒品监管制度、社会风尚管理秩序、性道德风尚管理秩序。

具体犯罪的归类：我国《刑法》具体犯罪的归类根据，是该具体犯罪所侵具体法益的类属。基于具体法益表现形式的不同，这又分为两种情况：(1) 具体犯罪所侵具体法益属于单一法益。在此，由于保护法益只有一种，因而径行根据具体犯罪所侵保护法益的具体类属，进行犯罪类型的归类。例如，遗弃罪（第 261 条）所侵具体法益是单一法益，即"没有独立生活能力的家庭成员在家庭生活中受扶养的权利"，据此，将遗弃罪归入第四章侵犯公民权利犯罪中。(2) 具体犯罪所侵具体法益属于复合法益。在此，保护法益存在两种以上，进而根据具体犯罪所侵保护法益在决定犯罪性质中的作用，将被侵法益分为主要法益、次要法益、随意法益，其中，主要法益是该具体犯罪归类的重要依据。例如，抢劫罪（第 263 条）所侵具体法益是复合法益，即"财产秩序和公民人身权利"，而"财产秩序"是主要法益，据此，将抢劫罪归入第五章侵犯财产犯罪中。

---

[1] 截至《中华人民共和国刑法修正案（八）》。

二、类罪及具体犯罪的排列

类罪的排列：我国《刑法》类罪的排列，主要依循犯罪的社会危害程度由重到轻，同时辅以立法技术。（1）**社会危害程度**：例如，基于立法取向，危害国家安全犯罪矛头直指国家安全，犯罪性质与危害极为严重，从而将之列为分则类罪之首。其后，危害公共安全犯罪、破坏经济秩序犯罪、侵犯公民权利犯罪、侵犯财产犯罪，也是按其类罪总体社会危害程度由高至低而排列。（2）**辅以立法技术**：我国《刑法》分则自第六章妨害日常管理秩序犯罪起，具体章目排列的主要根据，是立法技术的需要。易言之，立法者并非认为这些章所设置的犯罪在社会危害程度上就亚于前章的犯罪，之所以将其置后是因为其在侵害法益或者行为主体等方面具有一定的独特性。

具体犯罪的排列：我国《刑法》具体犯罪的排列，主要依循犯罪的社会危害程度由重到轻，同时兼顾犯罪之间的内在联系。（1）**社会危害程度**：例如，在危害国家安全犯罪中，背叛国家罪、分裂国家罪等社会危害性最为严重，因而将之依次列为该类犯罪之首；在危害公共安全罪的类罪中，同样将社会危害性较为严重的一些具体罪，诸如放火罪、决水罪、爆炸罪、投放危险物质罪等，排列于前。（2）**犯罪内在联系**：具体犯罪的排列在一定场合，也兼顾犯罪之间的内在联系。例如，将煽动分裂国家罪紧随分裂国家罪之后而置于武装叛乱、暴乱罪等之前，主要考虑的是煽动分裂国家罪与分裂国家罪之间在实行行为上存在提升与纯正的内在联系。将失火罪、过失决水罪、过失爆炸罪、过失投放危险物质罪紧随相应的故意犯罪之后，主要考虑的是此类过失犯罪与故意犯罪之间的内在联系。

第三节 分则条文的逻辑结构

分则条文的基本逻辑，呈现罪名、罪状、法定刑的结构。

一、罪名

罪名是指犯罪的名称，是对犯罪基准构成的本质特征的高度概括。罪名包括：类罪名，即某类犯罪的名称；具体罪名，即某一具体犯罪的名称。通常意义上，所谓的罪名是指具体罪名。

（一）罪名的功能

罪名功能，是指罪名所发挥的有利的作用。主要有：概括功能、区别功能、评价功能、威慑功能。

概括功能：是指罪名具有将个体犯罪现象、总体犯罪现象[①]及至犯罪的规范表述，高度概括成一个简洁、明确、具体的犯罪名称的作用。例如，将入室抢劫、拦路抢劫、持刀抢劫、持枪抢劫、暴力抢劫、麻醉抢劫等等，概括为抢劫罪；将我国《刑法》第263

---

① 个体犯罪现象、总体犯罪现象，是犯罪研究的一对经验性基础。

条的表述"以暴力、胁迫或者其他方法抢劫公私财物的",概括为抢劫罪。

区别功能：又称个别化功能,是指罪名是具体犯罪的标志性称谓,这一标志性的称谓涵盖了相应于该罪名的犯罪行为的基本构成特征,从而使罪名具有了区分此罪与彼罪以及罪与非罪的重要提示作用。例如,盗窃罪,意味着行为具备盗窃罪的构成要件,属于犯罪,并且不同于抢劫罪等其他具体的犯罪。

评价功能：是指罪名具有以国家的名义,对危害社会的行为在法律上予以否定性评价,并对犯罪人予以最严厉的谴责的作用。这种评价将使犯罪人受到刑事制裁的不利后果。例如,故意杀人罪,意味着国家对故意非法剥夺他人生命的行为,在法律上所予以的否定性评价,以及对故意杀人者所予以的最严厉的谴责。依照我国《刑法》的规定,犯故意杀人罪将被处死刑、无期徒刑或者有期徒刑等刑罚。

威慑功能：是指罪名具有阻吓未曾实施过犯罪行为的社会危险分子(对初犯的威慑)以及曾被追究过刑事责任的社会危险分子(对再犯的威慑),实施犯罪行为的作用。罪名的威慑功能,以罪名的评价功能为基底,以罪名评价的法律后果为后盾。正是因为触犯罪名具有国家对危害行为的法律否定和对犯罪人的严厉谴责,进而犯罪人将由此受到刑事制裁的作用,从而形成了一种应当避免罪名评价的警示。

（二）罪名的确定

确定罪名原则：确定罪名应当遵循一定的基本原则,主要有:合法性、简明性、合理性、基准性。

合法性：是指罪名的确定,应当符合刑法分则对具体犯罪基本构成的规定。包括:(1)符合法条用语所表述的内在精神。例如,我国《刑法》第116条所表述的精神是,故意破坏特定种类的交通工具造成具体现实危险状态而构成犯罪的情形,据此,可将这一法条所规定的具体犯罪名称,确定为"破坏交通工具罪"。(2)符合法条用语所表述的形式意义。例如,根据《德国刑法典》第316条的表述,可将该条所规定的罪名确定为"酒后驾驶罪"。但是,将我国《刑法》第133条之一的罪名确立为"醉酒驾驶罪"就不合刑法规定。因为该条所规定的事实特征,除"在道路上醉酒驾驶机动车"(A)的情形之外,还有"在道路上驾驶机动车追逐竞驶,情节恶劣"(B)的情形,而"醉酒驾驶罪"不能恰当地归纳B种情形。

基准性：是指罪名的确定,至少应有作为独立罪名成立标志的具有独特意义的罪刑基本单位(独特罪状＋独立法定刑),不过有时虽有独立的罪刑单位,未必就有独立罪名。具体而论:(1)缺乏法定刑,不足以构成独立的罪名。这是罪刑法定原则的当然结论。罪刑法定原则的基本要求是,没有犯罪就没有刑罚,没有法律就没有刑罚,没有法律规定的刑罚就没有犯罪。而缺乏法定刑的罪名有违"没有刑罚就没有犯罪"。立法实践中也的确存在过缺乏法定刑的罪名。例如,1997年《刑法》第155条所设置的"走私固体废物罪",即为没有法定刑之罪的适例。《刑法修正案(四)》将之删除,并在第152条第2款重新设置了具有罪状与法定刑的"走私废物罪"。(2)缺乏独立的法定刑,不足以构成独立的罪名。独特的罪状是独立罪名的首要基础。不过,有时仅有独特的罪状内容,而无相应独立的法定刑,则不能成立独立罪名。例如,我国《刑法》第244条第2款,将"协助强迫他人劳动行为"提升为实行行为作了规定,在此第2款所述之罪状相对于第1款的罪状有其独特性,但是由于其缺乏相应独立的法定刑,从而不宜作为独立罪名;与此可比的是,我国《刑法》第358条第3款,同样将"协助组织他人卖淫行为"提升为实行行为作了规定,同样该款所述之罪状相对于第1款的罪状也有其独特性,然而正是由于该款之独特罪状又有相应独立的法定刑,从而成为有别于第1款之罪名的独立罪名"协助组织卖淫罪"。(3)有独立的法定刑,未必构成独立的罪名。因为罪名确定是以犯罪的基准构成为核心根据的,也即罪名是基准犯罪构成的集中而简洁的表述。凡是在这一基准犯罪构成框架下的罪状,均可包容于以这一基准犯罪构成为核心而确定的罪名。因此,只要罪状表述没有突破基准犯罪构成的核心框架,就无须确定为新的罪名。例如,我国《刑法》第397条第2款的表述"徇私舞弊,犯前款罪",系该条第1款所设之罪滥用职权罪与玩忽职守罪①的行为加重犯,从而无须单设独立罪名②。类似的立法例,诸如第237条第2款的行为加重等。(4)虽共用同一独立法定刑,但犯罪构成性质不一的,构成独立罪名。理由同样是,罪名系基准犯罪构成集中而简洁的表述,而犯罪构成性质不同,即使规定在同一法条之中,其也说明法条所表述的情形是性质不一的各种犯罪构成,应当确立为不同的罪名。例如,我国《刑法》第114条将放火、决火、爆炸、投放危险物质以及其他危险方法危害公共安全的行为规定于同一法条,并共用同一法定刑,然而这些方法各有独特的事实特征表现而具体性质不一,从而构成各自相对独立的罪名。(5)刑法明确指示援用罪名的,依照指示罪名而不成立新罪名。此时,虽然罪状也有独特表现,但是基于立法已作转化犯、包容犯等的规定,从立法所指向的罪名来看其并无独立法定刑。例如,我国《刑法》第238条第2款后段所表述的罪状意味着"非法拘禁"并"使用暴力致人伤残、死亡",尽管这一罪状相对于第1款非法拘禁罪的基准构成具有独特表现,但是《刑法》明确将之指向故意伤害罪与故意杀人罪,从而并无独立的法定刑与罪名。类似的立法例,诸如第171条第3款所设伪造货币罪的包容犯。

简明性:又称概括性,是指确定的罪名,应当高度概括、简洁、明确。例如,我国《刑法》第136条规定:"违反爆炸性、易燃性、放射性、毒害性、腐蚀性物品的管理规定,在生产、储存、运输、使用中发生重大事故,造成严重后果的……",其中,"爆炸性、易燃性、放射性、毒害性、腐蚀性物品"属于"危险物品"。由此,可将这一法条所规定的具体犯罪名称,概括为"危险品肇事罪"。

合理性:是指罪名的确定,应当符合刑法理论的基本规则以及罪名的本意。包括:(1)法条本身已有:注意使用法条表述本身已有的一些关键术语。例如,我国《刑法》第112条所作具体犯罪的规范表述中,"资敌"是一关键性的术语,可将这一法条文所规定的具体犯罪名称,确定为"资敌罪"。(2)基本构成特征:罪名应当是对具体犯罪基本构成的本质特征的高度概括。例如,我国《刑法》第139条所表述的具体犯

---

① 本书认为,这两个罪应当整合为"背离公职罪"一个罪名。
② 最高人民检察院《关于适用刑法分则规定的犯罪的罪名的意见》(1997年)曾将该款解释为独立罪名"国家机关工作人员徇私舞弊罪"。

罪的本质特征是"消防责任事故",可将该法条所规定的具体犯罪名称,确定为"消防责任事故罪"。(3)避免章节罪名:避免使用分则章节所列的类罪名。例如,不宜将我国《刑法》第 140 条所规定的具体犯罪的名称"生产、销售伪劣产品罪",确定为统辖该具体犯罪的类罪名"生产、销售伪劣商品罪"。(4)避免总则表述:避免将总则的一些规定用作罪名。例如,我国《刑法》第 20 条第 2 款对防卫过当的构成与后果作了规定,不能据此采用"防卫过当罪"的罪名。同样的道理,也不存在"抢劫未遂罪"、"教唆罪"等罪名。

关于"犯前款罪":法条的罪状表述"……犯前款罪的",有时这一罪状表述构成新的罪名,而在多数场合这一罪状表述并不构成新的罪名。(1)独立罪名:"……犯前款罪的"罪状表述与前款罪之罪状,存在故意与过失的差异。例如,我国《刑法》第 115 条第 2 款"过失犯前款罪的"罪状表述,成立失火罪、过失决水罪等独立罪名。这里的"前款罪"是指该条第 1 款所规定的放火罪、决水罪等的结果加重犯。类似的立法例,诸如第 119 条第 2 款"过失犯前款罪"的罪状表述等。(2)前款罪名:"……犯前款罪的"罪状表述,相对于前款罪状,在客观要素与主体要素有所变更,但仍可依存于前款犯罪构成框架的场合,仍为前款罪名。例如,我国《刑法》第 102 条第 2 款表述了与前款之罪的行为对象的差异,系属前款之罪的准型构成;第 120 条之一第 2 款表述了与前款之罪的行为主体的差异,系属前款之罪的单位犯罪;第 237 条第 2 款表述了在前款之罪基础上的行为与情境特征的增加,系属前款之罪的行为或情境加重犯;第 243 条第 2 款表述了与前款之罪的主体身份的差异,系属前款之罪的不纯正的身份犯;第 229 条第 2 款表述了在前款之罪基础上的其他独立罪行的增加,立法将之作了包容犯的规定;第 120 条第 2 款表述了在前款之罪基础上的其他独立罪行的增加,立法将之作了数罪并罚的规定;第 239 条第 2 款表述了在前款之罪基础上的结果与其他独立罪行的增加,系属前罪之结果加重犯或包容犯。

(三)罪名的立法模式

各国刑法典罪名的立法模式,主要表现为明示式与暗含式。

明示式:是指刑法分则条文对罪名明确予以规定的方式。《法国刑法典》(1994 年)、《日本刑法典》(1907 年)、《德国刑法典》(1998 年)、《意大利刑法典》(1931 年)等均采用这一罪名立法模式。明示式又可**分为**:标题明示式、定义明示式。(1)**标题明示式**:是指刑法分则条文采用标题的方式对罪名明确予以规定的罪名立法模式。例如,《德国刑法典》(1998 年)第 249 条以标题"(抢劫)"明示该条所规定的具体犯罪的罪名为"抢劫罪"。(2)**定义明示式**:是指刑法分则条文采用定义的方式对罪名明确予以规定的罪名立法模式。例如,我国《刑法》第 385 条第 1 款对受贿罪作了定义式的规定。这便是以定义的方式明示"受贿罪"的罪名。

暗含式:是指刑法分则条文对罪名并不予以明确的规定,而是将其暗含于对罪状的表述中。我国《刑法》绝大多数条文对具体犯罪的规定均采用这一罪名立法模式。例如,《刑法》第 121 条是对"劫持航空器罪"的规定,在这一规定中,"劫持航空器罪"的罪名暗含于该法条对劫持航空器罪的罪状表述,"以暴力、胁迫或者其他方法劫持航空器的……"之中。

(四) 罪名的种类

根据不同的标准,可对罪名进行不同的划分。

立法罪名、司法罪名、学理罪名:按照罪名确定者的不同,可以将罪名划分为立法罪名、司法罪名、学理罪名。(1) **立法罪名**:是指最高立法机关(全国人大及其常委会)在刑法条文中所规定的罪名。例如,我国《刑法》第382条第1款在法条中明确表述了"贪污罪"的罪名。(2) **司法罪名**:是指最高司法机关(最高人民法院、最高人民检察院)通过司法解释所确定的罪名。例如,1997年最高人民法院《关于执行〈中华人民共和国刑法〉确定罪名的规定》。目前,共有七个有关罪名的司法解释。① (3) **学理罪名**:是指教学科研人员、宣传机构等,从学理上确定刑法条文所规定具体犯罪的罪名。

单一罪名、选择罪名:按照罪名所包含构成要件内容之**单复的不同**,可以将罪名划分为单一罪名、选择罪名。(1) **单一罪名**:是指罪名所包含的具体犯罪构成要件的内容,尤其是实行行为、行为对象等单一。例如,我国《刑法》第123条的暴力危及飞行安全罪、第133条的交通肇事罪等。(2) **选择罪名**:是指罪名所包含的具体犯罪构成要件的内容,尤其是实行行为、行为对象等复杂。其形态特征:A. 表现为实行行为上的并列待选。例如,我国《刑法》第215条的非法制造、销售非法制造的注册商标标识罪;B. 表现为行为对象上的并列待选。例如,我国《刑法》第130条的非法携带枪支、弹药、管制刀具、危险物品危及公共安全罪。C. 表现为实行行为与行为对象均有并列待选。例如,我国《刑法》第125条第1款的非法制造、买卖、运输、储存枪支、弹药、爆炸物罪。

选择罪名、排列罪名:按照同一条文所列复杂罪名是否各具相对独立性质的不同,可以将罪名划分为选择罪名、排列罪名。其中,**选择罪名**已如上述。**排列罪名**,是指基于表述的简洁,将几个性质各不相同的具体犯罪规定在同一条文中的罪名类型。例如,我国《刑法》第114条将性质不同的放火罪、决水罪、爆炸罪、投放危险物质罪、以危险方法危害公共安全罪规定在同一法条中,第118条将性质不同的破坏电力设备罪、破坏易燃易爆设备罪规定在同一法条中。

选择罪名与排列罪名:选择罪名不同于排列罪名,尽管两种罪名的具体构成均为复杂,但是选择罪名待选的行为或者对象等均属于同一性质的具体犯罪,行为人实施数个待选行为或者行为针对数个待选对象,仅成立一罪。与此不同,排列罪名的数个行为或者行为对象所成之具体犯罪性质相异,而不属于同一性质的具体犯罪,行为人实施数个行为或者行为针对数个对象,成立数罪。

确定罪名、不确定罪名:按照罪名是否随机确定的不同,可以将罪名划分为确定罪名、不确定罪名。(1) **确定罪名**:是指罪名相对明确肯定,而不受具体案件不同情况影响的罪名。我国现行《刑法》的罪名基本上均为确定罪名。(2) **不确定罪名**:是

---

① 截至最高人民法院、最高人民检察院《关于执行〈中华人民共和国刑法〉确定罪名的补充规定(五)》(2011年)。

指罪名随具体案件的情况而定,案件具体情况不同,罪名不同。**例如**,我国 1979 年《刑法》第 105 条的表述"……以其他危险方法破坏工厂、矿场、油田、港口、河流、水源、仓库、住宅、森林、农场、谷场、牧场、重要管道、公共建筑物或者其他公私财产、危害公共安全,尚未造成严重后果的……",构成"以其他危险方法危害公共安全罪",在当时该罪名即为不确定罪名。具体表现为,倘若行为人以驾车冲撞人群的方法危害公安全的,则将罪名确定为"以驾车撞人的方法危害公共安全罪";倘若行为人采用私设电网的方法危害公共安全的,则将罪名确定为"以私设电网的方法危害公共安全罪"。

二、罪状

罪状,是指刑法分则性条文对具体犯罪构成的事实特征的描述,是适用相应法定刑的前提条件。

（一）罪状的表述形式

假定与处理的表述样态:刑法规范存在假定与处理两个要素。刑法规范的假定表述定罪事实特征与量刑事实特征,处理表述定罪处刑的框架与规则。在表述样态上,假定通常以"……的"文字模式表述,有时也表述为"对……犯罪分子(犯)"等;处理通常以"处……"、"应当(可以)……"、"是……"等的文字模式表述。例如,我国《刑法》第 18 条:假定,"精神病人……经法定程序鉴定确认的";处理,"不负刑事责任……"。第 28 条:假定,"对于被胁迫参加犯罪的";处理,"应当按照他的……"。第 65 条:假定,"被判处有期徒刑以上刑罚……的";处理,"是累犯,应当从重处罚……"。

分则规范表述样态:分则假定多为定罪事实特征,也有量刑事实特征,相应的处理多为法定刑框架,也有处刑规则。其相应的文字表述样态是:假定"……的",处理"处……"或者"可以(应当,是)……"等。例如,我国《刑法》第 116 条(破坏交通工具罪):假定(定罪事实特征),"破坏火车、汽车、电车……的";处理(法定刑框架),"处 3 年以上 10 年以下有期徒刑"。第 390 条第 2 款(行贿罪的处罚):假定(量刑事实特征),"行贿人在被追诉前主动交待行贿行为的",处理(处刑原则),"可以减轻处罚或者免除处罚"。

罪状表述样态:分则规范的主体是罪名、罪状与法定刑。其中,罪状是分则规范的假定部分,法定刑是分则规范的处理部分。罪状表述样态具有一定的稳定格式,从而本书称之为"罪状陈式"。罪状陈式是指承载罪状的语言模型,具体表现为"……的"。由此,可以将"……的"与"处……"作为罪状与法定刑的标志。罪状陈式对于罪状的承载,呈现如下情形:**(1) 一陈式一罪名**:一个罪状陈式仅单居一个罪名罪状。例如,我国《刑法》第 133 条前段的一个罪状陈式,仅含交通肇事罪的罪状。**(2) 一陈式复罪名**:一个罪状陈式复居或者多居不同罪名罪状。例如,我国《刑法》第 246 条第 1 款的一个罪状陈式,共居了侮辱罪与诽谤罪两项不同罪名的罪状。**(3) 一陈式一情形**:一个罪状陈式表述了同一层级罪状中的一个情形。例如,我国《刑法》第 234 条第

1款的一个罪状陈式,具体表述了故意伤害罪的基准罪状,该基准罪状也仅有一个抽象情形。**(4)一陈式多情形**:一个罪状陈式表述了同一层级罪状中的不同情形。例如,我国《刑法》第163条第1款前段的一个罪状陈式,具体表述了非国家工作人员受贿罪基准罪状的"索贿"与"收贿"两种情形。**(5)多陈式多情形**:多个罪状陈式共同表述同一层级罪状中的不同情形。例如,我国《刑法》第384条第1款的三项罪状陈式,分别表述了挪用公款罪基准罪状的三种不同情形。**(6)多陈式多罪状**:多个罪状陈式分别表述不同层级的罪状情形。例如,我国《刑法》第170条的两项罪状陈式,分别表述了伪造货币罪基准罪状与加重罪状的具体情形。

罪状陈式机能:在法律技术意义上,罪状陈式具有揭示犯罪构成要素与探究具体犯罪形态等的机能,因为一个单居罪名并单一情形的罪状陈式,对应于罪名框架中的一项完整的犯罪构成。例如,我国《刑法》第133条之一第1款设置了两个罪状陈式并统辖于同一罪名,每个罪状陈式仅系危险驾驶罪的单一情形的表述,由此这两个罪状陈式均为危险驾驶罪犯罪构成完整表述,进而,"追逐竞驶"型危险驾驶罪系情节犯,而"醉酒驾驶"型危险驾驶罪系行为犯。又如,我国《刑法》第358条第1款分别两个单居罪名并单一情形的罪状陈式,对于受贿罪两种情形的犯罪构成作了具体完整的表述,由此,"索贿"情形的受贿罪构成无须"为他人谋利益",而"收贿"的受贿罪构成则须"为他人谋利益"。

(二)罪状的类型与模式

罪状的基本类型:根据罪状所描述的具体犯罪构成事实特征的罪行轻重的不同,罪状分为基准罪状与加重罪状或者减轻罪状。**(1)基准罪状**:是指刑法分则性条文对具体犯罪基准犯罪构成的事实特征的描述;基准罪状,对应于具体犯罪的基准的法定刑。例如,我国《刑法》第263条前段的表述"以暴力、胁迫或者……的",即为抢劫罪的基准罪状。基准罪状可谓具体犯罪罪行轻重及其相应法定刑轻重的基准;并且,基准罪状通常是确定具体罪刑之法条的最前一段的表述。例如,我国《刑法》第383条第1款第1项前段(并第232条第1款)的表述,系贪污罪的基准罪状,这一罪状及其相应的法定刑,是贪污罪加重与减轻之罪行及其相应之加重与减轻处刑的基准。又如,绑架罪之基准罪状的法定刑大大重于抢劫罪之基准罪状的法定刑,表明绑架罪之基准罪行与处刑大大重于抢劫罪之基准罪行与处刑,这与该两罪的立法呈现也相吻合。绑架罪位于侵犯人身权利的第四章,而抢劫罪则位于其后的侵犯财产权利的第五章。说明立法者更为关注绑架罪对于公民人身权利的侵犯,相应地在具体犯罪序列中也将之置于比抢劫罪更重的位置。**(2)加重罪状**:是指刑法分则性条文对具体犯罪加重犯罪构成的事实特征的描述;加重罪状对应于具体犯罪的加重的法定刑。例如,我国《刑法》第263条后段的表述"有下列情形之一……",即为抢劫罪的加重罪状。**(3)减轻罪状**:是指刑法分则性条文对具体犯罪减轻犯罪构成的事实特征的描述;减轻罪状对应于具体犯罪的减轻的法定刑。例如,我国《刑法》第232条后段的表述(故意杀人)"情节较轻的……",即为故意杀人罪的减轻罪状。**(4)罪状意义**:罪状是定罪处刑的重要基础。其中,基准罪状决定着具体犯罪的定性与基准法定刑的适用,罪名是基准罪状的高度浓缩;加重或减轻的罪状决定着加重或减轻的法定刑的适用。

罪状的立法模式:根据刑法分则性条文对于罪状的描述方式的不同,可以将罪状分为简单罪状、叙明罪状、引证罪状、空白罪状。**(1) 简单罪状**:是指刑法分则性条文对具体犯罪构成的事实特征,不作较详细的描述,只是简单地概括出犯罪名称的罪状。例如,我国《刑法》第 237 条第 3 款的表述"猥亵儿童的"。在此,该条文只是简单地概括了这一条款所规定的"猥亵儿童罪"的具体犯罪名称,而对该罪具体犯罪构成的事实特征未作详细的描述,因而属于简单罪状。**(2) 叙明罪状**:是指刑法分则性条文对具体犯罪构成的事实特征,进行较为详细的描述,从而超出犯罪名称概括的罪状。例如,我国《刑法》第 109 条第 1 款的表述"国家机关工作人员在履行公务期间,擅离岗位,叛逃境外或者在境外叛逃的"。在此,该条文对这一条款所规定的"叛逃罪"的行为主体(国家机关工作人员)、行为情境(在履行公务期间)、行为方式(擅离岗位叛逃境外,或者擅离岗位在境外叛逃)等基准犯罪构成要件,作了较为详细的描述,从而已超出了对"叛逃罪"这一犯罪名称的概括,因此属于叙明罪状。**(3) 引证罪状**:是指刑法分则性条文,援引同一法律中的其他条或款,来描述本条或本款所规定的具体犯罪构成的事实特征的罪状。引证罪状对其他条或款的援引,包括:**A. 本条以外的援引**,即援引同一法律中本条以外的其他条或款。例如,我国《刑法》第 107 条的表述"境内外机构、组织或者个人资助实施本章第 102 条、第 103 条、第 104 条、第 105 条规定之罪的"。在此,该条文援引本条(第 107 条)以外的第 102 条、第 103 条、第 104 条、第 105 条的规定,来描述本条(第 107 条)所规定的"资助危害国家安全犯罪活动罪"的基准犯罪构成的行为对象要素①,因而属于本条以外援引的引证罪状。**B. 本条以内的援引**,即援引同一法律中本条以内的其他款。例如,我国《刑法》第 124 条第 2 款的表述"过失犯前款罪的"。在此,该条文援引本条(第 124 条)第 1 款(破坏广播电视设施、公用电信设施罪)的规定,来描述本条的第 2 款所规定的"过失损坏广播电视设施、公用电信设施罪"的犯罪构成,因而属于本条以内援引的引证罪状。**(4) 空白罪状**:是指刑法分则性条文,援引其他法律、法规,来描述本条文所规定的具体犯罪构成的事实特征的罪状。例如,我国《刑法》第 128 条第 1 款的表述"违反枪支管理规定,非法持有、私藏枪支、弹药的"。在此,该条文援引枪支管理规定②,来描述本条款(第 128 条第 1 款)所规定的"非法持有、私藏枪支、弹药罪"的犯罪构成,因而属于空白罪状。**(5) 否定混合罪状**:也有论著提出了"混合罪状"的概念。认为,混合罪状是指在刑法规范中同时用两种或两种以上罪状的机制来描述某一犯罪的构成。其适例是,我国《刑法》第 341 条第 2 款所述"非法狩猎罪"的罪状等。③ 对此,本书摒弃混合罪状的提法。因为,简单罪状、叙明罪状虽具有罪状的单一性,但引证罪

---

① 即有关组织或者个人实施的我国《刑法》第 102 条背叛国家罪、第 103 条分裂国家罪、煽动分裂国家罪、第 104 条武装叛乱、暴乱罪、第 105 条颠覆国家政权罪、煽动颠覆国家政权罪。
② 即我国《枪支管理法》。
③ 参见何秉松主编:《刑法教科书》,中国法制出版社 1995 年版,第 455 页。

状、空白罪状却未必就具有罪状的单一性。引证罪状在援引本法其他条或款来描述本条或本款具体犯罪构成的事实特征的同时,通常也对本条或本款具体犯罪构成事实特征的其他方面予以一定的描述。空白罪状的表现形式也是,刑法分则性条文对具体犯罪构成的事实特征既作部分的直接描述,又援引其他法律、法规进行说明。因此,在逻辑上并不存在刑法分则条文对具体犯罪构成的事实特征不作任何直接的描述,而是完全援引本法其他条或款予以说明的引证罪状(A),或者完全援引其他法律、法规予以说明的空白罪状(B)。因为在 A 种场合无法界分本条款之罪与援引条款之罪,在 B 种场合则无从论及犯罪。由此,倘若按照"混合罪状"的概念,则引证罪状与空白罪状均为混合罪状,进而也就无所谓引证罪状与空白罪状了。

(三) 罪状条文解读的其他

以上对罪状的表述形态与具体类型作了阐释,立于刑法解释论,在对分则性条文罪状表述的理解上,仍有其他诸多应予注意的事项,兹择要予以概述。

典型设置与准型设置:分则条文对于某一具体犯罪的设置,有时存在典型与准型的差异,正确区分两者有助于加深对该罪本质构成的理解。**典型设置**呈现该罪的核心形态,而**准型设置**则是该罪的引申形态。例如,我国《刑法》第 270 条侵占罪,第 1 款表述的是该罪的典型形态,第 2 款表述的是该罪的准型形态。在此,法条分设两款规定该罪,表明侵占罪核心指向侵占他人保管物,同时侵占罪也指向侵占他人遗忘物与埋藏物。类似立法例,诸如,我国《刑法》第 382 条贪污罪之第 1 款典型与第 2 款准型,第 102 条背叛国家罪之第 1 款典型与第 2 款准型等等。

注意规定与法律拟制:刑法理论存在注意规定与法律拟制的界分。(1) **注意规定**:是指某一事实特征(B),本就属于本罪典型事实特征(A),立法明确将 B 作为 A 的情形予以特别提示或强调。例如,我国《刑法》第 289 条规定,"聚众打砸抢……抢走公私财物",依照抢劫罪的规定定罪处罚。还有第 183 条第 2 款的规定等。(2) **法律拟制**:是指某一事实特征(B),与本罪典型事实特征(A)并不完全一致,而立法明确规定将 B 归属于 A。例如,我国《刑法》第 289 条规定,"聚众打砸抢,致人伤残、死亡",依照故意伤害罪、故意杀人罪定罪处罚。此外还有第 267 条第 2 款的规定等。

法制拟制所含情形:B 并非 A,而立法明确规定将 B 归于 A,赋予其与 A 相同的法律后果,从这个意义上说,法律拟制系刑法分则的一种特别规定,可谓是将构成要件上的非 A 的事实特征归于 A 中以 A 评价。作为一种特别规定,法律拟制包括:包容犯,例如我国《刑法》第 196 条"盗窃信用卡并使用的"依照盗窃罪定罪处罚;转化犯,例如我国《刑法》第 269 条"犯盗窃……相威胁的"依照抢劫罪定罪处罚;准型罪,例如我国《刑法》第 267 条"携带凶器抢夺的"依照抢劫罪定罪处罚;彼罪作此罪,例如我国《刑法》第 265 条"明知是盗接……而使用的"依照盗窃罪定罪处罚。

法律拟制与准型设置:值得考究的是,法律拟制与准型设置。法律拟制,系 B 原本非属 A,但是立法明文将 B 归属于 A;而准型设置,系本罪典型设置(A)的引申形态(B),法律上 B 依存于 A 之框架。应当说,从并非典型构成与终究归于 A 罪来看,准型设置亦可谓一种法律拟制。不过,相对而论,**准型设置**更为趋近典型设置,其在本质上与 A 罪兼容,拥有 A 罪的基本框架;而法律拟制所含形态较广,其中许多情形离典型设置较远,甚或并不具有 A 罪的本质特征,系属寄居于 A 之住所的外来者。

法律拟制与法律推定:法律推定,是指某种事实现象(B),可能就是也可能不是某种特定的事实特征(A),而立法明确规定存在 B 就有 A。例如,我国《刑法》第 395 条(巨额财产来源不明罪)所规定的"差额部分(B)以非法所得(A)论"。法律拟制与法律推定的不同之处在于:(1) 构成扩张与事实推断:法律拟制是犯罪构成的扩张,是在本罪典型事实特征(A)的基础上,将本罪的事实特征扩张至其他事实特征(B);而法律推定是事实认定的推断,是将某种事实现象(B),认定为其符合特定的事实特征(A)。(2) 事实无疑与事实存疑:法律拟制,B 不同于 A 肯定无疑,从而是将不同于 A 事实特征的 B 事实特征,拟制作为 A 事实特征,在此事实的认定没有问题;而法律推定,B 可能就是 A 也可能不是 A,从而是基于某种 B 事实现象,推定 A 事实特征的存在,在此事实的认定成为问题。(3) 适例对比:法律拟制的适例,可谓我国《刑法》第 93 条第 2 款所规定的"国有公司……(B),以国家工作人员(A)论"。① 法律推定的适例,可谓我国《刑法》第 395 条(巨额财产来源不明罪)所规定的"差额部分(B)以非法所得(A)论"。(4) 有权解释推定:与法律推定相类似的,可谓有权解释推定,即有权解释将某种事实现象(B)明确规定为存在 B 就有 A。例如,1999 年最高人民法院《关于审理挪用公款案件具体应用法律若干问题的解释》第 6 条规定:"携带挪用的公款潜逃的",依照贪污罪的规定定罪处罚。这是将"携带公款逃跑"这一事实现象,认定为"非法占有目的"的存在。

法条文句省略:法条表述应当尽量简练,从而刑法条文会呈现诸多省略,法条也有其相对独特的语言征表,在对法条解读中应当充分注意这种合理的省略与独特。例如,我国《刑法》第 289 条后段"毁坏或者抢走……"之前,虽为句号但省略了前段的"聚众'打砸抢'";同样,规定非法拘禁罪的第 238 条第 2 款后段"使用暴力致人……"之前,虽为句号但省略了前段的"犯前款罪";规定挪用公款罪的第 384 条第 1 款,对于罪状分别三项予以表述,后两项分别省略了第一项的"挪用公款归个人使用"。

三、法定刑

法定刑系属立法上的作为具体罪状之法律后果的处刑种类与幅度。法定刑不同于宣告刑、执行刑。法定刑存在多种立法模式。

(一) 法定刑的基本概念

法定刑,是指刑法分则性条文所规定的与具体犯罪的罪状相应的刑罚种类与刑罚幅度。刑罚种类,简称刑种;刑罚幅度,简称刑度。**(1) 刑种**:学理上通常将刑种分为生命刑、身体刑、自由刑、财产刑、资格刑。立法上,各国刑法典所规定的刑种有所

---

① 我国《刑法》第 93 条,相对于该条第 1 款而论,该条第 2 款的规定可谓法律拟制。而立于我国《刑法》第 93 条的规定,则第 183 条第 2 款等的规定可谓注意规定。

不同。我国《刑法》第 32 条至第 35 条对刑罚种类作了具体规定。由此,刑罚分为主刑和附加刑。其中,主刑包括管制、拘役、有期徒刑、无期徒刑、死刑;附加刑包括罚金、剥夺政治权利、没收财产。另外,驱逐出境作为一种特殊刑种,仅适用于犯罪的外国人,可以独立适用或者附加适用。**(2) 刑度**:我国《刑法》刑度的立法模式有两种:
A. 同一刑种内的刑度:例如,《刑法》第 233 条前段针对过失致人死亡罪所规定的普通法定刑,这一法定刑的刑度"3 年以上 7 年以下"即包容于有期徒刑这一刑种之内。
B. 不同刑种间的刑度:例如,《刑法》第 232 条前段针对故意杀人罪所规定的规定普通法定刑,这一法定刑的刑度"死刑、无期徒刑或者 10 年以上有期徒刑",即跨越死刑、无期徒刑、有期徒刑三个刑种。

法定刑与宣告刑、执行刑:**法定刑**,是指立法机关,根据具体犯罪罪状的抽象社会危害程度,在刑法分则性条文中所设置的与具体罪状相应的刑种与刑度。**宣告刑**,是指各级审判机关,根据所审判的具体犯罪案件的事实、性质、情节和社会危害程度,依照刑法的规定,对犯罪分子所宣告的具体刑罚。**执行刑**,是指审判机关所确定的应予执行的刑罚。(1) **法定刑与宣告刑的区别**:法定刑不同于宣告刑。A. 主体不同:法定刑由立法机关设置;宣告刑由审判机关确定。B. 依据不同:法定刑依具体犯罪罪状的抽象社会危害程度设置;宣告刑根据所审判的具体犯罪案件的事实、性质、情节和社会危害程度,依照刑法的规定确定。C. 属性不同:法定刑属于立法的性质;宣告刑属于司法的性质。D. 确定程度不同:法定刑通常有一定的刑种或刑度可供选择;宣告刑则相对确定。(2) **宣告刑与执行刑的区别**:宣告刑也不同于执行刑。执行刑以宣告刑为基础,但是有时却低于宣告刑。A. 在数罪并罚时,执行刑低于宣告刑。B. 在减刑时,执行刑低于宣告刑。

(二) 法定刑幅度与法定刑的格

法定刑幅度:在没有具体限定的场合,"法定刑幅度"可能被理解为,具体犯罪的整个法定刑幅度(F),或者具体罪状的某个法定刑幅度(S)。而在阐释从轻处罚、从重处罚或者减轻处罚时,所称"法定刑幅度",仅指"S"意义上的法定刑幅度,具体地说,就是犯罪分子的罪行所符合的具体罪状,与这一具体罪状相对应的法定刑幅度。

法定刑的格:通常认为,**法定刑的格(G)**,是指综合我国《刑法》分则所有对应于具体罪状的法定刑幅度的设置,其中所出现的以法定最高刑的界点为标志的法定刑等级形态。具体地说,我国法定刑的格存在 9 个等级:1 年、2 年、3 年、5 年、7 年、10 年、15 年、无期徒刑、死刑。当然,法定刑的格也可以基于法定最低刑界点标志予以理解。由此,**法定刑的格(D)**,是指综合我国刑法分则所有对应于具体罪状的法定刑幅度的设置,其中所出现的以法定最低刑的界定为标志的法定刑等级形态。具体地说,在这一意义上我国法定刑的格存在:罚金、剥夺政治权利、管制、拘役、有期徒刑 6 个月、1 年、2 年、3 年、5 年、7 年、10 年、15 年、无期徒刑、死刑。综上,可以称 G 为法定刑的高格,D 为法定刑的低格;倘若以格作为加重或者减轻的限定,则 G 有助于说明加重处罚,而 D 有助于说明减轻处罚。

法定最高(低)刑:在上述"S"的意义上理解法定刑幅度,所谓"法定刑幅度"是指与具体罪状相对应的基准法定刑、加重法定刑或者减轻法定刑。由此,**法定最高刑**是指基准法定刑、加重法定刑或者减轻法定刑等各自幅度中的最高刑种或者最高刑期,即某个法定刑幅度的最高点。而**法定最低刑**是指基准法定刑、加重法定刑或者减轻法定刑等各自幅度中的最轻刑种或者最低刑期,即某个法定刑幅度的最低点。

(三)法定刑的种类

综合各国刑法立法,理论上根据法定刑确定程度的不同,可以将法定刑分为:绝对确定的法定刑、绝对不确定的法定刑、相对确定的法定刑。

绝对确定的法定刑:又称绝对法定刑主义,是指刑法分则性条文针对具体犯罪的某一罪状,只规定单一的、无幅度的刑罚。绝对确定的法定刑,司法操作较为简便,但是过于机械僵硬,审判机关无自由裁量的余地,也不利于实现刑罚的个别化。我国《刑法》分则条文规定了少量的绝对确定的法定刑,但主要是针对具体犯罪最为严重的罪状而设置最高法定刑。例如,我国《刑法》第 121 条规定,犯劫持航空器罪,"致人重伤、死亡或者使航空器遭受严重破坏的,处死刑";第 317 条第 2 款规定,犯暴动越狱罪、聚众持械劫狱罪,"情节特别严重的,处死刑"。《德国刑法典》(1998 年)第 211 条第 1 款、第 212 条第 2 款、第 220a 条第 1 款等,也有类似的规定。

绝对不确定的法定刑:又称绝对专断刑主义,是指刑法分则性条文对具体犯罪的罪状,不规定具体的刑种和刑度,只笼统地规定应予刑事处置,具体处罚由审判机关掌握。绝对不确定的法定刑,过于灵活,审判机关的自由裁量权过大,有违于罪刑法定、罪刑相适应。我国并未采纳绝对不确定的法定刑的立法。应当说,法定刑的确定与不确定是相对的,虽然绝对不确定的法定刑并不多见,但是将法定刑幅度较大程度地放宽,也就接近于法定刑的不确定,当法定刑幅度包容了所有刑种的时候则是绝对不确定法定刑。从总体上看,我国《刑法》法定刑幅度相对较宽。

相对确定的法定刑:又称相对法定刑主义,是指刑法分则性条文针对具体犯罪的某一罪状,规定了比较具体的刑种和刑度,即拥有相对明确的刑种和刑度区间的法定刑。相对确定的法定刑,避免了过于僵硬与过于灵活的两个极端,赋予审判机关一定的自由裁量权,有利于根据案件的具体情况,贯彻刑罚的个别化原则。这一法定刑模式为现代各国刑法立法所普遍采纳。我国刑法分则条文也广泛采用相对确定的法定刑,主要表现为:**(1)多种主刑**:是指刑法分则针对具体犯罪的某一罪状所规定的法定刑,由两种或两种以上的主刑构成,从而表现出相对确定。例如,《刑法》第 102 条(背叛国家罪)第 1 款规定的"处无期徒刑或者 10 年以上有期徒刑"。在此,法条所设法定刑由无期徒刑与有期徒刑这两种主刑构成。**(2)单一主刑**:是指刑法分则针对具体犯罪的某一罪状所规定的法定刑,由单一的相对确定的主刑构成。例如,《刑法》第 114 条(放火罪等)规定的"处 3 年以上 10 年以下有期徒刑"。在此,法条所设法定刑仅由相对确定的有期徒刑这一主刑构成。**(3)主刑·附加刑**:是指刑法分则针对具体犯罪的某一罪状所规定的法定刑,由并列选科的主刑与附加刑构成,从而表现出相对确定。例如,《刑法》第 246 条(侮辱罪,诽谤罪)规定的"处 3 年以下有期徒刑、拘役、管制或者剥夺政治权利"。在此,法条所设法定刑除了有期徒刑、拘役、管制等主刑外,还有与主刑选科的剥夺政治权利这一附加刑。**(4) 主刑(附加刑)**:是指刑法分则针对具体犯罪的某一罪状所规定的法定刑,由附加刑并科于主刑构成,从而表现出相对确定。例如,《刑法》第326条(倒卖文物罪)规定的"处5年以下有期徒刑或者拘役,并处罚金"。在此,法条所设法定刑除了有期徒刑、拘役等主刑外,还有与主刑并科的罚金这一附加刑。**(5) 主刑与附加刑**:是指刑法分则针对具体犯罪的某一罪状所规定的法定刑,由附加刑并科或者选科于主刑构成,从而表现出相对确定。例如,《刑法》第244条(强迫职工劳动罪)规定的"处3年以下有期徒刑或者拘役,并处或者单处罚金"。在此,法条所设法定刑除了有期徒刑、拘役等主刑外,还有与主刑并科或者选科的罚金这一附加刑。

相对确定的援引性法定刑:是指刑法分则条文,援引同一法律中的其他条或款所规定的法定刑,作为本条或本款所规定的具体犯罪的某一罪状的法定刑。援引性法定刑对其他条或款的援引,包括如下立法模式:**(1) 本条以外的援引**,即援引同一法律中本条以外的其他条或款。例如,我国《刑法》第144条的规定:犯生产、销售有毒、有害食品罪,"致人死亡或者对人体健康造成特别严重危害的,依照本法第141条的规定处罚。"该分则条文即援引本条(第144条)以外的第141条的相应法定刑规定,作为本条(第144条)所规定的"生产销售有毒、有害食品罪"的加重罪状的法定刑。**(2) 本条以内的援引**,即援引同一法律中本条以内的其他款。例如,我国《刑法》第270条第2款的规定:"将他人的遗忘物或者埋藏物非法占为己有,数额较大,拒不交出的,依照前款的规定处罚。"该分则条文即援引本条(第270条)第1款的法定刑规定,作为本条的第2款所规定"侵占罪"的基准罪状①的法定刑。

就各个刑种的刑度而言,作为主刑的死刑、无期徒刑不存在刑度问题。而作为主刑的管制和拘役以及作为附加刑的剥夺政治权利,其刑度较小,因此刑法分则条文对之不作具体的规定,而是根据刑法总则对它们所作的相应规定确定。附加刑没收财产所针对的是犯罪分子个人所有的财产,由于犯罪分子个人所有财产的现实情况极为复杂,刑法分则条文未将之具体类型化。因此,值得分析的是刑法分则条文对有期徒刑、罚金相对确定的模式。

有期徒刑的相对确定:具体有三种立法模式:**(1) 分则性条文规定有期徒刑的最高限度**:是指刑法分则性条文针对具体犯罪的某一罪状,只规定有期徒刑的最高限度,而该有期徒刑的最低限度则根据刑法总则对之所规定的最低限度确定。例如,我国《刑法》第234条(故意伤害罪)规定的"处3年以下有期徒刑"。这意味着这一法定刑,有期徒刑的最高限度为3年,而其最低限度则根据刑法总则第45条的规定为6个月。**(2) 分则性条文规定有期徒刑的最低限度**:是指刑法分则性条文针对具体犯罪的某一罪状,只规定有期徒刑的最低限度,而有期徒刑的最高限度则根据刑法总则对之所规定的最低限度确定。例如,我国《刑法》第239条(绑架罪)的规定"处10年

---

① 我国《刑法》第270条分设2款各自相对独立、完整地设置侵占罪的普通犯罪构成要件,这一立法模式的用意值得探索。

以上有期徒刑"。这意味着这一法定刑,有期徒刑的最低限度为 10 年,而其最高限度则根据刑法总则第 45 条的规定为 15 年。**(3) 分则性条文同时规定有期徒刑的最高限度与最低限度**:是指刑法分则性条文针对具体犯罪的某一罪状,既规定有期徒刑的最低限度,又规定该有期徒刑的最高限度,即分则性条文对有期徒刑幅度的上下限均予特别明确,而无须根据刑法总则的相应规定去确定。例如,我国《刑法》第 122 条(劫持船只、汽车罪)的规定"处 5 年以上 10 年以下有期徒刑"。

罚金刑的相对确定:具体有三种立法模式:**(1) 抽象罚金**:是指刑法分则性条文针对具体犯罪的某一罪状,只抽象地规定处以罚金,而不规定罚金的具体数额,罚金的具体数额由审判机关掌握。例如,我国《刑法》第 266 条(诈骗罪)规定的"并处或者单处罚金"。在此,法条对罚金的刑罚只作了抽象的规定,罚金的具体数额由审判机关掌握。① **(2) 固定罚金**:是指刑法分则性条文针对具体犯罪的某一罪状,规定明确的具有一定幅度的罚金数额。例如,我国《刑法》第 170 条(伪造货币罪)的规定"并处 5 万元以上 50 万元以下罚金"。在此,法条对罚金的数额规定了明确的幅度,即 5 万元至 50 万元。**(3) 浮动罚金**:是指刑法分则性条文针对具体犯罪的某一罪状,所规定的罚金数额是犯罪数额的一定倍数或者一定比例,即罚金的数额依具体犯罪案件的犯罪数额的不同而浮动。例如,我国《刑法》第 158 条(虚报注册资本罪)的规定"并处或者单处虚报注册资本金额 1% 以上 5% 以下罚金"。在此,法条所规定的罚金数额是具体犯罪案件中虚报注册资本金额的一定比例,即 1%—5%。浮动罚金以犯罪数额为基底,从而较为切合于犯罪情节以及社会经济的变化,但是"犯罪数额的倍数或比例"也会导致罚金数额的畸大,因此浮动罚金的合理性有待进一步探讨。另外,抽象罚金与浮动罚金这两者的具体刑度在立法上不尽明确,这看似背离了法定刑的相对确定,但是就处以"罚金"这一刑种而论,其仍具有相对确定的意义。

(四) 法定刑的轻重

法定刑的轻与重是相对而言的,由此就涉及对于法定刑轻重比较的规则,而我国刑法理论通常也以一定程度的法定刑作为重罪与轻罪的标志。

法定刑轻重比较:基于罪数形态理论,对于想像竞合犯、犯罪吸收犯与牵连犯的处罚原则是从一重处断,即按照所触犯数罪中的最重一罪定罪,并适用相应的法定刑幅度从重量刑。②这就涉及罪之轻重的比较,而罪之轻重的比较又取决于相应法定刑轻重的比较。我国《刑法》第 149 条第 2 款、第 329 条第 3 款、第 399 条第 4 款等有关条文也规定:实施某一行为构成本条之罪,"同时又构成本法规定的其他犯罪的,依照处罚较重的规定定罪处罚"。这里的"处罚较重"固然是指法定刑较重。对于法定刑轻重的确定,有的国家的刑法典予以明确的规定。例如,《韩国刑法典》(1953 年)第 50 条、《日本刑法典》(1907 年)第 10 条,规定了刑罚轻重的评价标准。我国《刑法》对此未予明确,根据我国的刑罚体系以及法定刑的设置模式,在司法实际中较重

---

① 对于抽象罚金,最高人民法院规定了最低数额:"……不能少于 1000 元。""对未成年人犯罪……不能少于 500 元。"参见最高人民法院《关于适用财产刑若干问题的规定》(2000 年)第 2 条。

② 详见张小虎著:《犯罪论的比较与建构》,北京大学出版社 2006 年版,第 742、793、805 页。

法定刑的取舍规则通常是:(1) **比较主刑最高刑**:比较主刑法定最高刑,具体表现为依死刑、无期徒刑、有期徒刑、拘役、管制,由重至轻。例如,"处5年以下有期徒刑、拘役或者管制"(《刑法》第261条遗弃罪)的法定刑,重于"处2年下有期徒刑、拘役或者管制"(《刑法》第260条虐待罪第1款)的法定刑。(2) **比较主刑最低刑**:若主刑法定最高刑相同,则比较主刑法定最低刑,主刑法定最低刑高者,即为较重法定刑。例如,"处死刑,并处没收财产"(《刑法》第239条绑架罪后段)的法定刑,重于"处死刑、无期徒刑或者10年以上有期徒刑"(《刑法》第232条故意杀人罪前段)的法定刑。(3) **比较并科附加刑**:若主刑相同,则比较附加刑,并科附加刑或者所并科的附加刑重者,即为较重法定刑。例如,"处3年以下有期徒刑、拘役或者管制,并处罚金"(《刑法》第268条聚众哄抢罪前段)的法定刑,重于"处3年以下有期徒刑、拘役或者管制"(《刑法》第274条敲诈勒索罪前段)的法定刑。(4) **比较选科附加刑**:若主刑相同,则比较附加刑,选科附加刑尤其是选科财产性附加刑者,即为较轻法定刑。例如,"处3年以下有期徒刑、拘役或者管制,并处或者单处罚金"(《刑法》第264条盗窃罪第1段)的法定刑,轻于"处3年以下有期徒刑、拘役或者管制"(《刑法》第276条破坏生产经营罪前段)的法定刑。

法定刑加重与减轻:法定刑与罪状相对应。分则罪状有基准罪状、加重罪状、减轻罪状,其相应的法定刑分别是普通法定刑、加重法定刑、减轻法定刑。(1) **基准罪状·基准法定刑**:分则条文对具体犯罪基准构成事实特征的描述,为基准罪状;对应于基准罪状的法定处刑,是基准法定刑。基准罪状系属具体犯罪的罪行基准,基准法定刑也是这一具体犯罪的法定刑基准。例如,我国《刑法》第232条(故意杀人罪)前段的规定"处死刑、无期徒刑或者10年以上有期徒刑",即为故意杀人罪基准罪状的法定刑,即基准法定刑。(2) **加重罪状·加重法定刑**:分则条文对具体犯罪加重构成事实特征的描述,为加重罪状;对应于加重罪状的法定处刑,是加重法定刑。加重罪状系属具体犯罪的加重罪行,加重法定刑也是这一具体犯罪的较之基准法定刑更重的法定刑。例如,我国《刑法》第305条(伪证罪)后段的规定"处3年以上7年以下有期徒刑",即为伪证罪加重罪状的法定刑,即加重法定刑。(3) **减轻罪状·减轻法定刑**:分则条文对具体犯罪减轻构成事实特征的描述,为减轻罪状;对应于减轻罪状的法定处刑,是减轻法定刑。减轻罪状系属具体犯罪的减轻罪行,减轻法定刑也是这一具体犯罪的较之基准法定刑更轻的法定刑。例如,我国《刑法》第232条(故意杀人罪)后段的规定"处3年以上10年以下有期徒刑",即为故意杀人罪减轻罪状的法定刑,即减轻法定刑。

法定刑与重罪轻罪:(1) **国外**一些国家的刑法典,对于重罪与轻罪等的区分,予以了明确的规定。例如,《俄罗斯刑法典》(1996年)总则第15条明确规定了犯罪的轻重种类:依照行为社会危害性的性质和程度,将犯罪分为轻罪、中等严重的犯罪、严重犯罪和特别严重犯罪;最高刑罚不超过2年剥夺自由的故意或过失犯罪,是轻罪;最高刑罚不超过5年剥夺自由的故意犯罪,或者最高刑罚超过2年剥夺自由的过失犯罪,是中等严重的犯罪;最高刑罚不超过10年剥夺自由的故意犯罪,是严重犯罪;

最高刑罚超过10年剥夺自由或更重的,是特别严重的犯罪。《法国刑法典》(1994年)总则明确规定,刑事犯罪依其严重程度分为重罪、轻罪、违警罪(第111-1条),并且与此相对应,刑罚体系分别设置了适用于自然人的重罪刑罚、轻罪刑罚、重罪与轻罪的附加刑、违警罪刑罚(第131-1条至第131-18条),适用于法人的重罪及轻罪的刑罚、违警罪的刑罚(第131-37条至第131-44条);而分则也按重罪、轻罪、违警罪以及犯罪所侵害法益的种类,对于具体犯罪予以归类排列(第二卷至第六卷)。可见,刑罚的轻重,是犯罪轻重的一个重要的、明确的、可操作性的标志。**(2)** 我国《刑法》并未明确将犯罪分为重罪、轻罪,不过刑法理论同样根据法定刑的轻重,将犯罪分为重罪与轻罪。一般认为,法定最高刑为3年以上有期徒刑的犯罪,是重罪;法定最高刑不满3年有期徒刑的犯罪,是轻罪。这一标志间接地来源于我国《刑法》的有关规定。例如,《刑法》第7条是对刑事管辖属人原则的规定,该条第1款但书强调法定"最高刑为3年以下有期徒刑的,可以不予追究",由此可将该条的基本精神理解为,对于我国公民在国外犯罪保留管辖权,但是对于其中罪行较轻的犯罪可以不予追究。同样,对于《刑法》第8条在刑事管辖保护原则规定中的表述"最低刑为3年以上有期徒刑的,可以适用本法",可以理解为外国人在国外对我国犯罪,其中罪行较重的可以适用我国刑法。循此,对于我国《刑法》第72条第1款有关缓刑适用条件规定中的表述"被判处拘役、3年以下有期徒刑的犯罪分子",可以理解为所犯罪行较轻是适用缓刑的基本条件之一。上述规定与相应理解表明,3年有期徒刑可谓是界分重罪与轻罪的一个标志。

第十九章 危害国家安全罪

第一节 危害国家安全罪概述

一、危害国家安全罪的本体构成

危害国家安全罪，是指故意危害中华人民共和国国家安全的行为。该罪的本体构成包括危害国家安全行为等客观事实要素、侵害国家安全法益等客观规范要素、故意及特定目的等主观责任要素。

（一）客观事实要素

本章各罪的法定客观事实，均为实施危害中华人民共和国国家安全的行为。具体而论：

实行行为：危害国家安全行为。**(1)** **法定行为方式**：本章各罪的法定行为方式均表现为作为。例如，背叛国家行为（第 102 条）、分裂国家行为（第 103 条）、投敌叛变行为（第 108 条）等等，均属于以身体的动作，实施刑法所禁止的行为，即不应为而为。**(2)** **实行行为立法模式**：A. 有的表现为**提升的实行行为**。例如，煽动分裂国家罪（第 103 条第 2 款）的"煽动"，属于造意与助长决意且系原本未必一律入罪的行为①，现提升为实行行为要素；资助危害国家安全犯罪活动罪（第 107 条）的"资助"，属于帮助性质且系原本未必一律入罪的行为，现提升为实行行为。B. 有的表现为**扩展的实行行为**。例如，分裂国家罪（第 103 条）的"组织、策划、实施"行为，其中的"实施"行为可以视作是纯正的实行行为形式，而"组织、策划"行为则是共同犯罪行为中的组织行为。行为扩展后"组织、策划"成为首要的行为基准，从而设置了更重的法定刑。C. 本章许多具体犯罪的实行行为，仍表现为纯正的实行行为。例如，叛逃罪（第 109 条），投敌叛变罪（第 108 条），叛逃罪（第 109 条），为境外窃取、刺探、收买、非法提供国家秘密、情报罪（第 111 条）等，这些罪的实行行为仍为纯正的实行行为。相对而言，在本章各罪的实行行为中，扩展的实行行为与提升的实行行为的情形较多，反映出立法上对于危害国家安全犯罪从严的思路。

行为主体：除资助危害国家安全犯罪活动罪（第 107 条）的主体为非纯正单位外，其余各罪的主体只能是自然人。**(1)** **非纯正单位犯罪**：资助危害国家安全犯罪活动罪的主体，是境内外的机构、组织或者个人。在此，机构或者组织具有单位的意义。根据法定刑的设置，在机构或组织行为的场合，受处罚的只是直接责任人员，但是这

---

① "煽动"虽为造意与助长决意的行为，但其不同于"教唆"行为。煽动针对不特定对象，而教唆针对特定对象。行为人教唆他人犯分裂国家罪的，应当构成分裂国家罪的教唆犯。

种单罚的责任原则并不否认在这种场合,该罪主体系属单位。**(2) 自然人犯罪**:在仅由自然人构成的本章各罪中,多数是一般主体,少数是特殊主体。例如,叛逃罪(第109条)的主体,必须是国家机关工作人员。

既遂形态:本章各罪的既遂形态类型,均属于行为犯。

(二) 客观规范要素

本章各罪所侵害的类型法益,是中华人民共和国国家安全。所谓**中华人民共和国国家安全**,是指中华人民共和国的国家主权、领土完整与安全,以及人民民主专政的政权和社会主义制度。

(三) 主观责任要素

本章各罪的主观责任形式均为故意。故意内容指向由"危害国家安全行为"为核心征表的"国家安全法益被侵状态"。其中,多数为直接故意,少数可以是间接故意。例如,为境外窃取、刺探、收买、非法提供国家秘密、情报罪(第111条)的法定责任形式,包括直接故意与间接故意。

二、危害国家安全罪的种类

我国《刑法》分则"第一章危害国家安全罪",从第102条至第113条共12个条文,规定了12个罪名。① 基于行为特征的具体类型,本书将本章各罪分为3类:

危害国家政权、分裂国家的犯罪。包括7种具体的犯罪:背叛国家罪,分裂国家罪,煽动分裂国家罪,武装叛乱、暴乱罪,颠覆国家政权罪,煽动颠覆国家政权罪,资助危害国家安全犯罪活动罪。

叛变、叛逃的犯罪。包括2种具体的犯罪:投敌叛变罪,叛逃罪。

间谍、资敌的犯罪。包括3种具体的犯罪:间谍罪,为境外窃取、刺探、收买、非法提供国家秘密、情报罪,资敌罪。

第二节　本章具体犯罪重点分析

一、背叛国家罪

设置本罪的基本法条是我国《刑法》第102条。其中,第1款为本罪的典型构成,第2款为本罪的准型构成。第113条对本罪的加重罪状与法定刑作了规定。

出于语言的简洁与精炼,以及基准犯罪构成之于本罪的标志意义,具体犯罪概念的表述,是对该罪基准犯罪构成要素,主要是客观事实要素、主观责任要素的概括描述。本书对具体犯罪的界定,均遵循这一范式。

背叛国家罪,是指勾结外国或者与境外机构、组织、个人相勾结,危害中华人民共和国主权、领土完整和安全的行为。

---

① 《中华人民共和国刑法修正案(八)》(2011年)对本章第107条与第109条作了修正。

(一) 基准构成

1. 客观事实要素

表现为勾结外国,或者与境外机构、组织、个人相勾结,危害中华人民共和国的主权、领土完整和安全的行为。具体构成要素包括实行行为、行为对象与行为主体。

实行行为:包括方法行为与目的行为两个要素。(1) **方法行为**:勾结(外国),或者(与境外机构、组织、个人)相勾结;(2) **目的行为**:危害(中华人民共和国的主权、领土完整和安全)。其中,**勾结**,是指联络、通谋,包括秘密接触、通信往来,行为人主动与对方联络通谋或者行为人接受来自对方的联络通谋。**危害**(国家主权、领土完整和安全),包括:出卖国家主权、签订卖国条约;策划对我国发动侵略战争;制造国际争端向我国提出领土要求;干涉我国内政、组织傀儡政权等等。

行为对象:外国,或者境外机构、组织、个人。**外国**,是指外国的政府、政党、政治集团、社会势力及其代表人物。**境外机构、组织、个人**,是指"外国"所不能涵盖的隶属我国大陆境外的机构、组织、个人。在此强调是,这些机构或组织隶属我国大陆境外,而无论其是否地处我国大陆境内;这里的个人是指隶属我国大陆境外的人员。

行为主体:本罪主体为特殊主体,即具有中国国籍的中国公民,主要表现为掌握有党、政、军的重要权力,位居较高职位、社会地位,或具有相当社会影响的人。

既遂形态:本罪是行为犯。

2. 客观规范要素

本罪所侵害的具体法益,是中华人民共和国的主权、领土完整和安全。**主权**,是指一个国家对内在国家管理中的最高统治权和对外在国际关系中的独立自主的权力。**国家领土**,是指隶属于国家主权的特定空间。

3. 主观责任要素

本罪的主观责任形式为直接故意,故意内容指向由本罪之实行行为为核心征表的"中国主权、领土完整和安全法益被侵状态"。行为人具有危害中国主权、领土完整和安全的目的。

(二) 犯罪形态

1. 阴谋犯

本罪实行行为的构成要素"勾结……"具有"阴谋"的意义。所谓阴谋,是指两个以上的行为人为了犯罪而进行谋议并形成合意的活动。[①] 基于刑法的规定,由阴谋行为所构成的犯罪形态,是**阴谋犯**。[②] 从而本罪属于阴谋犯。

[①] 阴谋具有如下**特征**:主体上,阴谋必须是二人以上;主观上,阴谋应当是为了犯罪;客观上,阴谋表现为谋议行为;结果上,阴谋具有达成合意的意义。阴谋在**构成要件行为**上的表现,可能存在两种情况:(共同预备行为)刑法总则规定处罚预备犯,并且分则并未将阴谋提升为实行行为,在这一场合,阴谋属于共同预备行为;(实行行为)刑法分则已将特定的阴谋行为提升为实行行为,无论总则是否规定处罚预备犯,在这种场合,阴谋属于实行行为。

[②] 阴谋犯具有如下**特征**:主体上,系二人以上;行为上,基于法律规定的不同,阴谋行为可为共同预备行为或者实行行为;法定上,或者由刑法总则规定,或者由分则明确规定;形态上,或者属于犯罪预备形态,或者属于犯罪既遂形态。

基于刑法分则是否将阴谋提升为实行行为的不同,阴谋犯存在**具体阴谋犯与共同预备犯**这两种形态,前者阴谋行为被提升为实行行为,后者阴谋行为并未被提升且总则规定处罚预备犯。"勾结"已被提升为实行行为要素,从而本罪属于具体阴谋犯。

2. 必要共犯

本罪实行行为的构成要素包括"勾结",这意味着必须由双方基于意思联络或通谋而共同实施所构成的犯罪,从而本罪属于必要共犯。同时,"勾结"也意味着存在勾结的相对双方或者相互勾结,从而本罪属于相对共犯。

3. 总则共犯

"勾结"系属本罪实行行为要素,由此并不排除两人以上共同故意实施"勾结……危害……",在这种场合仍可构成背叛国家罪的共同犯罪。**例如**,A 与 B 共同勾结外国危害中国主权,中国公民 A 与 B 共同与境外个人 C 相勾结危害中国主权,则 A 与 B 构成共同犯罪。①

(三) 法定刑

1. 基准法定刑

根据我国《刑法》第 102 条的规定,犯背叛国家罪的,处无期徒刑或者 10 年以上有期徒刑。

2. 加重法定刑

根据我国《刑法》第 113 条第 1 款的规定,犯背叛国家罪对国家和人民危害特别严重、情节特别恶劣的,可以判处死刑。

3. 一般没收

我国《刑法》第 113 条第 2 款对危害国家安全罪的各罪设置了一般没收。由此,犯背叛国家罪的,可以并处没收财产。

(四) 相关犯罪比较

注意背叛国家罪与投敌叛变罪的区别。**背叛国家罪**,表现为中国公民与他方勾结,以出卖国家主权、策划侵华战争、干涉中国内政等方式,而背叛国家。**投敌叛变罪**,表现为中国公民主动投奔敌方或者被动投降敌人,而背叛己方。两者的主要差异,表现于客观事实要素与客观规范要素的具体构成。

客观事实要素:**背叛国家罪**的实行行为由"勾结"与"危害"组成,行为对象分别指向"外国或者境外机构、组织、个人"与"国家主权、领土完整和安全"。而**投敌叛变罪**的实行行为构成要素则为,"投奔(敌人营垒)或者(被捕、被俘后)投降(敌人)"以及"(为敌人)效力服务危害(国家安全)";相应地,行为对象也分别指向"敌人营垒或者敌人"与"敌人与国家安全"。从要素的**核心意义**上来看,背叛国家罪的"危害国家主权、领土完整和安全",是一种卖国行为,包括出卖国家主权、签订卖国条约、策划对我国发动侵略战争、制造国际争端向我国提出领土要求等等。而投敌叛变罪的"为敌

---

① 关于必要共犯能否再行构成我国《刑法》总则第 25 条的共同犯罪的问题,详见张小虎:《论必要共犯适用总则共犯处罚原则的规则》,载《当代法学》2012 年第 5 期。

人效力服务危害国家安全",一般不直接针对较为宏观的国家主权、领土完整等安全,通常是为敌人提供情报、攻击我国现行的政策、诬蔑国家领导人等等。

客观规范要素:**背叛国家罪**所侵害的具体法益,是中华人民共和国的主权、领土完整和安全。而**投敌叛变罪**所侵害的具体法益,是人民民主专政的政权和社会主义制度。相比较而言,投敌叛变罪侵害的是具体的、较小范围的国家利益和安全,其一般不会使国家主权丧失。

二、分裂国家罪

设置本罪的基本法条是我国《刑法》第 103 条第 1 款。第 106 条对本罪的行为加重要素与相应量刑作了规定。第 113 条对本罪的结果与情节加重的要素与相应法定刑作了规定。

分裂国家罪,是指组织、策划、实施分裂国家、破坏国家统一的行为。

(一) 基准构成

1. 客观事实要素

表现为组织、策划、实施分裂国家、破坏国家统一的行为。具体构成要素包括实行行为与行为主体。

实行行为:包括选择性方法行为与选择性目的行为两个要素。**(1) 方法行为·选择行为**:组织、策划、实施;**(2) 目的行为·选择行为**:分裂国家、破坏国家统一。其中,**组织**,是指为共同实施分裂国家而纠集他人、网罗成员乃至组建组织;**策划**,是指为分裂国家进行商讨、规划,制订方案;**实施**,是指将分裂国家的计划付诸实行。**分裂国家**,是指割据一方,拒绝中央领导,或者制造民族分裂;**破坏国家统一**,是指阻碍国家统一事项的进行。

行为主体:本罪主体为一般主体,包括中国公民、外国人、无国籍人。通常情况下,是掌握有党、政、军大权的人或者具有一定影响的分裂主义分子。

既遂形态:本罪是行为犯。

2. 客观规范要素

本罪所侵害的具体法益,是国家的统一,包括各民族的统一,中央与地方的统一,香港、澳门、台湾与大陆的统一等。

3. 主观责任要素

本罪的主观责任形式为直接故意,故意内容指向由本罪之实行行为为核心征表的"国家统一法益被侵状态"。行为人具有分裂国家、破坏国家统一的目的。

(二) 犯罪形态与法条解读

1. 本罪之必要共犯

本罪属于必要共犯,并且系属"集合共犯"①。理由如下:(1) 本罪的立法来源:本罪系由 1979 年《刑法》第 92 条的规定而来。第 92 条规定:"阴谋颠覆政府、分裂国

---

① "集合共犯"与"相对共犯"相对。

家的,处无期徒刑或者10年以上有期徒刑。"这里的"阴谋",是指二人以上的谋议行为。(2)本罪的实行行为:本罪的实行行为的构成要素之一是组织、策划、实施。其中,"组织"固然具有必要共犯的意义;"策划"是指"商讨与谋划",也具有多人进行的意思。而"实施"是将商讨谋划的内容付诸实行,居于其后的仍是多人的谋划。(3)本罪的处罚规定:本罪处罚首要分子、积极参加者与一般参加者,这也表明本罪的成立具有多人进行的意思。当然,与处罚"首要分子"并列的还有处罚"罪行重大"者,对于这里的"罪行重大"者应当理解为犯罪活动中的作用显著者,这仍不失为本罪由多人构成的意义。

2. 本罪的基准罪状

本罪的基准罪状为第103条第1款前段的表述。基准罪状是对本罪典型构成以及基准罪行的描述,表述了本罪基准性危害的事实特征;在多款的场合,通常基准罪状表述在条文的第1款或者第1款的前段,这也是立法首先表明标准与典型的规律的体现。本罪实行行为的基本形式是"组织、策划、实施",本罪系属"集合共犯"的犯罪形态,从而首要分子必先入罪,其罪行通常亦为基准罪行。本罪以"首要分子"为核心的罪状系属基准罪状,其后的"积极参加"行为以及"其他参加"行为,系属减轻罪状。

3. 本罪之总则共犯

本罪主体能否再行适用总则共犯处罚。对此,应当分别不同情况区别处理。例如,A纠集B共同实施分裂国家的行为,A与B并不适用总则有关共同犯罪的处罚规定,而是根据分则对于本罪的规定,区分A与B是属于首要分子还是属于积极参加者或者一般参加者,分别适用相应不同的法定刑。但是,如果A与B均为首要分子,就可以考虑A与B构成我国《刑法》总则第25条的共同犯罪。在必要共犯的场合,是否适用总则有关共同犯罪的规定,关键看分则针对必要共犯所设置的法定刑,是否将有关总则共同犯罪的情形囊括。如果分则提升的实行行为既已将总则共犯情形囊括,则不应再予重复评价处罚。

4. 司法注意规定

以邪教组织为依托犯本罪,原本就属于本罪的一种情形,司法解释对之作了特别提示。1999年最高人民法院、最高人民检察院《关于办理组织和利用邪教组织犯罪案件具体应用法律若干问题的解释》第7条规定:"组织和利用邪教组织,组织、策划、实施、煽动分裂国家、破坏国家统一……依照刑法第103条……第113条的规定定罪处罚。"

(三)法定刑与量刑

1. 基准法定刑

根据我国《刑法》第103条第1款前段的规定,对分裂国家罪的首要分子或者罪行重大者,处无期徒刑或者10年以上有期徒刑。

2. 减轻法定刑

根据我国《刑法》第103条第1款中段与后段的规定,对分裂国家罪的积极参加者,处3年以上10年以下有期徒刑;对分裂国家罪的其他参加者,处3年以下有期徒刑、拘役、管制或者剥夺政治权利。

注意,这里对于"其他参加者"的"……或者剥夺政治权利"(A),与《刑法》第56条第1款前段所规定的"对于危害国家安全的犯罪分子应当附加剥夺政治权利"(B),两者并不存在重复问题。A之剥夺政治权利是指对于犯本罪的其他参加者"可以独立适用"剥夺政治权利,而B之剥夺政治权利是指对所有危害国家安全各罪的主体"均应附加适用"剥夺政治权利。所谓"附加适用",是指附加于主刑适用。由此,如果本罪独立适用了剥夺政治权利,当然也就不再存在附加适用剥夺政治权利的问题了。

3. 加重法定刑

根据我国《刑法》第113条第1款的规定,犯分裂国家罪对国家和人民危害特别严重、情节特别恶劣的,可以判处死刑。

4. 一般没收

我国《刑法》第113条第2款对危害国家安全罪的各罪设置了一般没收。由此,犯分裂国家罪的,可以并处没收财产。

5. 从重量刑

根据我国《刑法》第106条的规定,与境外机构、组织、个人相勾结,实施分裂国家罪的,从重处罚。

(四) 相关犯罪比较

注意分裂国家罪与背叛国家罪的区别。**分裂国家罪**,表现为中国人或外国人,组织、策划、实施分裂国家、破坏国家统一的行为。**背叛国家罪**,表现为中国公民与国外或者境外势力勾结,实施危害中国主权、领土完整和安全的行为。两者的主要差异,表现于客观事实要素与客观规范要素等的具体构成。

客观事实要素:(1) **实行行为不同**:分裂国家罪的实行行为,表现为组织、策划、实施分裂国家、破坏国家统一;而背叛国家罪的实行行为,表现为勾结外国,或者与境外机构、组织、个人相勾结,危害中国的主权、领土完整和安全。相对而言,前者的核心是分裂国家,后者的核心是出卖国家。(2) **行为主体不同**:分裂国家罪的行为主体是一般主体,无论是中国公民还是外国人均可构成;而背叛国家罪的行为主体是特殊主体,必须是中国公民才能构成。

客观规范要素:分裂国家罪所侵害的具体法益,是国家的统一,包括各民族的统一,中央与地方的统一,香港、澳门、台湾与大陆的统一等,这主要是对内而言的;而背叛国家罪所侵害的具体法益,是中国的主权、领土完整和安全,这主要是对外而言的。

主观责任要素:两罪的责任形式虽均为直接故意,但故意的内容有所不同。分裂国家罪具有分裂国家、破坏国家统一的直接故意;而背叛国家罪则持危害国家主权、领土完整和安全的直接故意。

三、武装叛乱、暴乱罪

设置本罪的基本法条是我国《刑法》第 104 条;第 106 条对本罪的行为加重要素与相应量刑作了规定;第 113 条对本罪的结果与情节加重的要素与相应法定刑作了规定。

武装叛乱、暴乱罪,是指组织、策划、实施武装叛乱或者武装暴乱的行为。

(一)基准构成

1. 客观事实要素

表现为组织、策划、实施武装叛乱或者武装暴乱的行为。具体构成要素包括实行行为与行为主体。

实行行为:包括选择性方法行为与选择性目的行为两个要素。**(1)方法行为·选择行为**:组织、策划、实施;**(2)目的行为·选择行为**:武装叛乱或者武装暴乱。其中,**武装叛乱**,是指较大规模地使用武力,制造社会动乱,以投靠或者意图投靠境外敌对势力,而反叛国家和政府。**武装暴乱**,是指较大规模地使用武力,制造社会动乱,破坏社会秩序。

行为主体:本罪主体为一般主体,包括中国公民、外国人、无国籍人。

既遂形态:本罪是行为犯。

2. 客观规范要素

本罪所侵害的具体法益,是人民民主专政政权和社会主义制度。

3. 主观责任要素

本罪的主观责任形式为直接故意,故意内容指向由本罪实行行为为核心征表的"我国民主政权与社会制度法益被侵状态"。行为人具有破坏民主政权与社会制度的目的。

(二)从重处罚情节

根据我国《刑法》规定,在两种情形下犯本罪的,从重处罚。

1. 特定策动行为从重

从重要素:《刑法》第 104 条第 2 款对于以特定策动行为犯本罪而从重处罚作了具体规定。适用该款规定的具体要素:(1)行为从重:行为人除了实施本罪的基准行为(A)之外,还实施了本罪的应予从重处罚行为(B)。其中,A 为组织、策划、实施武装叛乱或者武装暴乱的行为;B 为策动、胁迫、勾引、收买特定对象的行为。(2)特定对象:应予从重处罚行为所针对的对象具有特定性,即"国家机关工作人员、武装部队人员、人民警察、民兵"。只有针对这些特定对象实施策动、胁迫、勾引、收买而犯本罪的,方可从重处罚。

术语解释:**策动**,是指策划、鼓动;**胁迫**,是指威胁、强迫;**勾引**,是指以名誉、地位、色情等引诱;**收买**,是指用钱财或者其他好处笼络人,使受利用。

总则共犯:"策动、胁迫、勾引、收买"原本具有总则共犯行为的性质,但是由于分则既已将其提升而作为从重处罚事实根据的行为要素,从而不再基于这一行为特征而构成总则第 25 条的共同犯罪。当然,如果两人共同实施"策动"等行为,仍可构成本罪从重处罚之事实构成的总则共同犯罪。

2. 特定勾结行为从重

从重要素:《刑法》第 106 条对于以特定勾结行为犯本罪而从重处罚作了具体规定。适用该条规定的具体要素:(1) 行为从重:行为人除了实施本罪的基准行为(A)之外,还实施了本罪的应予从重处罚行为(B)。其中,B 为与境外机构、组织、个人相勾结的行为。(2) 特定对象:应予从重处罚行为所针对的对象具有特定性,即勾结的对象应是"境外机构、组织、个人"。

总则共犯:"勾结"原本具有总则共犯行为的性质,但是由于分则既已将其提升而作为从重处罚事实根据的行为要素,从而不再基于这一行为特征而构成总则第 25 条的共同犯罪。当然,如果两人共同实施"勾结"行为,仍可构成本罪从重处罚之事实构成的总则共同犯罪。

(三) 法定刑与量刑

1. 基准法定刑

根据我国《刑法》第 104 条第 1 款前段的规定,对武装叛乱、暴乱罪的首要分子或者罪行重大者,处无期徒刑或者 10 年以上有期徒刑。

2. 减轻法定刑

根据我国《刑法》第 104 条第 1 款中段与后段的规定,对武装叛乱、暴乱罪的积极参加者,处 3 年以上 10 年以下有期徒刑;对武装叛乱、暴乱罪的其他参加者,处 3 年以下有期徒刑、拘役、管制或者剥夺政治权利。

3. 加重法定刑

根据我国《刑法》第 113 条第 1 款的规定,犯武装叛乱、暴乱罪对国家和人民危害特别严重、情节特别恶劣的,可以判处死刑。

4. 一般没收

我国《刑法》第 113 条第 2 款对危害国家安全罪的各罪设置了一般没收。由此,犯武装叛乱、暴乱罪的,可以并处没收财产。

5. 从重量刑

根据我国《刑法》第 104 条第 2 款的规定,策动、胁迫、勾引、收买国家机关工作人员、武装部队人员、人民警察、民兵进行武装叛乱或者武装暴乱的,从重处罚。

根据我国《刑法》第 106 条的规定,与境外机构、组织、个人相勾结,实施武装叛乱、暴乱罪的,从重处罚。

(四) 相关犯罪比较

本罪从重事实构成(A)与背叛国家罪基准构成(B),存在较大的相似之处。但是,A 与 B 两者,仍有关键性的区别。在此仅分析 A 与 B 之实行行为的表现。

行为相似之处:本罪从重事实构成的实行行为由两项要素构成:Ⅰ. 与境外机构、组织、个人相勾结;Ⅱ. 组织、策划、实施武装叛乱、武装暴乱。背叛国家罪基准构成的实行行为也由两项要素构成:Ⅰ. 勾结外国,或者与境外机构、组织、个人相勾结;Ⅱ.危害中国主权、领土完整和安全。相对而言,在Ⅰ项要素上,两者均可为"与境外机构、组织、个人相勾结"。

行为关键区别:A与B之实行行为区别的关键在于Ⅱ项要素。作为A之实行行为的"组织、策划、实施武装叛乱",虽也有"反叛国家"的意义,但其系以较大规模地使用武力制造社会动乱,继而投靠境外敌对势力的方式,而反叛国家和政府;而作为B之实行行为的"危害中国主权、领土完整和安全",虽也有"背叛国家"的意义,但其系以出卖国家主权、领土的方式,而背叛国家。

准型的数行为:行为人"与境外机构、组织、个人相勾结"(Ⅰ),既"较大规模地使用武力制造社会动乱"并"投靠境外敌对势力"(Ⅱ1),同时又"出卖国家主权、领土"(Ⅱ2),在此,对于A与B之实行行为的构成来说,虽Ⅰ在此情形中只为单项行为,但Ⅱ1与Ⅱ2却为两项不同行为,从而此可谓准型的数行为。在此案中,如行为人缺乏同一主导意图支配,则此案构成数罪。不过,在存在同一主导意图支配的场合,也不排除成立牵连犯。

四、间谍罪

设置本罪的基本法条是我国《刑法》第110条,第113条对本罪的结果与情节加重的要素与相应法定刑作了规定。

间谍罪,是指参加间谍组织,或者接受间谍组织及其代理人的任务,或者为敌人指示轰击目标的行为。

(一)基准构成

1. 客观事实要素

表现为参加间谍组织,或者接受间谍组织及其代理人的任务,或者为敌人指示轰击目标的行为。具体构成要素包括实行行为与行为主体。

实行行为:表现为三种形式,具备其中之一即可成立:(1)**参加间谍组织**。(2)**接受间谍任务**:接受间谍组织及其代理人的任务。(3)**指示轰击目标**:为敌人指示轰击目标。其中,**间谍组织**,是指外国政府或者境外敌对势力建立的,旨在收集我国情报,对我国进行颠覆破坏活动等危害我国国家安全和利益的组织。**参加间谍组织**,是指通过履行一定的手续加入间谍组织成为间谍组织成员的行为。**间谍组织代理人**,是指受间谍组织或者其成员的指使、委托、资助,进行或者授意、指使他人进行危害中华人民共和国国家安全的人。**接受间谍组织及其代理人的任务**,是指行为人虽然没有加入间谍组织,但是接受了间谍组织或者其代理人的命令、派遣、指使、委托。

行为主体:本罪主体为一般主体,包括中国公民、外国人、无国籍人。

既遂形态:本罪是行为犯。

2. 客观规范要素

本罪所侵害的具体法益,是中华人民共和国国家安全。

3. 主观责任要素

本罪的主观责任形式为直接故意,故意内容指向由本罪实行行为为核心征表的"中国国家安全法益被侵状态"。行为人具有危害国家安全的目的。同时,行为人具有特定明知,包括:明知是间谍组织而参加;明知是间谍组织及其代理人的任务而接受;明知是敌人而为其指示轰击目标。

(二)法定刑

1. 基准法定刑

根据我国《刑法》第110条前段的规定,犯间谍罪的,处10年以上有期徒刑或者无期徒刑。

2. 减轻法定刑

根据我国《刑法》第110条后段的规定,犯间谍罪情节较轻的,处3年以上10年以下有期徒刑。

3. 加重法定刑

根据我国《刑法》第113条第1款的规定,犯间谍罪对国家和人民危害特别严重、情节特别恶劣的,可以判处死刑。

4. 一般没收

我国《刑法》第113条第2款对危害国家安全罪的各罪设置了一般没收。由此,犯间谍罪的,可以并处没收财产。

(三)相关犯罪比较

注意间谍罪与为境外窃取、刺探、收买、非法提供国家秘密、情报罪的区别。**间谍罪**,是指参加间谍组织,或者接受间谍组织及其代理人的任务,或者为敌人指示轰击目标的行为。**为境外窃取、刺探、收买、非法提供国家秘密、情报罪**,是指为境外的机构、组织、人员窃取、刺探、收买、非法提供国家秘密或者情报的行为。两者的主要差异,表现于客观事实要素与主观责任要素的具体构成。

客观事实要素:实行行为及其附随要素不同。间谍罪的实行行为及其附随要素(Ⅰ),表现为参加间谍组织(A),或者接受间谍组织及其代理人的任务(B),或者为敌人指示轰击目标(C);而为境外窃取、刺探、收买、非法提供国家秘密、情报罪的实行行为及其附随要素(Ⅱ),表现为为境外的机构、组织、人员窃取、刺探、收买、非法提供国家秘密或者情报(D)。对比Ⅰ与Ⅱ两者,在规范设置的构成要素上,A、B、C不同于D。

主观责任要素:(1)**故意类型不同**:间谍罪由直接故意构成,对行为造成国家安全损害的结果持希望态度;为境外窃取、刺探、收买、非法提供国家秘密、情报罪由故意构成,对行为造成国家安全损害的结果可以持放任态度。(2)**明知内容不同**:间谍罪,行为人对行为对象的明知指向间谍组织、间谍组织代理人、敌人;而为境外窃取、刺探、收买、非法提供国家秘密、情报罪,行为人对行为对象的明知指向境外的机构、组织、人员。

牵连犯:行为人明知是境外的间谍组织而接受其刺探国家情报的任务,并为其刺探国家情报(X)。此系本题所述两罪牵连犯的具体形态。对此,理解的关键点在于X

情形中存在具有牵连关系的两个行为。接受间谍组织的任务(B)是一个行为,在此只要行为人接受任务行为即告完成,并未要求将任务付诸实现;而为境外组织刺探国家情报(D)又是一个行为,在此行为人须将刺探情报付诸实施才告行为的完成。而对于 B 与 D,行为人主观上存在一个主导的犯罪意图支配,客观上按照一般社会经验具有当然联系。

第三节　本章具体犯罪扼要阐释

一、危害国家政权、分裂国家的犯罪

包括7种具体的犯罪。其中,背叛国家罪、分裂国家罪与武装叛乱、暴乱罪上节已作阐释。

煽动分裂国家罪(第103条第2款①),是指煽动分裂国家、破坏国家统一的行为。本罪的基准实行行为是,煽动分裂国家或煽动破坏国家统一。**煽动**,是指以各种方法鼓动、怂恿,引起他人产生或者增强他人既已产生的分裂国家、破坏国家统一的犯罪决意的行为。对于煽动对象的特定与否,刑法理论存在不同见解。应当说,煽动仅限针对不特定人。煽动不同于教唆。教唆仅限针对特定的人。另外,煽动可为增强他人既有的犯罪决意,而教唆仅限产生他人的犯罪决意。行为人教唆他人犯分裂国家罪的,应当构成分裂国家罪的教唆犯。将煽动定义为包括针对特定的人,混淆了煽动与教唆,将会轻纵相应犯罪,从而有违本罪之提升实行行为的立法原意。

颠覆国家政权罪(第105条第1款),是指组织、策划、实施颠覆国家政权、推翻社会主义制度的行为。本罪的基准实行行为是,组织策划实施颠覆政权或组织策划实施推翻制度。**颠覆**,是指采取阴谋手段从内部推翻合法政府。**推翻**,是指用武力打垮政权,使局面彻底改变。注意本罪与武装叛乱、暴乱罪之间的区别。

煽动颠覆国家政权罪(第105条第2款),是指以造谣、诽谤或者其他方式煽动颠覆国家政权、推翻社会主义制度的行为。本罪的基准实行行为是,煽动颠覆国家政权或煽动推翻社会制度。

资助危害国家安全犯罪活动罪(第107条),是指境内外机构、组织或者个人资助实施背叛国家罪、分裂国家罪、煽动分裂国家罪、武装叛乱、暴乱罪、颠覆国家政权罪、煽动颠覆国家政权罪的行为。本罪的基准实行行为是,资助实施特定的危害国家安全罪。**资助**,是指通过提供金钱、财物、设备、场所等物质条件予以支持和帮助。这里的"资助"不同于共犯的"帮助"。共犯的帮助行为,通常成立于背叛国家罪、分裂国家罪等实行行为着手之后,犯罪完成之前。帮助行为与实行行为相对,没有实行行为就没有帮助行为;帮助犯主要是指事中帮助,事前帮助以被帮助人其后着手实行行为为条件。实施结束之后的帮助行为构成共同犯罪的,以事前通谋为条件,对于事后共

---

① 我国《刑法》规定本罪的基本法条。全书下同。

犯不予承认。而这里的资助行为，既可以发生在背叛国家罪、分裂国家罪等特定危害国家安全罪的实施之前，或者实施之中，也可以发生在这些特定犯罪行为的实施之后。对于原本作为特定他罪共犯帮助行为的资助行为，定特定他罪的帮助犯并适用相应特定他罪的法定刑。否则，难免轻纵相应犯罪，并且有违本罪之提升实行行为的立法原意。另外，倘若行为超出了"资助"，而直接参与了所助之罪的实施，则同时构成所助之罪的共犯。

二、叛变、叛逃的犯罪

包括2种具体的犯罪。

投敌叛变罪（第108条），是指中国公民投奔敌人营垒，或者被捕、被俘后投降敌人，为敌人效力服务危害国家安全的行为。本罪的基准实行行为是：投奔敌人营垒，为敌人效力服务危害国家安全；或者被捕被俘后投降敌人，为敌人效力服务危害国家安全。仅有"投奔敌人营垒"或者"被捕后投降敌人"的行为，不足以构成本罪，本罪的成立尚须有"为敌人效力服务危害国家安全"的行为。

叛逃罪（第109条），是指国家机关工作人员，在履行公务期间擅离岗位，叛逃境外或者在境外叛逃；或者掌握国家秘密的国家工作人员，叛逃境外或者在境外叛逃的行为。第109条第1款针对国家机关工作人员的规定，是本罪的典型构成（A）；该条第2款针对掌握国家秘密国家工作人员的规定，是本罪的准型构成（B）。比较A与B，基于行为主体的差异，A之客观事实要素较之B增加两项：Ⅰ．行为情境，即在履行公务期间；Ⅱ．行为要素，即擅离岗位。另外，注意本罪与投敌叛变罪之间的区别。

三、间谍、资敌的犯罪

包括3种具体的犯罪。其中，间谍罪上节已作阐释。

为境外窃取、刺探、收买、非法提供国家秘密、情报罪（第111条），是指为境外的机构、组织、人员窃取、刺探、收买、非法提供国家秘密或者情报的行为。本罪的客观事实要素包括：(1) 行为目标：为境外的机构、组织或者人员；(2) 行为方式：窃取、刺探、收买、非法提供；(3) 行为对象：国家秘密或者情报；(4) 行为主体：一般主体。

资敌罪（第112条），是指战时供给敌人武器装备、军用物资资敌的行为。本罪的客观事实要素包括：(1) 行为情境：战时；(2) 实行行为：供给武器装备、军用物资；(3) 行为对象：敌人。其中，**敌人**，是指敌对营垒、敌对势力或者其他敌对武装力量，不包括个别的敌对分子。

第二十章 危害公共安全罪

第一节 危害公共安全罪概述

一、危害公共安全罪的本体构成

危害公共安全罪,是指故意或者过失地实施危及不特定人的生命、健康或者财产安全,无须造成严重后果(行为犯)、足以造成严重后果(危险犯)或者已经造成严重后果(实害犯)的行为。该罪的本体构成包括危及公共安全行为等客观事实要素、侵害公共安全法益等客观规范要素、故意或者过失等主观责任要素。

(一)客观事实要素

本章各罪的法定客观事实,表现为实施危及公共安全的行为,无须造成严重后果、足以造成严重后果或者已经造成严重后果。具体而论:

实行行为:危及公共安全行为。本章各罪的法定行为方式,表现为作为、不作为以及作为并不作为:(1)作为:本章多数犯罪的法定行为方式,表现为作为。例如,破坏交通工具行为(第116条)、劫持航空器行为(第121条)、盗窃、抢夺枪支、弹药、爆炸物、危险物质行为(第127条第1款)等等①。(2)不作为:本章也有个别犯罪的法定行为方式,表现为不作为。例如,丢失枪支不报的行为(第129条)。(3)作为并不作为:本章还有少数犯罪的法定行为方式,包容了作为与不作为的两种情况。例如,交通肇事的违反交通运输管理法规的行为(第133条),在交通运输管理法规属于命令性规范时,交通肇事行为表现为不作为;在交通运输管理法规属于禁止性规范时,交通肇事行为表现为作为。

特定构成结果:本章各罪有许多为结果犯,其特定构成结果表现为足以造成严重后果(危险结果),或者已经造成严重后果(实害结果)。(1)危险结果:例如,破坏交通设施罪(第117条)基准构成的客观事实要素,须有"足以使火车、汽车、电车、船只、航空器发生倾覆、毁坏危险,尚未造成严重后果"这一特定构成结果,这一特定构成结果即为危险结果。(2)实害结果:例如,交通肇事罪(第133条)基准构成的客观事实要素,须有"发生重大事故,致人重伤、死亡或者使公私财产遭受重大损失"这一特定构成结果,这一特定构成结果即为实害结果。

行为主体:本章各罪的行为主体,具体表现为如下情形:(1)一般主体:多数犯罪的法定主体为一般主体。例如,放火罪(第114条)、破坏交通工具罪(第116条)。其

---

① 这里仅指法定行为方式属于作为,但是,不排除这些法定行为方式为作为的犯罪,在实际中可以由不作为的方式构成。也就是说,刑法理论与司法实践承认不纯正的不作为犯。

中,放火罪、爆炸罪、投放危险物质罪的主体,是已满14周岁的人。(2)特殊主体:少数犯罪的法定主体须为从事特定业务或者具有特定职务的特殊主体。例如,铁路运营安全事故罪(第132条)的法定主体,须为铁路职工。(3)包括单位:有些犯罪的法定主体包括自然人与单位。例如,非法制造、买卖、运输、邮寄、储存枪支、弹药、爆炸物罪(第125条)的法定主体,包括了自然人与单位。(4)须由单位:有些犯罪的法定主体仅为单位。例如,违规制造、销售枪支罪(第126条)、工程重大安全事故罪(第137条)的法定主体。(5)须由自然人:许多犯罪的法定主体仅为自然人。例如,放火罪(第114条)、破坏交通工具罪(第116条)、组织、领导、参加恐怖组织罪(第120条)、劫持航空器罪(第121条)等的法定主体。

既遂形态:本章各罪的既遂形态类型表现为:(1)行为犯:本章有的犯罪属于行为犯。例如,劫持航空器罪(第121条)。(2)危险犯:本章有的犯罪属于危险犯①。例如,放火罪(第114条)、破坏交通工具罪(第116条)。(3)实害犯:本章有的犯罪属于实害犯。例如,重大飞行事故罪(第131条)、重大责任事故罪(第134条第1款)、强令违章冒险作业罪(第134条第2款)。

危险犯特注:作为危害公共安全的一类犯罪,我国《刑法》分则在本章中规定了诸多危险犯。大陆法系刑法理论在对"公共危险罪"的阐释中,通常将该罪界定为对于公众的生命、健康、财产具有危险性的犯罪;而公共危险罪又有抽象公共危险犯(罪)与具体公共危险犯(罪)之分。其中,抽象公共危险犯的特征是,犯罪构成所须之危险为"特定法益的抽象危险",对于这一公共危险构成要件要素并未表述,刑法实务中无须查证行为人主观上对于这一危险是否认识;而具体公共危险犯的特征是,犯罪构成所须之危险为具体危险,这一危险在构成要件要素中设有"致生公共危险"的表述,刑法实务中必须查证与判断这种具体公共危险是否确有存在。②立于本书在第五章中对于危险犯的界说:危险犯也是一种结果犯;法益侵害的现实危险或者实际损害是违法性的征表;在客观事实要素上以危险结果为特定构成结果方系危险犯的重要标志;这一危险结果由刑法分则具体规定;分则的规定呈现为抽象危险结果或具体危险结果;抽象危险结果者为抽象危险犯而具体危险结果者为具体危险犯。由此,类似本章放火罪(第114条)等的危险犯为抽象危险犯;类似本章破坏交通工具罪(第116条)等的危险犯为具体危险犯。大陆法系刑法理论所谓抽象公共危险犯,由于缺乏法律文本上的应有的标志,而所谓抽象危险的具备系由"构成要件要素的彼此关联"呈现③,也使得抽象危险的要素地位与内容至为含糊,从而难以与相应的行为犯形成较为明确的界分。

---

① 在本章中,作为危险犯构成要素的危险结果主要表现为,"足以造成严重后果,危及不特定人的生命、健康和财产安全"的现实危险。
② 参见林山田著:《刑法各罪论》(下册),北京大学出版社2012年版,第155—156页;〔日〕大谷实著:《刑法各论》,黎宏译,法律出版社2003年版,第261、270页。
③ 参见林山田著:《刑法各罪论》(下册),北京大学出版社2012年版,第155页。

(二) 客观规范要素

本章各罪所侵害的类型法益,是公共安全。在此,公共安全的界说成为刑法理论争议问题。

界说争议:刑法理论对公共安全的界说,主要存在如下几种不同见解:A. 不特定多数人:认为公共安全,是指不特定多数人的生命、健康和重大财产的安全。由此,公共安全不包括特定多数人的生命、健康或财产安全[①],也不包括特定少数人的生命、健康或财产安全[②]。B. 不特定或者多数人:认为公共安全,是指不特定或者多数人的生命、健康或者财产安全。包括不特定多数人、不特定少数人、特定多数人,但是不包括特定少数人的生命、健康和财产安全。所谓不特定,是指犯罪行为可能侵犯的对象和可能造成的结果事先无法确定;所谓多数人则是不能用具体数字表述的。[③] C. 多数人:认为公共安全,是指多数人的生命和财产安全。包括不特定多数人和特定多数人的生命和财产安全。而"3 人以上(包括本数)就为多数,因为按我国传统,3 人为众"[④]。D. 不特定人:认为公共安全,是指不特定人的生命、健康或者财产安全。[⑤]

界说定位:本书主张公共安全,是指不特定人的生命、健康或者财产安全。对此,分述如下:A. 不特定的含义:所谓不特定,是指行为人侵害行为所危及的对象、范围和程度,或者是行为人无法预料和控制的(A,行为承受),或者是由行为人肆意加以拓展和扩张的(B,行为针对),由此造成社会成员共同生活空间中所有在场人员与财物的被害的现实可能。例如:其一,在公共场所制造爆炸事件。这里强调的是,行为所危及的对象、范围和程度,是行为人无法预料和控制的,而致所有在场人员与财物均有被害的现实可能。其二,在公共场所驾车冲撞人群。在此强调的是,行为所针对的对象、范围和程度,是由行为人肆意加以扩张的,而致所有在场人员与财物均有被害的现实可能。B. 行为时的危害与行为前的针对:行为时危及的对象、范围与行为前针对的对象、范围是两个不同的概念。行为危及的对象与范围,是指行为发生时,可能被行为所侵害的对象、范围;而行为针对的对象与范围,是指行为发生前,行为所预计指向的对象、范围。有时尽管行为前针对的对象与范围是不特定的,但是行为时受行为危及的对象与范围却是特定的。例如,拦路抢劫所针对的对象可能是无法预料的,但是其行为时所危及的范围是确定的。有时尽管行为前针对的对象与范围是特定的,但是行为时受行为危及的对象与范围却是不特定的。例如,爆炸杀人所针对的对象可能是特定的,但是在公共场所实施这一行为其危及的对象和范围则是无法

---

① 参见叶高峰著:《危害公共安全罪新探》,河南人民出版社 1989 年版,第 21 页。
② 参见何秉松主编:《刑法教科书》,中国法制出版社 1995 年版,第 488 页;高铭暄主编:《刑法学》,北京大学出版社 1998 年版,第 273 页。
③ 参见张明楷:《刑法学》,法律出版社 2011 年版,第 601 页;〔日〕大塚仁著:《刑法概说》(各论),冯军译,中国人民大学出版社 2003 年版,第 346 页。
④ 参见赵秉志主编:《刑法相邻相近罪名界定与运用》(上册),吉林人民出版社 2000 年版,第 93、95 页;高格著:《定罪与量刑》(上卷),中国方正出版社 1999 年版,第 342 页;林山田:《刑法特论》(中册),台湾三民书局 1979 年版,第 429 页。
⑤ 转引自〔日〕大塚仁著:《刑法概说》(各论),冯军译,中国人民大学出版社 2003 年版,第 346 页。

预料和控制的。公共安全,就是社会上每个人的安全,即不特定人的安全。强调行为时,行为危及的对象与范围是不特定的。例如,驾车冲撞人群、放火、爆炸等。C. 人数多寡:对于公共安全中人数多寡的问题,本书认为,"不特定人"即包含着涉及多数人的意义。危及不特定人的核心意义,是可能被行为波及的人很多,凡处于一定的公共空间中的人均有可能被危及。申言之,尽管实际受到侵害的可能是其中的个别人,也可能是其中的许多人,但是被危及的则是多数人。因此,"危及多数人"与"同时造成了多数人的损害"不是一个概念。由此,所谓"特定的个人或少数人的生命受到侵害,这是杀人罪;若多数人的生命受到侵害,这是涉及危害公共安全"①,这种说法是值得推敲的。

(三) 主观责任要素

本章各罪的主观责任形式,表现为故意或者过失。具体表现为:(1) 直接故意:本章有的犯罪法定责任形式为直接故意。例如,抢劫枪支、弹药、爆炸物、危险物质罪(第127条第2款)。(2) 故意:本章有的犯罪法定责任形式为故意,包括直接故意与间接故意。例如,放火罪、爆炸罪、投放危险物质罪(第114条)。(3) 过失:本章有的犯罪法定责任形式为过失。例如,交通肇事罪(第133条)、重大飞行事故罪(第131条)。

二、危害公共安全罪的种类

我国《刑法》分则"第二章危害公共安全罪",从第114条至第139条共26 + 4个条文②,规定了47个罪名。③ 基于行为特征的具体类型,本书将本章各罪分为5类:

用危险方法危害公共安全的犯罪。包括10种具体的犯罪:放火罪,失火罪,决水罪,过失决水罪,爆炸罪,过失爆炸罪,投放危险物质罪,过失投放危险物质罪,以危险方法危害公共安全罪,过失以危险方法危害公共安全罪。

破坏公共设备、设施危害公共安全的犯罪。包括10种具体的犯罪:破坏交通工具罪,过失损坏交通工具罪,破坏交通设施罪,过失损坏交通设施罪,破坏电力设备罪,过失损坏电力设备罪,破坏易燃易爆设备罪,过失损坏易燃易爆设备罪,破坏广播电视设施、公用电信设施罪,过失损坏广播电视设施、公用电信设施罪。

实施恐怖危险活动危害公共安全的犯罪。包括5种具体的犯罪:组织、领导、参加恐怖活动组织罪,资助恐怖活动罪,劫持航空器罪,劫持船只、汽车罪,暴力危及飞行安全罪。

违反枪支、弹药、爆炸物及危险物质管理规定危害公共安全的犯罪。包括9种具体的犯罪:非法制造、买卖、运输、邮寄、储存枪支、弹药、爆炸物罪,非法制造、买卖、运输、储存危险物质罪,违规制造、销售枪支罪,盗窃、抢夺枪支、弹药、爆炸物、危险物质

---

① 赵秉志主编:《刑法相邻相近罪名界定与运用》(上册),吉林人民出版社2000年版,第95页。
② 增加的四个条文是第120条之一、第135条之一、第139条之一、第133条之一。
③ 《中华人民共和国刑法修正案(三)》(2001年)、《中华人民共和国刑法修正案(六)》(2006年)、《中华人民共和国刑法修正案(八)》(2011年)对本章有关罪刑作了修正。

罪,抢劫枪支、弹药、爆炸物、危险物质罪,非法持有、私藏枪支、弹药罪,非法出租、出借枪支罪,丢失枪支不报罪,非法携带枪支、弹药、管制刀具、危险物品危及公共安全罪。

造成重大责任事故危害公共安全的犯罪。包括13种具体的犯罪:重大飞行事故罪,铁路运营安全事故罪,交通肇事罪,危险驾驶罪,重大责任事故罪,强令违章冒险作业罪,重大劳动安全事故罪,大型群众性活动重大安全事故罪,危险物品肇事罪,工程重大安全事故罪,教育设施重大安全事故罪,消防责任事故罪,不报、谎报安全事故罪。

第二节 本章具体犯罪重点分析

一、放火罪

对于相关的犯罪,其他国家或地区的刑法分则规定具有如下呈现:**(1)叙明罪状:**大多采用叙明罪状的立法模式,并且不仅对于基准罪状予以较为详细的描述,而且对于加重罪状也予以较为具体的描述。例如,《德国刑法典》(1999年)第306条(纵火),第306a条(情节严重的纵火),第306b条(情节特别严重的纵火),第306c条(纵火致人死亡)。**(2)人员状况:**有的国家区分建筑物内有人的纵火与建筑物内无人的纵火,并分别设置不同的法律后果。例如,《日本刑法典》(1908年)第108条(对现住建筑物等放火)、第109条(对非现住建筑物等放火)、第110条(对建筑物等以外之物放火)、第111条(延烧①)。② **(3)纵火分设:**有的国家基于主观意图与行为结果的不同,将纵火的情形分设在杀人、伤害与毁坏财物的犯罪中。例如,《俄罗斯刑法典》(1996年)第105条"杀人"与第111条"故意严重损害他人健康"中的"使用危害公众的方法实施的"情形,以及第167条"故意毁灭或损坏财产"中的"使用纵火……手段实施"的情形。

我国《刑法》基于法益侵害属性将放火罪置于危害公共安全的类罪中,而对于放火罪罪状的表述则相对较为简洁,且采用排列式的罪名将放火罪与爆炸罪等置于同一法条中。具体地说,设置放火罪的基本法条是第114条。第115条第1款对该罪的加重罪状与法定刑作了规定。

根据我国《刑法》的规定,**放火罪**是指故意引起对象物燃烧,危及公共安全的行为。

(一)基准构成

1. 客观事实要素

表现为引起对象物燃烧,危及公共安全的行为。具体构成要素包括实行行为、行

---

① 这里的延烧,是指行为人放火烧自己物品,而延烧至有人居住建筑或无人居住建筑的情形。
② 《西班牙刑法典》(1996年)则区分危及他人人身的放火(第351条)与烧毁树林的放火(第352条)等情形。

为对象、行为结果、行为主体。

实行行为：引起燃烧[①]，具体是指使用各种引火物或者其他方法，引起对象物燃烧的行为。故意引起对象物燃烧，即为放火，依存于放火罪；过失引起对象物燃烧，即为失火，依存于失火罪。就行为方式而论，作为是法定实行行为方式的通例，谦抑是刑法应有的基本与必要的精神，由此在刑法分则条文没有特别表述的场合，具体犯罪的实行行为即为作为方式。放火的法定行为方式属于作为，不过我国刑法理论与司法实践也承认不纯正的不作为放火，因而在实践中放火的方法包括作为与不作为。

行为对象：放火行为直接作用于对象物（直接对象——点燃的目的物），而间接作用于不特定人的生命、健康、财产（间接对象——燃烧的波及面）。

行为结果：危险结果，即造成危及公共安全的现实状态。

行为主体：本罪主体为一般主体，且刑事责任年龄系已满14周岁。

既遂形态：放火罪是危险犯，以危险结果为客观事实要素的特定构成结果。

2. 客观规范要素

本罪所侵害的具体法益，是公共安全，即不特定人的生命、健康或者财产安全。

3. 主观责任要素

本罪的主观责任形式为故意，包括直接故意与间接故意。故意内容指向由放火行为"造成危及公共安全现实状态"为核心征表的"公共安全法益被侵状态"。放火动机并不决定本罪的构成，但可以影响量刑。现实中，放火动机表现为多种多样，如湮灭罪证、报复等。

（二）加重构成

1. 要件与类型

我国《刑法》第115条第1款，将放火造成实际损害作为放火罪的加重构成。（1）**构成要件**：实施放火行为，危及公共安全，并且致人重伤、死亡或者使公私财产遭受重大损失。（2）**加重类型**：结果加重犯。

2. 结果加重犯与不作为犯

行为人故意放火危及公共安全（A），火势蔓延之际行为人袖手于现场任火延烧，终致人员伤亡的实害结果（B）。此案构成放火罪的结果加重犯。问题是，是否将A作为先行行为，继而将B作为不作为的放火加重？[②] 应当说答案是否定的。在《刑法》对此既已设置结果加重犯的场合，应当依照《刑法》的规定处置；在此，A与B系一整体，B之行为与结果是以A之基准构成的框架为依存的；即使将A与B各自独立评价，则依据罪数理论仍得同样结论，但却徒增繁琐。这实际上系涉之之于先行行为犯罪，对于不作为犯如何评价的问题。对此，本书第十章有过阐释，基于本书的这一立场，也会呈现以下相关情形及其处置：（1）间接故意放火：行为人抽烟，不慎将烟头

[①] 严格而论，行为对象等行为附随情状亦为实行行为的组成部分，其与行为本身共同决定着实行行为的定性。对此，详见本书第五章的相关阐释。不过，行为本身部分系实行行为的核心成分，本书一般场合所谓的实行行为指行为本身的表现。

[②] 常常有人提出如此疑问。

掷于森林的草丛中而起火(A),行为人明知却不予采取措施,离场而去而放任燃烧后果,致使森林被大面积烧毁(B)。此案构成不作为间接故意放火的结果加重犯。A系过失引起燃烧的行为(先行行为),B系不作为的间接故意放火加重犯。(2)过失引起火灾:行为人抽烟,不慎将烟头掷于森林的草丛中(A),行为人随即离场而去,其后起火而行为人对此并不知晓,致使森林被大面积烧毁(B)。此案构成失火罪。A系过失引起燃烧的行为;而对于B来说,行为人不知起火,也就无法救火,进而无所谓不作为,而B之结果由A行为引起。

(三)法定刑

1. 基准法定刑

根据我国《刑法》第114条的规定,放火危及公共安全,尚未造成严重后果的,处3年以上10年以下有期徒刑。

2. 加重法定刑

根据我国《刑法》第115条第1款的规定,放火危及公共安全,致人重伤、死亡或者使公私财产遭受重大损失的,处10年以上有期徒刑、无期徒刑或者死刑。

(四)放火罪的形态与认定

1. 放火罪的既遂与未遂

放火罪是抽象危险犯,刑法理论上通常将发生目的物烧毁的结果,作为放火罪既遂成立的标准。然而,对烧毁结果的确认却有着不同的观点:(1)独立燃烧说,认为火势只要离开了放火的媒介物,达到了使目的物独立燃烧程度即为烧毁,而无须目的物的主要部分丧失效用。此说重视放火罪对公共安全的危险性质。(2)效用丧失说,认为火力致使目的物的重要部分损伤,从而丧失了物品本来的效用,达此程度即为烧毁。此说重视放火罪对目的物的损害性质。(3)中间说,认为目的物的重要部分开始独立燃烧即为烧毁。此说兼顾放火罪对公共安全的危险性质和对目的物的损害性质。[①] 我国刑法理论多采纳"独立燃烧说"。[②]

本书亦持"独立燃烧说"的立场,而这又奠基于本书对于抽象危险犯的界说。放火罪是一种抽象危险犯,即通常认为放火行为成立,行为的危险结果也就存在。[③] 由此,说明放火既遂的"燃烧事实特征"应当能够恰当地表述"放火行为成立"与"危险结果存在",而"独立燃烧说"的蕴含则可表述此意。具体地说,"放火达到了使目的物独立燃烧程度",可谓"放火行为成立",即在这种场合放火行为既已实施完毕;同时,"放火达到了使目的物独立燃烧程度",也不失"危险结果存在",即在这种场合,行为对公共安全的危险性达到了相当的程度。

---

① 参见〔日〕木村龟二主编:《刑法学词典》,顾肖荣等译校,上海翻译出版公司1991年版,第558—559页。
② 参见高铭暄、马克昌主编:《刑法学》,北京大学出版社、高等教育出版社2007年版,第380页。
③ (1)抽象危险犯:对于抽象危险犯的危险结果的具体内容,法律通常仅予抽象概括;危险结果取决于实行行为的程度,而行为所造成的状态仅是其表象;危险结果存在与否的判断,可以根据构成要件上的抽象行为本身推演,而无须结合具体案件事实分析。(2)具体危险犯:对于具体危险犯的危险结果的具体内容,法律通常予以具体描述;危险结果并不取决于实行行为的程度,而是由行为所造成的状态表述;危险结果存在与否的判断,不能仅凭构成要件上的抽象行为本身推演,而必须根据具体案件事实分析。

2. 放火罪与故意杀人罪

放火罪与故意杀人罪的概念各异,两者的**主要区别**:(1)实行行为:放火罪的实行行为是引起对象物燃烧;而故意杀人罪的实行行为是非法剥夺他人生命。(2)行为对象:放火罪行为的直接对象是点燃的目的物,间接对象是不特定人的生命、健康与财产;而故意杀人罪行为的对象是他人生命。(3)行为结果:放火罪是危险犯,其特定构成结果系危及公共安全的危险结果;而故意杀人罪是实害犯,其特定构成结果系造成他人死亡的实害结果。(4)侵害法益:放火罪侵害的具体法益,是公共安全;而故意杀人罪侵害的具体法益是他人的生命权利。

需要考究的是放火罪与故意杀人罪的**竞合问题**。适例是,行为人以放火的方法故意杀害他人。对此,基于具体情况的不同而有放火罪或者故意杀人罪的不同性质,而定性的关键是行为危及对象的特定与否。(1)单纯一罪:如果行为人以放火的方法杀害特定的人,并且不会危及不特定人,即不足以危及公共安全的,只能构成故意杀人罪。此时的行为事实,并未触犯放火罪。(2)想像竞合:如果行为人以放火的方法杀害了他人,虽然针对的是特定的对象,但是却危及不特定的对象,即足以危害公共安全的,以放火罪处断。此时的行为事实,既触犯故意杀人罪也触犯放火罪,系一行为触犯数罪名的想像竞合犯,从一重罪处断。(3)并非规范竞合:立于本书第九章中对于规范竞合的界说,由于放火罪的实行行为系引起燃烧,而故意杀人罪的实行行为系剥夺生命,从而两者并非是"基本构成行为的整体结构与内容具有一定重合",而这种"一定重合"却系规范竞合成立所需的要素,因此规定放火罪的规范与规定故意杀人罪的规范之间并非规范竞合,进而上述(2)之情形也非规范竞合犯。

在想像竞合犯的场合从一重罪处断,这就涉及放火罪与故意杀人罪何者是更为严重犯罪的问题,对此可以分别以下三项分析:(1)普通的故意杀人罪,重于普通的放火罪。理由是,故意杀人罪的基准法定刑是"处死刑、无期徒刑或者10年以上有期徒刑",而放火罪的基准法定刑是"处3年以上10年以下有期徒刑"。显然,前者重于后者。(2)加重的放火罪,并不轻于普通的故意杀人罪。理由是,放火罪的加重法定刑(A),与故意杀人罪的基准法定刑(B)一致。虽然从排序来看,似乎后者(B)比前者(A)更重,但是对应于罪状所列情形的排序,位居放火罪加重法定刑(A)首位的"10年以上有期徒刑"是针对"致人重伤"的,这比第234条第2款前段的故意伤害致人重伤的法定刑要重。从这个意义上说,放火罪致人死亡的法定刑,并不轻于故意杀人罪的基准法定刑。(3)立法者更为倾重放火罪,且认为放火是更为严重的犯罪。理由是,放火罪系危险犯,而故意杀人罪为实害犯。这意味着我国《刑法》将放火产生危险结果作为处罚基准,而将杀人产生实害结果作为处罚基准。再者,故意杀人罪设置了减轻法定刑,而放火罪没有减轻法定刑。这意味着,在杀人实害的场合可以"处3年以上10年以下有期徒刑",而放火无须实害就应"处3年以上10年以下有期徒刑",一旦有实害则至少"处10年以上有期徒刑"。

3. 放火罪与故意毁坏财物罪

根据我国《刑法》分则的规定,放火罪与故意毁坏财物罪不仅具体犯罪性质各异而且分属不同的类罪。两者的**主要区别**:(1)实行行为:放火罪的实行行为是引起对象物燃烧;而故意毁坏财物罪的实行行为是毁灭或者损坏他人财物。(2)行为结果与情节:放火罪是危险犯,以危及公共安全的危险结果为构成要素,而故意毁坏财物罪是数额犯与情节犯,以毁灭或者损坏的他人财物数额较大或者有其他严重情节为构成要素。(3)侵害法益:放火罪侵害的具体法益,是公共安全;而故意毁坏财物罪侵害的具体法益是财物管理秩序。

考究放火罪与故意毁坏财物罪的**竞合问题**。适例是,行为人以放火的方法毁灭或者损坏他人财物。对此,基于具体情况的不同也有两种不同的定性,而定性的关键亦为行为危及对象的特定与否。如果行为人以放火的方法毁损财物数额较大,并且不会危及公共安全的,则只能构成故意毁坏财物罪。如果行为人放火燃烧财物但未达毁损财物数额较大与严重情节,却危及公共安全的,则构成放火罪。如果行为人以放火的方法毁坏财物数额较大并危及公共安全的,这是同时符合放火罪与故意毁坏财物罪的想像竞合犯,以放火罪处断。由于放火罪的实行行为系引起燃烧,而故意毁坏财物罪的实行行为系毁灭损坏,从而两者并非是"基本构成行为的整体结构与内容具有一定重合",从而缺乏规范竞合成立所需的要素,因此规定放火罪的规范与规定故意毁坏财物罪的规范之间并非规范竞合。

4. 有关放火的一罪与数罪

行为人以放火的方法实施某些危害行为,可能涉及其他一些犯罪,例如故意杀人罪、故意毁坏财物罪、破坏交通工具罪等,对此上文已述。本题主要分析,行为人在实施了某些**犯罪以后**,又实施了放火行为的情形。其中较为典型的是,行为人在实施杀人、强奸等犯罪后又放火焚毁罪迹。对此也应分别不同情况作出处理:(1)一罪从重:如果行为人实施杀人或者强奸等犯罪以后,为毁灭罪证所进行的放火行为不具有危害公共安全性质的,那么按其所犯的故意杀人罪或者强奸罪酌情从严处罚,放火行为是酌定的量刑情节。(2)数罪并罚:如果行为人实施杀人、强奸等犯罪以后,为毁灭罪证所进行的放火行为具有危害公共安全性质的,则应以故意杀人罪或者强奸罪与放火罪实行数罪并罚,此时的放火行为构成放火罪。

二、破坏交通工具罪

设置本罪的基本法条是我国《刑法》第116条。第119条第1款对本罪的加重罪状与法定刑作了规定。

破坏交通工具罪,是指故意破坏火车、汽车、电车、船只、航空器,足以使火车、汽车、电车、船只、航空器发生倾覆、毁坏危险的行为。

(一)基准构成

1. 客观事实要素

表现为破坏火车、汽车、电车、船只、航空器,足以使火车、汽车、电车、船只、航空器发生倾覆或者毁坏危险的行为。具体构成要素包括实行行为、行为对象、行为结果与行为主体。

实行行为:引起损毁,即破坏。所谓**破坏**,是指损毁、拆卸交通工具的整体或者重要部件,由此使之功能丧失并将影响到交通运输的安全的行为。这里的"破坏"不同于日常生活中通常意义上的"破坏",在此对破坏作了论理上的限制解释。如果行为人只是对交通工具的坐椅、灯具、卫生设备等辅助设施进行破坏,不足以使交通工具发生倾覆或者毁坏危险的,则不构成作为本罪构成要素的破坏。破坏的**方法**不是构成本罪的法定要素,从而除非基于方法而出现竞合犯,通常方法并不影响本罪的定性。

　　行为对象:正在使用中的火车、汽车、电车、船只、航空器。所谓**正在使用中**,是指交通工具正在行驶、航运或者飞行中(A),或者已交付使用而停靠在车站、码头、机场待用(B)。其中,B的解释可谓论理上的扩张解释。长期不用、停放在仓库或者待修待售的交通工具,不属于这里的"正在使用中"。这里的行为对象**仅限五种**特定的交通工具无疑,行为人侵害法定以外的交通工具,例如自行车、三轮车、手推车等,则不构成破坏交通工具罪。而破坏家庭正在使用的小型汽车,仍然构成破坏交通工具罪。值得关注的是,对这五种特定交通工具中**汽车**的解释,尤其是农用拖拉机是否属于这里的汽车,对此刑法理论存在肯定与否定的不同见解。本书对汽车作如下定义:汽车是指由自动机械动力牵引,依法可以在公共交通道路上行驶,用作人员与货物运载或道路作业,通常表现为双排轮胎的交通工具。由此,对于破坏**农用拖拉机**的,应当区分不同情形定性。如果拖拉机只是用作耕地,如同多数手扶拖拉机那样,而依法不可在公共交通道路上行驶的,则对之破坏通常不构成破坏交通工具罪;如果拖拉机不只是用作农用,而且可以依法在公共交通道路上行驶承担运输功能,则可将其视作汽车的一种,对这种拖拉机破坏构成破坏交通工具罪。

　　行为结果:危险结果,即造成足以使火车、汽车、电车、船只、航空器发生倾覆或者毁坏危险的现实状态。所谓**倾覆**,是指汽车、电车翻车,火车出轨,船只翻沉,航空器坠毁;所谓**毁坏**,是指烧毁、炸毁、坠毁,或者造成其他无法修复的严重损坏。

　　行为主体:本罪主体为一般主体。

　　既遂形态:破坏交通工具罪是危险犯,以危险结果为客观事实要素的特定构成结果。

　　2. 客观规范要素

　　本罪所侵害的具体法益,是交通运输安全,这是公共安全的一种具体类型;具体是指以火车、汽车、电车、船只、航空器的正常功能与运行为基础的不特定人的生命、健康和财产安全。

　　3. 主观责任要素

　　本罪的主观责任形式为故意,包括直接故意与间接故意。故意内容指向由本罪特定构成结果(危险结果)为核心征表的"交通运输安全法益被侵状态"。破坏动机并不决定本罪的构成,而可以影响量刑。现实中,动机表现为多种多样,如泄愤报复、贪财图利等。

　　(二) 加重构成

　　我国《刑法》第119条第1款,将破坏交通工具造成实际损害作为破坏交通工罪的加重构成。(1) **构成要件**:实施破坏交通工具行为,并且造成严重后果。这里的造成严重后果,表现为致使交通工具发生倾覆或者毁坏,造成人员伤亡或者重大财产损失等。(2) **加重类型**:结果加重犯。

行为成立破坏交通工具罪的加重犯可为两种情形:破坏特定交通工具致足以发生危险,交通工具驾驶人员不知而驾驶致造成严重后果(A);破坏特定交通工具,而直接致该交通工具损毁(B)。其中,情形 A 交通运输安全法益侵害的特征明显,而情形 B 交通工具在待用停放中既已被损毁则再无运行以致交通安全威胁。如此,B 情形是否仍可成立破坏交通工具罪?答案应当是肯定的。犯罪的基准构成是分则具体犯罪的构成标志,相应的加重犯与减轻犯附随于它而共居一个具体犯罪的住所;基准构成的犯罪所侵具体法益决定了该具体犯罪的类型归属,但是这并不否认其相应的加重犯在所侵具体法益上与基准犯有所差异①;某一行为符合分则具体犯罪的犯罪构成,包括其加重构成,若无阻却事由等消极构成要素则该行为即可成立这一具体犯罪。

(三) 法定刑

1. 基准法定刑

根据我国《刑法》第 116 条的规定,破坏交通工具,足以发生危险,尚未造成严重后果的,处 3 年以上 10 年以下有期徒刑。

2. 加重法定刑

根据我国《刑法》第 119 条第 1 款的规定,破坏交通工具,造成严重后果的,处 10 年以上有期徒刑、无期徒刑或者死刑。

(四) 相关犯罪比较

1. 破坏交通工具罪与故意毁坏财物罪

毁坏亦为一种破坏,而交通工具也系一种财物,然而根据我国《刑法》分则的规定,破坏交通工具罪与故意毁坏财物罪不仅具体犯罪性质各异而且分属不同的类罪。两者的**主要区别**:(1) 实行行为的本质含义:破坏交通工具罪的实行行为"破坏",是指损毁特定交通工具的整体或重要部件,使之安全性能丧失,从而危及交通安全;而故意毁坏财物罪的实行行为"毁灭或者损坏",是指损毁他人财物,使之使用效能丧失,从而致其原有价值灭失。(2) 行为对象:破坏交通工具罪的行为对象,必须是正在使用中的火车、汽车、电车、船只、航空器;而故意毁坏财物罪的行为对象,可谓他人财物而余无具体的限定。(3) 行为结果与情节:破坏交通工具罪是危险犯,以足以使交通工具发生倾覆或者毁坏危险的危险结果为构成要素;而故意毁坏财物罪是数额犯与情节犯,以毁灭或者损坏的他人财物数额较大或者有其他严重情节为构成要素。(4) 侵害法益:破坏交通工具罪侵害的具体法益,是交通运输安全;而故意毁坏财物罪侵害的具体法益是财物管理秩序。

规定破坏交通工具罪的规范与规定故意毁坏财物罪的规范之间存在**规范竞合**。

---

① 例如,故意伤害罪的基准犯所侵具体法益是健康权,而该罪致人死亡的加重犯所侵具体法益是生命权。

(1)规范竞合成立:两者规范关系,符合本书第九章对于规范竞合的界说。具体而论,两罪的实行行为"破坏"与"毁坏"近于重合;两罪的主观责任形式的具体类型均为"故意";两罪的其他构成要素分别具有相容性而无分离。(2)包容关系:这一规范竞合的类型属于包容关系。具体而论,破坏交通工具罪与故意毁坏财物罪,行为对象后者包容前者,实行行为重合,其他构成要素非重合相容。这符合本书第九章所述包容关系的规范竞合的类型。(3)规范竞合犯:行为人破坏正在使用中的火车、汽车、电车、船只、航空器,财物损失数额较大,并足以使该交通工具发生倾覆或者毁坏危险的行为,系竞合规范中的同一犯罪行为,与此相应的事实可谓规范竞合犯。(4)规范适用:规定破坏交通工具罪的规范属于特别规范。根据规范竞合情况下,对竞合规范的同一犯罪行为适用规范的一般原则,上述的规范竞合犯适用破坏交通工具罪的规定,构成破坏交通工具罪。

2. 破坏交通工具罪与盗窃罪

行为人常常窃取交通工具上的重要部件而使交通工具受损,由此涉及破坏交通工具罪与盗窃罪之间的关系。在我国《刑法》分则中,两罪分属不同的类罪,在法定构成上也有着**重要区别**:(1)实行行为:破坏交通工具罪的实行行为是破坏;而盗窃罪的实行行为是秘密获取,包括普通窃取、入户窃取、携带凶器窃取、扒窃。(2)行为对象:破坏交通工具罪的行为对象,必须是正在使用中的火车、汽车、电车、船只、航空器;而盗窃罪的行为对象,可谓他人财物而余无具体的限定。(3)行为结果及定量:破坏交通工具罪是危险犯,以足以使交通工具发生倾覆或者毁坏危险的危险结果为构成要素;而盗窃罪是数额犯、次数犯与行为犯,即在普通窃取的场合,以窃取财物数额较大或者多次窃取为要素,在特定手段窃取的场合,仅限特定窃取行为而无定量要素。(4)侵害法益:破坏交通工具罪侵害的具体法益,是交通运输安全;而盗窃罪侵害的具体法益是财物管理秩序。

破坏交通工具罪与盗窃罪区分的关键,是对现实中两罪**牵连犯**的处理。适例是,行为人以非法占有为目的,秘密拆卸并带走正在使用中的火车、汽车、电车、船只、航空器上的重要部件,财物价值数额较大,并使该交通工具的功能受损而危及公共安全。对于该案应予如下关注:(1)并非规范竞合犯:立于本书第九章对于规范竞合的界说,"基本构成行为的整体结构与内容具有一定重合"是规范竞合成立的一个前提。而破坏交通工具罪的实行行为"破坏"与盗窃罪的实行行为"秘密获取"之间,却不存在这种整体重合的关系。即使"破坏"可以是"秘密破坏",但是"破坏"并不具备"获取"的要素。这就如同"伤害"与"抢劫"亦无规范竞合关系一样。缺乏规范竞合的根据也就无所谓规范竞合犯。(2)并非想像竞合犯:"一个事实行为同时触犯两个以上罪名"是想像竞合犯成立的基本前提。在此所谓"同时触犯"是指这"一个事实行为"受到重复评价。而本题所列案件事实则存在两项事实行为:A. 拆卸,这一行为被评价为"破坏";B. 秘密并带走(重要部件),这一行为被评价为"秘密获取"。A与B这两项行为,虽然分别构成破坏交通工具罪与盗窃罪,但是A与B这两者之间却不存在行为的重复评价问题。(3)属于牵连犯:本案事实符合本书第九章对于牵连犯的界说。具体而论,行为人拆卸(A)正在使用的交通工具重要部件,属于破坏交通工具罪的破坏行为,行为人将拆卸下来的部件秘密带回(B)家中,属于盗窃罪的盗窃行为。而在这一整个犯罪过程中,基于本书对于牵连犯的界说,B系属目的行为(主旨支配行为),A系属方法行为(方法准备行为),且B与A出于一个主导犯罪意图的支配,从而两者之间存在牵连关系。(4)定罪处罚原则:对于牵连犯从一重罪从重处罚。而就本案来说,涉及"最重一罪"的定性问题。具体地说,本案既符合盗窃罪基准构成(所窃财物价值数额较大),又符合破坏交通工具罪基准构成(尚未造成严重后果),破坏交通工具罪比盗窃罪的基准法定刑更重,从而对于本案以破坏交通工具罪从重处断。

3. 破坏交通工具罪与放火罪

两罪虽同属危害公共安全罪一类,但在法定构成上仍有**重要区别**:(1)实行行为:破坏交通工具罪的实行行为系引起特定种类交通工具损毁,即破坏;而放火罪的实行行为系引起对象物燃烧,故意引起燃烧谓为放火。(2)行为对象:破坏交通工具罪行为的对象是正在使用中的火车、汽车、电车、船只、航空器;而放火罪行为的直接对象是点燃的目的物,间接对象是不特定人的生命、健康与财产。(3)行为结果:破坏交通工具罪是具体危险犯,其特定构成结果(危险结果)是足以使火车、汽车、电车、船只、航空器发生倾覆或者毁坏危险的现实状态;而放火罪是抽象危险犯,其特定构成结果(危险结果)是危及公共安全的现实状态。(4)侵害法益:破坏交通工具罪侵害的具体法益,是交通运输安全,可谓公共安全的一种具体类型;而放火罪侵害的具体法益,是公共安全。

需要考究的是破坏交通工具罪与放火罪的**竞合问题**。适例是,行为人放火烧毁交通工具且危及公共安全。此案系破坏交通工具罪与放火罪的想像竞合犯。因为"放火烧毁",既是放火罪中的"放火"又是破坏交通工具罪中的"破坏",系一个事实行为,而这却是对该事实行为给予了重复评价。易言之,在重复评价的场合,该行为分别构成破坏交通工具罪的加重犯与放火罪的普通犯。此案并非规范竞合犯。因为规定破坏交通工具罪的规范与规定放火罪的规范之间并非规范竞合。而这又是由于破坏交通工具罪的实行行为系引起损毁,而放火罪的实行行为系引起燃烧,进而两者缺乏规范竞合成立所需的要素,即"基本构成行为的整体结构与内容具有一定重合"。不过,在想像竞合犯的框架下,对于本案的处断仍需特别考究。这是由于两罪的法定刑一致,从而"从一重处断"究竟应当认定为何罪成为问题。对此,本书认为,应当认定为破坏交通工具罪。因为如此定性,则特定交通工具这一行为对象要素就参与了犯罪定性的评价,从而能够更为全面而具体地评价行为的犯罪性质。

三、交通肇事罪

设置本罪的基本法条是我国《刑法》第133条。该条前段是本罪基准罪状与法定刑的规定;该条中段是本罪的行为加重犯与情节加重犯及其法定刑的规定;该条后段是本罪行为并结果加重犯及其法定刑的规定。

交通肇事罪,是指违反交通运输管理法规,因而发生重大事故,致人重伤、死亡或者使公共或他人财产遭受重大损失的行为。

(一)基准构成

1. 客观事实要素

表现为违反交通运输管理法规,因而发生重大事故,致人重伤、死亡或者使公共或他人财产遭受重大损失的行为。具体构成要素包括实行行为、行为结果与行为主体。

实行行为:交通肇事罪的实行行为由交通违法行为构成,即违反交通运输管理法规。具体是指违反保障公路、水路、铁路、航空运输安全的法律、法规、操作规程和技术规范等。交通违法行为包括作为与不作为。作为,即违反禁止性的交通法规。例如,酒后开车、超速行驶、强行超车、超载行车、开车打手机、闯红灯、逆行等。不作为,即违反命令性的交通法规。例如,通过交叉道口不鸣笛示警、夜间航行不开照明灯、扳道员不按时扳道岔等。

行为结果:发生重大事故,致人重伤、死亡或者使公共或他人财产遭受重大损失。所谓**重大事故**,是指造成人员的重大伤亡与财物的重大损失的后果。交通违法行为与重大事故之间具有因果关联。行为虽然违反交通运输管理法规,但是没有发生重大交通事故的,或者虽然发生重大交通事故,但是不是由于违反交通运输管理法规所引起的,均不构成本罪。

行为主体:本罪主体为一般主体。在司法实践中,主要是指:(1)从事交通运输人员。包括:其一,具体从事交通运输业务的人员。例如,交通运输工具的驾驶人员、交通设备的操纵人员。其二,交通运输的领导、指挥和管理人员。例如,调度员、引水员、机务员、船长机长、交通警察等。(2)非专业交通运输人员。例如,无驾驶资格人员驾驶机动车辆肇事,致1人以上重伤负事故主要责任的;单位主管人员、机动车辆所有人或者机动车辆承包人指使、强令他人违章驾驶造成重大交通事故的[①];渡口乘客强行抢渡,引起渡船超载倾覆的。

既遂形态:本罪是结果犯。

2. 客观规范要素

本罪所侵害的具体法益,是交通运输安全。对于这里的"交通运输"是否包括铁路交通运输和航空交通运输,刑法理论存在肯定说[②]与否定说[③]的不同见解。应当说,这里的交通运输包括铁路和航空运输。规定本罪的我国《刑法》第133条系普通规范,而规定飞行与铁路运营事故的第131条与第132条系特别规范。而且,本罪也是对交通肇事中具体罪行及其法律后果的更为全面的设置。

3. 主观责任要素

本罪的主观责任形式为过失,包括疏忽大意的过失与过于自信的过失。具体心

---

① 参见最高人民法院《关于审理交通肇事刑事案件具体应用法律若干问题的解释》(2000年)第2、7条。
② 参见肖扬主编:《中国新刑法学》,中国人民公安大学出版社1997年版,第354页;张明楷著:《刑法学》,法律出版社2011年版,第631页。
③ 参见高铭暄、马克昌主编:《刑法学》,北京大学出版社、高等教育出版社2007年版,第402页。

态内容指向发生重大交通事故而致人重伤、死亡或者使财产遭受重大损失的实害结果。作为过失犯的过失并不取决于行为心态,行为人违反交通运输管理法规常常是明知故犯,但是这不影响过失的成立。如果行为人故意利用交通工具危害社会,则根据具体情况的不同可以构成故意杀人罪、故意伤害罪、以危险的方法危害公共安全罪等。

（二）定罪基准

《司法解释》①第 2 条分别两款,对交通肇事罪基准构成的定量标准作了规定。这一标准综合了"事故结果"与"违法行为"这两个方面的要素。其中:**第 1 款**侧重"事故结果"的要素,强调适用该罪的基准法定刑,具体列举了三项情形;**第 2 款**侧重"违法行为"的要素,强调以交通肇事罪定罪处罚,具体列举了六项情形。

（三）法定刑

1. 基准法定刑

根据我国《刑法》第 133 条前段的规定,犯交通肇事罪的,处 3 年以下有期徒刑或者拘役。

2. 加重法定刑

一级加重:根据我国《刑法》第 133 条中段的规定,交通运输肇事后逃逸或者有其他特别恶劣情节的,处 3 年以上 7 年以下有期徒刑。对于这里的"其他特别恶劣情节",《司法解释》第 4 条侧重"事故结果"并具体列举三项情形作了规定。

二级加重:根据我国《刑法》第 133 条后段的规定,交通肇事后因逃逸致人死亡的,处 7 年以上有期徒刑。

（四）交通肇事逃逸释义

我国《刑法》将肇事逃逸作为加重要素,从而设置了本罪的行为加重犯(第 133 条中段"肇事后逃逸"),以及本罪的行为并结果加重犯(第 133 条后段"因逃逸致人死亡")。并且,《司法解释》第 2 条第 6 项也将逃逸作为符合本罪基准构成的定量要素之一。由此,需对肇事逃逸与逃逸致人死亡的具体含义,以及逃逸可否作为先行行为处置的议题,予以理论分析与阐明。

1. 交通肇事后逃逸的含义

《司法解释》第 3 条对于"交通运输肇事后逃逸"的具体蕴含作了规定。基于这一司法解释,所谓**交通肇事后逃逸**,是指行为人明知自己的交通违法行为引起了重大交通事故,为了逃避法律追究而逃离事故现场的行为。具体可以简洁地表述为:交通肇事逃逸 = 基准犯罪构成 + 逃逸。

2. 因逃逸致人死亡的含义

《司法解释》第 5 条对于"因逃逸致人死亡"的具体蕴含作了规定:"是指行为人在交通肇事后为逃避法律追究而逃跑,致使被害人因得不到救助而死亡的情形。"这

---

① 如无特别说明,本罪阐释中的《司法解释》,均指最高人民法院《关于审理交通肇事刑事案件具体应用法律若干问题的解释》(2000 年)。

一司法解释肯定了逃逸致人死亡的以下要素:A. 逃逸行为,出于逃避法律追究的目的;B. 行为对象,系先行交通肇事中的被害人;C. 致死原因,在于行为人逃逸而怠于救助。对此,刑法理论不无质疑。诸如,缺乏 A 之要素的为达先行犯罪目的而离开肇事现场,缺乏 B 之要素的逃逸中造成二次交通事故的被害人,缺乏 C 之要素的即使不逃逸也不能使被害人得以救活等等。对于这一《司法解释》既有的肯定要素,本书在此不予进一步深入探讨①;如若回应质疑,这也可谓《司法解释》对于相应法条术语所予的限制解释。在此,本书就该《司法解释》未及却须明确的部分予以讨论。具体而论,涉及因逃逸致人死亡的认定,尚须明确的是:其一,交通肇事性质:逃逸致人死亡之前的交通肇事行为,是否构成交通肇事罪?其二,致人死亡心态:对于导致被害人死亡的主观责任形式,是故意还是过失?其三,逃逸行为方式:只是单纯的逃离肇事现场,还是带离并弃置被害人逃逸?

交通肇事性质:先前的交通肇事行为(X),或者其本身(X)或者具并逃逸(X+逃逸),应当符合基准犯罪构成。具体理由:**(1) 加重构成理论**:加重犯的完整形态,是在全面符合本罪基准构成基础上,针对本罪加重事实特征的一种犯罪形态的设置。我国《刑法》第 133 条后段是重于前段与中段的加重犯,由此基于《司法解释》第 2 条第 2 款第 6 项的规定,以及第 133 条中段的"基准犯罪构成+逃逸",应当将第 133 条后段的逃逸致人死亡理解为:"逃逸型基准构成+致人死亡",或者"基准构成+逃逸+致人死亡"。**(2) 法条的形式表述**:我国《刑法》第 133 条后段为该条中段加重构成之上的加重之加重构成,且从法言上来看,其在"因逃逸致人死亡……"之前省略了中段的"交通运输肇事后"的表述。有鉴于此,也应将后段之"因逃逸致人死亡……"理解为,先行交通肇事行为后,因怠于救助的逃逸行为致使被害人得不到及时救助而死亡。**(3) 逃逸的要素地位**:我国《刑法》第 133 条后段所设要素系"逃逸+致死";而逃逸既可以作为入罪要素也可以作为加重要素②。由此,在交通肇事罪的框架下,在先前的肇事行为不足以构成犯罪的场合,逃逸与肇事结合则可入罪③,而致死是加重结果,即为"逃逸型基准构成+致人死亡";在先前的肇事行为既已构成犯罪的场合,"逃逸"与"致死"为行为并结果加重,即为"基准构成+逃逸+致人死亡"。**(4) 法定刑的设置**:将我国《刑法》第 133 条后段之罪状理解为"逃逸型基准构成+致人死亡"(A)或者"基准构成+逃逸+致人死亡"(B),从其相应的法定刑设置来看也是合理的。**首先**,从第 133 条后段与中段的相对设置来看,"肇事致死而逃逸"④系中段罪状

---

① 对于质疑,本书的结论是:肇事后出于致被害人于死的直接故意而逃逸,构成故意杀人罪,从而与先前的交通肇事罪存在数罪或吸收犯的问题;肇事后逃逸而放任先前肇事的被害人以外的他人死亡的,构成以危险方法危害公共安全罪,从而与先前的交通肇事罪存在数罪的问题;如果无论逃逸与否或救助与否,被害人终将会死,则被害人死亡的结果应属先前交通肇事罪的结果,由此逃逸可以归属于第 133 条中段。
② 《司法解释》第 2 条第 2 款第 6 项以及《刑法》第 133 条后段。
③ 此即为《司法解释》第 2 条第 2 款第 6 项所规定之交通肇事罪的基准构成。
④ 例如,按《司法解释》第 3 条、第 2 条,可谓"交通肇事致 1 人死亡负事故全部责任",并"肇事后逃逸"。

之情形(C),"肇事逃逸而致死"①系后段上述 A 之情形。A 之情形相对于 C 之情形,前者危害更大:A 之主观恶性更大——明知肇事为避责任而逃离这是错上加错;A 之实际损害扩张——因逃逸而致被害人不救而死可谓扩大了损害;A 之故意行为界入——A 之致死除肇事行为之外更有逃逸的故意行为。由此,相对于 C 而对于 A,我国《刑法》设置了更重的法定刑。**其次**,从第 133 条后段之 A 与 B 的两种情形来看,显然 B 之情形要重于 A 的情形,而 B 与 A 却共用一个法定刑,这是否有违罪刑均衡原则。回答应是否定的,因为与 B 和 A 相应的法定刑是相对确定的法定刑,而且这一法定刑幅度较宽;并且 B 与 A 有其整合于同一罪状的核心要素"因逃逸致人死亡",相应法定刑也正是针对这一要素;对于符合"基准构成"并且"因逃逸致伤者死亡"的有关情形②,显然也应适用第 133 条后段法定刑。③

致人死亡心态:逃逸的致人死亡的主观心态应为过失或间接故意。具体地说:**(1)可以过失**:如果认为因逃逸而致死的心态可为过失,则"交通肇事逃逸致死"的法定刑,比交通肇事罪与过失致人死亡罪之数罪并罚的处刑还要重。由此观之,似本处致死心态可为的过失的定位仍有推敲的余地。不过,从我国《刑法》第 133 条后段的规定来看,这是继该条中段加重之后的加重之加重,且以逃逸这一故意行为为致死的原因之一,可谓是将逃逸而过失致人死亡这一特别情形予以纳入的特别设置。如上所述,"肇事致死而逃逸"(归属第 133 条中段)与"肇事逃逸而致死"(归属第 133 条后段),后者的危害更大。**(2)可以间接故意**:值得考究的是,逃逸的间接故意致人死亡能否包容于第 133 条后段的"因逃逸致人死亡"。对此,本书持肯定态度。交通肇事逃逸致人死亡的法定刑,超过了交通肇事罪与过失致人死亡罪的并罚处刑(A)。不过,交通肇事逃逸致人死亡的法定刑也较大程度地低于故意杀人罪的基准法定刑(B)。由此,立于 A 可以认为,我国《刑法》第 133 条后段的法定刑重于交通肇事罪与过失致人死亡罪并罚的处刑,从而存在针对交通肇事又间接故意致死而加重处刑的空间;立于 B 可以认为,间接故意要轻于直接故意,而逃逸不作为放任被害人死亡与作为放任他人死亡,后者客观行为④与主观责任⑤更甚,从而前者又存在可予轻于一般间接故意杀人处刑的空间;立于现实可以认为,行为人逃逸而放任肇事被害人死亡,这是一种常态,立法固然首先要表述常态。**(3)排除直接故意**:行为人出于致死肇事被害人的直接故意而逃逸,虽然这一直接故意逃逸也可视作交通肇事罪加重犯中的一种独立的行为,从而其似也可以行为加重犯的角色而被评价在交通肇事罪的加重犯中。但是,从我国《刑法》第 133 条后段的法定刑来看,与这一法定刑相应的罪状虽可包容间接致人死亡,但若将直接故意致人死亡也纳入其中,则有轻纵后者犯罪

---

① 例如,按《司法解释》第 2 条、第 5 条,可谓"交通肇事致 1 人重伤负事故全部责任并逃逸",且"因逃逸致人死亡"。
② 例如,按《司法解释》第 2 条:(1)"交通肇事致死伤各 1 人并负事故全部责任",而后逃逸致伤者死亡;(2)"交通肇事致 1 人重伤,负事故全部责任,并且醉驾与无证驾驶",而后逃逸致伤者死亡。
③ 在此,无论 A 与 B,逃逸的致死心态仅限过失与间接故意。
④ 从不作为与作为的不同行为特征考察。
⑤ 从事后掩盖罪行与侵害他人的不同期待可能性考察。

之嫌。由此,逃逸直接故意致被害人死亡构成不作为的故意杀人罪(A),如果作为第133条后段之情形之一的先前肇事行为还构成交通肇事罪(B),则A与B存在吸收关系,以A处断。

逃逸行为方式:包括单纯逃离的消极逃逸与隐弃被害的积极逃逸以及部分救助的逃逸。具体地说:**(1)积极与消极的逃逸**:消极逃逸,是指交通肇事后径行逃离现场,而未置受伤的被害人隐藏或带离隐弃;积极逃逸,是指交通肇事后逃离现场,并且置受伤的被害人隐藏或带离隐弃。积极逃逸可谓典型不作为,而消极逃逸可谓不典型不作为。理由是:**A. 作用于被害人的行为**:在积极逃逸的场合,行为人有三项行为作用于被害人,即肇事行为、带离隐藏、逃离现场。在此,带离并隐藏具有直接重要的意义,这是既使行为人应予救助被害人的作为义务进一步增量;也使行为人不予履行救助被害人的不作为特征至为彰显。进而,不予救助的不作为也更具相对独立的意义与表象。在消极逃逸的场合,行为人作用于被害人的仅有两项行为,即肇事行为、逃离现场,而缺乏带离与隐藏的行为。肇事致伤的先行行为与逃离现场的不作为之间,呈现自然的延续;既未产生作为义务的增量,也无他在不履行作为义务的表现。由此,不作为虽亦为一项独立行为,但其具体表象却并不明显。**B. 致死的原因力的程度**:在积极逃逸的场合,先前的肇事行为对于致死虽也有重要作用,但是将被害伤者带离隐藏却又逃离现场而不予救助,这一行为成为并未阻断被害伤者死亡结果的直接原因力。这就是不作为犯相对独立评价的思路。在消极逃逸的场合,行为人对被害人的作用,由于除了肇事行为之外,只是单纯的逃离现场而不予救助的不作为,从而也可以认为肇事行为系重要而直接的致死的原因行为。这就是交通肇事罪加重犯评价的思路。**(2)部分救助的逃逸**:除了消极逃逸与积极逃逸之外,还存在一种"部分救助逃逸",即交通肇事后将受伤的被害人带至易于被他人发现的人流密集场所,而后逃离。固然,部分救助逃逸不同于积极逃逸,且与之相背。而在主客观罪行程度上,部分救助逃逸则要轻于消极逃逸,其置被害于险境却不予救助的不作为的特征也要弱于消极逃逸。**(3)法定的致死逃逸**:我国《刑法》第133条后段的"因逃逸致人死亡"系行为并结果加重犯,仅就行为特征而言,对于这里的"逃逸"似乎不应予以特别限定。不过,"因逃逸致人死亡"是涉及诸多主客观要素的综合判断,从而依存于该段的"逃逸"也受到相关致死心态与相应法定刑的限定。由此,该段因逃逸致人死亡的情形包括:消极逃逸过失或者间接故意致死;部分救助逃逸过失或者间接故意致死。① 鉴于第133条后段所述的致死心态不能是直接故意,从而该段情形不包括:消极逃逸直接故意致死,诸如,在严寒、深夜、伤者奄奄一息于僻静道路的场合逃离。而《司法解释》第6条也否定了《刑法》第133条后段对于积极逃逸致死的囊括。

---

① 另例,行为人将肇事被害人送至医院后即行逃离,而医院由于无人办理手续而息于抢救,终致被害人因得不到救助而亡。本案,对于被害人的死亡,医院不履行职责的不作为固然具有责任,但是这并不否认肇事行为人对于被害人死亡的责任。办理手续积极抢救被害人仍是行为人应当履行的义务,行为人逃离医院依然是肇事逃逸。

3. 隐藏遗弃逃逸致人死伤的处断

《司法解释》第 6 条规定,带离并弃置被害人逃逸而致被害人死伤的,以故意杀人罪或者故意伤害罪定罪处罚。这一规定所表述的处罚前提具有如下要素:A. 先行交通肇事;B. 带离被害人隐藏或遗弃;C. 逃逸行为;D. 致使被害人无法得到救助而死亡或者严重残疾。在此,同样有待明确的是:其一,交通肇事性质;其二,致人死亡心态。

交通肇事性质:先前的交通肇事行为应当属于非罪交通肇事行为。具体地说,这一交通肇事行为致被害人重伤,由此行为人产生救助被害人的义务。然而,行为人将被害人带离事故现场后隐藏或者遗弃,能够履行义务而不予履行,属于不作为。由此,导致被害人死亡或者严重残疾,构成不作为的故意杀人罪或者不作为的故意伤害罪。在此,带离并隐弃被害人的积极逃逸系较为典型的不作为。

致人死亡心态:逃逸的致人死亡的主观心态应为直接故意。《司法解释》规定,对于这种逃逸致人死亡,依照故意杀人罪或故意伤害罪定罪处罚,显然,行为人对于逃逸导致被害人死亡或严重残疾的心态应当属于故意。而从条文表述来看,条文强调了"将被害人……隐藏……致使……无法得到救助……",在此"隐藏"与"无法"应当理解为行为人将被害人弃置于人迹罕至的场所,而行为人的这一行为表明其对于被害人死亡或严重残疾的心态持有希望态度。

4. 肇事之后致被害人死亡的要揽

上述"因逃逸致人死亡"与"隐藏遗弃逃逸致人死伤",均属交通肇事后逃逸致被害人死亡的情形,此外肇事后逃逸致被害人死亡的情形尚有其他表现。在此,本书立于先行行为犯罪及其加重犯与不作为犯之处置关系的视角①,区分先行交通肇事的罪与非罪、消极逃逸与积极逃逸、过失致死与故意致死的不同,予其比较分析。(1) 情形:单纯肇事尚未构成犯罪②;消极逃逸;逃逸尚未致人死亡。处置:这一情形系《司法解释》第 2 条第 2 款第 6 项之情形,成立交通肇事罪的基准犯。(2) 情形:单纯肇事尚未构成犯罪;消极逃逸;逃逸过失或间接故意致人死亡。处置:我国《刑法》第 133 条后段的法定刑可以包容这一情形的处刑,又不排除消极逃逸致死可以作为加重犯的情形予以评价。从而本题所述情形系我国《刑法》第 133 条后段"逃逸型基准构成 + 致人死亡",成立交通肇事罪的加重犯。(3) 情形:单纯肇事尚未构成犯罪;消极逃逸;逃逸直接故意致人死亡。处置:我国《刑法》第 133 条后段的加重法定刑不能包容这一情形的处刑,在此对消极逃逸应以不作为论定,对于逃逸致死按不作为犯处断,成立故意杀人罪。(4) 情形:单纯肇事尚未构成犯罪;部分救助逃逸;弃被害于人

---

① 本书在第十章的不作为犯的阐释中,对于先行行为犯罪与不作为犯罪的处置原则作了阐释。这一原则的基本要义是:不作为犯罪的罪与刑可以置于先行行为犯罪或其加重犯的罪与刑的,则以相应的先行行为犯罪或加重犯处置;反之,则应以先行行为犯罪与不作为犯数罪并罚或按罪数理论处理。立于这一基本原则,对于交通肇事后致被害人死亡的,分别不同情形而有相应不同处置。

② 例如,《司法解释》第 2 条第 2 款规定的"交通肇事致 1 人重伤,负事故全部责任"。本题所指"单纯肇事尚未构成犯罪",均可以此为例。

流密集场所;逃逸过失或间接故意致人死亡。处置:部分救助逃逸仍系法定的"逃逸",这近似于上述情形(2),由此这一情形系我国《刑法》第133条后段"逃逸型基准构成+致人死亡",成立交通肇事罪的加重犯。(5)情形:单纯肇事尚未构成犯罪;积极逃逸;弃被害于人迹罕至场所;逃逸直接故意致人死亡。处置:我国《刑法》第133条后段的加重法定刑不能包容这一情形,从而对于积极逃逸直接故意致死应按不作为犯处断,成立故意杀人罪。此亦为《司法解释》第6条的规定。(6)情形:单纯肇事既已构成犯罪①;消极逃逸;逃逸尚未致人死亡。处置:这一情形系我国《刑法》第133条中段"交通运输肇事后逃逸",成立交通肇事罪的加重犯。(7)情形:单纯肇事既已构成犯罪;消极逃逸;逃逸过失或间接故意致人死亡。处置:我国《刑法》第133条后段的法定刑可以包容这一情形的处刑,又不排除消极逃逸致死可以作为加重犯的情形予以评价。从而本题所述情形系我国《刑法》第133条后段"基准构成+逃逸+致人死亡",成立交通肇事罪的加重犯。(8)情形:单纯肇事既已构成犯罪;消极逃逸;逃逸直接故意致人死亡。处置:我国《刑法》第133条后段的加重法定刑不能包容这一情形,由此对于消极逃逸直接故意致死应按不作为犯处断,成立故意杀人罪(A),先前的肇事行为又构成交通肇事罪(B),A与B存在吸收关系,以A处断。②(9)情形:单纯肇事既已构成犯罪;部分救助逃逸;弃被害于人流密集场所;逃逸过失或间接故意致人死亡。处置:鉴于我国《刑法》第133条后段的行为加重立法以及相应法定刑对于处罚本情形的可予包容,从而这一情形系我国《刑法》第133条后段"基准构成+逃逸+致人死亡",成立交通肇事罪的加重犯。(10)情形:单纯肇事既已构成犯罪;积极逃逸;弃被害于人迹罕至场所;逃逸直接故意致人死亡。处置:我国《刑法》第133条后段的加重法定刑不能包容这一情形,对于积极逃逸直接故意致死应按不作为犯处断,成立故意杀人罪(A),先前的肇事行为又构成交通肇事罪(B),A与B存在吸收关系,以A处断。③(11)情形:单纯肇事尚未构成犯罪;行为人滞留现场且不予救助被害人;致使被害人因得不到救助而死亡;对于被害人的死亡持故意心态。处置:由于致死前没有逃逸行为,从而无从适用我国《刑法》第133条后段,而该条前段的基准法定刑又不能包容这一情形;对于滞留现场不予救助而故意致死应按不作为犯处断,成立故意杀人罪。

(五)指使逃逸致死以共犯论处的问题

《司法解释》第5条第2款对于指使逃逸致死以共犯论处作了明确规定。对此,刑法理论存在不同见解:**(1)否定论**:主张在刑法明文否定过失共同犯罪的立法例之下,这一解释的合理性存疑。对于这里的致人死亡的心态不宜认为就是故意,对于行为人逃逸的行为也不能简单地认为就是不作为,并且指使逃逸缺乏交通肇事行为又

---

① 例如,《司法解释》第2条第1款规定的"交通肇事致1人重伤,负事故全部责任,并且醉驾与无证驾驶"。本题所指"单纯肇事既已构成犯罪",均可以此为例。

② 如果案情系先行肇事致死伤各1人,负事故全部责任,逃逸直接故意致伤者死亡。对此,应以交通肇事罪与故意杀人罪,数罪并罚。

③ 与上述情形(8)的案情变化类似,也不排除数罪并罚的情况。

何来肇事的共犯。由此,《司法解释》的情形,宜视行为性质与内容,认定窝藏罪或者遗弃罪。① **(2) 肯定论**:主张指使人与肇事人存在共同故意与共同行为。肇事人由于逃避法律追究心切而置被害人死活于不顾,对死亡结果持放任心态,有关人员出于不同动机指使逃逸,对死亡结果实际上也持放任态度;肇事人逃跑行为是在有关人员"指使"下产生的,因而两者之间存在因果关系,所以有共同的行为。②

本书认为,《司法解释》第 5 条第 2 款之规定存在一定的合理性。我国《刑法》第 133 条后段之"因逃逸致人死亡",这里的"致人死亡"包括间接故意致人死亡,也即行为人对于危害结果持故意心态。我国《刑法》第 25 条所称"共同故意犯罪",是指具有共同故意心态的犯罪,而非具体犯罪的基准构成是故意的犯罪。由此,针对致人死亡的共同故意的犯罪,可以构成共同犯罪,这与《刑法》第 25 条并不冲突。具体地说,理论上对于《司法解释》第 5 条第 2 款之规定可作如下理解:(1) 共同行为:立于加重构成,逃逸行为系属加重实行行为的要素③,仍为实行行为的组成部分,由此《司法解释》的指使逃逸不失共犯行为。(2) 共同故意:我国《刑法》第 133 条后段之加重结果"致人死亡",其法定的主观心态可为间接故意,从而这里的共同犯罪是针对这一间接故意致人死亡而言的。(3) 肇事框架:死亡结果发生加重构成才告完成,而这一加重构成又是交通肇事罪整体框架中的有机组成部分,这就解释了为何以交通肇事罪的共犯论处。

就致人死亡这一结果而论,如果肇事致人死亡后,乘车人指使肇事人逃逸,这就属于事后行为了,指使人可以构成窝藏罪。

(六) 相关犯罪比较

1. 交通肇事罪与故意杀人罪、故意伤害罪

交通肇事会发生人员伤亡的后果,这似有杀人与伤害的后果。但是,交通肇事罪与故意杀人罪、故意伤害罪有着重要区别。对此,试以交通肇事罪与故意杀人罪之区别说明如下:(1) 实行行为:交通肇事罪的实行行为是违反交通运输管理法规;而故意杀人罪的实行行为是非法剥夺他人生命。(2) 行为结果:交通肇事罪的特定构成结果包括了三种实害形态,即致人重伤、死亡或者使财物遭受重大损失;而故意杀人罪的特定构成结果仅为一种实害形态,即造成他人死亡。(3) 行为对象:在致人死亡的场合,交通肇事罪的行为对象是不特定的交通参与者;而故意杀人罪的行为对象是特定的他人。(4) 行为主体:交通肇事罪行为主体的刑事责任年龄是已满 16 周岁;而故意杀人罪行为主体的刑事责任年龄是已满 14 周岁。(5) 侵害法益:交通肇事罪侵害的具体法益,是交通运输安全;而故意杀人罪侵害的具体法益是他人的生命权利。(6) 责任形式:交通肇事罪的责任形式是过失;而故意杀人罪的责任形式是故意。

司法实践中区分交通肇事罪与故意杀人罪还应注意,对基于交通工具而致人死亡案件的定性。如果行为人违反交通运输管理法规,因而发生重大事故而致人死亡的,构成交通肇事罪;如果行为人利用交通工具,故意杀害特定他人但不足以危及交

---

① 参见张明楷著:《刑法学》,法律出版社 2011 年版,第 636—637 页。
② 参见储槐植:《读"因逃逸致人死亡"司法解释》,载《人民法院报》2001 年 1 月 23 日第 3 版。
③ 实行行为分为基准实行行为、加重实行行为、减轻实行行为、准型实行行为等。

通运输安全的,构成故意杀人罪;如果行为人利用交通工具,杀害他人并危害交通运输安全的,可以构成以危险方法危害公共安全罪。

2. 交通肇事罪与过失致人死亡罪

交通肇事罪与过失致人死亡罪,均因过失而造成他人死亡的危害结果,但两罪有着重要区别:(1)实行行为:交通肇事罪的实行行为是违反交通运输管理法规的行为;而过失致人死亡罪的实行行为是引起他人死亡的行为。(2)行为结果:交通肇事罪的特定构成结果可为致人重伤、死亡或者使财物遭受重大损失;而过失致人死亡罪的特定构成结果仅为造成他人死亡。(3)行为对象:在致人死亡的场合,交通肇事罪的行为对象是不特定的交通参与者;而过失致人死亡罪的行为对象是特定的他人。(4)侵害法益:交通肇事罪侵害的具体法益,是交通运输安全;而过失致人死亡罪侵害的具体法益,是他人的生命权利。

规定交通肇事罪的规范与规定过失致人死亡罪的规范之间存在**规范竞合**。(1)规范竞合成立:两者规范关系,符合本书第九章对于规范竞合的界说。具体而论,两罪的实行行为"致人死亡"包容"肇事致人死亡";两罪的主观责任形式的具体类型均为"过失";两罪的其他构成要素分别具有相容性而无分离。(2)交叉关系:这一规范竞合的类型属于交叉关系。具体而论,交通肇事罪与过失致人死亡罪,实行行为后者包容前者,而行为结果则是前者包容后者。本书将这种构成要素之间存在双向包容重合的竞合,称为交叉竞合。(3)规范竞合犯:行为人违反交通运输管理法规,因而发生重大事故致人死亡的行为,既有交通肇事罪的构成要素,又有过失致人死亡罪的构成要素,系竞合规范中的同一犯罪行为,与此相应的事实可谓规范竞合犯。(4)规范适用:规定交通肇事罪的规范属于复杂规范。根据规范竞合情况下,对竞合规范的同一犯罪行为适用规范的一般原则,即复杂规范优于简单规范,上述的规范竞合犯适用交通肇事罪的规定,构成交通肇事罪。

在司法实际中,对于"行为人违反交通运输管理法规,因而发生重大事故致人死亡的行为",构成犯罪的,通常也是以交通肇事罪定罪处刑。具体地说:**(1)特别规定**:我国《刑法》第233条是对过失致人死亡罪规定,该条对于在有其他特别规定的场合而排除本条的适用,作了明确的表述:"本法另有规定的依照规定"。**(2)交通肇事**:《司法解释》第8条第1款规定,"在实行公共交通管理的范围内发生重大交通事故的",也即行为人违反交通运输管理法规的,依照交通肇事罪处理。**(3)其他行为**:《司法解释》第8条第2款规定,"在公共交通管理的范围外",驾驶机动车辆致人伤亡而构成犯罪的,此时行为并非违反交通法规,从而分别不同情况,依照重大责任事故罪、强令违章冒险作业罪(《刑法》第134条)、重大劳动安全事故罪(《刑法》第135条)、过失致人死亡罪(《刑法》第233条)等处理。

由于我国《刑法》对过失致人死亡罪与交通肇事罪的法定刑设置缺乏轻重的协调,上述的定性处理在处刑轻重上则产生了一定的疑问。具体地说,行为人在公共交通道路上驾车肇事致人死亡的,适用交通肇事罪的规定,相应的法定刑较轻;行为人在公共交通道路之外驾车过失致人死亡的,适用过失致人死亡罪的规定,相应的法定刑较重。然而,前者涉及公共危险,也是一种准型的业务过失①。而就两罪的**犯罪形态结构**分析,过失致人死亡罪是一纯粹过失犯,该罪之实行行为与损害结果的责任形式均为过失,且行为的主导的表象样态可谓中性行为。易言之,刑法基于日常生活常态以如下基准设置行为与结果:具有致死属性行为即实行行为;对于这一行为属性持过失心态②;这一行为的表象样态为中性行为;行为人故意实施的是中性行为;对于致死的损害结果持过失心态。而交通肇事罪是一非纯粹过失犯,该罪之损害结果的责任形式为过失,但实行行为的责任形式则为故意,且行为的表象样态系违法行为。易言之,刑法基于如下基准设置行为与结果:交通违法行为即为实行行为;对于这一行为属性持故意心态;行为的表象样态亦为违法行为;行为人故意实施的是交通违法行为;对于致死的损害结果持过失心态。综上,"过失实行行为 + 过失结果"与"故意违法行为 + 过失结果",显然后者更重。③ 从国外的相应**立法例**来看,交通肇事致死的法定刑通常都重于或不轻于普通过失致死的法定刑。例如,《俄罗斯刑法典》(1996年)第 264 条第 2 款肇事致死"处 5 年以下的剥夺自由……",第 109 条第 1 款普通过失致死"处 2 年以下限制自由……";《意大利刑法典》(1931 年)第 589 条第 2 款肇事致死"处 1 年至 5 年有期徒刑",该条第 1 款普通过失致死"处 6 个月至 5 年有期徒刑";《韩国刑法典》(1953 年)第 268 条业务过失致死伤"处 5 年以下徒刑……",第 267 条普通过失致死"处 2 年以下徒刑……"。

3. 交通肇事罪与过失以危险方法危害公共安全罪

交通肇事罪与过失以危险方法危害公共安全罪,两罪的责任形式均为过失,且实行行为均可谓危险方法,行为主体均为一般主体,侵害具体法益均可纳入公共安全。但是,作为两个具体犯罪两者有着重要**区别**:(1) 实行行为:交通肇事罪的实行行为是违反交通运输管理法规的行为;而过失以危险方法危害公共安全罪的实行行为是与放火、爆炸等有着相似危险性的方法行为。(2) 侵害法益:交通肇事罪侵害的具体法益,是交通运输安全;而过失以危险方法危害公共安全罪侵害的具体法益,是普通的公共安全。

规定交通肇事罪的规范与规定过失以危险方法危害公共安全罪的规范之间存在**规范竞合**。这一规范竞合的类型属于包容关系,规定交通肇事罪的规范属于特别规范(A),而规定过失以危险方法危害公共安全罪的规范则为普通规范(B)。行为人违反交通运输管理法规,因而发生重大事故致人死亡的行为,系这一竞合规范中的同一犯罪行为,其相应的事实形态为规范竞合犯。虽然 B 为重法规范而 A 为轻法规范,但是在法条没有明确规定适用重法规范的场合,应当按照一般原则适用规范。从而对

---

① 我国现行《刑法》所规定的交通肇事罪的行为主体虽为一般主体,但是现实中作为该罪行为主体的核心人员是具有一定技术特征的驾驶人员,我国 1979 年《刑法》第 113 条第 1 款也曾将交通肇事罪的主要主体设置为"从事交通运输的人员"。

② 注意,对于属性行为的心态与对于表象行为的心态不能简单等同。详见本书第五章的相关阐释。

③ 这也从犯罪形态结构的视角解释了业务过失重于普通过失的缘由。业务过失的损害后果,通常是一种故意的违规行为所致。

于这一规范竞合犯应当按照特别规范优于普通规范的原则,适用 A 规范,成立交通肇事罪。当然,其更深层面的立法上的合理性①,仍有深入探讨的余地。

4. 交通肇事罪与以危险方法危害公共安全罪

应当说,交通肇事罪与以危险方法危害公共安全罪,前者为过失犯与实害犯而后者为故意犯与危险犯,并且两者在实行行为的具体构成以及侵害法益的具体类型上,也有着特殊与一般的差异。由此,对于行为人驾车致人伤亡的情形,可以抓住主观心态之故意与过失这一关键来具体区别定性,对此本题前文已述。

然而,需要考究的是,如果深入具体分析两罪的犯罪形态结构要素,则该两罪之间又呈现出一定程度的相似性。交通肇事罪虽为过失犯,但系非纯粹过失犯,其基准构成与加重构成均为"故意违法行为 + 过失实害结果"。而以危险方法危害公共安全罪是一故意危险犯,其基准构成为"故意行为 + 故意危险结果",加重构成系"故意行为 + 故意实害结果"。相对而言,两罪的实行行为均以故意行为为特征,只是在结果的心态以及作为基准构成结果要素的形态上,存在过失与故意以及危险结果与实害结果的差异。由此,对于故意交通违法而造成严重后果的情形应当慎重区别。行为人故意交通违法(如故意醉驾)而过失致人死亡的,成立交通肇事罪;行为人故意交通违法并故意造成公共交通安全现实危险状态的,成立以危险方法危害公共安全罪的普通犯;行为人故意交通违法(如故意醉驾)并间接故意放任他人死亡的,成立以危险方法危害公共安全的加重犯②;行为人故意交通违法并以驾车撞人的方法直接故意致人死亡的,成立以危险方法危害公共安全罪的加重犯。

四、危险驾驶罪

设置本罪的基本法条是我国《刑法》第133条之一。该条第1款对本罪的两种具体情形及其处刑作了规定;该条第2款对本罪与他罪竞合场合的处置,作了依重定罪处刑的规定。

危险驾驶罪,是指在道路上驾驶机动车追逐竞驶情节恶劣,或者在道路上醉酒驾驶机动车的行为。

(一) 基准构成

危险驾驶罪的客观事实特征区分为飙车与醉驾两种情形,这两种情形在实行行为与定量要素的表现上有所不同,而在行为对象、行为情境、行为主体等要素的内容上则是一致的。

情形之一·飙车:在道路上驾驶机动车追逐竞驶,情节恶劣。(1)实行行为:驾驶机动车追逐竞驶;(2)行为对象:机动车;(3)行为情境:在公共交通道路上;(4)定量要素:情节恶劣;(5)行为主体:一般主体;(6)侵害法益:交通运输安全;(7)责任形式:故意。故意内容指向由"驾驶机动车追逐竞驶行为"为核心征表的

---

① 诸如,如何协调交通肇事罪、过失致人死亡罪、过失以危险方法危害公共安全罪等相关犯罪之间的法定刑,如何具体分割与合理设置这些具体犯罪等。

② 例如,最高人民法院《关于醉酒驾车犯罪法律适用问题的意见》(2009 年)第1条。

"交通运输安全法益被害状态"。**既遂形态**:本情形为情节犯。

情形之二·醉驾:在道路上醉酒驾驶机动车。(1)实行行为:驾驶机动车;(2)行为对象:机动车;(3)行为情境:在公共交通道路上,且行为人处于醉酒状态;(4)行为主体:一般主体;(5)侵害法益:交通运输安全;(6)责任形式:故意。故意内容指向由"醉酒驾驶机动车行为"为核心征表的"交通运输安全法益被害状态"。**既遂形态**:本情形为行为犯。对于本罪,刑法理论存在抽象危险犯、过失犯等的不同见解。立于本书第七章对相关犯罪形态的界说,本罪应为行为犯,我国《刑法》行为犯无过失犯。

(二)法定刑

根据我国《刑法》第133条之一第1款的规定,犯危险驾驶罪的,处拘役,并处罚金。

也有学者对本罪的**追诉时效**提出质疑。由于我国《刑法》第87条有关追诉时效的表述是法定最高刑"不满5年有期徒刑",而本罪的法定最高刑是"拘役"而非"有期徒刑",从而由《刑法修正案(八)》新增的本罪是否造成了既有追诉时效立法的空白。本书认为,答案是否定的。这里的"不满"是指法定刑轻重并未达到。拘役轻于有期徒刑,可谓这里的"不满5年有期徒刑"。

(三)相关犯罪比较

1. 危险驾驶罪与交通肇事罪

立于基准构成,危险驾驶罪与交通肇事罪,两罪构成均有交通违法行为、发生于公共交通道路、由一般主体实施、侵害交通运输安全法益等事实特征。但是,两罪存在重要**区别**:(1)实行行为:危险驾驶罪的实行行为只是在道路上追逐竞驶、醉酒驾车的行为;而交通肇事罪的实行行为是交通违法行为,包括在道路上追逐竞驶、醉酒驾车,以及其他诸如超速行驶、闯红灯等各种违反交规行为。(2)责任形式:危险驾驶罪的责任形式是故意;而交通肇事罪的责任形式是过失。(3)既遂形态:危险驾驶罪分别两种不同的情形,各为情节犯或者行为犯。在追逐竞驶的场合为情节犯,以情节恶劣为定量要素;在醉酒驾车的场合为行为犯。而交通肇事罪是实害犯,以实害结果为特定构成结果,具体实害形态包括致人重伤、死亡或者造成财物重大损失。

不过,从犯罪**形态结构**要素来看,两罪具有较大的相似性。作为行为犯,危险驾驶罪的构成特征表现为"故意飙车行为或故意醉驾行为";作为过失犯,交通肇事罪的构成特征表现为"故意交通违法行为+过失实害结果"。可见,两罪实行行为的心态均为故意,且行为内容具有一定的重合。这就使两罪呈现了较大程度的**竞合**。不过,鉴于本书第九章对于规范竞合界说的限定,故意犯与过失犯无需纳入规范竞合,规定该两罪的规范之间并非规范竞合。而在案件事实(A)出现两罪竞合构成的场合,则这一案件事实(A)系该两罪的想像竞合犯。由于过失以危险方法危害公共安全罪与交通肇事罪也存在竞合关系,因此,A之案件事实实际上也是涉及过失以危险方法危害公共安全罪的想像竞合犯。而按照我国《刑法》第133条之一第2款的规定,对A之案件事实应当按照较重的过失以危险方法危害公共安全罪定罪处罚。以下以**具体适例**予以解释:(1)案情:在道路上驾车追逐竞驶情节恶劣,或者在道路上醉酒驾车,过失致人重伤、死亡或者造成重大财产损失;归属:危险驾驶罪与交通肇事罪、过失以危险方法危害公共安全罪的想像竞合犯;定性:成立过失以危险方法危害公共安全罪[1]。(2)案情:在道路上驾车追逐竞驶情节恶劣,或者在道路上醉酒驾车,但是并未致人重伤、死亡或者造成重大财产损失;定性:只能成立危险驾驶罪。(3)案情:行为并非属于"追逐竞驶"与"醉酒驾车",而是其他违反交通运输管理法规的危险行为,过失致人伤亡或造成重大财产损失;归属:无从适用危险驾驶罪,属于交通肇事罪与过失以危险方法危害公共安全罪的规范竞合犯;定性,成立交通肇事罪。(4)案情:在公共交通道路上醉酒驾驶,同时又有其他交通违法行为(如无证驾驶),过失致人伤亡或造成重大财产损失;归属:醉驾与无证驾驶均为交通违法行为或危险方法行为,而醉驾又为危险驾驶行为,由此构成危险驾驶罪与交通肇事罪、过失以危险方法危害公共安全罪的想像竞合犯;定性:成立过失以危险方法危害公共安全罪。[2]

2. 危险驾驶罪与以危险方法危害公共安全罪

危险驾驶罪与以危险方法危害公共安全罪,两罪的责任形式均为故意,且实行行为均可谓危险方法,行为主体均为一般主体,侵害具体法益均可纳入公共安全。但是,作为两个具体犯罪两者有着重要**区别**:(1)实行行为:危险驾驶罪的实行行为是追逐竞驶或醉酒驾驶;而以危险方法危害公共安全罪的实行行为是与放火、爆炸等有着相似危险性的方法行为。(2)侵害法益:交通肇事罪侵害的具体法益,是交通运输安全;而过失以危险方法危害公共安全罪侵害的具体法益,是普通的公共安全。(3)既遂形态:危险驾驶罪分别两种不同的情形,各为情节犯或者行为犯。在追逐竞驶的场合为情节犯;在醉酒驾车的场合为行为犯。而以危险方法危害公共安全罪是危险犯。

规定危险驾驶罪的规范与规定以危险方法危害公共安全罪的规范之间存在**规范竞合**。这一规范竞合的类型属于包容关系,规定以危险方法危害公共安全罪的规范属于复杂规范(A),而规定危险驾驶罪的规范则为简单规范(B)。行为人在道路上驾车追逐竞驶情节恶劣,或者在道路上醉酒驾车,故意致人重伤、死亡或者造成重大财产损失的行为,系这一竞合规范中的同一犯罪行为,其相应的事实形态为规范竞合犯。根据我国《刑法》第133条之一第2款的规定,对于这一规范竞合犯应当适用 A 之较重的规范,成立以危险方法危害公共安全罪。

第三节 本章具体犯罪扼要阐释

一、用危险方法危害公共安全的犯罪

本章用危险方法危害公共安全的犯罪,包括10种具体的犯罪。其中放火罪上节

---

[1] 司法实践中可能不会如此处理。在没有我国《刑法》第133条第2款的规定之前,对于题中的案件事实按交通肇事罪处理是合理的。但是,在我国《刑法》第133条第2款已有规定的情况下,根据立法与理论则应当按本书此处所论处理。

[2] 值得考究的问题同前注。

已作阐释。

失火罪(第115条第2款),是指过失引起对象物燃烧,危害公共安全,致人重伤、死亡或者使财产遭受重大损失的行为。作为过失犯,本罪针对致人伤亡与财产重大损失等实害结果的主观责任形式固然是过失。而基于法定刑轻重与立法所附客观生活常态,本罪系纯粹过失犯,对于引起燃烧之实行行为的行为属性亦持过失心态,这一行为的外在表象样态则以中性行为为主导,行为人对于这一中性行为可持故意心态。

决水罪(第114条第1款),是指故意决水,危及公共安全的行为。**决水**,是指解除对水的自然力的控制,使之超出人的支配,在地上泛滥。这里所言的水,包括流水与贮水;**决水方法**不限,可以是破坏堤坝、损坏水闸、堵住水流、改变水流等;**泛滥**,必须具有相当量的水并达到相当的自然力的程度。①

过失决水罪(第115条第2款),是指过失引起水灾,危害公共安全,致人重伤、死亡或者使财产遭受重大损失的行为。本罪也系纯粹过失犯。行为与结果的法定主观心态是:针对致人伤亡与财产损失等实害结果的主观责任形式仅限过失;对于引起水灾之实行行为的行为属性持过失心态;对于行为外在表象样态的中性行为可持故意心态。

爆炸罪(第114条第1款),是指故意引起爆炸,危及公共安全的行为。**引起爆炸**,包括引起爆炸物的爆炸、气体的爆炸以及机器设备的爆炸等。爆炸物,主要是指手榴弹、定时炸弹、地雷以及其他使用炸药、雷管等制成的爆炸装置。气体的爆炸,是指由气体而产生的爆炸。例如,天然气、液化气外溢而爆炸。机器设备的爆炸,是指利用各种方法,使锅炉、机器设备发生故障而导致爆炸。

过失爆炸罪(第115条第2款),是指过失引起爆炸,危害公共安全,致人重伤、死亡或者使财产遭受重大损失的行为。本罪是纯粹过失犯。行为与结果的法定主观心态是:针对致人伤亡与财产损失等实害结果的主观责任形式仅限过失;对于引起爆炸之实行行为的行为属性持过失心态;对于行为外在表象样态的中性行为可持故意心态。

投放危险物质罪(第114条第1款),是指故意投放毒害性、放射性、传染病病原体等物质,危及公共安全的行为。**毒害性物质**,是指对机体发生化学或物理化学的作用,因而损害机体,引起功能障碍、疾病甚至死亡的物质。**放射性物质**,是指由不稳定的原子核衰变时放出射线,穿透人体或物体而带来损害的物质,如镭、钴等。**传染病病原体物质**,是指导致传染病发生、流行的物质。

过失投放危险物质罪(第115条第2款),是指过失引起毒害性、放射性、传染病病原体等物质的公害,危害公共安全,致人重伤、死亡或者使财产遭受重大损失的行为。本罪是纯粹过失犯。作为过失犯,本罪致人伤亡与财产损失等实害结果的主观责任形式仅限过失;作为纯粹过失犯,本罪引起危险物质公害之一实行行为的主观责

---

① 参见〔日〕木村龟二主编:《刑法学词典》,顾肖荣等译校,上海翻译出版公司1991年版,第563页。

任形式亦为过失。

以危险方法危害公共安全罪(第114条第1款),是指故意使用放火、决水、爆炸、投放毒害性、放射性、传染病病原体等物质以外的其他危险方法,危及公共安全的行为。**其他危险方法**,在危险程度上,应当与放火、决水、爆炸、投放毒害性、放射性、传染病病原体等物质的危险性相当;就方法而言,可以表现为多种形式,例如私设电网、驾车冲撞人群、破坏矿井通风设备等。

过失以危险方法危害公共安全罪(第115条第2款),是指过失使用放火、决水、爆炸、投放毒害性、放射性、传染病原体等物质以外的其他危险方法,危害公共安全,致人重伤、死亡或者使财产遭受重大损失的行为。本罪是纯粹过失犯。作为过失犯,本罪致人伤亡与财产损失等实害结果的主观责任形式仅限过失;作为纯粹过失犯,本罪引起公共危害之其他危险方法这一实行行为的主观责任形式亦为过失。① 对于行为外在表象样态的中性行为可持故意心态。

二、破坏公共设备、设施危害公共安全的犯罪

本章破坏公共设备、设施危害公共安全的犯罪,包括10种具体的犯罪。其中,破坏交通工具罪上节已作阐释。

过失损坏交通工具罪(第119条第2款),是指过失引起火车、汽车、电车、船只、航空器损坏,危害交通运输安全,造成严重后果的行为。**危害交通运输安全造成严重后果**,是指导致火车、汽车、电车、船只、航空器发生倾覆、毁坏,并造成不特定人员伤亡或者重大财产损失的实际损害结果。本罪应为纯粹过失犯。对于致人伤亡与财产重大损失等实害结果的主观责任形式是过失;对于作为实行行为外在表象样态的中性行为可持故意心态;而对于行为系"引起交通工具损坏的行为"则持过失心态。

破坏交通设施罪(第117条),是指故意破坏轨道、桥梁、隧道、公路、机场、航道、灯塔、标志或者进行其他破坏活动,足以使火车、汽车、电车、船只、航空器发生倾覆、毁坏危险的行为。**破坏**,通常是指损毁、拆卸交通设施的整体或者重要部件,由此将影响到交通运输的安全。例如,拆除铁轨,毁坏信号灯。**其他破坏活动**,是指虽然并不直接损害交通设施,但是通过改变交通设施的正常位置或状态等,也使交通设施的功能受损,由此将影响到交通运输的安全。例如,移动灯塔或者航标的位置,乱发指示信号,在铁轨上放置障碍物。

过失损坏交通设施罪(第119条第2款),是指过失引起轨道、桥梁、隧道、公路、机场、航道、灯塔、标志的功能受损,危害交通运输安全,造成严重后果的行为。本罪是纯粹过失犯。对于致人伤亡与财产重大损失等实害结果的主观责任形式是过失;对于行为系"引起交通设施损坏的行为"亦持过失心态;而对于作为实行行为外在表象样态的中性行为可持故意心态。

破坏电力设备罪(第118条),是指故意破坏电力设备,危及公共安全的行为。**电

---

① 即针对所为行为系"引起公共危害之其他危险方法的行为"这一行为属性持过失心态。

力设备,包括发电设备、供电设备、变电设备、输电设备等及其必要的建筑物。本罪是危险犯。

过失损坏电力设备罪(第119条第2款),是指过失引起电力设备损坏,危害公共安全,造成严重后果的行为。**危害公共安全造成严重后果**,是指造成不特定人员伤亡或者重大财产损失的实际损害结果。本罪是纯粹过失犯。

破坏易燃易爆设备罪(第118条),是指故意破坏燃气或者其他易燃易爆设备,危及公共安全的行为。**燃气设备**,包括燃气发生装置、燃气净化装置、燃气输送装置等。**其他易燃易爆设备**,是指燃气设备以外的易于燃烧或者易于爆炸的设备,例如油气设备。**油气设备**,"是指用于石油、天然气生产、储存、运输等易燃易爆设备"[①]。本罪是危险犯。

过失损坏易燃易爆设备罪(第119条第2款),是指过失引起燃气或者其他易燃易爆设备损坏,危害公共安全,造成严重后果的行为。本罪是纯粹过失犯。

破坏广播电视设施、公用电信设施罪(第124条第1款),是指故意破坏广播电视设施、公用电信设施,危及公共安全的行为。**广播电视设施**,包括发射无线电广播信号的发射台,传播新闻信息的电视台发射台、转播台等。**公用电信设施**,包括无线电发报设施,电话交换局、台、站和无线电通讯设施,用于航海、航空的无线电通讯导航设施等。本罪究竟系危险犯还是实害犯,值得推敲。疑似实害犯是因为,本罪基准罪状的表述在"危害公共安全"之后并无"尚未造成严重后果"的强调,而破坏电力设备罪等基准罪状的表述则明确存在这一强调。倾重危险犯是因为,本罪基准法定刑要轻于破坏电力设备罪的基准法定刑,而两罪的实行行为特征相似,行为对象与安全所系也无重大区别,若本罪系实害犯则会出现罪刑的失衡。2004年最高人民法院《关于审理破坏公用电信设施刑事案件具体应用法律若干问题的解释》第1条曾将本罪解释为实害犯,而2011年最高人民法院《关于审理破坏广播电视设施等刑事案件具体应用法律若干问题的解释》第1条则更近于将本罪作为危险犯。本书认为本罪应为危险犯。法条并未特别强调的"意思",并不意味着这一"意思"在法条中就不存在;尤其是,罪刑均衡原则作为刑法的一项基本原则,是立法与司法均应遵循的。

过失损坏广播电视设施、公用电信设施罪(第124条第2款),是指过失引起广播电视设施、公用电信设施损坏,危害公共安全的行为。本罪是纯粹过失犯,并且是过失实害犯而非过失危险犯。由于规定本罪法条之"犯前款罪"所指的模糊,而致产生本罪也是过失危险犯的理解。[②] 本书否定本罪的过失危险犯,理由是:(1)存在解释的空间:本罪罪状的表述是"过失犯前款罪",由于"前款罪"包括破坏广播电视设施、

---

① 最高人民法院、最高人民检察院《关于办理盗窃油气、破坏油气设备等刑事案件具体应用法律若干问题的解释》(2007年)第8条第2款。

② 因为"前款罪"就犯罪形态而论,包括破坏广播电视设施、公用电信设施罪的危险犯(第1款前段)与该罪的加重犯(第1款后段)。若将这里的"前款罪"理解为包括第1款的前段与后段,就有了本罪的过失危险犯。

公用电信设施罪的危险犯(A,普通犯)与加重犯(B,实害犯),从而需要明确这里的"犯前款罪"对于 A 与 B 来说究竟何指。(2)双重合一的排除:若将"犯前款罪"理解为 A 与 B,则本罪系过失危险犯与实害犯合一。尽管我国《刑法》也有这样的立法例①,但是这是基于《刑法》的明确规定②,而这里的 A 与 B 恰恰凸显法定刑分割,故意犯如此而过失犯却法定刑同一则无道理。(3)罪刑均衡的限定:本罪与过失损坏电力设备罪的罪刑轻重相当,而过失损坏电力设备罪系实害犯,从而本罪也应是实害犯;破坏广播电视设施、公用电信设施罪与本罪两者的基准法定刑一致,而前者系故意危险犯,从而本罪不应是过失危险犯。

三、实施恐怖危险活动危害公共安全的犯罪

本章实施恐怖危险活动危害公共安全的犯罪,包括 5 种具体的犯罪。

组织、领导、参加恐怖活动组织罪(第 120 条),是指组织、领导或者参加恐怖活动组织的行为。本罪是行为犯。"组织、领导"行为、"积极参加"行为、"其他参加"行为,分别对应于基准法定刑、一级减轻法定刑、二级减轻法定刑。并且,本罪也是集团性共犯。

资助恐怖活动罪(第 120 条之一),是指资助恐怖活动组织或者实施恐怖活动的个人的行为。本罪是行为犯。本罪的实行行为"资助"系提升的实行行为。若行为超出了"资助"的范畴,而直接参加、领导恐怖活动组织或者实施恐怖活动,则成立相应犯罪的共犯。

劫持航空器罪(第 121 条),是指以暴力、胁迫或者其他方法劫持航空器的行为。**劫持**,是指实施强行劫夺或者控制航空器的行为。本罪是行为犯。致人重伤、死亡或者使航空器遭受严重破坏的,是本罪的加重犯,其相应的法定刑是死刑。注意本罪与暴力危及飞行安全罪、破坏交通工具罪等的区别。

劫持船只、汽车罪(第 122 条),是指以暴力、胁迫或者其他方法劫持船只、汽车的行为。本罪是行为犯。劫持火车、电车的行为不构成本罪。

暴力危及飞行安全罪(第 123 条),是指对飞行中的航空器上的人员使用暴力,危及飞行安全的行为。**暴力**,是指为了达到某种目的,对飞行中的航空器上的人员采取的具有攻击性的强制力量。本罪是危险犯。关于本罪的责任形式,刑法理论存在故意说、直接故意说、间接故意说、间接故意与过失说的不同见解。基于罪刑协调以及客观生活常态,本书认为本罪系**过失危险犯**。立于法定刑配置,本罪基准法定刑,既轻于本章故意危险犯③的基准法定刑,也轻于本章过失实害犯④的基准法定刑;立于生活常态,行为人对于飞行中的航空器上的人员使用暴力,而对由此造成的危及飞行安全的现实状态持过失心态。本罪也是**纯粹过失犯**。虽然对于暴力行为的实施是故

---

① 例如,我国《刑法》第 330 条的妨害传染病防治罪、第 332 条的妨害国境卫生检疫罪。
② 即我国《刑法》明确将过失危险犯与实害犯共用同一法定刑。
③ 例如,破坏交通工具罪等。
④ 例如,过失损坏交通工具罪等。

意的,但对于暴力行为系"危及飞行安全的行为"则持过失心态。对于他人暴力未必就是应予入罪之伤害等行为,却也不为中性行为,加之行为以发生于本就危险的空中为基准,从而本罪法定刑重于失火罪等纯粹过失犯。**注意**本罪与故意伤害罪、故意杀人罪的关系,在暴力伤害或杀害他人的场合,可以成立本罪与相应犯罪的想像竞合犯。还应注意本罪与抢劫罪等的关系,在以暴力当场劫取他人财物的场合,也可成立本罪与抢劫罪的想像竞合犯。

四、违反枪支、弹药、爆炸物及危险物质管理规定危害公共安全的犯罪

本章违反枪支、弹药、爆炸物及危险物质管理规定危害公共安全的犯罪,包括9种具体的犯罪。

非法制造、买卖、运输、邮寄、储存枪支、弹药、爆炸物罪(第125条第1款),是指违反枪支、弹药、爆炸物管理法规,擅自制造、买卖、运输、邮寄、储存枪支、弹药、爆炸物的行为。**非法储存**,"是指明知是他人非法制造、买卖、运输、邮寄的枪支、弹药而为其存放的行为,或者非法存放爆炸物的行为"[①]。本罪是行为犯。注意非法储存枪支、弹药罪与非法持有、私藏枪支、弹药罪的区别。

非法制造、买卖、运输、储存危险物质罪(第125条第2款),是指违反毒害性、放射性、传染病病原体等物质管理法规,擅自制造、买卖、运输、储存毒害性、放射性、传染病病原体等物质,危害公共安全的行为。本罪是危险犯。从法定刑的配置来看,本罪也是故意犯。

违规制造、销售枪支罪(第126条),是指依法被指定、确定的枪支制造企业、销售企业,违反枪支管理规定,以销售为目的而擅自制造,或者擅自销售枪支的行为。本罪是行为犯。本罪的行为主体是特殊单位,即依法被指定、确定的枪支制造企业、销售企业。其他单位或者个人非法制造、销售枪支的,可以构成非法制造、买卖枪支罪(第125条)。注意本罪与非法制造、买卖枪支罪的关系。

盗窃、抢夺枪支、弹药、爆炸物、危险物质罪(第127条第1款),是指以非法占有为目的,秘密获取、公然夺取枪支、弹药、爆炸物的,或者秘密获取、公然夺取毒害性、放射性、传染病病原体等物质而危害公共安全的行为。本罪系选择性罪名。其中,盗窃、抢夺枪支、弹药、爆炸物罪是行为犯;盗窃、抢夺危险物质罪是危险犯,且为故意犯。盗窃、抢夺国家机关、军警人员、民兵的枪支、弹药、爆炸物的,是本罪的加重犯。**注意**本罪与盗窃罪、抢夺罪的关系,诸如规定盗窃枪支罪的规范与规定盗窃罪的规范之间存在规范竞合关系。还要注意盗窃、抢夺枪支、弹药罪与非法持有、私藏枪支、弹药罪的关系,明知枪支、弹药而予盗窃或者抢夺,并继而非法予以持有、私藏,则可成立盗窃、抢夺枪支、弹药罪与非法持有、私藏枪支、弹药罪的牵连犯。

[①] 最高人民法院《关于审理非法制造、买卖、运输枪支、弹药、爆炸物等刑事案件具体应用法律若干问题的解释》(2009年)第8条第1款。**不过**,非法制造、买卖、运输、邮寄、储存枪支、弹药罪是选择性罪名,而未强调"储存"的枪支须是"非法制造、买卖、运输、邮寄"的枪支。进而,这里的"买卖"是否也要依循这一司法解释的逻辑而排除合法持枪者出售自己持有的枪支?

抢劫枪支、弹药、爆炸物、危险物质罪（第127条第2款），是指以非法占有为目的，使用暴力、胁迫或者其他方法而获取枪支、弹药、爆炸物的，或者劫取毒害性、放射性、传染病病原体等物质而危害公共安全的行为。本罪系选择性罪名。其中，抢劫枪支、弹药、爆炸物罪是行为犯；抢劫危险物质罪是危险犯，且为故意犯。

非法持有、私藏枪支、弹药罪（第128条第1款），是指违反枪支、弹药管理法规，非法持有、私藏枪支、弹药的行为。本罪是行为犯。由于本罪的"持有、私藏"与非法储存枪支、弹药罪（第125条第1款）的"储存"界分不明，从而司法解释对这里的"持有"与"私藏"作了限定。**非法持有**，"是指不符合配备、配置枪支、弹药条件的人员，违反枪支管理法律、法规的规定，擅自持有枪支、弹药的行为"。**私藏**，"是指依法配备、配置枪支、弹药的人员，在配备、配置枪支、弹药的条件消除后，违反枪支管理法律、法规的规定，私自藏匿所配备、配置的枪支、弹药且拒不交出的行为"①。

非法出租、出借枪支罪（第128条第2、3款），是指依法配备公务用枪的人员或者单位，违反枪支管理法规，非法出租、出借枪支的，或者依法配置枪支的人员或者单位，违反枪支管理法规，非法出租、出借枪支而造成严重后果的行为。本罪系故意犯，不过分别两种不同主体又有两种形态。在依法配备公务用枪人员或单位的行为主体场合，本罪是行为犯；在依法配置枪支人员或单位的行为主体场合，本罪是结果犯。

丢失枪支不报罪（第129条），是指依法配备公务用枪的人员，丢失枪支不及时报告，造成严重后果的行为。对于本罪的**责任形式**，刑法理论颇存争议。基于本罪法定刑轻重的配置，本罪的主导责任形式应为过失；而基于客观生活常态，不排除行为人放任严重后果的发生②。从而本罪的责任形式应为过失与间接故意。**丢失枪支**，是指由于疏于管理致使枪支遗失，或者因被窃、被骗、被抢等而丧失对枪支的控制。丢失枪支一般是过失。**不及时报告**，是指行为人发现丢失枪支后不报告或者不立即报告。不及时报告是一种不作为，而其主观心态是故意。**造成严重后果**，是指"丢失的枪支被他人使用造成人员"伤亡，或者"被他人利用进行违法犯罪活动"③等情形。

非法携带枪支、弹药、管制刀具、危险物品危及公共安全罪（第130条），是指违反管理法规，携带枪支、弹药、管制刀具或者爆炸性、易燃性、放射性、毒害性、腐蚀性物品，进入公共场所或者公共交通工具，危及公共安全，情节严重的行为。本罪是情节犯。对于本罪的责任形式存在故意与过失的不同见解。对此，本书认为，本罪责任形式的核心内容应为对行为造成公共安全现实危险状态的主观心态。这里的现实危险状态是一种危险结果，是一种相应实害发生的高度盖然性状态。若将本罪责任形式定位于故意，则系违法携带行为的故意并危及安全危险结果的故意，如此则与放火罪、爆炸罪等基准罪状（第114条）相差无几，而本罪的法定刑明显在下阶。因此，本

---

① 最高人民法院《关于审理非法制造、买卖、运输枪支、弹药、爆炸物等刑事案件具体应用法律若干问题的解释》（2009年）第8条第2、3款。
② 在此场合似难成立其他犯罪，而过失入罪放任却不入罪又不合理。过失与间接故意的责任形式应在本条规定的射程之内。如确对严重后果持直接故意心态，则应根据具体案情成立他罪。
③ 最高人民检察院、公安部《关于公安机关管辖的刑事案件立案追诉标准的规定（一）》（2008年）第6条。

罪的责任形式应为过失。**非法携带进入公共场所或者公共交通工具**,是指违反管理法规,将枪支等法定行为对象从一般空间随身带到公共场所或者公共交通工具。**危及公共安全**,是指携带行为致使公共安全处于现实危险状态。

五、造成重大责任事故危害公共安全的犯罪

本章造成重大责任事故危害公共安全的犯罪,包括13种具体的犯罪。其中,交通肇事罪、危险驾驶罪上节已作阐释。

重大飞行事故罪(第131条),是指航空人员违反规章制度,致使发生重大飞行事故,造成严重后果的行为。本罪为非纯粹过失犯。该罪之损害结果的责任形式为过失,但实行行为的责任形式则为故意,且行为的表象样态系违法行为。**发生重大飞行事故而造成严重后果**,是指在航空器飞行过程中发生的航空器严重毁坏、破损,或者承运的货物毁灭、遗失、损坏,或者造成人员伤亡等重大损失的事件。**航空人员**包括,空勤人员(驾驶员、领航员、飞行机械人员、飞行通信员和乘务员)和地面人员(航空器维修人员、空中交通管制员、飞行签派员与航空电台通信员)。

铁路运营安全事故罪(第132条),是指铁路职工违反规章制度,致使发生铁路运营安全事故,造成严重后果的行为。本罪为非纯粹过失犯。就具体责任形式结构而论,系故意铁路交通违规行为并过失造成严重后果。**发生铁路运营安全事故而造成严重后果**,是指在铁路运输过程中发生的火车倾覆、出轨、撞车、爆炸等,造成火车毁坏、人员伤亡或者财产重大损失的事件。**铁路职工**,是指在铁路部门从事铁路管理、运输、建设、维修等工作的人员。例如,列车驾驶员、扳道员、机车检修人员、轨道检修人员、车站调度员等。

重大责任事故罪(第134条第1款),是指在生产作业过程中,违反有关安全管理的规定,因而发生重大伤亡事故或者造成其他严重后果的行为。本罪为非纯粹过失犯。其责任形式的具体结构是,故意违反安全管理规定行为并过失造成伤亡等严重后果。注意区别:本罪与自然事故、技术事故、技术革新和科学试验失败;本罪与一般责任事故;本罪与失火罪、过失爆炸罪、过失投放危险物质罪;本罪与重大劳动安全事故罪、危险物品肇事罪、工程重大安全事故罪。

强令违章冒险作业罪(第134条第2款),是指强令他人违章冒险作业,因而发生重大伤亡事故或者造成其他严重后果的行为。本罪为非纯粹过失犯。其责任形式的具体结构是,故意违规强令他人冒险作业并过失造成伤亡等严重后果。

重大劳动安全事故罪(第135条),是指安全生产设施或者安全生产条件不符合国家规定,因而发生重大伤亡事故或者造成其他严重后果的行为。本罪本体**构成要素**:(实行行为)违规设置或者违规不予改进生产设施与条件;(行为对象)不合规定的安全生产设施或者条件;(行为结果)发生重大伤亡事故等严重后果;(行为主体)直接负责的主管人员和其他直接责任人员;(侵害法益)厂矿企业、事业单位的劳动安全;(责任形式)过失。应当注意:本罪行为主体系自然人且为一般主体,这里的"直接……人员"并非特定身份,本罪系法定自然人犯罪而处罚责任人员;本罪为非纯粹过失犯,其责任形式的具体结构是,故意违规设置或违规不予改进生产设施与条件,过失造成重大人员伤亡等严重后果。责任人员既违规不予改进生产设施,又强令他人违章冒险作业,因而发生重大事故造成严重后果的,是本罪与强令冒险作业事故罪的吸收犯。

大型群众性活动重大安全事故罪(第135条之一),是指举办大型群众性活动违反安全管理规定,因而发生重大伤亡事故或者造成其他严重后果的行为。本罪系法定自然人犯罪而处罚责任人员。本罪为非纯粹过失犯,故意违反安全规定举办大型群众性活动,过失造成重大人员伤亡等严重后果。

危险物品肇事罪(第136条),是指违反爆炸性、易燃性、放射性、毒害性、腐蚀性物品的管理规定,在生产、储存、运输、使用中发生重大事故,造成严重后果的行为。本罪为非纯粹过失犯,故意违反规定生产、储存、运输、使用危险物品,过失造成重大伤亡等严重后果。

工程重大安全事故罪(第137条),是指建设单位、设计单位、施工单位、工程监理单位违反国家规定,降低工程质量标准,造成重大安全事故的行为。本罪系纯正单位犯罪而单罚单位责任人。本罪为非纯粹过失犯,故意违反国家规定降低工程质量标准,过失造成重大伤亡等严重后果。

教育设施重大安全事故罪(第138条),是指明知校舍或者教育教学设施有危险,而不采取措施或者不及时报告,致使发生重大伤亡事故的行为。本罪系法定自然人犯罪而处罚责任人员;本罪为非纯粹过失犯,故意不予措施消除或者不及时报告校舍与教学设施的危险,过失造成重大人员伤亡的严重后果。

消防责任事故罪(第139条),是指违反消防管理法规,经消防监督机构通知采取改正措施而拒绝执行,造成严重后果的行为。本罪系法定自然人犯罪而处罚责任人员;本罪为非纯粹过失犯,故意违规拒绝执行消防改正措施,过失造成重大人员伤亡等严重后果。

不报、谎报安全事故罪(第139条之一),是指在安全事故发生后,负有报告职责的人员不报或者谎报事故情况,贻误事故抢救,情节严重的行为。本罪本体构成要素:(实行行为)不报或者谎报事故情况;(行为结果)贻误事故抢救;(行为主体)负有报告职责的人员;(侵害法益)安全事故报告制度;(责任形式)故意,内容指向由"不报与谎报而致贻误抢救"为核心征表的"安全事故报告制度被侵状态";(定量要素)情节严重。本罪为情节犯。**贻误事故抢救**,是指"导致事故后果扩大"或者"致使不能及时有效开展事故抢救"。**负有报告职责的人员**,是指"生产经营单位的负责人、实际控制人、负责生产经营管理的投资人以及其他负有报告职责的人员"。帮助不报与谎报事故而致贻误抢救的,"对组织者或者积极参加者"以共犯论处。①

---

① 最高人民法院、最高人民检察院《关于办理危害矿山生产安全刑事案件具体应用法律若干问题的解释》(2007年)第6、5、7条。

第二十一章 破坏市场秩序罪

第一节 破坏市场秩序罪概述

一、破坏市场秩序罪的本体构成

破坏市场秩序罪，是指违反国家经济管理法规，严重破坏社会主义市场经济秩序的行为。该罪的本体构成包括违反国家经济管理法规等客观事实要素、侵害市场秩序法益等客观规范要素、故意或者过失等主观责任要素。

（一）客观事实要素

本章各罪的法定客观事实，表现为实施违反国家经济管理法规，严重破坏市场经济秩序的行为。具体而论：

实行行为·法定犯：违反国家经济管理法规，严重破坏市场经济秩序。在此，违反国家经济管理法规，是破坏市场秩序罪的一个基本的前提，如果行为不违反一定的经济管理法规，也就不构成本章之罪。从而本章各罪属于法定犯。国家经济管理法规，是指"调整在国家协调本国经济运行过程中发生的经济关系的法律规范的总称"。具体包括企业组织管理法、市场管理法、宏观调控法、社会保障法。① 严重破坏市场经济秩序，是确定违反国家经济管理法规的行为是否构成犯罪的一个重要的客观标准。行为危害的严重性，分别通过犯罪数额、犯罪情节、犯罪后果、行为内容等表述。

行为主体：本章各罪的行为主体，具体表现为如下情形：(1) 一般主体：有些犯罪的法定主体为一般主体。例如，伪造货币罪（第170条），变造货币罪（第173条）等。(2) 特殊主体：有些犯罪的法定主体须为特殊主体。例如，逃税罪（第201条）的法定主体，须为纳税人或者扣缴义务人。(3) 自然人并单位：许多犯罪的法定主体包括自然人与单位。例如，虚报注册资本罪（第158条），虚假出资、抽逃出资罪（第159条）等。(4) 仅限单位：有些犯罪的法定主体仅为单位。例如，逃汇罪（第190条）的法定主体是公司、企业或者其他单位。(5) 仅限自然人：有些犯罪的法定主体仅为自然人。例如，持有、使用假币罪（第172条）、抗税罪（第202条）等。

既遂形态：本章各罪的既遂形态类型表现为：(1) 行为犯：例如，生产、销售有毒、有害食品罪（第144条）、非法出售增值税专用发票罪（第207条）等。(2) 结果犯：例如，侵犯商业秘密罪（第219条）、编造并传播证券、期货交易虚假信息罪（第181条第1款）等。(3) 数额犯：例如，生产、销售伪劣产品罪（第140条）、逃汇罪（第190条）等。(4) 情节犯：例如，内幕交易、泄露内幕信息罪（第180条第1款）、假冒注册商标

---

① 参见杨紫烜主编：《经济法》，北京大学出版社、高等教育出版社1999年版，第35、56、19页。

罪(第213条)等。(5)危险犯:例如,生产、销售不符合安全标准的食品罪(第143条)、生产、销售不符合标准的医用器材罪(第145条)等。(6)实害犯:例如,生产、销售劣药罪(第142条)、生产、销售不符合安全标准的产品罪(第146条)等。

(二)客观规范要素

本章各罪所侵害的类型法益,是市场经济秩序。**市场经济秩序,**是指国家为保证市场经济的正常运行,以法律、法规所确定的必须遵循的经济准则、管理制度、行为规范。具体包括正当竞争秩序、对外贸易管理秩序、对公司、企业管理秩序、国家正常的货币管理秩序、正常的证券交易秩序、正常的金融秩序、国家对注册商标的管理秩序、正常的税收征收管理秩序等。

(三)主观责任要素

本章各罪的主观责任形式,表现为故意或者过失;有的犯罪的责任要素还包括特定目的与特定明知。具体表现为:(1)个别过失:例如,签订、履行合同失职被骗罪(第167条)等。(2)多数故意:例如,走私文物罪(第151条第2款)、虚开发票罪(第205条之一)等。(3)许多含特定目的:包括牟利目的,非法占有目的,或者其他特定目的。例如,高利转贷罪(第175条)的法定责任要素,包括转贷牟利的目的。(4)有些含特定明知:例如,洗钱罪(第191条)的法定责任要素,包括对毒品犯罪、黑社会性质组织犯罪、恐怖活动犯罪、走私犯罪、贪污贿赂犯罪、破坏金融管理秩序犯罪、金融诈骗犯罪的所得及其产生收益的明知。

二、破坏市场秩序罪的种类

我国《刑法》分则"第三章破坏社会主义市场经济秩序罪",分为8节,从第140条至第231条共92+9个条文①,规定了108个罪名。② 基于侵害法益的具体类型,我国《刑法》将本章各罪分为8类:

生产、销售伪劣商品罪,是违反产品质量管理法规的犯罪。包括9种具体的犯罪:**生产、销售伪劣产品罪**,生产、销售假药罪,生产、销售劣药罪,**生产、销售不符合安全标准的食品罪,生产、销售有毒、有害食品罪**,生产、销售不符合标准的医用器材罪,生产、销售不符合安全标准的产品罪,生产、销售伪劣农药、兽药、化肥、种子罪,生产、销售不符合卫生标准的化妆品罪。

走私罪,是违反海关管理法规的犯罪。包括10种具体的犯罪:走私武器、弹药罪,走私核材料罪,走私假币罪,走私文物罪,走私贵重金属罪,走私珍贵动物、珍贵动物制品罪,走私国家禁止进出口的货物、物品罪,走私淫秽物品罪,走私固体废物罪,

---

① 增加的九个条文是,第162条之一、第162条之二、第169条之一、第175条之一、第177条之一、第185条之一、第205条之一、第210条之一、第224条之一。

② 《关于惩治骗购外汇、逃汇和非法买卖外汇犯罪的决定》(1998年)、《中华人民共和国刑法修正案》(1999年)、《中华人民共和国刑法修正案(三)》(2001年)、《中华人民共和国刑法修正案(四)》(2002年)、《中华人民共和国刑法修正案(五)》(2005年)、《中华人民共和国刑法修正案(六)》(2006年)、《中华人民共和国刑法修正案(七)》(2009年)、《中华人民共和国刑法修正案(八)》(2011年),对本章有关罪刑作了修正。

走私普通货物、物品罪。

妨害对公司、企业的管理秩序罪, 是违反公司、企业管理法规的犯罪。包括 17 种具体的犯罪:虚报注册资本罪,虚假出资、抽逃出资罪,欺诈发行股票、债券罪,违规披露、不披露重要信息罪,妨害清算罪,隐匿、故意销毁会计凭证、会计账簿、财务会计报告罪,虚假破产罪,非国家工作人员受贿罪,对非国家工作人员行贿罪,对外国公职人员、国际公共组织官员行贿罪,非法经营同类营业罪,为亲友非法牟利罪,签订、履行合同失职被骗罪,国有公司、企业、事业单位人员失职罪,国有公司、企业、事业单位人员滥用职权罪,徇私舞弊低价折股、出售国有资产罪,背信损害上市公司利益罪。

破坏金融管理秩序罪, 是违反金融管理法规的犯罪。包括 30 种具体的犯罪:伪造货币罪,出售、购买、运输假币罪,金融工作人员购买假币、以假币换取货币罪,持有、使用假币罪,变造货币罪,擅自设立金融机构罪,伪造、变造、转让金融机构经营许可证、批准文件罪,高利转贷罪,骗取贷款、票据承兑、金融票证罪,非法吸收公众存款罪,伪造、变造金融票证罪,妨害信用卡管理罪,窃取、收买、非法提供信用卡信息罪,伪造、变造国家有价证券罪,伪造、变造股票、公司、企业债券罪,擅自发行股票、公司、企业债券罪,内幕交易、泄露内幕信息罪,利用未公开信息交易罪,编造并传播证券、期货交易虚假信息罪,诱骗投资者买卖证券、期货合约罪,操纵证券、期货市场罪,背信运用受托财产罪,违法运用资金罪,违法发放贷款罪,吸收客户资金不入账罪,违规出具金融票证罪,对违法票据承兑、付款、保证罪,逃汇罪,骗购外汇罪,洗钱罪。

金融诈骗罪, 是违反金融、票据、保险管理法规的犯罪。包括 8 种具体的犯罪:集资诈骗罪,贷款诈骗罪,票据诈骗罪,金融凭证诈骗罪,信用证诈骗罪,信用卡诈骗罪,有价证券诈骗罪,保险诈骗罪。

危害税收征管罪, 是违反税收管理法规的犯罪。包括 14 种具体的犯罪:逃税罪,抗税罪,逃避追缴欠税罪,骗取出口退税罪,虚开增值税专用发票、用于骗取出口退税、抵扣税款发票罪,虚开发票罪,伪造、出售伪造的增值税专用发票罪,非法出售增值税专用发票罪,非法购买增值税专用发票、购买伪造的增值税专用发票罪,非法制造、出售非法制造的用于骗取出口退税、抵扣税款发票罪,非法制造、出售非法制造的发票罪,非法出售用于骗取出口退税、抵扣税款发票罪,非法出售发票罪,持有伪造的发票罪。

侵犯知识产权罪, 是违反商标、著作权管理法规的犯罪。包括 7 种具体的犯罪:假冒注册商标罪,销售假冒注册商标的商品罪,非法制造、销售非法制造的注册商标标识罪,假冒专利罪,侵犯著作权罪,销售侵权复制品罪,侵犯商业秘密罪。

扰乱市场秩序罪, 是违反工商行政、广告、土地和进出口商品检验管理法规的犯罪。包括 13 种具体的犯罪:损害商业信誉、商品声誉罪,虚假广告罪,串通投标罪,合同诈骗罪,组织、领导传销活动罪,非法经营罪,强迫交易罪,伪造、倒卖伪造的有价票证罪,倒卖车票、船票罪,非法转让、倒卖土地使用权罪,提供虚假证明文件罪,出具证明文件重大失实罪,逃避商检罪。

第二节 本章具体犯罪重点分析

一、生产、销售伪劣产品罪

设置本罪的基本法条是我国《刑法》第 140 条。第 149 条第 1 款是本罪的注意规定；第 2 款是本罪普通规范与其他特别规范在规范竞合场合适用重法规范的特别规定；第 150 条是对本罪等单位犯罪及其处罚的规定。

生产、销售伪劣产品罪，是指生产者、销售者在产品中掺杂、掺假，以假充真，以次充好或者以不合格产品冒充合格产品，销售金额 5 万元以上的行为。

（一）基准构成

1. 客观事实要素

表现为在产品中掺杂、掺假，以假充真，以次充好或者以不合格产品冒充合格产品，销售金额 5 万元以上的行为。具体构成要素包括实行行为、行为对象、犯罪数额、行为主体。

实行行为：包括方法行为与目的行为两个要素。**(1) 方法行为**：掺杂、掺假；以假充真；以次充好；以不合格产品冒充合格产品。**(2) 目的的行为**：生产并销售；销售。兹对这一实行行为阐释如下：**(1) 销售要素**：在生产、销售伪劣产品罪之实行行为的构成中，销售行为是必要的。假如仅仅是生产而没有销售，也就无所谓销售金额 5 万元以上，从而也就不能完全充足本罪的构成。对此，《司法解释》①第 2 条第 2 款指出，仅有生产而无销售的可以构成未遂。**(2) 法定方式**：生产、销售伪劣产品的法定方式是指以下四种情形之一：**A. 在产品中掺杂、掺假**。对此，《司法解释》第 1 条第 1 款作了实质解释："在产品中掺杂、掺假，是指在产品中掺入杂质或者异物，致使产品质量不符合国家法律、法规或者产品明示质量标准规定的质量要求，降低、失去应有使用性能的行为。"在此，本书予以形式侧重的阐释：在产品中掺杂、掺假，是指在生产、销售的产品中，较多地掺入与产品的品质不同的其他物质。例如，在米中掺入砂粒，在酒中加入水等。这是立于产品的构成对掺杂掺假予以理解。**B. 以假充真**。对此，《司法解释》第 1 条第 2 款指出："以假充真，是指以不具有某种使用性能的产品冒充具有该种使用性能的产品的行为。"不过，如此解释则仍需考究的是，如何区分"以假充真"与"掺杂掺假"？由此，本书对之予以如下界说：以假充真，是指用在质地等方面完全不同于所标名称、成分的假产品，冒充真产品。例如，用仿真羊皮冒充真羊皮，用猪皮冒充牛皮，用自来水冒充纯净水等。这是立于产品的整体对以假充真予以理解。**C. 以次充好**。《司法解释》第 1 条第 3 款指出："以次充好，是指以低等级、低档次产品冒充高等级、高档次产品，或者以残次、废旧零配件组合、拼装后冒充正品或者新产品的行为。"本书对之予以如下界说：以次充好，是指以同种产品较低等级的、残次的，

---

① 如无特别说明，本罪阐释中所称《司法解释》，均指最高人民法院、最高人民检察院《关于办理生产、销售伪劣商品刑事案件具体应用法律若干问题的解释》（2001 年）。

冒充较高等级的、优质的。例如,用劣等羊皮冒充优等羊皮,用同品牌的三级茶叶冒充一级茶叶,用次品冒充正品等。**D. 以不合格产品冒充合格产品**。《司法解释》第1条第4款指出:不合格产品,是指不符合我国《产品质量法》第26条第2款规定的质量要求的产品。由此,以不合构产品冒充合格产品,是指用没有达到特定质量标准的产品,冒充达到特定质量标准的产品。

行为对象:伪劣产品。**伪劣产品**,是指掺杂、掺假的产品,以假充真的产品,以次充好的产品,以不合格冒充合格的产品。① "**产品**,是指经过加工、制作,用于销售的产品。"建设工程不属于产品,但是建设工程所使用的建筑材料、建筑构配件和设备,属于产品范畴。这里的产品,既包括危害人身与财产安全的产品,也包括不危害人身与财产安全的产品。

犯罪数额:销售金额5万元以上。在此,**销售金额**是一核心概念。对此,综合《司法解释》第2条可予如下展开:(1)销售金额的本义:"销售金额,是指生产者、销售者出售伪劣产品后所得和应得的全部违法收入。"由此,销售金额不同于违法所得,销售金额并未扣除经营投入。(2)未达金额的未遂:"伪劣产品尚未销售,货值金额达到刑法第140条规定的销售金额3倍以上的,以生产、销售伪劣产品罪(未遂)定罪处罚。"(3)销售金额的累计:"多次实施生产、销售伪劣产品行为,未经处理的,伪劣产品的销售金额或者货值金额累计计算。"(4)货值金额的计价:"货值金额以违法生产、销售的伪劣产品的标价计算;没有标价的,按照同类合格产品的市场中间价格计算。"

行为主体:包括一般主体和单位。从行为类型来讲,又可分为生产者与销售者。

既遂形态:本罪是数额犯。

2. 客观规范要素

本罪所侵害的具体法益,是国家对产品质量的监督管理制度。对于本罪的侵害法益,刑法理论还存在市场管理秩序与广大用户消费者合法权益的见解,对此本书持否定态度。市场管理秩序,是指国家根据法律法规等制度规范,对市场予以监管所形成的市场运行的有序状态。市场管理秩序是一较为宽泛的概念,我国《刑法》第三章设节所现之保护法益,第八节之前各具独特性,而第八节则具有综合性。市场管理秩序正是第八节之罪的侵害法益。广大用户与消费者的合法权益,通常会因为行为人生产与销售伪劣产品而遭受损害,但是这并非是本罪包括本节各罪之本体构成的要素,本罪之法定的客观规范要素是由"生产与销售伪劣产品"而征表的针对国家产品质量监督管理制度的侵害。

3. 主观责任要素

本罪的主观责任形式为故意,故意内容指向由生产与销售伪劣产品行为为核心征表的"国家产品质量监督管理制度被侵状态"。同时,行为人具有特定明知,即明知生产与销售的产品是伪劣产品。通常情况下,行为人具有牟取非法利润的目的,但这

---

① 参见我国《产品质量法》第2条。

并非是法定的构成要素。

(二) 法定刑

1. 基准法定刑

我国《刑法》第 140 条第 1 段对本罪设置了基准法定刑,即销售金额 5 万元以上不满 20 万元的,处 2 年以下有期徒刑或者拘役,并处或者单处销售金额 50% 以上 2 倍以下罚金。

2. 加重法定刑

我国《刑法》第 140 条第 2 段至第 4 段对本罪设置了逐层加重的法定刑:销售金额 20 万元以上不满 50 万元的,处 2 年以上 7 年以下有期徒刑,并处销售金额 50% 以上 2 倍以下罚金;销售金额 50 万元以上不满 200 万元的,处 7 年以上有期徒刑,并处销售金额 50% 以上 2 倍以下罚金;销售金额 200 万元以上的,处 15 年有期徒刑或者无期徒刑,并处销售金额 50% 以上 2 倍以下罚金或者没收财产。

3. 对单位的处罚

我国《刑法》第 150 条对单位犯本罪的处罚作了规定,即对单位判处罚金,并对其直接负责的主管人员和其他直接责任人员,分别按相应的法定刑处罚。

(三) 相关犯罪比较

1. 生产、销售伪劣产品罪与诈骗罪

生产、销售伪劣产品罪与诈骗罪均有欺骗的成分,但是两罪有着重要区别。(1) 实行行为:生产、销售伪劣产品,在一定程度上是一种经济行为,具有买卖交易的成分,表现为在商品交易中,对产品掺杂、掺假,以假充真,以次充好,以不合格产品冒充合格产品,牟取利润。而诈骗,则是一种纯粹的欺诈蒙骗行为,不存在任何买卖交易的成分,表现为用虚构事实或者隐瞒事实真相的方法,欺诈蒙骗被害人,将其财物占为己有。(2) 行为主体:生产、销售伪劣产品罪的行为主体包括自然人和单位;而诈骗罪的行为主体只能由自然人构成。(3) 侵害法益:生产、销售伪劣产品罪侵害的具体法益,是国家对产品质量的监督管理制度;而诈骗罪侵害的具体法益,是国家对财物的管理秩序。(4) 主观责任:生产、销售伪劣产品罪的责任形式是故意,且常以牟取非法利润为目的;而诈骗罪的责任形式虽也为故意,但其须有非法占有目的的特定目的要素。

2. 生产、销售伪劣产品罪与销售假冒注册商标的商品罪

生产与销售的伪劣产品常常被贴上假冒的注册商标,由此使生产、销售伪劣产品与销售假冒注册商标商品易于混淆,不过生产、销售伪劣产品罪与销售假冒注册商标的商品罪有着重要区别。(1) 实行行为:首先,方法行为不同。生产、销售伪劣产品罪的方法行为,包括四种特定的方式,即掺杂、掺假,以假充真,以次充好,以不合格产品冒充合格产品。其中,"以假充真"意味着用在质地等方面完全不同于所标名称、成分的假产品,冒充真产品。而销售假冒注册商标的商品罪的方法行为,仅为假冒注册商标。这里,"假冒注册商标"只是强调未经注册商标所有人许可,在同一种商品上使用其注册商标。由此,"以假充真"与"假冒注册商标",两者的含义并不相同。其次,

目的行为不同。生产、销售伪劣产品罪的目的行为,包括生产并销售,或者销售;而销售假冒注册商标的商品罪的目的行为,仅为销售。(2)侵害法益:生产、销售伪劣产品罪侵害的具体法益,是国家对产品质量的监督管理制度;而销售假冒注册商标的商品罪侵害的具体法益,是他人注册商标的专用权。

生产、销售伪劣产品罪与销售假冒注册商标的商品罪区分的关键,是对现实中两罪**牵连犯**的处理。适例是,行为人假冒注册商标,销售伪劣产品,销售金额5万元以上。对此,理论分析如下:(1)数个行为:首先,就规范而论,排除规范竞合犯。生产、销售伪劣产品罪(罪1)与销售假冒注册商标的商品罪(罪2),两罪实行行为在犯罪构成的规范意义上并无重合。其次,就事实而论,排除想像竞合犯。尽管两罪的目的行为有所重合,罪1罪2的目的行为均表现为"销售"(C),但是两罪的方法行为并不相同。罪1(销售伪劣产品)的方法行为,仅指"掺杂、掺假,以假充真,以次充好,以不合格产品冒充合格产品(A)";而罪2(销售假冒注册商标)的方法行为,仅指"假冒注册商标(B)"。由此,本案中,事实行为表现为A+C+B+C,或者A+C与B+C。这是一个准型的数个行为,谓之"准型"在于C有所重复,但是A与B并不重复。(2)成立牵连犯:在本案中,行为人基于一个主导犯罪意图的支配,"假冒注册商标销售(B+C)"属于方法(方法准备行为),"销售伪劣产品(A+C)"属于目的(主旨支配行为),从而构成方法与目的的牵连。(3)定罪处罚:对于牵连犯从一重罪从重处罚。而就本案来说,涉及"最重一罪"的定性问题,从而具体存在如下两种情形:其一,假冒注册商标,销售伪劣产品,销售金额5万元以上不满50万元的,按销售假冒注册商标的商品罪定罪处刑。其二,假冒注册商标,销售伪劣产品,销售金额50万元以上的,按生产、销售伪劣产品罪定罪处刑。①

3. 生产、销售伪劣产品罪与生产、销售特定种类的伪劣产品犯罪

我国《刑法》第140条之规范与第141条至第148条之规范之间存在规范竞合。兹以本罪与生产、销售假药罪之间的规范竞合关系为例,具体说明如下:(1)规范竞合成立:两者规范关系,符合本书总论对于规范竞合的界说。具体而论,两罪的实行行为"生产销售伪劣产品"与"生产销售假药"存在整体重合部分;两罪的主观责任形式的具体类型均为"故意";两罪的其他构成要素分别具有相容性而无分离。(2)包容关系:这一规范竞合的类型属于包容关系。具体而论,生产、销售伪劣产品罪与生产、销售假药罪,实行行为前者包容后者,行为主体重合,其他构成要素非重合相容。这符合本书第九章所述包容关系的规范竞合的类型。(3)规范竞合犯:行为人生产销售假药,销售金额5万元以上的行为,系竞合规范中的同一犯罪行为,与此相应的事实可谓规范竞合犯。(4)规范适用:规定生产、销售假药罪的规范属于特别规范。通常对竞合规范的同一犯罪行为按特别规范优于普通规范的原则适用规范。然而,我国《刑法》第149条第2款明确规定适用重法规范。由此,在这一场合,可能出现两

---

① 关于销售假冒注册商标的商品罪的犯罪数额,参见最高人民法院、最高人民检察院《关于办理侵犯知识产权刑事案件具体应用法律若干问题的解释》(2004年)第2条。

种情形:对于生产、销售假药的行为,结合其销售金额与对人体健康造成后果的具体情形,选择适用重法规范;或者生产、销售伪劣产品罪为重者罪刑,或者生产、销售假药罪为重者罪刑。

二、生产、销售不符合安全标准的食品罪

设置本罪的基本法条是我国《刑法》第143条。第149条第2款是本罪特别规范与第140条普通规范在规范竞合场合适用重法规范的特别规定;第150条是对本罪等单位犯罪及其处罚的规定。

生产、销售不符合安全标准的食品罪,是指生产、销售不符合安全标准的食品,足以造成严重食物中毒事故或者其他严重食源性疾患的行为。

(一)基准构成

1. 客观事实要素

表现为生产、销售不符合安全标准的食品,足以造成严重食物中毒事故或者其他严重食源性疾患的行为。具体构成要素包括实行行为、行为对象、行为结果、行为主体。

实行行为:生产或者销售(不符合安全标准的食品)。**生产**,是指制造、加工的行为。**销售**,是指将自己或他人生产的产品有偿转让的行为,包括批发与零售,获取金钱或其他物质利益等等。

行为对象:不符合安全标准的食品。**不符合安全标准的食品**,是指食品没有达到保证人体健康所必需的基本卫生标准与其他安全标准。**食品**,是指各种供人食用或者饮用的成品和原料,以及按照传统既是食品又是药品的物品,但是不包括以治疗为目的的物品。[①] **食品卫生标准**,包括国家卫生标准、地方卫生标准。国家卫生标准,由国务院卫生行政部门制定或者批准颁发[②];地方卫生标准,由省、自治区、直辖市人民政府制定,报国务院卫生行政部门和国务院标准化行政主管部门备案[③]。**食品安全**,除卫生安全之外,还包括食品是否残留过量农药、是否含有过量添加剂等等。

行为结果:足以造成严重食物中毒事故或者其他严重食源性疾病。**足以造成严重食物中毒事故或者其他严重食源性疾病**,是指生产、销售不符合安全标准食品的行为,造成了发生严重食物中毒事故或者其他严重食源性疾病的现实危险,而尚未造成严重食物中毒事故或者其他严重食源性疾病的实际发生。**食源性疾患**,是指以食物为感染源而引发的疾病。《司法解释》[④]第1条对"足以造成……疾病"的认定作了具体规定。这一规定呈现近似**推定事实**的解释模式,即由A事实(较为显见状态)的存在认定B事实(危险状态)也存在。应当注意,推定事实不同于法律拟制。

[①] 参见我国《食品卫生法》第54条。
[②] 参见我国《食品卫生法》第14条。
[③] 参见我国《食品卫生法》第15条。
[④] 如无特别说明,本罪阐释中所称《司法解释》,均指最高人民法院、最高人民检察院《关于办理危害食品安全刑事案件适用法律若干问题的解释》(2013年)。

行为主体: 包括一般主体和单位。从行为类型来讲,又可分为生产者与销售者。
既遂形态: 本罪是具体危险犯。

2. 客观规范要素

本罪所侵害的具体法益,是国家对食品安全的监督管理制度和不特定人的生命、健康安全。

3. 主观责任要素

本罪的主观责任形式为过失。具体心态内容指向足以造成严重食物中毒事故或者其他严重食源性疾病的危险结果。不少论著认为本罪系故意犯,强调对于生产销售不符合安全标准食品行为的故意。其实,作为过失犯的过失并不取决于行为心态,行为人生产销售不符合安全标准食品行为常常是明知故犯,但是这不影响本罪过失犯的构成。① 从而,本罪也可谓是非纯粹过失犯。同时,行为人具有特定明知,即明知生产、销售的是不符合安全标准的食品。通常情况下,行为人具有牟取非法利润的目的,但这并非是法定的构成要素。

(二) 加重构成

1. 加重要素

就纵深而言,本罪的加重要素包括两个层面:(1) 一级加重:对人体健康造成严重危害或者有其他严重情节。(2) 二级加重:后果特别严重。就横向而言,本罪的加重要素包括两种类型:(1) 结果加重:对人体健康造成严重危害,后果特别严重。(2) 情节加重:其他严重情节。

2. 术语解释

《司法解释》第2条规定,**对人体健康造成严重危害**的情形包括:造成轻伤以上伤害;造成轻度或中度残疾;造成器官一般或者严重功能障碍;造成10人以上严重食物中毒或食源疾病等。

《司法解释》第3条规定,**其他严重情节**的情形包括:生产销售金额20万元以上;金额10万元以上不满20万元且不符合标准食品数量较大或生产销售持续时间较长;金额10万元以上不满20万元且属于婴幼儿食品;金额10万元以上不满20万元且1年内曾因食品安全违法受过处罚等。

《司法解释》第4条规定,**后果特别严重**的情形包括:致人死亡或者重度残疾;造成3人以上重伤、中度残疾或者器官严重功能障碍;造成10人以上轻伤、5人以上轻度残疾或者器官一般功能障碍;造成30人以上严重食物中毒或食源疾病等。

应当注意,根据2002年最高人民法院、最高人民检察院《关于办理非法生产、销售、使用禁止在饲料和动物饮用水中使用的药品等刑事案件具体应用法律若干问题的解释》第3条,以及2012年最高人民法院、最高人民检察院、公安部《关于依法严惩"地沟油"犯罪活动的通知》第2条的规定,瘦肉精与地沟油系非食品原料,生产、销售

---

① 另外,对比本罪的法定刑,与以危险方法危害公共安全罪(第114条)、过失以危险方法危害公共安全罪(第115条)、妨害传染病防治罪(第330条)等的法定刑,也可看出,本罪系过失犯。

相关食品的,构成生产、销售有毒、有害食品罪(我国《刑法》第144条)。

(三) 法定刑

1. 基准法定刑

我国《刑法》第143条前段对本罪设置了基准法定刑,即生产销售不符合安全标准的食品,足以造成严重食物中毒事故或者其他严重食源性疾病的,处3年以下有期徒刑或者拘役,并处罚金。

2. 加重法定刑

我国《刑法》第143条中段与后段对本罪设置了逐层加重的法定刑:生产销售不符合安全标准的食品,对人体健康造成严重危害或者有其他严重情节的,处3年以上7年以下有期徒刑,并处罚金;后果特别严重的,处7年以上有期徒刑或者无期徒刑,并处罚金或者没收财产。

3. 对单位的处罚

我国《刑法》第150条对单位犯本罪的处罚作了规定,即对单位判处罚金,并对其直接负责的主管人员和其他直接责任人员,分别按相应的法定刑处罚。

三、走私武器、弹药罪

设置本罪的基本法条是我国《刑法》第151条第1款;该款分为3段,前段是本罪的基准罪状与法定刑,中段是本罪的加重罪状与法定刑,后段是本罪的减轻罪状与法定刑。第151条第4款是对本罪单位犯罪及其处罚的规定。第155条是对实施特定的收购走私的货物等行为而以走私罪论处的法律拟制。第156条是有关共同走私犯罪的注意规定。第157条第1款是对武装掩护走私犯走私罪而适用本罪法定刑从重处罚的特别规定。第157条第2款是对犯走私罪又有暴力威胁抗拒缉私行为而按照数罪并罚处罚的特别规定。

走私武器、弹药罪,是指违反海关法规,运输、携带、邮寄武器、弹药进出国(边)境的行为。

(一) 基准构成

1. 客观事实要素

表现为违反海关法规,运输、携带、邮寄武器、弹药进出国(边)境的行为。具体构成要素包括实行行为、行为对象、行为主体。

实行行为:包括违法行为与方法行为、目的行为三个要素。其中,违法行为,即违反海关法规;方法行为,即运输、携带、邮寄武器、弹药;目的行为,即使武器、弹药进出国(边)境。在此,**违法海关法规**,是指违反我国《海关法》或者其他相关的法律、法规,例如我国《对外贸易法》。**运输、携带、邮寄(武器、弹药)进出国(边)境**[①],典型表现:(1) 不经海关检查站,运输、携带、邮寄(武器、弹药)进出国(边)境;(2) 在经过

[①] 我国《海关法》第82条、第83条分别对走私行为与以走私行为论作了具体规定,其中部分直接呈现为本罪实行行为。

海关检查站时,采用隐匿、伪装、谎报等方法,运输、携带、邮寄(武器、弹药)进出国(边)境。① 此外,根据我国《刑法》第155条的法律拟制,以下行为系非典型表现:(1)直接向走私人员非法收购走私进口的(武器、弹药);(2)在内海、领海、界河、界湖运输、收购、贩卖(武器、弹药)。

行为对象:武器、弹药。**武器、弹药**,是指具有直接杀伤力或者破坏力的器械、装置等物品,包括冷兵器、化学武器、核武器、枪弹等等。具体种类,"参照《中华人民共和国海关进口税则》及《中华人民共和国禁止进出境物品表》的有关规定确定"。"走私非成套枪支散件的,以每30件为1套枪支散件计"。走私管制刀具、仿真枪支构成犯罪的,依照走私普通货物、物品罪(我国《刑法》第153条)定罪处罚。②

行为主体:包括一般主体和单位。对于单位走私的认定,《司法解释》③第18条作了具体规定:**(1)单位走私构成**:以单位名义实施走私犯罪,即由单位集体研究决定,或者由单位负责人决定与同意;为单位谋取不正当利益或者违法所得大部分归单位所有。**(2)排除单位犯罪**:个人为进行违法犯罪活动而设立的公司企业事业单位,或者个人设立公司企业事业单位后以实施犯罪为主要活动的,不以单位犯罪论处。

既遂形态:本罪是行为犯。

2. 客观规范要素

本罪所侵害的具体法益,是国家对外贸易管制。**对外贸易**,是指货物进出口、技术进出口和国际服务贸易。④ 对外贸易管制,是国家为了发展对外贸易,维护公平、自由的对外贸易秩序,对对外贸易实行统一的监督和控制的制度。

3. 主观责任要素

本罪的主观责任形式为故意。故意内容指向由走私武器弹药行为为核心征表的"国家对外贸易管制被侵状态"。由此,严格来讲,构成本罪的故意,须有对行为性质(走私)以及行为对象(武器、弹药)的**明知**。对此,《司法解释》第5条,肯定了本罪故意构成之对行为性质明知的必须。但是,《司法解释》第6条,否定了本罪故意构成之对行为对象明知的必须。所谓"对走私对象不明确的……根据实际的走私对象定罪处罚"意指,如果实际走私武器而误认为走私文物,则也要按本罪定罪处刑。此显有客观归罪之嫌,有违责任主义原则。另外,《司法解释》所谓"……对走私对象发生认识错误的,可以从轻处罚",主要也是针对上述对走私对象"误此为彼"的情形。不过,如按《司法解释》第6条定罪处罚,则是否一律可以从轻处罚又值推敲,因为这其中存在误轻为重与误重为轻的差异。**本书**主张,对于上述所称之事实情形,合理的处置是,按照故意所犯之未遂与走私普通货物、物品罪(我国《刑法》第153条)之既遂

---

① 包括,与海关工作人员通谋,通过海关检查站,运输、携带、邮寄(武器、弹药)进出国(边)境。
② 参见最高人民法院《关于审理走私刑事案件具体应用法律若干问题的解释》(2000年)第1条第5—7款。
③ 如无特别说明,本罪阐释中所称《司法解释》,均指最高人民法院、最高人民检察院、海关总署《关于办理走私刑事案件适用法律若干问题的意见》(2002年)。
④ 参见我国《对外贸易法》第2条。

的想像竞合犯处断。例如,行为人意图走私武器,实际上走私的是文物,行为人对此并不知晓,对此按照走私武器罪未遂与走私普通货物罪既遂的想像竞合犯处断。

(二) 法定刑

1. 基准法定刑

我国《刑法》第151条前段对本罪设置了基准法定刑,即走私武器、弹药的,处7年以上有期徒刑,并处罚金或者没收财产。适用这一法定刑的具体情形,根据走私军用与非军用枪支与弹药的数量,以及结合走私数量与有关恶劣情节确定。①

2. 加重法定刑

我国《刑法》第151条中段对本罪设置了加重法定刑,即走私武器、弹药,情节特别严重的,处无期徒刑或者死刑,并处没收财产。这里的情节特别严重,根据走私军用与非军用枪支与弹药的数量,以及结合走私数量与首要分子、使用特种车、有关恶劣情节确定。②

3. 减轻法定刑

我国《刑法》第151条后段对本罪设置了减轻法定刑,即走私武器、弹药,情节较轻的,处3年以上7年以下有期徒刑,并处罚金。这里的情节较轻,根据走私军用与非军用枪支与弹药的数量,以及走私的武器弹药被用于其他犯罪等恶劣情节确定。③

4. 从重量刑

根据我国《刑法》第157条第1款的规定,犯走私武器、弹药罪又武装掩护走私的,依照第151条第1款的相应法定刑从重处罚。

5. 对单位的处罚

我国《刑法》第151条第4款对单位犯本罪的处罚作了规定,即对单位判处罚金,并对其直接负责的主管人员和其他直接责任人员,分别按相应的法定刑处罚。

(三) 犯罪形态

1. 共同犯罪

我国《刑法》第156条规定:"与走私罪犯通谋,为其提供贷款、资金、账号、发票、证明,或者为其提供运输、保管、邮寄或者其他方便的,以走私罪的共犯论处。"这是一项注意规定。《司法解释》第15条对"与走私罪犯通谋"中的通谋,作了概念与认定的阐明。

2. 数罪并罚

我国《刑法》第157条第2款规定:"以暴力、威胁方法抗拒缉私的,以走私罪和本法第277条规定的阻碍国家机关工作人员依法执行职务罪,依照数罪并罚的规定处罚。"这一规定所述情形包含了"走私"与"妨碍公务"两项行为,理论上两者可以成立牵连犯,而立法上将之作数罪并罚。

---

① 参见最高人民法院《关于审理走私刑事案件具体应用法律若干问题的解释》(2000年)第1条第2款。
② 参见最高人民法院《关于审理走私刑事案件具体应用法律若干问题的解释》(2000年)第1条第3款。
③ 参见最高人民法院《关于审理走私刑事案件具体应用法律若干问题的解释》(2000年)第1条第1款。

四、非国家工作人员受贿罪

设置本罪的基本法条是我国《刑法》第 163 条,该条第 1 款是本罪的典型构成,第 2 款是本罪的准型构成,第 3 款是与本罪相关之受贿罪的注意规定。第 184 条第 1 款是本罪的注意规定;该条第 2 款是与本罪相关之受贿罪的注意规定。

非国家工作人员受贿罪,是指公司、企业或者其他单位的工作人员利用职务上的便利,索取他人财物或者非法收受他人财物,为他人谋取利益,数额较大的行为。

(一) 基准构成

1. 客观事实要素

表现为利用职务上的便利,索取他人财物或者非法收受他人财物,为他人谋取利益,数额较大的行为。具体构成要素包括实行行为、行为对象、犯罪数额、行为主体。

实行行为:包括职务行为与目的行为两个要素。**(1) 职务行为**:利用职务上的便利,是指利用本人职务所拥有的管理事务的职能与权力。"利用职务上的便利"强调的是利用"职务权力",由此应当注意,"职务权力"不同于单纯熟悉环境条件的"职务便利",也不同于虽与职务相关但非权力行使的"职务劳动"。《**司法解释**》[①]第 4 条第 2 款与第 3 款、第 5 条第 2 款与第 3 款、第 6 条第 1 款,具体表述了属于利用职务便利受贿的有关情形:A. 医疗机构中的非国家工作人员,在药品、医疗器械、医用卫生材料等医药产品采购活动中,利用职务上的便利,索取销售方财物,或者非法收受销售方财物,为销售方谋取利益,构成犯罪的;B. 医疗机构中的医务人员,利用开处方的职务便利,以各种名义非法收受药品、医疗器械、医用卫生材料等医药产品销售方财物,为医药产品销售方谋取利益,数额较大的;C. 学校及其他教育机构中的非国家工作人员,在教材、教具、校服或者其他物品的采购等活动中,利用职务上的便利,索取销售方财物,或者非法收受销售方财物,为销售方谋取利益,数额较大的;D. 学校及其他教育机构中的教师,利用教学活动的职务便利,以各种名义非法收受教材、教具、校服或者其他物品销售方财物,为教材、教具、校服或者其他物品销售方谋取利益,数额较大的;E. 依法组建的评标委员会、竞争性谈判采购中谈判小组、询价采购中询价小组的组成人员,在招标、政府采购等事项的评标或者采购活动中,索取他人财物或者非法收受他人财物,为他人谋取利益,数额较大的。另外,值得**考究**的是,医务人员利用开据住院手续的职务之便,或者利用开据仪器检查单据的职务之便,索取或者收受病人钱财,是否构成受贿? 对此,本书肯定开据住院手续与开据仪器检查单据等属于职权行为。但是,医务人员基于主刀手术而索取或者收受病人钱财,鉴于单纯的手术只是一种劳务活动,从而这一情形不应认作受贿。**(2) 目的行为**:基于我国《刑法》规定的差异,可以分为典型受贿与准型受贿。A. 典型受贿:索取他人财物并为他人谋利益;非法收受他人财物并为他人谋利益。这是《刑法》第 163 条第 1 款的规定。

[①] 如无特别说明,本罪阐释中所称《司法解释》,均指最高人民法院、最高人民检察院《关于办理商业贿赂刑事案件适用法律若干问题的意见》(2008 年)。

B. 准型受贿:(在经济往来中,)违反国家规定,收受各种名义的回扣、手续费,归个人所有,并为他人谋利益。这是《刑法》第163条第2款的规定。① 兹对这一受贿目的行为的有关**术语释义**如下:**索取他人财物**,是指主动索要并收取他人财物。**非法收受他人财物**,是指他人为了某种目的而给予财物,行为人违反规定收取接受了这些财物。关于**为他人谋利益**的要素,存在要素地位的争议。首先,在索贿的场合,是否必须具备为他人谋利益的要素才能构成这里的受贿,成为争议的问题。对此,本书认为,基于罪状表述样态以及我国《刑法》第163条与第385条表述的差异,无论是索取他人财物还是非法收受他人财物,均须具备为他人谋利益的要素,方可完备这里的受贿行为。其次,为他人谋利益的要素,究竟是主观要素还是客观要素?在收受回扣手续费的场合,是否也须要为他人谋利益的要素?对此,刑法理论也存在肯定与否定的较大争议。应当说,为他人谋利益是一种客观行为,若将之作为主观意图则有违受贿之主观责任的应有指向;收受回扣手续费虽为一种准型受贿,但应有典型受贿的核心特征,从而在此场合为他人谋利益亦为必要。就具体含义而论,**为他人谋利益**,包括:允诺为他人谋利益、正在为他人谋利益、已经为他人谋取了利益。

行为对象:典型受贿行为的财物,准型受贿行为的回扣、手续费。这里的**财物**,是指钱款和具有经济价值的物品。包括金钱和实物,以及"可以用金钱计算数额的财产性利益,如提供房屋装修、含有金额的会员卡、代币卡(券)、旅游费用等"②。非财产性利益不应视作这里的财物。例如,提供职务与职业、非金钱交易的性服务等。**回扣**,是指在商品或劳务交易中,由卖方从收到的价款中,按照一定比例扣出一部分返还给买方或者其经办人的款项。**手续费**,是指在经济活动中,违反国家规定,支付给交易对方的各种名义的钱款,例如辛苦费、信息费、好处费等。

犯罪数额:受贿财物数额较大,即价值人民币"5000元以上"③。

行为主体:特殊主体,在此是指"公司、企业或者其他单位的工作人员",其核心意义是"**非国家工作人员**"。包括:非国有公司、企业或者其他单位中的非国家工作人员;国有公司、企业以及其他国有单位中的非国家工作人员④;非国有银行或者其他金融机构的非国家工作人员⑤。由此,事业单位或评标委员会等中的国家工作人员受贿构成犯罪的,以受贿罪定罪处刑;事业单位或评标委员会中的非国家工作人员受贿构成犯罪的,以非国家工作人员受贿罪定罪处刑⑥。这里的"其他单位",既包括事业单位、社会团体、村民委员会、居民委员会、村民小组等常设性的组织,也包括为组织体育赛事、文艺演出或者其他正当活动而成立的组委会、筹委会、工程承包队等非常设

---

① "公司、企业或者其他单位的工作人员在经济往来中,违反国家规定,收受各种名义的回扣、手续费,归个人所有",作为准型受贿,尚须"为他人谋利益"的要素。
② 《司法解释》第7条。
③ 最高人民检察院、公安部《关于公安机关管辖的刑事案件立案追诉标准的规定(二)》(2010年)第10条。
④ 参见《司法解释》第3条。
⑤ 参见我国《刑法》第184条第1款。
⑥ 参见《司法解释》第4条、第5条。

性的组织①。

既遂形态：本罪是数额犯。

2. 客观规范要素

本罪所侵害的具体法益,是公司企业或者其他单位的管理制度与公司企业或者其他单位工作人员职务的廉洁性。

3. 主观责任要素

本罪的主观责任形式为故意,故意内容指向由利用职务权力受贿行为为核心征表的"管理制度与廉洁职责被侵状态"。行为人具有非法占有他人财物的目的。

（二）共同犯罪

本罪主体系非国家工作人员,受贿罪主体为国家工作人员,而在两者构成共同犯罪的场合,应当如何定罪处刑？对此,《司法解释》第11条规定："根据双方利用职务便利的具体情形"处理。"(1)利用国家工作人员的职务便利为他人谋取利益的,以受贿罪追究刑事责任。(2)利用非国家工作人员的职务便利为他人谋取利益的,以非国家工作人员受贿罪追究刑事责任。(3)分别利用各自的职务便利为他人谋取利益的,按照主犯的犯罪性质追究刑事责任,不能分清主从犯的,可以受贿罪追究刑事责任。"

（三）商业贿赂犯罪

商业贿赂犯罪当属犯罪学中的一种犯罪类型,为司法实践所常用;其并非我国《刑法》上的具体罪名,也非我国《刑法》上的犯罪类型。不过,商业贿赂犯罪是指有关商品经济活动中各种贿赂犯罪的总称。由此,我国《刑法》上的有关贿赂犯罪只要涉及商品经济活动,就可纳入商业贿赂犯罪的范畴。进而,商业贿赂犯罪所涉《刑法》罪名包括:(1)非国家工作人员受贿罪(第163条);(2)对非国家工作人员行贿罪(第164条);(3)受贿罪(第385条);(4)单位受贿罪(第387条);(5)行贿罪(第389条);(6)对单位行贿罪(第391条);(7)介绍贿赂罪(第392条);(8)单位行贿罪(第393条)。② 以及(9)利用影响力受贿罪(第388条之一);(10)对外国公职人员、国际公共组织官员行贿罪(第164条第2款)。

（四）法定刑

1. 基准法定刑

根据我国《刑法》第163条第1款前段的规定,犯非国家工作人员受贿罪的,处5年以下有期徒刑或者拘役。

2. 加重法定刑

根据我国《刑法》第163条第1款后段的规定,犯非国家工作人员受贿罪,数额巨大的,处5年以上有期徒刑,可以并处没收财产。这里的"数额巨大"是指价值人民币"10万元以上"。

---

① 参见《司法解释》第2条。
② 参见《司法解释》第1条。

五、伪造货币罪

设置本罪的基本法条是我国《刑法》第 170 条,该条前段是本罪的基准罪状与法定刑,后段是本罪的加重罪状与法定刑。第 171 条第 3 款是本罪包容出售、运输假币罪之包容犯的具体规定。

伪造货币罪,是指仿照流通中的货币,制造足以使普通人误认为是真的假货币,并意图使之进入流通的行为。

(一) 基准构成

1. 客观事实要素

表现为仿照流通中的货币,制造出足以使普通人误以为是真的假货币的行为。具体构成要素包括实行行为、行为对象、行为主体。

实行行为:伪造。所谓**伪造**,是指**仿照**流通中的货币,**制造**足以使普通人误认为是真的假货币。**仿照**,是指模仿真货币的式样、票面、图案、颜色、质地、防伪技术等;**制造**,是指用描绘、复印、影印、制版印刷、计算机扫描打印等方法,制作假货币。同时,伪造行为须达至**以假乱真**的程度,即货币的伪造在效果上足以使普通人在通常情况下将伪造币误认为是真货币。《**司法解释**》①第 1 条与第 2 条指出,伪造货币是指"仿照真货币的图案、形状、色彩等特征非法制造假币,冒充真币的行为"。伪造货币不同于变造货币。"同时采用伪造和变造手段,制造真伪拼凑货币的行为,依照刑法第 170 条的规定,以伪造货币罪定罪处罚。"此外,如果行为人不是非法制作与真货币相似的货币,而是以纸张夹置于真货币中冒充真货币,或者从画册上剪下货币图案冒充真货币,实施骗取他人的钱财,则不构成本罪,可以构成诈骗罪。

行为对象:正在流通中的货币。这里的**货币**,具体包括本国货币和外国货币。其中,本国货币有人民币(包括普通纪念币、贵重金属纪念币)、港币、台币、澳币;外币有可以在我国境内兑换的美元、英镑、日元、马克等,以及不能在我国境内兑换的卢布、瑞士法郎等②。伪造的货币,必须是**正在流通**的货币,如果伪造的是已经停止使用的货币,例如古钱、民国时期的银元,则不构成本罪。《**司法解释**》第 5 条指出:"以使用为目的,伪造停止流通的货币,或者使用伪造的停止流通的货币的,依照刑法第 266 条的规定,以诈骗罪定罪处罚。"

行为主体:一般主体。

既遂形态:本罪是行为犯。

2. 客观规范要素

本罪所侵害的具体法益,是国家的货币管理制度。包括国家对本国货币的管理制度和国家对外币的管理制度。

---

① 如无特别说明,本罪阐释中所称《司法解释》,均指最高人民法院《关于审理伪造货币等案件具体应用法律若干问题的解释(二)》(2010 年)。

② 关于境外假币的行为对象范围,参见《司法解释》第 3 条。

3. 主观责任要素

本罪的主观责任形式为**故意**,故意内容指向由伪造货币行为为核心征表的"国家货币管理制度被侵状态"。同时,必须具有使伪造的货币进入流通的**特定意图**。对此,刑法理论存在肯定与否定的对立。应当说,这里的特定意图与责任形式密切相关。如果行为人临摹货币,只是作为艺术品供个人欣赏,而不具有使之进入流通的意图,则不构成本罪。不过,主观上是否以牟利为目的,并不影响本罪的构成。

(二) 罪数形态

1. 伪造货币罪与出售、运输假币罪

伪造货币罪与出售、运输假币罪,在我国《刑法》中分设于第 170 条与第 171 条。而现实中常会出现伪造货币并出售或者运输伪造的货币的情形,对于这一情形的罪数问题需予阐明。对此,应当说,这一情形理论上成立伪造货币罪与出售、运输假币罪的吸收犯,而立法上《刑法》第 171 条第 3 款将之作为伪造货币罪包容出售、运输假币罪的包容犯。

2. 伪造货币罪与使用假币罪

伪造货币罪与使用假币罪,在我国《刑法》中分设于第 170 条与第 172 条。而现实中常会出现伪造货币并使用伪造的货币的情形。这一情形理论上成立伪造货币罪与使用假币罪的吸收犯。对此,最高人民法院《全国法院审理金融犯罪案件工作座谈会纪要》(2001 年)规定以伪造货币罪定罪从重处罚。这是将这一情形作为伪造货币罪包容使用假币罪的包容犯。

3. 购买假币罪与使用假币罪

购买假币罪与使用假币罪,在我国《刑法》中分设于第 171 条与第 172 条。现实中常会出现行为人购买假币后使用的情形。这一情形理论上成立购买假币罪与使用假币罪的吸收犯。最高人民法院《关于审理伪造货币等案件具体应用法律若干问题的解释》(2000 年)第 2 条第 1 款,将之作为购买假币罪包容使用假币罪的包容犯。与此不同,如果行为人购买假币 A(假美元),其后使用假币 B(假人民币),则构成购买假币罪与使有假币罪数罪。另外,如果行为人使用假人民币购买假美元,则应当构成使用假币罪与购买假币罪的牵连犯①。

4. 出售、运输假币罪与使用假币罪

出售、运输假币罪与使用假币罪,分设于我国《刑法》的第 171 条与第 172 条。最高人民法院《关于审理伪造货币等案件具体应用法律若干问题的解释》(2000 年)第 2 条第 2 款规定:"行为人出售、运输假币构成犯罪,同时有使用假币行为的,依照刑法第 171 条、第 172 条的规定,实行数罪并罚。"就理论形态而言,出售运输假币与使用假币之间没有当然联系。

---

① 本书将行为对象的同一与否作为界分吸收犯与牵连犯的重要标志之一。

（三）法定刑

1. 基准法定刑

根据我国《刑法》第 170 前段的规定，犯伪造货币罪的，处 3 年以上 10 年以下有期徒刑，并处 5 万元以上 50 万元以下罚金。尽管伪造货币罪是**行为犯**，但是行为构成犯罪必须达到一定的危害程度。"伪造货币，总面额在 2000 元以上或者币量在 200 张（枚）以上的，应予立案追诉。"①

2. 加重法定刑

根据我国《刑法》第 170 条后段的规定，犯伪造货币罪，有法定三种情形之一的，处 10 年以上有期徒刑、无期徒刑或者死刑，并处 5 万元以上 50 万元以下罚金或者没收财产。法定三种情形包括：伪造货币集团的首要分子；伪造货币数额特别巨大的；有其他特别严重情节的。"伪造货币数额特别巨大，是指伪造货币的总面额在 3 万元以上。"②

六、洗钱罪

设置本罪的基本法条是我国《刑法》第 191 条，该条第 1 款前段是本罪的基准罪状与法定刑，第 1 款后段是本罪的加重罪状与法定刑；该条第 2 款是对本罪单位犯罪及其处罚的规定。

洗钱罪，是指明知是毒品犯罪、黑社会性质的组织犯罪、恐怖活动犯罪、走私犯罪、贪污贿赂犯罪、破坏金融管理秩序犯罪、金融诈骗犯罪的所得及其产生的收益，以法定的方式掩饰、隐瞒其来源和性质的行为。

（一）基准构成

1. 客观事实要素

表现为以法定的方式，掩饰、隐瞒毒品犯罪、黑社会性质的组织犯罪、恐怖活动犯罪、走私犯罪、贪污贿赂犯罪、破坏金融管理秩序犯罪、金融诈骗犯罪的所得及其产生的收益的来源和性质的行为。具体构成要素包括实行行为、行为对象、行为主体。

实行行为：包括方法行为与目的行为两个要素。（1）**方法行为**：以法定的方式掩饰、隐瞒；（2）**目的行为**：将犯罪所得及其产生的收益的来源和性质转化为合法的形式。③ 在此，"法定方式"是一核心要素。洗钱行为的法定方式是指以下五种情形之一：(1) **提供资金账户**。这是指行为人将自己拥有的合法账户提供给犯罪人使用，或者为犯罪人在金融机构开立新的账户。(2) **协助将财产转换为现金或者金融票据**。**将财产转换为现金或者金融票据**，是指通过各种途径将犯罪所得的实物转换成现金或者金融票据。**协助**，是指行为人为了他人实施这一转换行为，而创造条件使之更易

---

① 最高人民检察院、公安部《关于关于公安机关管辖的刑事案件立案追诉标准的规定（二）》（2010 年）第 19 条。另参见最高人民法院《关于审理伪造货币等案件具体应用法律若干问题的解释》（2000 年）第 1 条。

② 最高人民法院《关于审理伪造货币等案件具体应用法律若干问题的解释》（2000 年）第 1 条。

③ 掩饰、隐瞒毒品犯罪等所得及其产生的收益的来源和性质，既是行为人主观上追求的目的，也是行为人的客观行为。

完成的活动。**金融票据**,"是指汇票、本票和支票"①。**(3)通过转账或者其他结算方式协助资金转移。转账或者其他结算方式**,是指通过现金或者汇票、本票、支票、委托收款、汇款、银行存单、信用证、信用卡等,所进行的转账结算或者现金结算。**(4)协助将资金汇往境外。(5)以其他方法掩饰、隐瞒犯罪所得及其收益的来源和性质。其他方法**,是指上述四种方法以外的洗钱行为。例如,将特定犯罪所得混入自己合法的投资中;将特定犯罪所得携带出国境,并兑换成外币。《司法解释》②第2条对这里的"其他方法"的具体情形作了规定。

行为对象:毒品犯罪、黑社会性质的组织犯罪、恐怖活动犯罪、走私犯罪、贪污贿赂犯罪、破坏金融管理秩序犯罪、金融诈骗犯罪的所得及其产生的收益。在此,有两个核心概念:7种特定的犯罪,通称"上游犯罪";犯罪所得及其产生的收益。其中,**犯罪所得**,是指通过犯罪活动所获取的全部钱财。**产生的收益**,是指将犯罪所得用于经营投资或者储蓄存款等所产生的利润或者孳息等收益。本罪的行为对象仅限"上游犯罪"的犯罪所得及其产生的收益,从而"上游犯罪事实成立"是本罪认定的前提。《司法解释》第4条对上游犯罪事实成立的有关特殊情形作了具体规定。

行为主体:包括一般主体和单位。

既遂形态:本罪是行为犯。最高人民检察院、公安部《关于公安机关管辖的刑事案件立案追诉标准的规定(二)》(2010年)第48条,对于本罪的追诉基准作了规定,规定中并未设置特别的定量标准。

2. 客观规范要素

本罪所侵害的具体法益,是国家的金融管理制度与司法机关的正常活动。

3. 主观责任要素

本罪的主观责任形式为**故意**,故意内容指向由洗钱行为为核心征表的"国家金融管理制度与司法机关正常活动被侵状态"。同时,必须具有特定目的与特定明知。**特定目的**,即行为人具有掩饰、隐瞒特定犯罪的所得及其产生的收益的来源和性质的目的;**特定明知**,是指行为人对行为对象的明知,即明知掩饰、隐瞒的是"上游犯罪"的所得及其产生的收益。《司法解释》第1条对于这里特定明知认定的总体原则、具体情形等,作了规定。

(二)主体范围考究

主要议题是,"上游犯罪"的犯罪人本人能否成为本罪的主体?对此,刑法理论存在肯定说、否定说与分别说的不同见解。本书认为,对于这一问题评价结论应为:不能成立本罪实行犯;可以成立本罪教唆犯。就**本罪实行犯**而论,本罪实行行为之"协助"不应包括上游犯罪人的亲自实施,从而上游犯罪人不能构成本罪的实行犯。这是我国《刑法》的应有之义。其理论根据近似于我国《刑法》对帮助毁灭、伪造证据罪

---

① 我国《票据法》第2条。金融票据不同于金融票证。**金融票证**,是指汇票、本票、支票,委托收款凭证、汇款凭证、银行存单等其他银行结算凭证,信用证或者附随的单据、文件,信用卡。

② 如无特别说明,本罪阐释中所称《司法解释》,均指最高人民法院《关于审理洗钱等刑事案件具体应用法律若干问题的解释》(2009年)。

(第 307 条第 2 款)的设置,可谓期待可能性阻却。① 但是,倘若上游犯罪人**教唆他人**实施"提供资金账户,协助将财产转换……"等洗钱行为,则洗钱行为人构成实行犯,而上游犯罪人成立教唆犯,所犯罪名是洗钱罪。就犯罪构成而论,否定上游犯罪人可以成立本罪的教唆犯是不合理的。在此场合,对于上游犯罪人按洗钱罪与上游犯罪的牵连犯或吸收犯处断。立于我国《刑法》的具体规定,鉴于缺乏对于上游犯罪人亲自实施洗钱行为的独立犯罪设置②,从而对此也不宜用不可罚的事后行为的理论来解释③。

(三) 洗钱罪与掩饰、隐瞒犯罪所得、犯罪所得收益罪

洗钱罪与掩饰、隐瞒犯罪所得、犯罪所得收益罪,均存在掩饰与隐瞒犯罪所得与犯罪所得收益的行为,并且两罪的实行行为均不包括上游犯罪人亲自实施的掩饰与隐瞒。余悉诸如责任形式的故意、须有特定的明知、主体的非纯正单位犯罪等,两罪也呈现一致。但是,两者在法定构成上有着重要区别。(**1**) **实行行为**:洗钱罪的**方法行为**,为"提供资金账户"等五种法定的方式,从而具有一定程度的特定性;而掩饰、隐瞒犯罪所得、犯罪所得收益罪的方法行为,为"窝藏、转移、收购、代为销售或者其他方法",并无特别限定。洗钱罪的**目的行为**,须将犯罪所得及其产生的收益的犯罪来源和性质转化为合法的形式④;而掩饰、隐瞒犯罪所得、犯罪所得收益罪的目的行为,仅须将犯罪所得及其产生的收益予以掩饰与隐瞒,并不强调转化其来源和性质⑤。(**2**) **行为对象**:洗钱罪的行为对象,仅仅限于毒品犯罪、黑社会性质的组织犯罪、恐怖活动犯罪、走私犯罪、贪污贿赂犯罪、破坏金融管理秩序犯罪、金融诈骗犯罪的所得及其产生的收益;而掩饰、隐瞒犯罪所得、犯罪所得收益罪的行为对象,是所有犯罪的所得及其产生的收益。(**3**) **侵害法益**:洗钱罪侵害的具体法益,是国家金融管理制度与司法机关正常活动;而掩饰、隐瞒犯罪所得、犯罪所得收益罪侵害的具体法益,是司法机关的正常活动。(**4**) **主观责任**:洗钱罪对于"犯罪"之所得及其产生收益的特定明知,仅限"毒品犯罪、黑社会性质的组织犯罪、恐怖活动犯罪、走私犯罪、贪污贿赂犯罪、破坏金融管理秩序犯罪、金融诈骗犯罪"七种特定类型的犯罪。而掩饰、隐瞒犯罪所得、犯罪所得收益罪对于犯罪之所得及其产生收益的特定明知,在犯罪的范围上并无特别限定。

---

① 详见张小虎著:《犯罪论的比较与建构》(第二版),北京大学出版社 2014 年版,第 573 页。
② 我国《刑法》第 312 条掩饰、隐瞒犯罪所得、犯罪所得收益罪的窝藏、转移等掩饰、隐瞒行为,也不包括"本犯"的掩饰与隐瞒行为。在此,"本犯"与"连累犯"相对。所谓**连累犯**,是指在事先并无通谋的情况下,行为人明知他人既已实施犯罪,而在事后给予藏匿毁灭罪证、包庇窝藏等帮助,从而实施与他人之犯罪密切相关的事后行为,我国《刑法》分则对此予以独立的罪刑设置的具体犯罪。
③ 所谓**不可罚的事后行为**,是指在状态犯的场合,本来分割考察事后行为也可以独立成立犯罪,然而基于事后行为(结果行为)利用了实行行为(主行为)的结果状态,由此事后行为作为实行行为的结果行为被评价在主行为的犯罪中(实行行为的构成要件可以包括结果行为的评价),前行为与后行为总和起来受到处罚从而使对后行为的单独处罚没有必要。关于不可罚的事后行为,详见张小虎著:《犯罪论的比较与建构》,北京大学出版社 2006 年版,第 684 页。
④ 对此,我国《刑法》第 191 条特别强调"掩饰、隐瞒其来源和性质"。
⑤ 对此,我国《刑法》第 312 条只是规定"掩饰、隐瞒"。

明知是犯罪所得及其产生的收益而予以掩饰、隐瞒(A),可能牵涉洗钱罪、掩饰、隐瞒犯罪所得、犯罪所得收益罪以及窝藏、转移、隐瞒毒品、毒赃罪(第349条),对此,《司法解释》第3条规定"依照处罚较重的规定定罪处罚"。鉴于洗钱罪之实行行为与掩饰、隐瞒犯罪所得、犯罪所得收益罪之实行行为,尤其是两罪实行行为之目的行为的构成要素的差异,所涉洗钱罪等相关犯罪的A之情形在理论上可谓想象竞合犯。

(四) 法定刑

1. 基准法定刑

根据我国《刑法》第191条第1款前段的规定,犯洗钱罪的,没收实施"上游犯罪"的所得及其产生的收益,处5年以下有期徒刑或者拘役,并处或者单处洗钱数额5%以上20%以下罚金。这里的"没收……",并非刑种而居于非刑处分地位[①],与我国《刑法》总则第64条的规定相呼应。

2. 加重法定刑

根据我国《刑法》第191条第1款后段的规定,犯洗钱罪情节严重的,没收实施"上游犯罪"的所得及其产生的收益,处5年以上10年以下有期徒刑,并处洗钱数额5%以上20%以下罚金。

3. 对单位的处罚

我国《刑法》第191条第2款对单位犯本罪的处罚作了规定,即对单位判处罚金,并对其直接负责的主管人员和其他直接责任人员,处5年以下有期徒刑或者拘役;情节严重的,处5年以上10年以下有期徒刑。

七、逃税罪

设置本罪的基本法条是我国《刑法》第201条,该条第1款前段是本罪的基准罪状与法定刑,第1款后段是本罪的加重罪状与法定刑;该条第2款是本罪的准型构成与处罚规定;第3款是多次逃税累计逃税数额处罚的规定;第4款是对本罪罪后不予入罪情形的特别规定。其中,第3款与第4款的规定有待推敲,对此下文详述。第211条是对本罪等单位犯罪及其处罚的规定。

逃税罪,是指纳税人、扣缴义务人,采取欺骗、隐瞒手段进行虚假纳税申报或者不申报,逃避缴纳税款,或者不缴或者少缴已扣、已收税款,数额较大的行为。

(一) 基准构成

1. 客观事实要素

表现为采取欺骗、隐瞒手段逃避缴纳税款,或者逃避缴纳已扣收税款,数额较大的行为。具体构成要素包括实行行为、行为对象、行为主体。

实行行为:包括方法行为与目的行为两个要素。**(1) 方法行为**:采取欺骗、隐瞒手段。这些手段包括:伪造、变造、隐匿、擅自销毁账簿、记账凭证;或者在账簿上多列支出或者不列、少列收入等。伪造账簿、记账凭证,是指编造假的账簿、假的记账凭

---

① 详见张小虎著:《刑罚论的比较与建构(上卷)》,群众出版社2010年版,第290页。

证;变造账簿、记账凭证,是指篡改、合并或者删除已有的真实的账簿、记账凭证。
(2)目的行为:基于我国《刑法》规定的差异。本罪的典型形态是纳税人逃避缴纳税款,系《刑法》第 201 条第 1 款的规定;本罪的准型形态是扣缴义务人不缴与少缴已扣收税款,系《刑法》第 201 条第 2 款的规定。

行为对象:应纳的税款;已扣收的税款。

犯罪数额:在避缴纳税的场合,所逃税款数额 5 万元以上并且占应纳税额 10% 以上;在避缴扣税的场合,所逃税款数额 5 万元以上。①

行为主体:包括特殊主体和单位。从地位类型来讲,又可分为纳税人、扣缴义务人。**纳税人**,是指法律、行政法规规定的,负有纳税义务的单位和个人;**扣缴义务人**,是指法律、行政法规规定的,负有代扣代缴、代收代缴义务的单位和个人。

既遂形态:本罪是数额犯。

2. 客观规范要素

本罪所侵害的具体法益,是国家的税收征管制度与国家的税收利益。**税收征管制度**,是指我国税法规定的有关税款征收管理的法律制度的总称。对于这里税收征管制度是否包括关税征管制度,刑法理论存在不同见解。本书主张,这里的税收征管制度不应仅限国内税税款征收管理制度。就我国《刑法》的规定来看,并不排斥本罪与其他有关违反关税制度犯罪的竞合。

3. 主观责任要素

本罪的主观责任形式为故意,故意内容指向由逃税行为为核心征表的"国家税收征管制度与利益被侵状态"。通常,行为人具有逃税牟取非法利益的目的,但是这一特定目的并非法定构成要素。由于过失而少缴或者未缴应纳税款的漏税,或者虽然超过期限未缴应纳税款但是却无故意的欠税,均不构成逃税罪。

(二)本罪犯罪数额累计的问题

我国《刑法》第 201 条第 3 款规定,多次逃税未经处理的,按照累计数额计算。类似规定在我国《刑法》中并不少见,诸如,第 153 条第 3 款、第 347 条第 7 款、第 383 条等。应当说,这种立法一方面未必可以有效地避免行为人避法,另一方面却又有不当加重对行为人处罚的倾向。**具体**地说:(1)多次逃税每次数额均不达立案基准(A):在此场合,由于缺乏入罪的启动,所谓累计数额计算也就无从进行。(2)多次逃税每次数额均达至立案基准(B):在此场合,累计数额计算实际上是将行为人的同种数罪予以了简单累加。(3)逃税达数额后又多次不达数额逃税(C):在此场合,累计数额计算实际上是在既已规定定量入罪的前提下,又将非罪行为简单归入加重的犯罪中处理。(4)前次逃税数额虽入罪但过追诉时效(D):由此,应当区分前次逃税与后次逃税的不同定性与时间间隔等予以处理,而不是一律累计数额计算。对于上述的诸多情形,累计数额计算不尽可取,**不过若以行为次数作为入罪或处刑的定量要素,则**

---

① 参见最高人民检察院、公安部《关于公安机关管辖的刑事案件立案追诉标准的规定(二)》(2010 年)第 57 条。

可恰当遏制行为人避法,均衡罪刑轻重。对此,我国《刑法》也有值得肯定的一些立法例,诸如第 264 条的"多次盗窃"的定量入罪、第 263 条的"多次抢劫"的加重法定刑等。如此,对于上述 A 情形,可以设置"多次逃税"的定量入罪;对于上述 B 情形,可以设置"多次逃税"的加重法定刑;对于上述 C 情形,可以将不达数额的逃税作为从重量刑的情节。

（三）本罪事后行为的去罪问题

考究我国《刑法》第 201 条**第 4 款**的规定,所谓"有第 1 款行为"即意味着行为人实施了构成犯罪的逃税行为;而该款的实质内容是,在此场合经税务机关追缴,行为人补缴税款"已受行政处罚的,不予追究刑事责任"。这就意味着在行为人的行为既已成立犯罪之后,可以基于其实施的事后补救行为,而对其作去罪的处理。应当说,这种立法思路是值得推敲的。我国《刑法》中的某些针对事后悔过行为的免予处罚的规定,有其一定的合理性。诸如,《刑法》第 164 条第 4 款、第 276 条之一第 3 款、第 383 条第 3 项后段、第 390 条第 2 款、第 392 条第 2 款等。但是,如同盗窃既遂之后返还所窃财物,不能否定先前盗窃罪的成立一样,事后悔过行为虽可作为从轻与减轻甚至免除处罚的根据,但是却不能成为不予追究刑事后果的根据。**另外**,最高人民检察院、公安部《关于公安机关管辖的刑事案件立案追诉标准的规定（二）》第 57 条第 2 款规定,补缴行为发生在立案之后,则"不影响刑事责任的追究"。这种规定也是值得推敲的。如果肯定《刑法》第 201 条第 4 款规定的司法效力,则存在符合法定的补缴行为即导致不予追究的后果,而不论补缴行为是在立案前还是立案后;若欲借立案敦促补缴,则如上所述,罪后行为并不足以否定既有犯罪之成立,反之若补缴的罪后行为能够去罪,则这种不合理就成为合法的避法;若曰直至立案尚不补缴,这充分表现出行为人的恶性与行为的危害,然而同样的理由是,罪后的恶行在缺乏法定的场合,也不能成为入罪的合理根据。**有的论著**认为,我国《刑法》第 201 条第 4 款的规定系"逃税罪的处罚阻却事由"。但是,就该款以罪后行为作为去罪的根据来看,这一罪后行为并不具有处罚阻却事由的典型特征。同时,这一罪后行为也不能成为本书之双层多阶犯罪构成体系框架中的严重危害阻却事由。①

（四）法定刑

1. 基准法定刑

根据我国《刑法》第 201 条第 1 款前段的规定,犯逃税罪的,处 3 年以下有期徒刑或者拘役,并处罚金。

2. 加重法定刑

根据我国《刑法》第 201 条第 1 款后段的规定,犯逃税罪,逃税数额巨大并且占应纳税额 30% 以上的,处 3 年以上 7 年以下有期徒刑,并处罚金。

3. 对单位的处罚

我国《刑法》第 211 条对单位犯本罪的处罚作了规定,即对单位判处罚金,并对其

---

① 详见张小虎著:《犯罪论的比较与建构》（第二版）,北京大学出版社 2014 年版,第 85 页。

直接负责的主管人员和其他直接责任人员,依照第201条的规定处罚。

第三节 本章具体犯罪扼要阐释

一、生产、销售伪劣商品罪

包括**9**种具体的犯罪。其中,生产、销售伪劣产品罪与生产、销售不符合安全标准的食品罪上节已作阐释。

生产、销售假药罪(第141条),是指生产、销售假药的行为。本罪是行为犯、故意犯。

生产、销售劣药罪(第142条),是指生产、销售劣药,对人体健康造成严重危害的行为。本罪是结果犯、过失犯。

生产、销售有毒、有害食品罪(第144条),是指在生产、销售的食品中掺入有毒、有害的非食品原料,或者销售明知掺有有毒、有害的非食品原料的食品的行为。本罪是行为犯、故意犯。

生产、销售不符合标准的医用器材罪(第145条),是指生产不符合保障人体健康的国家标准、行业标准的医疗器械、医用卫生材料,或者销售明知是不符合保障人体健康的国家标准、行业标准的医疗器械、医用卫生材料,足以严重危害人体健康的行为。本罪是危险犯、过失犯。

生产、销售不符合安全标准的产品罪(第146条),是指生产不符合保障人身、财产安全的国家标准、行业标准的电器、压力容器、易燃易爆产品或者其他不符合保障人身、财产安全的国家标准、行业标准的产品,或者销售明知是以上不符合保障人身、财产安全的国家标准、行业标准的产品,造成严重后果的行为。本罪是结果犯、过失犯。

生产、销售伪劣农药、兽药、化肥、种子罪(第147条),是指生产假农药、假兽药、假化肥,销售明知是假的或者失去使用效能的农药、兽药、化肥、种子,或者生产者、销售者以不合格的农药、兽药、化肥、种子冒充合格的农药、兽药、化肥、种子,使生产遭受较大损失的行为。本罪是结果犯、过失犯。

生产、销售不符合卫生标准的化妆品罪(第148条),是指生产不符合卫生标准的化妆品,或者销售明知是不符合卫生标准的化妆品,造成严重后果的行为。本罪是结果犯、过失犯。

二、走私罪

包括**10**种具体的犯罪。其中,走私武器、弹药罪上节已作阐释。

走私核材料罪(第151条第1款),是指违反海关法规,运输、携带、邮寄核材料进出国(边)境的行为。

走私假币罪(第151条第1款),是指违反海关法规,运输、携带、邮寄伪造的货币进出国(边)境的行为。

走私文物罪(第151条第2款),是指违反海关法规,运输、携带、邮寄国家禁止出口的文物出国(边)境的行为。

走私贵重金属罪(第151条第2款),是指违反海关法规,运输、携带、邮寄国家禁止出口的黄金、白银和其他贵重金属出国(边)境的行为。

走私珍贵动物、珍贵动物制品罪(第151条第2款),是指违反海关法规,运输、携带、邮寄国家禁止进出口的珍贵动物及其制品进出国(边)境的行为。

走私国家禁止进出口的货物、物品罪(第151条第3款),是指违反海关法规,运输、携带、邮寄国家禁止进出口的珍稀植物及其制品等国家禁止进出口的其他货物、物品进出国(边)境的行为。

走私淫秽物品罪(第152条第1款),是指以牟利或者传播为目的,违反海关法规,运输、携带、邮寄淫秽的影片、录像带、录音带、图片、书刊或者其他淫秽物品进出国(边)境的行为。

走私固体废物罪(第152条第2款),是指违反海关法规,逃避海关监管,将境外固体废物、液态废物和气态废物运输进境,情节严重的行为。

走私普通货物、物品罪(第152条第2款),是指违反海关法规,运输、携带、邮寄我国《刑法》针对走私特别规定的货物、物品以外的普通货物、物品进出国(边)境,偷逃应纳税数额较大或者一年内曾因走私被给予二次行政处罚后又走私的行为。

三、妨害对公司、企业的管理秩序罪

包括17种具体的犯罪。其中,非国家工作人员受贿罪上节已作阐释。

虚报注册资本罪(第158条),是指申请公司登记使用虚假证明文件或者采取其他欺诈手段虚报注册资本,欺骗公司登记主管部门,取得公司登记,虚报注册资本数额巨大、后果严重或者有其他严重情节的行为。

虚假出资、抽逃出资罪(第159条),是指公司发起人、股东违反公司法的规定未交付货币、实物或者未转移财产权,虚假出资,或者在公司成立后又抽逃其出资,数额巨大、后果严重或者有其他严重情节的行为。

欺诈发行股票、债券罪(第160条),是指在招股说明书、认股书、公司、企业债券募集办法中隐瞒重要事实或者编造重大虚假内容,发行股票或者公司、企业债券,数额巨大、后果严重或者有其他严重情节的行为。

违规披露、不披露重要信息罪(第161条),是指依法负有信息披露义务的公司、企业向股东和社会公众提供虚假的或者隐瞒重要事实的财务会计报告,或者对依法应当披露的其他重要信息不按照规定披露,严重损害股东或者其他人利益,或者有其他严重情节的行为。

妨害清算罪(第162条),是指公司、企业进行清算时,隐匿财产,对资产负债表或者财产清单作虚伪记载或者在未清偿债务前分配公司、企业财产,严重损害债权人或者其他人利益的行为。

隐匿、故意销毁会计凭证、会计账簿、财务会计报告罪（第162条之一），是指隐匿或者故意销毁依法应当保存的会计凭证、会计账簿、财务会计报告，情节严重的行为。

虚假破产罪（第162条之二），公司、企业通过隐匿财产、承担虚构的债务或者以其他方法转移、处分财产，实施虚假破产，严重损害债权人或者其他人利益的行为。

对非国家工作人员行贿罪（第164条第1款），是指为谋取不正当利益，给予公司、企业或者其他单位的工作人员以财物，数额较大的行为。

对外国公职人员、国际公共组织官员行贿罪（第164条第2款），是指为谋取不正当商业利益，给予外国公职人员或者国际公共组织官员以财物的行为。

非法经营同类营业罪（第165条），是指国有公司、企业的董事、经理利用职务便利，自己经营或者为他人经营与其所任职公司、企业同类的营业，获取非法利益，数额巨大的行为。

为亲友非法牟利罪（第166条），是指国有公司、企业、事业单位的工作人员，利用职务便利，在经营管理中以法定方式为亲友非法牟利，使国家利益遭受重大损失的行为。

签订、履行合同失职被骗罪（第167条），是指国有公司、企业、事业单位直接负责的主管人员，在签订、履行合同过程中，因严重不负责任被诈骗，致使国家利益遭受重大损失的行为。金融机构、从事对外贸易经营活动的公司、企业的工作人员严重不负责任，造成大量外汇被骗购或者逃汇，致使国家利益遭受重大损失的，是本罪的准型构成。

国有公司、企业、事业单位人员失职罪（第168条），是指国有公司、企业、事业单位的工作人员，由于严重不负责任，造成国有公司、企业破产或者严重损失，致使国家利益遭受重大损失的行为。

国有公司、企业、事业单位人员滥用职权罪（第168条），是指国有公司、企业、事业单位的工作人员，由于滥用职权，造成国有公司、企业破产或者严重损失，致使国家利益遭受重大损失的行为。

徇私舞弊低价折股、出售国有资产罪（第169条），是指国有公司、企业或者其上级主管部门直接负责的主管人员，徇私舞弊，将国有资产低价折股或者低价出售，致使国家利益遭受重大损失的行为。

背信损害上市公司利益罪（第169条之一），是指上市公司的董事、监事、高级管理人员违背对公司的忠实义务，利用职务便利，操纵上市公司从事法定的损害上市公司利益的行为，致使上市公司利益遭受重大损失的行为。

四、破坏金融管理秩序罪

包括30种具体的犯罪。其中，伪造货币罪与洗钱罪上节已作阐释。

出售、购买、运输假币罪（第171条第1款），是指出售、购买伪造的货币或者明知是伪造的货币而运输，数额较大的行为。

金融工作人员购买假币、以假币换取货币罪（第171条第2款），是指银行或者其他金融机构的工作人员购买伪造的货币或者利用职务上的便利,以伪造的货币换取货币的行为。

持有、使用假币罪(第172条),是指明知是伪造的货币而持有、使用,数额较大的行为。

变造货币罪(第173条),是指对真实的货币进行加工,使原有货币面值、数量增加,并意图使之进入流通,数额较大的行为。

擅自设立金融机构罪(第174条第1款),是指未经国家有关主管部门批准,擅自设立商业银行、证券交易所、期货交易所、证券公司、期货经纪公司、保险公司或者其他金融机构的行为。

伪造、变造、转让金融机构经营许可证、批准文件罪(第174条第2款),是指伪造、变造、转让商业银行、证券交易所、期货交易所、证券公司、期货经纪公司、保险公司或者其他金融机构的经营许可证或者批准文件的行为。

高利转贷罪(第175条),是指以转贷牟利为目的,套取金融机构信贷资金高利转贷他人,违法所得数额较大的行为。

骗取贷款、票据承兑、金融票证罪(第175条之一),是指以欺骗手段取得银行或者其他金融机构贷款、票据承兑、信用证、保函等,给银行或者其他金融机构造成重大损失或者有其他严重情节的行为。

非法吸收公众存款罪(第176条),是指非法吸收公众存款或者变相吸收公众存款,扰乱金融秩序的行为。

伪造、变造金融票证罪(第177条),是指伪造、变造汇票、本票、支票,或者伪造、变造委托收款凭证、汇款凭证、银行存单等其他银行结算凭证,或者伪造、变造信用证或者附随的单据、文件,或者伪造信用卡的行为。

妨害信用卡管理罪(第177条之一第1款),是指明知是伪造的信用卡而持有、运输,或者明知是伪造的空白信用卡而持有、运输且数量较大,或者非法持有他人信用卡且数量较大,或者使用虚假的身份证明骗领信用卡,或者出售、购买、为他人提供伪造的信用卡或者以虚假的身份证明骗领的信用卡的行为。

窃取、收买、非法提供信用卡信息罪(第177条之一第2款),是指窃取、收买或者非法提供他人信用卡信息资料的行为。

伪造、变造国家有价证券罪(第178条第1款),是指伪造、变造国库券或者国家发行的其他有价证券,数额较大的行为。

伪造、变造股票、公司、企业债券罪(第178条第2款),是指伪造、变造股票或者公司、企业债券,数额较大的行为。

擅自发行股票、公司、企业债券罪(第179条),是指未经国家有关主管部门批准,擅自发行股票或者公司、企业债券,数额巨大、后果严重或者有其他严重情节的行为。

内幕交易、泄露内幕信息罪(第180条第1款),是指证券、期货交易内幕信息的知情人员或者非法获取证券、期货交易内幕信息的人员,在涉及证券的发行,证券、期货交易或者其他对证券、期货交易价格有重大影响的信息尚未公开前,买入或者卖出该证券,或者从事与该内幕信息有关的期货交易,或者泄露该信息,或者明示、暗示他人从事上述交易活动,情节严重的行为。

利用未公开信息交易罪(第180条第2款),是指证券交易所、期货交易所、证券公司、期货经纪公司、基金管理公司、商业银行、保险公司等金融机构的从业人员以及有关监管部门或者行业协会的工作人员,利用因职务便利获取的内幕信息以外的其他未公开的信息,违反规定,从事与该信息相关的证券、期货交易活动,或者明示、暗示他人从事相关交易活动,情节严重的行为。

编造并传播证券、期货交易虚假信息罪(第181条第1款),是指编造并且传播影响证券、期货交易的虚假信息,扰乱证券、期货交易市场,造成严重后果的行为。

诱骗投资者买卖证券、期货合约罪(第181条第2款),是指证券交易所、期货交易所、证券公司、期货经纪公司的从业人员,证券业协会、期货业协会或者证券期货监督管理部门的工作人员,故意提供虚假信息或者伪造、变造、销毁交易记录,诱骗投资者买卖证券、期货合约,造成严重后果的行为。

操纵证券、期货市场罪(第182条),是指以法定的方法,操纵或者影响证券、期货交易价格或者证券、期货交易量的行为。法定方法包括:单独或者合谋,集中资金优势、持股或者持仓优势或者利用信息优势联合或者连续买卖;与他人串通,以事先约定的时间、价格和方式相互进行证券、期货交易;在自己实际控制的账户之间进行证券交易,或者以自己为交易对象,自买自卖期货合约;其他操纵证券、期货市场的方法。

背信运用受托财产罪(第185条之一第1款),是指商业银行、证券交易所、期货交易所、证券公司、期货经纪公司、保险公司或者其他金融机构,违背受托义务,擅自运用客户资金或者其他委托、信托的财产,情节严重的行为。

违法运用资金罪(第185条之一第2款),是指社会保障基金管理机构、住房公积金管理机构等公众资金管理机构,以及保险公司、保险资产管理公司、证券投资基金管理公司,违反国家规定运用资金的行为。

违法发放贷款罪(第186条),是指银行或者其他金融机构的工作人员违反国家规定发放贷款,数额巨大或者造成重大损失的行为。

吸收客户资金不入账罪(第187条),是指银行或者其他金融机构的工作人员吸收客户资金不入账,数额巨大或者造成重大损失的行为。

违规出具金融票证罪(第188条),是指银行或者其他金融机构的工作人员违反规定,为他人出具信用证或者其他保函、票据、存单、资信证明,情节严重的行为。

对违法票据承兑、付款、保证罪(第189条),是指银行或者其他金融机构的工作人员在票据业务中,对违反票据法规定的票据予以承兑、付款或者保证,造成重大损失的行为。

逃汇罪(第190条),是指公司、企业或者其他单位,违反国家规定,擅自将外汇存放境外,或者将境内的外汇非法转移到境外,数额较大的行为。

骗购外汇罪①,是指使用伪造、变造的海关签发的报关单、进口证明、外汇管理部门核准件等凭证和单据,或者重复使用海关签发的报关单、进口证明、外汇管理部门核准件等凭证和单据,或者以其他方式骗购外汇,数额较大的行为。规定本罪法条第2款的规定,系理论上的牵连犯,立法上的转化犯。

五、金融诈骗罪

包括 **8** 种具体的犯罪。

集资诈骗罪(第 192 条),是指以非法占有为目的,采用非法集资的方法,进行诈骗活动②,数额较大的行为。

贷款诈骗罪(第 193 条),是指以非法占有为目的,采用法定的方法,诈骗银行或者其他金融机构的贷款,数额较大的行为。法定方法包括:编造引进资金或项目等虚假理由;使用虚假的经济合同;使用虚假的证明文件;使用虚假的产权证明作担保或者超出抵押物价值重复担保;采用其他欺骗方法。

票据诈骗罪(第 194 条第 1 款),是指以非法占有为目的,采用法定的方法,进行金融票据诈骗活动,数额较大的行为。法定方法包括:明知是伪造、变造的汇票、本票、支票而使用;明知是作废的汇票、本票、支票而使用;冒用他人的汇票、本票、支票;签发空头支票或者与其预留印鉴不符的支票,骗取财物;汇票、本票的出票人签发无资金保证的汇票、本票或者在出票时作虚假记载,骗取财物。

金融凭证诈骗罪(第 194 条第 2 款),是指以非法占有为目的,使用伪造、变造的委托收款凭证、汇款凭证、银行存单等其他银行结算凭证,进行诈骗活动,数额较大的行为。

信用证诈骗罪(第 195 条),是指以非法占有为目的,采用法定的方法,进行信用证诈骗活动的行为。法定方法包括:使用伪造、变造的信用证或者附随的单据、文件;使用作废的信用证;骗取信用证;采用其他欺骗方法。

信用卡诈骗罪(第 196 条),是指以非法占有为目的,采用法定的方法,进行信用卡诈骗活动,数额较大的行为。法定方法包括:使用伪造的信用卡,或者使用以虚假的身份证明骗领的信用卡;使用作废的信用卡;冒用他人信用卡;恶意透支。第 196 条第 3 款的规定,系理论上的吸收犯,立法上的包容犯。

有价证券诈骗罪(第 197 条),是指以非法占有为目的,使用伪造、变造的国库券或者国家发行的其他有价证券,进行诈骗活动,数额较大的行为。

保险诈骗罪(第 198 条),是指以非法占有为目的,采用法定的方法,进行骗取保险金的诈骗活动,数额较大的行为。法定方法包括:投保人故意虚构保险标的;投保人、被保险人或者受益人对发生的保险事故编造虚假的原因或者夸大损失的程度;投

---

① 全国人民代表大会常务委员会《关于惩治骗购外汇、逃汇和非法买卖外汇犯罪的决定》(1998 年)第 1 条。

② 对此我国《刑法》第 192 条的表述是"使用诈骗方法非法集资"。而就本罪的立法原意来看,诈骗行为是其本质特征,非法集资只是诈骗行为的一种特定方法。

保人、被保险人或者受益人编造未曾发生的保险事故;投保人、被保险人故意造成财产损失的保险事故;投保人、受益人故意造成被保险人死亡、伤残或者疾病。第198条第2款的规定,系理论上的牵连犯,立法上的数罪并罚。

六、危害税收征管罪

包括14种具体的犯罪。其中,逃税罪上节已作阐释。

抗税罪(第202条),是指纳税人、扣缴义务人,以暴力、威胁方法拒不缴纳税款的行为。

逃避追缴欠税罪(第203条),是指纳税人欠缴应纳税款,采取转移或者隐匿财产的手段,致使税务机关无法追缴欠缴的税款,数额在1万元以上不满10万元的行为。

骗取出口退税罪(第204条),是指以假报出口或者其他欺骗手段,骗取国家出口退税款,数额较大的行为。第204条第2款前段的规定,系想像竞合犯的情形。

虚开增值税专用发票、用于骗取出口退税、抵扣税款发票罪(第205条),是指为他人虚开、为自己虚开、让他人为自己虚开或者介绍他人虚开增值税专用发票或者虚开用于骗取出口退税、抵扣税款的其他发票的行为。

虚开发票罪(第205条之一),是指虚开我国《刑法》第205条规定以外的其他发票,情节严重的行为。

伪造、出售伪造的增值税专用发票罪(第206条),是指仿照国家增值税专用发票,制造足以使普通人误认为是真的假增值税专用发票,或者明知是伪造的增值税专用发票而予以出售的行为。

非法出售增值税专用发票罪(第207条),是指违反国家发票管理法规,非法出售增值税专用发票的行为。

非法购买增值税专用发票、购买伪造的增值税专用发票罪(第208条),是指违反国家发票管理法规,非法购买增值税专用发票或者购买伪造的增值税专用发票的行为。

非法制造、出售非法制造的用于骗取出口退税、抵扣税款发票罪(第209条第1款),是指违反国家发票管理法规,伪造、擅自制造或者出售伪造、擅自制造的可以用于骗取出口退税、抵扣税款的其他发票的行为。

非法制造、出售非法制造的发票罪(第209条第2款),是指违反国家发票管理法规,伪造、擅自制造或者出售伪造、擅自制造的特定发票以外的其他普通发票的行为。特定发票是指我国《刑法》第206条与第209条第1款已有规定的增值税专用发票、可以用于骗取出口退税、抵扣税款。

非法出售用于骗取出口退税、抵扣税款发票罪(第209条第3款),是指违反国家发票管理法规,非法出售可以用于骗取出口退税、抵扣税款的其他发票的行为。

非法出售发票罪(第209条第4款),是指违反国家发票管理法规,非法出售特定发票以外的其他普通发票的行为。

持有伪造的发票罪(第210条之一),是指明知是伪造的发票而持有,数量较大的的行为。

七、侵犯知识产权罪

包括7种具体的犯罪。

假冒注册商标罪(第213条),是指未经注册商标所有人许可,在同一种商品上使用与其注册商标相同的商标,情节严重的行为。

销售假冒注册商标的商品罪(第214条),是指销售明知是假冒注册商标的商品,销售金额数额较大的行为。

非法制造、销售非法制造的注册商标标识罪(第215条),是指伪造、擅自制造他人注册商标标识或者销售伪造、擅自制造的注册商标标识,情节严重的行为。

假冒专利罪(第216条),是指未经专利权人的许可,在非专利产品或者方法上标注专利权人的专利标记或者专利号,情节严重的行为。

侵犯著作权罪(第217条),是指以营利为目的,采用法定的方法侵犯著作权,违法所得数额较大或者有其他严重情节的行为。法定方法包括:未经著作权人许可,复制发行其文字作品、音乐、电影、电视、录像作品、计算机软件及其他作品;出版他人享有专有出版权的图书;未经录音录像制作者许可,复制发行其制作的录音录像;制作、出售假冒他人署名的美术作品。

销售侵权复制品罪(第218条),以营利为目的,销售明知是侵犯他人著作权的侵权复制品,违法所得数额巨大的行为。

侵犯商业秘密罪(第219条),是指采用法定的方法侵犯商业秘密,给商业秘密的权利人造成重大损失的行为。法定方法包括:以盗窃、利诱、胁迫或者其他不正当手段获取权利人的商业秘密;披露、使用或者允许他人使用以前项手段获取的权利人的商业秘密;违反约定或者违反权利人有关保守商业秘密的要求,披露、使用或者允许他人使用其所掌握的商业秘密。第219条第2款是本罪准型构成的规定。作为基准构成,例如,A盗窃商业秘密,A披露所盗窃的商业秘密;而作为准型构成,例如,B披露A所盗窃或披露的商业秘密。

八、扰乱市场秩序罪

包括13种具体的犯罪。

损害商业信誉、商品声誉罪(第221条),是指捏造并散布虚伪事实,损害他人的商业信誉、商品声誉,给他人造成重大损失或者有其他严重情节的行为。

虚假广告罪(第222条),虚假广告罪,是指广告主、广告经营者、广告发布者违反国家规定,利用广告对商品或者服务作虚假宣传,情节严重的行为。

串通投标罪(第223条),是指投标人相互串通投标报价,损害招标人或者其他投标人利益,情节严重的行为。投标人与招标人串通投标,损害国家、集体、公民的合法利益的,是本罪的准型构成。

合同诈骗罪(第224条),是指以非法占有为目的,在签订、履行合同过程中,采用法定的方法骗取对方当事人财物,数额较大的行为。法定方法包括:以虚构的单位或者冒用他人名义签订合同;以伪造、变造、作废的票据或者其他虚假的产权证明作担保;没有实际履行能力,以先履行小额合同或者部分履行合同的方法,诱骗对方当事人继续签订和履行合同;收受对方当事人给付的货物、货款、预付款或者担保财产后逃匿;其他骗取对方当事人财物的方法。

组织、领导传销活动罪(第 224 条之一),是指组织、领导以推销商品、提供服务等经营活动为名,要求参加者以缴纳费用或者购买商品、服务等方式获得加入资格,并按照一定顺序组成层级,直接或者间接以发展人员的数量作为计酬或者返利依据,引诱、胁迫参加者继续发展他人参加,骗取财物,扰乱经济社会秩序的传销活动的行为。

非法经营罪(第 225 条),是指违反国家规定,以法定方法从事非法经营活动,扰乱市场秩序,情节严重的行为。法定方法包括:未经许可经营法律、行政法规规定的专营、专卖物品或者其他限制买卖的物品;买卖进出口许可证、进出口原产地证明以及其他法律、行政法规规定的经营许可证或者批准文件;未经国家有关主管部门批准,非法经营证券、期货、保险业务,或者非法从事资金支付结算业务;其他严重扰乱市场秩序的非法经营行为。

强迫交易罪(第 226 条),是指以暴力、威胁手段,实施法定的强迫交易活动,情节严重的行为。法定强迫交易行为包括:强买强卖商品;强迫他人提供或者接受服务;强迫他人参与或者退出投标、拍卖;强迫他人转让或者收购公司、企业的股份、债券或者其他资产;强迫他人参与或者退出特定的经营活动。

伪造、倒卖伪造的有价票证罪(第 227 条第 1 款),是指伪造或者倒卖伪造的车票、船票、邮票或者其他有价票证,数额较大的行为。

倒卖车票、船票罪(第 227 条第 2 款),是指倒卖车票、船票,情节严重的行为。

非法转让、倒卖土地使用权罪(第 228 条),是指以牟利为目的,违反土地管理法规,非法转让、倒卖土地使用权,情节严重的行为。

提供虚假证明文件罪(第 229 条第 1 款),是指承担资产评估、验资、验证、会计、审计、法律服务等职责的中介组织的人员,故意提供虚假证明文件,情节严重的行为。第 229 条第 2 款所规定的情形在理论上成立想像竞合犯,我国《刑法》将之作为本罪的行为加重犯予以设置。对于类似的情形我国《刑法》规定不一。[①]

出具证明文件重大失实罪(第 229 条第 3 款),是指承担资产评估、验资、验证、会计、审计、法律服务等职责的中介组织的人员,严重不负责任,出具的证明文件有重大失实,造成严重后果的行为。

逃避商检罪(第 230 条),是指违反进出口商品检验法的规定,逃避商品检验,将必须经商检机构检验的进口商品未报经检验而擅自销售、使用,或将必须经商检机构检验的出口商品未报经检验合格而擅自出口,情节严重的行为。

---

① 详见本书第二十六章有关"受贿罪与徇私枉法罪"的阐释。

第二十二章 侵犯公民人身罪

第一节 侵犯公民人身罪概述

一、危害公民人身罪的本体构成

侵犯公民人身罪,是指故意或者过失侵犯公民的人身权利、民主权利以及其他与人身直接相关的权利的行为。该罪的本体构成包括侵犯公民人身权利行为等客观事实要素、侵害公民人身法益等客观规范要素、故意或者过失等主观责任要素。

（一）客观事实要素

本章各罪的法定客观事实,表现为实施非法侵犯公民人身权利、民主权利以及其他与人身直接相关的权利的行为。具体而论:

实行行为:非法侵犯公民人身与民主等权利行为。法定行为方式包括作为与不作为。**(1) 作为**:本章多数犯罪的法定行为方式,表现为作为。例如,故意杀人罪、故意伤害罪等。其中,许多犯罪在实际中的实行行为也只能由作为构成。例如,强奸罪、侮辱罪、诽谤罪、诬告陷害罪等。[①] 本章也有法定行为方式系作为的犯罪,在实际中可以由不作为构成。例如,以不作为方式实施的故意杀人罪,此时这一犯罪即为不纯正的不作为犯。**(2) 不作为**:本章也有一些犯罪的法定行为方式,表现为不作为。例如,遗弃罪的法定行为方式遗弃即为不作为。由此,遗弃罪为纯正不作为犯。

特定构成结果:本章各罪有许多为结果犯,其特定构成结果表现为造成他人伤害、死亡等实害结果。例如,故意杀人罪（第 232 条）基准构成的客观事实要素,须有"造成他人死亡"这一特定构成结果;故意伤害罪（第 234 条）基准构成的客观事实要素,须有"造成他人轻伤以上伤害"这一特定构成结果。

行为主体:本章各罪的行为主体,具体表现为如下情形:(1) 一般主体:多数犯罪的法定主体为一般主体。例如,过失致人死亡罪（第 233 条）、非法拘禁罪（第 238 条）、绑架罪（第 239 条）等。其中,故意杀人罪、故意伤害罪（致人重伤或者死亡）的主体,是已满 14 周岁的人。(2) 特殊主体:少数犯罪的法定主体须为具有特定身份的特殊主体。例如,**报复陷害罪（第 254 条）** 的法定主体,须为国家机关工作人员;**刑讯逼供罪（第 247 条）** 的法定主体,须为司法工作人员。其中,强奸罪（第 236 条）的主体,是已满 14 周岁的人。(3) 包括单位:少数犯罪的法定主体包括自然人与单位。例如,强迫劳动罪（第 244 条）、出售、非法提供公民个人信息罪（第 253 条之一第 1

[①] 注意,这里的实际中的行为方式也只为作为,仅指实行行为。也就是说,不排除这些犯罪的非实行行为在实际中可以表现为不作为。例如,父母现场不予救助被强奸的亲生幼女,即可成立强奸罪的不作为的共犯行为。

款)、非法获取公民个人信息罪(第253条之一第2款)的法定主体,包括了自然人与单位。

既遂形态:本章各罪的既遂形态类型表现为:(1)行为犯:本章有的犯罪属于行为犯。例如,非法拘禁罪(第238条)、非法侵入住宅罪(第245条)等。(2)结果犯:本章有的犯罪属于结果犯。例如,故意杀人罪(第232条)、故意伤害罪(第234条)等。

(二)客观规范要素

本章各罪所侵害的类型法益,是公民的人身权利、民主权利以及其他与人身直接相关的权利。**人身权利**,是指公民享有法律保障的、与其人身不可分离的权利。例如,生命权、健康权、人身自由权、性自由权、人格权、名誉权、婚姻家庭权等。**民主权利**,是指公民享有法律保障的、参加国家管理和社会政治活动的权利。例如,选举权和被选举权、批评权、检举权、控告权、申诉权、宗教信仰自由权等。**其他与人身直接相关的权利**,是指劳动权、休息权、住宅不受侵犯权、通信自由权、民族平等权、少数民族风俗习惯等权利。

(三)主观责任要素

本章各罪的主观责任形式,除过失致人死亡罪和过失致人重伤罪为过失以外,其他各罪均为故意。

二、侵犯公民人身罪的种类

我国《刑法》分则"第四章侵犯公民人身权利、民主权利罪",从第232条至第262条之二共31+5个条文①,规定了42个罪名。② 基于侵害法益的具体类型,本书将本章各罪分为7类:

侵犯公民生命、健康权利的犯罪。包括5种具体的犯罪:故意杀人罪,过失致人死亡罪,故意伤害罪,组织出卖人体器官罪,过失致人重伤罪。

侵犯妇女、儿童身心健康的犯罪。包括6种具体的犯罪:强奸罪,强制猥亵、侮辱妇女罪,猥亵儿童罪,拐卖妇女、儿童罪,收买被拐卖的妇女、儿童罪,聚众阻碍解救被收买的妇女、儿童罪。

侵犯公民人格、名誉的犯罪。包括3种具体的犯罪:诬告陷害罪、侮辱罪、诽谤罪。

侵犯公民婚姻家庭的犯罪。包括6种具体的犯罪:暴力干涉婚姻自由罪,重婚罪,破坏军人婚姻罪,虐待罪,遗弃罪,拐骗儿童罪。

其他侵犯人身及其直接相关权利的犯罪。包括15种具体的犯罪:非法拘禁罪,绑架罪,非法搜查罪,非法侵入住宅罪,强迫劳动罪,雇用童工从事危重劳动罪,侵犯

---

① 增加的五个条文是,第234条之一、第244条之一、第253条之一、第262条之一、第262条之二。
② 《中华人民共和国刑法修正案(四)》(2002年)、《中华人民共和国刑法修正案(六)》(2006年)、《中华人民共和国刑法修正案(七)》(2009年)、《中华人民共和国刑法修正案(八)》(2011年)对本章有关罪刑作了修正。

通信自由罪、私自开拆、隐匿、毁弃邮件、电报罪，出售、非法提供公民个人信息罪，非法获取公民个人信息罪，侵犯少数民族风俗习惯罪，煽动民族仇恨、民族歧视罪，出版歧视、侮辱少数民族作品罪，组织残疾人、儿童乞讨罪，组织未成年人进行违反治安管理活动罪。

侵犯公民民主权利的犯罪。包括4种具体的犯罪：报复陷害罪，打击报复会计、统计人员罪，破坏选举罪，非法剥夺公民宗教信仰自由罪。

司法工作人员侵犯公民权利的犯罪。包括3种具体的犯罪：刑讯逼供罪，暴力取证罪，虐待被监管人罪。

第二节 本章具体犯罪重点分析

一、故意杀人罪

设置本罪的基本法条是我国《刑法》第232条，该条前段是本罪的基准罪状与法定刑，后段是本罪的减轻罪状与法定刑。第238条第2款后段，第247条后段，第248条后段，第292条第2款，对由非法拘禁罪、刑讯逼供罪、暴力取证罪、虐待被监管人罪、聚众斗殴罪转化为本罪的转化犯，分别作了规定。第289条前段是对聚众"打砸抢"致人死亡依照本罪定罪处罚的注意规定。①

故意杀人罪，是指故意非法引起他人死亡的行为。

（一）基准构成

1. 客观事实要素

表现为引起他人死亡的行为。具体构成要素包括实行行为、行为对象、行为结果、行为主体。

实行行为：引起他人死亡，具体是指使用各种方法，直接或者间接作用于他人的肌体，致使他人的生命非自然终结。故意引起他人死亡，即为杀人，依存于故意杀人罪；过失引起他人死亡，即为过失致人死亡，依存于过失致人死亡罪。具体理解应当注意：**(1) 作用方式**：本罪的致死行为之对肌体的直接或者间接作用，包括物理的和心理的作用。物理的作用，诸如拳打脚踢、刀刺枪击等；心理的作用，诸如基于精神刺激致极度惊恐或激愤而亡等。**(2) 间接正犯**：分则故意杀人罪之实行行为的典型系行为人亲自实行，而教唆并非实行，教唆自杀系利用他人的实行从而可为间接正犯。诱骗无责任能力他人自杀或者完全强制、完全欺骗他人自杀也为间接正犯。② **(3) 行为方式**：本罪法定行为方式是作为，我国刑法理论与实践通常也承认不纯正的不作为杀人。现实中的杀人行为，既可以是作为也可以是不作为；前者例如，刀砍、拳击、扼杀；后者例如，母亲故意不给婴儿哺乳致其死亡。**(4) 行为方法与罪数**：杀人的行为方法并无具体法定限制，可为多种多样，包括徒手、使用工具、利用动物、利用自然力

---

① 本书认为，我国《刑法》第289条前段的"致人伤残、死亡"，应当解释为故意致人伤残、死亡。
② 详见本书第八章有关间接正犯类型的阐释。

等等。不过,杀人的方法行为,有时可能触及其他犯罪,进而呈现诸多罪数形态问题。例如,使用放火、爆炸等方法杀人并危及公共安全的,系放火罪或爆炸罪与本罪的想象竞合犯;根据我国《刑法》第263条第5项的规定,出于取财目的故意杀人致人死亡的,系抢劫罪的结果加重犯;根据我国《刑法》第238条第2款后段的规定,犯非法拘禁罪使用暴力致人死亡的,系由非法拘禁罪转化为故意杀人罪的转化犯;而抢劫财物后出于灭口的目的而杀害被害人的,则为抢劫罪与故意杀人罪的数罪。

行为对象:他人的生命。人的生命始于出生终于死亡。具体理解应当注意:**(1)生命标志**:对于出生与死亡的标志,刑法理论上见解不一。出生的标志有阵痛说、全部露出说、一部分露出说、头部露出说、独立呼吸说等等;死亡的标志有呼吸终止说、脉搏终止说、脑死亡说等。① 我国刑法理论通常认为,出生即胎儿从母体分离出来能够独立进行呼吸,死亡即心脏不可逆转地停止跳动。**(2)侵害尸体**:生命的存在是故意杀人罪成立的前提之一。尸体因没有生命的存在,因此明确针对尸体的侵害不构成故意杀人罪。盗窃、侮辱尸体的可以构成盗窃、侮辱尸体罪(第302条)。倘若行为人发生事实上的认识错误,误将尸体当成活人而予以杀害,则可以构成故意杀人罪的未遂。

行为结果:实害结果,即造成他人死亡。

行为主体:本罪主体为一般主体,且刑事责任年龄系已满14周岁。

既遂形态:本罪是结果犯。

2. 客观规范要素

本罪所侵害的具体法益,是他人的生命权利。任何公民生命的价值在法律上都是平等的。另外,本罪的行为性质系属非法,即非正当行为的杀人。我国法律并未承认生命权的承诺,对此理论与实际中也有基本一致的观点与做法。

3. 主观责任要素

本罪的主观责任形式为故意,包括直接故意与间接故意。故意内容指向由杀人行为"造成他人死亡"为核心征表的"他人生命权利被侵状态"。通常,杀人动机并不决定本罪的构成,而可以影响量刑。但是,倘若行为人当场图财害命劫财,则构成抢劫罪。现实中,杀人动机表现为多种多样,如报复、奸情、义愤、灭口等等。

(二) 法定刑

1. 基准法定刑

根据我国《刑法》第232条前段的规定,犯故意杀人罪的,处死刑、无期徒刑或者10年以上有期徒刑。这是以直接故意为基准,对故意杀人罪法定刑的设置。这也是刑法法定刑设置的通例。

2. 减轻法定刑

根据我国《刑法》第232条后段的规定,犯故意杀人罪情节较轻的,处3年以上10年以下有期徒刑。

---

① 参见〔日〕木村龟二主编:《刑法学词典》,顾肖荣等译校,上海翻译出版公司1991年版,第621—622页。

(三) 犯罪形态与认定

1. 归于故意伤害罪、故意杀人罪的转化犯

归于故意伤害罪、故意杀人罪的转化犯,是指行为人原先实行他罪行为,却又致人重伤、死亡,由此行为发生性质转化,我国《刑法》明文规定按照故意伤害罪、故意杀人罪定罪处刑的立法形态。具体包括如下一些法条的规定:(1)《刑法》第238条第2款后段:实施非法拘禁,并使用暴力致人伤残、死亡的,依照故意伤害罪、故意杀人罪的规定定罪处罚。作为转化犯,对于这一规定应当理解为,行为人非法拘禁他人,其间出于非法拘禁的意图,使用暴力故意致人伤残、死亡。典型数罪不宜包容在转化犯[①]中,由此行为人非法拘禁他人,在拘禁过程中又出于非法拘禁以外的其他目的[②],使用暴力故意致使被害人伤残、死亡,应为典型数罪。(2)《刑法》第247条后段:实施刑讯逼供、暴力取证,并致人伤残、死亡的,依照故意伤害罪、故意杀人罪的规定定罪从重处罚。这里的致人伤残、死亡,是指在刑讯逼供或暴力取证中,故意致被害人重伤或者死亡。刑讯逼供导致被害人轻伤、自杀不属于这一情形。(3)《刑法》第248条第1款后段:殴打或者体罚虐待被监管人,并致人伤残、死亡的,依照故意伤害罪、故意杀人罪的规定定罪从重处罚。这里的致人伤残、死亡,是指在殴打或者体罚虐待被监管人中,故意致被害人重伤或者死亡。殴打或者体罚虐待被监管人导致被监管人轻伤、自杀不属于这一情形。(4)《刑法》第292条第2款:聚众斗殴,致人重伤、死亡的,依照故意伤害罪、故意杀人罪的规定定罪处罚。这里的致人重伤、死亡,是指在聚众斗殴中,故意致被害人重伤或者死亡。(5)《刑法》第333条第2款:非法组织他人出卖血液,以暴力、威胁方法强迫他人出卖血液,对他人造成伤害的,依照故意伤害罪定罪处罚。这里的对他人造成伤害,是指行为人实施非法组织他人出卖血液的行为,又故意致使被害人重伤;或者行为实施以暴力、威胁方法强迫他人出卖血液的行为,又故意致使被害人重伤造成严重残疾。

2. 致人重伤、死亡的结果加重犯

致人重伤、死亡的结果加重犯,是指行为人实行基准构成的实行行为,却发生了基准构成以外的重伤、死亡的加重结果,刑法对之规定了加重法定刑的法定犯罪形态。例如,我国《刑法》第263条的抢劫致人重伤、死亡的,第236条的强奸致被害人重伤、死亡,第257条的暴力干涉他人婚姻自由致被害人死亡等。致人重伤、死亡的结果加重犯是《刑法》中较为常见的一种结果加重犯。

根据结果加重犯的理论内涵,致人重伤、死亡的结果加重犯,其中重伤、死亡的结果,必须是基准构成的实行行为所致,反之则不能将重伤、死亡的结果归为基准构成的加重结果。例如,为了劫取财物而杀害他人,构成抢劫的结果加重犯,但是在抢劫过程中为了逃跑而杀害他人,由于行为意图的转变进而行为性质也发生了相应的转变,从而这里的杀害他人应当构成故意杀人罪。

---

① 详见本书第九章有关转化犯的阐释。
② 出于拘禁以外的其他目的,则超出了同一事实行为的范畴。

3. 自杀事件

自杀，是指自己杀死自己。纯粹个人的自杀当然与杀人无关，但是有时自杀中加入了他人的因素则需要分清自杀与杀人。相关的主要议题包括教唆自杀、帮助自杀、相约自杀等。

教唆自杀，是指他人本没有自杀意图，行为人故意采用引诱、劝说、欺骗等方法，使他人产生自杀意图。对于教唆自杀的定性，刑法理论有见解认为："杀人与自杀是两个不同的概念，杀人就是杀别人，自杀就是杀自己"，因此"自杀不是杀害他人，不构成犯罪。自然，教唆、帮助自杀不能构成犯罪"。事实上，教唆自杀是教唆人对他人进行精神诱导，从而运用他人自身的行为致他人于死亡，这可以视作一种间接的杀人，应当属于杀人的范畴，以故意杀人罪论处。在此，需要解释问题是：A. 杀自己不同于杀他人，从而杀自己能否构成杀人的实行；B. 教唆不同于实行，即使有实行但实行者非罪则教唆如何定性。就**问题 A** 而论，故意杀人罪的实行行为由致死行为与行为对象两项要素构成①，在通常的单一行为人实行的场合，致死行为与行为对象集中于同一行为主体而被评价。而在利用他人实行的间接正犯场合，行为本身实则与利用者这一主体分离，但这一行为却被评价为利用者的行为，由此对于利用者来说致死行为的要素符合。而对于利用者来说，被利用的自杀者显系他人，从而行为对象的要素也符合。因此，立于利用者的地位，故意杀人罪的实行行为成立。对于**问题 B**，也可从间接正犯的理论中获得答案。在教唆自杀的场合，自杀者虽实施了致死行为，但缺乏对象要素从而不构成犯罪，然而自杀者的致死行为系由教唆者发起并操纵与支配，在此教唆者实则利用自杀者作为工具来实施自己的犯罪，从而自杀者的致死行为被嫁接于教唆者的教唆利用行为。申言之，对于教唆者来说，自杀者的致死行为是作为教唆者的间接实行而为刑法评价的，此时教唆者亦为一种正犯，是间接正犯。

帮助自杀，是指在他人已有自杀意图的情况下，为他人提供便利，使他人实现自杀意图。对于帮助自杀的定性，刑法理论也颇有争议，否定犯罪论者认为：A. 我国《刑法》并未规定帮助自杀，基于罪刑法定原则，帮助自杀不能构成犯罪；B. 帮助自杀属于帮助行为，由于不存在实行行为，因而不能成立故意杀人罪。本书肯定帮助自杀构成故意杀人罪帮助犯。**首先**，在帮助自杀中存在引起他人死亡的实行行为。典型的实行行为集于行为主体一身被评价，然而正是帮助自杀并非典型的引起他人死亡才需对之予以特别阐释。具体地说，立于帮助者行为对象系他人无疑，而帮助行为与实行本身密不可分，两者对于死亡结果缺一不可；特别之处在于，致死实行本身系由自杀者本人实施，但是在帮助行为的评价中致死行为必须附随其中。由此，在帮助者帮助行为的角度，故意杀人罪的实行行为存在。**其次**，在帮助自杀中，作为自杀者的致死行为的实行者并不成立犯罪，不过基于共犯与正犯在犯罪成立上的应然关系，帮助自杀可以成立故意杀人的帮助犯。具体地说，在共犯与正犯的关系上，本书主张共

---

① 广义而论，行为附随情状（特定行为对象、时间、地点等），与实行行为的定性密不可分，可谓实行行为的组成部分。详见张小虎著：《犯罪论的比较与建构》（第二版），北京大学出版社 2014 年版，第 81、159 页。

犯从属性为原则,共犯独立性为例外;帮助犯绝对从属于正犯,教唆犯相对从属于正犯;实行从属以正犯着手实行为底限,要素从属以正犯或共犯符合构成要件为底限。①显然,在帮助自杀中,作为实行行为核心要素的致死行为既已实施。

相约自杀,是指两人以上相互约定自愿共同自杀。相约自杀,如果自杀者均已死亡,则不存在追究刑事后果问题。需要分析的是,倘若一方未死,那么未死者应否承担责任?对此存在以下几种情形:(1)相约自杀者各自实施自杀行为,并且未死者并非自杀的造意者,则未死者不承担责任;倘若未死者是相约自杀的造意者,则未死者相当于教唆自杀而构成故意杀人罪。(2)未死者受嘱托杀死其他相约自杀者,则未死者构成故意杀人罪。(3)未死者帮助其他相约自杀者自杀,则未死者相当于帮助自杀而构成故意杀人罪。

逼迫自杀,是指利用权势或者其他优势地位,以暴力或胁迫的方法,故意强制他人自杀。逼迫自杀,被逼迫者丧失意志自由,其致死行为系由逼迫者发起与支配,逼迫者实则利用被逼迫者作为工具来实施自己的犯罪,从而被逼迫者的致死行为被嫁接于逼迫者的逼迫行为,逼迫者系故意杀人罪的间接正犯。

导致自杀,是指行为人的错误行为、违法行为、犯罪行为,导致被害人羞辱、愤恨、冤屈而自杀。导致自杀,行为人既非自杀的造意者与操纵者,也非自杀的帮助者与实行者。导致自杀分别不同情形而有不同处理:(1)行为人存在针对自杀者的错误行为或轻微违法行为,但是自杀者心理承受能力较弱而自杀,对此行为人不承担刑事后果。(2)行为人存在针对自杀者的严重违法行为而导致自杀,综合整个事件达到了犯罪的程度,可以构成行为性质的犯罪。例如,侮辱致人自杀身亡,可以构成侮辱罪。(3)行为人的犯罪行为导致他人自杀,则他人自杀身亡的事实可以作为犯罪行为的严重后果或情节。例如,犯诈骗罪而致被害人自杀。

安乐死,是指受身患绝症、濒临死亡、不堪忍受病痛折磨的病人的嘱托,对其施以无痛苦的死亡。荷兰是第一个将安乐死合法化的国家,其后日本、瑞士、美国的一些州等也通过了安乐死法案。我国刑法理论对安乐死的认识不一。② 不过,在实然的法律并未肯定安乐死的情况下,安乐死原则上应当构成故意杀人罪。在此,虽有病人嘱托,但生命权不能让渡,从而并无阻却事由;而行为人实施了杀人行为,又具有杀人故意。

二、故意伤害罪

设置本罪的基本法条是我国《刑法》第234条,该条第1款是本罪的基准罪状与法定刑,第2款前段与中段是本罪的加重罪状与法定刑。第2款后段是在竞合与其他加重涉及伤害的场合排除本条适用的规定。

故意伤害罪,是指故意非法引起他人身体健康损害的行为。

---

① 详见本书第八章有关共同犯罪的相应阐释。
② 参见楚东平著:《安乐死》,上海文化出版社1988年版;赵秉志主编:《侵犯人身权利犯罪疑难问题司法对策》,吉林人民出版社2001年版,第21页。

(一) 基准构成

1. 客观事实要素

表现为引起他人身体健康损害的行为。具体构成要素包括实行行为、行为对象、行为结果、行为主体。

实行行为：引起他人身体健康损害，具体是指使用各种方法，直接或者间接作用于他人的肌体，致使他人身体组织的完整或者人体器官的正常机能遭受破坏。例如，砍断手臂，打聋耳朵，使人神经机能失常。故意引起他人身体健康损害，即为伤害，依存于故意伤害罪；过失引起他人身体严重损害，即为过失致人重伤，依存于过失致人重伤罪。伤害的法定行为方式是作为，我国刑法理论与实践通常也承认不纯正的不作为伤害。现实中的伤害行为，既可以是作为也可以是不作为。伤害的行为方法并无具体法定限制，可为多种多样，包括徒手、使用工具、利用动物、利用自然力、利用被害人自身力量等等。

行为对象：他人的健康。首先，行为针对**健康**，即针对他人身体组织的完整或者人体器官的正常机能，否则不构成伤害。针对他人实施精神折磨与摧残，致其精神损伤，可谓针对人体器官正常机能的伤害。其次，行为针对**他人**，即伤害的是他人，伤害自己的身体通常不构成犯罪，但是，根据我国《刑法》第434条的规定，战时自伤身体，逃避军事义务的，构成战时自伤罪。由于胎儿不是独立的个体，从而对于**侵害胎儿**的定性产生了争议。对此本书认为，就行为对母亲的作用而论，是故意伤害，此时胎儿作为母体的一部分；而就行为对胎儿的作用而论，鉴于胎儿并非独立的生命个体，从而只能将之置于母体的一部分予以评价。然而，如果故意使用药物给予母亲，致使胎儿出生后畸形，而母亲并未遗有疾患，对此如何定性？无罪论者主张侵害胎儿缺乏故意伤害罪的法定行为对象"人"，从而基于罪刑法定原则不能构成犯罪；也有论者主张胎儿成"人"是行为对象的时期问题，这不同于行为的时期，从而侵害胎儿可谓是对出生后的"人"的伤害。应当说，这依然是以母亲为对象的故意伤害。理由是：母亲虽未显有遗患但胎儿已有畸形，由此药物作用于母体时未必母体就没有受到伤害；胎儿与母体血脉相连而不可分割，母子健康统为一体，胎儿受损也就意味着母体健康受损；在药物作用于母体时胎儿受损即已逐步形成，故出生后的胎儿畸形并非无原因的突发；胎儿出生后的畸形是其在母体中受损的体外征表，伤害后果的自然分解并不否认伤害结果的存在。总之，胎儿体内受损及母体健康受损的结果系由给药的伤害行为所致，胎儿出生后的畸形只是这一伤害后果的独特体现。

行为结果：造成他人轻伤以上伤害。刑法规定的**伤害结果**包括轻伤害、重伤害、伤害致人死亡三种。**轻伤害**，是指各种致伤因素致使组织、器官结构的一定程度的损害，或者部分功能障碍，尚未构成重伤又不属轻微伤害的损伤。**重伤害**，是指使人肢体残废、毁人容貌，或者使人丧失听觉、视觉或其他器官机能，或者其他对于人身健康有重大伤害的损伤。

行为主体：本罪主体为一般主体，且犯故意伤害罪致人重伤或者死亡的刑事责任年龄系已满14周岁。

既遂形态：本罪是结果犯。法定的完成形态是造成轻伤以上伤害结果。值得考究的是，故意伤害是否存在未遂犯，例如实施故意伤害行为虽未造成轻伤以上结果，但是具有出于卑劣动机、采用残忍手段、针对弱势群体人员等情节。对此，理论上应当存在故意伤害罪的未遂犯，司法实际中以轻伤以上伤害结果作为追诉基准的做法值得推敲。

2. 客观规范要素

本罪所侵害的具体法益，是他人的健康权利。另外，本罪的行为性质系属非法，即非正当行为的伤害。健康权能否承诺，对此刑法理论存在较大争议。这实际上是被害人承诺伤害的违法阻却问题。本书认为，通常被害人对于自身健康的损害并无承诺权。但是，如果法律存在相关肯定这种承诺的规定，则这种承诺可以阻却违法性。例如，为了医疗的目的已满18周岁的人承诺摘取其器官。①

3. 主观责任要素

本罪的主观责任形式为故意，包括直接故意与间接故意。故意内容指向由伤害行为"造成他人健康较重损伤"②为核心征表的"他人健康权利被侵状态"。通常，伤害动机并不决定本罪的构成，而可以影响量刑。现实中，伤害动机表现为多种多样，诸如嫉妒、报复、逞强等等。

（二）法定刑

1. 基准法定刑

根据我国《刑法》第234条第1款的规定，犯故意伤害罪的，处3年以下有期徒刑、拘役或者管制。

2. 加重法定刑

根据我国《刑法》第234条第2款的规定，犯故意伤害罪致人重伤的，处3年以上10年以下有期徒刑；致人死亡或者以特别残忍手段致人重伤造成严重残疾的，处10年以上有期徒刑、无期徒刑或者死刑。

（三）本罪认定

1. 故意伤害行为的其他刑法规定

我国《刑法》第234条第2款后段特别规定，在《刑法》对伤害行为另有特别规定的场合排除本条的适用。这主要涉及规范竞合犯与结果加重犯的规范选择适用。

(1) 规范竞合犯：倘若规定故意伤害罪的刑法规范与规定其他犯罪的刑法规范出现竞合，则对于相应的规范竞合犯适用其他刑法规范而构成其他具体犯罪。例如，在非法行医中间接故意造成他人重伤，系非法行医罪与故意伤害罪的同一犯罪行为的规范竞合犯，构成非法行医罪。对于规范竞合犯通常按照特别规范优于普通规范等一般原则选择规范适用，而在法律对于适用规范有明确规定的场合则依照法律规定。

---

① 详见张小虎著：《犯罪论的比较与建构》（第二版），北京大学出版社2014年版，第467页。
② 故意伤害罪的特定构成结果是轻伤以上伤害，这一特定构成结果的事实特征是主观责任的事实内容。不过，要求行为人在主观知与欲的程度上明确轻伤害与重伤害等，这既不现实也不合理，从而只要行为人对于这种伤害结果的事实具有大致的知与欲，则伤害故意的事实内容的知与欲即可成立。

不过,通常规定故意伤害罪的规范系普通规范而规定其他犯罪的规范系特别规范,从而《刑法》第234条第2款后段的这一规定与规范竞合之适用规范的一般原则也是吻合的。**(2) 结果加重犯**:行为人实施其他具体犯罪的实行行为,却发生了这一具体犯罪基准构成要素以外的重伤结果,《刑法》针对这一重伤结果规定了加重的法定刑,对此按照其他具体犯罪定性,并且适用相应的加重法定刑。例如,以非法占有为目的,故意重伤他人劫财的,构成抢劫罪而不定故意伤害罪,并适用抢劫致人重伤的加重法定刑。

2. 故意伤害罪与殴打行为

殴打,是指故意打人。在此,打人行为系故意,可能旨在造成他人身体暂时性疼痛而打人,也可能出于伤害或杀害他人的意图而施以殴打。这里关键是行为结果状态以及行为结果心态,这是对殴打行为予以法律定性的核心要素。(1) 行为结果状态:致人轻微伤、轻伤、重伤乃至死亡。(2) 行为结果心态:出于伤害或杀害他人的故意;对他人伤害或死亡的结果持过失心态;对他人伤害或死亡的结果缺乏故意与过失。(3) 殴打法律定性:结合殴打的结果状态与结果心态,殴打他人的性质可以是:A. 故意伤害罪:出于伤害他人的故意,殴打他人,致人轻伤、重伤或者死亡;B. 故意杀人罪:出于杀人的故意,殴打他人,致人轻微伤、轻伤、重伤、死亡;C. 过失致人重伤罪或过失致人死亡罪:殴打他人,尽管反对他人重伤、死亡的结果,但是对于这种结果应当预见而没有预见或者已经预见而轻信能够避免,以致发生了这种结果;D. 不构成犯罪:殴打他人,尽管造成了他人伤害、死亡的结果,但是行为人反对这种结果的发生(排除故意),并且对这种结果的发生没有预见也不可能预见(排除过失)。

3. 故意伤害致死与故意杀人

故意伤害致死,是指行为人以伤害他人为故意,实施损害他人身体健康的行为,却发生了他人死亡的结果。故意伤害致死与故意杀人,两者相同之处:客观上均以一定的行为造成了他人死亡的结果;主观上责任形式的类型均为故意。两者主要区别在于故意内容不同:故意伤害致死,行为人出于伤害故意而实施行为,对他人死亡的结果则持过失心态;故意杀人,行为人出于杀人故意而实施行为,对他人死亡的结果也持故意心态。

问题是我国《刑法》第234条第2款中段所规定的故意伤害"致人死亡",是否包括故意致人死亡,尤其是在伤害停止后间断性地造成他人死亡的场合。对此,基于我国《刑法》这一规定的结果加重犯形态及其法定刑轻重,本书肯定这一故意伤害致死可以包容伤害中的间接故意杀人。具体地说:**(1) 间断与不间断的致死**:故意伤害致死,就故意伤害与致死结果之间的自然衔接而论,存在间断与不间断的两种情形。伤害不间断致死,是指行为人实施故意伤害行为,而行为却即时造成了被害人的死亡。伤害间断致死,是指行为人故意伤害致人重伤,而后经过一段时间发展造成了被害人的死亡。其中,伤害不间断致死是较为典型的结果加重犯形态;而伤害间断致死包括结果加重犯的情形,但未必均为结果加重犯。**(2) 积极与消极的不作为**:在伤害间断致死的场合,涉及行为人对于伤者不予及时救助致其死亡的不作为问题,而这一不作为又有消极与积极的不呈现。**消极不作为**是指行为人实施前罪致被害人重伤之后,对于被害人既不予救助也无将之转移并弃置的举动,终致被害人因得不到及时救助而死亡;**积极不作为**是指行为人实施前罪致被害人重伤之后,对于被害人不予救助而是将之转移并弃置于隐蔽场所,终致被害人因得不到及时救助而死亡。**(3) 积极不作为的相对独立**:在积极不作为中,行为人转移并弃置被害人的行为,一则更加彰显了引起行为人救助正处于生命危险中的被害人之作为义务的先行行为的要素;二则也更为充分地征表了行为人不予履行作为义务以阻断被害人死亡结果的不予救助行为。由此,积极不作为,其不作为的特征至为明显。在积极不作为的场合,对于积极不作为而致被害人得不到及时救助死亡的,均应以不作为犯论处。积极不作为也展示了行为人对致死心态的直接故意。**(4) 消极不作为的应然处理**:消极不作为致人死亡确有不作为犯的特征,不过将之置于结果加重犯中评价,在一定程度上也能得到合理解释。在前罪的实行行为与被害人最终死亡结果之间,就行为人身体动静而论,行为人没有其他刑法意义上的积极举动,被害人死亡也可看作是前罪实行行为所致状态后又因自然延续而致的加重结果,可谓是实施基准实行行为而致加重结果。当然,作此处理须有两项条件:其一,我国《刑法》的这一结果加重犯的法定刑能够包容对这一不作为犯的处罚;其二,消极不作为与先行伤害行为可被评价为一行为以符合结果加重犯的解释。**(5) 故意伤害与消极不作为致死**:在伤害间断消极不作为致死的场合,行为与心态呈现:A. 故意伤害行为;B. 过失或故意消极不作为致死行为。在同一时点上,致死过失虽可承载于伤害故意,但一个行为不能既是伤害故意又是致死故意。然而,这里的 A 与 B 是先后的关系,先有伤害故意后有致死故意,且致死故意又是承载于消极不作为。由此,就致死的原因力而论,可以认为故意伤害行为是决定性的因素,死亡是这一因素的自然延续,而针对加重结果的致死故意,与间断致死过失可以附载于 A 一样,也可附载于 A。这一理解不失我国《刑法》第234条第2款中段的应有之意。**(6) 伤害又造成死亡的情形**:鉴于上述理由,对故意伤害又造成被害人死亡的定性,根据具体案情的不同主要包括:① 放任心态侵害:A 出于侵害 B 的意图而实施人身侵害行为,对于 B 的死与伤持放任态度。如造成 B 死亡构成故意杀人罪,如造成 B 伤害则系故意伤害罪。② 伤害即时致死:A 出于故意伤害 B 的意图实施侵害行为,而故意伤害行为却即时过失造成了 B 的死亡。这是较为典型的故意伤害致死的结果加重犯。③ 伤害间断过失致死:A 故意致 B 重伤,预见 B 可能死亡但轻信能够避免而离开现场,致使 B 因得不到及时救助而死亡。这也可归于故意伤害致死的结果加重犯。④ 伤害消极故意致死:A 故意致 B 重伤,明知 B 可能死亡但对此结果持放任态度而离开,致使 B 因得不到及时救助而死亡。这仍可归于故意伤害致死的结果加重犯。① ⑤ 伤害部分救助致死:A 故意致 B 重伤,预见 B 可能死亡即将之送至医院门口,轻信会有第三人予以救助,然终致 B 因得不到及时救助而死亡。

---

① 比较本情形与上述情形①,似乎对于致死均持放任心态,在终致被害人死亡的场合,情形①定故意杀人罪,而本情形却定故意伤害(致死)罪。对此,应当考虑,情形①系为的放任致死,而本情形系消极不作为的放任致死;刑法本来就是以处罚作为为原则,以处罚不作为为例外的,尤其是在不纯正不作为犯的场合。

这依然是故意伤害致死的结果加重犯。⑥ 伤害积极故意致死：A 故意致 B 重伤，而后将 B 带离并弃于人迹罕至场所，故意致使 B 因得不到及时救助而死亡。A 的故意伤害行为成立故意伤害罪，A 的不予避免 B 死亡的不作为成立故意杀人罪①，两罪按吸收犯处理。⑦ 伤害进而故意致死：A 先以伤害意图对 B 实施侵害，过程中又转而出于杀人意图对 B 继续实施侵害，终致 B 死亡。A 的前一伤害意图行为构成故意伤害罪，A 的后一杀人意图行为构成故意杀人罪，两罪按吸收犯处理。

三、强奸罪

设置本罪的基本法条是我国《刑法》第 236 条，该条第 1 款是本罪的基准罪状与法定刑，第 2 款是本罪的准型构成与处罚，第 3 款是本罪的加重罪状与法定刑。第 259 条第 2 款是对以胁迫手段奸淫军人妻子而构成强奸罪的注意规定。第 300 条第 3 款是对利用会道门等方法犯强奸罪的注意规定。

强奸罪，是指采用暴力、胁迫或者其他手段，违背妇女意志而与之性交，或者奸淫不满 14 周岁幼女的行为。

（一）基准构成

1. 客观事实要素

表现为采用暴力、胁迫或者其他手段，违背妇女意志而与之性交的行为。具体构成要素包括实行行为、行为对象、行为主体。其中，实行行为包括方法行为、本质行为、目的行为三个要素；行为对象仅为妇女；行为主体系男子。

实行行为·方法行为：采用暴力、胁迫或者其他手段。这意味着，暴力手段是强奸行为的主要特征，但并非是唯一的特征；和平手段也可构成强奸的方法行为。由此，**(1)暴力**，是指对妇女的身体实施有形的外力，诸如殴打、捆绑、堵嘴、按倒、卡颈等，使其不能反抗的行为。这里的暴力，包括出于强奸意图作为遏制妇女反抗手段的故意伤害行为与间接故意杀人行为②。行为人出于奸淫意图，径行故意杀害妇女，而后奸尸的，成立故意杀人罪与侮辱尸体罪的牵连犯；行为人出于奸淫意图，暴力过程中放任妇女死亡③，致死后奸尸的，成立故意杀人罪与强奸罪（加重未遂）的想像竞合犯及其与侮辱尸体罪的牵连犯；行为人出于奸淫意图，暴力过程中直接故意杀害妇女④，致死后奸尸的，成立强奸罪（未遂）与故意杀人罪及侮辱尸体罪的牵连犯；行为人出于奸淫意图，暴力强奸妇女，出于报复或灭口又杀害被害人的，成立强奸罪与故意杀人罪数罪；行为人出于其他目的杀害妇女，而后产生奸尸意图而奸尸的，成立故意杀人罪与侮辱尸体罪数罪。**(2)胁迫**，是指以杀害、伤害、报复、揭发隐私、毁坏名

---

① 就罪而论，积极不作为致死其不作为具有相对独立性，由此伤害与积极不作为致死不能符合结果加重犯所需的一个基准实行行为的构成要素。就刑而论，我国《刑法》第 232 条的法定刑是以直接故意杀人为基准的，显然第 234 条第 2 款中段伤害致死的加重法定刑，从轻重来看并非针对直接故意致死而设。关于先行行为犯罪与不作为犯罪的罪刑处置规则，详见本书第十章不纯正不作为犯有关具体定性的阐释。

② 直接故意杀人与奸淫活体妇女意图，不合事理逻辑。

③ 在此，间接故意杀人是为了强奸。

④ 在此，直接故意杀人是为了奸尸。

誉、加害亲属等,对妇女进行精神威胁与恐吓,使其产生恐惧心理而不敢反抗的行为。在此,胁迫的内容包括暴力与非暴力;胁迫内容的实现既可以是当场的也可以是日后的。但是,在胁迫的程度上,对妇女的精神强制应当达到致使妇女被完全控制与支配而丧失了意志自由。例如,利用教养关系、职务从属关系、孤立无援环境而要挟逼迫妇女接受奸淫等。**(3) 其他方法**,是指暴力、胁迫方法以外的,利用或者造成妇女无法反抗、不知反抗的行为。包括:A. 造成妇女反抗成为问题而奸淫。例如,冒充妇女的丈夫或情夫奸淫,用药麻醉或用酒灌醉妇女奸淫,假冒治病欺骗妇女同意奸淫,利用会道门或邪教组织的邪说欺骗妇女奸淫等等。B. 利用妇女反抗成为问题而奸淫。例如,乘妇女病重不能反抗之机奸淫,乘妇女熟睡不知反抗之机奸淫,利用妇女心神丧失或呆傻不知反抗奸淫等等。

实行行为·本质行为:违背妇女意志。这是强奸行为的本质特征。**(1) 违背妇女意志的蕴含**:违背妇女意志,是指违反与背离妇女拒绝性交的真实意愿。对此,在具体判断上应当注意:**A. 意志内容**:违背的是妇女拒绝性交的意志。而性交行为有其具体对象以及具体时空等的承载。由此,性交的具体对象固然是拒绝性交的重要内容;同时,性交的特定场所与时间等也是拒绝性交的重要内容;甚至,是否使用安全套性交也是拒绝性交的重要内容。**B. 意志能力**:违背的是妇女的意志,包括针对具有意志能力的妇女与针对缺乏意志能力的妇女。妇女具有意志能力而拒绝性交,行为人违之而为固然是违背妇女意志;妇女缺乏意志能力也就无法表达其意志,行为人与之性交也是违背妇女意志。**C. 背意程度**:违背妇女意志意味着行为人完全控制与支配着妇女意志,诸如基于欺骗、暴力等,而使妇女丧失其意志自由或不能实现其真实意愿。反之,妇女具有一定的意志自由从而存在意志行为的空间,在此场合基于意愿而与行为人性交,不能谓为违背妇女意志。**D. 反抗与否**:违背妇女意志,既可以表现为对妇女意志的外在暴力强制,也可以表现为对妇女意志的内在精神强制。而妇女对这种强制虽有抗拒意志,但却未必就要表现出外在的强烈的反抗行为。有时精神强制与客观条件等,致使妇女不敢反抗。**(2) 方法行为与本质行为**:对于方法行为与本质行为的关系,刑法理论存在如下不同见解:强奸罪的本质特征是违背妇女意志;强奸罪的本质特征是行为方法的强制性;行为方法强制性与违背妇女意志系属现象与本质。对此,本书认为,方法行为与本质行为是构成强奸罪实行行为的相对独立的两个要素;通常场合方法行为的存在征表着本质行为的存在;但在某些场合也可能存在有方法行为而无本质行为或相反的情形①。由此,就强奸罪的客观构成而论,方法行为与本质行为两者缺一不可;对于方法行为与本质行为的判断,可以关联分析但最终应分别定论。

实行行为·目的行为:实施奸淫或性交,即男女生殖器的交合进入的行为。**(1) 奸淫的蕴含**:立于我国《刑法》的规定,作为本罪的典型构成,奸淫是指男性生殖

---

① 例如,行为人冒充妇女的丈夫奸淫,而恰该妇女对行为人早有此意。又如,行为人非强制性地提出与有夫之妇性交的要求,该妇女因感恩于行为人对于自己家人的照顾背意而为。

器对女性生殖器的插入,而就本罪准型构成的奸淫幼女而论,奸淫是指男性生殖器对女性生殖器插入式的接触。根据我国《刑法》,强奸的目的行为仅限男女生殖器的插入结合,口交、肛交、指奸、顶臀等均非性交之意,这些行为可以归入猥亵行为。当然,不排除有些国家的刑法典明确将口交、肛交等行为归属于奸淫行为①;也有的国家刑法典明确了医疗中接触肛门等的违法阻却②;有的国家的刑法典则明确规定口交、肛交等不属于强奸的奸淫行为③。**(2)猥亵与奸淫**:对于猥亵与奸淫的关系,刑法理论也有不同见解。对立关系说主张猥亵是奸淫以外的行为,特别关系说则认为奸淫是一种特别的猥亵。基于我国《刑法》与一般社会观念,猥亵与奸淫应呈对立关系。男女生殖器的交合谓为奸淫,此外的刺激性欲违反性道德行为可谓猥亵,包括诸如肛交、指奸等单方生殖器的接触或进入,以及接吻、搂抱、抚摸阴部等性刺激。如此,似有疑问,妇女猥亵幼男可以构成猥亵儿童罪,而妇女诱使幼男性交则不能处理。其实,妇女诱奸幼男不会仅是单纯的性交,其中应有猥亵行为。另外,刑法的不完整性不可避免。诸如,妇女强制成年男子性交、妇女强制猥亵成年男子等的处理均成问题。

行为对象:妇女。这里的妇女,是指具有生命的妇女。妇女的性自决权系妇女在生命存续期间呈现的一种权利。基于我国《刑法》的明确规定,男子不能成为本罪的行为对象。女子采用暴力、威胁或者其他手段强行与男子发生性交的,不能构成强奸罪。当然,不排除有些国家的刑法典明确将女子对男子强制性交也作为强奸罪的情形④;许多国家的刑法典对于强奸罪行为对象的性别未予限定⑤;也有不少国家的刑法典所规定的强奸罪仅限男子针对女子的强制性交⑥。

行为主体:男子,且刑事责任年龄系已满14周岁。女子可以成立本罪的间接正犯。

既遂形态:本罪是行为犯。在其他要素符合的情况下,实行行为的完成系本罪既遂的标志,而本罪实行行为的完成关键又在目的行为的完成⑦。**(1)奸淫完成标志**:对于奸淫行为完成的形态,许多国家的刑法典未予明确⑧,有的国家的刑法典采用接

---

① 例如,《西班牙刑法典》第179条将性侵犯罪等同于强奸罪;《菲律宾刑法典》第266条A将口交、肛交等方式的性攻击也作为强奸的情形。
② 例如,《新西兰刑事法典》第128条规定,性犯罪包括发生性接触的强奸与非法性关系。而在"发生性接触"的界说中,该条明确排除了他人基于"正当的医疗行为"而将持有物品的插入。
③ 例如,《斯洛伐克刑法典》第199条设置了强奸罪,是使用暴力等手段强制女性性交;同时,第200条又设置了性暴罪,是指使用暴力等手段强制实施口交、肛交或其他性行为。
④ 例如,《罗马尼亚刑法典》第217条将强奸罪的行为对象规定为"异性或同性"。类似的立法例还有《阿根廷刑法典》第119条等。
⑤ 例如,《奥地利刑法典》第201条、《捷克刑法典》第185条、《芬兰刑法典》第20章第1条、《瑞典刑法典》第6章第1条、《意大利刑法典》第609条-2、《德国刑法典》第177条、《法国刑法典》第222-23条。
⑥ 例如,《韩国刑法典》第297条、《泰国刑法典》第276条、《埃及刑法典》第267条、《日本刑法典》第177条、《瑞士刑法典》第190条、《朝鲜刑法典》第293条、《越南刑法典》第111条、《斯洛伐克刑法典》第199条。
⑦ 因为缺乏强奸实行行为的方法行为与本质行为则难以构成强奸罪。
⑧ 例如,《意大利刑法典》第609条、《日本刑法典》第177条。

触说①,也有国家的刑法典采用插入说②,还有国家的刑法典将插入作为加重构成③。对此,我国《刑法》未予明确规定,刑法理论存在接触说、插入说与射精说的不同见解。基于生理特征与社会观念,我国刑法理论与司法实际的通说认为:在奸淫幼女的场合,采纳接触说;在奸淫成年妇女的场合,采纳插入说。本书支持通说的立场。

(2) 奸淫幼女标志:有的学者主张对于幼女的奸淫行为也应以插入作为完成的标志,以免基于性器官的接触而将猥亵作为强奸处理。本书并不支持这一见解。在接触说的框架下,同样可以界分对幼女的猥亵与奸淫,基于插入意图而实施的进入式生殖器接触的行为是强奸,仅存猥琐淫秽而无插入意图施以生殖器接触的行为是猥亵;对幼女采用接触说不会造成将猥亵当作奸淫而处理,这如同对成年妇女采用插入说也不会造成将猥亵当作强奸未遂而处理,因为后者在未遂的场合也可能只是生殖器的接触。

2. 客观规范要素

本罪所侵害的具体法益,是妇女性交的自决权。丧失意志自由的呆傻人、心神丧失者等,由于缺乏性自决的能力,与之性交即侵犯了其性交的自决权。

3. 主观责任要素

本罪的主观责任形式为故意。故意内容指向由"采用暴力、胁迫或者其他手段违背妇女意志与之性交行为"为核心征表的"妇女性交的自决权被侵状态"。行为人具有违背妇女意志与之性交的目的。**间接故意**也可构成本罪,奸淫的目的并不否认背意行为(侵犯性自决权)的放任可能。行为人具有奸淫的意图,推知可能违背妇女意志却放任这种违背,不失强奸的间接故意。具体认定还应注意,在事实上妇女为呆傻人或心神丧失者的场合,如果行为人对此特殊的行为对象确实不知,双方自愿性交的,则缺乏强奸的故意。

(二) 准型构成·奸淫幼女

1. 客观事实要素

表现为与不满14周岁的幼女性交的行为。具体构成要素包括实行行为、行为对象、行为主体。

实行行为:实施奸淫或性交。基于幼女的身心尚未成熟,对性行为的意义和后果缺乏必要的辨识能力,对他人性行为的侵害也无抗拒能力,因此不论行为人采取什么手段,也不问幼女是否同意,只要与幼女发生了性交行为,即系强奸罪的实行行为完备。现实中,行为人奸淫幼女方法行为表现为多种多样,有的采用暴力、胁迫、麻醉手段,有的利用幼女无知以金钱、玩具等引诱,有的以扮演某一角色欺骗幼女同意。

行为对象:幼女,是指不满14周岁的女性。

行为主体:男子。

既遂形态:奸幼型强奸罪也是行为犯,而在既遂标准上采纳接触说。

---

① 例如,《西班牙刑法典》第179条。
② 例如,《新加坡刑法典》第375条、《法国刑法典》第222-23条。
③ 例如,《德国刑法典》第177条以"性行为"定义强奸,而在"性行为已奸入的"场合则为"情节严重"。

2. 客观规范要素

奸幼型强奸罪所侵害的具体法益,也是幼女性交的自决权。不过,由于缺乏性自决的能力,从而只要与之性交即侵犯了其性交的自决权。

3. 主观责任要素

奸幼型强奸罪的主观责任形式为故意。行为人具有:特定目的,与幼女性交的目的;特定明知,明知性交的对象是幼女。具体认定应注意:**(1) 少男与幼女**:已满14周岁不满16周岁的人,偶尔与幼女性交,情节轻微尚未造成严重后果的,不认为是犯罪[①];反之,倘若已满14周岁不满16周岁的人,与幼女性交,又造成严重后果的,则构成犯罪。**(2) 与早熟幼女**:有的幼女发育较早,身材高大,貌似成人,且虚报年龄,而行为人确实不知道幼女的真实年龄,双方自愿性交的,则缺乏奸淫幼女的故意。

(三) 法定刑

1. 基准法定刑

根据我国《刑法》第236条第1款的规定,犯强奸罪的,处3年以上10年以下有期徒刑。

2. 加重法定刑

根据我国《刑法》第236条第3款的规定,犯强奸罪有五种法定情形之一的,处10年以上有期徒刑、无期徒刑或者死刑。这五种法定情形为:强奸情节恶劣;强奸多人;在公共场所当众强奸;二人以上轮奸;致使被害人重伤、死亡或者造成其他严重后果。**情节恶劣**,是指强奸妇女手段残忍;多次强奸妇女造成很坏影响;强奸精神病患者、孕妇、病妇等。**强奸多人**,通常指强奸妇女3人或者3人以上。**轮奸**,是指两个或者两个以上的男子,在短时间内轮流强奸同一妇女。**致使被害人重伤、死亡**,是指因强奸导致被害人性器官严重损伤,或者造成其他严重伤害,甚至当场死亡或者经治疗无效死亡,包括强奸暴力过程中放任被害人死亡。**造成其他严重后果**,是指因强奸引起被害人自杀、精神失常以及其他严重后果。

3. 从重量刑

根据我国《刑法》第236条第2款后段的规定,奸淫幼女的,以强奸论,从重处罚。

(四) 本罪认定

1. 强奸与通奸

通奸,通常是指双方或者一方有配偶的男女之间,自愿发生婚外性交的行为;从广义上讲,通奸也包括未婚男女恋爱期间自愿发生性交的行为。通奸由于不违背妇女意志,不存在暴力、胁迫或者其他手段,因此不构成强奸罪。但是,有时情况较为复杂,应予具体分析:(1) 通奸谎称强奸:有的妇女与人通奸,然而在事情暴露或者关系恶化后,为了保全名誉、维持夫妻关系,或者为了推卸责任、嫁祸于人等,把通奸说成是强奸。(2) 先强奸后通奸:第一次性交行为违背妇女意志,是强奸,但是事后女方

---

① 参见最高人民法院《关于审理未成年人刑事案件具体应用法律若干问题的解释》(2006年)第6条。例如,少男与幼女恋爱,交往密切,双方自愿性交。

并未告发,后来又多次自愿与该男子发生性交行为,对此一般不宜以强奸罪论处。然而,倘若行为人第一次强奸妇女以后,女方由于爱面子、害怕等未告发,行为人继续胁迫女方发生性交行为,迫使其忍辱屈从,则构成强奸罪;多次强奸的,按强奸妇女情节恶劣处理。(3) 先通奸后强奸:男女双方先是通奸,后来女方不愿继续通奸,而男方纠缠不休,并以暴力、胁迫等手段,强行与女方发生性行为的,以强奸罪论处。(4) 利用特定关系的强奸与相互利用的通奸:利用教养关系、从属关系或者利用职权与妇女发生性交行为的,是否构成强奸,对此应作具体分析,关键还是确定是否违背妇女意志:A. 行为人利用教养关系、从属关系或者利用职权,对被害妇女进行威逼与胁迫,迫使其违背意愿而屈从性交的,构成强奸罪。B. 男女双方相互利用,各有所图,男方提供女方一定利益,女方自愿以肉体相许,从而发生性交行为的,是通奸,不构成强奸罪。

2. "半推半就"

"半推半就"是女方在性交时的一种外在表现,既有推脱的行为又有依从的行为。在此,关键是要确定女方这种"半推半就"的真实心态以及行为人对此的心感受。而这一判断又必须建立在对整个事件的全面掌握与综合分析上,包括男方对女方有无胁迫、男女双方的情感、性交行为的环境和条件等等。如果女方的真实心态倾向于自愿性交,男方对女方也无显著的暴力或胁迫行为,则不能构成强奸罪。例如,"推"仅为女方的羞愧的表现,而"就"是其真实的意愿。反之,如果女方的真实心态是反对性交,男方对女方也有显著的暴力或胁迫行为,则可构成强奸罪。此时,女方的"推"是其真实意愿的表示,而"就"是其受到强制与威胁不敢反抗的表现。

3. "婚内强奸"

"婚内强奸"是刑法理论与实际的焦点议题之一。对此,刑法理论存在肯定、否定与折衷的不同见解,司法实际采取折衷的做法,本书的立场是原则否定与例外承认。**(1) 理论争议:肯定论**认为,我国《刑法》并未否定丈夫可以成为强奸罪的主体,丈夫违背妻子意志侵犯妻子性权利符合强奸罪。**否定论**主张,婚姻的合法契约中包含着性关系的内容,只要婚姻契约不解除即使丈夫违背妻子意志也不能成立强奸罪;强奸罪是重罪,对于强奸可以实行特殊防卫,承认所谓婚内强奸势必带来诸多消极后果;从取证与定案来看,所谓婚内强奸的司法操作也非常困难。**折衷论**认为,不应采取极端化的观点;既不能置婚姻关系于不顾而一概将丈夫违背妻子意志的行为认定为强奸罪,也不能过分强调夫妻关系的性关系而认为丈夫违背妻子意志的行为均不构成犯罪;一般场合无所谓婚内强奸,但是虽已登记结婚但尚未同居或者夫妻长期分居,丈夫强奸的成立强奸罪。**(2) 司法处理**:司法机关肯定婚内强奸的判决,一般均有被害人控告,案发夫妻分居等情形。典型案例包括 1995 年河南信阳靖志平案、1999 年上海青浦王卫明案、2010 年河南三门峡于欣欣案、2011 年上海浦东孙金亭案等。例如,在孙金亭案中法院指出:"夫妻同居义务是从自愿结婚行为推定出来的伦理义务,不是法律规定的强制性义务","双方在领取结婚证书后从未同居过","起诉离婚也表明两人的夫妻关系实际上只是一种名义",被告人在这种特殊的非正常婚姻存续期内,采用暴力强行与被害人发生性行为构成强奸罪。① 反之,也有诸多在类似案情的场合,法院作出**否定**婚内强奸的判决。例如,1995年被告人白俊峰在妻子姚某提出离婚要求并回娘家居住期间,在姚某娘家采用暴力手段强行与姚某发生性关系。对此,1997年辽宁义县法院判决指出,被告人在婚姻关系存续期间以强制手段与姚某发生性关系的行为,不构成强奸罪。又如,在2010年广东佛山李某案中法院指出,"在正常的婚姻关系存续期间,任何一方都有与另一方同居的义务,性生活是夫妻共同生活的组成部分";判处强行与妻子发生性关系的丈夫构成强奸罪,既有违事实与法律也不合我国伦理风俗,"丈夫不应成为强奸罪的主体"。② **(3)立法状况**:对于能否成立婚内强奸,刑法立法呈现四种模式:A. 明确肯定婚内强奸:例如,《新西兰刑事法典》第128条规定,"夫妻之间也可以构成""成年男性强奸女性的"性犯罪。《印度刑法典》第376条规定,"当妻子是15岁以下的幼女时,丈夫强迫其性交的"可以成立强奸罪。B. 限制追诉婚内强奸:例如,《瑞士刑法典》第190条将婚内强奸限制为"告诉乃论。告诉权的有效期限为6个月"。《奥地利刑法典》第203条规定婚内强奸除非加重构成须被害人告诉,《菲律宾刑法典》第266条C将妻子宽恕作为婚内强奸追诉及刑罚消灭的事由。C. 明确强奸仅限婚外:例如,《泰国刑法典》第276条将强奸罪的行为对象明确规定为"配偶以外妇女",第277条则排除了丈夫对其未成年配偶与幼女配偶的强奸罪。D. 强奸规定未涉婚姻:多数国家的刑法典对于强奸罪的规定并未涉及婚姻关系的问题。诸如,《法国刑法典》、《日本刑法典》、《德国刑法典》、《挪威刑法典》、《匈牙利刑法典》等等。**(4)本书看法**:立于我国目前的法治建设状况与社会发展阶段,在现行《刑法》强奸罪设置的框架下,本书主张否定婚内强奸是原则,承认婚内强奸是例外。具体地说:其一,婚姻关系是两性关系合法化的重要征表,也是维系与保障家庭与社会稳定的重要纽带。这意味着合法的婚姻关系包含着夫妻相互发生性关系的权利与义务;应当肯定这种婚姻关系范围内的权利与义务的存在的相对稳定性;对于家庭内部的财产与人身的罪刑干预法律总是采取极其谨慎的态度。其二,强奸罪侵害的具体法益是妇女的性自决权,既然合法婚姻关系本身就是夫妇的性自决权的重要表现,这种自决权的表陈在婚姻关系的范围内也有其相对的稳定性,从而所谓的"婚内强奸"缺乏侵害法益。当然,这并不否认丈夫的暴力侵害行为可能存在对妻子的伤害罪或虐待罪的法益侵害。其三,在离婚诉讼期间,尤其是在夫妻双方因诉求离婚而分居的场合,此时虽也可谓合法婚姻关系存续,但是妻子因诉求离婚而与丈夫分居已是其性自决权的特别而强烈的表现,法院受理与审理案件也是法律对于此自决权的具体尊重与关切的呈现,此时丈夫严重违背妻子意志则不失侵害妻子的性自决权。其四,尽管可以有限地承认特定场合的婚内强奸,但是对于这种特别的婚内强奸在处理上也应与发生于普通社会的强奸有所区别。基于案件发生于尚存婚姻关系的具体场合,行为人适法行为的期待可能性明显减弱,对于这种特别的婚内强

---

① 参见"北大法宝,孙金亭强奸案"。
② 参见刘艺明:《老公"夹硬嚟"被判无罪》,载《广州日报》2010年12月7日。

奸,在程序上应当注重以妻子告发为原则,在实体上应当坚持以量刑从轻为原则。

四、非法拘禁罪

设置本罪的基本法条是我国《刑法》第238条。该条第1款前段是本罪的基准罪状与法定刑,第1款后段是成立本罪基准犯又予从重处罚的情形;该条第2款前段与中段是本罪致人重伤与致人死亡的结果加重犯规定,第2款后段是本罪转化为故意伤害罪与故意杀人罪的转化犯规定;该条第3款是对索债非法拘禁他人而成立本罪的特别规定;该条第4款是对本罪基准犯、结果加重犯、转化犯与索债型拘禁的非纯正身份犯的规定。

非法拘禁罪,是指采用拘禁或者其他方法,非法剥夺他人人身自由的行为。

（一）基准构成

1. 客观事实要素

表现为剥夺他人人身自由的行为。具体构成要素包括实行行为、行为对象、行为主体。

实行行为:剥夺他人人身自由,具体是指使用各种方法致使他人丧失自主离开的人身自由。具体而论:**(1) 方法形态**:基于我国《刑法》的规定,典型方法系"拘禁他人",此外包括"其他方法"。拘禁,即对他人予以拘押与禁闭,诸如捆绑、束缚、圈围、关押等;其他方法,系似无直接拘禁但致使他人丧失人身自由,诸如趁他人入浴拿走其全部衣服致其不能离开等。**(2) 行为方式**:本罪的法定行为方式是作为,刑法理论与实践也承认不纯正的不作为拘禁。例如,瘫痪者的监护人不履行义务而使瘫痪者丧失合理的活动自由,可为现实中不作为拘禁的适例。**(3) 行为表现**:本罪的行为方法可有多种表现:A. 强制的与和平的:前者如使用暴力或胁迫方法将他人监禁于一定的空间;后者如欺骗他人并提供完善的食宿将他人限制在一定空间;B. 物理的与心理的:前者如将他人捆绑与关押使其无法离开某处;后者如以杀害家人为要挟使他人不敢离开某处;C. 带离的与原地的:前者将他人从某地带至另一处所并予以关押;后者在他人的住地或所至的处所就地予以关押;D. 他人意识的与他人不知的:前者如将他人强力带至某处禁闭从而他人对自己被禁闭的事实明知无误;后者如趁他人熟睡将其锁闭于屋内而他人始终并不知晓自己被锁闭;E. 意欲离开的与不意离开的:前者如行为人强力拘禁他人而此间他人意欲离开却无法摆脱拘禁;后者如行为人将他人限制于一定处所而此间他人恰好并无离开的意图①;F. 同住的与分离的:前者拘禁行为人与被拘禁人吃住同在一屋;后者拘禁行为人将被拘禁人单独关押一室。**(4) 持续行为**:本罪的实行行为具有持续性,致使他人人身自由丧失的行为与他人人身自由丧失的状态,两者同时延续一段时间。根据《司法解释》②的规定,国家机关工作人员利用职权"非法剥夺他人人身自由24小时以上的"应予立案。不过,根据这一

---

① 被害人出于真实有效的意图而承诺放弃自己的活动自由则可谓被害人承诺行为。
② 如无特别说明,本罪阐释中所称《司法解释》,均指最高人民检察院《关于渎职侵权犯罪案件立案标准的规定》(2006年)。

《司法解释》对本罪立案标准的规定,在存在其他情节的场合,诸如具有殴打侮辱行为、造成被拘禁人重伤或死亡、非法拘禁3人次以上等,即使非法拘禁持续时间不达24小时也应予以立案。**(5)行为要旨**:就空间转换而论,他人的行动自由存在进入某一场所、停留某一场所、离开某一场所等的自由。本罪的剥夺他人人身自由是指致使他人丧失自主离开某一场所的自由。本罪的实行行为并不表现为阻止他人进入某一场所的自由,也不包括驱逐他人离开某一场所的行为。有的论著将阻止他人自主停留于某一场所的行为也作为本罪的实行行为,本书对此看法不予肯定。

行为对象:他人自主离开某一场所的自由。我国《刑法》将本罪置于"侵犯公民人身权利、民主权利罪"一章,由此这里的他人仅指自然人而不包括法人。而离开某一场所的自由系人的自主活动,由此这里的他人是具有意思决定能力的人,这又与本罪的具体侵害法益密切相关。

行为主体:一般主体。国家机关工作人员利用职权犯本罪的,从重处罚。

既遂形态:本罪是行为犯与继续犯。《司法解释》对于国家机关工作人员利用职权犯非法拘禁罪的立案标准作了具体规定。

2. 客观规范要素

本罪所侵害的具体法益,是他人的行动自由权利,即公民依法享有的,根据其自由意志支配自己身体行动并排除他人非法干涉的权利。就自由的**内在蕴含**而论,这里的他人行动自由,系他人基于自主决定而予自身身体活动的自由,由此他人的意思决定能力是其身体活动自由的前提。意思决定能力,强调他人所具有的自主决定自身身体活动的主观能力;身体活动自由,强调他人基于自主决定而可为自身身体活动的客观表现。由此,缺乏意思能力的婴儿等不能成为本罪的行为对象。就自由的**客观状态**而论,对于他人行动自由的存在与否,刑法理论存在可能自由说与现实自由说的对立。可能自由说强调只要断绝了他人自主活动的可能性,即使他人并无身体活动的意思决定,也系拘禁;现实自由说强调只有断绝了他人所为的身体活动,方为拘禁,在此他人活动的意思决定系前提。由此,将熟睡的他人锁闭于屋内在其未欲离开前,按可能自由说构成拘禁,而按现实自由说则不构成拘禁。**本书立于可能自由说的立场**。本罪的侵害法益是他人行动自由的权利,而权利内容系"主体可以这样行为或不这样行为……"①;在他人自主活动的可能性被断绝的场合,他人行动自由的权益既已受到侵害。除非存在被害人承诺行为等情形,是否决定身体活动是被拘禁人的事,而阻止他人身体活动则为行为人所为,正是这一行为人所为而为刑法所评价。另外,本罪的行为性质系属**非法**,即非正当行为的剥夺他人行动自由。基于被害人承诺行为、正当医疗行为、合法监护行为等而有的剥夺行动自由,系因违法性阻却事由而阻却拘禁的违法性。

3. 主观责任要素

本罪的主观责任形式为故意,包括直接故意与间接故意。故意内容指向由"剥夺

---

① 沈宗灵主编:《法理学》,北京大学出版社2003年版,第71页。

他人行动自由行为"为核心征表的"他人行动自由权利被侵状态"。行为人对于自己行为会造成他人行动自由的丧失，有所认识并持放任态度而为行为，是本罪间接故意的责任形式。过失不能构成本罪。例如，行为人不意将他人锁在屋内，不能成立本罪。

（二）结果加重犯

根据我国《刑法》第238条第2款前段与中段的规定，犯非法拘禁罪致人重伤或者死亡的，是非法拘禁罪的结果加重犯。对此，以下两点值得关注：**(1) 致使伤死的行为**：作为结果加重犯，这里的致伤与致死的行为应当是非法拘禁罪的实行行为。问题是，这里的拘禁实行行为能否表现为使用暴力的方法？对此，由于该条后段将"使用暴力"作为转化犯而规定，从而应当说这里的拘禁实行行为排除了"使用暴力"的方法。**(2) 致使伤死的心态**：对此，许多论著主张应为过失，理由是"结果加重犯的加重结果心态是过失"。本书认为，鉴于这一加重罪状的法定刑设置，以及我国《刑法》相关犯罪的法定刑设置，这里的致伤与致死的心态应当是间接故意。以致死心态阐释，理由如下：A. 结果加重犯的加重结果心态未必就是过失。例如，我国《刑法》第263条第5项所规定的"抢劫致重伤、死亡"，这里的致伤与致死的心态可以是故意。B. 罪刑均衡是我国《刑法》的一项基本原则，如果将这里的致死心态理解为过失，则法定刑设置不尽合理：非法拘禁罪法定刑3年以下，过失致人死亡罪法定刑3至7年，两者即使数罪并罚至多也是10年以下；就一行为造成死亡结果来看，像失火罪这样较为严重的致人死亡，可以适用的法定刑也只是3至7年；立于基准犯罪为故意的致人死亡，诸如暴力干涉婚姻自由致死、虐待致死，其法定刑也只是7年以下。或许还可以类比故意伤害致人死亡，而其法定刑恰恰是"10年以上……"。不过，故意伤害致人死亡的法定刑，是重于故意致人重伤的一个法定刑层次；故意伤害致人重伤的法定刑是3至10年。与此相应，非法拘禁致人死亡的法定刑，也是重于非法拘禁致人重伤的一个法定刑层次；而非法拘禁致人重伤的法定刑也是3至10年。尽管如此，但是，故意伤害致人重伤是一个单纯的故意犯罪，行为人对于重伤的结果仍然是故意；由此，非法拘禁致人重伤，对于这里的重伤结果的心态也应理解为故意；循此，非法拘禁致人死亡作为拘禁致伤结果的上一阶位，对其致死结果的心态也应理解为故意。同时，故意伤害致人重伤死亡的结果加重与非法拘禁致人重伤死亡的结果加重又有差异。在伤害致人重伤死亡中，"致死"是超过故意伤害罪的构成的结果；而在非法拘禁致人重伤死亡中，"致伤"与"致死"均是超过非法拘禁罪的构成的结果。

（三）转化犯

根据我国《刑法》第238条第2款后段的规定，犯非法拘禁罪使用暴力致人伤残、死亡的，是由非法拘禁罪转化为故意伤害罪、故意杀人罪的转化犯。在此，"使用暴力"行为的属性以及"致人伤残、死亡"的心态，依然是有待阐明的焦点问题。对此，有的论著主张，我国《刑法》的这一规定"属于法律拟制"，是指使用"非法拘禁行为以外的暴力"而"没有杀人故意"但有过失导致他人伤残、死亡。本书并不支持这一理解。所谓"非法拘禁行为以外的暴力"，这一概念较为模糊；而将致人伤残、死亡的心态理解为过失,则与本条整体的罪刑设置不合。作为转化犯,我国《刑法》第238条第2款后段的这一规定,是指行为人非法拘禁他人,以非法拘禁为目的,使用暴力故意致人伤残、死亡。具体地说:(1)"使用暴力"属于拘禁行为中的方法行为,法定的拘禁行为对于行为方法未予限定。这里的"暴力"是指使用暴力方法拘禁或为了拘禁而施以暴力行为。(2)致人伤残或死亡的心态系故意,由此暴力行为而故意致人伤残或死亡构成故意伤害罪或故意杀人罪,而这又有此前的犯非法拘禁罪的前一犯罪过程。(3)我国《刑法》第238条第2款后段所规定的这一情形,在理论形态上可谓吸收犯或牵连犯,如果没有《刑法》的这一转化犯的规定,可按罪数理论解决。(4)行为人非法拘禁他人,又出于非法拘禁以外的其他目的,使用暴力故意致使被害人伤残、死亡的,属于典型数罪。典型数罪不应包含在转化犯中。(5)行为人基于非法拘禁目的,实施非法拘禁的行为,过失致使被害人死亡的,属于非法拘禁罪与过失致人死亡罪的想像竞合犯,定为过失致人死亡罪。

(四)索债拘禁

根据我国《刑法》第238条第3款的规定,为索取债务非法扣押、拘禁他人的,依照非法拘禁罪处罚。按照《司法解释》,这里的债务既可以是合法的也可以是非法的①,不过为索取合法债务而非法拘禁他人可以从轻处罚②。

问题是,行为人与债务人之间既有债务A,为此行为人非法拘禁债务人,但同时又索要了超出A的非债务钱款B。对此,行为人出于一个主导犯罪意图,实施一个事实行为,就A而论触犯非法拘禁罪,而就B而论同时触犯绑架罪,系属想像竞合犯,定为绑架罪。

(五)法定刑

1. 基准法定刑

根据我国《刑法》第238条第1款前段的规定,犯非法拘禁罪的,处3年以下有期徒刑、拘役、管制或者剥夺政治权利。

2. 加重法定刑

根据我国《刑法》第238条第2款前段与中段的规定,犯非法拘禁罪致人重伤的,处3年以上10年以下有期徒刑;致人死亡的,处10年以上有期徒刑。

3. 从重量刑

根据我国《刑法》第238条第1款后段的规定,犯非法拘禁罪具有殴打、侮辱情节的,从重处罚;该条第4款规定,国家机关工作人员利用职权犯非法拘禁罪,或者犯非法拘禁罪使用暴力致人伤残、死亡的,从重处罚。应当注意,避免将这里的"殴打、侮辱情节"与"致人重伤死亡"以及"使用暴力致人伤残死亡"予以重复评价;国家机关工作人员利用职权非法拘禁他人并使用暴力致人伤残死亡的,依照故意伤害罪或故意杀人罪从重处罚。

---

① 参见最高人民法院《关于对为索取法律不予保护的债务非法拘禁他人行为如何定罪问题的解释》(2000年)。

② 参见最高人民法院《人民法院量刑指导意见(试行)》(2010年)。

五、绑架罪

设置本罪的基本法条是我国《刑法》第239条。该条第1款前段是本罪的基准罪状与法定刑,第1款后段是本罪的减轻罪状与法定刑;第2款是本罪结果加重犯与包容犯的加重罪状与法定刑;第3款是偷盗婴幼儿索财而构成本罪的注意规定。

绑架罪,是指以勒索财物为目的绑架他人,或者出于其他目的绑架他人作为人质,并索要钱财或者勒索其他利益的行为。

(一)基准构成

1. 客观事实要素

表现为绑架人质以勒索钱财或者其他利益的行为。具体构成要素包括实行行为、行为对象、行为主体。其中,实行行为包括方法行为、目的行为两个要素;行为对象为人质被害并索财被害以及财物或其他利益;行为主体系一般主体。

实行行为·方法行为:绑架。**(1)索财型绑架**:绑架是指违背人质被害或者违背不满16周岁人质被害监护人的意志,使用暴力、胁迫或者其他方法,利用或者造成人质被害与其家庭或者监护人的隔离,对人质被害实行剥夺自由的人身控制的行为。绑架行为具体又包括四个要素:**A. 本质行为**:违背人质被害人或者其监护人的意志。这种背意行为,既可呈现外在强制也可呈现和平状态。其中,外在强制的行为,违背人质意志的特征较为彰显。而某些看似和平的行为,结合索财或索取利益的行为综合评价,只要具有出乎人质对于和平行为现象的意料,包括人质被害同意被拘禁但不知对方利用此而索财,也系违背人质意志。例如,行为人一方面款待人质而予其控制,另一方面向人质利害关系人索财,则行为人控制人质的行为仍不失违背人质的意志。反之,倘若所谓的人质,已满16周岁的人,与行为人共谋,谎称遭到绑架而向其亲属勒索钱财,则不构成绑架,可以构成敲诈。**B. 方法行为**:使用暴力、胁迫或者其他方法。**暴力**,是指对人质被害的身体实施有形的外力,诸如杀伤、殴打、捆绑等,使其不能反抗的行为。**胁迫**,是指以杀伤、加害亲属、揭发隐私等对人质被害进行精神威胁与恐吓,使其产生恐惧心理而不敢反抗的行为。**其他方法**,是指暴力、胁迫方法以外的,利用或者造成人质被害无法反抗或不知反抗的行为。例如,用药麻醉、用酒灌醉以及蒙骗等等,包括盗窃婴幼儿。**C. 掳离行为**:绑架是否需将被害人带离其原处所,对此刑法理论存在肯定与否定的不同见解。应当说,在索财型绑架的场合,对于绑架的构成来说,掳离是必要的,不过掳离并不仅限将人质被害带离原处所的意思,而**是指**利用或造成人质被害与索财被害之间的隔离状态。这也是绑架罪之双重被害,从而成为重罪之重罪的基础要素。关于绑架罪之双重被害的问题,本书在下文行为对象中阐释,这里主要讨论掳离的含义。**具体地说**,掳离是:行为人利用(扣押为人质)或者造成(带离为人质)的一种状态;是一种人质被害与索财被害之间的隔离状态;这种隔离状态是人质被害与索财被害无法正常互动并有空间障碍;这种隔离本质是形成人质被害与索财被害相互情况不清的双重被害。掳离的**具体形态**包括:索财被害不知人质被害的去向所在;或者索财被害虽知人质被害的去向但具体所在不明;或者索财被害虽知人质被害的具体所在,但对人质被害的生死等状况不明等。但是,掳离的具体形态**不包括**,索财被害在场目睹人质被害被强力控制,只是无法与之正常接触。① 当作索财被害的面劫持人质被害作为人质,在此场合索财被害与人质被害仅为一个概括的威胁的对象,而非作为绑架罪之重要特征之一的双重被害。D．**拘禁行为**:持续剥夺人质被害的行动自由。**(2)非索财型绑架**:绑架是指违背人质被害或者违背不满16周岁人质被害监护人的意志,使用暴力、胁迫或者其他方法,对人质被害实行剥夺自由的人身控制的行为。在绑架行为的含义上,非索财型绑架行为以违背人质意志、使用暴力等方法、剥夺人质人身自由这三项行为为要素;易言之,对于单纯的非索财型绑架来说,掳离行为并非绑架行为的构成要素。对此,应当考虑《刑法》具体规定。A．**两种绑架的不同表述**:《刑法》对于绑架罪的立法表述,属于"多陈式多情形"②于同一罪名的模式③。针对索财型绑架,《刑法》强调的是"绑架他人",在此对绑架应作全面而严格的解释。针对非索财型绑架,《刑法》强调的是"作为人质",而从这一视角解释绑架,应当说,只要违背人质意志而使用暴力等方法剥夺人质行动自由即可,在此场合被绑架人已为"人质"。B．**绑架与抢劫的分别设置**:针对同以侵害人身法益与财产法益的犯罪,《刑法》分别规定了抢劫罪与绑架罪(索财型)。相对而言,在《刑法》上绑架罪是比抢劫罪更重的一个具体犯罪;抢劫罪的典型特征是暴力与取财的当场性以及被害的单一性④。如果索财型绑架行为的构成无须掳离行为的要素,则许多人质型当场索财行为也就可以归于绑架,而绑架是重罪,如此抢劫有被虚设之嫌。

实行行为·目的行为:勒索。**(1)勒索的蕴含**:勒索钱财或者其他利益,是指将绑架的情况通知人质被害的亲属等利害关系人或者有关单位,以扣押与杀伤人质被害相要挟,勒令人质利害关系人或者单位在指定的时空交付钱财或者其他索求,以换回人质。勒索行为具体又包括三项要素:A．**告知**:将人质被害被劫持控制的情况告知勒索被害。B．**要挟**:以扣押与杀伤人质被害对勒索被害实施威逼。C．**勒令**:强令勒索被害按照指定的时空与要求交付钱财或者其他索求。在此,勒索的告知、要挟与勒令行为,既可以由行为人直接亲自向勒索被害实施,也可以通过人质被害向勒索被害传达,还可以通过缺乏责任的第三人或以其他方式间接向勒索被害传递。**(2)勒索的要素地位**:对于绑架罪的实行行为,除了绑架行为之外是否尚须勒索行为,刑法理论存在肯定与否定的不同见解。对此,本书立于肯定的立场,而理由如下:A．《**刑法》规定**:第239条虽未明确绑架罪的实行行为须有勒索的行为要素,但这一蕴含可以依存于该条的条文表述中。"以勒索财物为目的"的表述,既是对行为人主观目的的展现,也是对行为人客观行为的揭示;犹如"以非法占有为目的"并不否定"取财"的目的行为,"勒索目的"也不否定"勒索"行为。而"作为人质"的表述则同样具有

---

① 由此,劫持银行前台而胁迫银行后台,不符合绑架应有之掳离的要素,该情形可以构成抢劫。
② 关于"多陈式多情形"的含义,详见本书第十八章各罪基础知识的有关阐释。
③ 对此,也有学者认为我国《刑法》第239条应为两项罪名。
④ 固然,这里的被害单一性并不排除一案中多人同时被抢。

"勒索"行为的含义；如果没有"勒索"又如何有"人质"之说；所谓"人质"，意味着将对方的利害关系人作为要挟的砝码，而向对方索求自己想要的东西。**B. 绑架与非法拘禁**：如果绑架罪的实行行为不以"勒索"的目的行为为要素，而仅以"绑架"的方法行为为要素，那么在犯罪构成的客观要件上，绑架罪与非法拘禁罪并无区别。进而，两罪的主要区别只是表现在，主观上绑架罪以勒索财物或其他利益为目的，而非法拘禁罪则以剥夺他人行动自由为目的。然而，两罪的法定刑却相去甚远。应当说，主观目的的这一区别不应当构成如此悬殊的法定刑。**C. 绑架的重罪特征**：如果绑架罪的实行行为仅以"绑架"的方法行为为要素，则绑架罪实行行为完成的进程就较为浅短，而绑架罪是重于重伤害以及抢劫等的重罪，并且又系行为犯，如此似乎"绑架"的方法行为完成即要"处10年以上……"的重刑，难以看出其中立法的合理性。另外，也有论著认为将"勒索"行为作为绑架罪实行行为的要素，不利于鼓励行为人中止犯罪。其实，正是由于"勒索"行为系方法行为之外的又一构成要素，才使绑架罪中止犯的成立有了更大的空间。

行为对象：人质被害与索财被害以及财物或其他利益。在索财型绑架的场合，掳离行为所致的隔离状态以及勒索的目的行为，形成了人质被害与索财被害在时空上的相对分离，从而较为典型地表现了绑架罪的双重被害特征。在非索财型绑架的场合，虽不强调"掳离"的行为要素，但是构成要素中"作为人质"的典型事实特征，也呈现出绑架行为对象与勒索行为对象的各别多元的状况。财物与其他利益，是勒索行为的具体指向。这里的其他利益，是指财物以外的诸如政治利益、释放罪犯等等。

行为主体：一般主体。相对刑事责任年龄的人实施绑架并且故意杀害人质的[①]，虽不构成绑架罪但却构成故意杀人罪，应当适用我国《刑法》第17条第2款与第232条。2006年最高人民法院《关于审理未成年人刑事案件具体应用法律若干问题的解释》也作了相应的规定。

既遂形态：行为犯与继续犯。本罪法定的基准构成不以特定构成结果为要素，并且实行行为的构成要素绑架行为具有持续性的特征。

2. 客观规范要素

本罪所侵害的具体法益，是他人的自由安全及生活安宁的权利。对此，国外刑法理论的见解有被绑架者的自由、被绑架者自由及对被监护人的监护权、对他人的保护关系、被绑架者自由及人身安全。我国刑法理论存在人身自由权利、人身自由权利及财产权利等不同见解。应当说，就本罪的客观事实要素来看，行为不仅侵害了人质被害而且也侵害了勒索被害；行为侵害的是人质被害的自由安全或婴儿人质的人身安全以及勒索被害的生活安宁。财物或者其他利益虽也为行为对象，但在法定构成上并非必然招致损害。

3. 主观责任要素

本罪的主观责任形式为**故意**，包括直接故意与间接故意。故意内容指向由"绑架

[①] 包括为绑架（暴力控制人质）而杀害人质，以及为其他目的（诸如灭口、报复等）而杀害人质。

行为与勒索行为"为核心征表的"他人自由安全及生活安宁权利被侵状态"。此外，必须具有**特定目的**：勒索财物或者勒索其他利益的目的。应当注意，绑架罪之绑架行为的属性以勒索目的为必要，易言之，只有以勒索目的实力控制人质的行为方为绑架罪之绑架行为。而勒索目的不同于索债、报复、性侵等目的，出于诸如此类目的而实力控制他人的行为，并非绑架罪的绑架行为。

（二）加重构成

我国《刑法》第239条第2款，将犯绑架罪"致使被绑架人死亡"与"杀害被绑架人"，规定为绑架罪加重构成的两种情形。对此，应当注意，这一加重的犯罪构成的两种情形，分别为结果加重犯与包容犯的两种立法形态。**（1）结果加重犯**：犯绑架罪"致使被绑架人死亡"的表述系结果加重犯。在此，致死的行为是作为基准构成的绑架行为，即以勒索目的而实力控制人质的行为，由于这一行为而致使被绑架人死亡。致死的心态包括过失与故意，其中过失较好理解。不过，行为人为了勒索而暴力控制人质，暴力中放任人质被害的死亡，这也不失为一种暴力绑架行为①。也有论著将绑架致使人质被害自杀也包括在《刑法》所述的这一情形中。应当说，从结果加重犯的视角考究，这里的致使被绑架人死亡不包括人质自杀行为的致死。**（2）包容犯**：犯绑架罪"杀害被绑架人"的表述系包容犯。在此，致死的行为是超出绑架行为的另一行为，即出于报复、灭口等目的而杀害人质被害的行为。杀人心态通常为直接故意，也可为间接故意。例如，行为人绑架勒索之后将奄奄一息的人质被害弃置于荒野放任其死亡。也有论著称《刑法》所述这一情形为结合犯。然而，结合犯系"A罪+B罪=AB罪"，而这里是"绑架罪+故意杀人罪"仍在"绑架罪"的框架下。如果杀害被绑架人未遂的，则构成绑架罪之包容犯加重构成的未遂犯。

（三）法定刑

1. 基准法定刑

根据我国《刑法》第239条第1款前段的规定，犯绑架罪的，处10年以上有期徒刑或者无期徒刑，并处罚金或者没收财产。

2. 减轻法定刑

根据我国《刑法》第239条第1款后段的规定，犯绑架罪情节较轻的，处5年以上10年以下有期徒刑，并处罚金。

3. 加重法定刑

根据我国《刑法》第239条第2款的规定，犯绑架罪致使被绑架人死亡或者杀害被绑架人的，处死刑，并处没收财产。

（四）绑架与抢劫

索财型绑架与抢劫均有暴力、胁迫或其他方法以及索财或取财的行为，由此应当注意索财型绑架与抢劫这两者之间的界分。如同上文所述，如果索财型绑架不强调掳离的要素，则许多人质型当场索财的行为也就属于绑架，这样抢劫也就有被虚设之

---

① 至于能否直接故意致死，仍可进一步予以推敲。

嫌。本书强调索财型绑架的掳离要素,由此论及索财型绑架与抢劫的关系,呈现各自成罪与牵连犯的情形。**(1)各自成罪:**典型的抢劫系当场的暴力①与当场的取财,暴力行为并非控制人质而是直指取财,取财行为直指在场的被害人,从而暴力被害与取财被害系概括上的同一;相对而论,索财型绑架先有暴力控制人质被害,基于这种暴力控制人质而向利害关系人索财,人质被害与索财被害存在隔离状态,从而呈现双重被害的特征。以较易混淆的情形为例,行为人暴力控制前台人员 A,并以此为据当场向后台人员 B 要挟,勒令 B 当场交付钱财。在本案中,暴力控制 A 的行为并无掳离要素,方法行为与目的行为均系当场,从而本案只能构成抢劫罪。**(2)牵连犯:**例如,行为人暴力控制人质被害(A)并且当场针对 A 取财(部分一),同时又基于暴力控制人质 A 而向利害关系人(B)索财(部分二)。在本案中,"部分一"的行为构成抢劫,"部分二"的行为构成绑架;在"部分一"与"部分二"中,暴力 A 虽有重复,但取财 A 与索财 B 并不重复,从而"部分一"与"部分二"属于准型的两个事实行为;这两个行为均基于索财的总体意图,客观上也存在规律性的发展关系。由此,成立牵连犯,从一重罪重处。对于相似情形,2001 年最高人民法院《关于对在绑架过程中以暴力、胁迫等手段当场劫取被害人财物的行为如何适用法律问题的答复》的规定是,绑架过程中又暴力当场取财的,择一重罪处罚。

第三节 本章具体犯罪扼要阐释

一、侵犯公民生命、健康权利的犯罪

包括 5 种具体的犯罪。其中,故意杀人罪、故意伤害罪上节已作阐释。

过失致人死亡罪(第 233 条),是指过失引起他人死亡的行为。本罪系纯粹过失犯。第 233 条后段是对本罪规范与他罪规范竞合时适用他罪规范的规定。

组织出卖人体器官罪(第 234 条之一),是指组织他人出卖人体器官的行为。第 234 条第 2 款是故意伤害罪与故意杀人罪的注意规定。

过失致人重伤罪(第 235 条),是指过失引起他人重伤的行为。第 235 条后段是对本罪规范与他罪规范竞合时适用他罪规范的规定。

二、侵犯妇女、儿童身心健康的犯罪

包括 6 种具体的犯罪。其中,强奸罪上节已作阐释。

强制猥亵、侮辱妇女罪(第 237 条第 1 款),是指采用暴力、胁迫或者其他手段,违背妇女意志,强制猥亵妇女或者侮辱妇女的行为。第 237 条第 2 款是本罪的行为或场所加重犯。

猥亵儿童罪(第 237 条第 3 款),是指猥亵不满 14 周岁的儿童的行为。

---

① 在此,为了表述的简练,仅以暴力行为表述。

拐卖妇女、儿童罪（第240条），是指以出卖为目的，拐骗、绑架、收买、贩卖、接送、中转妇女、儿童的行为。

收买被拐卖的妇女、儿童罪（第241条），是指不以出卖为目的，收买被拐卖的妇女、儿童的行为。相对于第241条第4款的规定，该条第2款与第3款系注意规定，强调对实施本罪行为（A）中的强奸行为、非法拘禁行为、伤害行为、侮辱行为（B），分别按照各该行为所构成的犯罪定罪处罚；同时，其中又有本罪行为，据此第241条第4款规定，对于A与B实行数罪并罚。第241条第5款是对本罪转化为拐卖妇女、儿童罪的规定。

聚众阻碍解救被收买的妇女、儿童罪（第242条第2款），是指首要分子聚众阻碍国家机关工作人员解救被收买的妇女、儿童的行为。

三、侵犯公民人格、名誉的犯罪

包括3种具体的犯罪。

诬告陷害罪（第243条），是指捏造犯罪事实，向司法机关或者其他有关单位告发，意图使他人受到刑事追究，情节严重的行为。

侮辱罪（第246条），是指使用暴力或者其他方法，公然贬低他人人格，破坏他人名誉，情节严重的行为。

诽谤罪（第246条），是指捏造并散布某种虚构的事实，贬低他人人格，破坏他人名誉，情节严重的行为。

四、侵犯公民婚姻家庭的犯罪

包括6种具体的犯罪。

暴力干涉婚姻自由罪（第257条），是指以暴力方法，干涉他人结婚或者离婚自由的行为。

重婚罪（第258条），是指有配偶而与他人结婚，或者明知他人有配偶而与之结婚的行为。事实婚姻的重婚并不否定本罪的构成。我国《婚姻登记管理条例》第24条否定事实婚姻的法律效力，强调的是事实婚姻不受法律保护，但这并不意味着事实婚姻不能构成重婚罪之重婚行为的表现。重婚系两项以上婚姻的复加，以首次登记结婚为合法（A），在A尚未依法解除的情况下，其后无论是否"依法"登记，如再有婚姻关系均为非法，这其中当然也包括事实婚姻。重婚罪保护一夫一妻制的婚姻关系，所予制裁的正是这种非法婚姻的复加。

破坏军人婚姻罪（第259条），是指明知是现役军人的配偶，而与之同居或者结婚的行为。

虐待罪（第260条），是指经常以打骂、冻饿、禁闭、强迫过度劳动或者有病不给医治等方法，对共同生活的家庭成员，从肉体上、精神上进行摧残、折磨，情节恶劣的行为。

遗弃罪（第261条），是指对于年老、年幼、患病或者其他没有独立生活能力的人，负有扶养义务而拒绝扶养,情节恶劣的行为。

拐骗儿童罪(第262条),是指以收养或者奴役为目的,采用蒙骗、利诱或者其他方法,使不满14周岁的儿童脱离家庭或监护人的行为。

五、其他侵犯人身及其直接相关权利的犯罪

包括15种具体的犯罪。其中,非法拘禁罪与绑架罪上节已作阐释。

非法搜查罪(第245条),是指非法搜查他人身体、住宅的行为。

非法侵入住宅罪(第245条),是指未经许可非法闯入他人住宅,或者虽经许可进入住宅但经要求其退出仍非法拒不退出的行为。

强迫劳动罪(第244条),是指以暴力、威胁或者限制人身自由的方法强迫他人劳动的行为。第244条第2款的规定是本罪的准型构成,这一构成的实行行为系提升的实行行为。

雇用童工从事危重劳动罪(第244条之一),是指违反劳动管理法规,雇用未满16周岁的未成年人从事超强度体力劳动的,或者从事高空、井下作业的,或者在爆炸性、易燃性、放射性、毒害性等危险环境下从事劳动,情节严重的行为。

侵犯通信自由罪(第252条),是指隐匿、毁弃或者非法开拆他人信件,侵犯公民通信自由权利,情节严重的行为。

私自开拆、隐匿、毁弃邮件、电报罪(第253条),是指邮政工作人员,利用从事邮政工作的便利,私自开拆或者隐匿、毁弃邮件、电报的行为。第253条第2款是对本罪转为盗窃罪的规定。

出售、非法提供公民个人信息罪(第253条之一第1款),是指国家机关或者金融、电信、交通、教育、医疗等单位的工作人员,违反国家规定,将本单位在履行职责或者提供服务过程中获得的公民个人信息,出售或者非法提供给他人,情节严重的行为。

非法获取公民个人信息罪(第253条之一第2款),是指窃取或者以其他方法非法获取国家机关或者金融、电信、交通、教育、医疗等单位在履行职责或者提供服务过程中获得的公民个人信息,情节严重的行为。

侵犯少数民族风俗习惯罪(第251条),是指国家机关工作人员以暴力、胁迫或者其他方法,侵犯少数民族风俗习惯,情节严重的行为。

煽动民族仇恨、民族歧视罪(第249条),是指煽动民族仇恨、民族歧视,情节严重的行为。

出版歧视、侮辱少数民族作品罪(第250条),是指在出版物中刊载歧视、侮辱少数民族的内容,情节恶劣,造成严重后果的行为。

组织残疾人、儿童乞讨罪(第262条之一),是指以暴力、胁迫手段组织残疾人或者不满14周岁的未成年人乞讨的行为。

组织未成年人进行违反治安管理活动罪(第262条之二),是指组织未成年人进行盗窃、诈骗、抢夺、敲诈勒索等违反治安管理活动的行为。

六、侵犯公民民主权利的犯罪

包括 4 种具体的犯罪。

报复陷害罪（第 254 条），是指国家机关工作人员滥用职权、假公济私，对控告人、申诉人、批评人、举报人实行报复陷害的行为。

打击报复会计、统计人员罪（第 255 条），是指公司、企业、事业单位、机关、团体的领导人，对依法履行职责、抵制违反会计法、统计法行为的会计、统计人员实行打击报复，情节恶劣的行为。

破坏选举罪（第 256 条），是指在选举各级人民代表大会代表和国家机关领导人员时，以暴力、威胁、欺骗、贿赂、伪造选举文件、虚报选举票数等手段破坏选举或者妨害选民和代表自由行使选举权和被选举权，情节严重的行为。

非法剥夺公民宗教信仰自由罪（第 251 条），是指国家机关工作人员以暴力、胁迫或者其他方法，剥夺公民宗教信仰自由，情节严重的行为。

七、司法工作人员侵犯公民权利的犯罪

包括 3 种具体的犯罪。

刑讯逼供罪（第 247 条），是指司法工作人员对犯罪嫌疑人、被告人使用肉刑或者变相肉刑，逼取口供的行为。

暴力取证罪（第 247 条），是指司法工作人员使用暴力逼取证人证言的行为。

虐待被监管人罪（第 248 条），是指监狱、拘留所、看守所等监管机构的监管人员对被监管人进行殴打或者体罚虐待，情节严重的行为。第 248 条第 1 款后段是对本罪转化为故意伤害罪与故意杀人罪的规定。该条款也是一种注意规定。转化犯的规定可以是法律拟制，也可以是注意规定。前者，例如我国《刑法》第 269 条的规定。

第二十三章　侵犯财产秩序罪

第一节　侵犯财产秩序罪概述

一、侵犯财产秩序罪的本体构成

侵犯财产秩序罪,是指攫取他人财物,或者故意毁坏他人财物,或者破坏生产经营的行为。该罪的本体构成包括侵犯他人财物行为等客观事实要素、侵害他人财物法益等客观规范要素、故意与特定目的等主观责任要素。

（一）客观事实要素

本章各罪的法定客观事实,表现为实施攫取他人财物,或者毁坏他人财物,或者破坏生产经营的行为。具体而论：

实行行为:攫取财物、毁坏财物、破坏生产。（1）攫取财物又表现为两种情形：A. 盗抢骗索:是指采用法定的方法,将他人控制支配下的财产据为己有,包括抢劫、盗窃、诈骗、抢夺、聚众哄抢、敲诈勒索等行为；B. 侵占挪用:将合法占有的他人财产,据为己有或者挪用,包括侵占、职务侵占、挪用资金、挪用特定款物等行为。（2）毁坏财物,是指采用各种方法,使财物的价值丧失。（3）破坏生产,是指采用法定的方法,使生产无法正常进行。

行为对象:能给所有人或占有者带来一定利益的财物。（1）财物的具体形态:这里的"财物"具体可为实物本身与实物凭证、财产本体与财产利益。A. 实物本身,即具有经济价值的实际物品,诸如金银、手机、笔记本电脑等；B. 实物凭证,即具有财产价值意义的凭单证据,诸如各种票证、证券、货物单据等；C. 财产本体,即财物所直接体现的经济价值,诸如金钱、房屋等；D. 财产利益,即某种形态所承载的经济价值,诸如债权、债务等。（2）财物的价值内容:这里的"财物"是指他人的具有经济价值的财物。A. 他人财物:无主物,诸如阳光、空气、丢弃物等,不能成为侵犯财产秩序罪的行为对象。B. 价值财物:缺乏经济价值的物品,也不能成为侵犯财产秩序罪的行为对象。（3）财物的具体表现:这里的"财物"具体可为非禁品与违禁品、有形物与无形物等。A. 非禁品与违禁品:非禁品属于财物并无问题。违禁品也是一种财物,盗窃、抢劫枪支、毒品等违禁品依然构成犯罪。B. 有形物与无形物:有形物属于财物,而无形物也为财物的表现形态。例如,电信资源、电力、煤气、天然气等无形物可以成为盗窃罪的行为对象。（4）动产与不动产:具体侵财犯罪不同,行为对象的动产与不动产的表现特征也有所差异,具体表现为:A. 行为对象包括动产与不动产:例如,诈骗罪、侵占、职务侵占罪、敲诈勒索罪、故意毁坏财物罪、破坏生产经营罪的行为对象,既可以是动产,也可以是不动产；B. 行为对象仅为动产:例如,抢夺罪、聚众哄抢罪、挪用资金罪、挪用特定款物罪的行为对象,则只能是动产。C. 行为对象通常是动产:盗窃罪、抢劫罪的行为对象,通常是动产,但在个别情况下似也可是不动产①,刑法理论对此有着较大的争论。

行为主体:除拒不支付劳动报酬罪可以由单位构成之外,本章其他各罪的行为主体均为自然人。其中,多数为一般主体,诸如盗窃罪、抢劫罪、诈骗罪等;少数为特殊主体,如职务侵占罪的主体是公司、企业或者其他单位的人员。

既遂形态:本章各罪的既遂形态类型包括:(1)数额犯:本章多数犯罪属于数额犯。例如,诈骗罪、抢夺罪、侵占罪、职务侵占罪、拒不支付劳动报酬罪等。(2)行为犯:例如,破坏生产经营罪。(3)结果犯:例如,抢劫罪②。(4)数额犯与次数犯:例如,敲诈勒索罪。(5)数额犯与次数犯、行为犯:例如,盗窃罪。(6)数额犯与情节犯:例如,聚众哄抢罪、故意毁坏财物罪。(7)情节犯与结果犯。例如,挪用特定款物罪。

(二)客观规范要素

本章各罪所侵害的类型法益,是财产秩序。对此,刑法理论颇存争议。

我国学说:(1)财产所有权:我国刑法理论通常认为,侵财犯罪的主要客体是他人财产所有权。财产所有权是指所有人依法对自己的财产享有占有、使用、收益和处分的权利。对任何一种权能的侵犯,都是对所有权不同程度的侵犯。违法所得的物品和违禁品仍然可以成为侵犯财产罪的对象,因为这些物品应当依法没收或者发还,并非没有合法所有人。③ 这一见解近似相应国外刑法理论"本权说"。然而,这种见解却难以回答在本权与占有对抗场合的侵财犯罪的法益侵害。例如,A 是财产的合法所有人,B 占有 A 的合法财产,在并非当场或自力救济的场合,A 将自己的合法财物秘密取回,A 仍不失为侵害法益的行为。**(2)财产所有权与有条件占有**:也有的学者提出,财产犯的法益首先是财产所有权及其他本权,其次是需要采取法定程序改变现状(恢复应有状态)的占有;但在非法占有的情况下,相对于本权者恢复权利的行为而言,该占有不是财产犯的法益。即使本权者在不符合自救行为的条件下从非法占有者处窃回财物,相对于本权者恢复权利的行为而言,非法占有不是法益。④ 这一见解近似相应国外刑法理论"并无对抗本权占有说"。然而,这种见解并未合理回答在本权与非法占有对抗场合的侵财犯罪的法益侵害问题。例如,A 是财产的合法所有人,B 非法占有 A 的合法财产,在并非当场或自力救济的场合,A 将自己的合法财物秘密取回,仍不失为侵害法益的行为。

国外学说:国外刑法理论对于侵财犯罪的保护法益,存在本权说、占有说、平稳占

---

① 例如,日本刑法认为,使用胁迫手段将借房人从出借的房子中赶走的行为,成立抢劫财产性利益罪。参见〔日〕大谷实著:《刑法各论》,黎宏译,法律出版社 2003 年版,第 158 页。又如,房主出差归来发现,房产证被人盗窃,并且盗窃房产证者通过伪造其他证件既已将房子出售。本书认为行为人构成盗窃罪,出售房子的诈骗行为为被吸收。

② 有关司法解释将之作为结果犯。严格来讲,抢劫罪的既遂形态较为复杂。

③ 参见高铭暄、马克昌主编:《刑法学》,北京大学出版社、高等教育出版社 2007 年版,第 557 页。

④ 参见张明楷著:《刑法学》,法律出版社 2011 年版,第 838 页。

有说、并无对抗本权占有说、特定状态占有说等不同见解。**(1) 本权说**:主张侵犯财产罪的保护法益,是他人财产本权。立于本权说的立场,由于本权成立的前提是存在法律上的正当理由①,因此只有侵犯这种具有合法性的本权才能充足法益侵害要件,否则就不具有法益侵害要件进而不构成犯罪。本权说所受的理论质疑在于,其不利于维护财产秩序。由于本权说强调对于合法财产关系的保护,所以在财物占有者对于财物的占有并非合法的场合,按照本权说财物所有权人可以采取任何手段夺回自己的财物。如此,必然引起财产秩序的混乱。**(2) 占有说**:主张侵犯财产罪的保护法益,是财产占有本身。占有,是指基于支配的意图对于财物进行实际的支配。刑法上的占有具有更广泛的意义,包括为自己占有、为他人占有,合法占有(基于物权占有、基于债权占有)、非法占有(善意占有、恶意占有)。占有说所受的理论质疑在于,其有违刑法目的。由于占有说强调对于所有占有事实予以保护,所以在财物占有者对于财物的占有并非合法的场合,按照占有说这种占有事实也应受到保护,这显然有违刑法应有的保护合法权益的宗旨。另外,占有说也不利界分他罪。② **(3) 中间说·并无对抗本权占有说**:主张侵犯财产罪的保护法益,最终是所有权以及其他本权,而首先是并非对抗本权的财物占有本身。这意味着,只要财物占有本身并未遭遇本权的对抗,则这种占有本身即使是非法占有也应受到保护,因此侵害这种占有本身也就属于侵害法益;反之,如果非法占有本身遭遇本权的对抗,在这种场合财物的本权者对于非法占有的侵害并不受到否定评价。并无对抗本权占有说仍然存在其所保护法益有违刑法目的的疑问。在并无本权对抗的场合,为何非法占有也能受到保护。另外,在本权对抗本权的场合,行为人侵取他人占有的财物,例如所有权人盗窃他人占有的质物,对此又应如何评价。

本书定位:本书认为,侵财犯罪的侵害法益是财产秩序。财产秩序包括本权与占有,具体地说:**(1) 财产秩序的法益表述**:将侵财犯罪的侵害法益表述为财产秩序,符合我国刑法对于具体犯罪的侵害法益的一般表述。基于我国《刑法》的规定,侵害秩序不失某些具体犯罪的侵害法益的表现。例如,非法经营罪所侵害的具体法益是市场管理秩序,聚众冲击军事禁区罪所侵害的具体法益是军事禁区管理秩序。**(2) 财产秩序与各种占有**:占有包括三种情形:A. 财产所有人自己在事实上控制属于自己所有的财产,直接行使占有权能;B. 非所有人根据法律的规定或所有人的意思,对于财产事实上的控制;C. 非所有人没有法律上的依据而占有他人财产的非法占有。A与B的占有,固然符合财产秩序。而C的非法占有是一种既存的财产占有状态,固然法律不会保护这种占有,但是保护财产秩序意味着除非符合正当行为,财产不能由公

---

① **本权**,是指行为人基于法律上的正当理由占有财物而拥有的财产权利。本权首先是指所有权,此外本权还指抵押权、质权、留置权、租赁权等等。

② 如果盗窃罪的法益侵害仅为占有事实的话,那么窃取财物之后的使用或者损坏行为就难以评价在盗窃罪之中,而应另行成立侵占罪或者毁损罪。然而,理论上这种窃后的使用或者损坏行为本应属于不可罚的事后行为,实践中也是将之作为盗窃罪的不可罚事后行为予以处理的。

民擅自相互任意掠取①;除非符合正当行为,公民私自取回被他人非法占有的财产,也违反了财产秩序。

（三）主观责任要素

本章各罪的主观责任形式,均为故意。除故意毁坏财物罪以外,其余各罪尚须特定目的。根据具体犯罪的不同,特定目的呈现三种:(1)非法占有目的:包括抢劫罪、盗窃罪、诈骗罪、抢夺罪、聚众哄抢罪、侵占罪、职务侵占罪、敲诈勒索罪;(2)挪用目的:包括挪用资金罪、挪用特定款物罪;(3)泄愤报复或者其他个人目的:破坏生产经营罪。

二、侵犯财产秩序罪的种类

我国《刑法》分则"第五章侵犯财产罪",从第263条至第276条之一共14+1个条文②,规定了13个罪名。③基于行为主体与行为特征的具体类型,本书将本章各罪分为3类:

特殊主体侵财犯罪。包括4种具体的犯罪:职务侵占罪、挪用资金罪、挪用特定款物罪、拒不支付劳动报酬罪。

一般主体攫取型犯罪。包括7种具体的犯罪:抢劫罪、盗窃罪、诈骗罪、抢夺罪、聚众哄抢罪、侵占罪、敲诈勒索罪。

一般主体毁坏、破坏型犯罪。包括2种具体的犯罪:故意毁坏财物罪、破坏生产经营罪。

第二节 本章具体犯罪重点分析

一、抢劫罪

设置本罪的基本法条是我国《刑法》第263条,该条前段是本罪的基准罪状与法定刑,后段是本罪的加重罪状与法定刑。第267条第2款是对携带凶器抢夺的准抢劫罪的特别规定。第269条是对由盗窃、诈骗、抢夺罪转化为本罪的转化犯的特别规定。第289条后段毁坏财物依抢劫罪定罪处罚的规定系法律拟制,抢走财物依抢劫罪定罪处罚的规定系注意规定。

抢劫罪,是指以非法占有为目的,当场使用暴力、胁迫或者其他方法,违背被害人的意志,当场获取他人财物的行为。

---

① 虽然秩序框架下的事物并非都是合理的,但是即使是不合理的事物,也应在秩序的框架下通过合法途径去改变,否则就是对现有秩序的破坏,而这种破坏是对国家统治基本条件的侵蚀。应当说,在国家的活动中,抽象秩序的保持比具体事物的改变,具有更为重要的价值。

② 增加了第276条之一。

③ 《中华人民共和国刑法修正案(八)》(2011年)对本章有关罪刑作了修正。

(一) 基准构成

1. 客观事实要素

表现为当场使用暴力、胁迫或者其他方法,当场获取他人财物的行为。具体构成要素包括实行行为、行为时间、行为对象、行为结果、行为主体。其中,实行行为包括方法行为、本质行为、目的行为三个要素;行为时间为强制与取财的双重当场;行为对象为他人财物与他人人身;行为结果为造成伤害或取得财物;行为主体系一般主体。

实行行为·方法行为:暴力、胁迫或者其他方法。**(1) 暴力**:(行为呈现与本质)暴力是指对他人的身体实施有形的外力,诸如杀伤、殴打、捆绑等,使其不能反抗的行为。(暴力目的[①])暴力行为必须出于非法占有的目的,也即作为抢劫的暴力,必须是出于排除他人的抵抗,以便获取财物的目的而实施的。(实例界分)这里的暴力包括杀人,出于取财目的而故意杀人,可谓抢劫暴力;抢劫后出于灭口目的而故意杀人,系属抢劫罪与故意杀人罪数罪。[②] 单纯出于杀人的意图而杀害他人,其后见财起意而取走财物,可以构成故意杀人罪与盗窃罪。行为人为取财入室后将被害人禁闭于某一房间的行为,可谓抢劫的暴力。**(2) 胁迫**:(行为呈现与本质)胁迫是指以杀害、伤害、殴打等暴力内容,对被害人进行精神威胁与恐吓,使其产生恐惧心理而不敢反抗的行为。(胁迫特点)A. 胁迫的**方式**,须是直接面对被胁迫者,既可以使用语言,也可以使用动作。与此不同,绑架而取财的胁迫具有间接特征[③]。B. 胁迫的**内容**,是当场实施暴力侵害,不包括揭发隐私、损毁名誉等非暴力内容。与此不同,敲诈勒索的胁迫包括非暴力胁迫。C. 胁迫的**目的**,是为了获取财物。**(3) 其他方法**:(行为呈现与本质)其他方法是指暴力、胁迫方法以外的使被害人无法反抗、不知反抗的行为。例如,用药麻醉、用酒灌醉等等。(其他方法特点)A. 其他方法的目的:为了获取财物而实施;B. 其他方法的效果:造成被害人无法反抗、不知反抗状态。(实例界分)利用被害人自身形成或者由于其他原因形成的无法反抗与不知反抗状态,不是这里的其他方法。例如,单纯利用他人瘫痪无法反抗而无威胁成分,公然直面被害人取财,构成抢夺;利用他人熟睡不知反抗而取财,构成盗窃。

实行行为·本质行为:违背被害人意志,是指行为人的取财行为违反与背离被害人拒绝交付财物的真实意愿。采用暴力与胁迫手段迫使被害人交出财物,固然违背被害人意志;用药麻醉等造成被害人不知反抗的状态而取财,也是违背被害人意志。反之,如果行为人虽采取暴力手段取财,而被害人只是出于怜悯之心而交付财物,则基于缺乏本质行为从而抢劫行为缺损,这一情形只能成立抢劫罪的未遂犯。

实行行为·目的行为:获取财物,是指在使用暴力、胁迫或者其他方法遏制被害人反抗的状态下,搜取被害人所占有或者所持有的财物。在此,方法行为与目的行为

---

① **暴力目的**本属主观心态的内容,不过客观行为与主观目的是密切相关的,两者的不同整合也在一定程度上决定了行为的性质,从而在对暴力的理解上也应结合主观目的。

② 参见最高人民法院《关于抢劫过程中故意杀人案件如何定罪问题的批复》(2001年)。

③ 绑架强调人质被害(A)与勒索被害(B)的"隔离",具体表现为,采取和平或暴力方式扣押A,将A被扣押及身处危险的消息告知处于另一空间的B,胁迫B就犯。

之间存在相当因果关系,即暴力胁迫等手段的采取致使行为人取得财物。反之,如果这种因果关系出现中断则不宜认为目的行为成立。例如,行为人出于取财意图而对被害人实施暴力,被害人因惧怕而逃跑,逃跑中不慎丢失财物,行为人由此拾得财物。这一取财行为即非抢劫的目的行为。

行为时间:强制与取财的双重当场,是指不仅方法行为是当场实施的,而且目的行为也是当场实施的。(1)当场取财的情形包括:行为人使用暴力等手段从被害人处立即取得财物;行为人使用暴力等手段迫使被害人立即从他处取出财物而取得。在胁迫当场他处取财的场合,应当注意抢劫与绑架的界分。例如,如果行为人向A暴力取财无获,进而控制A,并告知不在同一空间的B,以A为人质而胁迫B将钱款打入行为人的账户,则构成抢劫罪与绑架罪的牵连犯,从一重罪绑架罪重处。反之,如果迫于行为人的强力,A欺骗B当场转账付款,B不知A被绑架而付款,则不构成绑架罪而成立抢劫罪。(2)缺乏方法行为当场则非抢劫:例如,行为人以未来的某一时间实施暴力相威胁,或者以揭发隐私等相要挟,而当场获取财物的,构成敲诈勒索罪并不构成抢劫罪。(3)缺乏当场取财也非抢劫:例如,行为人为了证明未来的暴力,将被害人打成重伤,并限定被害人于3天后付款。本案构成故意伤害罪与敲诈勒索罪的想象竞合犯。(4)缺乏当场方法与当场取财的相当因果关系也非抢劫:行为人以当场的暴力相威胁,强索日后交付的财物,而被害人却主动当场交付财物的,也不宜认定为抢劫。

行为对象:他人财物与他人人身。其中,就财物而言,强调他人财物。就被害人而言,取财行为的被害人固然是财物的占有者或者持有者;不过抢劫方法行为的被害人除了通常呈现的财物占有者或者持有者之外,在某些情况下也可以是第三人。例如,(1)**典型抢劫**:行为人持刀蒙面,趁财物所有人A不在家,在他人在场的情况下,将A之财物强力取走。在场人明知行为人非法取财,但是基于行为人的强力威胁而不敢抓捕或反抗。(2)**准型抢劫**:行为人盗窃,被第三人发现,行为人对第三人予以威胁,使之不敢反抗。本案属于由盗窃罪转化为抢劫罪的转化犯。抢劫方法行为可以针对第三人,也是抢劫罪与盗窃罪及抢夺罪的区别之一。盗窃与抢夺只是针对财物的所有者或占有者。

行为结果:造成伤害或者取得财物。其中:(1)造成伤害,是指"造成他人轻伤以上"伤害。(2)取得财物,是指行为人获得对财物的占有而被害人丧失对财物的占有。反之,行为人虽已夺取财物但未及逃离现场而被擒获,只能成立未遂。作为终局,抢劫既遂后财物既可由行为人占有,也可由第三人占有。(3)犯罪数额:《高法意见》[①]第6条规定:抢劫信用卡后使用的,以实际消费数额计算,未使用则不计数额;为抢劫而劫取机动车当作犯罪工具的,机动车价值计入抢劫数额。[②]

[①] 如无特别说明,本罪阐释中所称《高法意见》,均指最高人民法院《关于审理抢劫、抢夺刑事案件适用法律若干问题的意见》(2005年)。

[②] 《高法意见》规定,为实施抢劫以外的其他犯罪劫取机动车的,以抢劫罪和实施的他罪数罪并罚。其实,理论上这一情形可以成立牵连犯。

行为主体:本罪主体为一般主体,且刑事责任年龄系已满14周岁。

既遂形态:根据《高法意见》第10条的规定,本罪似为结果犯。不过,在仅系取得财物而未造成轻伤后果的场合,是否也为结果犯则值得进一步推敲。因为"获取财物"是抢劫罪之实行行为的目的行为,而这一行为的完成须有"他人财物"的行为对象①,由此在"获取财物"这一目的行为的评价中已有取得他人财物之意,既然"取得财物"已在行为完成中得以评价,从而在结果中就不应再作评价,从这个意义上说在仅为"劫取财物"的场合,抢劫罪系行为犯。

2. 客观规范要素

本罪所侵害的具体法益,是财产秩序与公民人身权利。由此,抢劫他人窃得的财物不失本罪的法益侵害

3. 主观责任要素

本罪的主观责任形式为故意,包括直接故意与间接故意。故意内容指向由抢劫行为"造成伤害或取得财物"为核心征表的"财产秩序与他人人身权利被侵状态"。同时,必须具有特定目的,即行为人具有非法占有他人财物的目的。反之,如果缺乏非法占有目的,"行为人仅以其所输赌资或所赢赌债为抢劫对象,一般不以抢劫罪定罪处罚"②。另外,家庭内部的暴力取财一般也不以抢劫罪论处③,这在理论上可以归于行为缺乏期待可能性,在有明文法定的场合,可以成为司法根据。

(二) 加重构成

我国《刑法》第263条后段对抢劫罪的加重构成作了具体规定。兹对相应情形的构成要件阐释如下。

1. 入户抢劫

《高法意见》第1条与《高法解释》④第1条对入户抢劫作了限制解释,据此入户抢劫应当具备**三项特征:(1) 户的含义**:"户"应当具有"供他人家庭生活"和"与外界相对隔离"的特征。具体地说,这里的户包括:封闭的院落、牧民的帐篷、渔民作为家庭生活场所的渔船、为生活租用的房屋等。反之,一般情况下,集体宿舍、旅店宾馆、临时搭建工棚等不应认定为"户";但在特定情况下,如果确实具有"家庭生活"与"相对隔离"这两个特征的,也可以认定为"户"。例如,酒店式公寓。⑤ **(2) 入户目的**:进入他人住所须以实施抢劫等犯罪为目的。这里的犯罪目的未必限于抢劫,行为人为了伤害、盗窃、强奸等目的而入户,入户后临时起意实施抢劫的,也系"入户抢劫"。反之,抢劫行为虽然发生在户内,但行为人不以实施抢劫等犯罪为目的进入他人住所,而是在户内临时起意实施抢劫的,不属于"入户抢劫"。**(3) 户内暴力**:暴力或者暴力

---

① 详见本书第五章有关构成要件行为以及行为附随情状的阐释。

② 《高法意见》第7条。

③ 参见同上。

④ 如无特别说明,本罪阐释中所称《高法解释》,均指最高人民法院《关于审理抢劫案件具体应用法律若干问题的解释》(2000年)。

⑤ 另外,据1999年最高人民法院《全国法院维护农村稳定刑事审判工作座谈会纪要》,集生活、经营于一体的处所,在经营时间内一般不视为"户"。

胁迫行为必须发生在户内。入户实施盗窃被发现，行为人为窝藏赃物、抗拒抓捕或者毁灭罪证而当场使用暴力或者以暴力相威胁的，如果暴力或者暴力胁迫行为发生在户内，可以认定为"入户抢劫"；如果发生在户外，不能认定为"入户抢劫"。当然，入室盗窃而抗拒抓捕的暴力发生在户外的，不影响转化犯抢劫罪的成立。

2. 在公共交通工具上抢劫

根据《高法解释》第2条以及《高法意见》第2条的规定，对于"在公共交通工具上抢劫"应作如下理解：**(1) 公共交通工具**：强调"公共交通工具"、"正在运营"以及"大中交通工具"的特征。具体包括：从事旅客运输的各种公共汽车，大、中型出租车，火车，船只，飞机等。反之，在未运营中的大、中型公共交通工具上针对司售、乘务人员抢劫的，或者在小型出租车上抢劫的，均不属于"在公共交通工具上抢劫"。**(2) 抢劫场合**：包括"搭乘抢劫"与"拦截抢劫"。既可以表现为行为人在搭乘的公共交通工具上，对旅客、司售、乘务人员实施的抢劫；也可以表现为行为人对运行途中的公共交通工具加以拦截后，对公共交通工具上的人员实施的抢劫。

3. 抢劫银行或者其他金融机构

根据《高法解释》第3条的规定，对于"抢劫银行或者其他金融机构"应作如下理解：**(1) 抢劫资金**：抢劫银行或者其他金融机构，是指抢劫银行或者其他金融机构的经营资金、有价证券和客户的资金等。抢劫正在使用中的银行或者其他金融机构的运钞车的，视为"抢劫银行或者其他金融机构"。**(2) 排除一般物品**：抢劫银行或者其他金融机构，不包括抢劫银行或者其他金融机构的办公用品、交通工具、生活用品等。**(3) 银行与金融机构**：银行，是指能够从事信贷业务的政策性银行与商业银行、国有银行与民营银行、中外合资银行与外资银行等。其他金融机构，是指银行以外的能够从事信贷业务的信托投资公司、证券公司、保险公司、农村信用合作社、城市信用合作社等。

4. 多次抢劫

根据《高法意见》第3条的规定，对于"多次抢劫"应作如下理解：**(1) 三次以上**："多次抢劫"的"多次"，是指三次以上。**(2) 每次成罪**："多次抢劫"中的每次抢劫行为，均已构成犯罪为前提。**(3) 多次认定根据**：认定"多次"，应当综合考虑犯罪故意的产生、犯罪行为实施的时间与地点等因素。**(4) 排除某些情形**：对于某些连续犯或者本属典型一罪的情形不能认作"多次"。具体包括：行为人基于一个犯意实施犯罪，如在同一地点同时对在场的多人实施抢劫的，这本属典型一罪；行为人基于同一犯意在同一地点实施连续抢劫犯罪的，如在同一地点连续地对途经此地的多人进行抢劫的，这可谓连续犯；行为人在一次犯罪中对一栋居民楼房中的几户居民连续实施入户抢劫的，这也可谓连续犯。

不过，仍需明确的是："多次"之每次构成犯罪，其犯罪完成形态的表现；"多次抢劫"与连续犯及同种数罪的关系。对此，本书立场如下：**(1) 每次既遂**："多次"之每次构成犯罪，原则上应当理解为每次构成犯罪既遂。就《刑法》分则设置而言，"多次"在不同的场合应有其特定的意义。在加重犯罪构成的场合，"多次抢劫"的主导意义应当是"多次抢劫既遂";在基准犯罪构成的场合,"多次盗窃"的主导意义应当是"多次盗窃实行行为"。① 当然,按照《高法意见》第 3 条的规定,这里的多次抢劫的加重构成也可表现为抢劫未遂。② 但是,这并不否认多次抢劫加重构成的标准形态是多次抢劫既遂。如同故意杀人罪可以表现为未遂,但法定故意杀人罪的标准形态是既遂。

(2)连续犯与同种数罪:这里的"多次抢劫"应当包括抢劫的某些连续犯与抢劫的同种数罪。"多次行为"基于其所处的罪状不同,所表述的含义也有所差异。我国《刑法》中的多次行为,可能是数个实行行为、同种数罪或者连续犯等。③ 在此,从我国《刑法》对于"多次抢劫"加重法定刑的设置来看,连续犯与同种数罪的抢劫应当可以包容在"多次抢劫"之中。《高法意见》虽然对于"多次抢劫"作了限制解释,将部分本属连续抢劫情形从"多次抢劫"中排除,但是这并不意味着其他连续抢劫的情形也应从"多次抢劫"中排除。例如,行为人出于抢劫的总体意图,每周选择一个作案地点实施拦路抢劫,如此往复呈现系列性的抢劫案。

5. 抢劫数额巨大

《高法解释》第 4 条将抢劫数额巨大的认定标准,归同于盗窃罪数额巨大的认定标准。而根据 2013 年最高人民法院、最高人民检察院《关于办理盗窃刑事案件适用法律若干问题的解释》第 1 条的规定,盗窃罪数额巨大是指"3 万元至 10 万元以上"。

6. 抢劫致人重伤、死亡

这是抢劫罪的结果加重犯,2001 年最高人民法院《关于抢劫过程中故意杀人案件如何定罪问题的批复》基于"劫财故意杀人"与"灭口杀人"的角度对此作了阐释,另外基于学理分析劫财过失致死也应包容其中。具体情形,分述如下:**(1)劫财故意杀人伤害**:行为人以非法占有财物为目的,预谋先杀人或者重伤后取财,采用暴力方法先故意杀害或者重伤被害人,而后取走财物;或者行为人以非法占有财物为目的,在取财过程中,为制服被害人反抗而故意杀害或者重伤被害人,取走财物。**(2)劫财过失致人死伤**:行为人以非法占有财物为目的,采用暴力方法实施人身侵害,应当预见到暴力会导致被害人死亡或者重伤的结果,因为疏忽大意而没有预见,或者已经预见而轻信能够避免,致使被害人死亡或者重伤,强行取走财物。**(3)排除灭口杀人**:上述《批复》明确指出:"行为人实施抢劫后,为灭口而故意杀人的,以抢劫罪和故意杀人罪定罪,实行数罪并罚。"据此,行为人以非法占有为目的,采用暴力方法,强行劫取财物,并且出于灭口、逃避侦查、审判等目的,在抢劫过程中或抢劫后,故意伤害或杀害被害人,构成抢劫罪和故意伤害罪或故意杀人罪。

7. 冒充军警人员抢劫

冒充军警人员抢劫,这里的"**军警人员**",是指现役军人、武装警察、公安机关警察、国家安全机关警察、司法警察。其他国家机关工作人员,包括其他执法人员,并不属于这里的军警人员。冒充军警人员抢劫,颇值探讨的议题是"冒充"的确切含义。

---

① 详见下文盗窃罪的相应阐释。
② 多次抢劫未遂,不是《高法意见》所称的"多次抢劫"并"每次均已构成犯罪"。
③ 详见张小虎:《**多次行为的理论定性与立法存疑**》,载《法学杂志》2006 年第 1 期。

军警人员抢劫是否适用这里的"冒充"。对此,刑法理论颇存争议:否定说:主张冒充军警抢劫并不包括军警抢劫。理由:遵循严格罪刑法定的要求①;冒充就是假冒,真正的军警抢劫显然不能解释在冒充军警人员抢劫里②。肯定说:主张冒充军警抢劫可以包括军警抢劫。理由:冒充包括假冒与充当,其实质是使被害人得知行为人为军警人员,故军警显示身份抢劫应认定为冒充军警抢劫。③ 应当说,军警人员抢劫已超出可予纳入"冒充"的解释射程。就形式意义而言,"冒充"并不包括"真实","军警显示身份抢劫"并不属于"冒充军警抢劫"。我国《刑法》表述的是"冒充"。"刑法解释应当特别注重刑法的限制功能","刑法解释不能超越刑法条文文句所可能涵盖的意义"④。"冒充"一般解释为"假的充当真的"⑤,不论怎样"真实"难以解释在"冒充"里。就实质危害而言,"军警显示身份抢劫"与"冒充军警抢劫",在利用特定身份抢劫上具有近似的严重危害。如果冒充军警抢劫作为加重罪状,则军警显示身份抢劫也应成为相应的加重罪状,不过对此应由刑法立法予以明确规定,而不能由解释予以造法的"漏洞补充"。

此类军警人员冒充彼类军警人员是否这里的"冒充"。对此,也有学者基于我国《刑法》第 279 条招摇撞骗罪之"冒充",包括不同种类以及同一种类不同级别的国家机关工作人员之间的冒充,从而主张《刑法》第 263 条的"冒充"也应含有不同种类军警人员之间冒充之义。应当说,抢劫罪的"冒充"是指非军警人员对军警人员的冒充。《刑法》条文中同样的表述未必就具有同样的意义。例如,我国《刑法》第 263 条的"暴力"与第 246 条、第 257 条等的"暴力",其含义就不完全一样。《刑法》中的法言法语,应在具体罪状与法定刑的承载中,遵循文义射程、刑法原理、立法真意及社会意义,予以合理理解。招摇撞骗罪之"冒充"依附于该罪"骗取利益"的核心意义,而不同种类以及不同级别的国家机关工作人员在社会地位与社会资源的持有上是不同的,行为人通过这种跨种类等的冒充就可迎合被害人所需的角色扮演以便从中获取利益。而抢劫罪之"冒充"依附于该罪"暴力取财"的核心特征,如同"持枪"的暴力威慑更大一样,"军警人员"也有更大的威慑意义⑥。不过,在这种威慑意义上,不同类型的军警人员并无本质上的差异。

现实中常有冒充"抓赌"的发生,对此《高法意见》第 9 条作了如下规定:(1) 冒充警察"抓赌"、"抓嫖",实施没收赌资或者罚款的行为,尚未使用暴力或者暴力威胁,构成犯罪的,以招摇撞骗罪从重处罚;(2) 冒充警察"抓赌"、"抓嫖",实施没收赌资或者罚款的行为,并且使用暴力或者暴力威胁的,以抢劫罪定罪处罚;(3) 冒充治安联防队员"抓赌"、"抓嫖",实施没收赌资或者罚款的行为,尚未使用暴力或者暴力

---

① 参见高铭暄、马克昌主编:《刑法学》,北京大学出版社、高等教育出版社 2007 年版,第 566 页。
② 参见陈兴良著:《口授刑法学》,中国人民大学出版社 2007 年版,第 607 页。
③ 参见张明楷著:《刑法学》,法律出版社 2007 年版,第 717 页。
④ 张小虎著:《刑法的基本观念》,北京大学出版社 2003 年版,第 280 页。
⑤ 《现代汉语词典》(第 5 版),商务印书馆 2005 年版,第 924 页。
⑥ 当然,也不否认,这种冒充中也包含着对军警人员应有良好形象的亵渎,从而增加了行为的社会危害程度。

威胁,构成犯罪的,以敲诈勒索罪定罪处罚;(4)冒充治安联防队员"抓赌"、"抓嫖",实施没收赌资或者罚款的行为,并且使用暴力或者暴力威胁的,以抢劫罪定罪处罚。

8. 持枪抢劫

根据《高法解释》第5条的规定,对于"持枪抢劫"应作如下理解:**(1)显示枪支**:行为人使用枪支或者向被害人显示持有、佩带的枪支进行抢劫。**(2)枪支特征**:枪支的概念和范围,适用我国《枪支管理法》的规定。而这一法规所指枪支"是指以火药或者压缩气体等为动力,利用管状器具发射金属弹丸或者其他物质,足以致人伤亡或者丧失知觉的各种枪支"①。

仍值探讨的是,对于行为人持假枪抢劫应当如何处理。对此,就规范形式意义而言,根据《高法解释》,构成持枪抢劫的枪支应属真枪,假枪不是真枪,报废的枪支也不构成上述枪支管理法中所称"足以……"。就规范的实质意义而论,假枪或者报废的枪支在抢劫罪的暴力中,并不构成如同真枪一样的侵害法益的严重的现实的威胁。不过,持假枪抢劫依然是一种当场的暴力威胁取财,行为构成基准抢劫应当没有问题。

9. 抢劫军用物资或者抢险、救灾、救济物资

这一加重的犯罪构成包括如下主观与客观要素:**(1)主观·特定明知**:行为人应当明知抢劫的对象是军用物资或者抢险、救灾、救济物资。对于这一特定明知,刑法理论存在不同见解:否定论主张,刑法所规定的这些特定对象,"并不是决定抢劫罪构成的定罪要件,而只是量刑的一个情节"②。肯定论主张,适用刑法的这一规定,"以行为人明知是军用物资或者抢险、救灾、救济物资为前提"③。应当说,刑法对于这一抢劫特定物资的规定,系属适用加重法定刑的加重罪状,或称是对抢劫罪的加重构成的规定。加重构成也是犯罪构成的一种形态,加重构成并非量刑情节,行为人的行为只有符合这一加重构成,才能对其适用相应的加重法定刑。而这里的特定物资是加重抢劫的行为对象,就相关的加重构成要素的成立而言,客观上行为人实施抢劫这些特定物资的行为,主观上行为人明知特定物资而实施抢劫,由此综合表现出行为人针对特定物资抢劫的更为严重的危害。**(2)客观·特定对象**:行为人的行为对象仅限军用物资或者抢险、救灾、救济物资。其中,军用物资,是指专供武装部队,包括武装警察部队,使用的物资。问题是,这里的"军用物资"是否包括军用枪支、弹药、爆炸物?对此,有的论著持否定态度,主张抢劫军用枪支、弹药、爆炸物的,应以抢劫枪支、弹药、爆炸物罪论处。④ 应当说,我国《刑法》第263条后段第8项的"抢劫军用物资",与第127条第2款的"抢劫枪支、弹药、爆炸物的",并非对立关系,而系规范竞合,对于相应的同一犯罪行为的事实表现,可以根据特别规范优于普通规范的原则,适用抢劫罪的加重规定而构成抢劫罪。

---

① 我国《枪支管理法》第46条。
② 王作富主编:《刑法分则实务研究》(中),中国方正出版社2007年版,第1084页。
③ 张明楷著:《刑法学》,法律出版社2011年版,第864页。
④ 参见王作富主编:《刑法分则实务研究》,中国方正出版社2011年版,第1084页。

(三) 准型抢劫

许多国家的刑法典,将采用暴力、胁迫以外的诸如麻醉的其他方法,获取他人财物的行为,作为准抢劫罪。例如,《日本刑法典》第239条所规定的"昏醉强盗罪"。而我国《刑法》将这种采用麻醉的其他方法所实施的抢劫,也归入标准的抢劫罪中。由此,这里所讨论的准型抢劫不包括麻醉方法的抢劫。**准抢劫罪**,是指在具体构成要素上近似于标准的抢劫罪,但是与之又有着一定差异,而刑法分则明确将之归为抢劫罪的犯罪形态。具体包括:事后的准抢劫罪;携带凶器的准抢劫罪。

1. 事后的准抢劫罪

犯罪形态:我国《刑法》第269条对事后的准抢劫罪作了具体规定。对于这一法条所述具体犯罪形态,刑法理论存在转化犯说与准抢劫罪说的不同见解。本书认为我国《刑法》的这一规定同时兼具转化犯与准抢劫罪的特征。**(1) 准抢劫罪**。A. 倾向抢劫:整个犯罪缘于攫取财物的目的,并且实施了攫取财物的行为,尤其是在犯罪过程中实施了当场的暴力行为,由此暴力与取财在时间与空间上密切连贯,从而具备了抢劫的主导特征;B. 偏离抢劫:行为人的取财行为表现为盗窃、诈骗、抢夺,当场的暴力或者暴力威胁并非为了取财,而是出于窝藏赃物、抗拒抓捕或者毁灭罪证的目的,由此与标准的抢劫罪的构成了差异。**(2) 转化犯**。行为人实施原先的盗窃、诈骗、抢夺罪的行为,在被人发现后却又实施了其他的行为;这一其他行为的事实特征为"行为方法,暴力或者暴力威胁;行为目的,窝藏赃物、抗拒抓捕或者毁灭罪证;行为时间,当场";由此,行为性质发生转化,我国《刑法》明文将之归入抢劫罪。假如将转化行为完全符合转化犯构成要件的称为典型的转化犯,则这里的转化犯是一种不典型的转化犯。典型的转化犯可谓"A(基础犯罪)+B(转化犯罪)=B(转化犯罪)",而不典型的转化犯则为"A(基础犯罪)+B(其他事实特征)=B(准转化犯罪)"。

基本构成:我国《刑法》所规定的这一转化型抢劫罪的构成,应当符合下述三个条件:(1) 必须实施了盗窃、诈骗、抢夺罪的行为,这是转化的前提;(2) 必须是在实施盗窃、诈骗、抢夺行为的过程中,当场使用暴力或以暴力相威胁;(3) 使用暴力或以暴力相威胁必须是为了窝藏赃物、抗拒抓捕或者毁灭罪证。

理论争议:在针对转化型抢劫罪构成条件(1)的理解上,我国刑法理论有着较大的争议。焦点问题是,这里的盗窃、诈骗、抢夺行为是否必须构成盗窃罪、诈骗罪、抢夺罪?对此存在三种不同观点:(1) 构成犯罪:盗窃、诈骗、抢夺行为必须构成犯罪,即非法占有财物数额较大,因为刑法规定的是犯盗窃、诈骗、抢夺罪。[①] (2) 强调暴力行为严重:盗窃、诈骗、抢夺行为不必构成犯罪,如果财物数额虽未达到较大,但是暴力行为严重甚至造成严重后果的,应当适用第269条。不过,也不应当把数额很小的小偷小摸行为都包括在内。[②] (3) 强调情节相对严重:不应对先行的盗窃、诈骗、抢夺行为的数额作任何限制,它既不要求达到数额较大,也不宜排除数额过小,只要先行

[①] 参见孙国利、郑昌济:《刑法第一百五十三条的法理浅析》,载《法学评论》1983年第2期。
[②] 参见陈兴良、曲新久著:《案例刑法教程》(下卷),中国政法大学出版社1994年版,第278页。

的盗窃、诈骗、抢夺行为,综合全案不属于情节显著轻微危害不大的,都可以转化为抢劫罪。①

司法解释:对于这一问题,司法解释原先较为注重暴力情节严重,目前则较为强调前后犯罪情节。1988年最高人民法院、最高人民检察院《关于如何适用刑法第153条的批复》与1991年最高人民法院研究室《关于盗窃未遂行为人为抗拒逮捕而当场使用暴力可否按抢劫罪处罚问题的电话答复》,在这一问题上的总体态度是:盗窃等数额或既遂并非决定因素;暴力或者暴力威胁必须情节严重。2005年最高人民法院《关于审理抢劫、抢夺刑事案件适用法律若干问题的意见》第5条,对于转化型抢劫罪的适用作了较为具体的规定:盗窃、诈骗、抢夺接近"数额较大"标准的;入户或在公共交通工具上盗窃、诈骗、抢夺后转化的;使用暴力致人轻微伤以上后果的;使用凶器或以凶器相威胁的。

本书解读:适用我国《刑法》第269条的转化型抢劫罪,应当盗窃、诈骗、抢夺行为构成犯罪,并且所使用的暴力或暴力威胁情节严重。这一结论也表现出该法条的规定,所兼有的转化犯与准抢劫罪的特征。(1)就转化犯来看,本书主张盗窃、诈骗、抢夺行为应当构成犯罪,至于是既遂形态还是未遂形态则在所不问,但是不能是情节显著轻微危害不大的行为。(2)作为准抢劫罪,本书主张盗窃、诈骗、抢夺行为所占有的财物不一定要达到数额较大,因为从标准抢劫罪的构成来看,其并未将数额较大作为构成要素。(3)无论是转化犯还是准抢劫罪,犯盗窃、诈骗、抢夺罪后的,为窝藏赃物、抗拒逮捕或毁灭罪证而当场使用暴力或者以暴力相威胁的行为,应当情节严重。

未成年人的处理:2006年最高人民法院《关于审理未成年人刑事案件具体应用法律若干问题的解释》第10条,对于未成年人有《刑法》第269条情节的处理作了具体规定,其要旨是:已满14周岁不满16周岁的人有转化抢劫的情形,其当场暴力系故意伤害致人重伤或者死亡,或者故意杀人的,应当分别以故意伤害罪或者故意杀人罪定罪处罚;已满16周岁不满18周岁的人有转化抢劫的情形,适用《刑法》第269条的规定,情节轻微的,可不以抢劫罪定罪处罚。应当说,这一司法解释相对合理,并且也肯定了第269条之"盗窃、诈骗、抢夺"应当构成犯罪的结论。相对刑事责任年龄的人,不能构成盗窃、诈骗、抢夺罪,固然也就谈不上适用《刑法》第269条的转化型抢劫罪,但是其后的暴力行为可以构成故意杀人或者故意伤害罪。完全刑事责任年龄的人,可以构成盗窃、诈骗、抢夺罪,其后又有符合《刑法》第269条所规定的行为,当然应当适用第269条的规定。

2. 携带凶器的准抢劫罪

理论争议:我国《刑法》第267条第2款对携带凶器的准抢劫罪作了具体规定。根据该规定,"携带凶器抢夺的",依照抢劫罪定罪处刑。而对何谓"携带凶器抢夺"仍需明确。对此,刑法理论存在三种不同见解:**(1)随身携带**:认为只要发现行为人在抢夺时随身携带凶器,不问其是否使用或者出示都构成对他人的人身威胁,因此应

---

① 参见高铭暄、王作富主编:《新中国刑法的理论与实践》,河北人民出版社1988年版,第574—575页。

以抢劫罪论处。① (2) **显示凶器**:认为携带凶器抢夺构成抢劫罪,至少要求行为人显示出凶器,如果行为人携带凶器抢夺但没有显示凶器,则不能构成抢劫罪。② (3) **应予废除**:认为携带凶器抢夺,如果没有利用凶器则与一般抢夺无异,而利用或显示凶器则系典型抢劫,从而《刑法》的这一规定缺乏科学性。③

司法解释:对于这一问题,《高法解释》第6条与《高法意见》第4条,针对"凶器含义"与"携带意图"作了限制解释。其具体要旨是:(1) 归于"携带凶器抢夺":A. 携带特定器械抢夺:这里的特定器械,是指"枪支、爆炸物、管制刀具等国家禁止个人携带的器械"。B. 为了犯罪携带器械抢夺:在所带器械并非禁止携带的场合,必须是"为了实施犯罪而携带其他器械"。(2) 并非"携带凶器抢夺":A. 携带器械的非抢劫:携带非禁止携带的其他器械抢夺,但有证据证明该器械确实不是为了实施犯罪准备的。B. 携带凶器的典型抢劫:将随身携带凶器有意加以显示、能为被害人察觉到的,直接适用《刑法》第263条。(3) 事后暴力的定性处理:携带凶器抢夺后,在逃跑过程中为窝赃、拒捕或者毁证而当场使用暴力行为的,仍适用《刑法》第267条第2款。④

问题分析:应当说,司法解释在对我国《刑法》第267条第2款的适用上,强调"显示携带凶器直接适用第269条",这一规定较为合理。行为人"显示凶器"即为暴力威胁,从而完全符合抢劫罪的标准形态,应当直接适用《刑法》第263条。关于我国《刑法》第267条第2款的规定,关键问题是,携带国家禁止个人携带的器械进行抢夺,或者为了实施犯罪而携带其他器械进行抢夺,在并未显示从而被害人不能察觉的场合,是否一律依照抢劫罪定罪处刑?对此,司法解释持肯定态度,"应予废除"论者持否定态度。本书认为,这是法定的准型抢劫,其与单纯抢夺仍有区别,属于我国《刑法》的"趋重立法(从严立法)"。对此,兹予分述如下:(1) **准型抢劫**:就我国《刑法》第267条第2款的构成要素来看,携带凶器与抢夺各为一种行为;从而,这是将"携带凶器"加上"抢夺"归为"抢劫"。由此,从行为的事实特征来看,其既不同于普通抢夺也不同于典型抢劫。从而,这也可谓是一种法律拟制。以行为为核心的事实特征,是对行为定性的关键。(2) **趋重立法**:暴力方法是抢劫的本质特征,而我国《刑法》第267条第2款的构成要素中并没有现实暴力,当然似也可将"携带凶器"理解为潜在暴力。"携带凶器抢夺"归于"抢劫"由立法规定,从而是立法趋重。但是,这并不意味着对此应予否定。抢劫罪的"其他方法"也无明显暴力,显然在准型抢劫的意义上,这一规定仍有存在的空间。(3) **并非推定事实**:我国《刑法》第267条第2款并非法律上的推定事实。所谓推定事实,是指基于一种事实状态(A)认定另一事实状态(B),也即只要存在A也就认为存在B。法定的推定事实,并没有法定的构成要素的转换。推

---

① 参见何秉松主编:《刑法教科书》(下卷),中国法制出版社2000年版,第916页。
② 参见高铭暄、马克昌主编:《刑法学》(下编),中国法制出版社1999年版,第896页。
③ 参见刘明祥著:《财产罪比较研究》,中国政法大学出版社2001年版,第138页。
④ 这一解释较为合理。由于"携带凶器抢夺"归于抢劫,从而不再适用《刑法》第269条。进而,司法解释所述的情形,系对"抢劫"与"事后暴力行为"的定性。

定事实较为典型的适例是《刑法》第395条后段的规定,而《刑法》第267条第2款的规定,则不存在事实状态的转换。**(4) 并非转化犯**:我国《刑法》第267条第2款的规定也不是转化犯。转化犯中决定转化罪的事实特征紧接于基础罪行为之后,或者在基础罪是持续犯时发生于基础罪行为持续期间。假如超出基础罪而决定转化罪的事实特征,发生于基础罪行为之前,则不存在基础罪与转化罪之间的转化问题,而是某一具体犯罪的构成问题。而《刑法》第267条第2款的规定恰恰是,"携带凶器"发生在"抢夺"之前,"携带凶器"并"抢夺"构成"抢劫"。

(四)抢劫罪的既遂与未遂

理论见解:对于抢劫罪既遂与未遂的标准,刑法理论存在三种不同的观点:**(1) 财物占有说**:主张以行为人是否非法占有他人财物作为区分抢劫罪既遂与未遂的标准;并未非法占有财物,即使杀伤被害人也只构成未遂。**(2) 人身伤害说**:主张以行为人是否损害被害人的人身作为区分抢劫罪既遂与未遂的标准;虽未非法占有财物,但是只要给被害人的人身造成损害即构成既遂。**(3) 区分说**:主张在抢劫罪基本犯的场合,以是否占有财物作为区分既遂与未遂的标准;而在抢劫罪结果加重犯与情节加重犯的场合,不存在未遂问题。

司法解释:《高法意见》第10条针对抢劫罪的既遂与未遂作了具体规定。其总体思路,是以侵害具体法益为理论根据的特定构成结果的具体呈现。具体地说:(1) 侵害法益:基于抢劫罪所侵害的具体法益是,"既侵犯财产权利又侵犯人身权利",从而以"取财"与"伤害"来论定该罪的既遂与未遂。(2) 总体标准:"劫取财物或者造成他人轻伤以上后果",即"取得财物"或"造成伤害",具备两者之一的均属抢劫既遂,而两者均无则为抢劫未遂。(3) 死伤加重:在"抢劫致人重伤、死亡"的加重构成的场合,无论是否劫取财物,由于具备了造成他人重伤与死亡的后果,从而构成既遂。(4) 其他加重:在其他七种加重构成的场合,存在既遂与未遂的问题。如果既未劫取财物也未造成他人伤害,虽有这七种情形之一但仍只构成未遂。

理论考究:抢劫罪系属侵财犯罪,以"取得财物"作为抢劫罪既遂的标准更为恰当。①《高法意见》的解释虽为抢劫罪既遂的认定提供了具体操作办法,不过其合理性仍有可推敲的余地。具体地说:(1) 法益根据:在具体犯罪的构成中,实行行为、特定结果与侵害具体法益分属不同要素,且未必呈现一一对应关系。例如,重大环境污染事故罪的侵害法益为"环境资源保护制度与公共安全",而特定构成结果则为"造成财产重大损失"或者"造成人员伤亡"。实行行为或特定结果可以征表具体侵害法益,但是具体侵害法益未必只由实行行为或特定结果征表。(2) 复合法益:抢劫罪侵害的具体法益为复合法益,在此"财产权利"与"人身权利"是"合并"的关系而不是"择一"的关系。倘若仍以司法解释之"侵害法益"至"造成结果"的思路展开,则抢劫罪的既遂标准应为"既劫取财物又造成他人伤害后果"。(3) 主要法益:以复合法益为特征之一的抢劫罪,基于其被侵主要法益为财产法益而归于侵财犯罪一章中,这是

---

① 当然,这一"取得财物"未必系结果评价。详见上文有关抢劫罪既遂形态的阐释。

我国《刑法》对抢劫罪属性定位的立法原意。由此观之,加上实行行为、特定结果与具体侵害法益未必一一对应,从而将"取得财物"作为抢劫罪既遂的标准更为恰当。(4) 未遂处罚:如单纯以"取得财物"为抢劫罪既遂的标准,则抢劫致人重伤或死亡可为抢劫罪的未遂,这似在处罚上令人难以接受,也似冲击了结果加重犯理论。其实不必担心于此,抢劫致人重伤或死亡所适用的是相应的加重法定刑,这与基准抢劫罪的法定刑是不同的;同时,基于我国《刑法》第 23 条第 2 款的规定,对于未遂犯只是"可以"比照既遂犯从轻或者减轻处罚。(5) 加重未遂:至于抢劫致人重伤或死亡的结果加重犯,也可成立未遂犯,这也完全没有理论障碍。所谓未遂犯是指犯罪构成的某些特定要素的一种缺损形态。行为符合结果加重犯的加重构成要素,但却缺乏某些可以成为未遂犯的构成要素,这在犯罪构成形态上是完全有可能的。例如,以勒索财物为目的绑架他人作为人质,未及向利害关系人实施勒索行为,即将人质被害杀害并且案发。

(五) 抢劫罪与易于混淆的犯罪

1. 抢劫罪与强迫交易罪

两罪均有暴力与威胁的强制行为的成分,尤其是不排除行为人以"交易"为幌子而实施抢劫。不过,应当说,两罪在主观与客观的诸多要素上仍有区别,而核心的区别在于主观意图与目的行为的差异。抢劫罪出于非法占有他人财物目的,而当场强力取得他人财物;强迫交易罪出于迫使他人屈从交易的意图,而强力与他人进行商品、服务、经营等的交易。行为人针对他人当场的强力获利中,如果确有交易的成分,不宜认定为抢劫;反之,以无价之物或虚构交易为据,而当场强取他人财物的,则应认定为抢劫。关于是否存在交易成分的判定,《高法意见》第 9 条强调,注意考虑"超出合理价钱与费用"的绝对数额与具体比例。

2. 抢劫罪与寻衅滋事罪

鉴于寻衅滋事罪中存在"强拿硬要"他人财物的法定情形,而抢劫罪的实行行为亦现"强力获取"他人财物的特征。虽然两罪在主观目的、行为动机以及侵害法益等要素的内容上存在显著的不同,但是在社会现实中两罪的这些事实特征常常交融在一起而同时存在,从而使对这种具有交融事实之具体案件的定性产生了疑问。对此,应当说,该两罪之间的关系并非对立关系,在事实重合的场合系想像竞合犯。

并非规范竞合:寻衅滋事罪的实行行为是"挑起与制造事端"的目的行为,"强拿硬要"等法定行为是作为"挑起与制造事端"的具体方法而呈现的。抢劫罪的实行行为是"暴力……"方法行为与"取得财物"目的行为的组合,呈现为较为典型的复合行为,且无"挑起与制造事端"之意。而规范竞合成立的一个基本前提是,"基本构成行为整体结构与内容具有一定重合";在此,两罪的实行行为之间并不具有规范竞合成立所需的这一重合关系。不过,在基于同一事实行为的场合,两罪可能呈现为想像竞合犯。

具体案情处理:作为一种事实竞合关系,两罪可能竞合但未必竞合。具体而论,可能的情形包括:(1) 构成抢劫罪但未必构成寻衅滋事罪:行为人并不具有流氓动机,也即《高法意见》第 9 条所称的"具有逞强好胜和通过强拿硬要来填补其精神空虚等目的",而是单纯地以非法占有为目的,采取暴力方法当场取得他人财物。(2)构成寻衅滋事罪但未必构成抢劫罪:行为人出于流氓动机,虽然当场强取得他人财物"1000 元以上"①,但是强力程度相对轻微,也即《高法意见》第 9 条所称的寻衅滋事"一般不以严重侵犯他人人身权利的方法强拿硬要财物"。(3)同时构成两罪的想像竞合犯:行为人出于流氓动机,且以非法占有为目的,采取暴力强取他人财物的方法,挑起与制造事端,造成了恶劣的社会影响。由于抢劫罪与寻衅滋事罪的法定刑存在一定的交叉,对此应当根据具体案件分别两罪所应适用的法定刑以及应处刑罚的轻重,择重定性处刑。

3. 抢劫罪与故意伤害罪

由于抢劫罪的方法行为包括"暴力",而这一"暴力"又包含着伤害行为,从而对于抢劫罪与故意伤害罪的关系需要澄清。对此,应当说,两罪在规范构成上的区别是较为明显的,只是在某些具体案件中由于两罪事实特征的交融,从而需对这种交融的具体事实予以罪刑属性的分析。对此,本书简要列举如下:(1)结果加重犯:行为人出于取财目的,采用暴力当场取得他人财物,并且基于这一暴力而致他人重伤,适用我国《刑法》第 263 条第 5 项。(2)数罪并罚:行为人出于取财目的,采用暴力当场取得他人财物,而后出于报复等其他目的,又将他人致成重伤,构成抢劫罪与故意伤害罪。(3)故意伤害罪:行为人为索取债务,使用暴力手段取得他人财物,并且这一暴力行为导致他人重伤,对此《高法意见》第 9 条认定为故意伤害罪。

4. 抢劫罪与抢夺罪

抢劫罪与抢夺罪在公然、强取、取财、非法占有目的等规范构成的要素上有着诸多相同之处。然而,该两罪在规范构成与现实表现上也有着诸多重要的区别。其中,方法行为的差异是可操作性区别两罪的关键与核心所在。抢劫罪的方法行为是"暴力、胁迫或者其他方法",其本质是造成他人不能反抗、不敢反抗、无法反抗、不知反抗的状态;抢夺罪的方法行为是"乘人不备等非暴力方法",其本质是利用他人不及反抗、不能反抗、无法反抗的状态。

有鉴于此,本书针对实际中关涉两罪定性的情形,简要列举如下:(1)行为人当场采用欺骗方法而持有他人财物②,随即公然持他人财物逃离。这是利用他人不及反抗的抢夺。(2)行为人采用欺骗方法将他人关进某一房间,而后公然在他人的其他房间取财。这是造成他人不能反抗的抢劫。(3)行为人趁他人重病无法下床行走,公然将他人财物取走。这是利用他人无法反抗的抢夺。(4)行为人给他人饮用麻醉剂致他人昏睡,而后将他人财物取走。这是造成他人无法反抗的抢劫。(5)行为人

---

① 最高人民法院、最高人民检察院《关于办理寻衅滋事刑事案件适用法律若干问题的解释》(2013 年)第 4 条。

② 他人并非交付财物。

驾驶车辆行至他人身边,趁他人不备择机公然瞬息取走他人财物。这是利用他人不及反抗的抢夺。

不过,驾驶车辆强力取财的情形比较,《高法意见》第11条将下列情形归为抢劫:(1)驾驶车辆挤撞或者逼倒他人以排除他人反抗,乘机夺取财物的;(2)驾驶车辆强力取财遭被害人紧抓不放,而采取强拉硬拽方法的;(3)明知驾车强力取财会造成他人伤亡后果,而强力夺取放任造成轻伤以上后果的。

5. 抢劫罪与敲诈勒索罪

抢劫罪与敲诈勒索罪在公然、强取、取财、非法占有目的等规范构成的要素上有着诸多相同之处。然而,该两罪在规范构成与现实表现上也有着诸多重要的区别。其中,实行行为的差异是可操作性区别两罪的关键与核心所在。抢劫罪的实行行为是"当场使用暴力、胁迫或者其他方法,当场取得他人财物",这是以直面被害人的"暴力"为典型特征,"胁迫"仅限暴力威胁,暴力等方法与取财均系当场;敲诈勒索罪的实行行为是"以实施侵害相威胁,强行索取他人财物",这是以"索取"为典型特征,"威胁"不限暴力威胁,暴力方法仅限日后取财而其他威胁也可当场取财。

有鉴于此,本书针对实际中关涉两罪定性的情形,简要列举如下:(1)行为人以当场或者日后实施揭发隐私、损毁名誉等非暴力相威胁,强索他人当场或者日后交付数额较大的财物的,构成敲诈勒索罪;(2)行为人以日后实施暴力相威胁,强索他人当场或者日后交付数额较大的财物的,构成敲诈勒索罪;(3)行为人以当场实施暴力相威胁,强索他人当场交付数额较大的财物的,既有"暴力"又有"双重当场",从而构成抢劫罪;(4)行为人以当场实施暴力相威胁,迫使他人当场交付财物未成,又强索他人日后交付数额较大的财物的,属于抢劫未遂与敲诈勒索的吸收犯;(5)行为人以当场实施暴力相威胁,迫使他人当场交付财物未成,又随即跟随被害人到他处取财的,属于当场取财,构成抢劫罪;(6)行为人以当场实施暴力相威胁,单纯强索他人日后交付数额较大的财物的,构成敲诈勒索罪。

6. 抢劫罪与强奸罪

抢劫罪与强奸罪有着较为显著的区别。不过,两罪的方法行为均现"暴力、胁迫或者其他方法",尽管在两罪的具体构成中这一方法行为的具体蕴含仍有其差异,但是也不否认这两者之间存在较大的相似与一定的重合。现实中两罪也常常并发;尤其是行为人在使用暴力实施强奸后,又利用这一暴力控制状态而取得被害人的财物,对此应当如何处理?

有的国家的刑法典针对该两罪规定了结合犯。例如,《日本刑法典》第241条、《韩国刑法典》第339条的"强盗强奸罪"。我国《刑法》对此未设结合犯,《高法意见》第8条将强奸后利用此前暴力控制状态而当场取财的,规定为强奸罪与抢劫罪的数罪并罚。就理论分析而言,应当肯定上述情形中存在两个事实行为。在此,虽然在两罪中行为人所施"暴力"行为同一(A),但是行为人分别实施了不同的目的行为(B与C),由此而构成了可谓是准型的两个事实行为("A+B"与"A+C")。

（六）法定刑

1. 基准法定刑

根据我国《刑法》第263条前段的规定，犯抢劫罪的，处3年以上10年以下有期徒刑，并处罚金。值得考究的是，就抢劫罪的法定刑设置而论，对抢劫罪能否适用缓刑？对此，本书持肯定态度。犯抢劫罪被判处3年有期徒刑，同时符合我国《刑法》第72条其他条件的，可以宣告缓刑，对于特定主体应当宣告缓刑。

2. 加重法定刑

根据我国《刑法》第263条后段的规定，犯抢劫罪并有法定8种加重情形之一的，处10年以上有期徒刑、无期徒刑或者死刑，并处罚金或者没收财产。

二、盗窃罪

设置本罪的基本法条是我国《刑法》第264条，该条前段是本罪的基准罪状与法定刑，中段与后段是本罪的加重罪状与法定刑。第265条是对盗用他人电信资源而为盗窃的注意或拟制规定。第196条第3款是对盗窃信用卡并使用的包容犯的规定。第210条第1款是对盗窃有关发票而构成盗窃罪的注意规定。第253条第2款是对由私自开拆、隐匿、毁弃邮件、电报罪转化为本罪的转化犯的特别规定。

盗窃罪，是指以非法占有为目的，窃取他人财物数额较大，或者多次窃取、入户窃取、携带凶器窃取、扒窃他人财物的行为。

（一）基准构成

1. 客观事实要素

表现为窃取他人财物数额较大，或者多次窃取、入户窃取、携带凶器窃取、扒窃他人财物的行为。具体分为数额犯、次数犯、行为犯三种形态，分别三种形态又各有相应的构成要素。（1）数额犯：实行行为，窃取；行为对象，他人财物；犯罪数额，取得财物数额较大；行为主体，一般主体。（2）次数犯：实行行为，窃取；行为对象，他人财物；行为次数，多次窃取；行为主体，一般主体。（3）行为犯：实行行为，入户窃取、携带凶器窃取、扒窃；行为对象，他人财物；行为主体，一般主体。

窃取：盗窃罪实行行为的基本而核心的表现，是窃取。窃取即秘密获取，是指针对财物占有人与持有者予以回避与掩饰，以积极的行为自行拿取处于他人占有状态下财物，转为自己占有或者转为第三人占有。就行为构成而论，窃取包括方法行为"秘密方法"与目的行为"拿取财物"两个要素。

窃取·方法行为："秘密方法"是盗窃行为的典型标志，其决定了盗窃与抢夺、抢劫、诈骗等的区别。就行为属性而论，行为事实特征的定性与支配行为的主观意图密不可分[1]，窃取也是特定主观状态下的一种独特行为。由此，窃取之秘密包括行为人主观对于回避与掩饰的知与欲[2]。**回避**即行为人自认为财物占有人与持有人不知其

---

[1] 如同单纯的暴力行为难以谓为抢劫的暴力，而取财意图支配下的暴力可谓抢劫的方法行为。

[2] **窃取**系基于回避与掩饰的意图，采取回避与掩饰的方法取财。

取财,采取不为财物占有人与持有人知晓的方法取财;**掩饰**即行为人避开财物占有人与持有人,而对他人隐瞒与伪装取财的具体意义。具体**窃取情形**包括:(1)公然行窃。例如,行为人扮成搬家公司人员,趁物主家中无人而入室取财。(2)不知监控。例如,现场虽有电子监控但行为人并不知晓,而避开他人取财。(3)不知预伏。例如,财物占有人或者警察等预伏于现场,行为人并不知晓而取财。(4)利用无知。例如,行为人明知他人缺乏辨识能力,而采用欺骗手法取得其财物。(5)欺骗行窃。例如,行为人谎称受物主之托取物,骗得宿舍统管员开门而取走财物。(6)偷梁换柱。例如,行为人谎称购物,趁营业员不注意用赝品置换真品而取走真品。反之,以下情形**并非窃取**。(1)属于抢劫的:例如,行为人趁A家无人,持刀蒙面,在他人在场的情况下,强力取走A之财物。(2)属于抢夺的:例如,他人财物不慎丢于楼下,行为人明知他人看于窗口而公然取走财物;现场设有电子监控,行为人对此明知而于监控探头下公然取走财物。(3)属于诈骗的:例如,行为人利用他人智虑有所减弱的状况,而采用欺骗手法取得其财物;行为人谎称受主人之托取物,骗得主人家保姆的信任而将财物取走;行为人使用骗术将赝品说成是真品,致使他人信以为真而付款购买。

窃取·目的行为:"拿取财物",是指以积极的行为自行拿取处于他人占有状态下财物,转为自己占有或者转为第三人占有。这意味着:(1)缺乏交付:在窃取中并不存在诈骗所呈现的"互动取财",即对方基于被骗而"交付"财物,行为人"接受"对方所交付的财物。窃取是行为人回避与掩饰于被害人,而在暗中偷偷地拿取被害人的财物。(2)改变占有:所谓拿取财物,也意味着将财物由他人占有的状态,变为自己占有或者转为第三人占有。通常需要触动与移动实物,但在转账等场合也未必搬动实物。占有状态的改变,也可能呈现为被害人失去占有而第三人获得占有。只有占有状态达致改变,才能谓之拿取行为完成;反之,虽有触动财物的行为,但未能达致占有状态的改变,则不能谓为拿取行为完成。例如,行为人拿到财物,但未及离开现场即被擒获。(3)行为与结果:应当注意盗窃罪中行为与结果之评价的界分。作为目的行为的完整形态,所谓取得财物强调的是针对财物之拿取行为的完成,此时的他人财物是行为人获取的对象。就广义而论,行为对象等行为附随情状也是行为完整评价的组成部分。行为对象缺席则不能谓为实行行为完成。由此,"拿取财物"包含着取得他人财物的意义。既然"取得财物"在行为中已有评价,就不应再在结果中予以重复评价,但是这并不否认行为之外的"数额较大"的评价。

窃取的着手:对于窃取着手的判断,固然也应遵循着手之形式与实质相结合的判断标准。不过,现实中许多场合的窃取着手的判断则较为复杂。例如,行为人躲藏于商场角落欲待商场打烊后取财。对此,如何判断行为人窃取的着手,就应视具体案情而论。如果目标是敞放的财物,行为人临近财物的行为构成窃取的着手;如果目标置于室内保险箱,则行为人撬保险箱锁构成窃取的着手。因此,窃取的具体行为、财物存放的空间、财物的属性等,均会影响窃取着手的认定。

特定窃取:窃取的实行行为,在次数犯的场合,具体表现为多次窃取;在行为犯的场合,又具体表现为入户窃取、携带凶器窃取、扒窃。这些特定的窃取行为,取代了一般窃取场合基准犯罪构成的犯罪数额要素。**(1) 多次盗窃**:将多次盗窃作为入罪的定量要素的立法并不多见。有的国家的刑法典将多次盗窃作为加重要素。例如,《俄罗斯刑法典》第158条第2款的规定。需予考究的是,我国《刑法》第264条所规定的"多次盗窃"的含义。对此,《司法解释》①第3条第1款将之规定为"2年内盗窃3次以上"。不过,仍需明确的是多次盗窃之每次盗窃的构成特征。**对此**,鉴于多次盗窃之"多次"系盗窃罪基准构成的定量要素,这里的多次盗窃是指多个盗窃实行行为的组合,其在犯罪构成要素上相当于一个盗窃实行行为与数额较大的组合。进而,多次盗窃行为中的每个盗窃行为均不能独立成立盗窃罪既遂;多次盗窃行为中的每个盗窃行为均为实行终了的未遂;每个盗窃行为之间的关系,可以表现为同种数罪或者连续犯。**为此**,在盗窃数额与每次行为及多次整体评价的关系上,应当注意,"多次"之每次盗窃的数额均未达到"数额较大";每次盗窃的数额附着于相应行为,每次行为与相应数额构成一个事实单元;各个事实单元即为"多次盗窃",其整合成立盗窃罪的既遂;各次盗窃数额已附随于相应行为,从而以"多次"行为定罪不应再以"累计数额"定罪;"多次"评价截断了个次行为与累计数额的综合评价定罪,但个次数额在以"多次"行为的定罪中没有得到实质评价,从而数额可以作为量刑情节。**另外**,倘若以《司法解释》的"2年内盗窃3次以上"作为"多次"的界域,结合上述对于窃取之目的行为的"拿取财物"的界说,则如果行为人2年内2次盗窃拿取财物数额不大,第3次盗窃未能拿到财物包括其所认作的财物②,如此"多次"行为也就未能完成,应当构成盗窃罪未遂。**(2) 入户盗窃**:根据《司法解释》第3条第2款,入户盗窃中的"户",是指供他人家庭,与外界相对隔离的住所。这一解释类似于对"入户抢劫"中"户"的解释。**(3) 携带凶器盗窃**:《司法解释》第3条第3款对此作了限制解释,具体包括两种情形:A.携带国家禁止个人携带的器械进行盗窃;B.为了实施违法犯罪携带其他足以危害人身安全的器械进行盗窃。该解释所述"携带凶器",近似于有关抢夺司法解释对"携带凶器抢夺"中"携带凶器"的解释③。所不同的是,在B种情形下,携带凶器盗窃对于其他器械还作了"足以危害他人人身安全"的限定。**(4) 扒窃**:《司法解释》第3条第4款对此作了限制解释,由此"扒窃"除了窃取之外其独特构成要素包括:行为场所,在公共场所或者公共交通工具上;财物状况,他人随身携带的财物。对于这一解释尚需明确的是,何为"随身携带的财物"。本书认为,这里的"随身携带的财物"是指他人贴身附着的财物。由此,从他人的衣袋中窃取、从他人手持的包中窃取等,在特定场合可谓扒窃。而在公共场所拎包作案则不宜谓之扒窃,同样窃取他人离身置于一边的包中的财物也非扒窃。对扒窃进一步作此限定是因为:扒窃的行为特征,使其等同于同是基准入罪的"多次"、"携带凶器"或"数额较大"的窃取;扒窃是一种需要犯罪技术的行为,而拥有这一技术又反映了行为人的犯罪"老道";窃取他人的贴

---

① 如无特别说明,本罪阐释中所称《司法解释》,均指最高人民法院、最高人民检察院《关于办理盗窃刑事案件适用法律若干问题的解释》(2013年)。
② 当然,如果拿得财物,即使当场被擒,也为盗窃实行行为完成。
③ 参见最高人民法院《关于审理抢劫、抢夺刑事案件适用法律若干问题的意见》(2005年)第4条。

身财物,更为接近他人的人身,从而构成对他人人身更为贴近的威胁。

行为对象:他人财物,即他人占有的财物。对此,存在如下议题:(**1**) **有价**:财物须为有价。财物的价值标准的确定,既与一个社会的历史发展阶段密切相关,也与一个社会的文化背景紧密相连。同时,财物价值也存在物质本身所值(本体价值)、社会客观评价(客观价值)与物主个体认同(主观价值)的差异。因而,物质形态的经济价值,应当综合上述诸多因素予以确定。财物价值通常表现为积极意义,有时也会表现为消极意义。没有价值的物品或者价值极低的物品,不能成为盗窃罪的行为对象。关于财物价值的具体计算标准,《司法解释》第 4 条与第 5 条作了可操作性的规定。(**2**) **财物**:是指作为经济价值承载的钱财、物资或者利益。就财物形态而论,钱款是其最常见的形态,其他较为典型的形态还有金银、手机、笔记本电脑等贵重物品,古玩、字画等藏品,有价证券、支付凭证、有价票证等钱物标志,等等。作为盗窃罪行为对象的财物,通常表现为有体物、动产、钱款物资,然而对于无体物、不动产、人体器官、违禁品、财产利益等,是否也可以成为盗窃罪的行为对象,刑法理论存在不同的见解。应当说,无体物、不动产[①]、人体器官[②]、违禁品[③]、财产利益[④]等,在特定场合均可成为盗窃罪的行为对象。"上网账号、密码"承载的电信资费,也是盗窃罪的行为对象。[⑤] (**3**) **他人"占有"**:财物为他人占有。所谓**他人占有**,是指由行为人自己以外的别人对于财物的事实上的支配。而**占有**,是指基于支配的意图对于财物进行实际的支配。刑法上的占有具有更广泛的意义,包括为自己占有、为他人占有,合法占有、非法占有。**支配意图**是占有成立的主观要素,强调占有人对于财物具有事实上的控制或支配的意思。支配意思应当以意思能力为基础,不过意思能力的存在与支配意思的表现,并不一定集中于同一持有人的身上。现实生活中支配意思的表现复杂多样[⑥]。**实际支配**是占有成立的客观要素,展示财物占有状态的客观表现。只要财物处于持有人的私人领域、为持有人临时划定的个人空间、乃至持有人设定的具有一定排他性的特定空间等,均可视作实际控制或支配。在占有的**具体判断**标准上,存在主观标准与客观标准。主观标准,以占有者对于支配意思与实际支配的评价为依据;客观

---

① 盗窃罪的行为对象通常是动产,但在个别情况下也可是不动产。

② 依存于活体的人体器官,并不具有他人财物的意义,不能成为盗窃罪的行为对象;行为人盗窃脱离于活体的人体器官,在无法律对此特别设置罪名的场合,可以构成盗窃罪。婴儿属于自然人,从而不能成为盗窃罪的行为对象。盗窃尸体构成我国《刑法》第 302 条规定的盗窃尸体罪。

③ 当然,如果我国《刑法》有特别规定的,则适用特别规范。例如,《刑法》第 127 条盗窃枪支罪等。另外,盗窃毒品等违禁品,难以具体确定财物的价值,根据《司法解释》第 1 条的规定,对此"根据情节轻重量刑"。

④ 所谓**财产利益**,是指并非直接呈现为财产实体,但具有积极或者消极的财产内容的某种好处。例如,提供劳务、免除债务、承诺负债。严格来讲,财产利益不同于支付凭证。支付凭证可谓一种实物形态,财产由凭证所承载;而财产利益属于一种利益形态,通常由对方一定行为(为、不为或无为)所承载。财产利益可以成为诈骗罪与抢劫罪等的行为对象自无问题。不过,在特定场合并不否认财产利益可以成为盗窃罪的行为对象。

⑤ 参见最高人民法院《关于审理扰乱电信市场管理秩序案件具体应用法律若干问题的解释》(2000 年)第 8 条。

⑥ 具体包括:放置于自己支配范围之内的财物存在支配意思;支配意思存在持续延伸的特征而不因暂时失意丧失;暂时忘却财物也不否认对于该财物的支配意思;基于某种事由有意将财物置于自己难以支配的场所同样不失支配意思。

标准,以社会一般人对于支配意思与实际支配的评价为依据。通常采取客观标准。基于对财产的充分保护,对于占有应予宽泛的理解,只要没有明确的放弃财物的意思表示并且在事实上财物不失持有者的控制范围,就应当认为占有的存在。就占有的完整意义而言,占有不同于**持有**。持有侧重表述握有财物的客观状态,而占有则是支配意思与实际支配的整合界说。因而,尽管刑法上的占有与民法上的占有存在一定差异①,但是由此将刑法上的占有称为管理、所持等,也不够确切。(**4**)"**他人**"**占有**:占有财物的系他人。**他人**,是指行为人自己以外的盗窃行为之前占有财物的人,包括自然人、法人。首先,"他人"仅指盗窃之前占有财物的人。就占有关系而言,盗窃系由原先的某人占有,转为盗窃之后行为人占有或者第三人占有。显然,这里的"他人",既非行为人,也非因盗窃而最终占有财物的人。其次,"他人"包括自然人与法人。法人占有的支配意思,表现为遵循单位的规章制度,由单位决策机构作出决定或者由负责人员决定。在特殊场合也不排除智能机器占有。例如,代表银行占有钱款的 ATM 机。**反之**,如系并非他人占有的财物,诸如无主财物、无从支配财物乃至行为人自己占有的财物②等,则不能成为盗窃罪的行为对象。(**5**)**现实占有议题**:现实中他人占有的情形至为复杂,诸如活人占有与死者占有、单独占有与共同占有、无障碍占有与有障碍持有、紧密型占有与松弛型占有、占有凭证与占有实物、直接占有与转承占有、行为人所有而为他人占有等,兹择两题分析:**A. 死者占有**:占有通常是指活人占有,而死者能否占有?对此,刑法理论存在肯定说、否定说、有条件肯定、视作存在占有等不同见解。本书肯定活人的占有主体地位,但并不否认死者的占有状态。占有者死亡而财物的占有状态依然存在,只是原有占有主体得以转换以及原有占有方式出现变更。例如,死者随身的财物,由原先的紧密型控制变为现在的松散型控制。死者持有财物既是一种占有事实,也是应受刑法保护的占有事实。由此,行为人以非法占有为目的,获取骤死于路旁的死者所随身携带的现金,应认定为盗窃罪;行为人报复杀人后,以非法占有为目的取走死者身上的钱财,则杀人后的取财行为构成盗窃罪。**B. 共同占有**:关键是对某个共同占有人私自占据占有物的定性,对此刑法理论与实际存在不同的见解与做法。本书认为,解决这一问题的前提是确定共同占有的存在与状况。应当说,成立占有至少是,对处于特定空间财物,能够合乎制度规范地或者符合社会一般观念地将其自由地携带出入该空间;共同占有意味着,将某物合理合法地带离其存放的空间或者场所,需要经由各个共同占有人的各自特定行为的整合。由此,受雇家庭服务人员对于雇主的财产不具占有地位;托运包裹的受托人占有包裹的包装而不占有包裹的内容。由于共同占有系协同整合的支配与控制,而非某个共同占有人的支配与控制,从而某个共同占有人独自占有共同占有的财物,并非侵占而系盗窃。

---

① 日本刑法理论认为,刑法上的占有是一种事实上的概念,它与民法上的占有不同,不承认代理占有或继承。〔日〕木村龟二主编:《刑法学词典》,顾肖荣等译校,上海翻译出版公司 1991 年版,第 683 页。本书认为,对此也不能一概而论,例如,在财物为死者或者缺乏行为能力人持有的场合,对其占有状态就应具体分析。

② 当然,如果行为人发生错误认识,将自己占有的财物误认为他人占有而予以窃取,则另当别论。

犯罪数额：本罪在数额犯的场合，成立既遂尚须取得财物数额较大。**数额**，是指行为人窃取的他人财物价值人民币的数额。针对数额，我国《刑法》对本罪设置了轻重不同的三种罪状，即"数额较大"、"数额巨大"、"数额特别巨大"。其中，"**数额较大**"系本罪基准构成的定量要素。另外，《司法解释》在对"数额较大"的确定标准上，采取了两种模式：(1) 单纯数额，即财物价值达 1000 元至 3000 元以上(A)；(2) 数额并情节，即 50% 的上述具体数额(50%A)并特定犯罪情节(B)[①]。

行为主体：一般主体。问题是，单位能否成为本罪的主体。对此，有的国家的刑法典明确肯定了法人成立盗窃罪。例如，《法国刑法典》第 311-16 条。基于我国《刑法》第 30 条与第 264 条的规定，单位不能成立盗窃罪。然而，司法实际中单位盗窃并不鲜见。**单位盗窃**，是指为谋取单位利益，由单位组织实施，盗窃所得归单位所有的盗窃行为。为了解决现实问题，有关司法解释作了单位盗窃追究自然人刑事责任的规定。[②] 对此，刑法理论存在两种不同见解：**否定论**，基于罪刑法定原则，主张单位盗窃不构成犯罪。同时，在犯罪的严重程度与入罪标准上，单位盗窃与自然人盗窃也显有不同，单位盗窃处罚自然人不能罚当其罪。**肯定论**，立于单位中的自然人行为，主张单位盗窃并不否认单位中的自然人符合盗窃罪。盗窃罪非法占有不以行为人占有为必要，盗窃所得归单位所有不影响单位自然人成立盗窃罪；单位的自然人成立共同犯罪。本书认为，《司法解释》的说法缺乏逻辑，单位盗窃中的自然人缺乏责任，单位犯罪不同于利用单位犯罪，从而不能将单位盗窃视同自然人盗窃。**(1) 司法解释的逻辑问题**：就普通事理逻辑来看，在我国《刑法》分则没有明确规定的场合，如果单位犯罪处罚单位自然人，则《刑法》分则所有的具体犯罪均可如此处理，进而《刑法》总则第 30 条对于单位犯罪的限定也就成为虚设。就刑法理论逻辑而论，单位犯罪是一有别于自然人犯罪的独特概念，单位犯罪具有单位的整体意志、整体行为、单位主体等特征，单位中的自然人的行为附属于单位；在单位盗窃的场合，单位中的自然人缺乏适法行为的期待可能性。**(2) 盗窃自然人缺乏责任**：立于刑法理论具体考究单位犯罪中的自然人行为，就客观行为而论，自然人的行为仅是单位整体行为的延伸，就主观责任而论，自然人的意志受单位支配而缺乏期待可能性。具体地说：在单位犯罪的场合，经由单位依照决策程序而形成犯意，并且经由单位依照执行程序而付诸实施，单位控制支配着整个犯罪。单位犯罪中的组织者、指使者与实施者，只是执行单位的决策。在此，组织者、指使者只是执行与传达单位决策的指令，实施者的实行行为也只是单位的犯罪工具。在盗窃的场合，按照一般人的社会观念，可以认为实施者缺乏适法行为的期待可能性，从而基于缺乏责任而不能成立犯罪；在盗窃的场合，按照一般人的社会观念，同样可以认为作为单位犯罪决策指令的传达者，也缺乏适法行

---

① 这些特定情节，详见《司法解释》第 2 条。
② 例如，2002 年最高人民检察院《关于单位有关人员组织实施盗窃行为如何适用法律问题的批复》指出：单位盗窃，"以盗窃罪追究直接责任人员的刑事责任"；2013 年最高人民法院、最高人民检察院《关于办理盗窃刑事案件适用法律若干问题的解释》第 13 条指出：单位盗窃，"以盗窃罪追究组织者、指使者、直接实施者的刑事责任"。

为的期待可能性。也有论者以单位故意杀人应予追究来类比单位盗窃也应追究。对此，本书认为，单位故意杀人追究单位自然人责任，这其中依然存在着单位的自然人在具体案件中的适法行为的期待可能性问题；单纯的单位故意杀人在缺乏法定单位构成故意杀人罪的场合，追究单位自然人的责任这本身并非不无疑问；况且故意杀人侵害他人生命法益与盗窃侵害财产法益，这两者在责任评价中作为与相关利益权衡的取舍是不同的。**（3）单位犯罪不同于利用单位犯罪**：单位的某个领导或者其他人员已有具体犯罪决意，其利用单位的组织程序将自己的具体犯罪决意变为单位的决策，进而由单位组织实施这一具体犯罪，这是个人利用单位实施具体犯罪，显然其不同于单纯的单位犯罪。对此：A. 如果《刑法》分则对于所实施的具体犯罪并未规定单位犯罪，鉴于单位犯罪主体缺席，利用者的行为不能构成教唆犯，不过利用者支配了整个犯罪，从而利用者构成间接正犯，单位行为嫁接于利用者。B. 如果《刑法》分则对于所实施的具体犯罪规定了单位犯罪，则利用者的行为可以构成教唆犯，利用者与单位构成这一具体犯罪的共同犯罪；如果这一利用者也是单位犯罪中的直接责任人员，对其可按吸收犯处理。

既遂形态：本罪分别不同情形，各为数额犯、次数犯与行为犯。我国《刑法》第264条前段"数额较大"的罪状表述系数额犯；该段"多次盗窃"的罪状表述系次数犯；该罪"入户盗窃、携带凶器盗窃、扒窃"的罪状表述系行为犯。

2. 客观规范要素

本罪所侵害的具体法益，是财产秩序。财产秩序作为侵财犯罪的具体法益，在盗窃罪的场合值得讨论的议题是，行为人取回自己所有而为他人占有的财物，对于这一行为应当如何定性？对此，刑法理论存在占有说与本权说等不同立场之处理的分歧。从立法来看，有些国家的刑法典明确将之规定为盗窃罪。① 本书立于盗窃罪具体侵害法益的财产秩序的立场，主张这一行为分别不同情形存在如下定性：他人非法占有财物，行为人当场取回，可以成立正当防卫；他人之前非法占有财物，在保全法益紧急的场合行为人取回财物，可以成立自救行为；行为人秘密取回他人借用财物，如果不再向借用人索要，基于缺乏非法占有目的，不构成犯罪；但是，如果秘密取回他人借用财物，而后又向借用人索取借用财物，可以成立盗窃罪。

3. 主观责任要素

本罪的主观责任形式为故意，同时成立本罪须有特定目的。**（1）故意**：本罪故意内容指向由"窃取行为"或"窃取而占有他人财物"为核心征表的"财产秩序被侵状态"。**未必故意**是本罪主观责任的重要形式之一。例如，行为人意图窃取他人提包内的财物，但对于包中是否存在财物行为人却不能肯定，进而行为人实施了窃取行为。**概括故意**也是现实中盗窃案较为常见的表现形式。例如，行为人意图扒窃他人钱包，虽知钱包中有钱，但对数额具体多少缺乏明确认识，行为人实施了窃取行为。**应当注意**，不应将盗窃故意内容与非法占有目的混同。行为人出于非法占有目的（A），而对

---

① 例如，《西班牙刑法典》第236条的规定。

于窃取行为能否取得财物或者取得多少财物,可有明确认识或者不尽明确认识,在此场合,行为人对于取得这些财物或者取得一定数量财物,可持希望态度也可持放任态度(B)。在此,A系非法占有目的,B系盗窃故意事实内容。这也表明,在行为人不知财物具体数额的场合,出于非法占有目的,并以不论取得多少数额均可的包容心态取财,对此情形可按客观所得财物数额计算。**(2) 特定目的**:非法占有他人财物的目的。对于非法占有目的**是否**本罪主观要素,日本刑法理论存在不要说与必要说的不同见解。而在立法上,有的国家的刑法典对盗窃意图明确予以肯定,有的国家则由司法实际与刑法理论对此予以肯定。应当说,非法占有目的具有相对独特的意义与有关具体罪的界分机能。关于非法占有目的的**界说**,刑法理论形成了诸多不同的理论见解。这些见解总体上系由四个要素的分析路径展开:取得财物本体与获得财物价值,排斥所有与获得所有。本书认为,非法占有目的,既有指向事实的知与欲的"占有"目的,也有指向规范的知与欲的"非法"目的。尤其是,在具体内容上,非法占有目的应当同时具备如下要素:行为人意图排斥他人进而取得财物本体与财物经济价值,其中"取得物之价值"具有"意图获利"的意义①;行为人意图排斥他人对其财物的控制支配力以及获得对于他人财物的类似所有人的控制支配力,其中"获得控制支配"具有"持续所有"的意义②。

(二) 既遂与未遂

盗窃罪**行为犯**的既遂与未遂,涉及是否存在盗窃罪的行为犯,以及何谓盗窃罪行为的完成。对于盗窃罪是否存在行为犯,刑法理论存在**不同见解**。肯定论主张,在入户盗窃、携带凶器盗窃、扒窃的场合,只要实施盗窃行为即可成立既遂;否定论主张,入户盗窃、携带凶器盗窃、扒窃,虽无数额标准但须占有财物方可成立既遂。司法实践也存在相应的两种处理,只要实施相应行为即使当场被擒也认定为既遂③,或者虽有相应行为但未能占有财物仅成立未遂④。本书认为,在入户盗窃、携带凶器盗窃、扒窃的场合,盗窃罪的既遂形态系行为犯。在此,关键是窃取**行为完成**的标志。窃取行为由"秘密方法"的方法行为与"拿取财物"的目的行为构成。其中,"拿取财物"表现为"达致财物占有状态改变"的获取行为。"财物占有状态改变",就"拿取财物"的目的行为而论,是行为进展的程度问题,易言之,只有"拿取财物"的行为达致这种程度,才能说"拿取财物"的目的行为完成。而"财物占有状态改变"则意味着行为人获得财物。由此,盗窃罪实行行为的评价中已有取得财物的意义。进而,在无须"数额较大"的场合,在盗窃罪的行为犯中,只有也只要取财行为达致占有状态改变的程度,则盗窃罪的目的行为即告完成,盗窃罪也告完成;反之,如果行为没有达致占有状态改变的程度,则盗窃罪的目的行为尚未完成,盗窃罪也未能完成。由此,扒窃他人钱包,

---

① 由此,基于毁弃财物的意图而取得并非非法占有目的。在基于他人财物而"意图获利"的场合,非法占有目的包括牟利目的的情形。
② 由此,基于暂时使用的意图而取得并非非法占有目的。
③ 参见北大法宝,司法案例,闫某盗窃案。
④ 参见北大法宝,司法案例,赵振淇扒窃案。

虽钱包中有钱但被当场擒获,基于行为未能完成而成立未遂犯;扒窃他人钱包,回家后发现钱包无钱,也系行为未能完成而成立未遂犯;扒窃他人钱包,回家后发现钱包有钱,基于行为完成而无须"数额较大"即可成立既遂犯。

盗窃罪的**数额犯**以"数额较大"为其既遂的重要标志。在非行为犯的场合,窃取财物未达数额较大的,通常成立未遂犯;而窃取财物达到数额较大的,通常成立既遂犯。当然,这并不排除下文"盗窃数额与出入罪"中所述的例外情况,不过这种例外也主要只是针对出入罪而言的。在此需要考究的是何谓"数额较大"。应当说,这个"数额较大"是指"得到财物"的价值数额较大。当然,"较大"的具体数目已由司法解释规定,这里关键问题是何谓"**得到财物**"?对此,刑法理论存在接触说、转移说、藏匿说、失控说、控制说、失控加控制说等不同见解。本书基于盗窃罪的本质意义以及既遂之罪之界分机能,主张以行为人控制财物而被窃者丧失财物控制为标准,确定盗窃罪之"得到财物"。从犯罪属性上看,盗窃罪是一种以侵取他人占有财物为行为对象的攫取型犯罪,行为人要得到财物则被窃者固然要失去对财物的实际控制。但是,有时这种对应关系却是不尽肯定与明确的。例如,行为人占有可以即时支付的有价凭证,但是不排除被窃者在一定场合可以止付;而被窃者失去对财物的控制未必就是行为人或第三人得到财物。从既遂机能上看,作为具体犯罪的一种完整形态,罪与罪之间的界分承载于这种完整形态的各个构成要素上。盗窃罪的获得财物固然是表明该罪独特性的一项重要要素。而所谓获得财物应当理解为占有财物,即财物由他人占有转为行为人自己或第三人占有。由此,被窃者丧失财物控制,行为人控制财物,可谓行为人获得了财物。从《司法解释》的具体规定来看,其也肯定了这一立场。例如,对于盗窃不挂失的有价支付凭证,应当按票面数额和应得孳息计算盗窃数额;而盗窃记名的有价支付凭证,按照兑现部分的财物价值计算盗窃数额。[①]

(三) 盗窃数额与出入罪

应当注意,即使在盗窃罪数额犯的场合,犯罪数额也不是盗窃行为入罪的决定性因素。《司法解释》第7条规定,盗窃财物"数额较大",但是行为人具有"认罪"、"退赃"、"法定从宽"等情节的,"可以不起诉或者免予刑事处罚";《司法解释》第12条规定,盗窃未遂,但是具有以"数额巨大的财物"或者"珍贵文物"为盗窃目标等"严重情节"的,应当依法追究刑事责任。另外,2006年最高人民法院《关于审理未成年人刑事案件具体应用法律若干问题的解释》第9条规定,已满16周岁不满18周岁的未成年人,盗窃数额虽已达到"数额较大"标准,但是具备"实施盗窃行为未超过三次"与"如实供述全部盗窃事实并积极退赃"以及其他法定情形的,"不认为是犯罪"。

在此,值要考究的是,《司法解释》第12条所述"以数额巨大的财物为盗窃目标",是主观要素还是客观要素?对此,本书认为,基于"未遂"的框架以及"情节"、"目标"的表述,这一"数额巨大的财物"既可是行为人主观意图,也可是行为的客观对象,具体包括:(1) 直接故意:行为人主观意图盗窃数额巨大,而实际财物并非数额

---

① 《司法解释》第5条。

巨大甚或不达较大,从而未能得逞。(2)行为未遂:行为的客观对象数额巨大,但是行为人并不明确,行为人在行窃中因意外而未能完成。

(四)使用盗窃

使用盗窃,是指行为人基于使用的目的而窃取他人财物,从而在短时间内非法占有他人财物的行为。严格而论,使用盗窃仅指用后返还;用后丢弃或用后无法归还等用后不还的行为,难以界定为仅系使用。对于使用盗窃的问题,刑法理论存在"并不构成犯罪"、"返还不为犯罪而丢弃构成犯罪"、"构成盗窃罪"等不同见解,而各国刑法立法多将之作为独立罪名予以规定,并在构成上排除占有目的与强调用后归还。我国《刑法》并未直接规定使用盗窃,对于这一单纯的使用盗窃行为仍难认定为某一具体罪名。《司法解释》第10条针对盗用机动车作为犯罪工具使用情形作了规定,其主旨是:为犯盗窃罪而使用的,车辆价值计入盗窃数额;为犯其他罪而使用的,以盗窃罪与所实施的其他罪数罪并罚;而为犯罪盗用机动车包括用后非法占有与用后丢弃车辆。由此,这一解释包含了将用后的丢弃行为也归于盗窃罪的意义。

对于盗窃使用后任意毁弃财物的情形,刑法理论通常认为成立盗窃罪。应当说,在我国目前立法状况下,对此予以准盗窃罪的处置可以体现刑法保护社会的机能。不过,仍可推敲的是,用后毁弃财物,基于使用与毁弃两个阶段的进程,虽不能一概否定曾有使用目的的存在,但用后毁弃由于缺乏用后归还,从而决定了其不能成立使用行为,如此所谓使用盗窃也就存疑了。本书主张,可以考虑在我国《刑法》中规定非法使用罪,将使用盗窃独立于普通盗窃,并区别为使用而盗窃的不同情形,将之隶属于非法使用罪。

(五)盗用通信资源

我国《刑法》第265条对于盗用电信资源的行为,作了依照盗窃罪定罪处罚的规定。该条罪状的典型要素包括:牟利目的;盗用他人电信资源(A),或者使用明知是盗得的电信资源(B)。由此,《刑法》的这一规定,A系注意规定而B系法律拟制。

A之注意规定。盗窃罪的"非法占有目的"具有"取得财物本体与财物经济价值"的意义,而这其中又包含着具有"意图获利"的意义;在基于他人财物而"意图获利"的场合,非法占有目的又包括"牟利目的"的情形。由此,行为人出于非法占有目的之牟利目的,盗用他人电信资源,这本就符合盗窃罪的构成要素,而法律明确将之归于盗窃罪。

B之法律拟制。行为人出于非法占有目的之牟利目的,使用明知是盗得的电信资源。在这一情形中,行为人并非盗取电信资源行为的实施者,而是第三者盗得电信资源后行为人明知而予使用。这可谓是行为人明知是赃物而予以使用获利,对此本可构成《刑法》第312条的掩饰、隐瞒犯罪所得、犯罪所得收益罪,而《刑法》将之归于盗窃罪。不过,这种将彼罪归于此罪的法律拟制的价值与意义值得推敲。

(六)家庭盗窃

对于家庭内部成员之间的盗窃,许多国家的刑法典都有明确规定,并予从宽处理。诸如,或者作为自诉案件,或者未遂犯免除处罚[①],或者针对直系亲属盗窃不起诉[②]等。对此,我国《刑法》未予明确规定,具体则委以《司法解释》阐明。这也是我国刑法立法粗疏的又一表现。我国《刑法》不仅设置了大量的情节犯、兜底性的规定,频频使用简单罪状、罪状中采用模糊词语,而且对诸多原本应由立法予以明确的事项却委以司法解释。除了本题家庭盗窃的立法情形之外,诸如,试图通过司法解释解决单位盗窃问题、缺乏标题明示式的罪名规定问题等等,均是适例。显然,这种立法思路是值得推敲的。

《司法解释》第 8 条针对家庭盗窃特别规定的主旨是:A. 行为对象系家庭成员或近亲属;B. 获得被害人谅解。在同时符合 A 与 B 的场合,盗窃行为一般可以不认为是犯罪;即使追究责任也应当酌情从宽。另外,2006 年最高人民法院《关于审理未成年人刑事案件具体应用法律若干问题的解释》第 9 条,针对未成年人家庭盗窃也作了类似规定,并且将行为对象放宽至其他亲属,即已满 16 周岁不满 18 周岁的人,盗窃其他亲属财物,其他亲属要求不予追究的,可不按犯罪处理。

问题是,家庭成员与外人勾结共同盗窃家庭成员财物的,应当如何处理?对此,本书认为,鉴于我国《刑法》并未针对家庭盗窃设置独立的罪刑,以及我国《刑法》总则对共同犯罪以区分主从为主导的处理模式,由此在现有的法律框架下应当根据主犯的行为来具体定性并予相应处罚。如果家庭成员系主犯,则按上述《司法解释》的规定处理,在一定条件下外人也可不认为是犯罪;如果外人是主犯,则外人原则上构成盗窃罪,而家庭成员作为从犯"应当从轻、减轻处罚或者免除处罚"。

(七)加重构成

我国《刑法》第 264 条中段与后段,规定了盗窃罪的两个层次的加重构成:"数额巨大或者有其他严重情节";"数额特别巨大或者有其他特别严重情节"。这里,关键是"数额"与"情节"的可操作性确定,对此《司法解释》第 1 条与第 6 条作了规定。

"数额巨大"与"数额特别巨大",分别是指盗窃财物价值"3 万元至 10 万元以上"与"30 万元至 50 万元以上"。

"其他严重情节"与"其他特别严重情节",各以"特定情形"与"特定数额"合并的方式确定。具体地说:(1) 特定情形:《司法解释》第 2 条第 3 至 8 项,或者"入户盗窃"、"携带凶器盗窃";(2) 特定数额:A. 50%"数额巨大";B. 50%"数额特别巨大"。由此,"其他严重情节"系上述"(1) + A";"其他特别严重情节"系上述"(1) + B"。

(八)立法形态

我国《刑法》针对盗窃罪,设置了包容犯、转化犯、注意规定以及规范竞合等立法形态。**(1) 盗用信用卡·包容犯:** 盗窃信用卡并使用的,系盗窃信用卡与冒用信用卡的两个行为,前者构成盗窃罪,后者构成信用卡诈骗罪,两者存在吸收关系从一重罪重处。对此,《刑法》第 196 条第 3 款以包容犯的立法模式作了规定,"依照盗窃罪的

---

① 例如,《日本刑法典》第 244 条。
② 例如,《法国刑法典》第 311-12 条。

规定定罪处罚"。**(2) 私拆邮件窃财·转化犯:**邮政工作人员私自开拆邮件并窃取其中财物的,系私自开拆邮件与盗窃的两个行为,前者构成私自开拆邮件罪,后者构成盗窃罪,两者存在牵连关系从一重罪重处。对此,《刑法》第253条第2款以转化犯的立法模式作了规定,"依照盗窃罪的规定定罪处罚"。**(3) 盗窃专用发票·注意规定:**盗窃增值税专用发票或者可以用于骗取出口退税、抵扣税款的其他发票的,原本即可成立盗窃罪。对此,《刑法》第210条第1款作了注意规定,"依照盗窃罪的规定定罪处罚"。**(4) 规范竞合:**在《刑法》针对一些独特的盗窃对象设置了特别犯罪的场合,针对这些特定对象盗窃的,构成规范竞合犯,适用特别规范。A. 盗窃技术成果等商业秘密的,适用《刑法》第219条侵犯商业秘密罪的规定。B. 盗窃枪支、弹药、爆炸物的,或者盗窃毒害性、放射性、传染病病原体等物质的,适用《刑法》第127条盗窃枪支、弹药、爆炸物、危险物质罪的规定。C. 盗窃国家机关的公文、证件、印章的,适用《刑法》第280条盗窃国家机关公文、证件、印章罪的规定。D. 盗伐森林或者其他林木数量较大的,适用《刑法》第345条盗伐林木罪的规定。

(九) 破坏型盗窃

有时盗窃与破坏会呈现在同一犯罪过程中。对此,基于盗窃行为与破坏行为的不同定性,存在如下情形:**(1) 牵连犯:**盗窃行为构成犯罪,破坏行为成立特定犯罪,且存在牵连关系。以盗窃与破坏公用电信设施为例,行为人以非法占有为目的,出于取财的主导意图,切割正在使用的公用电信线路(A行为),并将切割下来的价值较大电缆秘密带回家中(B行为)。此系盗窃罪与破坏公用电信设施罪的牵连犯,从一重罪从重处罚。[①] 类似的情形包括:盗窃罪与破坏交通工具罪,盗窃罪与破坏交通设施罪,盗窃罪与破坏电力设备罪,盗窃罪与破坏易燃易爆设备罪,盗窃罪与破坏广播电视设施罪,盗窃罪与故意损毁文物罪,盗窃罪与故意毁坏财物罪等等。《司法解释》第11条第1项后段的规定,即指本题所述情形。**(2) 数罪:**盗窃与破坏分别成罪。例如,行为人以非法占有为目的窃取他人财物,取得财物后又出于报复或掩盖罪行等其他目的,将现场未及窃取带走的财物予以损毁价值数额较大。此系盗窃罪与故意毁坏财物罪数罪。窃后放火灭迹危害公共安全的,构成盗窃罪与放火罪数罪。《司法解释》第11条第2项的规定,即指本题所述情形。**(3) 盗窃罪:**盗窃行为构成犯罪,但破坏行为不构成犯罪。例如,上例中行为人窃取他人财物后,为掩盖罪行而毁财物破坏现场,但是毁财行为不足构成故意毁坏财物罪。对此以盗窃罪从重处罚。可见《司法解释》第11条第1项前段的规定。**(4) 其他犯罪:**盗窃行为不构成犯罪,但破坏行为构成特定犯罪。例如,行为人盗窃他人冰箱的电路板,破坏性手段导致他人冰箱功能丧失而报废。该案盗窃所得电路板价值数额不大,而破坏性手段造成冰箱报废价值数额较大。对此可以成立故意毁坏财物罪。可见《司法解释》第11条第3项的规定。**(5) 盗窃与破坏生产:**行为人出于泄愤报复的主导意图,以非法占有为目的,将正用作生产的机器设备上重要部件拆卸窃回家中,致使生产经营无法正常进行

[①] 详见本书"危害公共安全罪"中有关"破坏交通工具罪与盗窃罪"的阐释。

的,此为盗窃罪与破坏生产经营罪的牵连犯。行为人窃取生产作业场所的财物价值数额较大,并且出于泄愤报复的目的,毁坏机器设备,致使生产经营无法正常进行的,此为盗窃罪与破坏生产经营罪数罪。

(十)其他盗窃

1. 盗窃"智障"机器

拾得他人信用卡并使用的,就刑法定性而论,实为以非法占有为目的冒用他人信用卡的行为,构成信用卡诈骗罪。2008年最高人民检察院《关于拾得他人信用卡并在自动柜员机(ATM机)上使用的行为如何定性问题的批复》,对此也作了相应的解释。问题是,在ATM机上冒用他人信用卡,如果ATM机发生故障,致使钱款因行为人的冒用而被大量支取,对此情形应当如何定性?应当说,本案应当构成盗窃罪。虽然ATM机发生故障,但是钱款仍处特定的存放状态,即仍为银行所占有;行为人虽有冒用他人信用卡的诈骗行为,但此时发生故障的机器不存在被骗的问题;这就如同行为人欺骗明知是缺乏辨识能力的智障人,将其随身携带的财物取走。

2. 盗窃财产性利益

这涉及财产利益能否被盗窃以及非法财产利益能否成为行为对象的问题。试举两例说明。(1)本书肯定盗窃财产利益。例如,行为人在宾馆大肆消费后摆脱支付的行为。① 这实际上系使他人免除行为人的合法债务,行为人由此而取得消极意义上的财物。对此,根据具体情形的不同而有如下定性:盗窃罪,行为人秘密逃离宾馆;抢劫罪,行为人公然暴力威胁宾馆工作人员而离开;敲诈勒索罪,行为人以揭发隐私威胁宾馆工作人员而离开;诈骗罪,行为人以假支票进行虚假的支付②。(2)本书肯定盗窃非法财产利益。例如,行为人嫖宿后摆脱支付嫖宿费的行为。这实际上是使卖淫女免除行为人的非法债务。对此,刑法理论存在不同见解,一说认为,非法债务本身具有不法性,从而不受保护;又说认为,民事上的无效与刑事上的责任不同,侵犯非法债务仍系侵害法益。本书主张,侵财犯罪的侵害法益是财产秩序,非法债务不失侵财犯罪行为对象,我国司法实际对此也予原则上的肯定。

(十一)法定刑

1. 基准法定刑

根据我国《刑法》第264条前段的规定,盗窃他人财物,数额较大或者多次盗窃、入户盗窃、携带凶器盗窃、扒窃的,处3年以下有期徒刑、拘役或者管制,并处或者单处罚金。

---

① 针对财产性利益的其他有关侵财行为属性的对比适例:行为人偷偷翻墙进入公园逃票的,是盗窃行为;行为人冒用他人公园卡刷卡入园逃票的,是诈骗行为;行为人假装付款在提杆抬起之际迅疾过卡逃避收费的,是抢夺行为。

② 也有认为,如原本就没有支付的意思而消费,是以吃住做幌子使对方产生错误认识的诈骗;如只是在消费之后才产生摆脱支付的意思,趁对方不注意偷偷溜走的则是盗窃。本书认为,在原本没有支付的意思下消费,而后偷偷溜走的,也应构成盗窃。服务人员给予吃住并非诈骗中的被害人交付,按惯例如有这种"交付"则在于最终"买单"行为时。

2. 加重法定刑

一级加重:根据我国《刑法》第264条中段的规定,盗窃他人财物,数额巨大或者有其他严重情节的,处3年以上10年以下有期徒刑,并处罚金。

二级加重:根据我国《刑法》第264条后段的规定,盗窃他人财物,数额特别巨大或者有其他特别严重情节的,处10年以上有期徒刑或者无期徒刑,并处罚金或者没收财产。

三、诈骗罪

设置本罪的基本法条是我国《刑法》第266条,该条第1段是本罪的基准罪状与法定刑,第2段与第3段是本罪的加重罪状与法定刑,第4段是在竞合的场合排除本条适用的规定。第210条第2款是对骗取有关发票而构成诈骗罪的注意规定。第300条第3款是对利用会道门等方法犯诈骗罪的注意规定。

诈骗罪,是指以非法占有为目的,采用虚构事实或者隐瞒真相的方法,致使被骗者产生错误认识而交付财物,由此行为人获取他人财物数额较大的行为。

(一)基准构成

1. 客观事实要素

表现为采用虚构事实或者隐瞒真相的方法,致使被骗者产生错误认识而交付财物,由此行为人获取他人财物数额较大的行为。具体构成要素包括实行行为、行为对象、犯罪数额、行为主体。其中,实行行为包括方法行为、本质行为、目的行为三个要素;行为对象,是他人财物;犯罪数额,为取得财物数额较大;行为主体,为一般主体。

实行行为·方法行为:采用虚构事实或者隐瞒真相的方法。**虚构事实**,是指凭空编造根本不存在的事实,足以使他人对事实情况产生错误认识而交付财物。**隐瞒真相**,是指掩盖事实原本是与非的真实情况,足以使他人对事实情况产生错误认识而交付财物。具体地说,这种诈骗方法应有如下**构成要素**:实施虚构事实或者隐瞒事实的行为;足使他人产生错误认识而交付财物。由此,行为人缺乏对事实的虚构或者隐瞒,而只是对事实作相对夸大的描述,固然不能成立诈骗。例如,存在商品交易的成分,只是有所夸大宣传的欺诈销售,不是诈骗行为。同时,虚构隐瞒行为要成为诈骗行为,尚须该行为达到足使他人产生错误而付财的程度。这里的诈骗行为程度,可按一般人或被骗人的认知能力具体判断。被骗人的过失不影响诈骗行为的成立。此外,虚构隐瞒行为也应基于致使他人错误交付财物而实施,反之如果欺骗行为只是为了获取某种犯罪条件则不是这里的诈骗。例如,采取欺骗方法"调虎离山"、"偷梁换柱"作案等。现实中,诈骗行为的**具体表现**可以多种多样:诸如,语言的诈骗与行为的诈骗;明示的诈骗与默示的诈骗;作为的诈骗与不作为的诈骗。其中,作为诈骗是事实常态与法定形态,不过不作为诈骗在具有等价值性场合应予认可。不作为诈骗的成立应以行为人具有作为义务为前提。例如,购货中对方错误地多找付了数额较大款项,行为人知而取财。①

实行行为·本质行为:诈骗行为具有致使被骗者产生错误认识而交付财物的性质。这也可谓是诈骗行为的本质意义。**(1)认识错误**,是指诈骗行为具有致使被骗者对财物处分产生不正确认识的性质。在此,认识错误内容指向对于财物的处分,反之则不是诈骗行为所有的认识错误。例如,行为人打车由甲地至乙地,快到乙地时为摆脱付费,谎称上厕所,出租司机信以为真,行为人借机从厕所后门溜走。该案司机的错误认识即非指向财物处分。有时被骗者陷入错误认识也存在自身的过失,但是只要行为人的诈骗手段足使他人产生错误,就不能否定诈骗行为的成立。如果行为人实施了诈骗行为,但是被骗者并未产生错误认识,而是出于怜悯之心交付了财物,对此基于认识错误缺乏而使本质行为缺损,可以成立诈骗罪的未遂犯。② **(2)交付财物**,是指诈骗行为具有致使被骗者基于处分意思而对财物作了处分,即使财物由原先的占有状态变为行为人或者第三人占有。在此,交付财物的成立应有如下**要素**:被骗者出于处分财物的意思;被骗者具有财物处分的地位;被骗者实施了处分财物的行为;交付后财物被行为人或第三人占有。反之,则不是这里的交付。缺乏处分意思的行为不是交付。例如,行为人谎称购衣需要试穿,营业员信以为真将衣服交于行为人。本案营业员交衣行为并无处分的意思。缺乏财物处分地位的行为也非交付。例如,会场清洁员正在清理卫生,行为人指着暂离会场的他人的包,对清洁员声称这是自己的包,清洁员信以为真将包递给行为人。本案清洁员并无该包的处分地位。处分可以表现为占有状态的转移。例如,行为人谎称借用一下汽车,车主信以为真将汽车交于行为人。本案借用之占有状态的转移可谓这里的处分,车主出借汽车也具有处分的意思。就交付的**具体表现**而言,交付既可以是即时交付也可以承诺交付,既可以是直接交付也可以是转接交付。交付通常呈现为积极行为,但在某些场合也可呈现为消极行为。例如,行为人在饭店食宿后,为摆脱付费,谎称开车送朋友后即回买单,饭店服务员信以为真而予以默许。本案服务员的默许可谓对行为人暂缓付费的同意,呈现为以消极行为对财产性利益的处分。

实行行为·目的行为:获取财物,是指出于取财的意图而获得他人占有的财物。这里的取财**意图**,是指行为人出于拿取处于他人占有状态下财物,意图转为自己占有或者转为第三人占有;这里的**获取**他人财物,是指行为人实施了将财物由他人占有的状态,变为自己占有或者转为第三人占有的行为。作为诈骗罪的获取财物,是该罪如下结构**要素锁链**上的一环。这一结构要素锁链:(1)行为人"诈骗行为";(2)被害人"错误认识";(3)被害人"交付财物";(4)行为人"获取财物";(5)财物"占有状态改变"。在此,"获取财物"作为目的行为,系上述锁链的第4环。并且,作为目的行为,其只是一种行为样态,在这个意义上其与上述锁链的第5环不同。上述(4)与

---

① 如果行为人当时并未意识到对方错误找付,回家后方才发现则另当别论。
② 这如同在强奸罪中,行为人冒充妇女的丈夫奸淫,而恰好该妇女对行为人早有此意。该案应构成强奸罪的未遂犯。

(5),是行为与结果的关系,行为实施完毕未必就有结果的出现。①

行为对象:他人财物,即他人占有的财物。就财物形态而论,作为诈骗罪行为对象的财物,包括动产与不动产、财产本体与财产利益、积极的财产与消极的财产等。尽管在不动产与财产性利益成为盗窃罪的行为对象上存在理论争议,但是不动产与财产性利益可为诈骗罪的行为对象则为刑法理论与实际所普遍认同。骗取对方提供有偿劳务、免除债务、承诺负债、交付住房、免付车费或通行费等,均可成为诈骗罪的表现。

犯罪数额:针对数额,我国《刑法》对本罪设置了轻重不同的三种罪状,即"数额较大"、"数额巨大"、"数额特别巨大"。其中,"**数额较大**"系本罪基准构成的定量要素。根据《司法解释》②,这里的数额较大是指"财物价值3000元至1万元以上"。

行为主体:一般主体。单位不能构成本罪主体。

既遂形态:本罪系数额犯,数额存疑虽有加重情节仅为未遂。

(1) 数额犯:诈骗罪的实行行为的完成须有行为达致财物占有状态改变的程度,即被害人丧失财物占有,而行为人或第三人占有财物。从这个意义上说,诈骗罪的实行行为完成之中已有对获得财物的评价。但是,与抢劫罪不同,诈骗罪的基准构成尚须骗取财物"数额较大"。也就是说,在抢劫罪的场合,只要劫得财物即可成立既遂;但是在诈骗罪的场合,行为人虽然骗得财物,如果所骗得的财物并未达到"数额较大",则仍不能成立既遂犯。从这个意义上,诈骗罪是**数额犯**。**(2) 数额与出入罪**:"数额较大"是既遂重要标志,但未必就是出入罪的标志。易言之,不达数额可以入罪而达到数额也可能出罪。《司法解释》第3条规定,诈骗财物"数额较大",但是具有"认罪"与"悔罪"以及"退赃"或"被害人谅解"等"法定从宽"情节的,可以"不起诉或者免予刑事处罚";《司法解释》第12条规定,诈骗未遂,但是"以数额巨大的财物为诈骗目标的,或者具有其他严重情节的,应当定罪处罚"。**(3) 加重情节的未遂**:根据我国《刑法》的规定,诈骗罪的基准犯是数额犯,而诈骗罪的加重构成则包括加重数额与加重情节的要素。由此,存在加重情节未必就有基准数额,在此场合可以成立未遂。《司法解释》第5条第2款与第3款规定,在"诈骗数额难以查证"的场合,符合"其他严重情节"或者"其他特别严重情节"的,"以诈骗罪(未遂)定罪处罚"。

2. **客观规范要素**

本罪所侵害的具体法益,是财产秩序。

3. **主观责任要素**

本罪的主观责任形式为故意,同时成立本罪须有特定目的。**(1) 故意**:本罪故意内容指向由"骗取行为而占有他人财物"为核心征表的"财产秩序被侵状态"。**(2) 特定目的**:非法占有他人财物的目的。非法占有目的与直接故意取得他人财物的希望态度并不完全等同。

---

① 关于目的行为与行为结果的关系,可详见上文盗窃罪行为犯之既遂的相关阐释。
② 如无特别说明,本罪阐释中所称《司法解释》,均指最高人民法院、最高人民检察院《关于办理诈骗刑事案件具体应用法律若干问题的解释》(2011年)。

(二) 三角诈骗

二间诈骗，是指被骗者与被害人系同一人的诈骗。在此，交付财物的被骗者（被害人）系财物的所有者或占有者。与此相对，**三角诈骗**，是指由行为人、被骗者、被害人三方构成的诈骗，也即被骗者与被害人不是同一人的诈骗。三角诈骗具有如下特征：(1) 被骗者未必是财物的所有者或占有者，却基于被骗而产生了认识错误处分了财物，这是三角诈骗的应有特征。① 例如，某甲临时外出将房门钥匙交于邻居乙，嘱托乙在甲之子丙回来时将钥匙转交丙。行为人得知此情谎称受甲之托前来取件，乙信以为真将房门打开，行为人当着乙的面取走甲的财物。本案中，乙未必是被取财物的占有者，但却基于行为人的诈骗而处分了乙的财物。(2) 被骗者未必是财物的所有者或占有者，却在事实上具有财物的处分权限与地位，这是诈骗与利用他人盗窃的区别。所谓事实上的财物处分权限与地位，以被骗者具有守护财物的职责或具有制度性的处分地位为底线。例如，上例中，乙占有房间钥匙未必就占有房内财物，但乙对房内财物具有保护责任，从而乙打开房门默认行为人将财物取走，可以认为是交付财物的行为。反之，例如，某单位办公室主任甲拥有该单位所有办公室的门禁卡，行为人谎称受某个办公室主人乙的委托前来取件，因事急仓促而忘记带卡了需要开一下门，甲信以为真将乙的房门打开，行为人当着甲的面取走乙的财物。本案中，甲虽拥有诸多办公室的门禁卡，但对各人房内的财物并无守护职责。从而甲开门默认行为人取财的行为并非交付，行为人的行为构成盗窃的间接正犯。(3) 被害人系财物的所有者或占有者，虽未被骗却由于被骗者的交付而遭受财产损失，这是三角诈骗的典型特征。在三角诈骗的场合，被骗者也可能是财物的占有者，但是被骗者与被害人分离，被害人没有被骗却遭受财产损失。例如，被害人甲将自己的汽车交于4S店保养，行为人谎称受甲的委托前来取车，4S店的接待人员乙信以为真，办理相关手续后将车交于行为人开走。本案中，乙为被骗者并在保养期间占有甲的汽车，甲为被害人并基于乙的被骗交付而遭受财产损失。

三角诈骗的重要形态之一是诉讼诈骗。**诉讼诈骗**，是指向法院提出虚假的诉讼或者证据，致使法院产生错误认识而作出判决处分财产，由此行为人骗得他人财产转为自己或第三人占有，被告却基于法院的判决而遭受财产损失。对于诉讼诈骗的归属，刑法理论存在**不同见解**：(1) 应当设为独立犯罪。理由是：有时法院明知证据虚假却不得不作出判决，这就不是诈骗手段的后果；败诉一方是被强制交付财物的，这与诈骗的自愿交付财物不同。(2) 成立诈骗罪（三角诈骗）：理由是：法院明知证据虚假而不得不作出判决，是基于被告方缺席；而被告方明知缺席会败诉仍却缺席，可被视为被害人同意，从而这是在构成要件上不符合诈骗罪的特例。在诉讼中存在欺骗法院，使其陷入错误而作处分决定，最终使被害人遭受损失的情况。② 2002年最高人民检察院研究室《关于通过伪造证据骗取法院民事裁判占有他人财物的行为如何

---

① 对于被骗者与被骗财物处分者是否可以不是同一个人，刑法理论存在不同见解。实际上，这一问题涉及财物处分行为的界说与被骗者处分地位的呈现。

② 参见〔日〕大谷实著：《刑法各论》，黎宏译，法律出版社2003年版，第188页。

适用法律问题的答复》,基本否定了诉讼诈骗可以构成诈骗罪。**本书**肯定诉讼诈骗的诈骗罪归属,诉讼诈骗是较为典型的三角诈骗。在诉讼诈骗中,行为人采用诈骗方法,致使法院产生错误认识,从而作出判决而处分了被害人的财产,被害人由此遭受了财产损失。这不仅与诈骗罪的"结构要素锁链"相吻合,并且符合三角诈骗之被骗者与被害人分离的典型特征。至于被害人系**被强制交付**财物的问题,这不应成为诉讼诈骗构成诈骗罪的障碍。三角诈骗与二间诈骗不同,三角诈骗存在被骗者被骗而处分财物与被害人没有被骗而遭受损失的分离。在三角诈骗中,由于被骗者被骗产生错误认识,从而其处分财物是自愿的,诉讼诈骗中法院判决对财物的处分同样如此。**也有**学者认为,在诉讼诈骗中,法院与败诉方均是财物的交付者,在此败诉方没有被骗而交付财物,从而"诉讼诈骗属于被骗者和财物交付者不一致的一种情况"①。本书认为,在此不能将败诉方的被强制行为认为是交付行为。易言之,败诉方执行法院的判决是受到完全强制的动作,败诉方的这种动作并非意识与意志支配下的行为,其缺乏刑法上行为所需的"心素",这种动作固然不具有交付行为的意义。从这个意义上说,败诉方的动作只是法院交付行为的"影子"与"工具";进而,这与通常情况下的三角诈骗的被害人没有交付,具有近似的意义。**通常**情况下,三角诈骗中的被害人不知被骗者被骗而处分财物,这也意味着被害人既没有被骗也无对于被骗财物的交付行为。反之,如果被害人与被骗人共同被骗而自愿处分财物,这就不是三角诈骗了;或者没有被骗人与被害人的分离,而只是被害人被强制交付财物,这固然不是诈骗。然而,诉讼诈骗既非被骗者法院与被害人共同被骗,也非没有被骗人与被害人的分离。

(三)规范竞合

我国《刑法》第266条是对普通诈骗罪的规定,与此相对,《刑法》还规定了诸多特别诈骗罪,具体包括:(1)《刑法》集中规定的诸多金融诈骗罪,计有第192条的集资诈骗罪、第193条的贷款诈骗罪、第194条第1款的票据诈骗罪、第194条第2款的金融凭证诈骗罪、第195条的信用证诈骗罪、第196条的信用卡诈骗罪、第197条的有价证券诈骗罪、第198条的保险诈骗罪。(2)《刑法》将之作为扰乱市场秩序罪之一的第224条的合同诈骗罪。(3)《刑法》将之作为扰乱公共秩序罪之一的第279条的招摇撞骗罪。(4)《刑法》将之作为危害国防利益罪之一的第372条的冒充军人招摇撞骗罪。

(四)加重构成

我国《刑法》第266条第2段与第3段,规定了诈骗罪的两个层次的加重构成:"数额巨大或者有其他严重情节";"数额特别巨大或者有其他特别严重情节"。这里,关键是"数额"与"情节"的可操作性确定,对此《司法解释》第1条与第2条作了规定。

"数额巨大"与"数额特别巨大",分别是指盗窃财物价值"3万元至10万元以上"

---

① 〔日〕大谷实著:《刑法各论》,黎宏译,法律出版社2003年版,第188—189页。

与"50 万元以上"。

"其他严重情节"与"其他特别严重情节",各以"特定数额"与"特定情形"合并的方式确定。具体地说:(1)特定数额:A. 诈骗数额接近"数额巨大";B. 诈骗数额接近"数额特别巨大"。(2)特定情形:《司法解释》第 2 条第 1 款五项情形之一,或者"属于诈骗集团首要分子";由此,"其他严重情节"系上述"A+(2)";"其他特别严重情节"系上述"B+(2)"。

诈骗"数额较大",同时又具有《司法解释》第 2 条第 1 款五项情形之一的,适用诈骗罪的基准法定刑,并"酌情从严惩处"。这是《司法解释》对于诈骗罪基准犯量刑的从重规定。

(五)法定刑

1. 基准法定刑

根据我国《刑法》第 266 条第 1 段的规定,诈骗他人财物,数额较大的,处 3 年以下有期徒刑、拘役或者管制,并处或者单处罚金。

2. 加重法定刑

一级加重:根据我国《刑法》第 266 条第 2 段的规定,诈骗他人财物,数额巨大或者有其他严重情节的,处 3 年以上 10 年以下有期徒刑,并处罚金。

二级加重:根据我国《刑法》第 266 条第 3 段的规定,诈骗他人财物,数额特别巨大或者有其他特别严重情节的,处 10 年以上有期徒刑或者无期徒刑,并处罚金或者没收财产。

第三节 本章具体犯罪扼要阐释

一、特殊主体侵财犯罪

包括 4 种具体的犯罪。

职务侵占罪(第 271 条),是指公司、企业或者其他单位的人员,利用职务上的便利,非法占有本单位财物,数额较大的行为。本罪与贪污罪的一个关键区别,在于行为主体身份的分离。

挪用资金罪(第 272 条),是指公司、企业或者其他单位的工作人员,利用职务上的便利,挪用本单位资金归个人使用或者借贷给他人,数额较大、超过 3 个月未还的,或者虽未超过 3 个月,但数额较大、进行营利活动的,或者进行非法活动的行为。本罪与挪用公款罪的一个关键区别,在于行为主体身份的分离。

挪用特定款物罪(第 273 条),是指利有职务上的便利,违反国家财经管理制度,挪用用于救灾、抢险、防汛、优抚、扶贫、移民、救济款物,情节严重,致使国家和人民群众利益遭受重大损害的行为。本罪的"挪用"是由单位挪归单位用于非特定事项的公用。

拒不支付劳动报酬罪(第 276 条之一),是指以转移财产、逃匿等方法逃避支付劳动者的劳动报酬或者有能力支付而不支付劳动者的劳动报酬,数额较大,经政府有关部门责令支付仍不支付的行为。

二、一般主体攫取型犯罪

包括7种具体的犯罪。其中,抢劫罪、盗窃罪及诈骗罪上节已作阐释。

抢夺罪(第267条第1款),是指以非法占有为目的,采用乘人不备等使人不及反应的方法,公然立即夺取他人财物数额较大的行为。

聚众哄抢罪(第268条),是指以非法占有为目的,聚众哄抢他人财物,数额较大或者有其他严重情节的行为。

侵占罪(第270条),是指以非法占有为目的,非法占有代为保管的他人财物,数额较大且拒不退还的行为。第270条第2款的规定是本罪的准型构成。这一准型构成的一个特别之处,在于行为对象系遗忘物或者埋藏物。司法实践对行为人在立案前返还财物的均不予追究,这种做法颇存疑问。行为符合犯罪构成,即可成立犯罪;只要证据确凿"拒不退还",则这一要素即可成立。先前拒不退还,立案时仍拒不退还,则说明主观恶性更大与行为危害更重。如立案前返还财物的不予追究,则本罪不失为虚设。实际上,我国目前类似的司法操作并非个案。然而,不能不说这种放纵催生与助长了社会失范的形成;在社会失范状态下法律的权威与良好秩序的形成,须要严格遵循法制主义原则。同时,还应注意,这种司法操作的根据及其理念,与《刑法》第164条第4款、第390条第2款、第392条第2款等规定及其理念,并不相同。

敲诈勒索罪(第274条),是指以非法占有为目的,以实施侵害相威胁,强行索取他人财物数额较大,或者多次实施敲诈勒索的行为。

三、一般主体毁坏、破坏型犯罪

包括2种具体的犯罪。

故意毁坏财物罪(第275条),是指故意毁灭或者损坏他人财物,数额较大或者有其他严重情节的行为。

破坏生产经营罪(第276条),是指由于泄愤报复或者其他个人目的,毁坏机器设备、残害耕畜或者以其他方法破坏生产经营的行为。

第二十四章 妨害日常管理罪

第一节 妨害日常管理罪概述

一、妨害日常管理罪的本体构成

妨害日常管理罪,是指妨害国家机关或者有关机构对社会的日常管理活动,破坏社会秩序的行为。该罪的本体构成包括妨害国家机关与有关机构的日常管理活动等客观事实要素、侵犯社会管理秩序等客观规范要素、故意或者过失等主观责任要素。

(一)客观事实要素

本章各罪的法定客观事实,表现为妨害国家机关与有关机构的日常管理活动,破坏社会秩序的行为。具体而论:

实行行为:妨害日常管理活动,破坏社会秩序。其中,妨害日常管理活动是行为的形式表现,而破坏社会秩序是行为的实质属性。**(1)法定行为方式**:A.作为:本章绝大多数犯罪的法定行为方式为作为,并且许多犯罪在实践中也只能由作为构成。例如,聚众斗殴罪、寻衅滋事罪、暴动越狱罪、劫夺被押解人罪等。B.不作为:本章也有少数犯罪的法定行为方式为不作为。例如,拒不执行判决、裁定罪,拒绝提供间谍犯罪证据罪等。**(2)法定犯与自然犯**:A.法定犯:本章多数犯罪属于法定犯。例如,妨害公务罪、扰乱社会秩序罪等。B.自然犯:本章也有少数犯罪属于自然犯。例如,聚众淫乱罪,盗窃、侮辱尸体罪等。**(3)违反法规设置**:A.存在违反行政法规要素:本章的许多犯罪,以违反社会管理法规为前提。例如,破坏性采矿罪以违反矿产资源法的规定为前提(第343条第2款)、滥伐林木罪以违反森林法的规定为前提(第345条第2款)等。B.并无违反行政法规要素:本章也有部分犯罪,不以违反管理法规为要件。例如,故意损毁文物罪(第324-1条)、传授犯罪方法罪(第295条)等。

行为主体:本章各罪的行为主体,具体表现为如下情形:(1)一般主体:有些犯罪的法定主体为一般主体。例如,赌博罪、开设赌场罪(第303条)、煽动暴力抗拒法律实施罪(第278条),非法获取国家秘密罪(第282条第1款)等。(2)特殊主体:有些犯罪的法定主体为特殊主体。例如,伪证罪(第305条)的法定主体,只能是刑事诉讼中的证人、鉴定人、记录人和翻译人。(3)自然人并单位:许多犯罪的法定主体包括自然人与单位。例如,骗取出境证件罪(第319条)、倒卖文物罪(第326条)等。(4)仅限自然人:有的犯罪的法定主体仅为自然人。例如,聚众斗殴罪(第292条)、寻衅滋事罪(第293条)。

既遂形态:本章各罪的既遂形态类型表现为:(1)行为犯:本章有的犯罪属于行为犯。例如,非法获取国家秘密罪(第282条第1款)、伪证罪(第305条)等。(2)结果犯:本章有的犯罪属于结果犯。例如,非法使用窃听、窃照专用器材罪(第284条)、聚众扰乱社会秩序罪(第290条第1款)等。(3)情节犯:本章有的犯罪属于情节犯。例如,非法捕捞水产品罪(第340条)、非法采矿罪(第343条第1款)等。(4)危险犯:本章少数犯罪属于危险犯。例如,非法采集、供应血液、制作、供应血液制品罪(第334条第1款)。(5)实害犯:本章许多犯罪属于实害犯。例如,医疗事故罪(第335条)、擅自进口固体废物罪(第339条第2款)等。(6)危险犯并实害犯:本章少数犯罪同时兼为危险犯与实害犯。例如,妨害传染病防治罪(第330条)、妨害国境卫生检疫罪(第332条)、妨害动植物防疫、检疫罪(第337条)。

(二)客观规范要素

本章各罪所侵害的类型法益,是社会管理秩序。这里的社会管理秩序仅指狭义上的社会管理秩序。狭义以外的其他社会管理秩序,已作为刑法分则其他各章犯罪的侵害法益。**(1)广义上的社会管理秩序**:是指国家机关与有关机构对社会各个方面进行管理而形成的整个社会的有序状态。包括:政治秩序、经济秩序、生产秩序、工作秩序、教学科研秩序、生活秩序等。广义上的社会管理秩序就是社会秩序,一切犯罪都是对社会秩序的侵犯。**(2)狭义上的社会管理秩序**:侧重于表述国家机关与有关机构对社会的日常管理活动而形成的某些方面的秩序。包括:公共秩序、司法秩序、国(边)境管理秩序、文物管理秩序、公共卫生秩序、环境资源保护秩序、毒品管制秩序、社会风化秩序等。

(三)主观责任要素

本章各罪的主观责任形式,表现为故意或者过失;有的犯罪的责任要素还包括特定目的。具体表现为:(1)过失:本章个别犯罪法定责任形式为过失。例如,过失损毁文物罪(第324条第3款)、重大环境污染事故罪(第338条)等。(2)故意:本章多数犯罪法定责任形式为故意。例如,非法使用窃听、窃照专用器材罪(第284条)、非法侵入计算机信息系统罪(第285条第1款)、聚众扰乱社会秩序罪(第190条第1款)。(3)特定目的:本章部分犯罪法定责任要素包括特定目的(营利目的、牟利目的或者其他特定目的)。例如,赌博罪(第303条第1款)的法定责任要素,包括营利目的,倒卖文物罪(第326条)的法定责任要素,包括牟利目的,伪证罪(第305条)的法定责任要素,包括意图陷害他人或者隐匿罪证的目的。

二、妨害日常管理罪的种类

我国《刑法》分则"第六章妨害社会管理秩序罪",分为9节,从第277条至第367条共91+1个条文①,规定了**125**个罪名②。基于侵害法益的具体类型,我国《刑法》

---

① 增加的1个条文是,第291条之一。
② 《关于惩治骗购外汇、逃汇和非法买卖外汇犯罪的决定》(1998年)、《中华人民共和国刑法修正案(二)》(2001年)、《中华人民共和国刑法修正案(三)》(2001年)、《中华人民共和国刑法修正案(四)》(2002年)、《中华人民共和国刑法修正案(六)》(2006年)、《中华人民共和国刑法修正案(七)》(2009年)、《中华人民共和国刑法修正案(八)》(2011年),对本章有关罪刑作了修正。

将本章各罪分为9类：

扰乱公共秩序罪。包括**40**种具体的犯罪：妨害公务罪，煽动暴力抗拒法律实施罪，招摇撞骗罪，伪造、变造、买卖国家机关公文、证件、印章罪，盗窃、抢夺、毁灭国家机关公文、证件、印章罪，伪造公司、企业、事业单位、人民团体印章罪，伪造、变造居民身份证罪，非法生产、买卖警用装备罪，非法获取国家秘密罪，非法持有国家绝密、机密文件、资料、物品罪，非法生产、销售间谍专用器材罪，非法使用窃听、窃照专用器材罪，非法侵入计算机信息系统罪，非法获取计算机信息系统数据、非法控制计算机信息系统罪，提供侵入、非法控制计算机信息系统的程序、工具罪，破坏计算机信息系统罪，扰乱无线电通讯管理秩序罪，聚众扰乱社会秩序罪，聚众冲击国家机关罪，聚众扰乱公共场所秩序、交通秩序罪，投放虚假危险物质罪，编造、故意传播虚假恐怖信息罪，聚众斗殴罪，寻衅滋事罪，组织、领导、参加黑社会性质组织罪，入境发展黑社会组织罪，包庇、纵容黑社会性质组织罪，传授犯罪方法罪，非法集会、游行、示威罪，非法携带武器、管制刀具、爆炸物参加集会、游行、示威罪，破坏集会、游行、示威罪，侮辱国旗、国徽罪，组织、利用会道门、邪教组织、利用迷信破坏法律实施罪，组织、利用会道门、邪教组织、利用迷信致人死亡罪，聚众淫乱罪，引诱未成年人聚众淫乱罪，盗窃、侮辱尸体罪，赌博罪，开设赌场罪，故意延误投递邮件罪。

妨害司法罪。包括**17**种具体的犯罪：伪证罪，辩护人、诉讼代理人毁灭证据、伪造证据、妨害作证罪，妨害作证罪，帮助毁灭、伪造证据罪，打击报复证人罪，扰乱法庭秩序罪，窝藏、包庇罪，拒绝提供间谍犯罪证据罪，掩饰、隐瞒犯罪所得、犯罪所得收益罪，拒不执行判决、裁定罪，非法处置查封、扣押、冻结的财产罪，破坏监管秩序罪，脱逃罪，劫夺被押解人员罪，组织越狱罪，暴动越狱罪，聚众持械劫狱罪。

妨害国（边）境管理罪。包括**8**种具体的犯罪：组织他人偷越国（边）境罪，骗取出境证件罪，提供伪造、变造的出入境证件罪，出售出入境证件罪，运送他人偷越国（边）境罪，偷越国（边）境罪，破坏界碑、界桩罪，破坏永久性测量标志罪。

妨害文物管理罪。包括**10**种具体的犯罪：故意损毁文物罪，故意损毁名胜古迹罪，过失损毁文物罪，非法向外国人出售、赠送珍贵文物罪，倒卖文物罪，非法出售、私赠文物藏品罪，盗掘古文化遗址、古墓葬罪，盗掘古人类化石、古脊椎动物化石罪，抢夺、窃取国有档案罪，擅自出卖、转让国有档案罪。

危害公共卫生罪。包括**11**种具体的犯罪：妨害传染病防治罪，传染病菌种、毒种扩散罪，妨害国境卫生检疫罪，非法组织卖血罪，强迫卖血罪，非法采集、供应血液、制作、供应血液制品罪，采集、供应血液、制作、供应血液制品事故罪，医疗事故罪，非法行医罪，非法进行节育手术罪，妨害动植物防疫、检疫罪。

破坏环境资源保护罪。包括**15**种具体的犯罪：污染环境罪，非法处置进口的固体废物罪，擅自进口固体废物罪，非法捕捞水产品罪，非法猎捕、杀害珍贵、濒危野生动物罪，非法收购、运输、出售珍贵、濒危野生动物、珍贵、濒危野生动物制品罪，非法狩猎罪，**非法占用农用地罪**，非法采矿罪，破坏性采矿罪，**非法采伐、毁坏国家重点保护植物罪**，非法收购、运输、加工、出售国家重点保护植物、国家重点保护植物制品罪，盗伐林木罪,滥伐林木罪,非法收购、运输盗伐、滥伐的林木罪。

走私、贩卖、运输、制造毒品罪。包括12种具体的犯罪:走私、贩卖、运输、制造毒品罪,非法持有毒品罪,包庇毒品犯罪分子罪,窝藏、转移、隐瞒毒品、毒赃罪,走私制毒物品罪,非法买卖制毒物品罪,非法种植毒品原植物罪,非法买卖、运输、携带、持有毒品原植物种子、幼苗罪,引诱、教唆、欺骗他人吸毒罪,强迫他人吸毒罪,容留他人吸毒罪,非法提供麻醉药品、精神药品罪。

组织、强迫、引诱、容留、介绍卖淫罪。包括7种具体的犯罪:组织卖淫罪,强迫卖淫罪,协助组织卖淫罪,引诱、容留、介绍卖淫罪,引诱幼女卖淫罪,传播性病罪,嫖宿幼女罪。

制作、贩卖、传播淫秽物品罪。包括5种具体的犯罪:制作、复制、出版、贩卖、传播淫秽物品牟利罪,为他人提供书号出版淫秽书刊罪,传播淫秽物品罪,组织播放淫秽音像制品罪,组织淫秽表演罪。

第二节 本章具体犯罪重点分析

一、妨害公务罪

设置本罪的基本法条是我国《刑法》第277条。第157条第2款是涉及本罪的牵连犯而法定为数罪并罚;第242条第1款是本罪的注意规定。

妨害公务罪,是指以暴力、威胁方法阻碍国家机关工作人员、人大代表依法执行职务的,或者在自然灾害或突发事件中,以暴力、威胁方法阻碍红十字会工作人员依法履行职责的,或者故意阻碍国家安全机关、公安机关依法执行国家安全工作任务,未使用暴力、威胁方法,造成严重后果的行为。

(一)基准构成

妨害公务罪的客观特征区分为四种情形,这四种情形在实行行为、行为对象、侵害法益、结果要素的呈现上有所不同,而在行为主体等要素的内容上则相对一致。

1. 妨害机关人员公务

构成要素:以暴力、威胁方法阻碍国家机关工作人员依法执行职务。(1)实行行为:方法行为,暴力、威胁方法;目的行为,阻碍依法执行职务。(2)行为对象:正在依法执行职务的国家机关工作人员。(3)行为主体:一般主体。(4)侵害法益:国家机关的公务活动与国家机关工作人员的人身权利。(5)责任要素:责任形式为故意,同时必须具有特定明知。**既遂形态**:本情形为行为犯。

术语解释:(1)实行行为:**暴力**,是指以阻碍执行公务与职务为目的,针对正在依法执行公务的人员,实施旨在遏制其正常活动的打击、强制等行为。针对执法人员人身的殴打、捆绑、拘禁等打击与强制的行为,固然是这里的暴力;而针对与执法人员相关的物实施暴力以遏制执法人员的正常活动,也可视作这里的暴力。例如,砸坏汽车等。暴力是否包括施行催眠术、药物麻醉等,对此刑法理论存在争议。本书认为,基于《刑法》的表述与暴力的本义,这里的暴力并不包括和平方式的麻醉等行为。在规范意义上,这里的暴力包括了伤害与杀人等人身侵害。倘若行为人以妨害公务为目的,暴力故意造成被害人重伤的,属于本罪与故意伤害罪的想像竞合犯,认定故意伤害罪。**威胁**,是指出于阻碍执行公务的目的,以杀害、伤害、揭发隐私、报复、加害亲属等,对正在依法执行公务的人员进行精神恐吓,意图使其产生恐惧心理而不敢反抗的行为。(2)行为对象:何谓**依法执行职务**,对此,刑法理论存在形式说与实质加形式说的不同见解①,我国学者主要持形式加实质说。本书认为,立于案发现场当时的判断,只要执法内容没有明显的违法即可认为系依法执行职务。具体地说,依法执行职务必须符合下列条件:法定人员,即必须是法定的国家机关工作人员或者其他依法从事公务的人员;职权行为,即国家机关工作人员所实施的行为符合其职务权限的范围;内容合法,即国家机关工作人员所实施的职务行为的内容符合法律规定;程序合法,即国家机关工作人员所实施的职务行为的程序符合法律规定。所谓**正在执行公务**,是指已经着手执行公务并且尚未执行完毕。行为人事后或者事前对执行公务的人员所实施的行为,不构成本罪。**国家机关工作人员**包括:典型人员,即在国家机关中从事公务的人员,包括在各级国家权力机关、行政机关、司法机关和军事机关中从事公务的人员;准型人员,即在依法行使职权的组织中与在受托行使职权的组织中从事公务的人员,以及国家机关中非在编行使职权的人员;准型机关人员,即在乡(镇)以上中国共产党机关、人民政协机关中从事公务的人员。② 基于我国《刑法》第277条第4款的规定,阻碍国家安全机关、公安机关工作人员依法执行公务,即使未使用暴力、威胁方法,但是造成严重后果的,也成立妨害公务罪;基于我国《刑法》第368条第1款的规定,阻碍军事机关工作人员依法执行职务,使用暴力、威胁方法,成立阻碍军人执行职务罪。(3)责任要素:**故意**,是指行为人对于自己"使用暴力或威胁方法,阻碍依法执行职务的行为",以及由这一行为为核心征表的"国家机关的公务活动与国家机关工作人员的人身权利被侵状态",持"明知的认识状态"与"希望或放任的态度"。**特定明知**,是指行为人明知对方是正在执行公务的国家机关工作人员。

2. 妨害人大代表履职

构成要素:以暴力、威胁方法阻碍全国人大和地方各级人大代表依法执行代表职务。(1)实行行为:方法行为,暴力、威胁方法;目的行为,阻碍依法执行代表职务。(2)行为对象:正在依法执行代表职务的全国人大和地方各级人大代表。(3)行为主体:一般主体。(4)侵害法益:人民代表大会的公务活动与人大代表的人身权利。(5)责任要素:责任形式为故意,同时必须具有特定明知。**既遂形态**:本情形为行为犯。

术语解释:各级人大**代表职务**主要有:出席人民代表大会,参与对国家重大问题

---

① 参见林山田:《刑法特论》(下册),台湾三民书局1979年版,第922页。
② 参见最高人民检察院《关于渎职侵权犯罪案件立案标准的规定》(2006年)附则第3项。

或地方性重大事务的讨论和决定;根据法律规定的程序提出议案,或者提出建议、批评和意见;提出质询案或者提出询问;参加诸如代表视察等活动;宣传法制,带头执法,协助宪法和法律的实施;联系群众和原选举单位,倾听意见,列席原选举单位的人民代表大会。

3. 妨害红十字人员履职

构成要素:在自然灾害或突发事件中,以暴力、威胁方法阻碍红十字会工作人员依法履行职责。(1)实行行为:方法行为,暴力、威胁方法;目的行为,阻碍依法履行职责。(2)行为对象:正在依法履行职责的红十字会工作人员。(3)行为时间:在自然灾害或突发事件中。(4)行为主体:一般主体。(5)侵害法益:红十字会的公务活动与红十字会工作人员的人身权利。(6)责任要素:责任形式为故意,同时必须具有特定明知。**既遂形态**:本情形为行为犯。

术语解释:红十字会工作人员[①]的**职责包括**:开展救灾的准备工作;在自然灾害和突发事件中,对伤病人员和其他受害者进行救助;普及卫生救护和防病知识,组织群众参加现场救护;参与输血献血工作,推动无偿献血;参加国际人道主义救援工作;依照国际红十字和红新月运动的基本原则,完成人民政府委托事宜等。**自然灾害**包括地震、龙卷风、海啸等等;**突发事件**包括火车相撞、桥梁垮塌、恐怖袭击等等。

4. 妨害公安人员公务

构成要素:阻碍国家安全机关、公安机关依法执行国家安全工作任务,未使用暴力、威胁方法,造成严重后果。(1)实行行为·目的行为:阻碍依法执行国家安全工作任务。(2)行为对象:正在依法执行工作任务的国家安全机关、公安机关工作人员。(3)行为结果:造成严重后果。(4)行为主体:一般主体。(5)侵害法益:国家安全机关、公安机关的公务活动。(6)责任要素:责任形式为故意,同时必须具有特定明知。**既遂形态**:本情形为结果犯。

术语解释:**造成严重后果**,是指使对危害国家安全的犯罪分子未能得到及时的发现、捕获、惩处,对其犯罪行为未能得到及时的制止,或者造成其他严重不良的影响。例如,侦察线索中断、犯罪嫌疑人逃跑、犯罪证据灭失等等。国家安全机关、公安机关的**国家安全工作职权包括**:国家安全机关在国家安全工作中依法行使侦查、拘留、预审和执行逮捕以及法律规定的其他职权;国家安全机关的工作人员依法执行国家安全工作任务时,经出示相应证件,有权查验中国公民或者境外人员的身份证明;向有关组织和人员调查、询问有关情况;国家安全机关的工作人员依法执行国家安全工作任务时,经出示相应证件,可以进入有关场所等等。[②]

(二)妨害公务与被害人重伤、死亡

妨害公务的暴力行为,可能造成被害人重伤、死亡,对此存在如下几种情形:

(1)过失致人重伤罪、过失致人死亡罪:行为人以暴力方法妨害公务,在对被害人重

---

① 红十字会系社会救助团体,其工作人员不是公务员,但参照公务员管理。
② 参见我国《国家安全法》第6—12条。

伤、死亡的结果持过失心态的支配下,致使被害人重伤、死亡。这一情形属于想像竞合犯,即一个妨害公务的行为,同时触犯妨害公务罪与过失致人重伤罪、过失致人死亡罪。按照想像竞合犯的处罚原则从一重处断,认定为过失致人重伤罪、过失致人死亡罪。**(2)故意伤害罪、故意杀人罪**:行为人以暴力方法妨害公务,以妨害公务为目的,故意致使被害人重伤、死亡。对于这一情形,也有论著认为是牵连犯,而本书主张系想像竞合犯。在此,关键是该情形之一行为与数行为的认定。考究这一情形中的行为:对于妨害公务罪而言,表现为"伤害、杀人的暴力(A)+阻碍依法执行职务";对于故意伤害罪、故意杀人罪而言,表现为"伤害、杀人的暴力(A)"。而"伤害、杀人的暴力(A)+阻碍依法执行职务"与"伤害、杀人的暴力(A)",虽不是典型的一行为,但是应当视作一行为。① 由此,本案情形系一行为同时触犯数罪名的想像竞合犯。**(3)妨害公务罪与故意伤害罪、故意杀人罪**:行为人实施妨害公务的行为,在妨害公务的过程中又出于妨害公务以外的其他目的,故意伤害、杀害被害人。在本案情形中,行为人的行为呈现:"暴力(A)+阻碍依法执行职务"的妨害公务行为;"伤害、杀人(B)"的故意伤害、故意杀人行为。其中,A的暴力出于妨害公务目的,B行为出于妨害公务以外其他目的。在此,行为人实施了分别符合不同犯罪构成实行行为的两个事实行为,这两个事实行为并无重复评价,妨害公务与故意伤害或杀人之间也无牵连关系,从而本案情形成立妨害公务罪与故意伤害罪、故意杀人罪数罪。

(三)法定刑

根据我国《刑法》第277条的规定,犯妨害公务罪的,处3年以下有期徒刑、拘役、管制或者罚金。

二、寻衅滋事罪

设置本罪的基本法条是我国《刑法》第293条,其中,第1款为本罪的基准构成,第2款为本罪的加重构成。

寻衅滋事罪,是指出于流氓动机,寻衅滋事,破坏社会秩序的行为。

(一)基准构成

寻衅滋事罪的客观特征区分为四种情形,这四种情形在实行行为、行为对象、侵害法益等呈现上有所不同,而在行为主体等要素的内容上则相对一致。

1.随意殴打他人

构成要素:随意殴打他人,情节恶劣,破坏社会秩序的。(1)实行行为:随意殴打。(2)行为对象:他人。(3)定量要素:情节恶劣。(4)行为主体:一般主体。(5)侵害法益:公共秩序与他人人身权利。(6)责任要素:责任形式为故意,同时必须具有流氓动机。**既遂形态**:本情形为情节犯。

术语解释:(1)实行行为:**随意殴打**,是指无故、无理、随心所欲、任意殴打他人。(2)定量要素:**情节恶劣**的成立,应从以下方面判断:行为结果,"致1人以上轻伤或2

---

① 详见本书第九章有关行为个数的相应阐释。

人以上轻微伤","引起他人精神失常或自杀等严重后果";行为次数,"多次随意殴打他人";行为方式,"持凶器随意殴打他人";行为对象,"随意殴打精神病人、残疾人……造成恶劣社会影响";行为场所,"在公共场所随意殴打他人,造成公共场所秩序严重混乱"。① (3) 侵害法益:**公共秩序**,是指国家机关或者有关机构对社会公共生活管理而形成的有序状态。本罪的公共秩序,主要是指公共场所秩序。(4) 责任要素:**故意**,是指行为人对于自己"随意殴打他人的寻衅滋事行为",以及由这一行为为核心征表的"公共秩序与他人人身权利被侵状态",持"明知的认识状态"与"希望或放任的态度"。**流氓动机**,具体表现为公然蔑视法纪和社会公德,寻求精神刺激,开心取乐,发泄情绪,逞强耍横,无事生非等的行为心态。

规范竞合:本罪的实行行为"殴打",即故意打人,包括故意伤害、故意杀人的行为。② 本罪与故意伤害罪、故意杀人罪的构成要素之间也不存在分离关系。行为人出于流氓动机,随意殴打他人,故意致人重伤或死亡,破坏社会秩序。这是兼有本罪与故意伤害罪或故意杀人罪的犯罪构成的重合形态。根据《司法解释》③第 7 条的规定,对于相应的竞合规范中的同一犯罪行为"依照处罚较重的犯罪定罪处罚"。由此,成立本罪的以造成他人轻伤为限。本题所述情形不宜认作想像竞合犯,因为这一情形本属规范上的竞合关系,而非事实上的竞合关系。

2. 追逐戏弄他人

构成要素:追逐、拦截、辱骂、**恐吓**他人,情节恶劣,破坏社会秩序的。(1) 实行行为:追逐、拦截、辱骂、恐吓。(2) 行为对象:他人。(3) 定量要素:情节恶劣。(4) 行为主体:一般主体。(5) 侵害法益:公共秩序与他人人身权利。(6) 责任要素:责任形式为故意,同时必须具有流氓动机。**既遂形态**:本情形为情节犯。

术语解释:(1) 实行行为:**追逐、拦截、辱骂、恐吓**,是指无故、无理、随心所欲、任意地追赶、阻拦、侮辱、谩骂、威胁、吓唬他人。(2) 定量要素:**情节恶劣**的成立,应从以下方面判断:行为结果,"引起他人精神失常或自杀等严重后果","严重影响他人的工作、生活、生产、经营";行为次数,"多次追逐、拦截……造成恶劣社会影响";行为方式,"持凶器追逐、拦截、辱骂、恐吓他人";行为对象,"追逐、拦截、辱骂、恐吓精神病人、残疾人……"④

想像竞合犯:注意本罪的**恐吓与抢劫或敲诈勒索**的关系。抢劫与敲诈勒索系复合行为,而恐吓只是单一行为,从而恐吓与抢劫、敲诈可以构成想像竞合犯,但是它们之间并不符合规范竞合的构成条件。同样,本罪的**辱骂与侮辱**的关系:侮辱系复合行为,而辱骂只是单一行为,从而两者只可构成想像竞合犯。

---

① 最高人民法院、最高人民检察院《关于办理寻衅滋事刑事案件适用法律若干问题的解释》(2013 年)第 2 条。
② 详见本书第二十二章故意伤害罪的相关阐释。
③ 如无特别说明,本罪阐释中所称《司法解释》,均指最高人民法院、最高人民检察院《关于办理寻衅滋事刑事案件适用法律若干问题的解释》(2013 年)。
④ 《司法解释》第 3 条。

3. 侵犯他人财物

构成要素：强拿硬要或者任意损毁、占用公私财物，情节严重，破坏社会秩序的。(1) 实行行为：强拿硬要或者任意损毁、占用。(2) 行为对象：他人财物。(3) 定量要素：情节严重。(4) 行为主体：一般主体。(5) 侵害法益：公共秩序与他人财产权利。(6) 责任要素：责任形式为故意，同时必须具有流氓动机。**既遂形态**：本情形为情节犯。

术语解释：(1) 实行行为：**强拿硬要**，是指制造事端强行索要他人的财物。**任意损毁、占用**，是指毫无理由、随心所欲地损坏、毁灭、占有、使用他人财物。(2) 定量要素：**情节严重**的成立，应从以下方面判断：行为结果，引起他人精神失常或自杀等，或者严重影响他人的工作与生活；行为次数，多次强拿硬要或任意损毁而造成恶劣影响；犯罪数额，强拿硬要财物价值1000元以上，任意损毁占用财物2000元以上；行为对象，针对精神病人、残疾人、流浪乞讨人员等实施行为。①

规范竞合：(1) **强拿硬要与抢劫、抢夺、敲诈勒索**：强拿硬要，系公然强行取得他人财物，包括抢劫、抢夺、敲诈勒索的行为。本罪与抢劫罪、抢夺罪、敲诈勒索罪的构成要素之间也不存在分离关系。行为人出于流氓动机，公然强行取得（抢劫、抢夺或敲诈勒索）他人财物，破坏社会秩序。这是兼有本罪与抢劫罪、抢夺罪或敲诈勒索罪的犯罪构成的重合形态。根据《司法解释》第7条的规定，对于相应的竞合规范中的同一犯罪行为"依照处罚较重的犯罪定罪处罚"。由此，如果强行取财的暴力与胁迫行为对人身侵害的特征显著，其与取财目的的联系至为密切且取财目的居于主导地位等，案情具有此类特征的，可以较重的抢劫罪定罪处罚；如果强行取财只是表现为抢夺或敲诈勒索，则视其具体犯罪数额的大小，数额达至抢夺与敲诈勒索"数额巨大"起点，或接近这一起点又有其他严重情节的，可按抢夺罪或敲诈勒索罪的加重犯定罪处罚。(2) **任意损毁与故意毁坏财物**：基于与上述近似的理由，本罪之任意损毁的规范设置与故意毁坏财物罪的规范设置之间也存在竞合关系。行为人出于流氓动机，故意毁坏他人财物数额较大，破坏社会秩序的，系兼有本罪与故意毁坏财物罪的犯罪构成的重合形态。对此，在毁坏财物"数额巨大或者有其他特别严重情节"的场合，可按故意毁坏财物罪的加重犯定罪处罚。

4. 公共场所滋事

构成要素：在公共场所起哄闹事，造成公共场所秩序严重混乱，破坏社会秩序的。(1) 实行行为：起哄闹事。(2) 行为地点：公共场所。**公共场所**，是指车站、码头、民用航空站、医院、商场、公园、影剧院、展览会、运动场、礼堂、公共食堂、游泳池、集贸市场等能够为不特定人随时出入、停留、使用的公共性活动空间。2013年最高人民法院、最高人民检察院《关于办理利用信息网络实施诽谤等刑事案件适用法律若干问题的解释》第5条第2款将"信息网络"的虚拟空间也视作公共场所。(3) 行为结果：造成公共场所秩序严重混乱。(4) 行为主体：一般主体。(5) 侵害法益：公共场所秩

---

① 《司法解释》第3条。

序。(6)责任要素:责任形式为故意,同时必须具有流氓动机。**既遂形态**:本情形为结果犯。

术语解释:(1)实行行为:**起哄闹事**,是指无故制造事端闹事,或者以小事为借口制造事端闹事。(2)行为结果:**造成公共场所严重混乱**的成立,应当根据以下要素综合判断:公共场所的性质;公共活动的重要程度;公共场所的人数;起哄闹事的时间;公共场所受影响的范围与程度等。[①]

(二)加重构成

我国《刑法》第293条第2款,将纠集他人多次实施寻衅滋事行为,严重破坏社会秩序的,作为寻衅滋事罪的加重构成。在加重类型上,此可为行为加重犯,以"纠集"与"多次"行为为加重构成的核心要素。多次,是指"3次以上实施寻衅滋事犯罪"[②]。纠集,是指联合他人共同实施寻衅滋事行为。

(三)法定刑

1. 基准法定刑

根据我国《刑法》第293条第1款的规定,犯寻衅滋事罪的,处5年以下有期徒刑、拘役或者管制。

2. 加重法定刑

根据我国《刑法》第293条第2款的规定,纠集他人多次实施寻衅滋事行为,严重破坏社会秩序的,处5年以上10年以下有期徒刑,可以并处罚金。

三、传授犯罪方法罪

设置本罪的基本法条是我国《刑法》第295条。其中,前段规定为本罪的基准构成,中段与后段规定为本罪的加重构成。

传授犯罪方法罪,是指向他人传授犯罪方法的行为。

(一)基准构成

1. 客观事实要素

表现为向他人传授犯罪方法的行为。具体构成要素包括实行行为、行为对象、行为主体。

实行行为:传授犯罪方法。其中,**传授**是指把犯罪方法教给别人。传授的形式包括:使用语言、文字、动作、图像,针对一人或针对多人传授,公开传授或秘密传授等。传授的内容是犯罪方法。**犯罪方法**是指犯罪的经验、技能、手段,包括犯罪的预备、实行、完成的方法,逃避侦查、审判的方法等。犯罪方法只存在于直接故意犯罪中。过失犯罪,行为人对危害结果持否定态度;间接故意犯罪,行为人对危害结果持放任态度,这两种犯罪均不存在为了追求危害结果的发生,而采取一定的犯罪方法的问题。

---

① 《司法解释》第5条。
② 《司法解释》第6条。

行为对象：自然人。传授犯罪方法的对象是自然人，既可以是具有责任能力的人，也可以是不具有责任能力的人。由此，这与教唆犯的被教唆人必须具有责任能力不同。

行为主体：一般主体。

既遂形态：本罪是行为犯。被传授的对象是否接受传授，或者是否学会与提高了犯罪技能，或者是否实施被传授的犯罪，均不影响本罪的成立。

2. 客观规范要素

本罪所侵害的具体法益，是社会治安管理秩序，即国家机关或者有关机构对社会治安的日常管理活动而形成的秩序。

3. 主观责任要素

本罪的主观责任形式为故意，故意内容指向由"传授犯罪方法行为"为核心征表的"社会治安管理秩序被侵状态"。并且，行为人具有特定明知，即明知是犯罪方法，而予以传授。传授的动机可能出于获利、炫耀、义气等，但动机不影响本罪的成立。

（二）传授犯罪方法罪与教唆犯

两者均可以表现为通过语言、文字、行为、图像等方式，对他人进行某种内容的授意；主观责任形式均为故意。但是，两者存在重要**区别**：(1) **实行行为**：传授犯罪方法所传授的内容是犯罪方法，而教唆的内容是犯罪意图。(2) **行为对象**：传授犯罪方法的对象包括具有责任能力的人或不具有责任能力的人；而教唆的对象限于具有责任能力的人，教唆无责任能力的人犯罪属于间接正犯。(3) **侵害法益**：传授犯罪方法罪的侵害法益是确定的，即社会治安管理秩序；而教唆犯的侵害法益是不确定的，其取决于所教唆的犯罪的性质。(4) **责任年龄**：传授犯罪方法罪的责任年龄是已满16周岁。教唆犯的责任年龄通常虽也为已满16周岁，但是在教唆之罪系我国《刑法》第17条第2款所列之罪时，责任年龄可以是已满14周岁不满16周岁，并且被教唆人的责任年龄也可为这一相对责任年龄。(5) **故意内容**：传授犯罪方法罪的故意内容是，明知自己实施的是向他人传授犯罪方法的行为，进而明知自己的行为造成社会治安管理秩序被侵状态，行为人对于行为的实施与这种状态的发生持希望或者放任的态度。而教唆犯的故意内容是，行为人认识到他人尚无犯罪决意，并且认识到被教唆的人具有责任能力，预见到自己的教唆行为会引起被教唆的人产生犯罪决意，行为人对于自己的教唆行为及其产生的结果而希望或者放任的态度。(6) **犯罪形态**：传授犯罪方法罪，是我国《刑法》分则所规定的一个具体罪名，并且该罪属于行为犯。教唆犯，是共同犯罪人的一种类型，由《刑法》总则规定；并且教唆犯的成立，必须被教唆人接受教唆。行为人拒绝接受教唆，则没有形成犯罪合意，无所谓共同犯罪，也就没有教唆犯。

传授犯罪方法罪与教唆犯的**罪数关系**如下：(1) **吸收犯**：行为人教唆他人犯甲罪，并且又传授其犯甲罪的犯罪方法，属于吸收犯，按照处理吸收犯的原则，从一重罪重处。(2) **数罪并罚**：行为人教唆他人犯甲罪，并且又传授其犯乙罪的犯罪方法，属于数罪，按照所教唆的罪与传授犯罪方法罪，实行数罪并罚。(3) **数罪并罚**：行为人对不同的对象,分别实施了教唆行为与传授犯罪方法行为,无论教唆犯罪的内容与传授犯罪方法的内容是否属于同一犯罪性质,均属于数罪,实行数罪并罚。**(4)数罪并罚**:行为人传授他人犯甲罪的犯罪方法,又与此人共同实施甲罪,行为人构成数罪,按照传授犯罪方法罪与所实施的罪,实行数罪并罚。

(三)法定刑

1. 基准法定刑

根据我国《刑法》第 295 条前段的规定,犯传授犯罪方法的,处 5 年以下有期徒刑、拘役或者管制。

2. 加重法定刑

根据我国《刑法》第 295 条中段与后段的规定,犯传授犯罪方法罪情节严重的,处 5 年以上 10 年以下有期徒刑;情节特别严重的,处 10 年以上有期徒刑或者无期徒刑。

四、窝藏、包庇罪

设置本罪的基本法条是我国《刑法》第 310 条。其中,第 1 款为本罪的基准构成与加重构成,第 2 款是事前通谋的窝藏包庇行为构成共同犯罪的注意规定。第 362 条是对特种单位人员于特定场合针对包括违法分子而犯本罪的特别规定。

窝藏、包庇罪,是指明知是犯罪的人而为其提供隐藏处所、财物,帮助其逃匿或者作假证明包庇的行为。

(一)基准构成

1. 客观事实要素

表现为窝藏、包庇犯罪分子的行为。具体构成要素包括实行行为、行为对象、行为主体。

实行行为:窝藏或者包庇。**窝藏**,罪状关键术语为"帮助逃匿",是指为犯罪分子提供隐藏处所、财物,帮助其逃匿的行为。**包庇**,罪状关键术语为"作假证明",是指向司法机关作虚假的证明,为犯罪人掩盖罪行与去向;或者实施与帮助实施隐匿毁灭罪证,为犯罪人逃避罪责。对于包庇是否包括帮助湮灭罪迹罪证,刑法理论存在肯定与否定的不同见解。本书肯定包庇包括帮助湮灭罪迹与毁灭罪证的行为。进而,本罪的包庇行为之规定与我国《刑法》第 307 条第 2 款的帮助毁灭、伪造证据行为之规定,应当属于规范竞合。我国《刑法》第 294 条第 3 款与本罪有着近似的规定,2000 年最高人民法院《关于审理黑社会性质组织犯罪的案件具体应用法律若干问题的解释》第 5 条也将该条的包庇,解释为包括"隐匿、毁灭、伪造证据"在内的行为。至于本罪包庇的关键术语是"作假证明",对此应当认为,"实施与帮助实施隐匿毁灭罪证,为犯罪人逃避罪责",是"作假证明"的一种特殊方式。证据灭失也就间接证明犯罪人无罪。

行为对象:犯罪分子,具体是指逃避刑事追诉或刑罚惩罚的犯罪人。包括:实施犯罪但未被司法机关发现的犯罪分子、已被司法机关发现但未被采取强制措施的犯罪分子、已被采取强制措施但未被司法机关抓获归案的犯罪分子、归案后逃跑的犯罪分子、刑罚执行中逃跑的犯罪分子等。

行为主体：一般主体。

既遂形态：本罪是行为犯。

2．客观规范要素

本罪所侵害的具体法益，是司法机关的正常活动。

3．主观责任要素

本罪的主观责任形式为故意，故意内容指向由"窝藏或包庇行为"为核心征表的"司法机关正常活动被侵状态"。并且，行为人具有特定明知，即明知窝藏、包庇的是犯罪的人。

（二）准型构成

我国《刑法》第362条将特种人员在特定场合以特定行为构成本罪的行为对象扩展至违法人员，从而使该条成为对本罪准型构成的规定。具体地说，这一准型构成的特别要素包括：(1) 实行行为：通风报信；(2) 行为对象：违法犯罪分子；(3) 行为情境：在公安机关查处卖淫、嫖娼活动时；(4) 定量要素：情节严重；(5) 行为主体：旅馆业、饮食服务业、文化娱乐业、出租汽车业等单位的人员。显然，这里的"违法犯罪分子"包括违法的卖淫、嫖娼者。

（三）共同犯罪

根据我国《刑法》第310条第2款的规定，实施窝藏、包庇行为，事前通谋的，以共同犯罪论处。这意味着在事前有通谋时，事后的窝藏与包庇行为不再认定为本罪，而是构成窝藏包庇对象所犯之罪的共同犯罪。

（四）窝藏罪与掩饰、隐瞒犯罪所得、犯罪所得收益罪

两罪存在一定相似之处：实行行为均有掩盖与隐藏的意思；行为主体均为一般主体；侵害法益均为司法机关的正常活动；责任形式均为故意，并且都具有特定明知的要素。

两罪存在重要区别：(1) 实行行为：窝藏罪的"窝藏"是供以处所与财物而帮助犯罪分子逃匿。而掩饰、隐瞒犯罪所得、犯罪所得收益罪的"窝藏"是供以隐藏处所而使赃物不能或难以被发现；尤其是在掩饰与隐瞒的法定表现上，除了"窝藏"之外还有"转移、收购、代为销售"等法定表现。(2) 行为对象：窝藏罪的行为对象是"犯罪分子"。而掩饰、隐瞒犯罪所得、犯罪所得收益罪的行为对象是"犯罪所得及其产生的收益"。(3) 特定明知：窝藏罪要求行为人明知窝藏的是犯罪的人。而掩饰、隐瞒犯罪所得、犯罪所得收益罪要求行为人明知掩饰与隐瞒的是犯罪所得及其产生的收益。

（五）法定刑

1．基准法定刑

根据我国《刑法》第310条第1款前段的规定，犯窝藏、包庇罪的，处3年以下有期徒刑、拘役或者管制。

2．加重法定刑

根据我国《刑法》第310条第1款后段的规定，犯窝藏、包庇罪，情节严重的，处

3年以上10年以下有期徒刑。

第三节 本章具体犯罪扼要阐释

一、扰乱公共秩序罪

包括**40种**具体的犯罪。其中,妨害公务罪、寻衅滋事罪及传授犯罪方法罪上节已作阐释。

煽动暴力抗拒法律实施罪(第278条),是指煽动群众暴力抗拒国家法律、行政法规实施的行为。

招摇撞骗罪(第279条),是指为了谋取非法利益,冒充国家机关工作人员招摇撞骗,损害国家机关的威信、公共利益、公民权益的行为。

伪造、变造、买卖国家机关公文、证件、印章罪(第280条第1款),是指伪造、变造、买卖国家机关的公文、证件、印章的行为。

盗窃、抢夺、毁灭国家机关公文、证件、印章罪(第280条第1款),是指盗窃、抢夺、毁灭国家机关的公文、证件、印章的行为。

伪造公司、企业、事业单位、人民团体印章罪(第280条第2款),是指伪造公司、企业、事业单位、人民团体的印章的行为。

伪造、变造居民身份证罪(第280条第3款),是指伪造、变造居民身份证的行为。

非法生产、买卖警用装备罪(第281条),是指非法生产、买卖人民警察制式服装、车辆号牌等专用标志、警械,情节严重的行为。

非法获取国家秘密罪(第282条第1款),是指以窃取、刺探、收买方法,非法获取国家秘密的行为。

非法持有国家绝密、机密文件、资料、物品罪(第282条第2款),是指非法持有属于国家绝密、机密的文件、资料或者其他物品,拒不说明来源与用途的行为。

非法生产、销售间谍专用器材罪(第283条),是指非法生产、销售窃听、窃照等专用间谍器材的行为。

非法使用窃听、窃照专用器材罪(第284条),是指非法使用窃听、窃照专用器材,造成严重后果的行为。

非法侵入计算机信息系统罪(第285条第1款),是指违反国家规定,侵入国家事务、国防建设、尖端科学技术领域的计算机信息系统的行为。

非法获取计算机信息系统数据、非法控制计算机信息系统罪(第285条第2款),是指违反国家规定,侵入国家事务、国防建设、尖端科学技术领域的计算机信息系统以外的计算机信息系统或者采用其他技术手段,获取该计算机信息系统中存储、处理或者传输的数据,或者对该计算机信息系统实施非法控制,情节严重的行为。

提供侵入、非法控制计算机信息系统的程序、工具罪(第285条第3款),是指提供专门用于侵入、非法控制计算机信息系统的程序、工具,或者明知他人实施侵入、非法控制计算机信息系统的违法犯罪行为而为其提供程序、工具,情节严重的行为。

破坏计算机信息系统罪(第286条),是指违反国家规定,对计算机信息系统功能进行删除、修改、增加、干扰,造成计算机信息系统不能正常运行,后果严重的行为。第286条第2款与第3款的规定是本罪的准型构成。这一准型构成的特殊之处,在于针对"系统中存储、处理或者传输的数据和应用程序",或者"制作、传播计算机病毒等破坏性程序"。

扰乱无线电通讯管理秩序罪(第288条),是指违反国家规定,擅自设置、使用无线电台(站),或者擅自占用频率,经责令停止使用后拒不停止使用,干扰无线电通讯正常进行,造成严重后果的行为。

聚众扰乱社会秩序罪(第290条第1款),是指首要分子与积极参加者聚众扰乱社会秩序,情节严重,致使工作、生产、营业和教学、科研无法进行,造成严重损失的行为。

聚众冲击国家机关罪(第290条第2款),是指首要分子与积极参加者聚众冲击国家机关,致使国家机关工作无法进行,造成严重损失的行为。

聚众扰乱公共场所秩序、交通秩序罪(第291条),是指首要分子聚众扰乱车站、码头、民用航空站、商场、公园、影剧院、展览会、运动场或者其他公共场所秩序,聚众堵塞交通或者破坏交通秩序,抗拒、阻碍国家治安管理工作人员依法执行职务,情节严重的行为。

投放虚假危险物质罪(第291条之一),是指投放虚假的爆炸性、毒害性、放射性、传染病病原体等物质,严重扰乱社会秩序的行为。

编造、故意传播虚假恐怖信息罪(第291条之一),是指编造爆炸威胁、生化威胁、放射威胁等恐怖信息,或者明知是编造的恐怖信息而故意传播,严重扰乱社会秩序的行为。

聚众斗殴罪(第292条),是指首要分子与积极参加者出于流氓动机,纠集多人成帮结伙地互相进行殴斗的行为。

组织、领导、参加黑社会性质组织罪(第294条第1款),是指组织、领导、参加黑社会性质的组织的行为。本罪的参加包括"积极参加"与"其他参加",其中前者是基准行为,后者是减轻行为。第294条第5款对黑社会性质组织的特征作了具体规定。

入境发展黑社会组织罪(第294条第2款),是指境外的黑社会组织的人员到中华人民共和国境内发展组织成员的行为。

包庇、纵容黑社会性质组织罪(第294条第3款),是指国家机关工作人员包庇黑社会性质的组织,或者纵容黑社会性质的组织进行违法犯罪活动的行为。

非法集会、游行、示威罪(第296条),是指举行集会、游行、示威,未依照法律规定申请或者申请未获许可,或者未按照主管机关许可的起止时间、地点、路线进行,又拒不服从解散命令,严重破坏社会秩序的行为。

非法携带武器、管制刀具、爆炸物参加集会、游行、示威罪(第297条),是指违反法律规定,携带武器、管制刀具或者爆炸物参加集会、游行、示威的行为。

破坏集会、游行、示威罪(第298条),是指扰乱、冲击或者以其他方法破坏依法举行的集会、游行、示威,造成公共秩序混乱的行为。

侮辱国旗、国徽罪(第299条),是指在公众场合故意以焚烧、毁损、涂划、玷污、践踏等方式侮辱中华人民共和国国旗、国徽的行为。

组织、利用会道门、邪教组织、利用迷信破坏法律实施罪(第300条第1款),是指组织、利用会道门、邪教组织或者利用迷信破坏国家法律、行政法规实施的行为。

组织、利用会道门、邪教组织、利用迷信致人死亡罪(第300条第2款),是指组织、利用会道门、邪教组织或者利用迷信蒙骗他人,致人死亡的行为。

聚众淫乱罪(第301条第1款),是指出于流氓动机,作为首要分子聚众或者多次参加聚众进行的,有违社会道德规范的猥亵、性交等活动的行为。

引诱未成年人聚众淫乱罪(第301条第2款),是指出于流氓动机,作为首要分子聚众进行淫乱活动或者多次参加聚众淫乱活动,并且引诱未成年人参加这种聚众淫乱活动的行为。

盗窃、侮辱尸体罪(第302条),是指盗窃、侮辱尸体的行为。

赌博罪(第303条第1款),是指以营利为目的,聚众赌博或者以赌博为业的行为。

开设赌场罪(第303条第2款),是指以营利为目的,开设赌场的行为。

故意延误投递邮件罪(第304条),是指邮政工作人员严重不负责任,故意延误投递邮件,致使公共财产、国家和人民利益遭受重大损失的行为。

二、妨害司法罪

包括17种具体的犯罪。其中,窝藏、包庇罪上节已作阐释。

伪证罪(第305条),是指在刑事诉讼中,证人、鉴定人、记录人、翻译人对与案件有重要关系的情节,故意作虚假证明、鉴定、记录、翻译,意图陷害他人或者隐匿罪证的行为。

辩护人、诉讼代理人毁灭证据、伪造证据、妨害作证罪(第306条),是指在刑事诉讼中,辩护人、诉讼代理人毁灭、伪造证据,帮助当事人毁灭、伪造证据,威胁、引诱证人违背事实改变证言或者作伪证的行为。

妨害作证罪(第307条第1款),是指以暴力、威胁、贿买等方法阻止证人作证或者指使他人作伪证的行为。

帮助毁灭、伪造证据罪(第307条第2款),是指帮助当事人毁灭、伪造证据,情节严重的行为。

打击报复证人罪(第308条),是指对证人进行打击报复的行为。

扰乱法庭秩序罪(第309条),是指聚众哄闹、冲击法庭,或者殴打司法工作人员,严重扰乱法庭秩序的行为。

拒绝提供间谍犯罪证据罪(第311条),是明知他人有间谍犯罪行为,在国家安全机关向其调查有关情况、收集有关证据时,拒绝提供,情节严重的行为。

掩饰、隐瞒犯罪所得、犯罪所得收益罪(第 312 条),是指明知是犯罪所得及其产生的收益而予以窝藏、转移、收购、代为销售或者以其他方法掩饰、隐瞒的行为。

拒不执行判决、裁定罪(第 313 条),是指对人民法院的判决、裁定有能力执行而拒不执行,情节严重的行为。

非法处置查封、扣押、冻结的财产罪(第 314 条),是指隐藏、转移、变卖、故意毁损已被司法机关查封、扣押、冻结的财产,情节严重的行为。

破坏监管秩序罪(第 315 条),是指依法被关押的罪犯,采用法定方法破坏监管秩序,情节严重的行为。法定方法包括:殴打监管人员;组织其他被监管人破坏监管秩序;聚众闹事,扰乱正常监管秩序;殴打、体罚或者指使他人殴打、体罚其他被监管人。

脱逃罪(第 316 条第 1 款),是指依法被关押的罪犯、被告人、犯罪嫌疑人脱逃的行为。

劫夺被押解人员罪(第 316 条第 2 款),是指劫夺押解途中的罪犯、被告人、犯罪嫌疑人的行为。

组织越狱罪(第 317 条第 1 款),是指在押人员作为首要分子进行组织越狱活动,或者积极参加首要分子的组织越狱活动的行为。

暴动越狱罪(第 317 条第 2 款),是指在押人员作为首要分子进行暴动越狱活动,或者积极参加首要分子的暴动越狱活动的行为。

聚众持械劫狱罪(第 317 条第 2 款),是指狱外人员作为首要分子聚众持械劫夺狱中在押人员,或者积极参加首要分子的聚众持械劫狱活动的行为。

三、妨害国(边)境管理罪

包括 **8** 种具体的犯罪。

组织他人偷越国(边)境罪(第 318 条),是指领导、策划、指挥他人,或者在首要分子指挥下实施拉拢、引诱、介绍他人,偷越国(边)境的行为。

骗取出境证件罪(第 319 条),是指以劳务输出、经贸往来或者其他名义,弄虚作假,骗取护照、签证等出境证件,为组织他人偷越国(边)境使用的行为。

提供伪造、变造的出入境证件罪(第 320 条),是指为他人提供伪造、变造的护照、签证等出入境证件的行为。

出售出入境证件罪(第 320 条),是指有偿转让护照、签证等出入境证件的行为。

运送他人偷越国(边)境罪(第 321 条),是指运送他人,偷越国(边)境的行为。

偷越国(边)境罪(第 322 条),是指违反国(边)境管理法规,偷越国(边)境,情节严重的行为。

破坏界碑、界桩罪(第 323 条),是指故意破坏国家边境的界碑、界桩的行为。

破坏永久性测量标志罪(第 323 条),是指故意破坏国家永久性测量标志的行为。

四、妨害文物管理罪

包括 **10** 种具体的犯罪。

故意损毁文物罪(第 324 条第 1 款),是指故意损毁国家保护的珍贵文物或者被确定为全国重点文物保护单位、省级文物保护单位的文物的行为。

故意损毁名胜古迹罪(第 324 条第 2 款),是指故意损毁国家保护的名胜古迹,情节严重的行为。

过失损毁文物罪(第 324 条第 3 款),是指过失引起国家保护的珍贵文物或者被确定为全国重点文物保护单位、省级文物保护单位的文物损毁,造成严重后果的行为。

非法向外国人出售、赠送珍贵文物罪(第 325 条),是指违反文物保护法规,将收藏的国家禁止出口的珍贵文物私自出售或者私自赠送给外国人的行为。

倒卖文物罪(第 326 条),是指以牟利为目的,倒卖国家禁止经营的文物,情节严重的行为。

非法出售、私赠文物藏品罪(第 327 条),是违反文物保护法规,国有博物馆、图书馆等单位将国家保护的文物藏品出售或者私自送给非国有单位或者个人的行为。

盗掘古文化遗址、古墓葬罪(第 328 条第 1 款),是指盗掘具有历史、艺术、科学价值的古文化遗址、古墓葬的行为。

盗掘古人类化石、古脊椎动物化石罪(第 328 条第 2 款),是指盗掘国家保护的具有科学价值的古人类化石和古脊椎动物化石的行为。

抢夺、窃取国有档案罪(第 329 条第 1 款),是指以非法占有为目的,公然夺取或者秘密窃取国有档案的行为。

擅自出卖、转让国有档案罪(第 329 条第 2 款),是指违反档案法的规定,擅自出卖、转让国有档案,情节严重的行为。

五、危害公共卫生罪

包括 11 种具体的犯罪。

妨害传染病防治罪(第 330 条),是指违反传染病防治法的规定,以法定的方法,引起甲类传染病传播或者有传播严重危险的行为。法定方法包括:供水单位供应的饮用水不符合国家规定的卫生标准;拒绝按照卫生防疫机构提出的卫生要求,对传染病病原体污染的污水、污物、粪便进行消毒处理;准许或者纵容传染病病人、病原携带者和疑似传染病病人从事国务院卫生行政部门规定禁止从事的易使该传染病扩散的工作;拒绝执行卫生防疫机构依照传染病防治法提出的预防、控制措施。本罪是过失犯。

传染病菌种、毒种扩散罪(第 331 条),是指从事实验、保藏、携带、运输传染病菌种、毒种的人员,违反国务院卫生行政部门的有关规定,造成传染病菌种、毒种扩散,后果严重的行为。本罪是过失犯。

妨害国境卫生检疫罪(第 332 条),是指违反国境卫生检疫规定,引起检疫传染病传播或者有传播严重危险的行为。本罪是过失犯。

非法组织卖血罪(第 333 条),是指违反国家采供血规定,组织他人出卖血液的行为。

强迫卖血罪(第333条),是指以暴力、威胁方法强迫他人出卖血液的行为。

非法采集、供应血液、制作、供应血液制品罪(第334条第1款),是指非法采集、供应血液或者制作、供应血液制品,不符合国家规定的标准,足以危害人体健康的行为。本罪是过失具体危险犯。

采集、供应血液、制作、供应血液制品事故罪(第334条第2款),是指经国家主管部门批准采集、供应血液或者制作、供应血液制品的部门,不依照规定进行检测或者违背其他操作规定,造成危害他人身体健康后果的行为。本罪是过失犯。

医疗事故罪(第335条),是指医务人员由于严重不负责任,造成就诊人死亡或者严重损害就诊人身体健康的行为。

非法行医罪(第336条第1款),是指未取得医生执业资格的人非法行医,情节严重的行为。

非法进行节育手术罪(第334条第2款),是指未取得医生执业资格的人擅自为他人进行节育复通手术、假节育手术、终止妊娠手术或者摘取宫内节育器,情节严重的行为。

妨害动植物防疫、检疫罪(第337条),是指违反有关动植物防疫、检疫的国家规定,引起重大动植物疫情的,或者有引起重大动植物疫情危险,情节严重的行为。本罪是过失犯。

六、破坏环境资源保护罪

包括**15**种具体的犯罪。

污染环境罪(第338条),是指违反国家规定,排放、倾倒或者处置有放射性的废物、含传染病病原体的废物、有毒物质或者其他有害物质,严重污染环境的行为。本罪是过失犯。

非法处置进口的固体废物罪(第339条第1款),是指违反国家规定,将境外的固体废物进境倾倒、堆放、处置的行为。

擅自进口固体废物罪(第339条第2款),是指未经国务院有关主管部门许可,擅自进口固体废物用作原料,造成重大环境污染事故,致使公私财产遭受重大损失或者严重危害人体健康的行为。

非法捕捞水产品罪(第340条),是指违反保护水产资源法规,在禁渔区、禁渔期或者使用禁用的工具、方法捕捞水产品,情节严重的行为。

非法猎捕、杀害珍贵、濒危野生动物罪(第341条第1款),是指非法猎捕、杀害国家重点保护的珍贵、濒危野生动物的行为。

非法收购、运输、出售珍贵、濒危野生动物、珍贵、濒危野生动物制品罪(第341条第1款),是指非法收购、运输、出售国家重点保护的珍贵、濒危野生动物及其制品的行为。

非法狩猎罪(第341条第2款),是指违反狩猎法规,在禁猎区、禁猎期或者使用禁用的工具、方法进行狩猎,破坏野生动物资源,情节严重的行为。

非法占用农用地罪(第342条),是指违反土地管理法规,非法占用耕地、林地等农用地,改变被占用土地用途,数量较大,造成耕地、林地等农用地大量毁坏的行为。

非法采矿罪(第343条第1款),是指违反矿产资源法的规定,未取得采矿许可证擅自采矿,擅自进入国家规划矿区、对国民经济具有重要价值的矿区和他人矿区范围采矿,或者擅自开采国家规定实行保护性开采的特定矿种,情节严重的行为。

破坏性采矿罪(第343条第2款),是指违反矿产资源法的规定,采取破坏性的开采方法开采矿产资源,造成矿产资源严重破坏的行为。

非法采伐、毁坏国家重点保护植物罪(第344条),是指违反国家规定,非法采伐、毁坏珍贵树木或者国家重点保护的其他植物的行为。

非法收购、运输、加工、出售国家重点保护植物、国家重点保护植物制品罪(第344条),是指违反国家规定,非法收购、运输、加工、出售珍贵树木或者国家重点保护的其他植物及其制品的行为。

盗伐林木罪(第345条第1款),是指以非法占有为目的,盗伐森林或者其他林木,数量较大的行为。

滥伐林木罪(第345条第2款),是指违反森林法的规定,滥伐森林或者其他林木,数量较大的行为。

非法收购、运输盗伐、滥伐的林木罪(第345条第3款),是指非法收购、运输明知是盗伐、滥伐的林木,情节严重的行为。

七、走私、贩卖、运输、制造毒品罪

包括12种具体的犯罪。

走私、贩卖、运输、制造毒品罪(第347条),是指故意走私、贩卖、运输、制造毒品的行为。第347条第2款是对本罪的基准构成的规定。

非法持有毒品罪(第348条),是指违反毒品管理法规,明知是毒品而持有且数量较大的行为。

包庇毒品犯罪分子罪(第349条),是指明知是走私、贩卖、运输、制造毒品的犯罪分子而包庇的行为。

窝藏、转移、隐瞒毒品、毒赃罪(第349条第1款),是指为走私、贩卖、运输、制造毒品的犯罪分子,窝藏、转移、隐瞒毒品或者犯罪所得的财物的行为。

走私制毒物品罪(第350条),是指违反国家规定,非法运输、携带醋酸酐、乙醚、三氯甲烷或者其他用于制造毒品的原料或者配剂进出境的行为。

非法买卖制毒物品罪(第350条),是指违反国家规定,在境内非法买卖醋酸酐、乙醚、三氯甲烷或者其他用于制造毒品的原料或者配剂的行为。

非法种植毒品原植物罪(第351条),是指非法种植罂粟、大麻等毒品原植物,且

数量较大,或者经公安机关处理后又种植,或者抗拒铲除的行为。

非法买卖、运输、携带、持有毒品原植物种子、幼苗罪(第352条),是指非法买卖、运输、携带、持有未经灭活的罂粟等毒品原植物种子或者幼苗,数量较大的行为。

引诱、教唆、欺骗他人吸毒罪(第353条第1款),是指以引诱、教唆、欺骗方法,致使他人吸食、注射毒品的行为。

强迫他人吸毒罪(第352条第2款),是指违背他人意志,以暴力、胁迫或者其他方法,迫使他人吸食、注射毒品的行为。

容留他人吸毒罪(第354条),是指为他人吸食、注射毒品提供场所的行为。

非法提供麻醉药品、精神药品罪(第355条第1款),是指依法从事生产、运输、管理、使用国家管制的麻醉药品、精神药品的人员,违反国家规定,向吸食、注射毒品的人提供国家规定管制的能够使人形成瘾癖的麻醉药品、精神药品的行为。

八、组织、强迫、引诱、容留、介绍卖淫罪

包括 **7** 种具体的犯罪。

组织卖淫罪(第358条第1款),是指采取招募、雇佣、引诱、容留、强迫等方法,组织他人卖淫的行为。

强迫卖淫罪(第358条第1款),是指违背他人意志,以暴力、胁迫或者其他方法,迫使他人卖淫的行为。

协助组织卖淫罪(第358条第3款),是指为组织卖淫的人招募、运送人员或者有其他协助组织他人卖淫活动的行为。本罪的实行行为系提升的实行行为。

引诱、容留、介绍卖淫罪(第359条第1款),是指利用钱财或者其他利益,勾引、诱导他人从事卖淫活动,或者容纳、收留他人从事卖淫活动,或者在卖淫者与嫖客之间沟通撮合使他人的卖淫活动得以实现的行为。

引诱幼女卖淫罪(第359条第2款),是指利用钱财或者其他利益,勾引、诱导不满14周岁的幼女从事卖淫活动的行为。

传播性病罪(第360条第1款),是指明知自己患有梅毒、淋病等严重性病而卖淫、嫖娼的行为。

嫖宿幼女罪(第360条第2款),是指明知卖淫者是幼女,而实施嫖宿的行为。奸淫幼女的行为与嫖宿幼女的行为可以成立想像竞合犯。

九、制作、贩卖、传播淫秽物品罪

包括 **5** 种具体的犯罪。

制作、复制、出版、贩卖、传播淫秽物品牟利罪(第363条第1款),是指以牟利为目的,制作、复制、出版、贩卖、传播淫秽物品的行为。

为他人提供书号出版淫秽书刊罪(第363条第2款),是指违反国家书号管理规定,向他人提供书号,出版淫秽书刊的行为。

传播淫秽物品罪(第 364 条第 1 款),是指不以牟利为目的,传播淫秽的书刊、影片、音像、图片或者其他淫秽物品,情节严重的行为。

组织播放淫秽音像制品罪(第 364 条第 2 款),是指不以牟利为目的,组织播放淫秽的电影、录像等音像制品的行为。

组织淫秽表演罪(第 365 条),是指组织进行淫秽表演的行为。

第二十五章 危害国防利益罪

第一节 危害国防利益罪概述

一、危害国防利益罪的本体构成

危害国防利益罪,是指危害国防利益的行为。该罪的本体构成包括危害国防利益行为的客观事实要素、侵害国防利益的客观规范要素、故意或过失及特定目的的主观责任要素。

(一)客观事实要素

本章各罪的法定客观事实,均为实施危害国防利益的行为。具体而论:

实行行为:危害国防利益行为。多数犯罪的法定行为方式是作为。例如,阻碍军人执行职务罪、聚众冲击军事禁区罪、战时造谣扰乱军心罪等。部分犯罪的法定行为方式是不作为。例如,战时拒绝、逃避征召、军事训练罪、战时拒绝军事征用罪等。本章多数犯罪为法定犯。例如,阻碍军事行动罪、聚众扰乱军事管理区秩序罪等。本章少数犯罪为自然犯。例如,冒充军人招摇撞骗罪等。

行为主体:本章各罪的行为主体,具体表现为如下情形:(1)一般主体:多数犯罪的法定主体为一般主体。例如,冒充军人招摇撞骗罪、煽动军人逃离部队罪等。(2)特殊主体:有些犯罪的法定主体为特殊主体。例如,接送不合格兵员罪的法定主体,只能是征兵工作人员。(3)自然人并单位:有些犯罪的法定主体包括自然人与单位。例如,非法生产、买卖武装部队制式服装罪,故意提供不合格武器装备、军事设施罪等。(4)仅限自然人:有些犯罪的法定主体仅为自然人。例如,阻碍军人执行职务罪,破坏武器装备、军事设施、军事通信罪。(5)仅限单位:有些犯罪的法定主体仅为单位。例如,战时拒绝、故意延误军事订货罪。

既遂形态:本章各罪的既遂形态类型表现为:(1)行为犯:例如,破坏武器装备、军事设施、军事通信罪。(2)结果犯:例如,过失提供不合格武器装备、军事设施罪。(3)情节犯:例如,接送不合格兵员罪。

(二)客观规范要素

本章各罪所侵害的类型法益,是国防利益。国防是国家生存与发展的安全保障。**国防利益**,是指国家为防备和抵抗侵略,制止武装颠覆,保卫国家的主权、统一、领土完整和安全所进行的军事活动,以及与军事有关的政治、经济、外交、科技、教育等方面的活动,得以顺利进行而体现出的价值意义。国防利益具体包括武装力量建设、军事作战行动、国防物质基础以及其他国防秩序安全等方面的利益。

(三) 主观责任要素

本章各罪的主观责任形式,表现为故意或者过失;有的犯罪的责任要素还包括特定目的。具体表现为:(1) 个别过失:例如,过失提供不合格武器装备、军事设施罪等。(2) 多数故意:例如,煽动军人逃离部队罪,战时拒绝、逃避征召、军事训练罪等。(3) 特定目的:例如,冒充军人招摇撞骗罪的法定责任要素,包括谋取非法利益的目的。

二、危害国防利益罪的种类

我国《刑法》分则"第七章危害国防利益罪",从第 368 条至第 381 条共 14 个条文,规定了 21 个罪名。① 基于行为侵害法益的具体类型,本书将本章各罪分为 4 类:

危害武装力量建设的犯罪。包括 6 种具体的犯罪:煽动军人逃离部队罪,雇用逃离部队军人罪,接送不合格兵员罪,战时拒绝、逃避征召、军事训练罪,战时拒绝、逃避服役罪,战时窝藏逃离部队军人罪。

危害军事作战行动的犯罪。包括 4 种具体的犯罪:阻碍军人执行职务罪,阻碍军事行动罪,战时故意提供虚假敌情罪,战时造谣扰乱军心罪。

危害国防物质基础的犯罪。包括 6 种具体的犯罪:破坏武器装备、军事设施、军事通信罪,过失损坏武器装备、军事设施、军事通信罪,故意提供不合格武器装备、军事设施罪,过失提供不合格武器装备、军事设施罪,战时拒绝、故意延误军事订货罪,战时拒绝军事征用罪。

其他危害国防秩序安全的犯罪。包括 7 种具体的犯罪:聚众冲击军事禁区罪,聚众扰乱军事管理区秩序罪,冒充军人招摇撞骗罪,伪造、变造、买卖武装部队公文、证件、印章罪,盗窃、抢夺武装部队公文、证件、印章罪,非法生产、买卖武装部队制式服装罪,伪造、盗窃、买卖、非法提供、非法使用武装部队专用标志罪。

第二节 本章具体犯罪重点分析

一、伪造、盗窃、买卖、非法提供、非法使用武装部队专用标志罪

设置本罪的基本法条是我国《刑法》第 375 条第 3 款。其中,该条款前段为本罪的典型构成,后段为本罪的加重构成。该条第 4 款是对第 2 款之罪②与本罪的单位犯罪及其处罚的规定。

伪造、盗窃、买卖、非法提供、非法使用武装部队专用标志罪,是指伪造、盗窃、买卖或者非法提供、使用武装部队车辆号牌等专用标志,情节严重的行为。

---

① 《中华人民共和国刑法修正案(五)》(2005 年)、《中华人民共和国刑法修正案(七)》(2009 年),对本章有关罪刑作了修正。

② 非法生产、买卖武装部队制式服装罪。

（一）基准构成

1. 客观事实要素

伪造、盗窃、买卖或者非法提供、使用武装部队车辆号牌等专用标志，情节严重的行为。具体构成要素包括实行行为、行为对象、行为主体、定量要素。

实行行为：伪造、盗窃、买卖、非法提供、非法使用。此为选择性行为，行为人实施其中之一的构成本罪，实施其中数项的也只能成立本罪一罪。**伪造**，是指仿照使用中的武装部队车辆号牌等专用标志，制造足以使普通人误认为是真的假号牌等专用标志。鉴于本罪的立法语境，对于本罪的伪造可作广义的理解，凡是产生普通人难以辨明的虚假号牌等专用标志的仿照与制造等行为，均可认为是伪造。**盗窃**，是指采用秘密的方法，将他人占有的武装部队车辆号牌等专用标志，转为自己占有或者转为第三人占有。**买卖**，是指以金钱或者实物作价，购买或销售武装部队车辆号牌等专用标志的行为，包括批发与零售、获取金钱或其他物质利益等。**非法提供**，是指专用标志的合法拥有者违规将标志提供给无权拥有该项标志的人，或者违规占有专用标志者将标志提供给无权拥有的他人。**非法使用**，是指专用标志的合法拥有者违规使用该项标志，或者无权拥有专用标志者使用该项专用标志。

行为对象：武装部队车辆号牌等专用标志。武装部队车辆号牌，是指军队最高车辆主管部门监制的，武装部队专用的车辆号牌。**专用标志**，是指法律规定的用于表明军职人员的身份、工作场所、车辆等的外在标志，包括臂章、军徽、军衔等。在此，需要考究的是，作为本罪行为对象是否包括**虚假**的号牌等专用标志？对此，《司法解释》①持肯定态度："盗窃、买卖、提供、使用伪造、变造的武装部队车辆号牌等专用标志情节严重的，应当追究刑事责任。"②行为人伪造专用标志，之后又予出售、提供、使用的，这固然构成本罪。《司法解释》所指情形主要应是：明知是伪造的专用标志而从他人手中窃取、购买的；或者将他人伪造的专用标志予以出售、提供、使用的。由此，《司法解释》是对《刑法》规定作了扩张解释。

行为主体：一般主体和单位。

定量要素：情节严重。具体应从以下方面判断：行为结果，造成严重后果或者恶劣影响；犯罪数额，军以上领导机关号牌1副以上或其他车辆号牌3副以上，军徽、军旗等其他军用标志100件以上；持续时间，非法提供与使用军以上领导机关以外的其他车辆号牌累计6个月以上。③

既遂形态：本罪是情节犯。

2. 客观规范要素

本罪所侵害的具体法益，是国家军用标志的管理秩序。

---

① 如无特别说明，本罪阐释中所称《司法解释》，均指最高人民法院、最高人民检察院《关于办理妨害武装部队制式服装、车辆号牌管理秩序等刑事案件具体应用法律若干问题的解释》（2011年）。
② 《司法解释》第4条。
③ 《司法解释》第3条。

3. 主观责任要素

本罪的主观责任形式为**故意**,故意内容指向由"伪造、盗窃、买卖、非法提供、非法使用武装部队车辆号牌等专用标志行为"为核心征表的"国家军用标志管理秩序被侵状态"。

(二) 犯罪形态

共同犯罪:明知他人实施本罪行为,而"为其生产、提供专用材料或者提供资金、账号、技术、生产经营场所等帮助的,以共犯论处"①。

牵连犯:行为人出于一个主导犯罪意图的支配,实施本罪行为,而其方法准备行为或后续结果行为又成立逃税、诈骗、冒充军人招摇撞骗等罪的,从一重罪重处。②

(三) 法定刑

1. 基准法定刑

根据我国《刑法》第375条第3款前段的规定,犯伪造、盗窃、买卖、非法提供、非法使用武装部队专用标志罪的,处3年以下有期徒刑、拘役或者管制,并处或者单处罚金。

2. 加重法定刑

根据我国《刑法》第375条第3款后段的规定,犯伪造、盗窃、买卖、非法提供、非法使用武装部队专用标志罪情节严重的,处3年以上7年以下有期徒刑,并处罚金。

3. 对单位的处罚

我国《刑法》第375条第4款对单位犯本罪的处罚作了规定,即对单位判处罚金,并对其直接负责的主管人员和其他直接责任人员,处3年以下有期徒刑、拘役或者管制,并处或者单处罚金;情节严重的,处3年以上7年以下有期徒刑,并处罚金。

二、冒充军人招摇撞骗罪

设置本罪的基本法条是我国《刑法》第372条,该条前段是本罪的基准罪状与法定刑,后段是本罪的加重罪状与法定刑。

冒充军人招摇撞骗罪,是指为了谋取非法利益,冒充军人招摇撞骗,损害军队的威信、公共利益、公民权益的行为。

(一) 基准构成

1. 客观事实要素

表现为冒充军人招摇撞骗的行为。具体构成要素包括实行行为、行为对象、行为主体。

实行行为:包括方法行为与目的行为两个要素。**(1) 方法行为**:冒充军人,是指不具有特定军职人员身份的人员,谎称其具有该身份的行为。例如,非军人穿戴军服、军人标志冒充,使用军人身份证件冒充等等。冒充军人包括:非军人员冒充军人;此类军人冒充彼类军人;普通军人冒充高级军人等。**(2) 目的行为**:招摇撞骗,是指

---

① 《司法解释》第5条。
② 《司法解释》第6条。

以假冒的军人身份炫耀,实施骗取各种利益的行为。

行为对象:各种利益,即通过冒充军人招摇撞骗的非法途径所取得的利益,具体包括针对财物、职位、荣誉、地位、爱情等的骗取。本罪规范与诈骗罪规范,属于规范竞合关系。

行为主体:一般主体。

既遂形态:本罪是行为犯。

2. 客观规范要素

本罪所侵害的具体法益,是军队威信。**军队威信**,是指军队作为国家安全的有力保障,纪律严明、作风过硬、战斗有力,而具有的崇高威望和信誉。

3. 主观责任要素

本罪的主观责任形式为故意。故意内容指向由"冒充军人招摇骗取非法利益"为核心征表的"军队威信被侵状态"。

(二)法定刑

1. 基准决定刑

根据我国《刑法》第372条前段的规定,犯冒充军人招摇撞骗罪的,处3年以下有期徒刑、拘役、管制或者剥夺政治权利。

2. 加重法定刑

根据我国《刑法》第372条后段的规定,犯冒充军人招摇撞骗罪,情节严重的,处3年以上10年以下有期徒刑。对于情节严重的认定,可以根据行为次数、行为手段、所获利益以及造成后果等予以判断。

第三节 本章具体犯罪扼要阐释

一、危害武装力量建设的犯罪

包括6种具体的犯罪。

煽动军人逃离部队罪(第373条),是指煽动军人逃离部队,情节严重的行为。

雇用逃离部队军人罪(第373条),是指明知是逃离部队的军人而雇用,情节严重的行为。

接送不合格兵员罪(第374条),是指在征兵工作中徇私舞弊,接送不合格兵员,情节严重的行为。

战时拒绝、逃避征召、军事训练罪(第376条第1款),是指预备役人员战时拒绝、逃避征召或者军事训练,情节严重的行为。

战时拒绝、逃避服役罪(第376条第2款),是指公民战时拒绝、逃避服役,情节严重的行为。

战时窝藏逃离部队军人罪(第379条),是指战时明知是逃离部队的军人而为其提供隐蔽处所、财物,情节严重的行为。

二、危害军事作战行动的犯罪

包括 4 种具体的犯罪。

阻碍军人执行职务罪(第 368 条第 1 款),是指以暴力、威胁方法阻碍军人依法执行职务的行为。

阻碍军事行动罪(第 368 条第 2 款),是指故意阻碍武装部队军事行动,造成严重后果的行为。

战时故意提供虚假敌情罪(第 377 条),是指战时故意向武装部队提供虚假敌情,造成严重后果的行为。

战时造谣扰乱军心罪(第 378 条),是指战时造谣惑众,扰乱军心的行为。

三、危害国防物质基础的犯罪

包括 6 种具体的犯罪。

破坏武器装备、军事设施、军事通信罪(第 369 条第 1 款),是指故意破坏武器装备、军事设施、军事通信的行为。

过失损坏武器装备、军事设施、军事通信罪(第 369 条第 2 款),是指过失损坏武器装备、军事设施、军事通信,造成严重后果的行为。

故意提供不合格武器装备、军事设施罪(第 370 条第 1 款),是指明知是不合格的武器装备、军事设施而提供给武装部队的行为。

过失提供不合格武器装备、军事设施罪(第 370 条第 2 款),是指过失向武装部队提供不合格的武器装备、军事设施,造成严重后果的行为。

战时拒绝、故意延误军事订货罪(第 380 条),是指战时拒绝或者故意延误军事订货,情节严重的行为。

战时拒绝军事征用罪(第 381 条),是指战时拒绝军事征用,情节严重的行为。

四、其他危害国防秩序安全的犯罪

包括 7 种具体的犯罪。其中,伪造、盗窃、买卖、非法提供、非法使用武装部队专用标志罪与冒充军人招摇撞骗罪,上节已作阐释。

聚众冲击军事禁区罪(第 371 条第 1 款),是指聚众冲击军事禁区,严重扰乱军事禁区秩序的行为。

聚众扰乱军事管理区秩序罪(第 371 条第 2 款),是指聚众扰乱军事管理区秩序,情节严重,致使军事管理区工作无法进行,造成严重损失的行为。

伪造、变造、买卖武装部队公文、证件、印章罪(第 375 条第 1 款),是指伪造、变造、买卖武装部队的公文、证件、印章的行为。

盗窃、抢夺武装部队公文、证件、印章罪(第 375 条第 1 款),是指盗窃、抢夺武装部队的公文、证件、印章的行为。

非法生产、买卖武装部队制式服装罪(第 375 条第 2 款),是指非法生产、买卖武装部队制式服装,情节严重的行为。

第二十六章 危害廉政建设罪

第一节 危害廉政建设罪概述

一、危害廉政建设罪的本体构成

危害廉政建设罪,即贪污贿赂罪,是指侵犯职务廉洁性或者其他危害廉政建设的行为。该罪的本体构成包括危害廉政建设行为等客观事实要素、侵害国家廉政建设制度等客观规范要素、故意等主观责任要素。

（一）客观事实要素

本章各罪的法定客观事实,表现为侵犯职务廉洁性或者其他危害廉政建设的行为。具体而论：

实行行为：危害廉政建设行为。法定行为方式呈现：(1) 作为：本章多数犯罪的法定行为方式为作为,并且许多在实践中也只能由作为构成。例如,贪污罪、挪用公款罪、受贿罪等。(2) 不作为：本章也有少数犯罪的法定行为方式为不作为。例如,隐瞒境外存款罪、巨额财产来源不明罪。

行为主体：本章各罪的行为主体,具体表现为如下情形：**(1) 一般主体**：少数犯罪的法定主体为一般主体。例如,行贿罪（第389条）、介绍贿赂罪（第392条）。**(2) 特殊主体**：多数犯罪的法定主体为特殊主体。例如,贪污罪（第382、383条）的法定主体,只能是国家工作人员或者受国家机关、国有公司、企业、事业单位、人民团体委托管理、经营国有财产的人员。**(3) 自然人并单位**：个别犯罪的法定主体包括自然人与单位。例如,对单位行贿罪（第391条）。**(4) 仅限自然人**：多数犯罪的法定主体仅为自然人。例如,挪用公款罪（第384条）、巨额财产来源不明罪（第395条）等。**(5) 仅限单位**：个别犯罪的法定主体仅为单位。例如,单位行贿罪（第393条）。

既遂形态：本章各罪的既遂形态类型表现为：(1) 数额犯：本章多数犯罪属于数额犯。例如,私分国有资产罪（第396条第1款）、私分罚没财物罪（第396条第2款）。(2) 情节犯：本章有的犯罪属于情节犯。例如,介绍贿赂罪（第392条）、单位行贿罪（第391条）。

（二）客观规范要素

本章各罪所侵害的类型法益,是国家廉政建设制度。贪污贿赂罪是对国家廉政建设制度的严重侵犯；我国《刑法》制裁贪污贿赂罪以确保国家廉政建设制度,核心是确保国家工作人员职务廉洁性。

（三）主观责任要素

本章各罪的主观责任形式,均为故意；多数犯罪的责任要素还包括特定目的。

（1）故意：故意内容指向由"危害廉政建设行为"为核心征表的"国家廉政建设制度被侵状态"。（2）特定目的：例如，贪污罪的法定责任要素包括非法占有目的，挪用公款罪的法定责任要素包括取得公款使用权的目的，行贿罪的法定责任要素包括谋取不正当利益的目的，受贿罪的法定责任要素包括非法收受或者索取贿赂的意图。

二、危害廉政建设罪的种类

我国《刑法》分则"第八章贪污贿赂罪"，从第382条至第396条共15+1个条文①，规定了13个罪名。② 基于行为主体的具体类型，本书将本章各罪分为3类：

国家工作人员侵犯职务廉洁性的犯罪。包括3种具体的犯罪：贪污罪，挪用公款罪，受贿罪。

一般主体或者单位侵犯职务廉洁性的犯罪。包括7种具体的犯罪：单位受贿罪，行贿罪，对单位行贿罪，介绍贿赂罪，单位行贿罪，私分国有资产罪，私分罚没财物罪。

其他侵犯廉政建设的犯罪。包括3种具体的犯罪：利用影响力受贿罪，巨额财产来源不明罪，隐瞒境外存款罪。

第二节 本章具体犯罪重点分析

一、贪污罪

设置本罪的基本法条是我国《刑法》第382条与第383条。其中，第382条第1款为本罪的典型构成，第2款是本罪的准型构成，第3款是对本罪共犯的规定；第383条第1款是对本罪法定刑的规定，第2款是对计算贪污数额的规定。第183条第2款是保险工作人员成立本罪的准型构成；第271条第2款是国企委派人员占有单位财物成立本罪的准型构成；第394条是公务活动接受礼物而成立本罪的准型构成。

贪污罪，是指国家工作人员利用职务上的便利，侵吞、窃取、骗取或者以其他手段非法占有公共财物的行为。

（一）基准构成

1. 客观事实要素

利用职务上的便利，侵吞、窃取、骗取或者以其他手段非法占有公共财物的行为。具体构成要素包括实行行为、行为对象、犯罪数额、行为主体。

实行行为：包括职务行为、方法行为与目的行为三个要素。**（1）职务行为**：利用职务上的便利，是指利用主管、管理、经手、经营公共财物的权力与方便条件。主管，是指虽然并不直接持有财物，但是对于财物的流转、使用、处置具有审批、调拨、支配的权能；管理，是指直接接触、看管、护理财物防止财物损耗、流失，从而对于财物具有相应程度的支配权能；经手，是指虽不完全占有财物，但是参与财物流转的过程并且

---

① 新增加的条文是第388条之一。
② 《中华人民共和国刑法修正案（七）》(2009年)，对本章有关罪刑作了修正。

具有控制某个流转环节的权能;经营,是指针对财物进行营利活动,从而对于财物具有相应程度的支配、管理、经手的权能。利用职务之便利,不包括利用与职务无关的熟悉环境、易于进出单位、便于接近作案目标等条件。**(2) 方法行为**:侵吞、窃取、骗取或者以其他手段。侵吞,是指将合法控制的公共财物,违反法律规定而变为自己或者他人所有。窃取,是指采取自认为不被发觉的方法,暗中非法拿取公共财物。骗取,是指采用虚构事实或者隐瞒真相的方法,非法占有公共财物。其他手段,是指采用侵吞、窃取、骗取以外的其他方法,将公共财物归为己有。例如,公款私存、私赠、私自变卖公物等。**(3) 目的行为**:取得财物。

行为对象:公共财物,是指国有财物,劳动群众集体所有的财物,用于扶贫和其他公益事业的社会捐助或者专项基金的财物。在国家机关、国有公司、企业、集体企业和人民团体管理、使用或者运输中的私人财物,以公共财物论。

犯罪数额:我国《刑法》第383条第1款第1项前段,是对本罪基准罪刑的设置(A);该条第1款第3项前段与第1款第4项前段是对本罪入罪底限的规定(B)。其中,A形态成立须贪污数额为10万元以上;B形态成立须贪污数额5000元以上,或者数额不满5000元但情节较重[①]。另外,我国《刑法》第383条第2款规定,"对多次贪污未经处理的,按照累计贪污数额处罚"。不过,这种立法值得推敲。[②]

行为主体:特殊主体,在此即为国家工作人员。根据我国《刑法》第93条的规定,**国家工作人员**包括:典型人员,即在国家机关中从事公务的人员[③];国企准型人员,即国有公司、企业、事业单位、人民团体中从事公务的人员;委派准型人员,即国家机关、国有公司、企业、事业单位委派到非国有公司、企业、事业单位、社会团体从事公务的人员;其他准型人员,即其他依照法律从事公务的人员[④]。

既遂形态:本罪是数额犯。

2. 客观规范要素

本罪所侵害的具体法益,是国家工作人员职务廉洁性与公共财物管理秩序。

3. 主观责任要素

本罪的主观责任形式为故意,故意内容指向由贪污行为为核心征表的"国家工作人员职务廉洁性与公共财物管理秩序被侵状态"。同时,本罪的主观要素还须特定明知与特定目的,即行为人明知是公共财物,且具有非法占有公共财物的目的。

(二) 准型构成

1. 受托经管财产人员的本罪构成

根据我国《刑法》第382条第2款的规定,受国家机关、国有公司、企业、事业单

---

① 关于"情节严重"的情形,参见最高人民检察院《关于人民检察院直接受理立案侦查案件立案标准的规定(试行)》(1999年)。
② 详见本书第二十一章"破坏市场秩序罪"中逃税罪的相应阐释。
③ 关于国家机关工作人员的构成,详见本书第二十四章中妨害公务罪的相关阐释。
④ 包括履行职责的人大代表、人民陪审员,有关城乡基层组织人员等。参见最高人民法院《全国法院审理经济犯罪案件工作座谈会纪要》(2003年)第1条第3项。

位、人民团体委托管理、经营国有财产的人员,利用职务上的便利,侵吞、窃取、骗取或者以其他手段非法占有国有财物的,以贪污论。这一准型构成在客观规范要素与主观责任要素上,与本罪典型构成基本一致,其相对特殊的表现在于客观事实要素的行为对象、行为主体方面。

行为对象:国有财物,即属于国家所有的财物。在本罪中主要表现为:国有单位财物,即国家机关、国有公司、企业、事业单位、人民团体拥有的财物;非国有单位中的国有单位财物,即国家机关、国有公司、企业、事业单位在合资企业、合营企业、股份制公司企业中的财物。

行为主体:受国家机关、国有公司、企业、事业单位、人民团体委托管理、经营国有财产的人员。严格而论,"受托"与"依法"仍有区别,从而在直接的意义上,这里的受托人员似不宜纳入我国《刑法》第 93 条规定的国家工作人员,进而似也不宜归入《刑法》第 382 条第 1 款规定的行为主体范畴。[①] 这类受托人员具有如下构成要素:(1) 委托主体:国家机关、国有公司、企业、事业单位、人民团体。(2) 委托事项:对于国有财产予以管理、经营,具体"是指因承包、租赁、临时聘用等管理、经营国有财产"[②]。(3) 拥有职责:受托人员基于委托而拥有相应管理与经营国有财产的职责。(4) 行为对象:受托管理、经营的仅限国有财产。

2. 有关保险人员骗取保险金的本罪构成

根据我国《刑法》第 183 条第 2 款的规定,国有保险公司工作人员和国有保险公司委派到非国有保险公司从事公务的人员,利用职务上的便利,故意编造未曾发生的保险事故进行虚假理赔,骗取保险金归自己所有的,依照贪污罪定罪处罚。这一准型构成在客观规范要素与主观责任要素上,与本罪典型构成基本一致。其行为主体为国家工作人员中的"国企准型人员"与"委派准型人员",实行行为也为贪污行为中的"利用职务之便"的"骗取"行为。

这一准型构成相对特殊的表现在于客观事实要素的行为对象,即保险金。这里的保险金应当包括:国有保险公司工作人员骗取的该公司的保险金(A);委派人员骗取非国有保险公司的保险金(B)。其中,B 情形的保险金未必就是公共财物,但是即便如此也按贪污罪论处。

3. 国企人员占有单位财物的本罪构成

根据我国《刑法》第 271 条第 2 款的规定,国有公司、企业或者其他国有单位中从事公务的人员和国有公司、企业或者其他国有单位委派到非国有公司、企业以及其他单位从事公务的人员,利用职务上的便利,将本单位财物非法占为己有,数额较大的,依照贪污罪定罪处罚。这一准型构成在客观规范要素与主观责任要素上,与本罪典型构成基本一致。同样,其行为主体与实行行为的内容,也属于贪污罪典型构成的范畴。

[①] 不过,也有司法解释将在受托行使职权的组织中从事公务的人员,解释为国家机关工作人员。参见全国人大常委会《关于〈中华人民共和国刑法〉第九章渎职罪主体适用问题的解释》(2002 年)。

[②] 参见最高人民法院《全国法院审理经济犯罪案件工作座谈会纪要》(2003 年)第 2 条第 2 项。

这一准型构成相对特殊的表现仍在于客观事实要素的行为对象,即本单位财物。这里的本单位财物应当包括:国有单位人员非法占有的该单位的财物(A);委派人员非法占有的非国有单位的财物(B)。其中,B情形的单位财物未必就是公共财物,但是即便如此也按贪污罪论处。

4. 接受礼物不予交公的本罪构成

根据我国《刑法》第394条的规定,国家工作人员在国内公务活动或者对外交往中接受礼物,依照国家规定应当交公而不交公,数额较大的,依照贪污罪定罪处罚。这一准型构成在客观规范要素与主观责任要素上,与本罪典型构成基本一致。其行为主体更无特别之处。

这一准型构成相对特殊的表现在于客观事实要素的行为情境、实行行为与行为对象。(1)行为情境:在国内公务活动或者对外交往中。(2)实行行为:接受礼物,应当交公而不交公。在此其法定行为方式系不作为。(3)行为对象:礼物。

(三)贪污罪的共犯

根据我国《刑法》第382条第3款以及2000年最高人民法院《关于审理贪污、职务侵占案件如何认定共同犯罪几个问题的解释》的规定,贪污罪的共犯分为三种情况:(1)行为人与国家工作人员勾结,利用国家工作人员的职务便利,共同侵吞、窃取、骗取或者以其他手段非法占有公共财物的,以贪污罪共犯论处。(2)行为人与公司、企业或者其他单位的人员勾结,利用公司、企业或者其他单位人员的职务便利,共同将该单位财物非法占为己有,数额较大的,以职务侵占罪共犯论处。(3)公司、企业或者其他单位中,不具有国家工作人员身份的人与国家工作人员勾结,分别利用各自的职务便利,共同将本单位财物非法占为己有的,按照主犯的犯罪性质定罪。在此,按"主犯犯罪性质"定罪的规定值得推敲。①

(四)贪污罪与其他犯罪

贪污罪与盗窃等罪:贪污罪与盗窃罪、诈骗罪、侵占罪以至抢劫罪等存在重要区别。区别的关键在于贪污罪存在职务行为的构成要素,并且行为对象以公共财物为典型特征,进而行为主体身份与侵害法益等方面均有其独特表现。但是,基于贪污罪的实行行为系利用职务便利的"侵吞、窃取、骗取或者以其他手段非法占有公共财物",从而并不排除在具体案件中贪污罪与盗窃等罪会存在事实上的竞合。由此,国家工作人员利用职务便利盗窃、诈骗、侵占以至抢劫公共财物数额较大的,这应为贪污罪与盗窃等罪的想象竞合犯,对此应从一重处断。尚须注意,贪污罪与盗窃等罪,在实行行为上虽有一定要素的重合,但是两者并非实行行为构成要素上的整体结构与内容的重合,易言之,贪污罪之职务行为的构成要素是盗窃等罪在实行行为的结构上所不具备的。由此,贪污罪与盗窃等罪在规范关系上并不符合规范竞合的条件。

贪污罪与职务侵占罪:两者存在诸多区别,诸如行为主体、行为对象、定罪数额、侵害法益等。然而,两者标志性的区别在于行为主体的不同。贪污罪行为对象的典

---

① 详见本书第八章中有关我国《刑法》共犯与身份的相应阐释。

型特征是公共财物,然而基于我国《刑法》第271条第2款的规定其也可以是单位财物,这里的单位财物未必就是公共财物。但是,贪污罪的行为主体是国家工作人员或者受托经管国有财产的人员,在这一方面贪污罪的行为主体与职务侵占罪的行为主体呈分离关系。易言之,根据我国《刑法》第271条第2款的规定,只要行为人系国家工作人员即使其所占有的单位财物并非公共财物,也应依照贪污罪定罪处罚。

(五) 法定刑

1. 基准法定刑

根据我国《刑法》第383条第1款第1项前段的规定,犯贪污罪,个人贪污数额在10万元以上的,处10年以上有期徒刑或者无期徒刑,可以并处没收财产。

2. 加重法定刑

根据我国《刑法》第383条第1款第1项后段的规定,犯贪污罪,个人贪污数额在10万元以上,且情节特别严重的,处死刑,并处没收财产。

3. 减轻法定刑

根据我国《刑法》第383条第1款第2、3、4项的规定,犯贪污罪,个人贪污数额在5万元以上不满10万元的,处5年以上有期徒刑,可以并处没收财产;情节特别严重的,处无期徒刑,并处没收财产。个人贪污数额在5000元以上不满5万元的,处1年以上7年以下有期徒刑;情节严重的,处7年以上10年以下有期徒刑。个人贪污数额不满5000元,情节较重的,处2年以下有期徒刑或者拘役。

4. 从宽与非罪的处理

减轻处罚或免予处罚:个人贪污数额在5000元以上不满1万元,犯罪后有悔改表现、积极退赃的,可以减轻处罚或者免予刑事处罚,由其所在单位或者上级主管机关给予行政处分。

出罪处理:个人贪污数额不满5000元,情节较轻的,由其所在单位或者上级主管机关酌情给予行政处分。

二、挪用公款罪

设置本罪的基本法条是我国《刑法》第384条。其中,该条第1款前段为本罪的典型构成,第1款中段与后段是本罪的加重构成,该条第2款是对本罪特定行为对象从重处罚的规定。第185条第2款是金融机构人员成立本罪的准型构成;第272条第2款是国企委派人员挪用单位资金成立本罪的准型构成。

挪用公款罪,是指国家工作人员利用职务上的便利,挪用公款归个人使用,进行非法活动,或者挪用公款数额较大、进行营利活动,或者挪用公款数额较大、超过3个月未还的行为。

(一) 基准构成

1. 客观事实要素

利用职务上的便利,挪用公款归个人使用,进行非法活动,或者挪用公款数额较大、进行营利活动,或者挪用公款数额较大、超过3个月未还的行为。兹对这一客观事实的构成要素以及有关术语解释分述如下。

构成要素:(1) **实行行为:** 又分为两个要素。A. 职务行为,利用职务上的便利,即利用主管、管理、经手单位钱款的权力与方便条件;B. 目的行为,挪用,即未经批准擅自将公款挪作他用,但是并不具有永久性非法占有的目的,而是准备用后归还。(2) **行为对象**,公款,即公共财产中的资金。(3) **行为主体**:国家工作人员。本罪与贪污罪行为主体的典型形态虽均为国家工作人员,但是贪污罪准型构成的行为主体包括了受托经管国有财物的人员,然而有关司法解释却特别排除了此类人员挪用公款罪的主体资格①。不过,这一司法解释有关的合理性仍值推敲。② (4) **定量要素**:本罪的挪用情形分设三种。其中,挪用公款进行非法活动的情形未设法定数额要求,但是司法解释对其构成仍设置了数额要求;另外两种挪用公款的情形,均有法定的数额要求即"数额较大"。(5) **既遂形态**:鉴于上述定量要素的呈现,本罪总体上可谓是数额犯。

三种情形:本罪的挪用具体分为三种情形。(1) 挪用公款归个人使用,进行非法活动的。**归个人使用**,其核心强调的是个人挪用,具体是指下列情形之一:个人挪给个人,即将公款供本人、亲友或者其他自然人使用的;个人挪给单位,即以个人名义将公款供其他单位使用的;单位名义挪给单位,即个人决定以单位名义将公款供其他单位使用,谋取个人利益的。③ 在此,使用被挪用的公款者,无论"是个人还是单位以及单位的性质如何,均认为挪用公款归个人使用"。④ 反之,单位决定挪给个人则不以挪用公款论,具体是指"经单位领导集体研究决定将公款给个人使用,或者单位负责人为了单位的利益,决定将公款给个人使用的,不以挪用公款罪定罪处罚"⑤。**非法活动**,包括实施犯罪行为或者一般的违法行为。例如,进行赌博、走私、贩毒等非法活动。本情形尽管没有法定**数额要求**,但是司法实践中也须达到一定挪用数额才予追究,这一数额为5000元至1万元以上。⑥ 本情形的构成无须挪用时间"超过3个月未还"的要素。(2) 挪用公款归个人使用,数额较大、进行营利活动的。**数额较大**,具体是指1万元至3万元以上。⑦ 根据《司法解释》⑧,"多次挪用公款不还,挪用公款数额

---

① 最高人民法院《关于对受委托管理、经营国有财产人员挪用国有资金行为如何定罪问题的批复》(2000年)规定,对于受国家机关、国有公司、企业、事业单位、人民团体委托,管理、经营国有财产的非国家工作人员,利用职务上的便利,挪用国有资金归个人使用构成犯罪的,应当依照《刑法》第272条第1款挪用资金罪的规定定罪处罚。

② 与最高人民法院的这一解释相左,全国人大常委会《关于〈中华人民共和国刑法〉第九章渎职罪主体适用问题的解释》,将"在受国家机关委托代表国家机关行使职权的组织中从事公务的人员"作为国家机关工作人员的一种情形。

③ 参见全国人大常委会《关于〈中华人民共和国刑法〉第三百八十四条第一款的解释》(2002年)。

④ 最高人民检察院《关于认真贯彻执行全国人民代表大会常务委员会关于刑法第294条第1款的解释和关于刑法第384条第1款的解释的通知》(2002年)。

⑤ 最高人民法院《全国法院审理经济犯罪案件工作座谈会纪要》(2003年)第4条第1项。

⑥ 参见最高人民法院《关于审理挪用公款案件具体应用法律若干问题的解释》(1998年)第3条。

⑦ 参见同上。

⑧ 如无特别说明,本罪阐释中所称《司法解释》,均指最高人民法院《关于审理挪用公款案件具体应用法律若干问题的解释》(1998年)。

累计计算"。不过,这种数额累计的规定值得推敲。① 另外,"多次挪用公款,并以后次挪用的公款归还前次挪用的公款,挪用公款数额以案发时未还的实际数额认定。"挪用公款所获取的利息、收益等违法所得,不计入挪用公款的数额。② **营利活动**,是指以牟取经济利益为目的的合法的经营活动。例如,挪用公款存入银行、用于集资、购买股票、国债等。(3)挪用公款归个人使用,数额较大、超过3个月未还的。**数额较大**,具体也为1万元至3万元以上。③ 具体认定时应**注意**:在不知道使用人用公款进行营利活动或者用于非法活动的情况下,挪用公款给他人使用,数额较大、超过3个月未还的,构成挪用公款罪;在明知使用人将公款用于营利活动或者非法活动的情况下,挪用公款给他人使用,按照挪用人挪用公款进行营利活动或者非法活动处置。④

2. 客观规范要素

本罪所侵害的具体法益,是国家工作人员职务廉洁性与公款管理秩序。这里的公款管理秩序,主要是针对公款的占有权、使用权、收益权。

3. 主观责任要素

本罪的主观责任形式为故意,同时责任要素还包括特定明知与特意意图。故意内容指向由挪用公款行为为核心征表的"国家工作人员职务廉洁性与公款管理秩序被侵状态"。特定明知,即明知予以挪用的是公款;特定意图,即仅有挪用的目的而有归还的意图。

(二)挪用行为的"挪"与"用"

只"挪"不"用"的行为,是否成立挪用,对此刑法理论存在肯定与否定的不同见解。本书认为,挪用的完整构成应当包括"挪"与"用",只"挪"不"用"的可以成立挪用的未遂。具体地说:(**1**)**"挪用"的本义**:是指"把原定用于某方面的钱移到别的方面来用"⑤。由此,"挪用"包括了"挪"与"用"。(**2**)**"挪"与"用"**:"挪",即挪动钱款,是指将钱款由一种依存状态变为另一依存状态;"用",即使用钱款,是指将钱款用于交付而使原有的占有控制状态改变。有时"挪"与"用"一致,例如将钱款通过银行转账支付给他人;有时两者分离,例如将钱款从单位取回家中存放备用。(**3**)**挪用形态分析**:在挪归自己使用的场合,挪用人将钱款从单位存放状态转移至自己的存放状态,这只是"挪";要成立"用"还需将钱款投入到某种支付目的活动中从而使其原有占有状态改变。在挪归他人使用的场合,挪用人将钱款从单位存放状态转移至自己的或者其他的存放状态,这是"挪";行为人将钱款交付他人由其去使用这就使钱款的原有占有状态改变,从而成立"用"。(**4**)**只"挪"不"用"**:行为人只"挪"不"用",就实行行为的实施来看,"挪"意味着行为人既已着手实行行为,未"用"即案发意味着实行行为未至完成。2003年最高人民法院《全国法院审理经济犯罪案件工作座谈会

---

① 详见本书第二十一章中逃税罪的相应阐释。
② 参见《司法解释》第4条与第2条。
③ 参见《司法解释》第3条。
④ 参见《司法解释》第2条。
⑤ 《现代汉语词典》(第5版),商务印书馆2005年版,第1010页。

纪要》第 4 条第 7 项也肯定这一情形的定罪与从宽："挪用公款后尚未投入实际使用的……应当认定为挪用公款罪，但可以酌情从轻处罚。"

（三）准型构成

1. 金融机构人员挪用单位资金的本罪构成

根据我国《刑法》第 185 条第 2 款的规定，国有金融机构的工作人员和国有金融机构委派到非国有金融机构中从事公务的人员，利用职务上的便利，挪用本单位或者客户资金的，依照挪用公款罪定罪处罚。这一准型构成在客观规范要素与主观责任要素上，与本罪典型构成基本一致。其行为主体也可归入准型国家工作人员的范畴，实行行为也属于挪用公款罪的典型构成。

这一准型构成相对特殊的表现在于客观事实要素的行为对象，即单位及其客户资金。这里的单位资金应当包括：国有金融机构工作人员挪用的该金融机构的资金（A）；委派人员挪用的非国有金融机构的资金（B）。其中，B 情形的资金未必就是公款，但是即便如此也按挪用公款罪论处。

2. 国企人员挪用单位资金的本罪构成

根据我国《刑法》第 272 条第 2 款的规定，国有公司、企业或者其他国有单位中从事公务的人员和国有公司、企业或者其他国有单位委派到非国有公司、企业以及其他单位从事公务的人员，利用职务上的便利，挪用本单位资金归个人使用或者借贷给他人……的，依照挪用公款罪定罪处罚。这一准型构成在客观规范要素与主观责任要素上，与本罪典型构成基本一致。同样，其行为主体与实行行为的内容，也属于挪用公款罪典型构成的范畴。

这一准型构成相对特殊的表现仍在于客观事实要素的行为对象，即本单位资金。这里的本单位资金应当包括：国有单位人员挪用的该单位的资金（A）；委派人员挪用的非国单位的资金（B）。其中，B 情形的单位资金未必就是公款，但是即便如此也按挪用公款罪论处。

（四）挪用公款罪与贪污罪

两者在实行行为与行为对象等方面存在诸多区别。不过，两者均可表现为改变公款的存放状态以至将之投入使用，在此场合区别两罪的关键在于，考究行为人主观上是否具有"非法占有的目的"。挪用公款罪行为人仅有挪用的意图，而贪污罪行为人具有非法占有的目的。行为人挪用或占有的不同主观意图，可以根据其具体行为表现予以判断。具体地说，以下情形应以贪污罪定罪处罚：携带挪用的公款潜逃的；挪用公款后采取虚假发票平账、销毁有关账目等手段，使所挪用的公款已难以在单位财务账目上反映出来，且没有归还行为的；截取单位收入不入账，非法占有，使所占有的公款难以在单位财务账目上反映出来，且没有归还行为的；有证据证明行为人有能力归还所挪用的公款而拒不归还，并隐瞒挪用的公款去向的。[①]

---

① 参见最高人民法院《全国法院审理经济犯罪案件工作座谈会纪要》（2003 年）第 4 条第 8 项。

（五）挪用公款罪与挪用资金罪

两者存在诸多区别，诸如行为主体、行为对象、定罪数额、侵害法益等。然而，两者标志性的区别在于行为主体的不同。挪用公款罪行为对象的典型特征是公款，然而基于我国《刑法》第 272 条第 2 款的规定其也可以是单位资金，这里的单位资金未必就是公款。但是，挪用公款罪的行为主体是国家工作人员，而挪用资金罪的行为主体是非国有公司、企业等单位的工作人员。在这一方面挪用公款罪的行为主体与挪用资金罪的行为主体呈分离关系。

（六）挪用公款罪与挪用特定款物罪

两者均可表现为挪用特定款物，并且也均有职务行为与挪用行为的特征。但是，两者在实行行为、行为主体、行为对象、数额标准、侵害法益等方面有着重要区别。而其标志性的区别在于：(1) 实行行为：两者尽管均具有挪用行为，但是在挪用的本质特征上有着明显的不同。挪用公款的挪用，是将公款个人挪给个人，或者个人挪给单位，或者为了个人利益挪给单位，即"归个人使用"。而挪用特定款物的挪用，是将特定款物由单位挪归单位用于非特定事项的公用，即"归单位公用"。(2) 行为主体：挪用公款罪的行为主体，是国家工作人员。而挪用特定款物罪的行为主体，是主管、经营、经手特定款物的直接责任人员，包括：国家工作人员与非国家工作人员。(3) 行为对象：挪用公款罪的行为对象是公款，包括特定款物。而挪用特定款物罪的行为对象仅限特定款物。

（七）法定刑

1. 基准法定刑

根据我国《刑法》第 384 条第 1 款前段的规定，犯挪用公款罪的，处 5 年以下有期徒刑或者拘役。

2. 加重法定刑

根据我国《刑法》第 384 条第 1 款中段与后段的规定，犯挪用公款罪情节严重的，处 5 年以上有期徒刑；犯挪用公款罪，挪用公款数额巨大不退还的，处 10 年以上有期徒刑或者无期徒刑。这里的"不退还"，是指"因客观原因在一审前不能退还"。[①]

3. 从重处罚

根据我国《刑法》第 384 条第 2 款的规定，挪用特定款物归个人使用的，从重处罚。

三、受贿罪

设置本罪的基本法条是我国《刑法》第 385 条与第 386 条。其中，第 385 条第 1 款为本罪的典型构成，第 2 款是本罪的准型构成；第 386 条是对本罪法定刑的规定。第 388 条是斡旋受贿成立本罪的准型构成；第 163 条第 3 款是国企人员受贿成立本罪的注意规定；第 184 条第 2 款是国有金融机构人员受贿成立本罪的注意规定；第

[①]《司法解释》第 5 条。

399条第4款是本罪与有关犯罪成立想像竞合犯的处罚。

受贿罪,是指国家工作人员利用职务上的便利,索取他人财物,或者非法收受他人财物,为他人谋取利益的行为。

(一) 基准构成

1. 客观事实要素

利用职务上的便利,索取他人财物,或者非法收受他人财物,为他人谋取利益的行为。具体构成要素包括实行行为、行为对象、犯罪数额、行为主体。

实行行为:包括职务行为与目的行为两个要素。**(1) 职务行为**:利用职务上的便利,包括:A. 本人直接实施,即直接利用本人职务范围内的权力,即利用自己职务上主管、负责或者承办某项公共事务的职权及其所形成的便利条件;B. 利用隶属关系,即利用职务上有隶属、制约关系的其他国家工作人员的职权,包括利用职务上有隶属或制约关系但不属于自己主管的下级部门的国家工作人员的职权。① **(2) 目的行为**:A. 索取他人财物;B. 非法收受他人财物并为他人谋利益。此为选择性行为,A 与 B 择其一即可成立目的行为。**索取他人财物**,是指主动索要并收取他人财物;其强调的是,行为人主动向他人索要财物,而他人被动向行为人给付财物。在受贿行为的成立上,索取他人财物,无须同时为他人谋利益。**非法收受他人财物**,是指他人为了某种目的而给予财物,行为人违反规定收取接受了这些财物;其强调的是,他人主动向行为人给付财物,而行为人被动接受他人所给付的财物。在受贿行为的成立上,非法收受他人财物,必须同时为他人谋利益。**为他人谋利益**,包括:明示与默示地允诺为他人谋利益、正在为他人谋利益、已经为他人谋取了利益。为他人谋利益,既可以是为他人谋取合法利益,也可以是为他人谋取非法利益;既包括谋取物质利益,也包括谋取非物质利益;既可以为请托人本人谋利益,也可以为请托人所指第三人谋利益。在收贿成立要素的设置上,我国《刑法》的规定是"利用职权并予谋利从而收贿",而许多国家刑法典的相应规定是"基于职权行为从而收贿"②。由此,按照我国《刑法》的规定,仅仅凭借职权行为而接收钱财尚不足以完成受贿,受贿的完成还须为他人谋利益;而按照"基于职权行为从而收贿"的规定,只要收贿是凭借了职权行为,即使职权行为尚未实施也系受贿的完成③。相比较而言,后者的立法更为合理。

行为对象:他人财物。**财物**,是指钱款、具有经济价值的物品、某些财产性利益,不包括非财产性利益。提供房屋装修、含有金额的会员卡、代币卡(券)、旅游费用等可谓财产性利益;但是,提供职务与职业、非金钱交易的性服务等则不能成为法定的贿赂内容。对于贿赂的内容,刑法理论存在不同见解:仅限于财物;包括财物和其他

---

① 参见最高人民检察院《关于人民检察院直接受理立案侦查案件立案标准的规定(试行)》(1999 年);最高人民法院《全国法院审理经济犯罪案件工作座谈会纪要》(2003 年)。

② 例如,《日本刑法典》第 197 条:"就职务上的事项,收受、要求或者约定贿赂";《意大利刑法典》第 318 条:"因履行其职务行为"而接受钱款、利益或报酬。

③ 例如,《意大利刑法典》第 318 条第 1 款。

财产性利益①;包括财物、财产性利益、非财产性利益②。2007年最高人民法院、最高人民检察院《关于办理受贿刑事案件适用法律若干问题的意见》对受贿方式作了阐明,其中也一定程度展现了贿赂的内容,原则上肯定了财产性利益的贿赂。

犯罪数额:根据我国《刑法》第386条的规定,受贿罪的处罚援用第383条的规定。由此,我国《刑法》第383条第1款第1项前段,是对本罪基准罪刑的设置(A);该条第1款第3项前段与第1款第4项前段是对本罪入罪底限的规定(B)。其中,A形态成立须受贿数额为10万元以上;B形态成立须,或者贪污数额5000元以上,或者数额不满5000元但情节较重③。

行为主体:特殊主体,在此即为国家工作人员。

既遂形态:本罪是数额犯。

2. 客观规范要素

本罪所侵害的具体法益,是国家工作人员职务廉洁性。

3. 主观责任要素

本罪的主观责任形式为故意,故意内容指向由受贿行为为核心征表的"国家工作人员职务廉洁性被侵状态"。同时,本罪的主观要素还须特定意图,即行为人具有非法收受或者索取贿赂的意图。

(二) 准型构成

1. 经济往来受贿的本罪构成

根据我国《刑法》第385条第2款的规定,国家工作人员在经济往来中,违反国家规定,收受各种名义的回扣、手续费,归个人所有的,以受贿论处。这一准型构成在犯罪数额、行为主体、客观规范要素与主观责任要素上,与本罪典型构成基本一致,其相对特殊的表现在于客观事实要素的实行行为与行为对象。

具体地说,这一准型构成的实行行为要素包括:(1) 职务行为:利用职务上的便利。(2) 目的行为:违规收受经济对方的回扣与手续费。(3) 行为情境:在经济往来中。这一情形的受贿,是否必须"为对方谋利益",刑法理论存在争议。对此本书持肯定立场,不过这一要素的存在,依存于"经济往来"的要素中,即存在"回扣与手续费",即与对方有"经济往来",进而意味着"为对方谋利益"。这一准型构成的行为对象为回扣与手续费。实际上,回扣与手续费仍然是财物,只是经济往来视角的称谓。**回扣**,是指在商品或劳务交易中,由卖方从收到的价款中,按照一定比例扣出一部分返还给买方或者其经办人的款项。**手续费**,是指在经济活动中,违反国家规定,支付给交易对方的各种名义的钱款,例如辛苦费、信息费、好处费等。

---

① 其他财产性利益,是指并不直接表现为金钱但可以直接用金钱来计算的物质利益。例如,设定债权、免除债务、提供劳务、降低贷款利息、提供住房权等。

② 非财产性利益,是指并不具有直接的金钱承载而能给获得者带来的好处。例如,提供招工指标、安置亲属就业、升学、提升职务、迁移户口、提供色情服务等。

③ 关于"情节严重"的情形,参见最高人民检察院《关于人民检察院直接受理立案侦查案件立案标准的规定(试行)》(1999年)。

2. 斡旋受贿的本罪构成

根据我国《刑法》第388条第2款的规定,国家工作人员,利用本人职权或者地位形成的便利条件,通过其他国家工作人员职务上的行为,为请托人谋取不正当利益,索取请托人财物或者收受请托人财物的,以受贿论处。这一准型构成在行为对象、犯罪数额、行为主体、客观规范要素与主观责任要素上,与本罪典型构成基本一致,其相对特殊的表现在于客观事实要素的实行行为。

具体地说,这一准型受贿的独特构成要素呈现:(1)职务行为:利用本人职权或者地位形成的便利条件。(2)方法行为:通过其他国家工作人员职务上的行为,为请托人谋取不正当利益。(3)目的行为:索取请托人财物或者收受请托人财物。其中,**利用本人职权地位的便利条件**的成立要素为:没有隶属关系,即行为人与被利用的国家工作人员之间在职务上没有隶属与制约关系;具有一定影响,即行为人利用了本人职权或者地位产生的影响和一定的工作联系。利用职权地位条件的具体表现包括:单位内部不同部门的国家工作人员之间、没有职务上隶属与制约关系的上下级单位的国家工作人员之间、有工作联系的不同单位的国家工作人员之间等。①

另外,离职人员斡旋受贿的,构成利用影响力受贿罪(A);而现职人员离退休后收贿的,构成受贿罪(B)。其中,A系我国《刑法》第388条之一第2款的规定,即离职的国家工作人员利用其原职权或者地位形成的便利条件,通过其他国家工作人员职务上的行为,为请托人谋取不正当利益,索取或者收受请托人财物,数额较大或者情节较重的;B系2000年最高人民法院《关于国家工作人员利用职务上的便利为他人谋取利益离退休后收受财物行为如何处理问题的批复》的规定,即国家工作人员利用职务上的便利,为请托人谋取利益,并与请托人事先约定,在其离退休后收受请托人财物,构成犯罪的。

(三)受贿罪与徇私枉法罪

根据我国《刑法》第399条的规定,司法工作人员收受贿赂,有徇私枉法行为的,同时又构成受贿罪的,依照处罚较重的规定定罪处罚。这是对受贿罪与徇私枉法罪的想像竞合犯及其处罚的规定。立于受贿罪的评价,仅仅收受贿赂(A)尚不足以构成受贿罪,徇私枉法行为可谓职务行为(B)与为他人谋利行为(C),而结合A、B、C三者可以符合受贿罪的实行行为,而B与C又在徇私枉法行为中被评价,从而这是一个准型的事实行为。可谓一行为触犯两罪名,符合想像竞合犯的成立要件。

值得注意的是,2013年最高人民法院、最高人民检察院《关于办理渎职刑事案件适用法律若干问题的解释(一)》第3条在针对类似本情形的解释中规定:"除刑法另有规定外,以渎职犯罪和受贿罪数罪并罚"。这一规定值得推敲。其一,已如上述,类似的情形理论上本系想像竞合犯,从而《刑法》规定"依照处罚较重的规定定罪处罚"较为合理;其二,该司法解释一方面肯定适用刑法规定,另外又强调数罪并罚,这实际上并未从根本上遵循《刑法》的精神。

---

① 参见最高人民法院《全国法院审理经济犯罪案件工作座谈会纪要》(2003年)。

(四) 法定刑

根据我国《刑法》第 386 条前段的规定,受贿罪的法定刑援用《刑法》第 383 条贪污罪的法定刑。

根据我国《刑法》第 386 条后段的规定,索贿的从重处罚。

四、利用影响力受贿罪

设置本罪的基本法条是我国《刑法》第 388 条之一。其中,该条第 1 款前段为本罪的典型构成,第 1 款中段与后段为本罪的加重构成;该条第 2 款是本罪的准型构成。

利用影响力受贿罪,是指国家工作人员的密切关系人,通过该国家工作人员的职务行为,或者利用该国家工作人员职权地位所形成的便利条件,通过其他国家工作人员的职务行为,为请托人谋取不正当利益,索取或者收受请托人财物,数额较大或者有其他较重情节的行为。

(一) 基准构成

1. 客观事实要素

国家工作人员的密切关系人,利用国家工作人员的影响力并通过国家工作人员的职务行为,为请托人谋取不正当利益,索取或者收受请托人财物,数额较大或者有其他较重情节的行为。具体构成要素包括实行行为、行为对象、定量要素、行为主体。

实行行为:包括方法行为与目的行为两个要素。**(1) 方法行为**:利用国家工作人员的影响力并通过国家工作人员的职务行为。这一方法行为的要素是"利用影响力"与"通过国家工作人员的职务行为"。具体分为两种情形:A. 利用具有密切关系的国家工作人员的影响力,并通过该国家工作人员的职务行为;B. 利用具有密切关系的国家工作人员的影响力,而通过其他国家工作人员的职务行为。**利用影响力**,是指行为人基于其与国家工作人员的密切关系,从而利用该国家工作人员职权与地位所形成的对于他人的影响。**通过国家工作人员的职务行为**,是指行为人促使国家工作人员利用职务上的便利条件违规实施或不实施职务行为。**(2) 目的行为**:索取或者收受请托人财物并为请托人谋取不正当利益。这一目的行为的要素是"索取请托人财物"、"收受请托人财物"与"为请托人谋取不正当利益"。具体分为两种类型:A. 索取请托人财物,并为请托人谋取不正当利益;B. 收受请托人财物,并为请托人谋取不正当利益。**索取请托人财物**,是指主动索要并收取请托人财物;**收受请托人财物**,是指请托人为了某种目的而给予财物,行为人收取接受了这些财物。**为请托人谋取不正当利益**,是指行为人为请托人对有权者进行请托与说服,通过关系密切的有权者(A)违规实施职权行为,或者利用 A 的职权地位而通过其他有权者(B)的违规职权行为,设法使请托人违反规定获得利益。需要考究的是,这里的"**谋取**"的蕴含。就谋取行为的进程而言,存在三个结果点位:甲,行为人实施了请托与说服及敦促;乙,有权者为此而实施职权行为;丙,请托人由此而获得利益。本书认为,谋取至少应有甲与乙的行为。对此,形式上缘于《刑法》的规定:通过"国家工作人员职务上的行为";

实质上出于本罪的侵害法益:乙之行为致使职务廉洁性受到玷污。

附注对比——利用影响力与利用职务之便:我国《刑法》设置了受贿罪典型形态、受贿罪斡旋形态、利用影响力受贿罪,作为受贿性质的犯罪,其构成均有凭借职权的事实特征,但是其所呈现的内容则是不同的:(1) 典型受贿与斡旋受贿:典型受贿与斡旋受贿的凭借职权的要素分别为:A."利用职务上的便利"(第 385 条第 1 款),B. 利用"职权或者地位形成的便利条件"(第 388 条)。在此,A 与 B 具有不同含义:A 系国家工作人员"本人直接实施"职权或者"利用隶属关系"由其他国家工作人员实施职权;B 系国家工作人员利用"没有隶属关系"但对之"具有一定影响"的其他国家工作人员实施职权。① 这是基于典型受贿与斡旋受贿的相对意义,而对 A 与 B 所用的界分。由此,典型受贿也称直接受贿,斡旋受贿也称间接受贿。(2) 斡旋受贿与利用影响力受贿:利用影响力受贿的凭借职权要素也有:C. 利用"职权或者地位形成的便利条件"(第 388 条之一)。在字面上 C 与 B 基本一致,但是两者所包容的含义则有所不同。这是基于其在不同的具体犯罪构成中,所承载的具体内容也各随相应具体犯罪构成的要求而有所差异。由此,C 的含义系:国家工作人员(甲)的关系密切人,利用甲的职权或地位对于其他国家工作人员(乙)所具有的"一定影响",这里的甲与乙(影响源与被影响者)之间,既可以是"具有隶属关系"也可以是"没有隶属关系"。

行为对象:财物以及不正当利益。其中,财物是索取与收取行为的对象;不正当利益是为请托人谋取行为的对象。**财物**作为受贿的行为对象,其蕴含与受贿罪行为对象的财物一致,是指钱款、具有经济价值的物品、某些财产性利益,但不包括非财产性利益。**不正当利益**,是指具体内容违规或者取得过程违规的利益。这是基于有权者违规行使职权而生之利益。这里的违规包括实体违规与程序违规。前者例如,取得销售经营许可证,虽然按照法定程序获得了审批,但是其原本就不符合审批条件;后者例如,取得销售经营许可证,虽然原本符合审批条件,但是并未按照法定程序予以审批。对于不正当利益的含义,刑法理论曾有不同见解,1999 年最高人民检察院《关于人民检察院直接受理立案侦查案件立案标准的规定(试行)》附则第 5 项将之归为违规的利益以及违规的便利。

定量因素:数额较大或者情节较重。数额较大,是指索取或收受的财物价值达到一定数额。情节较重,是指虽然受贿财物价值并未达到一定数额,但是受贿行为表现出较为严重危害的主客观事实特征。例如,多次受贿,乘人之危索贿,造成恶劣社会影响,造成严重后果等。

行为主体:特殊主体,即国家工作人员的密切关系人,具体是指国家工作人员的配偶、子女等近亲属,以及其他与该国家工作人员具有情妇(夫)以及其他共同利益关系的人。②

既遂形态:本罪是数额犯与情节犯。

---

① 详见本书有关受贿罪典型构成与准型构成的相应阐释。
② 参见最高人民法院、最高人民检察院《关于办理受贿刑事案件适用法律若干问题的意见》(2007 年)。

2. 客观规范要素

本罪所侵害的具体法益,是国家工作人员职务廉洁性。

3. 主观责任要素

本罪的主观责任形式为故意,故意内容指向由利用影响力受贿行为为核心征表的"国家工作人员职务廉洁性被侵状态"。同时,本罪的主观要素还须特定意图,即行为人具有非法收受或者索取贿赂的意图。

(二)准型构成

根据我国《刑法》第388条之一第2款的规定,离职的国家工作人员或者其近亲属以及其他与其关系密切的人,利用该离职的国家工作人员原职权或者地位形成的便利条件,通过其他国家工作人员职务上的行为,为请托人谋取不正当利益,索取请托人财物或者收受请托人财物的,依照利用影响力受贿罪定罪处罚。这一准型构成在实行行为、行为对象、定量要素、客观规范要素与主观责任要素上,与本罪典型构成存在较大相似之处或基本一致,其相对特殊的表现在于客观事实要素的行为主体。

具体地说,这一准型构成的较为独特的要素呈现:(1)行为主体:离职的国家工作人员;离职国家工作人员的近亲属;其他与离职国家工作人员关系密切的人。而典型构成的行为主体:国家工作人员的近亲属;其他国家工作人员关系密切的人。(2)利用影响力:利用离职的国家工作人员原职权或者地位形成的便利条件。而典型构成的利用影响力:利用国家工作人员职权或者地位形成的便利条件。

另外,根据我国《刑法》与2003年最高人民法院《全国法院审理经济犯罪案件工作座谈会纪要》的规定:在职国家工作人员利用其职权或地位对没有隶属制约关系的其他国家工作人员的影响受贿的,构成斡旋受贿(第388条);在职国家工作人员利用其职权或地位对具有隶属制约关系的其他国家工作人员的影响受贿的,构成典型受贿(第385条第1款);离职国家工作人员(甲)利用其原职权或地位对其他国家工作人员(乙)的影响受贿的,无论乙原先与甲之间是否具有隶属制约关系,均构成利用影响力受贿(第388条之一)。

(三)法定刑

1. 基准法定刑

根据我国《刑法》第388条第1款前段的规定,犯利用影响力受贿罪,处3年以下有期徒刑或者拘役,并处罚金。

2. 加重法定刑

根据我国《刑法》第388条第1款中段与后段的规定,犯利用影响力受贿罪,数额巨大或者有其他严重情节的,处3年以上7年以下有期徒刑,并处罚金;数额特别巨大或者有其他特别严重情节的,处7年以上有期徒刑,并处罚金或者没收财产。

第三节　本章具体犯罪扼要阐释

一、国家工作人员侵犯职务廉洁性的犯罪

包括贪污罪、挪用公款罪、受贿罪 3 种具体的犯罪。对此,上节已作阐释。

二、一般主体或者单位侵犯职务廉洁性的犯罪

包括 7 种具体的犯罪。

单位受贿罪(第 387 条),是指国家机关、国有公司、企业、事业单位、人民团体,利用职权上的便利,索取、非法收受他人财物,为他人谋取利益,情节严重的行为。

行贿罪(第 389 条),是指为谋取不正当利益,给予国家工作人员以财物的行为。

对单位行贿罪(第 391 条),是指为谋取不正当利益,给予国家机关、国有公司、企业、事业单位、人民团体以财物的,或者在经济往来中,违反国家规定,给予各种名义的回扣、手续费的行为。

介绍贿赂罪(第 392 条),是指向国家工作人员介绍贿赂,情节严重的行为。

单位行贿罪(第 393 条),是指单位为谋取不正当利益,给予国家工作人员以财物,或者违反国家规定,给予国家工作人员以回扣、手续费,情节严重的行为。

私分国有资产罪(第 396 条第 1 款),是指国家机关、国有公司、企业、事业单位、人民团体,违反国家规定,以单位名义将国有资产集体私分给个人,数额较大的行为。

私分罚没财物罪(第 396 条第 2 款),是指司法机关、行政执法机关违反国家规定,将应当上缴国家的罚没财物,以单位名义集体私分给个人的行为。

三、其他侵犯廉政建设的犯罪

包括 3 种具体的犯罪。其中,利用影响力受贿罪上节已作阐释。

巨额财产来源不明罪(第 395 条第 1 款),是指国家工作人员的财产或者支出明显超出合法收入,差额巨大,而本人又不能说明其来源是合法的行为。这里的"不能说明",实质上是拒不说明,属于不作为的行为方式。具体是指行为人有义务说明,也能够说明,但是行为人拒绝履行说明的义务而不予说明,包括不说明或者作虚假的说明。同时,司法机关无法确定行为人所拥有的与合法收入差额巨大的财产的真实来源,这也是本罪成立的一个前提,假如司法机关已经明确行为人所拥有的与合法收入差额巨大的财产的真实来源,则应当根据查明的事实作出处置。

隐瞒境外存款罪(第 395 条第 2 款),是指国家工作人员违反国家规定,故意隐瞒不报在境外的存款,数额较大的行为。

第二十七章 背离公务职责罪

第一节 背离公务职责罪概述

一、背离公务职责罪的本体构成

背离公务职责罪,即渎职罪,是指**国家机关工作人员**,滥用职权、玩忽职守、徇私舞弊或者实施其他渎职,侵害国家机关正常管理活动的行为。该罪的本体构成包括滥用职权、玩忽职守、徇私舞弊的行为等客观事实要素、侵害国家国家机关正常管理活动等客观规范要素、故意或过失等主观责任要素。

（一）客观事实要素

本章各罪的法定客观事实,表现为滥用职权、玩忽职守、徇私舞弊或者实施其他渎职行为。具体而论:

实行行为:滥用职权、玩忽职守或者徇私舞弊。**滥用职权**,是指违规行使职权,或者违规超越职权。其本质是职权的"滥用"。**玩忽职守**,是指疏于职守不履行职责,或者疏于职守不认真履行职责。其本质是职权的"疏漏"。**徇私舞弊**,是指谋求私情私利,采用欺骗的方式等,违法乱纪,损害国家利益。

行为主体:本章各罪的行为主体,具体表现为如下情形:(1) 特殊主体:绝大多数犯罪的法定主体为特殊主体。例如,滥用职权罪的法定主体,只能是国家机关工作人员;徇私枉法罪的法定主体,只能是司法工作人员;徇私舞弊不征、少征税款罪的法定主体,只能是税务机关的工作人员。(2) 一般主体:本章有两罪的法定主体为一般主体。该两罪是,故意泄露国家秘密罪、过失泄露国家秘密罪。

既遂形态:本章各罪的既遂形态类型表现为:(1) 结果犯:本章多数犯罪属于结果犯。例如,滥用职权罪、玩忽职守罪等。(2) 行为犯:本章有的犯罪属于行为犯。例如,徇私枉法罪、私放在押人员罪等。(3) 情节犯:本章有的犯罪属于情节犯。例如,故意泄露国家秘密罪、枉法仲裁罪等。

（二）客观规范要素

本章各罪所侵害的类型法益,是国家机关的正常管理活动。国家机关的正常管理活动,是指国家机关对社会进行职能管理的正常活动。

（三）主观责任要素

本章各罪的主观责任形式,包括故意与过失。(1) 故意:有的犯罪法定责任形式为故意。例如,徇私枉法罪、私放在押人员罪等。(2) 过失:有的犯罪法定责任形式为过失。例如,失职致使在押人员脱逃罪、环境监管失职罪等。

二、背离公务职责罪的种类

我国《刑法》分则"第九章渎职罪",从第397条至第419条共23+2个条文①,规定了37个罪名。② 基于实行行为的具体类型,本书将本章各罪分为4类:

滥用职权的犯罪。包括8种具体的犯罪:滥用职权罪,执行判决、裁定滥用职权罪,私放在押人员罪,滥用管理公司、证券职权罪,违法发放林木采伐许可证罪,办理偷越国(边)境人员出入境证件罪,放行偷越国(边)境人员罪,阻碍解救被拐卖、绑架妇女、儿童罪。

严重失职的犯罪。包括10种具体的犯罪:玩忽职守罪,执行判决、裁定失职罪,失职致使在押人员脱逃罪,国家机关工作人员签订、履行合同失职被骗罪,环境监管失职罪,传染病防治失职罪,商检失职罪,动植物检疫失职罪,不解救被拐卖、绑架妇女、儿童罪,失职造成珍贵文物损毁、流失罪。

徇私舞弊的犯罪。包括16种具体的犯罪:徇私枉法罪,民事、行政枉法裁判罪,枉法仲裁罪,徇私舞弊减刑、假释、暂予监外执行罪,徇私舞弊不移交刑事案件罪,徇私舞弊不征、少征税款罪,徇私舞弊发售发票、抵扣税款、出口退税罪,违法提供出口退税凭证罪,非法批准征用、占用土地罪,非法低价出让国有土地使用权罪,放纵走私罪,商检徇私舞弊罪,动植物检疫徇私舞弊罪,放纵制售伪劣商品犯罪行为罪,帮助犯罪分子逃避处罚罪,招收公务员、学生徇私舞弊罪。

其他渎职的犯罪。包括3种具体的犯罪:故意泄露国家秘密罪,过失泄露国家秘密罪,**食品监管渎职罪**。

第二节　本章具体犯罪重点分析

一、滥用职权罪

设置本罪的基本法条是我国《刑法》第397条。其中,该条第1款前段为本罪的基准罪状与法定刑,第1款中段是本罪的加重罪状与法定刑,第1款后段是在规范竞合的场合适用其他特别规范的规定。该条第2款是本罪行为加重犯的罪状与法定刑,该款的规定并不构成独立罪名③。

滥用职权罪,是指国家机关工作人员滥用职权,致使公共财产、国家和人民利益遭受重大损失的行为。

---

① 新增加的条文是第399条之一与第408条之一。
② 《关于惩治骗购外汇、逃汇和非法买卖外汇犯罪的决定》(1998年)、《中华人民共和国刑法修正案(四)》(2002年)、《中华人民共和国刑法修正案(六)》(2006年)、《中华人民共和国刑法修正案(八)》(2011年),对本章有关罪刑作了修正。
③ 详见本书第十八章中有关罪名确定的相应阐释。

（一）基准构成

1. 客观事实要素

国家机关工作人员滥用职权，致使公共财产、国家和人民利益遭受重大损失的行为。具体构成要素包括实行行为、行为结果、行为主体。

实行行为：滥用职权。1999年最高人民检察院《关于人民检察院直接受理立案侦查案件立案标准的规定（试行）》第2条在滥用职权罪的界说中将之归为：超越职权而违规；违规而行使职权。由此，结合公务职权的特征，**滥用职权**是指权内违规行使或者违规越权行使，本应依法行使的特有的决定或处理有关公共事务的职能权力。滥用职权的本质是"职权"的"滥用"。具体分为两种情形：（1）**违规行使职权**：基于特定的**职权活动**，而**违法行使**这一职权。具体包括两项要素：职权活动；权内违规。A. **职权活动**，是指滥用职权应以行为人实施职权活动为基础，表现为行为人基于国家所赋予的特定职责与权力而处理有关公共事务的组织、领导、监督、管理。由此，一般实施本无职权行为，并非职权的滥用。具体表现在：其一，普通人员冒用职权，即非国家机关工作人员冒用国家机关工作人员的名义，实施所谓的公职权力。在这种场合，根本不存在行为人的本有的正当职权问题，如果行为构成犯罪的根本不在渎职犯罪之列。其二，公职人员非职活动超越职权，即国家机关工作人员在与其职权无关的活动中，超越其职权范围而实施本属其他部门或单位①的公职权力。② 在这种场合，行为人虽有职权，但是案件并非以其职权活动为平台，而行为人超越其职权范围实施的行为也非其职权，由此在整个案件中行为人并无职权行为，进而无所谓滥用职权，如果行为构成犯罪的应当不在渎职犯罪之列。B. **权内违规**，是指行为人虽然拥有某项职权，但是违反法律规定的程序与要求行使该项职权。例如，公安司法人员在案件侦破中不按规定的审批程序与操作要求，擅自窃听他人的私人电话。（2）**违规超越职权**：基于特定的职权活动，而超越自己职权范围实施自己本无权限的职权行为。具体包括两项要素：职权活动；违规越权。其中，**职权活动**已如上述。**违规越权**，是指行为人超越自己的职权范围，决定处理自己无权决定处理的事项，表现为实施自己有限的权限范围以外的职权行为。例如，监狱部门在处理罪犯的监外执行中，不经法院决定或者省级监狱管理机关决定，擅自给予罪犯监狱执行。

行为结果：致使公共财产、国家和人民利益遭受重大损失。对此，2012年最高人民法院、最高人民检察院《关于办理渎职刑事案件适用法律若干问题的解释（一）》第1条作了具体规定，包括人员伤亡、经济损失、社会影响等后果。

行为主体：特殊主体，在此即为国家机关工作人员。③

既遂形态：本罪是结果犯。

---

① 这里的"**部门**"是指同一机关系统内的不同职能部门。这里的"**单位**"是指不同机关系统的各个职能单位。例如，监狱与法院；税务与工商。
② 例如，税务机关工作人员因为个人恩怨而非法拘押他人。
③ 关于国家机关工作人员的构成，详见本书第二十四章中妨害公务罪的相关阐释。

2. 客观规范要素

本罪所侵害的具体法益,是国家机关的正常管理活动。

3. 主观责任要素

从立法形态来看,本罪的主观责任形式为过失。具体心态内容指向造成公共财产、国家和人民利益重大损失的结果。作为过失犯的过失并不取决于行为心态,行为人滥用职权可为明知故犯,但是这不影响本罪过失的成立。

（二）行为加重犯

根据我国《刑法》第397条第2款的规定,国家机关工作人员徇私舞弊,犯滥用职权罪的,处加重法定刑。这是对本罪加重犯及其法定刑的规定。这一加重犯的加重构成,在于行为要素的加重。基准构成的滥用职权罪的实行行为由"滥用职权"构成,而这一加重犯的实行行为由"滥用职权＋徇私舞弊"构成。这种行为加重犯并不构成独立罪名。我国《刑法》有不少这样的行为加重犯。例如,第237条第2款规定的"聚众＋第1款的基准实行行为"。

我国《刑法》第397条第2款后段"本法另有规定的,依照规定",是指在该款行为加重犯的规定与《刑法》分则其他规定存在规范竞合的场合,适用其他特别规范的规定。

（三）法定刑

1. 基准法定刑

根据我国《刑法》第397条第1款前段的规定,犯滥用职权罪的,处3年以下有期徒刑或者拘役。

2. 加重法定刑

根据我国《刑法》第397条第1款后段的规定,犯滥用职权罪,情节特别严重的,处3年以上7年以下有期徒刑。根据该条第2款的规定,徇私舞弊犯滥用职权罪的,处5年以下有期徒刑或者拘役;情节特别严重的,处5年以上10年以下有期徒刑。

二、玩忽职守罪

设置本罪的基本法条是我国《刑法》第397条。在法条表述上,除实行行为存在"滥用职权"与"玩忽职守"的差异之外,本罪与滥用职权罪的法定构成要素是一致的。全国人大常委会《关于惩治骗购外汇、逃汇和非法买卖外汇犯罪的决定》第6条是本罪的注意规定。

玩忽职守罪,是指国家机关工作人员 玩忽职守,致使公共财产、国家和人民利益遭受重大损失的行为。

（一）基准构成

1. 客观事实要素

国家机关工作人员玩忽职守,致使公共财产、国家和人民利益遭受重大损失的行为。具体构成要素包括实行行为、行为结果、行为主体。

实行行为:玩忽职守。1999年最高人民检察院《关于人民检察院直接受理立案侦查案件立案标准的规定(试行)》第 2 条在玩忽职守罪的界说中将之归为:不负责任不履行或者不认真履行职责。由此,结合公务职权的特征,**玩忽职守**,是指疏于职守不履行应当履行的职责,或者疏于职守不按法律规定的要求履行职责。玩忽职守的本质是职权的"疏漏"。具体分为两种情形:**(1) 疏于职守不履行职责**。例如,接到命案报案后,不出现场。**(2) 疏于职守不认真履行职责**。例如,出现场后,不认真勘查现场。

行为结果:致使公共财产、国家和人民利益遭受重大损失。其具体内容与滥用职权罪相应要素的内容相同。①

行为主体:特殊主体,在此即为国家机关工作人员。

既遂形态:本罪是结果犯。

2. 客观规范要素

本罪所侵害的具体法益,是国家机关的正常管理活动。

3. 主观责任要素

从立法形态来看,本罪的主观责任形式为过失。具体心态内容指向造成公共财产、国家和人民利益重大损失的结果。作为过失犯的过失并不取决于行为心态,行为人玩忽职守也可能系明知故犯,但是这不影响本罪过失的成立。

(二) 责任主体与入罪范围

对于损害结果发生来说,责任主体可能呈现:直接致果失职者;业务监管失职者;各级领导失职者。在过失犯罪中,损害结果的大小是定罪量刑的核心要素。没有损害结果,即使存在过失也不成立犯罪;损害结果越是严重,所犯罪行也就越加严重。在严重后果发生的场合,直接致果失职者固然有其责任,而业务监管失职者也难辞其咎,各级领导失职者也难脱干系。不过问题是,是否对之一律予以刑法后果的问责?对此,应当根据损害结果的严重程度而定。在符合《刑法》入罪的定量要素的场合,直接致果失职者固然要承担刑法后果;在损害结果达到相当严重的程度,一些业务监管失职者也应依法承担相应的刑法后果。而在死伤人数达到成百上千的场合,有关上级领导失职者也应依法承担相应的刑法后果。损害结果越是严重,说明日常管理工作中的隐患也就越大,对于如此重大的隐患,有关领导却失职失管,对之问责也就在情理之中。每个社会角色,都是有其责任的,领导干部更是如此。

(三) 法定刑

根据我国《刑法》第 397 条的规定,本罪的法定刑与滥用职权罪的一致。

(四) 本罪与滥用职权罪

鉴于我国《刑法》的立法状况,刑法理论或以故意与过失或以作为与不作为,来界分本罪与滥用职权罪。本书认为,本罪与滥用职权罪的法定构成要素,除了实行行为之玩忽职守与滥用职权的差异之外,包括责任形式在内的其余要素均系一致。而这

---

① 参见最高人民法院、最高人民检察院《关于办理渎职刑事案件适用法律若干问题的解释(一)》(2012年)第 1 条。

一实行行为的两者也均含作为与不作为的行为方式,若有区别仅在其阐释本义的视角有所不同。

1. 滥用职权与玩忽职守的立法状况

我国1979年《刑法》仅设置了玩忽职守罪(第187条),从而滥用职权的行为包容于玩忽职守罪之中;并且该刑法典对于玩忽职守与滥用职权的特别法条设置得很少,从而使玩忽职守罪成为"口袋罪"之一①。鉴于提升刑法的明确性,我国1997年《刑法》第397条明确区分滥用职权罪与玩忽职守罪,1999年最高人民检察院《关于人民检察院直接受理立案侦查案件立案标准的规定(试行)》第2条对于滥用职权行为与玩忽职守行为也作了具体界分。不过,许多国家刑法典并未区分滥用职权与玩忽职守的犯罪,或者说将玩忽职守的情形也纳入滥用职权的表现之中。例如,《日本刑法典》第25章的渎职罪,主要包括滥用职权犯罪与贿赂犯罪两种。当然,对于滥用职权与玩忽职守未予界分,并不意味着没有相应的诸多特别规范。

2. 滥用职权与玩忽职守的行为方式

上述1999年司法解释将滥用职权定义为"违法决定、处理其无权决定、处理的事项,或者违反规定处理公务";而将玩忽职守定义为"严重不负责任,不履行或者不认真履行职责"。这似乎是,"不履行职责"或称懈怠职责的行为方式,已从滥用职权行为中独立出来。刑法理论则有见解认为,滥用职权仅限作为,而玩忽职守仅限不作为,由此来界分滥用职权与玩忽职守。

应当说,基于我国《刑法》与上述1999年司法解释的规定,滥用职权与玩忽职守的法定行为方式均包括作为与不作为。(1)权力与责任在职务中的统一:公共管理中的国家职能活动,是以职务为平台的权力与责任的统一体。公职机关履行职务,既是行使权力,也是履行责任。反之,公职机关的背职,既是对权力的亵渎,也是对责任的亵渎。(2)权力与责任之背职的规范违反:背职即违背职务的要求,而这一背职,既可以是违反禁止性规范,也可以是违反命令规范。以积极行为作前者是作为;以消极行为或消极行为并积极行为作后者是不作为。背职包含了作为与不作为。② (3)我国《刑法》第408条规定的考究:值得关注的是,《刑法》第408条的规定与第397条的规定,在表述方式上基本一致;相对而言,第397条是普通规范,第408条是特别规范。然而,在罪名的解释上,前者系两罪而后者仅为"食品监管渎职罪"。应当说,后者的罪名确定更为合理,可以认为这是司法解释进步的表现。③ (4)滥用职权与玩忽职守的区别:在于行为本质的解释。A. 滥用职权行为,实为"职权—权力"的滥用,或

---

① 分则所规定的某种具体犯罪所包容的法定情形过于广泛,由此刑法理论形象地将之称为"口袋罪"。1979年《刑法》的"口袋罪"除了玩忽职守罪之外,还有流氓罪、投机倒把罪等。

② 例如,在项目的审批中,对不符合条件者而任意审批,就积极用权的角度观之,这可谓是作为形式的权力行使背职;从消极弃权的角度来看,这可谓是作为形式的履行责任背职。在项目的审批中,对符合条件者而不予审批,就积极用权的角度观之,这可谓是不作为形式的权力行使背职;从消极弃权的角度来看,这可谓是不作为形式的履行责任背职。

③ 我国罪名的确定委以司法解释。第408条之一由《中华人民共和国刑法修正案(八)》(2011年)所增设,确定其罪名的司法解释,也经历了1997年修订的《刑法》以来的理论与实践。

曰权力的扩张,即客观上作为或不作为属于权力的行使,行为人主观上也有将此行为作为迫使对方服从的意图。滥用职权即超越职权与违规使权。由于违规,既可是违反禁止性规定,也可是违反命令性规定,从而包括作为与不作为。B. 玩忽职守行为,实为"职守—责任"的懈怠,或曰责任的收缩,即客观上不作为或作为属于责任的解脱,行为人主观上也有将此行为作为放弃权力行使的意图。玩忽职守即不履行职责与不按规定履职。由于不按规定,这里的规定既可以是命令性规范,也可以是禁止性规范,从而包括作为与不作为。

3. 滥用职权罪与玩忽职守罪的责任形式

刑法理论有见解认为,滥用职权罪由故意构成,而玩忽职守罪由过失构成,由此来界分滥用职权罪与玩忽职守罪。本书认为,此两罪均为过失犯罪。过失心态指向的是行为结果。对此,已在上文有关两罪基准构成的阐释中说明。应当看到,我国《刑法》对于两罪表述的语境是一致的,有关界分两者责任形式的理论阐释也显牵强。再从两罪所共用的法定刑来看,这一法定刑与《刑法》交通肇事罪、重大责任事故罪等职务过失犯罪的法定刑一致。反之,如果行为人滥用职权或玩忽职守对于造成重大损失的结果持故意心态,行为人构成的就不是滥用职权罪或玩忽职守罪。

第三节 本章具体犯罪扼要阐释

一、滥用职权的犯罪

包括8种具体的犯罪。其中,滥用职权罪上节已作阐释。

执行判决、裁定滥用职权罪(第399条第3款),是指在执行判决、裁定活动中,滥用职权,不依法采取诉讼保全措施、不履行法定执行职责,或者违法采取诉讼保全措施、强制执行措施,致使当事人或者其他人的利益遭受重大损失的行为。

私放在押人员罪(第400条第1款),是指司法工作人员私放在押的犯罪嫌疑人、被告人或者罪犯的行为。

滥用管理公司、证券职权罪(第403条),是指国家有关主管部门的国家机关工作人员,徇私舞弊,滥用职权,对不符合法律规定条件的公司设立、登记申请或者股票、债券发行、上市申请,予以批准或者登记,致使公共财产、国家和人民利益遭受重大损失的行为。

违法发放林木采伐许可证罪(第407条),是指林业主管部门的工作人员违反森林法的规定,超过批准的年采伐限额发放林木采伐许可证或者违反规定滥发林木采伐许可证,情节严重,致使森林遭受严重破坏的行为。

办理偷越国(边)境人员出入境证件罪(第415条),是指负责办理护照、签证以及其他出入境证件的国家机关工作人员,对明知是企图偷越国(边)境的人员,予以办理出入境证件的行为。

放行偷越国(边)境人员罪(第415条),是指边防、海关等国家机关工作人员,对明知是偷越国(边)境的人员,予以放行的行为。

阻碍解救被拐卖、绑架妇女、儿童罪(第416条第2款),是指对被拐卖、绑架的妇女、儿童负有解救职责的国家机关工作人员,利用职务阻碍解救被拐卖、绑架妇女、儿童的行为。

二、严重失职的犯罪

包括10种具体的犯罪。其中,玩忽职守罪上节已作阐释。

执行判决、裁定失职罪(第399条第3款),是指在执行判决、裁定活动中,严重不负责任,不依法采取诉讼保全措施、不履行法定执行职责,或者违法采取诉讼保全措施、强制执行措施,致使当事人或者其他人的利益遭受重大损失的行为。

失职致使在押人员脱逃罪(第400条第2款),是司法工作人员由于严重不负责任,致使在押的犯罪嫌疑人、被告人或者罪犯脱逃,造成严重后果的行为。

国家机关工作人员签订、履行合同失职被骗罪(第406条),是指国家机关工作人员在签订、履行合同过程中,因严重不负责任被诈骗,致使国家利益遭受重大损失的行为。

环境监管失职罪(第408条),是指负有环境保护监督管理职责的国家机关工作人员严重不负责任,导致发生重大环境污染事故,致使公私财产遭受重大损失或者造成人身伤亡的严重后果的行为。

传染病防治失职罪(第409条),是指从事传染病防治的政府卫生行政部门的工作人员严重不负责任,导致传染病传播或者流行,情节严重的行为。

商检失职罪(第412条第2款),是指国家商检部门、商检机构的工作人员严重不负责任,对应当检验的物品不检验,或者延误检验出证、错误出证,致使国家利益遭受重大损失的行为。

动植物检疫失职罪(第413条第2款),是指动植物检疫机关的检疫人员严重不负责任,对应当检疫的检疫物不检疫,或者延误检疫出证、错误出证,致使国家利益遭受重大损失的行为。

不解救被拐卖、绑架妇女、儿童罪(第416条第1款),是指对被拐卖、绑架的妇女、儿童负有解救职责的国家机关工作人员,接到被拐卖、绑架的妇女、儿童及其家属的解救要求或者接到其他人的举报,而对被拐卖、绑架的妇女、儿童不进行解救,造成严重后果的行为。

失职造成珍贵文物损毁、流失罪(第419条),是指国家机关工作人员严重不负责任,造成珍贵文物损毁或者流失,后果严重的行为。

三、徇私舞弊的犯罪

包括16种具体的犯罪。

徇私枉法罪(第399条第1款),是指司法工作人员徇私枉法、徇情枉法,对明知是无罪的人而使他受追诉、对明知是有罪的人而故意包庇不使他受追诉,或者在刑事审判活动中故意违背事实和法律作枉法裁判的行为。

民事、行政枉法裁判罪（第 399 条第 2 款），是指在民事、行政审判活动中故意违背事实和法律作枉法裁判，情节严重的行为。

枉法仲裁罪（第 399 条之一），是指依法承担仲裁职责的人员，在仲裁活动中故意违背事实和法律作枉法裁决，情节严重的行为。

徇私舞弊减刑、假释、暂予监外执行罪（第 401 条），是指司法工作人员徇私舞弊，对不符合减刑、假释、暂予监外执行条件的罪犯，予以减刑、假释或者暂予监外执行的行为。

徇私舞弊不移交刑事案件罪（第 402 条），是指行政执法人员徇私舞弊，对依法应当移交司法机关追究刑事责任的不移交，情节严重的行为。

徇私舞弊不征、少征税款罪（第 404 条），是指税务机关的工作人员徇私舞弊，不征或者少征应征税款，致使国家税收遭受重大损失的行为。

徇私舞弊发售发票、抵扣税款、出口退税罪（第 405 条第 1 款），是指税务机关的工作人员违反法律、行政法规的规定，在办理发售发票、抵扣税款、出口退税工作中，徇私舞弊，致使国家利益遭受重大损失的行为。

违法提供出口退税凭证罪（第 405 条第 2 款），是指海关、商检、外汇管理等国家机关工作人员违反国家规定，在提供出口货物报关单、出口收汇核销单等出口退税凭证的工作中，徇私舞弊，致使国家利益遭受重大损失的行为。

非法批准征用、占用土地罪（第 410 条），是指国家机关工作人员徇私舞弊，违反土地管理法规，滥用职权，非法批准征收、征用、占用土地，情节严重的行为。

非法低价出让国有土地使用权罪（第 410 条），是指国家机关工作人员徇私舞弊，违反土地管理法规，滥用职权，非法低价出让国有土地使用权，情节严重的行为。

放纵走私罪（第 411 条），是指海关工作人员徇私舞弊，放纵走私，情节严重的行为。

商检徇私舞弊罪（第 412 条第 1 款），是指国家商检部门、商检机构的工作人员徇私舞弊，伪造检验结果的行为。

动植物检疫徇私舞弊罪（第 413 条第 1 款），是指动植物检疫机关的检疫人员徇私舞弊，伪造检疫结果的行为。

放纵制售伪劣商品犯罪行为罪（第 414 条），是指对生产、销售伪劣商品犯罪行为负有追究责任的国家机关工作人员，徇私舞弊，不履行法律规定的追究职责，情节严重的行为。

帮助犯罪分子逃避处罚罪（第 417 条），是指有查禁犯罪活动职责的国家机关工作人员，向犯罪分子通风报信、提供便利，帮助犯罪分子逃避处罚的行为。

招收公务员、学生徇私舞弊罪（第 418 条），是指国家机关工作人员在招收公务员、学生工作中徇私舞弊，情节严重的行为。

四、其他渎职的犯罪

包括 3 种具体的犯罪。

故意泄露国家秘密罪(第398条),是指国家机关工作人员违反保守国家秘密法的规定,故意泄露国家秘密,情节严重的行为。非国家机关工作人员也可以构成本罪,成立本罪的准型构成。

过失泄露国家秘密罪(第398条),是指国家机关工作人员违反保守国家秘密法的规定,过失泄露国家秘密,情节严重的行为。非国家机关工作人员也可以构成本罪。

食品监管渎职罪(第408条之一),是指负有食品安全监督管理职责的国家机关工作人员,滥用职权或者玩忽职守,导致发生重大食品安全事故或者造成其他严重后果的行为。

第二十八章 背离军人职责罪

第一节 背离军人职责罪概述

一、背离军人职责罪的本体构成

背离军人职责罪,即军人违反职责罪,是指军人违反职责,危害国家军事利益,依照法律应当受刑罚处罚的行为。该罪的本体构成包括军人违反职责的行为等客观事实要素、危害国家军事利益等客观规范要素、故意或过失等主观责任要素。

(一) 客观事实要素

本章各罪的法定客观事实,表现为军人违反职责行为。具体而论:

实行行为:违反军人职责。**军人职责**包括一般职责与具体职责。军人一般职责,是指每一个军人都应当履行的职责,主要规定在中国人民解放军《内务条令》第三章中;军人具体职责,是指不同类型的军人在执行不同种类的任务时应当履行的职责,主要规定在中央军委、中国人民解放军各总部、各军兵种的各种条例、条令中。本章多数犯罪的**法定行为方式**是作为。例如,阻碍执行军事职务行为、军人叛逃行为、故意泄露军事秘密行为等。本章少数犯罪的法定行为方式是不作为。例如,拒不救援友邻部队罪、遗弃伤病军人罪等。本章许多犯罪法定构成要素包括**特定时间或地点**。例如,战时造谣惑众罪、战时自伤罪等以战时为要素,遗弃伤病军人罪以在战场上为要素。

行为主体:特殊主体,即军职人员。对于军职人员的具体范围,我国《刑法》第450条作了具体规定。

既遂形态:本章各罪的既遂形态类型表现为:(1) 行为犯:例如,非法获取军事秘密罪,投降罪等。(2) 结果犯:例如,虐待部属罪,擅离、玩忽军事职守罪等。(3) 危险犯:战时造谣惑众罪。

(二) 客观规范要素

本章各罪所侵害的类型法益,是国家军事利益。**国家军事利益**,是指国家军事活动以及与军事相关的活动得以顺利进行而体现出的价值意义。具体包括武装力量建设、军事作战行动、军队物质保障、军事科学研究等方面的利益。

(三) 主观责任要素

本章各罪的主观责任形式,包括故意与过失。(1) 故意:多数犯罪法定责任形式为故意。例如,战时违抗命令罪、隐瞒、谎报军情罪、投降罪等。(2) 过失:有的犯罪法定责任形式为过失。例如,过失泄露军事秘密罪、遗失武器装备罪。

二、背离军人职责罪的种类

我国《刑法》分则"第十章军人违反职责罪",从第420条至第451条共32个条文,规定了31个罪名。基于行为及其相关事实特征,本书将本章各罪分为5类:

侵犯军令、军情的犯罪。包括8种具体的犯罪:战时违抗命令罪,隐瞒、谎报军情罪,拒传、假传军令罪,违令作战消极罪,非法获取军事秘密罪,为境外窃取、刺探、收买、非法提供军事秘密罪,故意泄露军事秘密罪,过失泄露军事秘密罪。

有关投降、逃避的犯罪。包括5种具体的犯罪:投降罪,战时临阵脱逃罪,军人叛逃罪,战时自伤罪,逃离部队罪。

有关武器、物资的犯罪。包括7种具体的犯罪:武器装备肇事罪,擅自改变武器装备编配用途罪,盗窃、抢夺武器装备、军用物资罪,非法出卖、转让武器装备罪,遗弃武器装备罪,遗失武器装备罪,擅自出卖、转让军队房地产罪。

侵犯部属、伤员、居民、俘虏的犯罪。包括6种具体的犯罪:虐待部属罪,遗弃伤病军人罪,战时拒不救治伤病军人罪,战时残害居民、掠夺居民财物罪,私放俘虏罪,虐待俘虏罪。

其他违反职责的犯罪。包括5种具体的犯罪:擅离、玩忽军事职守罪,阻碍执行军事职务罪,指使部属违反职责罪,拒不救援友邻部队罪,战时造谣惑众罪。

第二节 本章具体犯罪重点分析

一、为境外窃取、刺探、收买、非法提供军事秘密罪

设置本罪的基本法条是我国《刑法》第431条第2款。

为境外窃取、刺探、收买、非法提供军事秘密罪,是指违反国家和军队的保密规定,为境外的机构、组织、人员窃取、刺探、收买、非法提供军事秘密的行为。[①]

(一)基准构成

1. 客观事实要素

为境外的机构、组织、人员窃取、刺探、收买、非法提供军事秘密的行为。具体构成要素包括行为方式、行为目标、行为对象、行为主体。

行为方式:窃取、刺探、收买、非法提供。此为选择性行为。**窃取**,是指通过秘密的方法取得军事秘密;**刺探**,是指向有关人员打听、套问、了解军事秘密;**收买**,是指利用钱财或者其他好处笼络人,以换取军事秘密;**非法提供**,是指未经批准而私自将其保管或者知悉的军事秘密,提供给境外的机构、组织、人员。

行为目标:为境外的机构、组织或者人员。**境外**,是指中国大陆以外,既包括国外,也包括我国香港、澳门、台湾。**境外的机构、组织、人员**,既可以是与我国为敌的,

---

① 参见最高人民检察院、解放军总政治部《军人违反职责罪案件立案标准的规定》(2013年)第12条。

也可以是非敌方；既可以是境外国家或地区的机构、组织及其人员，也可以是这些机构、组织在我国境内设立的派驻机构、组织及其人员，以及其他在我国境内的境外人员。

行为对象：军事秘密。2013年最高人民检察院、解放军总政治部《军人违反职责罪案件立案标准的规定》第12条对军事秘密作了具体规定。

行为主体：特殊主体，即军职人员。

既遂形态：本罪是行为犯。

2. 客观规范要素

本罪所侵害的具体法益，是国家的军事保密制度。

3. 主观责任要素

本罪的主观责任形式为**故意**，同时成立本罪须有**特定明知**。故意内容指向由"为境外的机构、组织、人员窃取、刺探、收买、非法提供军事秘密的行为"为核心征表的"国家军事保密制度被侵状态"。特定明知是指行为人明知为境外机构、组织、人员窃取、刺探、收买、非法提供的是军事秘密。

（二）法定刑

根据我国《刑法》第431条第2款的规定，犯为境外窃取、刺探、收买、非法提供军事秘密罪的，处10年以上有期徒刑、无期徒刑或者死刑。

二、盗窃、抢夺武器装备、军用物资罪

设置本罪的基本法条是我国《刑法》第438条。

盗窃、抢夺武器装备、军用物资罪，是指以非法占有为目的，秘密窃取或者公然夺取武器装备、军用物资的行为。

（一）基准构成

1. 客观事实要素

秘密窃取或者公然夺取武器装备、军用物资的行为。具体构成要素包括实行行为、行为对象、行为主体。

实行行为：盗窃、抢夺。此为选择性行为。

行为对象：武器装备、军用物资。**武器装备**，是指直接用于武装部队实施、保障作战行动，具有直接杀伤力或者破坏力的器械、装置等物品，包括冷兵器、化学武器、核武器、坦克、作战飞机、枪弹等等。**军用物资**，是指武器装备以外，供军事上使用的物资。例如，被装、药材、粮秣等。

行为主体：特殊主体，即军职人员。

既遂形态：本罪是行为犯。

2. 客观规范要素

本罪所侵害的具体法益，是武器装备、军用物资的管理制度。

3. 主观责任要素

本罪的主观责任形式为**故意**，同时成立本罪须有**特定目的与特定明知**。故意内

容指向由"盗窃、抢夺武器装备、军用物资的行为"为核心征表的"武器装备、军用物资管理制度被侵状态"。特定目的是指非法占有的目的;特定明知是指对武器装备、军用物资的明知。

(二) 法定刑

1. 基准法定刑

根据我国《刑法》第 438 条第 1 款前段的规定,犯盗窃、抢夺武器装备、军用物资罪的,处 5 年以下有期徒刑或者拘役。

2. 加重法定刑

根据我国《刑法》第 438 条中段的规定,犯盗窃、抢夺武器装备、军用物资罪,情节严重的,处 5 年以上 10 年以下有期徒刑。

根据我国《刑法》第 438 条后段的规定,犯盗窃、抢夺武器装备、军用物资罪,情节特别严重的,处 10 年以上有期徒刑、无期徒刑或者死刑。

第三节　本章具体犯罪扼要阐释

一、侵犯军令、军情的犯罪

包括 8 种具体的犯罪。其中,为境外窃取、刺探、收买、非法提供军事秘密罪上节已作阐释。

战时违抗命令罪(第 421 条),是指战时违抗命令,对作战造成危害的行为。

隐瞒、谎报军情罪(第 422 条),是指故意隐瞒、谎报军情,对作战造成危害的行为。

拒传、假传军令罪(第 422 条),是指拒传、假传军令,对作战造成危害的行为。

违令作战消极罪(第 428 条),是指指挥人员违抗命令,临阵畏缩,作战消极,造成严重后果的行为。

非法获取军事秘密罪(第 431 条第 1 款),是指以窃取、刺探、收买方法,非法获取军事秘密的行为。

故意泄露军事秘密罪(第 432 条),是指违反国家和军队保密规定,故意泄露军事秘密,情节严重的行为。

过失泄露军事秘密罪(第 432 条),是指违反国家和军队保密规定,过失泄露军事秘密,情节严重的行为。

二、有关投降、逃避的犯罪

包括 5 种具体的犯罪。

投降罪(第 423 条),是指在战场上贪生怕死,自动放下武器投降敌人的行为。

战时临阵脱逃罪(第 424 条),是指战时脱离岗位,逃避战斗的行为。

军人叛逃罪(第 430 条),是指在履行公务期间,擅离岗位,叛逃境外或者在境外叛逃，危害国家军事利益的行为。

战时自伤罪（第434条），是指战时自伤身体，逃避军事义务的行为。

逃离部队罪（第435条），是指违反兵役法规，逃离部队，情节严重的行为。

三、有关武器、物资的犯罪

包括7种具体的犯罪。其中，盗窃、抢夺武器装备、军用物资罪上节已作阐释。

武器装备肇事罪（第436条），是指违反武器装备使用规定，情节严重，因而发生责任事故，致人重伤、死亡或者造成其他严重后果的行为。

擅自改变武器装备编配用途罪（第437条），是指违反武器装备管理规定，擅自改变武器装备的编配用途，造成严重后果的行为。

非法出卖、转让武器装备罪（第439条），是指违反武器装备管理规定，出卖、转让武器装备的行为。

遗弃武器装备罪（第440条），是指违抗命令，遗弃武器装备的行为。

遗失武器装备罪（第441条），是指遗失武器装备，不及时报告或者有其他严重情节的行为。

擅自出卖、转让军队房地产罪（第442条），是指违反规定，擅自出卖、转让军队房地产，情节严重的行为。

四、侵犯部属、伤员、居民、俘虏的犯罪

包括6种具体的犯罪。

虐待部属罪（第443条），是指滥用职权，虐待部属，情节恶劣，致人重伤或者造成其他严重后果的行为。

遗弃伤病军人罪（第444条），是指在战场上故意遗弃伤病军人，情节恶劣的行为。

战时拒不救治伤病军人罪（第445条），是指战时在救护治疗职位上，有条件救治而拒不救治危重伤病军人的行为。

战时残害居民、掠夺居民财物罪（第446条），是指战时在军事行动地区，残害无辜居民或者掠夺无辜居民财物的行为。

私放俘虏罪（第447条），是指军职人员利用职务之便，非法擅自释放俘虏的行为。

虐待俘虏罪（第448条），是指虐待俘虏，情节恶劣的行为。

五、其他违反职责的犯罪

包括5种具体的犯罪。

擅离、玩忽军事职守罪（第425条），是指指挥人员和值班、值勤人员擅离职守或者玩忽职守，造成严重后果的行为。

阻碍执行军事职务罪（第426条），是指以暴力、威胁方法，阻碍指挥人员或者值

班、值勤人员执行职务的行为。

指使部属违反职责罪(第427条),是指滥用职权,指使部属进行违反职责的活动,造成严重后果的行为。

拒不救援友邻部队罪(第429条),是指在战场上明知友邻部队处境危急请求救援,能救援而不救援,致使友邻部队遭受重大损失的行为。

战时造谣惑众罪(第433条),是指战时造谣惑众,动摇军心的行为。

术语索引

A

安乐死　539

B

帮助犯　242
帮助犯未遂　249
帮助犯中止　250
包容犯　283
保安处分　417
保安监禁处分　423
保安没收处分　424
保护观察处分　423
保护机能　14
保障机能　13
报应主义　17
被告人　358
比较解释　48
比较刑法学　3
必然因果关系　95
必要共犯　230
避险不适时　158
避险过当　164
避险挑拨　157
并科原则　363
剥夺军衔　338
剥夺政治权利　336
剥夺职业资格　338
不纯正不作为犯　294
不纯正身份犯　98
不定期刑　312
不可抗力事件　135
不能犯未遂　216
不确定故意　114
不确定罪名　442

不作为　83
不作为犯　293
部分救助的逃逸　701

C

财产刑　326
裁判规范　43
常习犯　279
常习累犯　352
常业犯　280
程序法　11
抽象罚金　451
抽象符合说　133
抽象危险犯　207
处罚条件　305
处罚阻却事由　305
处刑刑　343
纯粹过失犯　125
纯正不作为犯　294
纯正的基准实行行为　88
纯正身份犯　98
次数犯　206
从犯　255
从宽情节　351
从轻处罚　351
从严情节　351
从重处罚　351
从属预备犯　211

D

答责原则　173
打击错误　131
大赦　411
代首　356
单独正犯　232

单人的基准实行行为　88
单位犯罪　100
单位主体　99
单一刑法　7
单一型基准实行行为　86
单一罪名　442
但书　41
当然解释　48
道德报应　18
等价值性　295
典型转化犯　282
点刑罚理论　344
定罪情节　348
定罪身份　97
独立教唆犯　241
独立预备犯　211
短期自由刑　312
段　41
对象错误　129
对象加重犯　78

E

二间诈骗　597

F

罚金　327
法定符合说　132
法定情节　350
法定身份　97
法定刑　447
法定刑的格　448
法定刑幅度　448
法定最低刑　448
法定最高刑　448
法律报应　18
法律错误　128
法律规范　43
法律过失　124
法律拟制　446
法律推定　447
法益　104

法益侵害　93
法益侵害结果　91
法制主义原则　32
反对解释　48
犯罪的实质概念　61
犯罪的双重定义　62
犯罪的形式概念　61
犯罪动机　137
犯罪共同说　228
犯罪构成理论体系　64
犯罪加重犯　78
犯罪论　4
犯罪目的　137
犯罪情节　346
犯罪事实　346
犯罪吸收犯　286
犯罪嫌疑人　358
犯罪性质　346
犯罪学　4
犯罪阴谋　209
防卫不适时　145
防卫过当　153
放任行为　102
非纯粹过失犯　126
浮动罚金　451
幅刑罚理论　344
附加刑　326
附科罚金　329
附条件不起诉　373
附属刑法　7
复合罚金　329
复合型基准实行行为　87
复权　414
复杂规范　42

G

改判　380
概括故意　114
感化教育处分　423
更生保护处分　424
公法　10

公共场所　609
共谋共同帮助犯　244
共谋共同教唆犯　240
共谋共同正犯　233
共同犯罪　252
共同教唆犯　240
共同意思主体说　229
共同正犯　232
共同正犯未遂　248
共同正犯中止　249
构成要件行为　81
固定罚金　451
故意　106
故意犯　125
管制　313
广义共犯　230
广义累犯　352
广义前科　413
广义坦白　359
广义刑法　6
广义再犯　352
归案　356,357
规范竞合　274
规范竞合犯　274
规范行为　261
规律机能　12
国际刑法　8
国际刑法学　3
国内刑法　8
过程犯　206
过失　116
过失犯　125
过于自信过失　122

H

互相斗殴　148
缓刑　273
"婚内强奸"　549

J

积极不作为　788

积极过失　124
积极身份　97
积极逃逸　701
积极行为　83
积极中止　224
基本的犯罪构成　80
基本合并　367
基准法定刑　452
基准犯罪构成（普通犯罪构成）　77
基准实行行为　85
基准刑　342
基准罪状　444
即成犯　206,266
集合犯　278
既遂犯　204
继续犯　264
加重处罚　351
加重法定刑　452
加重犯罪构成　78
加重罪状　444
假释　385
假想避险　157
假想防卫　144
间接故意
间接故意　113
间接正犯　234
监外执行　319
减轻处罚　351
减轻法定刑　452
减轻犯罪构成　77
减轻责任能力　180
减轻罪状　444
减刑　380
简单规范　42
简单罪状　445
教唆犯　237
教唆犯未遂　249
教唆犯中止　250
教唆未遂　240
教唆自杀　538
接续犯　266

结果犯 125
结果加重犯 78,267
结果刑法 8
结合犯 283
紧急避险 156
禁止规范 43
禁止令 314
经被害人承诺行为 169
竞合论 259
拘役 317
举动犯 205
具体符合说 132
具体危险犯 207
聚众的基准实行行为 89
绝对不定期刑 312
绝对不确定的法定刑 449
绝对确定的法定刑 449

K

可罚的违法性 103
可罚的责任 175
可以情节 352
客观规范要素 71
客观解释 50
客观事实要素 71
客观危害 197
客观要件 71
客观主义 15
空白刑法 8
空白罪状 445
宽严相济政策 33
款 41
扩展的基准实行行为 88
扩张解释 47
扩张正犯论 227

L

滥用职权 648
勒索 556
类推解释 46
类推适用 47

累犯 353
理论刑法学(概念刑法学) 2
立法法 11
立法解释 45
立法罪名 442
立功 361
利用影响力 642
连累犯 230
连续犯 291
量刑基准 343
量刑情节 348
量刑身份 97
量刑原则 345
量刑制度 352
流氓动机 608
漏洞补充 45
掳离 555
论理解释 46

M

没收财产 331
迷信犯 216
免除处罚 351
命令规范 43
目的解释 49
目的主义 19

N

能犯未遂 216
挪用 636

O

偶然避险 159
偶然防卫 147
偶然因果关系 95

P

扒窃 583
排列罪名 442
陪首 356
片面帮助犯 244

普通规范　42
普通过失　123
普通刑法　7

Q

期待可能性　193
期待可能性错误　196
企行犯　206
汽车　476
起点刑　342
起诉犹豫　373
牵连犯　287
前科消灭　414
强行法　11
强制措施　357
强制工作处分　423
强制禁戒处分　423
强制治疗处分　423
窃取　581
轻法规范　43
情节　348
情节犯　206
情节加重犯　78,270
情境加重犯　79
驱逐出境　337
确定故意　114
确定罪名　442

R

人身危险性　17,198
任意法　11
任意共犯　230
日额罚金　331

S

三角诈骗　597
善行保证处分　424
商业贿赂犯罪　515
社会内处遇　393
社区矫正　392
赦免　410

身份犯　97
时效　399
时效迟延起算　404
实害犯　207
实害故意　115
实体法　11
实行过限　239
实行行为　84
实行终了未遂　215
实行终了中止　224
实证法　11
实质犯　207
实质解释　50
实质违法性　102
实质刑法　7
实质预备犯　211
使用盗窃　590
事后共犯　230
事后故意　115
事前共犯　230
事前故意　115
事实错误　129
事实过失　124
事实推定　52
事实行为　261
事实征表　52
事中共犯　230
适用刑法平等原则　34
手段错误　129
首服　356
授权规范　43
疏忽大意过失　122
数额犯　206
数额加重犯　78
数罪并罚　363
司法法　11
司法解释　45
司法罪名　442
私法　11
死缓制度　323
死刑　322

送首 356
诉讼诈骗 597

T

他人预备犯 211
坦白 359
特别规范 42
特别没收 331
特别刑法 7
特定动机 138
特定构成结果 90
特定目的 138
特定身份 97
特定行为地点 89
特定行为对象 89
特定行为情境 90
特定行为时间 89
特赦 411
特殊防卫 152
特殊累犯 354
特殊预防 20
特殊主体 96
特定行为情状 95
提升的基准实行行为 88
体素 81
天生犯罪人论 26
挑拨防卫 147
统一正犯概念 227
投案 356
突发故意 115
脱离共犯关系 250

W

Weber 的故意 115
外国刑法学 3
完备刑法 7
玩忽职守 650
往复型基准实行行为
危害目的 138
危险犯 207
危险故意 115

危险行为 119
违法阻却 141
违法阻却事由 141
未必故意 115
未实行终了未遂 216
未实行终了中止 224
未遂犯 212
未遂教唆 240
文理解释 46
无期徒刑 320
无形预备犯 244
无责任能力 180

X

吸收犯 284
吸收原则 364
系统解释 49
狭义共犯 230
狭义累犯 352
狭义前科 413
狭义坦白 359
狭义刑法 6
狭义再犯 352
先并后减 367
先减后并 368
限制加重原则 364
限制解释 47
限制正犯论 227
陷害教唆 240
相对不定期刑 312
相对确定的法定刑 449
相对责任能力 180
相继教唆犯 240
想像竞合犯 271
项 42
消极不作为 788
消极过失 124
消极身份 97
消极逃逸 700
消极行为 83
消极中止 224

效素　81
胁从犯　255
胁迫　255
胁迫帮助犯　256
胁迫犯　255
胁迫教唆犯　256
胁迫实行犯　256
心理强制学说　25
心素　81
信赖原则　191
刑度　448
刑罚　305
刑罚本质　307
刑罚裁量(量刑)　341
刑罚机能　308
刑罚论　4
刑罚目的　308
刑罚权　306
刑罚适用　341
刑罚体系　310
刑罚替代措施　27
刑罚消灭　396
刑罚宣告犹豫　373
刑罚执行犹豫　373
刑法　6
刑法的溯及力　59
刑法规范　42
刑法机能　12
刑法基本原则　27
刑法教义学　3
刑法解释　44
刑法解释论　3
刑法空间效力　54
刑法立法论　3
刑法论　4
刑法任务　53
刑法上的错误　128
刑法上的累犯　352
刑法上的因果关系　94
刑法时间效力　58
刑法体系　40

刑法信条学　3
刑法学　2
刑满释放　386
刑事处置　427
刑事法　6
刑事法律关系　35
刑事法学　6
刑事古典学派　23
刑事管辖权　54
刑事规范学　2
刑事和解　431
刑事近代学派　23
刑事科学　2
刑事事实学　2
刑事特别处置　426
刑事违法性　63
刑事刑法　8
刑事责任年龄　181
刑事侦察学　4
刑种　447
行为并结果加重犯　79
行为犯　125
行为共同说　228
行为规范　44
行为加重犯　78
行为能力　177
行为人刑法　7
行为吸收犯　286
行为刑法　7
行为主体　96
行刑　370
行刑个别化原则　372
行刑社会化原则　372
行刑时效　408
行刑时效期限延长　410
行刑时效期限暂停　409
行刑时效期限中断　409
行刑原则　371
行政处罚　428
行政处分　428
行政法　12

行政解释　45
行政刑法　8
形式犯　207
形式解释　50
形式违法性　102
形式刑法　6
形式预备犯　211
修复性司法　432
修正的犯罪构成　80
徐行犯　267
叙明罪状　445
宣告刑　448
选择罪名　442
学理解释　46
学理罪名　442

Y

严格解释　50
严重危害性　62
沿革刑法学　3
要素缺乏　73
要素阻却　74
业务过失　124
一般累犯　353
一般立功　361
一般没收　331
一般预防　19
一般主体　96
一般自首　355
义务规范　43
易科罚金　329
意思刑法　8
意外事实　135
因果关系错误　130
阴谋犯　210
引证罪状　445
应当情节　352
有期徒刑　318
有形预备犯　211
有责任能力　180
余罪自首　357

预备犯　208
预备中止　224
预谋故意　115
预设防范装置　146
原因自由行为　185
允许危险原则　191
熨平皱折　45

Z

再犯　352
责任能力　178
择一故意　114
占有　584
战时缓刑　374
障碍未遂　217
折衷原则　364
哲学刑法学(理念刑法学)　2
正当防卫　142
正当业务行为　171
正犯　232
执行命令行为　171
执行刑　448
直接故意　113
直接正犯　228
职业犯　279
治疗监护处分　422
中国刑法学　3
中立行为的帮助　245
中止犯　220
中止未遂　217
重大立功　361
重法规范　43
主犯　255
主观恶性　198
主观解释　50
主观要件　71
主观主义　16
主体加重犯　79
主刑　311
注释刑法学(条文刑法学)　2
注意规定　446

注意义务　119
转化犯　281
状态犯　267
追并犯　281
追诉时效　401
追诉时效期限延长　405
追诉时效期限暂停　404
追诉时效期限中断　405
追征　335
准抢劫罪　574
准型转化犯　282
酌定情节　350
着手　241
资格刑　326
资助　465
自告　356
自己预备犯　211
自救行为　172
自然法　11

自然犯　26
自然身份　97
自然行为　261
自手犯　228
自由解释　50
自由刑　312
自由刑单一化　312
综合加重犯　79
组织犯　231,255
罪犯　358
罪名　438
罪数论　259
罪数形态　259
罪刑法定原则　28
罪刑均衡原则　30
罪行加重犯　78
罪状　443
作为　83
作为犯　293

21 世纪法学系列教材书目

"21 世纪法学系列教材"是北京大学出版社继"面向 21 世纪课程教材"(即"大红皮"系列)之后,出版的又一精品法学系列教科书。本系列丛书以白色为封面底色,并冠以"未名·法律"的图标,因此也被称为"大白皮"系列教材。"大白皮"系列是法学全系列教材,目前有 15 个子系列。本系列教材延续"大红皮"图书的精良品质,皆由国内各大法学院优秀学者撰写,既有理论深度又贴合教学实践,是国内法学专业开展全系列课程教学的最佳选择。

- **法学基础理论系列**

    英美法概论:法律文化与法律传统　　　　　　　　彭　勃
    法律方法论　　　　　　　　　　　　　　　　　　陈金钊
    法社会学　　　　　　　　　　　　　　　　　　　何珊君

- **法律史系列**

    中国法制史　　　　　　　　　　　　　　　　　　赵昆坡
    中国法制史　　　　　　　　　　　　　　　　　　朱苏人
    中国法制史讲义　　　　　　　　　　　　　　　　聂　鑫
    中国法律思想史(第二版)　　　　　　　　李贵连　李启成
    外国法制史(第三版)　　　　　　　　　　　　　　由　嵘
    西方法律思想史(第三版)　　　　　　　　徐爱国　李桂林
    外国法制史　　　　　　　　　　　　　　　　　　李秀清

- **民商法系列**

    民法学　　　　　　　　　　　　　　　　　　　　申卫星
    民法总论(第三版)　　　　　　　　　　　　　　　刘凯湘
    债法总论　　　　　　　　　　　　　　　　　　　刘凯湘
    物权法论　　　　　　　　　　　　　　　　　　　郑云瑞
    侵权责任法　　　　　　　　　　　　　　　　　　李显冬
    英美侵权行为法学　　　　　　　　　　　　　　　徐爱国
    商法学——原理·图解·实例(第四版)　　　　　　朱羿锟
    商法学　　　　　　　　　　　　　　　　　　　　郭　瑜
    保险法(第三版)　　　　　　　　　　　　　　　　陈　欣
    保险法　　　　　　　　　　　　　　　　　　　　樊启荣
    海商法教程(第二版)　　　　　　　　　　　　　　郭　瑜
    票据法教程(第二版)　　　　　　　　　　　　　　王小能

票据法学	吕来明
物权法原理与案例研究	王连合
破产法（待出）	许德风

- **知识产权法系列**

知识产权法学（第六版）		吴汉东
商标法（第二版）		杜 颖
著作权法（待出）		刘春田
专利法（待出）		郭 禾
电子商务法	李双元	王海浪

- **宪法行政法系列**

宪法学（第三版）	甘超英	傅思明	魏定仁
行政法学（第三版）		罗豪才	湛中乐
外国宪法（待出）			甘超英
国家赔偿法学（第二版）		房绍坤	毕可志

- **刑事法系列**

刑法总论			黄明儒
刑法分论			黄明儒
中国刑法论（第五版）	杨春洗	杨敦先	郭自力
现代刑法学（总论）			王世洲
外国刑法学概论		李春雷	张鸿巍
犯罪学（第三版）		康树华	张小虎
犯罪预防理论与实务		李春雷	靳高风
犯罪被害人学教程			李 伟
监狱法学（第二版）			杨殿升
刑事执行法学			赵国玲
刑法学（上、下）			刘艳红
刑事侦查学			张玉镶
刑事政策学			李卫红
国际刑事实体法原论			王 新
美国刑法（第四版）		储槐植	江 溯

- **经济法系列**

经济法学（第六版）	杨紫烜	徐 杰

经济法学原理(第四版)	刘瑞复
经济法概论(第七版)	刘隆亨
企业法学通论	刘瑞复
商事组织法	董学立
金融法概论(第五版)	吴志攀
银行金融法学(第六版)	刘隆亨
证券法学(第三版)	朱锦清
金融监管学原理	丁邦开 周仲飞
会计法(第二版)	刘 燕
劳动法学(第二版)	贾俊玲
反垄断法	孟雁北
消费者权益保护法	王兴运
中国证券法精要：原理与案例	刘新民
经济法理论与实务(第四版)	於向平 等

- **财税法系列**

财政法学	刘剑文
税法学(第四版)	刘剑文
国际税法学(第三版)	刘剑文
财税法专题研究(第二版)	刘剑文
财税法成案研究	刘剑文 等

- **国际法系列**

国际法(第二版)	白桂梅
国际私法学(第三版)	李双元 欧福永
国际贸易法	冯大同
国际贸易法	王贵国
国际贸易法	郭 瑜
国际贸易法原理	王 慧
国际投资法	王贵国
国际货币金融法(第二版)	王贵国
国际经济组织法教程(第二版)	饶戈平

- **诉讼法系列**

| 民事诉讼法(第二版) | 汤维建 |
| 刑事诉讼法学(第五版) | 王国枢 |

外国刑事诉讼法教程(新编本)	王以真 宋英辉
民事执行法学(第二版)	谭秋桂
仲裁法学(第二版)	蔡 虹
外国刑事诉讼法	宋英辉 孙长永 朴宗根
律师法学	马宏俊
公证法学	马宏俊

- **特色课系列**

世界遗产法	刘红婴
医事法学	古津贤 强美英
法律语言学(第二版)	刘红婴
民族法学	熊文钊

- **双语系列**

普通法系合同法与侵权法导论　　张新娟
Learning Anglo-American Law: A Thematic
　　Introduction(英美法导论)(第二版)　李国利

- **专业通选课系列**

法律英语(第二版)	郭义贵
法律文献检索(第三版)	于丽英
英美法入门——法学资料与研究方法	杨 桢
模拟审判:原理、剧本与技巧(第二版)	
	廖永安 唐东楚 陈文曲

- **通选课系列**

法学通识九讲(第二版)	吕忠梅
法学概论(第三版)	张云秀
法律基础教程(第三版)(待出)	夏利民
人权法学	白桂梅

- **原理与案例系列**

| 国家赔偿法:原理与案例 | 沈 岿 |
| 专利法:案例、学说和原理 | 崔国斌 |

教师反馈及教材、课件申请表

尊敬的老师：

您好！感谢您一直以来对北大出版社图书的关爱。北京大学出版社以"教材优先、学术为本"为宗旨，主要为广大高等院校师生服务。为了更有针对性地为广大教师服务，满足教师的教学需要、提升教学质量，在您确认将本书作为教学用书后，请您填好以下表格并经系主任签字盖章后寄回，我们将免费向您提供相关的教材、思考练习题答案及教学课件。在您教学过程中，若有任何建议也都可以和我们联系。

书号/书名	
所需要的教材及教学课件	
您的姓名	
系	
院校	
您所主授课程的名称	
每学期学生人数	学时
您目前采用的教材	书名_____ 作者_____ 出版社_____
您的联系地址	
联系电话	
E-mail	
您对北大出版社及本书的建议：	系主任签字 盖章

我们的联系方式：

北京大学出版社法律事业部

地　　址：北京市海淀区成府路205号　　联系人：李铎
电　　话：010-62752027　　　　　　　　传　真：010-62556201
电子邮件：bjdxcbs1979@163.com
网　　址：http://www.pup.cn
北大出版社市场营销中心网站：www.pupbook.com